[제3판]

국 제 법

INTERNATIONAL LAW

INTERNATIONAL LAW

second edition

[제3판]

국 제 법

ANTONIO CASSESE 著

강병근 · 이재완 譯

삼 우 사

ACKNOWLEDGEMENTS

I am honored to have my book, *International Law* (2nd ed., Oxford Univ. Press), translated into the Korean language. I would like to express to Prof. Pyoungkeun Kang, Korea University Law School, and Dr. Jaewan Lee, Director of Humanitarian Assistance Division at MOFAT, my deep gratitude and appreciation for their valuable time and effort in translating my work. I wrote the book with the goal of reaching those who are attentive to our current legal status of international affairs. With Prof. Kang and Dr. Lee's notable help, the exposition of the main problems of the international community set out in my book is now accessible to many more readers.

The book is written in regards to the ever-changing concept of international law as it is modified to accommodate the needs and demands of our international community. I put emphasis on the need to take into account the social context as well as the historical dimension of international rules and legal institutions, instead of considering each legal institution or set of rules as a single entity, out of its context. I endeavoured to show how even the technicalities of international law can be better understood if looked at in their broader, historical and political framework.

I sincerely hope the Korean rendition of *International Law* will be of great assistance to the country's ongoing participation in international affairs. I hope Korean readers can use this book to further the understanding of the important role law plays in foreign relations so that they may continue to support the growth and development of our international community.

Antonio Cassese

제 저서인 『국제법』(Oxford 대학 출판부, 제2판)이 한국어로 번역된 것을 영광으로 생각하며, 이 책의 번역을 위해 귀중한 시간과 노력을 쏟으신 고려대학교 법과대학 강병근 교수님과 외교통상부 인도지원과장 이재완 박사님께 깊은 감사를 드립니다. 저는 국제문제의 법적 지위에 관심 있는 분들을 위해 이 책을 집필하게 되었습니다. 강교수님과 이박사님의 많은 도움으로 이제 더욱 많은 독자들이 이 책에서 다루고 있는 국제사회의 주요 문제에 대한 설명을 접하게 되었습니다.

이 책은 국제법의 개념이 국제사회의 필요 및 수요를 반영하여 수정되고 있음을 감안하여, 계속하여 변화하는 국제법 개념의 관점에서 서술하였습니다. 또한, 각각의 법제도 또는 제반 규범을 상황과 동떨어진 단일 실체로 이해하기보다 역사적, 사회적 맥락에서 바라볼 필요성을 강조하였습니다. 저는 국제법의 기술적인 문제도 보다 넓은 역사적, 정치적 틀 속에서 바라볼 경우 훨씬 이해가 잘 될 수 있음을 보여 드리려고 노력하였습니다.

『국제법』의 한국어판 발행이 한국의 국제현안 참여에 크게 기여하기를 진심으로 희망하며, 한국 독자들이 이 책을 통해 대외관계에서의 법의 중요성에 대해 이해를 제고하고 나아가 국제사회의 성장 및 발전을 계속하여 지지할 수 있기를 기원합니다.

안토니오 카쎄스

제3판 역자 서문

2004년 가을 비엔나 다뉴브 강가의 작은 카페에서 Antonio Cassese 교수의 『*International Law*』를 번역하는 작업에 착수한 지 벌써 10년이 지났다. 우리들은 당시 국제법에 대한 국내 인식을 증진하고 독자층의 저변을 확대할 방법을 고민하다가, Cassese 교수가 자신의 저서 『*International Law*』에서 전통국제법(classical international law)과 현대국제법(modern international law)을 대비하면서 역동적인 국제관계의 현실을 국제법 규범으로써 적확하게 설명하고 미래의 발전방향을 제시해 주고 있어서, 이러한 접근방식이 우리들의 고민을 해결할 수 있을 것으로 보았다.

지난 10년 동안 세계적으로 여러 가지 국제법 문제들이 발생하였고, 동북아시아 내에서나 남북한 관계에서나 이들 국제법 문제들은 아직도 시시때때로 국제법 규범과 정책적 면에서 많은 고민거리를 안겨주고 있는데, Cassese 교수의 접근방법은 여러 가지 면에서 많은 도움이 되고 있다.

이번 번역 수정판에서 우리들은 원저의 의미를 잘 살릴 수 있는 우리말을 탐색하는데 더욱 신경을 썼다. 이 점에서는 이전과 마찬가지로 고려대학교 재학생들의 도움이 컸는데, 특히 2012학년도와 2013학년도 고려대학교 법학과와 법학전문대학원에서 개설하는 국제법을 수강한 재학생 여러분께 고마움을 표시하고 싶다. 이번 번역 수정판에서도 원저의 오류를 바로잡거나 번역문을 편집 형식에 맞도록 수정하는데 도서출판 三宇社의 수고가 지대하였다. 한 권의 번역서가 나오는데 번역 작업 자체 이외에도 이렇게 손이 많이 가는 줄은 이번에 더욱 절실히 느꼈다.

이번 번역 수정 제3판을 준비하면서 우리들은 남북한 관계와 동북아 질서에서 국제법의 역할이 더욱 커질 것으로 예상하고 있다. 이러한 급변상황에서 국제법이 어떠한 역할을 맡을 수 있는지에 대해서 독자 여러분이 Cassese 교수의 책에서 대부분 찾을 수 있기를 바란다. 우리들의 이러한 바람에 Cassese 교수는 천국에서 굽어보며 미소지으리라 여긴다.

2014년 4월

강병근 · 이재완

제2판 역자 서문

우리 번역자들이 원저 번역을 마친지 어느새 1년 반이 넘게 흘렀다. 그동안 번역서를 강의와 연구에 활용하면서 원저의 의미를 충분히 반영하지 못했던 점이 상당수 드러났다. 무엇보다 우리들이 주요 독자로 꼽았던 20대 대학생들과 번역자들의 말 습관과 글 습관이 달라서 20대 독자들이 읽기가 다소 어려웠던 점도 드러났다. 동일한 국제법적 사항에 대해서 우리들이 자주 참고하였던 외교통상부 등 정부 부처나, 언론매체, 심지어 법원도 우리와 다르게 이해하고 표현하고 있다는 점을 자주 느낄 수 있었다.

이번 개정판 작업은 제1장에서부터 제24장 전체에 걸쳐서 문체나 사용 용어를 일관되게 하는 것을 위주로 하였다. 특히 제1장 내지 제12장의 내용을 바꾸는 데는 지난 3학기 동안 고려대학교 교양교육원, 법학과, 그리고 법학전문대학원에 개설되었던 국제법 과목의 수강생들에게 많이 의존하였다. 우리들이 미처 생각하지 못했던 질문을 젊은 수강생들이 다수 제시함으로써 급히 번역하는 과정에서 누락되었거나 잘못 번역한 부분을 상당수 발견할 수 있었다.

우리가 Cassese 교수의 저서를 번역하고자 했던 이유 중의 하나가 국제 현실에 관심이 있는 다양한 분야의 독자층이 국제법을 이해함에 있어 조금이라도 도움을 받도록 하는 것이었다. 그래서 우리가 발견한 일부 번역상 오류가 자칫 Cassese 교수 원저의 내용을 조금이라도 훼손하지는 않았을까하는 걱정과 함께 독자에게 국제법에 대한 잘못된 인식과 지식을 갖도록 하지는 않았나 염려하는 마음도 들게 하였다.

원저의 번역 개정판을 준비하면서 우리들은 원저자인 Cassese 교수를 국내에 초청하여 독자들과 만날 수 있는 기회를 마련하고자 많은 노력을 하였다. 작년 여름 우리들이 회원으로 활동하고 있는 대한국제법학회 명의로 초청장을 보냈을 때, Cassese 교수는 레바논 특별재판소의 재판소장직을 맡고 있어서 당신이 활용할 시간이 없다고 답장하면서 원저의 제3판을 준비중인데 출간되기 전이라도 우리들의 개정판 작업에 반영될 수 있도록 전자문서 방식으로 그 내용을 알려

주겠다고 약속하신 적이 있다. 하지만, 그로부터 몇 달이 지난 2011년 10월 하순, 지병 악화로 돌아가시게 되었다. Cassese 교수의 사망 소식은 전세계 국제법학계에 큰 충격을 주었지만, 지난 수년간 번역작업을 하면서 영적으로 깊은 교감을 나누었던 우리들에게 더 큰 충격이었다. 2004년 가을 Cassese 교수는 우리의 번역계획을 흔쾌히 허락해 주시고, 2010년에는 초판 서문도 문안을 다듬어 주시는 등 우리의 번역작업에 관심을 보이셨다. 그래서 이번 개정판에서 완성도를 더 높여 원저자에게 이것을 전달하려고 했었는데 그분의 갑작스러운 운명으로 우리 번역본은 이제 원저자에게는 영영 전달할 수 없게 되었다. 애초에 우리들은 2004년경부터 Cassese 교수의 제1판 원저를 번역하다가, 현재의 제2판이 2005년에 출간되면서 번역작업을 다시 처음부터 시작하였던 기억이 있다. 지금은 고인이 준비하였던 제3판이 출간될 수만 있다면 번역으로부터 오는 고통을 달게 받고 싶다. 이번 개정판을 통해서 원저 곳곳에서 드러나는 그분의 '육성' 을 번역서로나마 독자들에게 충분히 전달할 수만 있다면 번역자로서 더 큰 즐거움이 없을 것이다.

이번 개정판은 도서출판 三宇社의 국제법에 대한 지극한 정성이 없었다면 불가능했을 것이다. 우리들은 국제법 분야라도 번역서가 질기게 살아남아 원저자의 생각을 쉽고 편한 우리말로 오롯이 전달할 수 있기를 희망하지만, 우리들이 번역서 개정작업에만 매달릴 수 없는 사정으로 번역작업을 수행하는 중에 여러 가지 번역상 오류를 저질렀다. 우리들의 번역에 대해서 三宇社는 우리들보다 더 정확히 번역상의 오류를 잘 잡아 주었고, 문장 표현에 대한 의견도 진솔하게 전달해 주었다. 아울러, 국제법 관련 번역서에 대한 홀대가 극심한 우리나라에서 예상과 달리 빠르게 개정판이 나올 수 있게 된 것은 모두 독자 여러분의 덕택이다. 그 점에서 독자 여러분께 깊은 감사를 드리며, 앞으로 이번 개정판에 대한 의견을 주시면 다음 번 개정판을 준비할 때 충분히 반영하도록 하겠다.

2012. 1

강병근 · 이재완

역자 서문

우리나라를 위시하여 세계 각지에서 매일 쉬지 않고 여러 사건들이 발생하고 있지만, 현행 국제법체계의 분석틀로써 이들을 설명하기는 쉽지 않다. 이 번역서는 역자들이 오스트리아 빈의 다뉴브 강가에 있는 한 카페에서 동태적인 국제사회의 현실 속에서 규범이 지니는 역할과 국제법규칙을 체계적이고 쉽게 설명해 줄 교과서를 번역하여 국내에 소개하자는데 의기투합한 결과이다.

저자인 Antonio Cassese 교수는 1937년 이탈리아 출생으로 1972년에 Pisa 대학, 1975년에 Florence 대학에서 국제법 교수 및 Oxford 대학 방문교수와 유럽연합대학(European University Institute) 법학교수를 역임하였다. 또한 유엔 총회, 유엔 인권위원회(UN Commission on Human Rights), 제네바 국제인도주의법 외교회의 이탈리아 대표단의 일원으로, 유럽평의회(Council of Europe)의 인권 및 고문방지 관련 위원회 위원장으로 활동하기도 하였다. 또한 1993년 ICTY 초대 소장을 역임하고, 2009년부터 레바논특별재판소 소장으로서 활동하고 있다. Cassese 교수는 국제인권법 및 국제인도주의법 분야의 전문가로서 2004년에는 Kofi Annan 당시 유엔 사무총장의 지명을 받아서 수단 Darfur 지역의 집단살해조사위원회 위원장 직무를, 2006년에는 시에라리온특별재판소의 운영에 관한 검토 업무를, 2008년에는 EU와 아프리카연합이 설치한 보편적 관할권에 관한 전문가위원회의 공동의장 직무를 수행한 바 있다.

Cassese 교수는 오랫동안 국제법 이론과 실무를 발전시키는데 큰 공헌을 하였다. 특히 역자들이 번역하기로 하였던 *International Law*(제2판)는 다음과 같은 면에서 기존의 국제법 교과서와는 다른 특징을 지니고 있다.

첫째, 동태적 접근방법을 적용하고 있다. 그는 실증법에 기반을 둔 엄격한 법적 접근방법이 국제법규칙을 시간과 공간에 가둠으로써 동태적인 국제사회의 현실을 제대로 설명하지 못한다고 보고 있다. 그리하여 국제법규칙을 분석 · 설명함에 있어 역사적 · 정치적 · 사회적 · 이념적 요소들을 반영하고 있다.

둘째, 역사적 접근방법을 적용하고 있다. 그는 모든 국제법규칙을 고전국제법과 현대국제법으로 양분하고 이를 비교 · 평가하고 있다. 이러한 방법을 통해서 국제정치질서의 흐름과 이에 기반한 국제법규칙의 발전과정을 파악할 수 있고 국제법이 나아가고자 하는 방향을 파악할 수 있다.

셋째, 인권, 인도주의, 국제범죄, 환경, 테러리즘, 개발문제 등 최근 국제사회의 거의 모든 주요 현안에 대해 체계적인 법적 접근을 시도하고 있다.

역자들의 능력이 부족한 면도 있으나 Cassese 교수가 '신법'과 '구법'을 구분하면서 설명하고 있는 여러 가지 국제법 개념을 담은 용어들에 맞는 적절한 우리말을 찾기 어려운 적이 한두 번이 아니었다. 아마도 우리나라에서 '국제법'이란 용어가 일제강점기 이후 빈번히 사용되는 용어이긴 하지만, 그 세부적인 내용을 우리말로 표현할 수 있을 정도로 우리의 '국제법'적 사고에 체화되지 않았기 때문일 것이다. 원서의 주요 개념을 독자들이 쉽게 이해할 수 있도록 '역자주'를 마련하려고 하였으나, 우리나라 여러 문헌을 비교 · 대조하여 표준적인 개념을 제시할 시간이 너무 부족하여 실천할 수 없었다. 따라서 저자의 의도를 최대한 살리고자 노력하였지만 분명하지 않은 부분이 있으며, 이러한 부분은 독자들 스스로 원서와 대조해서 읽기를 권한다.

* 최근 사이트: http://www.oup.com/uk/orc/bin/9780199259397/ 참조.

번역작업은 이재완 박사가 제1장부터 제12장까지, 강병근 교수가 제13장부터 제24장까지 맡아서 시작하였다. 하지만 두 번역자끼리도 동일한 생각을 다른 우리말로 표현하거나, 같은 우리말 용어이지만 다른 생각을 표현하기 위하여 사용한 흔적이 상당히 많이 드러났다. 이를 조정하는 것은 매우 어렵고도 고통스러운 작업이었는데 제3자의 객관적인 시각에서 도서출판 三宇社에서 맡아 주었다. 역자들이 출판사를 구하지 못하여 번역작업을 중단하려고 했을 때, 숙명여대 정경수 교수의 소개로 도서출판 三宇社와 인연을 맺게 되었다. 三宇社는 우리나라에서 드물게도 국제법 분야에 특화하여 『국제법평론』이라는 정기간행물을 오랫동안 발간해 왔고, 최근에는 국제법 세부 각론 분야에 관한 서적을 많이 편찬하고 있다. 이 책은 도서출판 三宇社 편집부의 노력이 없었으면 도저히 발간될 수 없었을 것이다.

번역 초안을 다듬는 데는 고려대학교 국제법 전공 대학원생들의 도움도 컸다. 거의 한 학기 동안 박사과정의 최성환 · 안민호 · 이병오, 석사과정의 김규동 · 김유리 · 김윤 · 조민영은 번역서 전체에 대해서, 박사과정의 류희진, 석사과정의 박준수 · 백민정은 일부에 대해서 내용을 다듬는 데 많은 도움을 주었다. 또한 고려대학교에서 개설하는 「국제사회와 법, 그리고 한국」, 「국제법 각론」 과목의 수강생들의 의견도 원서를 우리말 어법에 맞게 고치는 데 큰 도움이 되었다. 특히, 이번 번역서를 출간함에 있어서 여러 가지 의견을 종합하여 정리한 김유리 조교의 수고를 잊을 수 없다.

Cassese 교수의 원서가 발간된지도 벌써 5년이 넘었다. 원래 의도와 달리 너무 늦게 번역서를 출간한 면이 있지만, 번역작업은 이번 번역서 출간으로 종료된 것이 아니라 계속적인 작업이 될 것이고, 그 동안 여러 독자들의 의견은 소중히 수집되어 다음 번 개정판을 내는 데 활용될 것이다. 그 동안 역자들은 이 번역서를 통해 더 많은 사람들이 국제법과 국제문제에 관심을 갖기를 기대할 뿐이다.

2010년 7월
강병근 · 이재완

저자 서문

이 책에서는 국제공동체에서 법이 수행하는 역할을 이해하는 데 필요한 전반적인 사항을 다루고자 하였다. 필자는 국제관계의 동향에 민감한 사람이라면 응당 관심을 가져야 한다고 생각되는 법규칙의 내용과 법제도에 대해서 설명하고자 하였다.

대부분의 훌륭한 교과서와 저술에서는 법적 접근방식을 엄격히 고수하는 것과 달리 필자는 국제법 제도를 시간과 공간에 '갇혀 버린' 추상적인 존재로 다루지 않으려고 노력하였다. 국제법이 그 역사 · 정치 · 이념적 맥락과 유리되어 존재하는 것으로 보는 것은 오해의 소지가 있다고 생각한다. 매우 세분화되어 가는 현재의 국제법을 이해하려면 전체 속에서 끊임없이 변화하는 요소들의 집합체로서 국제법을 바라보아야 할 것이다. 따라서 필자는 국제법의 *역동성*을 설명하기 위하여 엄격한 법적 방식과 역사적 · 사회학적인 접근방식을 결합하고자 노력하였으며, 특히 국가주권에 굳건한 기반을 두고 있는 전통법과 구름처럼 유연하고 흐릿하지만 새로운 공동체적 가치로 충만한 신법 또는 이제 막 발생하려는 법 상호간의 긴장관계를 설명하고자 노력하였다.

결국 필자의 목적은 특정 법제도가 *언제* 세계공동체에 등장하게 되었는지를 보여 주려는 것이다. 사실 이들 제도가 새로운 것으로 대체되거나 변경되었더라도 이들의 기원을 아는 것이 중요하다. 또한 이들 제도에 내재하는 원리를 이해하고자 하였다. 필자는 이들 법제도의 내용을 설명하는데 그치지 않고 이들 제도가 *왜* 탄생하였는지, 어떠한 기능을 수행하고자 만들어졌는지, 그리고 작금의 국제관계 현실에서 실제로 기능하는 것은 그 중 어떤 것인지를 자문해 보았다.

Bertrand Russel은 "내용이 자세하면 참을 수 없이 장황해질 위험이 있다"라고 현명한 글을 남겼다. 인생사가 다 그러하듯 필자도 타협점을 찾아야만 했다. 필자는 책에서 충분한 정보를 제공하면서도 간략하게 기술하고자 하였기에, 본문의 주석은 해당 자료나 사례의 출처를 표시하는 정도로만 하였다(달리 표시되지 않았다면 영어가 아닌 다른 언어는 필자가 영어로 번역한 것이다). 또한 참고문헌은 싣지 않았다. 더 많은 자료 및 저술을 참고하거나 찾아보고 싶은 독자는 Oxford University Press web site(www.oup.com/uk/best.textbooks/law/cassese)에 접속하면, 거기에서 주요 참고문헌과 이 책에서 주로 인용한 조약 본문과 사례를 찾을 수 있을 것이고, 뿐만 아니라 다른 자료들이 있는 사이트로 연결될 수 있을 것이다.

이번 제2판에서 필자는 제1판의 구성을 바꾸고 여러 장의 내용을 다시 썼으며, 테러행위에 관한 장을 추가해서 전반적으로 책 전체를 개정하였다. 또한 이 책과 관련된 (인터넷)웹사이트를 재구성하고 최신정보로 갱신하였다.

차 례

| 제I편 | 국제공동체의 기원 및 기반

| 제 II 편 | 국제공동체의 주체

| 제Ⅳ편 | 국제법 위반과 그 결과

| 제V편 | 국제법의 현안 과제

약어표

AFDI	*Annuaire Français de Droit International*
AJIL	*American Journal of International Law*
AILC	B.D. Reams, Jr., ed., *American International Law Cases*(1783-1968)(New York: Oceana Publications, 1971)
ANC	African national Congress
Ann. Dig.	J. Fischer Williams and H. Lauterpacht, eds., *Annual Digest of Public International Law Cases*(London, New York, Toronto: Longmans, Green and Co., 1932-53)
Anzilotti, *Corso*	D. Anzilotti, *Corso di diritto internazionale*(1912, 1928), i, 4th edn.(Padua: Cedam, 1955)
Anzilotti, *Cours*	D. Anzilotti, *Cours de droit international,* I(trans. G. Gidel)(Paris, 1929)
ASDI	*Annuaire Suisse de Droit International*
BILC	*British International Law Cases*(London, 1965)
British Manual (1912)	*Land Warfare, an Exposition of the Laws and Usages of War on Land, for the Guidance of Officers of His Majesty' s Army,* by Colonel J.E. Edmonds and L. Oppenheim(London: His Majesty' s Stationery Office, 1912)
British Manual (1958)	*The Law of War on Land, being Part III of the Manual of Military Law,* The War Office(edited by Sir Hersch Lauterpacht and Colonel G.I.D. Draper)(London: Her Majesty' s Stationery Office, 1958)
British Manual (2004)	*The Manual of the Law of Armed Conflict,* UK Ministry of Defence, under the general editorship of Major General (retired) Anthony Rogers(Oxford: Oxford University Press, 2004)
Bulletin crim.	*Bulletin des arrêts de la Cour de Cassation, Chambre criminelle*
BYIL	*British Yearbook of International Law*

CICR	Comité International de la Croix Rouge
CJIL	*Columbia Journal of Transnational Law*
CSCE	Conference on Security and Cooperation in Europe
CYIL	*Canadian Yearbook of International Law*
DSB	Dispute Settlement Body(of the WTO)
DSU	Understanding on Rules and Procedures Governing the Settlement of Disputes(annexed to the WTO Agreement)
ECB	*European Communities Bulletin*
ECHR	European Court of Human Rights
ECOSOC	Economic and Social Council(of the UN)
EJIL	*European Journal of International Law*
El Derecho, Jurisprudencia	Consejo general del poder judicial(Madrid), Centro de Documentación Judicial, *El Derecho, Jurisprudencia penal, constitucional,* http://www.elderecho.com, also on CD Rom
Encyclopedia	R. Bernhardt, ed., *Encyclopedia of Public International Law,* 4 Vols.(North Holland: 1992, 1995, 1997, 2000)
FCO	Foreign and Commonwealth Office
Friedman	L. Friedman, ed., *The Law of War-A Documentary History,* 2 Vols.(New York: Random House, 1972)
FRUS	*Foreign Relations of the United States*(Washington, D.C.: Government Printing Office) many volumes; some of them are entitled: *Diplomatic Papers on the Foreign Relations of the United States*
FSIA	Foreign Sovereign Immunity Act 1976(USA)
GAOR	UN General Assembly Official Records
GYIL	*German Yearbook of International Law*
Hackworth	G.H. Hackworth, *Digest of International Law*(Washington, D.C.: Government Printing Office, 1942)
HR	Recueil des Cours de l' Académie de La Haye
HRLJ	*Human Rights Law Journal*
ICJ Reports	Reports of the International Court of Justice
ICRC	International Committee of the Red Cross
ICTR	International Criminal Tribunal for Rwanda
ICTY	International Criminal Tribunal for the Former Yugoslavia
IFOR	Implementation Force(NATO)
IIA	International Institute for Agriculture
IJIL	*Indian Journal of International Law*
ILM	*International Legal Materials*

ILR	*International Law Reports*(since 1950; edited first by Sir H. Lauterpacht and at present by Sir E. Lauterpacht, C.J. Greenwood and A.G. Oppenheimer)
IRRC	*International Review of the Red Cross*
IYIL	*Italian Yearbook of International Law*
JAIL	*Japanese Annual of International Law*
JDI	*Journal du droit international*
JICJ	*Journal of International Criminal Justice*
JYIL	*Japanese Yearbook of International Law*
Kelsen, *Principles*	H. Kelsen, *Principles of International Law,* 2nd edn. revised and edited by R.W. Tucker(N.Y.: Holt, Rinehart & Winston, Inc., 1966)
La Fontaine, *Pasicrisie*	H. La Fontaine, *Pasicrisie internationale-Histoire documentaire des arbitrages internationaux*(Berne: Impr. Stämpfli and Co., 1902)
Lapradelle and Politis	A. de Lapradelle and N. Politis, *Recueil des Arbitrages internationaux,* 3 Vols.(Paris: Pedone, 1905, 1923, 1954)
Moore, *Digest*	J.B. Moore, *A Digest of International Law,* 8 Vols. (Washington, D.C.: Government Printing Office, 1906)
Moore, *History and Digest*	J.B. Moore, *History and Digest of the International Arbitrations to which the United States has been a Party,* 6 Vols. (Washington, D.C.: Government Printing Office, 1898)
Moore, *International Adjudications*	J.B. Moore, *International Adjudications, Ancient and Modern, History and Documents,* 6 Vols.(New York: Oxford University Press, 1929-31)
NYIL	*Netherlands Yearbook of International Law*
OAS	Organization of American States
OAU	Organization of African Unity
ONUC	United Nations Operation in Congo (Organisation des Nations Unies au Congo)
ONUMOZ	United Nations Operation in Mozambique (Operation des Nations Unies au Mozambique Mission)
ONUSAL	United Nations Observer Mission in El Salvador (Observadores de la Naciones Unidas en El Salvador)
OSCE	Organization for Security and Co-operation in Europe
Parry	*The Consolidated Treaty Series,* edited and annotated by C. Parry, 155 Vols plus Indexes(Dobbs Ferry, New York: Oceana Publications, 1969-1986)

PCA	Permanent Court of Arbitration
POLISARIO	Popular Front for the Libration of Saguia el-Hamra and Rio de Oro(Frente Popular de Libracion de Saguia el Hamra y Rio de Oro)
RBDI	*Revue Belge de Droit International*
RDI	*Rivista di Diritto Internazionale*
RGDIP	*Revue Générale de Droit International Public*
RIAA	Reports of International Arbitral Awards
RDIPP	*Rivista di diritto internazionale privato e processuale*
RUF	Revolutionary United Front of Sierra Leone
SC	Security Council(of the UN)
SCOR	UN Security Council Official Records
SFOR	Stabilisation Force(NATO)
SG	Secretary-General(of the UN)
SOM	Sovereign Order of Malta
SWAPO	South West Africa People's Organizion
Trial Nuremberg	Trial of the Major War Criminals before the International Military Tribunal, Nuremberg, 14 November 1945-1 October 1946(Nuremberg 1946)
UNAMI	United Nations Assistance Mission for Iraq
UNAMIR	United Nations Assistance Mission for Rwanda
UNAVEM	United Nations Angola Verification Mission
UNCIO	Documents of the United Nations Conference on International Organization, San Francisco, 1945, 16 Vols (London and New York: United Nations Information Organizations, 1945-6)
UNEF	United Nations Emergency Force
UNEP	United Nations Environment Programme
UNFICYP	United Nations Peace-keeping Force in Cyprus
UNIDIR	United Nations Institute for Disarmament Research
UNIFIL	United Nations Interim Force in Lebanon
UNITA	National Union for the Total Independence of Angola
UNMIK	United Nations Interim Administration Mission in Kosovo
UNMOGIP	United Nations Observer Group in India and Pakistan
UNOSOM	United Nations Operation in Somalia
UNPROFOR	United Nations Protection Force in Yugoslavia
UNTAC	United Nations Transitional Authority in Cambodia
UNTAET	United Nations Transitional Administration in East Timor
UNTEA	United Nations Temporary Executive Authority

UNYB	*United Nations Yearbook*
USSR	Union of Soviet Socialist Republics
WEU	Western European Union
Whiteman	M.M. Whiteman, *Digest of International Law,* 15 Vols. (Washington, D.C.: Government Printing Office, 1963-70)
YILC	*Yearbook of the International Law Commission*
ZaöRV	*Zeitschrift für ausländisches öffentliches Recht und Völkerrecht*

제 I 편

국제공동체의 기원 및 기반

제1장 국제공동체의 주요 법적 특징
제2장 국제공동체의 역사적 전개
제3장 국제관계를 규율하는 근본원칙

제 1 장

국제공동체의 주요 법적 특징

1.1 개 관

우리 모두는 국내법질서의 테두리 안에 살고 있어 모든 법체계가 국내법 형태로 되어야 한다거나, 최소한 이와 매우 유사한 모습을 가져야 한다고 가정하기 쉽다. 따라서 부지불식간에 우리는 모든 법체계가 개인이나 집단을 대상으로 하여야 하며, 입법 · 사법 및 법 집행의 역할을 담당하는 특정한 중앙집중기관을 포함하고 있어야 한다는 견해를 갖게 된다.

그러나 국제공동체의 모습은 이와 완전히 다르다. 따라서 이에 대한 탐구는 다음과 같은 경고의 글로 시작해야 할 것이다. 즉, 세계공동체는 고유한 특징을 갖기에 이를 이해하지 못할 경우 필연적으로 법이 세계공동체에 미치는 영향을 크게 잘못 해석하게 될 것이다.

1.2 국제법 주체의 성격

국제법의 첫 번째 두드러진 특징은 대부분의 규칙이 개인이 아닌 국가의 행위를 규율하는 데 그 목적이 있다는 것이다. 국가는 국제무대의 주요 행위자이며, 인간의 집합체인 법적 실체이다. 국가는 권한 있는 기관을 통하여 개인을 지배하며, 그 일반적인 존립목적은 개별 개인 또는 집단과 매우 다르다. 개별 국가는 고유의 영토를 소유하고 지배하며, 정치적 · 경제적 · 문화적(때때로 민족적 또는 종교적)인 연결고리로 결합되어 있다.

국가 안에서 개인은 주요 법주체이며 공기업, 결사체 등과 같은 법인체는 단지 이차적 법주체에 불과하기 때문에 이들의 활동이 금지당해도 전체 법체계는 소멸하지 않는다(그러나 정부기관의 몰락은 일시적일 수밖에 없는데, 그렇지 않을 경우 독립적인 국제법 실체로서 국가 전체가 붕괴되기 때문이다). 이와 반대로 국제공동체에서는 국가가 일차적 주체이며 개인은 제한적인 역할을 수행한다(7.3 및 7.6 참조). 개인은 모든 무력수단을 가진 힘센 골리앗을 상대하는 왜소한 다윗과 같다.

국가는 법적 실체 또는 조합체(corporate structures)로서 국제무대의 주인공이지만, 사실상 역할은 개인을 매개로 하여 수행되며, 이때 개인은 자기 자신의 이익을 위해서가 아니라 자신이 속한 조직의 대리자인 공무원 신분으로 활동한다. 예를 들어, 프랑스와 중국 간에 범죄인인도조약이 체결된 경우 이것으로 인해 실제 발생하는 행위는 개인에 의해 이루어진다는 점을 잊어서는 안된다. 즉, 이 국제문서는 개인에 의해 생성되고 향후 개인에 의해 이행된다. 조약교섭은 양 국가에 소속된 외교관이 하고, 두 나라 외무장관이 여기에 서명한다. 그리고 필요한 경우 국회의 동의를 거친 후 두 나라 정상이 비준서를 공식 승인하고 서명하게 된다. 일단 조약이 발효하게 되면 양국의 법원(일반적으로 법원이 개별 사건에 대하여 범죄인 인도의 승인 여부를 결정한다) 또는 필요한 경우 각국의 법무부 공무원이 조약을 이행한다.

마찬가지로 국가는 다른 국가가 국제위법행위를 범하였다고 여길 때 위법행위 국가의 모든 국민을 추방하는 것과 같은 평화적 복구조치[peaceful reprisals; 오늘날 대응조치(countermeasures)로 불리고 있음. 다음 15.3.1 참조]를 활용하여 대응하기로 결정할 수 있다. 이때 국가의 대리인인 개인이 이러한 대응을 결정하고 수행한다. 즉, 외무장관의 제안에 따라 가능한 한 내각의 심의를 거친 후 내무장관이 결정하는 것이 일반적이다. 그리고 경찰 또는 다른 법집행기관의 공무원이 실제로 추방하게 된다.

요컨대, 다른 어느 분야보다도 국제법 분야에서는 '가공의 인물'(fictitious person) 현상이 두드러지게 나타난다. 다시 말해서 개인은 사적 자격, 즉 자신의 개인적 이익을 보호하거나 증진하는 것이 아니라 집단 또는 다수의 개인을 대변하여 거래를 체결하거나 행위를 수행하게 된다.

세계공동체는 왜 독립적인 주권국가로 구성되어 있으며, 그 속에서 개인 스스로는 별다른 역할을 하지 못하는 것일까? 제2장에서는 국제공동체가 어떻게 발전하였고, 15세기에 최초의 근대국가(잉글랜드, 프랑스, 스페인)가 출범한 이후 유럽 및 여타 지역에서 다양한 공동체들이 어떻게 점진적으로 국가의 형태로 통합되어 '견고한' 모습을 갖게 되었는지를 살펴볼 것이다. 이 장에서는 이러한 국가 성립의 강력한 동인이야말로 항상 세계공동체의 두드러진 특징이었고, 대부분의 개인은 현재 어느 국가에 소속되어 있다는 점, 즉 약 60억 명의 세계 인구가 현재 거의 200여 국가에 나뉘어져 있다는 점을 강조하는 것으로 충분할 것이다. 중세 시대에는 *교회 밖에서 구원이란 찾을 수 없다*(*extra Ecclesiam nulla salus*)고들 말하였다. 혹은 적어도 교회는 사람들이 이렇게 믿도록 만들었다. 국가의 보호가 없다면 인간은 정상적인 경우에 예견할 수 있는 것보다 더 큰 고통과 궁핍을 겪기 쉽다는 주장이 오늘날 더 확실해졌다(예를 들어, 최근에 와서야 국제기구가 다루게 된 무국적자의 곤궁한 처지가 그 증거이다).

1.3 중앙집중기관의 결여 및 법 '기능'의 분산

국내법체계는 고도로 발달되어 개인에게 일정한 방식의 행위를 명령하는 실체적 규칙뿐만 아니라 세밀한 절차적 규칙도 발전했다. 법질서의 '존립'과 관련한 특별한 장치가 존재하는 셈이다. 이러한 발전은 국가공동체 안에서 유효한 권력을 장악하는 데 성공한 집단이 출현하였기 때문이다. 즉, 이들 권력장악 집단은 권력의 제도화 및 집권층과 지지자들과의 관계정립을 위해 특별한 구조를 창설하는 것이 편리하다고 생각했다. 모든 근대국가는 제도적 장치를 고안하는 과정에서 공통되는 모델을 개발하였다. 첫째, 공동체 구성원에 의한 무력사용은 정당방위(즉, 달리 회피할 수 없는 불법적인 폭력을 저지하기 위하여 강제력을 행사할 수 있는 권리)와 같은 긴급상황 외에는 금지되었다. 국가는 적법한 강제수단을 독점하였다. 둘째, 전체 공동체를 대표하여 행위하는 중앙집중기관이 모든 법체계에서 전형적인 세 가지 기능인 입법, 사법 및 행정을 책임지게 되었다. 따라서 처음에는 군주가 다음에는 의회가 법의 제정 및 개정권을 행사하게 되었고, 법원은 법 위반 여부를 결정하게 되었으며 특별한 전문가 집단(즉, 경찰)은 법 집행자가 되었다. 한 가지 부연하자면 이러한 것들은 단순히 권한에 그치지 않고 기능 자체이기도 했다는 점이다. 이러한 모든 집단은 자기의 개인적 이익이 아닌 전체 공동체의 이익을 위해 권한을 행사하여야만 했기 때문에, 이들에게는 권한과 함께 법을 제정하고, 법규칙 위반 여부를 결정하며 필요시 법규칙을 집행할 의무도 갖게 되었다.

반대로 국제공동체에서는 어느 국가 또는 국가집단도 자기의 의사를 전체 세계공동체에 강요할 정도의 확고한 권력을 보유하지 못했다. 권력은 단절되고 분산되었다. 가끔씩 정치적 · 군사적 동맹이 형성되거나 둘 이상의 공동체 회원국 간에 강력한 이익수렴 현상이 발생했었지만 이것이 항구적인 권력구조로 굳어지지 않았다. 국내체계에서는 *수직적* 구조가 규칙이지만 국제공동체에서는 이것이 아직 정립되지 못하여 국제공동체를 구성하는 국가 간의 관계는 대부분 *수평적*이다.

이러한 현상은 오늘날 더욱 두드러지고 있어 만족스럽지 않다. 현재 모두가 인식하다시피, 국내조직 및 국제공동체의 구성요소 대부분(개인, 집단, 결사, 준국가적 실체, 다국적기업, 초국가적 기관, 다국적 금융기관, 언론망 등)은 국경을 넘어 상호 긴밀히 연계되어 있어 보통 '세계화'라 불리는 현상을 만들어 내고 있다. 오늘날 뉴욕에서 나비 한 마리의 날갯짓이 아시아에 태풍을 몰고 올 수 있다는 것이 사실이 되어 버렸다. 그러나 세계화가 가져올 수 있는 모든 문제를 해결할 수 있는 전세계적 통치(global governance)는 이러한 현실적 상황에 부응하지 못하고 있다. 중앙집중적 관리 차원에서 볼 때 상대적 무정부 상태가 여전히 우세하다.

국제공동체의 *수평적* 구조로 인하여 나타나는 주된 결과는 조직의 규칙이 매우 초보적인 단계에 있다는 것이다. 위에서 언급한 세 가지 기능을 수행하거나 이를 국제공동체의 특별기관 또는 회원에게 위임하는 특별한 절차를 설정하는 규칙이 없다. 세 가지 모든 '기능' 은 분산되어 있다(분명히 국제공동체와 관련해서는 기능 자체를 말할 수 없다. 왜냐하면 법 제정, 분쟁해결 또는 법 집행시 국가가 국제공동체의 이익을 추구하고 국제공동체를 대신해서 행동하지 않기 때문이다. 국가는 의무를 이행하는 것이 아니라 주로 자신의 이익을 추구한다). 의도적이거나(*조약*의 경우 합의규정이 둘 이상의 국가 간에 이루어지며 체약당사국만을 구속함. 제9장 참조) 또는 거의 무의식 중에(*관*

습법의 경우 일반규칙은 의도하지 않은 과정을 거쳐 발전하며, 모든 국제법 주체를 구속함. 8.2 참조) 새로운 법 기준을 설정하거나 변경하는 것은 중요한 경제적 · 정치적 또는 그 밖의 요소에 자극받아 타국과 공동행위를 하는 개별 국가들이다. 분쟁해결 또는 준법을 강제하는 방법, 즉 의견 불일치를 평화적으로 해결할 것인지 아니면 법을 일방적 또는 집단적으로 강제할 것인지를 결정하는 것도 개별 국가들이다. 특히 중요한 것은 국제공동체에는 일반적 강제관할권을 가진 법원이 없기 때문에 필연적으로 각 국가가 법규칙에 대한 '자율적 해석' 권한을 갖는 점이다.

게다가, 1648년 웨스트팔리아 평화조약과 제1차 세계대전 기간 중에 걸쳐 형성되어 국제관계를 규율했던 법(2.3 참조)으로서 전통국제법상 무력사용은 권리를 강제하거나 경제적 · 정치적 또는 그 밖의 이익을 보호하기 위한 적법한 수단이었다. 이러한 상황은 강대국에게 매우 유리하였다. 나중에(2.5 및 3.4 참조) 보겠지만, 개별 국가에 의한 무력사용 금지 등 몇 가지 점은 현 국제체계에서 개선된 사항이다.

1.4 집단책임

집단이 개인보다 훨씬 더 많은 역할을 하는 모든 원시적 법체계에서와 같이 국가의 행위를 규율하는 규칙의 위반에 대한 국제법적 책임은 위반자(개별 국가기관원)가 아니라 그 개인이 속한 집단(즉 국가공동체)에 있다. 여기에서 우리는 다시 한번 국제법체계와 국내법체계가 크게 유리되어 있음을 알 수 있다.

우리의 일상생활을 규정짓는 국내법질서 안에서 살고 있는 우리는 개인책임 개념에 익숙하다. 즉, 불법행위자나 다른 법의 위반자가 결과에 대하여 책임을 부담한다. 그 사람이 손해를 배상하거나, 범죄를 범한 경우 형사처벌을 받는다. 이것이 바로 규칙이다. 그러나 예외가 있다면 그것은 '간접책임'인데, 이는 법에서 자기와 특별한 관계에 있는 타인(예를 들어, 부모는 자기 자식이 야기한 손해에 대해 법적 책임이 있다)이 수행한 행위에 대해 책임을 부담하도록 규정하는 경우 발생한다. 때로는 집단을 대표하여 수행한 개인의 행위에 대해 집단 전체가 책임을 지는 경우가 있다(예를 들어, 기업의 불법행위에 대한 민사책임).

국제법체계에 있어서는 예외가 규칙이 되고 있다. 예를 들어, 어느 군 지휘관이 자기 휘하의 조종사에게 인접국의 영공침범을 명령하거나 법원이 외국인에게 특정한 권리를 부여하는 국제조약을 무시한다거나, 경찰관이 외교관을 체포하거나 학대함으로써 외교면제를 위반하는 경우와 같이 국가공무원이 국제법을 위반할 수 있다. 이 경우 피해국은 그러한 국가공무원이 소속된 공동체 전체가 비록 이러한 위반행위를 수행하거나 명령하지 않았다 하더라도 이에 대해 '보복조치'를 취할 수 있다. 예를 들어, 국제위법행위의 희생국은 위반국에 대해 (국고에서 나오는) 일정 금전의 지불을 청구하거나 실제 법 위반자가 아닌 개인에 대해서도 피해를 주는 대응조치(전통적으로 복구라 칭함)를 취할 것이다(예를 들어 외국인 추방, 통상조약의 정지 등).

따라서 집단책임이란 첫째, 어느 국가공무원이 저지른 국제법 위반행위에 대해 국가공동체 전체가 책임을 부담하며, 둘째, 불법행위의 결과로 인해 국가공동체 전체가 피해를 볼 수 있다는 것을 의미한다(자세한 것은 제13장 참조).

1923년 코르푸해협 사건은 이런 점에서 유익하다. 1923년 8월 27일 대사회의(Conference of Ambassadors; 프랑스, 영국, 이탈리아 및 일본 출신의 외교관으로 구성되고 평화조약의 이행을 담당하는 회의체)에 의해 그리스-알바니아 국경경계획정 임무를 받은 국제위원회(International Commission)의 이탈리아 출신 위원이 그리스 측 영토인 Janina 마을 근처 Zepi에서 신원미상의 테러범의 손에 살해당했다. 이틀 후 이탈리아는 그리스에 대해 공식 사과, 엄숙한 종교적 추모행사 거행, 이탈리아 국기에 대한 경례 및 고인에 대한 군장(軍葬) 의식의 실시, 5일 내에 엄정한 사실조사 실시, 모든 범죄자에 사형 부과 및 5일 내에 5천만 이탈리아 리라의 배상금 지불을 요구하였다. 다음날 그리스 정부는 그리스가 이탈리아인의 암살에 책임이 있다는 이탈리아의 비난이 부당하다고 대응하면서 범죄 규명, 사형부과 및 배상금 지불에 관한 요구를 거절하였다. 동시에 그리스는 이 문제의 우호적 해결을 위해 이를 국제연맹 이사회에 회부하였다. 그러나 이탈리아의 독재자 무솔리니의 명령에 따라 다음날 이탈리아의 함선이 코르푸 섬에 폭격을 가하여 다수의 민간인 희생자가 발생하였으며(16명 사망 및 동 사망자의 3배 이상 상해), 이탈리아 군대는 코르푸 섬을 점령하여 요구사항을 이행하도록 강요하였다. 결국 국제사실조사위원회의 최초보고서에 따라 대사회의는 그리스가 범죄자 색출에 있어 과실이 있었다고 판단하였다. 9월 27일 이탈리아 군대는 코르푸에서 철수하였고 이탈리아는 5천만 리라의 배상금을 지불받았다[이 금액은 상설국제사법재판소(PCIJ)가 지불 배상금의 액수에 대한 판결을 내릴 것이라는 이해하에 그리스가 스위스 국립은행에 사전에 담보금으로 예치해 놓은 것이었다. 그러나 이러한 PCIJ의 판결은 내려지지 않았다]. 그런데 그리스에 책임이 있다고 가정하더라도(이 문제의 진상은 충분히 규명되지 않았음), Zepi의 몇몇 산적들이 행한 암살로 인해 가장 큰 타격을 입었던 것은 그리스 시민과 국고였다(관련 문서로 3 *RDI*(1924), p.339 이하 참조).

이와 유사한 최근의 대표적인 집단책임 사례로는 1982년에 아르헨티나가 포클랜드/말비나스 제도를 불법침범한 것에 대한 대응을 언급할 수 있다. 당시 유럽공동체 10개 회원국은 경제적인 대응조치(아르헨티나로부터 섬유 및 육류 수입 정지)를 채택하였고, 미국은 무엇보다 '신 수출입 신용 및 보증'을 정지함으로써 여기에 보조를 맞추었다(15.5 참조). 한편 이러한 '제재조치'로 악영향을 받은 당사자는 침범을 결정한 아르헨티나 지도부가 아닌 개인 및 기업이었다. 또 다른 집단책임의 실례로는 1986년 4월 5일 리비아 기관원의 기획하에 베를린 La Belle 디스코장에 대한 폭탄테러로 2명의 미국인 병사, 1명의 터키 여성이 사망하고 200명 이상의 부상자가 발생하였는데, 이에 대해 미국은 1986년 4월 14일 트리폴리 및 벵가지에 대한 공습을 감행하였다(18.1.2 참조). 리비아에 따르면 이러한 미국의 공습으로 민간인 41명이 사망하고 200명이 부상당하였다(2001년 베를린 지방법원은 리비아의 비밀정보원이 이 테러행위의 배후에 있다고 판시하였으며, 이 판결은 2004년 독일 대법원의 *Yasser Mohamed C. and others* 사건에서 확정되었다). 또 다른 사례로서 유엔 안보리의 요청(1992년 안보리 결의 제748호) 및 Lockerbie에서의 테러행위에 대한 대응조치로 1992년 일련의 국가들이 리비아에 대해 취한 경제제재 조치를 생각할 수 있다. 이러한 조치에는 리비아와 무선통신 차단(15.5.1 및 22.4.2 참조)이 포함되는데, 이는 리비아의 국가공무원뿐만 아니라 리비아 기업의 이익 및 모든 리비아인에게 영향을 미쳤던 것이 분명하다.

이러한 형태의 책임은 원시적이고 초보적인 법체계의 전형적인 모습이다.[1] 국제공동체를 규율하는 법은 원시사회의 전형적인 모습을 여실히 보여 준다. 나아가 고도로 통합되고 그에 따른 이익을 공유하는 원시공동체와 달리 세계공동체는, Hoffmann이 옳게 지적하고 있듯이,[2] 구성원의 사회적 상호관계의 관점에서 볼 때 대체로 이들의 비통합성(non-integration)에 기반하고 있어 오히려 원시공동체보다 더욱 악화된 상황에 처해 있다.

나중에 두 가지의 새로운 경향이 전통적인 모습을 크게 바꾸었던 점을 알게

1) Kelsen은 이러한 현상에 관심을 가진 최초의 학자 중 한 사람이었다. 그는 다음 사항을 지적하였다. 즉, "집단책임은 유혈복수가 살인자뿐만 아니라 그의 가족구성원 전체를 대상으로 하는 경우에 존재한다. 집단책임은 야훼가 아버지의 원죄 때문에 그의 자식 및 자식의 자식을 처벌하겠다고 위협하는 십계명에서 확립되었다"(H. Kelsen, *Principles*, p.9).

2) S. Hoffmann, "International Law and the Control of Force," in K. Deutsch and S. Hoffmann, eds., *The Relevance of International Law*(Garden City, N.Y.: Anchor Books, 1971), p.36.

될 것이다. 다시 말해서 첫째, 국제규칙의 '보통' 위반에 대한 전통적 국가책임 외에 본질적 가치를 구현한 근본규칙의 중대한 위반에 대해서 새로운 범주의 국가책임(소위 '가중'책임으로 13.5-6 참조)이 발생하게 되었다. 둘째, 과거에 국제법상 형사책임을 부담하는 유일한 범주의 개인은 해적이었지만, 19세기말 이래로 개인책임이 점차 발달하였다. 예를 들어, 전쟁범죄와 같이 예외적인 상황에서 국가공무원이 저지른 심각한 범죄는 그가 속한 국가의 국가책임 이외에 이 범죄인의 개인책임을 유발하는 것으로 인식되었다. 제2차 세계대전 이후 전쟁범죄의 범주는 점차 확대되었고 평화에 반한 죄(주로 침략) 및 인도에 반한 죄(주로 집단살해죄)와 같은 범주가 추가되었다(제21장 참조). 그러나 이러한 괄목할 만한 진전에도 불구하고 집단책임은 국제법상 여전히 규칙으로 남아 있다.

1.5 대다수 국제규칙의 국내법 전환 필요성

나중에(제12장) 살펴 보겠지만 국가가 국제규칙을 자국의 국내법체계 안에 적용하려면 일반적으로 이를 국내법으로 수용하여야 한다. 이것은 국제공동체가 주권국가로 구성되어 있으며, 주권국가는 자국의 관할권하에 있는 개인을 통제하기에 개인이 어느 정도의 권리 및 의무를 가질지 결정하려고 하기 때문이다. 따라서 국가 내에서 국제법이 적용되려면 국제법은 대부분 국내법으로 전환되어야 한다.

예를 들어, 특정 범주의 무기(화학 또는 생물무기) 사용을 금지하는 국제규칙이 효력을 가지려면 해당 국가의 국방장관 및 군 지휘관은 그러한 규칙을 국내적으로 이행할 의무를 부담해야 하고, 이 같은 규칙의 범위를 인식하고서 이행하는데 필요한 모든 조치를 취해야 한다. 1961년 외교관계에 관한 비엔나협약 제29조와 같은 규정(즉, "외교관의 신체는 불가침이다. 외교관은 어떠한 형태의 체포 또는 구금을 당하지 아니한다. 접수국은 외교관을 적정히 존중해서 대우하여야 하며, 외교관의 신체, 자유 또는 존엄에 대한 어떠한 침해에 대하여도 이를 방지하기 위하여 적절한 모든 조치를 취하여야 한다")은 국가의 법 집행기관에게 외국 외교관의 체포 또는 구금행위를 삼가야 하고, 외교관에 대한 부당한 침해행위를 방지하기 위하여 필요한 모든 조치를 취할 의무를 부과하고 있다. 마찬가지로 이 협약 제34조(즉, 외교관은 이 규정에서 열거하는 특정 범주의 조세 이외에는 "국가, 지방 또는 지방자치단체의 모든 인적 · 물적 부과금, 조세로부터 면제된다")에 따라서 '접수국'(즉, 외교관이 외교활동을 수행하는 국가)의 조세당국은 외국 외교관을 상대로 부과될 수 없는 모든 부과금 및 조세의 면제를 위해 필요한 입법적 또는 행정적 조치를 취해야 한다.

이런 이유에서 대부분의 국제규칙은 국내법체계의 일관된 지원, 협력 및 지지 없이는 작동할 수 없는 것이 분명하다. 독일의 국제법 학자인 H. Triepel은 1923년 조금은 과장되게(그의 엄격한 이원론적 접근방법 때문에) 국제법은 장군에게 명령만 줄 수 있는 원수와 같다고 평한 바 있다. 원수의 명령은 오로지 장군을 통하여 부대원에게 도달할 수 있다. 만일 장군이 원수의 명령을 야전의 군대에게 전달하지 않는다면 원수는 전쟁에서 패배할 것이다(*HR*(1923), p.106).

1.6 국가행동의 자유에 대한 범위

국제공동체에서 전형적인 또 다른 특징을 설명하기 위해 다시 한번 국내법체계와 비교해 보는 것이 유용하다.

대부분의 국내법질서에서 일차적 법주체인 개인은 자신의 사적 거래에 있어서 최대한의 자유를 갖는다. 그는 타인과 다양하게 계약을 체결하거나 하지 않을 수 있으며, 회사를 설립하거나 결사를 창설할 수 있다. 그러나 개인의 광범위한 자유가 전혀 구속받지 않는 것은 아니다. 즉, 중앙기관(정부)은 종종 개인에 대해 법적 규제를 가한다. 예를 들어, 개인은 공서(公序) 및 공중도덕에 반하는 사적 거래(예를 들어, 매춘의 목적으로 한 당사자가 타방 당사자에게 최근친(最近親)을 양도하기로 약속하는 계약)를 할 수 없으며, 만일 그러한 거래가 이루어지더라도 무효이다. 국내적 공서(公序)에는 자연인의 신체 또는 자유의 포기를 금지하는 규범이 포함되어 있음을 주목해야 한다. 그리하여 한 당사자가 자기 신체의 일부를 훼손하여 타방 당사자에게 이의 일부를 양도하기로 약속하는 계약은 공서(公序)에 반하여 무효이다. 한 당사자가 자살하겠다거나, 타방 당사자와의 관계에 있어 영원히 노예와 같은 지위를 감수하겠다고 약속하는 계약에 대해서도 동일한 논리가 적용된다. 모든 국내법체계에는 공동체 구성원이 상호간의 사적 거래행위를 수행하는 경우에도 무시할 수 없는 핵심가치가 있다. 만일 이러한 핵심가치를 무시하는 경우 중앙기관(정부)은 사적 약속이 법적 효력을 갖지 않도록 만들어버린다. 더군다나 개인은 범죄행위를 규율하는 규칙에 담겨진 고귀한 특정 기본가치로부터 일탈할 수 없다. 만일, 둘 이상의 사람이 범죄단체의 설립을 목적으로 계약을 체결하는 경우 이 계약은 무효이며, 그들에게는 형사책임이 뒤따르게 되어 형사처벌을 받게 된다. 개인적 자유의 세 번째 제약요소는 국가기관의 기능과 관련된 모든 공법규범으로부터 도출된다. 예를 들어, 정치선거가 4년에 한 번씩 실시되는 국가에서 시민은 자신이 원한다고 해서 임의로 투표할 수 없다. 이러한 한계는 특정 권리 및 자유권의 행사를 제한하는 헌법규칙(예를 들어, 사상 또는 결사의 자유) 및 노동법(보통 약자를 보호하기 위해 노동시간 및 노동조건에 관한 근로관계에 있어 계약자유를 종종 제약하고 있다)에서도 도출된다.

이와 반대로 국제공동체의 주체는 광범위한 행동의 자유를 누린다. 전통국제법상 이러한 자유는 사실상 구속받지 않았다. 그러나 현대국제법에 들어서면서 몇 가지 법적 제약요소가 확립되었다.

전통국제법상 국가는 자신의 내부조직을 구성할 때 재량권을 포괄적으로 행사하였다. 세계공동체는 국가의 자체적인 정치체계 구성방법에 대해 '간섭'할 수 없었다. 어느 국가든지 권위주의적 권력구조를 수립하거나 민주적 원칙을 지지할 자유를 가졌다. 즉, 국가는 의회를 수립하거나 아무런 대표회의체도 두지 않을 수 있었고, 군주를 두거나 민주적으로 선출된 국가원수를 둘 수 있었다. 이것은 각국의 사적 업무였다. 게다가 전통국제법은 국가에게 국내법질서에 특정 내용을 포함하도록 요구하는 데에 관심이 없었다. 몇 가지 사항을 예외로 하고(예를 들어, 외국인의 대우 또는 외국 외교관에 부여되는 면제에 대한 관습국제규칙), 국가는 국내입법의 방향 및 범위에 대해 어떠한 구속도 받지 않고 자유롭게 결정하였다. 다시 말해서 일반국제법은 이러한 문제에 관여하지 않았다.

국가는 또한 외교정책의 수행에 관하여 완전한 자유를 누렸다. 국제협정 체결 여부는 전적으로 국가가 결정하였다. 즉, 국가는 자유롭게 조약체결 당사자 및 내용을 선택하였다. 국가는 원하는 바에 따라 국제관계를 수립할 수 있었다. 즉 새로운 국가를 승인하거나 승인을 거절할 수 있었으며, 하나 이상의 국가와 동맹을 맺거나 맺지 않을 자유가 있었다. 전통적인 법질서에 있어서는 국가가 희망하면 어떠한 무력사용도 근거를 불문하고 허용되었다. 국가는 자신의 법적 권리가 침해당했다는 근거에서, 또는 다른 나라를 무력공격하는 것이 정치 · 경제적으로 필요하다고 판단하는 경우(예를 들어, 타국의 영토 일부 또는 전체를 점령 및 병합하거나 괴뢰정부를 수립하기 위한 것 등) 전쟁을 개시하거나 전쟁에 이르지 않는 강제조치(15.1.1-5 참조)를 취할 수 있었다. 법은 너무 '관대하여' 국가들이 세계공동체의 여타 회원국의 정책 변경을 유도하기 위하여 정치적 압력이나 무력사용 위협을 가하여 그 나라의 국내 및 국제문제에 간섭하는 것을 허용하기에 이르렀다(15.1.2-3 참조). 더욱이 국가가 자신의 법적 분쟁을 중재에 회부하기로 약속한 경우에도 자신의 '본질적 이익'에 영향을 미치는 경우 종종 이러한 회부 의무를 무시하였으며, 각국은 특정 사건이 이러한 범주에 포함되는지 여부를 결정할 권리를 보유하였다. 경제분야에서의 자유는 훨씬 더 광범위하였다.

법적으로 제한받지 않아서 어느 국가도 다른 국가와 합의하여 어느 한 국가의 소멸, 즉 한 국가를 다른 국가에 병합(incorporation) 또는 양국의 합병(merger), 또는 한 국가의 영토 일부를 다른 국가에 할양(cession)하는 조약을 체결할 수 있었다. 이러한 자기훼손 또는 자기파괴적 현상을 금지하는 강행규칙은 없었다.

여기서는 물론 법적 자유에 대해 말하고 있다. 권력정치, 일관된 세력균형의 필요성, 경제적 · 사회적 고려, 국가의 지정학적 상황, 위신 및 전통, 그리고 여타 요소들이 이러한 자유를 축소시키려고 했지만, 법질서는 *자유방임적* 태도를 취하였고, 광범위한 활동영역을 개별 국가에게 허용하였다.

국제법이 왜 이런 식으로 발전했는지를 이해하기란 어려운 일이 아니다. 어느 개별 국가 또는 국가집단도 세계공동체 전체 회원국의 행동을 규율하기 위하여 기본적인 행동기준을 준수하도록 강요할 만큼 세계공동체를 항구적으로 지배할 수 없었다. 그리하여 한 국가가 다른 국가의 자유를 심각하고, 지속적으로 침해하지 않는 한 모든 국제공동체 구성원에게 최대한도로 행동의 자유를 부여하는 소극적 규율에 의존해야 했다. 이러한 접근방법은 분명히 강대국에 유리할 수밖에 없었다. 실제로 국제법은 강대국의 이익을 정당화하고, '성문화'하며 이를 보호하는 방식으로 설계되었다.

제1차 세계대전 이후 국가의 제한 없는 행동의 자유에 점차 조건이 부과되었다. 이러한 새로운 발전은 다음 세 가지 측면에서 설명할 수 있다.

무엇보다도 국제조약망의 범위가 확장되었다. 대부분의 국가들은 현재 자신의 국내법체계를 침범하는 대다수 조약의 당사자이다. 따라서 현재 대부분의 세계공동체 구성원은 자신의 국내체제 형성 및 대외업무의 자유로운 수행이라는 점에서 재량권을 크게 제약하는 여러 가지 의무에 구속받고 있다. 다수 국가는 상업적 · 정치적 · 사법적 공조 및 인권영역 등에서 의무를 부담하고 있다. 마찬가지로 국제적 활동면에서 다수 국가는 국제기구, 동맹조약 등의 당사자이다. 사실 이런 모든 약속은 조약으로부터 도출된다. 이론적으로 국가는 임의로 이런 약속을 파기할 수 있으나, 실제로는 정치적 · 경제적 · 외교적 · 군사적 및 심리적 요소들로 인해 국가가 자신의 다양한 약속을 벗어나기란 쉽지 않다.

두 번째 중요한 요소는 무력사용권의 법적 제한이 점차 커지고 있다는 것이다. 1919년 국제연맹규약은 다수 국가의 행동의 자유에 상당한 제한을 가하였다. 이런 제한으로 국가의 전쟁개시권은 축소되었다. 1928년 미국과 프랑스가 주도했던 파리맹약(Paris Pact)은 이런 제한을 강화하여 더 많은(어떤 면에서는 상이한) 국가집단으로 대상을 확대하였다. 그리하여 이러한 제한은 1945년 유엔헌장이 '전쟁'이라고 할 정도가 되든지 여부와 상관 없이 모든 종류의 군사력 사용 또는 사용 위협을 회원국에게 삼갈 것을 요구하여 급진적 · 포괄적인 제한이 되었다. 무력사용이 금지되었지만 국가행동의 자유를 제한하기에는 여전히 강제장치의 미비 등 흠결이 있다. 하지만 오늘날 이러한 금지는 국제공동체 전체를 아우르는 원칙이 되었다(3.4; 15.2; 16.3.2 및 제17장 참조).

셋째로, 1960년대 국제공동체에서는 어느 국가도 국제협정을 통해 특정 일반규범을 일탈할 수 없다는 의미에서 여타 규칙보다 우세한 법적 효력을 갖는 관습규칙, 즉 강행규범(强行規範)이 발달하였는데, 이를 *jus cogens*(다음 11.2-9 참조)라고 불렀다. 이런 이유에서 국가는 강행규범이 금지하는 활동을 규정하는 어떠한 협정 체결도 삼가야 할 의무를 부담하게 되었다. 결국 국가가 이런 유형의 협정을 체결한다면 그러한 협정은 무효가 될 것이다.

그러나 나중에(17.7) 고찰하겠지만, 이렇게 중요한 진전이 있었지만 현실적으로 그리고 적어도 몇 가지 측면에 있어서 현 국제공동체의 상황은 전통국제법으로부터 그리 많이 벗어나지 못하고 있다.

1.7 실효성의 지배적 역할

국제법은 현실적인 법체계이다. 왜냐하면 국제법은 현존하는 권력관계를 고려하고 이를 법규칙으로 전환하려 하기 때문이다. 그래서 국제법은 대부분 실효성의 원칙(principle of effectiveness)에 의존한다. 다시 말해서 오로지 실효적인 주장 및 상황만이 법적 결과를 산출할 수 있다. 실효적인 상황이란 상황이 실제 생활에 확고하게 뿌리를 내린 경우이다. 예를 들어, 만일 어느 새로운 국가가 분리하여 출현하는 경우 특정 영토 및 그 곳에 거주하는 인간공동체를 확실히 지배하는 것이 명백한 경우에만 그 국가는 국제적 지위를 주장할 수 있다. 국가공동체에 대한 지배는 실질적이고 지속적이어야 한다. 반란단체에도 동일한 고려사항이 적용된다. 만일, 국가에 내란이 발발하는 경우 반도세력이 해당 영토의 일부분에 대해 실효적 권한(effective authority)을 행사하지 못하는 한 국제적 권리 및 의무를 주장할 수 없다. 마찬가지로 외국 영토에 대한 군사점령의 경우 그 영토가 실질적으로 점유국의 권한 아래에 있고, 이를 주장할 위치에 있을 때까지 점유국은 전쟁국제법상의 어떠한 권리 및 특권도 주장할 수 없다.

실효성의 원칙은 국제법을 형성하는 전체 규칙집단에 침투해 있다. 전통법에서는 오랫동안 실효성의 원칙이 있었기에 법적 허구는 국제무대에서 설 자리가 없었다. 새로운 상황이 확고하고 지속적인 권위의 표시에 기반하고 있다고 볼 수 없는 한 법적으로 유효하다고 인정받지 못했다. '새로운 세력'이 기존의 권위를 확고하게 대체하였음을 보여 주지 못하는 한 어떠한 새로운 상황에 대해서도 국제적 정당성을 가질 수 없었다. 주로 무력을 기반으로 정당화가 이루어졌다.

무력이 국제공동체에서 이렇게 막강한 역할을 하면서 국제법제도에 '보수적' 색채를 띠게 만든 이유에 대하여 의구심이 생길 수 있다. 아마도 국제공동체에서 권력은 항상 분산되었고 새로운 상황에 대하여 정당성을 부여할 만한 상위기관이 출현하지 않았던 점, 또는 국가가 이러한 목적에 부합하면서 법적으로 구속력을 갖는 핵심원칙을 개발하지 못하였던 점(그 이유는 국제공동체가 너무 많이 분리되어 있기 때문임)에 그 해답이 있을 것이다. 이러한 이유로 법규칙은 필연적으로 새로운 사실 및 사건에 대한 유일한 법적 평가기준으로서 무력에 의존하기 마련이다.

앞서 했던 설명은 본질적으로 국제공동체의 *전통적* 구조에 관한 것이다. 제1차 세계대전 이후 다수의 국가는 단순 무력 또는 권위보다 '적법성'(legality)을 우선하고자 시도했었다. 이러한 시도는 주로 1932년 스팀슨주의(Stimson doctrine)에서 생겼다(17.2.2 참조). 이 원칙에 따르면 특정 상황이 비록 실효적이라 하더라도 국제공동체에서 점점 더 기본가치로 간주되는 것을 침해하는 경우 정당성이 부여되지 않았다.

1.8 전통적인 개별주의적 경향 및 공동체권리 · 의무의 출현

1.8.1 국제적 권리 · 의무의 기반으로서 상호주의

국제공동체는 오랫동안 수평적 구조와 함께 구성원 상호간을 연결하는 강력한 정치적 · 이념적 · 경제적 고리가 없는 점이 특징이었다('구' 공동체에 팽배하던 기독교 원칙이 국가이익에 우선할 수 없었다). 이러한 특징들로 인해 결국 국가는 이기적인 태도를 견지하는 경향을 갖게 되었다. 즉, 이기주의가 국제공동체를 지배하였다.

이러한 현상은 실체적 규칙이 국가의 행위를 규율하는 방식에서도 뚜렷하였다. 국제규칙은 비록 관습의 경우 모든 국가를 대상으로 하고 다자조약의 경우 일정 국가집단을 대상으로 하지만, 보통의 경우에는 관계되는 *쌍방국가*에 대해서만 권리 · 의무관계를 형성한다. 결과적으로 각국은 다른 한 국가에 대해서만 권리 및 의무를 갖는다. 이러한 규칙은 상호주의적 의무를 부과한다는 점에서 '대칭적'이라 불릴 수 있다. 예를 들어, 관습규칙의 경우 국제공동체의 모든 회원국에게 *대세적*(對世的, *erga omnes*), 즉 모든 여타 국가에 대해 권리를 부여할 수 있다. 그러나 관습규칙의 구체적 적용을 살펴보면 결국 쌍방 국가에 적용되는 기준으로 귀결되는 것을 알 수 있다. 아주 두드러진 실례로 주권에 대한 규칙(즉, 한 국가는 그 밖의 다른 모든 국가에 대해 자국의 영토보전 및 정치적 독립을 충분히 존중하도록 요구할 수 있다) 및 공해의 자유이용에 관한 규칙(즉, 각국은 연안국의 관할권에 속하지 않는 모든 부분의 해양에 해저케이블 및 파이프라인 부설의 자유, 항행 · 어업 및 상공비행의 자유를 누릴 권능이 있다)을 들 수 있다. 왜냐하면 이런 규범을 위반한 경우 그로 인한 법률관계는 오로지 피해국과 위반국으로만 연결되기 때문이다. 다시 말해서 실체적 권리가 대세적 성격을 갖는다고 해도 이것이 국제공동체의 모든 구성국에 귀속되는 절차적 집행권을 수반하지는 않는다. 일단 어느 국가가 다른 국가의 주권을 침해하게 되면 피해회복조치(reparation)를 청구하는 국가는 바로 희생국이다. 즉, 제3국은 희생국 또는 전체 국제공동체를 대신하여 불법행위의 중지 또는 피해회복조치를 청구하기 위하여 간섭할 수 없다. 동일한 논리가 외교면제에 관한 규칙에 대해서도 적용된다. 즉, 이 규칙은 성격상 일반적이며 모든 국가를 대상으로 하고 있지만 사실은 쌍방 국가를 규율하는 다수의 양자규칙으로 분리된다. 예를 들면, "외교관은 접수국의 형사관할권으로부터 면제된다"(1961년 외교관계에 관한 비엔나협약 제31조 제1항)는 규칙은 영국과 인도네시아 관계에서 보면 영국이나 인도네시아는 자국 외교관이 타방 국가의 형사관할권으로부터 면제된다는 것을 이 타방 국가에 대해 주장할 권리가 있음을 의미한다. 동일한 규칙은 국제공동체의 모든 여타 쌍방 국가에게도 적용된다.

마찬가지로 이러한 논리는 국제조약 특히 다자조약에도 해당된다. 예를 들어, 특정 상품에 대해 특정 관세 부과를 규정하고 있는 국제통상조약에 따라서 개별 체약당사자는 모든 여타 체약당사자에게 조약상 의무를 이행하도록 요구할 권리를 갖는다. 만일, 어느 한 체약당사자가 다른 당사자로부터 수입한 상품과 관련하여 이러한 의무를 위반하는 경우 다른 당사자는 이 의무위반에 대한 피해회복조치를 청구할 권능이 있다. 실제로 이런 다자조약은 특정 쌍방국가 간의 관계를 규율하면서 실질적으로 유사한 양자조약 집단으로 분절될 수 있다. 이것은 마치 개별 체약당사자가 여타 체약당사자를 조약 상대방으로 하는 다수의 양자조약에 기속되는 것과 같다.

간략하게 설명하면 국제법체계에는 모든 국내법체계에서 당연히 인정되고 있는 제도가 거의 없다. 국내법체계상 심각한 위반(예를 들어, 형사범죄)의 경우 전체 공동체의 대표(검사 또는 유사기관)는 피해자의 태도나 행동을 불문하고 법적 절차를 개시할 수 있다. 그러나 국제법체계에는 중대한 결함이 다수 있는데, 무엇보다도 불법행위에 대한 대응 여부는 궁극적으로 희생국이 책임국(culpable State)보다 우월하거나 동등한 정도의 힘을 갖는지에 좌우된다. 결국 법의 존중은 권력에 의존하게 된다.

아마도 이러한 법적 권리·의무체계에 관하여 몇 안되는 예외 중 하나가 해적행위에 대한 일반규칙(이러한 개념은 오늘날에도 적용 가능하며, 자세한 것은 다음 7.6.1 및 21.1 참조)이었다. 이 규칙에 따라서 모든 국가는 해적의 국적에 관계 없이 그리고 자국의 선박이 해적으로부터 공격 또는 공격위협을 당하였는가에 관계 없이 공해상에서 해적을 체포하고 해당 선박을 나포할 수 있었다. 그리하여 이러한 규칙(즉, 세계의 모든 개인에게 해적행위를 하지 않을 의무를 부과함)은 실제 발생한 손해와 무관하게 모든 국가에게 권리를 부여하였다. 그러나 이러한 권리를 행사할 때 국가는 세계공동체를 대표하거나 공동체가치를 보호하기 위해 행위한 것은 아니고, *공동이익*을 보장하기 위하여 행위할 뿐이었다. 1817년 한 영국 법원이 *Le Louis, Forest* 사건에서 판시한 바에 따르면, 해적은 "모든 국가와 관계를 단절하고, 모든 국가의 연안 및 선박을 무차별하게 파괴하여 결국 모든 사람을 공포와 불안에 떨게 하는 인류의 적이다"(p.705). 그리하여 해적선에 대한 나포권(拿捕權)은 "피해 방지를 이유로 그리고 정당방위의 수단으로 존재하였다"(p.704). 이러한 논리는 해적선에 대한 나포권이 현실적인 또는 잠재적인 공동의 위험(그리고 그에 따른 손해)에 대항하기 위한 모든 국가의 공동이익에 기반하고 있음을 분명히 보여 주고 있다.

동일한 논리가 항행 가능한 국제수로와 관련한 유역국가(riparian States)의 권리에도 해당될 것이다. 1815년 이래 발전된 관습법상 모든 유역국가는 자유로이 항행하고 공평한 대우를 받을 권리를 갖는다. 따라서 만일 유역국가 중 한 나라가 다른 나라의 자유항행을 금지하는 행위를 하는 경우 이로 인하여 모든 여타 유역국가들이 실제 손해를 입었는지에 관계 없이 그들의 권리를 침해하게 된다(그 결과 적어도 원칙상 모든 여타 유역국가는 위법행위의 중지를 요구할 수 있다). 이는 1929년 PCIJ가 *Territorial Jurisdiction of the International Commission of the River Oder* 사건에서 판시하였듯이 아래와 같은 이유 때문이다.

> "항행 가능한 하천에 대한 이익공동체를 기반으로 공동으로 행사할 수 있는 법적 권리가 존재한다. 즉, 이러한 권리의 본질적 특징은 모든 유역국가가 하천의 전체 수로를 사용함에 있어 완전히 평등하며, 다른 유역국가들과의 관계에 있어 어느 유역국가의 우월적 특권도 배제하는데 있다"(p.27).

1.8.2 공동체의무 및 공동체권리

현 국제공동체에 있어서도 상호주의에 기반한 전통규칙이 여전히 방대한 양의 국제법이지만, 상이한 내용 및 의미를 갖는 새로운 규칙도 찾을 수 있다. 제1차 세계대전 이후, 그리고 특히 제2차 세계대전을 거치면서 등장한 다수의 조약들은 각국이 모든 여타 체약당사국에 대해 전혀 상호적이지 않은 의무를 부담하도록 규정하고 있다.

> 이런 범주의 규칙은 국제공동체가 특별히 보호할 가치가 있다고 여기는 *새로운 가치*가 출현하면서 발전하였다. 제1차 세계대전 이후 사회주의적 원리의 이념적 · 정치적 압력이 커졌고, 전쟁의 참화로 인해 노동자의 근로조건이 더욱 악화되었다고 믿게 되면서 노동자의 운명에 대해 더 많은 국제적 관심을 기울이게 되었다. 결과적으로 국제노동기구(ILO)가 설립되고 노동자 보호를 위한 국제협약이 성안되어 채택되기 시작하였으며 이 협약의 이행 여부가 ILO의 감시대상이 되었다(다른 점에 대해서는 7.6.2(3); 14.8.2 참조). 마찬가지로 제2차 세계대전 이후 나치의 인종 및 종교집단(주로 유태인 및 집시)에 대한 대량학살과 독일 및 여타 지역에서 수천 명의 개인이 기본적 인권을 철저히 무시당하자 이에 대항하여 연합국은 집단살해(genocide) 및 여타 심각한 인권침해를 방지하기 위해 보다 개선된 안전장치를 마련하기로 결정하였다. 같은 이유로 나치의 다수 유럽국에 대한 침략 및 일본의 미국 침공으로 유엔은 모든 형태의 침략을 전면적으로 금지하게 되었다. 위에서 서술한 바와 같이, 이러한 모든 새로운 가치들은 다수의 국제조약 및 소수의 국제관습규칙이 되었다(제3장 및 제19장 참조).

공동체의무는 다음과 같이 독특한 특징을 갖는다. 즉, ① 공동체의무는 기본가치(예를 들어 평화, 인권, 인민의 자기결정권, 환경보호)를 보호하는 의무이며, ② 이러한 의무는 *대세적*(對世的) 의무(obligations *erga omnes*)로서 국제공동체 모든 회원국에 대한 의무이며(또는 다자조약의 경우 모든 여타 *체약*당사국), ③ 이 의무에는 모든 국가(다자조약에 규정된 의무의 경우 모든 여타 *체약*당사국)에게 귀속되는 것으로서 의무에 상응하는 *권리*가 뒤따르며, ④ 이러한 권리는 이 권리의 침해로 인한 물질적 또는 정신적인 피해를 입었는가를 불문하고 모든 여타 (체약)국이 행사할 수 있으며, ⑤ 또한 이 권리는 전체 국제공동체(또는 체약당사국 공동체)의 *기본가치를 보장하기 위해 전체 공동체를 대표하여* 행사된다[예를 들어, 어느 국가가 자국민에게 자행하는 잔악행위에 대해 여타 국가가 이의를 제기하거나 통렬하게 항의하고, 이러한 행위를 즉각 중지하도록 요구하는 것은 그렇게 해서 자국의 이익을 보장하거나 장래 발생 가능한 어떤 손해를 방지하기 위해서가 아니라, 전체 국제공동체를 대표해서 인도주의적 가치를 옹호하려는 것이 유일한 (또는 일차적) 목적이다]. 따라서 이러한 권리는 '공동체권리'라고 할 수 있을 것이다.

일면 이러한 가치군은 스페인 출신의 국제법 학자이자 근대 자연법 이론가인 Francisco de Vitoria(1483~1546)가 명명한 *bonum commune totius orbis*, 즉 전 세계의 공동선—달리 말해서 인류 전체가 공유하며 개별 국가의 특정 이익 및 요구사항이 양보해야 하는 자산이나 가치—을 형성한다. 나중에 살펴 보겠지만 현대에 공동체 의무 및 권리 개념(그리고 동질의 *jus cogens* 개념. 이에 대해서는 11.2-3 참조)이 출현하여서 16세기에서 18세기에 걸쳐 자연법 옹호자가 제안했던 관념 및 구성이 실정법으로 변형되었다는 점이 다시 한번 확인되었다.

그러면 현재 논의하고 있는 '공동체권리'는 어떻게 행사될 수 있을까? 관습규칙에서는 이에 대해 어떠한 특정 장치도 마련하고 있지 않다. 따라서 일단은 전통적 구제수단(즉 외교적 조치 및 압력, 평화적 대응조치. 15.3 및 15.5 참조)을 활용할 수 있을 것이다. 조약의 경우 몇몇 조약은 단순히 권리를 선언하고 있을 뿐 구체적인 권리의 이행수단을 명시하고 있지 않은데, 방금 전 언급한 전통적 구제수단이 이러한 경우에도 활용될 수 있을 것이다. 반대로 다수의 여타 조약은 청구국의 권리구제를 신속하게 하기 위해 특별한 절차 또는 장치를 마련하고 있다. 이 점에 대해서는 나중에 다시 살펴볼 것이다(13.5-6 및 제14장 참조).[3]

그러나 최근의 '공동체의무' 출현이 비록 의미심장하지만 과대평가되어서는 안된다.[4] 왜냐하면 이런 의무를 규정하고 있는 조약 또는 관습규칙은 아직도 비교적 드물고, 이러한 규칙마저도 거의 이행되지 않고 있기 때문이다. 무엇보다도 국제공동체의 전형적 특징으로서 규범수준과 이행 간의 커다란 간극이 이 분야

---

3) 1989년 채택된 결의에서 *국제법학회*(Institut de Droit International)(63-II *Annuaire*(1990), pp.338-340)는 현행 관습법을 권위 있게 정리하고 명료화하면서 '인간의 존엄성을 직접 표현하는 것'인 근본적 인권이 준수되도록 해야 할 의무는 *대세적*이라고 하였다. 그리하여 인권위반의 경우 모든 여타 국가는 '외교적 진정 그리고 구술로만 하는 우려 및 불만 표시'의 수단으로 대응할 권능이 있다. 반면, 위반이 대규모 또는 조직적인 경우라면 여타 국가는 책임국에 대해 외교적, 경제적 및 여타 평화적 조치를 취할 권능이 있다. 더욱이 E. Lauterpacht 판사가 *Case Concerning application of the Convention on the Prevention and Punishment of the Crime of Genocide (Bosnia and Herzegovina v. Yugoslavia(Serbia-Montenegro))* (ICJ Reports 1993, 제113항-제115항)에서 개별의견으로 말하고 있듯이, 1948년 집단살해방지협약 제1조에 따라 각 체약당사자는 모든 여타 체약국가의 어떠한 집단살해 행위에 대해서도 (비록 의무사항은 아니지만) 이에 대응할 수 있다. 관습법은 집단살해 분야에 있어 이러한 권리 및 의무를 정리하고 그 범위를 확대하고 있다.

4) 현재 '공동체이익'의 국제적 보호에 대한 다양한 사례를 심도 있게 고찰한 문헌으로는 B. Simma, "From Bilateralism to Community Interest in International Law," 250 *HR*(1994-VI), 특히 p.256 이하 참조.

에서 더욱 두드러진다. 비록 국가는 전체 국제공동체 또는 모든 여타 체약당사국의 이익을 위해 행동할 수 있지만 보통은 다른 국가의 국내문제에 개입하지 않으려 한다. 결국 국가는 자신의 경제적, 군사적 또는 정치적 이익이 위협받는 경우에만 '공동체권리'를 행사하게 된다. 이런 이유로 국가간 청구에 기초를 두고 있는 대부분의 구제절차는 실패했거나, 적어도 충분히 이용되지 못하였다(13.5 및 13.7 참조).

1.8.3 공동체권리 및 의무에 대한 현재의 장 · 단점을 지적해 주고 있는 1949년 4개의 제네바협약 공통 제1조

현재 공동체권리 및 의무에 대한 단점의 주요 실례는 1949년 4개 제네바협약 공통 제1조(민간인, 부상자 및 병자, 전쟁포로 등과 같은 '전쟁희생자'의 보호) 및 국제적 무력충돌에 관하여 1949년 협약을 보충하는 1977년 제1추가의정서 제1조 제1항에서 볼 수 있다.

이러한 규정들은 각 체약당사국이 '어떠한 상황에서도' 협약(및 의정서)을 존중하기로 약속하고, 마찬가지로 '어떠한 상황에서도' 이러한 문서가 '존중받도록 해야' 할 의무를 부담한다고 규정하고 있다. 공통 제1조는 실체적 법규정, 즉 특정 의무를 설정하는 규정(예를 들어, 제네바 제1협약 제12조 제1항은 "다음 조항에서 언급하는 부대 구성원 및 기타 사람으로 부상자 및 병자는 모든 상황에서 존중받고 보호받아야 한다")은 아니다. 다시 말해서 공통 제1조는 특정 문제에 대해 수행해야 할 특정 행위를 규정하고 있지 않다. 이것은 Hart의 용어[5]로 볼 때 *일차적* 규칙, 즉 법주체에게 특정한 행위를 명하거나 금지하는 규칙이 아닌 것이다. 반면 제1조는 협약에 규정되어 있는 모든 특정 의무에 대해 각 체약국이 자신 및 여타 체약국의 의무이행을 어떤 방법으로 실현하여야 하는지와 관련해서 일반의무를 규정하고 있다. 그래서 제1조는 절차적 규정으로 일차적 규칙에 포함된 의무의 실현방식과 관련되는 *이차적* 규칙을 설정하고 있다.[6]

---

5) H.L.A. Hart, *The Concept of Law*(Oxford: Clarendon Press, 1961), pp.78-79.

6) 공통 제1조와 관련하여 최근에 진전을 보인 해석에 대한 논의를 다루어야 할 것이다. 제네바 제 협약을 마련한 사람들은 공통 제1조에 규정된 협약에 대한 '존중 확보'(ensure respect) 약속에 대해 커다란 의미를 부여하지 않았다는 주장이 있다(F. Kalshoven, "The Undertaking to Respect and

제1조는 일차적 규칙과 관련하여 어떻게 적용되는 것일까? 첫째, 이 조항에 따라 각 체약국은 여타 체약국의 불법행위 여부에 관계 없이 모든 협약규정을 준수할 의무가 있다. 다시 말해서 여타 (일차적) 규정은 상호주의 원칙의 적용을 받지 않는다. 결국 일방 체약당사자는 타방 당사국이 자신에게 피해를 주면서 어느 규정을 위반한다고 해서 이에 상응하여 규정을 무시할 수 없다. 대응조치에 의해 협약규정을 무시하는 것도 허용되지 않는다. 둘째, 제1조에 따라서 각 당사국은 모든 여타 체약국이 제 협약을 존중하도록 해야 할 의무를 부담한다. 결과적으로 ① 각 체약당사국이 부담하는 제 협약규정에 대한 이행의무는 모든 여타 체약국

Ensure Respect in All Circumstances: from Tiny Seed to Ripening Fruit," 2 *Yearbook of International Humanitarian Law*(1999), pp.3-38). 존중 확보라는 어구는 당사국에게 자국 군대 및 여타 국가공무원이 존중하도록 만들어야 할 의무를 의미한다거나, 아니면 단순히 협약을 준수할 의무를 재차 확인하는 것에 불과하다거나 단순히 도덕적 의무를 규정한 것에 불과하다는 것이다. 이러한 해석을 반박하기 위해서는 조약법에 관한 비엔나협약으로 성문화된 관습규칙(제32조)에 따라 조약 기초자의 의견은 별로 중요하지 않다는 점에 주목하는 것으로 충분할 것이다. 또한 국내법상 중요한 것은 법 제정자의 의도가 아니고 법 규정 자체라는 원칙이 지배적이다(일찍이 19세기 말 뛰어난 법학자였던 K. Binding은 법 해석에 있어 중요한 것은 '법 제정자가 의도하였던 것'(what the lawmakers willed)이라기보다는 '법이 의도하고 있는 것'(what the law wills)이라는 점을 강조하였다[*Handbuch des Strafrechts*, I(Leipzig: Duncker und Humblot, 1885), p.456]. 중요한 것은 J.S. Pictet이 대표 편집한 ICRC 주석서[*Commentaire des Conventions de Geneve de 1949*, Vol. I(Geneva: ICRC, 1952), pp.25-28] 작성에 참여한 저자들이 처음 제안한 해석이 1968년 유엔 테헤란 인권회의 결의 제XXIII호 전문 제9절("적십자 제네바협약 당사국은 비록 자신이 무력충돌에 직접 관여하지 아니할지라도 모든 상황에서 여러 다른 국가가 인도주의적 규칙을 존중하도록 해야 할 조치를 취할 책임을 때때로 인식하지 못하고 있다") 및 1968년 12월 19일자 유엔 총회 결의 제2444(XXIII)호(유엔 사무총장은 ICRC와 협의하여 인도주의법의 '보다 나은 적용을 확보하기 위해 취할 수 있는 조치'를 연구해 달라는 요청을 받았다)에 원용되었다는 사실이다.

두 명의 저명한 학자가 이후 이러한 해석을 가다듬어 이론적 기초를 마련하였다[L. Condorelli and L. Boisson de Chazournes, "Quelques remarques à propos de l'obligation des Etats de 'respecter et faire respecter' le droit international humanitaire 'en toutes circonstances'," in C. Swinarski(ed.), *Studies and Essays on International Humanitarian Law and Red Cross Principles in Honour of Jean Pictet*(Geneva and The Hague: ICRC-M. Nijhoff, 1984), pp.17-35; L. Condorelli and L. Boisson de Chazournes, "Common Article 1 of the Geneva Conventions Revisited: Protecting Collective Interests," in *International Review of the Red Cross*(2000), No. 837, pp.67-87]. 1986년 ICJ는 *니카라과* 사건(*본안*)에서 유권적으로 이를 지지하였다(제220항). 두 명의 학자들이 채택한 이런 접근방법은 H.P. Gasser["Ensuring Respect for the Geneva Conventions and Protocols: the Role of Third States and the United Nations," in H. Fox and M.M. Meyer(eds.), *Armed Conflict and the New Law*, Vol. II(London: British Institute of International and Comparative Law, 1993), pp.15-49]도 지지하였으며, 최근 ICJ의 *Legal Consequences of the Construction of a Wall* 사건(제158항-제159항)에서도 재차 언급되었다.

간단히 말해서 이는 오늘날 국가 및 ICRC가 보편적으로 수락하고 있는 해석이다.

을 대상으로 한다. 이는 *대세적*(*erga omnes contractantes*, 즉 모든 여타 체약국에 대한) 의무이다. 또한 ② 모든 당사국은 여타 당사국의 협약이행에 대한 *법적 청구권*을 갖는다. 어떠한 체약국이라도 반란단체(또는 보다 일반적으로 무력충돌 당사자)의 협약위반 상황을 목격하게 되면 조치를 취하고 그러한 위반의 중지를 요구할 수 있다. 바로 여기에서 우리는 공동체의무 및 공동체권리 자체를 보게 된다.

제1조가 만들어 낸 법적 장치의 두 번째 특징에 대해 집중적으로 검토해 보기로 한다. 위에서 언급한 것에서 볼 때 분명한 사항은 과거 1949년에 제네바 제 협약은 본질적으로 이기주의(상호주의, 양자주의)적 성향의 전통적 국제관계를 규율하는 원칙으로부터 일탈하여 보편가치의 공동체적 보호원칙을 기술하는 혁신적인 법제도를 수립한 점이다. 협약 규정은 근본적인 인도주의적 가치의 존중을 구현하고 있어 협약의 각 체약당사국은 무력충돌에 관여하지 않거나, 여기에 직접 영향받지 않더라도 협약 규정의 준수를 요구할 *법적 권능*을 부여받았다. 인도주의적 조약 규칙의 이행을 위한 *공동체이익*이 이렇게 인정되어 법적 장치로 전환되었다.

그러나 1949년에 국가들은 *여기에서 중단했다.* 이들은 체약당사자가 *국가간 수준*에서 법적 권능을 행사할 방법에 대해서는 명시하지 않았다. 다시 말해서 이러한 법적 권능이 국제적 수단을 통해서 수행되는지 아니면 국가간 방식에 따라 수행되는지를 명시하지 않았다. 당시 언급된 유일한 제도는 보호국(Protecting Powers) 제도(20.6.5(2)4) 참조)였으나, 이 제도는 ① 일차적 의무로서 법 이행 확보 의무는 없었으며, ② 보호국은 각 교전당사자가 수락하는 (또는 제안하고 타방 당사자가 수락하는) 제3국에 한정되며, ③ 여러 가지 많은 사유로 거의 적용된 바가 없으며, 더욱이 ④ 제 협약은 국제적십자위원회(ICRC)의 일반적 임무만을 염두에 두었다.[7)]

이런 이유에서 공통 제1조는 대체로 체약당사국이 협약을 중대하게 침해하는 경우 그 당사국에 조치를 취할지 여부에 대한 결정, 그리고 조치를 취하기로 결정을 내릴 경우 그 조치의 구체적 형태를 결정할 권한을 *각 체약당사국*에 일임하였다. 그러나 제 협약은 *국내적 수준*에서는 협약의 중대한 위반에 대해 가능한

---

7) 4개의 제네바협약 공통규정(제9조/제9조/제9조/제10조)은 ICRC가 국제적 무력충돌 당사자의 동의를 받아 전쟁희생자 보호를 위한 인도주의적 임무를 수행할 수 있다고 규정하고 있다.

대응수단을 지적하고 있다. 즉, 협약 규정상 각 체약당사자의 법원은 협약의 '중대한 위반행위'에 대해 범죄발생지 또는 피의자의 국적국을 불문하고 용의자 또는 피의자가 기소국의 영역에 있으면 그에 대해 보편관할권(普遍管轄權)을 갖게되었다(21.4 참조).

이런 점에서 분명한 것은 제네바 제 협약은 보편주의적 또는 공동체주의적 경향의 장치를 마련하였으나, 공동체이익을 활성화하고 옹호할 수 있는 중앙집중적 장치의 수립을 염두에 두고서 추가적인 조치를 체계적으로 밟지 못하였다는 점이다. 이러한 장치가 없는 한 모든 것은 국가간 수준(국가 간에 취해진 조치와 관련) 또는 국내적(즉 사법적) 수준에서 조치를 취하는 개별 체약국에 맡겨졌다. 결국 공동체이익은 양자주의, 즉 국가의 이기주의에 기반한 개별적 조치로 회귀하였다.

제네바 제 협약이 발효한 1950년 이후의 국가관행은 실로 국가 이기주의와 일방주의가 우세하였다는 것을 보여 주고 있다. *국가간 수준*에서 소수의 국가가 양자적 수준에서만 조치를 취하였다. 즉, 이들 국가는 이 협약을 심각하게 위반한 교전당사국에 대해 외교각서를 발송하거나, 외교적 입장(démarche)을 개진하였다.[8] 그러나 이런 조치들은 결코 공개되지 않았기 때문에 그러한 조치의 중요성을 평가한다거나 이후의 추가조치가 있었는지를 확인할 수 없다. 국내적 수준에서 법원은 구 유고 국제형사재판소(ICTY)의 설립으로 인해 구 유고 지역에서 범죄용의자에 대한 사법절차가 개시된 1994년까지 어떠한 조치도 취한 바 없었다. ICRC는 간간이 조치를 취하였는데 보통 관계되는 교전당사자 및 모든 당사국에 대해 호소문을 발간하거나,[9] 언론 보도자료를 배포하였다.[10] 이러한 조치들이

---

8) H.P. Gasser, *supra* note 6, p.31("비록 명백한 증거를 확보할 수는 없지만, 우리는 무력충돌 당사국이 인도주의법을 더 잘 존중하는 것을 은밀하게 또는 양자적 수준에서 정부들이 지지하고 있다고 믿을 만한 이유가 있다") 참조. Gasser가 이런 언급을 했을 때 그의 신분은 ICRC의 법률고문이었다는 점에 주목해야 할 것이다.

9) 예를 들어, ICRC는 1979년 로디지아에서 발생한 전쟁(ICRC *Annual Report* 1979, p.13); 이란-이라크 전쟁(ICRC *Annual Report* 1983, p.56; 1984, p.60; 1989, p.85); 구 유고슬라비아에서의 무력충돌[1991~1995년 사이에 배포 · 수집된 발언문과 언론 보도자료 및 CICR, *Ex-Yugoslavie, Déclarations du Comité International de la Croix-Rouge*, 1994(Doc. DP(1994), p.49; CICR, *Ex-Yugoslavie, Communiqués de presse et communications à la presse du CICR*, 1995(Doc. DP(1994), p.51 참조]; 1999년 NATO의 유고슬라비아연방공화국(세르비아-몬테네그로) 공격(ICRC, 2000, No. 837, pp.258-262) 및 2003~2004년간 이라크 전쟁(ICRC, *Press release*, No. 04/26, 2004년 4월 8일) 등과 관련하여 모든 국가에 호소문을 배포하였다.

어떤 효과를 지녔는가를 평가하는 것은 어렵다. 대부분의 경우 국가들과 ICRC의 조치는 업무조정이 이루어지지 못했던 것이 분명하다. 특히 ICRC가 제네바 여러 협약의 당사국 공동체의 대표 또는 대변자로서 행동하지 않으려는 성향이 있는 것으로 보인다.

그러나 이런 평가는 어느 정도 제한이 있다. 즉, 국가가 아닌 피해자 개인의 요청으로 또는 해당 조약의 이행을 감독하는 국제기관의 *직권으로(ex officio)* 개시될 수 있는 소수의 국제절차가 마련되어 있기 때문이다(14.8.2 참조). 따라서 이런 경우 공동체의무의 실현은 다양한 체약당사국 이외의 실체에 의해 강구된다. 비록 이런 절차가 숫적으로 아주 적지만, 이들이 의미 있게 운영되어서 국제공동체에서 여전히 공공선(公共善)의 이상이 고려되지 않는 점을 보완하고 있다.

1.9 신 · 구 유형의 공존

법은 새로운 현실세계에 지속적으로 적응해야 하기 때문에 모든 법체계는 항상 변하기 마련이다. 이런 이유로 때때로 신 · 구제도가 공존한다. 즉, 혁명적 변혁기의 경우에도 현존하는 모든 법적 구조를 하루아침에 폐기하기는 어렵다. 그러나 일반적으로 가장 현저히 일치하지 않는 부분을 제거하기 위해 법적 구조의 새로운 단면들이 낡은 것들을 대체한다.

국제공동체에 있어서 상이한 두 가지 법적 유형, 즉 전통적 유형과 현대적 유형이 공존하고 있다. 저명한 영국의 정치학자인 M. Wight[11]가 고안하고 또 다른 저명한 영국 학자인 H. Bull[12]이 발전시킨 구분법을 빌리자면 전통적인 유형은

---

10) 예를 들어 이란-이라크 전쟁에 관한 1983년 12월 15일자 제1479호, 1984년 3월 7일자 제1481호, 1984년 6월 7일자 제1489호, 1988년 6월 1일자 제1574호(대인지뢰 및 여타 금지무기 사용 관련), 이라크 당국에 억류된 전쟁포로들 관련 2003년 4월 9일자, 이라크 전쟁에서의 민간인 보호에 관한 2003년 4월 11일자(제03/28호) 언론 보도자료 참조.

11) M. Wight, "Western Values in International Relations," in H. Butterfield and M. Wight, eds., *Diplomatic Investigations*(London: Allen and Unwin, 1967); M. Wight, G. Wight, and B. Porter, eds., *International Theory—The Three Traditions*(Leicester and London: Leicester University Press, 1991), 특히 p.137 이하 참조. Wight는 마키아벨리적 전통, 그로티우스적 전통 및 칸트적 전통으로 구분하고 있다.

12) H. Bull, *The Anarchical Society: A Study of Order in World Politics*(London and Basingstoke:

'그로티우스형,' 새로운 유형은 *'칸트형'*이라고 부를 수 있을 것이다. 그로티우스형에 있어서 국제공동체는 국제관계에 대한 '국가주의적' 미래관에 기반을 두고 있으며, 각자 자신의 개별 이익을 추구하는 주권국가 간의 협력 및 절제된 교류가 특징이다. 반대로 보다 현대적인 칸트형은 보편주의적 또는 세계주의적 가치관에 기반을 두고, '국제정치에 있어 잠재적인 인류공동체의 실현'을 고려하면서 '초국가적 연대'(*jus cosmopoliticum*)의 요소를 강조하고 있다.

대략 제1차 세계대전 이후 (그리고 1945년 이래 훨씬 강도 높게) 국제공동체의 장에서 발달했던 새로운 법적 제도들은 과거의 골격인 '그로티우스적' 요소를 근절하거나 대체하지 못하고 있다. 오히려 새로운 제도들은 (비록 구 체계의 가장 두드러진 결점을 완화시키는 것이 주된 목적이기는 하지만) 그로티우스적 요소에 덧대어져 있는 것으로 보인다.

Macmillan, 1977), pp.24-27; *id.*, "The Importance of Grotius in the Study of International Relations," in H. Bull, B. Kingsbury, and A. Roberts, eds., *Hugo Grotius and International Relations*(Oxford: Oxford University Press, 1990), 특히 pp.71-93. Bull은 홉스(Hobbes)적 또는 현실주의적 전통, 칸트적 또는 보편주의적 전통 및 그로티우스적 또는 국제주의적 전통으로 구분하고 있다. R. Falk는 이러한 개념들을 취하여 이를 여러 논문에서 다루고 있다[특히 "A New Paradigm for International Legal Studies: Prospects and Proposals," in R. Falk, F. Kratochwil, and S.H. Mendlovitz, eds., *International Law: A Comparative Perspective*(Boulder, Col., and London: Westview, 1985), pp.651-702 참조]. 또한 R. Jackson, *The Global Governance—Human Conduct in a World of States*(Oxford: Oxford University Press, 2000), pp.378-385 참조.

제 2 장
국제공동체의 역사적 전개

2.1 개 관

이제 국제공동체가 현재 보여주고 있는 독특한 특징이 어떻게 생겨난 것인지를 물어야 할 것이다. 도대체 어떤 역사적 사건의 결과로 국제공동체는 모든 국내법체계와 아주 다르게 보이도록 발전하였을까?

세계공동체의 역사적 전개과정은 이를 여러 단계로 구분하는 것이 유익하다. 물론 시기구분이 항상 자의적이긴 하나 몇몇 주요 전환점을 보다 잘 이해하는 데 도움이 되는 것이 분명하다. 국제공동체의 발전과정은 대략 4개의 주요 시기로 구분할 수 있다. 즉, 제1기는 국제공동체의 점진적 출현(16세기부터 17세기초)으로부터 제1차 세계대전까지, 제2기는 국제연맹의 설립으로부터 제2차 세계대전의 종료까지(1919~1945년), 제3기는 유엔의 설립으로부터 냉전의 종료까지(1945~1989년), 그리고 제4기는 현 시기를 말한다.

2.2 웨스트팔리아 평화조약 이전 현 국제공동체의 출현

현재의 구조 및 형태를 갖는 국제공동체의 기원은 보통 16세기로 거슬러 올

라간다. 국제공동체는 잔혹하고 피비린내 나는 30년전쟁(1618~1648)을 마무리한 웨스트팔리아 평화조약(1648)이 체결되었을 때 거의 그 구체적인 모습을 갖게 되었다. 물론 집단 및 국가 간의 국제적 교류는 그 이전에도 존재했다. 아주 오래된 옛날에도 서로 다른 공동체 간의 외교 · 영사관계 및 동맹 또는 평화조약이 존재했었다. 복구(復仇, reprisal)에 대한 규율이 오래 전부터 있었고 중세기간 중 교전자의 적대행위에 대한 여러 가지 법도 점차 발전했다. 그런데 이들 관계는 당시 국제공동체 자체의 구조상 차이로 인하여 현재의 국제관계와 매우 달랐다. 공동체가 봉건영주의 지배를 받는 다양한 집단으로 분열되었던 중세 말기도 당시 국제공동체는 두 가지 이유에서 현재와 상이하였다. 첫째, 현대적 의미에서 완전한 모습을 갖춘 국가가 아직 존재하지 않았다. 유럽에서 1100년부터 1300년 사이에 점진적으로 등장했던 중앙집권적 구조는 1450년 이후에야 근대국가의 전형적인 특성이 되었다.

여기서 우리는 근대국가의 기원에 대한 다양한 역사적 탐구와 관련하여 J.R. Strayer[1)]의 연구업적을 살펴 볼 필요가 있다. 그의 견해에 따르면 과거의 '대규모이면서 불완전하게 통합된 대제국'과 그리스의 '시민국가'처럼 소규모이지만 고도로 응집된 단위들과 차이나는 근대국가의 특징은 다음과 같다. 즉, '시간적 지속성 및 공간적 고정성을 갖는 정치적 단위의 출현, 인성에 의존 않는 상설제도의 발전, 최종 판결을 내릴 수 있는 권위 있는 기관의 존재 및 이런 기관이 신민들의 충성을 기초로 해야 한다는 관념의 수용'이 그것이다. 무엇보다도 충성심의 대상이 '가족, 지역공동체 또는 종교기구에서 국가로 이전되고, 국가는 자신의 제도적 구조를 뒷받침할 도덕적 권위와 그러한 구조의 법적 우위를 획득'하는 것이 중요하다. 이러한 특성 외에 근대국가가 보여주는 중요한 특징은 중앙집권화된 관료조직이 출현하여 점차 정부부처가 되었다는 점이다. 물론 이런 발전과정은 더디었다. 하지만 Jellinek가 지적하였듯이 프랑스가 1791년 5월 25일 '공공행정에서 완전히 실현되어야 할 분업원칙의 실현 및 행정법의 관점에서 군주를 보좌하는 각료를 구성할 목적으로'[2)] 각종 부처를 설치하는 법령을 채택한 후에야 비로소 본격화되었지만 17세기에 국가의 핵심요소로서 영구적인 것은 관료주의였다.

---

1) J.R. Strayer, *On the Medieval Origins of the Modern State*(Princeton, N.J.: Princeton University Press, 1979), pp.9-10.

2) G. Jellinek, "Die Entwicklung des Ministeriums in der Konstitutionellen Monarchie"(1883), in *Ausgewählte Schriften und Reden*(Berlin: O. Häring, 1911), ii, p.98.

둘째, 웨스트팔리아 평화조약 이후의 시기는 다른 관점에서 새로운 시대를 열었다. 종전에는 두 개의 절대적 권위의 축으로서 가톨릭 교회의 수장인 교황과 신성로마제국의 수장인 황제(샤를마뉴에 의해 일찍이 AD 800년에 수립되어 대부분의 유럽을 관장하다가 17세기에 중부유럽의 독일 영토로 축소됨)가 존재하였다.

따라서 현 국제공동체 발전의 필수 전제는 15세기에서 17세기 기간 중 출현했던 근대민족국가이다. 이러한 중대한 현상은 미주대륙의 발견(1492) 및 종교개혁 이후의 신교 확산에 힘입었던 것이 분명한데 이로써 다수의 강대국이 형성되기 시작하였고, 이들은 모두 자신보다 높은 어떠한 권위로부터도 독립하려고 하였다. 잉글랜드, 스페인, 프랑스 그리고 네덜란드 및 스웨덴과 같은 서유럽국가들, 그리고 동방의 오스만제국, 중국, 일본은 점차 서로를 별개의 자율적 실체로 간주하기 시작하였고 각자는 다른 나라를 힘으로써 누르고자 투쟁하였다. 이런 상황에서 새로운 행동기준이 필요하였으며, 오래된 규칙이 새로운 형태를 띠거나 새로운 규범이 발달하였다.

이와 관련하여 창조적이고 선구적인 많은 법률가들의 기여가 중요했다. 즉, 스페인의 Francisco de Vitoria(1483~1546) 및 Francisco Suarez(1548~1617), 이탈리아인으로 잉글랜드로 건너가 옥스포드에서 강의한 신교도인 Alberico Gentili(1552~1608), 그리고 누구보다도 네덜란드의 Hugo Grotius(1583~1645)의 공헌이 컸다. 이들은 일반적으로는 새로이 출현하는 국가들, 그리고 특별하게는 자신들의 조국이 갖는 이익을 법적으로 명료하게 정당화시키려고 하였다.

웨스트팔리아 평화조약은 '수많은 기독교인의 피를 흘리게 하고 일부 지역을 황폐'[뮌스터조약 전문(前文)]화시킨 아주 끔찍한 전쟁을 종결지었다. 이 전쟁에는 유럽의 주요 국가가 개입하였다. 충돌은 1618년 종교적 이유로 구교국가와 신교국가의 투쟁에서 비롯되었지만, 이내 유럽에서 정치·군사적 패권을 장악하려는 전면적인 투쟁으로 번졌다. 평화조약은 웨스트팔리아의 뮌스터(Münster)와 오스나브뤼크(Osnabrück)에서 서명되었다(Parry, i, pp.198-269, 319-356).

당시 평화조약 협상지는 국가별 위신 문제로 두 지역이 선택되었다. 즉, 구교국가인 프랑스와 신교국가인 스웨덴은 서열 문제로 다투었고, 결국 프랑스는 구교의 뮌스터에서, 스웨덴은 신교의 오스나브뤼크에서 각각 우선순위를 인정받았다. 그러나 법적인 견지에서 볼 때 두 조약은 불가분의 일체를 이룬다.

이 조약은 근대 국제공동체의 전개에 있어 분수령을 이룬다. 첫째, 국제적인 수준에서 신교주의가 공인되었으며 Calvin 또는 Luther 신앙에 기반을 둔 국가의 존재가 정당화되었다. 그 결과 종교적 관점에서도 교회로부터 국가의 독립이 인정되었다. 둘째, 이 조약은 신성로마제국의 구성국(약 300여 개의 소국)에게 *jus foederationis*, 즉 외국과의 동맹체결권 및 외국에 대한 전쟁개시권을 부여하였는데, 이러한 권리는 신성로마제국에 대항하거나 '공공의 평화 및 조약(뮌스터조약 제65조)에 반하지 않는 한' 허용되었다. 그리하여 많은 소국은 준(準)주권적 권리를 갖는 국제공동체의 회원국으로 지위가 격상되었다. 셋째, 이 조약으로 1세기 이상이나 지속되는 유럽의 정치적 세력분배가 구체화되었다. 프랑스, 스웨덴 및 네덜란드는 부상하는 신흥강국으로 인정받았고 스위스(및 네덜란드)에는 중립국 지위가 부여되었으며, 독일은 수많은 소국으로 분열되었다. 간략히 정리하면 웨스트팔리아 평화조약은 교회(이미 타격을 많이 받은 제도)의 급속한 몰락과 신성로마제국의 사실상 해체를 증명하였다. 이런 이유로 이 조약은 복수의 독립국가에 기초를 두면서 이들의 상위기관을 인정하지 않는 국제체제의 탄생을 기록한 것이다. 비록 사문화되기는 하였지만 1648년에 서명된 이 두 조약은 집단안전보장 장치까지 마련하고 있었다.[3)]

---

3) 그러한 장치에 따르면 평화에 대한 강제가 예정되어 있었다. 뮌스터조약 제123조에 따라 평화에 대한 위협 또는 심각한 의무 위반의 희생국은 전쟁을 활용하지 않고 '이러한 사유를 우호적 구조 또는 일반 사법절차에 회부하면서 위반국이 적대행위를 하지 못하도록 권고'하여야 하였다. 제124조는 길게는 3년 기한의 냉각기를 두고 있는데, 만일 기간이 만료된 후에도 타결되지 않으면 피해국은 전쟁개시 권능이 있었고 모든 여타 체약당사자는 무력을 사용하여 피해국을 지원해야 했다. 이 외에 국가는 위반국에 대해 군사적 지원을 제공하지 않을 의무가 있었으며, 위반국의 군대가 자국의 영토를 통과하거나 이에 주둔하도록 허용할 수 없었다(제3조). 그래서 1648년에 마련된 집단안전보장 체제는 다음의 개념에 초점을 두고 있었다. ① 무력사용의 전면적 금지, ② 오랜 기간이 경과한 후가 아닌 한 개별적 정당방위의 금지, ③ 불법행위의 희생자 외 모든 국가의 집단적 정당방위 행사 의무.

이러한 장치는 1919년 국제연맹체제에서 마련된 것과 매우 흡사한데 전혀 효용이 없었다. 이것은 현대적 기준에 비추어 볼 때 비록 미약하고 초보적이었지만, 시대를 너무 앞서 나가 있어서 당시 국가의 이익 및 편향과 크게 충돌하였다. 국제공동체의 구성원은 스스로 적절하다고 판단하는 경우 제한 없이 전쟁을 할 권리를 갖는 점, 그리고 제3국 공격의 희생국에게 군사적 지원을 제공할 의무가 없는 점을 근거로 다른 유형의 태도를 취하였다.

2.3 제1기: 웨스트팔리아 평화조약부터 제1차 세계대전 직전까지

2.3.1 국제공동체의 구성

(1) 주도국가

세계공동체는 시작부터 상이한 지리적 · 문화적 · 종교적 지역에 속하는 국가들을 포괄하였다. 가장 긴밀한 교류는 유럽국가 간에 이루어졌지만 인도의 무굴제국, 오스만제국, 페르시아, 중국, 일본(1854년 이후), 버마(현 미얀마), 샴(1939년 이후 태국이라 개칭), 에티오피아, 라이베리아(1847년 독립) 및 아이티(1804년 독립)를 포함하여 이미 유럽과 접촉이 있었던 국가와도 조약이 체결되었다. 웨스트팔리아 평화조약 체결 1년 후인 1649년 7월 1일 신성로마제국은 1642년의 합의에 따라 평화유지를 위해 오스만제국과 조약을 체결하였다.

그렇지만 수백년 동안 가장 적극적이고 두드러진 역할을 한 국제공동체 구성원은 유럽국가, 1783년 파리평화조약에 합류한 미국 및 1811~1821년 사이에 합류한 중남미국가였다.

> 과거의 그리스 및 이탈리아의 역할에 대한 Hegel의 기술을 의역해 보면 이 시기에 있어 유럽은 '세계역사의 무대'였고 '세계정신'(*Weltgeist*)의 고향이었다고 말할 수 있다. 위에서 언급된 모든 국가는 공통된 종교적 기반, 즉 기독교인이라는 공통점을 가졌다. 이런 공통된 이념적 배경이 상호 이해증진에 도움이 되었다. 정치적 · 경제적 및 군사적 충돌이 있었지만 문화와 종교가 이들을 결속시키는 시멘트의 역할을 하였다. 또 한 가지 강력한 결속요소는 국내적 정치 · 경제발전의 유형이었다. 모든 유럽국가는 자본주의와 이에 상응하는 현상으로서 정치분야의 절대주의(그 이후 의회민주주의제가 뒤따름)의 결과물이었다.

여러 가지 점에서 비기독교 국가는 오랫동안 국제공동체의 변두리에 있었다. 즉, 이들 국가는 국제공동체에 그다지 적극적으로 참여하지 않았고 주된 역할을 하지도 않았다. 많은 학자들에 따르면 대략 3백년 동안(16세기 초부터 18세기까지) 소수 아시아국가(이를테면 동인도지역의 모든 국가적 실체, 그리고 페르시아, 버마 및 샴)가 완전히 동등하게 유럽국가와 사회적 교류를 행하였다. 논란의 여지가 있지만,

유럽에서 18세기 말에 발생했던 산업혁명은 유럽국가와 비유럽국가의 격차를 초래하였다. 19세기에 비유럽국가는 훨씬 낙후되어 점차 유럽국가에게 정복당하거나 어떤 식으로든 유럽국가의 지배를 받게 되었다.

결국, 현재까지도 다음 세 가지 관점은 이론(異論)의 여지가 없다. 첫째, 세계공동체는 시작부터 유럽국가뿐만 아니라 여타 국가를 포함하였으며, 공동체의 모든 구성국 간에는 어느 정도 교류가 있었다. 그러나 지리적 거리 및 교통·통신의 더딘 발전을 포함하는 많은 요소들로 인해 유럽과 여타 국가의 거래는 특히 어려웠다. 둘째, 다양한 이유로 유럽국가들은 처음부터 분위기를 주도하였고, 계속하여 지배적인 역할을 담당하였다. 셋째, 유럽 법률가들은 '유럽 우월주의' 의식을 일관되게 이론화하고 지지하였다.

(2) 불평등조약 체제 및 식민주의

위에서 지적했듯이 비유럽국가는 서구의 '우월주의'에 굴복하여 결국 유럽국가 및 미국이 마련한 규칙에 지배당했다. 서구국가들은 '외부' 세계와의 관계 형성에 있어 그 '세계'가 국가(오스만제국, 중국 및 일본 등) 자체로 구성되어 있는가, 아니면 조직화된 중앙집중적 기관이 결여된 단순한 공동체(아프리카 및 아시아에 있어 부족공동체 또는 지역통치자가 군림하는 공동체)로 구성되어 있는가에 따라 서로 다른 두 가지 유형의 관계를 설정하는 경향이 있었다. 전자의 경우, 유럽과 미국은 상당 부분 '불평등조약' 체제(capitulation system)를 기초로 해서 관계를 맺었으며, 후자에 대해서는 단순히 정복하거나 점유할 대상으로 간주하여 결국 이들을 식민지 영토로 만들었다.

먼저 불평등조약 체제를 생각해 보자.

> 불평등조약이란 서구국가들이 16세기 이래 무슬림 통치자(향후 오스만제국), 몇몇 아랍국가(이집트, 이라크, 모로코, 시리아 및 팔레스타인), 그리고 페르시아, 샴, 중국 및 일본과 체결한 협정이었다("Capitulations" 용어는 아마도 협정이 번호가 매겨진 *capitula* 또는 간략한 장(chapter)으로 구분되었기 때문에 그렇게 불렸을 것이다). 불평등조약 체제는 17·18세기에 확립되었다. 즉, 프랑스와 오스만제국 간에 체결된 1740년 조약은 보통 이런 체제의 주요 성질을 파악하는 데 매우 중요한 것으로 언급되었다. 불평등조약은 유럽인(미국인 포함)이 비유럽국가 영토에서 거주하는데 필요한 여건을 설정하는 데 활용되었다. 이 체제는 기본적으로 다음 규정을 포함하

였다. 첫째, 이 협정의 당사국 국민인 유럽인은 국적국 영사의 동의 없이 거주국으로부터 추방될 수 없다. 둘째, 이들은 자신의 기독교 신앙에 대해 공개적으로 예배할 권리를 가지며, 이를 위해 교회를 건립하고 부속묘지를 가질 수 있다. 셋째, 이들은 무역 및 통상의 자유를 누렸고 특정 수출입 관세에서 면제된다. 넷째, 이들에 대해서는 특히 파산의 경우에도 복구조치(復仇措置, reprisals)가 금지되었다. 다섯째, 유럽인 상호간의 분쟁에 관한 재판권은 피고의 영사 또는 형사사건의 경우 피해자의 (그래서 영토국의 법원이 아닌) 영사에게 귀속된다. 다만, 유럽인과 영토국(領土國) 국민 간의 분쟁의 경우 재판권은 영토국의 판사에게 귀속되었다.

이러한 법체계의 특징 중에서 두드러진 점은 다음 세 가지이다. 첫째, 유럽인들은 현지 공동체와 완전히 분리되어 사실상 자신의 국내기관(이들 기관은 자신의 영토 밖 외국으로 지배권을 확장함)의 지배를 받는 법적 공동체를 형성하였다. 둘째, 이런 체제는 상호주의를 기반으로 하지 않았다. 즉, 비유럽 영역에서 유럽인들에게는 많은 특권이 주어진 반면, 비유럽 국민에게는 이에 상응하는 특권은 없었다(Alexandrowicz가 사례로 들고 있는 유럽에 거주하고 있던 비유럽인에게 부여된 특권은 예외적인 것이며 연관성이 거의 없다; 123 *HR*(1968-I), p.125 참조). 불평등조약 체제의 기반이 되는 압도적인 불평등이야말로 이러한 관계를 명백히 보여 주었다. 셋째, 최소한 18세기 그리고 19세기초 일부 비서구국가들은 불평등조약 체제가 자신의 주권에 해가 된다고 보지 않았다. 예를 들어, 한 일본인 저자는 "그 당시 영토외적(領土外的) 적용 개념을 알지 못했던 일본 당국은 일본의 국내법은 신성한 것이며, 외국인은 이 국내법의 혜택을 누릴 가치가 없는 것으로 보았다"[4]고 서술하였다. 그리고 Alexandrowicz는 불평등조약 체제가 고대 아시아의 전통("아시아의 고대 관습은 외국 상인에게 주재국의 관할권 및 법 그리고 어쩌면 다른 생활방식에 따르게 하기보다 자신의 속인법에 지배받도록 허용하였다")에 기반을 두고 있다고 지적하였다(Alexandrowicz, *ibid.*, p.151).

그렇지만 서구의 '영토외적 적용' 권리는 '영토국'의 주권을 심각하게 제한하였다. 그 이후 19세기 말경 이런 권리는 일본 당국조차도 부당한 침해로 느끼게 되어 점차 소멸되었다(2.4.4 참조).

이제 유럽국가와 다른 범주의 국가—국가에 유사한 구조를 갖지 않거나 빈번히 상호 반목하는 수많은 현지세력의 지배를 받는 '여타' 국가—와의 관계를 살펴 보도록 하자. 이런 국가들은 점차 서구국가의 식민지배를 당하게 되었다.

---

4) H. Otsuka, "Japan's Early Encounter with the Concept of the Law of Nations," 13 *JYIL*(1969), p.56.

유럽인들은 15세기에 먼저 미주대륙을 식민지로 만들었다. 미주지역에 반란의 조짐이 뚜렷해지자, 이번에는 아시아가 식민지화에 용이한 지역이 되었다. 18세기에 처음에는 프랑스가, 다음에는 영국이 인도의 상당 부분을 탈취하여 1772년까지 대부분의 인도는 사실상 영국의 식민지가 되었다. 반란에 성공한 미국을 따라서 19세기 초 남미가 독립하자 유럽인들은 아프리카로 관심을 돌리면서 동시에 아시아에서의 이익을 강화하였다. 오스트리아-헝가리, 벨기에, 덴마크, 프랑스, 독일, 영국, 이탈리아, 네덜란드, 포르투갈, 러시아, 스페인, 스웨덴-노르웨이, 그리고 오스만제국 및 미국이 참여한 1884~1885년 Berlin Congo회의에서 1885년 2월 26일 베를린 콩고회의 일반의정서(General Act)가 채택되고, 이에 따라 아프리카 대륙 내부는 영국, 프랑스, 포르투갈, 벨기에, 독일 및 이탈리아에게 분할되었다(Parry, 165, p.483). 한편 영국, 프랑스 및 네덜란드는 아시아의 영토를 탈취하거나 이에 대한 지배를 공고히 하였다. 과거 식민지배를 받았던 미국도 이런 식민주의 흐름에 참여하였다. 미국은 1898년 스페인과의 전쟁 결과 1898년 파리평화조약을 체결하였고 필리핀에 대한 지배권을 거머쥐었다.

나중에(24.1-3 참조) 식민지배가 혜택을 부여한 측면이 있는지를 살펴 볼 것이다. 현재 이 부분의 논의와 특히 연관되는 문제는 식민지 정복과정에 있어서 국제법의 역할이다. 간략히 말해서 이런 제반 법은 예전처럼 정복을 원만하고 간편하게 수행할 수 있도록 여러 가지 법적 수단을 제공하여 유럽 강대국의 임무 수행을 아주 용이하게 했다고 평가할 수 있다. 국제법은 이런 식민지 영토를 무주지(*terrae nullius*)—즉 누구에게도 귀속되지 않는 영토—로 평가절하하고, 현지 공동체 또는 통치자의 모든 국제적 지위를 박탈하여 식민제국이 식민지 영토에 대한 주권을 획득할 수 있도록 만들었다. 따라서 식민지 영토에 대한 영유의사(intent of appropriation)와 함께 실효적 점유(effective occupation) 및 사실상의 지배가 있으면 주권적 권리를 취득하는데 충분하였다. 더욱이 현지 통치자가 식민지 정복에 반대하는 경우 국제법은 두 가지 수단을 제공하였다. 즉, 전쟁('문명'국 간의 전쟁에 적용되는 어떠한 법적 제한도 없었다) 또는 조약 체결(사실상 '현지 통치자' 또는 부족장과 유럽국가는 다수의 협정을 체결했고 이들 협정에서는 보통 상호주의가 없었다)이 그것이다.

동일한 법적 수단은 동일한 영토를 영유(領有)하고자 하는 여타 서구국가와 식민통치국가 간의 충돌시에도 이용되었다. 다시 말해서 전쟁을 개시하거나 협정을 체결해서 이 사안을 해결하였다.

2.3.2 권력의 분할

고려 대상인 이 시기 내내 권력은 분산되었다. 어느 한 국가도 다른 모든 국가를 자신의 의지에 복종시킬 정도로 강력하지는 못했다. 법적으로 국제공동체의 모든 구성원은 동등한 지위에 있었다. 그러나 실질적으로는 강대국집단(프랑스, 영국, 스페인, 포르투갈, 미국, 러시아, 오스트리아, 프러시아, 스웨덴, 네덜란드)이 국제무대를 지배하였다. 그러나 이러한 집단 내에는 항상 경쟁국이 있었기 때문에 단합된 전선이 형성되지 못하였다. 세력균형이 필요했고 사실상 이루어졌다.

이런 일반적 배경하에 권력의 제한 및 법의 집행을 위한 집단적 제도를 모색하지 않을 수 없었다. 그것은 1815년 나폴레옹의 패배 후에 이루어졌다. 프랑스혁명과 나폴레옹의 천재성이 오랜 전통을 가진 원칙들을 분쇄하고 기존 질서를 전복시켰다. 승자들은 혁명의 불씨로부터 유럽 군주들의 이익을 보호해야겠다고 느꼈다. 이를 위해 이들은 불평등한 관행의 폐지 및 귀족의 특권 철폐를 촉구하는 신진 세력을 억압하는 체제를 마련하기 위해 회합하였다. 유럽협조체제(Concert of Europe)라 불리는 새로운 체제는 1815년 마련된 다수의 조약에 의해 수립되고 추후의 협정에 의해 보완되었다. 이 체제는 다음 세 가지 주요 요소를 기반으로 하였다.

(1) 영국, 교황령(Papal States) 및 오스만제국을 제외한 모든 국가를 구속하는 *원칙의 선언*

유럽협조체제는 체약당사자가 자신의 대내적 질서 유지 및 대외관계에 있어 기독교의 계율을 행동기준으로 채택할 것을 선포하였다.

(2) 군사동맹

1815년 9월 26일 오스트리아, 프러시아, 러시아가 체결하고 1818년 프랑스가 가입한 파리조약으로 '신성동맹'(Holy Alliance)이 수립되었다. 이것은 프랑스 또는 여타 지역에서 발생할 수 있는 나폴레옹식 전제정치주의(Bonapartism)의 부활을 전면 차단하고 억압하기 위하여 강대국들이 합의한 바에 기초한 집단안전보장 체제를 상정하였다. 이 조약 제2조부터 제4조까지의 내용에 따르면 체약당사국은 유럽의 '평온' 및 '확립된 질서'를 침해하는 국가에 대해 취할 조치에 합의하기로 약속하였다. 이들은 또한 '공통의 대의명분을 추구하기 위해' 각국이 제공할 의무가 있는 군인 수에 합의하기로 맹세하였다. 처음에는 나폴레옹 시대 이후 프랑스의 안정이 위협받는 경우 이를 미연에 방지하는 것이 주요 목적이었으나, 나중에는 유럽의 군주제도를 전복시킬 수 있는 모든 혁명운동에 대항하는 수단으로써 그 역할이 확대되었다. 즉, 1818년 조약 및 1820년 의정서(Troppau Protocol)를 보면 이를 알 수 있다. 오스트리아, 러시아 및 프러시아가 비준한 1820년 의정서는 혁명 발생시 취할 세 가지 조치를 규정하였다. 첫째, 혁명 발발 국가는 유럽협조체제 구성원의 자격을 상실한다. 둘째, 혁명의 결과 등장하는 새로운 정부는 승인받을 수 없다. 셋째, 직접적인 관련 국가 또는 신성동맹이 혁명을 종식시키기 위해 간섭한다.

> 이 체제는 실제적인 면에서 매우 효과적이었으며, 사실상 두 가지 사례에서 활용되었다. 즉, 1821년 오스트리아 군대가 신성동맹을 대신하여 자유주의 반도(叛徒)를 억압하기 위해 나폴리(Naples) 및 토리노(Turin)에 파견되었을 때, 그리고 1823년 프랑스 군대가 마찬가지로 자유주의적 독립 시도를 분쇄하기 위해 스페인에 파견되었을 때이다. 두 가지 사례에서 한 국가—직접당사국—만이 군사적 간섭을 행하였다. 그러나 (이러한) 조치를 취할 권리는 신성동맹의 모든 회원국에 의해 위임받은 것으로 간주되었으며, 전체회의(즉, 전자의 경우 트로파우 및 라이바흐 회의에서, 후자의 경우에는 베로나 회의)에서 허가되었다.

(3) 정치문제 해결을 위한 새로운 절차

이 새로운 절차는 모든 관련 군주가 참여하는 회의로 구성되어, '공통된 중요이익'을 토의하고 '인민의 평온 및 번영'에 유리한 조치를 숙의하며 유럽의 평화를 유지하려는 것이었다. 간단히 말해서 새로운 외교방법으로서 *정례적인 정상회의*에 기초한 다자외교가 제의되었다. 이 체제는 매우 유용한 것으로 판명되었고 실질적으로 이후 수많은 경우에 활용되었다.

유럽 군주제도가 민족주의운동단체의 강력한 공격을 받아 점차 전복되거나 어쩔 수 없이 의회민주주의제로 바뀌게 되자 1815년에 설립된 이러한 체제는 전통적인 *세력균형* 정책으로 대체되었다. 그리하여 정상회의의 외교수단만이 남게 되었다. 이런 정책의 보호 속에서(최소한 몇 가지 점에 있어서) 강대국은 각자의 세력권을 침범하지 않으면서 패권을 행사하려는 경향을 다시 드러내 보였다.

이런 일반적 구조 속에서 미국의 출현은 미주대륙에 대한 유럽의 영향 및 권력을 제한하였다. 새로운 정책방향은 미국 먼로 대통령이 1823년 12월 2일 의회에 보낸 유명한 교서에서 제안된 원칙에서 공식 천명되었다. 이 교서는 첫째, "미주대륙은 금후 어떠한 유럽국가에 의해서도 장차 *식민지화* 대상으로 여겨져서는 안된다"라고 서술하였다. 둘째, 미국이 유럽국가의 '식민지 및 비독립지역'을 포함한 유럽문제에 간섭하지 않는 것처럼 유럽국가가 미주에 대해 *간섭*하는 것도 결코 허용할 수 없다는 것이었다. 즉, 미국은 "어떠한 유럽국가라도 이들(즉, '미주대륙'의 독립정부)을 억압하거나 어떤 식으로든지 이들의 운명을 지배할 목적으로 개입하는 경우 미국에 대한 비우호적 성향을 표시한 것으로 볼 수밖에 없다" (Moore, *Digest*, vi, pp.368-372)는 입장이었다. 그리하여 유럽식 팽창주의에 대한 견제가 이루어짐과 동시에 미주대륙은 이 지역의 최고 강대국이 지배한다는 기본원칙이 명확해졌다.

이 시기에 두드러진 사항은 주요 강대국이 여타 국가의 대내 및 대외문제에 *무력간섭*하는 것이 확대된 점이다.[5]

2.3.3 법의 주요 특징

'국제법'이라는 표현은 바로 이 시기에 시작되었다.[6] 이 시기에 생긴 법규칙

5) 독일의 국제법 학자인 Staudacher가 1909년 적절하게 강조했던 것처럼[*Die Friedensblockade* (Leipzig: von Ducker und Humbolt, 1909), pp.29-31], 이런 관행은 두 가지 발전의 결과 1820년 이후 힘을 얻게 되었다. 첫째, 주요 유럽국가 간에 회의를 소집하고, 분쟁지역에 군대를 파견함으로써 국제관계를 관리하고자 하는 경향이 증가하였다. 이런 경향은 나폴레옹전쟁 기간 중 발전했고 여타 유럽 열강이 나폴레옹의 패권주의에 대응하는데 필요했으며, 나폴레옹 실각 이후 반동적 군주제도를 연결하는 강한 연대감의 형태로 공고화되어 결국은 신성동맹의 형성에 이르게 되었다. 둘째, 나폴레옹전쟁이 가져온 무시무시한 황폐화로 인해 각국은 고유의 전쟁에 개입하는 것을 회피하지 않을 수 없었다.

이런 두 가지 경향이 결합해서 유럽국가들이 유럽 및 여타 지역에서 발생한 많은 사건에 간섭하면서도 전면전에는 관여하지 않았다. 예를 들어, 나폴레옹 실각후 위에서 지적한 바와 같이 신성동맹은 혁명의 위협을 받고 있는 유럽국가에 군사적으로 간섭하였다. 이후 유럽 강대국들은 오스만제국 및 이집트, 그리고 여타 국가의 식민지 영토문제에 대해 간섭하였고, 미국은 중남미국가에 대해 간섭하였다.

6) 이 용어는 1780년 J. Bentham의 저작인 *Introduction to the Principles of Morals and Legislation*에

은 두 가지 특징이 두드러진다.

첫째, 국제규칙 및 원칙은 서구문명의 산물로서 유럽 중심주의, 기독교 이념 및 '자유시장'관(이들 규칙과 원칙은 자유방임 철학, 즉 모든 국가는 법적으로 평등하며 어떠한 경제적 또는 사회적 불균형에 관계 없이 자신의 이익을 추구할 수 있다는 점에 기반을 두고 있다)의 모습을 담고 있었다.

둘째, 국제규범 및 원칙은 주로 강대국 또는 중소국, 특히 정복 및 팽창에 의해 광범위한 식민제국을 구축한 국가들이 만들었다. 이들 국가는 자신의 이익에 도움이 되는 규칙을 구체적으로 마련하였다. 이런 범주의 규범 중에서 특히 무력에 관한 규칙에 주목하여야 하겠다. 즉, 이들 규칙은 교전자의 폭력사용 또는 위협을 제한하지 않았다. 다른 중요한 규칙은 재외국민의 외교적 · 사법적 보호에 관한 것들이다. 즉, 외국 정부가 자신에 대해 불법행위를 하였다고 주장하는 어느 국가의 국민이든지 언제나 자신의 국적국 정부에게 이러한 국제위법행위에 개입하여 피해회복조치를 청구해 주도록 요청할 수 있었다. 분명히 이런 규칙은 강대국의 국민이 상거래 회사를 설치하기 위해 해외에 나가 있는 경우 이들 국가가 임의로 사용할 수 있는 중요한 법적 수단이 되었다.

저명한 유럽 및 미국 학자 집단은 종종 국제조약을 마련하는 계기가 되었던 관습국제규칙의 명료화 및 발전에 크게 공헌하였다. 이들은 1873년 벨기에 겐트에서 저명한 학자(이들 중 일부는 서로 다른 자격에서 국제문제에 관여함)의 협회인 *국제법학회*(Institut de droit international)의 산파역할을 했다. 회원 중 뛰어난 인물을 열거하면 네덜란드의 T.M.C. Asser, 스위스인(독일에서 강의)인 J.C. Bluntschli, 아르헨티나의 C. Calvo, 영국의 J. Lorimer, 이탈리아의 P.S. Mancini, 스위스의 G. Moynier, 벨기에의 G. Rolin-Jaequemyns이다. 이 *학회*는 '문명세계의 사법적 양심에 따라' 국제법의 원칙을 명시하여 '국제법의 발전' 증진, '점진적 성문법전화'의 증진 및 국제법 원칙의 '공인'을 설립목적으로 삼았다. 수년간에 걸쳐 이 *학회*는 중요한 주제를 토의하였고 국제법의 발전에 영향을 미친 결의들을 통과시켰다. 특히 콩

서 최초로 사용되었다. 이후 이것은 종전의 용어인 'law of nations'나 'droit des gens'을 점차 대체하였다. 이탈리아의 언어학자인 P. Peruzzi가 증명하였듯이("A European Word-Formation Pattern," 41 *Archivio filologico italiano*(1976), pp.76-85), 엄밀한 언어적 요소 외에도 여타 요소가 이러한 변화를 자극하였으며, 이 용어의 확산에 도움을 주었다. 즉, '민족' 개념의 감정적 호소 및 그 중요성의 점진적 증가, '국제산업박람회'의 확산 및 1864년 런던에서 수립된 '국제노동자협회'(International Working Men's Association, 보통 'First International' 또는 단순히 'The International'이라 함)가 바로 그것이다.

고강 유역에서의 항행의 자유 및 중립에 관한 결의, 중재절차 규칙, 육전 및 해전규칙, 국제포획재판소 규칙, 성문법전화 규칙 등이 있다.

위에서 언급한 이 시기의 주요 법적 특징은 두 가지 점에서 제한되었다. 첫째, 몇 가지 경우에 있어서 강대국은 약소국에게 양보해야만 하였다(예를 들어, 다음 5.1 및 5.3.7에서 언급하는 공해자유의 규칙과 20.6.1에서 언급하는 합법전투원에 관한 규칙). 둘째, 다수의 조약이 인도주의적 요구를 반영하였지만, 그 밖의 다른 조약은 강대국이건 약소국이건 국제공동체 모든 구성원의 급선무를 해결하기 위한 것이었다. 전자에는 노예무역에 관한 조약 및 비인도주의적 고통을 야기하는 무기의 사용제한에 관한 몇 가지 국제협정(20.6.2 참조)이 포함된다.

여기에서 무기를 금지하는 조약 중의 하나로 1899년 헤이그회의에서 채택된 확산탄 사용을 금지하는 선언이 언급되어야 할 것이다. 탄두가 무딘 이 탄환은 인체에 명중할 경우 팽창하여 상처를 크게 만들어 큰 고통을 주었는데 19세기 캘커타의 Dum-Dum 군수공장에서 영국이 개발하였다. E.M. Spiers가 회고하듯이 영국 당국은 '소규모 식민전쟁의 필요에 따라서 유럽의 무기기준으로부터 일탈할 수 있으며, 영국이 상대하는 적은 세인트피터즈버그 선언(전시에 400g 미만의 작렬탄(炸裂彈) 사용을 금지하는 1868년 선언)에 서명한 유럽국가의 군대가 아니라 '광신적 원주민', '미개인' 및 '야만인'이라고 하여 이러한 탄환 생산을 정당화하였다.

이런 차이는 중요한 것으로 간주되었다. 즉, "문명인은 미개인보다 상해에 훨씬 취약하며 … 미개인은 호랑이처럼 별로 외부의 영향을 받지 않아 심각하게 부상을 입어도 계속 대항할 것이다"[7](무기사용에 관한 한 문명인과 미개인을 구별하는 것이 새롭지 않았다는 점에 주목해야 한다. 즉, 1625년으로 되돌아가면 Grotius는 독성무기 및 유독음료수는 "모든 국가에 대해서가 아니라 유럽국가 및 높은 수준의 유럽적 기준에 도달한 여타 국가에 대해서만 국제법에 반한다"[8]고 서술하고 있다). 비록 영국이 여타 유럽국가에 대해 유럽 전쟁에서는 이런 탄환을 사용하지 않겠다고 약속했지만, 위에서 언급한 선언은 결국 헤이그평화회의에서 통과되었다. 영국은 마지못해 1907년 여기에 가입하였고 이러한 확산탄 사용금지는 점차 확대되어 모든 국제적 무력충돌에 적용되기에 이르렀다.

---

7) E.M. Spiers, "The Use of Dum Dum Bullets in Colonial Warfare," 4 *Journal of Imperial and Commonwealth History*(1975), pp.6-7.

8) H. Grotius, *On the Law of War and Peace*, trans. F.W. Kelsey(Oxford: Clarendon Press, 1925), p.653(Book III, Ch. IV).

국력의 크기에 관계 없이 모든 국가의 요구를 충족시키기 위하여 마련된 다른 범주의 규칙에는 외교 · 영사면제에 관한 조약, 국가의 중립 및 중립화에 관한 규범이 포함된다. 비록 이런 규범 중 일부는 특정 이익 때문에 생겼지만, 전체 국제공동체에 미치는 중요성을 내포하고 있어서 오늘날까지 계속하여 유효한 원칙으로 변모하였다.

2.3.4 강대국의 지배를 제한하려는 노력: Calvo 및 Drago주의

국제 또는 국내입법을 통하여 강대국의 지배를 제한하려는 시도들은 미약했다. 첫 번째이자 아마도 가장 중요한 사례는 19세기 중반부터 많은 중남미국가들이 주로 자국의 자원개발을 위해 외국인과 체결한 양허계약에 규정되기 시작했던 조항이다. 아르헨티나의 법률가 C. Calvo(1824~1906)가 바로 이 조항을 제창하였는데, 이것은 양허계약으로부터 분쟁이 발생하는 경우 외국인은 자신의 국적국에게 외교 및 사법적 보호를 요청할 권리를 포기하며, 현지 재판소에 의한 분쟁해결에 동의한다는 규정이다.

> 간략하게 말해서 Calvo 조항은 서구 자본수출국의 법적 · 정치적 간섭이 군대 파견의 구실 또는 원인이 되고, 결국 강력한 정치적 압력 또는 다른 형태의 개입을 가져오기 때문에 이를 제한하려는 것이었다. 그러나 이런 시도의 결과는 좋지 않았다. 많은 국제재판소 및 청구권위원회는 국가가 갖는 보호권은 오로지 국제법에 의해서만 박탈될 수 있기 때문에 이 조항은 법적으로 무효라고 판단하였다. 결과적으로 이 조항은 폐기되거나 국제적 외교 또는 사법조치가 개시되기 전에 국내 구제절차를 완료해야 한다는 (당연한) 단서규정으로 전락하였다. 당시 적용 가능한 국제규칙의 견지에서 볼 때 이 조항의 적용을 거부하는 것이 법적으로 옳았던 것이 명확하다. Calvo 규정의 실패는 재외국민의 대우에 대한 법적 규율을 급격히 변경시키지 못하는 수단으로써 기존 조건을 약화하려는 시도가 무의미했다는 점을 증명할 따름이다.

강대국의 패권적 지위를 제한하려는 또 다른 중요한 시도는 20세기 초에 아르헨티나의 외무장관 Luis María Drago(1859~1921)에 의해 이루어졌다. 그는 강대국이 빈곤국으로부터 부채를 상환받기 위하여 군사력을 사용해서는 안된다고 주장하였다.

국가가 무제한으로 무력을 사용할 수 있는 권리는 외국이 자국민에게 부담하는 부채를 무력에 의해 상환받을 권리를 포함하였다. 영국, 독일 및 이탈리아 3개 유럽국가들은 1902년 베네수엘라에 대해 이 권리를 행사하였다. 이들은 베네수엘라에 대해 첫째, 1898~1900년 사이의 내전기간 중 자국민에게 끼친 손해와 베네수엘라 당국이 어선 및 그 밖의 상선을 나포한 것에 대해 배상금을 지불할 것, 둘째, 철도를 건설하기 위해 베네수엘라에 제공한 차관의 상환을 요구하였다. 베네수엘라는 유럽측의 청구권을 베네수엘라 국내 위원회에서 해결하도록 요청하였다. 그러나 이 위원회는 유럽측의 요구사항을 부분적으로 거부하거나 축소하였다. 그리하여 유럽국가들은 이러한 해결방안을 수용할 수 없다고 판단하였다. 최후통첩을 발표한 후 이들 국가의 군대는 3척의 베네수엘라 선박을 침몰시켰으며, 푸에르토카베요 지역을 폭격하고 1902년 12월 20일 베네수엘라 연안에 해상봉쇄를 실시하였다. 결국 베네수엘라는 굴복하였으며 며칠 후인 12월 29일 Drago는 미 국무부에 외교각서를 보냈다. 이 각서에서 그는 첫째, 유럽의 무력간섭은 Monroe주의(그는 기꺼이 이를 지지한다고 선언한 바 있다)에 반하며, 둘째, 재정적 곤란으로 부채의 상환을 연기해야 할 상황에서 이에 대한 외국의 군사적 간섭은 '군사적 수단에 의해 차관을 회수하는 경우 이의 실효성 확보를 위해 영토 점령이 필요하고, 영토 점령은 결국 피점령국 정부를 억압하거나 복종시키는 것을 의미하게' 되기 때문에 정당하지 않다고 주장하였다(*AJIL*, Supplement I(1907), pp.1-6).

이 각서는 소위 'Drago주의'를 명료화하고 있는데, 이에 대한 미국의 반응은 소극적이었다. 1903년 2월 17일자 각서에서 미 국무장관 J.M. Hay는 Drago의 주장을 완전히 무시하면서, 중남미국가들이 외국에 대한 자신의 국제적 의무를 이행하는 한 어떠한 외국의 간섭도 두려워할 필요가 없다는 점을 지적하였다. Hay는 1902년 12월 2일자 시어도어 루스벨트 대통령이 의회에 보낸 다음 교서 내용을 인용하였다. 즉, "자신의 국경 내에서 질서를 유지하고, 외국인에 대한 의무를 이행하는 것은 각자의 의무이다. 이렇게만 하면 이들(미주의 독립국가들)은 힘의 강·약에 관계 없이 외부의 간섭을 두려워할 것이 전혀 없다고 확신할 수 있다"(*USFR*(1903), p.5). 요약하자면 미국은 외국인의 재산보호가 유럽인의 미주대륙에 대한 군사적 간섭금지 필요성에 우선한다고 생각하였다. 소위 Drago주의는 유럽의 선도적 법률가들에 의해 국제법과 모순되는 것으로 비난을 받았는 바, 당시에 인정되었던 규칙의 견지에서 볼 때 이는 옳은 입장이었다.

1907년 제2차 헤이그평화회의에서 중남미국가들은 계약상 채무를 회수하기 위한 무력사용을 금지하는 협약을 통과시키고자 하였지만 별로 진전은 없었다.

미국 대표인 Horace Porter 장군은 1902년 Drago가 앞서 제시한 개념을 받아들이면서도 그 의미를 약화시켰다. Porter 장군은 채무국이 국제중재를 수락하지 않거나 중재판정을 이행하지 않는 경우 무력을 활용할 수 있도록 제안하였다. 이 회의에서 Porter 장군의 제안이 대부분 받아들여져 이 문제에 대한 협약이 마련되었다. 그러나 주목할 만한 것은 어느 유럽국가도 여기에 비준하지 않았다는 것인 바, 이는 약화된 형식으로도 무력에 대한 국제적 정당성 부여를 제한하려는 중남미국가들의 노력이 결국 아무 소득도 없었다는 것을 다시 한번 보여 주는 것이었다.

2.4 제2기: 제1차 세계대전부터 제2차 세계대전까지

다음 두 가지 주요한 사건으로 인해 새로운 시대가 열렸다. 첫째, 제1차 세계대전에서는 비록 유럽에서만 전쟁이 있었지만 국제공동체의 더 많은 지역들이 여기에 관여하였고, 공동체 구성원들이 보다 나은 기반에서 공동체를 재건하도록 유도하였다. 둘째, 소비에트혁명 및 이에 따라서 처음 등장한 공산국가는 여타 국가 및 국제관계의 경제적 · 이념적 뿌리를 공개적으로 반대하였다.

2.4.1 전환점: 제1차 세계대전 및 그 결과

이 전쟁이 미친 영향은 여러 가지 면에서 중요하였다. 이 전쟁으로 '유럽시대'는 끝이 났다.[9] 전쟁이 종료되었을 때 유럽은 세계공동체에서 더 이상 결정적인 역할을 담당할 수 없다는 점이 분명해졌다. 즉, 오래 전부터 시작된 유럽이 갖는 중요성이 점차 하락하면서 유럽은 결국 전 세계 세력권의 일부에 지나지 않는 지위로 전락하였다. 이런 지위의 하락에 영향을 미친 주된 요소로는 ① 미국의 번영, ② 1917년 소비에트연방(1922년 12월 30일 이후 이렇게 불림)의 출현과 이에 따른 '구' 공동체의 실질적인 이념적 · 정치적 통합의 와해, 그리고 ③ 식민주의 팽

---

9) R. Albrecht-Carrié, *The Meaning of the First World War*(Englewood Cliffs, N.J.: Prentice-Hall, 1965), vi.

창의 종료를 들 수 있다. 특히 식민주의 팽창의 종료는 1960년대 식민제국을 붕괴시키는 기나긴 과정의 시작을 알리는 주목할 만한 현상이었다. 유럽의 쇠퇴는 경제, 군사 및 정치권력의 영역과 함께 문화 및 이념 영역에서도 인식되었다. 이전 수백년간 유럽이 누렸던 세계의 가치, 제도, 정치 개념 및 행동기준의 보고로서의 핵심적 역할은 끝났다.

전쟁은 비록 강압적이면서 다소 해로운 방식이기는 하지만 전 세계를 단합시켰다. 역사상 처음으로 국제공동체의 모든 주요 구성원이 결부될 정도로 충돌의 규모가 컸다. 전쟁은 몇 가지 주요 사건이 전체 국제공동체에 결정적인 영향을 끼친다는 점을 입증하였다. 이리하여 국가들은 세계의 다른 지역에서 일어나고 있는 일들에 대해 초연한 상태를 유지하기 어렵게 되었다.

2.4.2 소비에트연방의 출현으로 인한 국제공동체의 분열

이미 지적하였다시피 국제공동체의 일부 구성원들(오스만제국, 중국, 일본, 페르시아, 샴)은 유럽국가와 다른 경제적 · 이념적 세계관을 가졌다. 그러나 이들은 국제공동체의 발전과정 전체에서 사실상 지도적 역할을 담당했던, 시장경제 지향의 기독교 다수세력에게 굴복당했다. 1917년, 당시 다른 모든 국가들이 지지했던 것과 근본적으로 다른 이념 및 정치철학을 갖고서 소비에트사회주의연방공화국(USSR)이 출범하였다. 국제무대에서 이 국가의 정부는 다음의 원칙을 옹호하였다.

(1) 인민의 자기결정

이는 유럽 내 민족집단(예를 들어 오스트리아-헝가리 내의 민족들) 및 식민지배하의 인민에 적용된다(3.7.1 참조)

(2) 국가의 실질적 평등(법적 평등과 구별됨)

브레스트-리토프스크 평화회의(1917년 12월 22일에 개최됨)의 러시아측 수석대표인 Adolf Joffe가 협상의 기초로서 제시한 제안의 제6번째 항목은 체약당사국이 강대국의 경제적 보이콧, 강제적 상거래협정 체결 및 제3국과의 무역자유를 제한하는 별도의 관세협정에 의한 경제적 복속, 직접적인 군사적 목적이 없는 해상봉쇄 등 간접적 방법에 의해 약소국의 자유를 제한하려는 것을 비난하도록 제안하였다. 그리하여 약소국을 굴종시키기 위한 수단으로서 경제적 강박 및 불평등조약을 처음 노골적으로 비난하였다.

(3) 사회주의 국제주의

USSR은 사회주의 국제주의에 의하여 모든 국가에서 사회주의를 위해 투쟁하는 노동계급 및 정당을 지원하기로 맹세하였다. 그리하여 또 한번 역사상 처음으로 국제공동체의 한 회원국이 여타 국가의 체제 및 이들의 식민지 점유를 붕괴시키려는 목적을 가진 정책을 천명하였다(USSR은 최소한 1927년까지 이런 정책을 공식적으로 추구하였다). 미 국무장관 R. Lansing은 곧바로 이런 새로운 사정을 다음과 같이 완전히 인식하였다.

Lansing은 1917년 12월 2일자 각서에서 레닌과 트로츠키에 대해 언급하면서 무엇보다 다음 사항을 기술하였다. "이러한 사람들을 어떻게 상대하면 좋을까? 이들에게 국제적 선(virtue)이 결핍되어 있다. 국제의무 및 예양(禮讓)은 이들에게 어떤 의미도 없다. 이들이 얻어내려고 하는 한 가지는 국경, 인종차별 및 근대의 정치적·종교적 및 사회적 제도를 일소해서 무지하고 무능한 인간대중이 지구를 지배하도록 하는 '사회주의 혁명'이다. 이들은 실제로 군중폭력에 의해 문명을 파괴하고자 한다. … 볼셰비키 계획은 러시아에서 군사적·정치적 권위를 일소하고, 여타 국가에서 유사한 파괴를 선동하는 것이다."[10]

(4) 국제법의 부분적 거부

USSR은 모든 국제공동체의 현행 법규범 및 제도가 '부르주아지' 및 '자본주의적' 경향의 소산이기 때문에 정의상 사회주의자의 이익에 반하며, 이것이 자신에게 유용한 것으로 입증되는 한도에서만 새로운 체제가 승인할 것이라고 천명하였다. 이 결과 당시의 다수 조약이 폐기되었다.

사실 소비에트 정부는 국제법을 전면 거부하지 않았다. 세계공동체의 이방인이 되지 않고서는 참으로 그렇게 할 수도 없었을 것이다. 누구든지 어느 사회집단의 구성원이 되면서 동시에 그 집단의 모든 규칙을 무시할 수는 없다. 어느 국가도 이러한

10) Robert Lansing, *War Memoirs*(Indianapolis: The Bobbs-Merrill Co.(1935), repr. Westport, Conn.: Greenwood Press(1970), p.341.

규칙의 일부를 이행하여야 하는데, 그렇지 않을 경우 집단 전체가 규칙을 무시하는 구성원에 대해 완전격리형을 선고하여 추방할 것이기에 국제관계가 불가능해지기 때문이다. USSR은 다수의 양자조약 및 다자조약까지 거부하였지만 묵시적 또는 명시적으로 상당히 많은 국제기준을 수용하였다. 예를 들면, 국가주권을 보호하는 관습규칙의 중요성을 강조하면서 이 외에도 수용할 수 없는 조약의 폐기를 정당화하기 위해 일반규범인 *사정변경규칙*(the rule *rebus sic stantibus*; 9.7 참조)을 원용하였다. 마찬가지로 USSR은 조약체결과 외교 · 영사특권 및 면제에 관한 다수의 관습규칙을 지지하였다(상당수의 양자 및 다자조약에 가입한 것이 그 증거임). 또한, 1921년 5월 6일자 독-소 조약 제8조 및 제9조 규정에 따라 독일이 소비에트 시민에 대해 '국제법 및 독일의 판례법 규칙'의 적용을 보장하고 있듯이, USSR은 묵시적으로 외국인 대우에 관한 관습규칙을 상당히 많이 수용하였다.

그렇지만 국제공동체의 법적 문서에 대한 소비에트의 기본 태도는 불가피하게 공동체의 몇 가지 기본원칙을 약화시켰다. USSR은 정도의 차이가 있지만 신성시되었던 많은 원칙들(예를 들어, 해외투자의 보호에 관한 원칙)을 훼손했으며, 식민통치국가의 권리와 같은 것에 대해서 단호하게 반대하였다.

2.4.3 무력의 집단적 조절 시도: 국제연맹

제1차 세계대전 이후 승전국들은 세계적 규모의 무력분쟁이 재발하지 않도록 하기 위하여 국제기구를 설립하기로 결정하였다. 그리하여 비교적 적은 국가(5개 영국 자치령인 인도, 뉴질랜드, 캐나다, 오스트레일리아 및 남아프리카공화국을 포함하여 42개국)를 회원국으로 한 국제연맹이 탄생하였다. 국내문제로 미국은 여기에 가입하지 않았다. 미국의 불참은 분명히 시작부터 연맹의 역할을 약화시켰다.

1919년에 구축된 이 체제는 1648년에 고안된 웨스트팔리아의 해결방식[11] 형태와 매우 유사하다. 무력 활용은 몇 가지 제한된 경우 이외에는 일반적으로 금지되지 않았다. 국제연맹규약 제12조, 제13조 및 제15조는 전쟁을 활용할 경우 3개월의 냉각기간을 거치도록 하였다. 만일 분쟁이 국제연맹 이사회 또는 상설국제사법재판소(PCIJ)에 회부되는 경우 중재판정, 사법판결 또는 이사회의 보고서가

11) *supra* note 3 참조.

나온 후 3개월이 지나야만 전쟁이 활용될 수 있었다. 결과적으로 이러한 법정기간 이전에 개시되거나, 중재판정, PCIJ의 판결 또는 국제연맹 이사회에서 만장일치로 채택된 보고서를 이행하는 국가를 상대로 개시되는 전쟁은 일반적으로 금지되었다.

> 국제연맹 체제는 중대한 결함이 있었다. 즉, 전쟁에 이르지 못하는 무력활용을 금지하지 못하였다. 이러한 한계로 인하여 국가는 자신이 전쟁에 이르지 않는 강박을 사용하고 있을 뿐이기에 연맹규약의 어떠한 규정도 위반하지 않는다고 주장하면서 전시작전을 감행할 수 있었던 것이 분명하다. 실례로 1932년 일본이 중국을 공격한 만주사건을 들 수 있다. 또한 전쟁은 완전히 금지되지 않았다. 다시 말해서 국가는 일정기간의 지연과정을 거친 다음에는 진정하여 흥분을 가라앉힐 것이고, 그 동안 규약에 규정된 분쟁해결 절차에 의하여 국가들이 무력을 사용하지 않게 될 것이라는 순진한 희망이 있었고 전쟁은 단지 냉각기 동안만 제한되었을 뿐이었다. 이것은 1935~1936년 이탈리아의 아비시니아 침공사건에서 드러났듯이 환상임이 입증되었다. 더욱이 규약의 절차적 금지사항을 위반한 국가에 대해 법을 강제할 집단체제가 마련되지 못하였다. 만일, 회원국이 규약 규정을 위반하여 전쟁을 개시하는 경우 모든 여타 회원국은 이러한 무력사용이 규약을 위반한다고 판단하는 한 침공국에 대항하여 피침공국을 지원할 의무가 있었다. 그러나 연맹 총회나 이사회는 침공국을 상대로 군대를 파견할 권한이 없었으며, 단지 회원국에 대해 무력을 사용하도록 권고할 수 있었을 뿐이었다. 간략히 말해서 규약은 단지 국가들의 *자발적 공동행동*을 염두에 두었을 뿐이었다. 즉, 제도화된 강제절차 규정이 없었고 연맹기관이 어떠한 무력도 독점할 수 없었으며, 더 나아가 평화 및 질서유지를 위한 국제군도 설치되지 못하였다. 국제연맹 체제는 각 국가체제에 존재하는 강제집행장치와 전혀 달랐다. 실제로 유일하게 아비시니아 침공사건과 관련하여 이탈리아에 대해 제재조치를 활용한 바 있었지만 정치적 이유로 실패하고 말았다. 더 큰 결함은 규약 규정이 조약법 형식이었기 때문에 연맹 밖의 국가(미국, 다수의 유럽 국가 및 아시아 국가로, 예를 들어 일정 시기의 독일, USSR 및 일본)를 구속하지 못하였다. 결과적으로 제3국과 관련해서 전쟁을 허용하는 관습국제규칙은 어떠한 영향도 받지 않았다.

회원국 간의 이질성, 협력의 결여, 국제연맹의 내재적인 제도적 결함으로 인해 연맹이 점차 영국 및 프랑스만의 정치기관이 되어버린 점이 연맹의 실패 원인이다. 많은 국가들은 군사적 제재를 받지 않거나, 아니면 연맹이 만족할 만한 해결을 도출하지 못한 상황에서 무력을 활용하였다.

미국 및 프랑스는 국제연맹의 가장 두드러진 결점을 치유하기 위해 1928년 8월 27일 전쟁금지에 관한 파리맹약(Paris Pact)을 체결하였다. 그러나 다시 한번 전쟁만 금지(비록 당시 이러한 금지가 훨씬 더 포괄적이었지만)되고 집행장치에 관한 규정이 없어 이 맹약은 그다지 진전되지 못하였다. 더욱이 이 맹약의 서명 직전 당사자들이 주고받은 서신을 보면 정당방위권은 무제한적이며, 이 권리에 대해 아주 넓게 해석했던 것이 분명하였다. 그리하여 영국은 정당방위권에는 '세계 특정 지역의 복지 및 보전이 우리의 평화 및 안전보장을 위해 특별히 중요한 이익이 되는 경우' 이 지역을 방어할 권리가 포함된다고 언급하였다. 그리고 미국은 정당방위에는 미국 정부가 먼로주의(Monroe doctrine)의 침해를 방지하기 위해 결정한 모든 조치가 포함된다고 주장하였다. 이 맹약의 두드러진 성과는 전쟁에 대해 보다 일반적인 금지를 규정하였고, 미국과 같이 국제연맹규약의 비당사국도 구속한 점이었다. 그러나 이 맹약 자체가 전쟁을 허용하는 종전의 관습규칙을 폐지하는 관습규칙이 되지 못했기에 기존의 관습규칙을 대체할 수 없었다.

간략히 정리하면 제1차대전 후 제2차대전 이전 기간 중에도 국가들은 국제관계에 있어 전통적으로 인정되었던 무제한적인 무력사용권을 차츰 회복하려고 하였다. 국제연맹은 이 과정을 완화시키고 무력 활용을 감소시키는 역할을 하였다. 그러나 구 국제공동체의 구조적 요소 중 단 하나도 급진적으로 변경시킬 수 없었다.

2.4.4 법적 결과

이 시기 중 새로운 규칙의 제정이라는 면에서 주목할 만한 성과는 없었다. 고립상황에 있었던 소비에트연방은 상당히 수세적인 입장이었으며, 많은 경우 기존의 국제제도를 비난하였으나 새로운 규칙 제정에 영향을 줄 수는 없었다.

괄목할 만한 진전이 있었던 주요 분야는 분쟁의 중재적 및 사법적 해결이었다. 양차 세계대전 기간 중 국제중재는 활기를 띠었다.

1921년 설립된 PCIJ는 32개 판결 및 27개의 권고적 의견(Advisory Opinions)을 내렸다. 계쟁소송(contentious proceedings)의 당사자는 대부분 유럽국가였다. 마찬가지로 재판소의 재판관은 대부분 유럽국가 또는 미국 출신이었다(1922년부터 1930

년까지 16명의 재판관 중 4명이 비유럽 출신인 반면, 1931년부터 1942년까지 이 비율은 21명 중 7명으로 변경되었다). 또한 각종 임의중재판정부가 설치되었다.

실제로 대부분의 유럽국가들은 중재야말로 최상의 분쟁해결 수단 및 전쟁 발발의 예방수단이라는 믿음을 굳건히 가지고 있었다. 그러나 많은 경우 중재판정은 준수되지 않았고, 중재가 근본적으로 권력정치를 제한할 수 없었기 때문에 이것은 허황된 생각이었다.

그러나 빈번하게 중재가 활용되면서 국제법원, 특히 PCIJ는 많은 국제문제에 대해 판결을 내릴 수 있게 되었다. 이렇게 해서 발전한 판례법은 국제입법에 존재하는 다수의 흠결을 보충하는 데 중요하였다. 원칙 및 규칙이 특정화 · 명료화 · 정교화되었으며, 이것 자체로 국제법의 세부적인 조항을 개선하는 데 공헌한 점은 주목할 만하다.

이 외에 국제공동체에 새로운 바람이 불기 시작하여, 국가간 불평등을 제한하려는 움직임이 등장하고 개인의 요구사항에 대해 더 큰 관심을 갖게 되었다.

불평등의 가장 두드러진 형태를 제거하려는 경향은 불평등조약(capitulations)의 점진적 폐지에서 찾아볼 수 있다. 제1차 세계대전 이전 이런 체제가 이미 폐지된 유일한 국가는 1899년 일본이었다. 다른 국가가 체결했던 불평등조약은 점차 폐지되었다.

개인적 요구사항에 대한 새로운 관심은 두 가지 형태로 나타났다. 첫째, 노예무역이 오래 전에 금지되었지만 국가들은 이제 노예제도 자체를 금지하기 시작하였다. 둘째, 개인집단이 국제기관에 청원(complaints)할 수 있는 권리를 갖게 되었다. 전후 조약에 의해 보호를 받는 종교적 · 민족적 및 언어적 소수민은 국제연맹 이사회에서 소수민의 권리침해를 알릴 수 있도록 고안된 '진정서'를 제출할 권한을 갖게 되었다. ILO헌장 제24조에 따라 노동조합단체는 ILO 이사회에 청원할 수 있는 권능을 갖게 되었다. 이러한 규범적 혁신은 그때까지 국제공동체에서 전혀 발언권도 갖지 않았던 인간의 이익에 보다 큰 관심을 기울이게 된 새로운 경향을 보여 주는 것이었다. 그리스 국제법학자 Politis는 1927년 "예전에 주권국가는 자국민에 대해서는 하나의 철제 새장이었고, 국민은 좁은 쇠창살을 통해서만 외부세계와 법적으로 의사소통하였다. 그런데 이런 쇠창살은 절박한 삶의 필요성에 직면하여 점차 느슨해지고 흔들거리기 시작하더니 결국에는 산산조각이 났다. 인간은 비로소 어떠한 방해도 받지 않고 소속국가의 경계를 넘어 자유롭게 의사소통할 수 있게 되었다"라고 하였다.[12)]

2.5 제3기: 유엔헌장에서 냉전의 종료까지

2.5.1 제2차 세계대전의 주요 결과

1945년 두 달도 안되는 기간 동안 다음 세 가지 역사적인 사건이 발생하였다. 즉, 6월 26일 유엔헌장이 샌프란시스코에서 서명되었고(1945년 10월 24일 발효), 8월 6일 원자폭탄이 히로시마에 투하되었으며(이틀 후 알베르 카뮈는 프랑스에서 "기계문명이 바로 야만의 최종단계에 도달하였다"[13]라고 평가하였다. 그리고 8월 9일에는 두 번째 폭탄이 나가사키에 투하되었다), 그리고 8월 8일 전범 처벌을 위한 국제군사재판소(IMT) 설립협정이 런던에서 서명되었다(IMT 제1차회의는 10월 18일 베를린에서 개최되었다). 이런 세 가지 사건들은 공식적으로 상호 연계되지 않았으나 전쟁 종료, 전쟁책임자 처벌, 새로운 국제공동체의 기반 수립이라는 단일구상으로부터 발생했다고 말할 수 있다.

어떤 면에서는 외견상 분리되어 보이는 이 사건들이 운명적으로 국제공동체의 장래에 급격한 효과를 야기하였다. 이들은 두 개의 반대축인 법과 무력 간에 존재하는 긴장관계를 증폭시켰다. 이런 긴장관계는 당시 극적으로 증폭되었는데, 한편으로 국가는 잠재적으로 무제한의 물리적 힘을 보유하게 된 반면, 다른 한편 새로운 규칙 및 원칙이 발표되어 시행되었고, 새로운 국제기구가 설치되어 국가주권에 더욱 더 많은 법적 제한을 가하게 되었다.

평화는 국제공동체 전체의 주된 목적이 되었다. 과거에 전쟁은 한번도 전 세계적인 규모가 아니었으며, 인간을 절멸시킬 정도의 파괴력을 갖지 않았다. 인간의 파괴력이 무서울 정도로 새롭게 발전하자 평화를 모든 국가의 기본목표로 여기고 국제법 존중 및 정의의 증진을 포함하여 모든 여타 목적들을 평화보다 하위에 놓아야 했다. 그러나 유엔헌장의 기초자들이 평화의 지위를 이렇게 상위에 올렸을 때 이들은 영구적 · 보편적 평화의 목적을 순진하게 추구하지 않았다. 이

---

12) N. Politis, *Les Nouvelles Tendances du droit international*(Paris: Librairie Hachette, 1927), pp.91-92.

13) "La civlization mécanique vient de parvenir à son dernier degré de sauvagerie," *Combat*, 8 August 1945, reprinted in A. Camus, *Essais*(Paris: Gallimard, 1984), p.291.

들은 국제적 마찰 및 국가간 무력충돌이 입법적 명령으로 사라지지 않으리라는 것을 알았다. 이들은 더 현실적으로 무력충돌을 예외적인 것으로 만들고, 국제협력의 제도화를 통하여 이를 통제하고 종료시킬 제도를 구축했다. 간략히 말해, 국가들은 전쟁이 없는 상태를 아주 정상적인 상황이 되도록 하는 것을 달성하고자 하였다.

이런 새로운 목적을 추구하기 위한 방법 중 한 가지는 이전보다 전쟁 촉발을 더 어렵게 만드는 것이었다. 국제법을 위반하여 전쟁을 개시(즉, 침략전쟁)할 경우, '국제범죄'가 성립되어(물론 주동자의 소속국가의 책임에 부가하여) 관련 주도자의 개인책임이 수반된다.

제2차 세계대전은 식민제국 몰락의 가속화라는 또 다른 주목할 만한 결과를 가져왔다. 세계대전은 이미 시작되었던 유럽세력의 점진적인 정치 · 경제적 쇠퇴, 세계무대에서 소비에트연방의 존재로 인한 파괴성, 반식민주의 이념을 제안했던 (비록 미국의 필리핀에 대한 식민지배 그리고 일부 중남미 국가에 대한 사실상 직 · 간접적인 착취에도 불구하고) 미국의 정치 · 경제적 힘의 증대를 가속화시켰다. 이런 것들이 식민주의의 몰락에 기여한 국제적인 요소였다. 그러나 여러 저술가들이 제대로 강조하고 있듯이 국내적 이유도 있었다. 제1차 세계대전후 적어도 일부 서유럽국가에서는 주로 비수혜계층에 대한 동정 및 관심 증가에 자극받아 민주주의에 대한 점진적인 개방 및 '복지국가'를 향한 움직임이 목격되었다. 그리하여 원격지 영토에 대한 식민지배의 유지비용이 증가하였을 때(다른 무엇보다 그곳에서 소요사태가 증가하였기 때문), 식민제국 본국의 대중은 자신의 통치자에게 분명한 의사를 전달할 수 있었다. 즉, 식민지 착취로부터 발생하는 주요 이득이 제한된 소수집단의 사람에게 돌아가는 반면, 여기에 수반되는 군사비용 및 몇 가지 복지비용은 '빠르게 증가하여 여기에 점차 식민제국 본국의 예산이 충당되었기 때문에', 식민지배를 유지해 나가는 것이 더 이상 국민의 이익에 합치하지 않는다는 것이다.

2.5.2 유엔의 설립

제2차 세계대전으로 인한 황폐화와 이 암흑기의 특징이었던 무제한적인 폭력 사용에 대한 주요 대응조치의 하나로 국제공동체는 '전쟁이라는 재앙'을 방지하고 국가 간의 모든 주요 분쟁을 평화적으로 해결할 세계기구의 설립을 간절히 염원하였다. 그리하여 유엔이 창설되었다. 이 기구에 대한 분석은 제16장에서 할 것이기 때문에 여기에서는 주요 특징을 간단히 언급하면 충분할 것이다.

이런 대변화의 정치적 근거는 전쟁기간 중 점차 형성되어 몇 가지 형태의 정치적 협력을 낳았던 종전의 두 정치적 반대세력인 미국과 소비에트연방(USSR) 간의 화해였다. 주요 전승국들은 유엔을 자신들의 전시동맹이 연장된 유형으로 생각하였다.

유엔헌장은 무력 위협 및 사용을 금지(제2조 제4항)하는 동시에 안전보장이사회에 이런 금지를 위반한 모든 국가에 대해 무력을 포함한 제재 및 조치를 취할 권한을 부여하였다. 헌장은 또한 피식민국이 천천히 자치정부나 독립으로 이행할 수 있도록 신탁통치제도를 마련하여 식민제국의 점진적 소멸을 규율하였다. 게다가, 유엔헌장은 여러 가지 분야에서 국제협력을 강화하고자 노력했다.

의심할 여지없이 유엔은 세계안전보장이라는 측면에서 볼 때 종전(대부분 문서상으로 남아 있었던 1648년 체제, 1815년 유럽협조체제 및 1919년 국제연맹)에 비해 훨씬 개선되고 발전된 시도였다. 이와 관련하여, 한 가지 요소만 언급해도 충분한데, 헌장은 최초로 전쟁뿐만 아니라 군사력 사용의 위협 또는 이를 활용하는 것도 금지하였다. 이것이야말로 국제적 제도라는 측면에서 커다란 진전을 보여주는 것이다. 더 자세히 이야기하자면 1945년 성립한 집단안전보장 체제는 1815년 유럽협조체제(2.3.2 참조)와 유사점이 많다. 나폴레옹 시기 이후에서와 같이 1945년 강대국들은 국제문제에 대한 통제권을 유지하고, 평화에 대한 심각한 위협이나 위반이 있는 경우 공동조치를 스스로 결정할 필요가 있다고 보았다. 이리하여 이들은 두 초강대국(미국 및 소비에트연방)과 영국, 프랑스 및 중국(중국은 당시 장개석의 '국민당' 정부가 공식적으로 대표하였음)과 같이 비록 쇠퇴기에 있었지만 국제문제를 실효적으로 지도하려면 여전히 필수적이라고 여겨졌던 국가들로 구성된 '이사회'를 설치하였다.

소수 강대국의 우월성은 법에서 공식적으로 인정되었다. 즉, 유엔헌장 제27조 제3항은 안전보장이사회가 모든 5개 *상임*이사국이 동의(찬성투표 또는 추후 기권으로 발전했던 관행에 따라)하지 않는 한 어떠한 실질문제에 대한 심의도 채택할 수 없다고 규정하고 있다. 이것이 소위 모든 5개 강대국이 행사하는 *거부권*이다. 마찬가지로 헌장은 집단안전보장 체제를 마련하였다. 따라서 만일 안보리가 5개 강대국의 찬성투표와 함께 평화에 대한 위협, 평화의 파괴 및 침략행위가 있다고 동의하는 경우 위반국에 대해 제재조치를 취하거나 유엔군을 파견할 수 있었다.

그러나 다음의 두 가지 사건으로 인해 샌프란시스코에서 구축된 유엔의 전반적 구조가 처음부터 훼손되었다. 첫째, 헌장이 채택된 지 채 2달도 지나지 않아 미국은 히로시마 및 나가사키에 원자폭탄을 투하하였다. 이 사건은 곧바로 새로운 극적인 문제를 야기하였다. 둘째, 1945년 6월 이후 약 1년만에 냉전이 시작되어 전시에 탄생한 정치 및 군사동맹을 와해시켰고, 실질적으로 세계는 서로 충돌하는 두 개 진영으로 분할되었다. 냉전의 전 세계적 확산과 함께 1946년 서구세력과 소비에트연방 간의 불화가 표면화되면서 대부분의 경우 집단안전보장 체제는 운영되지 못하였다. 그리하여 국제공동체는 전쟁방지 또는 국제법 집행에 있어 전통적인 수단에 의존할 수밖에 없었다. 다시 한번 무력사용을 중앙통제하려는 시도는 결국 실패로 끝났다. 그리고 오래된 자력구제 제도는 제한요건이 다수 부과되었지만 새로이 중요성을 갖게 되었다.

2.5.3 국제공동체 구성의 변화

제2차 세계대전 이후 세계공동체의 구성이 급격히 변하였다. 첫째, 이미 소비에트연방의 영향하에 있던 소수의 동유럽 국가들(나치 치하로부터 해방됨)은 사회주의 '민주주의 국가'(독일민주공화국, 폴란드, 불가리아, 헝가리, 루마니아, 체코슬로바키아 및 유고슬라비아)가 되었다. 그리하여 소비에트연방은 자본주의 국가에 대한 이념적·정치적 투쟁에서 더 이상 고립감을 느끼지 않게 되었다. 둘째, 식민지배를 받았던 다수의 국가들이 프랑스, 영국, 벨기에, 네덜란드, 포르투갈, 스페인 및 이탈리아 식민제국의 붕괴로 정치적 독립을 획득하였다.

> 시리아 및 레바논은 1945년 및 1946년에 각각 독립하였고, 인도 및 파키스탄은 1947년 공식적으로 독립하였다. 1948년 이스라엘이 수립되고 버마가 독립하였으며, 1951년 리비아, 1956년 튀니지·모로코·수단 및 가나, 1957년 말레이시아연방, 그리고 1958년 기니가 각각 독립하게 되었다. 여타 다수의 식민국가들은 1960년대에 독립을 획득하였다.

1960년 이후 국제공동체의 다수는 제3세계 국가들로 구성되었다. 사회주의 국가와 함께 이들은 모든 국제회의에서 쉽사리 2/3 다수결을 차지할 수 있었다.

이렇게 새로이 구성된 세계공동체는 제1기와 근본적으로 달랐다. 17~18세기에는 다수 유럽국가들이 세계무대를 지배하였고, 비서구국가들은 수적으로 훨씬 적었을 뿐만 아니라 별로 중요하지도 않았지만, 이제 압도적 다수를 차지하게 되었다. 그러나 이들의 새로운 위치가 종전과 전혀 달라졌다고 속단해서는 안된다. 실제로 소수의 서구세력은 여전히 커다란 경제력과 군사력을 행사하였으며, 다수의 비서구세력은 주로 정치적 · 수사적(修辭的) 권위만 얻었다. 결국 현 상황은 그 이전보다 더 복잡하고 모순적인 상황이 되었다.

신생독립국이 출현하면서 새로운 범주의 국제법 주체인 정부간 국제기구가 국제영역에서 활동하게 되었다. 이들은 단기간 내에 급속도로 확산되어 정치, 경제, 사회 및 기술 등 몇 가지 분야에서 다양한 활동을 전개하여 국제문제에 커다란 영향을 끼치게 되었다. 이들의 성립으로 다양한 결과가 발생했는데, 여기에서는 정치분야 한 가지만 언급해도 충분할 것으로 보인다. 종전에 특히 중견국가 또는 약소국가 등 일부 국가들은 자신과 직접 연관성이 없는 국제문제에 대해서는 관여하지 않고 어느 정도 거리를 둘 수 있었다. 그러나 국제기구 활동에 참석한 상황에서 주요 국제사건이 토의되어, 때때로 결의를 이끌어 내거나 모종의 공동조치를 취하는 방향으로 진행되는 경우, 이들 사건에서 초연한 상태를 유지하는 것이 거의 불가능하게 되었다. 이들 국가는 이러한 문제에 대해 의견을 표명하거나 지지 · 찬사 · 비난 또는 권고할 수 있었다. 간단히 말해서, 광범위한 정부간 국제기구망이 형성되어 연대감은 아닐지라도 적어도 동일한 공동체에 속한다거나 공동체에서 일어나고 있는 모든 중요한 사건과 결부되었다는 느낌이 발생하거나 그러한 느낌이 강화되었다. 만일, 제1차 세계대전 때문에 국가들이 더 이상 서로 고립되어 생존하는 것이 불가능해졌다고 느꼈다면, 국제기구의 출현으로 인하여 이런 경향이 지속되었고 결국 특정 사건[세계의 일정 지역에서 발생하는 침략, 어느 특정 국가가 그 밖의 여러 다른 국가에 대해 추구하는 불안정화정책, 둘 이상의 국가집단이 경제적 관계에서 저지르는 광범위한 부정의(不正義) 등]은 국제공동체 전체의 관심사라는 관념이 확고해졌다.

2.5.4 법적 변화

개발도상국들은 사회주의 국가들의 적극적인 지지를 얻어 유엔 총회를 확고히 지배하게 되자 이들은 복합적인 전략을 마련하여 제시하기 시작하였다. 첫째, 집단안전보장 분야를 제외하고는 (최소한 수사적 수준에서라도) 유엔의 권위가 높아졌다. 둘째, 개발도상국 및 사회주의 국가들은 지속적으로 자기결정권 및 인종적 평등을 주장하였고 이를 법적 원칙으로 변경하도록 요구하였다. 이런 요구사항들은 1965년 유엔인종차별철폐협약이 채택되고 다시 1966년 두 개(시민적 · 정치적 권리, 경제적 · 사회적 · 문화적 권리)의 유엔인권규약이 제1조에서 자기결정 원칙을 규정하면서 달성되었다. 이런 문서에 뒤이어 보조적 규칙을 설정하는 다수의 결의 및 여타 조약(3.7.2-4 및 16.3.4 참조)이 이것을 보강하였다. 셋째, 이 두 국가집단은 자신들의 의견을 반영하여 국제관계를 규율하는 모든 기본원칙을 재구성하도록 제안하였는 바, 수년의 작업과정을 거쳐 유엔 총회는 결국 1970년 우호관계선언(3.1 참조)을 채택하였다. 넷째, 성문법전화(codification), 즉 관습규칙을 성문법(조약법)으로 전환하는 작업이 확대되어 광범위한 주제를 대상으로 하였다(8.5 참조). 마지막으로, 개발도상국들은 국제공동체의 경제적 구조를 급격히 바꾸려고 하였다. 소위 77그룹(1964년 아프리카, 아시아 및 중남미 국가들이 처음으로 제도적 차원에서 단합하였을 때 그 수는 77개국이었다)은 오랫동안 끊임없는 노력으로 유엔 총회에서 '신국제경제질서'(NIEO)에 관한 선언 및 행동계획을 채택하는데 성공했다. 개발도상국은 권고형식을 선택하였는데, 이것은 법적 구속력을 갖는 새로운 경제원칙을 선진국에게 강요하는 것은 비현실적이고 시기상조였기 때문이었다. 권고사항의 채택은 정치적 지침이 점진적으로 국제법규칙으로 전환하는 전 단계로 여겨졌다.

이 시기에 *국제법학회*(Insitut de Droit International)와 개별 학자들이 국제법의 형성 및 성문법전화에 대해 공헌하는 정도가 점차 축소되었다(최소한 이전에 살펴보았던 것과는 대조적임. 2.3.3 참조). 이러한 주된 이유는 유엔에서 국제법의 성문법전화 및 점진적 발전의 임무를 맡은 국제법위원회(ILC)가 설치되었고, 유엔 총회에서 주요 국제법 사안에 대한 결의나 선언을 채택하는 경우가 증가했기 때문이다.

2.6 제4기: 냉전의 종료부터 현재까지

1989년 소비에트연방의 붕괴와 이에 뒤이은 사회주의 국가의 분열로 인해 이 집단 전체는 소멸하였다. 새로이 탄생한 러시아연방은 초강대국이었던 소비에트연방의 지위를 물려받지 못하였다.

현재 세계공동체에 있어 국가들을 세 집단으로 더 이상 뚜렷이 구별할 수 없게 되었다. 근본적으로 정치·이념적 측면에서 서구국가들을 이끌어 가는 유일 초강대국인 미국이 있을 뿐이다. 이 초강대국은 세계경찰의 역할을 수행하는 경향이 있다. 즉, 미국은 정치적 분쟁의 해결이나 해결 촉진, 평화 유지에 대한 기여 및 국제법의 집행에 노력하고 있다. 그러나 이런 역할은 이 초강대국의 전략적·지정학적 이익에 합치하고 여기에 유리한 경우에 한해 선별적으로 이루어지고 있다. 그리하여 이해관계가 걸려 있는 많은 경우에 이 초강대국은 유엔을 통하여 무력 조치를 취하였다(1990~1991년 이라크, 1992년 소말리아, 1992~1995년 보스니아-헤르체고비나). 다른 경우 유엔의 지지가 나오지 않을 상황에서 유엔헌장을 완전히 무시한 채 NATO를 통해 행동하였다(1999년 코소보). 또 다른 경우 이 초강대국은 자신과 이해관계가 없다는 이유로 군사적 조치를 취하지 않거나(예를 들어 1994년 르완다, 2000년 시에라리온 등), 어떠한 유엔의 허가도 받지 않고 군사작전을 수행하였다(2003~2004년 이라크). 미국은 또한 많은 분쟁지역(예를 들어 중동, 북아일랜드 등)에서 세계적 조정자로서 정치적 역할을 수행하고 있다.

더 이상 단합되어 있지 않은 구 사회주의 국가들은 서구국가들에 의존하는 경향이 있다. 개발도상국들은 사회주의 국가를 지지하는 집단과 서구국가들을 지지하는 집단으로 이제 더 이상 분리되어 있지 않다. 이들은 더 이상 이념적 경향성을 갖지 않고 있다. 대신 이들은 국제적으로 더 많은 경제·재정지원 및 세계시장에 대한 접근 확대를 요구함에 있어 단합된 모습을 보이고 있다. 이들 국가들은 유엔에서 경제문제를 토의하는 경우 'G-77그룹'(2.5.4. 참조)을 형성하며, 정치문제를 토의하거나 이들의 국제적 전략을 일치시키려는 경우 비동맹운동단체(NAM: Non-Aligned Movement)를 형성한다.

또한 이 시기의 특징은 다음과 같다. 즉, 평화 및 안전보장 유지를 위한 국제기관으로서의 유엔 역할의 상대적 하락, 국가들이 NATO와 같은 군사동맹의 역할을 확대 · 강화하려는 경향 증대, 지역주의의 증가 추세(유럽연합과 함께 유럽에서 더욱 두드러지게 나타나는 경향) 및 테러리즘의 파괴적 결과가 그것이다. 2001년 9월 11일 미국에 대한 테러공격 발생 이후 테러리즘이 국제공동체의 생존에 가한 충격으로 세계공동체의 전개과정은 실로 근본적인 전환점을 맞이하게 되었다. 즉, 이런 공격의 결과 테러리즘 및 이에 대한 다수국가의 무력대응이 확대일로인 상황에서 다수 국제법 분야 및 수단이 점진적으로 수정되고 있어(예를 들어, 정당방위에 대해서는 뒤의 22.5.2(2) 및 (4) 참조), 장차 국제법 기준 및 제도가 상당히 변화될 것으로 보인다.

국가집단과 관련하여 현재 선진국들은 테러리즘과의 투쟁, 자유무역, 핵군축, 환경보호 및 민족 · 인종 · 종교적 충돌—세계의 다수 지역에서 점차 만연하고 있음—이 발생국의 국경을 넘어 확산되지 못하도록 예방하는 것을 주요 국제 문제로 여기고 있다. 그러나 완전한 공통의 법적 전략이 이들 국가집단 내에서 도출될 수 있을 것으로 보이지 않는다.

개발도상국의 경우 빈곤 및 저성장, 자국산 제품의 세계시장에 대한 공정한 접근 결여, 선진국과의 격차가 위험스러울 정도로 확대되는 것 등을 주요 문제로 보고 있다. 세계공동체에서 이들의 법전략은 이런 우려를 반영하고 있다. 이들이 추구하는 행동의 법적 수단을 보건대 이들은 첫째, 신국제경제질서 및 소위 개발권이론의 실패, 둘째, 종전의 사회주의 국가로부터 받았던 이념적 · 정치적 지지기반이 더 이상 없다는 사실로부터 중요한 교훈을 얻었던 것으로 보인다. 그리하여 이들은 더 이상 새로운 권리를 주장하거나 새로운 경제전략을 요약하는 유엔총회 결의를 채택하려고 애쓰지 않는다. 이들은 선진국과 몇 가지 형태로 합의하거나 타협하는 것이 더욱 생산적이라는 것을 깨달은 것이다. 결과적으로 이들의 주장 및 협상 태도는 덜 강경해졌고 더욱 현실적인 성향을 띠게 되었다.

국제법의 근대적 발전에서 드러나는 주요 특징은 강조할 만하다. 종전의 발전단계에서 인권법, 무력충돌시의 인도주의법, 환경법, 국제무역법, 국제형사법, 국가의 국제책임에 관한 법 등 *특별 분야의 법*이 점차 출현하였다. 이들은 체계가 갖추어진 독립적인 법 분과를 형성하는 경향을 띠었다. 현재 이들은 점진적으로 상호 영향을 미치는 추세에 있으며, 국내 및 국제법원은 이들 분과를 전체의 일부분으로 고려하게 되었다. 그리하여 두 분야의 법인 환경보호 및 국제무역에 관한 국제규칙 및 지침이 개발법 및 인권법에 점차 연계—그리고 어느 정도는 이

법의 적용에 구속을 받는—되어 가고, 국제형사법은 점점 더 인권법의 영향을 받으며 인도주의법에 연계되고, 국가책임법은 점차 개인의 형사책임법과 중첩되어 이에 영향을 받고 있다. 그리고 여러 가지 측면에서 해양법은 개발법과 연계되어 왔으며, 빈곤국의 경제도약을 증진하는 수단이 될 것으로 여겨진다.

종전에 어떤 면에서는 서로 구분되어 왔던 국제법 분야가 점진적인 상호침투 및 상호융합 과정을 겪고 있는 것은 중요한 발전이다. 즉, 이것은 적어도 규범적 수준에서 국제공동체가 더 통합되어 가고 있으며—더욱 중요한 것은—인권 및 개발 증진 필요성과 같은 가치가 전에는 침투할 수 없는 것으로 보였던 다양한 국제법 분야에 스며들고 있는 것을 보여 주고 있다.

제 3 장

국제관계를 규율하는 근본원칙

3.1 개 관

대부분의 국가는 사회적 교류를 규율하는 근본원칙을 설정하는 헌법을 제정하고 있다. 이런 원칙들은 법체계의 정수이며, 전체 공동체의 존립을 위한 기본지침의 역할을 수행한다. 이것들은 일반적 의무를 부과할 뿐만 아니라 정책의 방향 및 국가기관의 기본목적을 설정한다. 더욱이 이 원칙들은 해석규칙이 불충분할 때, 법 규정을 해석하는데 활용될 수도 있다.

그러나 세계공동체의 상황은 다르다. 이 공동체가 등장하였을 때 어느 국가 또는 여타 권위도 국제관계를 규율하는 근본원칙을 설정하지 못했다. 즉, 어느 국가도 국제공동체의 다른 모든 구성국에 대해 행동의 기준을 강요할 정도로 충분한 권력을 갖지 못했다. 국가간의 여러 가지 이해관계 및 요구사항이 수렴되면서 이에 자극을 받아 법계(法系)가 점차 진화하였으나, 어떠한 일반적 · 포괄적 원칙에도 합의를 이루지 못하였다. 그러나 새로운 규범이 점차 추가되어 전체 규칙이 증가하게 되자 국가는 소수의 근본원칙에 자극받아 즉흥적이며 부지불식간에 이들 원칙을 근거로 법을 만들었던 것이 분명하다. 국제공동체 발전의 첫 번째 단계(1648~1919)에서 출현한 법 기준을 면밀히 살펴보면 국가들은 실질적으로 적어도 세 가지 *공리*(公理)인 자유, 평등 및 실효성에 따라 행동했던 것이 드러난다.

이것들은 법적 구속력을 갖는 국내법체계의 일반원칙과 다르다. 이런 세 가지 공리는 국제규칙의 두드러진 특성 중 몇 가지를 일반화하는 귀납과정을 통해 도출된 법적 개념에 지나지 않는다. 이런 이론적 과정을 통하여 다음의 결론에 도달할 수 있을 것이다. 첫째, 대부분의 국제규칙에서 국가의 행동 재량의 범위는 넓게 인정된다. 둘째, 이런 규칙은 국가간의 법적 평등을 천명하거나, 국가들이 법적으로 평등하다는 가정에서 출발하고 있다. 마지막으로 이런 규칙은 권력이 사실상 획득된 상황을 정당화하는 경향을 띠고 있다.

이러한 세 가지 공리는 분명히 바로 고전국제법의 소위 '자유방임적 접근방식'의 산물이다. 이런 접근방식하에 모든 국가는 특정 '게임의 규칙'을 준수하는 한 자신이 선호하는 것을 평등하게 수행할 자유를 갖는다. 더욱이 이처럼 거의 무제한적인 자유를 행사함에 있어 국가가 무력으로 새로운 사태를 야기할 경우라도 그러한 사태는 법적으로 허용되었다.

1945년 유엔헌장의 채택은 매우 중요한 변화를 예고하였다. 즉, 헌장의 기초자들은 제2조에서 모든 유엔 회원국이 준수해야 할 일련의 근본원칙을 규정하였다. 이 원칙은 인민의 자기결정, 분쟁의 평화적 해결, 무력에 의한 위협 또는 사용의 금지이다. 이리하여 중요성이 막대한 국제조약에서 국가의 행동을 지배하는 근본기준을 설정하고 국가간 조직의 주요 목적을 수립하게 되었다. 이 새로운 국면은 제2차 세계대전이 세계공동체에 가한 충격, 특히 평화 및 정의에 더 부합하는 국제체제의 기초를 수립하려는 모든 국가의 간절한 염원에서 직접 발생한 결과였다. 그러나 이러한 헌장 원칙이 국제공동체 발전에 커다란 영향을 끼쳤지만 이것은 매우 느슨하여 신생국의 요구사항을 충족하지 못하는 상황이 1960년대에 들어서 점차 나타나기 시작했다. 사실상 제2차 세계대전의 여파로 식민주의가 소멸하고 사회주의 국가 모델이 확대되어 국제공동체에 막대한 변화가 일어났다. 더욱 특이한 점은 종전의 국가들과 실질적으로 전혀 판이한 정치적 시각을 지닌 다수의 신규 회원국이 세계공동체에 등장한 것이다.

그리하여 사회주의 국가 및 개발도상국은 헌장 원칙을 보편적 가치기준으로 변화시킬 목적에서 이의 확대 및 갱신을 포함하는 수정절차를 개시하였다. 이들 국가집단은 기본적으로 두 가지 요소에 자극받았다. 첫째, 자신의 기본적 요구사항을 국제법에 투영하여 국제법이 현 국제현실에 더 부합하도록 만드는데 열중하였다. 둘째, 이들 집단은 사회관계의 근간이 되는 예측 가능성 및 안전보장의 필요성을 충족시키기 위하여 세계공동체의 전통적 회원국들과 토의 · 교섭하고 합의하여 기본 행위기준을 문서로 마련해야만 한다고 여겼다. 1960년대에 합의되고, 1970년 유엔 우호관계 선언(결의 제2625(XXV)호. 컨센서스로 채택되었으나 그 자체로 법적 구속력은 없음)에 표명된 원칙들은 상당 부분 유엔헌장에서 이미 정해 두었던 원칙들을 확인하면서 이들을 더욱 강조하거나 구체화하였으며, 이 외에도 적용범위를 모든 국가로 확대하였다(반면 헌장에 규정된 원칙들은 유엔 회원국에게만 적용된다). 이들 원칙들은 7개로 국가의 주권평등, 인민의 자기결정, 무력의 위협 또는 사용 금지, 분쟁의 평화적 해결, 다른 국가의 문제에 대한 간섭금지, 협력의무 및 신의성실(good faith)이 그것이다.

그러나 어떤 행동기준이 위에서 언급한 선언에 포함되어 있다는 사실만으로 보편적인 근본원칙의 지위로 승격되는 것은 아니다. 그렇게 되려면 이 기준은 일반적 성격의 규범군(規範群)으로 규정되어야 한다. 협력 또는 신의성실과 같은 기준은 국제법 주체의 행위를 규율하는 법적 원칙의 지위로 승격시키는 문서에 그러한 기준이 포함되지 않는 한 정책지침의 표현이라 할 수 있다. 마찬가지 이유로 유엔 우호관계 선언에 규정된 원칙들만이 국제법의 근본원칙군(群)을 구성하는 것은 아니다. 중요한 것은 국제관행을 면밀히 고찰해 보는 것이다. 다시 말해서, 특정 국제적 선언이 보편적으로 적용되는 법적 구속력을 갖는 원칙을 생성하였는지를 결정하고자 할 때 다양한 범주의 요소들(조약, 유엔 총회 결의, 국가의 선언, 유엔에서 행한 정부대표의 발언, 외교관행, 현존하는 판례법)이 고려되어야 한다.

소비에트연방 및 대부분의 다른 사회주의 국가들이 붕괴된 이후에도 현행 국제공동체에서 국가들은 정치 · 경제적으로 분열되어 있으며 이들 간의 관계는 종종 긴장상태에 있다. 이러한 상황에서 이런 원칙들에 대해서 국가간에 서로 분열하지 않는 근본기준군(群)을 대표하며, 이 원칙하에서 얼마되지 않으나 비교적 원만히 수행되는 국제관계가 있다. 이들 원칙은 전체 국제법 중 최고의 위치를 차지하며 전 범위를 아우르는 법기준이 되어서, 국제공동체의 *헌법적 원칙*이라고 할 수 있다(이런 원칙의 법적 성격 및 역할에 대해서는 제10장의 각주 3 참조).

3.2 국가의 주권평등

3.2.1 개 관

전통국제법은 국가의 주권을 보호하고 형식적인 법적 평등을 수립하는 일련의 규칙을 기반으로 한다. 1945년 유엔헌장을 기초하였을 때 기구 설립자들은 '모든 회원국의 주권평등'(제2조 제1항)을 기구의 원칙 중 하나로 천명하였다. 그러나 이런 문구가 반대 없이 채택되지는 않았다. 헌장을 기초하였던 샌프란시스코회의에서 한 위원회에 참석한 벨기에 대표는 "약소국은 기구 내에 현격한 불평등이 명백히 존재하는데도 원칙 선언의 서두에서 모든 회원국의 '주권평등'이 굵은 필체로 언급되어 있는 것을 발견하게 될 때 이를 자못 아이러니하게 생각할 것"(*UNCIO*, vi, p.332)이라고 꼬집어 말했다. 그러나 우호관계에 관한 특별위원회(Special Committee on Friendly Relations, 1962~1970)의 작업이나 유엔 총회의 토의에서도 이 원칙에 대해서 현격한 차이가 드러나지 않았기에 이 원칙은 헌장 제2조 제1항의 취지에 따라 1970년 선언에서도 재확인되었다. 하지만, 이 선언에서 원칙의 적용범위는 유엔 회원국 여부에 관계 없이 모든 국가로 확대되었다.

다양한 원칙 중 주권평등 원칙이야말로 조건 없이 합의되었고, 이념적 · 정치적 경향 및 상황에 구애되지 않고 모든 국가집단의 지지를 받았던 유일한 원칙이다. 주권평등은 전체 국제법 기준의 핵심이자 모든 국제관계의 기반이 되는 근본적 전제라고 결론내려도 될 것이다.

그렇다면 이 원칙의 현대적 의의는 무엇일까? 분명히 이 원칙은 다양한 일반규칙을 포섭하고 합성하는 상위개념이다. 따라서 이들 일반규칙이 상세히 설명되어야만 그 의미가 충분히 파악될 수 있다. 이 원칙은 논리적으로 구분되는 두 가지 개념(주권 및 법적 평등)을 포섭하고 있기 때문에 이를 별개로 다루는 것이 옳을 것이다.

3.2.2 주 권

주권은 다음과 같은 포괄적인 권한 및 권리를 포함하고 있다.

(1) 영역에 거주하는 모든 개인에 대한 권한 행사권

이러한 권한은 주권의 본질로 간주되기까지 한다. 1923년 대 정치가이자 학자였던 사람이 설파하였듯이 그 유명한 데카르트의 언명(言明)을 국가에 적용하는 경우, 즉 "*iubeo, ergo sum*"(나는 명령한다. 고로 나는 존재한다)[1]과 같이 된다.

국가의 중앙당국이 영역에 거주하는 개인에 대해서 공적 기능을 수행하는 권한을 '관할권'이라 부른다. 보통 이 관할권은 다양한 형태를 띨 수 있다. 즉, *입법관할권*(국가에 귀속하는 영역 내의 개인 및 국가기관 그리고 특정 상황에서 해외에 거주하는 개인을 구속하는 법적 명령이나 허가를 규정할 권한), *사법관할권*(해당되는 모든 개인 및 실체에 대해 구속력 있는 결정을 통한 분쟁해결 또는 구속력 있는 법 해석 권한) 및 *집행관할권*(강제적 수단을 통하여 법적 명령 및 권능의 이행을 확보할 권한)이 그것이다.

*입법관할권*은 보통 국가주권의 대상이 되는 영역까지 확대된다. 다시 말해서, 국가는 보통 자국 영역 내의 사람 및 실체에 적용되어 구속력을 갖는 법을 제정할 수 있다. 국가는 해외에 거주하는 자국민을 구속하거나 해외에서 행해진 것 중 국가에 위해한 것으로 판단되는 다른 사실이나 행위(예를 들어, 외국인 또는 해외에 주재하는 자국민에 의한 자국 화폐의 위조행위 그리고 해외로부터 마약 및 그 밖의 금지물품을 영토 내로 밀수하는 행위)에 적용되는 법도 제정할 수 있다. 더 나아가 국가는 외국에서 외국인이 다른 외국인에 대해 행한 행위에 적용되는 법도 제정할 수 있다. 이런 *영토외적* 입법은, 예를 들어 테러[즉, 1986년 미국의 전방위 외교안보 및 반테러법(Omnibus Diplomatic Security and Antiterrorism Act)은 외국에서 미국 시민에 가해진 공격에 대해 미국의 관할권을 규정하고 있다. 또는 영국의 2001년 반테러, 범죄 및 안보법(Anti-terrorism, Crime and Security Act)은 제51조에서 허가 없이 핵폭발을 야기하거나 핵무기를 개발 또는 이전하며, 해외에서 특정 무기와 관련된 행위를 지원하거나 유인하는 범죄에 대한 관할권을 규정하고 있다]나 집단살해 또는 고문과 같은 국제범죄에 대해 보편관할권을 행사할 목적으로 채택되고 있다.[2] 하지만 이러한 입법을 하더라도, 외국의 영토상에서 집행조치를 수행할 수 있도록 규정해서 그 국가의 주권을 침해할 수는 없다.

---

1) V.E. Orlando, "Francesco Crispi" (1923), in *Scritti varii di diritto pubblico e scienza politica*(Milan: Giuffré, 1940), p.400.

2) 영국 내무장관이 2000년 하원에서 언급한 바와 같이 "현재 고문과 같이 매우 심각한 범죄에 대하여 보편관할권 원칙이 확립되었다." 71 *BYIL*(2000), p.588(그러나 71 *BYIL*(2000), pp.620-621도 참조).

미국은 자국에 적대적인 국가와 상거래를 하는 외국회사에 대한 제재조치를 담은 여러 가지 법을 제정하였다. 즉, 1992년의 쿠바 민주법(Cuban Democracy Act)은 미국계열 회사 또는 미국이 지배하는 기업의 유럽 자회사(subsidiaries)가 쿠바와 거래하는 것을 허가할 수 없도록 하였으며, 1996년 Helms-Burton법은 1960년대 미국인 소유자로부터 몰수한 쿠바 소재 자산을 매입하는 외국회사에 대한 제재조치를 예정하였으며, 1996년 D'Amato-Kennedy법은 리비아 및 이란과 상거래를 하는 외국회사에 대한 제재조치를 규정하였다. 이런 법들은 일단 시행되면 국제법의 근본원칙, 특히 외국의 주권존중 원칙을 침해하게 된다. 이들 법에서 예정하고 있던 조치들은 유럽 및 중남미 국가들의 항의로 정지되었다.[3]

*사법관할권*은 법적 분쟁에 대하여 판단을 내릴 권한이다. 이런 사법관할권은 일반적으로 속지주의, 적극적 속인주의 또는 드물게 수동적 속인주의(각각 가해자 또는 피해자의 국적에 근거를 둠), 보호주의(비록 외국에서 발생했다 하더라도 자국의 이익을 침해하거나 크게 영향을 끼치는 범죄에 대해 법원이 행사하는 관할권)에 근거하고 있다.[4] 최근에는 보편주의(즉, 해외에서 외국인 상호간에 저지른 범죄에 대한 관할권)가 국제범죄와 관련하여 등장하고 있다(21.4.1 참조).

*집행관할권*은 일반적으로 영역에서 수행한 행위에 한정된다. PCIJ가 *Lotus* 사건에서 서술하고 있듯이 이런 유형의 관할권은 "국제관습 또는 협약에서 도출되는 허용규칙에 의한 경우가 아니라면 자국 영역 밖에서 행사될 수 없다"(p.19).

미국 정부는 멕시코에서 자국민에게 자행된 범죄를 처벌하기 위해 대외적인 집행조치를 취할 권한이 있다고 주장하였다. 미국 연방대법원은 1992년 *US v. Alvarez-Machain* 사건에서 이런 조치(외국의 주권적 권리를 위반하기 때문에 국제법에 명백히 반함)가 일반국제법과 불일치할 수 있다고 판시하였다.[5] 또한 영국의 일

---

3) 추가로 *Hartford Fire Insurance Co. v. California* 사건을 참조하시오. 이 사건에서 미국 연방대법원은 관련 미국법은 '미국 내에 실질적 효과(substantial effect)를 가져올 외국의 행위로서 이러한 행위로 실제 효과가 발생한 경우'에 적용되도록 하려는 것이라고 판시하였다(p.2909).

4) 미국 법원은 카르텔 구성원인 외국회사의 활동이 미국의 수출입에 영향을 미쳐서 미국에 효과가 발생하는 경우 이에 대해 관할권을 주장하였다. *US v. Aluminium Co. of America* 사건(148 F.2nd 416(1945))을 참조하시오. 또한 영국 법원에 제소된 *Rio Tinto Zinc Corp. v. Westinghouse Electric Corp.* 사건([1978] 1 All ER 434(HL))을 보시오. 미국의 판결은 다른 국가로부터 항의를 받았다.

5) 1990년 멕시코 국적의 Alvarez-Machain은 멕시코 영토에서 납치되어 미국으로 이송되었다. 미국 지방법원(Alvarez-Machain은 멕시코에서 한 미국인을 고문하고 살해한 혐의로 이 법원에 기소되었음)은 미국 공무원들이 이와 같은 납치에 개인적으로 관여하지 않았다 하더라도 책임이 있다고 판

부 법원은 자국에 감금되어 있는 자로서 해외에서 납치된 자에 대한 관할권을 주장하였다.[6] 국가가 해외에서 불법적으로 공적 행위를 수행한 경우에 대해서는 다음 (3)항을 보시오.

(2) 국가관할권하에 있는 영토를 자유로이 사용·처분하고, 그 영토의 거주민에게 필요하거나 도움이 된다고 여겨지는 모든 활동을 수행할 권한

1921년 미국 국무장관 Robert Lansing은 이러한 권한을 행사함에 있어 국가가 추구하는 제1차적 목적을 정치적인 수사를 사용하여 다음과 같이 재치 있게 정리하였다. 즉, "특정 영토 내에서 행사되는 주권의 주된 목적은 국가의 안녕이다. 자기보전이 개인의 존립에서 최상의 가치로 여겨지듯이 국가의 안녕은 국가의 존립을 지배한다. 국가는 충동적으로 자기희생하지 않기 때문에 국가의 안녕이 훨씬 더 의미가 있다."[7]

(3) 어떠한 국가로부터도 자국 영토를 침범당하지 않을 권리(이른바, *jus excludendi alios*, 즉 타국을 배제할 권리)

국가는 외국이 자신의 영토에서 사전에 허가받지 않은 공무활동을 수행하는 경우 항상 이에 강하게 항의하면서 손해배상을 청구하였다. 국가는 이런 공적 행위가 자국 영토에서 비밀리에 또는 사인(私人)을 자처하는 국가기관원에 의하여

시하였다. 법원은 납치가 1978년 미국과 멕시코 간의 범죄인인도조약을 위반하여 관할권이 없다는 이유로 기소를 각하하였고, 피고인의 송환을 명령하였다. 항소법원(Court of Appeals)은 미국의 관할권이 부당하다면서 이를 확인하였다. 반면 미국 연방대법원은 이 납치가 범죄인인도조약에 위반되지 않기 때문에 미국이 관할권을 행사할 수 있다고 판시하였다. 법원은 피고인의 납치가 "일반국제법원칙을 위반할 수 있으며" 멕시코가 "외교공한을 통하여 해당 납치행위에 대해 항의하였음"을 인정하였다. 그러나 "피고인이 멕시코로 송환되어야 하는지 여부에 관한 결정은 범죄인인도조약의 범위 밖의 문제로 행정부의 관할사항이다"라고 부연하였다(pp.5-7). 그리하여 미국 법원은 적법하게 Alvarez-Machain을 재판할 수 있었다.

6) 예를 들어, *Regina v. Plymouth Justices, ex parte Driver* 사건(p.351)을 참조하시오. 이와 반대로 *Regina v. Horseferry Road Magistrates' Court, ex parte Bennet* 사건에서 영국 대법원은 관할권(피고인은 영국 경찰과 공모한 남아프리카공화국 경찰에 의해 납치된 후 영국으로 이송되었다. 이에 Bridge 판사는 "나는 기소책임이 있는 법 집행기관이 법원의 영토관할권 내에 피고인의 출석을 확보하기 위해서 국제법 및 여타 국가의 법을 위반해서만 그렇게 할 수 있었던 것이 입증된다면 법치의 존중상 법원이 이런 정황을 인지해야 한다고 생각한다"라고 하였다)을 거절하여야 한다고 판시하였다(p.155).

7) R. Lansing, *The Peace Negotiations—A Personal Account*(Boston and N.Y.: Houghton Mifflin Co., 1921), pp.102-103.

행해졌을 때에도 이런 방식으로 대응하였다.

몇 가지 경우에 있어서 외국 당국이 공개적으로 행한 조치와 관련하여 이런 이론이 표명되었다.

1921년 강도범들을 추적하기 위해 미 육군성(War Department)의 허가를 받아 멕시코 영토로 진입했던 일단의 미국 군인들이 텍사스에서 범죄를 저질렀던 한 멕시코인을 체포하였다. 이 멕시코인은 텍사스의 법정에서 재판을 받게 되었다. *Dominguez v. State* 사건 항소심에서 미국 법원은 미군이 "범법자를 체포하려고 멕시코에 입국한 것은 멕시코 정부의 동의가 없었다면 국제법 위반이 되었을 것이다"라고 판시하였다. 멕시코 정부가 이에 동의하였기 때문에 Dominguez의 체포가 위법하지 않았으며 미국에서 재판받을 수 있었다(pp.8-9).

2003년 5월 8일 *'Telekom Serbia'* 사건에 대한 조사임무를 맡았던 이탈리아 의회 진상조사위원회 대표단(2명의 국회의원, 자문역인 1명의 법관, 2명의 비무장 경찰관으로 구성됨)은 허가 없이 루가노(스위스 소재) 파산청(Ufficio fallimenti)을 방문하여 이탈리아 전화공사인 Telecom이 'Telekom Serbia'의 인수과정에서 행한 횡령, 뇌물수수 및 여타 범죄 혐의에 대한 증거를 수집하였다. 이들 이탈리아인들은 곧바로 스위스 연방검사의 요청에 따라 스위스 경찰에 붙잡혀 심문을 받은 후 스위스 형법 제271조 및 제273조(스위스 내에서 외국을 위하여 수행한 허가받지 않은 행위 및 산업스파이 행위를 각각 처벌한다) 위반으로 기소되었다. 연방검사는 이탈리아 당국이 스위스의 주권을 침해하기보다 증거조사 요청서에 의한 증거수집 요청이라는 공식경로를 통했어야 했다고 옳게 주장하였다. 나중에 스위스 당국은 예양상 이들 이탈리아인들에 대한 형사기소를 취하하였다.[8)]

다른 경우 국가는 외국이 사인(私人)을 통하거나 사인을 빙자한 외국 기관원이 자국의 영토에서 행한 조치에 대해 항의하였다.

예를 들어, 이런 사건은 다음의 경우에 발생하였다. 즉, *Salomon Jacob* 사건[1935년 독일인 Jacob이 스위스에서 다른 독일 국가기관원에게 납치되어 자국으로 이송되었다. 그러나 스위스의 항의에 따라 Jacob은 결국 스위스로 송환되었고 해당 독일 공무원은 독일 당국으로부터 처벌받았다. 29 *AJIL*(1935), pp.502-507; 30 *AJIL*(1936), pp.123-124 참조], *Eichmann* 사건[1960년 Eichmann은 사인(私人) 행세

8) *Corriere della sera*, 2003년 5월 9일자, p.5; 2003년 5월 10일자, p.6; 2003년 5월 17일자, p.6 참조.

를 하는 이스라엘 기관원에게 아르헨티나에서 납치되어 이스라엘로 이송되었다. 이에 아르헨티나는 이스라엘의 사과에 만족하지 않고 이 사건을 유엔 안보리에 회부하였으며, 유엔 안보리는 이스라엘에게 적정한 금전배상을 하도록 요구하였다; Whiteman, v, pp.208-214; *UNYB*(1960), pp.196-198 참조], *Argoud* 사건(1963년 프랑스인 Argoud 대령이 자국 기관원에 의해 독일에서 납치된 후 본국에 송환되어 법정에 세워졌다. 독일은 이에 항의하여 Argoud 대령의 귀환을 요구하면서 차후에 그를 프랑스에 인도할 의향이 있다고 부언하였다. 그러나 프랑스 당국은 Argoud 대령의 납치혐의에 대해 책임이 없다고 주장하면서, 또한 그가 사실상 자발적으로 프랑스로 귀국했기 때문에 어느 경우에도 그가 납치되었다는 것은 분명치 않다고 하였다. 그 후 독일은 Argoud 대령의 귀환 주장을 포기하였다).[9]

(4) **국가가 주권자의 지위로 수행하거나 취한 행위 또는 조치, 그리고 공적 기능을 수행하기 위하여 공공재산이나 자산의 사용 또는 사용계획을 목적으로 취한 집행조치에 대한 외국 법원의 관할권으로부터의 면제권**(그러나 이런 행위나 조치의 범주 또는 자산의 공적 성격을 정의하는 문제에 대해서는 여전히 논란의 여지가 있다; 6.2 참조)

(5) **공적 자격으로 행동한 국가대표에 대한 면제권**[소위 직무면제(functional immunity); 6.3 참조]

(6) **해외에 주재하는 국민 및 공무원의 생명 및 재산을 존중받을 권리**(6.4; 6.6 및 6.9 참조)

3.2.3 법적 평등

법적 평등이란 형식적으로 말하면 국제공동체의 어느 회원국도 불리한 처우를 받지 않고, 모든 회원국이 동일한 지위에 있다는 것을 의미한다. de Vattel이 1758년 초에 언급하였듯이 “난쟁이도 거인과 마찬가지로 한 인간이며, 소공화국도 최강 왕국과 같은 주권국가이다.”[10] 따라서 어떤 면에서 법적으로 제한받거나

---

9) *Argoud* 사건에 대해서는 N. Ronzitti, in 48 *RDI*(1965), pp.74-79 참조.

불가능하게 되는 것은 단순히 사실상황의 결과(내륙국가이거나 천연자원 또는 광물자원이 전혀 없어 대외원조에 크게 의존하는 국가의 경우 등) 때문일 수 있다. 달리 말해서 법적 제약이 있는 경우라면 이것은 해당 국가가 완전한 자유의사에 따라 수락했을 경우에만 유효하다(국제관계에 있어 상당수 행동의 자유를 제한받는 중립국의 지위나 안보리 상임이사국 이외의 여타 유엔 회원국의 법적 상황이 그 예이다).

3.3 타국의 대내 또는 대외문제 불간섭

3.3.1 개 관

타국의 문제에 대한 불간섭원칙도 세계공동체에서 예전부터 있었던 유형에 속한다. 실로 이것은 '그로티우스'형의 가장 중요한 원칙 중 하나이다. 이 원칙의 목적은 주권평등의 원칙과 함께 각국이 공동체의 여타 회원국에 전속하는 기본사항을 존중하도록 하기 위한 것이다.

전통국제법 시기 이래로 이 원칙은 몇몇 특정 관습규칙에 구체적으로 명문화되었다.

첫 번째 규칙은 외국의 내부 정부구성 문제에 관여하는 것을 금지하는 것이다. 예를 들어, 어느 국가도 외국의 특정 기관이 어떠한 행위를 수행할 권한을 갖는다고 결정하지 못하며, 외국 기관원이 특정 활동을 수행하도록 하거나 특정 행위를 완수하도록 명령하지 못한다. 둘째 규칙은 국가들이 다른 국가의 내부문제에 침범하는 것을 금지하고 있다. 예를 들자면, 어느 국가도 다른 국가의 *특정 내부기관*(입법부, 집행기관 또는 사법부)에 영향력을 미치기 위해 압력을 행사할 수 없으며, 외국 정부당국과 그 국민 간의 관계에 개입할 수 없다. 또 다른 규칙은 국가로 하여금 자국 영역 내에서 외국에 대해 해로운 활동을 하는 단체를 선동·조직하거나 이를 공식적으로 지지하는 행위를 금지하고 있다. 그러나 이런 규칙의 적용은 겉으로 드러난 만큼 그리 광범위하지 않다는 점에 유의하여야 한다. 예를

---

10) E. de Vattel, *Le droit des gens, ou principes de la loi naturalle*(Paris: J.-P. Aillaud, 1830), i, p.47 ('Préliminaires', 제18항).

들어, 이 규칙은 모든 종류의 전복활동, 특히 국가의 개입 없이 사인(私人)이 자발적으로 외국을 상대로 하는 전복활동을 금지하는 수준에 이르지는 못하고 있다.

이런 원칙을 원용한 실례로 1999년 영국 외무성(FCO) 장관이 해외에서 재판받는 영국 국민과 관련해서 영국 당국이 취할 수 있는 조치에 대해 질문받았을 때, "국제법상 타국이 우리의 사법절차에 개입하는 것을 용납하지 않는 것처럼 외무성이 다른 나라의 사법절차에 개입할 수 없다. 따라서 외무성은 해외 주재 영국 국민의 재판에 대하여 간섭할 수 없다. 그러나 외무성은 그런 우리 국민이 변호인의 조력을 받을 수 있도록 가능한 모든 조치를 취할 것이고, 이들이 해당 국가의 국민과 동등한 대우를 받도록 요구할 것이다"라고 답변했던 점을 상기할 수 있을 것이다(70 *BYIL*(1999), p.422).

이러한 규칙에 따른 의무의 이행을 강제하기 위한 조치로는 다음과 같은 것들이 있다. 즉, 자신에게 부여된 망명의 기회를 이용하여 외국에 대해 간첩활동을 하는 외국인의 추방, 무기 및 탄약의 거래에 대한 제한 부과, 외국의 국내질서를 교란시킬 목적의 무장단체 설립 및 관련 수단의 제공 금지가 그것이다.

또 다른 관습규칙은 내란만을 다루고 있다는 점에서 더 특별한 목적을 갖는다. 즉, 이 규칙상, 국가는 외국에서 내전이 발생하였을 때 반도(叛徒)가 민족해방운동단체의 자격이 없는 한 이들에 대한 지원을 삼가야 할 의무를 부담한다(7.1 및 7.5 참조).

이런 규칙들은 아직도 유효하다. 그러나 1945년 이전 기간에 국가는 자국의 이익이 규칙에 우선한다고 판단되면 이를 이행하지 않을 수 있었다. 다시 말해서, 어느 국가가 자국의 이익이 가장 중요하다고 판단하는 경우 무력사용이나 무력의 위협으로써 다른 나라의 대내 또는 대외문제에 간섭하고 특정 행동절차를 밟는 것이 법적으로 허용되었다. 따라서 위에서 언급한 규칙에 따른 보호는 불완전하였다.

제1차 세계대전 이후의 기간, 특히 제2차 세계대전 이후 이 원칙은 그 의의와 영향력을 상실하지 않고 오히려 새로이 활력을 얻었다. 현재 다수의 국가, 특히 중국과 쿠바는 이 원칙의 유지를 강하게 주장하고 있다. 다음 세 가지 중요한 발전 덕분에 이 원칙은 새로운 생명력과 권위를 갖게 되었다. 첫째, 무력의 사용 또는 위협이 법적으로 전면 제한되면서 불간섭원칙은 더 안정되어 그 한계가 더욱 명백해졌다. 둘째, 국제협력에 대한 욕구로 정부간 기구가 확대되고 이런 기구와 국가가 다른 나라의 이익에 개입할 수 있는 여지가 증가하였다. 이에 상응하여 국가는 외부의 개입을 받지 않을 권능이 있는 영역을 더 명료하게 구분해야 하였다. 세 번째 발전은 인권이론의 확산으로 이에 수반하여 국가 및 개인이 다른 나라에 대해 인권기준을 준수하도록 압력을 행사할 가능성이 증가하였다.

따라서 불간섭원칙은 전통적인 주권중심적 국제공동체 구조와 더욱 심화되고 밀접한 사회적 교류와 협력에 기초한 '새로운' 국가의 태도를 서로 '연결'하는 것으로서 확실하면서도 필수적인 가치를 얻게 되었다. 이 원칙은 현재 국가의 국제관계가 아무리 긴밀하더라도 그들에게 가장 중요하고 민감한 국내이익에는 영향을 미칠 수 없다는 인식에 따라 국가를 보호하는데 필요한 방패 역할을 하고 있다.

3.3.2 새로운 형태의 간섭

타국의 국내문제에 대한 개입금지가 군용기 및 군함을 파견하거나 파견하겠다고 위협하는 형태를 띠지 않는 간섭, 즉 경제적 압력 또는 심지어 경제적 강박, 정치적 동요 유발, 외국에 대한 불안 선동 · 조장 및 이에 대한 자금제공도 포함하는지 여부가 문제될 수 있다. 이 외에 방송선동, 경제적 보이콧, 경제지원 보류 또는 약소국을 경제적으로 질식시키기 위한 국제금융 및 재정기구에 대한 압력 행사와 같이 다소 민감한 형태의 부당한 개입을 강대국이 활용하는 것도 국제법이 금지하고 있는 것인지 의문시될 수 있을 것이다.

직접적이든지 국제경제기구를 통하든지 모든 형태의 경제적 압력이 금지된다고 할 수는 없다. 예를 들어, 단순히 개발도상국에 대한 경제지원의 보류 또는 국제개발촉진기구의 자금제공 중단 결정이 있다 하더라도 공여국측에 심각한 어려움이 있다거나, 오로지 국내적 고려에 기인한 정책 변화가 입증되는 한 이 원칙을 침해하지 않는다. 단지 '타국을 강박하고 이로써 그 국가의 주권적 권리행사를 예속하고, 모든 종류의 이익을 확보할 목적으로 시도되는 경제적 조치'(1970년 유엔 우호관계 선언 원칙 III의 제2항)만이 국내문제에 대한 불간섭원칙에 반하는 것으로 간주될 수 있을 것이다.

위에서 언급한 상황이 특정한 경우에 충족되는지의 여부를 확인하기란 쉽지 않다. 즉, 종종 경제적 조치와 타국의 의사를 굴복시키려는 의도 간의 연계가 불투명하다. 국가는 경제조치를 취함에 있어 수혜국의 태도를 조건부로 하는 것인지를 분명히 하지 않는다. 그러나 이런 조건 부과는 많은 단서들로부터 추정할 수 있다. 이 원칙의 이행 여부를 검증하는 것이 어렵다고 해서 그 중요성이 떨어지는 것은 아니다.

적어도 한 가지 점에서는 1945년 이후 국가간에 완전한 합의가 이루어졌다. 즉, 전통적인 '간접적 무력침략'(18.3 및 18.3.2. 참조)의 금지 대상을 확대하여 자국 영역에서 기획된 다른 나라에 대한 전복활동을 해당 영역국이 '묵인'하는 행위도 여기에 포함시켜야 한다는 것이다.

3.4 무력의 위협 또는 사용의 금지

무력의 위협 또는 사용 금지는 유엔헌장(제2조 제4항)에서 처음 규정되었다. 이 원칙이 1945년에 선포되어 매우 강조되었던 점은 조금도 놀라운 일이 아니다. 앞에서(2.5.1-2) 지적한 바와 같이 1945년 이후 평화는 세계공동체의 최상위 목적이 되었고, 국가는 상호간 무력의 사용 또는 위협을 삼가야 할 의무의 형태로 자신의 전속적인 주권사항을 광범위하게 스스로 제한하기로 합의하였다. 인류의 생존 자체를 위협할 수 있는 무력충돌을 회피해야 했기 때문에 국제공동체는 불과 몇년 전만해도 생각할 수 없었던 조치를 서둘러 취하였다.

헌장 제2조 제4항을 문언적 · 논리적으로 해석하고 이 문안의 작성 연혁을 살펴보면 다음과 같은 명제를 도출해 낼 수 있다.

첫째, 무력 위협 또는 사용 금지는 샌프란시스코회의에서 미국 대표가 언급하였다시피(*UNCIO*, vi, p.355) '절대적 · 포괄적 금지'이다. 무력 위협 또는 사용은 헌장 제7장(집단적 집행조치), 제51조(정당방위), 제53조(지역기구에 의한 집행조치) 및 사실 사문화된 제106조 및 제107조에 따른 이전의 '적국' 조항을 제외하고는 모든 상황에서 금지되었다.

둘째, 군사력만 금지되었다. '유엔의 목적에 상치되는 방식의 경제조치의 위협 또는 사용'도 금지하려는 취지의 브라질 수정안은 거부되었는데(*UNCIO*, vi, p.559 및 pp.720-721), 그 이유는 불행하게도 기록되지 않았다.

셋째, 국가간의 무력 위협 또는 사용만 금지되었다. 따라서 국가에게 암묵적으로 자국 영토 내의 반도를 진압하거나 식민지배하에 있는 영역—식민제국의 배타적 권한하에 있어 식민국가가 자기 영토와 불가분의 일체로서 간주하는 영역— 내에서 독립 쟁취를 목적으로 투쟁하는 해방운동단체를 진압하기 위해 강제조치를 활용할 수 있었다.

1945년 이후 유엔헌장 제2조 제4항에 따른 금지는 점차 유엔 비회원국도 구속하는 국제법의 일반원칙으로 변형되었다. 그 이후의 많은 진전사항에 사회주의 국가 및 아시아-아프리카 국가들이 관심을 가졌다.

1) 식민지 영토, 외국 점령하에 있는 영토(예를 들어, 1967년 전쟁 이후 이스라엘이 점령하고 있는 아랍 영토) 또는 인종차별 정권하에서(예를 들어, 1965~1980년 기간 중의 나미비아, 남아프리카공화국 및 로디지아) 민족해방전쟁이 확산되었다. 해방전쟁의 대상이 되는 강대국은 기존 국제법에 따라서 해방운동단체를 진압하기 위한 무력사용이 가능했는데 이것은 사회주의 국가 및 제3세계 국가에게는 헌장의 부정적인 특징으로 비추어졌다.

2) 개발도상국을 복종시키기 위해 강대국은 경제적 강박을 더 많이 사용하였으며, 개발도상국은 쉽게 경제적 압력에 희생당했다.

3) 몇 가지 경우 국가는 전쟁을 활용하여 외국의 영토를 정복할 수 있었고(예를 들어, 1967년 이스라엘에 의해 점령된 아랍 영토), 국제공동체 쪽에서는 점령지 영토에서 철수시킬 정도의 실효적 제재가 전혀 없었다.

때때로 일부 중남미 국가의 지지를 받은 서구와 사회주의 국가 및 개발도상국 간의 요구사항이 서로 충돌하면서 유엔 내에서 길고도 고된 토의가 있었다. 이 결과 타협이 이루어져, 1970년 유엔 우호관계 선언 및 1974년 침략의 정의에 관한 선언에 관련 내용이 규정되었다. 양측 집단 어느 쪽도 다른 쪽을 압도하지 못했던 결과로 나타난 상황은 다음과 같이 요약할 수 있다.

1) 군사력의 위협 또는 사용은 ① *국가* 또는 ② 대표기관(즉, 민족해방운동단체)을 가지며, 자기결정권이 있는 부류 중 하나에 해당하는 *인민*(피식민지 인민, 외국 점령하의 인민 또는 인종차별 정권하의 인민)을 대상으로 할 수 없다.

2) ICJ가 1986년 *니카라과* 사건(*본안*; 제195항)에서 판시하였듯이, '가장 심각한 형태의 무력사용(그리하여 무력공격을 구성함)과 덜 심각한 다른 형태'를 구별할 필요가 있다. 예를 들어, 재판소에 따르면 '반도(rebels)에 대한 무기제공, 병참지원 등 지원'과 같은 형태의 원조는 무력의 위협 또는 사용으로 간주될 수 있다(또는 다른 나라의 대내 또는 대외문제에 대한 간섭 금지에 해당될 수 있다). 그러나 이것은 '무력공격'에 이르지는 않는다. 재판소의 견해에 따르면 '무력공격'에 이르지 않는 무력의 위협 또는 사용의 희생국은 개별적 또는 집단적 정당방위를 행사할 권능이 없다(18.2.1 및 3.2 참조).

3) 무력은 다른 나라에 의한 임박한 공격(즉, 임박한 것으로 추정되는 공격)을 차단할 목적으로 사용되어서는 안된다. 이러한 것이 *예방적 정당방위*의 개념이다(18.2.3 참조).

4) 정당방위로써 하는 무력은 경미한 무력사용에 대한 즉각적 무력대응으로서 인정된다 하여도 간접적 무력침략을 격퇴하기 위해 사용할 수 없다(18.3.2 참조).

5) 어느 국가에 귀속하는 (또는 자기결정권이 있는 '인민'이 정당하게 청구할 수 있는) 영토는 다른 나라의 '무력 위협 또는 사용의 결과에 따른 *취득*의 대상'이 될 수 없다[1970년 우호관계 선언 원칙 I의 제10항; ICJ는 *Legal Consequences of the Construction of a Wall* 사건(제87항 및 제117항)에서 무력 위협 또는 사용에 의한 영토취득은 관습법규칙에서 허용되지 않는다고 판시하였다]. 이것이 의미하는 바는 정복 이후 비록 영토를 사실상 점령하거나 영토에 대해 권한을 확립했더라도 주권이라는 법적 권원은 정복으로써 이전되지 않는다는 것이다. 더욱이 모든 여타 국가는 무력의 위협 또는 사용에 따른 영토 확장을 승인하는 것이 금지된다.

6) 평화에 대한 위협에 도달하는 극단적 형태의 *경제적 강박*은 금지된다(3.3.2 참조).

물론 위 원칙은 무력 사용을 예외적으로 허용하는 일반규칙의 시각에서도 고찰되어야 한다(제17장 및 제18장 참조). 무력사용을 금지하는 일반원칙이 이러한 예외적 규칙에 의해 보완되어야 한다는 점이야말로 이 원칙의 '아킬레스건'이다. 사실 이런 규칙을 확대해석하거나 아니면 무시하여서 많은 국가, 특히 강대국들 또는 이들의 지지를 확신하는 국가들은 이런 원칙을 회피하려고 하였으며, 결국 그러한 규칙에 설정된 예외사항들을 남용하기도 하였다(18.2.1 참조).

3.5 분쟁의 평화적 해결

유엔헌장에 따라서 회원국은 평화, 안전보장 및 정의가 위협받는 것을 일반적으로 방지하기 위해서 국제분쟁을 평화적으로 해결할 의무를 부담한다(제2조 제3항). 제6장은 평화 및 안전보장의 유지를 위협할 우려가 있는 분쟁에 대해서 이러한 의무를 강화하고 있다. 안보리는 당사자로 하여금 이런 분쟁을 평화적 수단에 의해 해결하도록 요청할 수 있다(또는 해당 분쟁을 '조사'하거나 절차의 선택과 분쟁해결 양자에 대해 당사자에게 권고도 할 수 있다).

이러한 의무는 무력사용 금지가 관습법이 되면서 점차 모든 국가에게 확대되었다. 이 문제는 1970년 유엔 우호관계 선언(유엔 총회 결의 제2625(XXV)호) 및 1982년 분쟁의 평화적 해결에 관한 마닐라선언(유엔 총회 결의 제37/10호)에 명시되어서 관습규칙으로 발전하였다. ICJ는 *니카라과* 사건(*본안*)에서 이 원칙을 공식 확인하였다. 재판소는 이 원칙이 무력사용 금지와 같은 금지의 성격을 띠는 원칙을 '보완'하며, "오늘날 세계에서 [이 원칙에] 대한 존중은 필수불가결하다"라고 주장하였다. 더 나아가 이 원칙이 "관습법의 지위도 갖는다"는 점을 분명히 하였다(제290항; *North Sea Continental Shelf* 사건에서 재판소는 이미 이 원칙을 교섭과정에 적용할 것을 특별히 강조한 바 있다. 제86항-제87항 참조).

그러면 이 원칙의 적용범위 및 의의는 정확히 무엇일까?

첫째, 국가는 *신의성실하게* 자신의 분쟁을 평화적인 방법으로 해결하는데 노력할 의무가 있다. 이를 위해 국가는 사용할 수 있는 다양한 수단 및 절차(교섭, 중개, 조정, 중재 또는 사법적 수단의 활용; 14.2-3 및 14.6 참조)를 시도하여야 한다. 그러나 국가가 (조약에서 염두에 둔 경우가 아니라면) 특정 해결수단을 선택할 의무는 없다. 다시 말해서, PCIJ가 *Status of Eastern Carelia* 사건에 대한 권고적 의견에서 판시하였듯이(p.27), 국가는 자신의 동의 없이 분쟁을 특정 수단에 부탁할 의무가 없다. 둘째, 바로 위에서 언급한 분쟁해결 수단 중의 하나로 분쟁을 해결하지 못한 경우 국가는 '상호 합의하는 다른 평화적 수단으로 분쟁 해결을 계속하여 모색할' 법적 의무가 있다(1970년 유엔 우호관계 선언 원칙 II의 제3항; 1982년 마닐라선언 제7항). 셋째, 국가는 분쟁의 평화적 해결을 시도하면서 '국제평화 및 안전보장의 유지를 위협할 정도로 사태를 악화시킬 수 있는 어떠한 조치도 삼가'야 한다(1970년 유엔 우호관계 선언 원칙 II의 제4항; 1982년 마닐라선언 제8항).

결과적으로 어느 국가가 의도적으로 그리고 *악의로*(*mala fide*) 교섭이나 타방이 제안하는 다른 평화적 수단이나 절차의 활용을 거절하는 경우, (분쟁)당사자가 합의하는 특정 수단이나 절차(예를 들면 중개)가 실패한 후 더 이상 해결을 모색하지 않는 경우, 또는 분쟁을 악화시키거나 평화를 위태롭게 할 우려가 있는 조치를 취하는 경우, 이 원칙을 위반하게 된다. 더 일반적으로 말해서 어느 당사자가 명백히 지연술책을 쓰거나 실제로 이러한 문제를 평화적으로 해결할 준비가 되어 있지 않은 점이 드러날 경우 이 원칙을 위반하게 된다.

만일 분쟁의 일방 당사자가 이 원칙을 상대방이 위반하였고, 이 분쟁이 중요한 정치적 함의를 갖는다고 판단하는 경우 적절한 (지역적 또는 세계적 수준의) 국제기구를 활용할 수 있다. 만일, 이렇게 했어도 아무 소용이 없거나 만족스럽지 못한 결론이 나오는 경우, 국가는 엄격한 요건(15.3.1(1) 참조)하에 대응조치를 취할 수 있다. 여기에서 평화적 대응조치의 한 가지 목적은 상대방을 강제하여 우호적인 분쟁 해결을 달성하려는 것일 수도 있다는 점을 유념해야 한다.

3.6 인권 존중

그로티우스형의 전형적 표현으로서 오늘날 세계의 불화로 인해 그 수명이 연장된 주권 및 불간섭에 관한 원칙과 달리 인권존중을 부과하는 원칙은 무력의 위협 또는 사용금지 원칙과 마찬가지로 제2차 세계대전 이후 국제공동체의 새로운 발전단계를 대표한다. 이 원칙은 사실상 전통적인 주권평등 및 불간섭원칙과 비록 충돌관계에 있지 않지만 경쟁관계에 있다. 나중에(3.8) 살펴 보겠지만, 바로 이런 이유에서 이 원칙을 다른 두 개의 원칙과 조절하는 것이 매우 어렵다.

유엔헌장 채택 이후 1948년 세계인권선언 및 1966년 두 개(시민적 · 정치적 권리, 경제적 · 사회적 · 문화적 권리)의 인권규약과 같은 기본적 국제문서의 제정은 국제공동체에 큰 영향을 끼쳐서 현재 어느 국가도 인권이 세계 어디에서나 존중되어야 한다는 생각에 이의를 제기하지 않는다. 이러한 일반문서, 다수의 특별협약, 국제적 결의 및 국제기구의 일관된 관행으로 인해 기본인권 및 근본적 자유를 중대하고 대규모로 위반할 수 없다는 일반원칙이 점차 등장하였다. 기본인권의 대규모 침해는 비난받아 마땅하며, 이러한 위반국(delinquent State)은 전체 국제공동체에 대해 책임을 부담해야 한다는 생각을 국가들이 점차 인정하게 되었다. 이와 반대로, 산발적이고 개별적인 위반의 경우 반드시 *일반적인* 국제적 관심 대상이 되지는 않는다.

이러한 일반원칙은 국가에게 인권에 관한 특정 규칙을 준수할 의무를 부과하기보다 오히려 국가들이 기본적 권리(예를 들어 고문당하지 않을 권리, 정당한 재판을 받을 권리 또는 부당하게 체포당하지 않을 자유)를 반복하여 심각하게 침해하지 말 것과 권리 전체(예를 들어, 근본적인 시민적 · 정치적 권리 또는 경제적 · 사회적 및 문화적 권리)를 짓밟지 말 것을 요구할 뿐이다.

다른 일반원칙의 경우와 같이 인권존중을 가장 확고하게 보장하는 것은 유엔체제에서 도출된다. 법적으로 볼 때 어느 국가든 위반국으로 하여금 인권침해행위를 중단하도록(그리고 경우에 따라서는 피해회복조치를 하도록) 요구할 권능이 있다. 그러나 많은 역사적 · 정치적 · 외교적 이유로 국가는 이 양자적 차원의 조치를 회피하며, 인권의 중대한 무시 문제를 주로 유엔 등 국제기구에 회부하기를 원한다. 이러한 실행은 어느 정도는 건전한 현상이다. 왜냐하면 유엔에서 인권침해 주장에 대해 비교적 객관적으로 검토할 수 있으며, 개별적 (평화적) 대응조치보다 더욱 효과적인 '집단적 제재조치'(15.5.1-2 참조)가 취해질 수도 있기 때문이다.

3.7 인민의 자기결정권

3.7.1 세계공동체에서의 전개과정

먼저 자기결정권이 일반원칙으로서 점차 출현하게 된 과정을 추적해 보도록 하자.

프랑스혁명에서 제창된 이후에 비록 시각이 다르지만, 레닌이나 W. 윌슨과 같은 정치인이 강력히 지지했던 자기결정권은 국제관계에서 널리 퍼져 있던 종전의 국가중심적 접근방법을 국제적 수준에서 벗어나려는 것이었다. 종전의 접근방법에 따르면 세계공동체는 군주, 주권국가로 구성되어 있었으며, 이들은 주로 자국내 정치적 엘리트의 이해관계에 관심을 두고 있었다. 국제법 주체간의 관계는 사실상 지배집단간의 관계였고 자국민의 이익은 단지 외국의 위협을 받는 경우, 해당 지배엘리트에게 그러한 이익이 중요할 경우에만 고려되었다. 반대로, 자기결정권은 인민 및 국민이 국제관계에서 발언권을 갖는 것을 의미하였다. 주권국가는, 예를 들어 영토를 할양하거나 병합할 때 국민투표를 통한 해당 주민의 의사를 고려해야만 하듯이, 이제 더 이상 마음대로 국제관계를 처리할 수 없게 되었다. 인민은 대내적 · 대외적 업무를 수행함에 있어서도 발언권을 갖게 되었다. 그리하여 자기결정권은 모든 주권국가에서 피치자(the governed)의 동의를 구하는 민주적 원칙으로서 지지를 받았다. 더욱이 인민 및 국민은 주로 식민지배 형태의 모든 외부의 압제로부터 벗어날 권능을 갖게 되었다.

분명히 이런 원칙들은 국제사회의 출범 이래 기반이 되었던 전통적 원칙의 핵심적 요소, 즉 권력의 왕조적 정당화, 전제군주(비록 점차 형태가 약화되기는 하였지만) 및 지배자들만의 약속을 와해시키는 방향으로 나아갔다. 자기결정권으로 인해 국제적 수준에서 인민과 국민의 의사와 열망에 대한 존중이 권력의 정당성을 판별하는 새로운 기준으로 갑자기 받아들여졌다. 이것은 전통적 구조의 바로 그 핵심을 공격하는 것이었다. 자기결정권은 구 국제공동체의 기본공리 중 하나인 영토주권도 침식하였다. 영토주권에 의해서 모든 국제법 주체는 어느 다른 국가라도 어느 영토 및 그 곳에 거주하는 주민에 대해 권한을 행사하는 경우 영토권원(領土權原) 취득방법(정복, 유산승계, 또는 다른 주권적 지배자와 교환하였는지 여부) 및 특히 해당 주민의 염원과 관계 없이 완전히 존중해야 했었다.

자기결정권은 해당 주민의 자유의사에 기반한 국제적 실체의 형성을 촉진함으로써 다민족으로 구성된 제국에 치명타를 가하였다. 이와 같이 자기결정권은 식민지배에 대한 조종(弔鐘)을 울리게 되었다. 간단히 말해서, 자기결정권의 영향을 받은 국제공동체의 세력 재분배는 매우 역동적인 변화요소를 도입하여 기존 현상체제를 크게 훼손하였다. 따라서 미국 국무장관 Lansing이 1919년에 "윌슨 대통령이 마음속 깊이 간직하고 아주 열렬히 옹호한 그 말에는 다이너마이트만 가득찼다" 고 썼고, 더 나아가 "국가의 경계 및 국민적 충성심의 고정 그리고 정치적 안정성은 이 원칙이 한결같이 적용된다면 사라지게 될 것이다"[11]라고 지적한 점은 옳았다. 더욱이 그는 다음 몇 가지 중요한 의문을 제대로 제기하였다.

---

11) R. Lansing, *supra* note 7, pp.93-105 특히 pp.96-97.

"이 원칙은 아일랜드인, 인도인, 이집트인 그리고 보어인 중 민족주의자들에게 어떠한 효과를 줄까? 불만족, 무질서 및 반란을 야기하지 않을까? 시리아, 팔레스타인, 그리고 아마도 모로코, 트리폴리의 회교도들이 이 원칙을 원용하지는 않을까? 그리고 이 원칙은 대통령이 실질적으로 약속한 시오니즘(Zionism)과 어떻게 조화를 이룰 수 있을까?"[12]

3.7.2 원칙의 법적 범위

주권평등 원칙과 마찬가지로 인민의 자기결정 원칙은 국제법 주체와 연관되어 있다. 특히 이 원칙은 국제무대에서 주체의 내부구조 및 법적 정당성을 다루고 있다. 그러나 주권평등과 달리 자기결정 원칙은 세계공동체에 등장하고 있는 새로운 경향을 극명히 반영하고 있다. 이 외에도 이 원칙의 이념적 기반이 두드러진다(이러한 이유로 자기결정권이 법적 행동기준으로 변형되는 과정은 점진적이었고 다수 서구국가들의 강한 반대를 불러일으켰다).

자기결정권은 전체 국제법계(系) 중 세 가지 영역인 *반식민주의 기준, 외국의 군사적 점령 금지* 및 *통치과정에 있어 모든 인종집단의 완전한 참여를 보장하는* 면에서 확고히 확립된 것으로 보인다. 식민지배하에 있는 인민은 *외적* 자기결정권으로써 주권국가의 수립, 독립국가와 자유로운 연합 또는 통합, 또는 '인민의 자유로운 결정에 의한 다른 어떠한 정치적 지위로의 출현'(1970년 유엔 우호관계 선언)을 선택할 수 있다. 이러한 권리는 외국의 군사적 점령하에 있거나 독립을 취득(또는 회복)하기 전 · 후의 인민에게도 생긴다. 주권국가 내에서 통치과정에 완전히 참여할 수 없었던 모든 인종집단은 외적 자기결정권(즉 독립취득, 기존 국가와 통합 등) 또는 *내적* 자기결정권[즉, 1998년 *Reference re Secession of Quebec* 사건(제126항)에서 캐나다 대법원에 따르면, '기존 국가의 구도 속에서 정치적 · 경제적 · 사회적 · 문화적 발전의 추구']의 권능이 있다.

좀더 자세히 보면, 현행 국제법계(國際法系)에서는 포괄적인 지침의 역할을 하는 *일반원칙*과 개별 사안을 다루는 특정 *관습규칙군*(식민지배하의 인민 및 외국의 군

12) *Ibid.*, p.97(그가 파리에서 1918년 12월 20일 서술한 메모에서 인용함).

사적 점령을 받는 인민의 외적 자기결정 규칙, 통치과정에 있어 동등한 참여권이 부인되어서 차별받는 인종집단의 내적 자기결정 규칙)이 존재한다. 이런 관습규칙들은 특정 영역에 있어 일반원칙을 구체화한다. 원칙은 경계가 불분명한 상황을 명확히 하고 관습법 및 조약법을 해석하는 일반기준의 역할을 한다. 따라서 원칙은 관습규칙을 초월하며 이를 통합한다. 원칙은 자기결정권의 *본질을 설정한다.* 자기결정권은 ICJ가 *Western Sahara* 사건 판결에서 언급하고 있다시피 "해당 인민의 자유롭고 진정한 의사의 표현이 있어야 한다"(제58-59항).[13] 다시 말해서, 이 원칙은 국가가 인민과 관련하여 결정을 내리는 *방법*으로서 자유롭게 표시된 인민의사를 존중하라는 것이다. 반대로 이 원칙은 자기결정권이 적용되는 다양한 특정 영역이나 자기결정권의 최종목적(내적 자치, 독립적 국가지위, 다른 국가와 연합 또는 다른 국가로의 통합, 또는 다른 어떠한 정치적 지위의 자유로운 선택)을 지정하고 있지 않다. 이런 관습규칙군(群)과 함께, 1966년 두 개의 유엔 국제인권규약 공통 제1조와 같이 중요한 국제입법 분야가 있다. 이 조항은 본질적으로 모든 체약당사국의 인민에게 내적 자기결정권을 부여하고 있다.

3.7.3 권리 및 의무

간략히 말해서 첫째, 위에서 언급한 세 가지 유형 중 하나에 속하는 인민을 억압하는 국가는 자기결정권의 자유로운 행사를 허용할 의무가 있다. 특히 이 국가는 이러한 권리를 무력으로 거부할 수 없다. 둘째, 자기결정권의 권능이 있는 인민은 억압국과의 관계에 있어 법적 권리뿐만 아니라 그 밖의 다른 국가에 대해서도 다수의 권리 및 요구권(주로 제3국이 자기결정권을 거부하는 국가를 지원하기 위하여 파병하지 않도록 요구하는 것; 7.5도 참조)을 갖는다. 마지막으로, 제3국은 군대의 파병에 이르지 않는 모든 지원을 제공해서 자기결정 권능이 있는 인민을 법적으로 지원할 수 있다. 이와 반대로 제3국은 억압국을 방조하거나 교사할 수 없다. 더욱이 제3국은 자기결정권을 거부하는 국가로 하여금 이런 원칙을 존중하도록 요구할 권능이 있다. 만일, 자기결정권이 무력으로 거부되는 경우 이들은 이 문

---

13) 1995년 ICJ는 *Case Concerning East Timor* 사건에서 '현행 국제법의 핵심원칙 중 하나'(제29항)로 표현하여 자기결정권의 중요성을 재확인하였다. 또한 *Legal Consequences of the Construction of a Wall* 사건의 제88항 및 제156항 참조.

제를 유엔의 담당기구에 회부할 수 있으며, 특히 자기결정권이 불법적으로 침해되었다는 취지의 유엔의 사전조사 결과가 있는 경우 평화적 대응조치를 활용할 수도 있다.

따라서 무력사용의 영역에서 자기결정권은 두 가지 영향을 미쳤다. 첫째, 자기결정권은 (종전에 국가간에 존재하였던) 일반적인 무력 금지를 *확대*하였다. 즉, 국가가 자기결정권을 부정하기 위해 식민지 인민, 피점령지 인민, 그리고 통치과정에 동등하게 참여할 수 없던 인민집단을 상대로 무력을 사용할 수 없다. 다른 한편, 자기결정권은 식민제국, 점령국, 또는 특정 인종집단이 통치과정에 동등하게 참여하는 것을 부정하는 국가가 무력으로 자기결정권을 거부하는 것에 대응할 목적으로 해방운동단체가 무력을 사용하는 것을 법적으로 허가하였다(이러한 허가는 사실상 3.4에서 언급한 무력사용 금지에 대한 관습규칙의 *일탈*에 해당된다). 자기결정권은 무력충돌시 인도주의법 영역에서 중요한 변화를 야기했으며(20.5-6 참조), 국제법의 가장 전통적 부분인 영토권원의 취득, 양도 및 소멸에 대해 중대한 영향을 미쳤다. 즉, 식민지 정복 및 해외영토를 주권의 할양(cession)에 의해 취득하는 것과 같은 전통적 권원에 대해 문제를 제기하였다. 더욱이 영토가 자기결정권을 위반하여 병합되는 경우 더 이상 유효한 법적 권원(權原; title)을 취득할 수 없다. 또한 어느 영토에 대해 종전에 권한을 행사하고 있던 국가가 이를 포기한 경우 국가권위의 징표가 부족하지만, 조직화된 집단이 거주하고 있는 영토에 대해서는 어느 국가도 자기결정권으로 인하여 이를 *무주지*(*terra nullius*)로 할 수 없게 되었다. 마지막으로, 영토의 양도를 규정하고 있는 조약에서 해당 주민과 사전에 진정한 협의를 거치도록 한 규정이 전혀 없다면 자기결정권으로 인하여 그러한 조약은 무효가 된다(이 원칙의 강행적 성격을 보여 주는 것으로 3.8 참조).

3.7.4 원칙의 한계

자기결정권의 원칙이 법의 영역으로 수락된 경우는 여러 가지 측면에서 *선별적*이고 *제한적*이었다. 특히, 현행 자기결정권에 관한 국제법은 (인종집단을 구성하지 않는) *민속집단*, *민족적·종교적·문화적 또는 언어적 소수민*의 요구에 대해 침묵하고 있다. 국제법은 이러한 집단에 대해 어떠한 내적 또는 외적 자기결정권을 부여하지 않을 뿐만 아니라, 이들 다수가 현재 겪고 있는 곤경에 대해 *일반적*

*성격*의 대체적 구제수단도 전혀 제공하지 않고 있다. 국가의 정치적 안정 및 영토보전은 무시할 수 없는 중요한 가치인 것은 분명하다. 국가가 보는 견지에서는 모든 민속집단에 대해 무차별적으로 자기결정권을 부여할 경우, 평화에 대한 심각한 위협을 야기하고 국가가 존립할 수 없을 정도로 수많은 미세한 실체로 분열되는 결과를 초래할 수 있다. 식민지배로부터 벗어날 때 자기결정 원칙의 혜택을 받은 국가 자신이 자기결정 원칙의 엄격한 해석을 철두철미하게 지지하는 것은 그리 놀라운 일이 아니다. 그래서 대부분의 국가는 인권의 최고 옹호자인 E. 루스벨트가 일찍이 1952년에 미국 대표단으로서 행한 발언내용 중 "논리적 극단에 치우친 개인의 자유 개념이 무질서를 의미하듯이, 무제한적으로 적용되는 자기결정권의 원칙 또한 혼란을 초래할 수 있다"[14]라고 경고한 점을 유념했던 것으로 보인다.

3.8 근본원칙의 주요 특성

다양한 원칙이 별도로 논의되었기 때문에 이제 공통적인 특성을 요약해 볼 수 있을 것이다.

첫째, 세계공동체의 전통적 구조를 반영하는 원칙들은 국가의 평등 및 강력한 개인주의에 기반한 것으로 국제공동체의 규칙 대부분을 지탱하면서 해당 법계(法系)의 요체가 되는 기준이었다. 이것은 또한 국제관계에 있어 국가의 행동을 아주 분명하게 상술하고 만장일치의 지지를 받는 일반규칙에 구현되었다. 반대로, 새로운 원칙들은 매우 중요한 사안에 대한 국가간의 상충되는 견해의 표현이자 그 결과이다. 현재 국가는 자신의 확고한 반대 태도 때문에 구체적인 특정 행동기준에 합의할 수 없지만, 자신의 행동에 대해 어느 정도의 기본지침이 필요한 경우 원칙에 의존하는 경향이 있다. 원칙이란 일반적이고 유연하며 다면적 성격을 지니고 있어 어느 정도는 모호할 수 있다. 따라서 원칙은 다양하게 혹은 상반되게 적용되면서 상충되는 목적으로 조작되어 사용될 수도 있다. 이런 점에서 현

14) Eleanor Roosevelt, "The Universal Validity of Man's Right to Self-Determination," in 27 *US Dept. of State Bulletin*, 8 December 1952, p.919.

대적 원칙은 현 세계공동체를 전형적으로 표현하고 있지만, 상대적으로 동질적이고 덜 대립적인 구 공동체에서는 조약 및 관습규칙 이외에 아주 분명하게 정의되고 만장일치의 지지를 얻은 원칙이 일반적으로 적용되었다.

둘째, 이런 원칙은 국가의 주권평등의 경우를 제외하고는 국가만을 대상으로 하지 않으며 다른 국제법 주체(특히 반란단체, 민족해방운동단체가 대표하는 인민, 그리고 국제기구)도 구속한다. 국제공동체에서 활동하는 모든 법적 실체는 이런 원칙을 준수하여야 한다.

셋째, 이러한 원칙으로부터 도출되는 권리 및 청구권은 국제공동체의 모든 구성원에게 귀속되며, 모든 구성원은 여타 구성원에 대해 이를 준수하도록 요구할 권능이 있다. 다시 말하자면, 국제공동체의 모든 구성원은 *대세적* 의무(obligation *erga omnes*) 이외에 *대세적* 권리(rights *erga omnes*)를 갖는다. 더욱이 주권평등 및 국내문제 불간섭원칙 같은 오래된 원칙 외의 모든 새로운 원칙은 *공동체권리*를 부여하고 있는 바, 이로써 모든 관련 국제법 주체는 다른 주체의 국제법 불이행으로 자신에게 손해가 발생했는지 여부와 관계 없이 이를 이행하도록 청구할 권능을 갖는다. 예를 들어, 국가는 다른 국가에게 무력사용 금지원칙을 존중하도록 요구할 수 있으며, 만일 다른 국가가 이를 위반하는 경우 이의 중지나 피해회복조치를 요구할 권능이 있다. 마찬가지로 인권에 관한 원칙에 따르면 국제공동체의 모든 구성원은 이의 이행을 요구하고, 중대하고 대규모인 인권침해의 경우 이의 중지(상황이 허락하는 경우 관계자의 처벌)를 요구할 권능이 있다.

넷째, 칸트형의 특성을 갖는 원칙은 강행규칙 또는 jus cogens의 범주에 해당하며, 국제공동체에서 어떠한 훼손도 허용되지 않는 기준으로서 수락된 원칙 및 규칙이다. 나중에 자세히 다루겠지만(11.3 및 11.7 참조) 이러한 강행원칙은 이에 반하는 모든 국제조약을 무효화하는 특별한 효력을 갖는다.[15)]

---

15) 분명히 말해서 *주권평등* 원칙은 강행규범의 모든 효력을 생성하지 않는다. 예를 들어 조약에 의해 이 원칙으로부터 일탈할 수 있는데, 이것은 국가주권 또는 국가의 평등을 제한하는 규정을 두고 있는 다수의 협약에서 나타나고 있다. 이러한 일탈은 제한을 받는 국가가 자유로이 이를 수락하는 경우 허용될 수 있다. 다른 한편으로 둘 이상의 국가가 제3국의 영토보전, 정치적 독립 또는 법적 평등을 침해하거나 제약하는 규정을 둔 협정을 체결하는 경우 이를 이행하기 전까지 이 협정은 무효가 되지 않는다. 이 협정이 이행되는 순간 해당 국가는 국제법의 근본규칙을 위반한 데 대해 국제책임을 진다. 이것은 또한 *불간섭*원칙에 대해서도 마찬가지다. 이와 관련하여 유엔 총회의 선언

특히 *근본적 인권의 존중*에 대한 원칙은 이러한 *jus cogens*의 범주에 해당한다. 우선 이런 성격은 논리적으로 볼 때, 특정 인권(예컨대 인종차별, 인종분리정책, 노예제, 집단살해, 인민의 자기결정권)을 보호하는 몇 가지 일반규칙이 강행규범의 성격을 갖고, 이 점이 정부대표가 행한 공식 발언문에서 언급되었던 사실로부터 도출된다(11.2 및 11.4 참조). 다시 말해서 만일 집단살해, 노예제, 인종차별 등을 허용하거나 이를 규정하는 조약이 *jus cogens*와 일치하지 않는다는 이유로 무효가 된다면, 유사한 정도의 대규모 인권침해(예를 들어, 시민적 · 정치적 자유, 노동조합 권리 및 기본적 경제 · 사회 · 문화적 권리를 광범위하게 거부하는 경우)를 허가하는 조약을 동일한 이유로 무효처리하지 않을 이유가 없다. 이러한 조약은 또한 국제공동체의 기본적 가치와 양립할 수 없기 때문에 '부당한' 것으로 낙인 찍혀야 할 것이다. 그러나 이러한 논리적인 전개보다 더욱 중요한 것은 국가가 행한 선언 중에 이러한 원칙의 강행적 성격을 인정하는 것으로 간주할 수 있는 증거가 충분히 있다는 사실이다.[16]

을 언급할 필요가 있다. 1981년 12월 9일자 결의 제36/103호 본문 제II(h)항은 이러한 원칙을 적용한 결과로서 국가는 '다른 나라의 국내 또는 국외 문제에 간섭하거나 개입할 목적으로 다른 국가와 협정을 체결하지 않을' 의무가 있다고 규정하고 있다. 오로지 이런 규정에 근거하여 우리는 어떤 협정이 체결되어 이행되는 경우 국제법의 심각한 위반에 해당된다고 말할 수 있을 것이다.

*무력 위협 또는 행사의 금지*가 강행국제법의 일부가 되었다는 것은 조약법에 관한 비엔나회의시 다수의 국가들이 확인한 바 있으며 추후 유엔에서 계속 주장되었다. ICJ는 비록 이러한 견해를 공식적으로 승인하지는 않았지만 *니카라과* 사건(*본안*)에서 동 원칙의 *강행규범*적 성격에 호의적인 ILC의 의견, 그리고 니카라과가 재판소에 제출한 준비서면(Memorial) 및 미국이 제출한 답변서(Counter-Memorial)에서 각각 밝힌 것과 유사한 견해를 언급하였다(ICJ 판결 제190항 참조). 더욱이 1979년 12월 29일자 미국 국무부 법률고문이 워렌 크리스토퍼 국무장관 대리에게 보낸 각서에서 "국제법상 강행규범이 정확히 무엇인가에 대한 광범위한 합의는 없지만 강행규범의 전형적인 예시가 [유엔헌장] 제2조 제4항이라는 점에 대해서는 보편적인 합의가 있다"고 지적하고 있다. 결과적으로 이런 원칙에 반하여 무력사용을 규정하고 있는 모든 조약은 무효이다. 이 각서는 만일 1978년 소비에트연방(USSR)과 아프가니스탄이 체결한 우호, 선린 및 협력조약이 "소비에트가 아프가니스탄에 대해 문제가 되고 있는 형태로 간섭하는 것을 지지하고 있다면, 이것은 조약법에 관한 비엔나협약이 '일반국제법상 강행규범'(제53조)으로 서술하고 있는 것, 즉 유엔헌장 제2조 제4항에 포함된 규정과 모순될 것이기 때문에 현행 국제법 원칙상 무효"(74 *AJIL* (1980), pp.418-420, 특히 p.419)라는 점을 강조하고 있다.

평화적 *분쟁해결* 의무를 부과하는 원칙의 강행성은 무력사용 금지에서 당연하고도 분명히 파생되는데, 무력사용 금지와 마찬가지로 분쟁을 해결하기 위해 무력에 호소하도록 강제하는 조약을 통해 이 원칙에서 일탈할 수 없다고 말할 수 있다.

16) 다양한 집단에 속하는 국가들이 비엔나에서 개최된 조약법에 관한 외교회의에서 이러한 취지의 발언을 하였다. 다수의 대표들은 기본권을 보호하는 국제법규칙은 *jus cogens*에 해당한다고 언급하였다. 특히 핀란드 대표[유엔조약법회의 제1차회기(1968년 3월 26일~5월 24일, 비엔나), *Offcial*

더욱이 *인민의 자기결정* 원칙은 조약에 의해 훼손될 수 없다는 것이 국제관행에서 반복적으로 주장되고 있다. 다수의 국가는 1963년에 조약법에 관한 조항초안이 토의되었던 유엔 총회, 1968~1969년 기간의 조약법에 관한 비엔나회의 그리고 우호관계 선언이 토의되었던 1970년 유엔 총회에서 이러한 취지의 발언을 하였다.[17]

마지막으로 이런 원칙의 공통된 특징 하나를 강조해야 할 것이다. 비록 이들 원칙이 모든 국가에 대해 유효하게 적용될 수 있지만, 이행 및 강제와 관련해서는 유엔에 크게 의존하고 있다. 간단히 말해서, 기준이 되는 규범의 출현으로 대표되는 국제법의 기념비적인 진전이 있었지만 강제장치의 마련에 있어서는 이에 상응하는 발전을 이루지 못하였다. 다시 말해서, 공동체의 중추로서 작용하는 기초적 원칙을 구체화하고 이에 대해 실효성을 부여하는 *특정* 장치가 아직 수립되어 있지 않다. 이러한 맥락에서 유엔은 이런 규칙의 준수 여부를 감시하고 강제해서 이행장치의 역할을 하도록 요청받고 있다. 이러한 역할을 수행할 때 유엔은

Records, p.295, 제13항], 케냐 대표(*ibid.*, p.296, 제31항), 시에라리온 대표(*ibid.*, p.300, 제9항), 우루과이 대표(*ibid.*, p.303, 제48항; 우루과이 대표는 '인권에 대한 조직적 침해'가 *jus cogens*에 의해 금지된다고 보았다), 키프로스 대표(*ibid.*, p.306, 제69항), 프랑스 대표(*ibid.*, p.309, 제32항; "*jus cogens*의 본질은 보편적 양심 및 모든 국적의 인간이 신성한 것으로 간주하고 있는 것, 즉 인간의 권리에 대한 존중 및 보호의 공통기준에 대한 확고한 표시이다"고 발언하였다), 캐나다 대표(*ibid.*, p.323, 제22항) 및 독일연방공화국 대표[유엔조약법회의 제2차회기(1969년 4월 9일~5월 22일, 비엔나), *Offcial Records*, p.96, 제26항] 등이 행한 발언을 참조하시오.

더욱이 *South West Africa* 사건(1966)에서 일본인 Tanaka 판사가 한 권위 있는 반대의견이 언급되어야 하겠다. 그가 제시한 견해는 아시아 법조인이 표명하였다는 점에서 더욱 흥미롭다(물론 판사의 견해가 국가집단의 의견을 완전히 대체하지는 못하지만 그러한 집단의 감정 및 경향을 표시하는 것으로 볼 수 있다). Tanaka 판사는 "분명히 인권보호에 관한 법이 *jus cogens*에 속한다고 볼 수 있다"(p.298)고 언급하였다. 더 나아가 *Dissolution of Yugoslavia* 사건에 대한 의견 제1호에서 유고슬라비아중재위원회는 "일반국제법의 강행규범, 특히 개인의 기본권 및 인민과 소수민의 권리에 대한 존중은 모든 승계 당사자를 구속한다"고 판정하였다(3 *EJIL*(1992), pp.192-193). *Serbian Minorities in Bosnia-Herzegovina and Croatia* 사건에 대한 의견 제2호는 이러한 판단을 다음과 같이 재차 언급하였다. 즉, "… 현행 국제법상의 강행 … 규범으로 인하여 국가들은 소수민의 권리가 존중받도록 해야 한다"(p.184).

17) 스페인, 알제리 및 (어느 정도) 모로코는 1975년 ICJ의 *Western Sahara* 사건에서 각자 제출한 입장서(submissions)에서 이와 같은 입장을 견지하였다(제48항-제53항). 이탈리아도 미국이 위에서 언급하였던 소련의 아프가니스탄 침공에 대한 1979년 각서에서 했던 것처럼 1975년 유엔인권위원회(Human Rights Commission)에서 이러한 견해를 지지한 것으로 보인다(UN Doc. E/CN.4/SR.1300, p.91). 1985년 이탈리아 대법원도 *Arafat and Salah* 사건에서 유고슬라비아 문제에 관한 국제회의의 중재위원회(Arbitration Commission of the International Conference on Yugoslavia)가 의견 제1호 및 제2호(pp.182-183)에서 제시했던 것과 같이 자기결정권은 *jus cogens*의 일부라고 하였다.

전체 세계공동체의 이익을 위해 그리고 전 공동체를 대표하여 행동하게 된다.

3.9 원칙간의 밀접한 연계 및 조절의 필요성

위에서 언급한 원칙들은 상호 밀접하게 연관되어 있다. 이들 원칙은 상호보완적 · 협력적 관계에 있으며, 서로 적용조건이 되고 있다. 국제법 주체는 이런 모든 원칙을 이행하여야 하며, 어느 원칙을 적용할 때 동시에 다른 모든 원칙을 고려해야 한다.

예를 들어, 인권존중 및 국가의 국내문제 불간섭원칙은 상호 밀접하게 연결되어 있다고 말할 수 있는데, 어느 국가가 제3국의 인권침해를 중지시키기 위하여 간섭할 수 있는지 여부는 오로지 이 두 개 원칙을 혼합해서 해결할 수 있다. 다시 말해서 두 가지 원칙을 동시에 고려해야만 특정 사건의 문제에 대해서 올바른 해결책을 마련할 수 있다.[18] 따라서 국가들이 대규모로 심각히 인권을 침해하지 못하도록 하려는 목적을 가진 모든 평화적 구상은 불간섭원칙에 우선하게 된다. 이러한 구상은 국제기구 내에서 기본인권을 조직적으로 침해하고 있는 국가를 상대로 비무력적 제재조치가 취해져야 한다는 제안의 형태를 띨 수도 있다. 이런 상황은 인권을 산발적으로 침해하거나, 인권을 심각히 무시하는 경우라도 단발성에 그치는 경우와는 다르다. 이때는 외교적 경로를 통해서만 외국이 조치를 취하도록 허용함으로써 두 원칙의 균형이 마련될 수 있다. 결과적으로 인권침해가 발생했다고 하는 국가에 대해 다른 국가가 우려를 표명하거나 이런 침해를 중지하는데 최선을 다하도록 촉구하기 위해 *외교적 입장*(démarche)을 개진하는 것이 비우호적 행위로 간주되어서는 안된다. 반대로, 자신의 영토 안에서 인권침해가 발생하고 있는 국가는 다른 국가가 자국 공무원 또는 자국 영토 내에서 활

---

18) S. Hoffmann(*Duties Beyond Borders—On the Limits and Possibilities of Ethical International Politics*(Syracuse, N.Y.: Syracuse University Press(1981), p.124)은 다음과 같은 활용 기준을 제안하였다. 즉, "우리는 모든 주권국가의 관행이 되어 보통 개입이라고 불리는 것으로서, 근본적으로 주권국가의 정부를 변화시켜서 개입국 자신의 정치적 또는 경제적 이익에 유리하도록 만드는 것과, 내가 이 부분에서 옹호하고 있는 조치의 유형(즉, 양자적 · 다자적 수준 및 국제기구 내에서 취해져야 할 평화적 조치들)으로서 본질적으로 정부들 자신이 약속한 행위규칙을 준수하도록 하려는 것을 구분하여야 한다."

동하는 개인, 집단 및 결사에 대해 직접적인 압력을 행사하려는 경우에는 이를 부당한 개입으로 거절할 수 있다.

인민의 자기결정권과 국가의 주권평등(즉, 국가의 영토보전을 보장하는 측면)을 어떻게 조절할 것인지도 심각한 문제이다.

이처럼 조절해야 할 여러 측면들은 다루기 어렵지만,[19] 다음의 주장은 근거가 있는 것으로 보인다. 국제법은 주권국가의 영토보전을 강력하게 보호하는 경향이 있어 국제공동체는 분리독립권을 인정하지 않고 있다(이와 달리 식민지배 또는 군사적 점령하에 있는 인민의 자기결정권은 실제로 이행되더라도 식민제국 또는 점령국의 영토보전을 저해하지 않는다). 내적 자기결정 권한을 갖는 인민과 집단이 이러한 법적 권한이 있다고 하여 이들이 당연히 분리독립권을 갖지는 않는다. 1998년 캐나다 대법원은 *Reference re Secession of Quebec* 사건에서 다음과 같이 정확하게 판시하였다.

> "평등에 기초하면서 차별 없이 영토상에 거주하고 있는 전체 인민 또는 민족을 대표하며, 내부 정부구성에 있어 자기결정 원칙을 존중하는 정부를 가진 국가는 국제법상 영토보전을 보호받을 권능이 있다"(제130항).

고유의 분리독립권은 *인종집단*이 *무력에 의해* 통치과정에 동등하게 참여하지 못하는 경우에만 발생할 수 있다. 이러한 상황에서 이 집단은 합법적으로 무력을 사용할 수 있게 된다(이 결과 무엇보다도 제3국이 중앙정부를 지원하는 것이 금지되지만, 이러한 인종집단을 이끄는 해방운동단체에 대해 지원하는 것은 법적으로 허용된다). 또한 인종집단은 *내적* 자기결정 이외에 *외적* 자기결정의 권능도 있기 때문에 (3.7.2 참조) 분리독립 또는 다른 국가와 통합 또는 병합, 또는 독립국가를 형성할 권능이 있다.[20]

---

19) 이에 해당하는 사건은 *포클랜드/말비나스 섬에 대한 충돌* 사건(1982~1983년)이다. 1982년 유엔 총회에서 영국의 주도하에 서구국가들은 이 섬의 거주민이 자기결정권을 행사할 수 있는지의 여부가 중요한 문제라고 줄기차게 주장하였다. 이에 반하여, 아르헨티나 및 이를 지지한 제3세계 및 사회주의 국가들은 영국이 이 섬을 점유하게 된 역사적 상황 때문에 자기결정권을 적용할 수 없으므로 영토보전 원칙이 우선되어야 한다고 주장하였다. 이 점은 아르헨티나에게 이익이 되었는데, 아르헨티나는 1831년 영국에 의해 이 섬에서 아르헨티나인이 불법적으로 추방되었기 때문에 이 섬이 합법적으로 아르헨티나 영토관할권의 적용을 받아야 한다고 주장하였다.

지브롤터해협에 대해 영국과 스페인도 유사한 의견충돌을 가졌는데, 영국은 Rock섬 주민의 자기결정권을 주장한 반면, 스페인은 모든 문제가 주권과 관련된다고 주장하였다.

이러한 예외는 인종차별 또는 인종분리정책(apartheid)의 극단적 상황에 대해 세계공동체가 심지어 법적인 차원에서 취하였던 강력한 대응으로도 정당화되었던 것이 분명하지만, 그렇다고 결코 구체화되지는 않았다. 이러한 예외를 제외하고 1970년 유엔 우호관계 선언 및 국제관행에 있어 일반적인 국가의 태도에서 명백히 드러나듯이 국제공동체는 분리독립에 대해 여전히 부정적인 시각을 갖고 있다고 하는 것이 타당할 것이다.

20) 이런 경우 *분리독립권*이 인민의 자기결정 원칙으로부터 도출된다. 그러나 내전의 결과 반란단체가 새로운 국제적 실체를 수립하는 데 성공해도 이들이 현행 국제법상 고유의 분리독립권을 갖지 않기 때문에 이것은 *국제법적 권리*를 행사한 결과는 아니며 단지 새로운 실체를 수립하기 위한 *사실적* 조건의 결과에 불과하다.

제 II 편

국제공동체의 주체

제 4 장

국제법의 일차적 주체인 국가

4.1 전통적 주체 및 새로운 주체

국내체제는 시민, 국가의 영토 내에 거주하는 외국인, 기업 및 국가기관(법인격이 부여된 경우) 등 매우 많은 법 주체를 망라하고 있다. *개인*은 국내법체계에서 일차적 주체이다. 반면 국제공동체의 법적 주체는 그 수가 상대적으로 적다. 국제공동체의 기본적 또는 일차적 주체는 개인이 아닌 *국가*이다. 국가는 영토를 안정적이며 항구적으로 지배하고, 또한 모든 법질서의 고유한 '기능'인 주요 입법 및 행정업무를 수행하는 국제적 실체이다. 국가 이외의 여타 주체는 단지 한정된 기간 동안 영토에 대한 실효적 권위를 행사할 뿐이거나, 영토적 기반을 전혀 갖지 못한다. 이런 이유에서 국가는 국제공동체의 골격으로서 완전한 *법적 능력*, 즉 권리 · 권한 및 의무를 부여받을 능력을 갖는다. 따라서 만일 국가가 사라지게 된다면 현 국제공동체는 해체되거나 급격히 바뀔 것이다. 역사적 이유로 현재 소수의 소국가를 포함하여 약 200개의 국가가 존재하고 있다. 원칙적으로 모든 국가는 평등하다. 그러나 강력한 경제적 · 군사적 체제를 보유하고 있는 소수 국가들로 된 특정 부류가 국제공동체에서 권위를 갖는다.

다른 범주의 국제법 주체인 소위 *반란단체*는 자신이 현재 소속된 국가에 대항하는 투쟁을 통하여 성립하게 된다. 이러한 반란단체는 어느 특정 국가의 신체에 생긴 부상으로부터 탄생하기 때문에 국가의 고유권한인 주권적 권리의 일부를 행사하고 있다는 것이 입증되지 않는 한 국제공동체에서 쉽사리 그 지위를 인정받을 수 없다. 반란단체는 무력에 의하여 자신의 존재를 주장하며 자신의 권력 및 권위에 비례하여 국제적 지위를 획득한다. 그러나 이런 단체의 존재는 정의상 임시적이다. 즉, 투쟁에 승리하여 완전한 형태의 국가로 전환되거나, 패배하여 사라지거나 둘 중의 하나이다.

국가와 반란단체는 시작부터 국제무대의 *등장인물*(*dramatis personae*)이었다는 점에서 국제공동체의 '전통적' 주체이다. 그런데 20세기, 특히 제2차 세계대전 이후 점차적으로 다른 이해관계를 지닌 활동축들이 국제적 지위를 얻게 되었다. 예를 들면 *국제기구*, *민족해방운동단체* 및 *개인*(예를 들어, 대표기구를 가진 몇 가지 범주의 인민)이 있다. 이러한 비교적 '새로운' 주체들의 출현은 현대 국제법에 있어서 독특한 특징이다.

국가와 달리 위에서 언급한 모든 여타 국제법 주체는 자신의 내재적 성격(예를 들어, 영토에 대해서 항구적 권위가 없는 점, 아니면 적어도 안정적인 권위를 갖지 못하는 점 등)으로 인하여 국제적인 권리 · 의무의 영역에서 *제한적인 법적 능력*을 가지며, 또한 *제한적인 행위능력*, 즉 사법 및 여타 소송에서 자신의 권리 및 권한을 실현하고 이를 강제하는 능력이 제한받는다.

4.2 국가의 존재 개시

앞서 서술하였듯이 국가는 국내법체계에서 개인이 그렇듯이 국제공동체에서 일차적 주체이다. 그러나 일반적으로 개인은 그 수가 다수인 반면, 국가는 소수이며 근본적으로 성격이 상이하다. 이러한 점으로 인해 세계공동체에 있어 상황은 복잡하다. 이와 관련하여 영국의 저명한 정치학자인 M. Wight는 다음과 같이 지적하였다.

> "어느 사회의 구성원 수가 적을수록 그리고 그 구성원이 더 다양할수록, 극단적인 경우에 정의로운 규칙을 마련하는 것이 더 어렵다. 이것이 국제법의 약화를 가져오는 한 이유이다. 극단적인 예로서 4명으로 구성된 한 사회를 상상해 보자. 즉, 키

가 20척이며 육식성의 인육을 선호하는 괴물(ógre), 키가 6척이며 일본어를 구사하지 못하는 영국인, 영어를 구사하지 못하는 일본의 군사귀족 사무라이, 전기 구석기 시대의 중앙아프리카 지역의 피그미(pygmy)가 모두 몰타(Malta) 크기의 섬에 있다고 하자. 이것이 소위 국제사회에 대한 비유이다."[1)]

또 다른 요소가 상황을 더 복잡하게 한다. 일반적으로 국내법은 개인 및 단체가 법적 지위나 권리능력을 취득하는 시기, 즉 권리·의무의 귀속자가 되는 시점에 대한 규칙을 설정하고 있다. 이를 위하여 대부분의 국내법체계는 개인이 성인이 되는 때에야 비로소 자신의 권리·의무를 행사할 수 있는데도 출생(또는 임신)과 더불어 법적 주체가 된다고 규정하고 있다. 단체(기업, 재단, 공공기관 등)에 대해서 국내법은 보통 권리·의무를 갖기 위해 충족해야 할 요건을 명시하고 있다. 간단히 말해서, 국내법에는 보통 법적 주체의 '성립'에 대한 특별규정이 있다. 어떤 면에서 이러한 규칙의 적용이야말로 모든 여타 실체적·절차적 규범이 작동하기 위한 일종의 전제조건이 된다.

반면, 국가성립에 관하여 상세한 규칙을 설정하는 국제입법은 없다. 그러나 국가에게 기본적 권리·의무를 부여하는 관습국제규칙들로부터 유추해 이를 주의 깊게 분석하여 보면, 이런 규칙들은 적용대상이 되는 실체에 내재되어 있는 일부 일반적 특성(국제법인격은 국제공동체의 모든 여타 구성원에 대해 작용해야 하기 때문에 관습, 즉 *일반*규칙에 근거해야 한다)을 전제로 하고 있음을 알 수 있다.

이러한 규칙에 따르면 국가의 성립에는 보통 두 가지 요소가 필요하다. 첫째는 특정 영역에서 거주하는 인간공동체에 대해 실효적 지배를 행사할 수 있는 *중앙집중적 구조*이다. 최상의 권위를 부여받은 기관은 원칙적으로 모든 여타 국가로부터 확연히 구별되고 독립되어서, 다시 말하면 시원적(파생적이 아닌) 법질서를 가져야 한다. 그러나 여타 주체가 하는 몇 가지 형태의 국제적 개입은 과거에는 국가의 지위와 양립할 수 있는 것으로 간주되었다[예를 들어, 보호령에서 보호국(예: 모로코 및 튀니지와의 관계에서 프랑스)이 피보호국의 국방 및 외교정책에 대한 지배를 허가받은 경우]. 두 번째 필요 요소는 *영토*로서 다른 주권국가에 귀속되지 않아야 하며, 과거에 귀속되었더라도 현재는 더 이상 귀속되지 않으며, 공동체 구성원은 다른

---

1) M. Wight, ed. B. Porter and G. Wight, *International Theory—The Three Traditions*(London: Leicester University Press, 1991), p.139.

외부기관에 대해 충성의 의무를 부담하지 않아야 한다. 이제 영토는 주권국가의 필수불가결한 요소라는 점이 강조되어야 하겠다. 영토는 크거나 작을 수 있지만 어떤 조직화된 구조가 국가 및 국제법 주체의 자격을 갖기 위해서는 필수불가결한 요소이다. 다시 말해서 국제법에 따르면 영토는 *실효적*으로 점유하고 지배해야 한다. 영토에 대한 실효적 지배를 상실한 법인체(法人體)는 예외적인 상황에서만 일정 기간 동안 국제적 실체로서의 지위를 유지하게 된다(제2차 세계대전 중 성립한 일명 '망명정부'는 영국에 소재하면서 독일이 점령한 국가인 폴란드, 노르웨이, 네덜란드, 벨기에, 룩셈부르크, 유고슬라비아, 그리스를 대표하였다). 이런 경우 국제법 주체의 '존립'은 법적 허구—정치적 동기에 기인한—에 기반을 둔 것으로 영토에 대한 지배를 회복할 것이라는 희망으로 정당화된다. 이러한 기대가 사라지는 순간 여타 국가는 이런 법적 허구를 포기하게 된다.

이러한 성립요건이 충족되면 국제관계를 규율하는 모든 규칙이 적용될 수 있다.

4.3 국가승인의 역할

위에서 언급된 규범들은 분명히 특정 기준 자체를 설정하지 않는다. 단지 일반적 척도만을 제공할 뿐이기에, 실제로 어느 한 국가가 이러한 요건을 충족하는지를 확인하기는 어렵다. 여기에서 한 가지 중요한 요소를 고찰하는 것이 크게 도움이 될 것이다. 즉, 기존 국가가 새로운 실체를 승인하거나 승인하지 않는 태도가 그것이다.

승인행위는 해당 실체의 국제법인격에 대해 어떠한 법적 효과, 즉 권리 부여 또는 의무 부과를 야기하지 않는다. 주로 과거에 다수 법학자들은 승인이 '창설적' 효과, 즉 승인으로 국가의 법인격이 생성된다는 견해를 지지하였다. 그러나 이 견해는 국제법에 의해 '실효적' 상황이 완전한 정당성을 갖는다는 실효성의 원칙과 상당한 모순관계에 있기 때문에 틀렸다(창설적 승인설에 따르면 국가는 실효성을 확보하고 있는 상황에서도 승인받지 못하면 법인격을 갖지 못하게 된다). 더욱이 이 학설은 국가의 주권평등 원칙과도 양립하지 않는다. 왜냐하면 국가로서 모든 성립요건을 갖춘 새로운 실체에 대해 세계공동체의 구성원 자격을 인정하는 시기를 결국 기존 국가가 결정하게 되기 때문이다. 이 학설은 논리적으로도 근거가 미약하다. 왜냐하면 어떤 실체가 자신을 승인한 승인국과의 관계에 있어서는 국제법 주체로 인정되면서, 자신을 국가로 승인하지 않은 미승인국에 대해서는 법인격을 갖지 않게 되어 국제법인격이 현실과 반대로 매우 인위적으로 분열되기 때문이다. 사실상 이 학설은 앞에서(2.3.1) 지적한 바와 같이, 유럽국가들이 여타 국가들의 '국제공동체' 회원자격을 인정하거나 거절할 권리가 있다고 주장하였던 19세기에 등장한 이래 현 시대와 맞지 않는 상태이다. 이미 강조하였다시피, 그 당시에도 이러한 권리는 의문의 여지가 있었으며 해당 정책은 공식적으로 정당화되지 않았다.

현재 국가승인은 세 가지 측면에서 중요성을 갖는다. 첫째, 이것은 신생국과 국제관계를 개시하고자 하는 승인국의 의지를 입증한다는 점에서 정치적으로 중요하다. 둘째, 이것은 신생국이 국제법 주체가 되기 위해 필요한 모든 사실적 요건을 충족하고 있다고 판단하는 승인국의 견해를 증명해 주고 있어 법적으로 의미가 있다.

> 1923년에 혁명정부의 승인을 다루는 *Tinoco Concessions(Great Britain v. Costa Rica)* 사건에서 단독 중재인 W.H. Taft는 국가승인 문제로 확대해석할 수 있는 판단을 내렸다. 그는 "국가로서의 인격을 주장하는 정부를 여타 국가들이 승인하지 않으면, 이는 보통 해당 정부가 국제법상 그런 지위를 취득하는데 필요한 독립성과 지배력을 확보하지 못하였음을 보여 주는 적절한 증거"(*RIAA*, i, p.381)라고 하였다.

물론 이런 판단이 여타 국가를 구속하는 것은 아니다. 그러나 이것은 국가의 태도를 표시하는 것으로 결국 새로운 실체의 국제법 주체성을 결정할 때 유용하게 작용할 것이다. 법적 연관성이 있는 상황에 대해 공식적인 판결을 내리는 중앙집중적 기관이 결여된 공동체에서 개별 국가의 태도는 새로운 법적 주체의 성립을 지지하거나 반대하는데 상당한 증거력을 갖는다.

셋째, 일단 승인이 부여되면 승인국은 자신의 입장을 변경하여 신생국이 국가의 지위가 결여되어 있다고 주장하지 못한다는 점에서 승인은 법적으로 의미가 있다. 다시 말해서, 승인을 부여하면 승인국은 신생국의 법인격에 대해서 이의 제기를 못하는 *금반언*(禁反言, estoppel)이 성립한다(판례법의 금반언 개념은 국제법상 널리 인정되는데, 이에 따르면 일방 당사자는 자신의 종전 주장, 거절, 행위 또는 인정의 결과에 의존하여 행위할 권한이 있는 타방 당사자에게 손해를 끼치는 사실의 주장 또는 부인, 권리 주장을 할 수 없다).

또한 승인이 성급하게 부여된 경우, 특히 새로운 실체가 기존 국가로부터 분리하거나 내전의 결과 등장하는 경우 승인이 법적 의미를 가질 수 있다. *시기상조*의 승인, 즉 국가지위(statehood)에 대한 기본적 사실요건이 충족되기 이전에 부여된 승인은 해당 국가의 국내문제에 대한 불법적 간섭에 해당할 수 있다.

> 일부 학자들[2]에 따르면 유럽공동체(EC) 회원국, 오스트리아와 스위스가 1992년 1월 15일자로 크로아티아를 승인하였던 것은 당시 크로아티아가 영토의 1/3만 지배하고 있던 상황에서 시기상조였다. 유고슬라비아중재위원회는 1992년 1월 11일자 의견 제5호에서 크로아티아는 유보(크로아티아 헌법은 중재위원회가 명시한 조약규정을 조문으로 수용하지 않았음)의 제한하에 'EC 회원국의 승인에 필요한 조건'을 충족하였다고 판시하였다(4 *EJIL*(1993), pp.76-77 참조).

국가관행을 살펴보면 지난 몇 년간에 걸쳐 *승인에 대하여 많은 국가가 요구하는 사실적 요건*이 바뀐 점이 발견된다. 종전에는 신생국가가 성립하기 위해서는 인간공동체와 이 공동체가 거주하는 영역을 *실효적으로 지배*하면 충분하였다. 그런데 1930년대 일부 국가들은 *신생국이 국제공동체의 몇 가지 기본적 기준*(예를 들어, 국제조약을 위반하거나 외국 침략이 되는 전쟁의 금지)을 *위반하지 않을 것*을 요구하기 시작하였다. 만일 이런 가치들이 무시된 경우라면 신생국이 인민과 영토를 확고하게 지배하더라도 승인되지 않았다. 최근에 주로 서유럽의 몇몇 국가들은 승인을 부여하기 위한 추가요건으로 *인권* 및 *소수민의 권리 존중*, *기존 국경선*의 존중을 요구하기 시작하였다.[3]

---

2) 특히 예를 들면, R. Müllerson, *International Law, Rights and Politics*(London and New York: Routledge, 1994), p.130; R. Rich, "Recognition of States: the Collapse of Yugoslavia and the Soviet Union", 4 *EJIL*(1993), pp.36-65 참조.

3) 소비에트연방의 해체와 동유럽 국가에 발생한 급진적 변화에 따라 1991년 12월 16일 EC 회원국 외무장관은 '동유럽 및 소비에트연방하의 신생국 승인지침'(4 *EJIL*(1993), pp.74-77)에 관한 선언을 채택하였다. 이 선언은 무엇보다 동유럽의 신생국에 대한 공식적 승인요건으로 다음을 열거하였다. ① 유엔헌장, 헬싱키 최종의정서 및 파리헌장, 특히 '법의 지배, 민주주의 및 인권 관련 부분', ② 인종·민족집단 및 소수민의 권리보장, ③ 모든 국경의 불가침성 존중 그리고 국경은 '평화적 수단 및 공동협정에 의해서만 변경될 수 있을 것', ④ 군축 및 핵 비확산, 안전보장 및 지역안정에 관한 모든 관련 의무사항의 수락, ⑤ 적절한 경우 중재재판 회부를 포함하여 국가승계 및 지역분쟁

신생국이 (평화적 수단에 의해 독립을 얻은 국가가 아닌 한) 모든 국제공동체 구성원으로부터 단기간에 승인을 얻는 것은 드문 일이다. 보통 소수의 국가만이 승인을 부여하여 새로 탄생한 실체와 관계를 개시하고 외교사절을 교환하며 조약 체결 등을 행한다. 국제공동체의 일부는 상당 기간 동안 거리를 두기로 결정하기도 하며, 이런 태도는 종종 정치적 고려(이념적 · 정치적 친밀성의 부족, 또는 공개적 반대, 또는 새로운 실체의 존립이 가져올 강한 경제적 · 지리적 장애요소의 존재) 때문이다. 이런 상황에서 신생국은 이러한 국가들과 적극적인 관계를 수립할 수 없어 조약은 체결되지 못하고, 외교사절은 교환되지 못하며, 자국민이 상대국으로 입국하는 것(반대의 경우도 마찬가지)이 허용되지 않는다. 그러나 이렇다고 해서 신생국이 자신을 승인하지 않은 국가와의 관계에 있어 전혀 법인격이 없다는 것을 의미하는 것은 아니다. 공해 관련 규칙, 영토 및 정치적 주권의 존중 등 일반국제규칙은 신생국과 국제공동체의 모든 여타 회원국 간에 적용된다. 이런 이유에서 신생국을 승인하지 않은 국가는 신생국을 침범, 점령하거나 신생국의 정치적 독립을 위태롭게 할 수 없다. 신생국의 국내정치체계를 전복할 수도 없다. 더욱이 신생국의 공해상 항행권(航行權)을 존중(특히 군함의 항행에 대한 어떠한 간섭도 허용되지 않음)하여야 한다.

여기에 덧붙여 어느 국가가 실효성에 기반한 전통적 요건을 충족하는데도 아직 세계공동체 구성원의 압도적 다수에 의해 승인받지 못하는 극단적인 상황이 발생할 수 있음을 주목하여야 하겠다. 이런 비정상적인 상황은 두 가지 상이한

에 관한 모든 문제를 합의에 의해 해결하기로 하는 것 등이다. 또한 선언은 '공동체 및 회원국이 침략의 산물인 실체를 승인하지 않을 것'을 규정하고 있다.

같은 날 위 '지침'을 구 유고슬라비아의 붕괴로부터 탄생한 국가에 대해 적용하는 '유고슬라비아에 관한 선언'이 선포되었다. 이 선언에서는 신생국이 승인을 신청하는 경우 이를 중재위원회(프랑스의 최고 법률가 Robert Badinter가 위원장직을 수임)에 회부하여 권고를 얻도록 하는 사항이 추가되었다. 1992년 1월 11일자 의견 제4호 및 제5호(*ibid*, pp.74-76)에서 중재위원회는 보스니아-헤르체고비나 및 크로아티아는 필요요건을 아직 모두 충족하지 못하였다고 판정한 반면(나중에 이런 요건이 충족되었다고 판단하여 이들 국가에 대한 승인이 부여되었다), 1992년 1월 11일자 의견 제6호 및 제7호는 마케도니아 및 슬로베니아가 해당 요건을 충족하였다고 판정하였다(*ibid*, pp.77-80, 80-84).

나아가 1992년 7월 4일자 의견 제10호에서 중재위원회는 다음 사항을 언급하였다. 즉, "비록 승인이 국가성립의 필수요건은 아니고 단지 선언적 효력만 갖지만, 오로지 일반 국제법의무, 특히 다른 국가와의 관계에 있어 무력사용 금지 또는 민족적 · 종교적 또는 언어적 소수민의 권리보장을 준수한다는 전제하에 승인의 선택 시기와 선택 방법면에서 승인은 다른 국가의 재량행위이다" (*ibid*, p.90).

원칙, 즉 종전의 실효성원칙, 그리고 현 국제공동체의 일반적 가치에 맞지 않는 사실과 상황에 대해 정당성을 부정하는 새로운 원칙이 충돌하는데서 발생한다. 이런 두 가지 원칙의 공존(신 원칙이 구 원칙을 대체할 수 없기 때문이다)으로 국가로서의 모든 요건을 충족하며 외양까지 갖춘 국가가 국제적으로 교류하지 못하는 당혹스런 상황이 발생할 수 있다.

이런 현상은 남로디지아가 1965년에 일방적인 독립선언(Unilateral Declaration of Independence; UDI)을 한 시기부터 1980년 다수결원칙을 내부 정치체계에 수용할 때까지 발생하였다. 유엔 안보리는 1965년 11월 12일과 20일자 결의 제216호 및 제217호를 통하여 모든 국가들이 '이런 위법행위를 승인하지 말 것'을 촉구하였다. 1980년까지 남아프리카공화국을 제외한 모든 국가는 남로디지아의 인종차별적 정책을 이유로 승인을 거부하였다. 이런 일반적 태도는 단지 어느 국가도(남아프리카공화국 제외) 남로디지아가 자신의 대내정책을 변경하지 않는 한, 관계를 수립할 준비가 되어 있지 않음을 의미하는 것이었다. 사회적으로 남로디지아는 따돌림 받아 제외된 국가로 간주되었다. 법적으로 여타 국가는 남로디지아를 영국의 식민통치를 받는 영토로 보았다. 남로디지아는 비록 자치권을 보유하였지만 그 대부분을 활용할 수 없었다.

또 다른 예는 대만(Formosa)이다. 비록 대만이 국가의 모든 자격요건을 갖추었지만, 대만은 중국 영토의 일부이며 중국의 주권에 종속된다는 중국의 주장으로, 대만이 다른 모든 국가들과 관계를 수립하는 것이 방해받고 있다.

신생국이 실제로 성립하였는지 의문시되거나, 새로운 실체가 형성되었으나 국제규칙을 중대하게 위반하는 경우도 있고, 또한 다른 국가들이 여기기에 새로운 실체가 수립되는 과정에 관여한 국가로부터 실제 독립한 것으로 인정받지 못한 경우도 있다(이 결과 여타 국가들은 승인을 하지 않음).

위 마지막 경우에 해당하는 사례는 1983년 11월 15일 선포되어 터키만 승인했던 '북키프로스 터키공화국'(Turkish Republic of Northern Cyprus)과 관련한다. 유엔 안보리, 영연방 정부수반 및 유럽평의회 각료이사회(Committee of Ministers of the Council of Europe)는 독립선언이 법적으로 '무효'라고 하면서 동 선언의 '철회'를 요구하고, 모든 국가들에게 '키프로스공화국 이외의 어떠한 키프로스 국가도 승인하지 말 것'을 촉구하였다(특히 1983년 11월 18일자 안보리 결의 제541호 참조).

4.4 국가 존재의 계속성 및 종료

국가의 운명 또는 존속형식이 바뀌면 그 국가의 법인격에 어떠한 영향을 미칠까? 정부의 혁명적인 변화는 국가의 법인격에 별로 영향을 미치지 못한다. 내전 이후 혁명적인 변화가 발생하여 정부가 교체되는 경우 생각할 수 있는 주요 문제는 이전 정부가 수행했던 행위가 국가를 구속하는지의 여부이다. *Tinoco Concessions(Great Britain v. Costa Rica)* 사건에서 중재인 W.H. Taft는 1923년에 이 문제를 아주 명료하게 다루었다.

> 1917년 정치지도자 Tinoco는 코스타리카 정부를 전복하고 신헌법을 공포하였다. 1919년 티노코 정부는 실각했고 구 정권이 다시 들어섰다. 1922년에 정부는 티노코 정부가 계약에 의해 다수의 영국 회사에 부여하였던 모든 권리를 무효화하는 법안을 통과시켰다. 중재인은 티노코가 "정권에서 물러나 사임하기 몇 달 전까지 어느 누구에 의한 저항, 충돌 또는 이의 제기 없이 실제적이고도 평온하게 통치하고 있었던 바"(*RIAA*, i, p.379), 이 계약은 코스타리카를 구속한다고 판정하였다.

간단히 말해서 정부의 혁명적 또는 초헌법적 변화는 국가의 동일성과 무관하기에 국가는 이전 정부가 수행한 국제적 행위에 구속받는다.

반대로 국가의 영토 변화는 법인격에 영향을 미칠 수 있다. 이것은 국가가 *분열* 또는 여타 국가와 *합병*(이 경우 합병되는 국가는 모두 소멸하며 동시에 새로운 법적 주체가 생성된다)되어 소멸하는 경우 또는 국가가 다른 국가를 *병합*하여 병합된 국가가 결과적으로 소멸하는 경우에 발생한다. 반대로 어느 국가의 인민 및 영토의 일부가 *분리*되는 경우 해당 국가는 법적 주체로 계속 존재하며, 분리된 부분이 국제적으로 국가지위를 취득할 수 있다.

동일한 영토에서 어느 국가가 다른 국가를 대체하는 경우 국가승계, 즉 어느 국가의 영토 및 거주민에 대해 지배권의 전부 또는 일부를 사실상 취득한 국제법 주체(또는 분열의 경우 여러 주체들)에 대해 종전 국가의 권리·의무가 승계되는지의 문제가 발생하게 된다.

> 이 문제는 1958년 이집트와 시리아의 아랍연합공화국으로의 합병(1961년까지

존속), 1964년 탕가니카와 잔지바르의 탄자니아로의 합병, 1970년 파키스탄으로부터 방글라데시의 분리, 1990년 두 개 예멘의 합병, 1990년 독일연방공화국의 독일민주공화국 병합, 소비에트연방으로부터 3개 발트해 국가의 독립 획득(또는 오히려 재획득; 1990년 에스토니아 및 라트비아, 1991년 리투아니아), 1991년 소비에트연방의 분열, 1991년 유고슬라비아의 분열 및 1992년 체코슬로바키아의 분열에서 보이는 바와 같이 이론적인 것과는 거리가 있다.

이 사항은 다수의 관습규칙에 의해 규율되고 있으며 어느 정도 두 개의 조약으로 성문화되었다. 이 두 개의 조약은 1978년 조약과 관련한 국가승계에 관한 비엔나협약과 1983년 국가재산, 문서 및 채무와 관련한 국가승계에 관한 비엔나협약(이 조약은 현재 미발효)이다.

먼저 *조약*의 승계문제를 고찰해 보기로 한다. 간단히 말해서 조약은 관습법상 다양한 범주로 구분된다. 첫 번째 범주의 조약은 일명 '*처분적 조약*'(localized treaties)으로 특정 영토에 대한 권리 부여 및 의무 부과를 규정하는 경우이다(예를 들어 국경선 문제 규율, 어떤 특정 지역에 대한 통과권 설정, 영토의 비무장화, 특정 수역의 어업권 및 특정 하천의 항행권 설정 등). 이런 조약은 특정 영토에 부속되어 있기 때문에 국제적 안정성을 위해서는 국가승계라는 단순 사실에 영향을 받지 아니한다. 다시 말해 이러한 조약은 새로운 실체를 구속한다(1978년 비엔나협약 제12조 참조).

비처분적 조약(non-localized treaties)에 대해서는 1978년 비엔나협약으로 성문화된 관습법에서 차등화된 법체계를 규정하고 있다. '신생독립국'의 경우(즉, '승계국으로 동 국가의 해당 영역이 국가승계일 바로 직전 선행국이 국제관계의 책임을 지고 있던 비독립지역'인 경우), '백지출발주의'(clean slate) 원칙—신생국은 승계시점에 해당 지역에서 발효하고 있는 조약의 구속을 받지 않는다는 원칙—이 적용된다. 이런 '반식민주의적' 접근방법은 분명히 탈식민화 과정에서 야기된 법적 조건 및 국가의 특별한 요구사항을 고려해야 했기 때문에 만들어진 것이다.

이와 반대로 여타 국가에 대해서는 국제적 안정성이 확보되어야 했기에 계속성의 원칙이 지지를 받았다. 이 원칙에 따라 선행국을 구속하는 조약은 보통 승계국에게도 적용된다(그러나 이에 관한 1978년 비엔나협약 제34조와 제35조는 관습법에 부합되지 않는데 관습법상 처분적 조약을 제외하고 'clean slate' 규칙이 적용된다).

*인권*조약과 같은 특정 범주의 조약에 대해서는 승계국('신생독립국'의 범주에

해당하는지 여부에 관계 없이)이 이를 존중하여야 한다는 *일반규칙*이 점차적으로 발전하고 있는 것으로 보인다. 이런 규칙이 성립된 이유는 인권조약의 목적이 중앙당국과의 관계에 있어 개인을 보호하고, 개인에게 혜택을 부여하려는 것이기 때문이다. 그리하여 이런 중앙당국의 성격, 성질 및 정치적 신의에 관계 없이 특정지역에 대한 주권이 변화된 이후에도 개인은 계속해서 보호받아야 한다는 것이다. 또한 인권은 오늘날 본질적인 가치로 여겨지고 있어 한 국가가 특정 지역의 국제관계를 책임지는 통치 실체로서 단지 다른 국가를 대체하였다는 이유로 인권보호를 중단한다면 현 세계공동체가 일반적으로 나아가고 있는 방향과 맞지 않게 될 것이다.[4)]

승계문제는 또한 ① 국가재산 및 부채, ② 국가문서, ③ 국제기구의 회원자격과 관련해서도 발생한다. 이런 문제를 규율하는 관습규칙의 내용은 아직 명확하지 않은 것으로 보인다.

*국가재산*과 관련하여 국가에 귀속되는 재산의 정의는 1983년 비엔나협약 제8조에 규정되고 유고슬라비아중재위원회가 *국가승계*에 대한 의견 제14호(p.732)에서 재론하였다시피, 승계시 적용 가능한 관련 국내법으로부터 도출되어야 한다. 일단 재산의 공공성 여부가 확정되면, 해당 재산이 소재하는 지역에 대해 지배권을 행사하는 국가가 보통 소유권과 관련하여 종전의 영토국을 승계한다고 할 수 있다. *국가문서*에 대해서도 동일한 논리가 적용된다.

공공부채(즉, 국가가 부담하는 부채)에 관한 승계문제는 국가관행이 다소 혼란스럽기 때문에 더 어렵다. 1983년 비엔나협약 제40조 규정에 따라 국가가 분열되어 새로운 실체가 성립되는 경우, 별도의 합의가 없다면 선행국의 국가채무는 '형평한 비율로' 승계국에 이전된다.

*국제기구*의 회원자격과 관련하여 만일 두 회원국이 합병하여 하나의 새로운 국가를 창설하는 경우 이 국가가 해당 국제기구에 가입을 신청하여야 한다고 보

---

4) 1997년 유엔인권위원회는 일반논평 제26호에서 "일단 인민에게 규약에 따른 권리보호가 부여된 이상, 국가가 하나 이상으로 분열되거나 국가승계 및 규약에서 보장하고 있는 권리를 박탈하기 위한 당사국의 추후 조치를 포함하여 당사국 정부의 변경과 상관없이 이러한 보호는 영토와 함께 이전되며 계속하여 인민에 귀속된다"고 언급하였다(Human Rights Committee, General Comment 26(61), UN Doc. A/53/40, Annex VII, 8 December 1997, para. 4. 또한 http://www1.umn.edu/humanrts/gencomm/hrcom26.htm 참조). 이 문제에 대해서는 M.T. Kamminga, "State Succession in Respect of Human Rights Treaties," 7 *EJIL*(1996), p.469 이하; B. Simma, "From Bilateralism to Community Interest in International Law," 250 *HR*(1994-VI), pp.354-358 참조.

는 것이 합리적이다. 그러나 실제 유엔 관행상 가입신청이 필요하지 않았다(이런 경우는 이집트와 시리아가 합병하여 아랍연합공화국을 형성한 1958년에 그리고 북예멘과 남예멘이 합병한 1990년에 발생하였다). 반면에 한 회원국이 둘 이상의 국가로 분열되는 경우 모든 국가는 회원자격을 신청하여야 한다(이런 경우는 유고슬라비아의 해체 및 6개 유고공화국이 탄생한 1992~1993년에 발생하였다. 5개 공화국은 그 이후 즉시 가입이 인정된 반면, 유고연방공화국(세르비아-몬테네그로)은 가입신청후 2000년에 가서야 회원자격을 얻었다). 이례적으로, 소멸한 국가의 구성국이 그 국가의 회원국 지위를 계승한다고 주장하여 성공한 경우가 있다(1990년 당시 소비에트연방이 분열될 때, 소비에트연방을 계승하는 것으로 간주되었던 러시아연방, 그리고 독자적인 권리로 이미 유엔 회원국이었던 벨라루스와 우크라이나를 제외한 모든 신생공화국은 유엔 회원 가입신청을 해야만 하였다). 만일 한 회원국으로부터 분리하여 신생국과 같은 국가 실체가 성립된다면 마찬가지로 회원자격을 신청하여야 한다.

제 5 장

국가활동의 공간적 범위

5.1 개 관

세계공동체의 일차적 법 주체인 국가가 수행하는 대부분의 활동은 지리적 영역 안에서 이루어진다. 영토란 단순히 국가성립 자체(영토가 아무리 작더라도 영토에 기반하지 않는 국가는 생각할 수 없다)에만 불가결한 것이 아니다. 영토는 국가의 주된 활동이 전개되는 범위가 되기도 한다.

전통국제법상 국가활동의 물리적 범위는 아주 간단하게 규율되었다. 육지, 바다의 일부분 및 하늘은 각각 개별 국가의 주권적 권위가 미치는 지역으로 분할되었다. 주권국가간의 지역분할을 규율하는 일반원칙도 비교적 단순하였다. 첫째, 영토를 점유하고 이를 실제로 지배하는 국가가 법적 권원(權原)을 획득하였다. 둘째, 어느 누구에게도 귀속되지 않는 지역[즉, *무주지*(*terrae nullius*)]의 경우 더 이상 '선착순' 원칙에 기초한 단순 발견만으로는 충분하지 않게 되었다. 그리하여 1884~1885년 기간 중에 개최된 베를린 콩고회의 이후, 실제적인 주권의 표시 및 이러한 권위를 행사할 의도가 필요하게 되었다. 이러한 기본원칙에 따라 전체 지구의 육지는 여러 주권국가의 지배에 들어갔다. 육지 이외에도 육지 주변 바다의 작은 부분인 영해 또한 국가주권의 구속을 받게 되었다. '각 영토 위에서 별까지의(*usque ad sidera*)' 하늘은 영토국 주권의 구속을 받는 것으로 인식되었다. 물론 국가는 자국의 육지 상공에 있는 공역(空域)에 대해 실제적 지배권(*de facto* control)을 행사할 어떠한 수단도 갖지 못하였기 때문에 이런 요건은 성격상 이론에 불과하였다.

분명히 세계공동체 구성원들이 이런 식으로 공간을 배분한 것은 극단적 개인주의와 자유방임적 태도의 영향을 받았기 때문이었다. 즉, 육지 영역의 일부분을 취득하고 이를 실효적으로 지배할 물리적 수단을 가진 모든 국가는 여기에 대한 주권적 권리를 정당하게 주장하였다. 결과적으로 국가가 군사적 그리고 경제적으로 강할수록 더 큰 영역을 취득할 기회는 훨씬 많았다.

이런 분할에 대한 유일한 예외는 공해(公海)인데, 이는 17세기 이래로 모든 사람에 속하는 것, 즉 인류공유물(*res communis omnium*) 원칙이 지배하였다. 다시 말해서, 모든 국가는 공해상에서 다른 국가의 자유이용을 해하지 않는 한 자유로이 항행하고 자원을 사용할 수 있었다.

그러나 공해가 '공유물'로 인식되었다고 해서 이러한 법적 체제가 연대의식에서 생겼다고 여겨서는 안된다. 만일, 한 국가나 국가집단이 이 지역 또는 이 지역의 상당 부분을 이용할 배타적인 권리를 주장하고 강제하기에 충분히 강한 힘이 있었다면 국제공동체의 다른 구성원이 이에 대해 접근하는 것을 주저하지 않고 막았을 것이다. 더욱이 *공유물(res communis)* 개념은 모든 국가가 자신의 목적과 이익을 위해 특정 물건을 사용해도 된다는 것을 의미한다. 따라서 이것은 공동체 지향적 개념이 아니고 자기이익에 맞춘 것이다.

제2차 세계대전 이후 새로운 기술 및 연구로 인해 국가 연안을 넘어선 해저 및 대륙붕에 중요한 자원이 매장되어 있다는 사실이 알려졌다. 이에 더하여 해상운송 기술의 발달로 공해상 어족자원의 개발이 가능해졌으며 해저에서 광물자원의 발견도 기대되었다. 이제 세계공동체는 다음 두 가지 방안 중 하나를 선택해야 할 상황에 직면하였다. 첫째, 개인주의적 자유경쟁의 원칙에 따라 모든 국가에게 힘이 미치는 범위 내에서 자유로이 자원을 전용하거나 최소한 배타적으로 개발하도록 허용할지의 여부, 둘째, 공동체 지향 원칙에 따라 각국 영해의 범위를 벗어나는 자원은 공동개발 · 소유하며, 선진국 및 강대국이 이를 이용할 경우 최소한 개발도상국의 요구도 고려해서 활동하도록 할 것인지의 여부였다. 국가들은 즉각적으로 첫 번째 방안을 선택하였다. 이리하여 해양법의 전반적인 발전은 국가주권, 민족주의 그리고 자유방임적 태도에 좌우되었다. 새로운 자원에 대한 경제적 · 과학적 또는 군사적 지배의 쟁탈전에서 거의 모든 새로운 개념은 자기 이익에 고무되고 경쟁에 맞춰졌다. 이런 상황에서 개발도상국이 새로운 개념을 채택하는데 성공한 유일한 분야는 국가관할권의 경계를 넘어선 해저 및 하층토였다. 이러한 지역에 대하여 이들은 '인류공동유산'이라는 개념을 마련하였으며, 이 지역의 광물은 빈곤국의 요구사항을 고려하여 개발되어야 한다는 의견을 제시하였다. 뒤에서(5.4) 언급하겠지만, 이 개념은 무용지물이 되었거나 대부분 그 의미가 약화되었다.

이와 같이 해양법의 전 영역에서 민족주의적 · 자기중심적 사고로 인해서 공동체이익 및 연대감이나 자원의 공동개발이라는 개념이 배제되었다. 뒤에서(5.6) 언급하겠지만, 항공기가 보통 이용하는 공역인 대기권 상공 하늘의 일부분인 우주에 대한 법적 규율에 있어서는 몇 가지 변화가 있었다. 다만 우주의 경계 구분은 한번도 이루어지지 않았다(관례적으로 대략 90~100마일을 넘어서는 것으로 보고 있다. 5.6 참조). 우주에 관한 입법이 상대적으로나마 이렇게 진전한 것은 아마도 현대의 기술 수준이 우주에 대해서 각국의 주권중심적 사고를 견지할 만큼 발전하지 못하였기 때문일 것이다.

5.2 영 토

영토(territory)란 국가의 주권적 권위가 미치는 일정 부분의 토지이다. 현재 주권국가의 지배하에 있지 않은 영토란 존재하지 않는다[남극지역에 있어 발견, 상징적 병합 또는 '선형(扇形)원칙'(sector principle)이라는 연속성이론(doctrine of continuity)에 근거하여 몇몇 인접국 및 여타 국가—아르헨티나, 오스트레일리아, 칠레, 프랑스, 뉴질랜드, 노르웨이 및 영국—가 영토적 주권을 주장하였으나, 예외적으로 조약에 의해 정지된 바 있다]. 결과적으로 오늘날 영토와 주권의 관계는 절대적이다. 1928년 *Island of Palmas* 사건을 담당한 Max Huber는 그의 유명한 중재판정에서 "지구 표면의 일정 부분에 대한 주권이야말로 어느 특정 국가가 이 부분을 자국의 영토로 편입시키는 데 필요한 법적 요건이다"(p.838)라고 판시하였다.

국가는 자신의 영토상에서 주권에 내재된 모든 권한을 행사할 수 있다(3.2.2 참조). 이런 권한이 제한받는 경우에 대해서는 후에(제6장) 간단히 언급할 것이다.

5.2.1 영토 취득

전통적으로 영토 취득의 주요 형태는 다음과 같았다. ① 누구에게도 귀속되지 않는 토지의 선점(위에서 언급한 바와 같이, 선점은 실효적이어야 하고 해당 영토에 대한 영유의사가 수반되어야 한다), ② 조약상 할양(cession)으로서 영토의 실효적이고 평온한 양도가 뒤따름, ③ 정복(군사적 폭력이 수반되는 점유), 그리고 ④ 첨부(예를 들어, 강어귀에서 새로이 생성된 섬 또는 하천 흐름이 바뀌어 형성된 마른땅과 같이 기존 토지 근처에서 새로운 토지가 형성되는 물리적 과정. 새로운 토지는 보통 토지가 형성되는 영토에 대한 국가주권에 귀속됨).

현재 첫 번째 형태는 앞에서 제시된 이유로 그 중요성을 잃었고, 세 번째 형태는 '무력의 위협 또는 사용에 따른 영토 취득은 적법한 것으로 인정되지 않기'(국제법의 새로운 원칙을 성문화한 1970년 유엔 우호관계 선언) 때문에 더 이상 허용되지 않는다(3.4(5) 참조).

5.2.2 국경선 획정: *Uti Possidetis* 이론

19세기 초 미주의 스페인어권 지역에서는 다양한 스페인의 구 식민지가 독립함에 따라 국경선 획정과 관련하여 종전의 식민지 경계선을 따르는("법적으로 점유하는 영토에 대해 주권이 미친다": *uti possidetis jure*) 관행이 발달하였다. 영토에 대한 끝없는 청구권 주장 및 의견충돌을 회피할 목적으로 형성된 이러한 합리적인 관행은 다수의 양자조약 및 새로 독립한 일부 중남미 국가의 국내헌법에서 명문화되었다. 이런 관행이 국제법상 지역적으로 적용되는 관습규칙으로 변형되었는지, 아니면 구속력이 없는 단순 관행으로 남아 있었는지, 또는 두 명의 중남미지역 출신 ICJ 판사(Armand-Ugon, Moreno Quintana)가 1959년 *Sovereignty over Certain Frontier Land* 사건에서 판시하였듯이(p.240, p.255) 오히려 법의 일반원칙으로 굳어졌는지는 분명하지 않다.

1950년대에 시작되어 1963년까지 계속된 아프리카 지역의 탈식민지화 물결은 신생독립국의 국경에 대해 중요한 문제를 야기하였다. 국경선이 유엔 구도 내에서 예외적으로 합의되는 경우를 제외하고는 일반적으로 독립 당시 존재하던 식민지 국경선을 수용하는 경향이 있었다. 이러한 관행은 다양한 유엔 결의 및

OAU(Organization for African Unity)의 중요 결의(1946년 OAU 국가원수 및 정부수반회의 결의 제16호)에서 확인되었다. ICJ 소재판부(Chamber)는 1986년 *Case Concerning the Frontier Dispute* 사건에서 *uti possidetis* 이론은 "일반원칙으로서 그 논리상 독립이 발생하는 장소에 관계 없이 독립 획득 현상과 연결된다. 이것의 명백한 목적은 식민지 통치세력이 철수한 이후 국경선 충돌로 촉발된 동족상잔의 투쟁으로 신생국의 독립 및 안정이 위협받지 않도록 예방하는데 있다"(제20항; 또한 1992년 *Land, Island and Maritime Frontier Dispute* 사건 판결 제40항-제43항 참조)라고 판시하였다.

유고회의(Conference on Yugoslavia)에 의해 수립된 중재위원회는 1992년 크로아티아 및 보스니아-헤르체고비나에 관한 의견 제2호에서 이 이론을 지역적 차원에 국한하지 않고 보편적 차원의 의미를 갖는 것으로 적용하였다. '유고슬라비아를 구성하는 민족의 하나인 크로아티아와 보스니아-헤르체고비나에 거주하는 세르비아 주민이 자기결정권을 갖는지' 여부를 판단해 달라고 요청받은 중재위원회는 "상황에 관계 없이 자기결정권은 해당 국가가 달리 합의하는 경우를 제외하고는 독립 당시 존재하는 국경선(*uti possidetis juris*)의 변경과 결부될 수 없다"고 판정하였다(3 *EJIL*(1992), pp.183-184).

5.3 바 다

바다는 최근 상이한 법적 지위와 상이한 국가의 권리 및 권한을 갖는 부분 또는 지역으로 점차 *분리되었다.* 이런 전반적인 문제는 1958년 해양법협약을 대부분 대체한 1982년 해양법협약(1994년 발효)에 의해 규율되고 있다.

5.3.1 영해(領海)

국가의 영해(territorial sea)는 국가의 영토 주변 수역 및 만, 해협을 포함하는 수역이다. 영해의 범위는 오랫동안 대규모 분쟁의 대상이었다. 과거에 이 수역의 범위는 해상포의 유효사거리, 즉 3해리와 동일하다는 이론이 지지를 받았다. 그러나 더욱 강력한 대포가 개발되면서 많은 국가는 더 넓은 영역을 주장하였다.

현재 이 문제는 1982년 해양법협약에 의해 해결되었는데, 이 협약 제3조는 국가가 기선(基線)으로부터 12해리를 초과하지 않는 한계까지 자국의 영해 폭을 정할 권리를 갖는다고 규정하고 있다.

*영해의 범위를 어디에서부터 측정*하는지의 문제, 즉 기선설정 방법에 대해서는 종전에 논란이 있었다. 이것은 현재 관습규칙을 반영하는 해양법협약 제5조에서 규율하고 있다. 이 규정에 의하면 "영해의 범위를 측정하는 통상기선(normal baseline)은 연안국이 공식적으로 인정하는 대축척지도에 표시된 해안선상의 저조선(低潮線)이다." 그러나 이러한 '저조선'(low-water line)의 일반원칙은 해안선의 굴곡이 심하거나 해안을 따라 지근거리에 일련의 섬이 산재해 있는 국가의 경우에는 적용되지 않는다. 이런 국가에 대해서 해양법협약 제7조 제1항은 부분적으로 관습국제법을 유지 또는 발전시키면서 "영해의 폭을 측정하는 기선을 설정함에 있어 적절한 지점을 연결하는 직선기선 방법이 사용될 수 있다"라고 규정하고 있다. 이 규정은 다음과 같은 직선기선 설정에 대한 일반기준을 규정하고 있다. 즉, ① '해안의 일반적 방향과 현저하게 벗어나지 않을 것', ② '기선 내에 포함되는 수역은 내수제도(5.3.2)가 적용되는 육지와 충분할 정도로 밀접히 연계될 것', ③ '해당 지역의 고유한 경제적 이익을 고려할 것', ④ 이 제도는 '어느 국가든지 다른 국가의 영해를 공해나 배타적 경제수역으로부터 격리시키는 방식으로 적용할 수 없다.'

영해 내에서(영해의 공역, 해저 및 하층토 포함) 연안국은 외국의 상선 및 군함(그러나 잠수함은 해수면에 부상하여 국기를 게양해야 한다)이 갖는 *무해통항권*의 제한하에 *완전한 주권*을 향유한다. 외국 선박은 자신의 항행이 '연안국의 평화와 공서양속 그리고 안전'을 해치지 않는 한 영해를 통항할 수 있다(1958년 영해 및 접속수역에 관한 협약 제14조 제4항). 물론 강대국은 항상 이러한 권리를 주장하였으며, 이러한 개념의 확대를 원하는 경향이 있다. 그래서 강대국은 특히 사전통고 또는 허가가 필요 없다고 주장한다. 반면에 약소국은 오랫동안 군함에 대해서 사전통고 및 허가가 필요하다고 주장하고 있다(현재도 40여개의 국가가 이러한 요건을 주장하고 있다).

1982년 해양법협약은 이런 상충된 요구 사이에서 비교적 만족스럽게 균형을 유지하고 있는 것으로 보인다. 만일, 예를 들어, 외국 선박이 무력 위협 또는 사용, 간첩행위, 선전행위, 통관, 재정(財政), 출입국관리 또는 위생에 관한 규칙의 위반, 연안국 통신체계에 대한 방해행위, 고의적인 심각한 오염행위 등에 연관되지 않는 한, 그리고 특히 운송, 어업 및 항해 분야 등 연안국이 제정한 법령을 준수하는 한 외국 선박의 통항은 '*무해*'하다. 그러나 만일 외국 어선이 연안국의 영해상에서 어업 관련 법령을 위반한다면 항행은 '무해'한 것이라 할 수 없다.

연안국이 통항의 '무해성' 여부를 배타적으로 판단할 수 있는지는 그다지 분명하지 않다. 1949년 *Corfu Channel* 사건(pp.30-31)에서 ICJ는 무해성 여부에 대한 평가가 객관적으로 이루어질 수 있으며 연안국의 의견이 결정적인 것은 아니라고 판시하였다(예를 들어, 외국 선박이 현지법을 위반하였다는 사실 그 자체로 연안국이 손해를 입었다는 것을 증명하기에 충분치 않다).

더욱이 연안국은 영해 내에 정박 중인 선박에서 발생한 범죄에 대해 1982년 해양법협약 제27조 제1항에 예시된 상황 이외에는 형사관할권을 행사할 수 없다.

5.3.2 내수(內水)

영해와 달리 내수(internal waters; 하천, 호수 및 기선 안쪽의 수역임)에는 국가의 완전하고도 배타적인 주권이 적용된다. 따라서 어느 한 국가의 해안선을 따라 존재하는 내수에 대해서 무해통항권이 다른 국가에게 생기지 않는다. 외국 선박은 연안국이 입항에 동의하고 연안국이 부과할 수 있는 규제조치에 따를 것을 조건으로 이 수역에 들어갈 수 있다. 연안국의 무제한적 권리에 대한 예외는 다음과 같다. 즉, ① 외국 선박이 조난당한 경우 및 ② '제7조에 규정된 방법에 따른 직선기선 설정으로 종전에 내수가 아니었던 수역이 새로이 내수로 편입되는 효과가 발생'하는 경우(1982년 해양법협약 제8조 제2항)이다. ②의 경우 외국 선박은 무해통항권을 향유하게 된다.

내수에 입항이 허용된 외국 선박은 연안국 법령의 적용을 받는다. 하지만 연안국 항구에 정박 중인 외국 선박의 선상에서 발생한 범죄는 연안국의 통관법령을 침해하거나, 항구의 평화를 교란하거나 외국 선박의 선장이 연안국의 집행당국에게 개입을 요청하지 않는 한, 보통 기국(旗國)의 형사관할권이 적용된다. 외국의 항구에서 발생한 사건이나 범죄에 대해서는 그 연안국의 관할권이 적용된다.

5.3.3 만(灣)

1982년 해양법협약 제10조 제2항은 만(bays)을 다음과 같이 정의하고 있는데, 이로 인하여 만을 갖는 국가는 특별한 문제를 제기할 수 있다.

> "그 들어간 정도가 입구의 폭에 비하여 현저하여 육지로 둘러싸인 수역을 형성하고, 해안의 단순한 굴곡 이상으로서 움푹 들어간 자리가 뚜렷이 드러난 만입(灣入)을 말한다. 그러나 만입 면적이 만입의 입구를 가로질러 연결한 선을 지름으로 하는 반원의 넓이에 미치지 못하는 경우, 그러한 만입은 만으로 간주되지 아니한다."

이러한 만에 대해 해양법협약 제10조 제4항 및 제5항에 따라 만의 자연적 만입의 저조(低潮)지점 간의 거리가 24해리를 초과하지 않는 경우 "폐쇄선을 두 저조지점 간에 그을 수 있으며, 이 안에 포함된 수역은 내수로 본다." 만일 만의 입구가 24해리를 초과하는 경우 "24해리 기선으로서 가능한 한 최대의 수역을 포함할 수 있도록 만 안쪽에 24해리 직선기선을 그어야 한다."

특별한 문제는 만의 해안선에 다수 국가가 인접하고 있을 경우 발생한다. ICJ의 *Land, Island and Maritime Frontier Dispute* 사건 판결에 따르면 이 같은 경우 해안이 다수 국가에 속하지만 폐쇄선(closing line)을 그을 수 있는 '복수국 만'(pluri-State bays)이 존재할 수 있다(p.351, 제395항).

'*역사적 만*'이란 연안국의 일관된 법적 권리주장에 대해 다른 국가가 반대하지 않거나, 때로는 이를 묵인한 것을 근거로 하는 관습법적 권원에 따라 연안국이 자기 내수의 일부로 주장하여 주권이 미치는 만입 부분이다. ICJ는 1951년 *Norwegian Fisheries* 사건(p.130) 및 1992년 *Land, Island and Maritime Frontier Dispute* 사건(pp.601-602) 판결에서 이 개념을 지지하였다. 이 개념이 분명한데도 [1917년 중미사법재판소는 *El Salvador v. Nicaragua* 사건(pp.674-730)에서 엘살바도르, 온두라스 및 니카라과에 걸쳐 있는 폰세카 만은 역사적 만이라고 판시하였다], 이러한 만에 대한 일부 연안국의 주장은 현재까지 해결되지 못하고 있다. 그 예로써 캐나다의 허드슨 만에 대한 청구,[1] 리비아의 300마일 범위의 시르테(시드라) 해협에 대한 권리

1) 1957년 캐나다측 발언 참조(Canada, *House of Commons Debates*, 1957-1958, 14 November 1957, p.1163). 또한 4 *CYIL*(1966), p.282 및 12 *CYIL*(1974), p.278 각각 참조.

주장[2] 등을 들 수 있다. 국가가 권리주장을 하고 있는 다른 만은 그랑빌 만[3](프랑스의 노르망디와 브리타니 사이), 샤크 만[4](오스트레일리아), 방콕 만[5](태국)이다.

5.3.4 접속수역

접속수역(contiguous zone)은 영해를 넘어 기선으로부터 24해리까지 확장될 수 있다. 이 수역에 대해서 국가들이 합의하였고, 이에 따라 연안국은 영해에서 죄를 범한 자가 단순히 공해상으로 이동해서 연안국 당국의 체포를 피하지 못하도록 예방할 수 있다. 연안국은 자신의 영토나 영해상에서 범한 통관, 재정, 출입국 관리 또는 위생 관련 규칙의 위반행위를 이 수역에서 방지하고 처벌할 수 있다(1982년 해양법협약 제33조). 이러한 연안국의 권리는 연안국이 금지행위와 연관되어 있다는 의심을 받는 선박의 영해 입항을 예방하고, 영해에서 이미 범죄를 저지른 선박을 나포할 수 있다는 것을 의미한다.

5.3.5 배타적 경제수역

배타적 경제수역(EEZ) 제도는 최근에 다수 국가의 해안 주변에서 중요한 어족자원 및 광물자원이 발견됨에 따라 점차 수립되었다. 이 수역은 영해 너머 인접수역으로서 영해의 폭 측정기준이 되는 기선으로부터 200해리까지 확장될 수 있다. 이 수역에서 연안국은 *몇 가지 특정 사안으로서 생물, 비생물 천연자원*의 탐사·개발·보전 및 관리를 위해서만 주권적 권리를 향유한다. 또한 연안국은 인공섬, 시설물 및 구조물, 해양과학조사와 해양환경의 보호 및 보전에 대한 '관할권'을 갖는다. 이 수역에 대한 연안국의 권리로 인해 연안국은 해당 수역에 대해 광범위한 법령 제정권을 갖는다. 1982년 해양법협약 제62조 제4항에 따르면

---

2) 1973년 리비아측의 발언 참조(UN Legislative Series, *National Legislation and Treaties Relating to the Law of the Sea*, ST/LEG/SER.B/18, pp.26-27).

3) 1928년 프랑스의 각서 참조(1929년 국제연맹 문서 C.74.M.39.1929.V, pp.159-160에 수록).

4) 1967년 오스트레일리아 정부의 발언 참조(UN Legislative Series, *National Legislation and Treaties Relating to the Law of the Sea*, ST/LEG/SER.B/15, p.46).

5) 1959년 태국 정부의 발언 참조(UN Legislative Series, *National Legislation and Treaties Relating to the Law of the Sea*, ST/LEG/SER.B/16, p.34).

연안국은 다음과 같은 광범위한 문제에 대해서 법령을 제정할 수 있지만, 배타적 경제수역에 관한 협약규정에 합치하여야 한다. 즉, ① 어부 · 어선 · 장비 및 입어료에 대한 허가, ② 어획 가능한 어족의 결정 및 어획 할당량의 설정, ③ 어로기, 어로수역, 어구의 종류 · 크기 · 수량의 규율, ④ 어획 가능한 어류와 다른 어종의 연령 및 크기의 결정, ⑤ 연안국의 허가 및 통제하에 특정한 어업조사계획의 실시 요구 및 이의 규율, ⑥ 집행절차 등이다. 이와 관련하여 주목할 만한 점은 1986년 프랑스-캐나다 중재재판소가 *Franco-Canadian Fisheries Arbitration* 사건(pp.713-786)에서 배타적 경제수역에서 수산물 가공업에 관여된 선박은 연안국 관할권의 대상이 되지 않는다고 판단한 것이다. 이것은 수산물 가공업이 연안국가가 관할권을 갖는 대상의 범주에 포함되지 않았기 때문이었다.

연안국은 광범위한 집행권도 갖는다. 1982년 해양법협약 제73조 제1항에 따라 연안국은 "이 협약과 일치하여 채택한 자국의 법령이 준수되도록 하기 위하여 승선 · 검색 · 나포 및 사법절차를 포함하여 필요한 조치를 취할 수 있다." 1997년 기니는 자국의 경제수역에서 세인트빈센트 그레나딘 소속 선박인 Saiga호가 다른 어선에 유류를 공급하면서 관세 납부를 회피하였기 때문에 그 선박을 나포할 권리가 있다고 주장하였다. 국제해양법재판소는 *The M/V 'Saiga'*(No. 2) 사건에서 심판의 대상이 되고 있는 수역에서 "연안국은 인공도서, 시설물 및 구조물에 대해 관세법령을 적용할 관할권을 갖는다(제60조 제2항). 그러나 재판소의 견해로는 협약상 연안국은 배타적 경제수역의 다른 부분에 대해서 자신의 관세법을 적용할 권한을 갖지 않는다(제127항)"고 판시하였다. 따라서 재판소는 기니가 협약을 위반하였다고 판시하였다. 재판소는 또한 기니가 Saiga호를 정선 및 나포할 때 무력을 과도하게 사용하였다고 판시하였다. 재판소의 견해는 다음과 같다.

> "비록 협약에서 선박을 나포할 때 사용하는 무력에 관하여 명시적인 규정을 두고 있지 않지만, 협약 제293조에 따라 적용되는 국제법에 의하면 가급적 무력 사용을 피해야 하고, 무력사용이 불가피해도 상황에 비추어 합리적이고 필요한 범위를 초과할 수 없다. 국제법의 다른 분야와 마찬가지로 해양법에서도 인도주의가 고려되어야 한다"(제155항).

이후 재판소는 다음과 같이 판시하였다.

"바다에서 선박을 정선시킬 때 사용하는 일반적 관행은 국제적으로 인정된 신호를 사용해서 먼저 청각적 · 시각적 정선신호를 보내는 것이다. 이것이 성공하지 못할 경우 선박의 선수(船首)를 가로질러 포격을 가하는 것을 포함하여 다양한 조치를 취할 수 있다. 적절한 조치가 실패한 이후에야 비로소 추격선은 최후의 수단으로써 무력을 사용할 수 있다. 그러나 그때조차도 해당 선박에 대해 적절히 경고해야 하며 생명이 위협받지 않도록 모든 노력을 기울여야 한다"(제156항).

이 수역에서 연안국은 여타 국가의 항행권, 상공 비행권 및 전선 · 관선(pipelines) 부설권 행사를 금지할 수 없다.

5.3.6 대륙붕

1930년대에 다수 국가 연안의 해저 및 하층토에서 석유 및 가스가 발견되자 미국을 선두로(1945년 트루먼 선언[6]) 다수의 연안국가들은 종전에 공해의 일부분으로 모든 국가가 자유롭게 사용할 수 있었던 해역에 대하여 배타적인 개발권을 주장하기에 이르렀다. 그리하여 불과 몇 년 사이에 관습규칙이 발전되고 1958년 대륙붕에 관한 제네바협약에서 최초로 성문화되었으며, 이것은 1982년 해양법협약에서 재확인되었다.

지금까지 논의했던 영역이 해수 및 해수내 자원에 관한 것이라면, 대륙붕(continental shelf)은 물에 잠긴 육지부분이다. 대륙붕은 연안국 육지 영토로부터 심해저에 이르기 직전까지의 수역에서 육지의 자연적 연장이다. 보통 대륙붕은 수심이 150미터와 200미터 사이로 비교적 얕다. 대륙붕의 길이는 해안의 지질적 특성에 달려 있다. 예를 들어 미국 서부해안 근해에서 대륙붕의 길이는 5마일을 넘지 않는 반면, 여타 국가의 경우 매우 넓다. 1982년 해양법협약 제76조 제1항상 대륙붕의 외측한계는 다음과 같이 설정된다.

"연안국의 대륙붕은 영해 밖으로 영토의 자연적 연장에 따라 대륙변계의 바깥끝까지, 또는 대륙변계의 바깥 끝이 200해리에 미치지 아니하는 경우, 영해기선으로

6) 1945년 9월 28일자 대통령 선언 제2667호의 원문은 http://www.oceanlaw.net/texts/truman1.htm 참조.

부터 200해리까지인 해저지역의 해저와 하층토로 이루어진다."

연안국은 몇 가지 특정 활동에 *한정된* 주권적 권리로서 대륙붕에 있는 천연자원(특히 석유 및 어업자원)의 이용권과 개발권을 갖는다. *North Sea Continental Shelf* 사건에서 ICJ는 다음과 같이 언급하고 있다.

> "[대륙붕에 대한] 연안국의 권리는 육지에 대한 주권에 의해, 그리고 이의 연장으로서 해저탐사 및 천연자원 개발을 위한 주권을 행사함에 있어서 … *당연히 그리고 시원적으로*(*ipso facto and ab initio*) 존재한다. 간단히 말해서 여기에는 고유한 권리(inherent right)가 존재한다"(제19항).

또한 1982년 해양법협약 제80조에 따라 연안국은 대륙붕 탐사를 위해 구조물을 설치하고 유지할 수 있으며, 이 구조물 주변에 지름 500미터 한도의 안전수역을 설정할 수 있다. 이러한 권리는 대륙붕과 그 자원에 대해서만 관련성을 갖는다. 다시 말해서, 1982년 해양법협약 제78조에 따라 상부수역의 지위는 동 수역이 접속수역 바깥쪽 공해의 일부분일 경우 이 수역 상공의 공역(空域)과 마찬가지로 아무런 영향도 받지 않는다.

대향국(對向國) 또는 인접국가간의 대륙붕 *경계획정*의 문제는 많은 분쟁을 야기하였다. 1958년의 대륙붕에 관한 협약 제6조에 따라 관련 국가간에 합의가 없는 경우, 그 경계는 '각국의 영해 폭을 측정하는 기선의 가장 가까운 지점으로부터 등거리선 원칙을 적용'하여 결정되어야 한다. 그러나 등거리선 원칙은 ICJ에 제소된 *North Sea Continental Shelf* 사건(한 쪽 당사자는 독일, 다른 쪽 당사자는 네덜란드와 덴마크)에서와 같이 형평하지 않은 결과를 초래할 수 있었다. ICJ는 해당 원칙이 관습법으로 확립되지 않았다고 판시하였다. ICJ의 견해에 따르면 관련 일반규칙은 '형평원칙에 따른 합의'에 의하여 경계를 획정해야 한다는 것이다(p.53). 이러한 견해는 ICJ에 의해 *Tunisia v. Libya Continental Shelf* 사건(p.18 이하 참조), *Gulf of Maine* 사건(p.246 이하 참조), *Libya v. Malta Continental Shelf* 사건(p.13 이하 참조) 및 *Jan Mayen*(*Denmark v. Norway*) 사건(p.37 이하 참조)에서 각각 반복되었다.

5.3.7 공해(公海)

공해(high sea)는 접속수역 바깥쪽에 있고 위에서 언급한 배타적 경제수역에 관한 사항의 제한을 받지 않는 수역이다. 공해는 모든 국가가 이용할 수 있는 인류공유물(*res communis omnium*)로서 모든 국가에 개방되어 있다. 각국은 (국제규칙이 허용하는 한) 항해 및 상공 비행, 해저전선 및 관선 부설, 어업, 과학조사, 인공도서 및 여타 구조물 설치의 자유를 누린다.

각 국가는 자국의 선박에 대해 배타적 관할권을 갖는다. 1982년 해양법협약 제110조로 성문화된 관습국제법상 국가는 집행권한을 부여받은 자국의 군함 또는 공용선박(예를 들어 해양경비선)을 통해 다음과 같은 경우에 예외적으로 외국 선박에 대해 배타적 관할권을 행사할 수 있다.

1) 국가는 외국 상선의 국적 확인 또는 이 선박이 ① 해적행위, ② 노예무역, ③ 무허가 방송 등에 관여되었는지 여부, ④ 이 선박이 무국적선인지 여부,[7] ⑤ 외국 국기를 게양하거나 자국 국기의 게양을 거부하고 있지만, 해당 선박이 사실상 군함과 동일한 국적을 갖는지 여부를 밝혀 내기 위해 해당 선박에 *접근, 승선 및 임검*(臨劍)할 수 있다. 그러나 이 선박이 하고 있는 활동의 성격이나 이 선박의 국적에 대한 혐의가 근거 없는 것으로 드러난 경우, 그리고 '피승선 선박이 이런 혐의를 뒷받침하는 어떠한 행위도 범하지 않은 경우', 승선 및 임검을 실시한 국가는 외국 선박이 '입었을 모든 손실 및 손해에 대하여' 금전배상해야 한다(해양법협약 제110조 제3항).

2) 국가는 해적행위나 노예무역에 종사하는 모든 선박(상선 또는 더 이상 기국(flag State)의 지배하에 있지 않게 된 군함)을 *정선 · 나포*할 수 있으며 관련자를 법정에 세울 수 있다.

---

7) 이것과 관련하여 이탈리아 법원이 2001년 *Pamuk and others* 사건에서 내린 판결을 언급할 만하다. 이탈리아 세관공무원들은 공해상에서 불법이민자를 수송하던 무국적 선박을 나포하였는데, 이들 불법이민자는 공해상에서 이탈리아 연안으로 향하는 다른 선박에 인계되어 나중에 이탈리아 영해에 입항했다. 해당 법원은 그 선박에 대한 공해상 나포 및 임검이 1982년 해양법협약 제110조와 일치하기 때문에 적법하다고 판시하였다. 즉, 무국적선 및 이에 의한 불법이민자를 다른 선박으로 인계하는 것을 이탈리아 항공기와 헬리콥터가 감시했었다. 이탈리아 세관당국이 불법행위인 외국인의 자국내 불법이민에 대해 의심을 갖는 것은 정당했다는 것이다(pp.1156-1157).

3) 국가는 자국의 내수, 영해 또는 접속수역에서 자국 법령 또는 배타적 경제수역이나 대륙붕에 관한 법령을 위반한 혐의가 있는 선박을 *추적하고 나포*할 수 있다. 이런 '추적'권(해양법협약 제111조에 따름)은 이러한 수역 중 한 군데에서 시작되어야 하며 공해상에서 행사될 수 있다. 그리고 추적권은 연속적이어야 하며, 추적당하는 선박이 자국 또는 제3국의 영해에 도달하는 순간 정지하여야 한다 [*The M/V 'Saiga'(No. 2)* 사건에서 국제해양법재판소는 협약 제111조에서 설정하고 있는 다양한 추적권 행사요건은 "누적적인 것으로, 해당 추적이 협약상 정당하려면 각각의 요건을 충족해야 한다"고 판시함(제146항)].

위에서 언급한 경우 이외에 국가는 공해상에서 다른 국가의 국기를 게양하고 있는 선박을 나포할 수 없다. 더욱이 국가는 해상에서 법을 집행함에 있어 '상황에 비추어 합리적이고 필요하며'(*The M/V 'Saiga'(No. 2)* 사건, 제155항) *The M/V 'Saiga'(No. 2)* 사건에서 재판소가 설득력 있게 설정한 실무절차가 적용되는 한도의 무력만 사용할 수 있다(5.3.5 참조).

공해에 대한 법체계의 중요성을 보여 주는 최근의 사례로 캐나다 당국에 의한 스페인 선박의 차단조치와 관련한 스페인-캐나다 간의 분쟁을 들 수 있다. 1995년 3월 5일 캐나다 공용선박은 공해상(캐나다 해안으로부터 약 245마일 지점)에서 스페인 어선인 Estai호를 차단하고 승선을 실시하였다. 해당 선박은 나포되고 선장은 캐나다 연안어업보호법(Canadian Coastal Fisheries Protection Act) 및 시행법령 위반 혐의로 체포되었다. 특히 스페인 사람들은 그린란드 넙치에 대한 불법조업 혐의를 받았다. 해당 선박의 어획량 일부분이 몰수되고 선원은 즉시 석방되었다. 그리고 선장은 보석금 지불후 석방되었고 선박은 지불보증채권 발행후 풀려났다. Estai호에 대해 승선이 실시되던 날 스페인은 캐나다에 대해 '국제법의 심각한 위반'을 항의하는 내용으로 두 개의 각서를 송부하였다(*ICJ Reports* 1998, p.443). 3월 10일 스페인은 또 다른 각서를 보내면서 캐나다가 '1982년 유엔해양법협약 제92조 및 이와 동일한 취지의 여타 조항으로 성문화되었고 보편적으로 인정되는 관습국제법규칙'을 위반하였다고 주장하였다(*ibid*). 같은 날 유럽공동체 및 회원국도 캐나다에 각서를 보내 특히 다음 사항을 언급하였다.

"국제수역에서 자국기를 게양하여 관할권을 행사할 수 있는 선박의 기국이 아닌 국가가 그 선박을 나포하는 행위는 NAFO(Northwest Atlantic Fisheries Organization) 협약상 위법행위이며, 어떠한 수단에 의해서도 정당화될 수 없다. 캐나다의 조치는 국제법을 심각하게 위반할 뿐만 아니라 책임 있는 국가의 정상적인 행동기준을 지키지 못하고 있다. … 이러한 심각한 국제법 위반은 수산자원 보존 문제를 넘어서는 것이다. 왜냐하면 나포행위는 EC 회원국의 주권을 위반하는 불법행위이기 때문이다. 더욱이 캐나다 선박의 행위는 선원의 생명 및 해당 스페인 선박의 안전을 위태롭게 한 것이 명백하였다. 그리하여 EC 및 그 회원국은 캐나다에 대해서 해당 선박의 즉각적인 석방, 발생한 피해의 치유, EC 회원국의 국기를 게양하는 선박에 대한 위협의 중지 및 단념, 캐나다의 이런 일방적 조치를 야기한 법령의 즉시 철폐를 요구하였다" (*ibid.*, p.444, 제21항; 71 *BYIL*(2000), pp.602-603 참조).

캐나다는 이에 대해 "Estai호의 나포행위가 스페인 어부에 의한 그린란드 넙치의 남획을 중단시키기 위하여 필요하였다"고 응수하였다(*ibid.*, p.443, 제20항). 같은 해 4월 Estai호 및 선원에 대한 소송절차가 캐나다 검찰총장의 명령으로 중지되었다. 이에 따라 지불보증채권은 무효화되었고 보석금은 이자와 함께 상환되었다. 그리고 어획량 중 몰수된 부분은 반환되었다. 그렇지만 스페인은 이런 사안을 ICJ에 회부하여 캐나다의 해당 법령이 스페인에 대해 대항력을 갖지 못하며, 캐나다가 국제법을 위반하였으므로 피해회복조치를 할 것과 향후 국제법을 위반하지 않도록 판단해 달라고 요청하였다. 그러나 재판소는 1998년 해당 분쟁이 1994년 캐나다가 재판소의 관할권 수락선언시 재판소관할권을 유보했던 사항에 해당하기 때문에 그 분쟁에 대해서 판단할 관할권이 없다고 판시하였다[*Fisheries Jurisdiction(Spain v. Canada)* 사건, 제89항].

5.4 국제해저와 인류공동유산 개념

*국제해저*란 공해 아래의 토양과 하층토이다. 과거 국제심해저에 광물 덩어리, 특히 망간, 니켈, 구리 및 코발트가 풍부한 것으로 추정되었다. 그러나 이들 자원이 풍부하다는 점이 과장되었던 것으로 보이고, 어쨌든 개발이 실행되기까지에는 (육상 광물가격이 하락하는 상황에서 경제적으로 매력을 갖게 되기까지는) 여러 해가 지나야 할 것이다. 어쨌든 그 당시 개발도상국들은 새로운 공동체 지향적 사고에서 해저자산의 개발을 규율하여야 한다고 생각하였다. 그리하여 1967년초 몰타 대사인 Arvid Pardo는 유엔 총회에서 *인류공동유산*이라는 개념을 탄생시켰다.[8] 그는 신기술 및 해양학의 새로운 발전으로 인류가 국가관할권 밖의 해저 및

해상(海床)에 있는 '막대한 자산'으로부터 혜택을 얻게 될 것이라고 하였다. 그의 견해에 따르면 두 가지 선택방향이 있었다. 첫째는 '규모나 파급효과면에서 이전 세기의 아시아 및 아프리카 영토에 대한 식민지 쟁탈전을 능가하여 세계의 수역 및 해양 아래에 있는 토지에 대한 주권적 권리를 확보하려는 치열한 쟁탈전'을 허용하는 것이었다. 이런 안을 채택할 경우 그 결과는 '군비경쟁의 극적 증가 및 세계 긴장의 증가'일 것이다. 더욱이 "강자는 더욱 강해지고 부자는 더욱 부유해지며, 그리고 부유한 국가들 사이에서도 2~3개 국가와 그 밖의 여러 국가 간의 격차는 극복할 수 없을 정도로 확대될 것이다." 다른 두 번째 안은 해저 및 해상이 오로지 평화적 목적과 인류 전체의 이익을 위하여 개발되도록 국제법률체제를 수립하는 것이었다. 이렇게 하여 새로운 천연자원의 일반적 개발기준으로서 '인류공동유산' 개념의 윤곽이 그려졌다.

이 개념은 다음의 다섯 가지 주요 요소로 구성되었다. 즉, ① 전용권(專用權, right of appropriation)의 부존재, ② 자원을 개발함에 있어 개발도상국들을 포함하여 모두가 혜택을 볼 수 있도록 인류의 이익을 위하여 개발할 의무, ③ 오로지 평화적 목적으로만 탐사하고 개발할 의무, ④ 과학적 조사를 적절히 고려할 의무, ⑤ 환경보호의무이다.

Pardo의 생각은 대부분 1982년 해양법협약에 반영되었다. 해양법협약 제136조는 "심해저(즉 국가관할권 한계 밖의 해저, 해상 및 하층토) 및 그 지역의 자원은 인류의 공동유산이다"라고 규정하고 있다. 다른 규정은 심해저 및 그 자원의 어떠한 부분도 전용되거나 국가주권이 적용될 수 없으며, 심해저 구역(Area)은 평화적으로 이용되어야 하고, 해양과학조사는 증진되어야 하며 해양환경은 보호되어야 한다는 점을 명시하였다(제137조 및 제141조-제145조). 쟁점은 물론 이 지역의 자원을 어떻게 개발하느냐이다.

간략히 언급하면, 이와 관련하여 해양법협약은 국제해저기구(International Sea-Bed Authority)라는 기구에 대해서 규정하고 있다. 이 기구는 모든 체약당사국으로 구성된 총회, 특별한 기준에 의해 선정된 36개국으로 구성되는 이사회로 이루어져 있다. 기구의 탐사 또는 개발활동은 심해저공사(Enterprise: 심해저로부터 채취한 자원을 수송 · 가공 · 판매하는 해저기구의 기관) 또는 당사국, 국영기업, 당사국의 국

---

8) Arvid Pardo, *The Common Heritage: Selected Papers on Oceans and World Order 1967-74*(Malta: Malta University Press, 1975), p.31, p.64, p.85에서 각각 언급되고 있다.

적을 갖거나 당사국의 통제를 받는 자연인 및 법인이 수행하도록 되어 있다. 심해저공사 이외의 실체가 다양한 활동을 수행하는 경우는 해저기구로부터 생산허가를 획득한 후에만 가능하다. 실체가 허가를 신청하는 각 지역은 해당 신청자가 개발하는 지역과 공사가 개발하는 지역으로 구분된다. 해양법협약 제160조는 재정적 또는 기타 경제적 혜택의 배분방법과 관련하여 장차 총회가 결정하도록 위임한 상태이다. 해양법협약 규정은 배분이 '공평하게' 이루어질 것과 '개발도상국 및 완전한 독립 또는 자치적 지위를 획득하지 못한 인민의 이익과 요구사항'이 고려되어야 한다고 규정하고 있을 뿐이다.

선진국은 이러한 새로운 개념에 매우 반대하였다. 미국, 영국, 일본을 주축으로 하는 선진국들은 이 법제도를 다음과 같은 근거로 비판하였다. 첫째, 이 제도는 해저광물에 대한 접근을 보장하고 있지 못하며, 둘째, 다수결에 따라 조사 및 개발비용을 부담하여야 하는 선진국은 의사결정에 따라 부담해야 할 비용에 상응하는 역할을 행사하지 못하게 되었으며, 셋째, 심해저공사 및 개발도상국에 대한 선진국의 기술이전에 관한 법체제는 자유로운 시장운용에 반하여 선진국에게 불리한 결과를 야기한다는 것이다. 이러한 반대로 협약은 발효하지 못하였다.

1994년 돌파구가 마련되어 심해저에 관한 해양법협약 제11부를 개정하기 위한 협정문안이 합의되었다. 이런 개정 때문에 다수의 국가가 해양법협약을 비준하였고 1994년에 해양법협약이 발효하였다. 1994년에 채택된 협정은 다음 사항을 위주로 하고 있다. 첫째, 국제해저기구는 단계적으로 설립되어야 하며 회원국이 부담하는 비용은 최소한에 그쳐야 한다. 둘째, 국가는 심해저공사에 대한 재정지원 의무를 더 이상 부담하지 않는다. 종전에는 초기 행정비용 이외에 심해저구역의 탐사 및 개발 그리고 채취한 광물의 처리와 판매 등 비용의 50%를 충당하기 위한 목적으로 당사국은 심해저공사에 장기 · 무이자로 대부하도록 규정되어 있었다. 셋째, 이제 심해저공사에 시장원리가 적용되고 자금제공 및 운영은 비용대비 효과기준에 따른다. 넷째, 새로운 표결제도에 따라 심해저기구의 이사회는 개별 국가(특히 선진국)의 이익에 반하는 문제에 대해 더 이상 결정을 강요할 수 없게 되었다. 마지막으로, 심해저공사 또는 심해저 활동 관련 계약에 청약하는 개발도상국에 대한 기술이전 의무는 없어졌다.

그리하여 인류공동유산 개념이 포기되지는 않았지만 사실상 심해저자원이 개발도상국에 주는 주요 의미 일체는 많이 약화되어, 자원이 정말 존재한다고 가정하더라도 과연 이런 과감한 개념이 언제 어떻게 실현될 것인지 의구심이 들 정도이다.

5.5 하 늘

전통적으로 국가는 자국의 공역 전체에 대해 주권을 주장했었다. 물론 이런 주장은 기구나 항공기를 사용하기 전까지는 사실상 이론적인 것에 불과하였다. 현재 모든 국가는 자국의 영토 및 영해 상공의 공역에 대해 배타적인 주권을 향유하고 있다. 그러나 공역의 고도를 결정하는 데는 합의하지 못하였다. 1999년 영국 장관이 언급하였듯이 "영국은 공역의 상방 한계에 대해 적용할 만한 정의를 갖고 있지 않지만, 현실적인 목적으로 그 한계는 최소한 모든 항공기가 비행할 수 있는 고도라고 여긴다"(70 *BYIL*(1999), p.520).

어떠한 외국 항공기도 사전허락이나 인가 없이 영토국 공역을 통과하여 비행할 수 없고, 양자 또는 다자조약에 의해서 외국 항공기의 상공비행이 허용된다. 또한 1944년 국제민간항공에 관한 시카고협약은 제5조에서 '국제정기항공운송에 종사하지 않는' 모든 여타 체약당사자의 항공기는 체약국의 영토로 '진입비행하거나 이를 횡단하는 무착륙 통과비행'을 할 수 있으며, "하토국(下土國)의 착륙요구권에 따른다는 조건하에 사전허락을 받을 필요 없이 비운송 목적으로 착륙할 수 있다"고 규정하고 있다.

5.6 우 주

위에서 언급한 바와 같이 우주(outer space)는 아직 확정되지 않은 지구 주변의 공간이다. 일부 학자에 의하면 우주는 지구 상방 90마일에서 100마일 사이에서 시작한다. 다른 학자에 의하면 우주는 항공기가 '공기의 반동으로 추진력을 얻으면서' 대기상에서 이륙할 수 있는 고도 바깥의 공간이다. 1999년 영국의 과학부 장관은 "공역이 끝나서 우주가 시작되는 고도에 대하여 확립된 정의는 없다"고 하였다(70 *BYIL*(1999), p.521).

이론적으로 영토 위에서 별까지(*usque ad sidera*) 원칙(5.1 참조)에 따라 1957년 첫 번째 로켓과 위성이 우주에 발사될 때까지 각국은 자국에 귀속하는 우주에 대해 주권적 권리를 가졌다. 그러나 소비에트공화국(USSR)과 미국이 로켓과 궤도위성을 발사하기 시작하자 위성이 궤도비행하는 하토국(下土國)의 허가를 요구할 필요가 없다는 취지의 컨센서스가 즉시 등장하였다. 모든 국가는 두 강대국의 기술적 우위를 인정하고 우주에 대한 이론적인 관할권 주장을 각자 포기하였다. 결과적으로 우주는 즉각 탐사와 이용을 위해 모든 사람에게 개방된 것(인류공유물, *res communis omnium*)으로 여겨지게 되었다. 그 이후 유엔 총회는 1961년 12월 20일자 결의 제1721 (XVI)호 등 다수의 결의, 1963년 12월 13일자 결의 제1962(XVIII)호에 의해 채택된 선언 및 1967년 우주의 탐사 및 이용에 있어 국가의 활동을 규율하는 원칙에 관한 조약을 승인하였다. 1979년 달 및 그 밖의 천체에 관한 국가의 활동을 규율하는 협정과 함께 이런 문서들은 일련의 규칙을 설정하였다. 이 규칙은 반대가 없고 실질적으로 보편적으로 수락되고 있는 점에서 관습법의 일부가 되었다고 할 수 있다.

우주의 법체계에 대한 기본원칙은 다음과 같다. ① 우주는 주권의 주장이나 이의 이용이나 점유에 의해, 또는 다른 수단에 의해 국가의 전용대상이 되지 않는다. ② 우주의 탐사와 이용은 '경제적 · 과학적 발달 정도에 관계 없이 모든 국가의 혜택과 이익을 위해' 수행되어야 하며, '모든 인류의 활동영역'이어야 한다(위 1967년 조약 제1조 및 1979년 조약 제4조), ③ 우주는 어떠한 방식으로도 핵무기 또는 그 밖의 대량파괴(살상)무기(WMD)를 탑재하고 있는 물체를 지구 주변 궤도 또는 정거장에 배치하는데 사용될 수 없다.

분명히 국가는 인류공유물의 개념을 넘지 않았다.[9] 대량파괴(살상)무기의 궤도 배치 및 환경훼손 금지를 제외하고 우주에는 공해와 유사한 법체계가 적용되었다. 우주의 탐사 및 이용은 '모든 인류의 활동영역'(province of all mankind)이라는 개념은 강력한 명제이지만 우주에 '인류공동유산'의 법적 체계가 적용된다고

---

9) 영국의 외무성 차관보가 1999년 우주의 법적 지위에 대해 질문받았을 때 다음과 같이 말하였다. "1967년 우주조약 제2조는 주권 주장에 의한 우주의 국가전용을 배제하고 있다. 그래서 우주는 전용할 수 있는 영역을 의미하는 *무주물*(*res nullius*)이 될 수 없다. 우주조약의 다른 규정, 특히 제2조에 비추어볼 때, 일반적으로 인정되고 있는 견해는 우주가 공해와 같은 공유물(*res communis*)이라는 것이다"(70 *BYIL*(1999), p.521).

믿을 정도의 대전제는 아니다. 사실 이 지역을 탐사·이용하는 어느 국가도 모든 인류의 이익을 위해 이런 활동을 수행할 특별한 의무를 부담하지 않는다. 그래서 주요 강대국이 우주를 배타적인 것은 아니더라도 (물론 조약에 의해 몇몇 국가와 약속한 특정 협력의무를 제외함) 자국의 이익을 위해 사용하고 있는 것은 주지의 사실이다.

규정의 상당 부분이 관습법이 된 1979년 달 및 그 밖의 천체에 관한 조약은 달 및 그 밖의 천체에서 발생하는 모든 자산이 인류의 공동유산에 귀속하는 천연자원으로 간주되어야 한다고 규정하고 있다(제4조 제1항 및 제11조 제1항). 어쨌든 이 조약은 처음에는 일부 주요 강대국으로부터 강한 반대를 받기도 하였으나 결국 채택 당시 만장일치의 지지를 얻었다. 하지만 인류공동유산에 관한 핵심쟁점, 즉 우주자원의 개발로부터 발생하는 혜택을 어떻게 공유할 것인지에 대한 문제는 해결되지 않았다.

5.7 소 결

다른 어느 분야보다도 영토 및 여타 공간을 규율하는 국제법 영역에서는 전통적·국가주권중심적 접근방법과 현대의 공동체 지향적 세계관 사이의 긴장과 충돌이 두드러졌다. 다른 어느 분야보다 이 영역에서 이기주의 및 개인주의가 *법적* 수준에서도 우선하였다. 후에(예를 들어, 제16장 및 제19장) 언급하겠지만, 다른 분야에서는 적어도 법적 수준에서는 괄목할 만한 진전이 있었다. 그래서 이런 법적 진전이 비록 국가관행의 발전으로 충분히 뒷받침되지 못하였어도, 국가는 원하는 경우 새로운 진로를 모색해 나가는 데 법적 수단을 사용할 수 있었다. 반면, 우주의 법적 규율은 여전히 '자기만을 위한다는' 원칙하에 있다. 인류공동유산의 사고관이 출범하였다고 해도 공동체이익이 그러한 사고관에서 천명되었다고 믿을 정도는 아니다. 사실 이 개념의 실제 핵심인 이익의 형평한 공유의 관념은 개발도상국의 배타적 또는 일차적 이익을 위해 제기되었고, 선진국의 이익에 반하였다. 개발도상국이 배타적 경제수역을 전용하였을 당시 이들이 또한 해당 수역 바깥의 해상(海床)이 인류공동유산의 일부라고 선언하였던 점은 충격적이었다. 빈곤한 연안국조차도 이런 자원을 직접 또는 선진국과의 협정을 통하여 개발할 수 있을 것이라는 가정하에 이들 자원의 전용을 더 원했으리라고 추정할 수 있다. 배타적 수역 바깥의 지역을 탐사하고 개발하는데 필요한 고도의 기술이 없는 개발도상국은 대신 이것을 시행할 수 있는 국가가 모두를 위하여 행동하기를 촉구하였다. 그러나 선진국은 인류를 위해서라기보다 자국의 이익을 위해 행동하였다고 결론내리는 것이 합당하다.

그렇지만 이 개념이 1982년 해양법협약(1994년 개정)과 1979년 달조약에 여전히 담겨 있듯이, 인내와 현실적 타협과정을 거치면서 점차적으로 모든 국가, 특히 개발도상국의 요구사항을 충족하기 위한 일련의 법 규정 및 제도로 변경될 가능성은 여전히 남아 있다.

제 6 장

국가주권의 제한: 면제 및 개인의 대우

6.1 개 관

국가주권은 무한하지 않으며, 많은 국제규칙이 이를 제한하고 있다. 국가마다 상이한 조약규칙과 더불어 관습규칙이 국가주권을 제한한다. 이런 제한은 *다른 나라의 주권을 존중할 의무로부터 자연스럽게 도출되는 법적 효과*이다. 여기에서는 가장 중요한 점들을 간략히 살펴 보고자 한다.

국가는 외국이 자국의 영토상에서 적법하게 행한 행동에 대해 주권적 권한을 행사하거나 달리 이에 간섭할 수 없다. 이러한 법적 불능은 외국의 독립과 권위를 존중하도록 명령하는 일반원칙(*par in parem non habet imperium*, 즉 동등자 상호간에는 관할권을 갖지 못한다)에 근거하고 있다. 더욱 일반적으로 국가는 다음의 행위를 할 수 없다.

① 외국 공무원에게 자국의 의사를 강요하거나 이에 대한 간섭 또는 강박

② 자국의 영토에 적법하게 주둔하고 있는 외국 군대에 대한 간섭(조약규칙이나 특별한 동의에 의해 허가되는 경우는 제외)

③ 외국의 군용 또는 공용선박 또는 항공기 내에서 하는 강제행위의 수행(예를 들어, 이들 선상 또는 기내에서 법을 집행할 수 없음)

④ 외국이 주권자의 지위에서 수행한 행위('국가의 주권면제' 이론)에 대해 해당 외국을 자국 법원의 관할권에 복속시키는 것
⑤ 외국 기관원이 공적 자격으로 수행한 행위에 대해 해당 기관원을 자국 법원의 관할권에 복속시키는 것

6.2 외국에 대한 주재국 법원의 관할권면제

6.2.1 근 거

법정지인 외국의 관할권으로부터의 면제에 관한 이론은 두 가지 사항을 근거로 한다. 첫째, 국가는 주권을 갖는 외국의 독립성을 존중한다는 차원에서 그 나라의 공적 행위에 개입해서는 안된다. 둘째, 일반적으로 국내적 결정이건 외국이 내린 결정이건 사법부는 삼권분립의 원칙에 근거하여 자국 또는 외국 정부당국의 외교정책 수행에 간섭해서는 안된다. 이런 이유로 법원이 아니라 외교를 책임지는 기관이 대외적 행위와 관련된 사건을 처리하고 해당 외국과 외교경로를 통하여 이를 토의하고 논의한다.

이 이론은 다수의 사례에서 제시되고 있다. 예를 들어, 그 유명한 1897년 *Underhill v. Hernandez* 사건에서 미국 연방대법원은 "모든 주권국가는 다른 주권국가의 독립을 존중할 의무를 가지며, 외국 정부가 자신의 영토 안에서 행한 행위에 대해 어떠한 국가의 법원도 사법적으로 판단할 수 없다"(p.195)[1]고 하였

1) 이 사건에서 미국 및 다른 일부 국가에서 발달한 '국가행위'(Act of State) 이론이 시작되었다. 국가행위 이론은 주권국가의 관할권면제 이론과 구분되는데, 이에 따르면(비록 두 이론이 일부 중복되기는 하지만), 법원은 외국이 자신의 영토 안에서 수행한 행위에 대해 판결을 내려서는 안된다(이 이론의 근거는 외교교섭을 통해 훨씬 수월하게 해결할 수 있는 사안에 대해 국내법원이 개입하지 않도록 하기 위한 것임). '국가행위' 이론을 적용한 결과, 외국을 상대로 하는 소송이 제기되거나 외국 행위의 유효성이 문제되지만 분쟁이 개인간에 존재하여 외국이 소송당사자가 아닌 경우(예를 들어 분쟁이 개인간에 존재하며, 이 중 일방은 해외 소재 재산의 소유자인 반면, 상대방은 해당 물건에 대한 소유권을 외국 정부의 공식적 양도행위에 의해 취득한 경우) 이러한 행위에 대해 법원은 재판할 수 없다. 이 사안에 대한 선도적 사건은 *Banco Nacional de Cuba v. Sabbatino* 사건이며, 그 밖의 사건은 국가행위 이론의 예외를 염두에 두고 있다(예를 들어, 상행위에 대해서는 *Alfred Dunhill of London, Inc. v. Republic of Cuba* 사건, 그리고 인권 침해에 대해서는 *Forti v. Suarez-Mason* 사건).

다. 1880년 *The Parlement Belge* 사건에서 영국 항소법원도 같은 입장을 취하였다. 영국 영해에서 벨기에 우편선과 영국 증기예인선이 충돌하였고, 영국 선박의 선주는 손해배상청구소송을 제기하였다. 해사재판부 Robert Phillimore 판사는 벨기에 선박이 공적 임무를 수행하였더라도 '소송절차 및 모든 사적 청구권으로부터 면제되는 공용선박의 범주'(p.318)에 해당하지 않는다고 판시하였다. 그러나 이 판결은 항소법원에서 파기되었다. 해당 법원은 다음과 같이 판시하였다.

> "모든 주권 당국의 절대적 독립과 모든 주권국으로 하여금 여타 주권국의 독립 및 존엄을 존중하도록 유도하는 국제예양에 따라, 모든 주권국은 다른 국가의 주권자 또는 대사, 공적 목적에 사용될 공용재산 또는 대사의 재산이 자국의 영토 내에 있어서 영토관할권의 대상이 된다고 해도, 쌍방합의가 없다면 법원을 활용하여 자신의 영토관할권을 행사하지 않는다"(p.331).

1세기후 *Buttes Gas and Oil Co. v. Hammer* 사건에서 영국 대법원(House of Lords)의 Wilberforce 판사는 외국 주권국의 업무는 "국내법원이 판단할 수 있는 사안이 아니다"(p.107)라고 판시하였다.

6.2.2 외국에 대한 민사재판관할권면제의 제한이론

과거 외국에 대한 관할권면제는 절대적이었다. 그런데 19세기말 무렵에 점차 제한이론이 등장하였다. 즉, *관리행위*(*jure gestionis*) 또는 *사적 행위*(*jure privatorum*)로서, 외국이 사법(私法)의 적용을 받는 법인격자로서 사적 자격에서 수행하는 행위에 대해 예외를 허용하자는 것이다. 이러한 새로운 경향은 벨기에 및 이탈리아의 판례법에서 지지받았다.[2]

이러한 현상은 다양하게 인용되었다. 1958년의 *Rahimtoola v. Nizam of Hyderabad* 사건에서 Denning 판사는 "모든 문명국에서 주권자가 자국의 법정에 기소될 수 있도록 하는 경향이 점차 형성되고 있다. … 외국의 주권자라고 해

2) 벨기에의 판례법에 대해서는 1879년 *Rau, Vanden Abel v. Duruty* 사건(p.175), 1903년 *Chemin de fer Liégeois-Luxembourg v. Etat néderlandais* 사건(pp.301-303)을 참조하시오. 이탈리아의 판례법에 대해서는 1886년 *Typaldos v. Manicomio di Aversa* 사건(pp.1492-1493) 및 1886년 *Bey di Tunisi rappresentato da Guttieres v. Elmilik* 사건(pp.1544-1545)을 참조하시오.

서 다른 입장에 있어서는 안된다"라고 언급하였다(p.418). 1981년 Wilberforce 판사는 *I° Congreso del Partido* 사건에서 더욱 정확하게 다음과 같이 판시하였다.

"… 제한이론은 국가가 개인과 상업적, 또는 여타 사적 거래를 하려는 용의가 있는 데서 등장한다. 제한이론의 두 가지 주요 기반은 다음과 같다. 첫째, 국가와 거래행위를 하는 개인에 대한 정의의 실현을 위해서는 개인이 이러한 거래를 법원에 제소할 수 있어야 한다. 둘째, 국가가 이러한 거래에 기초한 청구권 주장에 응한다고 해서 해당 국가의 주권적 행위 또는 통치행위에 도전하거나 이를 심문하는 것으로 보아서는 안된다. 일반적으로 표현하자면 이것은 해당 국가의 존엄을 위협하거나 주권자로서의 임무수행을 간섭하는 것이 아니다"(p.307).

어쨌거나 이러한 경향은 제1차 세계대전 이후 특히 소비에트 당국이 점차 상거래에 참여하게 된 후 더욱 중요해졌으며 모든 현대국가에 파급되었다. 현재 거의 모든 국가는 제한면제 이론을 수용하고 있다.[3] 오로지 중국과 일부 중남미 국가만이 여전히 종래의 절대면제 이론에 집착하고 있는 것으로 보인다.

현재의 우세한 이론은 *관리행위*(*jure gestionis*), 즉 국가의 사적 또는 상거래 행위는 외국의 관할권에 복속한다는 것이다. 반면, *통치행위*(*jure imperi*), 즉 외국이 주권자의 자격으로 수행하는 행위는 면제된다.

공적 성격의 행위와 구별되는 일상적 상거래와 관련한 소송으로부터 외국이 면제를 주장할 수 없다는 것은 무엇보다도 영국 법원의 *I° Congreso del Partido* 사건(pp.311-330) 및 *Alcom Ltd. v. Republic of Columbia and others* 사건(pp.182-189)에서 제기되었다. 법원이 면제를 인정한 사건에 대해서는 예를 들어 *Kingdom of Roumania v. Guaranty Trust Co. of New York* 사건을 참고하시오. 1918년 미국 항소법원은 같은 사건에서 루마니아왕국의 군대용 제화 구입에 관한 사항이 미국의 관할권으로부터 면제된다고 판시하였다. 즉, "[미국의 한 회사와] 군대용 제화 및 여타 장비구매계약을 체결함에 있어 [루마니아왕국]은 거래에 종사한 것이 아니라, 적으로부터 자신을 보호하기 위한 최상위 주권기능을 행사하였다"(p.345). 이와 반대로 1926년 이탈리아 대법원은 *Roumanian State v. Gabriele Trutta* 사건에서 루마니아 군대용 제화에 관한 유사한 거래에 대해 정반대의 의견을 견지하였다(pp.255-256).

---

3) 예를 들어, 미국의 1976년 외국주권면제법(1988년 개정) 및 같은 법의 해당 부분 제1605(a)(2)조, 1978년 영국의 국가면제법 제2조, 캐나다의 1985년 국가면제법 제5조 및 오스트레일리아의 1985년 외국주권면제법 제11조 참조.

> 이러한 구분에 대한 또 다른 최근의 실례로는 이탈리아 법원에 제소된 *Presidenza Consiglio ministri et al. v. Federazione italiana lavoratori trasporti et al.* 사건을 들 수 있다. 사건의 요지는 다음과 같다. 북부 이탈리아 NATO 기지에 주둔한 미군의 전투기가 군사훈련 도중 트렌토의 Cermis Alps 케이블카의 케이블을 절단하여, 여러 국적의 승객이 다수 사망했다. 케이블카 분야의 노동자를 대표하는 노동조합과 여타 사람들은 미국을 상대로 민사소송을 제기하여, 이탈리아 법원으로 하여금 첫째, 군용기의 훈련행위가 민간인의 생명을 위태롭게 하였으며, 둘째, 미국 당국에 대해 이러한 모든 행위를 중단하거나, 아니면 생명 및 신체에 위험을 초래할 가능성이 없는 지역에서 이를 수행할 것을 명령하는 내용의 판결을 내려 주도록 요청하였다. 2000년에 이탈리아 대법원은 공군의 군사훈련은 '국가에 대한 본질적이고 확고한 공적 목적으로서 무력에 의한 국가의 주권 및 영토보전의 수호에 이바지'한(p.1159) 점에서 본질적으로 공적인 '주권'행위, 즉 *통치행위*를 구성한다는 이유로 이탈리아 법원의 관할권이 없다고 판시하였다.

그러나 소위 '주권적 행위'는 차치하고라도 외국이 사적 자격으로 수행한 행위를 어떻게 정의할 수 있을까? 여기에 대하여 두 가지 기준이 제안되고 있다. 하나는 외국 행위의 *성격*이고 다른 하나는 행위가 수행하고자 하는 *기능*이다. 그러나 이런 기준을 원용하는 경우 서로 상반되는 결과가 도출될 수 있다. 예를 들어, 외국이 군용물품을 구입하는 경우 이런 행위는 첫 번째 기준에 의해 평가하면 사적 성격을 갖는다고 볼 수 있어 결국 면제를 부인하기에 이른다. 반대로 같은 물품을 취득하는 목적에 주목한다면 해당 행위의 공적 성격이 강조되어 결과적으로 면제를 인정하게 된다. 이처럼 분명히 구분하는 것이 어렵게 되자 국가들은 면제이론을 자세히 서술한 후 예외가 가능한 경우도 열거하게 되었다. 이것이 국내입법(예를 들어 미국 외국주권면제법 제1604조 및 제1605조, 그리고 영국 국가면제법 제1조 및 제2조) 및 ILC 초안[4]에 반영되었다.

---

4) 1991년 ILC의 국가 및 그 국가재산의 관할권면제에 관한 초안 제10조에 따르면, 국가는 외국의 자연인 및 법인과 '상사거래'를 수행하는 경우 재판관할권으로부터 면제를 향유하지 못한다. 같은 초안 제2조 제1(c)항에서 '상사거래'란 ① 상품거래 또는 서비스 공급을 위한 모든 상사계약 또는 거래, ② 모든 대부 또는 여타 재정적 성격의 거래를 위한 계약으로서 이러한 모든 대부 또는 거래에 관한 보증의무 또는 배상의무를 포함하고, ③ 다른 모든 상업적·산업적·무역적 또는 전문적 성격의 계약 또는 거래이지만 사람의 고용계약은 포함되지 않는다. 이 초안은 1991년 제2차 독회안으로 채택되었다. 또한 1999년 ILC가 설치한 실무작업반의 보고서(*Report of the ILC*(1999), A/54/10, Annex, 제31항-제60항) 및 *국가 및 그 국가재산의 관할권면제에 관한 특별위원회의 보고*

6.2.3 외국이 누리는 고용 관련 재판관할권면제

외국의 독립 및 주권에 대한 존중은 다른 무엇보다 국가로 하여금 타국의 내부 정부구성에 대하여 간섭하거나 관여하지 않을 것도 의무화하고 있다. 1997년 *Blaškić(소환)* 사건에서 ICTY 항소심재판부(Appeals Chamber)는 "관습국제법상 모든 주권국가의 내부 정부구성이 보호받는 것은 잘 알려져 있다. 관습국제법은 각 주권자에게 자신의 대내적 구조를 결정하고, 특히 국가기관 또는 기관원으로 활동할 개인을 임명할 권한을 일임하고 있다"(제41항). 그래서 국가는 개인(해당 국가의 국민인지 여부에 관계 없음)과 외국 간의 고용관계에 대하여 사법적 판단을 할 수 없다. 이런 이유로 오랫동안 국내법원은 외국의 기관 및 단체(예를 들면 대사관, 영사관, 문화원)와의 고용계약이 해당 국가의 공적 업무수행과 관련되는 경우 법정지의 영토관할권이 적용되지 않는다고 판시하였다. 따라서 이들 법원은 *관리행위*(*jure gestionis*)로 수행된 행위 및 *통치행위*(*jure imperii*)로 수행된 행위라는 종전의 구분에 크게 의존하였다. 예컨대, 유럽인권재판소가 2001년 *Fogarty v. UK*[5] 사건

서(2002)(A/57/22, Annex)를 참조할 것[**역자주** : 현재 이 초안은 2004년 협약문으로 채택됨].

5) 아일랜드 국적의 신청인은 1993년 주 런던 미국대사관 대외방송정보과(CIA의 보조기관)의 행정보조원으로 고용관계를 개시하였고 1995년 해고되었다. 해고 후 그는 영국의 노동위원회(Industrial Tribunal)에 미국 정부를 상대로 자신의 해고가 1975년 영국의 성차별법(Sex Discrimination Act)을 위반한 성차별의 결과라고 주장하면서 부당해고 절차를 제기하였다. 원고는 특히 자신이 상관의 지속적인 성희롱의 희생자로 그 결과 근로관계가 무너지게 된 것이라고 주장하였다. 이에 대해 미국 정부는 해당 절차 어느 단계에서도 국가면제를 원용하지 않으면서 자신의 주장을 변론하였다. 1996년 위원회는 신청인의 주장을 받아들였고 당사자들은 손해배상에 합의하였다. 한편, 1995년 6월, 노동위원회에서 신청인의 첫 번째 절차가 진행 중이었을 때, 그녀는 미 대사관 대외건축시공과의 행정보조원직에 지원하여 12개월 기간의 고용계약을 체결하였다. 해당 계약은 1996년 6월 만료할 예정이었다. 1996년 6월 및 8월 신청인의 주장이 노동위원회에서 받아들여진 후 신청인은 미 대사관에 최소한 두 개의 비서사무직에 지원하였으나 모두 실패하였다. 1996년 9월 15일 신청인은 미 대사관이 위에서 언급한 직위에 자신을 다시 채용하지 않으려고 한 이유는 자신이 종전 성차별 소송에서 이겼기 때문이고, 이러한 거절은 1975년 성차별법상의 희생 및 차별에 해당한다고 주장하면서 노동위원회에 두 번째 신청서를 제출하였다. 미국은 1978년 영국의 국가면제법 제1조 및 제16조 제1(a)항에 근거하여 해당 위원회의 관할권면제를 주장하였고 이것이 받아들여졌다.

신청인은 유럽인권재판소에서 국가면제 이론에 따라 1950년 유럽인권협약 제6조 제1항(즉, 자신의 시민적 권리 및 의무를 결정함에 있어 모든 사람은 법원에서 공정한 재판을 받을 권한이 있다는 규정)에 위반하여 자신이 법원의 이용을 거부당했다고 주장하였다.

재판소는 이러한 주장을 배척하였는데, 그 논지로 "재판소 이용권리는 절대적이지 않고, 제한될 수 있다. … 협약요건의 준수 여부에 대한 최종 결정은 물론 재판소에 있지만 체약국도 어느 정도 재량권을 갖는다. 제한이 적용되어도 개인에게 부여되는 재판소 이용권리의 본질을 훼손하는 방식이나 수준으로 제한 또는 감소될 수 없도록 해야 한다. 더욱이 제한이 정당한 목적을 추구하

에서 내린 판결을 참고하시오.

그러나 판례법이 일관되지 못하여 명확하지 않은 점이 많아졌다. 훨씬 더 중요한 문제는 국내법원이 특정 피고에 대해서 해당 영토국의 관할권으로부터 면제된다고 판시할 경우에는 소송을 제기한 개인은 자신의 권리를 방어할 사법적 구제를 얻지 못하고 그 결과 기본적 인권의 심각한 침해가 발생할 수 있다는 점이다. 주도적인 인권이론에 따르면 모든 개인은 자신의 실체적 권리를 보장받기 위하여 사법적 구제를 받을 권리가 있다. 이런 새로운 견해로 인해 전통적인 구분은 점차 퇴색하고 있다.

첫째, 다수의 법원은 고용계약의 사적 성격을 더 강조하고 있다.

> 예를 들어, 브뤼셀 노동법원은 외국 공관의 고용계약 성립 및 종료는 개인 자격으로 하는 사적 행위라고 판시하였다. 이 때 외국 공관은 공적 업무를 수행하는 것이 아니라 일상적인 상업적 행위를 수행하는 것이다[브뤼셀 주재 모로코 대사관의 운전기사로 고용된 포르투갈인에 관한 *Kingdom of Morocco v. DR* 사건(p.421), 캐나다

지 않으며, 사용되는 수단과 달성하고자 하는 목적 간의 합리적인 비례관계가 없는 경우 제6조 제1항과 양립될 수 없다"(제33항)라고 판시하였다. 재판소에 따르면 "민사소송에 있어 국가에 대해 주권면제를 부여하는 것은 국제법 이행의 정당한 목적으로서 타방 국가의 주권을 존중해서 국가 간 예양 및 선린관계의 증진을 추구하기 위함이다"(제35항). 재판소는 계속하여 "체약당사국이 국제공법에서 일반적으로 수락된 국가면제에 관한 규칙을 반영하여 채택한 조치가 원칙적으로 제6조 제1항에 규정된 재판소 이용권리를 불균형적으로 제한하는 것으로 볼 수 없다. 재판소 이용권리가 같은 조항에 규정된 공정한 재판 보장의 본질적 부분이듯이 해당 이용권리에 대한 몇 가지 제한(예를 들어, 국제공동체에 의해 국가면제 이론의 일부분으로서 일반적으로 인정된 제한)도 마찬가지로 본질적인 것으로 간주되어야 한다"(제36항)라고 판시하였다. 그리고 "국제법 및 비교법상 고용 관련 분쟁에 대해서는 국가면제를 제한하는 경향이 등장하고 있는 것으로 보인다. 그러나 소송이 외국 공관 및 대사관의 고용과 관련되는 경우 국가면제가 계속 적용되는지의 문제, 그리고 비록 같은 이론이 적용된다 해도 해당 계약에 공관의 모든 직원이 포함되는지 아니면 고위직 직원만 포함되는지 여부에 대해 국제관행은 엇갈려 있다. 분명하게 영국만이 해당 면제가 외교공관의 고용원이 제기한 소송에 적용된다고 판시한다거나, 아니면 그러한 면제를 제공함에 있어 영국이 현재 수락되는 국제기준을 지키지 않고 있다고 말할 수는 없다"(제37항)라고 판시하였다. 재판소는 또한 "원고가 제기하고자 했던 소송은 현재의 대사관 고용원에 대한 계약상 권리와 관련되는 것이 아니라, 채용과정에 있어 차별 주장과 관련되어 있다. 공관 및 대사관 직원의 채용과 관련된 문제는 성격상 특히 외국의 외교 및 정부구성 정책과 관련된 민감하고 비밀스러운 문제이다. 재판소는 외국 공관의 채용 문제에 대해 국제법상 국가면제 규칙이 완화되는 경향인지에 대해서 전혀 아는 바 없다. 이런 점에서 재판소는 ILC가 소송 대상이 외교공관의 채용을 포함하여 채용 문제인 경우 국가면제의 적용을 배제할 의도를 가졌다는 것은 … 분명히 아닌 것으로 보인다"(제38항)고 판시하였다. 재판소는 문제가 되고 있는 해당 사안에서 영국이 개인의 재판소 이용을 제한함에 있어 국가에게 허용되는 재량판단의 여지를 초과하지 않았기 때문에 제6조 제1항을 위반하지 않았다고 결론내렸다.

대사관에 고용된 벨기에 기술자에 관한 *François v. State of Canada* 사건(p.418)을 참조하시오. 그리고 *Rousseau v. Republic of Upper Volta* 사건에서 브뤼셀 노동법원은 벨기에 운전기사가 외국 공관에 고용된 것은 육체노동과 관련되어 있어 '공적인 권력행위가 아닌 일상 업무행위'라고 판시하였다(p.118)].

일부 법원에 따르면 피고용인의 국적은 문제되지 않아 결과적으로 외국의 관할권으로부터의 국가면제는 피고용인이 피제소국과 동일한 국적을 갖는지 여부에 좌우되지 않는다고 한 점은 주목할 만하다. 그래서 1992년 *De Quieroz Magalhaes v. Republic of Portugal* 사건에서 브뤼셀 노동법원은 벨기에 주재 포르투갈 대사관에 어학강사로 고용된 포르투갈인이 불공정한 해고를 이유로 포르투갈을 상대로 제소할 권능이 있다고 판시하였다(p.379).

둘째, 다수의 법원은 외국 기관에 고용된 사람의 행위로서 이 기관의 공적 임무에 부수적인 것(예를 들어 이러한 경우는 청소원, 배관공 및 그 밖의 노무자에 해당됨)과 공적 임무 수행과 직접 관련된 행위(예를 들어, 보안임무를 수행하는 사람을 생각해 볼 것)를 구분하고 있다.[6] 또한 법원은 금전배상 또는 상속재산 문제에 수반되어 발생하는 노동분쟁과 외국 기관의 노동계약 해지권한과 관련된 노동분쟁을 구분하였다.[7]

셋째, 국제문서는 외국이 관할권면제를 향유하는지 여부를 결정하기 위하여 보다 안전하고 객관적인 기준을 마련하는 경향이 있다.[8]

---

6) 이런 맥락에서 1974년 11월 23일자 이탈리아 대법원이 *Luna v. Repubblica socialista di Romania* 사건에서 내린 판결(pp.597-599)을 참조하시오.

7) 예를 들어, 이탈리아 대법원의 *Consolato generale britannico in Napoli v. Toglia* 사건 판결(pp.690-691), *Giamahiria Araba Libica v. Trobbiani* 사건 판결(p.405), *Ambasciata di Norvegia v. Quattri* 사건 판결(p.997), *Ecole française de Rome v. Guadagnino* 사건 판결(pp.817-818), 그리고 *Perrini v. Académie de France à Rome* 사건 판결(pp.230-231)을 각각 참조하시오.

8) 예를 들어, 1972년 국가면제에 관한 유럽협약 제5조 제1항은 다음과 같이 규정하고 있다. 즉, "어느 체약국도 소송이 자신과 개인이 체결한 고용계약과 관련되는 경우로서 노동행위가 법정지국에서 수행되어야 하는 경우 다른 체약국의 법원관할권으로부터 면제를 주장할 수 없다." 그리고 같은 조항은 몇 가지 예외사항을 명시하고 있다. 즉, 노동행위가 법정지국에서 수행되는 경우라 하더라도 "첫째, 소송이 제기된 시점에 개인이 고용국가의 국민인 경우, 둘째, 계약이 체결되었을 때 개인이 법정지국 국민이 아니거나, 같은 국가의 영주자가 아닌 경우, 셋째, 법정지국의 법에 따라 같은 국가의 법원이 본안의 성격상 전속적 관할권을 갖지 않는 경우로서 계약당사자가 달리 문서로 합의한 경우, 국가면제를 누릴 수 있다."

1991년 ILC의 국가 및 그 국가재산의 관할권면제에 관한 초안 규정(Draft Articles on Jurisdictional Immunities of States and their Property)은 약간 다른 접근방식을 취했다. 제11조는 고용

간단히 말해서, 이 문제에 대한 법체계는 아직 유동적이며 외국의 면제권이 인정되는 사안을 명확히 정의하는 일반국제법규칙은 아직 발달되지 않았다. 그렇지만 판례법 및 국제문서를 살펴볼 때 외국의 면제를 제한하는 경향이 드러난다. 이런 경향은 모든 법 위반으로부터 개인에게 사법적 구제권을 부여할 필요성에 대한 관심이 높아진 것과 밀접하게 연관되어 있다.

6.2.4 강행국제법규칙(*jus cogens*)은 재판관할권면제에 관한 관습국제규칙의 적용을 배제할 수 있는가?

다음 제11장에서는 국제법상 특별법적 효력이 인정되는 규칙의 존재에 대해서 살펴 볼 것이다. 이러한 규칙은 조약규칙 또는 관습규칙으로 일탈할 수 없으며, 만일 그러한 조약규칙이 합의되거나 관습규칙이 성립하는 경우 *jus cogens*에 위반되어 무효가 될 수 있다. 그래서 강행규범의 존재로 국가의 관할권면제에 관한 일반규칙의 적용이 배제될 수 있는지, 그리하여 어느 국가의 법원이 공적 자격에서 수행된 외국의 행위에 대해 판결을 내릴 수 있는지 여부의 문제가 발생한다. 이 문제는 법원이 강행규범 위반의 혐의가 있는 외국의 행위에 대한 금전배상소송과 관련하여 판결을 내려 달라고 요청받은 때에 발생할 수 있다.

계약의 경우 노동행위의 '전체 또는 일부가' 법정지국에서 수행되어야 하는 경우 면제를 주장할 수 없다고 규정하고 있다. 그리고 몇 가지 예외사항을 나열하고 있다. ① '피고용인이 통치권한의 행사와 밀접하게 연관된 직무를 수행하기 위해 채용된 경우', ② '소송 본안이 개인의 채용, 근무연장 또는 복직과 관련된 경우,' ③ 피고용인이 '고용계약 체결 당시 법정지국의 국민 또는 영주자가 아닌 경우', ④ '소송 제기 당시 피고용인이 고용국의 국민인 경우,' ⑤ '소송 본안의 성격상 법정지국 법원에 전속적 관할권을 부여하는 공공정책을 고려한다는 조건하에 고용국과 피고용인이 문서상 달리 합의한 경우' 등이다.

1978년 영국 국가면제법(State Immunity Act)은 특히 다음과 같이 규정하고 있다.

4(1) 어느 국가도 국가와 개인 간에 체결되는 고용계약과 관련되는 소송에 대하여 해당 계약이 영국에서 체결되거나 노동행위의 전체 또는 일부가 영국에서 수행되는 경우 면제권을 누리지 못한다.

4(2) 아래 제3항 및 제4항의 구속을 받는다는 조건하에 본조는 다음의 경우 적용되지 않는다.
(a) 소송 제기 당시 개인이 해당 국가의 국민인 경우,
(b) 체약 체결 당시 고용인이 영국의 국민 또는 영주자가 아닌 경우,
(c) 계약당사자가 문서상 달리 합의한 경우

4(3) 영국 내에서 국가가 상업적 목적으로 운영하는 사무소, 기관 또는 시설을 위해서 노동행위가 수행되는 경우 위 제(2)(a)항 및 제(2)(b)항은 개인이 계약 체결 당시 같은 국가의 영주자가 아닌 경우 이 조항의 적용을 배제하지 않는다.

그러한 문제가 미국의 항소법원에 제기된 *Princz v. Federal Republic of Germany* 사건에서 발생하였다.

> 유태인으로 미국 국적자인 원고는 1942년 당시 미성년자였을 때 독일에서 자기 가족과 함께 체포되어 여러 수용소에 감금되었고 그곳에서 야만적인 대우를 받았으며, 원고만이 살아남게 되었다. 원고는 여러 해에 걸쳐 금전배상 또는 연금을 받으려고 시도한 후, 미국 지방법원에서 독일을 상대로 손해배상소송을 제기하였다. 독일은 미국의 1976년 외국주권면제법(Foreign Sovereign Immunities Act)상의 주권면제에 근거하여 해당 소송의 각하를 신청하였다. 지방법원은 원고의 주장을 지지한 반면, 항소법원은 독일이 주권면제의 권능이 있다는 것을 근거로 이를 기각하였다. 같은 항소법원의 판사인 Patricia Wald는 반대의견에서 첫째 "독일은 이게파르벤(I. G. Farben) 및 메서슈미트 공장에서 Princz에게 강제노역을 과하고 아우슈비츠 및 다카우의 수용소에서 양심에 반하는 신체적 및 정신적 학대를 가하여 명백히 *jus cogens* 규범을 위반하였다." 둘째, "*jus cogens* 규범은 정의상 일탈할 수 없는 바, 국가가 이러한 규범을 무시하여 결과적으로 전체 국제공동체의 집단적 의지를 짓밟는 경우 국가는 면제를 누리는 주권적 행위를 수행할 수 없다." 셋째, "국제법상 국가는 자신이 *jus cogens* 규범을 위반하면 주권면제권을 포기하는 것이 된다." Wald 판사는 "미국의 외국주권면제법은 외국이 *jus cogens* 규범을 위반하여 묵시적으로 미국 법정에서 주권면제권리를 포기한다는 원칙을 포함"하는 것으로 해석된다고 결론내렸다(pp.612-619).

이 문제는 최근에 유럽인권재판소에 제기된 *Al-Adsani v. UK* 사건에서 다시 등장하였다. 원고에 따르면 고문을 금지하는 일반규칙 및 이에 상응하는 유럽인권협약 제3조 규정은 *jus cogens*에 해당한다. 그래서 외국이 이런 규칙의 위반혐의로 국내법정에 피소되는 경우 관할권면제의 적용으로부터 배제된다. 그러나 2001년 유럽인권재판소는 다수 판사의 반대의견이 있었지만 고문금지의 강행규범적 성격에도 불구하고 국가의 관할권면제는 배제될 수 없다고 판시하였다.[9)]

---

9) 영국 및 쿠웨이트 이중국적자인 Sulaiman Al-Adsani는 영국 법원이 쿠웨이트 정부에 대해 재판면제를 부여하여 [유럽인권]협약 제3조, 제6조 제1항 및 제13조를 위반한 결과 자신이 고문을 당하지 않을 권리를 누릴 수 없도록 하였고, 법원이용권리를 거부당했다고 주장하였다. 조종사로 훈련받은 알 아드사니는 이라크로부터 쿠웨이트를 방어하기 위해 1991년 그곳에 갔다. 걸프전쟁 중 그는 쿠웨이트 공군의 일원으로 활동하였고, 이라크 침공 후에는 저항운동단체의 일원으로 남아 있었다. 이 기간 중 그는 쿠웨이트 국왕과 관계를 유지하며, 쿠웨이트 내에서 영향력 있는 위치에 있는

그런데 유럽인권재판소의 판결은 비판받고 있다. 물론 국가면제에 관한 규칙이 특히 고문금지와 같은 *jus cogens* 규범의 구속을 받아야 한다는 취지의 어떠한 일관된 국가관행 또는 판례법은 아직 존재하지 않는다.[10] 그렇지만 이런 방향

것으로 언급되었던 Sheikh Jaber Al-Sabah Al-Saud Al-Sabah가 결부된 음란 동영상물을 소지하게 되었는데, 어찌해서 이것이 일반에 유포되었고 셰이크는 그를 유포 책임자로 지목하였다. 1991년 5월 이라크 군대가 쿠웨이트로부터 추방된 후 셰이크와 다른 2명은 알 아드사니의 주택에 들어가 그를 구타하고 공용 지프차에서 총을 겨눈 채 쿠웨이트 국가보안교도소로 이송하였다. 알 아드사니는 거기에 며칠 동안 불법감금되어 보안요원에게 반복해서 구타당하였다. 그는 1991년 5월 5일 허위자술서에 서명을 강요받은 후 방면되었다. 그러나 1991년 5월 7일경 셰이크는 총을 겨눈 채 알 아드사니를 공용차량에 태워 쿠웨이트 국왕의 동생이 소유하는 궁전으로 끌고갔다. 처음에 알 아드사니의 머리를 시체가 담긴 수영장에 반복하여 집어 넣었고, 이후 알 아드사니는 셰이크가 휘발유가 묻은 매트리스에 불을 붙여 놓은 작은 방에 끌려가 중화상을 입었다.

알 아드사니는 영국으로 탈출한 후 셰이크와 쿠웨이트 정부를 상대로 1991년 5월 쿠웨이트에서 고문으로 입은 신체적 · 정신적 피해 및 1991년 5월 17일 영국으로 귀환한 후 자신의 생명 및 복지에 대해 가해진 위협을 이유로 민사금전배상소송을 제기하였다. 1994년 항소법원은 국제법원칙에 기초하여 쿠웨이트는 고문에 대해 1978년 영국 국가면제법 제1조 제1항의 면제를 인정받을 수 없다는 알 아드사니의 주장이 재판대상으로 충분하다고 판시하였다. 그러나 1995년 사실심법원(High Court)은 1978년 법은 문언상 명백하게 관할권 밖에서 범한 행위에 대해 주권국가에게 면제를 부여하고 있으며, 예외사유를 분명히 규정하여 해석상 묵시적 예외를 배제하고 있다고 판시하였다. 결과적으로 1978년 법 제1조 제1항에 따라서 고문행위에 대해서 묵시적 예외를 인정할 여지가 없었다. 더욱이 법원은 모든 개연성에 비추어볼 때 쿠웨이트 정부가 1991년 5월 19일 이후 청구인에게 가해진 위협에 대해 책임이 있다는 것에 대해 수긍할 수 없었다. 따라서 1978년 법 제5조에 규정된 예외사항은 적용될 수 없었다. 그래서 정부를 상대로 하는 소송은 실패하였다. 1996년 항소법원은 유사한 판결을 내렸고 대법원에 대한 상고는 허가되지 않았다.

유럽인권재판소에서 알 아드사니는 다른 무엇보다도 자신이 쿠웨이트 정부를 상대로 제기한 소송의 결정으로 인해 법원 이용이 거부되었고, 이것이 [유럽인권]협약 제6조 제1항을 위반하는 것이라고 주장하였다. 같은 조항 전반부는 "모든 사람은 자신의 시민적 권리 및 의무 또는 자신에 대한 형사소추를 결정함에 있어 법에 따라 수립된 독립되고 공정한 법원에 의해 합리적인 시간 내에 공정한 공개구술심리를 받을 권리가 있다"고 규정하고 있다.

재판소는 그러한 주장을 배척하였다. 재판소는 '고문금지가 국제법상 강행규범의 지위를 획득하였음'을 인정하면서도 '대상이 되고 있는 사건이 *Furundžija* 사건 및 *Pinochet* 사건의 판결에서와 같은 개인의 고문행위 혐의에 대한 형사책임 문제가 아니라, 같은 국가의 영역에서 발생한 고문행위에 대한 민사손해배상소송의 국가면제 문제임'에 주목하였다. "국제법상 고문금지의 특별한 성격에도 불구하고 법원은 국제문서, 판결문 또는 여타 자료에서 국제법상 국가는 여타 국가의 법정에서 고문행위 혐의와 관련하여 더 이상 민사소송으로부터 면제를 누릴 수 없다고 결론내리는 데 필요한 어떤 확고한 근거도 확인할 수 없었다"(제61항). 재판소는 나아가 '고문금지의 최우선적인 중요성이 점차 인정되고 있음에 주목하면서도,' '국제법상 법정지국가의 영역 밖에서 발생한 고문 혐의에 대한 민사손해배상소송에 대해 국가에게 면제권이 부여되지 않는다는 주장이 국제법상 수락되고 있다는 것은 아직 확립'되지 않았다고 하였다. "개인피해소송과 관련하여 손해가 영국 내에서 야기된 것이 아니라면 이에 대해 국가에게 면제를 부여하고 있는 1978년 법은 국가면제 이론의 한 부분으로서 국제공동체에 의해 일반적으로 수락되고 있는 제한사항을 위반하지 않는다"라고 하였다(제66항).

의 몇 가지 새로운 경향이 등장하고 있다.[11] 어쨌든 *jus cogens* 규범이 반대취지

10) *Distomo* 사건 및 *Marghellos* 사건은 국내법원의 불명확성을 예시하고 있는 것으로 보인다. 1944년 6월 한 나치친위대 중대가 유격대(partisans)에 의하여 18명의 독일 병사가 살해된 것에 대한 보복으로 그리스 마을인 Distomo(델포이 근처)를 공격하여 전소시켰다. Distomo에서 독일인은 218명의 민간인을 살해하였다. 1995년 Distomo 희생자 가족은 리바데이아 지방법원에 독일을 상대로 민사소송을 제기하였다. 같은 지방법원 및 그리스 대법원(Areios Pagos)(독일이 상고함)은 독일이 관할권면제를 주장할 수 없다고 판시하였다(대법원의 판결은 2000년에 내려짐). 그러나 나중에 그리스 대법원은 다른 최고법원(Anotato Eidiko Dikasterio로 헌법 제100조 제1(f)항에 따라 국제법과 관련된 문제에 대해 최종 결정을 내리는 임무를 갖는 특별법원)에 *Marghellos* 사건이라는 유사한 사건을 제출하였다. 특별최고법원은 외국 군대의 전투행위가 관할권으로부터 면제된다고 판시하였다. 뒤이어 그리스 소재 독일 재산에 대해 그리스 대법원이 *Distomo* 사건 판결의 집행을 거부한 것을 탄핵하기 위해 유럽인권재판소에 제기된 사건인 *Kalogeropoulou and others v. Greece and Germany* 사건에서 해당 재판소는 *부수적 의견*으로 법정지국 외의 영역에서 발생한 인도에 반한 죄에 대한 민사소송에 대해서는 이러한 범죄가 국가면제의 대상이 되기 때문에 소송이 유지될 수 없다고 판시하였다(이러한 복잡한 사항의 전체적 맥락에 대해서는 A. Gattini, "To What Extent are State Immunity and Non-Justiciability Major Hurdles to Individuals' Claims for War Damages?," 1 *JICJ*(2003), pp.356-362 참조).

11) ILC 실무작업반은 1999년 7월 6일자 보고서 부속서 추록에서 "지난 10년간 특히 미국, 영국 등 국내법원에서 법정지국의 영역이 아닌 피고의 국적국 및 여타 국가의 영역에서 발생한 고문행위와 관련하여 외국 정부를 상대로 하는 다수의 민사소송이 제기되었다. 5. 이러한 주장을 변론하기 위해 원고는 *jus cogens* 성격을 갖는 인권규범 위반이 있는 경우 국가가 면제를 주장할 권한이 없다고 주장하였다. 몇 가지 사건[*Al-Adsani v. Government of Kuwait,* 100 *ILR* 465, p.471; *(New Zealand) Controller and Auditor General v. Sir Ronald Davidson,* [1996] 2 *NZLR* 278, 특히 p.290(항소법원장 Cooke 판사의 견해); *Princz v. Federal Republic of Germany* 사건에서 Wald 판사의 반대의견, 26 F. 3d 1166 (DC Cir. 1994), pp.1176-1185)]에서 국내법원은 이러한 주장에 동조하였다. 그러나 대부분의 사건(*Siderman de Blake v. Republic of Argentina,* 965 F. 2d 699(9th Cir. 1992); *Argentine Republic v. Amerada Hess Shipping Corporation,* 488 US 428(1989); *Saudi Arabia v. Nelson,* 100 *ILR* 544; *Princz v. Federal Republic of Germany,* 26 F. 3d 1166(DC Cir. 1994); *Al-Adsani v. Kuwait,* 107 *ILR* 536)에서 주권면제 주장은 성공하였다"(제4항-제7항)는 사실에 주목하였다. ILC는 이어 "이러한 결정이 내려진 이후 심각한 인권침해에 대해 국가가 면제를 원용할 수 없다는 주장을 더욱 옹호하는 중요한 발전이 두 가지 있었다. 첫째, 미국은 외국주권면제법(FSIA)을 개정하여 면제에 새로운 예외를 포함시켰다. 이러한 예외는 1996년 반테러 및 효과적 사형집행법(Anti Terrorism and Effective Death Penalty Act) 제221조에 의해 도입되었는 바, 면제는 다음의 경우에는 이용될 수 없다. 즉 '고문행위, 비사법적 살해행위, 항공불법행위, 인질행위 … 등에 의해 야기된 사적 피해 또는 사망에 대해 외국을 상대로 금전적 손해배상이 청구된 경우,' 법원은 외국이 국무장관에 의해 연방법령상 테러리즘 지원국으로 분류되지 않거나 청구인 또는 희생자가 해당 행위 발생 당시 미국 국적자가 아닌 경우 청구를 각하할 것이다. 이 규정은 두 개의 사건(*Rein v. Libya*(1999), 38 *ILM* 447; *Cicippio v. Iran,* 18 F. 2d 62(1998), p.11)에서 적용되었다. 둘째, *Pinochet* 사건에서는 국가공무원에 의한 심각한 인권침해에 대해 면제가 제한된다는 점이 강조되었다. 비록 영국의 대법원이 같은 사건에서 유일하게 전직 국가원수가 자신의 국가에서 범한 고문행위에 대해 면제를 누릴 수 없다고 판시하면서, 해당 사건이 형사소추와 관련되기에 민사소송에 대한 주권면제의 항변을 옹호하는 판결의 정확성에 영향을 미치지 않는다고 명시적으로 언급하고 있지만, 의심할 여지없이 이 사건 및 이 사건이 널리 알려진 바로 인해 국가공무원이 자

의 관습규칙에 우선한다고 주장하기 위해서 항상 많은 근거를 확보해야 하는 것은 아니다. 이것은 특히 강행규범이 국가면제 규칙으로 보호되는 전통적인 국가의 관심사보다 현재 더욱 본질적이고 극히 중요하다고 간주되는 국제공동체의 근본가치를 보호할 의도를 갖기 때문에 그러하다. 더욱이 고문 및 여타 국제범죄(모두 *jus cogens* 규칙에 의해 금지됨)의 경우 국가기관원의 면제에 관한 관습규칙(소위 직무면제; 6.3 참조)이 확연하게 부정되고 있으며, 국가기관원은 개인적으로 국제규칙 위반에 대한 책임을 부담한다. 만일 *jus cogens* 일반규칙의 위반에 의해 개인 책임자가 직무면제에 관한 관습규칙(국가의 내부구성에 대한 외국의 개입을 차단하는 국가면제에 관한 일반규칙의 논리적 귀결임)에 의해 더 이상 보호받지 못하는 경우, 왜 국가의 재판관할권면제에 관한 규칙은 동일 또는 유사한 사건에서 *jus cogens*에 구속되지 아니하는가(대인적 면제에 관한 규칙이 부여하는 보호의 지속성 이면에 있는 근거에 대해서는 6.3 참조)?

이탈리아 대법원은 최근 *Ferrini v. Republica Federale di Germania* 사건에서 판결이유가 내재적 모순에 의해 희석되기는 하였지만 보다 설득력 있는 견해를 제시하였다.

> 이탈리아인 Ferrini는 1944년 8월 4일 독일군에 체포되어 독일로 이송된 후 1945년 4월 20일까지 강제노역을 할 수밖에 없었던 바, 독일을 상대로 Arrezo 법원에 금전배상을 청구하는 소송을 제기하였다. 같은 법원 및 항소법원은 독일의 행위는 주권적 권위의 표시로 외국 법원의 재판권으로부터 면제를 향유하기 때문에 이탈리아 법원에 재판권이 없다는 이유로 해당 소송을 각하하였다. 그런데 2004년 대법원은 항소법원의 결정을 파기하고 이탈리아 법원이 재판권이 있다고 판시하였다. 대법원은 의심할 여지없이 국가가 수행한 군사작전은 '주권적 권위의 표현으로' 국가면제의 범위에 포함한다고 판시하였다(p.11). 그러나 이러한 면제는 그러한 군사작전이 본안에서와 같이(이미 전쟁범죄가 자행된 경우) 국제범죄에 이르게 되어 더 이상 원용될 수 없다는 것이다. 왜냐하면 이러한 범죄는 국제공동체의 보편적 가치 및 *jus cogens* 규범을 침해하기 때문이다(p.19). 국제범죄를 금지하는 국제규칙에 내재하는 강행규범의 성질상 다른 무엇보다도 이러한 범죄는 시효의 적용을 받지 아니하며(p.19), 이에 부가하여 국내법원은 이런 범죄에 대한 형사 및 민사사건에 있어 보편

신의 영역에서 범한 고문행위에 대해서는 형사 및 민사소송과 관련한 면제를 주장할 수 없다는 견해가 지지를 얻게 되었다"(제8항-제12항). ILC 실무작업반은 위에서 언급한 발전이 "무시되어서는 안된다"(제13항)고 결론내렸다.

적인 재판권을 갖는다(p.20). 그리하여 이러한 강행규범과 국가면제에 관한 관습규칙이 충돌하는 경우 전자가 우선한다(pp.20-21). 더욱이 국제범죄에 대해 국가면제를 옹호하면서 동시에 동일한 범죄 혐의가 있는 국가기관원의 직무면제를 배제할 '실제적 이유'는 없을 것 으로 보인다(pp.30-31). 그러나 이렇게 충분한 이유를 갖춘 논거를 제시한 후 대법원은 본 사건(전쟁범죄가 이탈리아에서 개시되었고 상고인을 억류하여 이송했음. p.24)에서와 같이 해당 면제는 단지 범죄가 법정지국에서 범해진 경우에만 배제될 수 있다(pp.23-30)고 결론내렸다.

이것은 결과적으로 범죄가 법정지국에서 발생하지 않은 경우 법정지국은 외국의 주권면책을 옹호할 수 있다는 것을 의미하게 된다. 법원은 강행규범 위반시 국가면제를 적용하지 않는 일련의 확고한 논거를 제시한 후 예상과 달리 모순되게 아무런 보강 논거도 제시하지 않고서, 자신이 판결에 이르게 된 추론의 논리적 결론을 범죄가 법정지국에서 발생한 특정 범주로 한정한 것이 분명하다.

6.2.5 외국의 집행면제

일반적으로 말해 외국에 대한 집행면제는 재판권면제와 유사한 것으로 간주되어 왔다. 그래서 집행면제도 이론적으로 국가의 사적·상업적 행위(*jure gestionis*)와 주권자의 자격으로 행하여진 행위(*jure imperii*)의 구분을 기초로 하였다. 전자의 범주에 대해 면제가 부인되는 반면 후자에 대해서는 면제가 지지되었다. 그러나 이론적 근거면에서 재판권면제와 집행면제의 유사성은 그리 엄격하지도 완전하지도 않다. 집행이 재판권보다 외국의 주권을 보다 더 침식·침범하기 때문에 집행면제에 관한 한 외국에 대해 더욱 관대한 경향이 판례법에서 드러난다. 1992년, 이탈리아 헌법재판소는 *Condor e Filvem v. Ministero di Grazia e Giustizia* 사건의 판결에서 이런 경향을 정확히 지적하였다. 해당 재판소는 "국가의 법적 확신에서 보면 집행을 *절대적* 성격을 갖는 것으로 보는 국가의 경향과 반대로 *상대적* 성격의 재판권면제가 등장한지 오래되었다"(p.398)라고 판단하였다.

법원이 사적 기능을 수행할 예정인, 즉 상업적 목적으로 사용될 예정인 국가의 재산 또는 자산에 대하여 강제조치를 취할 수 있다는 점은 만일 그렇지 않다면 법원 자신이 실체적 권리에 대하여 판결할 수 있으나, 이런 권리를 집행하기 위한 조치를 명령할 권한이 없게 된다는 사실 때문에 논리적이며 필연적인 것으로 여겨

졌다.[12]

반대로 외국의 재산은 압류될 수 없으며 공적 기능 수행을 목적으로 하는 외국의 재산에 대해서는 다른 어떠한 집행이나 예방조치도 취할 수 없다.[13]

보통 법원은 외국 소유의 은행계좌에 대해 집행조치를 취할 수 있다고 판시하고 있으나, 외국 공관이 개설한 은행계좌의 경우 일부 국가의 법원은 이것이 외국의 공적 직무를 수행하기 위한 것이라고 판시하는 경향이 있다.[14]

---

12) 그리하여 예를 들어, *Royaume de Grèce v. Banque Julius Bär et Cie.* 사건에서 스위스 연방법원은 "몇몇 사건에서 외국이 스위스 법원에서 자신이 결부된 법률관계에 따른 권리 및 의무를 결정하기 위하여 소송당사자로 인정되는 순간, 그 나라는 스위스에서 자신에게 불리한 판결의 강제집행을 확보하기 위한 조치의 적용대상이 될 수 있다는 점도 인정하여야 할 것이다. 만일 사정이 그렇지 않다면 판결의 가장 본질적 특징으로서 판결의 대상이 되는 당사자의 의사에 반하여 판결이 집행되는 경우는 없을 것이기 때문이다. … 그래서 연방법원이 재판권면제와 집행면제를 유사한 기초에서 다루고 있는 한 연방법원의 판례법을 수정할 이유가 없다"고 판시하였다(제10항). 이탈리아 대법원은 1989년 *Giamahiria Araba Libica v. Soc. Rossbeton* 사건의 전원재판부 판결문에서 동일한 입장을 견지하였다(pp.693-696).

13) 1976년 미국의 외국주권면제법(1988년 개정) 제1609조는 "이 법령 시행 당시 미국이 당사자인 현행 국제협정의 적용을 받는다는 조건하에 미국 내에 소재하는 외국의 재산은 이 장 제1610조 및 제1611조에서 규정하는 사항을 제외하고 압류 및 집행으로부터 면제된다"고 규정하고 있다. 1978년 영국 국가면제법 제13조 제2항은 몇 가지 예외사항(주로 상업적 목적으로 사용되는 재산)을 전제로 '첫째, 강제금지명령, 또는 특정 이행명령 또는 토지 및 여타 재산의 반환명령에 의해 구제조치가 국가를 상대로 내려져서는 안된다. 둘째, 국가의 재산은 어떠한 판결 또는 판정의 집행 또는 *대물소송*(action *in rem*)의 경우 압류, 유치 또는 판매를 위한 법적 절차의 대상도 될 수 없다."

판례의 경우 다음을 예로 들 수 있겠다. 즉, 1992년 이탈리아 대법원은 *Stati Uniti d'America v. D'Avola and others* 사건에서 이탈리아 시고넬라 지방의 미국 군사기지에 소재하는 재산에 대해 소유권 소송이 제기될 수 없다고 판시하였다(한 이탈리아 국민은 군사기지에 소재하고 있는 빌딩 내에 미용실용 공간을 임대하였다. 미군당국으로부터 퇴거명령을 받은 후 그는 이탈리아 하급법원에 미국을 상대로 소송을 제기하였다. 이탈리아 대법원에 따르면 군사기지의 구성 및 엄격한 접근 규칙을 통한 보안의 보호 등을 감안할 때 해당 기지를 소유하고 있는 외국은 같은 장소에서 주권을 행사하고 있다. 따라서 이 사건에서 이탈리아 법원은 국가의 주권평등(*par in parem non habet jurisdictionem*)의 원칙에 따라 재판권이 없었다. pp.403-407). 이탈리아 대법원은 1992년 *Condor e Filvem v. Ministero di Grazia e Giustizia* 사건에서 이탈리아 기업들이 나이지리아 선박을 상대로 신청한 압류처분에 대하여 동일한 기본원칙을 옹호하였다(pp.398-401). 스위스 연방법원도 동일한 입장을 취하였다[예를 들면, *Royaume de Grèce v. Banque Julius Bär et Cie.* 사건(제6항-제11항); *Königreich Spanien v. Firma X et al.* 사건(pp.148-155; 제3항-제5항); *S. v. République socialiste de Roumanie et al.* 사건(pp.172-177; 제3항) 참조].

Letelier v. Republic of Chile 사건에서 원고는 미국 내에서 칠레 국가기관원에 의한 칠레인(미국민 포함) 암살을 이유로 칠레를 상대로 내려진 판결을 집행하기 위해 칠레 국영항공사에 대해서 압류를 청구하였다. 1984년 미국 법원은 해당 항공사가 자사의 항공기로 암살자를 미국으로 이송하고 폭발물을 공급하였다고 해서 해당 항공사가 판결대상이 되는 비면제적 행위(non-immune activity)에 활용되었다고 간주하기에 충분치 않다는 이유로 청구를 각하하였다(p.798).

6.3 외국 기관의 면제

국가는 자국의 영역 안에서 외국의 공무원이 자신의 업무를 수행하는 중에 행한 행위에 대해서 국제범죄를 제외하고 그에게 책임을 물을 수 없다. 이 규칙은 그 유명한 미국과 영국 간의 *McLeod* 사건에서 언급되었다. 1854년 영국의 법률자문관은 다음과 같이 설명하고 있다.

> "국적국 정부의 허가 및 추인하에 적대행위를 하는 개인에 대해서는 사적 위반자 또는 불법행위자로서 개인책임을 물을 수 없으며, 해당 행위에 대해서 그의 국적국만 유일하게 책임을 진다는 국제법원칙은 현재 이론의 여지없이 확립된 원칙이다."[15)]

ICTY 항소심재판부(Appeals Chamber)는 최근 *Blaškić*(소환) 사건에서 이 원칙을 반복하면서 그 근거로 다음을 제시하였다.[16)]

> "관습국제법은 모든 주권국가의 내부적인 정부구성을 보호하고 있다. 그래서 국가가 내부구조를 결정하고 특히 국가기관 또는 기관원의 자격으로 행위하는 개인을

---

14) 독일 헌법재판소는 1977년 *Philippine Embassy* 사건(p.164; 법원은 "법정지국에 소재하는 외국 공관의 일반 은행계좌로서 공관의 각종 비용 및 경비를 지불하였던 은행계좌를 상대로 제기된 소송의 경우 법정지국의 강제집행 대상이 아니다")에서 이런 입장을 취하였다. 영국 대법원의 1984년 *Alcom Ltd. v. Republic of Colombia* 사건 판결(p.180 이하) 및 스위스 외무부[1991년 2월 28일자 외교공한에서는 외국 공관의 은행계좌가 공공목적으로 사용된다고 '추정'되기 때문에 집행면제를 향유한다고 언급하고 있다. 2 *Schwizerische Zeitschrift für internationals und europäisches Recht* (1992), pp.570-572]도 동일한 입장을 견지하였다. 스위스 연방법원은 1960년 외국이 소유한 은행계좌의 목적이 특정되지 않은 경우에는 항상 압류와 같은 강제조치의 대상이 될 수 있다고 판시하였다[*République Arabe Unie v. Dame X*, pp.23-33(법적 근거 5) 참조].

15) Lord McNair, *Law Officers Opinions*(Cambridge: Cambridge University Press, 1956), ii, p.230을 참조하시오.

16) 그러나 최근 *Border Guards Prosecution* 사건에서 독일 연방대법원(Bundesgerichtshof)은 '불법살해'로 기소된 전직 동독(GDR) 국경수비대원들에 관하여 달리 판시하였다(이들은 서독으로 탈출하려는 사람들에게 총격을 가하여 피해를 끼쳤다). 피고인들은 자신들이 공직자의 신분으로서 명령에 따라 그리고 동독의 이익을 위하여 행위하였기 때문에 비난받을 수 없다고 주장하였다. 법원은 1992년 11월 2일자 판결에서 '국가행위 이론'은 '일반국제법규칙'이 아니며, 서독(FRG)에서는 '국가 외교행위의 유효 여부에 대해서 법원이 심사할 수 없다는 구속력 있는 규칙'은 없다고 판시하였다. 법원은 또한 피고인들은 '동독이 더 이상 존재하지 않는다는 단순한 이유만으로도 외국대표'로서 대우받을 수 없기에 관할권면제를 향유하지 않는다고 부연하였다(p.372).

임명하는 것은 각 주권국가에게 일임되어 있다. 각 주권국가는 국내적으로 그리고 국제관계의 영역에서 활동하는 자신의 기관에 대해 지시를 내리고, 이런 지시를 이행하지 않는 경우 취할 제재조치 또는 여타 권리구제 수단을 규정할 권리를 갖는다. 이런 배타적 권한의 논리적 귀결로 각국은 자신의 기관이 공적 자격으로 수행하는 행위나 거래행위가 국가에게 귀속되어서 개별 기관은 그러한 행위 또는 거래에 대해서 책임이 없다고 주장할 권능이 있다. 논의대상이 되는 일반규칙은 국제법상 분명히 확립되어 있으며 국가의 주권평등(*par in parem non habet imperium*)을 기초로 한다" (제41항-제42항).

다른 법원도 공적 자격으로 행위하는 국가대표가 외국으로부터 관할권면제를 향유한다(일명 *직무면제*)고 판시하고 있다. 예를 들어, 1932년 단치히 최고법원이 내린 *Danzig customs officials* 사건,[17] *Bigi* 사건(산마리노의 전임 외무장관에 관한 것으로 로마법원은 그가 '국가 대표'로 활동하였다면 공직을 떠난 후에도 기소면제되었을 것이라고 판시함. 제359항), *X. v. Head of Scotland Yard* 사건(독일 법원은 한 종교단체가 외국의 경찰국장을 상대로 사생활 침해 및 불법감시 혐의로 제기한 소송에 접하여 경찰관이 공적 자격으로 활동하였기 때문에 관할권이 없다고 판시함. pp.1101-1102), *Marcinkus and others* 사건(이탈리아 법원은 사기성 파산 혐의로 기소된 교황청 소속 은행 간부 3인이 '교

---

17) 1931년 원고는 단치히 자유시(당시 국제연맹의 보장하에 폴란드 보호령으로서 다른 무엇보다 폴란드가 자유시의 대외관계 업무를 수행하고 몇 가지 여타 공적 기능을 맡았지만, 1919년 6월 28일자 베르사유 평화조약 제100-108조에 의해 별개의 국가였음)로 다량의 사과를 수출하였는데 당시 규칙을 위반하여 수출하였다는 이유로 우치(Lodz)의 폴란드 세관공무원이 사과를 압수하였다. 원고는 이 압수를 취소시키는데 성공한 후 단치히 법원에 사과의 압수를 명령했던 단치히의 폴란드 세관 조사관을 상대로 손해배상을 청구하였다(베르사유조약상 단치히는 폴란드 관세 국경지대에 포함되어 있었으며 관세행정은 폴란드 중앙관세청의 지휘를 받았다. 해당 중앙관세청은 단치히 세관직원 감독을 위해 폴란드인 조사관을 파견하였다). 피고는 폴란드와 단치히의 양자협정에서 확인되고 있듯이 국제법의 일반원칙상 그는 단치히에서 업무를 수행하는 외국의 국가기관원으로서 공적 자격으로 행위를 하였기 때문에 단치히 법원은 관할권이 없다고 항변하였다. 대법원은 피고가 외국관할권으로부터 일반적 면제를 주장하고 있으며, 자신의 공적 업무상 수행한 행위가 아닌 점에서 이 주장은 근거가 없다고 판시하였다(p.236). 그래서 법원에 제기된 유일한 문제는 피고가 제한된 면제를 누리는지 그리고 이런 면제가 현 사건에도 적용되는지 여부였다. 법원은 폴란드와 단치히가 합의한 특별법 규칙에 관계 없이 폴란드인 세관 조사관이 관할권면제를 누리는지의 문제는 미해결 상태로 둘 수 있다는 점을 강조하였다. 왜냐하면 법원의 견해로는 그 사건에서 중요한 사항은 1920년 11월 9일자 폴란드와 단치히의 양자협정 제14조 그리고 1921년 10월 24일자 양자협정 제200조 및 제201조에서 찾을 수 있는 관련 특별규칙을 정확히 적용하는 것이기 때문이었다(p.237). 해당 조약규정을 자세히 살펴본 후 법원은 피고가 사실상 단치히 법원의 관할권이 적용되는 대상이라고 판시하였다(pp.237-240). 따라서 이 사건은 외국 기관원의 공적 행위로 인한 관할권면제에 대한 관습국제법의 내용 문제와 직접적으로 관련되지 않는 것이 분명하다.

황청의 기관 또는 대표'로 활동하였기 때문에 이탈리아의 형사재판관할권으로부터 면제된다고 판시함. p.331) 등을 언급할 수 있겠다.

국가공무원이 대외관계에서 수행한 행위에 대해 부여되는 면제권은 논리적으로 볼 때 국가가 외국에 대해 관할권면제 청구권을 갖는 점에 근거하며, 이러한 면제청구권은 외국의 주권 및 내부조직 구성을 존중해야 한다는 점과 존립근거가 동일하다. 그리하여 공적 행위 및 거래를 수행하는 국가공무원은 외국 실체법의 적용으로부터 면제된다. 이러한 행위 및 거래에 대한 책임은 공무원 자신이 아닌 국가에게 귀속된다. 그리하여 만일 이들이 수행한 행위가 국제법을 위반하는 경우 국제책임은 이들의 국적국가가 부담하게 된다. ICTY 항소심재판부가 *Blaškić*(소환) 사건에서 언급하였듯이 국가공무원은 "자신에게 개인적으로 귀속되지 않고 자신이 대표하여 행동하는 국가에게 귀속될 수 있는 불법행위의 결과를 부담할 수 없다"(제38항). 만일, 이러한 행위가 이들의 국내법을 위반한 경우 이들은 자신의 국내법원에서 기소되어 처벌될 수 있을 뿐이다. 그래서 예를 들면, 군용항공기의 조종사가 의도적·불법적으로 외국의 영토에 들어간 경우 그는 이러한 국제법 위반에 대해 국제적으로 책임을 부담할 수 없으며, 그의 국적국이 책임을 부담하게 된다. 유사하게 지방기관의 장이 국제규칙을 위반하여 외국인 추방을 명령하는 경우, 만일 그가 우연히 외국인의 국적국가를 통과하게 되는 경우에도 해당 국가에서 체포되어 재판에 회부될 수 없다. 만일, 한 국가의 외무장관이 국제조약을 위반하는 조치를 명령하여 다른 국가의 국민이 이런 조약 위반으로 인하여 경제적 손실을 입었다 하더라도, 피해자 본국 법원에서 손해 발생을 이유로 피소되지 않는다.

그러나 만일 공적 행위가 첫째, 국제법을 위반하고, 둘째, 다른 국가(즉 법정지국)의 영토상에서 수행되며, 그리고 셋째, 해당 지역의 법령상 중대한 형사범죄(예를 들어 살인)를 구성하는 경우, 기관원 소속 국가의 국제책임이 발생할 뿐만 아니라 해당 개인에 대한 개인책임이 발생할 수 있으며, 아니면 적어도 국가기관원에 대하여 형벌조치가 부과될 수 있다. 이러한 규칙은 최소한 두 사건, 즉 1830년 *McLeod* 사건[18] 및 1985년 *Rainbow Warrior* 사건[19]에서 분명히 적용되었다.

---

18) 1841년 뉴욕주 사실심법원(Supreme Court)이 *People v. McLeod* 사건에서 내린 판결을 참조하시오. McLeod는 인신보호영장(writ of *habeas corpus*)에 대해 ① 자신이 캐나다 소재 영국 군부대원으로서 공적 자격으로 활동하였기 때문에 미국 법원은 관할권이 없으며, ② 어쨌거나 '자신은 현

앞에서 간단히 언급한 것보다 더 넓은 예외가 국제범죄와 관련되어 있다. ICTY 항소심재판부가 *Blaškić*(소환) 사건에서 분명히 판시하였듯이(제41항),[20] 국가공무원은 국제범죄에 대해서는 관할권면제 또는 직무면제를 주장할 수 없으며(이런 입장은 최근 *Ferrini* 사건에서 지지를 받았다. 제11항), 같은 범죄에 대해 형사책임을 진다(이런 위반에 대해 소속 국가의 국제책임도 추가된다. 그러나 최근 국제공동체에서는 국가책임의 중요성을 낮추고 국제범죄에 대해서 개인에게만 책임을 부과하는 경향이 나타나고 있다. 다시 말해서 실제적으로 개인의 형사책임이 국가책임을 압도하여 이를 배제하는 경향이 있다). 그러나 다음(6.4 및 6.5)에서 살펴 보겠지만, *대인적* 면제를 향유할 권능이 있는 외교관 및 고위직 국가공무원(국가원수, 정부수반 또는 외무장관)은 재직 중에는 국제범죄를 범한 이유로 기소되지 않는다(이런 한시적 면제를 부여하는 근거는 국내법원이 권한을 남용하여 국가간의 원만한 국제관계를 위태롭게 할 수 있는 경우를 방지하려는데 있다).

국가공무원의 면제권은 국가를 대표하여 행위하는 개인이 아닌 국가 자체에 귀속된다. 그리하여 개인의 국적국이 면제권을 포기한 경우 공적 행위에 대해서도 외국은 법원에 회부하여 해당 개인을 처벌할 수 있다.

장에 없어 범죄에 전혀 참여하지 않았'기 때문에 알리바이가 성립된다고 항변하였다(p.263). 법원은 미국과 영국 간에 전쟁이 없었기 때문에 영국은 McLeod가 범한 살해행위를 법적으로 정당화할 수 없음에 주목하면서 첫번째 항변을 각하하였다. 즉, "영국은 평시 살해행위가 전쟁상황에 적법하게 발생한 것으로 상황을 변화시킬 수 없다. 영국은 그런 방식으로 정부와 해당 범법자가 관계가 있는 것처럼 그를 정당화할 수 있다. 그러나 영국은 전체 세계의 시각에서 볼 때 의도적이고 준비된 공격이기 때문에 정당방위에 관한 법의 보호를 받아야 한다고 강변해서 외국의 사법법원을 구속할 수 없다. … 본인은 영국이 평시에 자신의 국민을 우리의 영토에 파견하면서 이들을 결집시키고 무기를 마음대로 사용하도록 하여서 우리의 법에 구속받지 않을 수 없다고 본다. 영국은 전쟁을 선언할 수 있다. 그러나 미·영 양국이 늘 그랬듯이 영국이 평화의 혜택을 주장하려면 자신의 국민이 우리의 영역에 입국하는 순간 이들은 이 나라에서 출생하여 항상 거주하였던 것처럼 우리 법에 의한 처벌을 완전하게 받아야 한다"고 판시하였다(p.285). 그리하여 법원은 피고의 항변을 각하하고 해당 사건을 다른 미국 법원에 환송하였고 이 법원은 1841년 McLeod의 알리바이를 인정하여 그를 방면하였다(p.299).

19) 1986년 유엔 사무총장의 결정(pp.212-214) 참조.

20) 항소심은 국가공무원의 면제 규칙에 대한 예외는 "전쟁범죄, 인도주의에 반한 죄 및 집단살해를 금지하는 국제형사법 규칙으로부터 도출되며, 이런 규범에 따라서 해당 범죄의 책임자는 비록 공적 자격으로 활동하면서 이를 범한 경우에도 국내 또는 국제관할권면제를 원용할 수 없다. 마찬가지로 다른 범주의 개인(예를 들어, 1907년 제4헤이그협약 부속 육전법 및 관습에 관한 규칙 제29조에서 정의하고 있는 간첩)도 비록 국가기관원으로 활동했다고 해도 자신의 불법행위에 대해 개인책임을 부담할 수 있다"고 판시하였다(제41항).

6.4 외교관의 면제

관습국제법상 외교관에게 다양한 특권 및 면제가 부여된다. 이런 특권 및 면제는 1961년 외교관계에 관한 비엔나협약에 명시되어 있으며, 이 협약규정의 대부분은 상당수 관습법을 선언한 것이거나 일반법으로 변형되었다. 이런 모든 규칙은 두 가지 유형의 특권 및 면제를 내포하고 있으며, 외교관이 공적 자격으로 수행하는 행위 및 거래에 관한 면제는 국가공무원으로서 누리는 직무면제와 중복된다(6.3 참조). 한 가지 유형은 외국의 국가공무원이 자신의 임무를 수행하기 위하여 사용하는 건물 및 자산에 부여된 면제이다[이러한 면제는 *대물적 면제* (immunities relating to property)임]. 다른 유형은 공무원의 개인적 활동과 관련된 면제이다(*대인적 면제*). 이러한 면제는 외국 공무원의 공적 업무수행을 위태롭게 할 수 있는 모든 사생활에 대한 간섭으로부터 그를 보호하기 위한 것이다(전통적으로 이러한 면제의 주요 근거로 *ne impediatur legatio* 법언, 즉 이런 면제는 공적 임무수행이 방해받지 않도록 하기 위해 부여된다는 것으로 표현되었다).

> 1979년 로마 주재 캐나다 무관의 로마 소재 개인 주거에 대한 임대료 미지불 소송인 *Russel v. S.r.l. Immobiliare Soblim* 사건에서, 이탈리아 헌법재판소는 외국 외교관이 누리는 민사재판관할권면제가 헌법상의 평등원칙을 위반하는지 여부를 판단하여 달라고 요청받았다. 헌법재판소는 특정성의 원칙상 평등원칙에 위반되지 않으며, 외국 외교관의 사적 업무에 대해 면제를 부여하는 관습규칙은 "개인적 특권을 부여하기 위한 것이 아니라 모든 경우에 외교관이 자신의 임무를 이행할 수 있도록 이를 보장할 목적에서 발생"한 것이라고 판시하였다. "사실상 민사재판관할권면제는 비록 몇 가지 예외가 있지만 임무수행에 있어서 독립성을 완전히 보장하는 것, 즉 *ne impediatur legatio*의 이유에서 필요하다"는 것이다(p.147).

외교관의 *대물적* 면제 중에서 다음 사항이 중요하다. 첫째, 외국의 외교공관 건물은 불가침이다. 그리하여 주재국 국가공무원은 공관장의 허가 없이 여기에 들어갈 수 없다. 외교공관이 소재하는 지역은 외국의 주권이 미치는 외국의 영토라기보다 오히려 주재국 영토의 일부이다. 다만 접수국의 집행당국은 해당 지역에서 외국 공관장의 명시적 허가 없이는 자신의 권한을 행사할 수 없다[바로 이런 점에서 Grotius는 외국의 외교공관은 *quasi extra territorium*이라고 옳게 말하였다. 즉 소위 외국공관의 역외성(*extra territoriality*)은 해당 공관이 접수국의 주권이 미치지 않는 영역에 소재한다는 것을 의미하지 않는다]. 둘째, 외국 외교사절단의 물적 자산은 수색, 징발, 압류, 강제집행으로부터 면제된다. 셋째, 외교행랑, 외교신서사 및 부호, 암호화된 통신문의 이용은 침해될 수 없다.

대인적 면제는 다음 사항을 포함한다.

(i) 체포 및 구금으로부터 면제되는 것으로서 외교직원이 범법행위를 행한 경우 접수국은 파견국에 그를 접수국이 수락할 수 없는 인물(*persona non grata*)로 통보할 수 있다. 이런 경우 비엔나협약 제9조에 따라 "파견국은 적절히 해당인을 소환하거나 그의 공관업무를 종료시켜야 한다." 만일 파견국이 이를 거절하거나 '합리적인 기간 내에' 이행하지 않는 경우 접수국은 "해당인을 외교공관원으로 인정하지 않을 수 있다."

(ii) 형사재판권으로부터 면제된다.

(iii) 접수국의 민사 및 행정재판권으로부터 면제된다(그러나 비엔나협약 제31조로 성문화된 관습법에 따르면 다음과 관련된 소송에 대한 재판권면제는 인정되지 않는다. 즉, ① 접수국에 소재하고 있는 개인 부동산(단 "외교관이 공관의 목적을 위하여 파견국을 대신하여 소유하는 경우는 예외이다"), ② '외교관이 파견국을 대신하지 아니하고 개인 자격으로 수행한 유언집행인, 유산관리인, 상속인 또는 유산수취인과 관련된' 상속, ③ '접수국에서 외교관이 그의 공적 직무 이외로 행한 모든 직업활동 또는 상업활동'이다. 외교관들이 의도적으로 자신의 외교업무와 연계되지 않은 개인적 활동 또는 업무를 하는 경우를 감안할 때 이러한 세 가지 부류의 소송에 대해 현지의 재판권으로부터 면제되는 것은 불공정할 것이 명확하다). 게다가 외교관은 자신이 자발적으로 재판에 응하는 경우 행정 또는 민사소송절차로부터 면제되지 않는다. 예를 들어, 현지 법원에 소송을 제기해서 재판권에 대한 면제권을 포기하는 경우 이들은 본소와 직접 관련된 반소 또는 항소에서 면제되지 않는다.

(iv) 외교관 개인의 주택, 서류, 서신 및 물적 자산의 불가침이다.

(v) 모든 대인적 · 대물적 또는 국가적 · 지역적 · 지방적 부과금 및 세금으로부터 면제된다(단, 비엔나협약 제34조 (a)호 내지 (f)호에 열거된 간접세 및 그 밖의 부과료 또는 세금은 제외됨).

그러나 위에서 언급한 면제에는 접수국의 *국적*을 갖거나 접수국 내에 '영

주'하는 외교관은 포함되지 않는다(즉, 비엔나협약 제38조 제1항에 따르면 "접수국이 추가로 특권과 면제를 부여하는 경우를 제외하고 접수국의 국민이나 영주자인 외교관은 그의 직무수행 중에 행한 공적 행위에 대해서만 재판관할권면제 및 불가침권을 향유한다"). 이러한 예외를 둔 이유는 그렇지 않을 경우 외교관이 모든 재판권으로부터 면제되어 완전히 책임을 부담하지 않게 될 것이기 때문이다. 이런 예외는 무엇보다도 세금 및 부과금 지불에 적용되며, 당연히 형사재판권면제에 대해서도 마찬가지로 적용된다.

대인적 면제는 다양한 측면에서 직무면제와 *다르다*. 첫째, 직무면제와 달리 대인적 면제는 사적 행위 및 업무를 대상으로 한다. 둘째, 대인적 면제는 주재국(또는 접수국)의 실체법으로부터의 면제를 포함하지 않고, 법원의 재판관할권면제 및 집행기관의 집행면제만 포함한다.[21] 셋째, 이러한 면제는 파견국과 접수국 간에만(그리고 외교관이 접수국에 파견되거나 접수국으로부터 귀임 중 경유하게 되는 국가에 대해서) 적용된다. 반대로, 외국의 공무원이 자신의 공적 자격에서 수행한 행위에 대해 누리는 면제는 절대적일 뿐만 아니라(국제범죄와 관련된 예외가 있을 뿐임. 다음 6.8 참조) 모든 여타 국가에 대해 주장할 수 있다. 즉, 이러한 면제는 *대세적*(*erga omnes*)이다. 넷째, 이러한 면제는 임무 종료와 함께 소멸한다(반면 직무면제는 영구적이다).

외교관에게 통상 적용되는 인적 특권 및 면제는 이들과 세대를 구성하는 가족구성원이 접수국의 국민이 아닌 한 이들에게도 인정된다.

6.5 영사의 면제

영사(consular)의 법적 지위에 대한 관습규칙은 1963년 비엔나협약으로 성문화되었다. 영사는 두 개 국가 간의 교류관계를 맡지 않기 때문에 외교사절이 아니다. 오히려 영사는 파견국의 상업 등 이익 보호, 특히 파견국 국민에 대한 지원

21) 이러한 입장은 무엇보다도 영국 법원이 명확히 하였다. 예를 들어, *Dickinson v. Del Solar* 사건 [1930] 1 KB 376, 6 *BILC*에서 재인용(pp.142-144) 참조. 영국 왕좌부(King's Bench Division)는 1929년 7월 31일자 판결에서 "외교특권은 법적 책임으로부터 면제를 주는 것이 아니라 현지 재판관할권으로부터의 면제만 준다. 이런 특권은 외교관을 파견한 주권자의 특권이다"(p.144).

제공(예를 들어, 자국민이 접수국에서 체포되거나 구금되는 경우 해당 국민을 지원 및 자문하거나 지방당국에 의해 구금된 국민과의 통신 등) 목적의 활동을 수행한다. 영사는 주요 공증업무(예를 들어 서명의 증명 및 인증, 재판절차에서 증거확보를 위한 증언, 혼인의 성립 및 신고 접수, 자국민의 유언에 대한 공증, 입양의 인증, 출생 및 사망신고 접수)를 수행하기도 한다.

직무의 성격상 영사는 *대인적* 면제를 향유하지 못한다. 이들은 오로지 공식적인 영사직무를 수행하면서 행한 행위에 대하여 형사 및 민사재판권으로부터 면제된다(즉, *직무*면제). 그리고 1963년 비엔나협약 제41조 제1항에 따라 “중대한 범죄를 저지른 경우에 권한 있는 사법당국의 결정에 의하지 않고서는 재판 중 체포 또는 구금당하지 아니한다.” 이렇게 체포 · 구금되는 경우 이외에 영사는 구금되지 않으며, “최종적인 효력을 갖는 사법기관의 판결 집행을 제외하고 어떠한 형태의 개인적 자유도 제한받지 아니한다”(비엔나협약 제41조 제2항). 마찬가지로 영사관(즉, 영사의 활동이 이루어지는 건물) 및 영사서류 및 문서는 수색 및 압수로부터 불가침이다. 영사는 조세(비엔나협약 제49조) · 관세 및 검사(비엔나협약 제50조)로부터 면제된다.

6.6 국가원수, 정부수반 및 정부 고위인사의 면제

외국에서 공적 임무를 수행하는 국가원수, 총리 및 외무장관은 공적 행위에 대한 면제(즉, 직무면제) 외에 자신의 공적 업무를 수행하거나 거주하는 건물과 함께 사적 행위에 대해서도 특권 및 면제를 향유한다. 그런데 법학문헌마다 위에서 언급한 외교관에게 부여되는 특권 및 면제가 완전한 형태로 이런 부류의 사람들에게 확대적용되는 지에 대해 서로 달리 언급하고 있다. 이러한 확대가 국제법상 인정된다는 견해가 더 나으며, 판례법이 이러한 주장을 뒷받침해 주고 있다.[22] 국내법원은 이러한 결론의 근거를 외교관에게 적용되는 것과 유사한 원칙, 즉 *ne*

22) 예를 들어, *Kilroy v. Windsor* 사건(pp.605-607. 미국 국무부의 입장도 언급되어 있다); *Sayce v. Ameer Ruler Sadiq Mohsammad Abbasi Bahawalpur State* 사건(p.657 및 p.662)에 대한 1952년 1월 21일자 영국 왕좌부 및 1952년 5월 20일자 항소법원의 판결 참조. 또한 1921년 3월 11일자 이탈리아 대법원의 *Nobili v. Emperor Charles I of Austria* 사건(pp.371-374)의 판결[*Annual Digest* (1919-1922)에서의 영문요약(p.136)] 참조.

impediatur officium(외국 고위공무원이 자신의 공적 업무 수행에 있어 받을 수 있는 간섭으로부터 그를 보호할 필요성)에서 찾고 있다.[23]

여기서 다시 한번 강조되어야 할 것은, 이들이 자신의 공적인 자격에서 수행하는 행위는 직무면제의 대상이 되지만, 지금 여기서 논의하는 특권 및 면제는 대물적 혹은 대인적 면제이며, 접수국이 외국 공무원의 사생활에 대해 부당하게 간섭해서 외국 고위인사로서 활동하는데 위협받지 않도록 이들을 보호하는 것을 목적으로 한다는 점이다.

그러나 이러한 특권 및 면제는 오로지 *공식* 방문 중인 고위 국가공무원에게만 부여된다. 그런데 이들이 사적으로 방문하지만 *신분을 위장하*는 여행이 아닌 경우 접수국은 이들을 특별히 보호해야 할 것으로 보인다. 하지만 이들에게 특권 및 면제를 부여하는 것은 예양, 즉 겸양 및 선의에서 나오는 것이지, 의무에서 나오는 것은 아니라고 할 수 있다.

국내법원 및 ICJ(*Arrest Warrant* 사건에서)는 이러한 면제 중 일반범죄나 국제범죄에 대해 외국 법원의 소추면제가 제일 중요하다는 의견을 제시하고 있다. 이러한 의견은 그 유명한 1812년 *The Schooner Exchange v. McFaddon* 사건(p.137)까지 거슬러 올라가는데, 이후 판례법에서 계속하여 확인되고 있다.[24] 외국 법원의 형사재판권으로부터 면제를 부여하는 근거로는 두 가지를 들 수 있다. 첫째, 미국 법원이 *Gladys M. Lafontant v. Jean-Bertrand Aristide* 사건에서 지적하고 있듯이, "외국의 주권면제와 마찬가지로 국가원수의 면제는 면제의 목적상 국가와 국가의 통치권자는 동일하다는 개념에 기반한다"는 것이다(pp.10-11). 둘째, 모든 국가는 동등하기 때문에 어느 국가도 '다른 국가에 대해 사법권을 행사' 할 수 없다는 관념에 기반하고 있다(pp.10-11). 아마도 국가원수에 대해서는 이들을 외국 법원에서 재판할 경우 국가의 정치적 존립을 약화시키며 국제적 위신을 훼손하게 될 것이라는 이유도 있을 것이다.

외무장관의 면제는 다수의 국내 및 국제사건에서 주장되고 있다. 예를 들어, *Bigi* 사건(p.359에서 산마리노 외무장관은 퇴임후 사적 자격으로 수행한 행위에 대해 재판

---

23) *Bigi* 사건에 대한 로마 법원의 1987년 2월 18일자 명령(p.360)을 참조하시오.

24) 예를 들어, *Saltany v. Reagan* 사건(p.320), *Gladys M. Lafontant v. Jean-Bertrand Aristide* 사건(pp.10-11), *Fidel Castro* 사건(법적 근거에 대해서는 제1항-제4항), *Ghaddafi* 사건(p.1)과 *Sharon* 사건(p.2) 참조.

권면제를 더 이상 누리지 못한다고 판시함) 및 ICJ의 *Arrest Warrant* 사건에서의 권위 있는 판결(제53항-제61항)을 들 수 있다.

물론 이들 고위공무원의 소속국은 면제를 포기할 수 있다.

6.7 특권 및 면제의 유효기간

위에서 언급한 바와 같이, 판례법과 주로 외교관에 관한 국가의 입장표명 등에서 확인되고 있듯이 직무면제는 국가공무원에 부여된 직무의 종료로 소멸되지 않는다.[25] 반대로 *대인적* 특권 및 면제는 임무 종료와 함께 소멸한다. 1925년 파리 법원은 *Laperdrix and Penquer v. Kouzouboff and Berlin* 사건에서 이러한 국제규칙이 설정된 배경을 다음과 같이 설명하고 있다. 즉, "외교면제의 원칙은 외교관이 아닌 정부의 이익을 위해 설정된 것이다. 그래서 이 원칙은 [외교적] 임무에 대해서만 적용된다. … 이와 반대되는 견해를 따르면 외교관에게 이익이 되도록 일종의 소멸시효 및 무한도의 책임면제를 인정하게 된다"(p.65). 예를 들어, 대사가 접수국에서 자기 부인을 살해한 것과 같은 일반범죄를 범하는 경우 접수국의 형사재판권으로부터 면제되지만, 만일 그가 외교관 직위를 그만둔 후 자국으로 되돌아가는 경우에는 체포되어 재판에 회부될 수 있다.

> 위와 같은 주장은 국가관행 및 판례법에서 분명히 확인되고 있다. 예를 들어, 외교관이 관세규칙(*Ministère Public v. P.* 사건, pp.30-31 참조) 또는 폭발물에 관한 법(*The Empire v. Chang and others* 사건, p.288 참조)을 위반하거나, 강간을 범한 경우(*Imp. A.B.* 사건, p.212 참조) 또는 불법주차나 신분증 제시를 거부하는 행위 및 경찰관에 대한 상해행위(*P.M. v. Zappi Mentore* 사건, pp.1255-1260 참조), 또는 전직 외무장관이 범죄행위에 연루된 경우(*Bigi* 사건, p.360 참조) 등이 있다.

그러나 면제의 소멸시기가 접수국에서 외교관의 임무 종료시기와 일치하는 것은 아니다. 1908년 Adee 미국 국무장관 대리가 미국 주재 브라질 대사에게 보

25) 예를 들어, 스위스 외무부가 1961년 5월 12일 내린 의견[21 *ASDI*(1964), p.171]; 런던 항소법원이 1964년 3월 24일 *Zoerrsch v. Waldock and another* 사건에서 내린 판결[3 *ILM*(1964), p.525 및 8 *BILC*, p.837] 참조.

낸 각서에서 언급하였듯이, "외교관 개인에게 내재되어 있는 외교면제는 그가 접수국을 출발하기 위해 제반 사항을 마칠 수 있도록 외교업무가 종료된 후 상당한 기간까지 연장된다."[26] 이러한 주장은 판례법에 의해 뒷받침되고 있으며,[27] 외교관계에 관한 비엔나협약 제39조 제2항으로 성문화되었다. 즉, 해당 규정은 대인적 특권 및 면제가 "외교관이 접수국을 출발하는 때 또는 그렇게 하기 위해 상당한 시간이 지난 후 소멸하며, 무력충돌시에도 퇴거에 필요한 상당한 기간까지 존속한다." 또한 외교관은 본국으로 귀임하는 도중 경유하게 되는 제3국의 영역에서도 면제를 향유한다(비엔나협약 제40조 제1항).

6.8 대인적 면제와 국제범죄

위에서 서술한 바와 같이 대인적 면제 때문에 이에 해당되는 모든 국가공무원은 자신들이 재직하는 중에는 국제범죄에 대한 처벌로부터 보호받는다. 스페인, 프랑스 및 벨기에 법원은 *Fidel Castro* 사건(법적 근거에 대해서는 제1항-제4항), *Ghaddafi* 사건(pp.218-219), *Sharon* 사건(p.3)에서 각각 이런 개념을 명료하게 언급하였다. 그러나 국가공무원이 공직에서 물러나면 대인적 면제가 소멸되기 때문에 재직 중 또는 그 이전에 범한 국제범죄로 인하여 처벌받을 수 있다. 이러한 입장은 판례법(예를 들면 *Pinochet* 사건, *Bouterse* 사건, *Hissène Habré* 사건) 및 국가의 선언[28]에서 지지받고 있다. 그러나 몇몇 사건은 이러한 판례법의 경향과 다른 입장을 취하는 것으로 보인다. 전직 국가원수에 대한 최소한 두 개의 판결에서 미국 법원은 이들 전직 국가원수의 소속국이 면제 포기를 하였기 때문에 이들에 대하여 재판권을 갖는다고 판시하였다[*In re Grand Jury Proceedings* 사건; 집행이 연기된

---

26) G.H. Hackworth, *Digest of International Law*(Washington, D.C.: Government Printing Office, 1942), iv, p.458 참조.

27) 예를 들어, 미국 워싱턴 컬럼비아특별구 경찰법원(police court)의 *District of Columbia v. Vinard L. Paris* 사건 판결(pp. 787-791), 온타리오 항소법원의 *Re Regina and Palacios* 사건 판결(pp.412-413) 참조. 또한 영국 사실심법원(High Court)이 1979년 2월 9일 *Shaw v. Shaw* 사건에서 내린 판결(pp.483-490) 참조. 다른 사건 및 국가관행에 대해서는 J. Salmon, *Manuel de droit diplomatique*(Brussels: Bruylant, 1994), pp.404-408 참조.

28) 예를 들어, 2000년 영국 외무장관은 의회에서 "전직 국가원수는 그러한 모든 범죄(고문과 같은 매우 심각한 범죄)에 대한 재판절차에서 면제되지 않는다"고 언급하였다(71 *BYIL*(2000), p.588).

대배심 소환장(deferral grand jury subpoenas)에 불응한 이유로 전직 필리핀 대통령 마르코스의 민사책임을 인정한 사건), *Paul v. Avril* 사건(인권위반 혐의로 기소된 아이티 전직 군사령관에 관한 사건) 참조]. 만일 이렇게 면제의 포기가 필요하다면, 면제 포기가 없을 경우 전직 국가원수는 외국 법원으로부터 재판권면제를 향유한다는 것을 의미하게 된다.

더욱이 ICJ의 *Arrest Warrant* 사건 판결에 따르면, 위에서 언급한 입장(역자주: 재직 중에 저지른 국제범죄로 인하여 처벌받는 경우)은 전직 외무장관(전직 국가원수 또는 정부수반도 포함)이 오로지 '사인(私人) 자격'에서 수행한 행위에 대해서만 적용된다(제61항)는 것이다. 그러나 ICJ의 판결은 참으로 의문스럽다. 왜냐하면, 고위 국가공무원이 '사인 자격'에서 전쟁범죄, 고문, 인도에 반한 죄, 테러리즘 또는 집단살해죄와 같은 국제범죄를 범한다는 것은 상상하기 어렵기 때문이다. 오히려 이들 고위공무원은 이런 행위를 직접 수행 또는 명령하거나, 적극 용인하면서 자신의 공적 임무를 수행한다. 사인 자격에서 범하는 범죄라면 자신의 부인(또는 남편) 살해, 상점 절도, 점원 폭행 등과 같은 개인적 범죄가 포함될 것이다.

관습국제법상 대인적 면제를 향유하지 못하는 국가기관원(예를 들어 국방장관, 일반직 또는 고위직 경찰관, 군 요원 등)은 재직 중이더라도 언제든지 처벌될 수 있다. 이런 입장은 판례법[예를 들면, *Sharon* 사건에서는 두 명의 피고 중 한 명이 전직 정보부장이면서 현직 이스라엘 국방부 고위 국가공무원인 아리엘 야론이 처벌될 수 있다고 판시하고 있음(pp.3-4). 또한 *Scilingo* 사건, *Guatemalan generals* 사건 참조]의 지지를 받고 있다. 미국 법원도 민사사건에 관한 것이지만 같은 입장을 취하고 있다(예를 들어, *Garcia J.G. and Vides Casanova C.* 사건 p.1 및 pp.2-6).

6.9 국가의 외국인 및 개인에 대한 대우방식의 제한

아주 오랫동안 외국인의 대우에 관한 관습규칙 및 조약규정으로 인해 국가주권이 크게 제한되었다. 외국인은 접수국의 영토주권에 지배받고 접수국의 법령을 이행할 의무가 있지만, 자신의 본국에 국제적 권리를 부여하는 국제규칙에서 규정하는 많은 권리의 혜택도 누린다. 관련 국제규칙은 외국인의 생명, 인격 및 재산의 보호를 목적으로 한다. 국내 및 국제법원은 외국인이 자의적 대우, 특히 공정한 보상 없이 자신의 재산을 몰수당해서는 안되며, 군대징집 등을 당해서도 안된다고 판시하고 있다.

그러나 이 문제에 관한 규칙은 다소 느슨한데, 오랜 기간 동안 두 가지 서로 다른 접근방법이 제기되었다. 하나는 개발도상국이 제기한 것으로 외국인은 접수국의 국민과 동등한 대우를 받으면 충분하며, 내국민과 다른 대우를 받아서는 안된다는 주장이다. 다른 하나는 주로 선진국이 지지하는 것으로서 외국인은 접수국 국민이 자국에서 받는 대우의 정도에 관계 없이 최소한도의 문명기준에 따라 대우를 받아야 한다는 것이다[예를 들어, 1926년 미국-멕시코 일반청구권위원회가 다루었던 *Harry Roberts v. United Mexican States* 사건(pp.79-80),[29] *Neer* 사건(pp.61-62)[30] 및 *Chattin* 사건(p.282) 참조].

결국 후자의 접근방법이 우세할 것으로 보인다.[31] 그럼에도 외국인은 일반적으로 말해 ① 차별받지 않아야 하고, ② 자신의 생명 및 재산에 대해 존중받을 권

29) 이 사건은 외국인 대우기준이 탄력적으로 활용될 수 있는 점을 분명히 보여 주고 있어 음미할 만한 가치가 있다.

미국은 자국 시민인 H. Roberts가 자의적 · 불법적으로 체포되어 과도한 기간 동안 억류되었으며, 수감 중 잔인하고 비인간적인 대우를 받았다고 주장하였다. 미국-멕시코 일반청구권위원회(General Claims Commission)는 불법체포 주장을 배척하였다. 과도한 구속기간에 대해 위원회는 "분명히 말해 한계(즉, 범죄혐의가 있는 외국인이 자신의 혐의사실에 대한 조사 중 구속될 수 있는 한계)를 설정하는 기준으로 국제법에서 정한 명백한 기준은 없다. 의심할 여지없이 범죄 혐의가 있는 사람이 재판에 회부되지 않고 구금될 수 있는 최대기간을 설정하는 현지법에 대한 조사는 특정 사건에서 구금의 상당성 여부를 결정하는 데 유용할 수 있다"(p.79). 위원회는 그 다음 관련 멕시코 법을 검토한 후 해당 사안에서 위반이 있었다고 판단하였다. 이런 이유로 위원회는 멕시코에게 국제법 위반의 책임이 있다고 결론내렸다. 부당한 대우 주장에 대해서 위원회는 Roberts에게 '다른 모든 사람에게 주어진 대우와 동일한 대우가 부여'되었다는 멕시코측 주장을 배척하였다. 위원회는 "내국인과 외국인의 동등한 대우에 관한 사실관계가 외국인 학대 소송의 본안을 결정할 때 중요할 수 있으나, 동등성이란 것이 국제법상 관계당국의 행위가 적절했는지를 결정하는 최종적인 기준은 아니며, 포괄적으로 말해서 이런 기준은 외국인이 일반 문명기준에 따라 대우받았는지의 여부이다"(p.80)고 하였다. 위원회는 Roberts가 잔인하고 비인간적인 방식으로 구금되었기 때문에 배상금이 지불되어야 한다고 결론내렸다.

30) 미국-멕시코 일반청구권위원회는 외국인에 대한 부당한 대우가 국제법 위반이 되려면 "모욕, 배신, 의무의 의도적 태만 또는 정부 조치가 국제기준에 훨씬 미달하여 합리적이며 공정한 사람이라면 누구나 그러한 대우가 불충분하다고 쉽게 인정하는 정도에 도달하여야 한다"(pp.61-62)고 판시하였다.

31) 그러나 최근 다수의 국가는 해외거주 자국민에게 내국민 대우가 부여되어야 한다고 주장하여 왔다. 예를 들어, 1999년 영국 대외 및 영연방청 담당 장관이 영국은 해외에서 진행 중인 재판에서 자국민이 "해당국 국민과 동등하게 대우받아야 한다"고 주장하는 취지로 발언한 내용(70 *BYIL* (1999), p.422)을 참조하시오.

리를 가지며, ③ 접수국 영역으로부터 집단추방당하지 않으며, 국민적 · 인종적 · 종교적 또는 민족적 이유로 추방당할 수 없으며, 특히 ④ 외국인은 접수국에서 자신의 권리를 옹호하기 위해 사법적 구제를 받을 권한이 있다. 접수국 당국이 이러한 구제를 제공하지 않거나, 절차의 진행을 남용 · 방해하거나 형사소추상 심각한 불법행위를 하게 되면 재판거부, 오심(誤審), 외국인 보호에 관한 국제규칙의 심각한 위반 등에 해당할 수 있다.

관할당국이 사법적 구제를 부여하지 않거나 부여하더라도 구제가 충분하지 않으면 외국인은 본국이 제공하는 외교적 보호 또는 사법적 보호에 의존해야 할 것으로 보인다. 소속 국민을 일반적으로 수락된 기준에 맞게 대우하도록 청구할 권리를 국적국에 부여하고 있는 전통규칙은 접수국에게도 외교적 보호권, 즉 자국민의 이익을 위해 국제규칙의 이행을 청구하고 이를 위반하는 경우 국제위법행위의 중지 및 금전배상을 확보하기 위한 조치를 취할 권리를 부여하고 있다. 외국으로부터 불법행위를 당한 개인은 국제규칙상 본국에 대해서 외교적 및 사법적 보호를 추구하도록 요구하고 그러한 보호를 받을 권리를 갖지 않는다. 하지만 국내법체계에 따라서 개인은 이러한 보호를 받을 권리를 일부 가질 수 있다.

> 예를 들어, 2002년 영국 항소법원은 *Abbasi v. Secretary of State for Foreign and Commonwealth Affairs and others* 사건에서 영국법상 영국 국민은 "외국에서 기본권을 침해당하는 경우 영국 정부가 이 사안에 대해 단순히 손을 떼고서 그를 내버려두지는 않을 것이라는 일반적 기대감"을 갖는다고 판시하였다(제98항). "그러나 특정 사건에서 외국 정부에 대해 진정을 할 것인지 여부 그리고 진정을 하는 경우 진정의 형태에 대한 결정은 완전히 외무장관의 재량사항이다. … 외무장관은 외교정책적 사항을 충분히 고려할 수 있어야 하고 이러한 사항은 법원의 판단대상이 아니다. 그렇다고 전 과정이 사법심사로부터 면제되는 것을 의미하지는 않는다. 시민의 합리적 기대사항은 자신의 요청이 '고려'될 것이며, 이런 고려과정에서 모든 관련 요소가 비교형량될 것이라는 점이다"(제99항).

소속국(국적국)이 자국민의 권리가 침해되었다는 이유로 접수국을 상대로 중재재판소나 국제법원에 제소하기 전, 해당 개인은 이용 가능하고 유효한 모든 국내구제절차를 완료하여야 한다. 그가 국내적 차원에서 어떠한 구제도 받지 못할 경우에만 그의 국적국가가 국제적 차원에서 조치를 취할 수 있다. 국내구제의 사전 완료에 관한 관습규칙의 존재이유는 국내적 차원, 즉 사실관계 확인 및 국내법 적용이 보다 적합한 국내법원에서 문제된 사안을 해결할 수 있다면 국제적 차원에서 소를 제기할 실익이 없다는 점이다. 국제소송은 분쟁의 국내사법적 해결에 비해 고비용, 복잡한 절차 및 시간지연의 경향이 있어 국가는 이런 국제적 수단을 최후의 수단으로 선택하기를 더 원한다.

이런 규칙의 의미 및 결과는 분명하다. 즉, ICJ가 *Interhandel(Switzerland v. United States)* 사건*(예비적 항변)*에서 판시하였듯이(pp.26-29), 국내적 구제가 유효한데도 이것이 완료되지 않았다면 관련 소송은 국제적 수준에서 받아들여질 수 없다. 일부 학자에 따르면 이러한 규칙은 불법행위의 피해자인 국민이 국내구제를 완료하기 전에는 피해자의 국적국가가 추구할 어떠한 국제책임도 발생하지 않는다는 점을 포함한다. 다른 학자의 견해로는 이 규칙은 *실체*법에 영향을 미치지 않고 단지 *절차*법하고만 관련된다. 즉, 소송은 국내구제가 완료되지 않는 한 허용되지 않는다. 이러한 논란은 이론적으로 흥미롭다고 해도, 실제적인 관련성은 미미하다. 사실상 국내구제완료 규칙의 본질적 · 법적 효력 및 의미에 대해서는 상당한 합의가 존재하는 것으로 보인다.

국제공동체에 있어 인권이론이 비약적으로 발전한 결과, 외국인 대우에 관한 규칙은 상당수 인권규칙에 흡수되었다. 결과적으로 많은 국제규칙은 현재 외국인 *자격으로서* 개인보다는 개인 자체를 보호하는 경향이 있다. 그래서 현재 국가에게 자국민과 자국의 관할권(즉, 자신의 *법적* 또는 사실적 권한)하에 있는 다른 개인에 대한 대우방법에도 제한을 가하는 일반국제법규칙이 존재하게 되었다.

인권존중에 관한 관습국제규칙은 모든 국가에게 국민, 자신의 영역에 거주하거나 이를 통과하는 외국인 및 무국적자의 기본적 인권을 존중할 의무를 부과하고 있다. 그런데 이러한 국제규칙은 국가가 개인을 대우하는 방법에 대해서는 자세히 규율하지 않고 있다. 이러한 사항은 유엔 시민적 · 정치적 권리규약, 유럽인권협약, 미주인권협약 및 아프리카 인권 및 인민의 권리헌장(African Charter on Human and People's Rights) 등에서 규율하고 있다. 한편 관습규칙에 따라서 모든 국가는 외국인에 대해서 특정한 의무를 부담하며, 이와 함께 심각하고 조직적으로 인권을 침해해서는 아니된다(11.4 및 19.5 참조).

인권이 등장하였다고 해서 외국인 보호에 관한 전통법이 사라진 것은 아니다. 몇 가지 경우에 있어서는 전통규칙이 새로운 의미를 갖거나 새로운 역할을 담당하고 있다. 예를 들어, 국내구제절차 사전 완료 규칙은 인권조약에서도 적용되고 있기에, 인권침해에 대한 소송을 미주인권위원회, 유럽인권재판소 등 국제기관에 제기하고자 하는 개인은 이를 이행하여야 한다. 개인소송이 '국가간' 차원에서 '공동체'적 차원으로 변천함에 따라 무엇보다도 타당한 근거가 없거나 악의적인 소송 또는 국내적 차원에서 쉽게 판결될 수 있는 무수한 소송에 국제기관이 매몰되지 않도록 보호해야 하기 때문에 현재 이러한 규칙의 존립근거가 더욱 크다.

제 7 장

그 밖의 국제법 주체

제4장에서 언급하였듯이 국제법 주체에는 국가 이외에도 반란단체, 민족해방운동단체, 국제기구, 개인 그리고 몇몇 *독자적* 실체(*sui generis* entities)가 있다. 국가 및 몇몇 *독자적* 실체와 마찬가지로 반란단체는 전통적인 국제법 주체이지만, 다른 범주의 주체는 새로운 유형의 주체이다.

7.1 반란단체

주권국가 내에서 정치 · 군사적인 의견 불일치로 인해 대규모 무력충돌이 발생하게 되는데, 때때로 반군이 성공적으로 영토의 일정 부분을 지배하고 그 지역에 거주하는 개인에 대해 실효적 권한을 행사할 수 있는 운영조직을 구성하기에 이른다. 이런 경우 반란진영은 보통 국제법 주체의 자격을 어느 정도 인정해 달라고 요구하게 된다.[1]

1) 반란은 국제공동체 출범 이래 빈번하게 발생하였다. 1774~1783년 기간 중 북미에서 내란이 발생하였는데, 이것은 미국인 정착민과 영국 식민세력 간의 투쟁(비록 반군이 식민세력과 동일한 백인이었지만, 오늘날의 '민족해방전쟁'으로 볼 수 있을 것이다)이 오랜 기간 지속하여 대혼란을 가져왔으며 결국 반군의 승리로 끝났다. 1810~1824년 기간 중 미주대륙에서 중남미의 스페인 및 포르투

내란에 대한 국제법상 대응은 무엇일까? 적대행위를 규율하는 국제규칙에 대해서는 나중에(20.7) 살펴 보겠지만, 여기에서는 반군이 국제공동체에서 어떤 지위를 획득하는지에 대해 살펴 보기로 한다.

국가는 전통적으로 자신의 영토 안에 있는 반란단체에 대해 적대적인데, 이것은 분명히 '합법정부'를 타도하여 전체 국가조직의 변경을 도모하는 세력에 의해 현상이 타파되는 것을 원치 않기 때문이다. 결과적으로 국가는 반란을 국내적 사건으로 다루고 반군을 일반 범죄인으로 처리하기를 더 원한다. 국가적 견지에서 볼 때 국제공동체의 '개입'은 반란단체의 사기를 높여 주기에 이들을 훨씬 더 위험한 존재로 만든다. 그래서 전통적으로 내란에 대해서는 국제적 무력충돌의 지위를 부여하지 않으려고 하는데 최근 두 가지 이유에서 이 점이 더욱 강화되고 있다. 첫째는 식민세력이 자의적으로 결정했던 국경지역에서 분리되었던 아프리카 지역을 포함하여 다수 개발도상국에서 민족분규 또는 기타 형태의 충돌이 급속히 확산되고 있는 것이고, 둘째, 특히 거대 규모의 실체가 분열되어 탄생한 국가에서 민족 또는 종교집단의 원심력이 증대하고 있는 것이다(이것은 무엇보다도 소비에트연방 및 유고의 붕괴로 탄생한 신생국의 경우에 해당한다). 절대다수 국가는 이러한 불안감이 점증하면서 반군에게 국제법적 지위를 부여하는 것을 더욱 더 유보하고, 이들을 해당 국가의 형법으로 처리하려는 경향을 보이고 있다.

반란단체에 대한 국가의 적대적 태도는 주로 세 가지 형태를 보였다.

무엇보다도 반란단체가 국제법적 인격을 취득하는 요건에 대한 현재의 규칙은 다소 불명확하다. 국제법은 단순히 국제법 주체가 되는 자격에 대하여 몇 가지 탄력적인 최소 요건만 정하고 있다. 간단히 말해서 첫째, 반군은 자신이 영토의 일정 부분에 대해 실효적 지배를 하고 있다는 것을 증명하여야 한다. 둘째, 내

갈의 지배에 항거하는 다른 반란이 발생하였다. 다시 한번 반군이 승기를 잡았다. 19세기에 다수의 국내적 무력충돌이 유럽에서도 분출하였으나, 가장 중요한 내전은 1861~1865년 기간 중 미국에서 발생했던 것인데, 이 내전으로 인한 끔찍한 황폐함과 잔혹함으로 양 충돌당사자는 이를 고유의 전쟁과 차이가 없는 것으로 간주하여 국가간 무력충돌을 규율하는 규칙을 상당수 적용하였다. 20세기에 들어와 국내적 충돌은 훨씬 더 심각하고, 오래 지속되었으며 더 파괴적이었다. 1936~1939년의 스페인 내전은 규모면에서 두드러졌으며 광범위한 반향을 불러일으켰다. 제2차 세계대전 이후 일부 서구 및 사회주의권 국가에서 충돌이 발생하였다. 즉, 그리스(1946~1949), 헝가리(1956), 체코슬로바키아(1968), 터키(1983년부터 현재까지), 구 유고연방(1991~1995년 및 1998~1999년), 체첸(1991~1996년 및 1999년 이래 진행 중)이다. 그러나 현 시대에서 반란은 개발도상국에서 발생하는 경향이 있다(예를 들면 르완다, 콩고민주공화국, 수단, 니카라과, 콜롬비아 등).

란의 강도 및 지속성이 일정 수준에 도달하여야 한다(내란은 단순한 폭동 또는 산발적이고 단기적인 폭력행위가 되지 않아야 할 것이다). 비록 묵시적이기는 하지만 *반란단체를 승인*하거나 거부하여 위 요건이 충족되었는지 여부를 평가하는 것은 바로 국가(내란 발발국 및 그 밖의 다른 당사국)이다.

반란이 광범위하고 장기화되어 반군이 영토의 일정 부분에 대해 안정적인 지배권을 확보하는 경우 중앙당국 또는 제3국은 *교전단체의 승인*을 부여할 수 있다. 1870년 및 1875년 미국이 스페인 중앙당국에 항거하는 쿠바 반군(당시 쿠바는 스페인 식민지였다)에 대해 승인을 거부했던 사유를 제시하면서 미국 대통령 그랜트는 승인의 *요건*을 매우 설득력 있게 제시하였다.

그랜트 대통령은 1870년 6월 13일 '특별교서'에서 다음과 같이 기술하고 있다. "교전단체의 문제는 어느 당사자에 대한 호감이나 편견에 의해 결정될 수 없는 사안 중 하나이다. 모국(母國)과 반란단체의 관계는 사실상 국제법적 의미에서 전쟁에 도달하여야 한다. 비록 격렬하고 장기간의 전투이더라도 이것만으로는 전쟁이 되지 않는다. 다시 말해서, 전쟁규칙 및 관습—정전기(停戰旗), 포로교환협정, 포로교환 등—에 따라 활동하는 군대가 존재하여야 한다. 그리고 교전단체 승인이 정당화되려면 반란단체는 무엇보다도 그 성격 및 재원에 있어서 기회가 주어지는 경우 국가간의 관계에 있어 국가로서의 의무를 이행할 수 있고, 자신의 국내의무 이행에 있어 다른 국가에 대해 부담하는 책임을 이행할 수 있는 국가가 되기에 충분한 *사실상의* 정치조직이 존재하여야 한다."

그리고 계속하여 쿠바 반군에 대해서 "이러한 반란단체는 어떠한 마을 또는 도시도 확보하고 있지 못하며, 정부 소재지도 확립되어 있지 않고, 포획재판소도 없으며, 세수(稅收)를 접수하고 징수하는 기관이나 항구도 없어 포획이 실시될 수 없고, 반군이 점령하고 있는 한정된 내부영역 및 산악 요새에 대해서는 외국의 접근통로가 없다. 일반 유권자(popular constituency)를 대표하는 입법부가 존재하는지 더욱 의문스럽다. 전체 반란에 드리워진 불확실성 속에서 반란군 무리가 그날 그날 점유하고 있는 진영의 외곽을 벗어나서는 선거, 권한위임, 또는 통치가 존재한다는 어떠한 명백한 증거도 없다. 상업도, 국내 또는 국제교역도, 제조업자도 없다. 최근 미국을 다녀갔지만 이미 고인이 된 반란군 총사령관은 '외부와의 모든 상거래 또는 교역은 완전히 단절되었다'고 공언한 바 있으며, 나아가 '오늘날 쿠바에서 우리 군대가 만명도 되지 않는다'" 고 덧붙인 바 있다(Moore, *Digest, i,* p.194).

이후 1875년 '연두교서'에서 그랜트 대통령은 미국이 교전단체로 승인할 수 없는 이유를 추가적으로 설명하였다. 그는 다시 한번 자신의 견해로는 반란군이 "자신의 국민 및 다른 국가에 대해 일반적인 정부기능을 수행할 수 있는 형태의 존재, 사법을 집행할 수 있는 법원의 존재 및 현지 거주, 즉 단순한 반란행위 또는 일상적 충돌의 범주를 넘어 교전단체의 승인이 대상으로 삼고자 하는 끔찍한 전쟁체제를 갖추기 위해 조직력 및 물자를 보유하고 영토를 점령하는 상황이 없으며, 국제사회에 대해 아주 분명하고 명백하게 보여 줄 만한 실질적인 정치조직이 없다"라고 하였다 (*Ibid.*, p.196).

만일 반란단체의 투쟁 상대국 및 제3국이 이들에게 교전단체의 승인을 부여하여, 진행 중인 충돌이 *국제적*인 것이 되면 반란단체는 자동적으로 *전쟁법*(*jus in bello*; 다음 20.7 참조)에서 도출되는 모든 권리 및 의무를 갖는 실체로서 지위가 승격된다. 그러나 승인 사례가 매우 드문 사실에서 알 수 있듯이 국가들은 승인하는 것을 꺼리고 있다.

실례는 그렇게 많지 않다. 미국 내전 중인 1861년 4월 19일 링컨 대통령은 분리된 남부연방의 해안에 대해 해상봉쇄를 선언하는 포고령을 내렸다. 즉, "이러한 목적으로 선박의 이 해안 항구의 진출입을 금지하기 위해 그에 상응한 군대가 배치되었다." 이 포고령은 사실상 교전단체의 승인에 해당하였다. 1861년 5월 14일 영국은 중립포고령을 내려, 반란단체를 교전단체로 승인하게 되었다.[2] 반면, 위에서 언급한 바와 같이 1870년 및 1875년 미국은 쿠바 반란단체를 스페인에 대항하는 교전단체로 승인하기를 거부하였다. 1918년 8~9월 중 영국, 프랑스, 이탈리아 및 미국은 체코슬로바키아[중앙당국에 대항하여 무장항거하였으며, 국민위원회(National Council)가 이를 주도함]와 독일, 오스트리아-헝가리제국 간의 교전상황을 승인하였다.[3]

반군의 국제법인격 취득 여부는 어느 정도 다른 국제법 주체의 태도에 달려있다고 말할 수도 있다. 이론적으로 국제공동체의 모든 구성원이 어떤 반란단체가 승인에 필요한 요건을 갖추지 못했다고 결론내릴 경우, 그 단체가 주권국가 영토의 일부분에 대해 아무리 강력하고, 실효적이며 오랜 기간에 걸쳐 권한을 행사해도, 자신의 국제적 지위에 내재하는 권리행사 및 의무를 이행할 처지에 있지

2) E.W. Hall, *A Treatise on International Law*, 8th edn.(Oxford: Clarendon Press, 1924), pp.44-45.
3) *Ibid.*, pp.41-42.

못할 것이다.

> 사실 두 가지 주요 근거에서 실제상황은 이와 다르다. 첫째, 국제공동체에는 서로 다른 정치적 · 이념적 진영이 존재하기 때문에 어떠한 반란진영이라도 정치적 · 종교적, 또는 이념적 유사성, 또는 군사적 · 전략적 고려를 이유로 하나 이상의 국가로부터 지지를 얻기가 쉽다. 그래서 특정 반란단체를 승인하려는 하나 이상의 국가는 늘 존재하는 법이다. 둘째, 여타 국가도 특별한 시점에 반란단체가 법적으로 독립된 주체가 되었다는 점을 인정하는 것이 유익하다고 판단할 수 있게 된다. 이것은 반란진영이 외국인 거주 영역에 대해 유효한 권한을 행사하는 때에 발생하게 된다. 제3국이 현 정부에 대해 자국민을 존중해 달라고 주장하는 것은 현실성이 없기 때문에 반군에 대해 자국민의 생명 및 재산의 보호를 청구할 수밖에 없을 것이다. 이런 경우 제3국은 반군이 외국인의 생명 및 재산 보호에 관한 국제법상의 의무를 지고 있다는 사실을 묵시적으로 인정하게 된다.

어찌되었든지 현행 국가가 하는 승인이 신생국의 '탄생' 및 법인격 성립보다 반란단체에게 더 중요한 역할을 할 수 있다는 것은 두말할 나위도 없다. 반란단체를 국제공동체라는 '매력적인 집단'에 받아들이기를 매우 꺼려하는 국가의 태도, 반란에 내재된 임시성, 내란과 관련된 국제규칙의 대부분이 미성숙 단계인 점 등으로 인하여 반란단체에게는 승인이 현실적으로나 법적으로 중요한 의미를 갖는다.

반란단체에 대한 적대감을 두드러지게 하는 또 한 가지 이유가 있다. 제3국은 '합법'정부에 대해 모든 종류의 지원(반군 소탕을 위한 부대원 파견 포함)을 제공할 수 있으나, 반군에 대해서는 인도주의적 지원 이외에 다른 지원을 하지 않아야 할 의무가 있다(그러나 다음 7.5에서 살펴 보겠지만 제3국은 민족해방운동단체에 대한 지원은 할 수 있다).

이러한 적대적 태도의 결과, 반군과 국가를 동등하게 언급하는 일반국제규칙은 희박하다. 이런 규칙으로는 관습적 성격의 조약체결 관련 규칙이 있다. 즉, 반란단체는 자신과 관계를 유지하고자 하는 국가와 조약을 체결할 권한을 어느 정도 갖는다.

> 반란단체의 국제조약 체결권은 특정 사안과 관련하여 1949년 4개 제네바협약 공

통 제3조 제3항에서 명시적으로 확인되고 있다("충돌당사자는 더욱이 특별협정을 체결해서 이 협약의 여타 규정 전체 또는 일부를 적용하도록 노력하여야 한다"). 제3조 제4항, 즉 "앞 규정의 적용으로 충돌당사자의 법적 지위는 영향을 받지 아니한다"는 규정은 주로 반란단체가 결국 정치적으로 정당성을 얻지 않을까 하는 국가들의 우려를 불식시키기 위한 외교적인 수단 또는 수법으로 고안되었다[특히 J.S. Pictet (ed.), *Commentary to the 4th Geneva Convention*(Geneva: ICRC, 1958), p.44 참조]. 이 규정은 반란단체가 미세하지만 조직이 있고, 영토의 일부분에 대한 지배력을 확보하고 있으며, 다른 국제법 주체가 이 단체와 법적 관계를 유지하고자 하는 경우 갖게 되는 관습법상 조약체결 권한을 *확인*(restatement)하고 있는 것 같지는 않다. 그러나 사실상 반란단체는 종종 교전 상대국과 조약을 체결하였다.[4] 시에라리온 특별재판소가 2004년 3월 13일자 *M. Kallon and B. Bazzy Kamara* 사건(제36항-제50항)에서 1999년 7월 7일자 시에라리온 정부와 반군(RUF)이 체결한 로메(Lomé)협정은 고유한 국제협정이 아니라고 판시한 의견은 잘못된 것일 수 있다.

반란단체에 관해 구속력이 있거나 권리를 부여하는 여타 관습규칙은 외국인의 대우에 관한 것이다. 즉, 반란단체는 외국인에게 국제법상 규정된 대우를 부여하여야 한다. R. Ago는 자신의 1972년 국가책임에 관한 ILC규정 초안 보고서에서 반란단체 당국이 제3국 국민에게 야기한 손해에 대하여 그 국민의 본국이 반란단체를 상대로 금전배상을 요청한 국가관행의 세 가지 '실례'에 주목하였다[*YILC*, 2(1972), 제181항]. 이 사례는 미국 남북전쟁(1861~1865년), 1914년 멕시코에서 발발한 반란 및 스페인 내전(1936~1939년)과 관련된다[스페인 내전과 관련하여 영국 정부는 1937년 세 차례에 걸쳐 반란단체에 의해 전함 1척, 상선 1척 및 수상비행기 2대가 파괴된 데에 따른 피해회복조치를 국민파 당국(Nationalist authorities)에 공식요청하였다].

---

4) 니카라과 정부와 반군간 1988년 3월 23일 체결된 협정(27 *ILM*(1988), pp.955-966); 앙골라 정부와 '앙골라 완전독립 민족연합'(UNITA)이 1991년 5월 1일에 체결한 협정(UN Doc. S/22609, 17 May 1991. 양측 수석대표간 세부 협정에 가서명한 후 앙골라 정부와 UNITA가 이를 승인하였으며, 이후 양 당사자가 서명하여 발효함); 이와 유사하게 세부적인 1994년 11월 15일자 루사카 의정서(UN Doc. S/1994/1441, 22 December 1994); 2개 협정을 승인한 유엔 안보리의 1997년 6월 30일자 결의 제1118호(1997); 1991~1993년 기간 중 구 유고연방에서 발생한 몇몇 무력충돌 당사자들이 체결한 협정(ICRC, *Former Yugoslavia, Declaration of the ICRC*, 1994, DP(1994) 49 그리고 CICR, *Ex-Yugoslavia, Communiqués de press du CICR*, 1995, DP(1994) 51); 시에라리온 정부와 '시에라리온 혁명연합전선'(RUF)이 1999년 7월 7일 체결한 협정(www.sierra-leone.org/lomeaccord.html) 등을 언급하면 충분할 것으로 보인다.

그러나 반군은 자신의 '국민'(즉, 반군에게 충성을 맹세한 사람)이 거주하는 제3국에 대해 이와 완전하게 상응하는 생명 및 재산존중 청구권을 갖고 있지 않고, 이러한 존중은 단지 상호주의에 의해서만 요구할 수 있을 것이다. 만일 반란단체 영역 출신 국민이 이 단체의 승인을 원치 않는 국가에 거주하는 경우, 반란단체 '국민'에 대한 제3국의 보호의무는 단지 그 개인에게 시민권을 부여한 '합법'정부와의 관계에서만 존재한다.

외국 대표에 관한 규칙과 관련하여 반란단체는 자신의 지배하에 있는 영역 안의 모든 제3국 공무원을 국가기관으로 대우하여야 할 것으로 보인다. 즉, 반란단체는 이들을 특별히 보호할 의무를 부담하며, 이들의 공적인 행위에 대해 관할권면제를 부여해야 하고, 이러한 면제를 누릴 권능이 있는 외국인의 외교면제를 존중하여야 한다. 반대로 반란단체의 대표는 자신을 승인한 국가에 대해서만 국제적 보호를 청구할 수 있을 것이다. 그 밖의 다른 국가들은 이들 반도를 단순히 내란이 진행 중인 국가의 국민으로 간주할 권한이 있다. 그러나 1897년 미국 연방대법원이 *Underhill v. Hernandez* 사건에서 반란단체측의 공무원 또는 기관원이 자신의 영역에서 수행한 공적 행위에 대해 외국 법원의 관할권으로부터 면제받을 권능이 있다고 판시한 사실에 주목하여야 하겠다.

1892년 베네수엘라 내전 당시 반군 지도자인 Hernandez 장군은 당시 볼리바르시 상수도 공사 건설을 맡았던 미국인 G.F. Underhill을 부당하게 대우한 혐의를 받았다(언더힐에게는 '볼리바르시 출국여권' 발급이 거부되었으며, 그는 자택에 연금되었고, 에르난데스의 부대원으로부터 구타와 모욕을 당하였다). 반란 성공후(그리고 해당 정부가 미국에 의해 '베네수엘라의 정통정부'로 승인받은 후) 언더힐은 미국법원에 에르난데스를 상대로 손해배상 청구소송을 제기하였다. 이 사건을 최종적으로 취급한 미국 연방대법원은 베네수엘라 장군이 자신의 공적 행위에 대해 외국의 관할권면제를 향유한다는 이유로 해당 청구소송을 각하한 미국 항소법원의 결정이 이유 있다고 하여, "만일 현 정부 축출세력이 성공하여 이미 구성된 정부의 독립성이 인정된다면, 이 정부의 행위는 출범 초기부터 독립국가의 행위로 간주된다. 만일 정치적 반란이 성공하지 못하고 전쟁이 실제로 개시된 경우라도 정당한 전투행위는 개인책임의 근거가 될 수 없다"고 판시하였다(p.196).

국제법의 집행에 관한 몇 가지 소수의 규칙 또한 적용된다(15.2-3 참조). 반란단체는 제3국과 체결한 국제협정, 적용 가능한 외국인 및 공무원의 존중에 관한 일반국제규칙을 집행하기 위해 적법한 대응조치를 취할 수 있다.

끝으로 '합법'정부에 대한 적대행위와 관련한 규칙이 있다(20.7 참조). 이 몇 가지 규칙은 관습적 성격을 갖는다. 예를 들어, 무력 적대행위에 가담하지 않은 민간인 및 기타 사람의 보호에 관한 규칙과 1949년 4개 제네바협약 공통 제3조에 규정된 규범은 ICJ가 *니카라과* 사건(*본안심리*)에서 권위 있게 판시한 바와 같이(제218항), 관습국제규칙으로 변경되었다. 더욱이 전투 수단과 방법에 관한 몇 가지 국제규칙과 인도주의법의 심각한 위반에 대한 형사책임 관련 국제규칙은 반군에게도 적용된다[ICTY 항소심재판부가 *Tadić* 사건(*예비적 항소*)에서 내린 결정, 제96-137항]. 그래서 특히 이러한 규칙 위반은 전쟁범죄에 해당될 수 있어 이 규칙 위반자는 개인 형사책임을 질 수 있다[*Tadić* 사건(*예비적 항소*), 제94-95항].

이러한 관습규칙 외에도 반군은 1954년 무력충돌시 문화재 보호에 관한 헤이그협약, 1977년 제네바협약 제2추가의정서, 1996년 지뢰, 부비트랩 및 기타 장치의 사용 금지 또는 제한에 관한 개정의정서와 같은 국내 무력충돌에 관한 몇 가지 *조약 규칙*의 적용을 받는다. 이런 조약의 공식 당사자가 아닌 반군에게 이 조약에 따른 권리 · 의무의 적용을 받게 하는 법적 기초에 대해 학계에서는 많은 논쟁이 있다.

나중에(다음 9.1) 살펴 보겠지만, 이런 문제가 생기는 이유는 조약은 오로지 체약당사자간에만 적용되기 때문이다. 그래서 보다 올바른 견해는 반군에 대해 이들 조약에 따라서 권리 및 의무를 적용하는 근거를 조약법에 관한 비엔나협약 제34조~제36조(그리고 해당 관습법규칙)에서 찾는 것이다. 이들 규정에서 정한 조건에 따라 제3자는 당사자가 아닌 조약으로부터 권리를 취득하고 의무를 부담할 수 있다. 이들 규정에 비추어 볼 때 ① 체약당사자는 제3자에게 조약에 따른 권리를 부여하고 의무를 부담지울 의도를 가져야 하고, ② 제3자는 그러한 권리 및 의무를 수락해야 한다(그러나 의무의 부담은 문서의 형식을 띠어야 한다). 첫 번째 요건과 관련하여, 위에서 언급한 특정 조약의 문안, 조약 기초자들의 의도 및 해당 조약의 논리에 비추어 볼 때, 그러한 조약 기초자들도 반군을 포함시킬 법적 의도를 가졌던 것이 분명하다(모든 여타 체약당사국과의 관계에 있어서 중앙당국이 부담하는 일련의 의무만을 설정하면서 반군을 모든 법적 그물망으로부터 자유롭게 해준다는 것은 참으로 비합리적일 것이다. 첫째, 적대세력이 계속하여 자유로이 민간인을 살해하고 병원 등을 공격하는데 중앙당국이 이러한 의무를 준수하여야 할 *이유*가 있을까? 이런 모든 행동이 관련국 법령에 따르면 일반 범죄에 해당할 것이라는 점이 사실이지만 반군은 현

정부를 전복하거나 현 영토로부터 분리되기에 결국 처벌을 면하게 될 것이라고 기대하여 그러한 행위를 결코 단념하지 않을 것이다. 둘째, 국내적 무력충돌 중인 체약당사국은 적대세력에 관계 없이 모든 여타 체약당사자에 대해 어떠한 경우에도 조약에서 도출되는 의무를 준수할 의무를 부담한다. 따라서 만일 반군이 해당 조약에 법적으로 구속되지 않는다면 이러한 *비대칭* 현상은 지지할 수 없고 불합리할 것이다).

반군이 위 조약 전부(또는 그 일부)를 수락할 자세와 의지가 있음을 보여야 한다는 요건과 관련하여 반군이 명시적으로 관련 조약에 규정된 국제인도주의법의 수락을 약속하거나 몇 가지 종류의 문서상 선언 또는 약속에 의해 묵시적으로 해당 조약 규정이 구속력을 갖는다고 수락하면 된다(예를 들어, ICRC에 개입하여 조약의 존중을 보장하도록 요청하는 경우). 이러한 서면약속을 명시적 또는 묵시적으로 수락한 결과 반군은 엄밀히 말해 조약의 당사자가 되지는 않지만 해당 조약에 따른 권리 및 의무의 적용을 받게 된다. 이런 두 가지 부류간의 구분(즉, 조약 *참여자*와 *당사자*)은 설명하기 쉽다. 국가는 안정적이고 항구적인 경향이 있다. 반대로 반군은 정의상 일시적인 실체이다. 이러한 반군의 일시적인 성격으로 국내적인 무력충돌이 전개되는 동안에만 해당 조약에 참여하는 것이 충분히 정당화된다. 조약이 무력투쟁을 규율하려는 것이기 때문에 반군이 충돌의 존속기간 동안 이것에 구속받는(그리고 법적 권능을 획득하는) 것은 참으로 당연하다.[5)]

이미 언급한 바와 같이, 반란단체는 그 성격이 임시적이다(왜냐하면 반군은 정부에 의해 소탕되어 소멸되거나, 권력을 취득하여 현 정부를 대체하고 신정부를 수립하거나, 아니면 분리하여 다른 국가에 편입되거나 새로운 국제법 주체가 되기 때문이다). 이런 이유로 반란단체는 항구적 성격의 국제법 주체에 수반되는 권리를 주장할 수 없다. 반군은 *무엇보다* 자신의 실효적 지배하에 있는 영역에서 고유한 주권에 근거한 권리를 갖지 못한다. 그래서 자신의 영역 전체 또는 그 일부를 다른 국제법 주체에 양도하지 못하며, 단지 사실상의 권한만 행사할 뿐이다.

결론적으로 말해서 반란단체는 국가의 모든 주요 특징을 보여 주고 있기 때문에 국가와 유사한 주체이다. 그러나 반란단체는 *일시적*이며 두 가지 점에서 *제한적인 국제법인격*을 갖는다. 첫째, 반란단체는 제한된 국제법적 권리 · 의무만

---

5) 추가적인 법적 의미에 대해서는 Antonio Cassese, "The status of rebels under the 1977 Geneva Protocol on Non-International Armed Conflicts", 30 *ICLQ*(1981), pp.416-439 참조.

갖는다. 둘째, 반란단체는 단지 소수의 기존 국가(즉, 반란단체가 모든 국제법인격의 요건을 충족하고 있어 이들과 관계를 설정하고 있다는 견해를 갖는 국가)와 '관계를 형성'할 뿐이다.

7.2 독자적(*sui generis*) 실체

7.2.1 개 관

국제공동체에는 다음의 특징을 보여주는 몇 개의 국제법 주체가 존재한다. 즉, ① 특정한 *역사적 상황* 때문에 법적 지위를 취득하며, ② *특정 영토를 전혀 갖지 않거나*, 만일 영토를 사용한다 해도 이 영토가 다른 실체에 속해 있고, ③ *매우 제한된 국제법인격*을 가지며 안도라, 모나코, 산마리노, 피지, 세인트빈센트 그레나딘 등과 같이 아주 작은 국가(그러나 이론상 주권국가가 갖는 모든 권리와 권한을 갖는다)와 *실제* 다르지 않은 경우이다.

7.2.2 교황청

교황청(Holy See)은 가톨릭교회의 중심조직이다. 예전에 교회는 이탈리아 중부에 광대한 영토를 가지고 한때 '주교국' 또는 교황국이라 불렸으며 국가에 대해 권한과 지배권을 행사하였다. 1865년 이탈리아의 통일 달성 및 주권국가의 성립으로 주교국은 1870년 이탈리아왕국에 병합되었다. 1929년 이탈리아와 체결한 협정 때문에, 로마 소재의 몇 개 건물(100에이커를 넘지 않음)이 교황청에 양도되어 현재의 소위 '바티칸국'(Vatican State; 작은 영토를 가지며, 교황청의 우위가 적용되어 주권이 없는 독특하며 아주 작은 국제법 주체)이 되었다.

교황청은 가톨릭 교인이나 가톨릭교 기관의 대우를 규율하기 위하여 다른 체약당사자와 '화친조약'(concordats)이라는 국제협정을 체결할 수 있다. 이런 협정이 1929년 2월 11일 이탈리아와 체결되었다[이 협정은 concordat와 고유한 의미의 조약으로 구성되었다. 23 *AJIL*(1929), Suppl., pp.187-195]. 교황청은 1954년 무국적자에 관한 협약, 1959년 국제소맥협정(International Wheat Agreement)과 같은 인도주의적 성격의 다자조약도 체결하였다. 교황청은 또한 일부 국제기구[예를 들면 만국우편연합(UPU) 및 국제전기통신연합(ITU)]의 회원국이며, 유엔에서 옵서버 자격을 갖고 있다. 교황청은 외교관계에도 참여하고 있으며, 외교관을 파견하거나 접수한다.

가톨릭교와 제휴관계가 없음에도 국가가 교황청과 국제관계를 설정하는 주요 이유는 전통 및 교황청의 최고위 공무원인 교황의 도덕적 권위 때문이다.

흥미로운 것은 국제법 주체로서 교황청이 외국의 관할권으로부터 면제를 누리고 있다는 것이다. 이러한 면제는 교황청의 기관에도 미친다. 그래서 이탈리아 대법원은 *Marcinkus and others* 사건에서 이탈리아 당국에 의해 Banco Ambrosiano에 대한 파산 사기혐의로 기소된 교황청 은행 'Institute for Religious Works' (IOR) 소속 Marcinkus와 다른 두 명의 간부에 대해서 이탈리아 법원이 관할권이 없기 때문에 이들을 재판할 수 없다고 판시하였다. 즉, 3명의 피고인은 사적 개인이 아닌 교황청 은행의 기관 또는 대표로서 활동했다는 것이다. 법원은 "가톨릭교회 중앙당국은 이탈리아 국가의 개입으로부터 면제된다"(조약규정은 무엇보다도 국가공무원의 직무면제에 관한 관습규칙(6.3 참조)을 확인하면서 이것을 교황청 공무원으로 확대하고 있다)는 이탈리아와 교황청 간의 1929년 조약(Treaty and Concordat) 제11조를 근거로 판시하였다(p.329).

7.2.3 몰타주권령

십자군 시대인 12세기 초에 성립한 몰타주권령(SOM: Sovereign Order of Malta)은 영토를 갖고 있었다. 즉, 1308~1522년 기간 중 예루살렘, 아크레의 세인트존, 키프로스 및 로도스 등을 거친 후 1530~1798년 기간 중 오늘날의 몰타섬이 주권령의 영토(1798년 나폴레옹은 SOM으로부터 몰타섬의 소유권을 박탈하여 1814년 5월 30일 파리조약에 의해 영국에 양도하였다)가 되었다. 1834년 이후 몰타주권령은 로마에 건물을 소유하게 되었다. 현재는 여러 국가에서 병원, 긴급구호기관, 자선기관 및 원조기관을 운영하고 있다.

국제공동체에서 주권령은 비록 미약하지만 주로 전통적인 인도주의적 역할과 관련된 역사적 이유 때문에 존재하는 것이다. 주권령은 극도로 제한되고 거의 소멸된 국제법인격을 갖고 있다(이와 함께 교황청에 대한 의존이 심화되어 국제법인격에 대한 의문이 점차 커지고 있다). 근본적으로 주권령은 가톨릭교 전통을 갖는 이탈리아, 스페인, 포르투갈, 아르헨티나, 브라질 등 국가와 외교관계를 설정하고 있다. 그러나 어떤 면에서 이러한 관계는 고유한 법적 영역이라기보다는 예양사항에 해당한다. 한편 이탈리아 법원은 아주 긴 판결문으로 주권령의 국제법인격을 옹호하였다.[6] 1935년 이탈리아 대법원은 *Nanni v. Pace and the SOM* 사건에서 주권령이 '주권령의 고유한 목적을 달성하기 위하여 국제관계를 수행할 수 있는 제한된 국제법인격'을 갖는다고 판시하였고, 더욱이 1991년 *Sovrano militare Ordine di Malta v. Amministrazione delle finanze dello Stato* 사건에서 주권령의 법인격이 '독특한 형태'의 국제법인격, 즉 주권령이 '오로지 보건 및 병원 지원이라는 조직의 목적을 달성하기 위해서만 활동하고 있다는 점에서 성격상 직무적(functional)'이라고 판시하였다(p.177). 법원은 주권령의 이러한 법인격에서 국가관할권 면제 및 조세 면제의 근거를 찾았다.

한 국제법 학자가 정확히 언급했듯이,[7] 주권령이 소수 국가의 승인을 받아 이들 국가와 관계를 맺고 있지만 전체 국제공동체에 미치는 영향은 명백한데, 이것은 여타 국가들이 주권령과 가톨릭교적 제휴관계를 맺고 있는 소수 국가들의 관계가 성격상 국제적이라는 점을 인정하고 있기 때문이다.

7.2.4 국제적십자위원회(ICRC)

앞서 설명하였듯이 유럽의 오랜 역사 속에 뿌리 깊은 2개의 실체와 달리, ICRC는 비교적 근대적인 기관으로서 인도주의적 관심에 대한 역할 확대를 염원하는 국제공동체의 새로운 경향을 반영하고 있다. ICRC는 사적 단체로 출현하였지만 본질적으로는 역사적 이유로 점차 국제적 법인격을 갖게 되었다.

---

6) 다음 판결은 거의 모두 대법원이 내렸다, 즉 *SOM v. Brunelli, Tacchi and others* 사건, pp.88-89; *Nanni v. Pace and the SOM* 사건, pp.1-4; *SOM v. Società anonima commerciale* 사건(*Rome Tribunal*), pp.1-5; *Scarfò v. SOM* 사건, pp.1-4; *Ministero delle Finanze v. Associazione dei Cavalieri italiani dello Sovrano Militare Ordine di Malta* 사건, pp.558-564; *SOM v. Grisi* 사건, p.906(SOM과의 고용계약에 관한 건); *SOM v. Salimei* 사건, p.413(SOM과 이탈리아 국립보건소의 관계에 관한 건); *SOM v. Amministrazione delle finanze dello Stato* 사건, p.177; *SOM v. Alba and others* 사건, p.180; *SOM v. Guidetti* 사건, pp.1823-1826 참조.

7) G. Sperduti, "Sulla personalità internazionale dell'Ordine di Malta," 38 *RDI*(1955), pp.48-55. 또한 *Lezioni di diritto internazionale*(Milano: Giuffré, 1958), p.28 참조.

ICRC는 1863년 스위스에서 무력충돌과 관련한 인도주의적 임무를 달성하기 위한 사적 단체로 설립되었다. 처음 ICRC는 *'상병원조 국제상설위원회'*(Comité international et permanent de secours aux militaires blessés)로 불렸다가, 1875년 현재의 이름을 갖게 되었다. 당시 스위스연방 민사법(1907년 채택되어 1912년 발효함. 제60조)에 따라서 국내적 법인격이 부여되었다. ICRC의 중요성 및 활동력이 점증하면서 ICRC는 국제관계에서 중요한 역할을 하게 되어 (제한적이긴 하지만) 국제적 지위를 획득하게 되었다.

ICRC는 독자적인 영토를 갖고 있지 않다. 단지 스위스 영토내 제네바의 한 건물에 본부를 두고 있을 뿐이다. 그러나 ICRC 건물은 불가침이다. 즉 "어떠한 스위스 공공기관원도 ICRC의 명시적 동의 없이는 이 건물에 진입할 수 없다" (1993년 협정 제3조. 아래 주 8번 참조).

ICRC는 무력충돌에 관한 다자적 인도주의 조약의 성안을 증진하며, 국가와 접촉하여 무력충돌에 관한 국제협약의 이행을 촉진 · 증진하도록 한다. 그리고 1949년 제네바협약에 따라서 교전단체들이 보호국(protecting Powers; 20.6.5(2)4) 참조) 지명에 합의하지 못할 경우 보호기관의 역할을 수행할 수 있다. ICRC는 이런 역할을 수행하여 교전단체의 이익을 보장할 뿐만 아니라 전시희생자의 권리가 적절히 존중되도록 한다. 1949년 4개 제네바협약의 몇 가지 공통조항(즉, 제10조 제3항 및 제11조 제3항)에 따라 ICRC는 보호국가가 보통 수행하는 역할을 완수할 수 있도록 인도주의적 사무를 제공할 권리가 있으며, 관련 교전단체는 이런 제공을 수락할 법적 의무를 부담한다.

이와 함께, ICRC는 국가 및 국제기구와 국제조약을 체결할 수 있다. ICRC는 국가[8] 또는 유엔[9]과 종종 이런 조약이나 협약을 체결하고 있다. 지금까지 ICRC는 국가들과 약 65개의 본부협정(headquarts agreements)을 체결하였으며, 이 협정은

---

8) 예를 들어, 스위스와 ICRC의 법적 지위에 관한 1993년 3월 19일자 협정(293 *IRRC*(1993), pp.152-160); www.icrc.org/Web/Eng/siteeng0.nsf/iwpList74/29C42315EE4D5434C1256B66005B299C 참조. 같은 협정 제1조는 무엇보다도 스위스 정부가 ICRC의 '국제적 법인격을 인정'한다고 규정하고 있다.

9) 예를 들어, 유엔 안보리의 하부조직인 ICTY와 헤이그 유엔 구치소(국제범죄로 기소된 사람을 구금함)의 감사에 관한 협정 참조. 이 협정은 ICTY 소장과 ICRC 총재 간에 서한교환 방식으로 체결되었다[ICTY의 1995년 4월 28일자 및 5월 5일자 서한(*Basic Documents* 1998, pp.380-385; www.un.org/icty/legaldoc/index.htm) 참조].

체약당사자에 의해 고유한 국제협정으로 간주되고 있다.[10)]

7.3 새로운 국제법 주체의 출현 이유

앞에서 언급한 바와 같이 새로운 국제법 주체로는 국제기구, 민족해방운동단체 및 개인이 있다.

정부간 국제기구를 설립하고 이에 대해 국제적 지위를 부여하는 근거는 민족해방운동단체나 개인에 대해 국제적 지위를 부여하는 것과 다르다.

정부간 국제기구에 관한 한, 국가들은 *편리성* 및 *실용성*이라는 요소를 고려하여 그 설립을 지지하였다. 현대에는 많은 문제들이 국제적 · 초국가적인 측면을 갖고 있어, 국가간의 협력에 의해서만 해결될 수 있다. 따라서 국가들이 상호이익이 되는 특정 영역을 개별적으로 추구하지 않는 것이 오히려 자연스럽다. 이 경우 국가는 초국가적 이익에 해당하는 문제에 대해 모든 참여국을 대신하여 책임지고 국제적으로 행동할 수 있는 공동기구의 설립을 더 원하였다. 그리하여 이런 기구의 설립은 19세기 말부터 시작되었다. 특히 제2차 세계대전 이후 한 단계 더 나아가, 정부간 기관이 각 회원국이 보유하는 것과 별도의 권리 · 의무를 갖는 독자적 권한을 점차 부여받게 되었다는 점은 주목할 만하다. 이념적 요소는 이런 정부간 기구의 역할을 강화하고 국제적 지위를 갖도록 하는데 도움을 주었다. 즉, 제3차 세계대전으로 인한 파멸을 피하기 위해서 국가에 대해 더욱 무겁고 광범위한 제한을 가할 수 있는 강력한 국제기관망이 구축되어야 한다는 생각이 있었다. 이러한 '국제주의' 시각이 비록 한때는 허황되고 순진한 생각이었는지 몰라도 국제기구의 확산을 유도하고 기구의 중요성을 강화하는 데 기여하였음은 부정할 수 없다.

---

10) A. Lorite Escorihuela, "Le Comité international de la Croix-Rouge comme organisation *sui generis*: Remarques sur la personalité juridique internationale du CICR," 105 *RGDIP*(2001), p.607. 최근 체결된 협정 중 1997년 3월 24일 헝가리와의 협정, 1999년 2월 24일 마케도니아와의 협정, 1998년 5월 26일 보스니아-헤르체고비나와의 협정, 1999년 3월 31일 카메룬과의 협정, 2000년 10월 7일 시에라리온과의 협정 등을 참조하시오. 이런 모든 협정은 ICRC의 지위가 '정부간 기구와 동일'(또는 '정부간 기구의 지위에 상응')하다고 규정하고 있으며, 추가로 국가 및 정부간 기구에게 부여되는 특권 및 면제를 규정하고 있다.

개인 및 민족해방운동단체의 경우 *이념적 요소*가 결정적인 역할을 하였다. 이런 두 가지 부류의 국제법 주체의 출현은 두 가지 서로 다른 이념 때문이었다. 개인에게 국제적인 수준에서 법적 권능을 부여한다는 이론의 뿌리는 서구적 자유민주주의였다. 즉, 인권론은 일찍이 1944~1945년 기간의 미국과 같은 서구국가 및 소수의 중남미 국가들이 제창하고 나중에 다수의 여타 서구국가 또는 서구지향 국가들이 수용하였다. 인권론은 단순히 다수의 국제적 인권보호조약의 성안(成案)만을 가져온 것은 아니다. 이런 이론의 논리적 결과로써 개인은 자신의 권리가 무시되었다고 느끼는 경우에는 언제든지 국가를 국제기관에 고발할 기회를 갖게 되었다. 이에 더하여 세계공동체에 새로운 이론이 출현하게 되었는데(또는 새로이 활기를 띰), 이것은 바로 몇 가지 기본가치[즉, 인권과 함께 무력충돌시 민간인을 더 두텁게 보호해야 할 필요성 그리고 더욱 일반적으로 말해서 인도주의 원칙의 지지]를 최대한 존중하자는 것이 세계공동체의 지지를 받았기 때문이다. 더욱이 국가들은 개인에게 현재 거주하고 있는 국가의 국내법질서에 따른 금지 여부에 관계 없이 국제의무를 직접 부과하는 것을 점차 고려하게 되었다. 이러한 의무는 개인으로 하여금 이들 가치를 준수하도록 유도하기 위해 설정된 것이기에 만일 개인이 이를 무시하는 경우 기소되어 처벌될 수 있다.

인민의 자기결정 이론은 국제적 수준에서 식민지배하의 인민, 인종차별정권 또는 외국 점령하의 인민이 출현한 뒤에 등장하였다. 이런 유형의 주체가 출현하게 된 원동력은 1918년에 우드로우 윌슨이 제창한 온건론적 시각보다 오히려 일찍이 1917년 초반에 레닌이 제창했던 반식민주의적 시각이었다(3.7.1 참조).

7.4 국제기구

국가는 점차 상호 이익이 되는 업무를 수행할 목적으로 국제기관을 수립하는 것이 유용하다고 생각하게 되었다. 그래서 이들은 자신들과 구별되면서 공동의 목적을 증진하고, 자신들이 위임한 활동만 수행하도록 고안된 활동기관을 설립하였다. ICJ가 *Legality of the Use by a State of Nuclear Weapons in Armed Conflict* 사건의 권고적 의견에서 표현하였듯이, 국제기구 설립문서는 "당사자가 공동목적 실현의 임무를 맡긴 것으로서 어느 정도의 자율성이 인정된 새로운 법 주체를 창설하기 위한 것"(제19항)이다. 이런 이유에서 국제법인격이 부여된 국제기구는 *부수적* 국제법 주체라고 말할 수 있다. 이 의미는 국제기구는 국가의 의사에 좌우되는 기관에 불과하다는 것이다. 따라서 국제기구는 이를 창설한 국가들이 폐지하기로 결정하는 바로 그 순간 국제적으로 소멸하게 된다.

ICJ는 위의 권고적 의견에서 국제기구의 또 다른 주요 특징을 강조하기도 하였다. 즉, 국가와 달리 국제기구는 제한된 법적 능력 및 활동 분야를 갖는다. 이와 관련하여 ICJ는 다음과 같이 언급하고 있다.

> "국제기구는 국가와 달리 일반적 법적 능력을 갖지 않는 국제법 주체이다. 국제기구는 '특정성(特定性) 원칙'의 규율을 받는다. 즉 국제기구는 자신을 창설한 국가로부터 권한을 받으며, 그 권한은 국가들이 위임한 공동이익을 증진하는 업무에 한정된다"(제25항).

국제기구는 19세기말 20세기 초에 처음 창설되었다. 그러나 당시 국제기구는 매우 초보적 수준이었으며 주로 기술적 문제를 다루었다.

> 예를 들자면, 1875년 설립된 만국우편연합(UPU), 1883년 설치된 산업재산권보호연합(UPIP), 1905년 창설된 국제농업협회(IIA) 그리고 다양한 '하천위원회' 로서 라인강 위원회, 다뉴브강 위원회 등을 생각해 보시오. 이와 같은 기구들은 각 회원국이 스스로 수행해야 할 행동을 공동으로 수행하기 위한 도구기관의 집합체에 불과하였다.[11]

제1차 세계대전 이후 설립된 정치적 기관인 국제연맹 및 ILO의 중요성은 훨씬 더 크다. 그러나 이들 기구 또한 상당한 정도는 회원국에 의해 '집단적 기관'으로 간주되었는데, 그 이유는 이들이 구조적으로 해당 국가의 통제하에 있어 실제로 독립된 역할이나 고유의 존립성을 거의 갖지 못하였기 때문이다. 그러나 이들 국제기구에 국제법인격을 부여하는 문제가 돌출하였을 때 D. Anzilotti를 비롯한 많은 학자들의 반대도 있었지만[12] 일부 법원은 이 문제에 긍정적으로 답변

---

11) 경제영역에서 활동하고 있는 전통 국제기구에 관한 세심한 기술에 대해서는 W. Kaufmann, "Les unions internationales de nature économique", II *HR*(1924), pp.181-290 참조.

12) D. Anzilotti, "Gli organi comuni nelle società di Stati," 8 *RDI*(1914), pp.156-164. Anzilotti, *Scritti di diritto internazionale pubblico*(Padua: Cedam, 1956), i, pp.605-614에서 재인용.

하였다.

> 특히, 1931년 이탈리아 대법원은 *Instituto internazionale di Agricoltura v. Profili* 사건에서 중요한 결정을 내렸다. 유엔식량농업기구(FAO)의 전신으로 로마에 본부를 두었던 국제기구인 국제농업협회(IIA)의 고용원 Mr. Profili는 이 기구에서 해고당했다. 그는 무엇보다 퇴직금을 요구하며 IIA를 로마 소재 법원에 제소하였다. IIA는 이탈리아 법원의 관할권에 이의를 제기하였고 이 사안은 대법원에 회부되었다. 대법원은 이 기구를 수립한 국가들이 '모든 회원국과의 관계에 있어 절대적인 자율성'을 부여하고자 하였고, 이 기구에게는 주권국가의 개입 없이 자체의 조직 및 법적 질서를 자율적으로 수립할 권한이 부여되었기 때문에 국제법인격을 갖는다고 판시하였다. 따라서 이탈리아 법원은 이 기구의 고용관계에 대해 재판관할권이 없었다(pp.386-389).

국제관계에서 국제기구의 고유한 역할 및 영향력에 관한 문제는 주로 제2차 세계대전 이후에 다수의 기구가 설립되고 광범위한 권한이 부여되면서 등장하였다.

> 다양한 분야에서 국제기구가 설립되었다. 즉, ① 정치관계-예를 들어 보편적 범위의 유엔, 그리고 지역적 성격을 갖는 미주기구(OAS), 유럽평의회(Council of Europe), 아프리카단결기구(OAU, 현 AU), 아랍국가연맹(League of Arab States); ② 군사관계-예를 들어 NATO, 종전의 바르샤바조약기구(Warsaw Pact Organization); ③ 경제협력-예를 들어 보편적 수준의 IMF, World Bank, 지역적 수준의 EU(정치적 차원도 보유함); ④ 문화관계-예를 들어 UNESCO; ⑤ 사회적 협력-예를 들어 ILO, FAO.
> 현재 400개 이상의 국제기구가 존재하고 있다.

보통 이러한 기구는 상설사무국, 모든 회원국이 참여하여 정기적으로 개최되는 총회 및 소수의 회원국으로 구성되어 관리업무를 맡는 이사회로 구성된다.

모든 국제기구가 국제법인격을 갖지는 않는다. 그러면 이러한 기구가 국제법 주체인지의 여부를 결정하는 기준은 무엇인가? ICJ는 1949년 *Reparation for Injuries Suffered in the Service of the United Nations* 사건의 권고적 의견에서 다음 두 가지 기준으로 요약하였다.

첫째, 회원국이 기구를 설립하여 해당 기구에 특정 업무를 위임하고 이에 수반되는 의무와 책임을 부과해서, 이 기구가 '업무를 효과적으로 처리할 수 있도록 이에 필요한 능력'(p.179)을 부여할 의도를 갖고 있었다는 것이 밝혀져야 한다. 다시 말해서, 기구의 설립자들이 '몇 가지 점에서 회원국으로부터 독립적인 지위를 갖는' 자율적 기관을 수립할 의도를 가졌음이 증명되어야 한다(*ibid*). 이러한 *의도*는 다양한 요소로부터 추정될 수 있다. 예를 들어, 특히 기구의 주요 기관의 결정이 반드시(또는 항상) 만장일치에 의할 필요는 없으며, 다수결에 의해 채택될 수 있다는 사실로부터 이런 추정이 가능하다. 이런 의도는 또한 기구의 헌장이나 규정의 작성자가 해당 문서에서 규정할 수 있다. 이에 대해서는 1988년 ICC규정 제4조 제1항을 언급하면 충분할 것으로 보인다. 이 규정에 따르면 "이 재판소는 국제법인격을 갖는다. 재판소는 또한 자신의 업무행사 및 설립목적의 수행에 필요한 법적 능력을 갖는다."

둘째, 기구는 *실제적으로* 회원국으로부터 *자율성*을 갖고 국제법 주체로서 행동하기 위해 필요한 실효적 능력(effective capacity)을 향유하여야 한다. ICJ의 표현에 따르면 기구는 "상당한 수준의 국제법인격 및 국제적으로 활동할 능력을 보유하고 있다는 전제에서만 설명될 수 있는 임무와 권리를 실제로 행사하고 향유하고 있다"는 것을 밝혀야 한다(*ibid*).

> 1985년 이탈리아 대법원은 이러한 요건을 *Cristiani v. Instituto italo-latino-americano* 사건(pp.146-152)에서 강조하였다. 대법원은 국제법인격이란 어떤 실체가 국제공동체에서 갖는 실효적 지위를 바탕으로 한다고 판시하였다. 즉, 기구는 '회원국으로부터 독립한 집단적 단위'여야 하며, 각 회원국의 기관과 구분되며 이들 국가의 공동기관으로 활동하는 것이 아니라 기구의 고유한 기관으로 활동하는 '사회적 기관'이어야 한다.

일단 이런 두 가지 기준이 충족되면 국제기구는 관습국제규칙에서 도출되는 국제적 권리 및 의무를 보유한다고 할 수 있다.

> 위에서 언급한 기준을 충족하지 못하는 기구에 대해서는 이 기구가 모든 회원국을 대신하여 활동한다고 말할 수 있다. 이들 기구는 모든 회원국의 공동기관이며 이 결과 수행하는 행위는 법적으로 이들 모든 국가에 귀속될 수 있다. 마찬가지 이유로

기구의 기관이나 직원이 범한 모든 불법행위는 모든 회원국의 책임이 된다.

*일반*관습국제규칙이 이런 기구에 부여하거나 부과하고 있는 국제적 권리 및 의무는 무엇일까? 여기에 대해 확실히 답변하기란 불가능하다. 왜냐하면 각각의 경우에 국제적 실체를 어떻게 구성할 것인지 그리고 실제적으로 기구가 유효하게 행사하고 이행할 권한 및 의무를 어느 정도 부여할 것인지를 결정하는 것은 대부분 설립국에 달려 있기 때문이다. ICJ가 *Reparation for Injuries* 사건 판결에서 언급하였듯이, "모든 법체계에 있어 법적 주체는 성격 또는 권리의 정도에 있어 반드시 동일하지는 않다"(p.178). 이러한 사항을 염두에 둔다면(또한 위에서 언급하였듯이 ICJ의 *Legality of the Use by a State of Nuclear Weapons in Armed Conflict* 사건 판결에 따르면 "국제기구는 국가와 달리 일반적 권한을 보유하고 있지 않다"; 제25항) 국제기구가 회원국으로부터 충분한 자율성을 갖고, 국제무대에서 활동할 수 있는 구조를 갖는다면, 제2차 세계대전후 발전한 국제관행상 적어도 소수의 국제규칙에 의해 비회원국과 관련해서 권리를 갖는다고 할 수 있겠다.

국제기구에 속한다고 간주해도 무방한 권리는 다음과 같은 것을 언급할 수 있다.

(1) 기구의 소관 사항에 대하여 비회원국과 국제협정을 체결할 권리

국제기구가 체결한 조약은 국제조약 자체가 갖는 모든 법적 구속력을 갖는다. 물론 이것이 협정당사자의 의도였다는 점이 전제되어야 한다.

> 사실 기구는 다수의 사안을 대상으로 수많은 조약을 체결하여 왔다. 즉, 본부협정, 국제기구의 국제공무원 및 회원의 특권 · 면제에 관한 협약, 해당 기구가 수행한 활동에 관한 조약(예를 들면, 유엔이 체결한 기술지원에 관한 조약), 여타 국제기구와의 활동 조절에 관한 협정 등이다.

(2) 기구가 수행한 행위 및 활동에 대해 국가의 국내법원 관할권으로부터 면제받을 권리

다수국의 국내법원은 국제기구가 결부된 고용 관련 분쟁이 해당 기구의 목적 안에 포함되는 활동과 관련되기에 국가의 관할권 대상이 될 수 없다고 판시하고 있다.

더욱 일반적으로 국제기구는 기구의 규정 또는 헌장에 규정된 목적을 달성하기 위한 활동과 관련하여 국내법원의 관할권 및 집행권으로부터 면제를 청구할 권리를 갖는다. 이렇지 않으면 국가가 기구의 운영에 간섭하거나 이에 영향을 미칠 수도 있기 때문이다. 예를 들어, 기구의 본부가 소재하고 있는 국가는 해당 기구의 자산을 압수하거나 유치할 수도 있을 것이다.

(3) 제3국 영토에서 국제공무원으로서 공적 자격에서 행한 기구의 모든 직원을 보호할 권리

ICJ는 *Reparation for Injuries* 사건의 권고적 의견에서 이런 권리를 지지한 바 있다.

1948년 9월 17일 유엔 중개자(mediator)인 스웨덴 Folke Bernadotte 백작과 유엔 감시관인 프랑스 André Sérot 대령은 유엔의 공적 임무수행 중 유태인 테러리스트단체에 암살당하였다. 이 살해행위는 이스라엘이 독립을 선포한 후 유엔 회원국 자격을 인정받기 전 예루살렘(당시 이스라엘의 통제하에 있었음)의 동부지역에서 발생하였다. 이스라엘 당국은 범행자 및 범죄 선동자를 수색하여 재판에 회부하고자 하였으나, 이스라엘 대표가 1948년 5월 5일 유엔 총회에서 언급하였듯이 "수사 결과는 실망스럽게도 부정적이었다"(*UNYB*, 1948, p.400). 이스라엘 정부는 '과거에 보안체계의 운영에 허점이 있었다는 사실이 보고되었음을' 인정하면서도, "이번 사건으로부터 현재 이스라엘의 국제의무 이행능력과 관련해서 어떠한 결론도 도출할 수 없다"고 하였다.

이런 입장의 이면에 있는 이유가 무엇이든(그 당시 이스라엘은 유엔 가입을 염원하여 국제의무의 존중에 매우 유념하였다는 주장이 있다), 사실상 이스라엘은 2명의 유엔 직원을 보호하지 못한 것에 대해 피해회복조치를 하고 살인자를 처벌할 자세가 되어 있다고 선언한 바 있다.

(4) 회원국 또는 제3국이 기구의 재산 또는 기구를 대표하여 활동하는 공무원에게 야기한 모든 손해에 대해 피해회복조치를 확보하기 위하여 국제소송을 제기할 권리

ICJ는 *Reparation for Injuries* 사건에서 이러한 권리도 지지한 바 있다. 즉, ICJ는 만장일치로 유엔이 자신의 자산에 발생한 손해에 대해 국제소송을 제기할 수 있다고 판시하면서, 압도적 다수결로(즉, 11대 4로) 유엔이 자신의 직원에게 발생한 손해와 관련하여 피해회복조치를 구하는 소송을 제기할 수 있다고 판시하였다[이른바 *직무보호*(*functional* protection)]. 따라서 유엔은 위반국이 희생자의 국적국인 경우라도 자신의 직원을 대신하여 소송을 제기할 수 있다. ICJ는 이런 권리가 *절차적* 성격을 가지며, 기구직원이 어느 국가의 영토에서 자신의 공적 임무를 수행하고 있을 때 해당 국가로부터 존중받고 보호받을 실체적 권리가 위반된 것을 전제로 하고 있음을 정확히 암시하였다.

재판소의 다수 판사는 또 다른 사안에 대해 매우 진보적인 입장을 취하였다. 국가만이 해외에서 피해를 입은 자국민을 대신하여 청구를 제기할 수 있다는 전통적인 견해(소위 *외교적* 보호)를 원용하지 않고, 재판소는 개인이 기구를 대표하여 활동하는 경우 이 기구 또한 개인으로서의 직원에 대하여 보호권을 행사할 수 있다고 판시하였다. 이런 의견은 말할 필요도 없이 국가에 대한 충성이 아닌 *직무상의* 연계(*functional* bond)에 커다란 특권을 준 것이었다. 이런 의견에 대해서는 국가의 자국민에 대한 권위를 침해하여 위험한 선례를 구성한다고 보는 사람도 있다. 특히 사회주의 국가는 격분하여 재판소를 비난하였다.

이런 다양한 권리가 존재하지만 기구는 회원국 또는 비회원국이 이런 권리를 위반하는 경우 항상 이런 권리를 *강제할* 능력을 갖지는 않는다. 사실 국제기구는 (물론 만일 피소국이 국제기관의 권한을 수락하는 경우) 그러한 국제기관에 대해서 권리구제를 판단해 달라고 추구할 권리를 갖지만, 국가가 자신의 의무 또는 자신의 불법행위에 관한 국제적 결정을 이행하지 않는 경우에 국제기구는 강제로 법을 집행할 수 없는 경우가 종종 있다. 기구는 단지 위반국에 대해 회의 참가권리 또는 투표권을 정지하거나, 기구에서 제명시킬 수 있을 뿐이다. 비회원국에 대해서 기구는 아마도 국가책임에 관한 일반규칙을 원용할 수 있을 것이다(제13장 참조).

국제기구는 ICJ가 *Interpretation of the Agreement between the WHO and Egypt* 사건(제37항) 판결에서 언급하였듯이 국제규칙에서 도출되는 *의무*도 갖는다. 이런 규칙에는 예를 들어 국가의 영토주권 존중에 관한 관습규칙 및 국가 또는 여타 국제법 주체에게 불법적으로 야기한 손해에 대하여 피해회복조치를 취할 의무가 포함된다. 국제기구는 자신이 체결한 국제조약에서 도출되는 의무도 부담한다. 기구의 기관이나 직원이 이런 의무를 위반하는 경우 ILC가 2003년 국제기구의 책임에 관한 초안(Draft on Responsibility of International Organizations) 제3

조에서 서술하고 있듯이(UN Doc. A/58/10, pp.48-49) 해당 기구의 국제책임이 발생할 수 있다.

7.5 민족해방운동단체

식민세력에 대항하면서 전체 '인민'을 대표하여 투쟁하는 조직적인 집단이 출현한 것은 제2차 세계대전 이후의 두드러진 특징이다. 해방운동단체는 처음 아프리카에서, 그후 아시아에서 출현하였으며, 이후 중남미 지역 그리고 정도는 낮지만 유럽으로 확산되었다.

아프리카는 민족해방운동단체의 주요 근거지였다. 민족해방운동 현상이 아프리카에서 다른 대륙으로 점차 확대됨에 따라 그러한 단체의 목적 또한 반식민주의, 인종차별정권 및 외국인 지배에 대한 투쟁 이외의 여타 분야로 확대되었다. 이런 형태의 투쟁은 1960년대에서 1980년까지의 시대를 풍미하였다. 현재는 이러한 투쟁이 시들어 가는 것으로 보인다. 따라서 이런 부류의 국제법 주체는 줄고 있는 실정이다.[13]

이런 몇몇 단체의 특징은 투쟁하였던(또는 투쟁 중인) 영토의 일부에 대한 지배권을 획득했다는 것이다(예를 들면 알제리의 FLN, 짐바브웨의 두 개 단체, 에리트레아의

---

13) 알제리는 해방운동단체(1954년 FLN)가 처음 출현했던 나라이다. 다른 아프리카 단체를 예로 들자면, 즉 PAIGC(African Party for the Independence of Guinea and Cape Verde), FRELIMO (Liberation Front of Mozambique), 앙골라의 해방운동단체(MPLA, UNITA 및 FLNA), 짐바브웨에서 투쟁한 해방운동단체(ZAPU, ZANU), 남아프리카공화국에 대항하여 투쟁한 단체[ANC(African National Congress), PAC(Pan African Congress)], 나미비아의 SWAPO, 모로코에 항거하는 서부 사하라(1975년 모로코에 의해 병합)의 POLISARIO 등을 들 수 있다. 중동에서는 1969년 PLO가 수립되었다. 아시아에서는 FNLV가 1960~1974년에 걸쳐 남부 베트남에 대항하는 투쟁에 적극 참여하였으며, 1975년 티모르에서 인도네시아에 대항하여 FRETILIN이 갑자기 출현하였다. 중남미에서도 유사한 단체가 출현하였다.

이러한 단체들 다수는 결국 국가지위를 취득하였다(예를 들어 알제리, 짐바브웨, 코모로, 세이셸, 앙골라, 모잠비크, 베트남, 에리트레아, 남아프리카공화국, 동티모르). 그리고 ANC는 남아프리카공화국 신정부에서 필수적인 부분이 되었다. 동티모르에서는 새로운 국가가 형성 중에 있다. PLO는 '팔레스타인 자치정부'의 자격으로 가자지구와 웨스트뱅크 일부에 대한 지배권을 점차 인정받았다. 한편, POLISARIO는 아직도 서부 사하라에서 독립을 추구하고 있다. 1991년 유엔의 후원하에 1976년 개시된 게릴라 전쟁을 종료하기 위한 휴전협정이 서명되었으나, 자기결정권에 기반한 국민투표를 실시하려는 노력을 유엔이 지원했지만 국민투표를 실시하는 방법 문제와 결부되어 아직도 논쟁의 불씨가 많이 남아 있기 때문에 그러한 노력이 결실을 맺지 못하고 있다.

두 개 해방운동단체, 서부 사하라의 POLISARIO). 그러나 대부분의 단체는 우호국에 소재하면서 적대세력에 대해 군사작전을 수행하였다(예를 들면 PLO, SWAPO, ANC). 그래서 *영토에 대한 지배*는 반란단체와 달리 주요 특징이 아니다. 이들의 주요 특징은 *자기결정 원칙에 입각하여 국제적인 정당성*을 확보한 점에 있다. 이 단체는 이들의 정치적 목적, 즉 식민지배, 인종차별정권 또는 외국인 점령으로부터 해방하기 위한 투쟁 때문에 국제적 지위를 얻게 된다(이런 정당성을 확보한 결과 어느 국가도 민족해방운동단체에 대해 인도주의적 · 경제적 지원 및 군대 파견에 이르지 않는 군사적 지원을 제공하는 것이 금지되지 않는다. 반면, 국가는 자기결정권이 있는 인민이나 집단을 부인하는 국가를 지원하지 않을 의무가 있다). 그러나 이렇다고 해서 영토적 요소가 완전히 배제되는 것을 의미하지는 않는다. 즉, 매우 예외적이긴 하지만 영토적 요소는 존재한다. 민족해방운동단체는 영토에 대한 지배권을 획득하려는(또는 적어도 노력하는) 경향이 있기 때문에 그 지위가 국제법 주체로 승격되는 것이다.

이런 맥락에서 영토는 '장래적' 요소이다. 그래서 민족해방운동단체는 국제공동체의 일차적 주체에 내재하는 기본적 특징으로서 일정한 영토에 거주하는 주민에 대한 실효적 지배를 보유하지 않는 경우(일단 투쟁이 종료된 후) 국제공동체의 회원으로 승인될 수 없을 것이다.

이러한 단체가 권리 보유자 및 의무 주체가 되려면 여타 국제법 주체와 접촉할 수 있는 대표기구를 가져야 한다. 일단 어떤 인민이 위에서 언급한 세 가지 유형의 하나에 해당하고 대표기구나 기관을 갖게 되면, 국제적 지위를 보유한다고 할 수 있다. 1977년 제네바협약 제1추가의정서 제96조 제3항은 이를 명시하고 있다(20.6.1 참조). 이 의정서에 구속받기로 선언할 수 있는 권능을 갖는 인민의 범주를 지적함에 있어 이 규정은 '제1조 제4항에 언급된 유형의 무력충돌시,' 즉 식민세력, 인종차별세력 또는 외국세력에 대해 투쟁시 '체약당사자에 항거하는 *인민을 대표하는 기구*'가 이러한 선언을 할 수 있다고 명시하고 있다.

이탈리아 대법원은 *Arafat and Salah* 사건에 대한 1985년 6월 28일자 판결에서 다음과 같이 판시하였다. 즉, PLO와 같은 민족해방운동단체는,

> "제한된 국제법인격을 향유한다. 이 단체는 영토국과 완전히 동등한 자격으로 강행규범적 성격의 관습규칙으로 여겨지고 있는 인민의 자기결정 원칙에 따라 영토국에 의해 정치적으로 지배받는 인민의 자기결정권을 확보하기 위한 수단 및 조건을

> 토의하기 위한 제한된 목적의 *당사자적격*(*locus standi*)을 국제공동체로부터 부여받았다. … 몇몇 정부가 법적으로 또는 *사실상* PLO를 승인했다는 것은 이와 관련이 없다. 실제로 승인이 국제법인격의 형성요소가 되지 못한다. 왜냐하면 이것은 정치적 분야에 속하기에 법적 관점에서 볼 때 아무런 효력도 없기 때문이다" (pp.884-889).

위에서 언급한 조직화된 인민의 권리 및 의무는 무엇인가? 간단히 말하면 다음과 같다.

① 자기결정권 : 이 권리는 일반적 성격을 지니며, 국제공동체의 모든 회원국에게 적용되는 공동체권리이다(1.8.2; 3.8.3; 3.8.4 참조).

② *적대행위의 수행에 관한 일반규칙*[즉, 전쟁법(*jus in bello*)]에서 도출되는 권리 및 의무(20.6 참조)

③ 조약체결규칙에서 도출되는 권리 및 의무 : 이런 권한의 존재는 다양한 해방운동단체가 특정 사안, 즉 이 단체 소속 군대의 특정 국가 영토내 주둔, 적대행위의 종료 및 독립의 부여 그리고 국경에 관한 문제 등에 관하여 체결한 수많은 협정으로 증명되고 있다.

④ 인민을 대표하는 조직 기관의 공적 자격에서 행동하는 사람을 존중하고 보호하도록 요구하고, 이런 자격에서 수행한 행위에 대해 국가관할권으로부터 면제를 청구할 권리 : 이런 권리는 해방운동단체가 독립된 국제적 실체로 활동한다는 사실에 내재한다고 할 수 있다. 그러나 이탈리아 대법원과 같은 일부 국내법원은 위에서 언급한 1985년 *Arafat and Salah* 사건 판결에서 관습규칙에 따라서 국가와 같이 '완전한 국제법인격'을 가진 실체만 이런 권리를 갖는다고 하여(p.887) 해방운동단체에 이런 권리를 부여하지 않았는데, 그 근거는 논란의 여지가 있다.

이와 반대로, 조직화된 인민은 영토 또는 천연자원의 처분권을 보유하지 않는다. 그러나 조직화된 인민이 식민지 본국 또는 지배국과 충돌하는 중이라면 이 식민제국 또는 지배국은 해당 인민의 영토에 관한 국제조약을 체결할 수 없다. *Delimitation of the Maritime Boundary between Guinea-Bissau and Senegal* 사건의 중재판정부가 1989년 7월 31일 판정에서 이 원칙을 설시한 바 있다(제49항-제52항). 세네갈 및 기니비사우 양측이 판정부에 제출한 입장서(submissions)에서 이 원칙에 동의하고 있는 점에 주목하여야 하겠다.

7.6 개 인

다수의 법학자들은 개인이 갖는 국제법 주체의 지위를 부정하는 취지의 주장을 한다. 이들의 견해에 따르면 개인은 아직도 국가의 배타적 지배하에 놓여 있다. 조약에서 개인의 권리 및 의무를 규정하고 있더라도, 이것은 단지 각 국가가 협정에 의하여 다른 체약당사국과의 관계에서 각자의 법체계 내에서만 개인에게 이러한 권리와 의무를 부과하기로 약속한 것을 의미할 뿐이라는 것이다. 이들 학자들은 개인이 국제적인 사법기관이나 준사법기관에 대하여 청원하는 권리는 예외적이며, 실체적 권리가 수반되지 않거나 개인에게 유리한 국제기관의 결정을 강제할 권한이 없는 절차적 권능에 지나지 않는 것으로 여긴다.

나중에 살펴 보겠지만, 개인에 대한 국제적 상황은 훨씬 더 복잡하고 다면적이다. 어쨌든 이 분야의 국제법도 최근 극적인 변화를 겪고 있다.

이하에서는 전통국제법에서 개인이 처한 상황을 간단히 살펴본 후 현대 법규칙에 따른 개인의 권리와 의무, 그리고 개인을 국제법 주체로서 간주하는 것이 타당한지 여부를 검토하고자 한다.

7.6.1 전통법

국제공동체 발전과정의 제1기에 속하는 17세기부터 20세기초 전 기간 동안 개인은 국가의 배타적 지배하에 있었다. 만일 개인이 때때로 국제문제와 어느 정도 결부되었다면 그것은 대부분 통상항해조약 또는 외국인 등의 대우에 관한 협약의 '수혜자'로서 그랬다. 달리 말해서 개인은 국가가 행사하는 권한의 '참고기준'이었다(예로써, 외국으로부터 불법행위를 당한 자국민을 위해 국가에게 외교적 보호 그리고 법적으로 가능한 경우 사법적 보호 권리를 부여하는 전통법규칙을 생각해 보시오). 개인에 관한 국제법의 일반 입장은 PCIJ의 *Danzig Railway Officials* 사건에 관한 다음 권고적 의견에서 정확히 언급되었다.

> "확립된 국제법원칙에 따라 국제협정인 Beamtenabkommen(폴란드와 독일 간 조약)은 그 자체로서 사인에 대해 직접 권리 및 의무를 창설할 수 없다는 사실은 충

분히 인정할 만하다. 그러나 체약당사자의 의도에 따라서 국제협정의 목적 그 자체로서 국내법원에서 강제할 수 있는 개인의 권리 및 의무를 창설하는 몇 가지 구체적 규칙을 당사자가 채택할 수 있는 점은 논란의 여지가 없다"(pp.17-18).

전통국제법에서는 국적에 관계 없이 모든 개인에게 권리를 부여하는 일반적인 법규칙이 존재하지 않았다. 개인의 국제법에 따른 지위 문제는 주로 *해적행위*(공해상에서 사적 목적을 위해 사선(私船)의 승무원이나 승객이 다른 선박에 대해 공격하는 것; 1.8.1 및 21.1 참조)와 관련하여 발생하였다. 이러한 현상은 17세기 및 18세기에 광범위하게 발생하다가 점차 소멸되었는데, 비교적 최근에는 세계의 일부 지역에서 다시 발생하고 있다. 그리고 국제규칙이 개인에게 직접 적용되는지, 아니면 국내법체계를 매개로 하여 적용되는지는 여전히 논쟁사항이다.

일부 주도적인 학자들(Westlake 및 비교적 최근의 Kelsen)[14]은 해적행위와 관련해서 국제규칙이 개인에게 직접 의무를 부과하며, 이와 동시에 예외적으로 모든 국가는 국적에 관계 없이 공해상에서 해적을 체포하여 처벌할 권한을 갖는다고 주장하였다. 다른 학자들(예를 들면 Anzilotti)[15]은 이와 달리 국제규칙은 단지 국가에게 해적행위를 금지하는 입법을 의무화하고 모든 국가들은 자신의 국내 당국이 해적을 체포, 기소 및 처벌할 수 있도록 하는 것이라고 주장하였다.

이 문제는 주로 다음 두 가지 이유에서 여전히 논란 사항이다.

첫째, 해적행위가 한창 기승을 부릴 때 개인은 완전히 국가의 지배하에 있었다. 위에서 언급한 바와 같이 개인은 자신의 국적국이 다른 국가에 대하여 외교적 또는 사법적 보호를 행사하기로 결정하는 경우에만 이러한 보호를 받을 수 있었을 뿐이었다. 둘째, 개인이 국제규칙에 따른 의무를 부담하지만 동시에 권리 및 권한을 부여받지 못하는 상황에서 개인을 국제법 주체라고 말하는 것은 다소 이상하다.

---

14) J. Westlake, *Chapters on the Principles of International Law*(Cambridge: Cambridge Univ. Press, 1894) p.2; Kelsen, *Principles*, pp.203-205.

15) D. Anzilotti, "L'azione individuale contraria al diritto internazionale", 5 *Rivista di diritto internazionale e legislazione comparata*(1902), pp.8-43; Anzilotti, *Scritti di diritto internazionale pubblico*(Padua: Cedam, 1956), i, p.211 이하에서 재인용.

7.6.2 현대법

오늘날 사정은 다른 것으로 보인다. 역사적 사건 및 새로운 이념의 확대로 인해 국가는 개인에 대한 배타적 독점권을 상실하였으며, 나아가 자신의 권한을 점차 국제기구와 같은 다른 실체에 양보하고 있다. 개인은 점차 국제적으로 중요한 이익을 보유하게 되었을 뿐만 아니라 세계공동체의 근본가치를 침해할 수 있는 존재로 간주되었다. 개인의 요구 및 관심, 그리고 비난 가능한 행동을 고려하게 된 것이다. 그리하여 개인은 국제적으로 효력이 있는 법적 권리를 갖게 되었다. 동일한 이유에서 국가는 개인에게 특정한 새로운 근본가치를 이행하도록 강제하거나, 이런 가치를 위반하는 경우 처벌하여 개인에게 의무를 확대하는 것이 적절하다고 여기게 되었다.

(1) 개인에게 의무를 부과하는 관습규칙

최근에 개인에게 직접 *의무*를 부과하는 다수의 국제규칙이 등장한 것은 의심할 여지가 없는 것으로 보인다. 이러한 일반규칙은 먼저 무력충돌 분야에서 구체화되었다. 이 규칙에 따르면 만일 국제적 전쟁을 수행 중인 개인이 교전규칙을 위반하는 경우 국가기관원으로서의 공적 지위에 관계 없이 이 위반에 대해 형사책임을 부담한다. 그 후 다른 국제범죄(인도에 반한 죄, 특히 집단살해, 침략행위, 테러리즘 및 고문)의 처벌에 관한 일반규칙이 발전하였다. 게다가 전쟁범죄에 관한 규칙의 범위가 확대되었다(21.2.1 참조).

그래서 개인은 오늘날 무력충돌시에만 적용되거나 평시에도 적용되는(인도에 반한 죄, 집단살해, 침략행위, 테러리즘 및 고문에 대한) 다수의 국제의무를 부담하고 있다. 이러한 의무는 *세계의 모든 개인*에게 부과된다. 즉, 개인은 위에서 언급한 규칙을 위반하지 않을 의무를 부담한다. 따라서 만일 개인이 그렇게 하지 않는 경우 해당 위반행위에 대해 책임을 진다. 이것은 개인이 거주하고 있는 국내법체계에서 유사하거나 동일한(즉, 국내입법으로 변형된) 의무가 있는지의 여부와 상관없다. 다시 말해서 이것은 국제법체계가 그야말로 국내법체계를 거치지 않고 개인과 직접 접촉하는 분야이다. 이와 관련해서 뉘른베르크 국제군사재판소(IMT)는 다음과 같이 언급한 바 있다.

"[IMT]헌장의 본질 자체는 개별 국가가 국내적으로 부과하는 복종의무를 초월하여 개인에게 국제의무를 부과하는 것이다. 전쟁법을 위반하는 자는 국가의 권한에 근거하여 행동한다 하더라도 이러한 행위를 허가한 국가가 국제법상의 권한 범위를 벗어났다면 면제권을 얻을 수 없다"(p.233).

더욱이 이러한 의무는 개인이 국가공무원으로서 행동할 때(이것이 가장 일반적 상황이다), 또는 특별한 상황에서 개인 자격으로 금지된 행위를 수행하는 때에도 개인에게 부과된다. 이런 의무 중 어느 하나라도 위반하는 개인은 형사책임을 부담하여 세계 모든 국가의 법원에서 재판에 회부될 수 있다(21.4.1 참조; 또는 국제형사재판기관이 설립되어 이러한 범죄에 대해 관할권을 갖는다면 이 재판기관에 회부됨. 21.5 참조).

(2) 의무에 대응하는 권리의 보유자

위에서 언급한 의무를 이행하도록 강제할 법적 권능을 갖는 자는 누구인가? 이에 대해 두 가지 견해가 제시될 수 있다. 첫째, 현재의 세계공동체 발전 단계에서 개인은 아직 *국제적인* 수준에서 이런 의무를 강제하도록 요청할 권능을 가질 수 없다. 오로지 국가만이 이것을 청구할 위치에 있는 바, 국가는 이 의무위반 혐의자를 국제형사재판소(ICC)와 같은 국제형사재판기관에 회부해서 이러한 의무를 강제할 권한을 가질 것이다.

다른 의견 또한 고려할 만한데, 이 의견에 따르면 국제적 가치, 즉 국제적 권리·의무가 종전에 국내법제도의 대상이 되었던 분야로 매우 광범위하게 '*침투*'하게 되어 개인은 과거에는 생각할 수 없었던 역할을 갖게 되었다. 바로 위에서 언급한 바와 같이 세계의 모든 개인은 현재 자신의 국적국 및 거주국의 국내법체계에서 금지되는지 여부에 관계 없이 몇 가지 중요한 가치(평화 유지, 인간의 존엄성 보호 등)를 완전히 존중해야 할 엄격한 국제의무를 부담한다. 따라서 이런 의무에 상응하는 국제적 권리가 모든 개인에게 귀속된다고 주장하는 것은 법논리적 측면에서 일관될 뿐만 아니라, 세계공동체에 등장하고 있는 새로운 경향과도 합치할 것이다. 즉, 개인은 자신의 생명, 신체 그리고 존엄성을 존중받을 권능이 있다. 그리고 개인은 전쟁범죄, 인도에 반한 죄, 침략행위, 고문, 테러리즘의 희생자가 되지 않을 권리를 갖는다. 그러나 최소한 당분간 일반국제규칙에서 도출되는 이런 국제적 권리에는 개인에게 귀속하는 *구체적인* 강제수단 또는 강제력이 수반되지 않고 있다. 현재 개인은 이런 범죄의 혐의자에 대해서 영토관할권, 인적관할권 또는 보편관할권(21.4.1 참조)을 갖는 국가의 법원에서 형사절차가 개시될 수 있도록 고소 · 고발할 수 있을 뿐이다. 이 외에도 개인은 이와 같은 위반혐의에 ICC 소추부가 주목하도록 할 수 있다.

또한 개인은 본국 기관원에게 범죄혐의가 있는 경우 자신의 국적국가를 상대로 국제인권기관에 청원할 수 있다. 실체적 권리를 강제할 구체적인 법적 권능이 이러한 권리에 수반하지 않는 점은 법적으로 결코 새롭거나 놀라운 일이 아니다. ICC규정에 따라서 소추관, 국가 또는 유엔 안보리가 기소하거나 회부한 소송절차에 국제범죄의 희생자가 법적 의견이나 우려사항을 제출할 수 있는 권한을 갖게 된 점은 최소한 어느 정도 바로 전에 언급한 법적 해석의 증거가 될 수 있다. 엄밀히 말해 국제적인 면에서 개인에게 부과되는 의무와 그에 상응하여 개인에게 귀속되는 권리를 국가가 제공할 수밖에 없다는 점이 부가되어야 하겠다. 중요한 것은 입법자의 의도이다. 현재 논의 중인 의견에 비추어 볼 때 국가는 의식적으로 또는 무의식적으로 개인에게 의무에 상응하는 권리를 부여할 목적에서 국제범죄에 관한 관습규칙을 형성해 왔다고 주장할 수 있다.

이러한 견해가 함축하는 점을 이해하려면 일반규칙과 인권에 관한 조약규정(예를 들어, 유엔 시민적 · 정치적 권리규약)의 차이를 강조하는 것이 유용할 것으로 보인다. 후자의 규정은 개인에게 *실체적*(*절차적* 또는 *부수적*인 것에 반대되는 것) 권리 및 의무를 부여하고 있는 것으로 보인다. 사실상 이 규정은 국가에게 *각자의 국내법체계에 따라서* 개인에게 권리를 부여하고 의무를 부과하도록 하는 것이 전부이다. 그래서 만일 체약당사자가 자신의 국내법체계에 따른 입법적 조치에 의해 이들 규정을 이행하지 않는다면, 개인은 이러한 규정에서 정하는 실체적 권리 및 의무를 갖지 못하게 된다.

반대로 현재 여기서 논의하고 있는 권리 및 의무는 국제규칙에 의해 개인에게 *직접* 부여되는 것이다. 따라서 국내법체계상 이런 국제규칙을 국내적으로 *이행하지 않거나* 또는 이것과 반대되는 입법이 통과되더라도 이런 권리 및 의무는 개인에게 귀속된다. 이런 경우 국제법질서가 국내법체계에 의존하거나 이를 통하지 않아도 개인에게 이르게 될 것이 분명하다. 이런 독특한 규율이야말로 국제법체계가 주권국가에 거주하는 개인의 행동에 *점차 직접 영향*을 미치고 있는 중요한 증거이다.

이러한 두 가지 의견 중 어느 쪽이 보다 더 적절한 것인지에 관계 없이, 현재 논의 중인 해당 국제의무의 출현은 분명히 국제공동체의 중요한 발전이라는 점을 부정할 수 없다.

(3) 개인에게 권리를 부여하는 조약규정

현대에 국가들은 자신의 관할대상인 개인에게 인권을 부여하는 협정을 점차 더 많이 체결하고 있다. 어떤 경우 이런 협정은 개인이 체약당사국을 상대로 자신의 인권이 침해되었다고 국제기관에 청원할 수 있는 권리를 규정하기도 한다. 문제는 해당 *실체적* 권리가 단지 국내적 차원, 즉 각 체약당사자의 국내 영역에서만 행사될 수 있는 것인지, 아니면 국제적 범위, 즉 국제 수준에서 행사될 수 있는 것인지의 여부이다. 국제기관에 대한 청원의 *절차적* 권리에 대해서도 같은 문제가 발생한다.

위에서 언급하였듯이 인권 관련 국제조약을 통해 볼 때 이들 조약이 설정하고 있는 실체적 권리는 개인이 각 체약국의 *국내*법체계 내에서만 행사할 수 있을 뿐이라는 점이 분명하다. 그러나 조약에 의해 수립된 국제기관에 진정할 수 있는 권리의 경우에는 이와 입장이 다르다.

이러한 경향은 중남미에서 시작되었다. 중미사법법원(Central American Court of Justice)을 설치(1908~1918)하기 위해 5개 중미국가(코스타리카, 엘살바도르, 과테말라, 온두라스, 니카라과)들이 체결한 평화우호조약(1907)에서는 개인, 국가 및 국내기관에 대해 해당 법원의 소송당사자로서 소를 제기할 수 있는 출소권(出訴權, right to appear)을 부여하였다. 개인은 이들 국가(자신의 국적국은 제외)에 대해 국제법 위반을 이유로 제소할 수 있었다. 그리하여 개인은 같은 법원이 심리한 10개의 사건 중 5개 사건을 제기하였다. 그러나 어느 사건에서도 승소하지 못하였다.

제1차 세계대전 이후 ILO의 설립자들은 산별노사협회(industrial associations of workers and employers)에 대해 회원국이 ILO협약을 이행하도록 요구할 수 있는 권리를 부여하기로 결정하였다. 당시 이것은 정말 대단한 진전이었다. 이것은 소수자(즉 인종적, 종교적 또는 언어적 소수자)에 대한 국제적 보호영역의 유사한 발전과 궤를 같이하는 것이었다. 즉, 이런 소수자 대표는 해당 국가가 자신의 국제적 의무를 존중하지 않는다는 견해를 갖는 경우, 국제연맹에 '청원'할 수 있는 권리를 취득하였다. 이런 두 가지 경우에 발생한 중대한 변화의 이면에 내재한 이유는 쉽게 설명될 수 있다. 즉, ILO협약 및 소수자에 관한 국제조약이 노동자(또는 사용자) 및 소수자를 각각 보호할 목적으로 마련된 것이기 때문에 위반 혐의가 있는 경우 그러한 혜택을 갖게 된 사람들에게 항의권을 부여하는 것은 아주 논리적이었다. 특히 이런 조약은 쌍방(또는 상호주의적) 규칙(1.8.1 참조)을 규정한 것이 아니라, 여타 체약당사국에 귀속될 수 있는 어떠한 직접적인 이익 또는 혜택의 존재 여부를 떠나 각 체약당사국이 자국 영역 내에서 수행해야 할 행위와 관련해서 단지 *대세적* 의무(obligations *erga omnes*; obligations *erga omnes contractantes*)를 부과한 것이기 때문에 이것은 더욱 의미 있는 것으로 여겨졌다. 결과적으로 만일 직접적인 이해관계에 있는 각 개인집단들이 위반행위에 대해 비난할 권한을 갖지 않았다면, 어느 국가도 항의받기 어려웠을 것이다.

그러나 이러한 중요한 새로운 권리가 갖는 실질적인 잠재이익이 한번도 충분히 실현되지 못하였다. 산별노사협회는 ILO에 몇 차례 청원하였을 뿐이고 소수자는 이런 권리를 거의 이용하지 않았다. 여러 측면에서 시대를 훨씬 앞서 갔던 법적 발전에 대해 역사적 상황은 아직 그다지 유리하지 않았다.

제2차 세계대전 이후 ILO의 원칙이 재확인되었으며, 이 원칙의 이행장치가 점차 강화되었다. 제2차 세계대전 발발 훨씬 이전에 붕괴되었던 소수자에 관한 조약은 다수의 인권협약으로 대체되어 개인의 집단 그 자체가 아닌 개별 인간을 보호하게 되었다. 이들 협약의 일부는 그러한 혜택을 얻게 된 사람들에게 국가의 이런 의무위반에 대해 국가책임을 추궁할 수 있는 권리를 부여하였다. 결과적으로 개인은 어느 정도 국제적 지위를 보유하게 되었다.

자세히 살펴보면, 위에서 강조한 바와 같이 국제기관에 대한 청원권은 이들 조약의 국내 이행입법에서 이것을 개인에게 *허용하고* 있는지의 여부에 관계 없이 부여되는 것으로 보인다. 다시 말해서 이런 권리는 *국제규칙에 의해 직접적으로* 개인에게 부여되고 있으며, 국내법의 내용과 관계 없이 존재한다. 따라서 이러한 권리는 *국제적 권리* 자체이다.

그러나 이러한 청원권은 다음과 같이 제한을 받는다.

1) 개인은 *절차적* 권리만 가질 뿐이다. 즉 피신청 국가가 개인의 이익을 침해하여 조약을 위반하였는지 여부를 확인하기 위하여 국제기관에 국제절차를 개시할 권리만 갖는다. 더욱이 이런 권리는 종종 청원을 회부하는 것에 한정된다. 왜냐하면 원고는 국제절차에 참가할 수 없기 때문이다.

1994년 의정서 11에 의해 1998년에 개정된 1950년 유럽인권협약은 이에 대한 예외로서 두드러진다[의정서 14는 이 협약을 더 많이 개정하였는데 아직 미발효 상태(역자주 : 2006년 발효)이다]. 즉, 소송개시 외에 개인은 심리 중에 준비서면을 제출하고 해당 과정에 참여하여 입장을 표명할 수 있는 기회를 가질 수 있다. 소재판부(Chamber)가 판결을 내린 후 개인은 사건이 중대한 해석 또는 적용의 문제 또는 일반적 중요성을 갖는 심각한 문제를 제기하고 있다고 판단되면 이를 대재판부(Grand Chamber)에 회부하도록 요청할 수 있다.

보통 개인은 자신에게 유리한 모든 국제적 판결을 강제하거나 이러한 강제를 촉진할 권리를 갖지 않는다(유럽인권협약에 관한 관행에서는 이러한 규칙의 제한적 일탈이 발견된다). 일단 국제기관이 위반 혐의에 대해서 선고하면 원고인 개인은 피소국의 처분에 맡겨지게 된다. 즉, 불법행위의 중지 및 이에 대한 피해회복조치는 실질적으로 피소국의 선의에 달려 있다[그러나 유럽인권협약상 국가는 이를 이행할 의무가 있으며, 유럽평의회 각료이사회(Council of Europe Committee of Ministers)는 법원 판결의 이행을 감시할 권한을 갖는다].

2) 해당 권리는 단지 *조약*(또는 소수의 경우 *국제결의*)에 의해서만 부여된다. 결과적으로 이러한 권리는 특정의 구체적인 사안(예를 들면 노사관계, 인권)과 관련해서만 존재한다.

ILO헌장 제24조는 노동자단체나 사용자단체에 피청원국이 비준한 모든 ILO협약과 관련하여 청원을 제기할 권리를 부여하고 있다. 게다가 1950년 채택된 몇 가지 결의는 피청원국의 ILO협약 비준 여부에 관계 없이 해당 사안과 관련하여 ILO협약 위반 혐의에 대해 노동자단체에게 ILO 기관(노동조합결사자유위원회)에 청원할 수 있는 권리를 규정하고 있다.

인권분야에서 언급하여야 할 것은 1966년 유엔 시민적 · 정치적 권리규약에 관한 선택의정서, 1965년 인종차별철폐에 관한 협약(제14조), 그리고 1967년 및 1970년 ECOSOC이 각각 마련한 두 가지 절차에 따라 개인 또는 집단은 특정 인권기관에 '통보서'(commucations)를 제출할 수 있다(19.4.4(1) 참조). 지역적 수준에서 가장 주목할 만한 조약은 위에서 언급한 유럽인권협약이다. 미주인권협약은 1969년 채택되었는데, 한 규정(제44조)은 '모든 개인 또는 집단 또는 모든 미주기구(OAS)의 하나 이상의 회원국에서 법적으로 인정하고 있는 비정부간 기관'에게 미주인권위원회에 해당 협약 당사국의 협약 위반을 비난하거나 또는 이에 대해서 진정하는 청원제출권을 부여하고 있다(19.4.4(2) 참조).

3) 다른 제한은 위에서 언급한 조약의 모든 당사국이 조약이행과 관련하여 개인에 대해서 책임을 부담한다고 인정하지 않고 있는 점이다(유럽인권협약은 이에 대한 예외로서 주목할 만함).

> 개인이 국제공동체에서 갖는 지위에 반대하는 국가들이 개인이 개시하는 감독절차에 따르지 않으면서 해당 조약을 비준할 수 있도록 특별한 장치가 활용되었다. 즉, 국제기관이 개인 청원을 심사하는 권한을 조약의 특별조항에서 규정한 것이다. 그 결과 해당 조항을 *또한* 명시적으로 수락한 체약국만 이러한 통제장치의 대상이 된다.

4) 또 다른 약점은 개인이 개시할 수 있는 절차는 국내법 절차와 상당히 다르다는 것이다. 다음 세 가지 점이 특히 두드러진다.

첫째, 청원사항을 심사하는 국제기관이 비록 종종 사법적 절차에 따라 운용되는 경향이 있지만, 일반적으로 사법적 성격을 갖지 않는다. 둘째, 일반적으로 국제절차 자체가 아주 초보적이다. 특히 증거수집 관련 제약이 크다. 셋째, 더욱 중요한 것으로 이런 절차의 결과물은 판결 자체가 아니며, 국제기관의 의견을 제시하는 보고서, 권고 및 이와 유사한 것으로서 아주 온건한 조치이다. 즉, 법적 구속력을 갖는 결정은 전혀 예정하지 않고 있다(다시금 유럽 및 미주인권협약은 이에 대한 예외로서 중요하다).

따라서 국제적으로 절차적 권리를 행사할 때 개인의 역할은 여러 가지 면에서 제약받고 있는 것이 분명하다. 게다가 이러한 권리는 국가의 의지에 의존하기 때문에 불완전하다. 국가가 이런 조약을 종료시키거나 개인에게 절차적 권리를 부여하는 국제결의를 무효화하기로 결정하는 순간, 이런 권리는 국제무대에서 사라지게 된다. 마찬가지로 관련 조약 중 어느 하나를 비준한 국가가 국제기관의 개인 청원권 처리권한에 대한 수락을 철회하는 순간 개인은 더 이상 국제적 수준에서 국가를 제소할 수 없게 된다.

이러한 약점이 있지만 개인이 국제기관에 대하여 직접 청원권을 행사하는 것이 갖는 중요성을 경시하지 않아야 한다. 국가가 자신의 관할권하에 있는 개인에 대해 완전한 지배권을 행사하겠다고 전통적으로 주장해 왔듯이 일부 주권적 권한을 국가 스스로 박탈하기는 쉬운 일이 아니다. 현행 세계공동체의 구조와 그 구조를 지배하는 것은 여전히 국가라는 사실을 감안할 때, 개인의 제한된 지위는 커다란 발전으로 간주될 수 있다. 게다가 개인은 국적, 즉 피청원국의 시민, 여타 국가(조약당사국 여부 불문)의 국민 또는 무국적자를 불문하고 국제기관에 대해서 청원권을 갖게 되었다. 따라서 청원권은 인간으로서 자연인에게 부여된다. 국적과 연계되거나 다른 형태의 충성이 고려되지 않는다. 이것이야말로 본질적으로 기념비적인 발전의 표상이다.

더욱이 국가가 국제기관의 개인 청원에 대한 심사권한을 수락하면 많은 경우 국가는 결국 이들 기관이 위반으로 판단한 결정을 존중하게 된다. 다시 말하자면, 자연인(또는 비정부단체)이 개시한 국제적 감독장치는 실제로 유효하다는 점이 입증되고 있다. 이 점은 그다지 놀라운 일이 아니다. 국가가 개인의 요청에 따라 움직이는 국제기관의 관할권을 수락하는 중대하고도 기념비적 조치를 취하는 순간, 이들 기관의 결정에 주의를 기울인다거나, 이러한 위반에 책임이 있는 것으로 판명되면 이러한 위반을 종료하거나, 희생자에게 금전배상을 지불하기 위하여 필요한 모든 조치를 취하는 것이 그다지 어려운 일은 아닐 것이다.

위에서 언급한 점을 종합할 때 해당 권리의 수익자 자신의 발의에 의존하는 기존의 국제인권보호체계는 국제법 이행을 확보하기 위한 다른 국제장치 못지않게 효력이 있다. 따라서 개인의 청원에 기초한 국제장치가 별로 없다고 해서 실망할 일은 아니다. 대담한 발전을 보이고 있는 모든 국제문서와 같이 인간에게 절차적 권리를 부여하고 있는 조약은 결국 결실을 맺게 될 것이다.

7.6.3 개인의 국제법상 지위

요약하면 현행 국제법에 따라서 개인은 국제법적 지위를 보유한다. 개인은 관습국제법에서 도출되는 몇 가지 *의무*를 부담한다. 게다가 모든 국가에 대해서는 아니지만 절차적 권리를 포함하는 조약을 체결한 국가군 또는 관련 결의를 채택한 국제기구와 관련해서 개인에게 이득이 되는 *절차적 권리*가 있다. 분명히 개인의 국제법적 지위는 독특하다. 즉, 개인은 국제공동체에서 *불균형적 지위*를 갖는다. 개인의 의무는 국제공동체의 모든 구성원과 연계되어 있는 반면, 권리는 그렇지 않다. 간단히 말해 모든 국가는 개인에 대해 몇몇 근본가치를 존중하도록 요구하면서, 개인이 국제기관에 국가를 제소할 수 있는 권한을 부여하는 것은 차치하고라도 자신들과 제휴해서 개인을 국제관계에 참여시킬 각오는 별로 없다.

개인과 국가의 지위를 구분하고자 할 때, 국가는 국제법인격 자체를 갖지만, 개인은 *국제법상 제한적인* 당사자적격을 보유한다. 더욱이 국가와 달리 개인은 제한된 권리와 의무, 즉 *제한된 법적 능력*을 보유한다(그래서 어느 정도는 반란단체, 국제기구 및 민족해방운동단체와 같은 여타 비국가적 국제법 주체와 동등하다고 할 수 있다).

제 III 편

국제법 기준의 형성 및 이행

제 8 장

국제법 형성: 관습

8.1 개 관

8.1.1 전통법

국제공동체 출범 이후 국가는 법적으로 구속력 있는 규칙을 만드는 두 가지 주요 방법으로서 *조약*과 *관습*을 발전시켰다. 이 두 가지 규범은 창설자의 편의에 완벽하게 들어맞았다. 둘 다 여기에 구속받기를 원하지 않는 국가에 의무를 부과하지 않아야 한다는 점을 기본적으로 충족시켰으며, 어떠한 외부 '입법자'도 용납하지 않았다. 다시 말해서 법은 이것을 이행하고자 하는 바로 그 국가들이 만들었다. 그 결과 입법자와 이 법의 대상자는 완전히 일치하였다. 특히 조약은 오로지 체약당사국에게만 적용되기에 국제공동체에 만연하였던 개인주의를 철저하게 반영하였다. 관습은 공동체의 모든 구성원을 구속하는 규칙의 기초가 되었지만, 결국은 동의에 의존하였다. 이런 이유에서 과거 일부 대학자들은 관습이 '묵시적 동의', 묵시적 계약(*tacitum pactum*)으로 귀착된다고 주장하였다. 즉 관습 규칙은 모든 국가의사가 합치하여 생긴다는 것이다.[1)]

1) D. Anzilotti, *Corso*, i, pp.71-76 참조.

영국 법원[2]을 포함하여 많은 국내법원과 1927년 PCIJ는 *Lotus*호 사건[3]에서 본질적으로 이와 동일한 입장을 취하였다. 그래서 어느 회원국이나 최소한 관습규칙의 형성시점에 이의 적용에 반대하여 자신이 원하지 않는 규칙에 제한받지 않을 수 있다고 생각하였다[예를 들어, 1893년 영-미중재재판소의 *Pacific Fur Seal Arbitration* 사건[4]에서 영국측 소송대리인은 (묵시적으로) 이를 암시하였다. 1825년 미국 연방대법원[5]과 1903년 독일-베네수엘라 혼합청구권위원회[6]도 (명시적으로) 이를 제시하였다].

---

2) 1876년 *Keyn(The Franconia)* 사건 및 1905년 *West Rand Central Gold Mining Co. Ltd.* 사건 참조. *Keyn* 사건에서 영국 법원은 "[국제]법이 구속력을 가지려면 여기에 구속되는 국가의 동의를 받았어야 한다. 이러한 동의는 조약 또는 정부들이 의사의 합치로 인정한 것과 같이 명시적이거나 확립된 관례에 내재할 수 있다"(C.J. Cockburn 판사의 견해, p.780). 다른 영국 법원은 *West Rand Central Gold Mining Co. Ltd.* 사건에서 국제법은 "문명국의 컨센서스에 근거하고 있다. … 이것은 '보편적으로 승인되거나 동의를 받아 … 법이라고 일컫는 것이 합당한 규칙 또는 관행'을 포함한다"(p.289). "문명국의 공통된 동의를 받았더라도 우리 국가의 동의를 받았어야 하고, 우리가 일반적으로 다른 나라와 함께 동의한 것이 국제법으로 불리는 것이 지당하다"(p.291)고 판시하였다.

3) PCIJ는 *Lotus*호 사건에서 다음과 같이 언급하였다. 즉, "국가에 구속력 있는 법규칙은 … 협약 또는 법원칙을 표현하는 것으로 일반적으로 수락되고, 상호 공존하는 독립공동체간의 관계를 규율하거나 공동의 목적 달성을 위해 수립된 관례에 의해 표현되는 자신의 자유의사에서 나온다"(p.18).

4) 미국측 소송대리인은 정의 및 도덕원칙을 원용하였다. 그러나 영국측 소송대리인은 이런 주장을 배척하면서 다음과 같이 언급하였다. 즉, "소위 국제법이란 도덕 및 정의 원칙 중 오로지 국가간에 합의를 거쳐 이들의 관계를 지배하는 행위규칙의 일부분이어야 한다. 다시 말해서 국제법은 이를 강제할 외부의 상위기관이 없기 때문에 동의의 원칙에 기반하고 있다. Grotius의 말에 따르면 *Placuitne gentibus*? 즉, 국가들의 동의가 있었는가?"(Moore, *History and Digest*, i, p.871)하는 문제이다. 의장중재인이 영국측 소송대리인에게 이것은 단지 문서상 합의만을 언급하는 것인가를 묻자 그는 다음과 같이 답변하였다. 즉, "본인이 '국가간에 합의한 것'이라고 한 것은 물론 단순히 공식적·명시적 또는 문서상 합의 외에 합의가 표명될 수 있는 모든 형식으로 중재판정부가 이들 국가들이 그렇게 합의하였다고 결론내릴 수 있는 것을 말하는 것이기도 하다"(*ibid.*, p.872). 미국은 이 문제와 관련하여 영국의 의견에 이의제기를 하지 않았던 점에 주목하여야 하겠다. 한편, 중재판정부는 일반적으로 말해서 영국의 주장을 지지하였지만 이 사안에 대해 판단하지는 않았다.

5) 1825년 *The Antelope*호 사건에서 미국 연방대법원은 미국 당국이 스페인 국적의 노예무역 선박을 나포한 것이 적법한 것인가에 관한 문제를 처리하여야 했다. 연방대법원은 이러한 나포는 불법이라고 판시하였다. 이는 노예무역이 당시 보통 금지되기는 하였으나, 종전에 이것은 합법이었고 노예무역에 호의적인 국가들은 새로운 규칙을 준수하지 아니할 권능이 있었기 때문이라는 것이다. 연방대법원은 또한 다음과 같이 판시하였다. 즉, "국가의 완전한 평등만큼 보편적으로 인정되고 있는 일반 법규칙은 없다. 러시아와 제네바는 동등한 권리를 갖는다. 바로 이러한 평등으로부터 어느 국가도 다른 국가에 대해 합법적으로 규칙을 강제할 수 없다. 각 국가는 자기 자신을 위해 입법행위를 하는 것이며, 이런 입법은 자기 자신에 대해서만 효력을 갖는다. 그래서 모든 국가의 동의에 의해 모든 국가에 부여된 권리는 오로지 동의에 의해서만 박탈될 수 있기 때문에 모든 국가가 참여하였던 이러한 [노예]무역은 이것을 포기하지 못한 국가에 대해서는 여전히 합법이어야 한다. 어느 국가도 다른 국가를 구속하는 규칙을 설정할 수 없기 때문에 어느 국가도 국제법을 제정할 수 없다. 이런 이유에서 이러한 무역은 이를 금지하지 않은 국가에 대해서 여전히 합법이다"(pp.35-

국가의 무제한적인 자유는 법원(法源)으로서 조약과 관습 간에 위계질서가 없다는 또 다른 국제입법의 특징에 반영되어 있다(물론 이 두 가지 법원과 형평원칙에 기초한 사법적 판결과 같이 조약규칙에서 예정하고 있는 이차적 법원 형성과정간에는 위계가 있다. 10.3.2 참조). 달리 말해 양자 또는 다자조약에 의해 만들어지는 규칙이 관습규칙 또는 '일반'규칙보다 강하거나 상위에 있지 않으며, 이의 반대도 마찬가지다. 이런 두 가지 규칙군은 동등한 순위와 지위를 갖는다. 따라서 이 두 가지 법원에서 발생하는 규칙간의 관계는 모든 법질서에서 *동일한* 법원에서 도출되는 규범 상호간의 관계를 규율하는 세 가지 일반원칙의 지배를 받는다. 즉 첫째, 신법은 구법을 폐기한다(*lex posterior derogat priori*). 둘째, 일반적 성격의 신법은 특별한 성격의 구법을 폐기하지 못한다(*lex posterior generalis non derogat priori speciali*). 셋째, 특별법은 일반법에 우선한다(*lex specialis derogat generalis*).

더욱이 이 두 가지 범주의 규범은 결국 관련 당사자들이 결정한 방식대로 어떠한 사안도 규율할 수 있다. 그래서 둘 이상의 국가는 *상호간에* 관습국제법을 적용하지 않기로 결정할 수 있다. 이와 같은 이유로 새로운 관습규칙은 둘 이상의 국가 사이에 체결된 조약을 대체할 수 있다. 이러한 두 가지 법원이 완전히 상호 대체적이기 때문에 주권국가는 자신의 손을 영원히 묶어 두지 않으려는 희망을 간단히 실현할 수 있었다. 그래서 국가는 의무를 수행하는 것이 자신의 이익에 반하는 것으로 증명되는 순간 상호 합의에 의해 해당 의무를 폐기할 수 있었다.

국제규칙은 관습규칙으로 규범이 형성되는 과정을 규율하지 않을 뿐만 아니라(이것은 관습의 내재적 특징을 감안할 때, 아주 정상적이다) 조약의 형성과정도 상세히 정의하지 않았다(반면 국내법질서에서의 입장은 전혀 다르다. 즉, 헌법과 그에 유사한 법규칙은 일반적으로 복잡한 입법절차를 규율한다. 그리고 입법 주체 및 기관, 그리고 다양한 법제정과정 단계 등을 정의하고 있다). 이는 우연한 일이 아니다. 국가는 국제관계를 수행함에 있어 가능한 자유롭기를 희망하였다. 사실상 이러한 국가의 자유야말로 국제공동체의 기본 특징이었다(1.6 참조).

56, 특히 p.45).

6) 1903년 *Fishbach and Friedricy* 사건에서 독일-베네수엘라 혼합청구권위원회의 의장중재인은 "어느 국가든지 다른 모든 국가들이 수락한 국제법 규칙 또는 원칙에 대해서 반대할 권한과 권리를 갖는다"고 판시하였다(p.397).

이런 법체계에서 매우 두드러진 결함 중 일부는 상당히 완화되었지만 이러한 법체제는 오늘날에도 여전히 유지되고 있다.

8.1.2 새로운 경향

먼저 유념해야 할 사항은 20세기에 서로 다른 이념적 · 정치적 · 문화적 배경을 갖는 다수의 국가(먼저 사회주의 국가 그리고 나중에 개발도상국)가 출현하여서 조약은 더욱 분명하고 상세하게 국제적으로 규율되었고, 이는 신생국가의 요구에 부합하였다. 이러한 전통법 규칙의 법전화와 개정 및 발전의 필요성에 따라, 국가는 하나의 일반조약에 국제협정의 '성립', '존속' 및 '소멸' 문제를 담기로 합의하였다. 이것이 바로 국제조약의 모든 주요 특징을 규율하였던 1969년 조약법에 관한 비엔나협약이다(뒤이어 1986년 국가와 국제기구간 조약법에 관한 비엔나협약이 채택되었다).

둘째, 최근에 근본가치의 집합체가 등장하였으며, 국가는 이들 규범의 내용 및 중요성에 동의하고 있다. 동일한 이유에서 새로운 범주의 일반국제규칙인 *강행규범*(peremptory rules; *jus cogens*)이 고안되어 이러한 가치를 구현하게 되었다(제11장 참조). 이런 가치들이 국가의 무제한적 자유를 제한한다. 국제법계(國際法系)상 어느 정도의 *위계질서*도 수립되고 있다. 즉, 국가는 강행규범의 법적 구속력을 갖지 않는 조약이나 관습규칙을 통하여 강행규범의 적용으로부터 벗어날 수 없다. 그래서 *강행규범*은 위계질서상 모든 다른 국제법규칙보다 상위에 있어 국제규칙간의 관계를 지배하는 앞의 세 가지 일반원칙은 적용되지 않는다.

셋째, 나중에(11.5.3 참조) 언급하겠지만, 오늘날 국가가 관습규칙 형성에 반대하여 이의 적용을 받지 않는 것이 가능한지는 적어도 의문의 여지가 있다. 국제공동체는 과거에 비해 덜 무질서하고 덜 개인주의적이며, 훨씬 더 통합적이다. 그 결과 강대국을 포함한 개별 국가에 대한 공동체의 압력행사가 상당해서 국가가 새로운 일반규칙의 구속을 피하는 것이 어려워 보인다.

8.2 관 습

8.2.1 개 관

ICJ규정 제38조 제1(b)항[7]은 재판소가 원용할 수 있는 법원(法源)으로 '법으로 수락된 일반관행의 증거로서 국제관습'을 언급하고 있다. 이것은 비록 다수의 학자가 의문을 제기하고 있지만 가장 권위 있는 정의이다. 이는 널리 인정받은 견해로서 관습이 두 가지 요소인 일반적 관행 또는 장기간의 지속(*usus* or *diuturnitas*), 그리고 이런 관행이 법을 반영하거나 이에 해당한다는 확신[즉, 법적 의식(*opinio juris*)] 또는 사회적, 경제적 또는 정치적 편의상 필요하다는 확신[즉, 필요성 의식(*opinio necessitatis*)]으로 구성되어 있다는 의견도 반영하고 있다.

관습의 주요 특징은 일반적으로 말하자면 의도적인 법 제정과정을 밟지 않는다는 것에 있다. 나중에 살펴 보겠지만 조약의 경우 국가가 자발적으로 함께 모여 법 제정과정에 참여하는 모든 당사자가 수락할 수 있는 법적 행동기준에 합의하게 된다. 참여국의 주된 의도는 이러한 기준을 형성하는 데 있다. 관습의 경우 국가가 규범형성 과정에 참여할 때 주로 국제규칙을 마련하기 위한 목적에서 행동하지 않는다. 참여국의 1차적 관심은 자국의 경제적 · 사회적 · 정치적 이익을 보장하는 것이다. 새로운 국제규칙이 점차 성립되는 것은 국제관계에 있어 국가 행위의 부수적 산물이다. 이런 이유에서 Kelsen은 관습을 '무의식적이고 비의도

7) 국제법의 법원은 아래와 같이 ICJ규정 제38조에 명시되어 있다.

"1. 재판소는 이에 회부된 분쟁을 국제법에 따라 재판하는 것을 임무로 하며, 다음을 적용한다.

(a) 분쟁국에 의하여 명백히 인정된 규칙을 확립하고 있는 일반적인 또는 특별한 국제협약

(b) 법으로 수락된 일반관행의 증거로서 국제관습

(c) 문명국에 의하여 인정된 법의 일반원칙

(d) 법칙 결정의 보조수단으로서 사법판결 및 여러 나라의 가장 우수한 국제법 학자의 학설. 다만, 제59조의 규정에 따를 것을 조건으로 한다.

2. 이 규정은 당사자가 합의하는 경우에 재판소가 *형평과 선*(*ex aequo et bono*)에 따라 재판하는 권한을 해하지 아니한다."

이 규정에 따라 조약이 관습규칙에 우선하는 것으로 오해해서는 안된다. 사실 국제법의 법원은 재판소가 원용하는 순서대로 제38조에 나열되어 있다. 조약은 관습규칙과 *비교하여* 특별한 *인적 관할권*(*ratione personae*) 및 가능한 경우 *물적 관할권*(*ratione materiae*)까지 갖게 되므로 조약이 있는 경우 재판소는 관습규칙들을 원용하기 전에 이를 고려해야 한다.

적인 입법'(*Principles*, pp.307-308)으로, 그리고 몇몇 이탈리아 국제법 학자(Giuliano, Ago, Barile)는 '자발적 과정'[8]으로 정의하였다.

위에서 언급한 바와 같이 관습과 조약을 구분하는 두 번째 특징은 관습규칙이 일반적으로 세계공동체의 모든 구성원(또는 *지역*관습의 경우 지역국가집단의 모든 구성원)을 구속하는 반면, 조약은 단지 이를 비준하거나 여기에 가입한 국가만을 구속한다는 것이다.

8.2.2 관습의 요소

이제 관습을 구성하는 기본요소인 국가관행(*usus* or *diuturnitas*)과 이에 상응하는 국가의 견해(*opinio juris* or *opinio necessitatis*)로 되돌아가 보자.

관행에 대해 말하자면, 이의 범위는 ICJ의 *North Sea Continental Shelf* 사건의 유명한 판결에 잘 요약되어 있다. 이 사건에서 ICJ는 "국가관행은 … 이익이 특별히 영향을 받는 국가의 관행을 포함하여 광범위하고 거의 통일적이어야 한다"(제74항)고 판시하였다. ICJ가 *니카라과* 사건(*본안*)에서도 언급(제186항)하고 있듯이 규칙을 이행하지 않는 경우가 있다고 해서 반드시 해당 규칙이 성립하지 않았다고 말할 수는 없다. 국가관행은 절대적으로 통일될 필요는 없다. 개별적인 일탈이 있다고 해서 어떠한 규칙도 결정화(crystallization)되지 않았다고 결론내릴 수 없으며 오히려 이런 일탈이 국제법 위반으로 판단되거나, 아니면 해당 국가가 자신의 행위가 예외적인 상황으로 정당하다고 주장할 수 있다는 점에서 규칙의 존재를 확인해 줄 수도 있다.[9]

---

8) M. Giuliano, *La comunità internazionale e il diritto*(Padua: Cedam, 1950), p.161 이하; R. Ago, *Scienza giuridica e diritto internazionale*(Milan: Giuffré, 1950), pp.78-108; G. Barile, "La rilevazione e l'integrazione del diritto internazionale non scritto e la libertà d'apprezzamento del giudice", 5 *Comunicazioni e studi*(1953), p.150 이하.

일찍이 1928년에 D. Anzilotti는 관습규칙이 '사회생활의 특정한 필요를 자발적이며, 거의 무의식적으로 표명한 것'이라고 서술하고 있음에 주목하여야 하겠다(*Corso*, p.73; *Cours*, p.74).

9) ICJ는 *니카라과* 사건(*본안*)에서 '무력사용 금지 및 불간섭'에 관한 관습규칙의 내용을 결정하는 것과 관련하여 다음과 같이 언급하였다. 즉, "국가관행에 있어 해당 규칙의 완전한 적용, 다시 말해서 국가가 완전히 일관되게 무력사용을 하지 않거나 여타 국가의 내부문제에 간섭하지 않았어야 한다고 기대할 수는 없다. 재판소는 규칙이 관습으로 확립되기 위해서 해당 관행이 그 규칙과 아주 엄격히 일치해야 한다고 생각하지 않는다. 재판소는 관습규칙의 존재를 추론하기 위해서 국가행위가 이러한 규칙과 일반적으로 일치할 것, 그리고 이 규칙과 불일치하는 국가행위의 실례는 새로운 규

이러한 관행은 ICJ가 *North Sea Continental Shelf* 사건(제74항)에서 표현하고 있듯이, 항상 "법의 지배 또는 법적 의무가 결부된다는 일반적 인식을 보여 주어야 하는가?" 두 가지 요소는 처음부터 동시에 존재할 필요가 없는 것으로 보인다. 보통 관행은 경제적, 정치적 또는 군사적 요구에 자극받아 일부 국가 사이에 발전하게 된다. 이 단계에서의 관행은 사회적, 경제적 또는 정치적 필요(*opinio neccesitatis*)에 의해 요구된다고 볼 수 있다. 만일, 관행이 다른 국가로부터 강하고 일관된 반대에 부딪히지 않고 점차 수락되고 묵인된다면 관습규칙은 점차 결정화되는 것이다. 이러한 나중 단계에서 관행은 국제법의 명령을 받아서 행해진다(*opinio juris*)고 말할 수 있다. 다시 말해서, 이제 국가는 자신의 경제적 · 정치적 · 군사적 고려에 의해서가 아니라 국제규칙에서 요구하기 때문에 관행에 따라야 한다고 믿기 시작한다. 그 순간—계속적인 과정의 결과이기 때문에 정확히 지적할 수는 없지만—관습규칙으로 발전하였다고 말할 수 있다. 점진적인 관습규칙 형성과정 중 바로 이 단계와 관련하여 ICJ가 *North Sea Continental Shelf* 사건(제77항)에서 표현하고 있듯이 '… [특정] 관행이 그러한 관행을 요구하는 법규칙의 존재로 인하여 의무적인 것으로 되었다는 신념'이 필요하며, 결과적으로 '관련 국가는 … 자신이 법적 의무에 해당하는 것을 따르고 있다'고 느껴야 할 것으로 보인다.

초기에는 필요성 의식(*opinio necessitatis*)에 기초하였다가 나중에 법적 의식(*opinio juris*)으로 변형되는 관습규칙의 실례로 설득력 있는 것은 대륙붕(각 연안국은 연안에 인접한 공해 아래 대륙붕의 하층토 및 해저의 천연자원에 대해 배타적 관할권을 갖는다. 5.3.6 참조)과 우주에 관한 규칙(5.6)을 들 수 있겠다.

관습 형성의 초기에 충돌하는 (경제적 또는 정치적) 이익이 존재할 때에는 늘 관행(*usus*) 요소가 관습규칙 형성에서 법적 의식보다 더 중요할 수 있다. 예를 들어, 이런 점은 대륙붕에 관한 규칙의 형성에 적용된다. 다른 경우, 관행의 요소는 덜 중요하다. 예를 들어, 우주의 경우 단지 두 강대국(즉, 소비에트연방과 미국)이 이 부분을 이용할 기술적 자원을 가졌던 점이 사실이고, 따라서 이들의 이익이 실질

칙으로 인정되었음을 보여 주기보다 일반적으로는 이에 대한 위반으로 다루어졌어야 한다고 보면 족할 것이라고 생각한다. 만일 국가가 규칙으로 인정받은 것과 일견(*prima facie*) 불일치하는 방식으로 행위하면서 규칙 자체에 포함된 예외 또는 정당화 사유를 원용하면서 자신의 행위를 방어하기 때문에 그러한 근거에서 해당 국가의 행위가 실제로 정당한지 여부가 문제되는 경우 관련 태도는 이런 규칙을 약화시키기보다 오히려 이를 확인하는 의미를 갖는다"(제186항).

적인 면에서 일치하는 순간, 관습규칙은 아주 쉽게 그리고 아주 짧은 기간 내에 발전하였다(이것을 저명한 학자는 '속성관습'이라 명명하였다[10]). 다른 경우에 의식(*opinio*)이 명백하고 본질적으로 합리적인 근거에 기초하는 경우 다른 무엇보다 의식의 역할이 크다. 예를 들어 집단살해, 노예제, 고문 또는 인종차별을 금지하는 관습규칙의 경우가 그러하다.

간단히 말해서 관습규칙 형성에 있어 *시간적* 요소도 있는데, 이것은 사건의 정황 및 국가의 관련 이익에 따라 다를 수 있다. 어쨌든 궁극적으로 중요한 것은 위에서 언급한 두 가지 요소, 즉 주관적 요소(새로운 행동기준이 필요하거나 이것이 이미 구속력을 갖는다는 확신)와 객관적 요소(국가관행의 확립)가 존재한다는 점이다. *North Sea Continental Shelf 사건*에서 ICJ는 인접국간의 대륙붕의 경계를 획정하는 방법으로서 1958년 대륙붕에 관한 제네바협약 제6조에 규정된 등거리선 원칙이 관습법규칙으로 변경되어 결과적으로 이 협약의 당사자가 아닌 독일연방공화국을 구속하는지 여부를 판단하여야 하였다. 재판소는 이 질문에 부정적으로 답변하였다. 재판소는 이 협약이 1964년 발효된 후 시간이 별로 경과하지 않았음에 주목하면서 다음과 같이 언급하였다.

> "비록 단순히 짧은 시간의 경과가 순전히 협약 규칙에 기초한 새로운 관습국제법규칙을 형성하는데 있어 반드시 또는 본질적으로 방해되는 것은 아니지만, 문제된 기간이 짧다 하더라도 이 기간 내에 원용된 규정과 관련하여 특별한 이해관계를 갖는 국가를 포함하여 국가들의 관행이 광범위하고 거의 통일되어야 하며, 나아가 법의 지배 또는 법적 의무가 결부되어 있다는 일반적 인식을 보여 줄 정도는 되어야 한다는 점은 필수불가결한 요건이다"(제74항).

그리고 재판소는 어떠한 '확립된 관행'도 등장하지 않았고, 게다가 국가 자신이 법적 의무에 해당하는 것을 준수하고 있다는 '인식'이 없었던 점을 강조하였다. 이런 이유로 재판소는 어떠한 관습규칙도 발전하지 않았다고 결론내렸다.

> 국제법원 및 국내법원이 관습규칙의 존재를 확립하는 방법에 대하여 다양한 실례가 있다. 이러한 사건 중 별로 알려지지 않은 것은 이탈리아 대법원에 제기된 사건

---

10) B. Cheng, "United Nations Resolutions on Outer Space: 'Instant' International Customary Law?", 5 *IJIL*(1965), pp.23-43.

이다(*De Meeüs v. Forzano* 사건에서 1939년 11월 16일 전원합의체 판결, pp.93-95). 1922년 이 법원은 외교관이 접수국에서 개인 자격으로 수행한 행위와 거래에 대해 민사관할권으로부터 면제되지 않는다고 판시하였다. 이 결정으로 로마의 외교단장은 이탈리아 외무부에 강력한 항의서한을 발송하게 되었다.[11] 몇 년 뒤 벨기에 외교관이 관계된 유사한 사건이 발생하여 대법원에 소송이 제기되었는데, 대법원은 국제공동체에 외국인 외교관의 사적 행위에 대한 민사관할권면제(몇 가지 예외에 대해서는 6.4 참조)를 부여하는 관습규칙이 발전하였다고 보았다. 이러한 규칙이 존재하는 증거로 법원은 위에서 제기되었던 *항의*를 언급하였다. 법원은 이러한 항의가 해당 외교관이 아닌 전체 외교단으로부터 나온 점에 주목하였다. 따라서 이것은 '해당 관습규칙의 법적 구속성에 대한 국제사회의 의식 및 문명국가들이 이를 인정한 점을 표시하여 주는 가치'를 갖는다고 하였다(p.94). 그리고 법원은 이탈리아가 비준하였거나 당사자가 아닌 다양한 조약을 언급하였다.

법원은 비록 이탈리아의 입법이 특정 규정으로 이 사안을 규율하고 있지 않지만, 1929년 이탈리아가 교황청과 조약을 체결하여 이를 이행하였던 사실이 중요하다는 점을 지적하였다. 왜냐하면 이 조약은 제12조에서 문제되는 면제를 언급하면서 이의 제한에 대해서는 규정하지 않았기 때문이다. 법원은 또한 이탈리아가 1928년 5월 22일 PCIJ 소장과 네덜란드간 PCIJ 재판관 및 직원의 특권 및 면제에 관한 헤이그협정 체결시 동일한 입장을 견지하였음을 첨언하였다. 이 협정은 '당시 외교특권 및 면제에 적용할 수 있는 규칙'을 규정하였으며, 이탈리아는 '여기에 무관하지 않았다'고 하였다(*ibid.*). 그리고 법원은 외교관에 관한 1928년 2월 28일 하바나협약을 인용하였는데 이 협약 제19조는 위 헤이그협정과 동일한 입장을 취하였다.[12] 법원은 "이러한 특정 요소를 모두 결합해 보면 … 원고가 근거하는 [관습]규칙이 존재하고 있음이 증명된다. 그리하여 [이탈리아] 국내법체계상 반대되는 입법규정이 없고, 오히려 반대로 이탈리아가 해당 관습규칙을 준수하였던 점을 보여 주는 요소가 있기" 때문에 이것이 이탈리아에서 적용될 수 있다고 결론내렸다(p.95).

보통 관습규칙이 발전하였는지 여부를 판단하는 것은 쉽지 않다. Anzilotti에 따르면(*Corso*, pp.74-75) 이러한 규칙은 이익의 충돌로부터 점차 발전하기 때문에 하나 이상의 국가가 다른 관련 국가의 반대나 항의에 직면하지 않는 경우 규칙이

---

11) *Zeitschrift für internationales Recht*, 32(1924), p.474 주석에 있는 프랑스어 원문 참조.

12) 이 협약은 제6차 범미주회의(Pan-American Conference)에서 채택되었다. M.O. Hudson, *International Legislation* (Washington, D.C.: Carnegie Endowment, 1931-1950), iv, p.2401 및 그 이하; 22 *AJIL*(1928), Suppl., p.138 이하 참조.

등장하기 어렵다. 그리고 그가 1928년에 기술했듯이 어떠한 경우에는 특정 사안에 대한 중재판정의 존재로부터 관습규칙이 결정화되었음을 분명히 추정할 수 있을 것이다. 이런 입장은 어떤 의미에서 1934년 미국 연방대법원의 *New Jersey v. Delaware 사건*에서 Benjamin Cardozo 판사의 지지를 받았다(Cardozo 판사에 따르면 관습국제법은 "결국 법원의 승인으로 그 법적 성질이 증명될 때까지는 그 존재가 때때로 주(州) 내의 판례법과 같이 희미하기에 이 단계에서는 도덕이나 정의와 거의 구분될 수 없다." p.383).

8.2.3 국제인도주의법상 *Usus* 및 *Opinio*의 역할

관습법의 요소로서 *관행*(usus)과 *의식*(opinio)은 특정 국제법 분야인 무력충돌 시 인도주의법에 있어서 다른 역할을 수행한다. 이것은 1899년 헤이그평화회의에서 채택된 유명한 Martens 조항 때문이다. 이 조항은 "더욱 완전한 전쟁법전이 발표될 때까지 체약당사국은 임시방편으로나마 자신이 채택한 부속규칙에 포함되지 않는 사안에 대해, 문명국 인민간에 수립된 관례, 인도주의법 및 공공양심의 명령에 근거하는 국제법원칙이 민간인과 교전자를 보호하고 지배한다고 선언한 것으로 본다"라고 표현하고 있다.

> 이 조항은 러시아 학자인 Fyodor Fyodorovich Martens(1845~1909)의 제안에 따라 육전법(陸戰法) 및 관습에 관한 규칙을 포함하는 1899년 제2헤이그협약의 전문(前文)에 처음 들어갔으며, 나중에 동일한 사안에 관한 1907년 제4헤이그협약에서 확인되었다.

Martens 조항은 근본적으로 약소국과 강대국 간의 충돌을 피하기 위한 외교적 책략으로 채택되었다.[13] 하지만 이 조항은 그 뒤에 국내 및 국제법원이 내린 다수의 판결(예를 들어 1996년 *Legality of the Threat or Use of Nuclear Weapons* 사건에 관한 ICJ의 권고적 의견, 제78항)에서 언급되었으며 1949년 4개 제네바협약, 1977년 제네바협약 제1추가의정서를 포함하여 다수의 조약에도 포함되었다.[14] 그래서 이

---

13) A. Cassese, "The Martens Clause: Half a Loaf or Simply Pie in the Sky?," 11 *EJIL*(2000), pp.193-202 참조.

14) 이에 관한 판례법의 해석에 대해서는 *ibid.*, pp.202-208 참조.

것은 국제법 관계에서 이 조항의 제안자가 제안 당시 미처 예상하지 못했던 영향력을 획득하게 되었다.

이 조항은 '인도주의법'과 '공공양심의 명령'을 '국제법원칙'의 역사적 연원인 '국가관례'(즉, 국가관행)와 동일선상에 놓고 있다. 결과적으로 인도주의법 또는 양심의 명령에 기초한 원칙이나 규칙의 형성에는 국가*관행*의 요건이 적용될 필요가 없다는 추론이 논리적으로 가능하다(그리고 관행으로도 입증된다). 또는 적어도 다른 존재 기반이나 이유를 갖는 원칙 및 규칙의 경우 국가관행의 요건은 그렇게 엄격하지 않아도 될 것이다. 다시 말해서, 인도주의법(또는 공공양심의 명령)을 반영하는 원칙 또는 일반규칙이 등장했는지를 입증하는 것과 관련해 볼 때 Martens 조항이 국제법에 미친 영향으로 인해 원칙이나 규칙이 경제적 · 정치적 · 군사적 요구의 결과로 등장하였을 경우에 비해 *usus* 요건이 덜 엄격할 수 있다. 동일한 이유로 법적 의식(*opinio juris*) 또는 필요성 의식(*opinio necessitatis*) 요건이 특별히 우선할 수 있다. 결과적으로 다수의 국가 및 국가 이외의 국제법 주체가 어떤 원칙이나 규칙의 구속력 또는 국가가 이를 준수하여야 할 사회적 · 도덕적 필요성 등에 대하여 법적 견해를 표명하는 경우, 이런 법적 견해를 지지하는 광범위하고 일관된 국가관행이 없거나, 전혀 관행이 없는 경우조차도 이런 원칙이나 관습규칙의 형성에 도움이 될 수 있다. 이와 같이 Martens 조항은 (현재의 법적 차원에서) 인도주의법이라는 제한된 분야에 있어 *usus* 요건을 완화시키면서 동시에 *opinio*(*juris* 또는 *necessitatis*)를 통상적으로 인정되는 것보다 더 높은 위치로 끌어올리고 있다고 할 수 있다.

이런 결론은 어떻게 정당화될 수 있을까? 이것은 근본적으로 전쟁법 분야에 있어 군사활동과 이것이 인간에 미치는 파괴적 효과 간에 균형을 유지하고자 하는 인도주의적 요구에서 찾을 수 있으며, 이런 인도주의적 요구가 관행으로 변형되기 이전에도 마찬가지이다. 그리고 문제된 사안은 민간인을 심각하게 위협하는 살인적 전쟁수단 또는 방법이 사용된 것인데, 이에 대한 일반적인 법적 금지규범을 형성하기 위해 사전 국가관행을 요구하는 목적은 무엇이라고 할 수 있을까? 관행이 발전하기를 기다린다는 것은 실제로 수천명의 민간인이 살해되고 난 후에야 법적으로 이에 개입한다는 것을 의미할 것이다. 여기서 제안하고 있듯이 인도주의법 분야에서 규범형성 과정을 새롭게 '재구성'한 것은 전쟁의 파괴성에 대한 일종의 *해독제* 역할을 할 것이다. 즉, 전투원은 국가 및 여타 국제법 주체들로부터 가장 해로운 형태의 교전행위를 하도록 명령받았을 때는 언제든지 그러한 행위의 제한이 이전에 관행으로 확립되지 않았을지라도 그러한 제한사항을 이행하여야 한다.

Martens 조항에 관한 전통적인 국가 및 법원의 관행은 위에서 언급한 해석과 충돌하지 않으며, 최근의 사법판결들은 최소한 부분적이나마 이것을 지지하고 있는 것으로 보인다.[15)]

8.2.4 관습규칙은 성립시 모든 국가의 지지를 받아야 하는가?

관습을 묵시적 합의로 보는 종전의 다수설에 대해서는 이미 언급한 바 있다. 이에 따르면 규칙이 세계공동체에 등장하기 위해서는 모든 국가의 명시적 또는 묵시적 동의가 필요하였다. 이런 입장은 종전에는 설득력이 있는 것으로 보였지만, 오늘날 더 이상 지지를 받고 있지 못하다. 현재 관습규칙이 세계공동체에서 점차 결정화되고 있을 때 모든 국가의 지지나 동의를 받을 필요는 없다. 어떤 규칙이 국제관계에서 뿌리 내리기 위해서 다수의 국가가 이러한 규칙에 상응하여 일관된 관행을 수행하고 이를 반드시 수행해야 한다고 인식하면 족하다. 일부 국가가 이 규칙에 완전히 또는 상대적으로 무관심하거나(예를 들어, 해양법 형성과정에 있어 내륙국의 입장), 아니면 동의 또는 반대를 표명하지 않았더라도 국가는 여기에 구속된다. 국가들이 관습규칙을 형성할 때 (명시적이건 또는 묵시적이건) 보편적으로 참가할 필요가 없다는 점은 특정 사안에 대한 관습규칙의 성립 여부를 다루었던 어떠한 국내 또는 국제법원도 세계 모든 국가의 의견을 검토한 적이 없다는 사실로 증명된다.

8.2.5 관습규칙 형성에 대한 국가의 반대

또 다른 중요한 문제로서 관습규칙의 형성에 반대하는 국가는 이런 규칙과 유리되어 해당 규칙이 부과하는 의무로부터 자유로울 수 있을까?

---

15) *Ibid.* 참조. Martens 조항이 수행하는 역할을 감안하여 법원이 관행(*usus*)의 역할을 낮게 평가한 최근의 사건에 대해서는 2000년 1월 14일자 ICTY 하급심 II의 *Zoran Kupreškić et al.* 사건에 대한 판결, para. 527(민간인에 대한 복구(復仇) 문제) 참조.

관습을 '묵시적 합의'로 보는 이론에 따른 효과 중 하나는 국가가 어떤 관습규칙을 묵시적 또는 명시적으로 반대하였음을 입증하는 때 그 국가는 해당 규칙에 구속받지 않는다는 것이다. 이런 견해에 대해 논란이 있었다. 아마도 이러한 견해는 제2차 세계대전 이전에는 국가(대부분 유럽국가)가 소수이고 따라서 일반규칙이 등장하기 위해서는 이들의 동의가 필요했던 시기의 실제 시대상황을 반영하는 것이었을 것이다. 당시의 현실을 정확히 반영하는지 여부에 관계 없이 오늘날 이런 견해는 더 이상 지지받을 수 없다. 실제로 소수의 저명한 학자들만이 발생 초기의 규칙(nascent rule)과 무관하다는 점을 분명히 하는 국가는 해당 규칙에 구속받지 않는다고 주장하고 있다[이른바 '집요한 반대자'(persistent objector) 이론]. 미국의 대외관계주석서[*Restatement of the Law Third*(1986)]도 동일한 입장을 취하여, 이런 견해는 "국제법이 근본적으로 국가의 동의에 좌우된다는 전통적 원칙의 적용이 용인된 것"[16]이라고 언급하고 있다.

그러나 관습은 현재 더 이상 원래의 '합의적' 특징을 갖지 않는다고 할 수 있다. 이런 주장은 두 가지 근거에서 제기될 수 있다. 첫째, 누구도 국제관계가 현재 공동체 지향적 모습(훨씬 덜 개인주의적이고 훨씬 더 사회적 가치를 지향하고 있음)을 띠고 있는 것을 부인할 수 없을 것이다. 현재 개별 국가가 공동체 회원국 대다수의 강력한 압력을 피하는 것은 극히 어렵다. 둘째, '집요한 반대자' 규칙에 관해 국가관행과 국제판례법의 확실한 지지가 없다. 이 이론을 명시적으로 지지하는 주장은 오로지 ICJ의 두 사건(*Asylum* 사건, *Fisheries* 사건)에 대한 부수적 의견과 *Fisheries* 사건에서 영국과 노르웨이의 변론에서 나올 뿐이다.[17]

국가가 어떤 새로운 관습규칙이 확정되기 이전에 집요하게 반대하였다는 이유로 그러한 규칙의 적용을 받지 않는다고 요구할 권능은 없다는 주장이 타당하다. 물론 주요 강대국이 새로운 규칙에 강하게 반대하면 해당 규칙은 형성될 수 없거나 아니면 더디게 형성될 것이다. 그러나 규칙이 일단 형성되었다고 보이는

---

16) The American Law Institute, *Restatement of the Law Third, The Foreign Relations Law of the United States*(St. Paul, Minn.: American Law Institute Publishers, 1987), I, p.18, p.26(제102d항) 및 p.32(note 2). 위에서 언급한 문장은 p.32에서 인용하였다.

17) *Fisheries* 사건(p.131) 및 *Asylum* 사건(pp.277-278) 참조. *부수적 의견*이라는 점 이외에 어떠한 사건도 해당 관습규칙 또는 원칙의 존재에 대해 확고히 판단하지 않는 것으로 보인다. *Fisheries* 사건에서 영국 및 노르웨이의 변론에 대하여서는 M. Mendelson, "The Formation of Customary International Law", 272 *HR*(1998), p.235(note 216) 참조.

순간 이러한 반대는 법적 권능에 미치지 못하는 반대 사실에 불과하다.

따라서 세계공동체가 아직 상위기관이나 특히 '타율적'(즉, 수범자의 외부에 있는 실체가 부과하는) 법규칙을 제정할 수 있는 입법기관이 없지만, 구속받을 의향도 없고 그러한 준비도 되어 있지 않은 국가에 대해 의무를 부과하는 몇 가지 종류의 법이 점차 등장하고 있다.

> 마찬가지로 신생국이 국제공동체에 등장할 때마다 기존의 모든 일반국제법규칙에 구속받으며 (물론 관련 국제무대에서 해당 규칙의 범위 및 목적에 대해 정치적으로 이의를 제기할 수 있지만) 이에 법적으로 대항할 수 없다.

8.3 지방 관습규칙

모든 국제법 주체에게 적용되는 관습규칙 외에 특정한 지역의 국가만 구속하는 관습규칙이 존재할 수 있다. ICJ는 *Asylum* 사건(p.276)에서 이런 규칙이 존재할 수 있음을 인정하였다. 당시 콜롬비아는 페루에 대항하기 위해 '중남미 국가에 고유한 지역 또는 지방관습(regional or local custom)'을 원용하였는데, 이 이론에 따르면 중남미 지역에서는 외교적 망명이 허용되며, 특히 망명부여국이 일방적이고 최종적인 결정으로 망명신청자가 범한 범죄를 구분할 권리를 가지며 해당 결정은 영토국을 구속한다는 것이다. 그러나 ICJ는 콜롬비아가 이런 규칙의 존재를 증명하지 못하였다고 판시하였다.

> 1948년 페루에서 군사반란이 발생하였으나 당일에 진압되었다. 반군지도자 중 한 명인 Víctor Raúl Haya de la Torre는 페루의 리마에 있는 콜롬비아 대사관에 망명을 신청하였다. 페루 당국이 그에게 출국하는데 필요한 안전통행권 발급을 거절하였기 때문에 콜롬비아는 ICJ 소송에서 정치범에게 망명을 부여하는 다양한 조약 및 지역 관습규칙을 원용하였다. 콜롬비아에 따르면 이러한 규칙에 따라서 망명부여국은 해당 범죄가 망명이 허용되는 범죄에 속하는지 여부를 일방적으로 분류할 수 있는 권리를 갖는다. ICJ는 "외교적 망명의 경우 난민이 범죄발생지국의 영토 안에 있기 때문에 망명을 부여하기로 결정하면 그 나라의 주권을 위반하게 된다. 그러한 결정은 범죄자를 영토국의 관할권에서 벗어나게 함으로써 그 나라의 배타적 권한하에

있는 문제에 간섭하는 것이 된다. 이러한 영토주권 위반은 각각의 특별한 사건에 있어 법적 기초가 확립되지 않고서는 인정될 수 없다"(pp.274-275)고 하였다. 특히 지역 관습규칙의 주장에 대해서 ICJ는 "이런 종류의 관습을 원용하는 당사국은 해당 관습이 확립되어 다른 당사국을 구속하고 있음을 증명하여야 한다. 콜롬비아 정부는 자신이 원용하는 이러한 규칙이 관련 국가들이 실행하는 지속적이고 통일적인 관례에 따른 것이며, 이러한 관례에서 망명부여국에 귀속되는 권리와 영토국에 부과되는 의무가 표현되고 있음을 증명하여야 한다"고 판시하였다(p.276). 그리고 ICJ는 관련 관행이 관습규칙으로 형성되기에는 너무 불확실하고, 가변적이며 상호 모순되기까지 하며, 게다가 매우 빈번히 임시방편적인 정치적 고려의 영향을 받아 왔다고 판시하였다. ICJ는 콜롬비아가 이러한 규칙의 존재를 증명하지 못하였다고 결론내렸다. 덧붙여 "이러한 관습이 몇몇 중남미 국가들 사이에만 존재한다고 가정하더라도 페루가 그 관습을 준수하는 태도를 견지하기는커녕 오히려 반대로 외교적 망명 문제에 있어 범죄의 요건에 관한 규칙을 최초로 포함하였던 1933년 및 1939년 [정치적 망명에 관한] 몬테비데오협약을 비준하지 않고 이를 거절하였던 사실에 비추어 이 국가에 대항하여 원용될 수 없다"라고 판시하였다(pp.277-278).

ICJ가 이 사건에서 내린 판결로 볼 때 지역 관습규칙은 모든 관습규칙에 필수적인 두 가지(객관적 및 주관적) 요소를 기초로 해야 할 것이다. 그러나 이것도 두 가지 특별 요건을 충족하여야 한다. 첫째, 이 규칙은 모든 관련 당사자들이 묵시적으로 수락해야 한다(그리하여 일부 학자들이 정확히 지적하고 있듯이 일종의 묵시적 합의에 도달하여야 한다). 둘째, 이러한 규칙의 존재는 이를 원용하는 국가가 증명해야 한다. 따라서 만일 이 국가가 입증책임을 충족하지 못하는 경우 해당 관습규칙에 기초한 주장은 배척된다. 반대로 일반적으로 적용되는 관습규칙의 경우 국제재판소는 어떤 규칙의 발전 유무를 국제재판소(그러나 국제형사재판소는 아님)에 적용되는 원칙인 *jura novit curia*(즉, 특정 청구를 제기하기 위해 원용하려는 당사자가 사실관계를 증명하여야 하는 반면, 재판소는 준거법을 발견하여야 한다)에 따라 스스로 이를 밝혀야 한다. 이런 범주의 관습규칙이 갖는 특정한 지방적 색채 때문에 이런 두 가지 요건이 필요하다고 할 수 있다.

ICJ는 *Right of Passage over Indian Territory* 사건(*본안*)에서 *2개 국가만* 구속하는 지방관습이 존재할 수 있다고 판시하기도 하였다(p.39). 이 사건에서 포르투갈은 인도 영토 내에서 자신의 위요지(圍繞地, enclave) 간의 이동을 위해 관련 통행권을 규율하는 규칙으로 지방관습을 원용하였다(재판소는 포르투갈이 실제 이런 권리를 가졌으며, 이 권리는 사인(私人), 공무원 및 상품의 통행에 한정한다고 판단하였다). 그러나 이러한 사건에서는 묵시적 합의를 말하는 것이 더욱 적절했다는 주장도 가능하다.

8.4 관습의 현재 역할

제2차 세계대전 이후 관습은 두 가지 점에서 점차 그 기반을 잃었다. 즉, 기존 관습규칙은 새로운 관행으로 인하여 더 많이 침식당했으며, 새로운 사안을 규율하기 위해 관습을 활용하는 것은 상대적으로 드물게 되었다. 이런 변화는 대개 사회주의 국가의 주장이 강화되고 제3세계 국가가 대규모로 국제무대에 등장하면서 야기되었다. 이 두 집단은 오래된 관습규칙을 급히 개정해야 한다고 주장했는데, 이들은 관습규칙을 자신들이 반대했던 세계관의 정수인 전통적인 서구가치에서 추출된 결정체로 여겼다. 이들은 법의 변화를 요구하였던 것이다. 관습은 이러한 변화를 달성하는데 그다지 적합한 도구는 아니다. 관습의 불문적 성격과 오랜 발전과정에 내재하는 불확실성으로 관습규칙은 제3세계에 불리하였다. 나중에(제9장) 살펴 보겠지만, 조약 제정은 이와 반대로 장점이 많았다. 그리하여 다수의 국가는 조약을 통한 국제법의 성문법전화와 점진적 발전에 눈을 돌렸다.

관습이 쇠퇴하게 된 다른 일반적 이유는 세계공동체의 구성원이 관습국제법의 전성기보다 훨씬 더 늘었다는 것이다(즉, 100년의 기간 동안 국가의 수는 40개에서 거의 200개로 증가하였다). 더욱 중요한 것은 세계공동체의 회원국이 경제적 · 정치적으로 심하게 분열되었다는 점이다. 그래서 일반규칙이 이렇게 많은 수의 다양한 국가의 지지를 받기가 매우 어려워졌다. 마찬가지 이유로 오늘날 새로운 규칙의 등장 여부는 이에 필요한 막대한 양의 증거를 확보하는 것이 항상 가능한 것은 아니기 때문에 이를 확인하기가 무척 어렵다.

그러나 오늘날 매우 많은 국제기구가 존재하여 국가가 일반규칙의 성립에 호의적인 분야에서는 적어도 관습형성 과정이 상당히 간편해지고 빨라지고 있다. 특히 유엔은 국가들이 다른 집단들 간에 몇 가지 형태의 타협을 도출할 수 있도록 의견을 교환하고, 가능한 분야에서 이를 조율할 수 있는 토론의 장을 제공해서 기여하는 바가 크다. 유엔의 주요 기관(주로 총회) 및 다른 국제무대에서 최소 공통분모에 대한 일반적 동의가 도출된다. 즉, 다수 국가가 결국에는 개별 국가의 반대를 물리치고 일반적 행동기준을 도출해 낼 수 있다. 이러한 일반적 행동기준이야말로 후속관행을 수립할 때 규범적 측면의 핵심이 되며, 조약안 마련(또는 관습규칙의 발전)에 있어 기초가 된다. 다시 말해서, 이런 일반적 행동기준은 종전의 규범적 공백과 조약체결 또는 관습법에서 제공하는 미래의 구체적인 규칙을 이어주는 일종의 가교 역할을 담당한다. 이것은 기본지침이 되며, 보통 시간상 나중에 형성되는 조약 규정(또는 관습규칙)은 구체적인 기본사항, 즉 국제적 기준을 한데 묶어서 이것을 더욱 정교화하기 위해 고안된 세부조항을 제공하며, 특히 조약의 경우 필수적인 감시장치를 마련하게 된다.[18)]

따라서 관습은 모든 분야에서 쇠퇴한 것은 아니며, 오히려 최소한 다음 세 가지 분야에서 그 역할이 중요하고 사실상 점차 더 중요해지고 있다.

첫째, 예를 들어 해양법 관련 이익과 같은 *경제적 이익의 등장*이다. 새로운 경제적 요구가 급속도로 증가하여 다른 분야에서와 같이 이 분야에서도 조약이 이를 신속히 조정 · 규율할 수 없게 되었다. 왜냐하면 이것은 국가집단간 충돌이 많고 상호 밀접하게 연관된 모든 복잡한 사안이 고려되어야 하기 때문이다. 반대로, 하나 이상의 국가들이 제기하는 특정 사안에 대한 해결방안은 결국 다른 국가의 이익과 요구를 충족하게 되어 결과적으로 관습규칙이 점차 출현하게 된다.

> 이렇게 새로이 등장한 규범의 전형적인 예는 대륙붕(5.3.6 참조)과 배타적 경제수역(이 수역에서 국가는 자국 연안에서 200해리에 걸친 수역의 어업 및 천연자원을 개발할 배타적 권한을 갖는다. 5.3.5 참조)에 관한 것을 들 수 있다.

둘째, 국제공동체의 새로운 요구에 따라 국가간에 이견이 강하게 대두되어서 조약을 통해서 규칙을 마련하기가 매우 어려운 *주요 정치적 · 제도적 충돌* 분야가 있다.

> 이러한 분야에서 발전된 관습규칙의 예로서 유엔헌장 제27조 제3항(즉, 실질 사안에 관한 결정을 채택하려면 안보리 '상임이사국의 동의 투표를 포함하여 9개 이사

18) *South West Africa* 사건에서 Tanaka 판사의 반대의견(p.291) 참조.

국의 찬성투표'가 필요함)의 관습적 변경을 들 수 있다. 이러한 관습적 과정을 통하여 현재는 비록 하나 이상의 상임이사국이 기권한다 해도 결정이 내려질 수 있다.

셋째, 관습의 역할이 비교적 활발한 분야는 신생독립국들이 어느 정도 수락할 만하다고 여겼던 관습법계(慣習法系) 중 일정 부분을 *손질하고 다듬는 경우*인데, 이 부분은 수정하거나 명확히 할 필요가 있기도 하다. 이러한 광범위한 분야의 실례로 전쟁법 및 조약법에 관한 몇 가지 규칙을 들 수 있다(20.5.6 및 9.2 참조). 물론 이러한 갱신은 법전화 및 '점진적 발전'에 따라 이루어져 왔다. 그러나 성문법전화된 조약은 협약상의 약속을 넘어서는 법적 가치를 보유하는 규정을 종종 마련하였다. 다시 말해서, 전통법의 몇 가지 분야는 조약에 규정되어 있는데도 일반규칙의 표지를 갖는 협약규칙으로 보충되고 다듬어졌다.

8.5 성문법전화

위에서 언급한 바와 같이 대부분의 국제공동체 회원국은 관습보다 조약을 선호하는 경향을 보이는데, 이것은 조약이 더 안정적이고 체약당사국이 자발적으로 교섭과정에 참여해서 도출되기 때문이다. 자연스럽게 조약을 선호하던 현상은 1960년대부터 1980년대 기간 동안 신생국이 국제관계에 보다 적극적으로 참여하기 시작하면서 자신의 요구 및 관심사를 고려할 수 있도록 구법이 변경되어야 한다고 주장하였기 때문에 더욱 두드러졌다. '구' 국가들은 법을 새로운 현실에 적응시키는 문제를 적극적으로 토의하고 교섭할 수 있는 위치에 있으려면 조약체결 과정을 통하여 그 법을 갱신하는 것이 바람직하다고 생각하였다. 이러한 과정을 소위 '성문법전화'(codification)라고 한다.

이런 목적을 위해 *두 가지 주요 통로*가 이용되었다. 비교적 전통적이고 고전적인 성문법전화 분야(특히 해양법, 외교 및 영사면제, 조약법, 국가승계, 국가책임)에서는 유엔 ILC(34명의 전문가로 구성되며 다수가 외교 경험을 갖고 있기에 국가의 요구사항에 대해 민감함)가 조약 초안을 마련한 후 이를 유엔 총회 제6위원회에서 토의하였다. 그 후 이것은 외교회의에서 교섭대상이 되었다.

이렇게 해서 1958년 4개 해양법협약(1982년 해양법협약으로 대체됨), 1961년 외교관계에 관한 비엔나협약, 1963년 영사관계에 관한 비엔나협약, 1969년 조약법에 관한 비엔나협약, 뒤이어 1986년 국제기구의 조약법에 관한 협약, 1978년 및 1983년 2개의 국가승계협약 등과 같은 중요한 성문법전화조약이 채택되었다.

다른 분야에서 또는 같은 분야라도 기존 법을 급진적으로 바꿀 필요가 있거나 불일치가 다수 지속하는 경우 국가들은 ILC의 전문적인 지원협력을 기피하였다. 즉 국가는 자신들이 토의 및 교섭을 직접 통제하기를 더 원했다. 이 경우 국가의 대표로 구성되는 특별위원회가 설립되어 회의 결과를 유엔 총회에 보고하였다. 사안에 대한 논란이 너무 심하여 구체적 합의에 도달할 수 없었던 몇 가지 경우에는 결과적으로 선언(예: 1970년 유엔 우호관계 선언)이 채택되었다. 다른 경우에 총회는 특별위원회에서 토의된 결과를 고려한 후 이러한 사안을 외교회의에 회부하였다.

이런 과정의 중요한 실례로 1973년부터 1982년까지 진행되어 1982년 해양법협약을 채택하게 된 새로운 해양법에 관한 지난한 작업을 들 수 있다. 1958년 이 사안에 대한 4개 협약이 채택되었을 때, 주된 목적은 기존 법의 정리, 성문법전화 및 갱신에 있었으며, 이런 이유에서 ILC의 협력이 필수불가결하였다. 하지만 1970년대의 주요 목적은 법을 급진적으로 변경하는 데 있었으며, 이런 이유에서 국가간의 직접적인 교섭이 더 적합한 방법으로 여겨졌다.

ICJ는 일련의 중요한 판결에서 성문법전화조약과 관습국제법 간의 관계를 명료하게 강조하였고, 법률문헌에서는 이 주제를 이론적으로 매우 설득력 있게 다루었다.[19] 성문법전화조약은 다음과 같은 효과를 가질 수 있다.

(1) 선언적 효과

조약이 기존 관습규칙을 단순히 성문법전화하거나 정리할 때 이러한 효과가 생긴다. 예를 들어, ICJ가 *Legal Consequences for States of the Continued Presence*

---

19) 특히 E. Jimenez de Aréchaga, "International Law in the Past Third of a Century", 159 *HR*(1978-I), pp.14-26을 참조하시오.

of South Africa in Namibia 사건(p.47) 및 *ICAO Council* 사건(p.67)에서 언급하고 있듯이, 위반을 이유로 한 조약관계의 종료와 관련한 조약법에 관한 비엔나협약 제60조는 단순히 기존 법을 선언한 것이다. ICJ는 *Fisheries Jurisdiction* 사건(p.18) 및 *Case Concerning the Gabcíkovo-Nagymaros Project* 사건(제46-47항, 또한 제101항-제104항 참조)에서 위 협약 제62조와 관련하여 사정변경을 이유로 한 조약의 종료에 대해 동일한 의견을 제시하였으며, 1978년 조약에 대한 국가승계에 관한 비엔나협약 제12조가 관습법규칙을 반영한 것이라고 판시하였다(제123항).

(2) 결정화(結晶化) 효과

ICJ가 대륙붕 및 그와 관련된 국가의 권리를 정의하고 있는 대륙붕에 관한 협약 제1조 및 제3조와 관련하여 *North Sea Continetal Shelf* 사건에서(p.39), 그리고 조약법에 관한 비엔나협약 제52조에 따른 조약 무효의 근거로서 강박과 관련하여 *Iceland Fisheries 사건*에서(p.14) 강조하였듯이 결정화 효과는 새로이 등장하여 아직 형성단계에 있는 관습이 법규칙으로 완성되는 효과를 말한다.

(3) 유도 효과

이것은 신법을 형성하는 조약규정이 작동하는 순간 점차 이에 상응해서 관습규칙을 형성하거나 이러한 형성에 기여하는 과정을 구체화하는 것이다. 예를 들어, ICJ는 *North Sea Continental Shelf* 사건에서 조약규정이 원래 협약이나 계약적 성격을 갖더라도 나중에 국제법의 일반*국제법규칙*으로 전환되고 '그 자체로 *법적 의식*에 의해 수락'되어 이 조약의 당사자가 아닌 국가에게까지 구속력을 갖는 과정이 법적으로 가능하다고 보았다(p.41). 그후 *Fisheries Jurisdiction(UK v. Iceland)* 사건(*본안*)에서 ICJ는 비록 그러한 효과를 *같은 사건에서* 발견하지 못하였으나, 동일한 결론을 내렸다(pp.23-26).

위에서 언급한 관계는 조약이 아닌 문서(예를 들어, 유엔 총회에서 채택된 결의 또는 선언)와 관련해서도 발생할 수 있다. 예컨대, 1950년대말 최초의 로켓과 위성이 발사되자마자 우주의 이용에 대해 국가간에 이루어진 동의는 1963년 유엔 총회가 채택한 선언(1962-XVIII)에 반영되어 결정화되었다(제2조). 이 선언은 나중에 1967년 우주의 탐사 및 이용에 있어 국가의 활동을 규율하는 원칙에 관한 조약에 반복되어 명료화되었다. 이 조약은 이미 일반법의 일부가 된 일련의 원칙을 명확하게 확정하였다. 동일한 이유로 이 조약의 일부 규정은 이에 상응하는 관습국제법규칙이 되었다.

최근 ICJ는 *Legality of the Threat or Use of Nuclear Weapons* 사건의 권고적 의견에서 총회의 결의가 '규범적 가치'를 가질 수 있으며, 특히 ① "규칙의 존재 또는 *법적 의식*(*opinio juris*)의 출현을 결정함에 있어 중요한 증거를 제공할 수 있거나", 아니면 ② "새로운 규칙의 수립에 필요한 *법적 의식*의 점진적 발전을 보여 줄 수 있다"(제70항)고 판시하였다. ICJ는 계속하여 핵무기에 관한 다양한 결의를 검토한 후, 이들 결의가 어떠한 상황에서도 핵무기를 사용할 수 없다는 관습규칙이 있다는 점을 제시하지 못한다고 판단하였다. 이런 결론은 무엇보다도 이들 결의들이 '상당수의 반대표 및 기권'을 받아서 채택되었다는 사실로 증명되었다(제71항-제73항).

제 9 장
조 약

9.1 개 관

국제규칙을 만들 때 가장 빈번히 사용되는 수단은 협정을 체결하는 것이다. 협정은 조약, 협약, 의정서, 규약, '령'(acts) 등으로 불린다. 이들 용어는 다양하지만 그 본질은 동일하다. 이 모든 용어는 둘 이상의 국제법 주체가 자기들의 이익을 국제규칙으로 규율하기 위한 목적에서 의사를 합치시킨 것을 의미한다.

조약의 주된 특징은 당사자, 즉 조약규정에 따르겠다고 동의한 국가만 구속한다는 것이다. PCIJ가 1926년 *Certain German Interests in Polish Upper Silesia* 사건(본안)에서 언급하였듯이, "조약은 당사국간의 관계에서만 법을 창설할 뿐이다"(p.29). 따라서 조약은 제3국에 대해서는 어떠한 법적 효과도 없다. 즉 이 경우, 조약은 다른 국가가 만든 것이다(*res inter alios acta*). 이를 달리 표현하면, 조약은 제3국에 대해 의무를 부과하지도, 법적 권능을 창설하지도 않는다(*pacta tertiis nec nocent nec prosunt*). 구법에 따라서, 그리고 현대에 점진적으로 출현하여 1969년 조약법에 관한 비엔나협약 제35조 및 제36조로 성문화된 법에 따르면 제3국이 조약으로부터 권리 및 의무를 갖는 경우는 자신이 조약에서 정한 의무의 수행 또는 권리의 행사에 동의할 때 뿐이다(권리의 경우 '조약이 달리 규정하지 않는 한 반대의사의 표시가 없으면' 제3국의 동의가 존재하는 것으로 추정될 수 있다. 반대로 의무의 경우 제3국에 의한 의무 수락은 문서로 해야 한다). 이것은 제3국이 체약당사국과 묵시적으로 또는 의무의 경우 서면으로 조약상 권리나 의무를 확장하기로 합의한 후에야 비로소 조약에서 법적 권능 또는 의무를 가질 수 있다는 것을 말한다. 간단히 말해 아무 것도 주권국가의 의사가 없거나 이에 반하여 행해질 수 없다.

9.2 '구'법 및 '신'법

전통법은 조약체결 분야에서 국가자유의 원칙을 지지하였다. 사회주의 국가 및 제3세계 국가로부터 거센 압력을 받고서 조약체결 분야는 크게 변했으며, 1980년 발효한 1969년 조약법에 관한 비엔나협약에서 상당수가 '성문법전화'되었다.

여기에서는 두 가지 관점을 언급하는 것이 적절한데, 하나는 위 협약을 통하여 제정된 법의 형식적 측면에 관한 것이고, 다른 하나는 그러한 법의 이면에 내재하는 정치적 · 이념적 개념에 관한 것이다.

위 협약의 지위에 대해 말하자면, 협약규정의 대부분은 관습법을 성문법전화하거나 일반법규칙으로 발전하도록 유도한 것으로, 관습법을 성문법전화한 것이 아닌 규정은 관습규칙으로 변형되지 않는 한 조약규정의 지위를 갖는다. 그리하여 당분간 이러한 협약은 전체적으로 일반국제법이 되지 않을 것이다. 그러나 '구'법이 쇠락해 가면서 점차 이를 대체할 '신'법이 협약에서 정한 방향으로 발전해 나갈 가능성이 많기 때문에 이 문서가 잠재적으로 관습법이 될 가능성만 있는 분야라도 상당한 중요성을 갖게 되었다.

이제 위 협약의 주요 신규 규정에 내재한 '정치적' 또는 이념적 철학에 대해 살펴 보기로 한다.

세 가지 원칙이 문서의 대부분에 반영되었다. 첫째, 이전에 국가들이 제한 없이 누렸던 자유를 제약하게 되었다. 국가는 더 이상 자신이 원하는 것을 마음대로 할 수 없으며, 경제력 · 군사력에 관계 없이 어느 국가도 일탈할 수 없는 국제가치의 요체를 존중하여야 한다(*jus cogens*에 관한 비엔나협약 제53조 및 제64조; 제11장 참조). 둘째, 국제법 관계가 민주화되었다. 이전의 과두적(寡頭的) 구조에서는 강대국이 약소국에게 조약을 공식적으로 강제할 수 있었지만, 이제 더 이상 허용되지 않는다. 즉, 협정 체결을 유도하기 위해 국가를 강박하는 것은 더 이상 허용되지 않는다(제52조 및 비엔나협약에 부속된 '조약체결시 군사적, 정치적 또는 경제적 강박의 금지에 관한 선언'). 더욱이 현재 모든 국가는 소수의 체약당사국이 '거부권'(유보에 관한 제19조 내지 제23조)을 행사할 수 있다는 점에 아랑곳하지 않고 조약에 참여할 수 있다. 셋째, 협약은 국가들의 요구사항에 반대되는 국제가치를 증진하고 있다. 따라서 조약을 해석함에 있어 이제 국가주권을 우선하기보다 국제가치의 잠재적 가능성을 강조해야 할 것이다(해석에 관한 제31조).

그러나 강조해야 할 점은 '신' 법이 '구' 법을 완전히 대체한 것은 아니라는 점이다. 무엇보다도 협약 자체는 제4조에서 "이것은 어느 국가에 대해서 해당 국가가 이 협약 발효후 체결한 조약에 대해서만 적용된다"고 규정하고 있다. 그래서 발효일 이전에 체결된 조약은 여전히 '구' 법에 의해 규율된다. 둘째, 세계공동체의 모든 구성원이 이 협약의 당사국이 된 것은 아니다. 결과적으로 협약당사자가 아닌 국가가 체결한 조약(또는 이 협약의 발효 이전에 체결된 조약)은 단지 이 협약 중 관습법을 선언하거나, 관습법으로 변형된 규정의 규율만 받을 뿐이다.

9.3 조약의 체결

합의의 방식 및 형식에 대하여 특정 절차나 형식을 *규율하는* 규칙이 없으므로 국가는 이에 대해 완전한 자유를 갖는다. 그러나 수년에 걸쳐 두 가지 주요 조약체결 방식이 *국가관행*으로 발전하였다. 첫 번째는 '정식으로' 조약을 체결하는 방식이다.

> 체약국의 전권대표(즉, 교섭 수행을 위해 '전권위임장'을 교부받은 외교관)가 조약을 교섭한다. 일단 문안에 합의하고 채택하면, 외교관이 서명(또는 가서명 후 본서명)하고 각 국내당국이 이를 비준한다. 보통 현대 헌법에서는 국가원수—또는 몇몇 다른 상위 국가기관—가 비준문서에 서명하기 전 입법부가 개입하도록 한다. '비준'은 조약에 구속받겠다는 국가의 의사 표명을 *사후* 추인하거나 확인하는 것을 의미하지 않고 사실상 비준에 의해 국가는 조약에 법적으로 구속받겠다는 의도를 표현한다. 비준문서가 마련되고 서명된 후 이를 다른 당사자와 교환하거나 어느 당사자 또는 국제기구에 기탁하는데, 조약의 발효에 필요한 최소 비준국 수에 도달하기 전까

지 국가는 조약에 구속받지 않는다. 물론 국가는 발효 이전이라도 조약의 대상 및 목적을 무의미하게 하는 방식으로 행동해서는 안된다[비엔나협약 제18조(a)항 참조]. 조약에 서명한 국가라도 여기에 비준할 의무는 없다.

둘째, '약식으로' 체결된 조약(일명 '행정협정'이라 함)이 있다.

이것은 보통 외교관, 고위공무원이나 정부 전문가들이 교섭하며, 이들 또는 체약당사국의 외무장관이 서명하는 즉시 법적 구속력을 갖는다. 때때로 이것은 특정 국가의 외무장관과 이 국가에 파견된 타방 국가 대사간의 각서교환의 형태를 띠기도 한다. 이런 범주의 협정은 국가원수의 비준이 필요 없으며 따라서 조약문안의 확정에 국회가 결부되지 않는다. 약식조약의 출현 이유는 자명하다. 긴급을 요하는 사안을 신속하고 '경제적으로 유용한'(예를 들어, 2개 국가의 우편당국간 협정을 생각해 보시오) 장점을 가진 절차로써 규율할 필요성이 있는 것이다. 그래서 행정부가 어느 정도의 융통성과 재량권을 유지하는 것이 바람직하다고 판단하는 분야에 대해 국내 입법부를 거치지 않는 이점이 있다.

그러나 일반적으로 말해 일정한 합의사항에 법적 구속력을 부여하는 방법에 대한 결정은 국가에 달려 있다. 즉, 모든 것은 국가의 의사에 좌우된다. 그래서 국제관행상 국가가 고유한 국제협정을 체결한 것인지, 아니면 단지 정치적 약속만 했을 뿐인지가 분명하지 않은 경우도 있다.

이와 같은 문제는 1978년 ICJ의 *Aegean Sea Continental Shelf* 사건에서 발생하였다. ICJ는 자신의 관할권이 그리스와 터키의 총리가 브뤼셀에서 공동발표했던 성명서를 기초로 하는지를 판단해야 하였다. 이 문서는 서명되지 않았으며 심지어 가서명도 되지 않았다. 이것은 총리회담이 종결된 후 열린 기자회견 중에 언론에 직접 배포되었다. ICJ는 먼저 '공동성명이 분쟁을 중재 또는 사법적 해결에 회부하는 국제협정이 되지 않도록 금지하는 국제법규칙이 없다는 점'을 지적하였다(제96항). 그리고 ICJ는 이 성명서가 협정이 되는지 여부는 "본질적으로 해당 성명서가 표시하는 행위 또는 거래의 성격에 달려 있으며, 이러한 행위 또는 거래가 규정된 형식—성명서—을 참고하는 것만으로는 문제를 해결하지 못하며, 반대로 브뤼셀 성명서에 규정된 행위 또는 거래의 성격이 진정 무엇인지를 결정할 때 무엇보다도 실제 문안과 이것이 작성된 특별한 상황을 고려해야 한다"고 하였다(제96항). 재판소는 이어 성명서 배포 이전에 양 국가가 취한 입장을 유심히 고려하였다(제100항-제106항). 이후 다음과 같은 결론을 내렸다. 즉 "재판소는 [성명서의] 문안과 이것이 합의되고 배포된 상황을 고려한 후, 현 분쟁을 이 재판소에 조건 없이 일방적으로 회부할 것을 수락하는 것에 대해 그리스와 터키 총리는 자신의 정부를 대표하여 직접 약속하려는 의도가 없었으며 실제 이런 약속이 성립되지도 않았다고 결정할 따름이다"(제107항).

반대로 *Maritime Delimitation and Territorial Questions between Qatar and Bahrain* 사건에서 ICJ는 1994년 사우디아라비아 외무장관 참석하에 만들어진 바레인 및 카타르의 두 외무장관간 1990년 12월 25일자 회의의사록은 재판소 관할권의 기초로 사용되는 국제협정이 된다고 판시하였다. 이 의사록의 내용을 검토한 후 ICJ는 이것이 "종전에 결정된 의무사항을 재확인하는 내용을 포함하고 있으며 [사우디아라비아의] 파드 국왕에게 6개월 기간 동안 분쟁 해결을 모색해야 할 임무를 부여한 점, 마지막으로 1991년 5월 이후 ICJ에 제소할 수 있는 상황을 언급하고 있다는 사실에 주목하였다. 따라서 바레인의 주장과 반대로 이 회의 의사록은 단순한 회의기록이 아니다. … 이것은 단순히 토의를 기록하고 합의 및 불일치한 점을 요약한 것이 아니다. 이것은 당사자가 동의한 약속을 나열하고 있다. 따라서 당사자에 대해 국제법상 권리와 의무를 창설한다. 즉, 이것은 국제협정이 된다"(제25항).

9.4 유 보

전통적으로 *다자*조약 교섭에 참여하는 국가가 일부 조항에 대해 부담이 크지만 조약을 체결하려는 경우, 첫째, 하나 이상의 규정에 대해서 적용을 배제하거나, 둘째, 해당 조항에 특별한 해석을 부여할 의도에서 일방적으로 유보를 선언하였다. 그러나 유보국이 조약에 구속되려면 (조약의 서명 또는 비준시 첨부되는) 유보서는 다른 *모든* 체약당사국이 수락해야만 했었다. 이러한 만장일치 원칙은 '조약의 통합성' 유지에 유리하였다. 그러나 실제로 이것은 일종의 거부권을 다른 모든 당사자에게 부여하는 것이었다(그러나 양자조약에 있어서는 상황이 다르다. 즉, 양자조약에서 '유보'는 사실상 새로운 문안을 제안하는 것이 되어 다른 당사자가 이를 수락하는 경우에만 법적 효력이 생긴다).

그런데 이런 유보에 대한 종전의 규율은 국제공동체 회원이 증가하고 '보편'

조약에 대한 요구가 더 커지면서 전혀 적절하지 않다는 점이 판명되었다. 이런 상황은 새로운 회원이 서구 기독교국가와 다른 정치적, 경제적 및 문화적 지역에 속했기 때문에 더욱 그러하였다. 이 때문에 '조약의 보편성'이라는 아주 자유로운 이론이 지지받게 되었다. 그리하여 1951년 *Reservations to the Convention on Genocide* 사건(pp.15-30)에서 ICJ가 내린 중요한 권고적 의견에서 처음으로, 그리고 1969년 비엔나협약에서 유보에 관한 체제가 고안되었다.

비엔나협약에서 수립된 체제하에서 국가는 비준 또는 가입시 유보가 ① 조약에서 명시적으로 금지(조약이 모든 유보를 금지하거나, 유보의 대상이 아닌 규정에 대해서만 유보를 허용하는 경우)되지 않는 한, ② 조약의 대상 및 목적과 양립하지 않는다고 증명되지 않는 한, 유보서를 첨부할 수 있다. 조약은 유보국과 여타 당사자 간에 유보에 의해 수정된 내용대로 효력을 갖는다. 한편, 여타 당사자 중 어느 국가도 유보 통지후 12개월 이내에 이에 반대할 수 있다(무엇보다도 해당 유보가 조약의 대상 및 목적을 위반하고 있다고 간주할 수 있기 때문이다). 보통 이러한 유보 반대는 법적 효과가 그다지 크지 않다. 즉, 유보에 반대하지 않는 국가에 대해서와 똑같이 반대는 단지 유보대상이 된 규정이 유보한 만큼 2개 국가 간에 적용되지 않을 뿐이다. 따라서 특정 규정의 적용을 배제할 목적으로 유보한 경우 유보 수락과 유보 반대는 차이가 없다. 즉, 두 가지 경우에 있어 조약은 적용배제된 규정을 제외하고 유보국과 반대국 또는 모든 비반대국 간에 적용된다. 그러나 유보가 조약규정에 특정한 해석을 부여하는 경우, 어느 국가가 그 유보에 반대하면 유보국과 반대국 간에 이 조약은 해석 측면에서 유보된 규정을 제외하고 적용된다. 대신 유보국과 이 유보에 반대하지 않은 국가 간에는 조약이 전체적으로 적용되며, 다만 유보의 대상인 규정은 유보에서 제안된 범위만큼만 적용된다.

이 외에 반대국이 자신과 유보국 간에 해당 조약의 발효에 반대하고자 하는 경우 반대의 법적 효력은 상당히 크다.

이런 법체제는 어느 조약의 몇 개 조항에 대해 일부 국가가 수락할 수 없는 경우 가능한 많은 국가가 이 조약에 참여할 수 있도록 하는 장점이 있다. 그러나 이것은 다자조약을 결국 다수의 양자조약으로 분열시켜서 다자조약의 통합성을 훼손할 수 있다. 더욱 문제되는 것은 유보가 조약의 대상과 목적을 위반하는지를 각 체약당사국이 결정해야 하는지의 여부이다. 따라서 이 체제의 작동 여부는 항상 유보의 허용 여부를 감시 · 평가하고 이에 대해 판단을 내려 줄 국제기관이 존재하는지에 달려 있다. 그러나 대부분의 다자조약에서는 현재까지 이러한 기관이 없다. 이리하여 유보의 평가는 극단적으로 주관적인 경향이 있다.

최근 인권조약 분야에서 두 개의 감시기관이 도입된 것은 커다란 발전이다. 먼저 유럽인권재판소[주목할 만한 다수의 사건이 있음. 즉, *Belilos* 사건(제60항), *Weber* 사건(제38항-제40항) 및 *Loizidou* 사건(*본안전 항변*, 제90항-제98항)]가 그리고 나중에는 유엔인권위원회(Human Rights Committee)[1994년 일반논평,[1] 또는 *Rawle Kennedy* 사건(제6.4항-제6.7항)에 관한 1999년 결정]가 다음과 같은 의견을 천명하였다. 즉, 국가가 인권조약 자체에서 허용되지 않거나, 인권조약의 대상 및 목적에 반하기 때문에 허용될 수 없는 유보를 한 경우라도 유보대상이 된 규정이 유보국에 적용되며, 그 국가는 조약에 참여할 수 있다. 결과적으로 해당 유보 중 최소한 조약의 대상 및 목적과 양립하지 않은 것으로 판명되는 부분만 무효가 될 뿐이다. 분명히 이런 견해에 따르면 인권기준이 주권국가의 관심사보다 우선하여야 한다. 두 가지 요건(즉, 체약당사국은 가급적 계속하여 인권기준에 구속받아야 한다는 국제공동체의 요구와 이들 당사자 중 일부가 이런 기준의 법적 효과를 회피하려는 것) 사이에 충돌이 발생하는 경우 전자가 우선하여야 한다.

비록 일부 강대국의 비난이 있었지만 그러한 견해는 인권법의 대상 및 목적과 일치한다. 그렇기 때문에 이 문제에 대해 시비를 가려 줄 권한을 가진 독립적

---

1) 인권위원회가 유엔 시민적 · 정치적 권리규약에 대한 유보 문제와 관련하여 1994년 11월 2일 채택한 일반논평 제24/52호 중 제17항을 참조하시오. 34 *ILM*(1995), p.845. 인권위원회는 직전에 언급한 결론에 대해 다음과 같은 근거를 제시하였다.

"[인권]조약 및 특히 [유엔 시민적 · 정치적] 규약은 국가간 상호 의무의 교환을 복잡하게 규정한 것이 아니다. 이들 문서는 개인에 대한 권리 부여를 다루고 있다. 국가간 상호주의 원칙은 설 자리가 없다. … 그래서 유보에 관한 전통적 규칙을 규약에 적용하는 것은 매우 부적절하기 때문에 국가는 유보에서 어떠한 법적 이익이나 유보 반대의 필요성도 찾지 못하였다. 국가의 항의가 없다고 해서 유보가 규약의 목적 및 대상과 양립 또는 양립되지 않는다는 것을 의미하지 않는다. 반대라는 것은 가끔씩 일부 국가만 행사하고 있으며 근거도 명시되고 있지 않다. … 간단히 말해서 이런 한 유형은 매우 불명확하여 비반대국(non-objecting State)이 특정 유보를 수락 가능한 것으로 생각한다고 가정하는 것은 적절하지 못하다. 위원회의 견해에 따르면 규약이 인권조약으로서 특별한 성격을 갖기 때문에 유보 반대가 국가간에 어떠한 효력을 발생하는지에 대해 의문이 제기될 수 있다. … 그래서 특정 유보가 규약의 목적 및 대상과 양립하는지 여부의 결정은 전적으로 위원회에 맡겨져 있다"(*ibid.*, paras. 17 및 20).

미국, 영국 및 프랑스는 인권조약의 목적 및 대상에 반하는 유보는 분리해야 한다는 가분성(severability)에 관한 위원회의 견해에 강력하게 반대하였다는 점을 주목하여야 하겠다. 16 *HRLJ*(1995), p.422 이하. 또한 특별보고관 A. Pellet의 ILC에 대한 2차보고서(A/C/N.4/447/Add.I) 및 *YILC*(1997-II) Part Two, pp.48-49, 53-56, paras. 75-87, 124-156 참조.

국제기관이 존재하는 것이 적절할 것으로 평가된다. 이러한 논리는 또한 조약이행을 감시할 책임이 있는 감독기관이 설립된 조약의 경우 언제든지 그러한 조약으로 확대될 수도 있을 것이다. 이런 기관이 만일 사법적 또는 준사법적(準司法的) 권한을 갖게 된다면, 유보가 조약의 대상 및 목적과 일치하는지 아니면 조약으로 금지되는지를 객관적으로 평가할 위치에 있게 되어 이에 따른 사항에 대해서 결정내릴 수 있을 것이다.

9.5 무효의 사유

과거에 법은 강대국이 약소국을 강박할 수 있는 여지에 대해서 모른 체했다. 그래서 협박—한 국가가 다른 국가에 대해 경제적, 정치적 또는 군사적 강박을 가하여 그 국가로 하여금 특정 사항을 합의하도록 강요하는 것—은 조약의 무효원인으로 여기지 않았다. 마찬가지로 조약교섭에 참여하거나 더 일반적으로는 조약을 체결하는 국가공무원의 부정이 있어도 조약은 무효가 되지 않았다. 더욱이 조약의 대상에 대해 국가의 자유를 제한하는 규칙은 없었다. 따라서 국가는 자신이 최선이라고 생각하는 바에 따라 자신의 이익을 규율할 수 있었고, 다른 국가에 대한 범죄나 공격 또는 해당 국가의 영토분할에 대해서까지 합의할 수 있었다. 무효의 사유는 경미한 것들뿐이었다. 즉, ① 조약을 체결하는 국가공무원에 대한 힘 또는 위협의 사용, ② 허위의사표시로 다른 당사자를 유인하여 협정을 체결토록 하는 것(예를 들어, 당사자 일방이 사기로 변경한 지도를 근거로 국경조약을 체결하는 것), ③ 동의가 사실의 착오, 예를 들어 국경조약의 경우 부정확한 지도에 기초한 상황 등이다. 이 외에 첫째, 이러한 모든 무효사유는 법적으로 동일한 위치에 있었다. 즉, 이들 모두는 무효사유를 원용하는 상대방인 당사자가 조약을 무효로 할 의향이 있거나, 분쟁해결 장치에 따라 당사자가 합의할 수 있게 되는 경우, 조약이 무효로 될 수 있었다. 둘째, 조약의 무효로 인해 피해를 당했다는 조약의 당사자만이 이 조약의 무효를 주장할 법적 권능이 있었다. 다른 당사자(다자조약의 경우)는 이 문제에 대해 어떠한 발언권도 없었다.

과거의 국제관행으로부터 무효 사유에 대한 다수의 사례를 수집할 수 없다는 사실은 그 사유가 상대적으로 부적절했다는 것을 보여 주는 증거로써 충분하다.

이 문제에 대한 소수의 국제규칙은 분명히 강대국에 의해 좌우되었다.

비엔나협약에 따르면 조약체결시 주요 부정의(injustice)의 원인—강대국이 다른 *국가*에 대하여 행사하는 *강박*—은 조약을 무효화하는 것으로 간주된다. 이 협약 제52조는 유엔헌장에 반하는 군사력의 위협 또는 사용에 의한 강박을 대상으로 한다. 한편 비엔나 외교회의에서 채택된 선언에서는 국가가 경제적 및 정치적 강박도 하지 말도록 촉구하고 있다. 그래서 이 문제에 관한 관습규칙이 점진적으로 등장하게 되는 기초가 마련되었다. 제53조는 조약이 *강행규범*(peremptory norms)에 반하는 경우 무효라고 규정하고 있는 바, 이것은 또 다른 새로운 규정이다(제11장 참조). 게다가 제50조는 일방 교섭당사자의 국가공무원이 저지른 *부정*을 무효의 원인으로 규정하고 있다. 더욱이 협약은 *착오*(제48조), *사기*(제49조) 그리고 조약을 교섭하는 *국가대표*에 대한 강박의 사용(제51조)에 대하여 상당히 명확하게 규정하고 있다. 여기에 더하여 제47조는 종전에 분쟁의 대상이 되었던 사안으로서 국가가 자신이 체결한 조약의 동의표시가 국내법 규정을 위반하였다는 이유로 이를 무효라고 청구할 수 있는지의 문제를 규율하고 있다(현재는 그 위반이 '명백하고', '기본적인 중요성'을 갖는 국내법규칙에 관한 것이어야 한다).

조약법 분야에서 매우 새롭고 커다란 진전을 기록한 것은 협약에서 *'절대적' 무효사유*와 *'상대적' 무효사유*의 차이를 구분한 것이다. 전자(국가대표에 대한 강박 및 국가 자체에 대한 강박, 강행규범과 양립할 수 없는 것; 이 개념에 대해서는 제11장 참조)는 다음의 의미를 내포하고 있다. 즉, ① 강박으로 피해를 입거나, *강행규칙*에 반하는 행동으로 이익의 침해를 당할 수 있는 국가뿐만 아니라 조약의 모든 당사국은 조약의 무효를 활용할 수 있다. ② 조약은 유효조항과 무효조항으로 분리될 수 없으며, 전체로 있거나 아니면 폐기된다(제44조 제5항). ③ 묵인이 가능하더라도 조약이 유효한 것으로 되지 않는다(제45조). 만일 이런 사유 중 하나라도 입증되면 조약은 무효, 즉 조약이 체결된 시기로 *소급하여* 무효(null and void *ex tunc*)이다.

이와 반대로 상대적 무효 사유는 다음과 같다. 즉 착오, 사기, 부정, 국내법이나 조약을 체결했던 국가대표의 권한제한을 명백히 위반한 경우이다. 이러한 사유에 대해서는 착오, 사기, 부정의 피해국, 또는 대표가 국내법 또는 자신의 권한제한을 명백히 위반하여 행동한 경우 해당 대표의 소속 국가만이 이를 원용할 수 있다. 더욱이 이런 무효 사유는 이의제기 당사국이 묵인하거나 추후 명시적으로 동의해서 *치유*될 수 있기에 이런 무효 사유는 조약의 *일부 규정*만 무효로 만들 것이다. 또한 이런 무효 사유는 *소급하여*(*ex tunc*) 적용된다. 즉, 이것은 조약 또는 이 조약의 일부 규정을 조약 체결시로 소급하여 무효로 만든다. 그러나 이의제기 당사국이 조약의 무효를 선언하기 전에 선의로 행한 행위는 각 사건의 특수한 상황에 따라 유효하며 법적 효력을 갖는다고 볼 수 있다.

중요한 문제는 조약이 절대적 무효 상태인 경우 이런 무효를 *조약의 비당사국*이 원용할 수 있을지의 여부이다. 비엔나협약 제65조에서는 문제가 있는 조약의 당사국만이 *강행규범* 위반을 원용할 수 있으며, 이것은 다른 절대적 무효 사유에 대해서도 동일하게 적용될 것으로 보인다(제51조 및 제52조). 그러나 비엔나 협약상 조약의 무효에 관한 규정에 상응하는 *관습*규칙은 조약의 당사자 여부에 관계 없이 *모든 관련 국가*가 *강행규범* 또는 국가대표나 국가에 대한 강박을 원용할 수 있다는 취지로 해석되어야 할 것이다. 이런 해석이 두 가지 범주의 무효를 구분하는 정신, 대상 및 목적과 일치한다. 이런 구분은 아주 중요한데, 이것은 국제공동체가 특정 규칙을 수립하여 드높인 가치의 영역을 시사하고 있기 때문이다. 즉, 무력사용이나 그 밖의 강행규칙을 위반하는 행동은 비난받아서 이것에 의존하여 체결된 조약은 매우 취약하게 되었다. 만일 상황이 이렇다면, 조약에 의해 *직접 영향받을 수 있는* 제3국에 조약의 무효를 원용하는 권리를 인정하지 못할 이유가 없다. 예를 들어, 둘 이상의 국가가 조약을 체결하면서 제3국의 주권에 속하는 영토에 대해 불법적인 무력행동, 또는 민족집단에 대한 집단살해 또는 제3국에 파장을 미치는 인민의 자기결정권의 억압을 규정하고 있는 경우를 생각해 보자. 논란의 여지가 있지만 같은 이유로 조약 체결이 제3국에 심각한 영향을 야기하는 경우(예를 들어, 조약에서 제3국을 침범하기 위해 무력사용이 가능하도록 규정하는 경우) 제3국은 일방이 타방에 대해 무력으로 위협하거나 무력을 사용하는 것을 이유로 다른 2개 국가 간의 조약이 무효라는 점을 원용할 권능이 있다고 말할 수 있다.

제3국은 어떤 국제기관에 대해 절대적 무효를 원용할 수 있는가? 논란의 여지가 있지만 관할권 조항에 따라 관할권을 갖는 국제법원 또는 판정부에 대해 원용할 수 있을 것이다. 만일 이런 관할권이 없는 경우 제3국은 관련 체약국에 해당 사안을 법적으로 해결하기 위해 교섭을 진행하거나 아니면 이를 중재기관 또는 사법기관에 회부하도록 촉구할 수 있을 것이다.

9.6 해 석

Anzilotti가 1912년에 강조한 바 있듯이[2] 과거에는 해석에 관하여 구속력이 있는 규칙이 없었다. 조약법을 해석하는 기준은 단순히 국내법으로부터 차용하거나 중재재판소가 개발한 '논리법칙'이거나, 아니면 '[국제]법질서의 본질 및 성격에서 추정될 수 있는 바로 그 일반기준들'이었다. 국가 및 법원은 조약 해석의 주요 목적이 작성자의 의도를 확인하고 발견하는 것이라는 데에 동의하는 경향이 있었다. 그러나 이런 의도를 발견하는 방법을 명확히 하는 점에서는 의견이 갈렸다. 일부 국가는 자신의 법체계에 영향을 받아서 조약체결 교섭 연혁[소위 *회의준비문서*(*travaux préparatoires*)]을 활용하기 원했다. 이것은 프랑스, 이탈리아 및 미국과 같은 국가에 해당하였다. 일부 학자는 이런 접근방법을 '주관적 해석'이라 불렀다. 이와 달리 영국과 같은 다른 국가는 조약의 문안 및 규정의 자구에 기초한 해석을 선호하였다(일부 학자에 의해 '객관적 해석'이라 불림). 법원은 판사의 문화적 배경에 따라 서로 다른 의견을 견지하는 경향이 있었다.

이렇게 민감한 영역에서 법적 구속력을 갖는 규칙이 없어서 부정적 효과가 발생하는 것은 자명하였다. 더욱이 이러한 규칙이 없는 것이 결국 강대국의 이익에 부합한다는 점이 입증되었다. 이 시기에 발전한 해석에 관한 소수의 법언 중 하나가 세계공동체의 구조 및 국가의 행동자유라는 상위원칙으로부터 직접 도출되었던 사실은 그리 놀라운 일이 아니다. 즉, 이 기준에 따르면, 국제의무 기준은 국가를 적게 구속하는 식으로 해석해야 하며, 어느 조약도 의미상 주권 또는 자기보호의 행사를 제한할 수 없었다(*in dubio mitius*, 즉 의심이 있는 경우 의무의 주체에게 가장 덜 불리한 해석을 선택해야 한다. 다시 말해서 주권의 제한에 대해서는 엄격하게 해석하여야 한다).

이런 까다로운 영역에 대해 비엔나협약 제31조 내지 제33조에서 균형 있고 만족스러운 규칙이 마련되었다. 비록 시제적(時際的) 해석과 같은 몇 가지 중요한 문제가 배제되었지만 해석에 관한 규칙은 가장 발전된 견해를 견지하였다. 기본적으로 협약은 문언적 · 체계적 및 목적론적 해석을 우선하였다(제31조 제1항: "조

2) D. Anzilotti, *Corso*, p.102, p.104, p.107. Anzilotti는 이미 *Corso*, i(*Parte generale*)(Roma: Athenaeum, 1912), p.203에서 이것을 언급하고 있다.

약은 그 문맥에 비추어 그리고 대상 및 목적에 비추어 조약의 문언에 부여된 통상적인 의미에 따라 신의성실하게 해석하여야 한다"). 그래서 조약문안에 규정된 체약당사국이 추구하는 목적이 크게 중시되었다. 또한 비엔나협약의 작성자들은 '유효성'의 원칙(*ut res magis valeat quam pereat*)을 중시하였는데, 이 원칙에 따르면 조약은 각 규정이 '유효하고 유용한' 것이 될 수 있도록, 다시 말해서 적절한 효과를 가질 수 있도록 해석하여야 한다. 이 원칙은 간단히 말해서 조약의 규범적 범위를 확대하여, 결과적으로 의심이 있는 경우 주권에 대한 제한을 엄격하게 해석하여야 한다는 종래의 원칙을 손상시키려는 의도를 가졌다.

비엔나협약에 따르면 회의준비문서는 '해석의 보조수단'으로만 간주될 뿐이다. 제32조에 따라 조약 교섭과정의 회의록은 오로지 문언적 · 체계적 및 목적론적 해석으로부터 도출되는 '의미를 확인하기 위해' 또는 이런 기준에 기초한 해석이 문언을 '애매하거나 불명확'하게 하거나, '명백히 부조리 또는 불합리한 결과를 초래'하는 경우 의미를 결정하기 위해서 활용될 수 있을 뿐이다. ICJ가 일련의 판결[3]에서, 그리고 수많은 중재재판소[4]가 제31조 및 제32조가 관습법을 반영하고 있다고 판시하고 있는 점은 흥미롭다.

제33조에 따르면 조약문의 정본이 2개 이상의 언어로 되어 있을 경우 각 언어본은 동등한 효력을 가지며, 조약의 문언은 각 정본에서 동일한 의미를 갖는 것으로 추정된다. 그러나 의미상 차이가 있는 것으로 보일 경우 조약의 대상 및 목적을 고려하여 각 정본에 가장 부합하는 의미가 우선한다[ICJ는 최근 *LaGrand* 사건(제101항)에서 제33조 제4항이 관습국제법을 반영한다고 판시하였다].

현시대에 국제재판소는 특별한 범주의 조약, 즉 국제기구 설립문서를 해석함에 있어 '내재적 권한이론'을 점차 적용하였다. 이 이론은 미국 연방대법원이 주(州)에 대한 연방당국의 권한을 확대할 목적으로 헌법을 해석하면서 처음 제안했었다. 즉,

3) *Territorial Dispute(Libya v. Chad)* 사건(제41항); *Maritime Delimitation and Territorial Questions between Qatar and Bahrain, Jurisdiction and Admissibility* 사건(1995, 제33항; 1996, 제23항); *Oil Platforms, Preliminary Exceptions(Iran v. United States)* 사건(제23항); *Kasikili/Sedudu Island(Botswana v. Namibia)* 사건(제18항); *LaGrand(Germany v. United States)* 사건(제99항); *Sovereignty over Pulau Litigan and Pulau Sipadan(Indonesia v. Malaysia)* 사건(제37항); *Legal Consequences of the Construction of a Wall* 사건(제94항) 참조.

4) 예를 들어 *Case of the Agreement on German External Debt* 사건(제16항); *The Delimitation of the Maritime Frontier between Guinea and Guinea-Bissau* 사건(제41항); *Apurement des Comptes(Netherlands v. France)*에 관한 사건(제57항-제67항) 참조.

이것은 1819년 연방대법원장 Marshall에 의해 *McCulloch v. The State of Maryland* 사건(pp.407-437)에서 제창되고 무엇보다 1920년 *Missouri v. Holland* 사건(pp.376-377)에서 재확인되었다. 이 이론은 국제적 수준에서는 PCIJ[5] 및 ICJ[6]가 ILO와 유엔에 대해 해당 국제기구의 각 회원국에 대한 권한을 확대할 목적으로 채택하였다. 이 이론에 따르면 국제기구의 기관은 자신의 명시적 권한 수행 또는 기구의 목적 달성을 위해 필요한 모든 권한을 갖는다. 이 이론은 소위 연방의 유추(즉, 연방 구성주와 연방 당국 간의 관계를 국제기구의 회원국과 이 기구 기관의 관계와 동일하게 보는 것)에 근거하고 있어 논란이 있다. 특히 이 이론의 반대자들은 이 이론이 기구의 일반적이고 모호하게 규정된 목적(유엔의 경우와 같이)으로부터 내재적 권한을 도출하기 위해 사용되는 경우, 결국 국제기구 기관에 지나치게 광범위한 권한을 부여하게 된다고 주장하고 있다.

9.7 종 료

과거에 조약의 '소멸'은 조약의 '성립' 및 존속에 비해 훨씬 더 흠결이 많은 규칙으로 규율되었다. 주요 강대국들은 자신의 이익에 맞춰 조약을 체결하였고 또 적절하다고 판단하는 경우 조약 의무에서 벗어났다. 만일 다른 체약당사자도 강대국이면 전쟁에 호소할 필요가 있었을 것이다. 이런 이유로 일찍이 18세기초 프러시아의 프리드리히 2세는 조약과 국익의 상대적 비중에 대해서 회의주의(scepticism)(그의 견해에 따르면 최종 분석을 해보면 국익이 항상 우선한다)를 표현하였다.[7] 이것은 또한 1879년 비스마르크가 하였던 통렬한 논평[8]의 이유이기도 하다.

5) 1926년 7월 23일 PCIJ의 *Competence of the ILO Concerning Personal Work of the Employer* 사건에 관한 권고적 의견(Series B, No. 13, p.18) 및 1927년 12월 8일 *Jurisdiction of the European Commission of the Danube* 사건에 관한 권고적 의견(Series B, No. 14, p.64).

6) *Reparation for Injuries* 사건의 권고적 의견(ICJ Reports(1949), p.180, 182); *Effects of Awards of Compensation made by the U.N. Administrative Tribunal* 사건의 권고적 의견(ICJ Reports(1954), pp.56-57); *Expenses* 사건의 권고적 의견(ICJ Reports(1962), pp.167-168); *Legal Consequences for States of the Continued Presence of Sourth Africa in Namibia* 사건의 권고적 의견(ICJ Reports (1971), pp.47-49, 52)을 각각 참조하시오. 또한 *Legality of the Use by a State of Nuclear Weapons in Armed Conflict* 사건에 관한 권고적 의견(ICJ Reports(1996), pp.78-81, paras.25-26)을 참조하시오.

7) Frédéric II, "Histoire de mon temps, Avant-propos," in *Oeuvres posthumes de Frédéric II, roi de Prusse*(Berlin: Voss et Fils, 1789), i, p.11, p.14.

(놀라울 것 없지만) 최근에 이를 드골이 다소 사용하였다는 보도가 있다.[9]

보다 정확히 이야기하자면, 어떠한 상황에서 조약규정의 중대한 위반 때문에 다른 체약당사자가 조약 의무에서 벗어날 수 있는지는 분명하지 않았다. 마찬가지로 두 체약당사국간 전쟁 발발로 이들 국가간의 모든 조약이 종료하는 것인지, 아니면 해당 조약의 일부는 영향을 받지 않는 것인지 분명하지 않았다. *사정변경*(*rebus sic stantibus*) 규칙(즉, 조약체결의 기초가 되는 기본조건의 변경으로 조약이 종료될 수 있다는 것)의 취지 또한 국제관행이 확실치 않아 혼란스러웠다. 가장 널리 수락된 조약종료 방식은 체약당사자 일방의 폐기였다. 그러나 이 분야에서조차 조약 자체에서 폐기권을 규정하고 있지 않으면 국가가 조약을 폐기할 수 있는지 여부, 그리고 만일 폐기할 수 있다면 어떤 상황에서 폐기할 수 있는 것인지에 대한 의문이 있었다.

이 분야에 있어서 비엔나협약에서 이룩한 주요한 진전사항 중 하나는 당사자 중 일방이 조약의 종료 또는 그 적용 정지의 근거로 원용할 수 있는 '중대한 위반' 개념을 명확히 한 것이다. 그리하여 제60조에서 이런 위반이란 '① 이 협약에서 용인될 수 없는 조약의 이행 거부, 또는 ② 조약의 대상 또는 목적의 달성에 필수불가결한 규정의 위반'으로 구성되어 있다. 더 나아가 *사정변경* 규칙이 정리·명료화 그리고 확정되었다. 특히 첫째, 이 조항을 원용하기 위한 정당한 근거로서 사정변경은 다음 두 가지 요건을 충족해야 한다는 점이 분명해졌다. 즉 (i) '이런 사정의 존재가 조약에 구속을 받겠다는 당사자간 동의의 본질적 기초가 될 것', (ii) 변경의 효과가 조약상 여전히 이행되어야 하는 의무의 범위를 급격히 변화시킬 것'(제62조 제1항 (a)호 및 (b)호). 게다가 둘째, 적용상 두 가지 예외를 열거하고 있다. 제62조 제2항에서 이 조항은 다음의 경우에 원용할 수 없다. 즉, '① 만일 조약이 국경선을 획정하는 경우, ② 근본적 변화를 원용하는 당사자

---

8) 비스마르크는 다음과 같이 서술하였다. 즉, "강대국간의 조약의 준수는 조약이 '생존을 위한 투쟁 상황 속에서' 시험대상이 되는 순간, 아주 상대적인 것이 된다. 어느 강대국도 두 가지 중에서 선택해야 한다면 조약에 대한 신의의 제단 위에서 자신의 생존이 희생당하도록 가만히 놓아 두지 않을 것이다. [법언인] *ultra posse nemo tenetur*(어느 누구도 자신의 능력범위 밖에 대해서는 구속받지 않는다)는 어떠한 조약 조항에 의해서도 무효화될 수 없다" [Otto Fürst von Bismarck-Schönhauser, *Gedanken und Erinnerungen*(Stuttgart and Berlin: Cotta, 1922), ii, p.287].

9) 보도된 바에 따르면 드골 대통령은 독일과 중요한 조약에 서명한 후 국제협정은 "장미와 젊은 여자 같아서 이것이 지속하는 동안 지속한다"라고 하였다(*The Economist*, 18 March 1972, p.6).

가 조약 의무 또는 조약의 모든 당사자에 대해서 부담하는 다른 모든 국제의무를 위반한 결과 근본적 변화가 발생한 경우'가 그것이다. *강행규범*(제11장 참조)도 조약을 종료시키는데 활용될 수 있다. 제64조에 따라서 "만일 새로운 일반국제법의 강행규범이 출현하는 경우 이 규범과 충돌하는 기존의 모든 조약은 무효가 되고 종료된다."

해당 조약이 조약의 종료나 *폐기*에 관해 어떠한 조항도 두고 있지 않은 경우, 다자조약으로부터의 탈퇴 또는 양자조약의 종료가 수행하는 역할 및 법적 효과를 명확히 하는 규정도 마련되었다. 제56조에 따르면 그러한 조약은 다음 조건을 충족해야 종료나 탈퇴가 가능하다. 즉, ① 당사자가 종료나 탈퇴의 대상이 되도록 하려는 의도를 갖고 있었다는 점이 확인되는 경우, 또는 ② '폐기 또는 탈퇴권이 조약의 성격상 내재되어 있는 경우'가 그것이다.

> 이러한 규정의 견지에서 유엔인권위원회(Human Rights Committee)는 1997년 일반논평 제26(61)호에서 유엔 시민적 · 정치적 권리규약은 폐기 또는 탈퇴의 대상이 되지 않는다고 언급하면서, 그 논거로 다음을 제시하고 있다. 첫째, "규약 작성자들은 의도적으로 폐기 가능성을 배제하고자 하였고," 둘째, "규약은 성격상 폐기권이 내재된 조약의 유형이 아니다.… [이 규약은] 세계인권선언에 구현된 보편적 인권을 조약의 형태로 성문법전화한 것이다. … 그래서 규약은 폐기권이 허용되지 않는다는 취지의 특정한 규정이 없지만 폐기권이 허용되는 것으로 여겨지는 조약의 특징인 임시적 성격을 갖지 않고 있다." [10]

비엔나협약은 주요 원칙으로 제64조에 규정된 것을 제외하고는 다양한 종료 사유로 인하여 조약이 자동적으로 종료되지 않고, 단지 당사자 일방이 조약중지의 사유로써 이를 원용할 수 있을 뿐이라는 기본원칙도 명시하였다. 또한 위에서 언급한 조항들은 당사자에게 조약의 종료를 청구하도록 허가하면서 아울러 더욱 제한된 효과로서 당사자가 조약의 정지만을 청구할 수 있는 경우도 규정하였다.

> 위에서 언급한 조약의 종료 사유 이외에도 비엔나협약은 다른 종료 사유로서, 당사자가 조약에서 명시적 또는 묵시적으로 규정한 사유[종결규정, 종결조건(제54

10) 인권위원회 제1631차 회의에서 채택된 일반논평 제26(61)호(http://www.1umn.edu/humanrts/gencomn/hrcom26.htm), paras. 2-3을 참조하시오.

조), 추후 조약에 의한 폐지(제54조 및 제59조), 후발적 이행불능(제61조)]를 규정하고 있다. 더욱이 협약은 일부 조약종료 사유가 조약의 법적 효과를 *정지*시키는 것으로 원용될 수도 있다고 규정하고 있다. 반대로 협약은 전쟁이 조약에 미치는 효과에 대해서는 규율하지 않고 있다.

제 10 장
그 밖의 입법과정

10.1 개 관

관습 및 조약은 국제법의 가장 중요한 두 가지 법원(法源)이다. 이는 국제공동체 법질서에서 가장 높은 지위에 있는 두 가지 기본 '헌법'규칙에서 생각할 수 있다[이것은 종종 *consuetudo est servanda*(모든 국제법 주체는 관습규칙을 이행하여야 한다), 그리고 *pacta sunt servanda*(국제협정 당사자는 이를 지켜야 한다)라는 라틴어로 표현된다].

ICJ규정 제38조는 이런 두 개의 법원을 언급하고 있다. 이런 점에서 이 조항은 기존의 일반 법규칙을 성문법전화하고 있다. 그러나 그 밖의 국제법 법원도 존재하는데 제38조는 이와 관련하여 두 개의 법원에 대해 언급하고 있다. 다시 말해서 문명국이 인정하는 법의 일반원칙과 *형평과 선*(ex aequo et bono), 즉 *형평원칙*에 기초하여 내려진 사법판결이 그것이다. 또한 규정이 언급하고 있지는 않지만 국제법에서 예상되어 ICJ가 직접 적용하는 그 밖의 법원, 즉 규칙을 창설하는 국가의 일방행위와 국제기구의 구속력 있는 결정이 있다.

위에서 언급한 법원 중 관습, 조약, 국가의 일방행위로서 행위규칙을 만드는 것, 그리고 국제공동체에서 인정된 법의 일반원칙(역자주 : 제3장의 일반국제법원칙)은 일반 '헌법'규칙에서 예상된다는 의미에서 *'일차적'* 법원이라 불린다. 국제기구의 구속력 있는 결정 및 *형평과 선*(善)*에 기초하여* 내려진 사법(司法)판결은 일차적 법원(조약)에 의해 만들어진 규칙에서 규정하고 있기 때문에 *'이차적'* 법원이라 불린다. 이러한 법원을 활용할 경우는 특정성에 기초하여야 한다. 즉, 먼저 개별 사건에 적용될 수 있는 특정 규정을 발견하여야 하며, 만일 이것이 없을 경우 좀더 일반적인 규칙을 근거로 해야 한다. 따라서 먼저 조약 또는 조약에서 파생된 법원을 먼저 발견하여야 한다. 만일 적용할 조약규칙이 없는 경우 다음으로 관습규칙 또는 일반국제법원칙[역자주 : 국제공동체에서 헌법원칙으로 인정되는 제3장(국제관계를 규율하는 근본원칙)의 원칙들]을 찾아야 한다. 그런데 이때 만일 관련 규칙 또는 원칙을 발견할 수 없는 경우에는 국가의 국내법질서에서 인정되고 있는 법의 일반원칙을 적용할 수 있다. 이러한 특별한 범주의 일반원칙은 *'보조적 법원'*이라고 할 수 있을 것이다.

10.2 의무의 근거로서 일방행위

ICJ규정 제38조에 규정되어 있지 않지만, 관습 및 조약 형성 규칙과 동일한 지위를 갖는 일반 법규칙에서 이러한 입법과정을 예상할 수 있다.

모든 일방행위가 특정 행위를 규정하는 구속력 있는 규칙을 새로 만드는 것은 아니며 이러한 규칙의 내용이 미리 정해진 것도 아니다. 사실 대부분의 일방행위는 항상 관습법에 의해 미리 정해진 여러 가지 다른 법적 효과를 생성한다.

> 예를 들어, *항의*란 어느 다른 국가가 행한 행위나 조치에 반대할 의도로 하는 일방적 선언이다. 항의의 목적 및 법적 효과는 항의국이 이러한 행위나 조치를 인정, 수락 또는 묵인하지 않겠다는 것, 이러한 행위나 조치에 이의를 제기할 권리를 갖고 있다는 점을 보여 준다. 마찬가지로 상황 또는 행위의 *인정*이란 이러한 상황 또는 행위를 정당한 것으로 간주할 의도의 일방적 거래(또는 묵시적 인정의 경우, 행위)이다. 인정의 법적 효과는 인정국이 이전에 인정하였던 것에 대해 추후에 이의를 제기할 수 없다는 것이다. 다시 말해 이것은 금반언(禁反言, estoppel; 4.3 참조)을 생성한다. *포기*란 권리를 일방적으로 기꺼이 단념하는 것을 말한다. 이러한 포기는 비록 명시적이거나 묵시적인 경우라도 의도가 명확하여야 한다. Anzilotti가 지적하였듯이 단순히 권리의 지지부진한 행사 또는 이의 불행사, 또는 단순한 시간의 경과로부터 포기가 추정될 수 없다(*Corso*, p.297). 통고란 한 국가가 그 밖의 다른 국가에게 자신

이 취한 특별한 조치(예를 들어, 전시 해상봉쇄의 경우 관습법은 봉쇄국이 중립국에 이를 통고할 것을 요구하고 있다)를 인식시켜 주는 행위이다. 통고의 법적 효과는 여타 국가가 통고받은 조치를 알지 못하였고, 알았다면 달리 행동할 권능이 있었다고 추후에 주장하지 못하게 하는데 있다.

WTO에 의해 설립된 패널은 *1974년 미국 통상법 제301조 내지 제310조*에 관한 1999년 12월 22일자 결정에서 일방적 약속의 또 다른 법적 효과를 선언하였다. 패널은 국가가 공식적 · 일방적인 선언으로 국제의무를 위반하여 국내법을 적용할 수 있는가 하는 문제에 대해 결정을 내려야 했다. 미국의 1974년 통상법에 있는 특정 규정은 1986~1994년 우루과이 라운드 협상의 여타 참여국에게 미국이 약속한 국제의무를 위반할 수 있었다. 관련 규정은 특히 분쟁해결에 대한 규칙 및 절차에 관한 양해사항(DSU) 제3조, 제21조, 제22조 및 제23조 그리고 WTO협정 제16조 제4항(즉, "각 회원은 자신의 법, 규칙 및 행정절차를 부속협정에 규정된 의무와 합치되도록 하여야 한다") 등이다. 패널은 미국이 WTO에 대해 국제의무를 위반하지 않는 방식으로 이 법을 적용하기로 공식적으로 엄숙하게 그리고 분명히 약속하였다고 결정내렸다(제7.114-124항). 그래서 패널이 지적하였듯이 미국의 일방적 선언은 어쨌든 미국이 이미 이런 의무를 부담하고 있었기 때문에 이 국가에 대해 새로운 국제적 의무를 창설하지는 않았다. 패널에 따르면 선언의 효과는 미국 당국으로 하여금 미국의 국제의무와 일치하지 않는 방식으로 미국 통상법이 부여한 재량권을 행사할 수 없다는 데에 있었다(제7.125-126항). 따라서 일방적 선언의 실질적 효과는 미국이 국제책임을 야기할 수 있는 불법행위를 하지 못하도록 *미리 막는데* 있었다.

*서약*은 고유한 국제의무를 생성하는 유일한 일방적 거래, 즉 하나 이상의 국가에 대해 서약했던 국가를 구속하는 새로운 규칙을 확립한다. 서약은 국가가 특정한 방식으로 행동하겠다는 일방적 선언이다. 이런 의무는 다른 국가가 상호적인 차원에서 부담하는 것과 관계 없이 발생한다. 다른 국가의 상호적인 의무부담에 좌우된다면 그러한 선언은 계약법적 거래의 한 요소에 해당할 것이다.

North Sea Continental Shelf 사건에서 ICJ는 협약 비당사국이 '행위, 공식발언, 성명 그리고 다른 방법으로' 협약에 규정된 의무를 일방적으로 부담하기 위해서는 '매우 확정적이고 일관된 일련의 행위'가 필요하기 때문에 "간단히 추정되어서는 안된다"는 점을 강조하였다(제27-28항). ICJ는 *Nuclear Tests* 사건에서 대기상 핵실험을 중단하겠다는 프랑스의 선언은 자신이 그렇게 하겠다는 의무를 수반한다고 판시하였다. ICJ는 일방적 선언이 이런 효과를 가지려면 선언을 하는

국가가 이에 대하여 법적으로 구속받겠다는 분명한 의도를 갖고 있어야 하고, 이러한 서약이 공개적으로 되어야 한다는 요건을 제시하였다(pp.267-271).

> *니카라과* 사건(*본안*; 제261항), *Case Concerning the Frontier Dispute(Burkina Faso v. Mali)* 사건(제39-40항)에서도 서약은 의무를 발생시키는 법적 거래로 간주되었다.

10.3 국제조약에서 예정하는 법원(法源)

10.3.1 국제기구의 구속력 있는 결정

조약으로 만들어지는 규칙에서는 종종 규범설정 과정이 마련되어 있다(오늘날까지 어떠한 관습규칙도 이런 과정을 염두에 둔 적은 없었다. 이것은 아주 자연스러운 현상인데, 국가는 조약의 수락 또는 비준 거부와 같이 자신이 통제할 수 있는 경우와 달리 통제가 불가능한 일반규칙에 의해 제정되는 법 기준에 구속받는 것을 여전히 꺼리고 있기 때문이다). 조약규칙이 마련하는 규범성립 과정은 보통 정부간 기구(국제기구)의 틀 내에서 이루어진다. 기구의 기관은 보통 다수결에 의해 구속력 있는 법적 기준을 채택할 권한을 갖는다. 조약에 의해 이런 임무를 부여받은 기관이 제정한 규칙은 해당 기구의 회원국만 구속한다.

국제기구의 구속력 있는 결정과 같은 이차적 법원이 이러한 제한을 받는 것은 이해하기 쉽다. 국가가 사전에 조약을 통한 규범성립 과정을 수락하였다면, 즉 사전에 문서로 국제기구가 설정한 규칙에 장래 구속받겠다는 의사를 표명하였다면, 이것은 동의 이외의 방식으로 서면 규칙에 구속을 받겠다는 것을 수락한 것에 불과하다. 또한 기구의 설립규정에 포함되어 있는 조약규칙이 이 기구의 회원국만 구속하는 것과 같이 기구의 구성기관이 제정한 규칙은 제3국을 구속할 수 없다.

이런 범주의 법원이 존재하는 것이 바로 현대 국제법의 특징이다. 이러한 법원의 필요성은 간단하다. 즉, 일부 특정 영역이 명확하게 구분되는 분야에서 규칙을 마련할 필요성이 생기는 경우, 국가가 회합하여 만장일치로 규칙에 합의하기 어렵고 시간 소모가 많을 것이기 때문에 국제기관이 이런 규칙을 제정하는 것이 보다 쉽고 간편할 것이다.

구속력 있는 결의를 통과시킬 권한은 유엔헌장에서 규정하고 있다. 안보리는 헌장 제7장에 따라 행동하는 경우(즉 평화에 대한 위협, 평화의 파괴 및 침략행위에 대해 조치를 내리는 경우) 구속력 있는 법적 기준을 마련할 권한이 있다. 유엔헌장 제41조는 "안전보장이사회가 자신의 결정을 이행하기 위해 어떠한 비군사적 조치를 취할 것인지를 결정할 수 있다"고 규정하고 있다. 안보리가 권고가 아니라 결정을 내리기로 하는 경우, 이것은 유엔헌장 제25조(즉, "유엔 회원국은 이 헌장에 따라 안보리의 결정을 수락하고 이행할 것에 동의한다")에 근거하여 구속력을 갖는다. 유엔은 유엔헌장 제2조 제6항(즉, "기구는 국제평화 및 안전보장 유지를 위해 필요한 경우 유엔 회원국이 아닌 국가가 [제2조에 설정된] 이런 원칙에 따라 행동하도록 보장한다")에 기초하여 제재 등의 조치를 통하여 제3국, 즉 아직 유엔 회원국이 아닌 소수의 국가들이 이런 결정을 이행하도록 강제할 수 있을 것이다(다음 제16장 및 제17장 참조).

> 특히 냉전 종식 이후 유엔 안보리는 특정 국가[예를 들면 이라크, 유고연방공화국(세르비아-몬테네그로), 소말리아, 라이베리아, 리비아, 아이티 등]와 수출입 및 그 밖의 경제관계 금지와 같은 제재조치에 관한 다수의 결정을 통과시켰다. 유엔 안보리는 또한 ICTY 및 ICTR규정을 채택하였다(17.2 참조).

규범설정 권한을 부여받은 또 다른 국제기구는 국제민간항공기구(ICAO)로서 ICAO 이사회는 2/3의 다수결로 항공교통에 관한 국제기준을 통과시킬 수 있다. 이런 기준은 회원국 다수가 반대의사를 통고하지 않는 한, 채택 3개월 후에 회원국을 구속하게 된다.

> 유럽연합의 한 기둥(pillars)을 구성하는 3개 EC 설립규정은 유럽공동체 각료이사회(European Council of Ministers)에 훨씬 더 강력한 권한을 부여하고 있다. 이 이사회는 규칙(보통 공동체 *관보*에 공포된 후 20일 후 국가 및 개인을 구속함), 지침(보통 공동체 *관보*에 공포되는 순간 모든 회원국을 구속함) 및 결정(보통 해당 국가, 개인이나 기업에 통고된 후 구속력을 갖는 특정한 성격의 법령)을 제정 · 공포할 수 있다. 몇 가지 문제에 대해 규칙 또는 지침을 채택하는 경우 과반수로 충분하며, 다른 문제에 대해서는 EC조약 제205조 제2항에서 정의된 '가중다수결'이 필요하다. 몇 가지 사안에 대해서는 만장일치가 필요하다.

무엇보다도 ICTY 및 ICTR이 각자의 설립규정을 해석하는 것과 관련하여 나름대로 축적한 판례법에서 드러나듯이, 조약에 적용되는 것과 동일한 해석원칙이 조약으로 만들어진 규칙을 해석하는 경우에도 적용될 것이다.

10.3.2 형평원칙에 기초한 사법판결

일부 조약은 상설 또는 비상설 국제재판소에 기존 법이 아닌 형평원칙에 기초하여 판결을 내릴 권한을 부여하고 있다. 비록 국가가 ICJ에 *형평과 선(善)에 기초하여* 판결을 내리도록 특별히 관할권을 부여한 것은 전혀 아니지만 이러한 권한은 ICJ규정 제38조 제2항에서도 규정되어 있다. 상설 또는 비상설 국제재판소가 형평기준을 적용할 때마다 ICJ는 분쟁당사자간에 적용되는 법을 창설하게 된다.

> 예를 들어, 1995년 Dayton-Paris Accord 부속서 II 제5조 제3항에 따라 보스니아-헤르체고비나연방 및 스르프스카(Srpška)공화국 간의 브르치코(Brcko) 지역에 있어서 해당 실체간 경계선 획정 판결을 내릴 임무를 부여받은 중재재판소는 '관련 법 및 형평원칙'을 적용할 수 있었다. 중재재판소는 1997년 2월 14일자 제1차 중재판정에서 '공정성, 정의 및 이성의 요구'에 근거하였다(p.399 이하 참조). 중재재판소는 1998년 3월 15일자 '보충 중재판정'에서 이 사안에 대한 최종 결정을 연기하면서 제1차 중재판정에 따라 설립된 과도적 국제감시제도가 존속되어야 한다고 결정하였으며, 이러한 결정을 '단순한 정치적 고려'에 근거한 것이 아닌 형평한 것으로 정당화하였다.[1] 1999년 3월 5일자 제3차 최종 중재판정에서 중재재판소는 이 사안에 대해 입법하는 수준에 이르렀는데, 즉 두 개의 실체가 공동으로 영유(領有)하나 이런 실체로부터 독립한 채 보스니아-헤르체고비나의 주권하에 놓이게 되는 브르치코 영구자치구를 설치하였다(p.536 이하 참조).

1) 중재재판소는 다음과 같이 언급하였다. 즉, "재판소가 '관련 법 및 형평원칙'에 따라 활동할 의무에 관하여 그러한 결정이 부적절하게 순전히 '정치적' 고려에 기초하여, 법 또는 형평상 적절한 근거가 없다고 주장하는 사람이 있을 수 있다. 이전에 설명한 이유 때문에 우리는 이것에 반대한다. 현 중재사건이 갖는 독특한 특징의 하나는 재판소가 실체간의 정치적 책임을 데이턴협정의 목표를 증진시킬 수 있는 방식으로 배분할 것을 실제로 요구하는 등 본질적으로 정치적 고려를 포함하고 있다는 것이다. 더욱이 재판소의 최종결정이 '관련 법 및 형평의 원칙에 일치하여 내려질 수 있는'(제102항) 순간 재판소가 그러한 결정을 내릴 의무가 있지만, 사태가 충분히 안정되어 장기간에 걸쳐 지속할 수 있는 해결책이 마련된 후에야 그렇게 판단해야 한다(제101항). 그래서 우리는 미래의 데이턴협정 이행 개연성 및 양 실체간의 미래 관계에 관한 추가적 사실을 수집하기 위해 최종결정을 비교적 단기간 동안 연기하는 명령을 내릴 법적 · 형평적 근거가 있다고 생각한다"(제20항).

10.4 국제공동체에서 보조적 법원으로서 인정되는 법의 일반원칙

일차적 및 이차적 법원 외에도 국제법에는 일차적 또는 이차적 법원(즉 조약, 관습, 의무 자체를 생성하는 일방행위)에 의해 생성되는 규칙이 특정 사항을 규율하지 못하는 경우에만 활용되는 규칙을 만드는 규범설정 과정으로서 보조적 법원이 있다.

보조적 법원칙은 조약 및 관습규칙의 가장 중요한 몇 가지 공통점을 추려내어 일반화해서 도출할 수 있는 포괄적이고 느슨한 행위기준인 *일반국제법원칙*(제3장 참조)과 혼동해서는 안될 것이다. 일반국제법원칙은 법원 자체를 구성하지 않는다. 대부분의 이런 원칙들은 주로 흠결을 보충하거나 둘 이상의 해석이 가능한 경우 특정 해석을 우선적용하기 위하여 사용된다. 더 나아가 앞에서(제3장) 언급한 원칙 중 주권, 다른 국가의 문제에 대한 불간섭, 무력의 위협 또는 사용 금지, 분쟁의 평화적 해결, 인권존중 및 인민의 자기결정에 관한 원칙은 [여타 *강행규범*(제11장 참조) 및 10.1에서 살펴본 '일차적 법원'에 관한 규칙과 함께] 세계공동체의 '헌법적 원칙'을 형성하는 중요한 역할을 수행한다.

미-영 청구권재판소가 1923년에 *Eastern Extension, Australasia and China Telegraph Co.* 사건[2]에서 강조한 바 있듯이, 국제공동체에는 중앙집중적 입법기관이 없고 조약법은 관련 체약당사자의 특정 관심사안만 규율하는 경향이 있다. 더욱이 관습규칙은 보통 그 형성이 느려 정의상 국가의 모든 이익 및 관심사안을 다룰 수 없는 경우가 있다. 이때 일반국제법원칙에 의거하여 처리할 필요성은 국제공동체에

2) 1898년 미국-스페인 전쟁기간 중 미국 해군은 마닐라만(당시 스페인의 주권하에 있었음)에 침입하여 영국계 기업이 설치한 마닐라-홍콩간 해저전신선을 절단하였다. 영국은 이 회사를 대신하여 금전배상소송을 제기하였다. 재판소는 이 소송을 각하하면서 다음과 같이 판시하였다. 즉, "[비록] 1898년 당시 전투원에 의한 전선 절단 사건을 규율하는 보편적으로 인정된 규칙을 표현하고 있는 어떤 조약 및 특정 국제법원칙이 없다는 점을 가정한다고 하더라도, 적용할 국제법원칙이 없다고 말할 수는 없다. 국제법은 국내법과 같이 특정한 사건에 결정적인 명시적 규칙을 포함할 수 없으며 일반적으로 포함하고 있지 않다. 그러나 판례법원칙은 어떤 특정한 법 규정이 없는 경우 일반원칙으로부터 도출되는 논리적 추론을 적용함으로써 모순되는 권리 및 이익의 충돌을 해결하고 수리학과 똑같이 문제의 해결책을 발견하는 기능을 수행한다. 이것이 바로 판례법원칙을 활용하는 방법론이다. 이러한 방법으로써 법은 모든 국가에서 점진적으로 발전하여 결과적으로 사인(私人)간의 관계에서와 마찬가지로 국가간 법률관계를 정의하고 해결해 왔다"(pp.114-115).

서 더욱 두드러지고 있다. 국제공동체에 있어 일반원칙은 국제관계를 규율하는 법계(法系)의 골격 내지 공동체규범 구조의 다양하면서도 때로는 이질적인 톱니바퀴를 맞물리게 하는 강력한 접합제가 된다. 국가는 이러한 원칙들이 자신이 하는 행동의 자유를 부당하게 제한할 것이 두려워 다소 경계하는 경향이 있다. 따라서 다른 국가와의 관계에서 그 국가의 주권을 제한하는 특정한 원칙이 존재한다고 주장할 때 이러한 원칙을 사용하는 것이 유리하다고 생각하는 경우 이외에는 이러한 원칙을 거의 원용하지 않는다. 보통 이러한 원칙은 조약 또는 관습규칙에 의해 완전히 규율되지 않는 사건을 재판하는 경우 재판소가 상세하게 만든다. 이런 점에서 재판소가 현재까지 주도적 역할을 수행했고, 이러한 역할이 점차 증가하고 있다. 즉, 재판소는 규범망의 틈새에 '숨어 있는' 원칙을 확인하여 이를 설정함으로써 전체 국제법계(國際法系)의 질적 향상 및 발전에 기여하고 있다. 이렇게 해서 재판소는 법 창설에 매우 가까우며, 거의 그렇다고 할 수 있는 가치 있는 기능을 수행한다는 점을 부인할 수 없다.[3]

---

3) 현 국제공동체에는 *서로 구분되는 두 종류의 일반원칙*이 활용될 수 있다. 첫째, 일반국제법원칙, 즉 국제협약 및 관습국제법규칙의 귀납법 및 일반화에 의해 추정되거나 추출될 수 있는 원칙들이다. 이러한 종류의 원칙 중 몇 가지는 국제공동체 구성원간의 관계를 규율하는 근본적 행동기준을 설정할 목적으로 국가에 의해 국제문서로 정리되었다(3.1 참조). 둘째, 국제법의 특정 분야(예를 들어 해양법, 인도주의법, 국가책임법 등)에 고유한 원칙이다. 이러한 원칙은 일반법 기준으로서, 특정 분야를 규율하는 전체 법계를 포괄하고 있다. 예를 들어, ICC규정 제21조에서 재판소는 국제인도주의법의 일반원칙도 적용하도록 규정한 경우 또는 ILO 행정재판소가 *Diallo* 사건 판결에서 '국제공무원을 규율하는 법의 일반원칙'(제4항)을 언급한 경우가 있다.

이러한 두 종류의 원칙들은 두 가지 중요한 기능을 수행한다. 첫 번째는 전체 조약 및 관습규칙에 있어 발생할 수 있는 흠결을 보충한다. 이러한 원칙을 원용하는 목적은 해당 사안을 규율하는 법 규칙이 없어서 분쟁을 재판할 수 없다고 재판소가 결정하는 *non liquet*(법이 분쟁을 해결하지 못한다고 판단할 때 로마시대의 법관들이 사용했던 표현으로 '분명하지 않다'는 것을 의미함) 상황을 가급적 회피하려는 것으로 주장되고 있다. 실제는 계쟁절차에서 *non liquet*는 생각할 수 없는데 왜냐하면 만일 일방 당사자가 제기한 소송에서 재판소가 중요한 어떠한 규칙 또는 원칙을 발견할 수 없는 경우, 법에 금지되지 않는 것은 허용된다는 원칙에 따라 해당 청구를 기각해야 하기 때문이다. 그러나 *non liquet*는 *Legality of the Threat or Use of Nuclear Weapons* 사건에서와 같이 비계쟁절차에서 발생할 수 있다. ICJ는 핵무기 사용의 적법성에 대한 권고적 의견을 제시해 달라고 요청받았다. ICJ는 무엇보다도 "현행 국제법 상황 및 재판소가 활용 가능한 사실적 요소에 비추어, 핵무기 위협 또는 사용이 국가의 존립 자체가 위협받아 정당방위권을 발동하게 되는 극단적 상황에서 적법 또는 불법인지 여부를 단정적으로 결론내릴 수 없다"(제105(2)(E)항)고 판시하였다. *Furundžija* 사건 판결에서 ICTY는 강제적 구강내 삽입이 인도에 반한 죄 또는 전쟁범죄로서의 강간이 되는지 여부에 관해 국가의 국내입법상 통일성이 없다는 것을 확인한 후 일반원칙을 원용하였다. ICJ는 "인간의 존엄성 존중에 관한 일반원칙이 국제인도주의법 및 인권법의 기초적 기반 및 존립근거가 되며, 실제로 현대에 있어 이 원칙은 최고로 중요하게 되어 전체 국제법계에 침투하고 있다. 이러한 원칙은 불법적으로 신체를 공격한다거나 사람의 명예, 자존심 또는 정신적 안녕에 모욕감을 심어 주고 이를 저하시킴으로써 인간의 개인적 존엄성 유린이 행해지는가에 관계 없이

10.4.1 과거 이 원칙의 활용

19세기 및 20세기초 국가간의 분쟁을 재판하는 재판소는 중재에 회부된 문제를 규율하는 조약 또는 관습규칙이 없는 사건을 처리할 때, 대부분 국가(당시 사정으로 보아 당연히 유럽국가 그리고 미국과 같은 다른 대륙의 일부 선진국)의 국내법체계에 공통되는 몇 가지 일반원칙을 활용해야 한다고 보았다. 이것은 법적 흠결을 보충하는데 적절한 방법이어서 당시 다소 초보적이고 불완전한 국제법계를 발전시켰다. 그러나 당시 재판소는 각국의 국내법에 대한 비교 · 검토를 수행하지 않은 채 이런 원칙을 설정하였다는 점에 주목하여야 한다. 이들 원칙은 매우 일반적 목적을 가지며, 모든 주요 서구법체계에서 논쟁의 여지없이 공통적으로 적용되는 원칙들을 단순히 나열한 것에 불과하였다. 어느 국가도 이에 대하여 이의를 제기하지 않았는데, 이것은 재판소가 해당 국가에 익숙한 일반원칙을 적용하였기 때문에 별로 놀라운 일은 아니다.

그러한 원칙은 필요성,[4] *불가항력*(*force majeure*),[5] *기판력*(*res judicata*),[6] 재판

이러한 유린행위로부터 인간을 보호하고자 하는 것이다"라고 판시하였다. 그리고 ICTY는 "강제적 구강내 삽입과 같은 극단적으로 심각한 성적 유린은 강간으로 분류되는 것이 이러한 원칙과 일치한다"(제183항)고 결론내렸다.

두 번째 기능은 조약 또는 관습규칙에 대해 서로 충돌하는 둘 이상의 해석 중에서 선택하는 것이다. 국제재판소는 위에서 요약했던 두 가지 종류의 원칙을 종종 활용하였다. 일반국제법원칙의 실례로서 ICJ가 "몇 가지 일반적이고 널리 인정되고 있는 원칙, 즉 전시보다 평시에 훨씬 엄격하게 요구되는 인도주의에 대한 기본적 고려, 해양교통의 자유 원칙 및 자신의 영토가 다른 국가의 권리에 반하는 행위를 목적으로 사용될 것이라는 사실을 알면서 이를 허용해서는 안되는 모든 국가의 의무"(*Corfu Channel* 사건, p.22) 등을 판시했던 것을 언급할 수 있다. 다른 일반원칙에 대해서는 앞에서(제3장 참조) 언급한 바 있다.

국제법의 특정 분야에 고유한 일반원칙의 실례로써 ICJ는 1986년 *니카라과* 사건(*본안*)에서 [1949년 제네바] '제 협약이 단지 특별하게 표현하고 있는 인도주의법의 일반원칙'(p.219)에 대해 언급하면서 이를 적용하였음을 거론할 수 있다. 같은 해에 ICJ는 *Case Concerning the Frontier Dispute* 사건에서 *uti possidetis* 원칙[**역자주** : 5.2.2 참조]이 '발생지에 관계 없이 이러한 형태의 탈식민지와 논리적으로 연결된 일반적 종류의 원칙'(제23항)이라고 판시하였다. 어떤 원칙들은 처음에는 국제법의 특정 분야에 속해 있다가, 점차 전체 국제법계에 스며들게 된다[*Furundžija* 사건(제183항) 참조].

4) *Neptune(United States v. Great Britain)* 사건의 1797년 6월 25일자 판결(특히 Pinkney 위원의 의견) 참조. Lapradelle and Politis, i, pp.156-157(그러나 그는 국내법을 언급한 것이 아니라 단지 몇몇 저명한 학자만 언급한 점을 주목하여야 하겠다). 그러나 Trumbull 위원의 의견을 참조하시오(*ibid.*, pp.177-178).

5) *Russian Indemnities* 사건(프랑스어 원문, p.433. 영어본 *AJIL* 7(1913), p.178 이하 참조).

거부,[7] 그리고 더욱 특정한 영역에 들어가면 위법행위 사건에 있어 위반국이 *실제손해*(*damnum emergens*)와 *기대이익*(*lucrum cessans*)을 포함한 금전배상을 지불해야 하는 원칙[8]을 포함하였다.

10.4.2 1921년 이 원칙을 활용하기 위한 성문법전화 시도

제1차 세계대전 이후 보조적 원칙은 1921년 국제연맹 이사회가 임명한 10명의 위원(서유럽 출신 8명, 브라질인 1명 및 일본인 1명)으로 구성된 '법률자문위원회'가 기초한 PCIJ규정 제38조 제3항으로 성문화되었다.[9] 위원회 의장인 벨기에 출신의 E.E.F. Descamps은 조약 및 관습 이외에 재판소가 '문명국의 법적 양심에 의해 인정되는 국제법규칙'도 적용해야 한다고 제안하였다.[10] 흥미로운 것은 이런 방법을 채택하자고 제안할 때 그는 이 주장의 근거로서 Martens 조항(8.2.3에서 언급함)을 인용하면서,[11] 새로운 재판소가 명백히 "*문명국의 법적 양심이 하는 명령*에 따라야 한다"[12]고 주장하였다.

위 제안에 대한 논평 및 반응과 관련하여 위원회는 두 집단으로 분리되었지만 다수는 이것을 지지하였다. 이들은 두 가지 목적을 염두에 두고 있었다. 첫째, '모든 인간의 마음속 깊이 새겨져 있고 문명국가의 법적 양심에 있어 가장 고귀하고 권위 있는 것으로 표현되는 정의 및 부정의의 근본법'(Descamps)[13]이 적용되도록 함으로써 국제법의 법원을 확대하기를 염원하였다. 간단히 말해서 이 이론의 지지자들은 '객관적 정의 원칙', 즉 국제관계에 자연법원칙을 도입하고자 하였다. 둘째, 분쟁이

---

6) PCA, *Pious Funds of the Californias* 사건(p.12).

7) *Fabiani* 사건(p.356)을 참조하시오.

8) *Fabiani* 사건(pp.364-365); *Portugal v. US and Great Britain* 사건(p.402); *Cape Horn Pigeon et al.* 사건(p.65) 참조. 그리 오래되지 않은 사건으로 *Sapphire International Petroleum Ltd. v. National Iranian Oil Co.* 사건(p.186) 및 *AMCO Co. v. Republica of Indonesia* 사건(p.504) 참조.

9) 같은 위원회가 논의한 사항에 대해서는 League of Nations, PCIJ, Advisory Committee of Jurists, *Procès-verbaux of the Proceedings of the Committee, June 16th-July 24th 1920*(The Hague: van Langen-Huysen Brothers, 1920), pp.286-339을 참조하시오.

10) Descamps 남작의 연설에 대해서는 *Procès-verbaux* 사건(pp.322-325 각주 22에서 인용) 참조. 또한 그가 제13차 회의에서 했던 제안을 참조하시오(*ibid.*, p.306).

11) *Ibid.*, pp.323-324(Descamps 남작이 자신의 제안을 소개하면서 행한 연설문).

12) *Ibid.*, p.318(이탤릭체 부분 강조).

13) *Ibid.*, pp.310-311.

조약 또는 관습으로 규율되지 않은 경우 재판소가 적용할 규칙이 없다고 해서 재판불능을 선언하지 않기를 희망하였다. 3명의 위원(미국의 Root, 영국의 Phillimore경, 이탈리아의 Ricci-Busatti)은 명백하게 실증주의적인 입장을 취하면서 이런 접근방법을 강력히 반대하였다.[14] 이 집단의 지도자인 Root는 이전 회의에서 "국가는 실정법(實定法)을 따라야 하고 모든 국가간의 동의에 의해 지지받는 실정법규칙으로 발전하지 못한 원칙을 따라서는 안된다"[15]라고 단호하게 말한 바 있다. 그리고 "국가로 하여금 자신의 분쟁을 법뿐만 아니라 문명화된 인민의 양심이라고 간주하는 것을 기준으로 판단하는 재판소에 부탁하도록 강제할 수 있는가?"[16]라고 질문하였다. 이들 소수는, 간단히 말해서, 재판소는 국가의 의사로부터 도출되고 조약 및 관습의 형태로 구체화된 규칙 및 원칙만 적용하여야 한다는 전통적 관념에 집착하였다.

이러한 의견의 현저한 차이를 감안해서 Root와 Phillimore경은 결국 타협안으로 재판소가 '문명국에 의해 인정되고 있는 법의 일반원칙'을 적용할 권한이 있다는 규정을 제안하였다.[17] 이 제안이 받아들여졌고 결국 PCIJ규정 제38조 제3항이 되었다. 합의된 문구는 두 개의 서로 상반되는 견해의 중간을 따른 것이 분명하였다. 재판소는 조약 및 관습 이외의 무엇인가를 적용할 권한을 갖게 되었고 따라서 국가의 의사에 의존하는 법을 벗어날 수 있게 되었다. 하지만 재판소는 일반적이고 모호한 '객관적 정의 원칙'(이것을 적용하게 되면 재판소는 결국 법을 *창설*할 수 있는 권한을 갖게 될 것이다)이 아니라 (주요) 국가의 국내법체계에서 명백히 규정된 원칙만 적용할 수 있게 되었다.

1921년에 채택된 규정방식이 느슨하였지만 국제재판소가 종전에 이미 국내법체계에서 공표된 법의 일반원칙을 활용하였던 점, 그리고 관계국이 이의를 제기하지 않았던 점은 제38조 제3항이 수년간에 걸쳐 성립된 일반원칙에 관한 불문법을 결국 성문화하였다는 견해의 근거가 되고 있다.

재판소는 이런 원칙을 *창설*할 권한을 받지 않았다는 점을 다시 한번 강조해야 하겠다. 재판소는 귀납법적 과정을 통해 특정 원칙이 대다수의 국내법체계에서 공유되고 있는지 여부를 확인한 후 이것을 명시할 수 있었을 뿐이었다.

---

14) Root의 발언문에 대해서는 *ibid.*, pp.293-294, 308-310; Ricci-Busatti의 경우 *ibid.*, pp.315-325; 그리고 Phillimore경의 경우 *ibid.*, pp.315-327 참조.

15) *Ibid.*, p.287.

16) *Ibid.*, p.294.

17) Root가 제시한 문안에 대해서는 *ibid.*, p.344를 참조하시오. 제15차 회의에서 그는 'Phillimore경과 공동작업으로' 같은 문안을 제시하였다는 점을 지적하였다(*ibid.*, p.331).

그렇다면 PCIJ는 새로운 법원(法源)을 무슨 용도로 사용하였을까? PCIJ의 판례법을 대충만 훑어 보아도 다음 사실이 분명해진다. 첫째, 재판소가 이 원칙을 활용한 것은 매우 드물었으며, 더욱 중요한 것은 재판소가 사실상 법적 논리의 원칙 또는 일반 판례법원칙에 의존하였다는 것이다.

> 다음과 같은 원칙을 언급할 수 있다. 즉, *누구도 자신의 소송에서 재판관이 될 수 없다*(*nemo judex in re sua*)는 원칙,[18] 국제위법행위에 대한 피해회복조치를 취할 의무,[19] 누구도 자신의 위법행위로부터 이익을 얻을 수 없다는 원칙,[20] *의무를 이행하지 않는 자에 대하여 의무를 이행할 필요가 없다*(*inadimplenti non est adimplendum*)는 원칙[21]이 그것이다. 게다가 *문서내용이 모호한 경우 해당 문서 작성자에게 불리한 쪽으로 해석하는 원칙*(*contra proferentem*)[22]과 같은 조약의 해석과 관련된 몇 가지 원칙이 있다.

둘째, 이 원칙 자체는 국제공동체 회원국의 다양한 법체계에 대한 상세한 조사를 통하여 파악된 것이 아니었다. 이러한 사항은 본래 이 원칙이 실제로 *국내법정에서 통용되는* 일반원칙으로서 적용되었던 것이 아니라, 국제법규칙으로부터 도출될 수 있거나 법적 논리로부터 추론될 수 있는 일반원칙으로 적용되었다는 견해를 입증하는 것이다.

셋째, 원용된 원칙은 사건의 최종판결에 필수불가결한 것이 아니었다. 이것은 단지 *ad adjuvandum*, 즉 다른 규칙 또는 원칙을 기초로 이미 형성될 수 있었던 주장을 강화하기 위하여 활용되었다.

ICJ가 PCIJ를 대체하였을 때, ICJ 및 다른 재판소는 이런 원칙을 훨씬 적게 활용하였다.[23]

---

18) PCIJ, *Mosul Boundary* 사건, p.32.

19) PCIJ, *Chorzow Factory* 사건(*본안*), p.29.

20) PCIJ, *Chorzow Factory* 사건(*본안*), p.31("일방 당사자는 만일 자신이 어떤 위법행위로써 타방 당사자가 어떤 의무를 이행하지 못하도록 하였다거나 또는 타방이 활용하였을 판정부를 활용하지 못하도록 한 경우라면, 타방이 자신의 의무를 이행하지 않았다거나 또는 어떤 구제수단을 활용하지 않았다는 사실을 활용할 수 없다").

21) *Prise d'eau à la Meuse* 사건에서의 Anzilotti의 반대의견(Series A/B, No. 70, p.50) 참조.

22) PCIJ, *Brazilian Loans* 사건(Series A, No. 20-21, p.114).

23) *North Sea Continental Shelf* 사건에서 레바논 국적의 Ammoun 판사는 반대의견에서 시대에 맞지 않고 차별적인 '문명국가' 용어에 대해 통렬하면서도 제대로 비판하였다(pp.133-134).

신의성실의 원칙,[24] 법의 지배,[25] *한 가지 사항의 표시는 다른 사항의 배제를 의미한다*(*expressio unius est exclusio alterius*)는 원칙,[26] 규칙은 '해석 당시 통용되는 전체 법체계의 골격 내에서' 해석되어야 한다는 원칙[27]을 언급할 수 있겠다.

이러한 원칙이 쇠퇴하게 된 주요 이유는 일반국제법원칙을 조약 또는 관습규칙으로 변경시키면서 그간 국제공동체에 조약규칙의 연결망이 전체적으로 수립되었고, 게다가 수많은 관습규칙이 등장하였기 때문인 것으로 보인다. 이러한 결과로 국제법의 전통적인 분야에서 이런 일반원칙을 활용할 필요성이 없다고 여겨졌다.

10.4.3 이 원칙의 현재 역할

보조적 법원칙이 거의 활용되지 않는다고 하여 국제공동체에서 인정되는 일반원칙에 관한 일반규칙이 점차 사라져버렸다고 말할 수 있을까? 사실 이것은 폐지상태에 있는 것은 아니며 말하자면 오랫동안 계속 잠자고 있는 상태였다. 그러나 국제법의 새로운 영역에서 흠결이 두드러져 보이면서, 일반규칙과 일반규칙이 예정하고 있는 법원(法源)이 다시 활기를 띠게 되었다. 예를 들어, 일반규칙은 국제기구와 기구 직원 간의 관계를 규율하는 국제행정법 등 다양한 영역에 적용되고 있다. 이 규칙은 특히 아직 초보적 단계로 흠결이 많은 법계(法系)인 국제형사법에 적용된다. 국제형사법 분야에서 새로이 설립된 특별국제형사재판소는 세계의 주요 법체계—즉, 영미법체계와 대륙법체계—에서 인정되고 있는 형법의 일반원칙을 빈번히 활용하고 있다. 또한 ICC규정 제21조는 재판소가 보조적 법

---

24) ICJ의 *Nuclear Tests* 사건(제46항) 참조(즉, "법원에 관계 없이 법적 의무의 형성 및 수행을 규율하는 기본원칙의 하나가 신의성실의 원칙이다").

25) *Nissing, Peters and Roussot* 사건(제5항)의 ILO 행정재판소 판결 참조("모든 기관은 자신이 제정한 규칙에 대해 이를 개정하거나 폐기할 때까지는 이에 구속된다. 일반원칙에 따르면 규칙은 오로지 향후 발생하는 사건을 규율하며 모든 기관에 대해 구속력을 갖는데, 이것은 해당 원칙이 법적으로 당사자 관계의 기초가 되기 때문이다. 더욱이 규칙은 오로지 적용 대상자에게 통고된 날로부터 집행할 수 있다"). 또한 ICJ의 *니카라과* 사건(*본안;* 제218항-제220항) 및 *Case Concerning the Frontier Dispute* 사건(제23항)을 각각 참조하시오.

26) 예를 들어, ILO 행정재판소가 *Diallo* 사건(제4항)에서 내린 판결을 참조하시오. 또한 ICTY의 *Zoran Kupreškić et al.* 사건(제623항)도 참조하시오.

27) ICJ의 *South West Africa* 사건에 대한 권고적 의견(p.31) 및 *Aegean Sea* 사건(p.33) 참조.

원을 활용할 경우를 염두에 두고 있다.

법원은 재판소가 법에 의해 수립되어야 한다는 원칙,[28] 당사자 평등의 원칙,[29] 형법의 특정성 원칙[*죄형법정주의의 명확성 원칙*(*nullum crimen sine lege stricta*)으로 언급되기도 함]과 같이 사법절차와 관련한 법의 일반원칙을 선언하였다.

1996년 *Erdemović* 사건에서 ICTY 하급심은 "인도에 반한 죄에 대해 가장 무거운 형벌을 부과할 수 있다는 것이 모든 국가에 공통되는 법의 일반원칙이다"라고 판시하였다(제31항). *Furundžija* 사건에서 ICTY의 또 다른 하급심은 인도에 반한 죄로서 강간의 정의가 세계의 주요 법체계와 일치되는 원칙으로부터 도출된다고 판시하였다(제174항-제181항). *Zoran Kupreškić et al.* 사건에서 동일한 하급심은 다양한 법체계의 공통되는 원칙상 동일한 행위가 한 가지 이상의 형법규정을 위반하는 것으로 간주될 때(즉, 가중범죄의 문제. 제637항 이하; 제680항 이하 참조), '한 가지 이상의 규정 위반이 있었는지를 결정하는 기준'이 존재한다고 판시하였다. *Blaškić* 사건에서 다른 하급심은 형벌과 범죄의 심각성이 갖는 비례관계가 세계 주요 법체계에 공통되는 형법의 일반원칙이라고 판결하였다(제796항).

물론 국제재판소가 반복하여 강조하고 있듯이, 현재 논의 중인 이들 일반원칙은 세계공동체의 본질적 특징 및 법제도와 양립하는 경우에만 국제적 수준에서 적용될 수 있을 뿐이라는 점을 덧붙여야 하겠다. 국제관계의 특수상황과 일치하지 않아서 국제법계에 적합하지 않는 법적 장치를 기계적으로 국제법체계에 적용하는 것은 적절하지 않을 것이다[*Erdemović* 사건(*항소심*)에서의 Cassese 판사의 반대 의견 참조. 제1항-제6항].

재판소는 조약규칙(또한 필요한 경우 국가의 일방행위 또는 국제기구의 구속력 있는 결정) 그리고 다음에 관습규칙을 검토한 후 법적 흠결이 존재하거나, 규칙이 명확하지 않으면 특정 국제법 분야의 일반원칙을 먼저 찾아 보고, 그 다음 일반국제법원칙을 탐구하여야 할 것이다. 바로 이 단계에서 비로소 재판소는 국제공동체 회원국의 모든 주요 법체계에 공통되는 법의 일반원칙을 찾을 수 있을 것이다.

---

28) ICTY 항소심재판부의 *Tadić* 사건(*예비적 항소*; 제42항) 참조.

29) ICJ의 *Judgments of the ILO Administrative Tribunal* 사건(p.85) 참조. *Application for Review of Judgment No. 158* 사건(p.181)에 관한 권고적 의견에서 재판소는 다음과 같이 언급하였다. 즉, "법의 일반원칙 및 재판소의 사법적 성격으로 인해 권고적 소송에서도 이해당사자는 평등에 기초하여 재심판정부에 회부된 문제와 관련되는 모든 사항을 제출할 기회를 반드시 가져야 한다. 그러나 입장서를 제출하는 경우 이러한 조건은 충족된다."

이렇게 진행하는 이유는 국제법에 고유한 원칙이기에 국제공동체 내에서 발생하는 사항을 규율하는데 특히 더 적합한 원칙을 먼저 적용하는 것이 논리적이기 때문이다. 그 후에야 비로소 모든 법체계를 지탱하는 더욱 포괄적인 원칙으로 넘어갈 수 있다. 다시 말해서, 특별법은 항상 일반법에 우선한다는 상위원칙에 맞추어서 보다 특정한 법규칙으로부터 점차 보다 일반적인 법규칙으로 옮겨가야 할 것이다.

10.5 본질적인 면에서 법을 창설하지 않는 입법과정의 영향

10.5.1 형평에 기초하지 않은 사법판결

ICJ규정 제59조에 따라 재판소의 판결은 '당사자간 그리고 특정한 사건에 관한 것 외에는 법적 구속력'을 갖지 않는다. ICJ규정 제38조 제1(d)항에 따라 재판소는 "제59조 규정의 적용을 받는다는 조건하에 법규칙을 결정하기 위한 보조수단으로 사법판결을 적용한다." 이 규정은 관습국제법을 성문화한 것이거나 아니면 관습규칙으로 변형되었다고 주장해도 무방할 것이다. 그래서 이 규정은 국제재판소의 모든 판결에 적용된다. 이런 이유로 국제재판소의 판결은 법을 창설하지 않으며, 판례법상의 *선례구속*(stare decisis) 이론이 적용되는 것도 아니다.

그러나 국제법의 초보적 성격, 그리고 중앙집중적 법 제정기관과 강제관할권을 갖는 중앙집중적 사법기관이 없기 때문에 실제로는 가장 권위 있는 재판소(특히 ICJ)의 많은 판결은 관습규칙의 존재를 확정하고 이들 규칙의 범위와 내용을 설정하며, 새로운 개념의 발전을 증진할 때(8.2.2에 있는 *New Jersey v. Delaware* 사건에 있어 Cardozo 판사의 그 유명한 주장 참조) 결정적으로 중요할 수밖에 없다.

여기서는 소수의 획기적인 판결을 언급하는 것으로 충분할 것이다. 1872년 중립에 관한 기본원칙을 설정한 바 있는 *The Alabama*(*United States v. Great Britain*) 사건에서 내려진 중재판정(pp.543-682), 1928년에 스위스 중재인 Max Huber가 *Island of Palmas*(*United States v. The Netherlands*) 사건에서 내린 영토주권 개념에 대한 중재판정(pp.838-840), 복구(復仇)의 요건을 정리한 *Naulilaa* 사건의 중재판정(pp.1025-1028) 등이 그것이다. 또한 ICJ가 내린 다양한 판결도 언급해야 할 것이다. *Barcelona Traction* 사건에서는 그 유명한 *부수적 의견*(제33항)으로 *대세적* 의무의 개념을 제안하였고, 실제적으로 *South West Africa* 사건에 관한 1966년의 판결을 파기하였다. *South West Africa* 사건에서 ICJ는 재판소장의 결정투표로 공동체를 대표하여 소송을 제기할 권리, 즉 *민중소송*(*actio popularis*)이 국제법상 존재하지 않는다는 이유로 국제연맹의 회원국이 다른 회원국에 귀속하는 권리를 변호하기 위한 소송적격(訴訟適格)을 갖지 않는다고 판시한 바 있다. 이런 이유로 재판소는 에티오피아와 라이베리아가 남아프리카공화국을 상대로 제기한 소송에서 이들의 소송적격을 부인하였다(pp.38-47). *North Sea Continental Shelf* 사건 판결은 조약과 관습 간의 관계를 숙련된 방식으로 기술하였다(pp.32-43). *Nuclear Tests* 사건에서 재판소는 서약의 법적 효과에 관한 이론을 명료화하였다(pp.267-271).

니카라과 사건(*본안*)에서 ICJ는 ① 국가공무원 또는 국가기관원의 지위를 갖지 않거나, 그러한 자격으로 활동하지 않는 개인행위에 대해서 국가책임이 발생하는지 여부에 관한 여러 관습법의 주요 논점, ② 특히 유엔헌장 제51조에 따른 무력사용 원칙, ③ 불간섭원칙, ④ 인도주의법의 기본원칙(pp.38-66, 94-106, 106-112 및 113-115) 등을 설득력 있는 어구로 제시하였다. 또한 ICTY도 *Tadić* 사건(*예비적 항소*)에 관한 판결로 국내 무력충돌에 있어 전쟁범죄의 범주를 정하고(제94항-제137항), *Zoran Kupreškić et al.* 사건에서 '경합범'(*concursus delictorum*)에 관한 국제형사법 및 국제소송법상의 원칙을 설정하였다(제637항-제748항).

이 외에 ICJ는 몇 가지 소수의 사례에 있어서는 이보다 훨씬 더 나아가 위에서 언급하였듯이 *새로운* 국제규칙을 설정할 공식적 권한이 없는데도 *사실상* 그렇게 하고 있다. 한 저명한 학자가 언급하였듯이[30] 이것은 ICJ에 의해 다음과 같은 경우에 발생하였다. 즉, 국제기구가 자신의 임무 또는 목적을 달성하기 위해 필요한 모든 권한을 갖는 것으로 볼 수 있다는 내재적 권한이론의 설정(*Reparations for Injuries* 사건(p.182)), 조약의 유보에 관한 새로운 체제의 개발(*Reservations to the*

30) P. Cahier, "Le rôle du juge dans l'élaboration du droit international", in J. Makarczyk(ed.), *Essays in Honour of K. Skubiszewski*(The Hague, London, Boston: Kluwer, 1996), p.358 이하. Abi-Saab은 다른 견해를 취하고 있다. G. Abi-Saab, "De la Jurisprudence—Quelques réflexions sur son rôle dans le développement du droit international", in M. Perez Gonzalez(ed.), *Hacia un nuevo orden internacional y europeo: Estudios en homenaje al Profesor Don Manuel Diez de Velasco*(Madrid: Tecnos, 1993), p.20 이하.

Genocide Convention 사건(p.24)), 외교적 보호를 행사함에 있어 단일국적의 경우에서도 중요한 것은 개인과 국가의 실효적 연관성이라는 것(*Nottebohm* 사건(pp.22-54)), 그리고 대륙붕의 경계획정 문제에 있어 '형평원칙' 이론의 설정(*North Sea Continental Shelf* 사건(pp.46-48)) 등이 그것이다. 주목할 만한 것은 어느 국가도 이러한 판단에 대해 반대하거나 이의를 제기한 적이 없다는 것이다. 그래서 국가는 ICJ가 때때로 행한 규범적 역할을 묵시적으로 수락하거나 아니면 적어도 이를 묵인하였다.

10.5.2 연성법

최근 국제공동체에 새로운 현상이 나타났다. 즉, 국제법 자체를 구성하는 '경성법(硬性法)' 에 반대되는 개념으로서 '연성법(軟性法)'이라고 불릴 수 있는 것이 형성되었다. 이것은 기준, 이행다짐, 공동선언 또는 정책이나 의향선언(예를 들어, 1975년 헬싱키 최종의정서), 유엔 총회 또는 다른 다자기관 등에서 채택된 결의의 집합이다. 보통 '연성법'은 국제기구 내에서 형성되거나 아니면 국제기구에 의해 증진된다. 이것은 주로 인권, 국제경제 관계 및 환경보호와 관련된다.

이런 문서는 공통적으로 세 가지 특징을 갖는다. 첫째, 이것은 세계공동체에 등장하고 있는 현대적 경향으로서 *국제기구* 또는 다른 집단적 기관이 공동체의 일반적 관심사에 관해 적극적으로 행동할 임무를 갖고 있음을 보여 주고 있다. 둘째, 이것은 종전에 민감하게 다루지 않았거나 충분히 주의하지 않았던 국제공동체의 *새로운 관심사*를 반영하는 사항을 다루고 있다. 셋째, 그러나 정치적·경제적, 또는 그 밖의 이유로 국가가 이런 사항에 대해 법적으로 구속력이 있는 이행다짐에 합의하기에는 의견 및 기준이 완전히 합치하기가 어렵기 때문에 기준, 선언 및 그 밖의 해당 문서는 *법적 구속력이 있는 의무를 부과하지 않는다*. 하지만 이런 사항은 비록 여전히 법적으로 규율되지 않아도 합의된 지침이나 공동입장 또는 정책선언의 대상이 된다. 그래서 이런 것들은 점진적으로 관습규칙 또는 조약규정을 형성하는 기초가 되거나 디딤돌이 될 수 있다. 다시 말해서 '연성법'은 점차 법 자체로 바뀔 수 있다.

'연성법'과 법적으로 구속력 있는 의무를 어떻게 구별할 수 있을까? 이것은 모두 특정 문서에 대한 당사자들의 *의도*에 좌우되고, 의도는 관련 요소로부터 추정할 수 있다. 즉, 문안의 작성자들은 문서에 대해 구속력 있는 합의로써 법적 가치를 부여하려는 의도를 가졌거나, 아니면 해당 문서를 '연성법'의 일부로 예정했었을 수도 있다(이런 측면에서 9.3에서 논의된 두 사건을 언급하는 것이 도움이 될 것이다. 즉, ICJ의 1978년 *Aegean Sea Continental Shelf* 사건과 1994년 *Maritime Delimitation and Territorial Questions between Qatar and Bahrain* 사건 판결).

마지막으로 '연성법'의 일부가 어떤 조건에서 관습규칙을 선언하거나 표시하는지, 아니면 이런 규칙의 결정화에 도움을 주는 것으로 간주될 수 있는지의 여부에 관한 문제가 있다. 분명히 이들 조건은 관습규칙이 이미 존재하는지, 또는 형성과정 중에 있는지 여부를 결정하는 것, 즉 특정 주제에 대한 *관행*(usus)과 *의식*(opinio)의 발전 여부를 확정할 때 충족되어야 할 일반조건이다(8.2.2 참조).

제11장

국제법규칙의 위계질서: 강행규범(*Jus Cogens*)의 역할

11.1 전통국제법

국내법에서는 일반적으로 법원(法源) 및 이로부터 생성되는 법규칙에 위계질서가 있다. 예를 들어, '경성' 헌법과 이의 이행을 감시하는 헌법재판소가 있는 국가에서는 보통 세 가지 주요 법원(法源)이 존재하며 각 법원은 하위법원에 우선한다. 즉 헌법, 의회가 제정한 법률, 정치 · 행정기관이 채택한 행정규칙 또는 하위기관(정부의 실 · 국, 지방당국 등)이 만든 내부지침 등이 그것이다. 미국과 같은 연방국가의 경우 위계질서는 훨씬 더 넓다. 즉 헌법, 연방법, 주(州)법 및 지방규칙 등 하위입법간의 구분이 있다. *법원*의 위계질서는 *규칙*의 위계질서를 수반한다. 즉, 법률은 헌법규정으로부터 일탈하거나 헌법과 불합치할 수 없으며, 규칙은 법률에(그리고 *더욱 더* 헌법규칙에) 위반할 수 없다. 이런 위계적 규범구조는 특정한 법적 명령(헌법에 존재하는 것)을 다른 것보다 더욱 중시하거나 '강력하게' 하고자 하는 국민의 의사를 반영하고 있다. 왜냐하면 법률을 통해 설정되는 규칙은 국민의 다수의사를 반영할 뿐이지만, 특정한 법적 명령은 압도적 다수의 국민이 공유하는 가치를 반영하기 때문이다.

반대로 앞서(8.1) 언급한 바와 같이, 고전국제법에서는 국제법 법원이나 규칙 중 최소한 제1차 법의 두 가지 형성과정인 관습 및 조약 간에 위계질서가 없었다

(8.1.1 참조). 이런 입법과정 그리고 이 과정을 통하여 창설된 여러 규칙은 동일한 서열과 지위를 가졌다. 사정이 이러한 이유는 국가 자신이 명시적이거나 묵시적으로 수락하지 않은 상태에서 주권적 권한이 제한되는 것을 원하지 않았기 때문이었다. 따라서 비록 관습의 형성과정이 성격상 일반적이어서 전체 국제공동체에 구속력을 갖는 규칙을 만든다고 해도, 그러한 규칙이 관습규칙을 일탈하여 둘 이상의 국가들이 체결한 반대되는 조약에 우선할 수 없었다. 이 두 가지 법원이 상호 완전히 호환될 수 있었기에 영원히 구속받지 않으려는 주권국가의 희망이 실현될 수 있었다. 따라서 국가는 의무수행이 자신의 이익에 반하는 것으로 입증되는 순간 상호 합의에 의해 이러한 의무를 없앨 수 있었다.

위계질서가 없었던 결과, 이러한 두 가지의 일차적 법원이 생성하는 규칙 간의 관계는 모든 법질서에서 *동일한* 법원에서 도출되는 규범 간의 관계를 규율하는 세 가지 일반원칙의 지배를 받았다(즉, 신법은 구법을 폐기하거나 이를 일탈할 수 있다. 일반적 성격의 신법은 특별한 성격의 구법을 일탈할 수 없다. 특별법은 일반법에 우선한다). 따라서 둘 이상의 국가는 *상호간에* 관습국제법에서 일탈할 수 있으며, 이와 같은 이유로 새로운 관습규칙은 둘 이상의 국가 간에 체결된 조약을 대체할 수 있었다.

이런 두 가지 법원이 상호 완전히 호환될 수 있다는 점에서 분명히 파생된 결과는, 두 가지 범주의 규범으로써 이해당사자가 합의하는 모든 사안을 자기들 방식대로 규율할 수 있다는 점이었다.

이런 일반적 상황은 최근 몇 가지 측면에서 바뀌었다. 이런 두 가지 주요 *법원* 간에는 위계질서가 형성되지 않아 이들은 여전히 동등한 위치에 있다. 또한 한 가지 법원(즉, 관습)에 의해 생성되는 모든 규칙 및 다른 법원(즉, 조약)을 통하여 생성되는 것과의 위계질서도 수립되지 않았다. 하지만 관습에 의해 성립된 특별한 범주의 *일반규칙*이 *특별한 법적 힘*을 갖게 되었다. 이것은 조약(또는 일반적 관습 형성과정)에 의해 일탈될 수 없다는 점에서 강행적 성격을 가지며 소위 *강행규범*(*jus cogens*)을 구성한다. 조약이 이 규범으로부터 일탈하는 경우 조약 규칙은 무효로 선언될 수 있으며, 이러한 강행규범은 국제공동체의 다른 모든 규칙보다 상위의 서열 및 지위를 갖는다.

11.2 *강행규범*의 등장

1960년대말 주로 사회주의 국가와 개발도상국의 노력으로 전통적 법원(法源)에 의해 형성되는 몇 가지 기본규칙들이 개선되었다. 이 국가들은 국가간의 관계를 규율하는 몇 가지 규범은 조약 및 관습으로부터 도출되는 보통규칙보다 서열이 높아야 한다고 주장하였다. 이런 견해의 지지자들에 따르면 그러한 규범은 인민의 자기결정, 그리고 침략, 집단살해, 노예제, 인종차별 및 특히 인종분리정책(apartheid)의 금지를 대상으로 하였다.

이러한 움직임의 정치적 · 이념적 동기는 무엇이었을까? 두 집단의 국가는 비록 어떤 점에서 중복되기는 하지만 약간 다른 동기에 자극받았던 것이다.

개발도상국에게 *강행규범*의 선언은 식민제국(또는 과거 식민제국)에 대한 추가 투쟁수단을 반영하였다. 1968년 비엔나회의에서 시에라리온 대표는 *강행규범*의 지지야말로 "제국주의, 노예제, 강제노역 및 모든 인간의 평등 및 국가의 주권평등 원칙을 위반하는 모든 관행을 비난할 수 있는 절호의 기회를 제공하고 있다"라고 하면서 이러한 점을 강조하였다(UN Conference on the Law of Treaties, First Session(1968), *Official Records*, p.300, 제9항). 한편, 사회주의 국가에게 강행규범은 국가간 평화공존을 선언해서 서로 다른 경제적 · 사회적 구조를 갖는 국가 간의 원만한 관계를 허용하고 이를 보장하는 국제적 원칙의 핵심을 대변하였다. 이러한 원칙들이 *강행규범*으로 승격되어서 장래 조약에 의해 무효화될 위험성으로부터 보호를 받아 훨씬 강화되었다. 간단히 말해서, 사회주의 국가에게 *강행규범*은 분명히 동 · 서 간의 평화공존에 관한 '게임의 규칙'을 결정화하는 정치적 수단이었다.[1]

처음부터 서구국가들은 방어적인 입장이었다. 즉, 이들 중 일부 국가[특히 프랑스(*ibid.*, pp.309-310, 제26항-제34항)][2] 그리고 그렇게 강하지 않았지만 스위스(*ibid.*, pp.323-324, 제25-31항)는 즉시 심각한 의문을 표명하였고, 반면에 다른 국가[스칸디

1) 이러한 개념은 비엔나회의에서 루마니아(UN Conference on the Law of the Treaties, First Session (1968), *Official Records*, pp.312-313, 제55항-제63항) 그리고 우크라이나(*ibid.*, p.322, 제6항)가 아주 분명하게 제시하였고, 흥미롭게도 말리의 지지를 받았다(*ibid.*, p.327, 제68항-제70항).

2) 또한 UN Conference on the Law of the Treaties, Second Session(1969), *Official Records*, *Verbatim Records of the Plenary Meetings*, pp.93-95, 제7항-제18항을 참조하시오.

나비아 제국 및 그리스(*ibid.*, p.295, 제18-19항), 키프로스(*ibid.*, pp.305-306, 제66-71항), 이스라엘(*ibid.*, p.310, 제35-38항), 이탈리아(*ibid.*, p.311, 제41-43항), 스페인(*ibid.*, p.315, 제1-5항) 및 캐나다(*ibid.*, p.323, 제21-24항) 등 여타 국가들]들은 자신들의 강력한 인도주의적 · 법적 전통 또는 *강행규범*의 개념을 지지하였던 국내 법률가의 영향 때문에 다수의 의사를 따라야 한다고 의식하게 되었다. 결국 일부 중남미 · 아시아 및 아프리카 국가들의 지지를 받아 서유럽 국가들은 강행규범을 사법적으로 결정하는 장치를 마련한다는 엄격한 조건하에 사회주의 국가 및 개발도상국의 제안을 수락하였다. 이들의 견해는 강행적 성격을 갖는 특정 규칙의 목록에 대해 일반적 합의가 없었기 때문에 이러한 새로운 개념을 수락하기 위해서는 분쟁 발생시 강행규범이라 주장되는 것이 실제로 이런 상위규범체에 속하는지 여부를 결정하기 위해 공정한 사법기관이 수립되어야 한다는 것이었다. 이런 사법적 장치는 ICJ에 내재된 것이었다.[3] 따라서 비엔나에서 일종의 일괄타결안이 마련되었다. 즉, 강행규범을 원용하는 모든 국가는 이에 관한 결정을 ICJ에 회부한다는 조건하에 *강행규범*이 수락되었다.

11.3 *강행규범*의 결정 및 범위

1969년 및 1986년 조약법에 관한 비엔나협약 제53조는 다음과 같이 규정하고 있다.

> "조약 체결시 일반국제법의 강행규범과 충돌하는 경우 이 조약은 무효이다. 이 협약의 목적상 일반국제법의 강행규범이란 국제공동체 전체에 의해 규범으로서 수락되고 인정된 규범으로서 어떠한 일탈도 허용되지 않으며, 오로지 동일한 성격을

---

3) 이러한 개념이 국제법에 소개될 때 어떤 의미에서는 17세기와 18세기에 일부 법률가, 특히 독일 법률가 Samuel Rachel(1628~1691), Christian Wolff(1679~1754) 및 Georg Friedrich de Martens(1756~1821) 그리고 스위스 국제법학자이면서 외교관인 Emer de Vattel(1714~1767)이 주창하였던 실정법 개념 및 구성으로 변형되었다. 이들은 법질서를 *세 가지* 범주로 구분하였다. 즉, ① 국내법(*jus civile*)으로서 국가의 내부생활에 관한 법, ② 문명국가간의 관계에 적용할 수 있는 법, 즉 국제사회에 관한 법으로 주로 조약으로 구성된 법(*jus gentium* 또는 다양한 국가의사의 결합으로 구성되어 있다는 의미에서 *jus voluntarium*으로 불림) 및 ③ 자연법(*jus nature*)으로서 인간(*societas humani generis*)의 삶을 규율하는 법으로 이것은 이성 및 인도주의에서 도출된다는 의미에서 *필수법계*(*jus necessarium*)를 구성한다. 따라서 자연법은 *jus voluntarium* 또는 조약에 우선하였다.

갖는 추후의 일반국제법규범에 의해서 변경될 수 있는 규범이다"(또한 제64조 참조. 즉, "새로운 일반국제법의 강행규범이 등장하는 경우 이 규범과 충돌하는 모든 현행 조약은 무효가 되고 종료된다").

세계적 권위자인 Jimenez de Aréchaga가 옳게 강조하였듯이, 이 규정에 포함된 강행규칙의 정의는 결함이 매우 많다. 그가 말한 것에 따르면,

> "*jus cogens*를 이처럼 기술하는 것은 이에 대한 실제 핵심을 포착하지 못한다. 왜냐하면 이러한 정의는 이 규칙의 내재적 성격에 기초한 것이 아니라 법적 효과에 기초하기 때문이다. 특정 규칙이 *jus cogens*인 것은 이것으로부터 일탈할 수 없다는 것 때문이 아니라, 이것이 *jus cogens*의 성격을 갖기 때문에 전혀 일탈할 수 없다는 것이다."[4)]

제66조 (a)호(1986년 비엔나협약 제66조 제2항)는 특정한 경우 *jus cogens*의 실제 내용에 관한 분쟁을 ICJ에 부탁하도록 규정하고 있다. 이 규정에 따라 *강행규범*의 적용 여부와 관련한 분쟁이 있는 경우 이 규범의 적용에 대한 반대가 제기된 날로부터 12개월 기한 내에 조정을 통해 해결되지 않으면 "제53조 또는 제64조의 적용 또는 해석과 관련된 분쟁의 양 당사자가 공통의 동의 표시로 해당 분쟁을 중재에 부탁하겠다고 합의하지 않는 한, 어느 일방의 서면신청으로써 이에 관한 결정을 ICJ에 부탁할 수 있다."

분명히 강행규범은 세계 여러 지역에서 가장 중요하고, 대표적인 국가들이 동의하는 경우에만 등장할 수 있다. 바로 이런 의미로 비엔나 외교회의 의장이었던 R. Ago는 1969년 비엔나협약 제53조 문구를 권위 있게 해석하였다.[5)] 그러나 비엔나 문안구성분과위원회의 의장이었던 Yassen 대사는 다음과 같이 언급하면서, 이런 해석을 어느 정도 무색하게 만들었다(그리고 동시에 그러한 해석이 암시하는 바를 상세히 설명하였다).

> "제50조에 '전체적으로'라는 단어를 삽입해서 문안구성분과위원회는 어떤 규칙을 모든 국가가 강행규범으로 수락하고 인정할 필요가 없다는 점을 강조하고자 하였

---

4) Jimenez de Aréchaga, "International Law in the Past Third of a Century," 159 *HR*(1978-I), p.64.
5) R. Ago, "Droit des traités à la lumière de la Convention de Vienne", 134 *HR*(1971-III), p.297.

다. 아주 대다수가 그렇게 한다면 충분할 것이다. 이것이 의미하는 바는 만일 어느 한 국가가 홀로 이 규칙의 강행적 성격을 수락하지 않거나, 그러한 국가가 아주 소수의 국가로부터 지지를 받는다면, 국제공동체 전체가 이 규칙의 강행적 성격을 수락하고 인정하는데 영향을 주지 않을 것이라는 점이다"(*ibid.*, p.472, 제12항).

강행규범은 결국 세계공동체 *주요 회원국*의 동의 또는 묵인에 의존한다고 할 수 있다. 그러나 어느 국가도 자신이 강대국인지의 여부와 상관없이 강행규범의 형성에 반대하기란 어렵다. 즉, 다수의 정치적 · 외교적 또는 심리적 요소들로 인하여 대다수 다른 국가가 근본적인 것으로 여기는 가치가 형성되는 것에 대해 적대적 태도를 취하기 어렵다.

강행규범 개념이 끼친 영향력은 혁신적이지만 그렇다고 과장되지 않아야 한다. 우루과이 대표로서 발언한 Jimenez de Aréchaga는 비엔나회의에서 이 점을 제대로 강조하였다(*ibid.*, p.303, 제48항). 그는 *강행규범*에 대한 비엔나협약 규정이 공포되었을 때, 이들 규칙의 적용이 실제 예상되었던 것 이상으로 일부 국가에게는 커다란 희망을 그리고 다른 국가에게는 거센 반대와 두려움을 야기했다고 하였다. 사실 *강행규범*에 대한 심각한 위반 사례는 흔하지 않을 것이다. 따라서 이런 규칙들을 '국제법에 새로운 생명을 불어넣는' 비결로 본다거나 '조약 파괴 및 무질서의 요소'로 보아서는 안된다.

어느 쪽이든 최상위 또는 '헌법적' 원칙이 창설되었다는 점에서 상당한 진전이 이루어졌다(10.4 참조).

11.4 강행규범의 실례

그 때[역자주 : 1969년 비엔나협약 채택 시점]까지 특정 규범의 강행적 성격에 대한 *법적 의식* 또는 *필요성 의식*(즉, 법적 확신)을 수반하는 어떠한 *국가관행* 자체도 발전하지 않았다. 특히 특정 규칙의 *강행규범*적 성격과 관련한 국가간의 분쟁은 발생하지 않았다. 어느 국가도 여타 국가와 분쟁 중인 규칙이 강행적 성격을 갖는다고 계속 주장하여 여타 국가가 이런 주장을 묵인하거나 아니면 이의제기를 하는 경우도 없었다. ICJ는 말할 것 없고, 어떠한 국제재판소도 특정 규칙이 논의 중인 강행규범에 속하는 것으로 보아야 할 것인지의 문제와 관련한 분쟁을 해결한 적도 없었다.

그러나 *법적 의식*(또는 *필요성 의식*) 수준에서는 특정 규칙이 의문의 여지없이 *강행규범*에 속한다는 취지의 합의가 국가들 간에는 상당히 이루어졌다.

강행규범을 확인하는 중요한 단서는 국가책임에 관한 ILC의 이전 초안 제19조(현재는 근본규범의 나열이라는 것 이외의 다른 이유로 삭제되었음. 13.5.3 참조)에서 발견할 수 있다. 특별보고관 R. Ago에 의해 제안되어 ILC가 처음 수락했던 이 규정에서 '*국제공동체의 근본적 이익의 보호를 위해 필수불가결*하여 [이것의] 위반은 *공동체 전체*에 의해 범죄로 인정되고 있는' 국제의무를 설정하는 규범을 언급하였다. 실례로 침략, '무력에 의한 식민지배의 수립 또는 유지,' 노예제, 집단살해, 또는 인종분리정책, 그리고 '대기 또는 해양의 대량오염'을 금지하는 규범이 언급되었다.

여기에 무력 사용이나 위협을 금지하는 규범을 추가할 수 있을 것이다(3.4 참조). 이런 점에서 ILC가 정확히 강조하였듯이(제40조 제2항에 관한 주석), 유엔 안보리가 이라크의 쿠웨이트 병합을 유엔헌장에 규정된 무력사용의 금지를 위반하여 무효라고 평가한 것은 주목할 만하다[안보리 결의 제662호(1990)]. 비록 유엔 안보리가 '*jus cogens*'라는 용어를 사용하지 않았지만, 안보리가 실질적으로 이 개념에 근거하였던 것은 분명하다. 왜냐하면 당시 안보리는 이라크에 의한 점령이 불법이기에 해당 점령은 법적으로 무효이며, 다른 모든 국가는 그러한 병합을 인정하지 않을 의무를 부담한다는 개념을 분명히 제시하였기 때문이다. 또한 인종차별[6]이나 고문[7]을 금지하는 관습규칙 그리고 인민의 자기결정에 관한 일반규칙을 언급할 수도 있을 것이다(3.7 참조). 게다가 조약법에 관한 비엔나 외교회의에서 여러 대표들은 인도주의법의 근본원칙이 *강행규범*에 속한다고 언급했으며,[8] 이는

---

6) 예를 들어 *US Restatement of the Law Third—The Foreign Relations Law of the United States*(St. Paul, Minn.: American Law Institute Publishers, 1987), ii, p.167을 참조하시오.

7) *Furundžija* 사건(제153-157항), *Pinochet* 사건(Third), Browne Wilkinson 판사(38 *ILM*(1999), p.589), Hope of Craighead 판사(*ibid.*, p.626), Millet 판사(*ibid.*, pp.649-650)를 참조하시오.

8) 다음 국가 대표들은 이러한 입장을 견지하였다. 즉, 핀란드(전쟁포로 대우문제와 관련됨. UN Conference on the Law of Treaties, First Session(1968), *Official Records*, pp.294-295, 제13항), 레바논(전쟁포로, 부상자 및 민간인의 대우와 관련됨. *ibid.*, p.297, 제29항), 폴란드('몇 가지 육전규칙'과 관련됨. *ibid.*, p.302, 제35항), 이탈리아(4개 제네바협약과 관련됨. *ibid.*, p.311, 제41항; 그리고 UN Conference on the Law of Treaties, Second Session(1969), *Official Records, Summary*

1993년 헝가리 헌법재판소[9] 및 2000년 ICTY의 *Zoran Kupreškić et al.* 사건에서도 지지받았다. ICTY는 위 사건에서 '국제인도주의법 규범의 대부분, 특히 전쟁범죄 및 인도에 반한 죄'를 금지하는 규범을 언급하였다(제520항). 최근 벨기에 판사는 *Pinochet* 사건(p.286)에서, 그리고 스위스 정부는 2000년 의회에 대한 공식 '교서'[10]에서 인도에 반한 죄와 관련하여 동일한 입장을 취하였다.

위에서 언급한 실례를 통해 볼 때 국제공동체에서 현재까지 발전해 온 모든 강행규범은 공동체의무를 부과하며, 동일한 이유로 공동체권리를 부여하고 있는 것이 분명하다(이 두 개념에 대해서는 1.8.2 참조).

11.5 비엔나협약상 *강행규범*의 제한

강행규범에 관한 비엔나협약 규정은 중요하지만 제한이 많다. 이 규정은 비엔나협약 당사자이면서 *강행규범*에 반하는 것으로 선언하고자 하는 양자 및 다자조약의 당사자만 활용할 수 있다. 다자조약의 당사자이지만 비엔나협약을 비준하지 않았거나, 협약당사자이지만 다자조약의 당사자가 아닌 경우는 제53조 및 제64조를 활용할 수 없다. 이런 상황은 아주 기이하지만 국제법의 초보적 발전수준을 보여 주는 것이다.

한편으로 '국제공공질서'를 구성하는 근본원칙, 즉 국제관계상 국가가 일탈해서는 안되는 원칙이 존재하지만, 다른 한편으로 이런 원칙은 비교적 예외적인 상황에서만 활용될 수 있을 뿐이다. 따라서 이런 원칙은 일상적으로 그리고 모든 방면에서 법적 효과를 생성하기보다 본질적으로 여전히 *잠재적* 상태로 남아 있다(그러나 11.7 참조).

Records of the plenary meetings, p.104, 제38항); 스위스(4개 제네바협약과 관련됨. First Session, *op. cit.*, p.324, 제26항). 또한 *Legality of the Threat or Use of Nuclear Weapons* 사건에 관한 ICJ의 권고적 의견(제79항) 참조.

9) *Statutory Limitations* 사건에서 헝가리 헌법재판소는 "전쟁범죄 및 인도에 반한 죄는 인류와 국제공존의 기초를 위협하기 때문에 이를 처벌하기 위한 규칙은 국제법의 *jus cogens* 규범이며, 이러한 의무 수행을 거절하는 국가는 국제공동체에 참여할 수 없다"(p.2836)라고 판시하였다.

10) 스위스 정부(Conseil fédéral)가 의회에 보낸 교서 *Message relatif au Statut de la Cour pénale internationale, à la loi fédérale sur la coopération avec la Cour pénale internationale ainsi qu' à une révision du droit pénal*, 15 November 2000, p.470, 제5조 제2항을 참조하시오.

11.6 비엔나협약의 제한에 대한 관습국제법상 부분적 개선

이와 같은 비엔나협약의 결점은 다음과 같은 발전에 의해 어느 정도 완화되고 있다. 첫째, 조약의 무효에 관한 관습규칙의 내용이 비엔나협약 채택 이후 점차 발전하였다. 이 규칙에 대해서는 이미 앞에서(9.5) 언급한 바 있다. 둘째, 강행법규에 관한 *관습*규칙이 점차 등장하였다.

무효에 관한 관습규칙에 따라 국제법의 강행규칙에 반하는 조약에 *직접 영향받는* 모든 국가는 해당 조약의 당사자 여부를 불문하고 조약의 무효를 원용할 수 있다. 그 예는 이미 앞에서(9.5) 제시하였다. 또한 소비에트연방과 아프가니스탄 간에 체결된 1978년 협정이 소비에트연방의 아프가니스탄에 대한 간섭을 지지하는 식으로 해석된다고 해도, 무력 사용이나 위협을 금지하는 *강행규범*에 반하기에 [이 협약은] 무효라고 1979년 미국이 지적했던 것을 상기할 수 있다[74 *AJIL*(1980), p.419. 그러나 미국은 이런 선언을 행동으로 옮기지는 않았던 것으로 보인다].

*강행규범*에 관한 *관습*규칙은 비엔나협약 비당사국(그러나 강행규칙에 반한다고 주장되는 조약의 당사자)에 대해서도 적용된다. 논란의 여지가 있지만 1969년말 *강행규범*에 대해 매우 광범위한 동의가 확보되었다고 할 수 있다(프랑스만 반대투표하였지만, 무엇보다도 2002년 7월 11일 유럽평의회 각료이사회에서 채택된 인권 및 테러리즘과의 투쟁에 관한 유럽평의회 지침을 수락한 것에서 입증되듯이 나중에 프랑스는 강행규범 개념을 지지하게 되었다. 즉, 해당 지침 제16조는 "이런 테러리즘과의 투쟁에 있어 국가는 국제법의 강행규범을 위반하여 결코 행동할 수 없다"고 규정하고 있다). 이런 합의는 1969년 비엔나협약(또는 1986년 비엔나협약) 제53조, 제64조 및 제66조의 채택뿐만 아니라 해당 회의에서의 발언내용에 근거하며, 추후 다수 국가가 유엔 안팎에서 행한 특정 강행규범에 관한 선언으로 입증되었다(11.4에서 언급한 다수의 사례 참조). 게다가 다양한 국내법원은 비록 *부수적 의견*이기는 하지만 강행규범에 대해 언급하였다. 더욱이 최소한 두 사건[*Aminoil v. Kuwait* 사건(pp.587-588) 및 *Guinea/Guinea Bissau Maritime Delimitation* 사건(pp.24-30)]에서 국제중재재판소는 *강행규범*의 개념을 *묵시적으로* 지지하였다(이들 재판소는 당사자가 원용한 특정 규칙이 강행적 성격을 갖지 않기 때문에 이에 반하는 조약이 무효가 되지 않는다고 판단하였다).

따라서 짧은 기간에 걸쳐 일부 일반국제법규범이 강행적 성격을 가져서 특별한 법적 효력, 즉 이에 반하는 규범을 금지하고 여기에 반하여 만들어진 규범을 파기할 능력을 가진 *관습*규칙으로 발전하였다는 견해는 근거가 있다. 세계공동체에서 강행규범 개념이 널리 수락되고 있는 점에 비추어 볼 때, 이런 관습규칙은 또한 ① 국가 이외의 다른 국제법 주체에 의해 수행된 규범적 행위(예를 들어, 반란단체 또는 민족해방운동단체가 체결한 협정), 그리고 ② 조약에서 규정하고 있는 것 이외의 법적 기준(예를 들어 일방적 규범행위, 유엔 안보리의 구속력 있는 결의 등)에도 적용된다는 주장 또한 근거가 있다.

물론 이런 *강행규범*에 관한 일반규칙으로서 비엔나협약에서 정하고 있는 ICJ의 강제관할권 부탁이 실현되지 않는다. 그러나 이 이론의 정신 자체에 근거한다면 *강행규범*을 활용하는 자는 누구든지 중재나 사법적 결정에 부탁할 준비가 되어 있어야 할 것이다. 다시 말해서 강행규범 개념 자체의 성격상 *강행규범*과 이의 존재에 기초한 청구가 명백한 근거를 갖는지 여부에 관한 독립적인 제3자의 결정이 반드시 연결되어야 한다.

그러나 이런 법적 규율의 유효성은 여전히 제한되어 있다. 위에서 언급한 바와 같이 사실 비엔나협약 당사국이 아니면서 다자조약 또는 양자조약의 당사자는 관습법상 *강행규범*을 활용할 수 있다. 그러나 만일 *강행규범*의 활용대상국이 이의 적용을 반대하고 교섭, 조정 또는 재판도 거절하는 경우, *강행규범*에 관한 어떠한 *사법적* 또는 보다 일반적으로 이야기해서 *제3자적 결정*도 없을 것이다. 이의제기국은 가능하다면 국제분쟁 해결의 일반적 수단에 의존하여야 할 것이다. 만일 일반적 수단이 적용될 수 없다면 *강행규범* 활용국은 강행규칙에 반한다고 주장되는 조약을 이의제기 상대방이 적용해서 결과적으로 가중책임이 성립되는 국제위법행위가 발생한 것으로 추정해서 가중국가책임의 경우 적용되는 전통적 구제수단만 활용할 수 있을 것이다(13.5.4(2) 참조).

11.7 *강행규범*의 법적 효과

위에서 언급하였듯이, 강행규범의 전형적인 효과는 국가가 조약(또는 강행규범의 법적 효력을 얻지 못한 관습규칙)을 통해 강행규범으로부터 일탈할 수 없기 때문에, 강행규범에 반하는 조약 또는 관습규칙은 규칙 성립시로 *소급하여* 무효가 된다는 것이다.

그러나 *무효*만큼 광범위하지 않은 효과도 생각할 수 있다. 예를 들어, 강행규범의 결과로 만일 조약규정이 전반적으로 법적 무효의 사유에 해당하지 않을 경우 강행규범에 위반되는 조약의 한 규정에 대해 재판소가 이를 *무시*하거나, *무효*라고 선언할 수 있는 근거가 있다. 물론 1969년 비엔나협약이 이런 여지를 명백히 인정하고 있지는 않으며, 아마 이러한 가능성을 배제하고 있다고도 해석할 수 있다(제44조 제5항 참조). 그러나 이 경우 단지 조약의 한 규정이 강행규범에 반하고 나머지 규정은 무효규정과 긴밀히 연관되지 않거나 이에 의존하지도 않는 경우, 전체 조약이 무효가 되어야 할 이유가 없다. 비엔나협약 제44조 제5항을 문언적으로 해석하여 비엔나협약 당사국에 대해서는 이렇게 할 수 없다고 하더라도, 문제된 국가가 비엔나협약에 구속되지 않는 경우에는 언제든지 *강행규범*에 관한 관습규칙에 따라서 이를 허용할 수도 있을 것이다.

게다가 법원은 범위가 모호한 조약규정을 해당 강행규범과 일치하는 의미로 *해석*할 수도 있을 것이다. 이것은 유엔 안보리가 채택한 결의에도 적용된다. 사실상 ICTY의 항소심재판부가 비록 *부수적* 의견이기는 하지만, 1999년 *Tadić* 사건[*항소심* 제296항; 또는 Elihu Lauterpacht 재판관이 *Application of the Convention on Genocide* 사건(*잠정조치*)의 개별 의견(제100항 및 제102항)에서 이미 언급한 바와 같이]에서 정확히 판시하고 있듯이, 강행규범은 유엔 안보리도 구속한다. 그리하여 만일 유엔 안보리가 이런 강행규범의 일부를 무시하는 경우 이 결의가 강행규범과 양립하지 않아서 무효로 처리되지 않는 한(또는 가능하다면 일부무효로 처리되지 않는 한), *강행규범*과 일치하는 방식으로 해석되어야 한다.

종전 사건의 실례로 2003년 8월 1일자 유엔 안보리 결의 제1497호[11]와 1949년 제네바협약의 충돌에 대해 언급할 수 있다. 제네바협약의 범죄규정은 '중대한 위반'(21.2.1 참조)에 해당하는 것으로 의심할 여지없이 *강행규범*에 해당한다(즉, 이러한 규정은 4개의 제네바협약에서 가장 기본적인 규정이기에 '위반될 수 없다'. 즉 ICJ가 *Legality of the Threat or Use of Nuclear Weapons* 사건(제79항)에서 판시하였듯이 성격상 강행규범이다).

유엔 안보리는 해당 결의 제7항에서 라이베리아 다국적군에 군대 및 인력을 파

11) 이 결의와 관련하여 특히 S. Zappalà, 1 *JICJ*(2003), pp.671-678 참조.

견한 국가로 ICC규정 비당사국 출신의 '현직 또는 전직 공무원 또는 인력'은 해당 다국적군과 관련하여 행하는 (또는 행하였던) 모든 범죄행위에 대해 "파견국의 배타적 관할권이 적용된다"라고 '결정'하였다. 그래서 이들 중 어느 한 명이 보편관할권을 규정하고 있는 4개 제네바협약의 '중대한 위반'을 범한 경우라도(1.8.3; 20.6.5(2); 21.2.1(2) 참조), 그는 자국에서만 재판받을 수 있다. 반면, 제네바협약에 따르면 그가 타방 협약당사국의 영토에서 발견되는 경우 인도되지 않는 한 해당 국가에서 재판받게 된다. 이러한 불일치는 유엔 안보리 결의와 협약을 조절하여 그 결의를 엄격하게 해석하여 해결할 수 있다. 즉, 관련자가 다른 나라의 영토에서 체포되는 경우, 그의 국적국은 그의 신병인도를 요청할 수 있고, *구금지법정국*(拘禁地法廷國)은 이에 따라야 한다. 이와 같은 이유로 그를 체포하는 순간 그 국가는 즉시 용의자 또는 피고인의 국적국에 그의 신병을 인도하여야 한다. 이렇게 해서 '배타적' 관할권의 개념은 '일차적' 관할권의 개념으로 축소된다. 그러나 *구금지법정국*에서 체포된 자의 국적국이 그를 기소하지 않거나 '진정한' 재판을 수행하지 않을 것이라고 구금지법정국이 *선의에 기해* 결정하는 경우, 범죄인 인도를 거절하고 그를 직접 재판하거나, 아니면 다른 나라(즉 영토국, *범죄발생지국*, 또는 수동적 국적국)가 일견 관할권 있는 사건임을 밝히고 용의자를 진정으로 기소할 가능성이 있는 경우 그를 해당 국가에 인도할 수 있다고 주장할 근거가 있다. 이러한 주장은 중대한 위반을 범한 자는 반드시 처벌받아야 한다는 제네바협약의 기본개념에 기초하고 있다.

강행규범은 다른 효과도 발생시킬 수 있다. 첫째, 강행규범은 본질적으로 상위법(meta-legal)이다. ICTY가 *Furundžija* 사건에서 강조하였듯이(특히 고문금지규범에 관하여), 강행규범은 모든 국가 및 개인에게 강행규범에서 금지하는 사항이야말로 '어느 누구도 일탈해서는 안되는'(제154항-제157항) 절대적 가치를 보호하고 있다는 신호를 주기에 '억지효과'가 발생한다.

더욱이 *강행규범*은 *국가승인*과 연관될 수 있다. 유고슬라비아중재위원회는 1992년 7월 4일자 의견 제10호에서 다음과 같이 제대로 언급하였다.

> "승인은 국가성립의 전제요건이 아니며 순수하게 선언적인 효과를 갖는다. 그러나 그 밖의 다른 국가들이 *일반국제법의 강행규범*(*normes impératives du droit international général*)과 특히 다른 국가와의 관계에 있어 무력사용을 금지하거나 민족적, 종교적 또는 언어적 소수민의 권리를 보장하는 규범을 이행한다는 조건하에서만 승인하기로 선택하고, 자신이 선택한 방식으로 수행할 수 있는 재량행위이다"(4 *EJIL*(1993), p.90).

그래서 무엇보다도 국가성의 표지를 모두 갖춘 실체가 침략의 결과로 등장하거나, 소수민의 권리 또는 인권의 조직적 부인을 기초로 하는 경우 여타 국가들은 승인을 거부할 법적 의무를 부담한다.

또 다른 강행규범의 효과는 다자조약에 대한 *유보의 설정*과 관련된다. 1969년 *North Sea Continental Shelf* 사건에서 일부 ICJ 판사의 개별 의견 또는 반대의견에서[Padilla Nervo(p.97), Tanaka(p.182), Sørensen(p.248) 판사] 이미 언급되었듯이 강행규범과 일치하지 않는 유보는 허용될 수 없다. 1994년 유엔인권위원회(Human Rights Committee)는 이 문제를 취급하여, 1994년 일반논평 제24호에서 다음과 같이 설득력 있게 언급하였다.

> "강행규범을 위반하는 유보는 유엔 시민적 · 정치적 권리규약의 대상 및 목적과 양립할 수 없다. 비록 국가간에 단순히 의무를 교환하는 조약에서 일반국제법규칙의 적용을 *자신들 상호간에* 유보할 수 있지만, 이들의 관할권 내에 있는 개인의 이익을 위하는 인권조약에 있어서는 상황이 다르다. 따라서 관습국제법(그리고 더욱이 이것이 강행규범의 성격을 갖는 경우)을 대변하는 규약의 규정들은 유보의 대상이 될 수 없다"(제8항).[12]

*강행규범*은 *범죄인인도조약*과도 관련된다. *국제법학회*가 1983년 채택한 결의(60 *Annuaire* Part II, p.306)에서 암시하고 있듯이, 고문 또는 인종적 · 종교적 또는 민족적 근거에 따른 박해를 금지하는 강행규범을 위반하는 경우, 국가는 일반적으로 범죄인인도조약상 인도해야 할 개인을 인도하지 않을 수 있다. 스위스 대법원은 최근 일련의 판결에서 아주 명쾌하게 이와 유사한 입장을 견지하였다(11.9 참조).

더욱이 강행규범은 *외국의 관할권면제*를 박탈할 수 있기 때문에 이에 영향을 미칠 수 있다. 미국 항소법원의 Wald 판사는 *Princz v. Federal Republic of Germany* 사건에서 내린 반대의견에서 "국가는 행위가 이루어진 장소 또는 행위의 대상자에 관계 없이, *강행규범*을 위반하는 어떤 행위에 대해서도 면제받을 권능이 전혀 없다"(p.618)고 설득력 있게 주장하였다. 또한 ICTY가 *Furundžija* 사건에서 판시하였듯이(pp.154-157), 강행규범은 *국내법 수준에서*도 법적 효과를 발생

---

12) 이 일반논평은 http://hei.unige.ch/humanarts/gencomm/hrcomm24.htm에 게재되어 있다.

시킬 수 있다. 즉, 이러한 규범을 위반하여 금지된 행위를 허용하는 모든 입법 또는 행정조치는 합법성을 갖지 못한다. 결과적으로 (금지된 행위를 수행한 자에 대해 사면을 부여하는 국내법을 포함하는) 국내조치에 대해서 *국제법적으로 승인될 수 없거나*, 어쨌든 이것을 가지고 다른 나라에 대해 *대항할 수도 없다*. 게다가 ICTY에 따르면,

> "[*강행규범*에 반하는 행위]의 희생자가 될 수 있는 사람은 권한 있는 국제 또는 국내 사법기관에서 *소송당사자적격*을 갖는 경우 국내적 조치가 국제적으로 불법이라는 판단을 구하는 소송을 제기하거나, 외국 법원에 손해배상을 청구하는 민사소송을 제기하여 *무엇보다도* 국내적으로 허용되는 행위의 법적 가치를 무시하도록 요구할 수 있을 것이다"(제155항).

스페인 법원이 최근 *사면법*과 관련하여 *강행규범*에 반하여 이를 적용할 수 없다고 판시함으로써 이러한 입장을 취하고 있는 것은 주목할 만하다(예를 들어 *Scilingo* 사건, 판결이유 8; *Pinochet* 사건, 판결이유 8). 집단살해와 관련하여 아르헨티나 법원(예를 들어 *Simon Julio, Del Cerro Juan Antonio* 사건, pp.64-104) 및 스위스 정부[13]도 같은 입장을 취하였다.

마지막으로 여러 법원[14]에 따르면, 강행적 성격으로 인하여 특정 행위가 금지된 결과 중 한 가지는 국내법원이 해당 행위의 범법 혐의자에 대해 *보편적 형사관할권*을 행사할 수 있는 점이다.

11.8 국제관계에 있어 *강행규범*의 제한적 원용

위에서 지적한 바와 같이 *강행규범*의 개념이 거의 50년간 국제공동체에 존재했지만, 현재까지 오로지 국가의 선언에서 원용되거나, 아니면 국제중재 또는

13) 1999년 3월 31일에 의회에 보낸 교서, 즉 *Message relatif à la Convention pour la prévention et la répression du génocide, et révision correspondante du droit pénal*, p.4916을 참조하시오.

14) *Furundžija* 사건에 관한 ICTY의 하급심(제156항), *Pinochet* 사건에 관한 벨기에 법원(p.288), *Princz v. Federal Republic of Germany* 사건에서 Wald 판사의 반대의견(p.618), *Ferrini* 사건에 관한 이탈리아 대법원(*민사*소송 관련 제9항), *Pinochet* 사건에서 영국 대법원의 Millet 판사의 의견(pp.649-650)을 참조하시오.

사법기관의 *부수적 의견*에서 지지받거나, 또는 유엔 총회, 인권위원회(Commission on Human Rights)와 같은 국제기구의 선언과 일부 ICJ 소송당사자의 법적 논쟁[15]에서 원용되었을 뿐이다.

*강행규범*은 주요 계쟁사안의 하나로서 국가간의 법적 분쟁에서, 또는 국제분쟁을 해결할 목적으로 국제재판소가 근거로 삼은 적이 없다. 다시 말해서, *강행규범*은 조약규정을 무효화하기 위해 아직 사용되지 않았다[위에서(11.6) 언급한 바와 같이, 재판소는 대신 특정 조약의 무효효과를 배제하기 위해 *강행규범* 개념을 원용하곤 했다]. 게다가 ICJ는 이 사안에 대해 판단내리는 것을 조심스럽게 회피하거나, 다소 모호한 용어를 사용하곤 했다.[16]

이런 모든 것은 쉽게 설명할 수 있다. 위에서 강조한 바와 같이, 강행규칙은 주로 *억지효과*(deterrent effect)를 추구하고 있다. Jimenez de Aréchaga는 이러한 독특한 특성을 설득력 있게 강조하였다. 국제공동체에 본질적으로 중요한 제반 가치(평화, 인권존중 등)가 등장한 것에 주목한 후, 그는 이런 가치 위반에 특별한 결과(가중책임에 관한 13.5 참조)를 부여하는 것이 충분하지 않았다는 점을 지적하였다. 또한 다음과 같이 판단하였다.

> "둘 이상의 국가가 기본원칙을 위반하는 행위를 수행하고자 조약 체결을 준비하는 것과 같은 행위에 대해 절대적 무효라는 예방적 제재를 미리 설정할 필요가 있다. 그래서 *강행규범*은 전체 국제공동체의 일반이익과 가치에 반하여 체결되는 계약적 성격의 약정으로부터 국가를 보호하는 기능을 하게 될 것이다"(159 *HR*(1978-I),

---

15) 예를 들어, ICJ의 *Legality of Use of Force* 사건의 1999년 5월 10일(오전) 공개 구술변론에서 유고연방공화국(세르비아-몬테네그로) 대표소송대리인 및 소송대리인(I. Brownlie 교수)의 발언문, p.13 및 p.25(무력사용 금지는 *jus cogens*에 해당한다)를 참조하시오.

16) 예를 들어, 1979년 *United States Diplomatic and Consular Staff in Tehran* 사건(*잠정조치*)에 대한 12월 15일자 명령에서 재판소는 "어느 국가도 다른 국가와 외교 또는 영사관계를 수립할 의무는 없지만, 이란과 미국이 당사자인 1961년 및 1963년 비엔나협약으로 현재 성문화되어 여기에 내재되어 있는 강제적 의무는 인정하여야 한다"(제41항). *Legality of the Threat or Use of Nuclear Weapons* 사건에 관한 1996년 7월 8일자 권고적 의견에서, 재판소는 무력충돌에 적용할 수 있는 인도주의법의 기본규칙은 "이것을 포함하고 있는 협약의 비준 여부를 불문하고 모든 국가에 의해 준수되어야 한다. 왜냐하면 이것은 위반될 수 없는 관습국제법 원칙이기 때문이다"(제79항). 그러나 Bedjaoui 재판소장은 선언에서 이런 규칙이 "*강행규범*의 일부를 형성한다"고 말하였다(*ibid.*, p.273, para. 21).

1986년 *니카라과* 사건(*본안*)에서 재판소는 니카라과와 미국이 각자의 준비서면 및 답변서에서 무력사용 금지가 *강행규범*으로 인정되었다고 주장했던 점을 언급하였다. 이처럼 합치된 의견을 언급하면서도 재판소는 이 사안에 대한 자신의 견해를 밝히지 않았다(제190항-제191항).

p.65).

더욱이, 현재 국가는 세계공동체에서 수락되고 있는 기본가치로부터 일탈했다고 여겨지는 주요 사안에 대해 문제를 제기하는 것을 여전히 꺼리고 있다. 강행규범 활용시 모두가 이익을 가져야 한다는 점이 전제되어야 하기 때문에 더욱 더 그러하다. 다시 말해서, 국가는 여전히 '양자적' 또는 '사적' 패러다임에 따라 자기이익을 추구하여 활동하는 경향이 있다. 따라서 국가는 조약이 *강행규범*과 일치하지 않는다고 이의를 제기하는 것이 자신의 이익을 증진하는 데에 도움이 되는 경우에 그렇게 할 준비가 되어 있다. 간단히 말해서 현 국제공동체에서 '공익' 추구는 여전히 뒷전에 밀려나 있다.

그러나 국가의 행위를 지도하고 선도하는 강행규범의 역할을 과소평가해서는 안될 것이다. 강행규범으로 보호되는 핵심적 기본가치의 존재야말로 국가들이 특정한 방식으로 행동하지 못하도록 하거나, 동시에 이들의 행위를 이런 가치에 맞추어 수행하도록 유도하는 데 도움이 될 것이다. 다시 말해서, *강행규범*은 이미 '세계공공질서'(world public order)의 제반 기준으로 작동해서 때로는 국가에게 특정 행위를 수행하지 않도록 단념시키고, 또 다른 경우 국가들이 특정 방식으로 행동하도록 강제한다. 국가간 분쟁에서 *강행규범*이 활용되지 않는 것은 어느 정도는 *강행규범*의 *예방적* 역할 때문일 수도 있다.

결론적으로 최소한 국가간 관계의 수준에서 부정할 수 없는 사실은 강행규범은 대개 *잠재상태*에 있다는 것이다. 이제는 반대로 강행규범이 국내법 수준에서 중요한 역할을 담당했던 점을 살펴 볼 것이다.

11.9 *강행규범*을 *판결의 이유*로 활용한 국내 판례 및 이 개념에 근거한 국내입법

강행규범이 사실상 *판결의 이유*(*ratio decidendi*, 즉 사건에 대한 결과를 판단하는 법의 진술)로 국내법원에서 적용된 몇 가지 사건에서 강행규범은 조약을 무효로 선언하기 위한 것이 아니라, 강행규범이 없었다면 구속력을 가졌을 규정의 일부를 구체적인 사건에서 적용하지 않는 제한적 목적을 가졌다. 이런 점에서 1982년 스위스 대법원(Tribunal Fédéral)이 *Bufano et al.* 사건(제8a항)에서 내린 판결은 의미가 있다.

두 명의 아르헨티나인 Bufano와 Martinez는 아르헨티나 부에노스 아이레스에서 우루과이 은행가를 납치했고 뒤이어 아르헨티나 금융업자를 납치했다. 이들은 인질의 몸값을 받아 내려다 제네바에서 3명의 공범과 함께 체포되었다. 아르헨티나는 1906년 양자 범죄인인도조약에 따라 스위스에 대해 이들의 인도를 요청하였다. 스위스 법원에서 이들 피고는 무엇보다 두 명의 납치범(한 명은 전직 경찰관, 나머지 한 명은 육군부대원)이 아르헨티나 당국을 비난한 적이 있으며, 나중에 이 당국에 의한 인권침해 정보를 한 프랑스계 시민단체에 제공하였기 때문에 만일 인도되면 아르헨티나에서 공정한 재판을 받을 수 없을 것이라고 주장하였다. 따라서 만일 자신들이 인도되는 경우 편견을 가진 사법부를 대면할 위험이 있다는 것이다.

이 사건이 제기된 스위스 대법원은 해당 범죄가 '정치범'의 범주에 포함되지 않는다고 보았다. 정치범죄에 대해서는 조약상 정의가 없더라도 인도대상에서 제외되었다. 이어 대법원은 이 개념의 해석을 위해 1957년 유럽범죄인인도협약 제3조 제2항(이 규정에 따르면 국가는 일반범죄에 대한 범죄인 인도 요청이 사실상 인종, 종교, 국적 또는 정치적 견해를 근거로 개인을 기소하거나 처벌할 목적을 갖거나, 개인의 처지가 이러한 근거로 인해 악화되기 쉬운 경우 인도 요청을 거부할 수 있다) 및 유럽인권협약 제3조(고문, 또는 비인도주의적 또는 굴욕적인 대우 또는 처벌의 금지)에 의거할 수 있다고 판시하였다. 법원은 비록 아르헨티나가 아닌 스위스만이 양 조약의 당사자이지만, 위에서 언급한 규정은 '일반국제법원칙'으로서 적용될 수 있다고 판시하였다. 법원은 나아가 전자의 원칙이 제3조 제2항에서 일반범죄를 대상으로 하고 있지만, '정치범'의 개념을 정의하는 데 도움이 될 수 있다는 점을 분명히 하였다. 따라서 이러한 점에서 해당 사안의 범죄인 인도가 거절될 수 있었다(*ibid.*, pp. 410-412).

다음에 법원은 유럽인권협약 제3조를 참조하였다. 법원은 '국제법의 강행규칙'으로 인하여 범죄인 인도가 거절되어야 하는지 여부에 관한 문제가 제기되었으나 이 문제를 해결하지 못했던 종전의 한 판결(*Lynas* 사건, p.541, 제7b항)을 언급하였다. 법원은 범죄인 인도 요청에 대하여 판결을 내릴 때 고문 금지를 고려해야 한다고 판시하고, 나아가 "그리하여 *Lynas* 사건에서 해결되지 않았던 문제에 대해 긍정적으로 답변할 수 있다"고 하였다(p.412, 제8a항). 따라서 법원은 이런 근거에서도 범죄인 인도를 거절하였다.

분명히 법원은 일면 1906년 범죄인 인도에 관한 위 양자조약 해석의 일환으로 이 문제를 처리했지만, 다른 한편으로는 조약상 구속력이 있는 의무를 이행하지 못하도록 고문에 관한 강행규칙이 강제하고 있다고 판시하여 *강행규범*을 적용하였다.

논란의 여지가 있지만, 이 문제는 새로운 것이어서 법원은 용어 사용에 조심하면서도 *강행규범*에 대해 우회적으로 판결하였다. 그러나 본질적으로 고문에 관한 강행규범을 올바르게 적용하였고, 그 결과 양자조약이 부과하는 국제의무를 무시해도 된다고 판단하였다.

스위스 법원은 *강행규범*을 명시적으로 언급한 일련의 추후 판결(비록 이런 규범을 *판결의 이유*로 전혀 적용하지 않았지만)에서 *Bufano et al.* 사건 판결을 국제적 또는 국내적 수준[17]에서 어떠한 일탈도 허용될 수 없는 국제법의 강행규범을 설정하고 이에 근거한 것으로 인용하였다. 그리하여 어떤 점에서 법원은 유럽인권협약 제3조 및 그 밖의 규범이 *강행규범* 또는 '*국제공공질서*'로 불리는 것에 속한다고 명시적으로 언급함으로써 종전의 조심스러운 태도를 변경하였다.

흥미로운 점은 1999년에 *강행규범*의 개념이 스위스 헌법에 명시되었다는 것이다. 난민의 권리를 제한하려는 국민발의에 대해 1991년에 스위스 연방의회는 국제강행규범상 헌법개정발의권이 제한된다고 결정했었다. 이러한 조치는 1999년 4월 18일 스위스 헌법에 수용되었다. 이 헌법 제139조 제2항은 헌법의 일부개정을 위한 국민발의가 특히 " '국제법의 강행규범'을 존중하지 않는 경우, 연방의회는 해당 발의에 대해 전부 또는 일부 무효를 선언하여야 한다"고 규정하고 있다. 제193조 제4항은 헌법을 전면 개정할 때 "국제법의 강행규범을 위반해서는 안된다"고 규정하고 있다. 제194조 제2항은 헌법의 어떠한 일부 개정도 "국제법의 강행규범을 위반해서는 안된다"고 규정하고 있다.

이런 규칙들은 아직 적용된 적이 없다. 그러나 중요한 것은 스위스가 *강행규범*의 존재를 깊이 확신하고 있고, 헌법 변경의 경우 이것을 활용할 의도가 있다는 점을 보여 주고 있는 점이다.

---

17) *Sener* 사건(p.72, 제6aa항(독일어)); *Bufano et al.* 사건(p.222 및 p.224, 제7항); *P. v. Office Fédéral de la police* 사건(p.340, 제2항(신의성실 관련)); *X. v. Office Fédéral de la police* 사건(p.299, 제3항 및 p.301, 제5항. 그리고 pp.379-380, 제2d항)을 참조하시오.

제 12 장

국내법체계 내에서 국제규칙의 이행

12.1 국제법과 국내법의 관계

12.1.1 국제질서와 국내법체계의 상호작용에 관한 세 가지 서로 다른 개념

국제규칙이 국내법질서와 다를 뿐만 아니라 매우 자율적인 별도의 법계(法系)를 구성하는지의 문제는 큰 논란거리였다. 주로 세 가지 이론적 틀이 제시되었는데, 첫째, 국내법 우위를 옹호하는 일원론, 둘째, 서로 다른 두 법질서(즉 한편으로는 국제법, 다른 한편으로는 국내법체계)의 존재를 제안하는 이원론, 마지막으로 다양한 법체계의 통일성 및 국제법의 우위를 주장하는 일원론이 그것이다.

첫 번째 이론은 18세기에 독일 학자인 J.J. Moser(1701~1785)[1]가 핵심사항을 주장하였고, 이어 Hegel의 견해[*Encyclopaedia*(1817) 및 *Philosophy of Right*(1821)에서 약간 모호하게 제시됨]를 기초로 19세기말 20세기초 몇몇 독일 국제법 학자들(C. Bergbohm, A. Zorn 및 M. Wenzel)[2]이 이론적으로 완성하였다. 간략히 말해서 이 이

1) J.J. Moser의 저작 및 후대 학자들의 저술을 인용한 것에 대해서는 H. Triepel, *Völkerrecht und Landesrecht*(Leipzig: Hirschfeld, 1899), p.114, nn.1-6 참조.

2) C. Bergbohm, *Staatsvertäge und Gesetze als Quellen des Völkerrechts*(Dorpat: C. Mattiesen, 1877), 특히 pp.59-91, pp.102-110; A. Zorn, *Grundzüge des Völkerrechts*, 2nd edn.(Leipzig: J.J.

론에 따르면 국내법은 '국가의 대외법'에 지나지 않는 국제법규칙을 포섭하며 이보다 우선한다. 그래서 국제법 자체는 국제공동체의 다양한 국가의 대외법으로 구성되기 때문에 고유한 의미의 국제법은 존재하지 않는다. 국제법은 구속력을 가진 행위기준군(群)이 아니며, 단지 일단의 지침으로서 강대국이 자신의 이익에 반한다고 판단하는 순간 그 임시적 가치는 사라지게 된다. 이 이론에 따르면 국제사회에는 단일 법체계인 국내법질서만이 존재하며, 별도의 자율적 법계로서의 국제법의 존재는 부정된다. 이 이론은 각자의 이익을 보호하고자 하는 일부 강대국의 극단적 국가주의 및 권위주의를 확실히 반영하였다.

반면, 이원론적 접근방법은 영국 및 미국과 같은 국가들의 국제법에 대한 태도를 기초로 하였다. 영국의 판례법 및 미국의 헌법은 관습국제규칙 및 적절한 헌법기관에 의해 승인을 받아 정당하게 비준된 조약의 권위를 인정하였다. 국제규칙은 단지 외교정책 결정자(그리고 조약의 경우 국내입법자)에 의해 승인되고 수락되는 정도까지만 국내적으로 구속력을 갖는다고 생각하면서도, 이런 국가들은 사실상 원칙적으로 국제법을 준수하고자 하였다. 이런 이원론적 태도는 몇 가지 측면에서 1899년 독일 학자 H. Triepel(1868~1946)이 이론적인 틀을 마련하였고 1902~1928년 사이 이탈리아의 D. Anzilotti(1869~1950)가 상세히 다듬었다.[3] 이 이론은 국제법과 국내법체계가 형식상 두 개로 분리되는 서로 다른 범주의 법질서를 구성한다는 가정에서 출발하였다. 즉, 이들 법체계는 ① 주체(즉, 국내법체계의 경우 개인 및 개인의 집단, 국제법의 경우 국가), ② 법원(국회의 법령 또는 판례법이 국내법의 주요 법원인 반면, 조약 및 관습이 국제법상 두 개의 주요 법 형성과정임), ③ 규칙의 내용(국내법은 국가의 내부기능 및 국가와 개인의 관계를 규율하며, 국제법은 주로 주권국가간의 관계를 규율함)에 있어서 서로 다르다. 이 결과 무엇보다도 국제법은 직접적으

Weber, 1903), pp.5-9; M. Wenzel, *Juristische Grundprobleme—Zugleich eine Untersuchung zum Begriff des Staates und Problem des Völkerrechts*(Berlin: F. Dümmlers, 1920), pp.351-359, pp.385-421(Wenzel의 기여에 대한 날카로운 비판에 대해서는 A. Verdross, *Die Einheit des rechtlichen Weltbildes auf Grundlage der Völkerrechtsverfassung*(Tübingen: Mohr, 1923), pp.55-62 참조).

3) H. Triepel, *supra* note 1, 특히 p.156 이하; D. Anzilotti, "Teoria generale della responsabilità dello Stato nel diritto internazionale"(1902), in *Scritti di diritto internazionale pubblico*, i (Padua: Cedam, 1956); *id.*, "L'azione individuale contraria al diritto internazionale"(1902), *ibid.*, pp.211-241; *id.*, "Il diritto internazionale nei giudizi interni" (1905), *ibid.*, p.314 이하; *id.*, *Corso*(1928), pp.49-63.

로 개인을 대상으로 할 수 없고, 국내기관 및 개인에 대해서 구속력을 갖기 위해서는 각 주권국가가 자유로이 결정하는 다양한 국내이행 방식을 통하여 국제규칙이 국내법으로 '변형'되어야 한다. Anzilotti가 1928년 언급하였듯이 "국제규칙은 국내규칙에 근거하는 정도까지만 성립될 수 있다."[4] 이 외에 국제규칙은 국내입법을 변경하거나 폐기할 수 없으며, 마찬가지로 국내법은 국제규칙을 창설, 변경 또는 폐기할 수 없다.

분명히 이 개념은 어느 정도 민족주의의 영향을 받았다. 즉, 이것은 국제규칙을 국내에서 구속력을 갖는 국내규범으로 변형시켜서 국내법체계가 국제규칙을 이행해야 한다는 점을 옹호하였다. 그러나 이 이론은 동시에 국제적 가치와 국내적 가치 간에 심각한 충돌이 발생하는 경우 국가에게 일종의 '비상구'를 제공하려는 것이었다. 즉, 국제법은 국내법체계 내에서 실제로 적용되는 범위 내에서 효력을 갖기 때문에, 국가는 국익이 우선하는 경우 국제규칙을 국내적으로 이행하지 아니하여(물론 이 경우 국제책임을 야기함) 국제규칙이 법적으로 갖는 의의를 차단할 수도 있다.

세 번째 이론으로서 국제법 우위를 주장하는 일원론 개념은 1899년 독일의 W. Kaufmann(1858~1926)[5]이 처음으로 이론적 윤곽을 제시한 후 제1차 세계대전 이후인 1920~1934년 사이 오스트리아의 H. Kelsen(1881~1973)[6]이 이론적으로 완성시켰고, A. Verdross(오스트리아 출신) 및 G. Scelle(프랑스 출신)와 같은 다수의 저명한 학자들이 발전시켰다. 이 이론은 다음과 같이 다수의 명제들을 근거로 한다.

---

4) Anzilotti, *Corso*, p.52.

5) W. Kaufmann, *Die Rechtskraft des Internationales Rechtes und das Verhältnis der Staatsgesetzgebungen und der Staatorgane zu demselben*(Stuttgart: F. Enke, 1899), 특히 pp.1-86. Kaufmann은 자신의 저서에서 이미 자신의 일반적 견해를 개략적으로 언급하였다. 즉, *Die mitteleuropäischen Eisenbahnen und das internationale öffentliche Recht. Internationale Studien und Beiträge* (Leipzig: Duncker and Humbolt, 1893), pp.112-113, 121-124, 129-131. 또한 *id.*, "Die modernen nichtstaatlichen internationalen Verbände und Kongresse und das internationale Recht", 2 *Zeitschrift für Völkerrecht und Bundesstaatsrecht*(1908), pp.419-440 및 특히 p.438 이하.

6) H. Kelsen, *Das Problem der Souveränität und die Theorie des Völkerrechts—Beitrag zu einer reinen Rechtslehre*(Tübingen: J.C. Mohr(P. Siebeck), 1920), p.120 이하; *id.*, *Allgemeine Staatslehre*(Berlin: J. Springer, 1925), p.119 이하; *id.*, *Les Rapports de système entre le droit interne et le droit international public*, *HR*(1926-IV), pp.227-331 특히 p.289 이하; *id.*, *Principles*, pp.290-301, pp.553-588.

첫째, 다양한 수준에서 작동하는 모든 법질서를 포괄하는 단일 법체계가 존재한다. 둘째, 국제법은 법 단계의 최정상에 위치해 있어 모든 여타 법체계의 법률행위에 효력을 부여하거나 이를 무효화시킨다. 결과적으로 국내법은 항상 국제법에 일치하여야 한다. 양자가 충돌시 국제법은 이에 반하는 모든 국내규칙 또는 행위를 불법으로 선언한다. 또 다른 논리적 귀결로 국제법규범의 국내법으로의 '변형'은 "국제법적 견지에서 볼 때 불필요하다."[7] 왜냐하면 국제법과 국내법은 '단일 규범체계의 일부'를 형성하기 때문이다. 셋째, 국제법 주체는 국내법과 근본적으로 다르지 않다. 즉, 국제법에 있어서 개인은 종종 국가공무원의 지위로서 고려되지만, 국내법이나 국제법 모두 개인이 주요한 법 주체이기 때문이다. 이 외에 국제법의 법원(法源)은 이것과 근본적으로 다르지 않은 국내체계보다 위계상 상위인 법체계에 속한다. 따라서 국제규칙은 변형할 필요 없이 국내법원에서 *그 자체로* 적용될 수 있다. 다만 특정 요건이 부과될 수 있다. 즉, 국내 헌법(성문법이든 불문법이든)에 따라서 국내법원이 국내 입법부에 의해 제정된 법령만을 적용하도록 요구할 수 있다. 이런 경우 법원은 국제조약 규칙이 국내법령으로 변형된 후에만 이를 적용하게 된다. 그렇지만 이처럼 변형되어야 하는 것은 국제법이 아닌 국내법의 문제이다.[8] 더욱이 국내법원은 국제규칙에 반대되는 법령을 적용해야 할 경우도 있다. Kelsen은 비록 이런 현상의 발생이 국제법의 약점을 드러내는 것이지만, 해당 국가는 국제규칙의 불이행에 대한 국제책임을 야기하게 된다고 보았다.

이 개념에 따르면 국제법체계는 불완전하지만, 이보다 하위에 있는 모든 국내법체계를 통제한다. 그리하여 국제가치는 국내가치보다 우선하며 국가공무원은 항상 국제규칙이 설정한 목적을 달성하도록 노력하여야 할 것이다.

이 이론은 이념상 두 가지 기본원칙인 국제주의 및 평화주의에 자극받은 것이 분명하다. Kelsen은 이러한 토대를 아주 명료하게 설명하였다. 그러나 그는 국제법 우위론을 선택하는 것은 과학적 고려에 기초하는 것이 아니라 윤리적 또는 정치적 선호에 좌우된다고 결론내렸다.[9] 이처럼 다소 불가지론적(不可知論的) 태도는 그가 상대주의 철학에 몰입했기 때문일 수 있다. 또 다른 이유로 Kelsen

7) *Ibid.*, p.293.

8) *Ibid.*, p.575.

9) *Ibid.*, pp.587-588.

은 국제공동체가 자신의 이론에서 설정한 조건을 충족하기에는 아직 부족하다는 점을 알고 있었을 수 있다. 즉, 국제공동체에는 국제규칙과 불일치하는 국내법 규정을 폐지할 장치가 아직 없었다.

12.1.2 국제법과 국내법 관계의 현대적 변화

그러면 국제법 영역과 국내법 영역의 관계를 어떻게 설명해야 할까? 국내법 우위 일원론은 분명히 학문적 가치가 없고 근본적으로 이념적 · 정치적 입장을 뒷받침하려는 의도를 갖고 있었다. 반면, 이원론은 비록 일부 국제규칙이 개인에게 직접적으로 의무를 부과하는(특히, 해적행위 금지규칙을 생각해 볼 것. 1.8.1; 7.6.1 및 21.1 참조) 사실과 같이 몇 가지 예외적 상황에 대해서 설득력 있는 설명을 할 수 없지만, 특히 19세기 및 20세기 전반기의 법적 현실을 반영하였다. 사실 그 당시만 하더라도 국제공동체는 주권국가의 공동체였으며, 이들 국가의 관계는 각자의 국내법질서와 내용상 분리되고 구별되는 법의 영역에 속하였다. Kelsen의 일원론은 시대를 앞서간 것으로 이론구성상 탁월하였으나 여러 면에서 이상적이었고 국제관계의 현실을 반영하지 못하였다. 그러나 이론상 일관성이 없고 실제 결함이 있었지만, 이념적으로 큰 영향을 끼쳤다. 그의 이론은 국가행위에 대한 통제요소로서 국제법의 역할을 새로이 강조하였다. 그리고 국가공무원은 국제법 기준을 준수하여야 하며, 국내적 요구에 앞서 국제적 명령을 고려하여야 한다는 개념을 확고히 하는 데 유용하였다.

이원론은 앞으로(12.2) 살펴보겠지만, 현재 전체적으로 더 이상 유효하지 않다. 반면 Kelsen이 주장한 몇 가지 명제는 국제공동체에서 점차 자리를 잡아가고 있다. 간단히 말해서 국제법은 더 이상 국내법체계와 완전히 분리되고 구별되는(한두 가지 예외가 적용됨) 법 영역이 아니다. 많은 부분에 있어 국제법은 국내법체계를 상당히 침식하여 그 보호막을 벗기고 있다. 국제법은 더 이상 다양한 국내법체계와 서로 다른 법적 영역을 구성하는 것이 아니라, 이들 국내법체계에 일상적으로 *직접적인* 영향을 크게 미치고 있다. 국제법은 국내법의 많은 분야에 있어 존립근거가 되며 이의 국내적 기능 및 운용에 기여하기도 한다. 이 외에 다수의 국제규칙은 국내법체계를 거치지 않고 개인을 직접적인 대상으로 삼고 있다. 즉, 국제법은 개인에게 직접 의무를 부과(주로 국제범죄에 관한 규칙에 적용됨)하거나 권리를 부여(예컨대 국제기관에 대한 청원권)하기도 한다. 이러한 의무이행 및 권리행사는 해당 국내법질서와 관계 없이 이루어진다. 요약하면, 여러 측면에서 개인은 주권국가와 연계된 국제법 주체가 되었다. 따라서 국제법은 더 이상 *주권자간의 법*(*jus inter potestates*, 즉 주권적 실체간의 관계를 규율하는 법)이 아니다. 국제법은 개인의 행위에 대해 직접적으로 정당성을 부여하거나 명령을 내려서 개인을 포섭하고 있다. 전술하였거나(1.8.2 및 1.9) 또는 후술하는(13.7) 제한하에서 국제법은 점차적으로 *세계사회*(*civitas maxima*, 즉 국가의 경계를 뛰어넘는 개인, 국가 및 여타 집합체를 포괄하는 인류공동체)를 지향하고 있다. 이와 같은 이유로 국제법은 *jus inter partes*('수평적인' 주체간의 관계를 규율하는 법)보다 *jus super partes*('위로부터' 국제관계를 규율하는 법적 기준의 전체. 그러나 다음 13.7; 제18장; 제19장 참조)가 되는 경향이 점차 증가하고 있다.

12.2 국내법체계 내에서 국제법 이행에 관한 국제규칙

위에서 개설한 세 가지 이론 중 어느 것이든, *대부분의* 국제규칙이 적용되려면 국내법체계 내에서 국가공무원 또는 개인이 적용해야 하는 것이 사실이다. 그래서 국제규칙의 국내적 이행문제는 매우 중요하다. 이런 이유로 이 문제에 대한 일정한 국제적 규율 형태나 국내법체계상 국제법의 실행방식에 있어 최소한 어느 정도 통일성이 있을 것이라고 기대할 수 있겠지만 현실은 이와 자못 다르다.

국제법원칙에 따르면 국가는 국제규칙의 불이행을 정당화하기 위하여 자신의 국내법체계의 법적 절차를 행사할 수 없다. 이러한 원칙은 PCIJ[*Polish Nationals in Danzig* 사건(p.24) 및 *Free Zones* 사건(p.167)] 및 여타 법원[*Georges Pinson* 사건(pp.393-394), *Blaškič 1996* 사건(제7항)]에서 확고하게 서술되었고, 조약과 관련해서는 1969년 조약법에 관한 비엔나협약 제27조에 규정되어 있다. 즉, "[조약의] 당사자는 조약 불이행을 정당화하기 위해 자신의 국내법 규정을 원용할 수 없다."

PCIJ는 *Exchange of Greek and Turkish Populations* 사건(p.20)에서 그리고 몇몇 학자들[10]은 국가는 자신의 국내법을 국제법 의무에 합치시킬 일반적 의무를

---

10) I. Brownlie, *Principles of Public International Law*, 6th edn.(Oxford: Oxford University Press, 2003), p.35 및 각주 22에서 인용된 학자들 참조(이 저명한 학자는 "그러나 일반적으로 합치되지

갖는다고 주장하였다. 이러한 의무가 존재한다면 국내 입법부가 해당 이행입법을 제정하지 못해서 국가가 국제규칙을 이행하지 못할 때마다 그 국가는 국제규칙뿐만 아니라 해당 의무를 부과하는 일반원칙을 위반하게 될 것이다. 그러나 국가관행을 간략히 살펴보더라도 이러한 일반적 의무는 존재하지 않는다. 그래서 국가가 국제규칙을 이행하기 위한 국내입법이 없거나 불충분해서 국제의무를 위반하게 되는 경우, 다른 국가는 이러한 불이행의 이유에 대해 문의하거나 국내입법의 결여 또는 불충분에 대해 항의하지 않고, 단지 해당 불법행위의 중지 또는 그 위반에 대한 피해회복조치(reparation)를 청구한다. 달리 말해서, 국가는 최종 결과인 의무의 이행 또는 불이행에 대해서만 관심이 있을 뿐, 이러한 결과를 야기하는 요소에 대해서는 별로 관심이 없다. 다시 한번, 이러한 상황은 국제공동체의 개인주의적 구조 및 다른 국가의 국내문제에 대한 존중이 갖는 중차대한 의미를 반영하는 것이다.

바로 위에서 언급했던 것은 주로 *전통*국제법에 적용된다. 국제공동체의 현행 규칙은 다음 두 가지 면에서 중요한 발전을 이루었다.

첫째, 다수의 조약은 일련의 의무를 설정함과 아울러 체약당사국에게 조약의 다양한 규정(또는 최소한 몇몇 규정)에 대한 이행입법 의무를 명시적으로 부과하고 있다. 전쟁희생자에 관한 1949년 4개 제네바협약,[11] 다수의 인권조약[12] 또는 ICTY, ICTR[13] 및 ICC[14]와 같은 여타 국제법 문서에 따른 몇 가지 규칙을 언급할 수 있다. 둘째, 강행규범 또는 *jus cogens*(11.4)의 위계 및 지위를 획득한 몇 가지 일반규칙에 따라서 국가는 필요한 이행입법을 마련해야 한다(예컨대 ICTY는 *Furundžija* 사건에서 고문을 범죄화하고 금지하는 국제규칙의 강행규범적 성격의 결과로서 국가는 국

못한 점 그 자체로 국제법을 직접 위반한 것은 아니며, 해당 국가가 특정한 경우에 자신의 의무를 준수하지 못할 때에만 위반이 발생한다"고 부연하고 있다). M.B. Akehurst and P. Malanczuk, *Akehurst's Modern Introduction to International Law*(London: Routledge, 1997), p.64.

11) 1949년 제네바 제 협약 제49조 제1항, 제50조 제1항, 제129조 제1항, 제146조 제1항.

12) 1948년 집단살해금지협약 제5조, 1965년 인종차별철폐협약 제2조 제1(d)항, 1966년 시민적 · 정치적 권리규약 제2조 제2항, 1984년 고문방지협약 제4조 및 제5조.

13) *Blaškič* 사건(1996)에서 ICTY 소장은 1996년 4월 3일 판결에서 국가가 재판소와 협력할 의무에 관한 ICTY규정 제29조의 성격과 효과에 의하여 크로아티아는 이행입법을 하지 않아서 국제법을 위반하였다고 판시하였다(제8항-제11항 참조).

14) 로마규정(Rome Statute of the ICC) 제88조는 다음과 같이 규정하고 있다. 즉, "국가당사자는 이 장[국제협력 및 사법공조에 관한 제9장]에서 명시되고 있는 모든 형태의 협력을 수행할 수 있도록 자신의 국내법에 따라서 활용 가능한 절차를 확보하여야 한다."

내적으로 이와 같은 끔찍한 실행을 금지하는 법을 제정할 의무를 부담한다고 판시하였다).[15] 이러한 두 가지 발전을 가져온 이면의 동기는 분명하다. 즉, 국가에게 어떤 조약이나 일반규칙이 너무도 중대하여 국제공동체의 구성원들은 자신의 국내법체계를 변경해서 국제규칙의 이행을 확보해야 하는 것이다. 국가들은 공히 이들 국제규칙의 *잠재적* 위반까지도 규율하려는 것이다. 국제입법자는 국가로 하여금 국제규칙으로부터의 일탈을 국내적 수준에서 예방하거나 처벌하기 위해 필요한 모든 국내적 조치를 취하도록 해서 장래의 위반을 미연에 방지하려고 한다. 그리하여 위와 같은 일탈에 대해서는 국내적 수준에서 권리구제를 받을 것이기 때문에 국제위법행위의 수준에는 도달하지 않을 것이다. 결국 국가는 실제로 관련 국제규칙과 일치하지 않는 어떤 특정한 행위를 하지 않아도 필요한 이행입법을 하지 않는 것만으로 책임을 부담하게 된다. 이 외에 국가가 이행입법을 하지 않아서 이러한 규칙 중 어느 하나를 위반하게 되는 경우 이중으로 위법행위책임을 부담하게 된다.

분명한 것은 바로 위에서 언급한 경우에 있어서도 국가관행상 국제공동체의 구성원이 다른 국가에게 이행입법을 제정하도록 청원하거나 요구하는 사례가 그리 많지 않다는 점이다. 일상적 관계에 있어 국가는 여전히 다른 국제법 주체의 국내문제 존중이라는 낡은 도그마에 집착하는 경향을 보이는 것이 엄연한 사실이다. 다행히 몇 가지 경우 국제적 감독장치가 수립되었고, 무엇보다도 특정 국제조약의 당사자가 필요한 입법적 조치를 모두 취하였는지 여부를 검토하고 있다.

국가들이 국제법을 이행하지 않는 이유로 국내법 문제를 거론하지 못하도록 금지하는 일반규칙, 그리고 이행입법의무를 부과하고 있는 것으로 위에서 제시된 조약 또는 관습규칙 이외에 국제법은 이행에 관한 어떠한 규율도 하지 않는다. 그래서 국제의무에 대한 국내적 이행방법에 대해 각 국가는 *완전한 자유*를 갖는다.[16]

---

15) 재판소는 다음과 같이 언급하였다. 즉, "국제공동체는 고문으로부터 개인의 보호를 중시하기에, 고문에 대한 금지는 특별히 엄격하고 전면적이다. 국가는 고문을 금지하고 처벌할 뿐만 아니라, 고문이 발생하지 않도록 차단할 의무가 있다. 따라서 고문이 가해져서 인간의 신체적 · 정신적 통합성이 이미 회복할 수 없이 훼손된 후 이에 개입하는 것으로는 충분치 않다. 그래서 국가는 고문이 행해지는 것을 사전에 차단할 수 있는 모든 조치를 미리 마련해 놓을 의무가 있다. … 이러한 이유로 국제규칙은 고문의 금지뿐만 아니라 (i) 이 금지를 이행하는 데 필요한 국내조치를 취하지 않거나, (ii) 이러한 금지에 반하는 법령의 효력 유지 또는 제정을 금지하고 있다. … 고문의 경우[에] 국가가 신속하게 국내 이행조치를 마련해야 한다는 요건은 이러한 실행을 금지할 국제의무의 중요한 부분이다"(제148항-제149항 및 제150항).

16) *Finnish Shipowners* 사건(pp.1484-1550)에서 중재인에게 제출한 영국측 변론서에서 영국 정부는

국내법체계를 살펴보면 통일성이 없다는 점이 확연히 드러난다. 이처럼 무질서한 상황은 국가가 국제적 명령을 국내법 기준으로 변경하는 것을 자신이 갖는 주권의 중요부분으로 여기며, 이것을 국제적 통제하에 두는 것을 원하지 않기 때문이다. 국가의 이기심은 국제법의 주요 영역인 이 분야를 분별력 있게 규율하는데 장애가 된다. 그 결과 각 국가는 국제법이 국가기관과 개인을 구속하는 방법 및 국내 법원(法源)의 위계질서에서 차지하는 서열 및 지위를 스스로 결정한다.

이러한 사항을 국제법에서 규율하지 않기 때문에 국내법을 비교 분석하는 것은 학자의 몫이다. 다음에는 국가간에 형성된 주요 경향에 대해 살펴볼 것이다. 더 나아가 각각의 주요 제도와 관련된 법적 세부사항 및 그러한 제도를 뒷받침하고 있는 정치적 · 이념적 동기에 대해 초점을 맞추어 살펴 보고자 한다.

12.3 국가의 법체계에서 등장하고 있는 경향

12.3.1 이행방식

일반적으로 이야기하면 20세기 후반기에 들어서 국내체계가 점진적으로 국제적 가치를 받아들이면서 국가는 점차 국제법을 따르게 되었다. 국제규칙의 국내적 이행방법은 국가의 자유로운 선택사항이지만, 국내법체제를 일람해 보면 두 가지 기본방식이 두드러진다.

첫 번째는 국제규칙의 상시 자동적 수용(automatic standing incorporation)이다. 이런 수용은 국내 헌법이나 법률(또는 판례법의 경우 법원의 판결)에서 현행 또는 장래의 특정 국제법규칙을 국가의 모든 공무원 및 국민 그리고 그 나라 영역에 거주하는 다른 모든 개인에게 적용하도록 강제하는 경우에 발생한다. 다시 말해서, 국내규범상 관련 국제법(관습 또는 조약) 규칙은 특별한 국내법령의 제정 없이도[물론 비자기집행적(non-self-executing) 조약은 예외로 함. 12.4.2(2) 참조] 항상 국내법으로

다음 사항에 주목하였다. 즉, "국내법이 제정되는 방식에 대해 국가는 국제법에 따라서 완전한 행동의 자유를 갖고, 국내법에서 국가가 자신의 모든 국제적 의무를 실행하는 한, 그 국가의 국내법은 어느 국가도 관여할 권능이 없는 국내문제이다"(제34항-제42항, A.P. Fachizi, "The local remedies rule in the light of the Finnish Ships Arbitration", 17 *BYIL*(1936), pp.23-24에서 인용).

자동 수용된다. 그래서 조약이 정당히 관보에 공포되거나 세계공동체에서 발전된 관습국제법규칙이 승인된 경우, 국가공무원 및 개인은 추가적 조치 없이 *그 자체로(ipso facto)* 언제나 해당 규범을 이행하여야 한다. 이 방식에 따르면 무엇보다 국내법체계는 계속적이고 자동적으로 국제법 기준에 순응할 수 있다. 국제규칙이 성립하는 순간, 해당 법규정이 국내법체계에서 발달하게 된다(국제규범의 범주에 해당하는 경우, 조약의 공포가 필요함). 마찬가지로 국제규칙이 소멸하거나 내용이 변경되는 경우 국내법체계에서 그에 상응하는 수정이 있게 된다(또한 조약을 개정하는 경우, 개정규정의 공포가 필요함).

두 번째 방식은 국제규칙의 *특별한 입법적 수용*(legislative *ad hoc* incorporation)이다. 이 제도에 따르면 국제규칙은 관련 입법부가 *특정한* 이행법을 제정하는 경우에만 그 국가의 법제도에서 적용된다. 이러한 입법은 두 가지 주요 유형 중 한 가지를 띠게 된다. 첫째, 이것은 다양한 조약규정을 국내법으로 변형해서 국제규정에서 발원하는 다양한 의무 · 권한 · 권리를 상세히 규정하는 의회의 법령으로 되어 있다[*국제규칙의 특별한 법령적 수용*(statutory *ad hoc* incorporation)].[17] 둘째, 의회의 법령은 국제규칙을 특별히 재구성하지 않으면서 해당 규칙을 국내법체계에서 자동 적용하도록 강제하는데 한정할 수 있다[*국제법의 특별 자동적 수용*(automatic *ad hoc* incorporation)]. 두 번째 방식에 따르면 이 제도는 앞에서 언급한 '상시 자동적 수용'과 *실질적으로* 유사하다(유일한 차이점은 이 방식에 따르면 수용은 사안별로 이루어진다는 것이다). 물론 이 경우도 국가공무원 및 관련된 모든 개인은 의회의 법령이 언급하고 있는 국제법 규정을 준수할 의무를 부담한다. 이행입법은 해당 조약이 이행되어야 한다는 내용의 한두 개 규정만으로 구성되며, 조약의 본문은 부속서로 첨부된다. 법원, 국가공무원 및 개인은 국내적 수준에서 다양한 규정이 적

17) 학자 또는 법원에 따라 이 제도는 서로 다르게 불린다. 유명한 *Trendtex Trading Corporation v. Central Bank of Nigeria* 사건에서 Denning 판사는 *수용*(incorporation)과 *변형*(transformation)을 다음과 같이 구분하였다. "한 학파는 수용이론을 견지하고 있다. 이 학파에 따르면 국제법규칙은 의회의 법령에 위배되지 않는 한 영국법으로 자동 수용되어 영국법의 일부를 구성하게 된다. 다른 학파는 변형이론을 견지하고 있다. 이 이론에 따르면 국제법규칙은 판사의 결정, 의회의 법령 또는 오랫동안 확립된 관습에 의해 영국법으로 채택되어 그 일부를 구성하지 않는 한 영국법의 일부로 간주되어서는 안된다는 것이다. 양자의 차이점은 당신이 국제법규칙의 변경에 직면할 때 중요하다. 수용이론에 따르면 국제법규칙이 변경되면 영국법 또한 이것과 함께 변경된다. 그러나 변형이론에 따르면 영국법은 바뀌지 않는다. 영국법은 선례에 구속되며, 과거에 수락되고 채택된 국제법규칙에 구속된다. 영국법은 국제법의 변화에 따라서 변경되지 않는다"(pp.533-534).

용되는 경우를 해석에 의해 추정해야 한다. 즉, 이런 기관 또는 개인은 해당 입법이 언급하고 있는 조약의 본문으로부터 국내적으로 적용할 모든 다양한 규칙을 도출해야 한다.

국제법이 비자기집행적 조약(12.4.2(2) 참조)인 경우 이를 보다 완전하고 효과적으로 이행하기 위해서는 국제규칙의 특별한 입법적 수용방법이 더 선호될 것이다. 반대로 국제규칙이 자기집행적 조약인 경우 국제규칙의 자동적 수용방식(상시 또는 특별 방식을 불문함)이 더 선호될 것이다. 이런 자동적 수용방식이야말로 국제규칙을 형해화하지 않을 것이기 때문에 이들 규칙이 정확히 이행되도록 하며, 국내법체계가 국제적 영역에서 해석 · 적용되는 국제규칙에 완전히 순응할 수 있게 된다.

12.3.2 국내법질서 내에서 국제규칙의 서열

국내입법 및 판례법을 살펴보면 일부 국가는 국내법체계로 수용된 국제규칙을 국내에서 처음 제정된 입법과 동일한 수준에 두는 경향이 있다. 결과적으로 국제규칙과 국내법 간에는 서열이 동일한 규칙들의 관계를 규율하는 일반원칙이 적용된다. 즉, 신법은 구법을 폐기, 변경 또는 대체한다. 특별법은 일반법에 우선한다. 신법인 일반법은 구법인 특별법으로부터 일탈할 수 없다. 결국 국내 입법부는 국제적으로 처음 제정된 규칙을 변경하거나 폐기하는 법률을 언제든지 제정할 수 있다. 물론 이 경우 국가가 국제규칙 대신 국내법을 적용하면, 국제법 위반으로 인한 국제책임을 부담한다. 그러나 국제규칙이 의회의 단순 법령에 의해 폐기된다는 사실이 남는다.

반대로 다른 국가들은 국제규칙에 대해 국내입법보다 상위의 지위 및 서열을 부여하는 경향이 있다. 이러한 입장은 보통 각국의 헌법이 갖는 성격과 연관된다. 헌법이 '연성'(즉, 의회의 단순한 법령에 의해 헌법이 개정될 수 있음)이거나, 아니면 의회 우위의 원칙이 확립된 경우, 국제규칙을 우선적으로 중시하는 유일한 방법은 이들 규칙을 고정시켜서 단순다수결로 통과된 입법에 의해 변경되지 않도록 보호하는 것이다. 그러나 이러한 행동수순은 '연성'헌법을 갖고 있는 국가에서는 이제까지 없었던 것으로 보인다.

'경성'헌법(즉 헌법에서 헌법 개정을 위한 특별한 요건을 설정하고, 입법부가 권한범위를 넘어서 헌법을 침해하는지 여부를 판단하기 위하여 법률을 사법심사하는 법원의 설치를 규정하고 있음)의 경우 상황은 다르다. 이러한 헌법체제에서 만일 헌법이 국제규칙의 수용을 규정하는 경우, 보통 이 규칙은 헌법적 또는 준헌법적 지위를 갖게 되어 일반법보다 상위의 서열을 누리게 된다. 따라서 헌법적 입법에 필요한 특별절차를 통하여 법이 제정되지 않는 한, 입법부는 국제규칙을 위반하는 법을 제정할 수 없게 된다. 이런 입장은 국제법 기준을 항상 최고의 중요성을 갖는 것으로 간주해야 한다는 논리를 배경으로 한다. 따라서 국제법 기준은 행정부 및 모든 시민을 구속할 뿐만 아니라 국회의 단순다수결에 의해 폐기될 수 없다. 다만, 중대한 국가이익으로 의회에서 특별다수결(예컨대 2/3 다수결)의 지지를 받는 특별한 상황에서는 이런 규칙이 무시될 수도 있을 것이다.

12.3.3 국가의 수용제도 선택시 고려되는 요소

국가는 국제규칙의 국내 수용을 두 가지 서로 다른 요건에 기초하여 규율하는 경향이 있다. 첫째, 국가는 *국가주의적*(또는 민족주의적) 접근방법과 *국제주의적* 접근방법 중에서 선택해야 할 것이다. 둘째, 국가는 *행정부와 입법부의 관계*를 고려하여 이에 따라 국제법 이행방식을 결정해야 할 것이다.

국가주의적 접근방법을 취하는 국가는 특별한 입법적 수용방식을 채택하고, 국제규칙을 국내입법과 동일한 위치에 두려는 경향이 있다. 반면, 국제주의적 시각을 견지하는 국가는 국제규칙의 (상시 또는 특별) 자동적 수용방식을 선택하고, 국제규칙에 대해 국내법보다 높은 지위와 서열을 부여하는 경향이 있다.

국가는 종종 두 번째 요건을 고려하는데, 두 번째 요건은 행정부가 아니라 입법부만 입법권한을 보유하도록 하는지의 일반적 문제와 관련되어 있다. 정부(특히 외무부)가 의회의 참여 없이 국제조약을 체결하는 국가의 경우 다음과 같은 두 가지 상황에서 특별한 문제가 발생할 수 있다. ① 조약이 입법부의 권한에 속하는 분야를 다루는 경우, ② 조약에 구속받겠다는 결정을 내릴 때 의회가 아무런 역할도 하지 못하거나, 하더라도 의회의 역할이 제한적인 경우이다. 첫 번째 상황의 경우 정부가 조약체결에 있어 의회를 무시하는 것과, 해당 조약이 의회를 거치지 않고 국내입법으로 수용되는 것을 예방할 필요가 있다. 그래서 이런 국가에서는 조약이 국내입법으로 변형되려면 국회가 항상 개입해야 하며, 이 결과 국제법의 국내적 이행방식 중 조약의 상시 자동적 수용방식보다는 특별한 (입법적 또는 자동적) 수용방식을 선택하게 된다. 달리 말해서, 의회는 특별법을 제정하여 조약에 포함된 다양한 규칙을 상세하게 규정하거나, 아니면 단순하게 모든 관련 국가기관 및 해당 개인에게 조약을 준수하도록 강제해야 할 것이다.

두 번째 상황의 경우와 같이 의회가 조약에 대한 기속적 동의 표시 여부의 결정 및 외교정책에 대한 통제권 행사에서 배제되는 경우, 조약이 국내적으로 시행되기 위해서는 의회가 조약의 수용에 대해 공식적으로 동의하는 것이 필요하다. 이런 경우에도 상시 자동적 수용방식은 적합하지 않은 것이 분명하기에 국가는 특별한 입법적 수용방식을 활용하게 된다.

12.4 이행방식

12.4.1 관습국제법

관습규칙을 이행하는 방식이 매우 다양하지만 공통된 특징이 두드러진다. 모든 국내법체계는 기본적으로 동일한 이행방식인 상시 자동적 수용방식을 채택하고 있다. 대부분 국가의 국내 헌법, 법령 또는 법원 판결은 관습국제규칙이 국제공동체에서 발전되었다는 *사실 그 자체로* 국내에서 구속력을 갖는다고 규정하고 있다. 관습국제규칙이 세계공동체에서 성립하는 순간 이것은 국내법체계 내에서 구속력을 갖는다. 이 외에 국내법체계는 국내적 수준에서 해당 국제규칙과 동일한 내용을 갖는다.

이렇게 상시 자동적 수용방식을 선택하는 이유는 자명하다. 즉, 관습규칙이란 세계공동체에서 점진적으로 등장하여 그 내용을 즉시 확정할 수 없기 때문에 이 방법이 적절할 뿐이다. 만일 국가가 관습규칙의 내용을 설정하는 법령을 제정한 후에야 비로소 국가공무원 및 개인에 대해 구속력을 갖는다고 결정한다면, 의회는 관습규칙이 성립하였는지 그리고 그 내용은 무엇인지를 결정해야 하는데 이러한 역할을 수행하기란 매우 어렵다. 관습법의 성격상 관습규칙이 국가의 법체계 내에서 구속력을 갖는지 여부 및 그 정도를 확정하는 것은 판사 및 여타 국가공무원에게 맡기는 것이 훨씬 더 적절하며 현실적일 것이다.

그러나 몇몇 국가(예를 들면, 벨기에)에서는 최근까지도 국제법의 관습규칙은 대법원에 제기되어 적용되지 못했다는 점을 주목하여야 한다. 즉, 벨기에 입법상 오로지 '법률' 위반에 대한 주장만이 대법원에 제기될 수 있으며, 관습국제규칙은 벨기에 입법으로 수용되지 않는 한 그 자체로는 이러한 법에 해당되지 않는 것으로 간주되었다. 이러한 접근방법은 1947~1950년 기간의 일부 벨기에 판례에서 지지를 받았지만[18] 비판받아 마땅하다. 즉, 국내입법 방식 때문에 대법원은 국내체제를 일반국제법규칙과 완전히 일치시킬 수 없었다.

그러나 최근 벨기에 법원은 이러한 접근방법을 수정한 것으로 보인다.[19]

분명히 관습규칙이 국내에서 적용되려면 국내입법으로 보완되어야 할 경우가 있을 수 있다.[20] 비자기집행적 관습규칙의 예로써 영해의 최대 외측한계선은 12해리를 초과할 수 없다는 점을 언급할 수 있다. 이 규칙에 따라 각국은 이 사안에 대한 국내입법 또는 규칙을 제정하여 영해의 폭을 결정할 것이 분명하다.

일반적 논점을 다루었으니 이제 관습국제법이 주요 국내법체계 내에서 갖는 *서열*에 대해 고찰해 본다.

'경성'헌법을 갖고 있는 일부 국가의 헌법규정 및 사법(司法) 관행에 따르면 관습국제법은 이와 불일치하는 모든 '일반' 국내입법보다 우선한다(이것은 이탈리아, 독일, 일본, 그리스, 그리고 우즈베키스탄, 투르크메니스탄 및 벨라루스에도 해당된다).[21]

---

18) 예를 들어, 이러한 견해는 최소한 묵시적으로 1947년 및 1950년 *Bindels v. Administration des Finances* 사건(p.275. 그러나 일반국제법원칙을 규정하고 있는 국제*조약*과 관련됨)에서 그리고 *Köppelmann* 사건(p.185)에서 견지되었던 것으로 보인다.

19) 1966년 *Pittacos v. Etat belge* 사건(p.1214) 및 1979년 *Vafadar* 사건(p.480)에서 벨기에 대법원은 관습국제법에 기초한 청구가 법 위반을 포함하지 않았다는 이유에서가 아니라, '법익의 결여'(*défaut d'intérêt*) 때문에 재판대상으로 부적격하다고 판시하였다.

20) 몇 가지 사례에 있어 국내법원은 명백히 자기집행적인 관습국제규칙조차도 이에 따라 판단을 내리기 위해서는 이행입법을 요구하고 있다. 예를 들어, 오스트레일리아 연방법원의 다수의견은 *Nulyarimma v. Thompson* 사건 및 *Buzzacott v. Hill* 사건에서 이러한 견해를 가졌다. 원주민사회 구성원이 몇몇 장관 및 국회의원에 대해 이들이 집단살해에 관여하였다는 혐의로 제기한 소송에서, 다수의견은 집단살해가 *jus cogens* 규범에 따라서 금지되며 다른 무엇보다도 각 국가에게 자국 영역에서 발견된 자를 인도하거나 기소할 의무를 부과하고 있다는 점을 인정하였다(제18-19항, 제36-41항). 그러나 법원에 집단살해의 처벌을 허용할 이행입법이 없는 상황에서 오스트레일리아 판사들은 이 범죄 혐의자 또는 피의자를 재판할 수 없었다(제20-32항, 제42-59항). 하지만 Merkel 판사는 집단살해 [및 여타 '보편범죄'(universal crimes)]를 오스트레일리아법에 따른 범죄로 취급하는 입법행위는 필요하지 않다는 반대의견을 제시하였다(제123-186항).

21) 1947년 이탈리아 헌법 제10조 제1항은 "이탈리아 법질서는 국제법에서 일반적으로 인정된 규칙과

이들 국가 중 일부 국가(예를 들어 이탈리아, 일본, 독일)에서는 헌법재판소가 입법행위에 대한 사법심사 업무를 맡고 있어, 헌법과 충돌하는 어떠한 법도 제정되지 못하도록 할 책임이 있기 때문에 관습국제규칙에 반하는 어떠한 일반법도 사법심사를 통해 그 제정이 금지된다[역자주 : 일본은 최고재판소가 헌법재판소 역할을 수행함].

다른 국가(예컨대 미국, 중국, 프랑스, 영국)의 경우 관습국제법에 대해 일반입법보다 상위의 서열을 부여하는 규정을 두고 있지 않다(특히 영국의 경우는 성문헌법이 없고 의회우선주의를 지지하기 때문이다). 그래서 만일 의회가 관습국제법규칙과 명백히 충돌하는 법을 제정하는 경우, 시간상 나중에 제정된 국내법이 우선한다(그러나 러시아와 같은 일부 국가에서는 조약에 대해 나중의 법률보다 높은 서열을 부여하는 헌법규정의 적용범위를 관습규칙에까지 확대하려는 경향이 있고, 그리하여 관습규칙은 나중에 제정되었지만 관습규칙과 일치하지 않는 입법에 우선한다고 주장할 수 있을 것으로 보인다).[22] 이러한 방식은 벨기에와 같은 국가에서도 지지받고 있으며, 1996년 남아프리카공화국 헌법은 '경성'헌법이고 남아프라카공화국은 입법에 대한 사법적 심사를 수행할 권한을 가진 헌법재판소를 두고 있는 국가인데도 남아프리카공화국 헌법에서는 이 점이 명문으로 규정되었다.[23]

일치하여야 한다"고 규정하고 있다.

1949년 독일 헌법 제25조는 "국제공법의 일반규칙은 연방법과 일체를 이룬다. 이것은 법률보다 상위이며 연방 영역내 거주민에 대해 직접적으로 권리와 의무를 창설한다"고 규정하고 있다.

1947년 일본 헌법 제98조 제2항은 "일본이 체결한 조약 및 확립된 국제법은 성실하게 준수되어야 한다"고 규정하고 있으며, 이에 관해서는(특히 조약과 관련하여) 1959년 12월 16일자 일본 최고재판소의 *Shigeru Sakata et al.* 사건 판결(4 *JAIL*(1960), p.103 이하)을 참조하시오.

1975년 그리스 헌법 제28조 제1항은 "국제법에서 일반적으로 인정된 규칙 및 법률에 의해 보호되고 법에서 정한 조건에 따라 효력을 갖는 당시의 국제협약은 그리스 국내법과 일체를 이루며 이와 상반되는 모든 법률규정에 우선한다. 국제법 및 국제협약의 외국인에 대한 적용은 항상 상호주의 조건에 따른다"고 규정하고 있다.

우즈베키스탄 헌법 전문 및 제17조는 '국제법에서 일반적으로 수락된 규범의 우위를 인정'하고 있다. 그러나 이와 전혀 달리 제15조는 우즈베키스탄공화국 법률의 '절대적 우위'를 규정하고 있다.

또한 투르크메니스탄 헌법 제6조 및 벨라루스 헌법 제8조를 각각 참조하시오.

22) 예를 들어, 러시아 헌법재판소는 1995년 *Case Concerning Certain Normative Acts of the City of Moscow and Some other Regions* 사건에서 체류허가증을 요구하는 지방규칙은 헌법 위반이라고 판시하면서, 인권조약 및 국제법상 일반적으로 인정된 원칙 및 규칙을 원용하였다(p.42).

23) 남아프리카공화국 헌법 제232조는 "관습국제법이 헌법 또는 의회의 법령과 일치하는 한도에서만, 공화국의 법이다"라고 규정하고 있다.

12.4.2 조약법

(1) 이행방식

위에서 드러나듯이 관습국제법이 보통 *상시 자동적* 방식에 의해 국내적으로 수용되는 반면, 조약의 경우 국가는 위에서 언급한 세 가지 이행방식, 즉 *상시 자동수용, 특별한 법령적 수용, 특별 자동수용* 모두를 활용하는 경향이 있다.

몇몇 국내체계는 조약이 관보로 공포되는 순간 국내당국이 이를 이행하도록 규정하고 있다(예를 들면, 프랑스 및 다수의 아프리카 국가). 미국의 경우 상원의 승인을 거쳐 대통령이 정당하게 비준한 조약은 '국가의 최고법'이며, 각 주(州)의 판사는 헌법 또는 주 법률에 반대규정이 있는 경우에도 여기에 구속된다(헌법 제6조 제2항). 반대로 다른 국가(영국, 이스라엘)에서는 조약이 국내입법으로 변형되지 아니하는 한 국내당국을 구속하지 않는다(그러나 영국의 경우 전투행위 또는 할양에 관한 조약에 대해서는 이 원칙이 적용되지 않는다). 적어도 이 두 국가에 있어 이러한 수용방식을 채택하는 주된 이유는 조약이 오로지 행정부에 의해 체결되기 때문인 것으로 보인다. 따라서 삼권분립 이론상 조약이 국내법의 일부가 되려면 의회가 개입해야 한다. 또 다른 국가인 이탈리아와 독일의 관행에 따르면 *특별한 자동적* 수용방식이 종종 활용되고 있다.

(2) 비자기집행적 조약

조약이 비자기집행적(non-self-executing) 규정, 즉 국내이행을 위하여 별도의 국내입법이 보충되어야 하기 때문에 국내법체계에 직접 적용될 수 없는 규정의 경우 특별한 문제가 발생할 수 있다. 조약이 이런 규정을 포함하는 경우, 국제조약의 단순한 공포만으로 국내적 효력이 충분히 발생하는 국내법체계에서도 이행입법이 필요하다.

비자기집행적 조약의 개념은 1829년초 미국 Marshall 연방대법원장에 의하여 *Foster and Elam v. Neilson* 사건에서 구체화되었다. 그는 이와 관련하여 다음과 같이 서술하였다. 즉, "우리 헌법에 따르면 조약은 국가의 법이라고 선언되고 있다. 그래서 조약이 어떠한 입법규정의 도움 없이도 스스로 시행되면 언제든지 법원은 이러한 조약을 입법부의 법령과 동일한 것으로 간주한다. 그러나 관련 규정의 문언이 계약을 의도하는 경우, 또는 어느 일방 당사자가 특별한 행위를 수행하기로 약속하는 경우, 조약은 사법기관이 아닌 정치기관을 대상으로 한다. 즉, 이런 경우 해당 규정이 법원에서 적용되는 규칙으로 작용하려면 입법부가 이 계약을 이행해야 한다" (p.427).

1952년 캘리포니아주 대법원은 *Fujii v. State of California* 사건에서 인권에 관한 유엔헌장 제55조 및 제56조가 비자기집행적이며, 집행에 필요한 주법이 없는 한 적용할 수 없다고 판시하였다(p.312). 마찬가지로 1979년 이탈리아 헌법재판소는 *Lockheed* 사건에서 유엔 시민적 · 정치적 권리규약 제14조 제5항("모든 범죄혐의자는 자신의 유죄판결 및 형의 선고에 대해 법에 따라 상급 재판소의 재심을 받을 권리가 있다")은 헌법 제96조에 따라서 총리 및 여타 내각각료에 대해 제기되는 사법절차와 관련하여 입법부가 해당 사안에 있어 항소심을 규율하는 법률을 제정하지 않는 한 적용할 수 없다고 판시하였다(pp.94-95). 1980년 네덜란드 대법원은 *H.J.M.M. v. Public Prosecutor* 사건에서 유사한 판결을 내렸다(p.367).

한편, 1995년 6월 16일 러시아연방 하원(Duma)이 채택하여 1995년 7월 21일 발효한 러시아연방의 국제조약에 관한 연방법에서는 자기집행적 조약과 비자기집행적 조약을 구분하면서 특히 제5조는 "공식적으로 공포된 러시아연방의 국제조약 규정으로서 그 적용에 있어 국내법령이 채택될 필요가 없는 경우 해당 조약은 직접 적용된다. 다른 러시아연방 국제조약의 경우 적용되려면 그에 상응하는 법령이 *채택되어야 한다*"라고 규정하고 있다.

국내법원은 의도적이든 의도적이지 않든 국내법체계가 법적 변화를 겪지 않도록 보호하기 위해 종종 비자기집행적 조약규정의 개념을 확대하려는 경향이 있음을 강조하여야 하겠다. 그리하여, 예를 들자면, 프랑스 최고행정법원(Conseil d'Etat)은 다수의 상반된 판결을 거친 후 1991년이 되어서야 비로소 유럽인권협약 제8조(즉, "모든 사람은 자신의 사생활 및 가정생활, 자신의 주거 및 통신을 존중받을 권리가 있다." 제2항 참조)가 자기집행적이라는 판결을 옳게 내렸다(*Demizpence* 사건, p.1013). 이와 마찬가지로 1989년이 되어서야 비로소 이탈리아 대법원은 *Polo Castro* 사건에서 유럽인권협약 제5조 제1(f)항(불법입국 방지 또는 강제퇴거 또는 범죄인 인도에 기하여 체포되었거나 구금되었던 자에 대해 적용됨)이 자기집행적이라고 판시하였다(pp. 1042-1044).

(3) 국제조약의 지위 및 신법과의 충돌 가능성

조약이 국내법질서에서 갖는 법적 지위 및 국내 신법과 충돌할 가능성은 국제조약을 국내법체계로 수용하도록 규정하고 있는 국내법규칙의 지위 및 서열에 따라 매우 다양하다. 헌법규칙(즉, 경성헌법)에서 조약의 수용을 규정하고 있는 국가의 경우 정당하게 비준된 조약은 국내입법에 우선한다.

프랑스의 경우 조약은 국내 일반법령보다 높은 지위를 갖고, 조약과 국내 일반법령이 충돌시 조약이 우선한다. 1958년 헌법 제55조는 "정당하게 비준되고 승인된 조약 및 협정은 공포시 이것이 다른 체약당사자에 의해 적용된다는 조건하에 법보다 우선하는 권위를 갖는다"라고 규정하고 있다. 그러나 최고행정법원(Conseil d'Etat)이 *Sarran, Levacher et al.* 사건(pp.1081-1090)에서 그리고 대법원(Cour de Cassation) 전원합의체가 *Pauline Fraisse* 사건에서 언급하였듯이, 국제조약은 헌법규정에 우선할 수 없다.[24] 이러한 이유로 최근 헌법평의회(Conseil Constitutionnel)의 결정[25]에 따라 프랑스 의회는 ICC규정 자체 및 프랑스 헌법에 반하는 ICC규정의 이행을 위한 헌법을 제정할 필요가 있다고 결정하였다. 실제로 이러한 법이 제정되어, 헌법 제53조에 프랑스의 법질서가 로마규정(Rome Statute of the ICC)에 합치해야 한다는 내용의 새로운 항을 추가하였다.[26] 따라서 ICC규정은 프랑스 법체계상 헌법적 지위를 갖거나 아니면 최소한 헌법적 보장을 받게 되었다.

조약의 수용에 관하여 이와 유사한 규정이 그리스[27]와 같은 국가 및 코트디부아르와 같은 다수의 프랑스어권 아프리카 국가의 헌법에 포함되어 있다. 1978년 스페인 헌법도 이러한 규정을 포함하고 있으나 상호주의 조항[28]은 없다. 더욱이 1993년 러시아연방 헌법 제15조 제4항은 "국제법에서 일반적으로 인정된 원칙 및 규범과 러시아연방이 체결한 국제조약은 러시아 법체계와 일체가 된다"고 규정하고 있으며, 나아가 "러시아연방이 체결한 국제조약이 법에 규정된 것과 다른 규칙을 수립하는 경우 국제조약의 규칙이 적용된다"[29]고 언급하고 있다.

---

24) 2000년 6월 2일 결정 제450호(http://www.courdecassation.fr/agenda/arrests/99-60274.htm).

25) 1999년 1월 22일 결정 제98-408호(http://www.conseil-constitutionel.fr).

26) 즉, "La République peut reconnaître la jurisdiction de la Cour pénale internationale dans les conditions prévues par le traité signé le 18 Juillet 1998"(1999년 7월 8일 헌법, No. 99-568, at http://www.legifrance.gouv.fr 또는 *Journal Officiel, Lois et Décrets*(1999년 7월 9일), No. 157, p.10175).

27) 1975년 그리스 헌법 제28조 제1항 참조(*supra* note 21).

28) 스페인 헌법 제96조 제1항은 다음과 같이 규정하고 있다. 즉, "유효하게 체결된 조약은 스페인에서 공식적으로 공포되면 국내법질서의 일부분이 된다. 이러한 규정의 폐지, 수정 또는 정지는 조약 자체에 규정된 방식 또는 국제법의 일반규범에 따라야 한다."

29) 이것은 러시아의 판례법에 의해 확인되고 있다. 예를 들어, 러시아 연방대법원의 *Case of Some Questions Concerning the Application of the Constitution of the Russian Federation by Courts* 사건 판결(하급법원은 "국제법에서 일반적으로 인정된 원칙 및 규범을 고려하여야 한다"고 판시함.

국제조약의 우위는 불가리아(제5조 제4항), 몰도바(제8조), 에스토니아(제123조), 아르메니아(제6조), 아제르바이잔(제151조), 카자흐스탄(제4조), 조지아(제6조) 및 타지키스탄(제11조)과 같은 국가의 헌법에도 규정되어 있다. 네덜란드에서 조약은 최소한 몇 가지 경우[30]에 있어서 헌법보다도 상위이다. 또한 헌법재판소를 둔 다수의 국가에서 헌법재판소는 국제조약이 '일반법'보다 상위라는 원칙에 근거하여 업무를 수행하고 있다.[31]

반대로 다른 국가에 있어 헌법 또는 국내법은 명시적 또는 묵시적으로 조약이 의회가 제정한 법률과 동일한 지위를 갖는다고 규정하고 있다. 분명히 말해서 이러한 경향의 배경이 되는 취지는 국익이 최우선시되는 경우에는 언제든지 조약의 이행입법을 변경할 권한을 의회에 주기 위한 것이다. 실제로 나중에 제정된 국내법이 이보다 앞선 조약보다 우선할 수 있다. 미국의 경우 조약은 연방법과

---

p.3) 및 헌법재판소의 *Case Concerning Articles 180, 181 and 192 of the Procedural Code of Arbitration* 사건 판결("러시아연방 헌법 제15조 제4항 및 제17조 제1항 그리고 제46조 제1항에 따라서 누구나 법원의 보호를 받을 권리가 있다는 사항은 위 국제법규범[유엔 시민적 · 정치적 권리규약 제14조]에 따라 보장되어야 하며, 이 규범은 성격상 일반적으로 인정되고 있어 그 자체로 러시아연방 법체계와 일체가 된다"고 판시함. pp.57-58)을 참조하시오. 연방대법원은 2003년 *Case on Application of Generally Recognized Principles* 사건에서 국제조약이 국내법에 우선하며 인권에 관한 헌법규정은 무엇보다도 '유엔 및 유엔 전문기구의 문서'로부터 확인할 수 있는 '국제법에서 일반적으로 인정된 원칙 및 규범'에 따라 해석되어야 한다는 점을 강조하였다(p.4).

30) 1983년 네덜란드 헌법 제91조 제3항은 다음과 같이 규정하고 있다. "헌법과 충돌되거나 충돌될 수 있는 조약의 모든 규정은 적어도 상 · 하 양원(Chambers of the States General) 참석투표자 중 최소 2/3 이상의 찬성표를 획득한 경우에만 승인될 수 있다." 또한 제94조는 "왕국 내에서 유효한 법령은 이를 적용하는 경우 모든 사람을 구속하는 조약 또는 국제기구 결의의 관련 규정과 충돌하는 경우 적용할 수 없다." 이러한 규정은 조약 규정이 자기집행적인 경우 헌법 및 법률에 우선하는 결과를 가져오는 것으로 해석되었다(E.A. Alkema, "Foreign Relations in the 1983 Dutch Constitution", 3 *NILR*(1984), p.320).

31) 헌법재판소와 국제법에 관해서는 W. Czaplinsky, "International Law and Polish Municipal Law: Recent Jurisprudence of the Polish Supreme Judicial Organs", in 53 *ZaöRV*(1993-II), pp.871-881; G.M. Danilenko, "The New Russian Constitution and International Law", 88 *AJIL*(1994), pp.460-464; V.S. Vereshchetin, "New Constitutions and the Old Problem of the Relationship between International Law and National Law," 7 *EJIL*(1996), pp.34-37; J. Henderson, "Reference to International Law in Decided Cases of the First Russian Constitutional Court," in R. Müllerson, M. Fitzmaurice, and M. Andenas, eds., *Constitutional Reform and International Law in Central and Eastern Europe*(The Hague and Boston: Kluwer Law International, 1998), p.59 이하.; G.M. Danilenko, "Implementation of International Law in CIS States: Theory and Practice," 10 *EJIL* (1999), pp.56-63 참조.

동일한 지위를 가지며 주(州)법에 우선하지만, 추후의 연방법에 의해 대체될 수 있다(이러한 이유로 무엇보다도 미국 연방대법원이 내린 조약의 해석은 주 법원을 구속하게 된다).

그러나 많은 국가(중국, 이탈리아, 그리고 가나, 우간다, 나이지리아, 탄자니아 등 다수의 영어권 아프리카 국가)는 헌법이나 국내법에서 조약의 이행에 관하여 특별한 규정을 두고 있지 않다. 이들 국가에 있어 조약은 특별한 방식에 의해 수용되고 있다. 그래서 국내법질서상 조약의 서열은 특별 이행입법의 서열 및 지위에 따라 결정된다.

조약이 일단 수용되면 일반법과 동일한 서열을 갖는 국가(미국, 이탈리아 등)에 있어 조약과 추후 국내법 간의 충돌이 자주 발생할 수 있다. 이러한 충돌 가능성을 줄이기 위해 법원은 의심이 있는 경우 국내법령은 국가가 비준한 국제조약과 충돌되지 않도록 해석해야 한다는 해석원칙을 옹호하는 경향이 있다.

> 1954년 이탈리아 대법원은 이 원칙을 분명히 정하였다. 즉, 1924년 선하증권의 특정 규칙의 통일에 관한 1924년 브뤼셀협약이 1932년 이탈리아 해상법보다 우선한다는 점을 지지하면서, "국제적 약속의 존재 … 및 더욱이 국내 입법부에 의한 이러한 약속이행은 추후 입법의 해석방법 문제로 귀착될 수밖에 없다. 결과적으로 조약의 이행법률을 폐기하고자 하는, 즉 국제적 약속을 포기하려는 입법자의 분명하고 명시적인 의도가 없는 한, 입법부는 조약을 존중하도록 명령하는 일반적이고 근본적인 국제법규칙을 준수할 의도를 가졌던 것으로 생각하여야 한다"(p.41)라고 판시하였다.
>
> 미국 법원도 동일한 접근방법을 취하였다. 예를 들어, 1987년의 *US v. Palestine Liberation Organization* 사건에서 뉴욕 남부지방법원은 이 해석원칙 때문에 1988년 테러방지법(Anti Terrorism Act)이 1946년 유엔과 미국이 체결한 본부협정을 대체하지 않았다고 결정하였다. 동 법원은 이에 대해서 다음과 같이 설시하였다. 즉, "조약이 나중에 제정된 법령과 양립하지 않고 의회가 법령을 제정해서 조약을 대체할 의도를 분명히 드러낸 경우에만 나중에 제정된 법령이 우선한다"(p.386).[32]

---

32) 법원은 계속하여, "우리 법원은 미국이 체결한 이전 조약 또는 국제협정을 폐지하는 법령을 의회가 제정할 권한을 갖는다는 정부 입장이 유효하다는 점을 인정한다. … 그러나 이러한 권한은 분명하고도 명백하게 행사되지 않는 한, 우리 법원은 법령을 현행 조약에 따른 의무와 일치하는 방식으로 해석하여야 할 의무가 있다. 이것이 바로 지난 150년간에 걸쳐 손상되지 않은 채 권위를 유지해 온 입법의 해석규칙이다"(*ibid.*, p.387)라고 하였다.

이런 해석방식을 일부 학자가 비판한 바 있었고 여타 국가의 법원도 비판하고 있다. 즉, 입법자가 국내입법을 종전 조약보다 우선시할 의도를 명백히 표명한 경우에만 국내법령이 국제조약으로부터 일탈할 수 있다고 주장하는 것은 추상적이고 무의미한 가설을 제기할 뿐이라는 것이다. 왜냐하면, 실제로 의회가 명백한 의도를 가지고 조약으로부터 일탈하는 일은 거의 없기 때문이다. 국내입법이 국제규칙에 반하는 것으로 판명되는 경우 이것은 종종 조절장치가 없었거나 그러한 사실을 간과했기 때문이다. 그러나 이러한 해석원칙이 아무리 작위적이라 해도, 입법부의 실수 또는 착오를 보충함으로써 궁극적으로 국내법을 국제법 기준과 합치시키기 위하여 법원이 마련한 훌륭한 장치라는 반대 주장이 있을 수도 있다.

바로 위에서 간단히 언급한 것과 유사한 접근방법은 1996년 남아프리카공화국 헌법 제233조에서도 취하고 있다.

> "모든 입법을 해석할 때, 각 법원은 입법에 대해 국제법과 일치하는 합리적 해석을 국제법과 불일치하는 다른 모든 해석보다 우위에 두어야 한다."

이러한 서술방식은 매우 유연하여 법원은 국내입법과 국제조약이 충돌하는 사건에 직면하게 되는 경우 재량권을 넓게 가질 것으로 보인다.[33]

한편, 다수의 이탈리아 및 러시아 국제법학자들은 조약이 이와 모순되는 추후 국내입법에 우선하도록 하는 취지에서 더 나은 의견을 제기하였다.[34] 즉, 이들

---

33) 이것은 아마도 헝가리 헌법재판소의 판결에 적용될 수 있을 것이다. 이 재판소는 "헌법 및 국내규칙은 국제법에서 일반적으로 인정된 규칙이 효력을 갖도록 해석해야 한다"라고 판시한 바 있다(1993년 10월 13일 판결; 2-3 *East European Constitutional Review 1993-4,* p.10). 미국 판례의 목록은 위에서 언급한 *US v. Palestine Liberation Organization* 사건(pp.386-387)에서 인용하고 있는 것을 참조하시오.

1996년 남아프리카공화국 헌법재판소는 *AZAPO* 사건에서 특히 다음과 같이 언급하였다. 즉, "… 헌법 제정자가 국제법에 따른 국가의무를 위반할 수 있는 어떠한 법도 허용하였다고 쉽게 추정하여서는 안된다"(제28항).

34) 이탈리아 학자에 대해서는 C. Fabozzi, *L'attuazione dei trattati internazionali mediante ordine di esecuzione*(Milan: Giuffré, 1961), pp.163-165; R. Quadri, *Diritto internazionale pubblico*, 5th edn.(Naples: Liguori, 1968), pp.78-79; B. Conforti, *Diritto internazionale*, 5th edn.(Naples: Editoriale Scientifica, 1997), p.316 참조.

러시아 학자로는 E.T. Usenko, "Theoretical Problems in the Relation of International Law to Municipal Law", *Soviet Yearbook of International Law*(1997), p.87 참조.

은 국내입법과 모순되는 국제조약을 해석하고 적용함에 있어 조약의 이행입법이 '특별' 법이 된다고 주장하고 있다. 이런 특별한 성격은 입법이 일반규칙이 예정하고 있는 것보다 제한적인 범주의 사실 또는 사람을 규율하는 점(일상적인 특별성 개념)에서가 아니라, 조약을 국내적 수준에서 이행하는 규칙의 제정근거 및 역할에서 나온다. 이런 규칙은 국내법질서를 국제조약에 맞춘다는 특별한 목적을 갖는 점에서 일반 국내입법과 다르다. 이런 규칙의 제정근거 및 존재이유는 조약이 존재하기 때문이며, 이들 규칙은 이러한 조약을 국내법에서 시행하기 위하여 마련되었다. 이것이 일종의 특별성이며, 후행하는 일반규칙은 선행하는 특별규칙을 대체하지 못한다는 전통적 원칙에 따라 조약은 후행 국내입법보다 우선하게 된다.

> 궁극적으로 벨기에 대법원은 *S.A. Fromagerie Franco-Suisse 'Le Ski' v. Etat Belge* 사건[35]에서 동일한 결론에 도달하였다. 대법원은 조약이 국내법에 우선한다고 판시하면서, 그 근거로 "조약의 우위성은 국제조약법의 성격 그 자체에서 발생한다"고 하였다. 1993년 *Kasim, Noureddin* 사건[36]에서 이탈리아 헌법재판소도 동일한 태도를 견지하였던 것으로 보인다.

12.4.3 조약 이행에 있어서 개인의 권리와 국가의 재량권 비교

국제조약의 당사자가 자신의 국내법질서에서 해당 조약의 일부 규정을 이행하지 못할 경우, 다른 체약당사자의 국내법질서에서 개인이 누릴 권능이 있는 근본적 권리가 그에게 생기지 않을 수 있다. 이런 문제는 외국이 체약당사자의 국민에게 권리를 부여하는 국제규칙을 위반하는 경우 종종 발생한다. 이런 사건 또는 이와 유사한 경우 피해국이 조약 위반에 대해 아무런 조치도 취하지 않고, 특

---

35) 1971년 5월 27일 벨기에 대법원 판결 참조. *Common Market Law Reports*(1972)에 수록된 영어 번역본(p.330 이하)과 *Pasicrisie belge*(1971)에 수록된 프랑스어 원본(p.886 이하) 참조.

36) 이탈리아 헌법재판소는 이탈리아가 비준한 다수의 국제조약을 이행하는 규정과 피고인의 기본권에 관한 규정(자신에 대한 형사소추의 성격 및 이유에 대해 그가 이해하는 언어로 신속하고도 상세하게 통보받을 권리)은 나중의 입법에 의해 폐지되지 않고 이탈리아에서 유효하다고 판시하면서, 그 근거로 이 규정들은 "비전형적인 [입법]권한에 기초한 법원(法源)으로부터 도출되는 규칙으로서 일반입법에 의해 폐지되거나 개정될 수 없다" 는 이유를 들었다(p.261).

히 자국민에게 외교적 보호나 사법적 보호를 행사하지 않는 경우, 개인의 권리는 결국 위험에 처하게 될 수 있다. 일반적으로 국가는 국제관계를 처리할 때 재량권을 누린다. 따라서 개인의 권리가 국내적으로 실현되지 못하는 현상이 종종 발생하게 된다. 최근 스페인 대법원(Tribunal Supremo)에 제기된 사건은 이러한 부정적인 결과를 매우 잘 보여 주고 있다.

> *Don Juan* 사건에서 아르헨티나는 스페인과 1987년 3월 3일 체결한 범죄인인도 및 형사사법공조조약에 따를 의무가 있었지만 스페인 당국이 아르헨티나 거주 Don Jorge 및 여타 95명이 범한 것으로 주장되는 집단살해 및 테러 범죄와 관련하여 송부한 증인신문요청서(letters rogatory, 보통 해외에서 증거를 수집하기 위해 사법공조를 요청하는 증서)를 집행하지 못하였다. 원고 Don Juan은 스페인 대법원에 스페인 당국이 아르헨티나의 위 조약 위반에 대해 대응조치를 취하지 못한 결과 자신의 기본권인 효과적인 사법구제권이 침해당했다는 내용의 소를 제기하였다. 대법원은 2000년 7월 24일 결정으로 해당 신청을 기각하면서, 아르헨티나의 위 조약 위반 주장에 대해 스페인이 국제법 또는 국내법상 대응할 의무가 없다고 판시하였다. 스페인 당국은 이러한 위반 주장에 대해 오로지 국제적 조치를 취할 권한만 가질 뿐이었다. 스페인 법질서상 개인은 스페인 외교정책 수립 당국으로 하여금 이러한 국제적 권한을 행사하도록 요구할 권리가 없었다. 원고는 아르헨티나 법원이 아르헨티나의 관계 당국으로 하여금 증인신문요청서를 집행하도록 명령하기 위하여 소송을 제기할 수 있을 뿐이었다(pp.3-4).

결국 국내법체계에서 각국은 개인의 기본적 권리에 대한 존중과 국제관계 수행시 정부의 정치적 재량 사이에서 발생할 수 있는 충돌과 긴장관계를 가장 잘 해결할 수 있는 방법을 발견해야 할 것이다.

12.4.4 국제기구의 구속력 있는 결정의 이행

최근 국제법상 가장 두드러진 특징 중 하나는 일부 국제기구가 구속력 있는 결정을 채택할 권한을 갖고서 대외적으로 효력을 갖거나, 기구의 내부활동과 관련해서 구속력 있는 결정인 '행정행위'가 되는 규칙을 마련할 수 있다는 점이다. 이런 결정이 시행되려면 국내적으로도 이행되어야 한다. 이러한 사항은 특히 유엔 안보리에 의해 채택된 경제적 · 외교적 제재조치[예컨대 남아프리카공화국, 남로디지아, 이라크, 유고연방(세르비아-몬테네그로) 등에 취해진 조치와 같은 행위, 그리고 유엔헌장 제7장에 따라 내려진 결정에 의해 1993년 및 1994년 각각 제정된 ICTY 및 ICTR규정에 해당한다. 또한 더욱 중요한 것은 유럽연합(EU)의 기관이 채택한 규칙, 지침 및 여타 행위의 이행문제이다.

보통 국내법체계는 국제기구의 결정에 대해 자동적 수용 또는 특별한 수용에 관해 어떠한 규정도 두고 있지 않다. 그러나 네덜란드, 그리스, 스페인[37]과 같은 국가의 헌법 또는 프랑스[38]와 같은 국가의 사법관행에서 이에 대한 예외를 찾을 수 있다. 이런 국가들은 국제적인 구속력을 갖는 국제기구의 결의 및 결정이 해당 국가의 관보에 공포되는 순간 국내법체계상 구속력을 갖는다고 규정하여 현대적이면서 국제주의를 지향하는 태도를 취하고 있다(이러한 결정 또는 결의가 관련 국가의 관보에 게재되지 않더라도 *그 자체*로 구속력을 갖는다고 하는 것은 지나친 주장이라는 의견이 있다. 보통 국제기구의 구속력 있는 행위에 대해서는 사법심사가 없기 때문에 국가가 이러한 행위를 국내적으로 적용하기 전에 이의 적법성, 즉 기구의 규칙과 합치되는지 여부에 대하여 최소한 몇 가지 종류의 심사를 행사할 권능이 있는 것으로 보인다).

상황이 다른 경우 또는 국제규칙이 비자기집행적이어서 이행입법을 요하는 경우 언제든지 특별입법을 마련할 필요가 있다. 그래서 이러한 입법이 다수 있었다. 많은 국가는 특히 ICTY나 ICTR과 협력해야 할 국내 사법기관을 특정하기 위

---

37) 1978년 스페인 헌법 제92조는 다음과 같이 규정하고 있다. "조직법(*ley organica*)에 의해 헌법에서 도출되는 권한행사를 국제기구 또는 국제기관에 위임하는 조약 체결이 허가될 수 있다. 이러한 조약 및 이처럼 헌법상 권한양도에 의해 권능을 갖게 된 국제기구 또는 초국가기구에서 나오는 조약과 결의의 준수를 보장하는 것은 사건에 따라서는 스페인 의회(Cortes Generales) 또는 정부의 소관사항이다." 1993년 9월 9일자 의견 제984/93호에서 국가평의회(Consejo de Estado)는 "헌법 제96조 제1항(*supra* note 28 참조)에 의해 스페인이 회원국인 국제기구의 결의는 스페인이 체결한 조약에 흡수될 수 있다. 결과적으로 이러한 결의는 국제적으로 완성되어 스페인 관보(Boletín Oficial del Estado)에 게재되는 순간 우리의 국내법체계에 자동적으로 수용된다. 그러나 기구설립조약에 규정된 경우라면 언제든지 관련 기구의 관보에 공포하는 것으로 족하다"[Consejo de Estado, *Recopilación de Doctrina Legal 1993*(Madrid: Boletín Oficial del Estado, 1994), pp.1-5]. 스페인의 관행상 유엔 안보리의 구속력 있는 결의(예를 들어, 이라크 및 구 유고에 관한 결의)는 관보에 게재되어 자동적으로 스페인 법체계 내에서 구속력을 갖게 되었다.

38) 1963년 11월 8일자 판결에 따라 프랑스 대법원(형사부)은 ICAO 이사회가 채택한 부속서 9의 제5장을 ICAO설립조약과 같게 이해한 결과 이들 부속서 또는 규칙이 관보에 게재되면 프랑스 법체계상 구속력이 발생하는 데 충분한 것으로 간주되었다. 1977년 12월 30일자 판결에서 헌법평의회는 EC 규칙이 프랑스 내에서 구속력을 갖는 것은 프랑스가 사전에 행한 국제약속의 직접적인 결과라고 판시하였다(*Recueil des décisions du Conseil constitutionnel*(1977), p.44, p.46).

하여, 자국의 국내법체계를 ICTY규정 및 ICTR규정에 일치시키기 위하여 특별한 목적을 가진 법을 통과시켰다. 반면 러시아연방과 같은 여타 국가들은 위 규정을 이행하기 위하여 별도의 입법을 필요로 하지 않았다.

유럽연합 기관이 채택한 법령의 국내적 이행과 관련하여 상황은 다르다. 유럽공동체(EC)조약은 규칙(Regulation)이 다양한 회원국의 국내법질서에 '직접 적용'된다고 규정하고 있다(예컨대 EC조약 제249조). 지침(Directive)에 대해 유럽공동체사법재판소(ECJ) 판례는 적어도 세 가지 범주의 지침은 국내법체계에 직접 적용된다는 점을 분명히 하였다.[39] 다른 경우 각 회원국의 이행입법이 필요하다.

EC 법령이 회원국 국내법체계에서 직접 적용될 수 있다는 특징은 첫째, EC가 모든 회원국의 법체계 내에서 곧바로 동일한 법적 효력을 발생시켜야 할 필요성이 있었고, 둘째, 조약을 위반했다고 주장되는 모든 EC 법령에 대해 사법심사를 행할 임무를 부여받은 재판소(즉, ECJ)가 존재하는 것으로 정당화되고 있다.

12.5 국가주의적 견해와 국제주의적 전망의 비교 : 새로운 경향

국제규칙을 국내법체계에서 이행하기 위하여 국가가 선택하는 방식을 통해서 국가가 어느 정도로 국제적 가치에 개방적인지를 알 수 있다. 국제적 요구사항에 민감한 국가는 관습법, 조약규칙 및 국제기구의 결정에 대해 상시 자동적 수용방식을 선택한다. 게다가 이들 국가는 국제규칙 및 국제기구의 결정에 대해 국내 '일반' 법보다 높은 지위를 부여한다.

현재 소수의 국가만이 종합적인 면에서 국제주의적 관점을 채택하고 있다. 특히 3개 국가가 두드러지는데, 즉 그리스, 네덜란드 및 스페인이다. 이들 국가는 모두 상시 자동적 수용방식을 채택하고 있으며, 그리스에서는 관습국제규칙과 조약이 국내입법에 우선하고 있어 그리스의 일관되고 용기 있는 국제주의적 태

---

39) EC지침의 첫 번째 범주는 국내입법의 해석이 불분명하여 국내입법을 공동체지침에 일치하여 해석하여야 하는 경우이다. 두 번째 범주는 EC조약에 이미 규정된 의무를 확정 또는 분명히 하거나 조약의 규정에 대해 두 가지 가능한 해석 중 선택을 하는 지침이다. 세 번째 범주의 지침은 특별한 이행입법의 개입 없이 국가에 의무를 부과하는 지침이다. 이런 경우 지침은 지침이 갖는 일반적인 법적 효력과 관련하여 개인이 국가를 상대로 국내법원에 소를 제기하는 경우 원용할 수 있다. B. Conforti, *supra* note 34, pp.325-329를 참조하시오.

도를 명확히 보여 주고 있다. 네덜란드에서는 국제조약이 헌법에 우선한다. 스페인에서는 국제조약이 국내입법보다 우선할 뿐만 아니라, 국내당국은 인권 관련 국내입법을 국제문서의 관점에서 해석할 의무를 부담한다.[40] 그러나 민주적 통제의 요건을 보장하기 위하여 스페인에서는 의회의 개입을 확고히 요구함으로써 국제주의적 태도와 균형을 이루고 있다. 즉, 국가평의회(Consejo de Estado)가 다수의 '의견'에서 제시하고 있는 해석상 헌법 제94조[41]에 의해 '약식조약'(예컨대 외교각서의 교환)[42]을 포함하는 조약의 체결뿐만 아니라, 유보의 성립 및 철회,[43] 일방적 선언 실시(새로운 의무의 형성 또는 단순히 현행 의무의 해석),[44] 다자조약의 개정,[45]

---

40) 1978년 스페인 헌법 제96조 제1항에 대해서는 *supra* note 28 참조. 네덜란드 헌법(1953년 제정, 1956년 및 1983년 각각 개정) 제92조는 "입법적, 행정적 및 사법적 권한은 필요한 경우 제91조 제3항 규정(헌법과 충돌되는 조약은 의회 2/3 이상의 승인을 받아야 함)의 적용을 받는다는 조건하에 조약에 따라 국제기구에 위임될 수 있다." 제93조는 "내용상 모든 개인에 대해 구속력을 가질 수 있는 조약 및 국제기구 결의의 규정은 공포후 구속력을 갖는다." 제94조는 "왕국 내에서 유효한 법령은 이를 적용하는 경우 모든 개인을 구속하는 조약 또는 국제기구 결의의 관련 규정과 충돌하는 경우 적용할 수 없다"라고 규정하고 있다. 그리스 헌법 제28조 제2항은 "중요한 국가이익을 충족하고 여타 국가와의 협력을 증진하기 위해 조약 또는 국제협정에 따라 헌법에 규정된 권한을 국제기구의 기관에 위임할 수 있다"고 규정하고 있다.

41) 제94조는 다음과 같이 규정하고 있다.
   1. 본국이 조약 또는 협정에 의해 특정 사안에 대한 의무의 구속을 받겠다는 동의를 표시함에 있어 다음의 사안에 대해서는 의회(Cortes Generales)의 사전허가를 요한다.
      (a) 정치적 성격의 조약
      (b) 군사적 성격의 조약 또는 협정
      (c) 본국의 영토보전 또는 제1장(Title I)에서 정한 근본적 권리 및 의무에 영향을 미치는 조약 또는 협정
      (d) 국가재정에 중요한 의무를 수반하는 조약 또는 협정
      (e) 일정 법률의 수정 또는 폐지와 연관되거나 집행을 위해 입법적 조치를 요하는 조약 또는 협정.
   2. 상 · 하 양원은 조약 또는 협정 체결 즉시 이를 통보받아야 한다.

42) 예를 들어, 국가평의회의 1995년 3월 30일자 의견(*dictamen*) No. 650/95[*Recopilación de Doctrina Legal 1995*(Madrid: Boletín Oficial del Estado, 1996), pp.10-11]; 1995년 3월 16일자 의견 No. 288/95(*ibid.*, pp.13-16); 1996년 11월 14일자 의견 No. 3.777/96(*Recopilación etc. 1996*, p.11)을 각각 참조하시오.

43) 예를 들어, 1995년 1월 19일자 의견 No. 2.479/94(*Recopilación etc. 1995*, *ibid.*, pp.12-3); 1995년 2월 23일자 의견 No. 209/95(*ibid.*, pp.32-34); 1995년 12월 14일자 의견 No. 2.484/95(*ibid.*, pp.38-39); 의견 No. 318/97(*Recopilación etc. 1997*, pp.15-16)을 각각 참조하시오.

44) 예를 들어, 1998년 9월 10일자 의견 No. 3.393/98(*Recopilación etc. 1998*, pp.18-20).

45) 예를 들어, 1997년 7월 10일자 의견 No. 3.306/97(*Recopilación etc. 1997*, pp.1-2); 1997년 2월 6일자 의견 No. 449/97(*Recopilación etc. 1997*, *ibid.*, pp.7-9); 1997년 4월 10일자 의견 No. 1.301/97(*ibid.*, pp.10-11); 1998년 2월 5일자 의견 No. 6.351/97(*Recopilación etc. 1998*, pp.27-29).

조약이나 협정의 폐기[46] 그리고 스페인을 이미 구속하는 다자조약에 대해 여타 국가가 가입하는 경우[47] 의회의 허가나 승인이 필요하다. 반면, 조약의 임시적 적용의 경우에는 의회의 허가가 일반적으로는 필요하지 않다.[48]

반대로 대부분의 국가는 여전히 국제법의 이행에 대해 다소 국가주의적 방식을 취하고 있다. 이들 국가는 국제규칙에서 인정되고 있는 국제적 가치를 국내적 이익 및 관심사보다 우선시하지 않는다. 이들은 국제규칙을 일반 국내법과 동일한 위치에 놓아 국제법과 모순되는 국내법을 언제든 제정해서 국제적 가치를 무시할 권한을 갖고 있다. 가장 극단적인 국가주의적 태도는 영국과 같이 의회대권(parliamentary prerogatives)이 존중받아서 조약규칙이 국내적으로 구속력을 가지려면 의회의 법령에 의해 국내입법으로 변형되어야 하는 국가의 경우가 될 것으로 보인다.

프랑스 및 러시아연방과 같은 여타 국가는 최소한 일부 국제법을 국내입법보다 우선하는 점에서 부분적으로 국제주의적 태도를 취하였다. 그러나 이들은 단지 조약에 대해서만 이런 태도를 취하는 경향이 있다(반면에 이들은 관습법에 대해서는 전통적인 국가주의적 태도를 취한다). 이러한 경향은 아마도 관습규칙의 내용이 불명확한 법체계로 간주되어 불신의 정도가 깊고 어쨌든 성문법만큼 신뢰성을 얻지 못하고 있기 때문인 듯하다. 여기에는 또 다른 요소가 있을 수도 있다. 즉, 조약의 경우 보통 의회가 이를 비준하거나 이행을 허가한다는 점에서 조약의 성립에 관여하고, 이렇게 관여해서 조약에 포함된 규칙은 국민적 정당성을 얻게 된다.

요약하면, 대부분의 국가는 자신의 국내법체계상 국제법의 우위를 인정하지 않고 있다. 그래서 대부분의 세계공동체 회원국들은 국제법 기준이 국내법체계에서 수행할 수 있는 역할을 낮게 보는 경향이 있다고 결론내릴 수도 있을 것이

---

46) 예를 들어, 1997년 2월 6일자 의견 No. 336/97(*Recopilación etc. 1997*, p.3); 1998년 2월 5일자 의견 No. 201/98(*Recopilación etc. 1998*, pp.11-14).

47) 예를 들어, 1995년 6월 15일자 의견 No. 961/95(*Recopilación etc. 1995*, pp.35-36); 1998년 4월 23일자 의견 No. 1.371/98(*Recopilación etc. 1998*, pp.5-6); 1998년 10월 1일자 의견 No. 3.690/98(*ibid.*, pp.6-8); 1998년 2월 26일자 의견 No. 477/98(*ibid.*, pp.14-16).

48) 예를 들어, 1996년 10월 24일자 의견 No. 3.421/96(*Recopilación etc. 1996*, pp.1-4); 1996년 4월 11일자 의견 No. 1.365/96[*ibid.*, pp.6-8(포르투갈과의 조약을 임시적으로 적용하기 위한 외교각서의 교환에 관한 건)]; 1997년 11월 20일자 의견 No. 5.572/97(*Recopilación etc. 1997*, pp.13-15).

반대로 1998년 12월 17일자 의견 No. 4.532/98에서 국가평의회는 유럽연합 회원국간 1995년 협약의 잠정적용을 규정하는 특정 협정을 체결하는 경우 의회의 허가를 요한다고 언급하였다(*Recopilación etc. 1998*, pp.8-11 참조).

다. 그렇다고 이들 국가들이 국제규범을 일상적으로 그리고 조직적으로 무시한다는 것은 아니다. 이와 반대되는 경우가 일반적이다. 국가가 국내적으로 국제법을 최고수준에서 다루지 않는 것은 헌법적 또는 입법적 수준에서 공식적으로 구속받기를 원하지 않기 때문일 뿐이다. 다시 말해서, 몇 가지 예외가 있지만, 국가는 결국 자신의 헌법 또는 법령에서 모든 국제규칙을 무조건 준수하겠다는 약속을 확고하고도 변경할 수 없도록 하는 것을 좋아하지 않는다.

적어도 부분적으로 다수 국가가 취하고 있는 현격한 국가주의적 태도를 제한하기 위해서 법원이 국제법 기준의 이행을 확보하는 데 개입하여 중요한 역할을 할 수 있다. 국내입법에서 국제적 가치가 우선하도록 하기 위한 법적 수단을 규정하고 있지 않는 경우 법원은 최소한 두 가지 해석원칙으로서 국제조약에 대한 합치의 추정(presumption in favour of international treaties) 원칙 및 특별성의 원칙(principle of specialty)을 활용할 수 있다(12.4.2(3) 참조). 이 두 원칙 중 어느 하나를 사법적으로 활용함으로써 법원은 국제법을 상당히 승격시킬 수 있을 것이다.

더욱이 근대 국제법상 더욱 더 많은 국제규칙이 개인에 대해 의무를 부과하거나(7.6.2(1) 참조) 권리를 부여해서(7.6.2(3) 참조) 직접 개인의 문제를 다루는 현상이 점점 더 중시되는 상황에 이르게 된 점을 염두에 두어야 한다. 이들 규칙은 국내법의 매개 없이 직접 개인을 상대하려는 의도를 갖고 있고 실제 그렇게 하고 있다. 그래서 국제규칙은 등장하는 순간 어느 국내법체계에 무엇이 규정되었는가에 관계 없이, 심지어 국내규칙과 충돌할 수 있더라도 국내적으로 시행된다. 구 국제공동체에서 국제법체계와 국내법체계는 서로 구분되는 법 영역이었으나, 최소한 제1차 세계대전 이후 많은 국제규칙이 세계의 모든 곳에서 즉시 시행되는, 즉 국내법체계에서 생활하고 있는 개인에게 침투하여 직접적으로 영향을 미치는 경향이 점차 증가하게 되었다. 분명히 말해서 이런 규칙에 대한 국내 이행입법의 제정은 단지 실효성을 강화하는데 도움이 될 따름이다. 이런 규칙이 국내규칙과 조화를 이루게 되면 개인의 행위에 미치는 영향은 훨씬 더 강해질 것이다.

제 IV 편

국제법 위반과 그 결과

제13장

국제위법행위와 이에 대한 법적 대응

13.1 개 관

앞에서(1.4) 지적하였듯이, 국제공동체는 상당히 미숙하여 고루한 집단적 책임 개념이 아직도 우세할 정도이다. 국가가 국제규칙을 위반하면, 해당 규칙을 실질적으로 위반한 국가공무원 개인이 속한 전체가 책임을 부담한다. 해당 국가공무원은 그 자신이 속한 국내법 제도 내에서 그를 처벌하거나 비난할 수 있도록 한 경우 그러한 처벌이나 비난을 받게 될 것이다. 국제적 수준에서, 책임을 지는 쪽은 국가 전체이기에 책임에 대한 구제조치 일체를 취해야 하는 쪽도 그 국가 전체이다.

그러나 이러한 일반적인 틀 속에서, 서로 다른 발달단계에 있는 두 가지 법으로서 이 사항에 관한 전통적인 법적 규제와 최근에 발달한 새로운 법을 구별할 수 있다. 구 제도의 일부 주요 특징보다 전반적으로 더 낫고 그보다 발전된 신법이 있어도 전통법이 폐기되지 않는 것이 보통이다. 따라서 현재 국제공동체에서 형성 중인 최근 경향을 세부적으로 다루기 이전에 과거의 법을 일람하는 것이 의미 있다.

우선, 국가책임에 관하여 정의를 내리는 것이 유용할 수 있다. 이 개념은 일면, *국가의 국제위법행위의 법적 결과*, 즉 위법행위자의 의무, 그리고 다른 한편,

위법행위의 영향을 받는 국가의 권리와 권한을 정한다. 그러나 국가책임을 논할 때, 이러한 일단의 의무와 권리, 그리고 권한의 *전제조건*을 찾아야 하며, '국제위법행위'의 의미가 무엇인지를 탐구해야 한다. 따라서 국가의 국제위법행위가 발생하기 위하여 필요한 객관적 요소와 주관적 요소에 대해서도 논의할 것이다.

13.2 전통법

국가책임에 관한 구법은 주로 국가의 관행과 국제중재판정부에 제기된 많은 사례에서 발달한 관습규칙으로 되어 있다. 조약규칙은 매우 소수인데, 이 중 가장 두드러진 것은 "해당 규칙(즉, 이 협약의 부속규칙) 규정을 위반하는 교전국은 사정상 필요한 경우, 배상금을 지급할 책임을 진다. 교전국은 자국 군대의 구성원이 자행한 모든 행위에 대해서 책임을 부담한다"라고 규정한 1907년 육전법(陸戰法)과 관습에 관한 제4헤이그협약 제3조이다. 1924~1930년 기간 동안, 국제연맹의 후원하에 여러 가지 사항을 규율하는 관습법을 성문화하려는 시도가 있었다. 연맹 이사회가 임명한 법률가위원회는 성문화에 적합한 7가지 주제 중 한 가지는 '개인 혹은 외국인 재산에 대해서 국가가 자국 내에서 행한 손해에 대한 책임'이라고 결론내렸다. 그러나 1930년 헤이그에서 개최된 성문법전화 회의에서는 책임문제, 특히 외국인의 대우에 대한 책임문제에 대해서 이견이 드러났다(일부 국가는 외국인의 '내국민 대우', 즉 외국인이 주재국가 국민과 동일한 대우를 받아야 한다는 점을 지지하였지만, 다른 쪽—주로 서방국가들—은 '최소기준' 원칙에 따른 대우, 즉 소위 '문명의 최소기준'을 이루는 국제규칙보다 더 높은 수준의 보호를 받아야 한다고 제안하였다).

관습규칙에서는 만약 어느 국가가 국제규칙에서 정하고 있는 의무를 위반하면, 그 국가는 해당 위반에 대한 국제책임을 지도록 하였다. 결과적으로, 그 국가는 그러한 위반에 대해서 피해회복조치를 취해야 하였다. 마찬가지 취지에서, 피해국은 자력구제를 활용할 권리를 가졌다. 이로써 피해국은 위법국가가 피해를 구제하도록 강제하거나, 그 나라를 '처벌'하기 위하여 마련한 강제조치(무력복구, 전쟁) 혹은 비강제조치(경제적 제재, 조약의 정지 혹은 종료 등)를 취할 수 있었다.

이 사항에 관한 전통규칙은 몇 가지 주요한 특징을 제시하였다.

첫째, *국가책임에 관한 규칙은 초보적이다*. 특히, 이들 규칙은 ① 국제위법행위의 일반적 요소(국제책임의 필요적 조건) 또는 ② 국제위법의 법적 결과에 대해서 명시하지 않고 있다. 특히, 법을 위반하였다고 하는 국가의 국가공무원이 고의·악의적으로 또는 처벌 가능한 부주의(*culpable negligence*)로 행위한 경우에만 국가책임이 발생할 수 있는지, 아니면 국가공무원 한 명 이상이 국제법규칙을 위반하였다는 사실만 있으면 충분하고, *고의* 혹은 *잘못*이 없어도 되는지의 여부가 명확하지 않다. 위법행위의 결과로서는 피해회복조치를 할 의무의 존재만이 분명할 따름이었다. 그러나 어느 형태의 피해회복조치가 다른 것보다 더 선호되는지, 그리고 그러하다면, 어떠한 조건의 제약을 받는지의 여부는 명확하지 않았다. 일반적으로 피해회복조치는 원상회복(위법행위 이전 상태의 회복), 금전배상(금전의 지급), 혹은 만족(사과, 유감 표명, 국기에 대한 경의 표시 등)의 형태를 취할 수 있도록 하였다. 일반적인 기준으로서, 만족(satisfaction)은 국가의 명예 혹은 존엄을 보호하는 국제규칙을 위반한 결과라고 판단했었다. 그러나 이 모든 부류의 피해회복조치는 국가관행에서 피해회복조치로서 가능한 경우에 활용되었던 것이고, 어떤 특정한 경우에 어느 것을 활용해야 하고 다른 경우에는 그렇게 할 수 없는 법적 유형으로 활용되었던 것은 아니다. 각 유형의 선택 여부는 관련 당사자에게 달려 있었다. 더욱이, 집행조치의 사용 여부 및 활용단계, 뿐만 아니라 해당 조치의 유형에 대한 결정은 피해국에게 달려 있었다.

더 나아가 국가책임은 위법국가와 피해국가 간의 *양자적 관계*로 되어 있었다. 이들이 직접 피해회복조치의 형식에 합의하거나, 경우에 따라서는 합의하지 못하였다. 만일 피해국이 자신의 권리를 집행하고자 하는 경우, 비례성을 비롯하여 몇 가지 요건하에서 단독으로 자력구제 형태를 선택하였다. 당사자들이 교섭하여 합의에 이를 경우에만 분쟁해결 장치를 마련할 수 있었다.

전통법의 또 다른 특징은 국제위법책임의 토대를 위에서 언급한 '*집단적 책임*' 개념에 둔 점이었다. 즉, 많은 국제규칙에서는 오직 국가만 국가공무원의 국제규칙 위반행위에 대해서 책임을 부담하도록 하였다. 개인이 자신의 행위에 대해서 책임질 수 있는 영역은 ① 해적행위(*사인 자격에서* 행한 개인에게 책임을 물을 수 있는 국제범죄로서, 17세기까지 만연하였음; 보다 상세히는 18.1, 7.6.1 그리고 21.1 참조) 그리고 ② 19세기 이래, 전쟁범죄, 즉 국가간의 전쟁에서 통상 *국가공무원*(한쪽 교전자의 군인)으로서 행동하는 개인이 자행하는 범죄뿐이었다. 후자의 범죄일 경우, 책임은 병사와 하급장교만 부담하였다. 적어도 실무상 이러한 책임은 군 지휘관과 사령관에게까지 확장되지 않았다. 대체로, 개인의 형사책임 분야 전체는 그다지 중시되지 않았다.

마지막으로, *국가들과 영미 국제법 학자*들은 위법행위의 법적 결과에 관한 관습규칙을 *국가행위를 규율하는 실체적 규칙으로서* 주로 외국인의 대우에 관한 관습규칙과 *함께 뭉치*는 것이 일반적이었다. 이러한 이유로 분명한 점은 본질적으로, 국가책임에 관한 관습규칙이 주로 산업화되지 않은 국가들(예컨대, 남미국가들)이 산업국가 국민들을 대우한 것과 관련된 분쟁의 결과로써 구체화되었기 때문이다. 이리하여, 국가책임에 관한 규칙과 국가에게 외국민의 권리와 그들의 재산을 존중할 의무를 부과하는 국제규칙 위반이 결합되는 경향이 발달하였다.

13.3 현재의 국가책임규칙: 개관

이 어려운 국제법 분야에서 현 규칙은 수년에 걸쳐서 단계적으로 성장하였다. 이에는 유엔국제법위원회(UN International Law Commission: ILC)의 작업이 상당 부분 영향을 끼쳤다. 연이어 걸출한 특별보고관(F.V. García Amador, R. Ago, W. Riphagen, G. Arangio-Ruiz, J. Crawford)들이 작성한 보고서, 위원회 내부 토의, 그리고 국가들이 개별적으로나 유엔 총회의 토론에서 보인 반응을 통해서 대부분 기존 법을 반영하면서, 몇 가지 측면에서는 기존 법을 점진적으로 발전시킨 '국가의 국제위법행위 책임 초안' (Draft Articles on Responsibility of States for Internationally wrongful Acts)이 2001년에 채택되기에 이르렀다. ILC의 요청에 따라서, 유엔 총회는 2001년에 채택한 결의 제56/83호에서 초안을 '언급하였고' 정부들이 '장차 이 초안을 채택하거나 다른 적절한 조치를 취하는 문제와 상관 없이' 이 초안에 주의를 기울이도록 권고하였다.

이 새로운 법의 주목할 만한 특징은 다음과 같이 요약할 수 있다.

첫째, 국가책임법이 예전에 함께 묶여 있던 *외국인의 대우에 관한 실체법에서 풀려 나왔다.* 주로 R. Ago가 이 사항을 명확히 하는데 공로가 있다. 현재 국제법의 '*제1차 규칙*'으로서 국가의 실체적 의무(국가면제, 외국인의 대우, 외교면제 및 영사면제, 영토주권의 존중 등)를 규정하는 관습규칙 혹은 조약규칙과 '제2차 규칙'으로서 ① '제1차 규칙' 위반이 발생하였다고 판단할 수 있는 조건, 그리고 ② 이러한 위반의 법적 결과를 설정하는 규칙이 서로 구별된다는 점이 일반적으로 인정되고 있다.

둘째, 국가책임에 관한 현재의 규칙은 이전에 논란이 많았던 다수의 규칙, 예컨대 잘못이 필수적인지 여부에 관한 문제, 한 국가가 다른 나라의 위법행위로 인하여 '피해를 입었다'고 할 때 고려해야 할 손해의 성격, 위법성을 배제하는 상황 등을 *명확히 하고 엄밀히 하였다.*

셋째, *두 가지 형태 혹은 유형의 국가책임부담 방식,* 즉 국제법의 '보통' 위반에 대한 책임과 본질적인 가치(평화, 인권, 인민의 자기결정권에 관한 사항)를 담고 있는 일부 근본적인 일반규칙의 위반에 대한 '가중책임' 유형을 구별해야 한다는 점은 현재 합의되었다. 이 문제는 다음에서(13.5) 다시 다루어질 것이다.

넷째, 위에서 지적하였듯이, 이전에는 국제위법행위시 피해국은 위법국가를 '처벌'하기 위하여, 혹은 먼저 피해회복조치를 요구하기 위하여 강제조치를 즉시 취할 것인지의 여부를 결정할 수 있었다. 더욱이 아무런 피해회복조치도 이루어지지 않는 경우, 해당 국가는 중재를 위시하여 가능한 여러 가지 절차와 장치를 활용하여 분쟁의 평화적 해결을 꾀하거나, 아니면 군사적 혹은 경제적 힘을 사용하여 자신의 피해회복권리를 집행할 것인지의 여부를 스스로 결정할 수도 있었다. 그러나 현재는 이러한 것이 허용되지 않는다. 유엔헌장 제33조의 범위가 확대되면서 일반의무가 발달하였다. 가능한 대응조치를 활용하기 이전에 분쟁을 평화적 수단으로 해결하기 위해 노력해야 한다는 점(3.5 및 13.4.2(3) 참조) 때문에 현재 국가들은 일련의 연속적인 단계를 밟아야 할 의무를 부담한다. 국가들은 먼저 피해회복조치를 요구해야 한다. 그리고 나서, 피해회복조치가 없거나 충분하지 않다고 여기는 경우, 교섭 · 조정 · 중재 혹은 다른 수단의 분쟁해결 방식을 활용하여 *분쟁을 평화적으로 해결하도록 노력해야 한다*(이런 의무는 *Air Service Agreement* 사건(제81항)에서는 부정되었다; 13.4.2(3) 참조). 그러한 시도가 무위로 끝날 때에만, 피해국(뿐만 아니라, '가중책임'의 경우 위반된 의무의 이행을 요구할 권리를 가진 타국)은 평화적인 대응조치를 취할 수 있다(유일한 예외는 유엔헌장 제51조에 의한 개별적 혹은 집단적 정당방위가 될 것이다; 18.2, 18.4 참조).

다섯째, 국가책임과 대조적으로 *개인의 형사책임*이 매우 확대되었다. 현재 개인들은 국가공무원이든 아니면 사인(私人)이든 간에, 평시(물론 전쟁범죄 제외) 그리고 전시 양자의 경우 국제법의 심각한 위반(전쟁범죄, 인도에 반한 죄, 집단살해,

테러 등; 21.2 참조)에 대해서 책임을 부담한다. 이 외에, 과거처럼 일반병사 · 하급 장교 · 군 지휘관뿐만 아니라, 고위정치인 · 각료 · 실업가 등도 국제범죄에 대해서 책임을 부담할 수 있다. 국내적 그리고 국제적으로 이들 범죄를 기소하고 처벌하여 국제인권법 그리고 국제인도주의법 규칙이 존중되고 집행되도록 하였다. 개인의 형사책임과 국가책임 간에 겹치는 부분이 있지만(특히, 집단살해와 침략의 경우) 이러한 국제형사법체계는 국가책임에 관한 국제법과 분리된 분야로서 발달하였다.

마지막으로, 현재, *합법적인 행위에 대해서* 국가들이 책임을 부담해야 할 필요성이 발생하였다. 이는 물론, 더 이상 국가책임 자체의 영역에 국한하지 않는 규칙에서 정하고 있다.

> 이리하여, 예컨대 1982년 해양법협약 제110조에 따라서, 한 국가의 군함은 외국 상선이 해적행위, 노예매매, 불법 방송을 하고 있거나, 무국적선박이라고 '의심할 만한 합당한 사유가 있거나', 또는 외국기를 게양하거나 국기를 게양하지 않더라도 사실상 군함과 동일한 국적을 갖는다면 그 상선을 공해상에서 정선하여 수색할 수 있다. 그러나 만약 의심이 근거 없는 것이라고 판단되면, 군함이 속한 국가는 해당 상선이 '입게 된 손실 혹은 손해에 대해서' 금전배상을 해야 한다. 이와 마찬가지로, 우주이용에 관한 일부 조약(예를 들면, 1972년 우주물체로 인한 손해에 대한 국제책임에 관한 협약) 혹은 핵에너지 개발에 관한 조약(예를 들면, 1960년 핵에너지 분야에서 제3국의 책임에 관한 협약 혹은 1962년 원자력선 운영자의 책임에 관한 협약)에 따라서, 국가는 합법이지만 극히 위험한 활동으로 피해를 입은 국가 혹은 개인에게 국제법에 의해서 혹은 국내법 제도(민사책임의 형태로) 내에서 금전배상을 할 책임이 있다.

13.4 '보통'국가책임

13.4.1 국가책임의 전제조건

위에서 지적했듯이, 국가책임의 기본 전제조건은 어느 국가가 위법행위를 저지르는 것이다. 위법행위가 되려면 어느 정도 주관적 요소와 객관적 요소가 필요하다. 주관적 요소는 ① 국제의무에 반하는 개인행위(작위 혹은 부작위)에 대해서 국가에게 책임이 있을 것과 ② 일부 제한된 경우 위법행위를 행하는 국가공무원에게 *잘못*(*culpa*)이 있을 것이다.

객관적 요소로 들 수 있는 것은 ① 특정 행위의 국제의무 불일치, ② 다른 국제법 주체에 대한 물질적 혹은 정신적 손해, ③ 다양한 위법성조각사유의 부존재이다.

다음에서는 이들 요소 중 가장 중요한 면만 논의하고자 한다.

(1) 국제위법행위의 주관적 요소

1) 한 국가의 국제위법 귀책성

국가는 개인을 매개로 해서 국제적으로 활동한다. 따라서 한 국가가 책임을 부담하려면 우선 어느 개인의 행위가 그 국가에 귀속되는지의 여부를 결정해야 한다.

위법행위에 대한 책임을 어느 한 국가에 귀속시키려면, 통상, 먼저 실질적으로 위반을 자행한 개인이 중앙정부(입법기관과 사법기관 포함)의 공무원이든, 아니면 영토 단위로서 미국과 같이 연방국가의 구성주 공무원이든 관계 없이 그가 특정 국가의 국내법 제도상 국가공무원의 지위를 갖는지의 여부를 결정해야 한다. ICJ가 *Immunity from Legal Process of a Special Rapporteur of the Commission on Human Rights* 사건에서 판단하였듯이, "잘 확립된 [관습적 성격의] 국제법에 따르면, 어느 국가기관의 행위든지 해당 국가의 행위로 간주된다"(제62항). 이리하여, 만약 개인이 그러한 지위를 가지면, 그의 행위와 그가 처리한 사항은 해당 국가에 귀속되는 것이 합당하다. 간단히 말해서, 국가공무원은 자신의 공적 지위에서 행위해야 하고 사인(私人)으로서 행위하지 않아야 한다.

미국과 그 밖의 연방국가들이 구성주의 행위에 대해서 책임을 부담하였던 사례로서는 영국-베네수엘라 혼합청구위원회에 제기된 *Davy* 사건(p.468), *Pellat* 사건[이 사건에서, 프랑스-멕시코 청구위원회는 1929년 "연방국가는 헌법상 구성주의 행위를 감독할 권리 혹은 구성주가 국제법에서 정한 바에 맞게 행위하도록 요구할 권리를 중앙정부에게 인정하지 않는다고 해도, 다른 국민에게 손해를 야기한 구성주의 행위에 대해서 책임을 부담한다"고 판단하였다(p.536)], 그리고 *Galvan* 사건(p.274: 미국은 멕시코 국민에 대한 텍사스주 기관의 행위에 대해서 책임을 진다고 판단하였음)을 참조하시오.

위법행위는 국가공무원이 자신의 공적 기능에 속하는 수단과 권한을 활용하여 행동하는 한, *자신이 지시받은 사항을 벗어나서(혹은 이에 반하여) 혹은 자신의 권한범위를 벗어나서* 행위해도 해당 국가는 위법행위에 대해서 책임을 부담한다. 외국인과 외국이 매 건마다 다양한 국가공무원에게 배분된 권한에 대해 알기를 기대할 수 없고, 알도록 요구할 수도 없는 것이 분명하다. 이리하여, 국가가 자국 기관의 권한을 벗어난 행위에 대해서도 책임을 부담하는 것이 규칙이다(이러한 규칙은 ILC 초안 제7조에서 부연되고 있음).

Caire 사건에서, 멕시코 관할 군대의 장교 1명과 병사 2명이 프랑스 국민인 Caire에게 죽이겠다고 위협하면서 미국 금화 5,000달러를 달라고 요구하였다. Caire가 그렇게 많은 돈을 갖고 있지 않다고 하면서 이에 따르지 않자, 이들은 그를 일정 기간 구금한 후 총으로 쏘았다. Verjil은 프랑스-멕시코 청구위원회의 위원장으로서 멕시코가 이 행위에 대해서 책임이 있다고 판단하였다. 그에 따르면 국가는 자국 공무원 혹은 기관이 자신의 권한범위 내에서 행동하였든지, 아니면 그 한계를 벗어났든지 국제법을 위반하는 모든 행위에 대해서 국제책임을 부담한다고 하였다. 그러나 국가가 자국 공무원 혹은 기관이 권한범위를 벗어나서 행한 행위에 대해서 '객관적 책임'을 수락하였다는 것이 정당하려면 "이들이 권한 있는 공무원 혹은 기관으로서 행동했거나 적어도 외관상 그러한 행동을 했거나, 혹은 행위시, 이들이 자신들의 공적 성격에 맞는 권한 혹은 조치를 활용했어야 한다"(p.530).

Youmans 사건에서, 일부 미국민은 노동쟁의 이후, 멕시코인 폭도들의 위협을 받았다. 시장의 요청에 따라서, 멕시코 군인들이 소요를 진압하고 미국인에 대한 공격을 종료시키려고 출동하였다. 그러나 군대가 소요현장에 도착했을 때 이들은 폭도들을 해산시키기는커녕 미국인들이 피해 있었던 가옥에 발포하였다. 결국 미국인 2명이 군인과 폭도에게 살해되었다. 기소가 몇 건 이루어져 폭도 중 일부가 결석재판에서 유죄판결을 받았지만, 아무도 그 범죄로 인하여 처벌받지 않은 것으로 보였고, 그 후 유죄판단도 수정되었다. 1926년, 멕시코-미국 일반청구위원회는 "[우리는] [미국인 중 1명]을 살해하는 데 참여한 병사들이 이러한 행위를 자행하였을 때 지휘장교가 직접 감독하고, 출석한 자리에서 임무수행한 것임이 명백하다면, 병사들이 사인(私人) 자격에서 행한 행위로 간주할 수 없다고 생각한다. 인적 피해를 야기하거나 무차별 파괴 혹은 약탈을 자행하는 병사들은 항상 상부기관에서 정한 규칙에 불복하는 것이다. 지시를 위반해서 병사들이 자행한 행위는 항상 개인행위로 간주해야 한

다는 견해를 취한다면, 그러한 악행에 대해서 책임질 사람은 아무도 없을 것이다"(p.116)라고 하면서, 멕시코에게 책임이 있다고 판단하였다.

Mallén 사건에서, 멕시코 영사가 자신에 대해서 악감정이 깊었던 것이 분명한 미국 경찰로부터 두 차례 심하게 폭행당했다. 첫 번째 공격에 대해서, 멕시코는 미국의 '직접책임'이 아닌 재판거부를 주장하였는데, 이에 대해서 멕시코-미국 일반청구위원회는 증거상 '악의적인 위법행위를 저지른 자가 우연히 공무원'이었다고 판단하였다. 두 번째 공격의 경우, '자신의 공무원 자격을 입증하기 위하여 신분증을 제시한' 미국 경찰이 특히 권총으로 Mallén을 가격했고, 그 후 총으로 위협해서 엘패소 군 감옥으로 데려갔었다. 그 경찰은 재판에 회부되었고, 재판정에서 Mallén이 권총을 불법소지했기 때문에 체포했다고 주장하였지만, 멕시코-미국 일반청구위원회에 따르면 가치가 없는 주장이었다. 그 경찰관은 텍사스 소재 미국 법원에서 소액의 벌금형을 받았지만 전혀 납부하지 않았다. 위원회는 'Mallén에 대한 미국 공무원의 두 번째 폭행에 대한 미국 기관의 책임'에 대해서 의심할 여지가 없다고 판단하였으며, 그가 "경찰관으로서 행위하지 않았다면 Mallén을 감옥에 넣지 못했을 것이다"라는 점을 강조하였다(pp.174-5, 177).

국가기능을 수행하지 않지만 고위 국가공무원에 대해서 실제로 권한을 행사하고 이들을 통제할 수 있는 점에서, 정부권한 행사시 사실상 중요한 역할을 수행하는 개인에 대해서도 국제규칙이 적용된다. 논리적으로 이들 개인의 행위가 국가 전체에 귀속될 따름이다. 이리하여, 이들 행위가 국제법에 반한다면, 해당 국가가 국제책임을 부담해야 할 것이다.

개인의 행위가 국가에 귀속되는 또 다른 유형은 *사실상 국가기관*의 경우이다. 이들 개인은 비록 형식상 국가공무원의 신분과 직급을 갖지 않지만, 사실상 국가를 위해서 활동한다. 이들이 ① 국가의 지시를 받거나, ② 전체적으로 국가의 통제를 받을 때, 혹은 ③ 사실상 국가공무원으로서 행위할 때 그렇게 간주될 수 있다.

논의의 대상인 국가공무원의 예로서는 일당제국가의 정당 사무총장을 들 수 있다.

이 외에, (비록 문제된 사항이 국가기관원의 형사책임 여부이긴 하였지만) 최근의 예를 상기할 수 있다. 2000년 10월 20일, 파리 항소법원은 리비아의 지도자

Muammar Gaddafi가 1989년 니제르 상공에서 프랑스 항공기를 폭파한 테러행위와 관련해서 프랑스 국민의 살인을 방조한 혐의로 프랑스에서 기소될 수 있다고 판시하였다.[1] 리비아 헌법상 가다피가 국가원수 혹은 정부수반이 아니라는 주장이 나오자, 프랑스 외무장관은 보도자료를 내면서, 특히 '국제공동체 전체는 가다피를 리비아 국가원수로 생각하고' 있다고 하면서 "국가간 정상회담이 열리면 리비아를 대표하는 것이 바로 가다피이다"는 점에 주목하도록 하였다. "국제적인 모임이 있어서 국제공동체가 리비아 국가원수를 초청해야만 할 때 … 초청되는 사람은 가다피 대령이라고 우리는 사실상 생각한다. 그 이외에 다른 사람이 국가원수로 간주될 수 있다고 어느 누구도 생각한 적이 없었다."[2]

이 규칙은 사인(私人) 혹은 사적 실체의 행위에 관한 ILC 초안 제8조에서 어느 정도 조문화되었다. 이 조문에 따라서, "개인 혹은 개인의 집단이 수행한 행위는 해당 개인 혹은 개인의 집단이 그러한 행위를 사실상 해당 국가의 지시를 받거나 통제하에서 행위한 경우 국제법에 따른 그 국가의 행위로 간주된다."

니카라과 사건(*본안*)의 ICJ 판결 그리고 *Tadić* 사건(*본안*)의 ICTY 항소심재판부 판결을 상기할 만하다. *니카라과* 사건(*본안*)에서, 재판소는 Contras(니콰라과 반정부군)가 중앙정부에 대항하는 니콰라과 내란에서 일부 개인이 저지른 국제인도주의법 위반이 미국에 귀속되는지의 여부를 결정해야만 하였다. 재판소는 개인을 세 가지 부류로 구분하였다. 첫째, 미국 행정부 구성원(CIA 구성원 같은 것)과 미 군대 구성원이 있다. 이들의 행위가 미국에 귀속될 수 있는 것은 의문의 여지가 없다. 둘째, 남미지역 요원들(소위 UCLA: Unilaterally Controlled Latino Assets)이 있다. 이들의 행위에 대해서 미국 정부가 비용을 지불했던 것 외에, 미국 요원 혹은 미국 공무원의 특별지시를 받고 이들의 감독하에 행동했다는 점 때문에, 혹은 '미국 요원들'이 원유저장시설 공격 혹은 니카라과 항구 내 수중송유관 파괴와 같이 UCLA가 수행하는 특정한 작전을 '계획, 지휘, 지원 그리고 실행하는 데 참여'하였기 때문에 이들의 행위

---

1) 가다피가 사실상 혹은 법률상 국가원수였는지에 관한 사항이 변론 중에 논의되었지만, 항소법원의 결정에서는 이 점을 다루지 않았다. 항소법원은 그가 리비아의 국가원수라는 점을 당연한 것으로 간주하였다.

2) 2000년 10월 20일자 프랑스 외무장관의 보도자료(www.doc.diplomatie.fr)를 참조하시오. 아울러 *International Herald Tribune*, 21 October 2000, p.2 참조. [2001년 3월 13일] 프랑스 최고법원은 항소법원 판결을 파기하였지만, 가다피가 사실상 리비아의 국가원수라는 점에는 이견이 없었다. 이 결정에 대해서는 S. Zappalà, "Do Heads of State in office enjoy immunity from jurisdiction for international crimes? The Qadhafi case before the French Cour de Cassation," in *EJIL*, 12(2001), pp.595-612 참조.

가 미국에 귀속되어야 할 것이라고 재판소는 판단하였다. 셋째, Contras 유형이다. 재판소는 이들의 국제인도주의법 위반이 미국에 법적으로 귀속되려면, 이들이 미국의 '실효적 통제' 하에 있었다는 점, 즉 미국이 문제되는 위법행위 수행에 관하여 Contras에게 특별지시를 내렸다는 점이 입증되어야 한다고 하였다(제75항-제86항, 제93항-제115항). 재판소는 본질적으로 위법행위 귀속기준으로서 *다른 두 가지*를 천명하였다. 첫째, 개인이 국가공무원인지의 여부, 둘째, 그렇지 않다면 국가의 '실효적 통제'를 받고 있었는지의 여부, 즉 ① 이들이 한 국가로부터 비용을 지급받았거나 자금지원을 받았는지의 여부, ② 이들의 행위를 해당 국가가 조절하고 감독했었는지의 여부, 그리고 ③ 해당 국가가 이들의 위법행위 각각에 관하여 특별지시를 내렸는지의 여부이다.

ILC는 실질적으로 *니카라과* 사건(*본안*)의 기준을 지지하였다. 위에서 언급한 제8조에서, ILC는 개인이 자신에 대해서 권한을 행사하는 국가를 위하여 활동하는 사실상 국가기관으로 간주될 경우, 개인에 대해서 그 국가가 행사하는 권한은 다음과 같은 형태를 염두에 두었다. 즉, ① 한 국가로부터 지시를 받아서 그에 따라서 활동하는 것, 혹은 ② '*해당 행위를 수행함에 있어*', 한 국가의 지시 혹은 통제에 따라서 활동하는 것이다.

Tadić 사건(*본안*)에서, ICTY 항소심재판부는 사실상 국가기관에 관한 문제를 다른 관점에서 다루어야만 하였다. 즉, 일응 내란(보스니아 내 세르비아인과 보스니아-헤르체고비나 중앙정부 간)으로 보이는 투쟁을 행하는 일부 개인(보스니아 내 세르비아인)들이 사실상 외국[유고연방공화국(세르비아-몬테네그로)]을 위하여 활동했고, 그 결과 내란이 국제적 무력충돌로 변형되었는지의 여부를 결정해야만 하였다. *니카라과* 사건(*본안*)과 달리, ICTY는 개인이 사실상 국가기관으로서 활동하였는지의 여부를 결정할 때 국제법상 세 가지 기준이 있다고 판시하였다.

첫째, 각 개인 혹은 군사적으로 조직되지 않은 집단이 한 국가의 특별지시 혹은 나중에 공개적인 승인하에서 행동하였는지의 여부, 둘째, 무장집단 혹은 군사적으로 조직된 집단이라면, 이들이 전반적으로 한 국가의 통제하에 있었는지의 여부(이 국가가 각 특정 행위에 대해서 반드시 지시를 내려야 하는 것은 아님), 셋째, 개인들이 한 국가의 조직 내에서 실제로 국가공무원으로서 활동하였는지의 여부(제98-145항)이다. Shahabuddeen 판사는 자신의 개별 의견(제17-18항)에서 (ICJ와 ICTY가 내린) 두 결정의 맥락상, 전자는 국가책임을 다루는 것이고, 후자는 개인의 형사책임을 다루는 것이기에 상이하다는 점을 강조하면서, 다수 판사의 결정에 대해서 비판적인 견해를 취하였다. J. Crawford는 자신의 국가책임에 관한 ILC 초안 주석서(제8조에 관한 평석 제5항 참조)에서 이러한 견해를 견지하였다. 지당한 말이긴 하지만, 두 사건에서 기본적인 쟁점사항, 즉 국제법상 개인이 *사실상* 국가공무원으로서 활동했다고 판단받기 위한 조건을 결정하는 것[*Tadić* 사건(항소)의 결정, 제104항 참조]은 동일하다고 할 수 있는데, ICTY의 관습국제법 평가가 ICJ의 것보다 더 설득력이 있는지의 여부가 현실문제라는 주장이 있다.

흥미로운 점은, 이미 *Stephens* 사건(pp.266-267), *Yeager* 사건(제23 · 37 · 39 · 45항) 그리고 *Loizidou* 사건(*본안전 항변;* 제62-64항, 그리고 *본안;* 제56항)에서 언급되었던 *Tadić* 사건의 접근방식을 나중에 *인도주의법*과 관련해서 독일 최고법원(Bundesgerichtshof)이 *Sokolović* 사건(p.11; 아울러, 동티모르 중범죄 특별패널의 *Joni Marques and others* 사건의 결정; 제685항, 그리고 같은 특별패널의 차석검사가 내린 *Wiranto and others* 사건에 대한 기소; 제33항 및 제37항)의 2001년 판결에서 채택하였으며, *국가책임*이라는 특별한 영역에서 *Ilaşcu and others* 사건의 유럽인권재판소(제325-331항 및 제379-394항), 그리고 *Al-Khiam prison* 사건에서 자의적 구금에 관한 유엔 실무작업반(E/CN.4/2000/4, 제11-18항)이 채택하였다는 것이다. 아울러, *동티모르 인권상황*에 관한 유엔 사무총장의 보고서를 참조하시오(A/54/660, 10 December 1999, 제59-65항).

실무상, ICJ가 정한(그리고 ILC가 수락한) 평가기준에 따라서, 한 국가가 국가공무원의 지위를 갖지 않은 개인의 행위에 대해서 책임이 있다는 것을 입증하기는 매우 어렵다. 사실상, 국제법에 반하는 *모든 개별 행위*가 그 국가의 *특별지시*를 받았다는 점을 입증해야 할 것이다. 그러나 ICTY가 천명한(그리고 스스로 ICJ가 제시한 사항보다 관습국제법과 더 많이 일치한다고 판단한) 기준에 따라서 한 국가가 해당 부대 혹은 집단의 구성원이 행한 위법행위에 대해서 국제책임을 부담하도록 하려면, 개인이 군부대 혹은 군사적으로 조직된 집단의 구성원인 경우에는 언제든지, 해당 국가가 이 부대 혹은 집단을 전반적으로 통제하였다는 점을 입증하면 충분하다. 결과적으로 이 기준에 따르면 국가책임이 매우 *확대*된다.

*사실상 국가공무원으로서 활동하지 않는 개인*이, 예컨대 외국인에 대해서 혹은 외국기관에 대해서 자행한 위법행위라면, 해당 행위가 자행된 영역의 국가가 상당한 주의를 기울이지 않고 행동한 경우, 즉 외국인 혹은 외국인 자산에 대한 공격을 방지하기 위하여 필요한 조치를 취하지 않았거나, 위법행위가 행해진 뒤 이들 행위자를 수색하고 정당하게 처벌하지 못하였을 뿐만 아니라, 희생자에게 금전배상금을 지불하지 못한 경우에만 국제책임이 발생한다. 달리 말해서, 외국

인에 대한 폭력 등 위법행위가 있는 경우, 해당 국가는 개인의 행위에 대해서 책임을 부담하지 않는다. 국가는 자신의 '부작위 행위', 즉 국제법 기준에 맞게 행동하지 못했다는 점이 입증될 경우에만 책임이 있다.

1980년 ICJ가 판단한 *US Diplomatic and Consular Staff in Tehran* 사건이 그 예이다. ICJ는 이란인 무장세력이 테헤란 소재 미국 대사관과 영사관저를 공격한 것을 두 가지 단계로 구분하였다. 첫 번째 단계에서, "이란국의 '요원'(agents) 혹은 기관으로 인정되는 공식적 지위"를 갖지 않았던 무장세력이 공격을 감행하였다(제58항). 따라서 ICJ에 따르면, 공격을 개시하여 대사관에 난입하여 거소자를 인질로 잡은 행위에 대한 책임이 '그러한 근거에서 그 국가에 귀속될 수' 없었다. 그런데도 이란은 국제법에서 요구하는 대로 미국 공관을 보호하지 못했다는 점에서 책임이 있다는 판단이 내려졌다(제59-68항). 두 번째 단계는 미국 대사관 점령이 완결된 후에 시작되었다. 이 단계에서, 이란 정부는 불법점거를 종식시키고 배상금을 지급해야 할 법적 의무가 있었다. 그러나 이란은 그러한 점거를 승인하고 추인하였으며, 심지어 1979년 11월 17일 미국 직원들은 "국제외교상 존중받을 수 없다"는 명령을 내렸다. 결과적으로, ICJ의 관점에서 보면, '점거자'(occupants)는 "이란국의 요원이 되었고, 이들의 행위에 대해서 그 국가 자신이 국제법상 책임을 부담하게 되었다"(제74항).

ICJ 특별보고관이었던 J. Crawford는 국가책임에 관한 자신의 첫 번째 보고서(1998)에서 한 국가가 '자기 자신의' 행위로 인정하고 승인하는 것은 소급효를 가질 수 있다고 지적한 바 있다(A/CN.4/490/Add.5, 제283-284항). 초안 제11조는 그의 제안을 지지하고 있다.

2) 국가공무원의 잘못이 국가책임 발생의 요건이 되는지의 문제

여기에서 '잘못'이라 함은 위법행위자의 심리적 태도를 의미하는데, 이는 '고의'(행위 결과 발생할 사건을 일으키고자 하는 고의. 예컨대, 국제조약을 위반하여 어느 외국 국민 전체를 추방하려고 하는 고의) 혹은 '무모함'(금지된 결과가 발생하리라는 위험성을 인지하는 것. 예컨대, 한 국가가 공해상에 설치한 군용 가설물이 해당 지역 내에서 타국이 누리는 어업의 자유를 위태롭게 하거나, 이들 시설물이 중요한 천연자원에 해를 끼칠 수 있다는 점을 알면서도 이들 시설물을 두는 것) 중 어느 하나를 구성요건으로 한다.

통상, 국제재판소는 국제위법행위를 행하였다고 주장되는 국가공무원이 고의로 그러한 행위를 하였는지의 여부에 대해서는 묻지 않는다. 달리 말해서, 재판소는 위법행위자의 주관적 태도를 살피지 않는다. 책임을 져야 한다는 국가가 자신은 고의로 행동하지 않았다고 항의하거나, 예컨대 *불가항력*(*force majeure*)을 주장하면 재판소는 잘못의 문제를 고려할 뿐이다.

독자적인 국가책임의 주관적 요소로서 고의 혹은 잘못을 염두에 두지 않고, 위법성을 배제하는 상황(잘못이 없으면 일부 경우 국가책임이 발생하지 않을 수 있음; 13.4.1(2)3) 참조)을 다룰 때, 혹은 지급해야 할 배상금액을 정할 때만 잘못을 참작한다는 점에서 ILC 초안은 위 입장을 승인한 바 있다(ILC 초안 제39조 참조).

> 그러나 최소한 두 경우, 잘못—앎의 형태로서—은 다음의 경우 필경 주관적 국가책임 요소가 된다. (i) 한 국가가 '다른 국가에게 국제위법행위를 자행하도록 지시하거나 통제'할 때; 이 경우, '그 국가가 해당 국제위법행위 상황을 알고서 그렇게 한다면' 그 국가는 그러한 행위에 대해서 국제책임을 부담한다(제17조). 그리고 (ii) 한 국가가 다른 국가를 강박하여 어떠한 행위를 하도록 강제할 때; 이 경우, '(a) 강박이 없었다면, 해당 행위가 강박당한 국가의 국제위법행위가 되는 경우, (b) 강박하는 국가가 해당 행위의 상황을 알고서 그렇게 하는 경우' 그 국가는 그러한 행위에 대해서 국제책임을 부담한다(제18조).

(2) 객관적 요소

1) 국가행위와 국제의무의 불일치

한 국가의 행위가 국제의무와 불일치하려면, 해당 국가에 적용되는 국제법규칙 혹은 원칙에서 발생하는 의무의 위반성격이 어떠하든지(즉 관습규칙, 조약 규정, 국제기구의 기속적 결정 등에서 부과하는지를 불문함) 그러한 의무를 위반해야 한다. 분명히, 국가책임이 발생하려면, 해당 의무가 위반되었을 때 의무의 효력이 있어야 한다(*tempus commissi delicti* 원칙). 위법행위는 정해진 행위를 하거나 혹은 이를 하지 못하거나 어느 쪽이든 될 수 있다. 더욱이 위법행위는 성격상 *일순간*에 그치거나 *지속적*인 것이 될 수 있다.

2) 손해의 문제

위에서 언급한 바와 같이, 위반된 의무에 상응하는 권리를 갖는 국가는 법률상 위법행위자들에게 해명을 요구하고, 특히 이들을 상대로 소송을 제기할 수 있는 *법적 권리를 갖는다*(단, 필요한 절차조건을 충족해야 함). 일부 법원과 다수의 논평자들은 이러한 법적 권리 이외에 개별적인 특정 요소, 즉 *물질적 혹은 정신적 손해* 요소도 필요하다고 주장하였다. 물질적 손해는 한 국가 혹은 그 국가의 국민이 갖는 경제적 이익 혹은 재산상 이익에 가해진 모든 피해이다. 정신적 손해는 한 국가의 명예 혹은 존엄성을 침해하는 것이다[예컨대, 한 국가의 국기를 소각하는 것, 혹은 물질적 손해를 야기하지 않았지만 외국의 공역을 군용기로 침범하는 것, 혹은 이스라엘 첩보원이 결부된 최근 사건에서처럼 해외 소재 개인 아파트에 도청장치를 설치하거나(13.4.2(2) 참조), 외국의 사전허가 없이 외국 영역 내에서 공적 기능을 수행하고자 하는 국가기관원을 통해서(13.4.2(2) 참조) 타국의 주권을 위반하는 것]. 한 학파에 따르면, 의무와 이에 상응하는 권리를 침해하는 것(*법적 손해*)이 아니라면 한 국가가 보상할 의무를 부담하는 물질적 혹은 정신적 손해를 야기할 때 국제위법행위가 자행될 수 있을 뿐이다. 반대로, Anzilotti의 뒤를 잇는[3] Ago는 ILC에서 해당 위원회가 수락한 견해,[4] 즉 *법적 손해*는 한 국가의 국제적 권리침해에 반드시 *내재*되어 있다는 견해를 제시하였다. 그 주장에 따르면 타국의 *법적 권리*에 가해진 손해 혹은 피해가 중요한 것이라도, 손해 혹은 피해를 *독자적인* 객관적 불법행위요소로 간주할 이유가 없다. 사실 ILC 초안에서는 그렇게 여기지 않았다. 그러나 이러한 이론에 따르더라도, 나중에 피해회복조치의 형식과 금전배상금을 평가할 때 물질적 혹은 정신적 손해를 감안할 수 있다.

이러한 견해는 일면 타당하지만 이에는 두 가지 이의를 제기할 수 있다. 첫째, 물질적 혹은 정신적 손해와 결부되지 않은 채 단순히 국제의무 위반에서 책임이 발생하는 예의 대부분은 ILC 보고서에서 제시되었듯이, 국가책임이 다른 의미를 갖는 분야로서 소위 '가중책임'의 법적 체제에 속한다[ILC는 한 국가가 자국민의 인권을 위반하는 경우 뿐만 아니라, ILO협약 체약국의 위반을 언급하고 있는데(*YILC*(1973-II), 제12항), ILO협약은 잘 알려진 바와 같이 위반하더라도 타 체약국에게 물질적 혹은 정신적 손해를 야기하지 않는 *대세적* 의무를 규정하는 협약이다]. 이는 최소한 관습국제법에 따르면 손해가 '보통책임'의 경우 필수적인 객관적 위법행위요소이지만, 앞으로 보게 되듯이 *'가중책임'의 경우에는 필수적이지 않다*는 점을 입증하고 있다.

두 번째 이의는 국가관행 분석을 근거로 하고 있다. 1대 1 법적 관계(책임국가와 희생국가간)에 기초한 '보통'책임의 경우, 통상 피해국가는 ① 자신의 권리 중

---

3) D. Anzilotti, *Teoria generale della responsabilità dello Stato nel diritto internazionale*(Florence: Lumache, 1902), reprinted in *Scritti di diritto internazionale pubblico*(Padua: Cedam, 1956), ii, p.89 및 *Corso*, p.425.

4) R. Ago's Third Report on State Responsibility, *YILC*(1971-II), First Part, paras. 73-74 참조.

하나가 침해당하였고, ② 이러한 침해로 인해서 물질적 혹은 정신적 손해가 발생하였다는 것을 이유로 해서만 피해회복조치를 요구할 권리를 갖는다. 국제판례법상 손해가 *명시적으로는* 기본적인 국가책임요소 중 하나일 필요는 없다는 점을 설명하기란 쉽다(단, 재판소가 직접손해만 책임을 야기하고, 소위 간접손해는 그러하지 않다고 하는 경우는 제외).[5] 즉, 침해를 주장하는 관련 국가가 국제재판소에 제소하였을 때, 재판소는 국제의무를 위반했다고 하는 국가가 아닌 쪽이 손해를 입은 당사국이라는 점을 입증할 필요가 없다고 여겼다. 이는 별 이유 없이 당연한 것으로 여겨졌다. 사실상, 실체적인 국제규칙은 국가들이 다른 국제공동체 구성원들과 양자적인 관계에서 갖는 특별한 이익을 보호하려는 것을 목적으로 한다. 관행상 국가들은 타국을 *상대로* 국가책임을 원용하는 경우 경제, 통상, 외교, 혹은 정치적 영역에서 해당 국가의 조치가 직접 자신들에게 영향을 미치게 될 때에만 법적 조치를 취한다. 국가관행상 대개, 한 국가는 물질적 혹은 정신적 수준에서 타국의 행위로 피해를 입지 않으면, 그 국가를 상대로 국가책임에 관한 국제규칙을 원용하지 않는다(단, '가중책임'의 법적 체제가 가동되는 경우 제외. 그 조건에 대해서는 13.5-6 참조. 아울러, 해당 국가가 위반국가의 국제책임을 원용할 권리를 행사하기로 결정한 경우 제외)는 점을 알 수 있다.

> 방금 지적된 사항은 관습국제법에서 염두에 두고 있는 국가책임의 법적 체제에 적용된다. 물론, 국가들은 *조약으로* 한 국가가 물질적 혹은 정신적 손해를 끼치지 않고, 단순히 법적 손해(이러한 법적 손해는 의무위반에 상응하여 타방 체약국에게 생기는 권리를 침해한 데에 있음)만 야기해도 타방 체약국에 대한 의무위반을 이유로 책임을 부담하도록 하는 법적 체제를 수립할 수 있다. WTO 내에서 체결되는 일부 협정에서는 그러한 법적 체제를 염두에 두고 있는 것으로 보인다(14.8.1 참조). WTO 내에서, 체약국은 물질적 혹은 정신적 손해가 없더라도, 협정에서 정하고 있는 의무를 위반하기만 하면 다른 쪽의 책임을 원용할 수 있다.

요컨대, ILC가 협약 초안에서 제시하였던 것과 반대로, '보통'국가책임의 법

---

5) *Yuille, Shotridge and Co.(UK v. Portugal)* 사건(judgment of 21 October 1861, in La Pradelle and Politis, ii, p.109); *The Alabama(USA v. UK)* 사건(judgment of 14 September 1872, *ibid.*, pp.880-888, 893, 889); PCIJ, *Wimbledon* 사건(Series A, No. 1, p.32); *Responsabilité de l'Allemagne* 사건(*RIAA*, ii, pp.1068-1077). 아울러 *Eagle Star* 사건(*RIAA*, v, pp.141-142) 참조.

적 체제에서(오직 이러한 법적 체제에서만) *물질적 혹은 정신적 손해*라는 객관적 요소가 필요하다고 보는 것이 합당하다.

3) 위법성을 조각하는 상황

국가책임을 확정할 때 감안해야 할 또 다른 객관적 요소는 위법성을 조각하는 상황이 존재하는지의 여부이다. ILC 초안에서 조문화된 국가관행과 판례법상 그러한 상황은 주로 여섯 가지, 즉 ① 피해국가의 동의, ② 정당방위, ③ 국제위법행위에 대한 대응조치, ④ *불가항력*, ⑤ 조난, ⑥ 필요성이다.

동의가 없다면 국제법으로 금지될 것이지만 *동의*가 있었기에 합법성을 갖는 행위들이 있다(국가영역 내 외국군 주둔을 동의하는 경우, 외국 군용기가 공역을 통과하도록 허가하는 경우, 외국의 영해 내 어로행위, 원유 채굴, 혹은 *Savarkar* 사건(pp.252-255) 등에서처럼 용의자 체포와 같은 집행업무를 수행하도록 인가하는 경우). 그러나 동의가 유효해야 한다. 특히, 동의가 *강행규범*에 반하는 활동을 허가하는 목적이라면(외국 군대가 민간인 혹은 특정 종족집단을 학살하기 위하여 영역 내로 진입하도록 동의하는 것) 그러한 동의는 유효하지 않다.

정당방위(18.2-4 참조) 그리고 *대응조치*(15.3.1 참조)는 달리 논의한다. 여기에서 마지막 위법성조각 상황 세 가지를 좀 더 명확히 할 필요가 있다.

*불가항력*은 ILC 초안 제23조 제1항에서 다음과 같이 정의된다. 즉, "국가의 통제범위를 벗어나는 저항할 수 없는 힘 혹은 예상하지 못한 사건의 발생으로서, 그 상황에서 국가의 의무이행이 실질적으로 불가능하게 되는 것"이다. 제2항은 "(a) *불가항력* 사태가 단독으로 혹은 다른 요소와 결합하여 이를 원용하는 국가의 행위에 기인한 경우, 혹은 (b) 해당 국가가 그러한 사태발생의 위험을 감수했던 경우"에는 불가항력이 적용되지 않는다는 점을 추가하고 있다.

> *Gill* 사건은 *불가항력*의 예로 종종 언급되지만, 이러한 사항에 부합하는 것으로 보이지 않는다.[6] *Serbian Loans* 사건에서, PCIJ는 제1차 세계대전으로 인하여 차관상

6) 멕시코 발전소에서 근무하는 영국 국적의 Gill은 혁명군대가 발전소를 공격했을 때 가족과 함께 잠옷 바람으로 달아날 수밖에 없었다. 이 공격 중에 상당한 양의 개인 물건을 혁명군대가 빼앗거나 파괴하였다. 영국-멕시코 청구위원회는 멕시코가 그러한 공격을 진압하거나 처벌하지 못한데 대해서 책임을 져야 한다고 판단하였다. 그러나 위원회는 "부주의 혹은 부작위 때문이 아니라, 모든 정부가 매우 급작스런 성격의 사태에 직면하게 되었을 때 일시적으로 처할 수 있는 상황에서, 즉각적이고 결정적인 조치를 취할 수 없었기 때문에 아무런 조치가 없었던 경우가 다수 있다. … 기관들이 취한 조치가 소요, 봉기, 폭동 혹은 약탈행위를 *완전히* 억제하지 못하거나, 혹은 책임져야 할 개

환이 불가능했다는 세르비아의 주장을 인용하지 않았다(pp.39-40).

Rainbow Warrior 사건(*제2단계*)에서 프랑스는 의학적으로 긴급한 이유에서 뉴질랜드의 동의 없이 프랑스 요원인 Mafart 소령을 Hao섬의 프랑스 군시설에서 프랑스 본국으로 송환할 수밖에 없었다고 주장하였다. 프랑스로서는 이러한 의학적 이유가 *불가항력*에 해당하였다. 중재판정부는 프랑스의 주장을 배척하였다. ILC의 작업을 인용하면서, 중재판정부는 불가항력은 '비자발적이거나 최소한 의도하지 않은 행위를 정당화하기 위하여 일반적으로 원용되고', 해당 국가가 구제할 수단이 없고, 그 국가가 자신의 의무에 맞추어서 행동하는 것이 '실질적으로 불가능'하게 되는 '저항할 수 없는 힘 혹은 예상하지 못한 사건'과 관계 있다고 판단하였다. 계속해서 *불가항력* 이론을 적용하기 위한 기준은 '절대적이고 실질적으로 불가능한 경우'의 하나이지만, '(의무의) 이행이 더 어렵거나 더 부담되는 상황'은 위법성을 조각하는 상황이 되지 않는다고 판단하였다(제76항-제77항).

*조난*은 ILC 초안 제24조 제1항에서 "[조난상황이 아니었다면 불법이었을] 행위를 한 사람이 … 조난상황시, 자신의 생명 혹은 자신이 관리하도록 맡겨진 다른 개인의 생명을 구하기 위하여 달리 합당한 방법을 확보하지 못했던" 사태로 정의하고 있다. 제2항은 계속해서 조난은 "(a) 조난사태를 원용하는 국가의 행위 단독으로 혹은 다른 요소와 결합하여 조난사태가 발생한 경우, 혹은 (b) 문제되는 행위가 이와 상당하거나 이보다 더 커다란 위험을 야기할 가능성이 있는 경우"에는 적용되지 않는다고 규정하고 있다.

ILC에 따르면,[7] 조난의 예는 항공기가 승객의 생명을 구하기 위하여 외국 영역 내로 허가 없이 진입하는 것, 혹은 군함이 폭풍으로 인하여 허가 없이 외국 항구에 진입하는 것(*The Creole*호 사건에서 이러한 일이 발생하였음. pp.704-705)이다. 1946년, 미국 군용기가 유고슬라비아 상공을 허가받지 않고 비행하여 외교사건이 발생하자, 양국은 승무원의 생명을 구하기 위하여 필요한 위급한 상황에만 동의 없이 그러한 상공비행이 허용될 수 있다는 데 합의하였다.[8]

인 *전체*를 처벌하지 못하였을 때, 부작위 혹은 부주의를 이유로 비난받을 수 없다. 이 경우 어떠한 책임도 인정되지 않을 것이다"라고 선언하였다(p.159).

7) *YILC*(1979-II), First Part, p.60, para. 131 참조.

8) *YILC*(1979-II), First Part, p.60, para. 130 참조. 아울러 ILC 초안 제24조에 대한 더 최근의 평석도 참조하시오(www.un.org/law/ilc).

조난은, *불가항력*과 달리, 국가공무원이 국제법을 위반하여 행동하고 있다는 점을 알아야 한다. 이 공무원은 이론상 국제법에 반하여 행동하여 자신의 생명 혹은 타인의 생명을 구하기보다, 심각한 생명의 위험을 감수하고 국제규칙을 이행하는 쪽을 선택할 수 있을 것이다. 사실상 이러한 선택은 겉으로만 분명해 보이면 된다.

조난이 한 명 이상인 개인의 신체보전이 아니라 *생명*이 경각에 달릴 때에만 위법성조각사유의 기능을 할 수 있다고 ILC가 바로 언급한 점은 강조할 만하다. 그런데도 최소한 한 사건에서, 국제법리상 다른 견해를 취하여 신체보전에 대한 심각한 위협이 국가행위의 위법성을 배제하는 근거인 조난이 될 수 있다는 점을 인정한 바 있다.

> 이 사건이 *Rainbow Warrior* 사건(*제2단계*)이다. 프랑스와 뉴질랜드가 설치한 중재판정부는 프랑스가 Mafart 소령을 본국으로 이송할 때 뉴질랜드의 사전동의를 얻어야 할 의무를 위반한 것은 조난, 즉 '극도로 긴급한 매우 이례적인 상황의 존재'로 정당하다고 판단하였다(제78항-제79항). 그러나 중재판정부는 일단 의학적 사유가 종료되었는데도 프랑스가 Mafart 소령을 Hao 섬으로 복귀시키지 않은 데 책임이 있다고 판단하였다(제83항-제88항).

위법성조각사유로서 *필요성*은 조난과 같이 위험스런 사태와 결부된다. 그러나 현재 위험한 상태에 있는 것은 국가공무원 그리고 그에게 맡겨진 개인의 생명이 아니라 *국가 전체 혹은 그 국민*(혹은 국민 중 일부)이다. ILC 초안 제25조 제1항에서 필요성이라 함은 필요성 상황이 없었다면 불법행위가 되는 조건으로서 정의하고 있고, 그러한 행위는 "(a) 해당 국가가 중대하고 급박한 위험에 대해서 필수적인 이익을 보호하기 위한 유일한 수단이다. 그리고 (b) 의무의 대상이 되는 국가(들) 혹은 국제공동체 전체의 필수적인 이익을 심각하게 해하지 않아야 한다." 제2항에서는 "어느 경우이든, 필요성은 (a) 문제되는 국제의무에서 필요성을 원용할 수 있는 가능성을 배제하는 경우, 혹은 (b) 해당 국가가 필요성 사태 발생에 기여하였던 경우 위법성조각사유로서 해당 국가가 원용할 수 없다"고 첨가하고 있다. 결국, 한 국가가 위반하는 법적 의무 자체에서 명시적으로 혹은 묵시적으로, 이러한 위법성조각사유를 원용할 수 없도록 하였을 때 그 국가는 필요성을 원용할 수 없다. 즉, ILC가 바로 지적하였듯이, 이러한 예는 국가와 그 국가의 필수적 이익에 대한 위험이 있는 예외적 상황에서만 적용되는 국제인도주의법 규칙이다.

1797년 미국-영국 혼합위원회에서 결정한 *Neptune* 사건을 언급해야 한다. 1795년 영불전쟁 중, '쌀과 다른 식료품을 싣고서' 미국에서 프랑스로 항행 중인 미국인 소유 선박을 영국 군함이 나포하였고, 하물은 영국 정부에 인도되었으며, 소유주에게는 송장가격과 10%의 영업이익이 인정되었다. 소유주는 미국-영국 혼합위원회에서 결국 자신들이 받았던 것과, 해당 물품이 포획되지 않았다면 보르도에서 받을 수 있었던 가격 간의 차이를 주장하였다. 영국은 "포획대상이 된 이들 물품이 부족해질 위험이 있었다"는 이유에서 무엇보다도 포획은 필요성 때문에 정당하다고 주장하였다. Pinkney 재판관은 중재판정을 낸 다수 위원 중 한 사람으로서 결정문을 작성하면서, 필요성 문제에 대해 네덜란드인 Hugo Grotius(1583~1645), 영국인 Thomas Rutherforth(1754~1756년에 저술함), 스위스인 Jean Jacques Burlamaqui(1694~1748)와 같은 권위자의 견해를 근거로 하였다. 그는 '심각한 국가적 재난 혹은 국가적 무력감을 야기하는 결핍을 예방하기 위해 특단의 조치를 취하지 않으면 그러한 상황이 발생할 경우'가 있다면, 국가는 자신이 염려하는 '재앙을 피하기 위하여' '중립국에 속하는 물품을 강제포획하는 조치를 취할 수' 있다는 점을 인정하였다. 그러나 문제된 사건에서, 해당 재판관은 본질적으로 다음 두 가지 근거, 즉 ① '악'은 '가늠해 볼 수 있는 것', 즉 '상상의 것'으로서, '실재적이고 급박하지' 않았고, ② '타국의 권리와 합치하고 긴급사태와 비례성을 잃지 않는' 다른 공급수단을 찾으려는 시도가 없었다는 면에서 영국의 주장을 기각하였다. Pinkney 재판관은 금전배상금 문제도 다루었는데, 해당 하물을 포획할 필요성이 영국에 있었다고 해도 영국 정부는 중립국 무역업자들이 원래 목적했던 항구에서 벌 수 있을 정도를 그들에게 지급할 때에만 하물을 차단할 수 있다고 판단하였다.[9]

이와 마찬가지로, 한 국가가 타국으로부터 이전에 빌린 금전을 갚으면, 국가경제 전체를 심히 위태롭게 하여 중대한 경제적 위기를 촉발할 것이라는 이유로 이러한 채무상환을 강제하는 국제협정을 준수하지 못하는 경우를 생각할 수 있다.

Torrey Canyon 사건도 언급할 수 있다. 1967년, 라이베리아 유조선이 영국 연안 근처 공해에서 좌초되었다. 영국은 해난구조 작업이 거친 물결로 어렵게 되자 영국과 프랑스 연안에 추가손해가 발생하지 않도록 선박을 폭파하여 화물창을 개봉하고 그 안에 있었던 원유를 소각하였다. 영국 기관은 필요성을 원용하였고, 어떠한 관련

---

9) Pinkney 재판관의 견해는 Moore, *International Adjudications*, iv, pp.398-400 참조. 아울러 이 사건에 대한 요약은 *YILC*(1980-II), First Part, p.34, para. 48도 참조하시오.

국도 이에 대해 항의하지 않았다. ILC도 이 사건을 필요성의 예로 삼았다.[10] 1969년, 유류오염 사고시 공해에서 개입하는 것에 관한 국제협약[11]이 마련되었다. 이 협약은 특히 당사국들에게 유류오염으로 인한 '자국 연안에 대한 중대하고 긴박한 위험을 예방, 감소 혹은 제거하는 데 필요한 공해상에서의 조치를 취할' 권한을 부여하고 있다.

Case concerning the Gabcíkovo-Nagymaros Project 사건에서, 헝가리는 1989년, '환경적인 필요성' 때문에 체코슬로바키아와 다뉴브강에 댐을 공동건설하기로 한 조약의무를 정지시켰다고 주장하였다. 이 분쟁의 타방 당사국인 슬로바키아는 이러한 주장에 반대하였다. ICJ는 헝가리의 주장을 기각하였다. ICJ는 "필요성은 국제의무에 일치하지 않는 행위의 위법성을 조각하기 위하여 관습국제법에서 인정하는 사유이다. … 그러한 사유는 … 예외적인 기준에서만 수락될 뿐이다"라고 하였다. 그 후 ICJ는 ILC 초안에서 정하고 있는 조건 대부분을 나열하면서, 이들이 "관습국제법을 반영한다"고 덧붙였다. ICJ는 문제의 사건에 이들 조건 중 일부를 적용한 후, "헝가리가 원용했던 재앙은 그러한 재앙이 가져올 수 있는 심각성을 차치하더라도 1989년에 충분히 확립되지 않았고, 뿐만 아니라 '긴박'하지도 않았다; 그리고 … 헝가리는 자신이 맡았던 작업을 중지하고 폐기하지 않고서도 위험하다고 인식한 것에 대응하는 수단을 당시 활용할 수 있었다. 더욱이, 댐 공사계획을 폐기할 필요 없이 이러한 사업계획의 수정 그리고 그 시한을 일부 연장할 수도 있었던 교섭이 진행 중에 있었다"라고 결론지었다(제51-52항, 제56-57항, 제58-59항).

4) 위법성조각사유와 *강행규범*

ILC가 그 초안 제26조에서 제대로 명시하였듯이, 위법성조각사유는 강행규범에서 파생하는 의무위반과 결부되는 경우 적용되지 않는다. 예컨대 한 국가는 *강행규범*으로 금지되는 타국의 위법행위(집단살해)에 대한 대응으로써 집단살해에 이르는 대응조치(15.3.1 참조)를 취할 수 없다(11.4 참조). ILC가 제26조의 평석에서 적시하였듯이, "제1차의무들 사이의 충돌이 분명하고, 그 중의 하나가 일반국제법의 강행규범에서 국가에 직접 발생하는 경우, 그러한 의무가 우선하는 것이 분명하다"(본문은 www.un.org/law/ilc에 있음). 그러나 이러한 제한은 정당방위에는 적용되지 않는다는 주장도 있을 수 있다. 즉, 정당방위는 무력사용으로 구성되기 때문에, 행위의 위법성을 조각하기 위한 사유로서 정당방위는 *강행규범*의

---

10) *YILC*(1980-II), p.28.
11) 내용은 9 *ILM*(1970), p.25 참조.

성격을 갖는 데 의문의 여지가 없는 무력사용 혹은 위협의 금지를 결국 위반할 것이기 때문이다.

5) 위법성조각사유와 발생한 손해에 대한 배상금 지급의무

비록 위에서 논의한 위법성조각사유 중 하나가 입증될 수 있으면, 그러한 사유를 원용하는 국가는 어떠한 책임도 부담하지 않지만, 그럼에도 그 국가는 발생한 물질적 손해 혹은 손실에 대해서 배상금을 지급해야 한다. ILC 초안 제27(b)조에서는 "위법성조각사유를 원용하는 것은 … 문제되는 행위로 인하여 발생한 물질적 손실에 대한 배상금 문제…에 영향을 미치지 않는다"라고 규정하고 있다.

배상금이 항상 지급되는 것은 아니라는 점이 적합한 것으로 보이고, 국가책임법에 관한 국제원칙의 정신과 부합할 것이다.

우선, 타국의 위법행위에 대응해서만 취해지는 정당방위 혹은 대응조치를 배제해야 한다. 정당방위의 경우, 물질적 손해나 손실을 야기하는 정당방위가 비례성을 잃는 경우에만 배상금을 받을 권리가 침략자에게 발생할 것이다. 그러나 침략을 물리치기 위하여 정당방위를 하는 국가라도 자신이 야기한 물질적 손해(예를 들면, 합법적이지만 민간인 혹은 민간인 사용물에 부대해서 발생한 손해와 철로, 교량, 혹은 무선통신센터와 같은 합법적 군사 목표물의 파괴)에 대해서 배상금을 지불해야 하는지는 그 이유를 찾을 수 없다. 이 점은 *필요한 사항을 일부 수정하면* 대응조치의 경우에도 해당된다.

일부 다른 위법성조각사유와 관련해서도 배상금이 배제되어야 할 것으로 보인다. 예컨대, 동의가 없었으면 불법이었을 특정 행위의 실행에 한 국가가 동의하였다면, 그 특정 행위를 동의한 사실로부터 손해가 있어도 배상금청구권을 묵시적으로 포기했다고 볼 수 있다. 이러한 결론은 동의하는 국가가 물질적 손해나 손실이 발생할 가능성이 매우 높다는 점을 알았거나 알 수 있었다는 가정을 근거로 한다.

13.4.2 위법행위의 결과

(1) 피해국의 개념

국가책임의 필수요건인 손해에 대해서 위에서 언급한 바(13.4.1(2)2))와 같이, '피해국'이라 함은 타국의 국제의무 위반의 결과로 인해 자신의 권리를 침해당한

나라, 뿐만 아니라 물질적 혹은 정신적 손해를 겪는 모든 나라를 의미한다고 해야 한다. 따라서 이들 피해국이 바로 책임부담국가를 상대로 하여 위법행위의 책임을 원용할 권리를 갖는 국가이다.

ILC는 손해가 필수적인 책임요건이라는 점을 배제하고서, '피해국'에 대해서 다른 개념을 지지하였다. ILC 초안 제42조는 "위반된 의무이행 대상이 (a) 개별 국가 혹은 (b) 그 국가를 포함한 국가집단, 혹은 국제공동체 전체이고 그 의무위반이 (i) 특히 그 국가에게 피해를 야기하거나, (ii) 해당 의무의 계속 이행과 관련해서 해당 의무의 이행대상이 되는 다른 모든 국가의 입장을 급격히 변경시키는 성격을 갖는 경우, 그 국가는 피해국으로서 타국의 책임을 원용할 권리를 갖는다"고 규정하였다.

결국, ILC는 '피해국'을 세 가지 유형으로 구별하였다. (i) 위법행위가 상호성에 기반한 규칙을 위반한 것일 때, 피해국은 위반되는 의무에 상응하는 권리를 보유한 국가이다(제42(a)조). (ii) 위법행위가 공동체의무를 위반하는 것일 때, '피해국'은 위법행위와 특별한 관계를 갖기 때문에 그러한 위법으로 인해서 특별히 피해를 입은 국가이다. ILC는 해양법협약 제194조를 위반하는 공해상 오염의 예로서 어느 국가 혹은 수개 국가의 해안을 독성 잔존물로 오염시키거나 그 국가의 연안어장을 패쇄시킬 정도의 피해를 야기한 경우를 들었다(제12항, 제42조에 관한 평석). 비록 해양환경 보호로 모든 체약국들이 일반적인 이익을 갖는다고 해도, 이 경우 그 국가가 '피해를 입었다'고 할 수 있다. (iii) 위법행위는 소위 '핵심의무'[12](즉, 일반적으로 조약에서 발생하며, 각 당사국은 다른 당사국이 부담하는 유사한 의무에 대응하여 의무를 부담하는 것이 그러한 의무를 규정한 조약의 핵심이기 때문에, 다른 모든 당사국이 상응하여 이행하는 것에 필연적으로 의존하게 되는 의무)를 위반할 수 있다.[13] 이

---

12) 이러한 개념에 대해서는 G. Fitzmaurice, "Second Report on the Law of the Treaties", *YILC*(1957-II), 제126항 참조.

13) 전부는 아니지만, 대개 군축 혹은 군비통제조약은 다른 체약국도 유사하게 이행할 것을 전제로 하고 있으며, 그 결과 만약 한 국가가 해당 조약을 위반하면, 다른 국가들은 조약법에 관한 비엔나협약 제60조에 의하여 해당 조약의 적용을 정지하거나 그러한 조약에서 탈퇴할 수 있다. 분명히, 이들 의무는 비록 다자조약에서 규정하고 있지만, 상호성에 근거한 것이며 오직 '보통책임'만이 이러한 다자조약의 위반에서 발생한다. 대개의 군축조약은 탈퇴를 규정한 조항을 갖는다. 이러한 조항의 예로써, 핵무기 비확산에 관한 1968년 조약 제10조 제1항을 언급할 수 있다. 즉, "각 당사국은 이 조약의 대상과 관련한 이례적인 사건이 자국의 최우선 이익을 위태롭게 한다고 결정하는 경우 자국의 주권행사로써 해당 조약에서 탈퇴할 권리를 갖는다. 그 국가는 3개월 전에 조약의 다른 모든 당사국과 유엔 안보리에 탈퇴를 통지해야 한다. 그러한 통지에는 자국의 최우선 이익을 위태롭게 하는 이례적 사건에 대한 성명이 포함되어야 한다." 이러한 조항이 체약당사국 중 한 국가의 위반에 대한 집단적 감시 및 제재장치를 규정하는 조약에 규정되었을 때 이를 엄격히 해석해야 하고, 집단적 감시기관이 판단한 조약의 불이행이 매우 심각하고, 책임부담국가가 집단적 기관의 확

러한 경우라면, 해당 의무의 이행대상이 되는 모든 국가가 '피해를 입었다'고 간주해야 한다.

제42조에서는 방금 언급한 세 가지 상이한 유형 중 어느 하나에서 '피해국'이 위법국가의 책임을 원용할 권리가 있고, 필요한 경우 책임을 부담하는 국가가 자신의 의무를 이행하도록 촉구하기 위하여 대응조치를 채택할 권리를 갖는다고 규정하고 있다. 그러나 나중에 보겠지만, ILC는 비록 '피해를 입지' 않았는데도 특정 상황에서 위법행위의 결과를 원용할 권리를 갖는 또 다른 유형의 국가를 구별하였다.

(2) 책임국가의 의무

위법국가는 피해국을 상대로 해서만 이행해야 할 여러 가지 의무를 부담한다. 첫째, 위법상태가 지속되는 경우 이를 중지해야 한다. 둘째, '사정상 필요하다면 적절한 재발방지를 다짐하고 보증해야' 한다(ILC 초안 제30(b)조). 셋째, '발생한 손해에 대해서 피해를 완전히 회복해야' 한다(동 초안 제31조 제1항). 넷째, 피해국이 요구하는 정도의 피해회복조치를 거부하거나 배상금 지급을 거부하는 경우, 유엔헌장 제2조 제3항에 따라서 책임국가는 피해국가의 평화적 분쟁해결 노력을 *신의성실히* 수락해야 한다.

*피해회복조치*에 관한 한, 현재 분명한 사항은 현대국제법에서는 여러 가지 피해회복방식 간에 서열을 정하고 있다는 점이다. *물질적 손해*의 경우, 책임국가는 가능한 한 *같은 방식으로 원상회복*을 해야 한다. ILC 초안 제35조에 따르면, 원상회복은 "① 실질적으로 불가능하지 않고, ② 배상금 대신 원상회복하여 발생하는 이익과 비교시 비례성을 크게 잃을 정도의 부담이 발생하지 않는다는 조건과 그 한도에서, 위법행위가 자행되기 이전에 있었던 사태를 회복하는 것"을 의미한다.

원상회복의 예는 다음과 같다. 가옥을 사용할 수 있도록 하는 것[영국과 체결한 조약에 따라서, 스페인령 모로코 지역 술탄이 영국 영사의 사저로 가옥을 건축하였다. 나중에 그 가옥을 스페인 군대가 파괴하였다. 중재인인 Huber는 *Spanish Zone of Morocco* 사건(pp.722-727)에서 스페인—보호국가—이 영국에게 "파괴된 가옥만

인과 제재 가능성에도 불구하고 이를 중단하지 않는 경우에만 적용되도록 해야 한다는 견해가 있다. 이러한 제안은 남미지역 내에서 핵무기를 금지하는 1967년 Tlatelolco조약, 세균학(생물학), 독성무기의 개발 · 제조 및 저장의 금지 그리고 그 파괴에 관한 1972년 협약, 그리고 화학무기의 개발 · 생산 · 비축 · 사용 금지 및 폐기에 관한 1993년 협약과 같은 조약에 적용된다.

큼 '편리한' 영사관저 사용수익권"을 주어야 한다고 판단하였다]. '피해회복조치의 한 형태로서' 피청구국은 이전에 부과된 의무 혹은 금전지급 폐지를 인정하도록 결정하는 것(*Martini* 사건, p.1002). 불법적으로 징수한 정부세 및 수입세를 반환하도록 명령하는 것.[14]

원상회복이 가능하지 않거나[15] 발생한 물질적 손해를 일부만 회복할 수 있을 뿐이라면, 위법국가는 *배상금*을 지급해야 한다. ILC 초안 제36조에 따르면, 이러한 의무의 의미는 책임국가가 ① '그러한 손해가 원상회복으로 보상되지 않는 한, 발생한 손해에 대해서 금전배상'해야 한다는 것. ② '배상금은 일실이익이 정해지는 한도에서 그러한 손실을 위시하여 재정적으로 평가할 수 있는 모든 손해를 포함하는 것'이다.

*정신적 손해*를 야기하는 위법행위는 *만족*으로만 구제될 수 있는데, ILC 초안 제37조 제2항 그리고 제3항에 따라서, *만족*은 "위반 시인, 유감 표명, 공식적 사과 혹은 달리 적절한 형태로 될 수 있지만", "손해와 비례해야 하고 책임국가를 모욕하는 형태를 취하지 않아야 한다."

예컨대, 1998년 2월 19일, 5명의 이스라엘 비밀요원이 스위스 베른 외곽에 있는 아파트 건물(거주인 중 1명은 팔레스타인 혹은 레바논 무장단체와 연결되어 있다는 의심을 받고 있었음) 내에 도청장치를 설치하려고 하였다. 스위스 경찰은 이들을 구속하였지만, 그 후 4명을 석방하고 1명을 구금했다. 스위스 당국은 이스라엘이 스위스 주권을 침범했다고 비난하면서 사과를 요구하였다. 2월 27일, 이스라엘은 공식적

---

14) *The Palmarejo and Mexican Gold Fileds Ltd.* 사건(UK-Mexican Claims Commission), pp.301-302; *Compagnie générale des asphaltes de Frnace* 사건, pp.389-398 참조. 위원장은 다음과 같이 말했다. "본인은 관세가 사실상 다시 지불되지 않았기 때문에 청구회사가 손실을 입지 않았고, 따라서 공평의 견지에서, 이를 반환해 달라고 정당하게 요구할 수 없다는 취지에서 존경하는 베네수엘라측 위원이 주장한 바를 무시하지 않는다. 그러나 아마도 후발적으로 초래될 수 있었던 나쁜 결과가 없었기에 정당성을 갖지 못한 행위가 행해지지 않았다는 것이 본인의 의견이다. 청구국 정부는 자신의 영토에 대한 주권이 존중되어야 하고, 자국민은 결과적으로 발생한 사항이 논의되기 이전에 자신의 원래 권리를 회복해야 한다고 주장할 권리를 갖는다. 본인은 통관 이전에 수입관세를 지불하도록 하는 것은 불법징수이며 영국 영토에 대해서 베네수엘라 주권을 불법적으로 행사하는 것이라고 판단하였기에, 이러한 관세를 청구회사에게 반환하도록 하는 것이 정당하고 옳고, 따라서 정의롭고 공평하다"(p.398).

15) *Avena and other Mexican Nationals* 사건에서 ICJ는 멕시코의 *완전한 원상회복* 청구를 배척하였다(제115항-제125항).

으로 사과하였고 해당 이스라엘 요원은 석방되었다.[16] 이와 비슷하게 2001년 4월 11일, 미국 정부는 중국에 대해서 미국 군용기가 중국의 영공에 진입하여 사전허가도 없이 하이난 공항에 착륙한 점에 대해서 사과하였다.[17]

만족의 다른 예는 매우 적은 금액을 상징적으로 지급하는 것이다. *Cathage* 사건과 *Manouba* 사건에서, 프랑스는 1912년 터키-이탈리아 전쟁 중에, 이탈리아가 공해상에서 전시금제품을 운송하였다고 주장되는 2대의 프랑스 증기선을 나포하여 일시 억류해서 국제법을 위반하였기 때문에, 이탈리아가 프랑스에게 정신적 · 물질적 손해에 대한 배상금 외에, 프랑스 국기(國旗)에 대한 범죄에 대해서 프랑스화 1프랑을 프랑스에게 지급하라는 판단도 내려 달라고 PCA에게 요청하였다. 이 두 사건에서, PCA는 이탈리아가 국제법을 위반했다고 판단하는 것이 그 자체로 '심각한 제재'라고 하면서, 이탈리아가 정신적 · 물질적 손해에 대해서 배상금을 지급하도록 하였다(pp.457-461, 471-477). 해당 국가가 국제위법행위를 저질렀다는 중재기관 혹은 재판기관의 결정도 공정한 만족이 된다는 판단이 *Corfu Channel* 사건(p.35)에서 그리고 *Rainbow Warrior* 사건(*제2단계*, 제123항)에서 있었다.

또 다른 만족의 예가 될 수 있는 것은 책임국가의 당국이 위법행위를 야기한 개인을 처벌하거나, 책임국가가 해당 위법행위의 재발 방지를 공식 보증하는 것이다.

비록 원상회복과 금전배상은 위에서 개설한 순서로 일반적으로 활용되지만, 국가들이 양자를 결합할 수 있고, 필요한 경우 만족을 부여하는 것이 타당하거나 그런 요청이 있다면 국가들은 만족도 부여할 수 있다.[18]

(3) 피해국의 권리, 권한, 그리고 의무: 특히 대응조치를 활용하는 권리

책임국가가 부담하는 의무와 관련해서, 일부 의무와 함께 권리와 권한(특히, 위법행위의 중지, 재발 방지 다짐 및 보증, 그리고 발생한 물질적 · 정신적 손해에 대한 충분한 피해회복을 요구할 권리)이 피해국에게 생긴다.

피해국은 타국의 책임을 원용하기로 한 경우 반드시 다음 단계를 밟아야

16) http://www.fas.org/irp/news/1998/02/980227_mossadf.htm 참조.

17) 미국 대사의 편지 내용은 *International Herald Tribune*, 12 April 2001, p.8 참조("우리는 중국 공역을 진입하고 착륙할 때 구술허가를 얻지 못했던 점에 대해서 사과한다"). 중국 정부는 중국 당국이 조난신호 혹은 중국 공역 진입허가 요청을 들은 바가 없어서 착륙이 불법이라고 주장하였다(*ibid.*, 14-15 April 2001, p.1, p.41 참조).

18) *LaGrand* 사건에서 ICJ는, '관련 개인'이 '구속 연장, 기소, 중형 선고'의 대상이 되었던 경우 사과로는 충분하지 않다고 판단하였다(제125항).

한다.

(i) '해당 국가에게 자신의 청구사항을 통지하고,' 특히 '① 위법행위가 지속되는 경우, 책임국가가 해당 위법행위를 중지하기 위하여 취해야 할 행위 및 ② 피해회복조치의 형태'를 명시해야 한다(ILC 초안 제43조).

(ii) 만약 책임국가가 피해국의 요청을 이행하지 않는다면, 피해국은 평화적 수단으로 분쟁을 해결하고자 노력해야 하며, 특히 교섭 혹은 중개 · 조정, 혹은 중재를 개시하거나 적어도 이를 제안해야 한다(ILC 초안 제52조 제1(b)항에서는 피해국이 책임국가에게 '교섭을 제안하도록' 요구하고 있다).

(iii) 책임국가가 피해회복조치를 거부하거나 교섭 · 조정, 혹은 중재하기를 거부하거나, 명시적으로 교섭 혹은 분쟁해결 제안에 대해서 *신의성실하게* 반응하지 않는 경우에만 피해국은 대응조치를 활용할 권리를 갖는다(ILC 초안 제52조 제1항에 따르면, 대응조치는 관련 당사국들이 사안을 해결하기 위하여 교섭하지 못하게 된 이후 취할 수 있음). 앞에서 언급하였듯이(3.5 그리고 13.3), 대응조치 개시 이전에 이러한 절차를 거쳐야 하는 것은 분쟁의 평화적 해결을 위하여 신의성실하게 노력해야 한다는 일반의무에서 파생한다.

1978년, 미국-프랑스 중재판정부는 *Case concerning the Air Service Agreement of 27 March 1946* 사건에서 반대되는 견해를 가졌다. 프랑스는 다른 분쟁해결 경로가 없는 경우에만 대응조치를 활용할 수 있다고 주장하였다. 중재판정부는 "현재의 국제법규칙에 따라서, 그리고 특정 조약에서 발생하는 특별한 의무, 특히 국제기구의 틀 안에 마련된 장치에서 발생하는 특별한 의무로부터 각국이 스스로 타국에 대하여 자신의 법적 입장을 정할 수 없도록 한 경우를 제외하고 각국은 스스로 타국에 대하여 자신의 법적 입장을 정할 수 있다. 만약, 한 국가가 보건대, 타국이 국제의무를 위반하는 사태가 발생하면, 전자는 군대 사용에 해당하는 국제법 일반규칙이 정한 제한 내에서, '대응조치'로써 자신의 권리를 확언할 수 있는 권리를 갖는다"고 하면서, 이러한 주장을 기각하였다(제81항; 아울러 제84-98항 참조). 위의 판단이 지당하지만, 이 중재판정부는 일반국제법의 최근의 발전, 특히 유엔헌장 제33조의 의무가 앞에서 언급한(3.5 참조) 1970년 우호관계 선언에서 정하고 있는(혹은 조문화된) 일반의무로 발전한 것에서 파악할 수 있듯이, 일반국제법에서 분쟁의 평화적 해결을 강조하고 있는 바를 충분히 참작하지 않았다는 견해가 있다.

대응조치가 수락될 수 있는 다른 조건에 대해서는 15.3.1(1)을 참조하시오.

13.5 '가중' 국가책임

13.5.1 주요 특징

이제까지 우리는 국제법의 '보통' 위반책임이 양자조약 혹은 다자협약 혹은 '쌍방' 의무를 정하는 일반규칙, 즉 국가의 상호이익(경제 및 상사관계, 국민과 영사, 혹은 외교관의 상호대우 등)을 보호하는 규칙을 위반하는 경우 부담하는 책임을 포함한다는 점을 살펴 보았다. 그러한 규칙 어느 것이든 위반결과로서 책임국가와 위법행위 대상국가 간에 '양자적 관계'가 형성된다. 이리하여 모든 관계는 이들 양 국가 간의 *'사적'인 사항*으로 남게 된다. '가중책임'의 특징은 이와 현저히 다르다. 이는 한 국가가 '공동체의무'(1.8.2 참조), 즉 평화, 인권 혹은 인민의 자기결정과 같은 기본적 가치를 보호하는 관습법상 *대세적* 의무, 혹은 이러한 기본가치를 보호하는 다자조약에서 정하고 있는 *계약적 대세적* 의무 중 어느 의무에 관한 규칙을 위반할 때 발생한다. 이러한 '가중책임'이 있는 경우, *물질적 혹은 정신적* 손해가 혹시 있다 해도, 이러한 손해는 국가책임의 불가결한 요소가 아니다. 중요한 것은 그 위반으로 한 국가가 타국(혹은 체약국)의 의무이행에 대해서 갖는 권리를 침해당하는 결과가 발생한다는 점이다. 위에서 언급한 규칙 중 어느 하나가 위반된 이후, *'공적 관계'*가 위법국가와 다른 모든 국가 혹은 경우에 따라서 다른 모든 체약국가 간에 형성되기 시작한다. 이러한 관계가 갖는 '공적' 성격은 다른 어떠한 국가라도 *그 위반으로 인하여 물질적으로 혹은 정신적으로 손해를 입었는지의 여부와 상관 없이* 위법행위국의 책임을 원용할 수 있다는 데에 있다(이러한 원용은 관할 국제기관이 자기 스스로 혹은 한 국가의 요청을 받아서 할 수도 있다). 달리 말하면, 이러한 유형의 책임을 원용하는 조치를 취하는 국가는 *개인적 혹은 개별적 이익을 추구하지 않는다.* 이들은 *공동체이익*을 추구한다. 왜냐하면, 이들은 세계공동체 전체 혹은 다자조약의 당사국인 복수국가를 대신해서 행동하기 때문이다. 이 외에, 위반된 의무를 이행하도록 요구할 권리를 갖는 모든 국가는 위법국가가 자신의 위법행위를 중지하거나 피해를 회복하도록 강제하기 위하여 고안된 다수의 구제조치를 취할 수 있다.

13.5.2 가중책임의 단계적 출현

(1) 국가관행의 발전

이러한 새로운 형태의 책임은 이에 수반하는 여러 가지 요소 때문에 등장하였다. 무력사용 금지에 관한 유엔헌장 규정과 침략행위에 대한 중앙집중적 혹은 비중앙집중적인 대응방식으로 인하여, 국제위법행위에 대해서 통상적인 대응과 다른 형태이면서 더 진지한 대응을 염두에 둔 규칙이 있다는 생각이 점차 무르익었다. 심각한 대규모 인권침해에 대한 대응과 관련한 관행에서도 드러났던 것은 비록 침략에 대한 것보다 덜 조직적이고, 덜 드러나지만, '보통' 위법행위의 결과에서는 이례적인 집단적 국면을 가질 수 있는 위반에 대한 대응이 다른 분야에서도 허용된다는 점이다. 더 일반적으로, 세계공동체에서 보편적인 중요성을 갖는 것으로 간주되고, 국가들이 사적 거래로 위반할 수 없는 가치(평화, 인권, 인민의 자기결정)의 등장으로 그러한 가치가 심각히 침해될 때에는 많은 국가들은 필경 양자적 법률관계 위반시 대응책으로 통상 취했던 것보다 더 강한 대응이 필요하다고 믿게 되었다. 같은 취지에서, 이러한 대응도 보통책임에 대한 '사적'이고 양자적인 대응과 반대되는 것으로서 '공적'이고 집단적일 수 있다고 여기게 되었다.

이제, 국가관행이 이러한 새로운 국가책임 형식을 마련하기 위하여 어떻게 발전해 왔는지를 자세히 살펴 보기로 한다. 당연하지만, 이러한 새로운 형태의 책임이 가장 빈번히 이행된 예는 *집단적 집행* 혹은 다자적 무력사용을 활용한 데에서 찾을 수 있다(15.3.1(2); 15.5, 17.2; 17.4 참조). 일부 침략의 경우 혹은 어찌됐든 유엔헌장을 위반하는 무력사용시, 타국들은 위법행위자에 대해서 대응조치를 취하였다(예컨대, 이러한 상황이 발생한 것은 소련의 아프가니스탄 개입 이후인 1980~1981년이었다. 즉, 미국은 1980년 소련에 대해서 다수의 금수조치를 적용하였다).

대세적 의무가 심각히 위반된 다른 몇 가지 예에서, 위법행위로 직접 손해를 입지 않은 국가들이 국제기구[통상 유엔 안보리 혹은 총회; 그러한 결정은 유럽공동체(EC) 혹은 유럽연합(EU) 내에서도 취해졌음]의 권고 혹은 결정에 따라서 위법국가를 상대로 강제조치(무력사용이 결부되지 않음)를 취했다. 이는 그 자체로 건전한 발전이다. 왜냐하면, 세계공동체의 중심기관은 위법국가를 상대로 국가의 개별행동 혹은 공동행동을 권고하거나 허가하기에 더 나은 입장에 있을 수 있기 때문이다.

예컨대, 유엔 안보리는 1966년 인종정책을 이유로 남로디지아에 대해서 경제조치를 부과하거나 권고하였다. 1980년 이란의 인질억류에 대한 안보리 결의에 맞추어서, 유럽공동체(EC)는 1979년 11월 4일(인질억류 시작) 이후 이란과 체결한 모든 계약을 정지시키는 결정을 내렸다.[19] 안보리는 1986년 남아프리카공화국의 인종분리정책(apartheid) 실행에 대해서 이 나라를 상대로, 더 최근에는 이라크(1990~1991), 유고연방공화국(세르비아-몬테네그로)(1992), 리비아(1992~1999), 라이베리아(1993~1994), 그리고 아이티(1993)에 대해서 경제제재 등의 조치를 권고하거나 채택하였다. EC는 1982년 포클랜드/말비나스 분쟁과 관련해서 강제조치를 취했는데, 이 때 EC는 아르헨티나가 안보리의 허가 없이 이 섬을 공격한 것을 이유로 아르헨티나 제품의 수입을 정지시켰다(1982년 4월 16일 EC이사회 규칙 제877호). EC가 1982년 무력사용 금지 위반과 관련해서가 아니라 폴란드의 심각한 인권침해와 관련해서 '집행'조치를 취한 점을 주목해야 한다(EC는 소련 제품의 수입을 감축하였음: 1982년 3월 15일 EC이사회에서 채택한 규칙 제596호).

이 외에, 유엔 안보리의 허가 혹은 권고에 따라서 국가들이 취한 무력사용이 결부된 모든 조치를 언급해야 한다. 이들 사건 모두에서 안보리는 심각한 공동체의무 위반이 되는 평화에 대한 위협 혹은 평화의 파괴에 대처하기 위해 국가들이 (개별적으로 혹은 지역약정 혹은 지역기구의 틀 속에서) 무력을 사용하도록 허가하였다 (제17장 참조).

국가들이 국제적 집단기관의 권고 혹은 결정 없이 위법행위 국가에 대해서 대응조치를 취한 예도 다음 몇 가지가 있다.

예를 들면, 1983년 소련 군용기가 한국의 민간항공기를 격추시킨 것에 대해서 많은 국가들은 안보리에서 "현재의 민간항공규칙(공동체가치, 즉 민간인의 안전과 생명을 보호하는 규칙)을 현저히 위반하는 것"이라고 하였다.[20] 그러나 안보리는 아무런 결의도 채택하지 않았다. 이후 캐나다, 미국, 그리고 일본을 위시하여 다수의 국가들이 소련에 대해서 대응조치를 채택하였다.[21] 공동체의무에 대한 제3국의 다른 대응례는 법학문헌에서 지적된 바 있다.[22] 더 최근에는 1999년, 유고연방공화국(세

---

19) *Bulletin of the European Communities*, 1980, No. 4, p.25 참조.

20) 벨기에 대표의 안보리 성명에 대해서는 UN Doc.S/PV.2472, 6 September 1983, p.11 참조. 아울러 스웨덴의 성명(*ibid.*, 2471, p.41)을 참조하시오.

21) 캐나다의 경우 *ILM*(1983), pp.1199-1200; 미국의 경우 *Dept. of State Bulletin*, October 1983, p.1 이하; 일본의 경우 *ILM*(1983), pp.1201-1203 참조.

르비아 - 몬테네그로)이 자신의 영역에서 자국민에 대해서 자행한 살육을 목도하고서, NATO 회원국들은 군사력을 활용하여 대응하였다. 그러나 이는 유엔헌장, 더 정확히는 안전보장이사회의 허가를 받지 못하면 무력사용이 금지되는 *강행규범* 원칙을 위반한 것이었다.

가중책임의 관습법체제는 그러한 체제를 개괄하는 *다자조약을 통해서* 주로 발달해 왔다는 점을 강조해야 할 것이다. 이들 조약은 공동체의무와 공동체권리를 통해서 특별히 평화와 인권을 보호하려는 목적을 가지며, 이들이 담고 있는 실체적 규정의 이행을 확보하기 위하여 복잡한 장치를 마련하고 있으며, 이 외에 이러한 규정의 위반에 대해서 *제도적인 대응*을 예정하고 있다. 이러한 장치는 중요한 공동체의무가 존재하고, 이를 위반할 경우 '보통책임'의 법적 체제에서 예정한 '사적'이고 양자적인 대응으로는 제대로 대처할 수 없다는 확신을 국가들이 공유하고 있다는 점을 입증하고 있다. 다음에서 살펴 보겠지만, 이들 조약에서 정한 장치는 어느 정도 관습국제법에서 마련하는 기본적인 의무의 심각한 위반에 대응하는 방식을 *대체하는* 것이다(이하 13.6 참조). 이들 조약 중 일부만 간단히 살펴 보기로 한다.

인권 분야에서, 국가들은 이행을 감독하고, 필요하다면 책임 있는 국가에게 구제조치를 취하도록 요청하는 임무를 띤 특별기관과 제도를 마련한 바 있다. 달리 말해서 대부분의 경우, 사안이 정치화되는 것을 회피하기 위하여, 인권을 침해하는 국가의 가중책임은 다른 국가가 아니라 국가집단에서 사전에 마련한 국제기관이 활용하도록 하였다. 대규모의 조직적인 인권침해를 방지하고 비난하는 목적을 가진 유엔인권위원회(UN Human Rights Commission)의 활동에 대해서는 다음에서(제19장) 언급할 것이다. 유럽인권재판소, 미주인권위원회 및 미주인권재판소, 그리고 유엔인권위원회(UN Human Rights Committee), 뿐만 아니라 유엔고문방지위원회(19.4.4 참조)와 같은 사법기관 혹은 준사법기관도 언급할 수 있다. 이들 조약이 갖는 독특한 점은 침해에 대해서 '집단적' 혹은 제도적으로 대응하는 것은 심각하고, 대규모이며, 조직적인 위반을 대상으로 할 뿐만 아니라 해당 조약을 *위반하*

---

22) 특히 J.I. Charney, "'Third State Remedies in International Law," 10 *Michigan Journal of International Law*(1989), pp.57-101; J.A. Frowein, "Reactions by Not Directly Affected States to Breaches of Public International Law," 248 *HR*(1994-IV), pp.416-422를 참조하시오.

는 모든 *사항*에까지도 확장되는 점이다.

> 이 점에서, 특히 1966년 시민적 · 정치적 권리에 관한 유엔규약에서 정하고 있는 제도를 언급할 만하다.
>
> 이 규약에 따라서, 모든 당사국은 이 규약 규정의 위반을 중단하도록 요구할 법적 권리를 갖는다. 달리 말해서, 모든 국가는 다른 모든 체약국에 대해서 해당 규약을 충분히 준수할 의무를 갖고, 다른 모든 국가는 위반이 사소해도 이러한 의무를 이행하도록 요구할 권한을 갖는다. 그러나 이러한 권한은 양자적인 맥락에서는 인정되지 않는다. 이 규약은 이와 유사한 다른 국제문서처럼, 국가 혹은 개인들이 규약 위반에 대하여 주장한 바를 다룰 책임이 있는 기관을 설치하였다(단, 물론 규약 제41조와 선택의정서에서 정한 필요적 절차조건이 충족되어야 함). 한 국가는 바로 이 기관—유엔인권위원회(Committee)—에서 해당 위원회가 비난대상인 국가가 사실상 해당 규약을 위반하였다고 선언하도록 요구하여 다른 체약국의 책임을 원용할 수 있다. 이 위원회의 임무에 대해서는 제19장에서 설명할 것이다(19.4.4(1)). 여기에서는 개인이 한 국가를 상대로 인권규약 위반을 이유로 '청원'할 권리를 갖는 것 이외에, 각 당사국은 규약 제41조에 따라서 해당 위원회에 제기할 권리를 갖는다는 점을 상기하는 것으로 충분하다.

가중책임 개념이 점차 기반을 굳건히 다지게 된 또 다른 분야는 *국제인도주의법*이 적용되는 경우이다. 앞에서(1.8.3)와 같이, 1949년 4개의 제네바협약 공통조문 제1조에서는 모든 체약국에게 '모든 상황에서' 협약을 '존중하고 존중되도록' 할 의무를 부과하고 있다. ICJ는 *니카라과* 사건(*본안*)에서 이 규정이 '일반 인도주의법 원칙'의 일부가 되었다고 제대로 판단하였다(제220항). 이 규정에 따라서, 모든 당사국(그리고 관습국제법에 따르면, 모든 국가 혹은 다른 국제적 실체)이 다른 당사국(혹은 다른 모든 국가 혹은 실체)에게 규약에 따른(혹은 해당 규약에서 조문화하거나 이들 협약에서 발달한 인도주의법의 기본원칙에 따른) 의무를 이행하도록 요구할 권한을 부여하고 심지어는 요구할 의무를 부과하기도 한다. 결과적으로, 이 규정에 의해서, 각 당사국들은 협약 혹은 일반 인도주의법 원칙의 심각한 위반의 중지(뿐만 아니라, 경우에 따라서는 범법자의 처벌)를 요구할 권리를 갖는다. 오만 대표가 1980년 이스라엘 점령지 내에서의 관행에 관한 유엔 총회 토론에서 언급하였듯이, 특히 제4제네바협약의 공통조문 제1조가 모든 체약국들에게 부과하는 의무는 "이 협약의 이행을 확보하기 위한 집단적 조치, 그 규정에 반하여 취해진 조치의 불승인, 그리고 점령국의 입장이 유지되도록 격려하는 모든 지원 제공 금지"와 결부된다(UN Doc. A/SPC/35/SR.27, 제8항).

1949년 제네바협약에서 정한 체제의 활용은 일관되지 않았다. 비교적 예전에는, 개별 국가의 공개적인 입장 표명은 극소수였다(스위스와 오스트리아만이 이란과 이라크 두 나라의 1979~1989년 전쟁 중에 이들 양국에 대해서 공개적으로 항의하였다).[23] 이 외에 일종의 집단적 조치가 일부 취해졌다. 예컨대, 안전보장이사회 회원국들은 위 무력충돌의 당사국들에게 제네바협약을 준수하도록 요청하였고, 1984년 2월과 3월, 당시 10개 유럽공동체 회원국들은 이란과 이라크에 대해서 인도주의법을 존중하도록 촉구하였다(*ECB,* 1984, 2, p.95, No.3 그리고 80). 이 외에, 'Contadora Group' 회원국들은 엘살바도르 내란의 충돌당사국들에게 호소하였다. 대부분의 경우 제1조는 공개되지 않은 외교적 입장(démarches) 표명으로 은밀히 활용되었다.

그러나 최근에, 국가들은 공개적으로 입장을 표명하거나, 적어도 나중에 자신의 조치를 공개하였던 경우가 더 많다. 즉, 요르단은 이스라엘에게 추가로 위반하지 말 것 그리고 ICRC에게도 이스라엘이 국제인도주의법을 이행하도록 촉구할 것을 요청하면서, 이스라엘이 점령한 아랍지역 내의 국제인도주의법 위반에 대해서 여러 번 항의한 바 있다.[24] 1995년, 독일 외무장관은 독일 정부가 러시아에 대해서 체첸공화국 충돌에서 "1977년 제2의정서에 따른 의무를 준수해야 한다는 점을 반복해서 상기시킨 바" 있다고 하였다.[25] 공동체조직의 몇몇 기관도 일부 공개적인 조치를 취하였다. 예컨대 많은 경우, 유엔 안보리뿐만 아니라 총회와 사무총장은 제네바협약의 당사국 전체에 대해서 이스라엘이 이들 협약을 이행하도록 촉구하였다.[26] 이와 마찬가지로 1993년, 유럽평의회 각료이사회는 구 유고 내에서 광범위하게 벌어진 여성과 아동에 대한 강간에 관한 보고서를 검토한 후, "회원국과 국제공동체 전체에 대해서 이러한 잔혹행위를 종식시키고, 이를 선동한 자와 실제 저지른 자들을 적절한 국내 혹은 국제형사재판부에 기소하도록" 호소하였다.[27]

---

23) M. Veuthey, "Pour une politique humanitaire", *Mélanges Pictet*(Geneva and The Hague: M. Nijhoff Publishers, 1984), p.1002 참조.

24) Jordan National Report on State Practice, 1998(1999년에 ICRC에 제출함), ch. 6.2를 참조하시오.

25) 의회 질문에 대한 서면답변[*Bundestag,* Doc. 13/718, 13th Legislative Period, 9 March 1995 (http://dip.bundestag.de/btd/13/007/1300718.asc, p.3, para. 6)].

26) 예를 들면, 안보리 결의 제681호(1990), paras. 5 및 6; 1977년 12월 13일 총회 결의 제32/91호, para. A(4), 그리고 1984년 12월 14일 결의 제39/95호, paras. B(4) 및 C(9) 참조. 아울러 1988년 1월 21일 사무총장 보고서, UN Doc.S/19443, para. 27을 참조하시오.

27) Council of Europe, Committee of Ministers, Declaration of 18 February 1993, para. 4 (http//cm.coe.int/ta/decl/71993/93decl.htm).

가중책임의 개념은 *국제형사법*과 관련해서도 적용된 바 있다. 여기에서는 ICTY 규정을 언급하는 것으로 충분하다. *Blaškić* 사건(*소환*)에서, ICTY 항소심재판부는 ICTY 규정 제29조는 모든 국가들이 재판부의 명령과 결정을 이행할 의무를 부과하면서 *대세적 의무*를 설정하였고, 마찬가지 취지에서 '준수해야 할 공동체의 이익'을 제시하였다고 판단하였다(제26항). "달리 말해서 (항소심재판부는 계속해서 말하기를) 유엔의 모든 회원국은 제29조에서 정하고 있는 의무를 달성하는 데 법익을 갖는다." 이러한 '법익'을 행사할 수 있는 방식에 대해서, 재판부는 어느 국가의 제29조 위반에 대한 재판부의 '사법적 판단'이 내려진 후, 다음과 같이 할 수 있음을 명시하였다.

> "유엔 회원국 각자는 위에서 언급한 법익을 근거로 행동할 수 있다. 결과적으로, 각자는 해당 국가에게 제29조 위반을 종료하도록 요구할 수 있다. 이러한 일방적인 조치 이외에, 다른 정부간 기구를 통한 집단적 대응을 염두에 둘 수도 있다. 유엔헌장의 기본원칙과 ICTY 규정의 정신은 자의성과 충돌의 위험성을 가능한 한 제한하는 것이 목적이다. 따라서 정부간 기구를 통하여 집단적 혹은 공동조치를 취하는 것이 가장 우선한다. … [이러한] 집단적 조치는 … 정치적 · 도덕적 비난, 혹은 그러한 위반을 중지하도록 집단적으로 요구하는 것, 혹은 경제적 또는 외교적 제재와 같이 여러 가지 형태를 취할 수 있다"(제36항).

유감스럽게도, 국가들은 ICTY 항소심재판부가 염두에 둔 법적 체제를 별로 활용하지 않았다. 재판소장이 여러 차례 안보리에 대해서 일부 국가들이 제29조를 위반하였다는 판단을 전달하였을 때, 유엔 회원국들은 그러한 사항은 안보리에게 미루고(안보리 쪽에서는 훈계, 비난 그리고 그 밖의 구술질책에 한정하였음), 위법국가에 대해서 대응조치를 취하지 않았다.

> 논란의 여지가 있지만, 세르비아 당국이 밀로세비치(Milošević)를 2001년 4월 1일에 체포한 것은 유고연방공화국(세르비아-몬테네그로)이 ICTY 규정 제29조를 이행한 첫 번째 조치였다. 전하는 바에 따르면, 이는 미국 정부가 미화 5,000만달러의 지원금을 제공하지 않겠다고 위협한 결과라고 한다. 이러한 관점에서 보면, 결국 미국의 위협은 동 제29조의 준수를 강제하기 위하여 고안된 조치(기술적으로 말해서, 보복)로 볼 수 있다. 미국 정부는 적어도 이 제29조를 일부 집행하는 데에 안보리를 대신해서 행동했다.

(2) **요약과 평가**

국제관행상 명확히 드러나는 것은 국가들이 ① 법적 의무로 정한 일부 기본적인 가치를 보호하기 위하여, 그러한 의무의 위반 가능성에 대한 법적 대응은 '보통' 위법행위시 염두에 두었던 것과 달라야 한다는 점, ② 그러한 대응은 우선 유엔 안보리 그리고 총회, 뿐만 아니라 지역기구의 기관 혹은 NATO 같은 기구, 혹은 국제인권기관과 같은 국제기관의 틀 속에서 결정되거나 합의되어야 한다고 생각하는 점이다. 집단적 조치는 정치적 · 이념적, 혹은 경제적 토대를 갖거나, 왜곡되거나, 정치적 복선을 가질 수 있는 개별 국가의 조치보다 더 바람직한 것으로 제대로 인식되었다.[28] 국제관행은 또한 ③ 그러나 일부 경우, 국가들은 자신들이 국제기관에 (부분적이고 불완전하게) 위임하였던 집행기능을 '재배정'하고, 각자의 근거에서, 공동체의무의 이행을 모색하려고 대응조치를 취하는 경향을 보여 주고 있다. 몇몇 경우, 국가들은 그러한 대응조치를 취하여 각자의 행동근거로 삼는 공동체적 관심사가 자신의 국가정책 혹은 국제사회의 의제와 우연히 일치하기 때문에 그렇게 행동할 수 있었다고 여길 수도 있다. 그러나 여전히 남는 사실은 이들이 공동체의무의 이행을 모색하였다는 점이다. 그렇게 행동할 때 이들은 비록 개별적이긴 하지만, 전체 국제공동체를 대신하였다.

위에서 행한 조사에서 드러나듯이, 가중책임이라는 새로운 제도는 본질적으로 수많은 국제조약을 통해서 발전해 왔고, 조약에서 설치한 제도를 기반으로 한다. 이로부터 이러한 법적 책임체제가 종국적으로 그러한 책임을 염두에 둔 각 조약 제도에 한정된다고 추론할 수 있는가? 달리 말해서, 이제까지 가중책임은 국제공동체 전체로까지 확대되지 않았다고 이의를 제기할 수 있는가? 그러한 유형의 책임이 *관습적으로* 발전했다는 견해를 지지하는 요소가 무엇인지를 고려해 보기로 한다.

첫째, 그러한 제도를 염두에 둔 일부 조약규정은 관습국제규칙이 되었다. 이

---

28) 최근의 예로서, 국제재판소는 비록 간접적 또는 부수적이지만, '가중책임'의 중요성을 강조한 바 있다. 결국, *Furundžija* 사건에서 ICTY의 제1심재판부 제2부는 고문을 논의하면서, *부수적 의견*(*obiter dictum*)에서 '특히 심각한' 국가책임 개념을 언급하였다. 전쟁범죄로서 그리고 인도에 반한 죄로서 고문을 언급한 후, 재판부는 "현재의 국제인도주의법에 따라서, 개인의 형사책임 이외에, 국가공무원이 고문에 관여하거나 고문을 방지하지 못하거나, 고문행위자를 처벌하지 못한 결과 국가책임이 발생할 수 있다. 고문이 국가공무원의 광범위한 실행으로 자행되었다면, 고문은 인간을 보호하는데 근본적으로 중요한 국제의무를 광범위하고 심각하게 위반하는 것이고, 결국 국가책임을 유발하는 특히 심각한 위법행위가 된다"(제142항)고 하였다.

는 유엔헌장 제2조 제4항과 제51조에 해당되는데, 침략을 행하는 국가를 상대로 무력사용을 허가할 권한을 안보리에 부여하는 규칙과 함께 이들 규정이 관습국제법이 되었다는 점은 의심의 여지가 없다(17.4.5 참조). 이는 네 개의 1949년 제네바협약의 공통조항 제1조에도 해당된다. 둘째, 적어도 인권보호와 이러한 권리를 지극히 심각하게 침해하는 것을 금지하는 일부 조약규정도 관습법의 지위를 얻게 되었다. 즉, 이는 집단살해, 고문, 심각한 인종차별 사례, 인도에 반한 죄에 해당된다. 셋째, 그러한 가치의 심각한 위반으로 인하여 직접 손해를 입거나 피해를 입지 않은 국가들이 그러한 위반을 질책하거나 항의하는 조치를 취하여도, 비난 대상이 되는 국가가 이 사항은 자국의 국내관할권에 해당하기에 그러한 조치는 법적으로 부당하다고 항의하지 않았다. 당연히 이러한 경우에도, 중요한 사항은 문제되는 가치를 개별적 · 산발적으로 침해하는 것이 아니라, 조직적 혹은 대규모로 위반하는 것이다. 달리 말해서, 국가관행상 국가들이 그러한 가치의 *심각한* 위반에 대한 제3국의 대응이 정당하다고 여기는 성향이 나타나고 있다.

요컨대, 여러 가지 개념이 국제공동체에 깊이 새겨지기 시작했다는 점이 국제관행에서 드러난다. 즉 ① 국제공동체 구성원 누구라도 관심을 갖는 보편적 가치가 존재한다. ② 그러한 가치의 *심각한* 위반은, 그 위반이 구성원의 이익 혹은 관심사항을 직접 침해하는지의 여부와 상관 없이, *공동체 구성원 누구에게라도 영향을 미친다.* ③ 공동체 구성원 누구라도 심각한 위반의 중지를 요구하기 위한 *조치를 취할 권한을 갖는다.*

국제관행상 두 가지 중요한 결론이 지적되기도 한다. 첫째, 국가들은 제도적 기관을 통하여 보편적 가치의 심각한 위반에 대응하는 것을 더 선호한다. 둘째, 이제까지 국가들과 국제기구는 '가중책임' 개념이 갖는 지대한 법적 잠재력을 *실제로* 충분히 활용하지 않았다. 많은 국가들이 자신들에게 직접 이익 혹은 관심거리가 되지 않는 사항에 *사실상* '개입'하는 것을 꺼려했다는 점, 혹은 달리 말해서 이들은 아주 가끔씩 공동체이익을 추구하는 성향을 보였을 뿐이라는 점을 언급하지 않을 수 없다.

13.5.3 국제법위원회의 태도

ILC의 작업에서는 위에서 언급한 발전을 대부분 감안하였다. '국가의 국제위법행위'에 관한 이전 초안 제19조를 R. Ago가 정교히 하고, 동 위원회가 제1회독 시 이를 채택하면서 폭넓은 토론을 유발하였고, 긍정적 그리고 부정적인 반응을 촉진시켰다. 종국적으로 ILC는 이러한 유형의 제19조를 폐기하였는데, 주된 이유는 국가들은 자신들이 '위법행위'로 인하여 피소될 수 있다는 개념을 수락하지 않으려고 한 점, 뿐만 아니라 ILC가 이러한 '위법행위'의 결과를 정확히 규정하기 어려웠다는 점 때문이었다. 끝내, ILC는 기존 법을 창조적으로 개선하기 위한 다수의 방안을 전부 제안하거나 기존 법 중 파장이 큰 것만 일부 명시하면서 쟁점 대상인 책임유형의 결과 중 다소 사소한 것을 제한적으로 지적하여 실질적으로는 *최소한도만 규정하는 접근방식*을 취하였다. 이보다 훨씬 더 충격적인 점은 ILC가 심각한 위반에 대한 대응은 집단적이고 어떤 면에서 '공적인' 조치보다 개별 국가의 조치에 좌우되도록 하는 것을 실질적으로 상정했다는 점이다(ILC 초안 제54조[29] 참조). 결과적으로, 그러한 위반을 범하는 것이 보편적이고 '공적인' 가치를 침해하는 행위에 이르게 되지만, 대응으로 예정되어 있는 것은 주로 '양자적' 이며 '사적'(私的)인 성격을 갖는다(ILC의 접근방식은 ILC가 일부 기본적인 가치를 보호하는 *대세적* 의무를 지정하려고, 일부 초안 규정[30]에서 마치 국제공동체가 국제법 주체로서 인격을 갖기에 결과적으로 소속 구성원에 대해서 권리를 갖기라도 하듯이, '[개별 국가들이] 공동체 전체에 대해서 부담하는 의무'라는 표현을 일관성 없이 이상하게 사용하기 때문에 더욱 더 놀랍다).

ILC는 국제법의 강행규칙 내에서 정한 의무를 심각하고 조직적으로 위반할 때의 국가책임에 관한 특별규칙을 염두에 두기만 하였다(초안 제40조 내지 제41조). ILC의 의견으로는, 이러한 특별법체제는 ① 책임국가 이외의 국가가 부담하는 의무이면서, 보통 위법행위의 결과에서 일반적으로 발생하는 것에 추가되는 일련의 의무, ② 타국이 책임국가에 대해서 갖는 일련의 법적 청구, 그리고 ③ 다른 국가가 '합법조치'를 취할 수 있는 권리이다.

이러한 특별법체제의 주요 요소를 간단히 살펴 보기로 한다.

(i) 제41조에 따라서, 책임국가 이외의 국가에 부과되는 *추가적 의무*는 ① '합법

29) 이 조문은 "이 장은 제48조 제1항에 따라서 타국의 책임을 원용할 수 있는 국가가 위반 중지와 피해국 혹은 위반된 의무의 수익자에게 이익이 되는 피해회복조치를 확보하기 위하여, 그 국가를 상대로 합법조치를 취할 수 있는 권리를 저해하지 않는다"라고 규정하고 있다.

30) 제42(b)조와 제48조 제1(b)항 참조.

적 수단을 통해서 위법행위를 종식시키고자' 협력하는 것, ② 위법행위로 발생한 '사태를 합법적인 것으로' 승인하지 않고, 뿐만 아니라 '그러한 사태를 유지하도록 지원하거나 원조하지' 않는 것이다. 더욱이 ILC에 따르면,

(ii) 공동체의무 위반시, '피해국'('국제위법행위로 인하여 자신의 개별적인 권리가 거부되거나 손상당한 국가 혹은 그러한 행위로 인하여 다른 면에서 특히 피해를 입은 국가'[31]) 이외의 어느 국가든지 *위법국가의 책임을 원용할 수 있으며,* 특히 다음 사항을 청구할 수 있다. ① '국제위법행위의 중지 그리고 재발방지의 담보 및 보증'(제48조 제2(a)항); ② '피해국을 위한'(피해국이 있는 경우, 즉 위반으로 인하여 '특히 피해를 당한' 국가) 혹은 '위반된 의무의 수익자를 위한' '피해회복의무의 이행'(제48조 제2(b)항).

(iii) 마지막으로, 제54조에 따라서, 피해국 이외의 어느 국가든지 위법국가에 대해서 '피해국 혹은 위반된 의무의 수익자를 위하여 위반행위의 중지 및 피해회복을 담보하도록' '합법조치를 취할 수' 있다. ILC의 견해로는, 이들 조치에 관하여 개별국가들이 하는 국가관행(결국 유엔과 같은 국제기구의 틀 속에서 취해지는 제도적 대응을 배제함)은 여전히 제한적이고, 미숙하며 불확실하다. 설상가상으로 제한된 수의 국가가 관여하고 있다(ILC가 지적한 조치는 본질적으로 경제적 제재이거나 항공로 폐쇄 혹은 그 밖의 계약관계 단절과 같은 조치임). 결과적으로 ILC에 따르면, "현재 (피해국 이외의) 국가들이 … 집단적 이익에서 대응조치를 취할 수 있는 권리가 명확히 인정된 것으로 보이지 않는다. 결국, 현재 조문 내에 [피해국 이외의] … 타국이 책임국가의 의무이행을 유도하려고 대응조치를 취하는 것이 허용되는지의 여부에 관한 규정을 포함하는 것이 적절하지 않다." 결국, 이러한 사항은 '향후 국제법 발전'에 따라서 해결될 사항으로 남게 되었다.

이 책에서 말하는 '가중책임'에 관한 법적 체제 자체가 여러 가지 비난을 야기하고 있다. 첫째, 위에서 언급한 바와 같이, ILC 초안은 공동체의무의 심각한 위반에 대해서 집단적이고 '공적인' 대응으로서, 각 국가별 대응의 조건이 되는 사항을 규정하지 않고 있다. 둘째, 실질적으로 ILC 체제는 요컨대 *강행규범*에서 발생하는 의무를 지극히 심각하게 위반할 때, 피해국이 책임국가에 대해서 주장할 수 있는 통상적인 권리(중지, 피해회복 등의 청구권) 그리고 위에서 언급한 추가적인 의무를 다른 모든 국가들에게 인정하지만, 대응조치를 활용할 권리 자체는

31) '피해국'의 정의에 대해서는 ILC Commentary at Part Three of the Articles, Introduction, 제2항 참조.

인정하지 않는다. 심각한 위반에 대응하고 국제법 이행을 유도하기 위하여 다른 국가가 합법적으로 취할 수 있는 조치의 핵심은 실질적으로 미결상태이다. 결국, 국가관행은 매우 제한적인 방식으로 해석되고, 국가관행이 상당히 풍성하게 발전했지만 그 법적 효과나 파장도 없다. 셋째, 특히 한 가지 점에 주의를 기울일 만하다. ILC는 '특별히 피해받은 국가'(즉, 특정 피해를 당했던 국가)의 개념을 매우 중시한 바 있다. 이러한 국가는 공동체의무를 위반하는 행위가 있을 때 *그러한 위반이 중대하고 대규모인지의 여부와 상관 없이*—특히 대응조치를 통해서—위법행위에 대응할 권리를 갖는다. 여기에서 두 가지 결과가 파생한다. ① 공동체의무의 위반(간헐적인 인권 무시와, 혹은 한 국가가 타국 내에서 투쟁하는 반란단체에 무기를 공급하는 것과 같은 것)은 그러한 의무의 지극히 심각한 위반(대량학살, 대규모 고문, 침략 등)과 동등하다. 달리 말해서, 공동체의무 위반은 그 중대성이 어떠하든지 동일한 법적 대응을 촉발할 수 있다. 이는 두 가지 부류를 구분하는 경향이 있는 국가관행과 일치하지 않는다.[32] ② 이보다 더 두드러진 사항은 공동체의무가 심각히 위반될 때, ILC가 보기에는 '특별히 피해를 입지 않은' 다른 어느 국가도 대응조치를 활용할 권리를 갖지 *않는다*는 점이다. 다시금 이는 국제관행과도 충돌하는 것으로 보인다.

> 예컨대 만약 한 국가가 자국민의 종교적 신념을 이유로 회교도인 자국민 전체를 박해한다면, '특별히 피해를 받는다고' 생각할 수 있는 다른 회교국들이 대응조치를 취할 권리를 갖게 될 것이다. 비록 박해가 산발적이고 눈에 드러나지 않는다고 해도 그러한 권리가 해당 국가에게 발생할 것이다. 그러나 한 국가가 자국민 중 여성 혹은 장애인 혹은 정치적 반대자 유형을 매우 심각히 박해한다면, 어떠한 다른 국가도 '특별히 피해를 입는' 국가가 아니기 때문에 다른 어느 국가도 합법적인 대응조치를 취하여 그러한 공동체의무의 심각한 위반에 대응할 권한을 갖지 않게 될 것이다.

---

32) 제42조에 대한 ILC의 평석에 따르면, "국제위법행위의 법적 효과가 해당 의무의 구속을 받는 국가 집단 전체 혹은 국제공동체 전체에 대해서 묵시적으로 확장되는 경우에도 위법행위는 한 국가 혹은 소수의 국가에 대해서 특별히 부정적 효과를 가질 수 있다. 예를 들면, 1982년 유엔해양법협약 제194조를 위반한 공해상 오염의 경우는 독성잔존물로 오염될 수 있는 해변을 갖거나, 연안어장이 폐쇄될 수 있는 어느 국가 혹은 수개의 국가에게 영향을 미칠 수 있다. 그 경우 이 협약의 당사국들이 해양환경 보전에 일반적으로 갖는 이익과 별개로, 이들 연안당사국들은 해당 위반으로 인하여 피해를 입었다고 생각해야 한다."

13.5.4 가중책임의 법적 규제

(1) 위법행위의 주관적 · 객관적 요소

가중책임의 본질적 특징은 이미 언급하였다(13.3 참조). 이제 '보통책임'과 구별되는 것으로서 이러한 책임 유형이 갖는 주된 특징에 대해서 자세히 논하기로 한다.

양쪽 유형은 모두, ① 위반되는 국제의무의 성격과 중대성, ② 손해, 그리고 ③ 잘못의 문제를 제외하면, 책임의 주관적 · 객관적 요소의 법적 규제가 동일하다.

위반시 '가중책임'을 야기하는 의무는 *'공동체의무'*(1.8.2 참조), 즉 ① *기본적인 가치*(평화, 인권, 인민의 자기결정, 환경보호)에 관한 의무, ② 국제공동체의 *다른 회원국 전체에 대해 부담하는 의무*, ③ 그리고 이와 상호 관련된 입장으로서 *'공동체의 권리'*, 즉 다른 모든 국가에 속하는 권리, ④ 이러한 권리는 해당 위반으로 손해를 입는지의 여부와 상관 없이 다른 모든 국가가 행사할 수 있다. 그리고 ⑤ 이러한 권리는 국제공동체를 위하여 행사되고 청구국가의 이익을 위해서 행사되지 않는다.

더욱이, 이러한 의무의 위반은 심각하거나 조직적이어야 한다. 달리 말해서, 공동체의무를 산발적으로, 개별적으로 혹은 사소하게 위반하는 것이 아니어야 한다(예컨대 침략, 집단살해, 혹은 한 인종집단에 속한 자국민 또는 모든 개인을 대상으로 한 심각한 잔혹행위). 예컨대, 한 국가가 타국을 상대로 개시한 침략을 생각할 수 있지만, 상대적으로 덜 중한 위반으로서 한 국가가 타국 내에서 그 지역의 중앙당국을 상대로 투쟁하는 반란단체를 군사적으로 지원하는 것(ICJ가 *니카라과* 사건(*본안*), 제191항에서 판단하였듯이, 이러한 위반은 무력사용을 금지하는 유엔헌장 제2조 제4항 그리고 이에 상응하는 관습규칙 위반보다 덜 심각함)도 생각할 수 있다. 양쪽의 경우, 공동체의무의 심각한 위반에서 발생하는 모든 결과가 해당 의무의 사소한 위반에 적용되지 않는다 해도, 후속책임은 '보통'책임과 다르다.

이제 *손해* 문제를 고려해 보기로 한다. 위에서 살펴보았듯이, 물질적 혹은 정신적 손해는 '보통'책임을 촉발하는 위법행위의 필수요소이다. '가중책임'의 경우는 사정이 다르다. 여기에서, 한 국가는 특정 국가가 물질적으로 혹은 정신적으로 손해를 입었는지의 여부와 상관 없이 단순히 국제의무만 위반해도 다른 모든 국가에 대해서 책임을 부담한다. 만약, 한 국가가 자국민의 인권을 심하게 침해한다면, 물질적 혹은 정신적 손해는 다른 어느 국가에도 발생하지 않고, *다른 모든 국가*의 권리에 대해서 오직 *법적 손해*만 발생한다. 또는 동일한 위법행위(예컨대, 한 국가의 국민을 같은 종족, 종교 혹은 인종집단에 속하는 타국 국민과 함께 대량학살하는 것)로써 한 국가는 특정 국가에 대해서 물질적 혹은 정신적 손해를 야기하고, 같은 취지에서, 모든 국가에 대해서 법적 손해를 야기할 수 있다.

마지막으로, 책임의 *주관적 요소*를 살펴 보기로 한다. 위반의 중대성 그리고 위반된 의무가 공동체 전체에 대해서 근본적으로 중요하다는 사실로 인해서 '가중책임'의 경우, 고의가 이러한 유형의 책임에 항상 내재되어 있고, 청구국가는 이를 입증할 필요가 없다(그러나 *집단살해*의 경우, 이러한 국가는 그러한 행위에 관여한 위법국가의 공무원 그리고 기관원이 *특별한 고의*로써, 즉 민족 · 종족 · 인종, 혹은 종교집단 전체 또는 일부를 파괴하려고 했다는 점을 입증해야 한다. 마찬가지로 침략의 경우, 청구국가는 침략을 계획하고 개시한 해당 국가의 공무원이 *침략의도*로써, 즉 이들이 외국영역을 침입하여 정복하거나 해당 외국기관 등을 파괴하려고 했다는 점을 입증해야 할 것으로 보인다).

(2) **위법행위의 결과**

1) 개 관

두 가지 유형의 책임 간에 가장 두드러진 차이는 책임이 존재하기 위한 예비적 조건에서뿐만 아니라 위법행위의 결과로서, 특히 ① 위법국가에 부과되는 의무의 성격, ② 국가들이 가중책임을 원용할 권리를 갖는다는 점에 있다.

'가중'책임의 경우, 관습법상 위반국가는 *다른 모든 국가에 대해서* 의무를 갖는다. 이에 상응하여 다른 모든 국가는 위법국가에 대해서 위법행위의 결과로서 권리, 권한, 그리고 의무를 갖는다.

2) 위법국가에 부과되는 의무

위법행위국은 국제위법행위 국가에 부과되는 의무와 '보통책임'과 관련하여 위에서(13.4.2 참조) 논의한 모든 의무를 부담한다. 그러나 이제 이들 의무는 혹시 손해를 입은 국가가 있다면 그 국가에 대해서 부담할 뿐만 아니라 국제공동체의 다른 모든 회원국에 대해서도 부담한다. 달리 말해서, 위법행위의 법적 결과는 이제는 단순히 (책임국가와 위법행위 피해국 간의) '양자적 관계'가 아니라 위법행위국과 다른 모든 국가 간의 '공동체관계'가 된다.

원상회복, 배상금, 혹은 일부 경우 만족은 위법행위가 특정 국가에게 물질적 혹은 정신적 손해를 야기할 때(예컨대, 침략의 경우 혹은 해당 국가 국민의 인권을 심각히 침해하는 경우) 관련될 수 있다. 그러한 경우, 위반국가는 손해를 입은 국가에 대해서 피해회복조치를 취해야 한다. 그러나 심각하고 대규모인 '공동체의무' 위반의 *대부분은* 여러 가지 형태의 피해회복이 중요하지 않을 수 있다. 한 국가가 자국민을 상대로 자행한 인도에 반한 죄, 집단살해 혹은 그 밖의 대규모 심각한 인권침해를 예로 들어보자. 분명히, 통상적인 상황에서, 책임국가에게 보통 형태의 피해회복조치를 요구할 수 있는 방법을 찾기가 어렵다. 그렇지만, 책임국가가 그러한 심각한 위반의 희생자에 대해서 혹은 희생자의 친족들에게 배상금을 지급할 여지가 있다는 점은 생각해 볼 수 있다.

3) 타국의 권리, 권한, 그리고 의무

더 중요한 것은 타국(즉, 위법행위로 손해를 입었는지의 여부와 상관 없이 책임국가가 위반한 의무에 상응하는 법적 권능 혹은 권리를 갖는 국제공동체의 모든 구성국가)의 법적 지위를 결정하는 것이다.

공동체의무 위반의 결과로서 첫 번째 유형은 ILC가 초안 제42조에서 잘 규정하고 있고, 이는 위법국가 이외의 모든 국가의 *의무*와 연관된다. 이들 국가들은 다음과 같은 의무를 부담한다. 즉 ① 위반으로 생성된 사태를 합법적인 것으로 인정하지 않을 의무, ② 그렇게 생성된 사태를 책임국가가 유지하도록 원조 혹은 지원하지 않을 의무, ③ 가능한 한 위반을 종식시키기 위하여 협력할 *의무*이다.

이 외에 위법행위국 이외의 모든 국가는 다음과 같은 *권한* 또는 *권리*를 갖고 *청구*할 수 있다.

(i) 위법국가가 자신들의 청구에 주목하도록 할 때 해당 국가의 가중책임을 원용하는 것.

(ii) 위법행위가 지속되는 경우 이의 중지를 요구하고 재발방지의 담보와 보증을 요구하는 것.

(iii) 위법행위의 성격과 일치하는 형태로 피해회복을 청구하는 것(만약, 어느 국가가 침략의 경우처럼 물질적으로 혹은 정신적으로 손해를 입었다면, 피해국가가 피해회복을 청구하듯이 타국이 피해국의 이익을 위하여 청구할 수 있고 혹은 인권의 심각한 침해의 경우, 타국은 위법행위로 피해를 당한 개인의 이익을 위하여 피해회복을 청구할 수 있다).

(iv) 만약, 책임국가가 위법행위의 중지를 위하여 즉각적인 조치를 취하지 않

거나 청구국가가 요구하는 형태의 피해회복조치를 이행하지 않는다면, 이 사항을 관할 국제기관에 회부할 권리를 갖는 것. 결국, 제3국은 보편기구(유엔과 같은 것)나 지역기구(OAS, AU, 혹은 유럽평의회와 같은 것) 혹은 지역간기구의 관할기관에 대해서 위법국가의 위법행위를 공개적으로 폭로하거나 집단적 제재수단 등을 채택하기 위하여(이하 15.5 참조) 그러한 위법행위를 공개적으로 논의하도록 요청할 수 있다. 국가들이 국제기구 내에서 혹은 달리 적합한 집단적 기관 내에서 *먼저* 조치를 취해야 한다는 점은 정당하며, 사실상 이러한 유형의 책임이 갖는 본원적 성격에 따른 것으로 보인다. 이러한 책임은 공동체가치 혹은 '공적' 가치에 대한 심각한 타격에서 발생한다. 따라서 위법행위에 대한 대응은 가능한 한 *공적이고 집단적*이어야 한다. 한편으로 국가들이 세계공동체 모든 회원국들이 관심을 두는 기본적 가치를 심각히 위반한 것에 대해서 가중책임을 부담하도록 하는 형태를 염두에 두면서, 다른 한편으로 그러한 공동체의 각 개별 회원국이 '사적'으로 대응하도록 하는 것은 이치에 맞지 않고 모순된다.

(v) 만약, 이들 기관들이 아무런 조치도 취하지 않거나 이들의 조치가 위법행위의 중지 혹은 적절한 피해회복(동일하거나 유사한 위법행위가 장래 재발하지 않도록 엄격히 보증하는 형태이기만 한다면)을 이루지 못한다면, 모든 국가들은 개별적으로 평화적인 대응조치를 취할 권한이 있다. 국가들이 개별적 대응조치를 선택하면, '보통책임'과 관련해서 앞에서 열거했던 조건의 제한을 받는다(13.4.2(3); 15.3.1(1) 및 (2) 참조). 특히, 청구국가는 대응조치를 취하기 이전에, ① 책임국가에게 교섭을 제안할 뿐만 아니라 적절하다면 중개 · 조정, 혹은 중재 또는 사법적 해결과 같은 다른 평화적 분쟁해결 방식도 제안해야 한다. ② 책임국가에 대해서 대응조치를 활용하겠다는 의도를 적절히 고지해야 한다. 이 경우, 대응조치를 활용하는 국가들을 조율하는 문제가 발생할 수 있다.[33]

(vi) 무력침략의 경우, 국가들은 (침략 피해국의 요청이 있거나 동의를 받는다는 제한하에; 18.4 참조) 집단적 정당방위를 활용할 권리가 있다.

그러나 주의해야 할 점이 있다. 위의 조치는 *유엔 안전보장제도*가 운영될 수

33) ILC 초안(2000) 제54조 제3항은 나중에 삭제되지만, "2개국 이상의 국가들이 대응조치를 취할 때, 관련 국가들은 대응조치를 취하기 위하여 … 정해진 조건이 충족되도록 협력해야 한다"는 점을 제대로 규정하였다.

있는 경우에 그러한 제도에 영향을 미치거나 침해할 수 없다. 만약, 유엔 안보리가 공동체의무의 심각한 위반이 평화에 대한 위협, 평화의 파괴 혹은 침략행위가 된다고 판단한다면, 국가들이 무력사용을 포함하지 않은 조치 중 어느 조치를 유엔헌장 제41조에 따라서 취할 수 있는지, 아니면 취할 의무가 있는지를 권고·결정하거나, 위법행위국을 상대로 강제조치를 취하도록 허가할 수 있다. 달리 말해서, 유엔헌장 제39조의 대상이 되는 것으로 여겨지는 국제위법행위에 직면하면, 이를 *안보리에 인계하고,* 개별 국가들은 유엔헌장이 허용하는 한도에서 조치(개별적 혹은 집단적 정당방위)를 취하거나, 안보리가 권고·허가, 혹은 결정한 조치만 취할 수 있을 뿐이다.

마지막으로 한 가지 점을 지적할 필요가 있다. 위에서 강조하였듯이, 공동체의무의 위반은 특정 국가에게 물질적 혹은 정신적 손해를 야기하기 마련이다. 예를 들면, 위에서 언급하였듯이 어느 국가의 인권이 심각히 침해될 때, 그러한 침해의 피해자는 해당 국가의 국민 그리고 예컨대, 다른 나라 국민 양자를 모두 포함할 수 있다. 이 경우, 국제공동체의 모든 회원국들은 위법행위국의 가중책임을 원용할 수 있다. 이 외에, 자국민이 위법행위의 피해자인 국가는 국제위법행위로 손해를 입은 점을 제기하고 이에 따라서 피해회복을 청구할 수 있다. 이를 위해서 해당 국가는 일부 피해자가 자국의 국적을 가졌음을 입증해야 한다. 반대로 다른 국가의 경우, 피해자의 국적과 상관 없이, 심각한 인권침해가 자행되었다는 점을 입증하면 충분하다.

13.6 가중책임에 관한 조약체제와 관습법

공동체의무를 부과하는 다자조약에서 규정하고 있는 구제조치들과 공동체의무 위반에 대한 대응으로써 관습국제법에서 염두에 둔 조치를 활용할 권리의 관계에 대해서 의문이 제기될 수 있다.

위에서(13.5.2(1)) 지적하였듯이 이러한 문제는 조약에서 정하고 있는 공동체의무를 심각하거나 조직적으로 위반하는 것과 관련해서만 발생할 수 있다. 사소하거나 개별적 혹은 산발적인 조약침해의 경우, 가중책임에 관한 관습규칙으로는 아무런 구제조치도 활용할 수 없다. 그 이유는 위에서 언급하였듯이, 이들 규칙은 공동체의무의 중대하고 심각한 위반에서 발생하는 책임만 상정하고 있기 때문이다. 그러나 논의대상인 조약은 가중책임의 법적 체제를 사소하거나 산발적인 공동체 위반에까지 *확대하고 있다*(따라서 이들 조약에서 *'특별가중책임'*의 법적 체제를 마련하고 있다고 할 수 있다).

따라서 심각한 위반의 유형에 집중하기로 한다. 다자적 *인권*협약의 한 당사국이 자국민 그리고 다른 체약국 시민에 대해서 대량학살을 저지르는 경우를 예로 들어 본다. 분명히, 피해국은 해당 조약에서 활용 가능한 제도적 수단을 통해서만 피해회복을 요청할 수 있고, 대응조치는 활용할 수 없다(대량학살의 피해자가 위법국가의 국민이든 아니면 피해를 당한 체약국 국민이든, 다른 체약국이 이들 모든 피해자를 위해서 활동하는 경우 동일하게 적용된다). 제도적 구제방식이 실패할 경우에만, 피해국 혹은 다른 체약국이 개별적인 대응조치 활용을 비롯하여, 관습법에서 활용 가능한 법적 수단을 가동할 수 있다. 제도적 혹은 집단적 장치를 우선적으로 모두 완료해야 한다는 점은 문제되는 협약(그리고 이와 유사한 모든 조약)의 취지와 대상 자체에서 나온다. 즉, 이들 조약은 공동체가치를 보호하고, 이러한 가치의 실행에 '공익'(public interest)이 있다. 결국, 집단적인 구제조치는 위반에 대한 일방적 대응보다 항상 우선해야 할 것이다.

> 예컨대, 시민적 · 정치적 권리에 관한 유엔규약에서 정하고 있는 감독장치가 작동하지 않거나(예를 들면, 규약 위반 국가가 제41조에 따라서 선언하지 않았거나, 뿐만 아니라 의정서를 비준하지 않았을 수 있다), 예컨대 위반국가가 인권위원회(Committee)의 판단을 이행하지 않기 때문에 위반을 종식시킬 수 없는 경우가 있다. 규약과 의정서에서 상정하고 있는 감시제도상 당사국들이 규약에서 염두에 둔 자기완비적 체제를 '벗어나지' 못하고, 평화적인 대응조치를 활용하는 관습법제도를 대체방식으로 활용하지 못한다면 이는 인권에 관한 국제법 전체의 정신에 반하게 될 것이다. 그러나 위에서 언급하였듯이, 당사국들은 '가중책임'에 관한 관습체제를 대체수단으로 활용할 수 있지만, 자신들이 갖는 규약상 권리와 의무를 근거로 해서, 대개 규약에서 규율하지 않는 인권침해(즉, 개별적이거나 산발적인 침해)에까지 그러한 체제를 확대할 권한은 없다.

다른 조약으로서, 예를 들면, *핵실험을 금지하는 조약*의 경우도 동일하다(그리고 상호성에 근거하지 않는 것이 명백함). 만약, 공해이지만 다른 체약국 연안에서 떨어진 곳에서 핵실험을 해서 일방 체약국이 그러한 조약을 위반한다면, 그 국가는 해당 특정 국가에게 손해를 끼치는 것이다. 게다가, 이 국가는 동시에 다른 모든 체약국의 권리를 침해하는 것이다. 물론, 제도적 장치를 대상 조약에서 염두에 두고 있다면, 역시나 적어도 첫 번째 대응은 집단적이어야 한다.

이 점에서, 한 가지 중요한 점을 강조해야 한다. 즉 심각하거나 조직적인 위반에 대해서 효과적으로 대응해야 할 제도적인 조약 장치가 실패하게 될 때마다, 관습국제법상 다자조약의 당사국들이 대체수단으로써 활용 가능한 방안은 해당 *조약의 당사국이 아닌* 다른 국가도 활용할 수 있다는 점이다. 달리 말해서, 다자조약과 그 장치가 실패하게 되면, 관습법이 체약국뿐만 아니라 국제공동체 회원국 전체의 이익을 위해서 대신하게 된다. 즉, 조약의 집합체가 국제공동체 전체로 대체될 수 있다.

13.7 현재 가중책임이 갖는 미미한 역할

현재, '보통책임'은 여전히 세계공동체에 굳건히 자리잡고 있고, '가중책임'은 상대적으로 미미한 역할을 담당하고 있다고 해야 할 것이다. 많은 국가들은 일상적인 국제관계에서, 주로 자신들의 이익을 보호하기 위하여 국제공동체 내에서 조치를 취한다는 생각에 여전히 집착하고 있다. 이들은 자신들의 직접적인 관심대상이 아닌 사항에 대해서 끼어드는 것을 어떻게든 피하려 한다. 이들에게 국가책임은 여전히 주로 사적인 사항으로서 양자적 법률관계의 틀 속에서 발생하는 것이다.

그러나 어느 누구도 '가중책임'에 관한 법적 체제의 등장을 제시하는 관행이 때로는 '약하지만', 지속하고 있는 점을 부정할 수 없을 것이다. 더욱이 이 점에서, 다른 국제법 분야에서처럼 *전향적인 법적 수단과 도구*를 활용할 수 있는 것이 중요하다. 조만간에 국제법 주체들은 이를 활용하여, 자신들이 좋다고 권유까지 하지만, 그 후 가끔씩 행동으로 옮기는 것도 잊어버리는 근본가치를 결국에는 충분히 실행할 것이다.

제14장

법 이행 촉진 및 분쟁예방 혹은 분쟁해결

14.1 도 입

국내법 제도마다 공동체 구성원들 간에 발생하는 분쟁을 판단하기 위하여 법원의 권한을 설정하는 여러 가지 규칙들이 있다. 이러한 규칙에 따라서, 개인은 법원에 복종하지 않으려 해도 피소될 수 있다. 일반적으로, 소송절차를 개시하기 위해서 다른 주체의 제소가 있으면 충분하다. 이 외에도, 특정한 경우 실체적 규칙위반 여부를 확정짓는 방식이 매우 정교하고 복잡하여 민사소송절차와 형사소송절차로 양분하는 것이 기본이다. 후자의 경우, 대개의 범죄는 해당 범죄를 인지하게 된 어떤 개인이나 검사 혹은 법집행기관이 법원에 제소할 수 있다. 이것이 규칙이지만 예외적으로 중재절차가 있어서 민사 혹은 상사에 관한 분쟁을 쟁송자들이 선택한 제3자가 해결할 수 있다. 중재는 국가의 법률과, 해당 법률에서 설정한 한계 내에서 인정되더라도 중재의 주된 특징은 다툼이 있는 당사자들의 합의에 근거하는 것이다. 따라서 중재인은 양 당사자로부터 분쟁에 대하여 판단할 권한을 받지 못했다면 그렇게 할 수 없다.

이와 비교해 볼 때, 국제공동체의 상황은 매우 초보적이다. 1945년 유엔헌장을 채택할 때까지, 국가들은 무력사용을 자제하는 취지의 조약(1919년 국제연맹규약 그리고 1928년 파리맹약(Paris Pact)은 이러한 조약의 일부였다. 2.4.3 참조) 당사국이 아니면, 자신들이 원하는 해결내용을 강제하기 위해서 무력을 사용할 권한이 있었다. 국가는 자기들 간의 이견을 사전에 평화적으로 해소하려는 노력도 해보지 않은 채 자신들의 권리를 심지어 군사적으로까지 집행할 권한이 있었다. 결국, 국내제도에서는 집행에 앞서서 통상 제3자가 법 위반 여부를 판단하지만, 국제법에서는 이러한 중간단계가 필요적이지 않았고 사실상 생략되는 것이 보통이었다.

그러나 국가들이 자신들의 분쟁을 해결하는 데 전쟁 이외의 다른 수단을 활용할 수 없었다고 생각해서는 안된다. 수년에 걸쳐서 국가들은 자신들이 합의하지 못하는 사항을 평화적으로 해결하려고 할 때 활용할 수 있는 제도 혹은 장치를 조금씩 만들어 낼 수 있었다.

제2차 세계대전 이후 사정이 급변하였는데, 그 주된 이유는 유엔이 설치되고 무력사용 혹은 위협이 일반적으로 금지되었기 때문이다. 국가들은 전통적인 분쟁해결 방식을 회생시키고 보강하였으며, 이 외에 분쟁을 예방하거나 더 일반적으로 말하면 국제법 이행을 유도하기 위하여 창의적이고 유연한 장치를 마련하였다.

14.2 분쟁당사자들의 합의를 촉진하기 위한 전통적인 장치

애초에 국가들은 두 가지 유형의 분쟁해결 수단을 마련하였다. 즉, 하나는 다툼이 있는 당사국들이 합의하도록 유도하는 것이고, 다른 하나는 제3자에게 법률상 구속력 있는 결정으로써 해당 분쟁을 해결할 권한을 부여하는 것이다.

국제분쟁을 해결하는 가장 기본적인 방법은 다툼이 있는 당사자들이 *교섭*(negotiation)하도록 하는 것이다. 이 방법의 특징은 다른 국가이든 국제기구이든 제3자가 전혀 없다는 점이다. 장점은 해결책이 전적으로 관련 당사자들에게 달려 있으며 외부의 부당한 압박이 없다는 점이다. 이 외에, 교섭의 목표는 상충하는 청구에 대해서 합의를 달성하는 것이기 때문에, 훨씬 더 중요한 요소는 승자도 없고 패자도 없다는 점이다. 왜냐하면 양 당사자가 외교적 교환을 통해서 어느 정도 이익을 얻어 내야 하기 때문이다. 그러나 교섭에는 두 가지 중대한 결함이 있다. 첫째, 교섭을 통해서 심도 깊은 사실관계를 거의 결정할 수 없거나 법적 분쟁이 다투어질 때, 특정 사안에 적용될 수 있는 규칙을 거의 파악할 수 없다. 둘째, 양 당사자 중 더 강한 쪽이 상대방을 압박할 가능성이 그 반대의 경우보다 더 높다. 훨씬 더 중요한 사항은, 더 강한 국가는 자신이 사실상 우위에 있기에 자신이 활용할 수 있는 여러 가지 수단을 동원해서 상대방을 쉽게 굴복시킬 수 있다는 점이다. 결국, 교섭은 강한 국가가 자신보다 약한 국가의 의지를 꺾고서 해당 사항을 자신에게 유리하게 해결하는 방법이 되어버릴 수 있다.

당사자들이 직접적인 외교적 교환에서 이탈하여 제3자를 분쟁에 결부시키기로 결정하는 경우에는 사실심사, 주선, 중개 또는 조정과 같이 언제든지 이들이 활용할 수 있는 여러 가지 방식들이 있다.

사실심사(inquiry)는 1899년 분쟁의 평화적 해결을 위한 헤이그협약(1907년에 수정되고 개선됨)에서 상정하는 방식이다(러시아 국제법학자인 Fyodor Fyodorovich de Martens가 헤이그회의에서 분쟁해결을 촉진하기 위한 방법으로써 이를 강하게 주창하여 성공한 바 있다). 사실심사라 함은 다툼이 있는 당사자들이 "공정하고 양심적인 조사로써 [분쟁] *사안*을 명확히 한다"(1907년 헤이그협약 제9조; 강조 추가)는 제한된 목적을 위하여 독립적이고 공정한 개인들로 구성된 국제기관을 설치하기로 합의하는 방식을 말하며, 당사자들이 준거법에 합의하는 것을 전제로 한다. 사실심사를 행하는 기관이 판단한 사항이 법률적으로 자신들을 구속할 것인지의 여부에 대해서는 분쟁당사자들이 결정한다. 사실심사는 더 복잡한 분쟁해결 절차의 한 부분이 되기도 하는데, 실제로도 그러한 경우가 더 많다. 즉, 사실심사는 조정위원회 혹은 중재기관이나 재판기관(예를 들면, ICJ규정 제50조에 따라서 "재판소는 언제든지 개인, 기관, 사무국, 위원회 등 기구를 선정하여 사실심사를 수행하거나 전문가 의견을 내도록 할 수 있다")의 업무를 원활히 하기 위한 사실확정을 목표로 한다.

가장 유명한 사건은 1904년 *Dogger Bank* 사고에 관한 것이다. 러·일전쟁(1904~1905) 중, 러시아 군함이 북해의 도거 뱅커에서 조업 중인 영국 트롤어선들을 일본 어뢰정이라고 믿고서 이에 대해서 발포하였다. 사실심사위원회는 사실관계를 명확히 할 뿐만 아니라 책임소재도 결정해 달라고 요청받았다.[1] 다른 사건들은 프랑스와 이탈리아에 관한 것이다. 특히, Tavignano호 사고를 언급할 수 있다. 1911~1912년의 이탈리아-터키 전쟁 중인 1912년에 이탈리아 군함 Fulmine호가 튀니지 근해에서 프

1) 사실심사위원회 보고서는 J.B. Scott, *The Hague Court Reports,* First Series(New York, 1916), pp.404-413 및 2 *AJIL*(1907), p.929 참조. 아울러 A. Mandelstam, "La commission internationale d'enquête sur l'incident de la Mer du Nord", *RGDIP*(1905), pp.161-190, 350-415 참조.

랑스 우편선 Tavignano호를 전시금제품 이송혐의로 나포하여 트리폴리 항구로 예인하였다. 해당 프랑스 선박은 전시금제품이라고 할 만한 어떠한 품목도 선상에 두지 않았기에 다음 날 풀려났다. 같은 날, 같은 지역에서 이탈리아 군함 Canopo호가 튀니지 선박 2척에 대해서 발포하였다. 프랑스는 나포되거나 피격당한 선박이 튀니지 영해 내에 있었다고(당시 튀니지는 프랑스의 보호를 받는 국가였다) 주장하면서 이 두 사건에 대해서 배상금을 요구하였다. 한편, 이탈리아는 문제되는 행위가 공해에서 발생하였다고 주장하였다. 그러나 사실심사위원회는 당사자들이 제출한 자료가 너무나 부정확하여 어떠한 결론도 분명히 내릴 수 없어서 아무런 판단도 할 수 없었다.[2] 또한, 독일과 네덜란드 간의 *Tubantia* 사건도 주목할 만하다. 네덜란드 증기선 Tubantia호가 1916년 3월 16일 침몰하게 된 것은 독일 잠수정이 발사한 어뢰가 폭발했기 때문이었다.[3]

주선, 중개 그리고 조정은 제3자가 세 가지 면에서 정도가 다르게 분쟁해결에 참여하는 경우를 나타낸다. *주선*(good offices)의 경우, 제3국 혹은 국제기관은 다툼이 있는 당사자들이 우호적인 해결을 교섭하도록 요청받거나 교섭하도록 유도하는 방안을 제안한다. *중개*(mediation)에서, 제3자는 양 분쟁 당사자간의 교섭에 참여하고 비공식적으로 해당 분쟁을 해결하는 방식을 촉진하여 분쟁해결에 더 적극적인 역할을 수행한다. 대체로, 중개는 중개인이 강대국의 고위층이거나 국제기구의 고위공무원인 경우 훨씬 더 효과적이다. *조정*(conciliation)에서 제3자는 해당 분쟁의 여러 가지 사실에 관한 사항과 법적인 사항들을 면밀히 고려해서 해결안(그러나 이는 분쟁당사자들을 법적으로 구속하지 않음)을 공식적으로 제안하기에 제3자의 역할이 훨씬 더 적극적이다.

14.3 구속력 있는 결정에 의한 전통적 분쟁해결 장치

여러 가지 면에서 *중재*(arbitration)는 질적으로 비약적인 발전을 하였다. 이제 더 이상 분쟁은 평화관계를 보전하고 다툼이 있는 당사자들의 이익만을 위하여 상호 수긍할 수 있는 방식으로 해결되지 않는다. 추가적인 목표, 즉 사전에 국가

2) J.B. Scott, *supra* note 1, Vol. 7, pp.413, 614 참조.

3) *Ibid.*, Second Series(New York, 1932), p.135. 뿐만 아니라 16 *AJIL*(1922), pp.485-492 참조.

들이 수락한 국제법 기준을 근거로 이견을 봉합하는 것을 추구하는 것이다. 또 다른 중요한 특징은 중재판정부가 쟁점이 되는 사실관계와 이에 적용되는 법을 면밀히 검토한다는 점이다. 더욱 중요한 특징은 사실관계와 법에 관하여 중재판정부가 판단한 사항은 이들이 확정처분(*dispositif*)에 규정된 한도에서 다툼이 있는 당사자들을 법적으로 구속한다는 점이다.

중재법정을 활용하도록 규정한 조약규칙들이 19세기 후반 이후 다수 채택되었다. 더욱 더 중요한 것은 상설기관들이 설치되었고 절차규칙들이 집대성되었다는 점이다. 이러한 과정은 국제분쟁의 평화적 해결에 관한 제1헤이그협약에서 상설중재재판소(PCA, 현재도 존재함)를 설치한 1899년에 시작되었다. PCA는 갈등관계에 있는 국가들이 특정 분쟁을 해결하도록 지원하는데 적합한 사람들을 선정할 수 있는 상설중재인단과 PCA가 창설되면 사무국 역할을 수행하기 위하여 마련된 행정조직(상설행정평의회 및 국제국)으로 구성되었다. 1899년 이를 설치하는데 주도적인 역할을 했던 Martens가 1907년 PCA의 본질적 특징을 설명하였다. 그는 "1899년판 재판소는 가끔 나타났다가 다시 사라져 버리는 그림자일 뿐이다"라고 하였다.[4] 같은 맥락에서, 네덜란드 법률가 Asser도 1907년 같은 회의에서 PCA는 "손으로 만질 수 없는 혼, 유령일 뿐인데, 쉬운 말로 하면 등록사무소와 명부로 되어 있다"라고 말하였다.[5] 실제로, 1900년 이래 PCA는 23건만 처리했을 뿐이고, 이 중 20건은 1900년과 1932년 사이에 다루어졌다. PCA에 관할권을 부여하는 방법은 다음 두 가지이다. ① 특정 분쟁을 PCA에 제기하겠다는 합의(소위 *compromis*)의 체결, 그리고 ② 각 체약국이 다른 체약국과 조약의 해석 혹은 적용과 관련한 분쟁을 PCA에 제기할 권한을 갖는 조항(소위 *중재조항*)이 포함된 조약을 체결하는 것이다.

중재가 흥했던 시기는 서방국가들이 비교적 여전히 동질적인 집단을 형성하고 세계공동체에서도 주도적인 지위를 차지하고 있었던 제1차 세계대전과 제2차 세계대전 사이의 기간이었다. 이 점은 별로 놀랄 일이 아니다. 전통과 국내법의 철학 그리고 법의 지배원칙에 대한 애착으로 서방국가들은 중재판단에 복종했었

---

4) Fyodor Fyodorovich de Martens의 말은 국제연맹에서 인용되었다. PCIJ, *Advisory Committee of Jurists*(1922), pp.22 및 p.695.

5) Conférence de La Haye, *Actes et Documents*(The Hague, 1907), ii, p.235. 아울러 *Advisory Committee of Jurists, supra* note 4, p.695.

다. 훨씬 더 중요한 것은 이 기간 동안 국가들이 '법의 군림', 그리고 공정한 판결에 자발적으로 복종하여 위험한 긴장관계를 이완시키고 다른 대형 참화로부터 세계공동체를 보호할 것이라는 우드로우 윌슨의 '개방적 민주주의' 개념에 영향을 받았다는 점이다.

상설국제사법재판소(PCIJ)는 1921년에 창설되었다(이는 1946년에 국제사법재판소인 ICJ로 대체되었다). PCIJ는 진정한 상설기관이었다. 규정 작성자들은 이 기구에서 다음 네 가지 장점을 찾았다. ① 현직 재판관들로 구성되어서, "다툼이 있는 당사자들이 더 이상 재판관을 선정하지 '않았다'." ② '동일 업무에서 상시 서로 연결되고, 이례적인 경우를 제외하고, 사건이 변해도 자신들의 지위를 유지하는' 재판관들로 구성되었기 때문에, PCIJ는 '지속적인 전통을 개발하고 국제법을 일관되고 논리적으로 발전시킬 수' 있었다. ③ PCA의 경우, 중재인들이 '정치적인 관점에서' 사안들을 고려하는 성향을 우려할 수 있지만, PCIJ의 경우, '법률이 필연적으로 더 많은 권위를 갖게 되었고 더 엄격해질 수도 있었다.' ④ PCA는 '법률가와 함께 정치인'을 포함할 수 있지만, PCIJ는 '법 전문가 이외에 거물급 판사'들로 구성된다.[6] 요약하면, PCIJ는 중재법정이 아니라 '재판법정'이었다.[7]

중재재판소 혹은 중재판정부는 효율성이나 기술적 정교함 면에서 다양하다. 게다가 이들의 관할권은 대개 비교적 소수의 국가에 국한된다. 그러나 이들 모두 국가의 *동의*를 근거로 하는 특징을 공유한다. 즉, 이들은 조약으로 설치되고 그 중재판정부의 관할권은 계약의무로서 수락된다. 요약하면, 중재제도는 국내법제도상 예외적인 경우를 대표하지만 국제공동체에서는 규칙이다.

14.4 새로운 법: 개관

제2차 세계대전 그리고 유엔헌장 채택 이후에 등장한 법은 몇 가지 독특한 특징을 보여 주고 있다.

첫째, 무력 위협이나 행사의 일반적 금지에 부응하여, 법적 혹은 정치적 분쟁

---

6) *Advisory Committee of Jurists, supra* note 4, p.695에 있는 Report of the Committee of Jurists 최종판 참조.

7) *Ibid.*, p.696.

을 평화적으로 해결해야 할 *일반의무*가 유엔헌장 제2조 제3항과 제33조의 자극을 받아서 발전하였다. 게다가 바로 이러한 금지 때문에 두 가지 중요한 발전이 있었다. 한편으로, *국가들은 점차 전통적인 분쟁해결 수단을 활용하게 되었고*, 심지어는 이러한 수단을 상설화하거나 최소한 강제기구로 변경하여 *강화시키기*도 하였다(특히, 국가들은 점점 더 상설 혹은 준상설재판기관을 창설하게 되었다). 다른 한편, 유엔의 주요 정치적 기관인 안전보장이사회와 총회가 평화를 위협할 수 있는 분쟁 혹은 사태를 다루었다.

현대법에서 두드러진 또 다른 점은 일부 영역(특히 국제무역 관계)에서 국가들이 재판방식의 특징을 다수 공유하면서도 이러한 부류에 꼭 들어맞지 않는 *새로운 강제장치*를 창안하였다는 것이다.

마지막으로, 국가들은 많은 영역에서 분쟁해결 대신에 상시적으로 국제법 기준의 *이행 여부를 감시하고*, 따라서 가능한 한 이러한 기준으로부터 일탈하는 것을 *예방하거나 억제하기 위한* 장치를 마련하였다. 달리 말해서, 국제규칙 위반 주장이 있고 난 *후에* 활동하도록 되어 있는 기관들을 설치하는 대신, 위반 가능성을 차단하고 법 이행을 유도하려는 목적을 가진 장치가 설치되었다.

14.5 분쟁을 평화적으로 해결해야 하는 일반의무

유엔헌장 제2조 제3항은 적용범위가 넓어 모든 분쟁의 평화적 해결을 아우르지만, 제33조는 '지속되는 경우 국제평화와 안전보장 유지에 위험이 될 수 있는 분쟁'과 관련해서 평화적 해결 의무를 부과할 뿐이다. 그러나 이러한 불확정적인 용어에서 명확한 점은 실제 모든 분쟁은 평화와 안전을 위태롭게 할 수 있기에, 평화적 해결 의무는 모든 분쟁을 염두에 둘 수 있다. 어쨌든, 앞에서(3.5) 언급하였듯이, 이 사항은 1970년 유엔 총회가 총의로 채택한 우호관계에 관한 유엔선언에서 국가들은 자신들 간에 발생할 수 있는 모든 분쟁에 대해서 평화적 해결을 모색해야 한다는 원칙을 마련하였을 때 분명해졌다. 논란의 여지가 있지만, 이 선언은 유엔헌장으로 시작된 새로운 법제도와 완전히 일치하고, 그 제도의 본질을 뚜렷이 드러내는 관습규칙을 조문화하였다.

결국, 국가들은 집행조치를 취하기 전에 자신들의 분쟁을 평화적으로 해결하기 위해서 (비록 모든 희생을 감수하면서 그러한 분쟁을 *해결할* 의무를 부담하지는 않는다고 해도) *노력할* 의무가 있다. 이러한 중간단계를 거치도록 하는 이유는 무엇보다도 법 위반 여부 그리고 위반시, 어떠한 구제조치를 합법적으로 취할 수 있는지의 여부에 대해서 결정권한을 가진 중재법정이 분쟁을 해결하도록 하는 것이 바람직하다는 것을 국가들이 알게 되었기 때문이다. 이러한 일반의무의 중요성이 심대하지만, 이에는 어떠한 특정 방식으로 불화를 해소해야 하는지를 정해 놓은 규정이 없는 것이 흠이다. 국가가 해결안을 제시할 권한을 가진 기관의 권위에 복종해야 한다는 취지의 일반규칙이 발달한 적이 없다. 특히, *일반적이고 강제적인* 재판관할권을 가진 재판기관이 창설된 적이 없다. 결국 국가는 자신들이 선호하는 어떠한 평화적 해결수단이라도 선택할 자유가 있다. 따라서 국가는 자신들의 이견을 무력 이외의 수단으로써 해결해야 하지만, 이러한 엄격한 의무에 수반해서 해결수단의 선택은 완전히 자유이다.

상황이 이처럼 매우 불완전하게 된 이유를 파악하기란 어렵지 않다. 국제공동체 회원국 모두는 불화를 무력으로 해결하는 것이 얼마나 위험한지를 깨닫게 되었다. 즉, 국제사회의 주체들이 여러 가지 경로로 서로 연결되어 있기에, 두 개 국가가 무력을 사용하고 위협하면 다른 국가들도 쉽게 결부되어 버린다. 그래서 위에서 언급한 일반의무가 마련된 것이다. 그러나 해결방식에 대해서는 국가들 간에 차이가 크다. 한편으로, 많은 국가들은 조정과 사법적 검토가 최고의 해결수단이기에 이러한 방식이 모든 국가에 대해서 강제되어야 한다고 주장한다. 반대로, 다수의 다른 국가들은 교섭이 더 적합하다고 하면서 더 일반적으로 이들은 개개의 특정 사건에서 국가들이 최선의 수단을 자유롭게 선택할 수 있어야 한다고 주장한다.

14.6 전통적인 수단의 활용

위에서 언급하였듯이 무력사용 금지와 그에 따른 국가의 평화적 분쟁해결 의무의 결과로서 국가들은 *점차* 전통적인 분쟁해결 장치를 활용하게 되었다.

과거처럼 분쟁국가들이 구성하는 '양자적' 방식의 사실심사는 별로 사용되지 않는 반면(소수의 주목할 만한 예외가 있음),[8] 사실심사 혹은 요즈음 흔히 쓰는 말로 *사실확인*(fact-finding)은 국제기구 혹은 기관이 사실관계를 확정할 때 사용하는 수단으로써 더 중요해졌다. 예컨대 ILO는 (ILO헌장 제26조에 따라서) 이러한 방법을 빈번히 활용하였고, 마찬가지로 유엔 안보리(제34조), 총회 혹은 유엔 사무총장, 뿐만 아니라 국제민간항공기구(ICAO) 이사회가 그러하였다.[9] 1977년 제1제네바 추가의정서 제90조에서 규정하고 있는 국제사실확인위원회도 언급할 만하다. 그러나 이 위원회는 지금까지 국가간 갈등의 당사자들이 이 위원회에게 활동하도록 요청하는 것을 꺼려하기에 아직 운영되지 않고 있다.

*중개*도 활용된 바 있다. 예컨대 1979년 1월 8일 칠레와 아르헨티나는 교황 요한 바오로 2세에게 비글해협을 둘러싼 자신들의 분쟁을 중개해 달라고 요청하였다. 1980년 12월 12일 교황의 '제안, 권고 및 자문'에 따라서 이들은 1984년에 협정을 체결하였다(*RGDIP*(1985), pp.854-859).[10]

더 나아가, 냉전 종식 이후 국가들은 독립적이고 공정한 제3자의 구속력 있는 분쟁해결이 국제적 이견을 상쇄하는 데 도움이 되는 방법이라고 제대로 믿고서 국제*중재*와 *재판*을 더 활용하였다. 특히, 구 사회주의권에 속한 국가뿐만 아니라 주로 개발도상국들을 위시하여 더 많은 수의 국가들이 ICJ에 분쟁을 제기하고 있다(반대로 많은 서방국가들은 위에서 강조한 이전 경향과 반대로, 아마도 사법적 분쟁해결에 대한 불신으로 인해서 이 재판소를 경원시하는 경향이 있었다). ICJ에 계속된 사건이 현저히 증가하였고, 그 판결들은 정당방위, 간접 무력침략, 인민의 자기결정,

---

8) 주목할 만한 예외는 1992~1993년 미국과 칠레가 *Letelier and Moffit* 사건에서 이 방법을 활용한 점이다. Letelier와 Moffit 두 사람은 칠레 중앙당국의 지시에 따라서 활동하는 칠레 정보원이라고 주장되는 사람에게 1976년 워싱턴 컬럼비아특별구에서 암살당했다. 칠레는 책임을 부인했으나 자신의 책임이 확정될 경우 지급했을 금액과 동등한 *위로*금을 지급할 용의가 있었다. 결국 사실심사위원회는 *위로*금액을 결정해 달라는 요구만 받았다. 30 *ILM*(1992), p.422; 31 *ILM*(1993), p.1을 참조하시오.

9) J. Collier and V. Lowe, *The Settlement of Disputes in International Law*(Oxford: Oxford University Press, 1999), pp.26-27 참조.

10) 이와 유사하게, 1979년 미국 대통령 카터는 이집트와 이스라엘을 중개해서 캠프데이비드 협정을 얻어냈다. 1994~1995년에, 소위 접촉그룹(미국, 영국 그리고 러시아를 위시한 다수의 국가들로 구성됨)이 구 유고 지역의 분쟁국가들 간에 중개를 했고, 1995년 11월 Dayton-Paris협정의 체결을 촉진시켰다. 1999년 7개 산업국가와 러시아 외무장관의 요청으로, 핀란드 대통령 아티사리와 전 러시아 수상인 체르노미르딘은 코소보 위기를 정치적으로 해결하는 업무를 수행하였다. 이들의 최종 해결안을 유고연방공화국(세르비아-몬테네그로)과 NATO 국가들이 수락하였고 나중에 이 안은 유엔 안보리가 결의 제1244호(1999)로 승인하였다(http://www.un.org/News/Press/docs/1999/19990610.SC6686.html 참조).

핵무기 위협 혹은 사용의 합법성, 집단살해 등과 같이 정치적으로 민감한 문제들을 위시하여 점점 더 다양한 주제들을 다루는 경향이 있다.

재판소는 이전의 PCIJ와 마찬가지로 정해진 소송규칙을 갖고서 수년에 걸쳐서 중요한 판례법을 발전시켜 왔다. 게다가 재판소의 관할권을 더 널리 수락하도록 하는 수단을 국가들이 활용할 수 있는데, 이 중 가장 중요한 것이 소위 *선택조항*이다. 이 조항에 의해서 모든 국가들은 자신이 *사실상* 특별협정 없이 동일한 의무를 수락하는 다른 어떤 국가와의 관계에서도 재판소의 강제관할권을 수락하였다고 선언할 수 있다(재판소규정 제36조 제2항). 이 외에, 재판소는 다른 방식만큼이나 동의(이 경우 동의는 묵시적 혹은 추정적임)에 기반하여 자신의 관할권을 수락하는 또 다른 방법인 소위 *관할권 확장이론*(*forum prorogatum*, 국가는 사전에 재판소의 관할권을 수락하지 않았던 타국을 상대로 재판소에 소송을 개시할 수 있다; 만약 일부 행위—재판소에 출두해서 본안에 관하여 주장하는 것과 같은—로 피청구국 자신이 재판소의 관할권을 수락한다는 점을 제시하게 되면, 재판소는 해당 사건의 본안에 대해서 판단할 수 있는 권한을 갖는다)을 판례법에서 발전시켰다. 이러한 이론은 1925년 PCIJ가 *Mavrommatis Palestine Concessions*(*Greece v. Great Britain*) 사건(*본안*, pp.27-28)에서 처음 정립하였고, ICJ는 1951년 *Haya de la Torre*(*Colombia v. Peru*) 사건에서 이를 적용하였다(p.78).

ICJ가 더 중요하게 된 점과 함께, 최근 수십여 년간 의미심장한 또 다른 현상은 상설 혹은 준상설국제재판소 및 판정부가 확산된 것이다.

이와 관련해서 인권 분야에서 설치되거나(예를 들면, 유럽인권재판소 그리고 미주인권재판소), 유럽공동체와 유럽자유무역연합(EFTA) 내에 설치된 재판소 및 판정부, 국제해양법재판소, 2개의 유엔특별형사재판소(ICTY와 ICTR), 시에라리온 특별재판소 등을 언급할 수 있을 것이다.

또 다른 중요한 사법장치가 이란-미국 청구재판소이다. 이것은 1979년 인질사건과 이 결과로서 미국 정부가 미국 내에 소재하거나 미국의 재판관할권 혹은 통제하에 있는 이란 재산을 동결하고 이란에 대해 무역제재를 취한 이후 타결된 알제리의정서에 따라서 1981년에 설치되었다. 이 재판소는 다음 사항에 대해서 관할권을 인정받았다. ① 이란 국민이 미국을 상대로 제기하는 청구뿐만 아니라 미국민이 이란 당국을 상대로 청구하는 사항, ② 각국이 상품 혹은 서비스 매매를 위한 계약을 근거로 상대방 국가에 대해서 청구하는 사항, ③ 알제리의정서를 구성하는 일반선언서에 규정된 의무의 해석 및 이행과 관련해서 한쪽 국가가 다른 국가를 상대로 청구하는 사항.

일부 논자들은 국제중재기관 혹은 사법기관이 급증함에 따라서 국제법의 해석 혹은 적용상 모순과 충돌이 생길 수 있어서 국제법체계가 파편화될 수 있다고 한다. 또한, 주요 국제사법기관으로서 ICJ는 국제법적 쟁점에 대해서 최종적인 판단을 내리는 법원의 역할을 수행해야 한다는 제안도 있다. 이에 대해서, 문제되는 사법기관의 확산은 더 훌륭한 이유와 더 설득력 있는 판결을 내릴 수 있도록 법원과 재판소를 자극할 수 있는 것이기에 그 자체로는 부정적인 현상이 아니라는 주장도 있다. 결국, 법적 논리가 설득력이 있고 판단내용이 균형감을 갖기에 돋보이는 판결들은 더 커다란 권위를 누릴 수도 있을 것이다.

14.7 전통적 수단의 강화 및 제도화

위에서 언급한 분쟁의 평화적 해결 의무는 현재 모든 국가를 구속하는데, 이로 인해서 국가들은 전통적인 장치를 강화하기 위해서 그리고 더욱 더 중요하게는 이들을 상설 혹은 준상설 형태로 확립하는 데에도 노력해 왔다. 이는 조정 혹은 재판장치의 경우가 특히 그러하다. 더욱이, 유엔은 국제분쟁을 점점 더 많이 다루었고, 몇 가지 사건의 경우 사법적 기능을 부여받은 기관을 설치하기까지 하였다.

여전히 분쟁의 평화적 해결수단으로써 가장 널리 활용되는 *교섭*(negotiation)의 경우, 일부 조약에서는 의무적 '협의' 혹은 '의견교환'의 형태로서 교섭을 활용하도록 강제하고 있다(예컨대 유엔해양법협약 제283조, 1959년 남극조약 제8조 제2항 참조). 특히 환경보호에 관한 다른 조약들은 상설위원회를 설치하여 교섭을 활용하도록 제도화했다.

14.7.1 강제조정 혹은 사법적 판단의 활용

최근, 단독으로 조정 혹은 중재를 제기할 권리를 부여하는 전통적인 제도(소위 강제조정 혹은 중재)가 다음과 같이 부활하여 강화되었다. ① 강제조정 혹은 사법판단 절차가 매우 중요한 다자조약에서 규정되었다. ② 이러한 방식은 국제공동체 회원국 절대다수의 동의를 기반으로 하고 있다.

조정(conciliation)의 경우, 조정기관의 결론과 제안은 당사자들을 구속하지 않는다. 이러한 단점이 크지만, ① 조정개시권 혹은 그에 복종할 의무를 부여한다는 점, ② 조정 단계에서 밟아야 할 절차를 마련한 점, ③ 다툼이 있는 당사자들이 우호적인 해결에 이르도록 유도하는 역할을 할 기관을 설치한 점은 세계공동체의 현 상태를 감안해 볼 때 매우 중요한 발전을 보여 주고 있다.

강제조정의 확립은 두 가지 상충하는 입장의 결과이다. 한편으로, 새로이 국제법상의 실체적 규칙을 마련하는 것은 강제적인 분쟁해결 수단이 마련될 경우에만 의미가 있을 뿐이라고 주장하는 국가들의 입장이 있다. 다른 한편, 절대다수 국가의 견해로서, 분쟁의 평화적 해결에 관한 일반원칙이 최우선이라는 점을 인정하지만, 여러 가지 특정 해결방식을 활용할 의무를 *사전에* 수락하여 자승자박이 되는 경우를 원하지 않는 국가들이 있다. 특히, 이들은 '승과 패'로 결정되는 해결절차에 대해서 강한 반감을 갖고 있다. 이러한 의견차이에 대해서, 결국 국제법 제정자들은 조정 활용을 강제하는 방법으로 타협을 이루어냈다.

주목할 점은 비록 이와 같은 약간의 발전도 일반적이지 않고 매우 한정된 특정 영역에서 달성될 수 있었다는 점이다.[11]

일부 예외적인 경우, 국가들은 *사법적 판단*이 강제되도록 결정하였다. 그러나 사법심사에 반대하는 국가들도 그러한 제도를 수락할 수 있도록 여러 가지 수단을 도입하였다. 더욱이, 강제사법심판제도와 관련된 실체법이 갖는 특징 자체로 인해서 다수의 국가들이 여전히 의혹을 가지고 바라보는 해결방법을 이례적

11) 1969년 조약법에 관한 비엔나협약에 따르면, *강행규범* 이외의 조약 무효사유에 관한 규정과 관련한 분쟁은 분쟁 개시 후 12개월 이내에 조정에 회부될 수 있다(제66(b)조). 어느 분쟁당사자이든 이러한 취지의 요청서를 유엔 사무총장에게 제출하여 조정절차를 개시할 수 있다. 조정위원회는 사무총장이 작성한 명부에서 선정되며 "당사자들을 심리하고, 해당 청구사항과 이의제기 사항을 검토하고, 당사자들이 해당 분쟁을 우호적으로 해결할 수 있도록 제안해야 한다"(협약 부속서 제5조). 분명히, 조정위원회는 준사법적 권한을 갖는데, 그 이유는 이 위원회가 사실관계와 법에 대해서 조사할 수 있기 때문이다. 그러나 위원회의 판단과 제안은 구속력이 없다. 왜냐하면, 위원회의 보고서는 "당사자들이 해당 분쟁을 우호적으로 해결하는 것을 촉진하기 위해서 이들이 고려하도록 제시된 권고사항 이외의 다른 성격을 갖지 않기 때문이다"(부속서 제6조). 그러나 조정위원회의 결론과 권고가 갖는 권위가 당사자들에게 큰 영향을 줄 수 있다. 따라서 사실상 위원회 보고서는 법적 구속력이 있는 판결에 버금가는 중요성을 가질 가능성이 높다. 그러나, 부연하자면, 실무상 이 장치는 한 번도 사용된 적이 없다.

으로 모든 국가집단이 원칙상 수락하는 경우가 있다. 이러한 제도는 *무엇보다도* 두 개의 중요한 조약, 즉 1969년 조약법에 관한 비엔나협약과 1982년 해양법협약에서 규정하고 있다. 대상이 복잡미묘할 뿐만 아니라, 개발도상국들이 새로운 법을 형성할 때 선진산업국가의 견해를 고려해야 했기 때문에 제3세계의 여러 가지 요구사항들을 산업국가들이 수락하는 대신 개발도상국들은 이들과의 분쟁을 해결하기 위한 발전된 형태를 받아들여야 했다.[12]

이제까지 논의하였던 장치는 일부 특정한 다자조약의 해석 혹은 적용과 관련한 분쟁을 해결하려는 것이었다. 이 장치들은 소위 *타협조항 혹은 강제조정 조항*에서 규정되었다. 다른 장치들은 일반 협약으로 설치되어 일반적으로 제기되거나 특정 분야에서 제기되는 분쟁 해결을 다루고 있다.

위의 마지막 사항과 관련해서 국제투자분쟁해결센터(ICSID)가 두드러진다[역자주—24.8.2 참조]. 1965년, 세계은행의 후원하에 체결된 협약의 목적은 투자자(통상 산업국가의 국민 혹은 법인)와 투자가 이루어진 국가 양자의 이익을 고려하고 이를 보호하기 위한 장치를 마련하는 것이었다. 결국 국가, 개인, 법인이 활용할 수 있는 법적 틀이 마련되었다. 상설재판소는 설치되지 않았고, 오직 회원국 전원으로 구성된 행정이사회와 사무국만 설치되었다. 게다가, 조정인 명부와 중재인 명부(법, 산

12) 비엔나협약에 따라서, *강행규범*에 관한 분쟁은 분쟁 개시 후 아무런 해결 없이 12개월이 경과된 이후, 한쪽 당사자의 요청만으로도 ICJ에 제기될 수 있다(제66(a)조).

유엔헌장 제33조에 부응하여, 1982년 해양법협약 제279조에서는 국가들이 자신들의 이견을 평화적으로 해결해야 한다고 다시 규정하였다. 이 협약에서는 그 후 국가들이 선택할 해결방식에 대해서 '의견교환'을 할 의무를 부과하고 있다(제283조). 만약, 어떠한 방식에 대해서도 합의가 이루어지지 않으면 각 분쟁당사국은 조정 활용을 제안할 권리를 갖는다. 만약, 그러한 제안이 수락되지 않거나 당사자들이 조정절차에 (제284조에 따라서) 합의하지 못하는 경우, 분쟁당사자들은 (제287조에 따라서) 4가지 법원, 즉 ① 협약의 제6부속서에 따라서 설치된 국제해양법재판소(ITLOS는 심해저분쟁재판부를 통해서 국제해저지역에서의 활동과 관련한 분쟁에 대해서 배타적 관할권을 갖고, 이 외에 잠정조치가 필요한 사항에 대해서 특별재판관할권을 갖는다), ② ICJ, ③ 협약의 제7부속서에 따라서 설치되는 중재판정부, ④ 제8부속서에 따라서 설치되는 특별중재판정부 중 하나에서 사법절차를 개시할 수 있다. 그러나 이러한 규정은 제297조 내지 제299조에서 규정하는 사항의 제한을 받는다.

이처럼 간단한 조사만으로도 고려대상인 이 제도가 1969년 비엔나협약에서 규정하고 있는 것보다 훨씬 더 강력하다는 점이 드러난다. 조정이 강제적이지는 않지만, 당사자들이 다른 해결방식에 합의하지 못하면 사법적 판단은 강제적이다.

이제까지, 국가들(특히 개발도상국들)은 다수의 사건에서 자신들의 분쟁을 ICJ 혹은 ITLOS에 제기하여 해양법협약에서 상정한 사법적 장치를 활용했다. 더욱이, 오스트레일리아와 뉴질랜드가 일본을 상대로 한 최근의 사건(*Southern Bluefin Tuna* 사건)에서는 중재판정부가 설치되었다 (www.worldbank.org/ICSID/bluefinTuna/main.html 참조).

업, 혹은 재무 분야의 전문가)가 마련되었다. 따라서 투자분쟁의 당사자들은 이러한 명부에서 조정인 혹은 중재인을 선정할 수 있다. 이제까지 ICSID는 주로 중재 분야에서 매우 성공적이었다.

14.7.2 유엔 기관의 분쟁해결 역할 증대

새로운 법의 또 다른 주요 특징은 국제연맹에서 시작된 발전이 현재 중요한 역할을 담당하게 되었다는 것이다. 즉, *안보리*(혹은 유엔헌장 제12조 제1항에서 규정한 조건하에서는 총회)가 평화와 안보에 위협 혹은 심각한 위험을 야기할 수 있는 *분쟁 혹은 사태를 관장*하게 되었다(16.3.3 참조). 따라서 국제적으로 조직된 공동체의 중심이 되는 정치기관이 현재 우호적인 국제관계에 위협을 야기하는 모든 분쟁 혹은 사태를 독점할 수 있는 (혹은 독점해야 하는) 것이다. 이러한 기관은 관련 당사국에게 자신의 입장을 설명하도록 요구하며, 이들의 이견을 좁히거나, 반대되는 견해를 화해시키거나, 필요한 경우 공평한 해결을 권고할 권한을 갖는다. 마찬가지 맥락에서, 어느 분쟁당사자이든지 아니면 제3자라도 평화와 안전을 위협할 수 있는 사태 혹은 분쟁에 대해서 안보리(또는 총회)의 주의를 환기시킬 수 있다. 결국 이들 두 기관은 통합된 조정기관의 역할을 수행하면서, 동시에 당사자들이 특정한 해결을 채택하도록 촉구할 권한도 행사하고 있다.

흥미로운 점은 안보리가 사법기능을 부여받은 여러 가지 기관을 설치하여 다른 방식으로 분쟁해결에 기여한 것이다. 1991년 안보리는 유엔금전배상위원회를 설치하여 '이라크의 불법적인 쿠웨이트 침공 · 점령으로 인한 환경피해, 그리고 천연자원의 고갈, 혹은 외국 정부, 국민 및 법인에 대한 손해를 위시하여 직접 손실 · 손해'에 대한 청구권을 고려하도록 하였다(안보리 결의 제687호(1991)). 이 위원회는 사법적 역할을 수행하면서 청구사항의 유효성 여부를 판단하고, 손실평가, 배상금 산정 그리고 청구권 분쟁을 해결하였다.

1993년과 1994년, 안보리는 구 유고슬라비아와 르완다에서 각각 국제인도주의법의 심각한 위반에 책임이 있는 개인을 기소하여 처벌하기 위한 특별국제형사재판소(ICTY 및 ICTR)를 설치하였다. 안보리는 평화와 안보에 대한 위협에 대해서 사법절차로써 대응하고 또한 평화와 안전보장에 위협을 줄 수 있는 *국가들 간의* 분쟁을 *미연에 방지하기 위한* 수단으로써 이러한 재판소 설치를 염두에 두었다.

14.8 분쟁예방 혹은 해결에 더 유연한 장치의 설치

14.8.1 준사법 방식에 의한 무역분쟁의 강제적 해결

처음에는 1947년에 수립된 관세 및 무역에 관한 일반협정(GATT)에 따라서, 그 후에는 1994년 세계무역기구(WTO) 제도 내에서 매우 창의적인 분쟁해결 방식이 무역관계 분야에서 마련되었다. 여기에서는 WTO제도에 대해서 개괄하고자 한다.

관련 무역협정의 실체적인 규정들은 비차별 그리고 최혜국대우를 부여하고(24.5-6 참조), 보조금과 덤핑을 제한하고, 세계무역에 대해서는 관세장벽을 완화하여(24.6.3 참조) 세계무역을 자유화하려는 것이다. 이처럼 복잡한 국제규칙망이 이행되기 위해서 WTO협정의 부속서인 분쟁해결양해(DSU)에 근거하여 1994년 창의적인 절차가 고안되었다. 그 요체는 다음과 같다.

1) 각 체약국은 WTO와 다른 당사국에 대해서 무역협정의 실체적 규정을 운용하는 데 영향을 미치는 무역조치의 채택을 *통지해야* 한다. 통지 후 *교섭*이 뒤따른다. 다른 체약국들은 협의 요청에 대해서 신속히 대응해야 하며, 상호 만족할 만한 해결을 도출하기 위해서 이러한 협의를 수행해야 한다. 만약 협의 후 수락할 만한 해결책이 도출되지 않으면 당사국들은 WTO가 *주선* 혹은 *조정*을 하도록 요청할 수 있다.

2) 만약 아무런 해결도 이루어지지 않는 경우, 체약국은 독립적인 전문가패널에 청원할 수 있다. 청원사항은 반드시 WTO규정 위반에 관한 것일 필요는 없다는 점을 강조할 필요가 있다. 국가가 청원할 수 있는 사항은 청원대상인 당사국이 채택한 조치로 인해 발생한 것으로서 *자신이 누릴 수 있는 '혜택의 무효화 혹은 침해'*이다. 중요한 것은 국가가 특정 조약규정을 위반하였는지의 여부가 아니라 오히려 그 국가가 '혜택의 무효화 혹은 침해'(사실상, '혜택의 무효화 혹은 침해'는 관련 협정의 위반이 없더라도 발생할 수 있다. 역으로, 국가는 그러한 위반이 '혜택의 무효화 혹은 침해'를 야기하지 않더라도 해당 협정을 위반할 수 있다)를 야기하였는지의 여부이다.

3) 청원은 단일국가 혹은 복수국가(복수청원)가 제기할 수 있다. 청원은 3인(당사자들이 5인의 패널에 합의하지 않는 경우)의 국제무역법 혹은 정책 전문가로서, 개인 자격으로 복무하는 패널에 제기할 수 있다. 패널은 모든 체약국의 대표자들로 구성된 WTO 분쟁해결기관(DSB)이 설치한다. 그러나 각 특정 패널 위원은 WTO 사무국이 선임한다. 만약, 당사자들이 패널 구성에 합의하지 못하는 경우, 위원은 WTO 사무국장이 DSB 의장 그리고 관련 WTO협정에 의하여 설치된 이사회 혹은 위원회 의장과 협의하여 결정한다.

4) 패널은 청원대상이 된 국가뿐만 아니라 각 청원국의 주장에 대해서 심리한다. 제3국도 심리를 받을 수 있다. 패널은 사실관계와 법률에 대해서 판단할 때 두 단계로 한다. 첫째, 이들은 자신들이 판단한 사항과 결론을 담은 *잠정보고서*를 낸다. 당사국들은 이에 대해서 자신들의 견해를 표명하고 그러한 평가사항에 대해서 패널이 논의하도록 추가 회동을 요청할 수 있다. 그 후 패널은 *최종보고서*를 채택하는데 이것이 당사국과 DSB에 송부된다.

5) 패널보고서는 ① DSB가 컨센서스로 해당 보고서를 채택하지 않기로 결정하지 않는 한, 혹은 ② 분쟁당사국이 해당 보고서에 대해서 상소를 하지 않는 한 DSB가 채택한다.

6) 만약 상소절차로 회부되면, DSB가 설치한 7인의 위원으로 된 *상설상소기구*가 해당 사항을 심리한다. 상소기구는 법률문제에 대해서만 관할권을 갖는다. 이 기구는 물론 관련 규정의 해석에 관한 질문에 대해서도 판단할 수 있지만, WTO협정과 WTO 각료이사회와 일반이사회(양자는 WTO 전 회원국 대표자들로 구성됨)가 채택한 여러 가지 다자무역협정, 회원국 3/4의 다수결로 채택한 *해석사항*의 구속을 받는다.

7) 상소기구의 보고서는 DSB가 컨센서스로 해당 보고서를 채택하지 않기로 결정하지 않는 한, *자동으로 채택된다*.

8) 패널 혹은 상소기구 보고서의 이행*감독*은 DSB가 한다. 이 외에, 관련 국가가 해당 보고서를 이행하지 않는 경우, 청원한 당사국은 DSB에 대해서 대응조치, 즉 관련 국가에 대해서 관련 협정에서 규정한 양허 등 기타 의무의 적용을 *정지하는 것*을 허가해 달라고 요청할 수 있다. 이러한 정지는 동일한 무역 부문 혹은 다른 부문 혹은 심지어 다른 WTO협정에서 파생하는 의무를 대상으로 할 수도 있다.

9) 만약, 정지 대상이 되는 국가가 이에 반대하면, 해당 사항은 *중재*에 회부되고 중재판정부의 판단은 최종적이다.

분명히, 위의 모든 절차는 조정, 교섭, 그리고 효율적인 후속 집행조치가 있는 사법적 판단, 그리고 확정적이고 *최상급* 해결방식으로서 전통적인 중재를 창의적으로 혼합한 것이다. 이 독특한 절차는 대상이 되는 무역관계가 엄청난 경제적 이익과 결부된다는 점에서 정당성을 갖는 것이 분명하다. 이 외에, 일부 국가 혹은 일정 부문을 괴롭히는 특별한 문제들을 감안하면서도 비차별, 즉 공평대우 그리고 세계무역의 부당한 왜곡이 없어야 한다는 요구사항과 조화 혹은 균형을 이루어야 하기 때문이다.

이제까지 이러한 절차는 매우 유용하고 성공적이었다. 수많은 사건들이 WTO의 관할기관 혹은 패널에 제기되었다. 당장 WTO 회원국들이 147개국[역자주—2013년말 기준 159개국]에 육박하고 있는 점, 그리고 모든 국가들이 이러한 절차에 구속받는 점을 고려해 볼 때, 이제까지 세계공동체의 국제분쟁 해결수단으로서 가장 훌륭한 것 중 하나라는 점이 입증되었다고 해도 무방할 것이다.

14.8.2 국제적 감독

갈등 해결에 있어서 국제질서의 여러 가지 결함을 방지하기 위하여, 국제규칙의 이행을 유도하는 새로운 제도가 특정 조약당사국의 행위를 검토하기 위하여 점차 도입되었다. 이러한 제도(일부 분야에서는 일찍이 1991년에 설치되었지만, 특히 제2차 세계대전 이후 급증하였다)는 여러 면에서 국제사법 판단과 상이하다.

첫째, 국제규칙의 시행을 감시할 책임이 있는 해당 *기관의 구성*이 통상 사법기관과 다르다. 왜냐하면, 감독기관도 개인자격으로 활동하는 개인으로 구성되지 않고 국가 대표자들로 구성되기 때문이다.

게다가 감시기능은 복수의 기관에 빈번히 위임되고, 이 경우, 여러 기관은 그 구성면에서 서로 다르다. 왜냐하면, 어느 기관은 독립적인 개인들로 구성되는 반면, 다른 기관은 국가공무원들로 구성되기 때문이다.

더욱이, 일반적으로, *감독절차의 개시*는 불만이 있는 국가에 맡겨져 있지 않고, 국제규칙의 수익자(예컨대, 개인 혹은 개인의 집단), 혹은 심지어 해당 감독기관이 직권으로, 즉 *자발적으로* 개시할 수 있다. 때때로, 아무도 그러한 절차를 개시하지 않아도 되는 경우가 있다. 왜냐하면, 해당 절차가 상설화되어 있고 자동적이어서 정기적으로 관련 국가의 행위를 검토한다는 단순한 이유 때문이다. 따라서, 사법적 판단의 경우, *분쟁*(즉, 사실과 그 법적 평가에 대한 대립되는 견해와 요구의 충돌)이 있어야만 해당 절차가 개시될 수 있지만, 감독의 경우, 분쟁의 존재가 국제적인 조치를 취하기 위한 필수전제조건인 경우가 거의 없다.

또한, 사법적 판단은—방금 지적하였듯이—분쟁 *발생 후* 개시되지만, 감독은 국가들이 국제법 기준을 침해하지 *않도록* 하기 위해서 개시되는 것이 일반적이다. 달리 말해서, 감독은 통상 *예방목적*을 갖도록 고안된다.

이 외에, 사법기관의 심리는 공개되지만, 다툼이 있는 당사자들이 감독기관에서 다투는 경우(혹은 해당 절차가 성질상 쟁송의 특성을 갖지 않는 경우로서, 해당 기관이 조사활동을 하는 경우)는 일반적으로 *비공개로* 진행되어서, 조사가 진행되는 동안 대상 국가가 저질렀을 수 있는 위반사항이 다중의 관심을 피할 수 있다.

마지막으로, 해당 *절차의 결과*는 일반적으로 기속력 있는 결정이 아니라, 여러 가지 형태(보고서, 권고 등)로서, 그 공식적 표제가 어떠하든지, 도덕적 · 권고적 효과를 가질 뿐이다.

국제법 제정자들이 국가들의 국제법 준수를 강제하기 위해서 이처럼 창의적인 제도를 활용했던 이유는 무엇인가? 여기에는 다음 두 가지 이유가 상호 밀접히 연관되어 있다.

첫째, 제1차 세계대전의 여파로, 국가들은 그 때까지 자국의 국내관할권 영역에 남아 있었던 사항들을 규율하기 위하여 국제조약을 활용하기 시작하였다.

> 이러한 사항에는 소수민족의 보호, 노동조건의 규제 및 노동자 권리, 그 당시까지 주권국가의 배타적 지배하에 있었던 영역에 대한 국제위임통치제도의 수립, 마약규제가 포함되었으며, 단치히 자유시(현 그단스크)와 폴란드의 관계로서 더 일반적으로 말하면 베르사유조약에서 규정한 이 도시의 권리보호와 같은 독특한 사항이 있었다. 이러한 새로운 국제입법의 두드러진 특징 중 하나는 상호 의무를 부과하지 않았다는 점이다. 즉 상호적 의무로서 다른 체약국이 자의적으로 규칙을 무시하지 않을까 염려해서 각 체약국이 해당 규칙의 이행에 관심을 갖도록 하지 않았다. 오히려, 새로운 규칙들은 문제되는 권리와 의무를 갖는 주체가 아닌 실체—개인, 집단, 위임통치제도의 대상이 되는 인민, 노동조합 그리고 사용자단체 등—의 이익을 보호하는

독특한 유형의 규범에 속했다.

두 번째 이유는 이러한 새 영역에서, 새로운 국제규칙을 신의성실하게 준수하도록 하는 장치를 수립하는 것이 어렵다는 점이다. 비록 국가들이 그처럼 새로우면서도 야심찬 의무를 수락하였지만, 사법기관에 복종하지 않으려는 점을 위시하여 수많은 이유에서 사법적 판단방식을 활용할 수 없었다. 더욱이, 분쟁대상이 갖는 특징이 독특하면 사법적 판단이 전혀 적합하지 않았다. 사실상, 이들 규칙에서 규정하는 의무의 성격이 비상호적이어서 이들 의무 중 어느 하나를 위반하더라도 이행을 요구할 권리를 가진 쪽이 다른 체약국뿐이라면 조용히 무시될 수도 있었다. 따라서 규칙 준수를 요구할 권리는 그 규칙의 혜택을 받기로 합의된 실체 자체가 갖는 것이 논리적이었다. 그러나 국가들이 국제법원에 제소할 수 있는 자격을 개인 혹은 집단에 부여하는 데 동의할 수 없었겠지만 이에 대해 타협이 이루어졌다. 이러한 타협에 따라서 개인 혹은 집단은 사법기능과 권한이 없는 국제기관에 청원할 수 있게 되었다.

위에서 언급한 모든 요건들을 충족하기 위하여, 독창적인 감시제도가 고안되었다. 이를 국가들이 수락하도록 하기 위하여, 이들이 국가주권에 미칠 수 있는 영향력을 누그러뜨려야 한다고 여겨졌다. 이러한 효과를 위해서, 감독기관의 최종평가에는 구속력을 부여하지 않았다. 게다가, 공정한 개인들로 구성된 기관과 함께, 국가 대표자들로 구성된 기관이 설치되었다(분명히 이들은 국가의 요구사항에 더 민감하고, 따라서, 아마도 가혹한 평가가 내려질 경우 이를 순화시키는 경향이 있다). 아울러 위에서도 언급된 사항이지만, 감시기관의 회의 혹은 회기는 국가들이 대중에 노출되지 않도록 하려는 명백한 목적에서 통상 *비공개*로 열렸다.

감독제도는 국가들이 각자의 국제의무에 맞추어 살도록 강제하는 면에서 균형잡히고, 비교적 효과적인 수단임이 입증되었다. 따라서 이 중 일부가 제2차 세계대전 이후에도 계속 존속하는 것은 놀랄 일이 아니다(예를 들면, ILO의 국제노동협약의 적용을 감시하는 장치, 마약협약을 검토하기 위한 제도). 다른 분야에서, 새로운 통제장치가 설치되었다. *현재 가장 넓게 감독이 이루어지는 분야*는 ① 국제노동협약, ② 인권 관련 조약 및 그 밖의 국제기준, ③ 원자력의 평화적 이용, ④ 환경, ⑤ 남극과 우주, ⑥ 국제경제법, ⑦ 국제 · 국내 무력충돌이다.

감독기능이 다수의 주요 분야에까지 확장된 것은 국제사회가 국가들의 요구사항에 부응하고 있다는 점을 분명히 입증한다. 게다가 이는 모든 국가집단이 기꺼이 감독받는다는 증거이기도 하다. 왜냐하면, 다른 국제적 조사수단을 수락하는 것을 혐오하는 국가들이라도 국제적인 감시는 반대하지 않기 때문이다. 물론, 이는 주로 국제적 감독의 유연성 그리고 감독기관이 국가를 피고의 위치에 두는 것이 아니라 비록 위반이 발생되기 전이라도, 외교적 · 도덕적 압력을 신중히 활용해서, 이들이 무시하려고 했을 수도 있는 규칙을 준수하도록 설득하는 경향이 있기 때문이다.

감독이 수행되는 4가지 *주요 방식*은 다음과 같다.

1) 관련 국가들이 미리 정한 기간에 제출하는 *정기보고서*의 심사

예를 들면, ILO헌장 제22조에 따른 국제노동협약의 적용에 관하여 ILO 회원국이 제출한 보고서, 여러 가지 인권협약, 예컨대 1965년 인종차별철폐협약(제9조), 1966년 2개의 인권규약(제16조와 제40조 각각), 1956년 노예철폐협약(제8조), 1984년 유엔 고문방지협약(제19조)에서 규정하는 보고서

2) 조사는 국가보고서를 심사하는 것보다 훨씬 더 효과적이고 예리한데, 이 경우 조사기관의 조사대상은 관련 국가가 제출한 자료에 한정된다. 현장조사를 통해서 국제기관(혹은 남극 및 우주조약의 경우처럼, 해당 조약의 다른 당사국)은 어느 국가가 해당 조약을 준수했는지 아니면 무시했는지의 여부에 대해서 확인할 수 있다.

이러한 유형의 감시는 예를 들면 국제원자력기구조약(제12조 제6항), 남극조약(제7조), 우주의 평화적 이용에 관한 1967년 조약(제12조)에서 규정하고 있다. 조사는 다수의 환경보호조약(23.3.4(2) 참조), 뿐만 아니라 고문, 비인간적이고 모욕적인 대우의 예방 혹은 처벌을 위한 1987년 유럽협약 그리고 고문방지협약에 대한 2002년 유엔 선택의정서에서도 규정하고 있다.

3) 감독은 분쟁당사자들 혹은 통제대상 국가와 감독기관들이 해당 사건의 조사시 서로 대질하는 방식을 취하는 *쟁송절차*를 통해서 수행된다.

예를 들면, ILO헌장 제22조 제3항, 제24조 제5항, 제26조 제9항; 시민적 · 정치적

권리에 관한 유엔규약 제41조; 그리고 해당 규약의 선택의정서(인권위원회(Committee)는 체약국 혹은 의정서 당사국의 관할대상이 된 개인이 요청하면 해당 규약의 위반 주장에 대해서 조사할 권한을 갖는다); 1984년 유엔고문방지협약 제21조에서 규정하고 있는 절차를 참조하시오.

4) 국가가 국제법을 위반할 여지를 미연에 방지하기 위한 조치의 채택이다. 이제까지, 이와 같이 독특한 형태의 *'예방적' 감독*은 주로 원자력의 평화적 이용 그리고 환경보호 분야에서 있었다(23.3.4 참조). 이런 대상이 갖는 특별한 성격으로 인해서 국제적 조사방식만 갖는 특징들이 나타난다.

예를 들면, 1957년 12월 11일 캐나다-서독; 1959년 8월 4일 캐나다-오스트레일리아; 1957년 12월 28일 영국-이탈리아 사이의 양자협약, 또는 EURATOM(Europe Atomic Energy Community)을 설치하기 위한 조약(제103조)을 참조하시오. 이들 모두는 핵물질 이전 조건으로서 이전 허가국가가 수령당사국의 설비를 예방적 차원에서 통제하도록 하였다. 이들 설비들이 해당 협정에서 마련한 일반기준에 맞는 경우에만 해당 물질이 이전될 수 있는 것이다. 이 경우, 해당 사항이 갖는 극도의 중요성, 즉 핵물질이 군사적으로 사용될 수 있는 위험성 때문에 국가들이 다른 경우에는 수락할 수 없다고 판단했었을 매우 발전된 유형의 감독방식의 활용이 정당해진다.

제 15 장
집 행

15.1 전통법

15.1.1 개 관

국내법질서에서 엄밀한 의미의 집행이라 함은 대체로 *공적 기관*이 법 이행을 촉진하기 위하여 강제수단 혹은 제재수단을 활용하여 취한 모든 조치 및 절차를 말한다. 따라서 *제재*조치 및 절차는 위법행위에 대해 제도적으로 허가된 대응이 아니기 때문에 불법인 강제행위와 확연히 구분된다. 하지만, 구 국제공동체에서는 이렇게 구분할 수 없었다. 공동체 전체를 대신해서 법을 집행할 책임을 부담하는 중앙기관이라는 것이 존재하지 않았기 때문이다. 즉, *자력구제행위*가 우선했으며, 불만이 있는 국가는 타국이 자신의 권리를 침해한 것에 대해서 대응할 권한을 가졌을 뿐이었다. 이보다 훨씬 더 충격적인 점은 제1차 세계대전 이전에 적용된 법에서는 자기 자신의 이익을 보호하기 위한 무력 사용이 허용되었다는 점이다. 결국, 합법적이고 강제적인 '제재'와 자기 자신의 이익을 보호하거나, 이를 추구하기 위한 군사력 사용 간에는 *실질적으로 아무런 차이가 없었다.* 국가는 특정 방식만 지키면 됐었다. 즉, 자신들이 전쟁하기로 결정했다면, 어떠한 방식으로라도 *전쟁의사*(*animus belli-gerandi*)를 표명해야 전쟁과 중립에 적용되는 모든 규칙들이 적용되었다. 하지만 전쟁에 이르지 않는 강제를 활용할 경우, 전쟁과 중립에 관한 법이 적용되도록 하려는 의도가 없고 평시법의 영역 내에서 활동하기를 원한다는 점을 분명히 표명해야 했다. 다른 방식은 무력사용의 적절성에 관한 것이었다. 즉, 전시에, 여러 가지 전투행위에 관한 규칙들로 인해서 적대행위 수행이 제약을 받았고, 전쟁에 이르지 않는 강제조치의 경우, 소수의 일반원칙들이 점차 발달하였다.

전통법의 또 다른 두드러진 특색은 비록 한 국가가 다른 국가의 위법행위에 대응하기 위해서 군대를 활용하는 경우에도, 평시구제조치의 사전완료는 요건이 아니었다는 점이다. 오히려, 국가들은 제3국이 실제로 국제법 위반이 발생했는지의 여부에 대해서 선언할 때까지 기다릴 필요가 없었다. 따라서 국내법제도에서는 통상 법 위반이 실제 발생하였다는 사법적 인식이 있은 후에 집행이 이루어지지만, 전통국제법상 국가들은 스스로 판단할 수 있었다. 즉, 국가 자신이 다른 국가의 위법행위 여부를 일방적으로 판단하고 이를 근거로 무력을 활용하였다.

아래의 본문에서, 전통법을 간단하나마 다음 두 가지 사항으로 요약하고자 한다. ① 이러한 법체제는 새로운 법으로 폐지되지 않았거니와 완전히 대체되지도 않았다. ② 전통법의 기본사항을 알지 못한 채 현행법의 취지를 제대로 파악할 수 없다.

15.1.2 집행조치의 유형

제1차 세계대전 전후, 국가관행과 법률문헌에서는 무력사용의 여러 가지 형태를 구분하려고 하였다. 아래에서 시도하려는 분류는 주로 실무적인 목적에 이바지하고, 혼란스러운 국가행위를 이해하기 위한 것이다. 전쟁에 이르지 않는 무력사용과 전쟁 자체를 구별하는 것은 두 가지 부류가 법적으로 다르다는 점에 근거하기에 학문적 가치가 있다. 이 점을 제외하고, 다른 모든 특징은 분류목적 자체를 위한 것일 뿐이다. 특히, 무력개입(국가들이 자신의 이익을 보호하기 위하여 행동함)과 무력복구(다른 국가의 위법행위에 대한 대응)의 차이를 국가들이 종종 근거로 삼지만, 실제 관행에서는 다음 두 가지 이유로 인해서 이 양자의 구분이 다소 분명하지 않다. 첫째, 국가들은 어느 경우든지 자신의 이익을 추구하기 위해서 무력을 사용할 권한이 있었기에 이들이 타국의 위법행위에 대응하기 위하여 군사행위를 하든, 아니면 자신의 이익을 보호하기 위하여 군사행위를 하든 별로 차이가 없었다. 둘째, 국가들은 자신들이 단순히 정치적 이익을 위해 행동할 때라도 이러한 행위를 호도하기 위하여 법적인 측면을 원용하였다. 반대로, 어떤 경우에는 자신들이 타국의 위반으로 인해서 피해국이 되어도, 자신들이 법적 주장을 근거로 대응한다는 점을 분명히 하지 않았다.

15.1.3 강제개입

타국의 대 · 내외적 사안에 대해서 강제개입한다는 의미는 무력 위협이나 무력 사용으로 해당 국가가 개입국의 이익을 위하여 무엇(예를 들면 정권 변경, 제3국과 조약 체결, 영토할양 혹은 그 국가 영역 내에서 하는 일정한 행위)을 하도록 강요하는 것을 의미한다. 강제개입은 타국 영역에 대한 군사점령, 해상시위, 해상봉쇄(즉, 군함으로써 타국 연안의 일부를 차단하는 것), 금수조치(옛날 의미로는 타국 혹은 그 국민 소유 선박의 압류) 등의 형태를 취했다. 국제사회에서 국가들이 무장개입한 예가 많았다.

일부 경우, 타국 영역에 대한 무장개입에 대해서 개입하는 국가는 공식적으로 '정당방위 및 자기보존'을 근거로 정당화하였다.

일찍이 1817년, 미국은 당시 스페인 주권하에 있던 아멜리아 섬(조지아주 경계에 인접한 동 플로리다 앞바다의 세인트 매리강 입구에 위치)가 미국에 해로운 불법거래의 중심이고, 그에 대해서 스페인 당국이 지배력을 행사할 수 없다는 점을 근거로 그 섬을 점령하였다.[1] 1817년, 미국 군대가 플로리다에 살고 있던 세미놀 인디언을 축출하기 위해서 당시 스페인 주권하에 있었던 서 플로리다를 침공하였다.[2]

다른 유명한 사건은 *Caroline*호 사건이다. 1837년 캐나다에서 영국 당국에 대해 반란이 일어났을 때(당시 캐나다는 영국 주권하에 있었음), 반도들을 지원한 미국민들이 캐롤라인호을 타고 수차례 나이아가라호(캐나다와 미국의 경계)를 건너 반란군에게 대원과 탄약류를 공급해 주었다. 그 때, McLeod 대위를 대장으로 한 일단의 영국 군대가 이 배를 공격하기 위해 파견되었다. 이들은 미국의 슐로서 요새 항에 정박

1) *Amelia Island* 사건에 관해서는 Moore, *Digest,* ii, pp.406-408 참조; *Right to Protect Citizens in Foreign Countries by Landing Forces*, Memorandom of the Solicitor for the Department of State, 5 October 1912, 2nd edn.(Washington, D.C., Government Printing Office, 1929), pp.51-52.

2) Moore, *Digest,* ii, pp.402-405; *Right to Protect Citizens in Foreign Countries,* pp.52-53 참조.

해 있던 배에 승선하여 수명을 살해하고 방화한 후, 나이아가라 폭포로 배가 떠내려 가도록 했다. 미국 정부는 자국의 영토주권 침해에 대해서 항의하였다. *Caroline*호 사건의 특징은 영국이 미국의 국제법 위반을 원용하여 자신의 행위를 정당화할 필요성을 느끼지 못하였다는 점이다. 오히려, 영국은 자신이 미국의 주권을 침해한 것은 '정당방위와 자기보존'의 기본권에서 필요하였다고 주장하였다. 그러나 그 후 외교 공한을 통해서 양국은 어느 경우에 타국의 영역을 무장공격할 수 있는지를 결정하는 데 합의할 수 있었다. 미국 국무장관 Webster의 정의에 따르면, 공격하는 국가는 '즉각적이고, 압도적이며, 다른 수단을 선택할 여지가 없고, 생각할 겨를도 없는 상태에서, 정당방위의 필요성'이 있다는 점을 입증해야만 하였다. 이 공식은 유명해져서 수년 뒤에 채택되었고, 자국의 이익을 보호하기 위해서 제한 없이 무력을 사용하려는 국가의 자유를 어느 정도 점차 제한하는 국제관행의 시초가 되었다.[3]

다른 경우, 국가들은 자국민을 보호하기 위해서 외국에 군대를 파견하였다. 그러한 경우, 침공하는 국가들이 통상 정당성의 근거로서 원용하였던 것은 영토국이 외국인의 생명과 재산을 보전하는데 필요한 모든 예방적 조치 등을 취하지 못했다는 점이었다. 따라서 이러한 부작위를 대체하는 것이 지극히 필요하였다는 것이다. 이러한 종류의 정당화는 명백히 남용되는 경우가 많았다.

미국 학자 Offutt[4]에 따르면, 1813~1928년간, 미국 군대는 미국민 혹은 '미국의 이익'을 보호하기 위하여 최소한 70번 해외에 파병되었다. 예상했던 대로, 대개의 군대파병은 미국이 남미국가를 대상으로 하였다. 그러나 미국 군대는 일본(1853, 1854, 1863, 1864, 1868), 중국(1854, 1856, 1859, 1900), 이집트(1858 그리고 1882), 키셈보(아프리카 서안 지방, 1860), 포모사(현 대만, 1867), 그리고 'Korea' (1871, 1888, 1894)와 같은 다른 국가에도 상륙했었다. 같은 시기에, 영국 군대는 1873년 온두라스 그리고 1895년과 1910년 니카라과에, 독일 군대는 1899년 사모아제도에 상륙했었다.

또 다른 경우, 주로 19세기에 국가들은 민간인 소요로 위협받는 개인(반드시

---

3) *Caroline*호 사건에 대해서는 Moore, *Digest,* ii, pp.409-414 및 Lord McNair, *International Law Opinions*(Cambridge: Cambridge University Press, 1956), ii, pp.221-230; R. Jennings, "The *Caroline* and *McLeod* cases", 23 *AJIL*(1938), pp.82-99 참조.

4) M. Offutt, *The Protection of Citizens Abroad by the Armed Forces of the United States*(Baltimore: Johns Hopkins University Press, 1928), p.12 이하.

자국민에 한하지 않음)의 생명 혹은 자산을 보호한다고 하면서 해외에서 무력을 사용하였다(소위 *인도주의적 개입*). 사실상, 유럽국가들은 자신의 정치적 혹은 외교적 이익을 추구하기 위하여 타국(예를 들어 오스만제국)에 군사적으로 개입하였다.

15.1.4 복 구

복구(復仇, reprisal)는 타국의 위법행위에 대응한 행위이다. 이는 위법행위로 피해를 입었다고 주장하는 국가가 위법행위국을 상대로 국제규칙을 위반하는 것이다. 달리 말해서, 복구는 타국의 위법행위에 대한 대응이기 때문에 합법이 되는 위법행위이다. 이 결과 분명한 점은, 만약 복구의 대상이 되는 국가가 실제로 국제규칙을 위반하지 않았다면, 복구를 활용하는 국가는 국제법 위반책임을 질 수 있다는 것이다. 전통국제법상, 복구는 위법국가로 하여금 해당 위법행위를 중단하도록 하거나 이를 처벌하려는 목적을 가지며, 또는 이 두 가지 목적을 모두 갖는다.

복구는 대개 평화적 복구와 군사적 복구로 나뉜다. 전자는 국제법을 위반하는 행위를 하였다고 하는 국가에 대해서 조약 혹은 관습규칙(예컨대, 외국인의 대우에 관한 것)을 적용하지 않는 행위, 복구를 취하는 국가가 대량추방금지조약을 체결했던 국가의 국민을 대량추방하는 것 등의 행위들을 아우른다. 후자의 부류는 위법행위에 대한 책임이 있는 국가에 대해서 군사력의 위협 혹은 사용을 내포하는 행위를 포함한다. 따라서 이러한 부류는 개입 제목의 본문에서 적시하였던 행위(봉쇄, 금수조치 등)를 대상으로 한다.

> 유명한 *Naulilaa* 사건을 언급할 수 있다. 1914년, 포르투갈이 아직 중립국이었을 때, 독일 식민지인 서남아프리카(현재 나미비아)로부터 독일군이 당시 포르투갈의 지배하에 있던 앙골라와의 경계를 넘어서 포르투갈 당국과 대면하여 식량수입과 앙골라를 경유해서 독일과 우편연락 관계를 설정하는 사항을 교섭하려고 하였다. 앙골라 남쪽 경계에 소재한 Naulilaa의 포르투갈 초소에서, 포르투갈 말을 할 줄도 모르고 읽을 줄도 몰랐던 독일측 통역자의 언어구사 능력 미비로 발생한 오해 때문에 독일측 단장인 서남아프리카 구역 총독과 두 명의 독일군 장교가 피살당했다. 복구 차원에서, 독일 군대가 파병되어 포르투갈 초소를 파괴하고 포르투갈 병사들을 살해하였다. 그러한 복구가 있은 후, 독일과 포르투갈이 설치한 특별중재판정부는 1928년

다음과 같이 결정하였다. 첫째, 복구행위는 통상 불법이지만 국제위법행위에 대한 대응행위라면 합법성을 갖는다. 둘째, 복구행위는 "인도주의적 고려(*les expériences de l'humanité*) 그리고 국가간의 관계에 적용되는 신의성실 규칙으로써 제한" 되어야 한다. 셋째, 복구행위는 범죄행위에 엄격히 비례해야 할 필요는 없지만 과도해서는 안된다. 넷째, 복구행위 이전에 평화적 해결을 요청해야 한다(불법행위는 "시정요구 후에도 구제되지 않은 상태에 있어야 한다"). 다섯째, 복구행위는 "위반국가가 해당 위반행위로 인한 피해를 회복하고, 합법적인 상태로 복귀하고, 새로운 위반행위를 회피하기 위한 목적을 가져야 한다."

이 사건에서, 판정부가 독일의 국제법 위반을 다음과 같이 판단한 점이 흥미롭다. ① 포르투갈인들은 국제법에 반하여 행동하지 않았는데, 그 이유는 3명의 독일인을 살해한 것은 비록 개탄할 만하지만, 고의적이지 않고 우발적인 사건이었기 때문이었다. ② 독일인은 무력을 활용하기 이전에 평화적 해결을 요청하지 않았다. ③ 독일이 활용한 무력은 포르투갈 당국의 행위에 비해서 '과도하고' '비례성을 벗어나는' 것이었다(pp.1026-1029).

무력복구는 타국이 자행한 위법행위에 대한 대응이 되는 한도에서만 합법이라는 요건은 강제개입, 즉 무력으로 위협하거나 무력을 사용하여 타국에 개입하는 것을 금지하는 규칙이 등장했다는 점을 전제로 하는 것이 분명하다(2.5.2 및 3.4 참조). 그러한 개입이 허용되는 한, 무력복구는 독자적으로 분류될 수 없을 것인데, 그 이유는 전쟁에 이르지 않는 강제조치를 '개입' 혹은 '복구'라고 해야 할지의 여부는 그다지 중요하지 않기 때문이다.

국제법에서는 이러저러한 복구 형태 중 어느 하나를 선택하도록 강제하지 않았다. 제1차 세계대전까지, 국제법에서는 아무런 제약도 없었다. 나중에, 국제연맹규약에서 전쟁을 제한하고 이에 부수하여 강제개입이 제한되면서 국가들은 점차 무력복구의 활용도 제한하게 되었다.

15.1.5 전 쟁

위에서 언급하였듯이, 1919년까지, 국가들은 자신들이 적절하다고 여길 때에는 언제든지 전쟁을 활용할 수 있었다. 1899년, 헤이그 만국평화회의에서 채택된 협약(제1차 헤이그협약)에서는 선전포고 혹은 최후통첩(즉, 선언서에 나열된 조건을 다른 쪽 당사국이 준수하지 않는 것을 조건으로 적대행위를 개시하는 선언)에 대해서 규정하였다. 1899년 헤이그협약은 1907년에 정리되어서, 논란의 여지가 있지만 관습국제법이 되었는데(사실상 이 협약이 기존의 관습규칙을 성문화했다고 판단하지 않는다면), 온전한 의미의 전쟁이 개시되지 않았다는 점에서 협약 위반이 없으면서도 이 협약은 사실상 위반될 수 있었다. 즉, 한 국가가 다른 국가를 상대로 위 협약을 이행하지 않으면서 전쟁에 준하는 행위를 개시하는 경우, 그 국가 스스로 국제법 위반에 대한 책임을 부담하게 될 뿐이다. 그렇지만, 소위 전쟁상태(즉, 전쟁법과 중립법이 적용되는 경우)는 존재하게 된다.

15.2 제1차 세계대전 이후의 새로운 경향

전쟁 활용 자체를 전면적으로 제한한 것은 국제연맹규약(1919) 그리고 그 후 1928년 켈로그-브리앙맹약(Kellogg-Briand Pact) 혹은 파리맹약(Paris Pact)에서이다(2.4.3 참조). 게다가, 국제분쟁을 해결하기 위해서, 특히 외국에 대출한 금전과 다른 자산을 회수하기 위하여 무력을 사용해서는 안된다고 여겼다(계약 채무의 회수를 위한 무력사용 제한에 관한 1907년 제2헤이그협약, Drago-Porter협약으로도 불림. 2.3.4 참조). 이러한 견해로 인해서 1918~1938년 동안에 세 가지 주요한 발전이 있었다. ① 자신의 이익을 보호하기 위한 수단으로써 전쟁 활용을 관습상 금지하는 것이 서서히 등장하게 되었다. ② 결국, 예외적인 상황(복구, 정당방위, 영토국이 보호할 수 없거나 보호할 의지가 없다는 이유로 생명과 자산이 위난에 처하게 된 외국 소재 자국민의 보호)에서 무력을 활용할 수 있도록 하는 일련의 규칙들이 발전하였다. 특히, 무력복구가 합법성을 갖고, 뒤에서(15.4) 볼 수 있듯이 보복(retortion)과 더 잘 구별될 수 있는 조건을 규정하는 규칙들이 발전하였다(이런 규칙들은 위에서 언급한 *Naulilaa* 사건의 결과로서 그리고 *국제법학회*가 1934년에 채택한 결의에 자극받아 구체화된 것임).[5] ③ 타국 영역 내에서 강제개입하는 근거를 점차 제한하게 되면서 '전횡적 개입', 즉 타국의 의지를 억압하기 위한 목적의 무력 위협 혹은 사용을 금지하는 규칙이 형성되었다.

---

5) 결의내용은 H. Wehberg, *Institut de Droit International—Tableau général des résolutions(1873-1956)*(Basle: Editions juridiques et sociologiques S.A., 1957), pp.167-170 참조.

15.3 현대국제법 내에서 국제규칙의 집행

현재, 앞에서(3.4 참조) 언급한 바와 같이, '타국의 영토보전 혹은 정치적 독립성에 반하거나 유엔의 목적과 일치하지 않는 다른 방식으로 하는' 무력 사용 혹은 위협은 유엔헌장 제2조 제4항과 이에 상응하는 관습규칙에 따라서 금지된다. 결국, 복구는 가장 폭넓은 국제규칙 집행수단이 되었다. 이와 관련해서 두 가지 경향이 등장하였다.

첫째, 무력이 금지됨으로 인해서, 평시의 *무력*복구는 소규모의 불법무력사용에 대해서 행사되는 경우를 제외하고(전시의 경우, 일부 제한된 목표물에 대한 교전자간의 복구는 허용된다. 20.6.5(2)1) 참조) 불법으로 간주된다(18.7 참조). 따라서, 이처럼 복구가 금지된 경우와 허용된 경우를 구별하기 위하여, 현재 후자는 '대응조치'(1978년 미국-프랑스 중재판정부가 *Air Service Agreement* 사건(p.417)에서 처음 사용하였던 표현임)로 더 많이 불린다. 무력복구가 배제된다면, 유엔의 집단안전보장제도가 취약해지고 빈번히 실패할 뿐만 아니라 다수의 경제제재가 아무 효력이 없기 때문에 피해국은 국제법을 위반하기로 작정한 국가에게 당하기만 할 것이라고 반박한들 아무런 소용이 없다. 사실상, 집단안전보장제도는 1945년에 *국제법을 집행하기 위해서* 고안된 것이 아니라, *국제평화와 질서를 유지하거나 회복하기 위해서* 고안되었을 뿐이다. 국제법 위반이 평화에 대한 위협 혹은 평화의 파괴에 이르지 않으면 언제나 이러한 집단안전보장제도는 작동되지 않는다. 마찬가지로, 국가들은 유엔헌장 제2조 제4항에서 규정하고 있는 금지사항에 구속받는다. 결국, 이들은 평화적인 대응조치만 활용할 수 있을 뿐이다.

둘째, 국제기구가, 특히 *심각한 대규모 국제법 위반에 대한 대응*으로써 '제재'를 채택하는 경향이 점증하고 있다(17.1-2 참조). 분명히, 대응조치는 *개별* 국가들이 취할 수 있는 조치이지만, 제재는 제도적 틀 내에서 취해지는 *집단적* 대응이다.

15.3.1 대응조치

국제법 위반의 경우, 피해국가(13.4.2 및 13.5.4 참조)는 위법국가에 대해서 부담하는 국제적 의무를 *무시할 수 있는* 법적 권리를 갖는다.

그러나 '보통책임'의 경우에 대해서 대응하는 것이든, 아니면 '가중책임'의 경우에 대응하는 것이든(13.4.2(3) 및 13.5.4(2)3) 참조) 대응조치는 일부 기본조건을 충족해야 하고, 이 외에도 일련의 제한사항에 구속된다.

일반조건은 다음과 같다.

① 국가들은 위법행위가 발생하자마자 대응조치를 취할 수 없다. 피해국은 먼저 책임국가에 대해서 위법행위(위법행위가 지속되는 경우)를 중단하든가, 아니면 다른 경우 피해회복조치를 취하도록 촉구해야 한다.

② 만약, 위법행위가 중단되지 않거나 피해회복조치도 취해지지 않는 경우, 피해국은 *교섭*을 통해서 그러한 사항을 이루기 위해 노력해야 한다. 교섭의 목적은 분쟁을 해결하거나 다른 해결수단에 합의하는 것이다. 이러한 요건은 이미 언급한(3.5 및 14.5) 일반원칙에서 파생하는데, 국가들은 이에 따라서 자신들의 분쟁을 평화적으로 해결할 일반의무를 부담한다. 위법행위자가 교섭에 참여하는 것을 거부하거나 의도적으로 혹은 *악의적으로(mala fide)* 활용 가능한 다른 조절수단이 작동하지 못하도록 하는 경우에만, 피해국은 다른 선택사항이 없는지 신의성실히 고려하고 대응조치를 활용할 수 있다.

국가들이 특별히 자신들의 분쟁을 강제적 해결장치에 회부하기로 이미 약속했다면, 해당 해결장치가 가동될 때까지 대응조치는 허용되지 않는다.

이러한 견해가 만장일치로 공유되는 것은 아니다. 이에 합의하는지와 상관 없이 일부 조약에서는 분쟁해결 장치를 활용할 수 있고 게다가 국제기구의 후원을 받는다는 이유에서, 대응조치의 활용을 묵시적 혹은 명시적으로 배제하는 것이 분명한 것으로 보인다. 예를 들면, 이런 경우는 유럽인권협약(1950), 미주인권협약(1969), 유럽공동체(EC)조약(1957) 그리고 WTO협정의 해석 혹은 적용과 관련한 분쟁에 해당된다. 이러한 원칙은 미국-프랑스 중재판정부가 *Air Service Agreement* 사건에서 분명히 명시하였다. 즉, 판정부는 어느 국가든지 타국이 자신의 국제적 권리를 침해하였는지의 여부를 스스로 판단할 수 있고, 그러한 경우, '특정 조약으로부터 발생하는 특별한 의무에서, 특히 국제기구의 틀 내에서 탄생한 장치로부터 대응조치를 취할 수 없는 경우가 아니라면', 대응조치를 취할 수 있다고 판시하였다(제81항).

다른 질문 사항으로서 제도적 분쟁해결 장치가 *실패*할 경우 어느 국가가 대응조치를 활용할 수 있는지와 관련해서(특히, 기본적 가치를 구현하기 위한 공동체의무의 심각한 위반에서 발생하는 '가중'책임이라는 면에 중점을 두어서)는 앞 13.5를 참조하시오.

(1) 대응조치의 제한

'보통책임'과 '가중책임'의 틀 속에서 취할 수 있는 대응조치에는 제한이 있다. (평시에 취해지는) 대응조치는 국제공동체 전체의 이익을 보호하는 기본적 가치를 구현하는 국제규칙을 위반할 수 없다.

1) 무력 위협 혹은 사용에 관한 의무

대응조치는 무력 위협 혹은 사용에 관한 의무를 벗어날 수 없다. 이 원칙은 유엔헌장 제2조 제4항이 강행규범력을 가진 관습규칙으로 점차 바뀌면서 발전하였는데, "국가들은 무력사용이 결부된 복구행위를 하지 않을 의무를 부담한다"라고 하는 1970년 유엔 우호관계 선언 원칙 제1조 제6항에서 명확해졌다. 이러한 규정은 관습국제법을 반영하거나 이를 성문화한 것으로 볼 수 있다(또한 국가책임에 관한 ILC 초안 제50조 제1(a)항 참조).

> ICJ가 이 사항에 관하여 판단할 때, 조금 언급만 했을 뿐이며, 무력복구가 법에 위반한다고 *명확히* 판시한 적이 한 번도 없었다. 바로 이런 경우가 *니카라과* 사건(*본안*)(제176항 및 제198항)과 *Legality of the Threat or Use of Nuclear Weapon* 사건(이 경우 재판소는 문제되는 복구는 "불법으로 여겨진다"고 하였다. 제37항-제50항, 특히 제42항 및 제46항)이다. 무력복구의 경우를 다룰 때, 유엔 안보리는 이를 비난하는 경향이 종종 있는데, 이는 무력복구가 유엔헌장 및 일반국제법을 위반해서가 아니라, 오히려 무력복구가 '비례성을 잃었기' 때문이었다.[6] 그러나 문제의 원칙은 현 국제법제도상 그 근거가 확실하다.[7]

2) 인권보호

대응조치는 인권 혹은 더 일반적인 견지에서 인간의 존엄과 복지의 보호를 위한 국제규칙을 무시할 수 없다. 이처럼 엄중한 제한은 앞에서(3.6 그리고 제19장도 참조) 논의한 인권존중에 관한 일반원칙에서 파생하는 것으로서 세계공동체 내에서 상당히 중요해졌고, 이로써 국가들이 야기한 위법행위에 대응하기 위하여

---

6) 이러한 관행에 관해서는 D. Bowett, "Reprisals Involving Recourse to Armed Force", 66 *AJIL* (1972), p.7, note 23 참조.

7) 해당 관행을 잘 기록하고 평석한 것에 대해서는 R. Barsotti, "Armed Reprisals", in A. Cassese, ed., *The Current Legal Regulation of the Use of Force*(Dordrecht, Boston, and Lancaster: Martinus Nijhoff Publishers, 1986), pp.79-110를 참조하시오.

더 이상 인간의 이익과 급히 필요한 사항을 저버릴 수 없게 되었다. 결국, 한 국가가 국제규칙을 위반해도 불만이 있는 당사국은 위법국가 국민의 권리 혹은 이익을 보호하는 국제규칙을 위반할 수 없다. 국가들은 국제위법행위의 결과를 무고한 사람에게 덮어 씌울 수 없다.

논의대상인 이러한 제한사항은 국가책임에 관한 ILC 초안 제50조 제1(b)항에서 지지되고 있고, 부분적으로는 1969년 조약법에 관한 비엔나협약에서 성문화되었다(비록 후자가 동일한 국제법 분야에 해당되는지의 여부는 논란의 여지가 있다고 해도). 이 협약 제60조 제5항에서는 양자 혹은 다자조약의 중대한 위반은 '인도주의적 성격을 가진 조약에 포함된 인간의 보호에 관한 규정, 특히 그러한 조약으로부터 보호받는 개인을 상대로 하는 어떠한 형태의 복구도 금지하는 규정'의 경우 조약 적용의 일체 혹은 일부를 종료시키거나 중지시키는 사유로서 일방 당사국이 원용할 수 없다고 규정하고 있다.

이러한 규정은 복구에 관한 일반적인 제한사항을 부분적으로만 성문화하고 있는데, 그 이유는 다른 당사국이 조약 자체를 위반할 때에는 언제든지 해당 조약이 무시될 수 있는 경우를 배제하고 있기 때문이다. 이와 반대로, 위에서 언급하고 있는 일반적인 제한사항은 복구로 위반되는 규칙이 아니어도 어느 규칙이 위반된 경우 인간을 보호하려는 것이다. 인간을 보호하기 위해 고안된 국제규칙들은 그 자체가 위반대상이 되는지의 여부와 상관 없이, 그리고 이들 규칙들이 조약에 포함되는지의 여부와 상관 없이, 혹은 이들이 성질상 관습인지의 여부와 상관 없이 어느 경우라도 준수되어야 한다.

논의대상인 일반적인 제한은 인권에 관한 조약 혹은 일반규칙, 혹은 무력충돌 관련 인도주의법에만 적용되는 것은 아니다. 이는 그 적용범위를 *인간의 기본적인 이익 혹은 요구*사항을 보호하는 규칙에까지도 확장한다. 따라서, 예를 들면, 한 국가가 국제법에 반하는 행위를 하는 경우(예를 들면 외국 외교관을 박해하거나, 자국 영해를 통과하려는 무해통항을 불법적으로 차단한 경우) 피해국은 위반국가 국민의 일부가 겪는 재앙을 덜어 주기 위해서 위반국가를 경제원조하도록 한 조약을 종료(혹은 적용중지)하여 대응할 수 없다. 이러한 유형의 보복은 종국적으로 인간의 요구사항과 이익을 침해하게 될 것이다. 마찬가지로, 만약, 한 국가가 외국인의 자산을 불법수용하는 경우, 수용당한 회사의 국적국가는 해당 국가 국민의 빈곤층에게 혜택을 주기 위한 상사조약을 종료하는 식으로 대응할 수 없다(이 경우, 2개의 1966년 유엔인권규약은 인간의 이익 및 요구사항과 동일하게 국제적 보호를 받을 가치가 없다고 여기는 다른 이익과 권리—재산에 관한 것—를 보호하는 국제규칙의 위반도 다루고 있다. 이 결과 국제적으로 고려할 때 서로 상충되는 두 가지 이익 중 어느 한 쪽이 다른 쪽보다 더 중요한 것으로 평가된다. 이러한 조건 때문에 대응조치로써 기본적인 인간의 이익을 보호하는 규칙을 위반하지 않아야 할 의무가 더욱 중요해진다). 간단히 말하면, 상호주의 원칙은 인간의 기본적인 고려사항과 급히 필요한 사항이 결부되는 경우에는 적용되지 않는다.

3) 일반국제법의 강행규범이 부과하는 의무

대응조치는 *강행규범*이 부과하는 의무를 무시할 수 없다(위 사항 참조). 이러한 금지는 국가책임에 관한 ILC 초안 제50조 제1(d)항에서 정리하고 있는데, 이는 무력 위협 혹은 사용에 관한 규범 혹은 인권 및 인도주의법을 침해하는 대응조치의 금지에서 흠결이 발생하는 경우 이를 보충하기 위한 것이다. 따라서 이는 '잔존하는' 금지이다. 이러한 금지의 대상으로는 인민의 자기결정 및 환경보호 같은 분야가 있다.

외교면제 혹은 영사면제를 위반하는 대응조치가 금지되는지의 여부는 의심스럽다. ILC 초안 제50조 제2(b)항은 '외교관 혹은 영사관, 관저, 문서보관소 및 서류의 불가침을 존중할 의무'에서 벗어나는 대응조치를 배제하고 있다. 국가관행뿐만 아니라 *U.S. Diplomatic and Consular Staff in Tehran* 사건(제80-89항)의 ICJ 판결은 한 가지 제한하에서 이러한 입장을 지지하는 것으로 보인다. 즉, 관행상 국가들은 상대방이 *외교면제 혹은 영사면제를 위반*하는 것에 *특정한* 대응조치로써 대항하여 그러한 면제를 인정하지 않을 권한이 있다고 여기고 있다.

4) 대응조치는 제3국의 권리를 침해해서는 안된다

일반적으로 대응조치는 국제위법행위에 대해 책임이 있다고 하는 국가를 목표로 할 수 있을 뿐이다. 따라서 특히 대응조치를 통해서 공동체의무(즉, 상응하는 *대세적* 권리를 창설하는 *대세적* 의무. 앞 1.8.2 참조)를 부과하는 국제규칙을 위반하는 것은 허용되지 않는다. 예를 들면, 대응조치를 통해서, 타국에 권리를 부여하는 조약상의 의무를 무시하는 것은 허용되지 않는다. 사실상, 그러한 의무를 위반하면 위법행위를 저지르는 국가 이외의 모든 국가의 권리를 침해하게 될 것이다. 이는 허용될 수 없을 것인데, 왜냐하면 이들 국가들은 처음의 위법행위와 아무

상관도 없기 때문이다.

바로 이러한 원칙에 비추어서, 미국 당국이 1996년 3월 12일자 Helms-Burton법과 1996년 8월 5일자 D'Amato-Kennedy법을 적용한 예를 고려해야 한다. 첫 번째 법은 쿠바 인민들이 '자유를 회복'하도록 도와 주고, 쿠바의 몰수행위 및 몰수한 자산의 불법거래에 대해서 미국민을 보호하기 위한 것으로서 무엇보다도 외국인 혹은 외국회사가 1960년대 쿠바에서 '몰수되었던' 자산과 결부되는 상행위를 하는 경우에 대해서 일방적인 조치를 취할 수 있도록 하였다. 두 번째 법은 미국이 생각하기에 '불량'(rogue)국가들로부터 국제테러를 지원하는 금융수단을 박탈하기 위한 목적을 갖고 있었다. 이 법에서는 이란 혹은 리비아에 미화 4,000만달러를 석유사업에 투자하는 개인 혹은 회사에 대해서 '제재'를 가할 수 있도록 하였다. 이러한 법을 시행하여 미국 당국은 쿠바, 이란 혹은 리비아를 '처벌'하기 위하여, 제3국의 국민 혹은 회사들이 쿠바, 이란 혹은 리비아와 '금지된' 형태의 무역을 하는 경우 해당 제3국에 대해서 국제협정(양자조약 혹은 WTO규칙)을 위반할 권한을 갖게 되었다. 명백히, 이 두 가지 법령은 국제법에 반하는 것이었다. 이는 남미국가들, 캐나다, EU뿐만 아니라 OECD 그리고 WTO 사무국의 거센 반발로도 확인된다.

5) 비례성

대응조치에 대한 또 다른 제한은 이들이 위반국가의 위반에 대해 *비례성을 잃어서는 안된다*는 것이다. 비례성원칙의 적용은 두 가지 문제, 즉 비례성의 정확한 적용범위, 그리고 비례성 평가기준의 문제를 야기한다.

Naulilaa 사건의 중재판정부가 판단하였듯이 당시 무력복구의 경우에는 비례성이 엄격히 요구되지 않았다(pp.1026-1028). 대응조치와 위법행위의 비례성을 엄격히 분별하는 것은 항상 어렵기 때문에 대응조치의 경우에도 사정은 동일하다. 국제법에서 요구하는 사항은, 대응조치는 중요성 및 범위면에서 과도하게 비례성을 상실해서는 안된다는 것이다. 즉, 대응조치로 무시되는 규칙의 중요성뿐만 아니라, 적용되지 않는 기간의 정도 그리고 전 세계적인 파급력이 보복의 대상이 되는 위법행위와 대략이라도 상응해야 한다.

미국-프랑스 중재판정부가 *Air Service Agreement* 사건에서 제대로 판단하였듯이, "국가간 분쟁에서, 관련회사가 겪는 손해뿐 아니라 위반사항으로부터 발생하는 원칙적인 문제의 중요성을 반드시 고려해야 한다"(제83항). 그리고 *Gabcíkovo-*

Nagymaros Project 사건에서 ICJ가 판단했듯이, "대응조치의 효과는 문제되는 권리를 감안할 때 발생한 손해와 비례해야 한다"(제85항).

고려해야 할 평가기준에 대해서, 위에서 언급했던 *Naulilaa* 사건 그리고 미국-프랑스 중재판정부의 중재판정 그리고 ICJ가 내린 판결의 경우, 재판소들은 위법행위 국가가 야기한 *손해*와 대응조치로 발생한 것을 비교형량해서 비례성에 관한 판단을 내렸다. 즉, 대응조치는 이전의 국제위법행위로 인한 손해를 심각히 초과하지 않았다면 비례성을 가졌다. 이러한 접근방식의 이면에 있는 논리에 따르면 대응조치의 목적은 위법행위를 이유로 위법국가를 '처벌'하려는 것이라고 할 수도 있다. 그러나 현재 국제법상, 대응조치의 목적은 오히려 위반국가 자신의 위법행위를 중단하도록 하거나, 대응조치로 인한 피해를 회복하도록 하려는 것이라고 보아야 한다. 만약 이러하다면, 대응조치가 이러한 *목적*을 달성할 정도가 되는지의 여부를 결정하여 비례성을 평가해야 한다. 예컨대, 강대국에 대해서 부담하는 의무를 개발도상국이 위반하는 경우, 그러한 위반으로 인한 피해와 동일한 강도의 피해를 야기하여 보복하는 것이 필요하지 않을 수 있다. 위법행위의 중지 혹은 피해회복을 성취하기 위하여, 더 작은 규모의 손해라도 어쨌든 약소국에 야기할 효과를 감안해서, 그러한 손해를 부과하여 대응해도 충분할 것이다(비례성에 관하여는 *Beit Sourik Village Council v. Government of Israel* 사건, 제40-43항 참조).

(2) 대응조치와 가중된 국가책임

이미 지적한 바와 같이(13.5.4(2) 참조), 가중책임 분야에서 대응조치는 위에서 적시한 제한사항을 충족해야 한다는 면 이외에 특별한 법적 체제의 제약을 받는다.

여기에서는, 현 국제사회의 국가관행상 국가들이 개별적으로 혹은 공동으로 위법국가에 대한 경제적 조치를 채택하여 다른 국가의 심각한 기본 국제규범 위반에 대응하기로 결정했던 경우를 언급하면 충분하다. 예를 들면, 미국은 구 소련의 1979년 아프가니스탄 침공을 이유로 구 소련에 대해서 경제적 대응조치(옥수수 인도 중지, 산업용품의 보류 등)를 시행하였다. 또한, 미국은 구 소련이 1981년 폴란드에 대해 취한 행동에 대해서 책임을 촉구하기로 결정했었다.

대표적인 국제기관으로부터 사전에 특별히 승인받았던 사항을 벗어나서 국가들이 이제까지 취한 경제적 대응조치와 그 밖의 집단적 대응조치를 공정하고

균형 있게 평가하기 어렵다는 점이 세계공동체에서 대응조치에 대한 반응이 왜 그토록 폭넓고 다양했는지를 설명하는 데 도움이 된다.

예를 들면, 구 소련은 미국이 소련의 아프가니스탄 '침공'에 대한 대응으로서 적용한 대응조치를 위법이라고 계속 배척하였다. 아르헨티나의 경우, 소수의 사회주의 국가들(알바니아, 불가리아, 벨라루스, 당시 동독, 구 체코슬로바키아) 그리고 라오스는 1982년 11월 유엔 총회에서 아르헨티나의 포클랜드/말비나스 섬 침공에 대해서 일부 유럽국가들이 부과한 '집단적 제재'는 위법이라고 주장하였다(13.5.2(1); 그러나 이들은 그러한 대응조치가 어떠한 국제규범에 반하는지를 명시하지 못하였다). 폴란드, 소련 그리고 파나마는 1982년 5월 안보리에서 그러한 제재는 유엔헌장을 위반하는 것이라고 주장하였다.

15.3.2 국내법원이 국제규칙을 집행할 수 있는가?

한 국가의 국내법원이 ① 외국의 국제법 위반행위를 국내법적으로 승인거부하거나, 심지어 ② 외국이 국제법을 위반하는 결정을 내리거나 법원 소재지국 국민의 이익을 침해하는 거래를 하는 경우, 해당 법원이 그 외국에 대해서 피해자인 개인에게 손해배상금을 지급할 의무를 갖는다고 결정하여 국제규칙의 집행에 기여할 수 있는지의 여부가 여러 번 제기됐었다.

이러한 문제는 외국이 시행한 국유화 조치와 관련해서 등장하였다(1917년 소련의 국유화정책 이후, 1951년 이란, 1959년 인도네시아, 1959~1960년 쿠바의 미국인 지배 은행뿐만 아니라 담배 및 사탕수수 농장 국유화, 1971년 칠레의 구리산업 국유화 등).

또한 이 문제는 ① 법원이 국제법을 위반하는 외국의 국적법이 국내적으로 유효하고 집행될 수 있는지에 관하여 판결을 내릴 수 있는지 여부, 혹은 ② 법원이 국제적으로 불법인 영토병합의 결과 그리고 그 영향하에서 외국이 취한 조치가 내부적으로 유효한지에 대해서 판단할 수 있는지 여부와 관련해서도 제기됐었다. ③ 마지막으로, 그러한 문제는 개인이 국제무력충돌 과정에서 발생한 위법행위라고 하면서 이로 인해서 자신에게 손해를 야기한 외국을 상대로 자국 법원에 손해배상청구 소송을 제기할 수 있는지 여부와 관련해서도 제기됐었다.

국내법원이 취한 접근방식은 서로 충돌한다. 예를 들면, 일본과 독일 법원은 위법이라고 하는 외국의 주권적 행위에 대해서 재판권한을 배제하는 경향이 있다.[8] 특히, *Shimoda* 사건에서 도쿄지방법원은 외국주권면제 원칙을 인용하였고(pp.1699-1700; 6.2 참조), 따라서 히로시마와 나가사키 원폭피해자나 친족들이 제기한 손해배상청구를 기각하였다. 그러나 이보다 최근의 경우, 일본 지방법원은 외국민에 대해서 일본 군인이 저지른 행위와 관련해서 약간 다른 입장을 취한 바 있다. 일부 사건에서, 이들은 사실관계(예컨대, 소위 '위안부' 또는 강제노역을 당한 중국민 혹은 한국민과 관련해서, 또는 일본 군대가 중국에서 생물학무기를 사용한 것과 관련해서)는 인정하면서 금전배상청구를 배척하였다. 그러나 소수의 사건에서, 지방법원은 일본 최고법원이 통상 일본에 대한 외국인의 청구를 기각하는 근거로 삼았던 여러 가지 이론, 특히 ① 1907년 제4헤이그협약에 따르면 개인이 어느 국가를 상대로 직접 금전배상을 청구할 권리를 갖지 않는다는 이론, ② 일본에서, 국가는 공적 행위에 대한 모든 민사책임에서 면제된다는 이론, ③ 시효법리 적용에 근거한 이론을 인용하지 않았다[예컨대, 1998년 *Shimonoseki Branch* 사건에서 야마구찌지방법원이 내린 결정(p.24 이하), 2003년 *Forced transportation and labour of Chinese* 사건에서 도쿄지방법원이 내린 결정(p.11), 그리고 2004년 니가타지방법원의 *Forced transportation and labour of Chinese workers* 사건에 관한 결정(p.12)을 참조하시오].[9]

다른 법원, 예를 들면 프랑스,[10] 네덜란드,[11] Aden[역자주—영국보호령, 1967년 남예멘공화국으로 독립],[12] 이탈리아 법원은,[13] 특히 외국이 시행한 국유화와 관련해서 외국의 행위가 국제법에 반하는지의 여부를 판단할 권한을 갖는다고 하였다. 이와 달리 그리스 법원은 모순되는 견해를 가졌다. 예컨대, 2000년, 그리스 최고법원(Areios Pagos)은 *Prefecture of Voiotia v. Germany* 사건에서 그리스 법원이 1944년 Distomo(델포이 근처)에서 독일군이 저지른 민간인 대량학살의 피해자 친족들이 독

---

8) *Anglo-Iranian Oil Co. v. Idemitsu Kosan Kabushiki Kaisha* 사건(*Nissho Maru Case*), pp.312-316에서 언급된 도쿄고등법원 1953년 결정(일자에 관한 자세한 사항은 언급되지 않음); *Chilean Copper Nationalization* 사건(p.274)에서 언급한 함부르크 법원 1973년 1월 22일 결정 참조. 법원은 청구인이 *개인으로서* 국제법상 손해배상청구를 제기할 수 없을 뿐만 아니라 *주권면제 이론*으로 인하여 미국에서 국내법에 따른 청구도 제기할 수 없다고 판시하였다.

9) 최근의 일본 판례법에 관해서는 특히 Shin Hae Bong, "Compensation for Victims of Wartime Atrocities: Recent Developments in Japan's Case Law," 3 *JICJ*(2005) 참조.

10) *Moraly, Leb.* 사건, p.1151 그리고 *Kassab* 사건, p.109 참조.

11) *NV. Assurantje Maatschappij* 사건, pp.31-35.

12) Aden Supreme Court, 9 January 1953, *Rose Mary* 사건, p.317.

13) Venice Court, decision of 11 March 1953, *Miriella* 사건, p.23. 아울러 *Ferrini* 사건, 제2항-제12항 참조.

일을 상대로 제기한 민사소송에 대해서 재판권을 갖는다고 판단하였다(p.212 이하). 그러나 원고들이 그리스 내 독일국의 일부 자산을 압류해서 해당 결정을 집행하고자 하였을 때, 그리스 법원은 2002년 해당 집행은 주권적 기능을 수행하거나 우호적인 관계를 유지하는 데에 필요한 외국재산과 관련해서 합법적이지 않다고 판단하면서 그러한 신청을 기각하였다. 같은 해, *Prefecture of Voiotia v. Germany* 사건에서 제기된 것과 같은 청구(*Margellos* 사건에서)가 그리스 헌법 제100조 제1(f)항에 따라서 국제규칙의 해석과 결부된 사건을 판단할 책임이 있는 특별최고법원(Anotato Eidiko Dikasterio)에 제기되었다. 이 법원은 문제된 행위가 *강행규범*에 반하는지의 여부와 상관 없이 독일은 재판권으로부터 면제된다고 판시하였다(제14항).[14] 미국 법원은 엄격한 조건에 따라서만 외국의 행위를 사법심사할 수 있다고 한 후(*Sabbatino* 사건), 결국 이러한 사법심사의 범위를 확장하였다(*Bernstein v. N.V. Nederlandsche Amerikaansche Stoomvaart-Maatschappij* 사건 및 *Alfred Dunhill of London Inc. v. Republic of Cuba* 사건, 뿐만 아니라 *Forti v. Suarez-Mason* 사건 참조).[15]

이 사항에는 *두 가지 상충되는 요건*이 있는 것으로 보인다. 한편으로, 외국의 독립과 주권평등을 존중해야 한다. 그 근거는 국가간 거래는 넓게 정치적이고 외교적인 기준하에서 결정내릴 수 있는 기관이 외교적이고 정치적 차원에서 다루어야 마땅하다는 것이다. 외국의 행위가 불법인지의 여부에 관한 사법부의 결정은 마찰을 야기하기 십상이고, 국제관계를 불안정하게 만들 수 있다는 것이다. 반대되는 또 다른 요건도 있다. 즉, 모든 수단을 써서 국제법의 우위를 확보하고, 일면, 국내법원에 제소할 수 있도록 하여 국제규칙을 집행하기 위한 국제장치의 미비점을 보완한다는 것이다.

아마도, 균형잡힌 해결은 국내법원이 외국의 (입법, 행정, 사법)행위가 국제법에 합치하는지의 여부에 따라서, *이들 법원의 국내법 제도* 내에서 효력을 가질 수도 있고 갖지 않을 수도 있다고 판단할 권능을 갖는다고 보는 것이다. 하지만 남용의 위험성 때문에, 해외에서 법적 효력이 없는 외국 행정부의 공공행위로 인

---

14) 이들 사건에 대한 중요한 논문으로는 A. Gattini, "To What Extent are State Immunity and Non-Justiciability Major Hurdles to Individuals' Claims for War Damages?," 1 *JICJ*(2003), pp.356-362 참조.

15) T. Buergenthal and S.D. Murphy, *Public International Law,* 3rd edn.(St. Paul, Minn.: West Group, 2002), pp.251-256 참조.

해서 피해를 당했다고 하는 개인이 제기한 금전배상청구(이들 사건들은 책임국가의 영역 내에서 국제법의 심각한 위반 형태를 취할 수 있음)에 대해서 국내법원에게 사법적 판단 권한을 부여하는 것이 일반국제법 정신에 부응하는지는 여전히 의심스럽다. 그러나 국제법의 심각한 위반과 특정 외국간에 밀접한 연결고리가 있다면 언제든지, 해당 국내법원은 그 사안에 대해서 판단할 수 있을 것이다.

Letelier 사건은 이러한 사항과 관련해서 제기되는 문제점을 예시하고 있다. 1980년, *Letelier et al. v. Republic of Chile* 사건(pp.260-266)에서 미국 법원은 1976년 칠레 요원이 워싱턴에서 1명의 칠레인(Orlando Letelier)과 1명의 미국인(Ronni Moffit)을 살해했다고 판단한 후, 사망자의 친족들이 제기한 민사소송에 대해서 사물관할권을 갖는다고 판단하였다. 법원은 "칠레공화국 요원들이 자신들의 업무범위 내에서 그리고 자신들의 업무범위 내에서 행동하는 칠레 관리의 지시에 따라서 위법행위를 저질렀고, … 그것이 그 두 사람의 사망원인과 밀접하다"고 판단하였다(p.266). 결국 법원은 칠레에 불리한 결석판결을 내렸고, 원고에게 금전배상과 징벌적 손해배상금을 지급하라고 판단하였다. 그러나 1984년, 항소법원은 원고들이 칠레항공사(칠레 국영임) 자산에 대해서 결석판결을 집행하기 위하여 제기한 소송을 불허하였다(*Letelier et al. v. Republic of Chile* 사건, pp.790-801). 법원은 미국의 외국주권면제법에 따라서 국가소유 항공사 자산에 대해서 집행할 수 없다고 판시하였다. 나중에, 양 정부의 외교교섭 이후, 칠레는 자신이 호의로 배상금을 지급하는 것이지 어떠한 책임도 인정한 것이 아니라고 주장하면서도 금전배상을 하였다[30 *ILM*(1992), p.422 및 31 *ILM*(1993), p.1].

2004년 이탈리아 최고법원은 *Ferrini v. Germany* 사건에서 중요한 판단을 내렸다(제2.1-11항). 원고는 1944년 자신이 이탈리아에서 독일군에게 감금당했고 독일로 이송되었는데, 그 곳에서 1945년까지 노예노동을 했었다고 주장하면서 독일을 상대로 손해배상청구 소송을 제기했었다. 최고법원은 주로 ① 전쟁범죄는 외국법원의 재판권에 대한 국가면제에 관한 관습규칙보다 우선하는 국제강행규칙으로 금지된다는 점(제9-9.1항), 그리고 ② 그러한 범죄가 이탈리아에서 개시되었다는 점(제10항)을 주된 이유로 이탈리아 법원이 이러한 전쟁범죄의 '민사적' 결과에 대해서 재판권을 갖는다고 판시하였다.

물론, 국내법원은 다수의 인권 혹은 국제범죄 금지에 관한 국제규칙을 위반한 혐의를 받는 개인에 대해 *형사절차*를 개시하여(21.4 참조), 미국의 경우에서처럼, 외국인이 미국 이외에서 인권 혹은 인도주의적 규칙을 심각히 위반하였다고 하는 외국 공무원(혹은 사인(私人) 자격에서 행동한 개인)을 상대로 미국 법원에 *금전 배상청구 소송을 제기하*도록 허용하여 이러한 규칙의 집행에 기여하고 있다 (19.4.5 참조).

15.4 보 복

보복(retortion)은 한 국가가 다른 국가의 ① 국제법 위반 혹은 ② 비우호적 행위에 대해서, 국제법 위반에 이르지 않는 비우호적인 행위로 대응하는 모든 복수 행위를 포괄한다. 보복의 예로는 외교관계의 단절, 법 위반국가 행위의 불승인, 경제적 지원의 철회, 무역 및 투자의 중단이나 축소, 경제적 혹은 금융상 혜택의 거부, 위반국가 출신의 이민자 수 축소, 비우호적 행위를 취한 국가 국민의 추방(해당 추방이 조약 혹은 관습규칙을 침해하지 않는 조건에 제한됨), 위반국가 제품에 대한 무거운 재정부담금 부과, 해당 국가 입국시 사증의 요구나 그 밖의 엄격한 여권 규제의 시행 등이다.

보복은 다음 두 가지 조건을 충족해야 한다. 첫째, 한 국가가 위반행위 혹은 비우호적인 행위에 대해서 보복하기 위해 취하는 불쾌한 행위는 그러한 위반행위 혹은 비우호적인 행위에 대해서 정도가 *비례해야* 한다. 둘째, 해당 행위는 대응하고자 하는 불공정, 비우호적, 혹은 위법한 행위가 중지되는 즉시 *중단되어야* 한다.

보복의 전형적인 예는 1989년 이후 미국이 버마(현 미얀마)가 자행한 심각한 인권침해 행위로서, 유엔 총회를 위시한 여러 유엔 기관들이 강력히 비난한 위반사항을 이유로 이 국가에 대해서 취한 조치에서 찾을 수 있다. 1989년, 미국 대통령은 개발도상국에 일반적으로 허용하는 무역특혜 조치를 받을 수 있는 버마의 자격을 정지시켰다. 1993년, 미국 당국은 버마에 대해서 탄약수출 허가를 정지하였다. 1997년, 미국 의회는 이 국가에 대한 양자적 원조를 금지하였고, 대통령은 미국민의 신규투자를 금지하였다.[16]

16) 또한 관련 참고문헌으로서 L.F. Damrosch, "Enforcing International Law Through Non-Forcible Measures", 269 *HR*(1977), pp.91-99를 참조하시오.

15.5 집단적 집행(정확히 말하면 제재)

15.5.1 개 관

현 국제공동체에서 가장 두드러진 경향 중 하나는 국제기관 그리고 주로 국제기구가 국가의 심각한 국제법 위반에 대해서 대응하는 것이다. 이는 건전한 발전으로 간주될 만하다. 왜냐하면, 그 모든 결함(특히, 위법행위에 대해서 대응하는 속도가 늦을 수 있고, 활용절차가 복잡하거나 심지어 다루기 불편한 것)에도 불구하고 집단적 대응('정확히 말하면 제재'라고도 할 수 있다)은 개별 국가들의 대응조치보다 더 바람직하기 때문이다. 중앙집중적인 대응조치(즉, ① 국제의무 위반이 되는 조치, ② 타국의 국제위법행위에 대응하고자 하는 조치, ③ 국제기구의 결정 혹은 권고에 따라 복수의 국가들이 공동으로 취한 조치)[17]는 불법적인 상태에 대해서 더 균형잡힌 평가를 근거로 하고, 평화로운 국제관계를 보전할 필요성과 결합된 법의 존중이라는 일반적 이익을 고려할 수 있다.

국제기관이 *결정하는* 집단적 대응조치와 이들 기관이 *인가하거나 권고하는* 것은 관행상 구별될 수 있다. 양쪽 모두 제재를 취하는 쪽은 국가이다. 전자의 경우, 국가는 제재를 취해야 할 법적 의무를 부담하는 반면, 후자의 경우는 그렇지 않다.

유엔 안보리는 많은 경우, 즉 남아프리카공화국, 남로디지아, 이라크, 소말리아, 구 유고슬라비아, 리비아, 라이베리아, 앙골라, 르완다, 수단, 시에라리온 등을 상대로 경제관계 단절, 수·출입 금지, 금융활동 차단 같은 경제적 제재, 뿐만 아니라 다른 제재(무기거래 금지, 과학 및 기술분야 협력 중지 등과 같은 것)를 결정하거나 권고하였다.[18] 유엔 총회는, 예를 들면 스페인(1951년), 북한 및 중국, 남아프리카공화국, 이스라엘 등에 대해서 제재를 권고하였다.[19] 1982년, EEC[역자주—현 EU] 소속 10개 국가들은 아르헨티나의 포클랜드/말비나스 침공을 이유로 그 나라에 대해서 경

17) 여러 가지 제재의 개념에 대해서는 다음 17.1, 각주 1번 참조.

18) 특히, B. Conforti, *The Law and Practice of the United Nations*(The Hague, London, and Boston: Kluwer Law International, 2000), pp.185-194 참조.

19) *Ibid.*, pp.214-217.

제제재를 결정하였다. 앞에서 언급하였듯이(5.3.7) 1995년에 유럽공동체(EC)와 그 회원국들은 캐나다에 대해서 위법행위(스페인 어선 Estai호의 불법 나포)를 즉각 중단하도록 요청하였다. 캐나다는 사실상 이에 따랐다.

이러한 경제적 조치 등은 종종 공동체의무를 부과하는 국제규칙을 위반한 결과로써 취해진다. 제재를 가하는 국가들이 이전에 하였던 법적 약속을 해지하는 행위(예컨대, 무역협정의 중지)가 제재를 구성하면 이러한 제재는 중앙집중적인 대응조치에 이르게 된다. 하지만, 이들이 그 자체로 위법은 아니지만, 비우호적인 행위(예를 들면 외교관계의 단절)로 되면 '정치적 제재'이다. 그러나 유엔은 국제법 위반에 이르지 않는 평화에 대한 위협의 경우에도 제재를 결정하거나 권고할 수 있다는 사실에 주의를 기울여야 한다(17.2 참조).

아프가니스탄의 예에서, 유엔 총회가 1980년 1월 14일(결의 제ES-6/2호), '아프가니스탄에 대한 무력개입은 국가의 주권 존중, 영토보전 그리고 정치적 독립이라는 기본원칙에 반하는 것이라고' '개탄하면서'(그러나 구 소련은 거명되지도 않았다) 압도적 다수결로 채택한 결의는 개별 국가들 혹은 국가집단이 취하는 경제제재에 정당성을 부여하는 것으로 볼 수 있다. 포클랜드/말비나스 침공의 경우, 유엔 안전보장이사회가 1983년 4월 3일 아르헨티나가 '평화의 파괴'를 저질렀다는 취지로 채택한 결의(제502호)는 그 국가에 대해서 경제제재를 부과하기에 충분한 국제적 근거로 볼 수 있다. EEC 각료이사회의 결정은 안전보장이사회 선언의 의미를 더 높였다.

경제제재 등이 충족해야 할 기본요건이 있다. 즉, 제재의 목적은 위법국가가 자신의 위법행위를 중단하도록 유도하는 데 있다. 제재는 정치적 혹은 외교적 이점을 얻기 위한 수단으로 활용될 수 없다. 간단히 말해서 제재는 악용되지 않아야 한다.

이제 경제제재 등 평화적 제재의 동기가 무엇이었으며, 이러한 제재가 효율적이었는지를 되짚어 보아야 한다. 제재는 두 가지 목적에 이바지하는 것으로 보인다. 첫째, 제재는 타국이 저질렀다고 하는 위법행위에 반대하는 일단의 국가들을 단결시키는 촉매제 기능을 수행할 수 있다. 즉, 집단적 기관은 제재를 통하여 국가들을 규합하여 자신이 취한 비판적 태도를 국가들이 지지하도록 한다. 둘째, 제재는 위법행위를 저지르고 있다고 하는 국가를 공개적으로 폭로하여 이를 비난하는 상징이 될 수 있다. 제재는 경제적 측면에서 위법국가에게 손해를 가하려는 것이 아니다—국제관계의 역사상, 실제로 경제적 제재가 무위로 그친 경우가 매우 많았다. 제재의 주된 의도는 특정 형태의 행위에 대한 비난을 극적으로 부각시키고, 동일한 취지에서 '불법화'하거나, 달리 표현하면, 책임국가가 국제적으로 수락된 기준을 위반한 잘못이 있다는 점을 세계여론에 대해서 입증하려는 것이다. 이러한 경향의 예시는 유엔 안보리가 이라크, 리비아 그리고 유고연방공화국(세르비아-몬테네그로)에 대해서 결정한 제재에서 찾을 수 있다(17.5 참조).

이러한 두 가지 목적면에서 제재는 비교적 효율적이었다고 말할 수 있다. 다른 경우, 제재는 별로 좋은 성과를 거두지 못하였다.

15.5.2 제재와 인권존중

점차 명확해지고 있는 사항은 국제법 기준을 심각히 위반하는 국가의 통치지도자들이 그러한 위반을 하지 못하도록 강제하는 국제제재가 대상이 된 국가에서 가장 취약한 집단에게 심각한 부작용을 가져올 수 있다는 점이다. 이러한 결과의 일부가 1997년 유엔 경제적 · 사회적 및 문화적 권리위원회(CESCR, 1966년 경제적 · 사회적 및 문화적 권리에 관한 유엔규약의 이행을 감시하는 기관)의 중요한 일반논평 제8호에서 예시되었다. 이에 따르면, 집단적 제재는

> "식량, 의약품, 그리고 공중위생설비 공급을 현저히 마비시키며, 식량의 질과 깨끗한 음용수 활용에 위협이 되고, 기본적인 보건 및 교육제도의 운영을 심각히 저해하며, 노동권을 저하시키는 경우가 종종 있다"(제3항).

결과적으로 경제적 제재는 특히 아동, 노인, 병자, 여성 등 민간인 취약층의 기본인권에 심각한 악영향을 미치고 위험을 줄 수 있다. 이러한 결과를 인지하고서, 안보리는 점차 인도주의적 목적에서 필수품과 용역의 흐름이 가능하도록 제재결의에 인도주의적 차원에서의 예외를 포함하는 경우가 점증하고 있다. 그러나 CESCR이 앞서 언급한 일반논평에서 지적하였듯이(제5항), 이러한 예외는 소기의 성과를 거두지 못하였다.

국제법은 이러한 사정과 관련해서 무엇을 규율하고 있는가? 몇 가지 일반기준을 인권 원칙과 규칙의 일반적인 정신과 기조에서 찾을 수 있다.

첫째, CESCR이 바로 지적하였듯이, 모든 국가와 국제기구가 출발의 근거로 삼아야 할 *일반적인 전제*는 다음과 같다.

> "특정 국가의 주민들은 자신들의 지도자가 국제평화와 안전에 관한 규범을 위반했다는 결정으로 인해서 자신들의 경제적, 사회적 및 문화적 기본권을 박탈당하지 않아야 한다"(제16항).

둘째, 심각한 대규모 인권침해에 관계하거나, 이를 야기하지 않아야 할 공동체의 일반의무는 국가와 국제기구 양자를 모두 구속한다. 특히, 이들은 민간인 취약층에게 해당 국가의 위법행위를 중지시키는 목적과 *비례하지 않는 명백한* 고통을 야기하지 않을 의무를 부담한다. 결과적으로, 안보리와 같은 국제기관은 한 국가에 대해서 집단적 제재를 결정할 때 그러한 제재가 민간인 취약층의 사회적, 경제적 혹은 문화적 권리를 현저히 위반하는지의 여부를 고려해야 한다. 만약, 이러한 결과가 발생할 가능성이 농후하다면, 다른 조치를 택하거나 제재의 구성을 다르게 해야 한다. 같은 취지에서 만약, 제재가 부과된 후, 제재로 인해서 관련 주민들의 인권이 매우 심각하고 비례성을 잃을 정도로 침해되는 것으로 판명되면, 집단적 기관은 필요한 경우 제재 중단까지도 포함해서 취약층의 곤궁을 덜어 주는 데 필요한 모든 조치를 취할 의무를 부담한다.

셋째, 제재의 목표가 된 국가는 *가능한 한 자국의 민간인들이 피해받지 않도록 하는 데* 필요한 모든 조치를 취해야 한다. 즉, 그 나라는

> "해당 권리[즉 경제적, 사회적 그리고 문화적 권리]의 향유와 관련해서 차별이 없도록 하고, 타국 및 국제공동체와 교섭하는 것을 포함하여, 해당 사회 내의 취약집단의 권리에 미치는 부정적 효과를 최소한도로 줄일 수 있도록 가능한 모든 조치를 취할 의무를 갖는다"(제10항).

제 V 편

국제법의 현안 과제

제 16 장
유엔의 역할

16.1 제2차 세계대전 이후의 웅장한 계획

미국 국무장관 C. Hull은 "히틀러의 폴란드 침공으로 평화를 보전하기 위한 기존의 모든 방법이 무너졌다는 점이 드러난 순간, 즉시 새로운 제도를 만드는 계획에 착수해야 한다는 점이 … 분명해졌다"라고 회상하였다.[1)]

이러한 계획의 대부분은 미국과 영국이 마련하였다. 두 가지 웅장한 안이 곧 드러났는데, 하나는 미국이 다른 하나는 영국이 주창하였다. 전자는 당시 미 국무장관 C. Hull과 프랭클린 루스벨트 대통령이 강력히 지지하였는데, 주로 다음 몇 가지 사항을 기반으로 하였다. ① 국제관계에서 군사력 활용을 금지한다. ② 일방행위, 군사적 · 정치적 동맹, 영향권 및 세력균형의 전통적 제도를 제거한다. 이 모든 장치와 관행은 평화애호국이 설립한 보편기구로 대체한다. ③ 이 기구에서 주된 역할은 추축국을 상대로 싸운 최강연합국, 즉 미국 · 소련뿐만 아니라 영국과 프랑스(여전히 대규모 식민지들을 갖고 있었음), 그리고 자신들과 연합하기로 한 중국에 맡긴다. 이들이 치안유지에 책임이 있는 세계경찰의 역할을 나누어 맡는다. ④ 현저한 경제적 불평등으로 인해서 장차 발생 가능한 무력충돌을 방지할

1) Cordell Hull, *Memoirs*(New York: Macmillan, 1948), ii, p.1625.

수 있도록, 경제적 발전과 더 나은 근로여건을 확보하기 위하여 경제적 · 사회적 협력을 촉진한다. ⑤ 식민제국이 특히 '취약한 국가'에 속하는 경우 세 가지 근거, 즉 ㉠ 전 세계적으로 인민의 자기결정 원칙을 실현하기 위한 이념적 이유에서, ㉡ 전 세계적으로 10억 이상의 '갈색 인민'들이 백인 소수의 지배에 분개하였던 점에서 발생할 수 있는 미래의 대립과 갈등을 피하기 위한 정치적 이유에서,[2] ㉢ 미국식 신자유주의적 접근방식이 갖는 주된 목표 중의 하나인 세계시장에서의 평등과 자유무역을 식민제국들이 왜곡시켰던 경제적 이유 때문에 식민제국을 해체하기로 하였다. 사실상, 식민강국들은 자신들의 식민지에서 값싼 노동력과 1차생산품들을 활용할 수 있었다. 그러나 식민제도의 해체는 급속히 하지 않고 점진적으로 하기로 하였다. 즉, 국제신탁통치 제도를 통해서 식민제도를 단계적으로 소멸시키기로 하였다(16.3.4 및 24.1 참조).

영국의 안은 처칠이 지속적으로 주장하였는데, 무력금지 및 경제적 · 사회적 협력 증진이라는 개념을 수락하면서, ① 세계의 안전보장은 세계이사회 산하 지역이사회를 설치하여 보존될 수 있다는 개념, ② 식민제국 유지 혹은 이들을 단계적으로 자치체로 변경하는 것을 근거로 하였다.

미국이 훨씬 더 강한 국가였고 사실상 세계 최고의 산업국가이면서 군사강국이 되었기에, 쉽게 결정권한을 얻을 수 있었다. 그러나 미국은 식민주의 문제와 관련해서 영국과 타협하지 않을 수 없었으며, 장래의 또 다른 '경찰관'인 프랑스는 비록 일시적으로 '패배'하였지만, 자신의 식민제국에 훨씬 더 집착하였기 때문에, 미국이 프랑스와 더 많이 타협해야만 했다.

소련은 보편적 기구인 유엔을 설립하는 데 상대적으로 미약한 역할을 수행하였고, 주로 안전보장이사회 내에서의 거부권, 유엔 설립에 소비에트연방 16개 공화국 전체가 참여하는 안(결국 서방 연합국들은 벨라루스와 우크라이나만 수락하였음), 그리고 자기결정 원칙의 지지와 같은 정치적 쟁점에 관하여 목소리를 높였다.

장차 유엔헌장의 기조가 될 사항들은 단계적으로 합의되었다. 첫 단계는 1941년 미국과 영국이 작성한 대서양헌장에서, 그 후 3대 전승국(미국, 영국, 소련)과 중국이 모스크바(1943년 10월), 덤바턴 오크스(워싱턴 컬럼비아특별구 소재 별장지로서

2) '갈색 인민' (brown people)이라는 표현은 C. Taussig의 메모에 따르면 프랭클린 루스벨트 대통령이 사용하였다. W.R. Louis, *Imperialism at Bay: The United States and the Decolonization of the British Empire, 1941-1945*(New York: Oxford University Press, 1978), p.486 참조.

1944년 8월 21일~10월 7일까지), 얄타(1945년 2월 4~11일, 중국 불참)에서 한 일련의 정상회담에서 이루어졌다. 유엔헌장을 만들어 내고 승인하기 위하여 외교회의가 열렸을 때(샌프란시스코, 1945년 4월 25일~6월 26일), 강대국들이 공들인 문안이 제출되었다. 이 문안 수정의 2/3 다수결 요건은 기술적으로 허용되었으나 정치적으로는 비교적 경미한 사항에만 가능하였다. 샌프란시스코에 모인 50개국[세계 대다수 국가, 즉 회의를 주관하는 4개국, 독일 혹은 일본에 대해서 선전포고한 42개국(아직 독립하지 않은 인도 포함), 아르헨티나, 덴마크 그리고 아직 독립국으로 승인받지 않았던 벨라루스와 우크라이나]은 헌장의 주요 규정들을 수락하지 않을 수 없었다. 이 중에는 다음과 같은 규정들이 있었다. 즉 소수국가로 구성되고, 거부권을 가진 5대 상임이사국들이 지배하며, 국제평화와 안전유지를 책임지는 중앙기관의 설치에 관한 규정, 그리고 현재의 유엔헌장 제2조 제7항에 상응하는 것으로서, 전통적인 국내문제 불간섭 원칙(이하 참조)과 밀접히 연관된 국내관할권에 관한 규정[3]들이 있었다. 그러나 중소규모의 국가들도 다음과 같은 일부 사항에 기여할 수 있었다.

주로, ① 제51조(다음 18.2-4 참조)에서 개별적 · 집단적 정당방위권을 규정한 것, ② 헌장 범위 내에서 모든 사항을 논의하고 안보리가 다루지 않는 평화와 안전보장에 관한 문제에 대해서 권고할 수 있는 총회(모든 회원국이 1석 1투표권을 갖는 집단기관)의 권한을 확장시킨 것(제10조 및 제12조 참조), ③ 경제사회이사회(ECOSOC; 경제, 사회, 문화, 교육, 보건 및 관련 사항의 협력을 촉진하는 임무를 가진 기관)를 신생기구의 주요 기관 중 하나로 승격시킨 것, ④ 식민지 사항에 관한 규정(제73조 비자치영역에 관한 선언 및 신탁통치제도에 관한 규정 같은 것)을 마련한 것, ⑤ 유엔헌장에서 부과하는 의무와 다른 조약에서 파생하는 의무가 혹시 충돌할 경우 유엔헌장상의 의무가 이에 충돌하는 의무보다 우선한다는 규정을 끼워 넣은 것(제103조)이 그것이다.

다소 대립이 있었던 사항은 불간섭 원칙인데, 이는 남미국가들과 그 밖의 약소국들이 심정적으로 매우 중시하였다(저명한 논평자가 지적하였듯이, "중규모 이하의 국가들은 강대국들이 주도적인 역할을 수행하는 기구에서 자신들의 국내문제에 간섭하지 못하도록 공식적인 안전장치가 필요하다는 확신을 널리 갖고 있었다"[4]). 이러한 원칙을 현재 제2조 제4항의 규정(무력사용 금지)에 넣으려고 하였다. 투표 결과

---

3) 국내관할권에 관한 여러 가지 제안에 대해서는 특히 R.B. Russel, *A History of the United Nations Charter—The Role of the United States 1940-1945*(Washington D.C.: The Brookings Institution, 1958), pp.463-464, 785, 900-910 참조.

4) L. Preuss, "Article 2, Paragraph 7 of the Charter of the United Nations and Matters of Domestic Jurisdiction", *HR, 74*(1949-I), p.573.

가 갈리기는 하였지만 남미 등 그 밖의 국가들이 제안하여 이를 추가하는 데 충분한 지지가 있었다. 그러나 종국적으로, 타협안(아마도 잘못된 타협안)은 해당 원칙을 제2조 제7항(이 기구의 부당한 간섭으로부터 회원국의 '국내관할권'을 보호한다)에 끼워 넣는 것이었다.

처음부터 이 새로운 기구는 강대국의 지배를 받는 정치기관으로 상정되었다는 점이 중요하다. 이들은 세계의 모든 국가를 대신해서 그리고 자국의 이익을 위해서 평화와 안전을 보호하는 소임을 스스로 부담하였지만, 자신들이 매우 중요하다고 간주하는 사항에 관하여 약소국가들에게 양보할 생각은 별로 없었다. 이와 관련해서 스탈린, 처칠, 프랭클린 루스벨트가 1945년 2월 4일 얄타에서 의견을 나눈 점은 시사하는 바가 많다. 안전보장이사회의 투표절차 문제를 논의하면서, 스탈린은 "나는 강대국 중 어느 국가의 행동이 약소국의 판단에 구속받는 데에는 절대로 동의하지 않겠다"고 하였다.[5] 다른 두 명의 지도자들도 실질적으로 이에 동의하였다.[6]

더욱이, 이 새로운 기구는 비록 법적 틀에서일망정, 정치적 목적을 추구하는 정치적 실체가 되려는 것이었다. 이로써 이 기구가 행동할 때, 사법적 제한은 말할 것도 없고, 세세한 법문제에 구속받지 않도록 하였다. 즉, 헌장 해석에 관한 분쟁을 이 기구의 주요 사법기관인 ICJ의 강제관할권의 대상이 되도록 하려는 노력은 샌프란시스코에서 배척당했다(다수의 지지를 얻었지만, 2/3 다수결 요건을 확보하지 못했다).[7]

---

5) *FRUS*, "The Conferences at Malta and Yalta—1945," p.589 참조. 같은 자리에서, A.Y. Vyshinsky ('First Deputy People's Commissar for Foreign Affairs', 달리 말해서 소련 외무부 차관)는 "Bohlen(미 국무부 차관보로서 얄타회담에서 프랭클린 루스벨트 대통령 통역사)에게 자신들은 약소국들이 강대국들의 행위를 판단하는 권리에 대해서 결코 동의할 수 없다"고 말했고, Bohlen이 미국민의 의견에 관하여 한 말에 대한 답변에서, "미국민은 자신들의 지도자에게 복종하는 법을 배워야 한다고 답했다." *ibid.*, p.590.

6) *Ibid.*, 589-591 참조. 처칠은 "독수리는 작은 새들이 울도록 내버려 두고 이들이 왜 우는지에 대해서 신경쓰지 않아야 한다"라는 속담을 인용한 반면(*ibid.*, p.590), Bohlen(*ibid.* 참조)은 처칠이 안보리 투표절차에 관한 미국의 입장에 대해서 묻자 이에 대한 답으로, '흑인 일꾼에게 위스키 한 병을 선물로 주었던 남부 농장 주인의 이야기'를 하였다. "다음 날, 농장 주인이 위스키가 어떠했냐고 흑인 일꾼에게 묻자, 이 흑인이 완벽했다고 답했다. 이에 농장 주인은 그게 무슨 말이냐고 했더니. 그 흑인이 말하기를, 만약, 이보다 더 좋은 것이었다면 자신이 받을 수 없었을 것이고, 만약 이보다 더 나쁜 것이었다면, 자신이 다 마셔버리지 못하였을 것이라고 하였다"(*ibid.*, pp.590-591).

7) *UNCIO*, Vol. 13, pp.633-634, 645-646 참조.

16.2 새로운 기구의 목표와 구조

신생기구 설립자의 견해에서 보면, 새로운 기구는 여러 가지 기본적인 목적을 추구하려고 하였다. 즉 ① 평화와 안전의 유지(제1조 제1항), ② 평화의 파괴에 이를 수 있는 국제분쟁 혹은 사태를 평화적 수단으로써 조절하거나 해결하는 것(제1조 제1항), ③ 인민의 평등권 및 자기결정 원칙 존중을 근거로 국가들 간에 우호적인 관계를 형성하는 것(제1조 제2항), 요약하면, 아직 단계적이며 국제적으로 조직된 식민지체제의 해소까지는 아니더라도, 최소한 식민지 국가들이 자치에 대해서 서서히 각성하도록 하는 것, ④ 경제적 · 사회적 협력을 강화하는 것(제1조 제3항, 제55조), ⑤ 모든 개인의 인권 및 기본적 자유의 존중을 촉진하는 것(제1조 제3항, 제55조)이 그것이다.

이 기구의 다른 목적으로서 ⑥ 군축 및 군비규제의 촉진(제11조 제1항), ⑦ 국제법 존중의 고양(서문) 그리고 국제법의 점진적 발전과 성문화의 장려(제13조 제1.b항)에 대해서 설립자들은 중요성이 낮다고 여겼던 것이 분명하다.

확실히, 평화와 안전의 유지가 새로운 실체의 핵심목표였다. 1939~1945년 사이에 무력과 법 사이의 긴장—여느 인간집단에서처럼 국제공동체에서도 필연적인—이 전쟁으로 확대되었다. 폭력을 제대로 제한하지 않으면 세계의 재앙은 불을 보듯 뻔한 상황이었다. 그러나 19세기에 비스마르크가 "우리 시대의 문제점들은 결의와 다수결 투표로 해결될 수 없고 오직 피[血]와 철(鐵)로만 해결될 수 있을 뿐이다"[8]라고 말할 정도로 강하게 견지하였던 입장을 1945년에 완전히 저버릴 정도로 지도자들이 순진하였다고 믿지 않는게 좋다. 아마도, 갈등과 불화를 해결하는 방책으로서 너무나 상반된 두 가지(카뮈가 1947년에 표현했듯이), 즉 '총탄'과 '대화'[9]를 놓고서, 전자가 계속해서 활용될 것이라는 점을 알면서도, 가능한 후자를 용감히 선택하기 위해 노력해야 한다고 생각했었을 것이다.

새로운 기구의 구조를 간단히 살펴보고, 설립자들이 설정한 목표를 여러 기관들이 어떻게 추구하고자 했는지를 살펴 보기로 한다.

안전보장이사회와 총회는 둘 다 주요 기관이다. 총회는 각자 1표씩 행사하는

---

8) A.J.P. Taylor, *Rumors of War*(London: Hamish Hamilton, 1952), p.44 참조.

9) A. Camus, *Essais*(Paris: Gallimard, 1984), p.352 참조.

모든 회원국으로 구성되고, 광범위한 권한을 부여받았다. 즉, 총회는 이 기구의 권한범위에 해당되는 모든 사항에 대해서 토의하고 판단할 권한을 갖게 되었다(평화와 안전보장에 관한 문제를 안보리가 다루고 있는 경우에는 언제든지 절차상 일부 제한이 있다. 제12조 참조). 총회가 '주요한 문제에 관하여'(제18조 제2항에서 열거하고 있음) 결정할 때는 출석하여 투표하는 회원국의 2/3 다수결로 한다. 다른 사항은 출석하여 투표하는 회원국의 과반수 다수결로 한다(제18조 제3항). 총회의 결의(권고, 선언 등)는 그 자체로는 법적 구속력이 없다[유엔의 '내부생활'에 관한 결정으로서, 회원국간 유엔 비용의 분담(제17조 제2항), 절차규칙의 채택(제21조), 보조기관의 설치(제22조), 안보리 · 경제사회이사회 등 다른 여러 기관의 위원국 선출, 사무총장 선임(제97조), ICJ규정 제8조에 따른 ICJ 재판관의 선출 등은 제외함].

안보리는 상임이사국(소위 5대 강국: 중국, 프랑스, 영국, 러시아, 미국)과 2년마다 총회에서 선출되는 다른 국가들의 15개 이사국들로 구성된다. 그 권한은 평화와 안전의 유지로 '제한'된다. 절차적인 사항과 ICJ 재판관 선출에 관한 것을 제외하고, 안보리의 결정은 5대 상임이사국의 찬성투표(혹은 최소한 기권)가 있어야 한다(따라서 이들 5대국 중 하나라도 반대투표하면, 결의는 채택될 수 없다. 이것이 소위 거부권이다. 제27조 제3항 참조). 결정은 9개 이사국의 찬성투표로 내려진다(ICJ 재판관의 선출에 관한 결정은 8개 이사국의 투표로 내려진다. 안보리 이사국의 절대다수를 요건으로 하는 ICJ규정 제10조 참조). 결정은 권고적 성격을 갖거나 제25조에 따라서 법적 구속력을 갖는다. 안보리는 상임이사국의 참모총장으로 구성된 군사참모위원회의 지원과 자문을 받도록 하였다. 이 기관은 '안보리의 지휘하에' 안보리가 활용할 수 있는 군대에 대한 전략을 지시하도록 하였다. 훨씬 더 중요한 사항은 제43조 내지 제45조에 따라서 평화에 대한 위협, 평화의 파괴 혹은 침략행위의 경우 집행조치로써 안보리가 활용할 수 있도록 회원국이 제공한 파견군대가 안보리의 지휘하에서 활동하도록 한 것이다.

이들 두 기관은 유엔의 상위기관이다. 이들 기관의 주 실행조직은 *사무국*인데, 그 수장은 *사무총장*으로서 총회가 안보리의 권고를 받아서 선임하도록 하였다(제97조). 다른 3개 주요 기관, 즉 *경제사회이사회*(ECOSOC)는 경제적 · 사회적 협력 분야에서, *신탁통치이사회*는 식민지 사항에 대해서, 그리고 *ICJ*는 국제법 분쟁에 관한 사항에서 특별한 기능을 수행하도록 하였다.

ECOSOC은 총회가 3년 임기로 선출하는 54개 이사국으로 구성된다. 그 주된 임무는 전문기구(예를 들면 ILO, UNESCO, FAO, WHO 등)의 연구를 토의 · 제안 · 권고 · 촉진하고, 그 활동을 조절하며, 자신의 권한범위 내에서 보조기관(예를 들면, 1946년 유엔헌장 제68조에 따라서 설치된 인권위원회(Commission)) 등을 설치하는 것이다.

일부 유형의 비독립지역(당시 위임통치하에 있었던 영역, '제2차 세계대전의 결과 적국'으로부터 분리된 영역, 그 밖의 영역으로서 자발적으로 행정책임이 있는 국가의 신탁통치를 받기로 한 식민지)에 관한 사항은 특별협정에 의해서 신탁통치제도로 규율되도록 하였다. 결국, 이러한 사항들은 신탁영역을 시행통치하는 회원국, 그러한 입장에 있지 않았던 안보리 상임이사국, 그리고 신탁영역을 시행통치하는 국가와 그렇지 않은 국가간에 위원국이 균등분할될 수 있도록 총회에서 선출된 다수의 위원국들로 구성되는 *신탁통치이사회*에서 통제하게 되었다(제86조). 헌장에 따르면 신탁통치이사회는 총회가 통제하거나, 아니면 신탁통치협정이 '전략지역'에 관한 것이면 안보리가 통제하도록 하였다(제83조). 모든 신탁영역이 독립하면서 신탁통치이사회는 (미국의 시행통치를 받고 있던 오세아니아의 팔라우 섬이 독립한 1994년 이후) 더 이상 활동하지 않고 있다.

*ICJ*는 유엔의 주요 사법기관으로서 국가간의 법적 분쟁을 구속력 있는 판결로써 해결하거나, 유엔의 주요 기관, 즉 안보리, 총회, 혹은 총회가 인정하는 다른 기관 혹은 전문기구의 요청을 받아서 권고적 의견을 내릴 수 있다. ICJ는 총회와 안보리가 선출하는 15명의 재판관으로 구성된다(유엔헌장에 부속한 ICJ규정 제10조 제2항에 따르면, ICJ 재판관을 선출할 때 안보리 상임이사국들은 거부권을 갖지 않는다. 따라서 위에서 지적하였듯이, 후보자는 자신을 지지하는 표에 상임이사국의 표가 있는지의 여부와 상관 없이 15표 중 8표를 획득하면 충분하다).

16.3 유엔의 주요 성과와 실패

16.3.1 개 관

애초부터 헌장을 작성했던 강대국간의 합의가 이 기구의 필수적 토대로 여겨졌다[1945년 2월 6일, 얄타에서 스탈린은 "중요한 것은 장차 3대 강국(미국, 영국, 소련) 사이에 다툼이 발생하는 것을 방지하는 것이고, 따라서 이들이 미래를 위해서 단결하는 것이 과제이다"라고 하였다.[10] 프랭클린 루스벨트 대통령은 이러한 의견에 충분히 공감하였다.[11] 그러나 잘 알려진 바와 같이 합의는 오래 가지 않았고, 미국과 소련 두 선도국가 간의 관계가 급작스럽게 악화되면서 집단적 안전보장제도의 수립을 저해하였다. 냉전 기간(1946~1989년) 동안 세계는 두 개의 집단으로 분할되었고, 초강대국이 각 집단을 주도하였다. 안보리를 '잠재적 악한에 대해서 치안을 유지할'[12] 책임이 있는 '세계이사회'라고 하였던 루스벨트 대통령의 이상은 산산이 부서졌다. 양대 주도국 각자는 질서와 안정을 유지하기 위해서 자신의 영역을 관리하였고, 서로 상대방의 영향권을 존중하였다. 경쟁과 갈등은 이들 강대국이 개발도상국을 장악하고 전략지역을 지배하려했던 것과 관련해서 주로 발생하였다.

소련이 붕괴하고 동·서유럽 연합 간의 대립이 종식된 이후, 세계는 점차 유일 초강대국인 미국의 지배하에 들게 되었다. 그러나 국제사회의 예상구도가 급격히 변경되었지만, 헌장에서 예정하였던 안전보장제도의 시행은 현실화되지 않았다. 국제 혹은 국내적 무력충돌의 예방 혹은 이러한 충돌이 발발하는 경우 신속한 평화 복원, 테러리즘과의 투쟁, 군축, 그리고 많은 국가의 정치적 안정에 도움이 되도록 국제경제 관계를 제대로 규율하는 것이 주요 난제로 남아 있다.

놀랍게도 유엔의 설립자들이 관심을 기울였던 분야(평화와 안전보장의 유지, 평화에 위협이 될 수 있는 분쟁의 해결)보다 1945년에는 별로 눈에 띄지 않았던 분야에서 훨씬 더 많은 성과가 있었다. 식민지역에 대한 소극적 태도는 완전히 바뀌었고, 1960년대 초반, 식민지주의는 사실상 완전히 사라졌다. 인권 분야의 경우, 매우 중요한 선언과 협약이 채택되면서 엄청난 발전이 이루어졌다. 국제법을 성문화하고 발전시키는 다수의 협약이 채택되면서 국제법에서도 점진적 발전이 이루어졌다.

16.3.2 평화와 안전보장의 유지

1945년에 시작한 유엔 제도는 매우 혁명적이었다. 이 제도는 장차 국가들이 자신들의 분쟁을 평화적으로 해결하는 데 노력해야 하고, 정당방위를 제외하고

---

10) *FRUS*, "The Conferences at Malta and Yata—1945," p.666 참조.

11) *Ibid.*, p.667.

12) H. Kissinger, *Diplomacy*(New York: Simon and Schuster, 1995), p.395.

결코 무력을 사용할 수 없도록 하는 것이었으며(유엔헌장 제2조 제3항 및 제4항), 아울러, 국제기관인 유엔이 세계의 경찰기관 및 집행기관의 역할을 수행하도록 하려는 것이었다. 따라서 국제공동체의 전통적인 특징이었던 무력에 의한 자력구제는 상당히 제한되었다. 이는 유엔헌장 제51조에서 규정하고 있는 정당방위 형태뿐만 아니라 안보리가 군대, 지원 등을 활용할 수 있도록 하는 제43조의 협정이 발효할 때까지, 평화를 유지하기 위하여 5대 강국이 집단적 조치를 취할 수 있도록 하는 형태로 제106조(현재는 적용되지 않는 경과규정임)에 남겨졌다. 그리고 중앙집중기관(안보리)은 무력을 사용하여 간섭할 수 있는 권한을 넓게 부여받았다(헌장 제7장 참조). 즉, 안보리가 제39조에 따라서 평화에 대한 위협, 평화의 파괴, 침략행위가 있다고 결정하는 경우 언제든지 제41조에 따라서 군대 사용을 포함하지 않은 조치를 결정하거나, 제42조에 따라서 침략자 혹은 평화를 위협하는 국가에 대해서 무력조치를 취할 수 있을 것이다.

매우 중요한 두 가지 결과가 발생하였다. 첫째, 이전에는 합법적인 무력사용과 불법적인 무력사용의 차이가 없거나 모호했지만, 현재—적어도 이론상—무력이 사용된 특정한 경우가 합법인지의 여부를 말할 수 있게 되었다. 둘째, 이전에(국제연맹 때까지) 무력은 제3자의 사전평가 없이 사용될 수 있었지만, 현재는 국제기관인 안보리가 평화에 대한 위협, 평화의 파괴 혹은 침략행위의 존재 여부를 결정한 이후 집행 여부를 결정할 수 있게 되었다.

정당방위는 이러한 중앙집중적인 집단안전보장제도의 예외로 상정되었다. 그러나 유엔헌장에서도 제51조에서 구현하고 있는 정당방위권에 대해서 많은 제한을 두고 있다. 이 규정은 나중에 일반국제법이 되었는데, 이에 따르면 무력사용은 '무력공격'을 퇴치하기 위해서, 그리고 안보리가 정당방위의 무력조치에 대해서 즉각 통지받아야 한다는 절차적 요건하에서만 허용된다(따라서 제51조는 무력공격의 희생국이 중앙집중적인 안전장치가 작동할 때까지 제한된 기간 동안 자신의 권리를 보호할 수 있는 일종의 예비조치 혹은 잠정조치로써 정당방위를 상정하고 있다).

유엔헌장에서 개괄하고 있는 집단안전보장제도의 기본적인 흠결은 다음 네 가지였다.

첫째, 안보리 5대 상임이사국들이 무력을 집단적으로 독점하겠다는 생각은 물론 이들의 합의가 지속하는 것을 기반으로 하였다. 즉, 불화가 생길 경우 소위 거부권(미국이 주창하고 덤바턴 오크스에서 소련이 강력히 지지하였음)으로 인해서 5대국은 집단안전보장제도의 기능을 무력화시킬 수 있는 권리를 갖게 되었다(안보리가 집행에 관한 사항이 아니라 분쟁의 *평화적* 해결을 다루는 경우, "정당한 대결에 관한 미국식 개념상 분쟁의 한쪽 당사자는 자신에 관한 판결에서 투표할 수 없기" 때문에 5대 강국을 포함하여 분쟁의 한쪽 당사자는 투표권을 가질 수 없다는—일정 정도 영국이 공감함—프랭클린 루스벨트의 견해에 반대한 소련이 이겼다면, 거부권의 적용범위는 더 강력해졌을 것이고 본질적으로 전혀 제한받지 않았을 것이다).[13]

둘째, 유엔이 활용할 수 있는 '군대'는 전적으로 안보리에 종속되는 국제군대 자체를 상정했던 것은 아니다. 오히려 이 군대는 군인의 수 및 형태 그리고 이들의 전투대응력 정도를 규정하는 특별협정을 통해서 안보리가 활용하도록 여러 회원국들이 파견한 군대로 구성되었다. 안보리는 각국 군대에 대해서 권한을 행사하고, 이들 군대는 '군사참모이사회'의 전략적 · 군사적 지시에 따라서 행동하게 되는 것이다(16.2 참조). 헌장에서는 군대를 파병하는 국가가 계속해서 지휘 · 통제권을 행사하는 경우를 상정하지 않았다. 그러나 '이중충성'의 여지를 완전히 배제하지는 않았다. 이처럼 이중충성하게 되는 경우 필경 개별 국가들이 '군대'를 마비시키는 위험한 상황이 발생할 수밖에 없을 것이다.

셋째, 무력은 '국제관계'에서만 금지될 뿐이었다(제2조 제4항). 결과적으로, '국내' 상황에서(예를 들면, 내란의 경우 반군에 대해서) 그리고 식민통치국가와 비독립지역 간의 관계에서는 무력사용이 허용되었다. 여러 식민제국 내부의 긴장이 이미 명확했고 더 증가할 것이기 때문에 정치적 이견과 변화요구가 무력충돌 수준에까지 고조되어도, 헌장에서는 개별 국가들이 위험성이 잠재된 수많은 갈등관계를 재량껏 처리하도록 하였다.

넷째, 전반적으로 유엔헌장은 '적극적 평화' 개념으로서 정치적 긴장관계가 무력충돌로 악화되는 것을 가능한 한 예방하기 위하여 정의를 도입하기보다 '소극적 평화' 개념, 즉 전쟁이 없는 상태를 더 지지하는 경향을 보였다. 이렇다고

---

13) 미국의 의견은 안보리 상임이사국들이 적어도 사법절차 혹은 준사법절차와 관련해서, 타국과 동등한 지위를 갖도록 하려는 것이었다. 미국의 입장에 대해서는 *FRUS*, "The Conferences at Malta and Yalta—1945," pp.46-47; 아울러 pp.56-62, 66-68, 660-662, 682-684, 995-996 참조. 또한 E.R. Stettinius, Jr., *Roosevelt and the Russians—The Yalta Conference*(Garden City, New York: Doubleday and Co., 1949), pp.135-150을 참조하시오.

영국의 입장에 대해서는 *FRUS*, cit., pp.46, 663-667, 소련의 입장에 대해서는 *ibid.*, pp.46, 63-64, 68-71 참조. 아울러 R.B. Russel, *supra* note 3, pp.445-450, 458-459, 497-506 참조.

해서 유엔이 정치적 현실을 도외시하고 무력충돌을 예방하기 위한 정치적 해결을 제안하지 않았던 것은 아니다. 사실상 경제, 사회 그리고 정치적 분야에서 협력이 촉진되었고, 식민통치 국가에게 의무가 부과되었으며, 군축과 관련해서 협력을 고양하는 유엔의 역할도 기대되었다. 그러나 유엔헌장에서 이러한 부분은 초보적이고 취약한 것임이 입증되었다. 특히 식민지와 경제관계에 관한 규정이 충분하지 못했다.

냉전의 결과로 무력사용을 집중시키려는 시도는 실패했고, '유엔 군대'는 한 번도 결성된 적이 없었다. 비록 여러 제한이 있었지만 자력구제라는 오래된 제도가 다시 중요해졌다. 결과적으로 다음과 같은 양상이 발생하였다.

① 서로 대립하는 양 진영이 별도로 '집단적 정당방위'를 위한 기구[1949년 NATO와 1955년 바르샤바조약기구(Warsaw Pact)]를 설치하였다. 세계공동체는 정치적·군사적 동맹체가 서로 대립하는 전통적인 제도로 회귀하였다.

② 현 국제공동체의 특징 중 가장 두드러진 경향이 등장하게 되었다. 즉, 국가들이 개별적 정당방위권을 사용하는 빈도가 증가하면서 현재 수많은 국가들은, 유엔이 단호히 중단시키지 않을까 하는 두려움도 없이, '정당방위'라는 미명하에 비교적 자신 있게 전쟁을 수행할 정도로 개별적 정당방위권을 더 많이 활용하는 경향이 있다. 동시에, 대규모 무력사용이지만 전쟁에 이르지 않아 헌장 제51조가 적용되지 않는 형태를 포섭하기 위하여 정당방위 개념을 확장시키려고 노력하였다. 정당방위 혹은 재외국민의 보호 혹은 선제적 정당방위를 가장한 일방적 무력사용이 여러 번 있었다(자세한 사항은 제18장 참조).

③ 안보리의 집행능력 결여로 인해서 두 가지 중요한 사항이 발생하게 되었다. 즉, 유엔 회원국이 안보리의 요청을 받거나 *허가를 받아서* 집행(제18장 참조)하거나, 다른 한편으로, 평시집행 자체를 완곡히 대체하는 것으로서 *평화유지*를 수립한 것이 그것이다(17.3 참조).

16.3.3 평화를 위협할 수 있는 분쟁의 평화적 해결 촉진

헌장에서는 평화적 수단으로 분쟁을 해결할 법적 의무를 규정하고 있다(제2조 제3항, 제33조 제1항). 그러나 초안자들은 국가간 '모든' 분쟁의 평화적 해결에는 관심이 없었다. 이들이 특히 우려했던 사항은 *평화*를 저해하고 위협할 수 있는 국가간 분쟁이었다. 따라서 이들은 헌장 제6장에 '국제평화와 안전보장 유지를 위태롭게 할 수 있는 지속적인 분쟁'을 다루는 규정들을 마련하였다.

유엔 기관의 개입 목적은 무력충돌이 발생하지 않도록 예방하려는 것이다. 앞으로 살펴 보겠지만, 비록 법적 분쟁에 대해서만 특별한 해결방식이 제시되고 있다고 해도 유엔헌장에서 마련하고 있는 장치는 법적·정치적 불화 양자를 대상으로 한다. 이 두 가지 유형의 분쟁을 구별하지 않은 점은 긍정적인 발전이다. 법적 청구가 정치적 동기로 충돌하거나 이들 청구가 정치적 함의를 강하게 띠는 경우가 매우 흔한 반면 정치적 대립이 자주 법적 외양을 갖거나, 그렇지 않더라도, 한쪽 당사자나 심지어 양쪽 모두 자신의 정치적 요구의 근거로서 법적 주장을 활용한다. 만약, 세계공동체의 주목적 중의 하나가 분쟁당사자들의 유혈충돌을 예방하기 위하여 이들을 화해시키는 것이라면, 1945년에 그랬듯이 분쟁의 내재적 속성을 조건으로 일정한 분쟁해결 방식을 선택하지 않는 편이 더 좋은 방법이다.

헌장의 근간이 되는 기본철학은 평화와 안전을 유지하기 위하여 모든 노력을 경주해야 한다는 것이다. 여기에서 파생되는 명백한 결과는 국가간의 불화가 폭발하여 평화를 위협하게 될 경우는 언제든지 유엔이 관여해서 그러한 사태를 진화하는 데 노력해야 한다는 점이다. 물론, 이것은 유엔이 평화라는 허술한 건물에 혹시라도 균열이 생길까 항상 주의해야 한다는 것을 의미한다. 따라서 유엔의 활동분야는 매우 넓은데, 그 이유는 매우 경미하고 주변적인 불화를 제외한 어떠한 것이라도 대형 충돌로 번질 소지가 많기 때문이다. Ross는 다음과 같은 말로 헌장 제도가 얼마나 참신한지를 잘 강조하고 있다.

> "전통국제법의 규칙과 단호히 결별한 점에서 헌장의 본질은 (지속될 경우 국제평화와 안전보장 유지에 위협이 될 수 있는) 모든 분쟁이 공적 사항이기 때문에 당사자들이 원하든 원하지 않든, 안보리([혹은] 총회)가 판단하기에 평화를 위해서라면 해당 분쟁을 안보리에서 토의할 수 있다는 점을 당사자들이 수락해야 한다는 원칙을 정립한 것이다. 당사자들은 유엔의 지원을 요청할 의무는 없지만, 그 개입을 감수할 의무가 있다."[14]

평화를 위협할 수 있는 분쟁과 관련해서, 유엔헌장은 다음과 같이 규정하고

---

14) A. Ross, *The United Nations: Peace and Progress*(New York: The Bedminster Press, 1966), p.190.

있다. ① 각 분쟁당사자는 '교섭, 사실심사, 중개, 조정, 중재, 사법적 해결, 지역기구에 호소하거나 협의, 혹은 그 밖에 자신들이 선택한 평화적 수단의 활용'을 통한 해결을 모색할 의무가 있다(제33조 제1항). ② 다른 모든 국가는 평화를 위협할 수 있는 모든 분쟁 혹은 사태에 대하여, 안보리 혹은 총회의 주의를 환기시킬 수 있다(제35조 제2항에 따르면, 유엔 회원국이 아닌 국가는 사전에 헌장에서 규정하고 있는 평화적 해결 의무를 수락해야 한다. 이에 따라서, 안보리가 평화적 해결방식에 관하여 내린 결정은 해당 국가를 구속하게 된다). ③ 어느 국가도 안보리에 제기하지 않은 분쟁이나 사태가 존재하는 경우 언제든지, 안보리는 당사자들이 평화적 수단으로 자신들의 분쟁을 해결하도록 촉구할 권한을 갖는다(제33조 제2항). ④ 안보리는 분쟁이 지속되는 경우 평화를 위협할 수 있는지의 여부를 판단하기 위하여 모든 분쟁 혹은 사태에 대해서 조사할 수 있다(제34조). ⑤ 안보리는 '적절한 해결절차 혹은 방식'을 *권고*할 수 있다(제36조 제1항 및 제37조 제2항).

유엔의 분쟁해결 장치가 다소 취약한 것이 분명한데 그 이유는 안보리가 고려할 수 있는 분쟁 혹은 사태의 유형이 비교적 제한될 뿐만 아니라 안보리가 권고권한만 갖고 있기 때문이다(제34조에 따라서 조사 개시를 결정하는 경우는 제외). 그러나 유엔의 관행을 검토해 보면, 회원국들은 평화에 위협이 될 것 같지 않은 분쟁에 대해서도 안보리의 주의를 환기시킨 적이 있고, 안보리 자신도 그에 대해 권고권한이 있다고 생각했던 점을 알 수 있다.[15]

그러나 많은 면에서 이러한 임무는 그다지 성과를 거두지 못하였다. 안보리는 제6장에 근거한 권한을 제대로 사용하지 않았다. 더욱이, 분쟁당사자 혹은 사태에 관련된 사람들의 고충을 공개적으로 드러내는 것이 '비공개'적인 집단외교에 비해서 분쟁 혹은 사태를 신속히 해결하는 데 적절하지 않은 것으로 간주되는 경우도 있었다. 게다가 안보리가 중립적으로 분쟁해결을 촉진하는 역할을 수행하기보다 관련 당사자 중 한쪽을 편드는 것처럼 여겨지는 경우도 종종 있었다. 다른 경우, 분쟁당사자들은 안보리가 신속하고 결정적인 해결을 추진할 준비가

15) 안보리는 여러 경우, 즉 알바니아가 코르푸 해협에 부설했던 기뢰에 대한 영국과 알바니아 간의 분쟁(나중에 ICJ에 제소되었던 분쟁)을 다루었던 1947년, 인도와 파키스탄의 캐시미르 분쟁을 다루었던 1948년, 이스라엘과 아랍국가들의 분쟁을 다루었던 1949년에 제6장에 따른 권한을 행사하였다. 나중에 안보리는 수에즈 사태, 콩고 · 나미비아 · 남로디지아에 대한 분쟁에서부터, 이보다 최근에는 니카라과 · 온두라스 · 엘살바도르 · 과테말라 · 캄보디아 위기사태 등도 다루었다.

되어 있지 않거나, 실패해도 제7장을 적용할 의도가 없다고 여기는 경우도 있었다. 이처럼 정치적 의지가 없을 경우, 분쟁당사자 양쪽 혹은 어느 한쪽에서 이를 농락했고 그 결과 사건을 해결하려는 시도는 실패하게 되었다.

언급해야 할 사항은 제14조에 따라서, 유엔 총회가 '국가간 일반적 복지 혹은 우호관계를 저해할 수 있다고 여겨지는 … 모든 사태의 평화적 조절'을 달성하기 위한 조치를 권고할 수 있다는 점이다. 이 규정의 용어는 광범위해서 흥미로운 관행을 형성하였다.

이 외에, 유엔 사무총장도 분쟁을 해결하는 역할을 담당할 수 있다. 헌장에서는 명시적으로 이러한 직무를 부여하지 않았지만, 사무총장이 요청을 받거나 자신 스스로 중개자의 역할을 수행했던 적이 많이 있다. 유엔 구조상 고위직이라는 점에서 파생되는 정치적 · 도덕적 권위가 최소한 당사자들을 한자리에 앉도록 주선할 때 유용하다는 점이 입증된 적이 종종 있었다. 한 사건에서, 사무총장은 중재인의 역할을 요청받기도 하였는데, 1986년 프랑스와 뉴질랜드는 케야르(Péres de Cuéllar, 당시 유엔 사무총장)에게 *Rainbow Warrior* 사건의 중재인이 되어 달라고 공동 요청하였다.

16.3.4 인민의 자기결정

소련은 헌장에 식민지 독립촉진 목표를 규정하려고 했었지만, 사실상 샌프란시스코에서 합의된 사항은 피지배 인민의 점진적 자치획득(그리고 동시에 식민제국의 완만한 해체)이었다. 헌장 제1조 제2항과 제55조에서 말하는 자기결정은 이처럼 제한된 것으로 인식되었다. 제73조('비자치영역에 관한 선언'이라는 제목을 가진 제11장에 있음)는 식민통치국이 신탁통치제도하에 둘 생각이 없었던 식민영역에 관한 것이었으며, 이에 대해서 관련 식민통치 국가는 유엔 사무총장에게 사소한 사항(제73(e)조에 따라서)만 보고하면 그만이었다. 이러한 맥락에서 제73조는 '아직 자치수단을 충분히 획득하지 못한' 인민들의 영역에 대해서 행정을 책임지는 회원국이 이들 인민들이 자치정부를 이루어 자유로운 정치제도를 형성하도록 지원하는 경우를 상정하였다. 이와 반대로, 국제신탁통치제도(일부 제한된 부류의 식민지 영역의 행정 및 감독을 위하여 유엔의 수권하에 설치되기로 함. 16.2 참조)에 관한 규정에서는 식민지역 인민들의 자치정부, 뿐만 아니라 '각 영역과 그곳 인민이 처한 특별한 상황 그리고 관련 인민이 자유롭게 표시한 희망에 적합한' 독립을 상정하였다(제76(b)조). 신탁통치이사회를 근간으로 하면서, 국제적 감독하에서 신탁영역을 국가가 통치하는 복잡한 장치가 마련되었다.

요컨대, 헌장에서는 식민지 인민을 *두 개의 유형*(비자치영역과 신탁영역)으로 구분하고, 식민통치국이 당시 추구하기로 했던 자치(혹은 예외적으로 독립)라는 목표를 달성하는지를 국제적으로 검토하는 조치를 상정하면서도 식민제도를 살려두었던 것이다.

이 분야에서 유엔은 가장 큰 성공을 거두었다. 유엔은 10년 내에 전반적인 군축을 달성할 수 있겠지만, 식민지 해방에는 100년이 소요될 것이라는 것이 샌프란시스코회담의 일반적 견해였다는 기록이 있다. 그러나 헌장 채택후 불과 몇 년 내에, 유엔은 식민제국의 해체를 개시하는 데 성공하였다. 유엔은 주로 자치를 목적으로 고안된 온건하면서 상당히 신식민주의적인 구도에서 용감히 독립을 모색하고 이를 촉진하는 쪽으로 신속히 이동하였다. 이처럼 대담한 발전은 다음과 같은 여러 가지 요소로 인해 가속화되었다. ① 소련과 동유럽 사회주의 국가들이 식민주의 반대 투쟁을 강하게 밀어붙였다. ② 미국이 식민지를 갖고 있던 연합국에 대해서 점차 지원을 줄였고, 미국 같은 강대국에서 반식민주의적 태도가 부활하였다. ③ 식민지 인민들이 독립을 획득하기 위하여 자신들의 '권리'를 더욱 주장하게 되었다. 이러한 각성은 유엔 내에서 벌어진 많은 토의와 그 후의 유엔 결의 및 선언으로 각인되고 확산되었으며, 결국 이는 객관적으로 기존 세계질서를 붕괴시키는 도구가 되었다. 이러한 문안들이 민족해방운동단체들을 크게 조장하여 식민주의에 대항해서 투쟁할 수 있도록 하였고, 이 결과 식민제도에 종지부를 찍게 되었다는 점은 이론의 여지가 없는 것으로 보인다. ④ 유럽 국가들의 경우, 자신들의 식민제도를 유지하기 위한 경제적·사회적 비용이 증가하였으며, 이와 함께 이들이 이전에 식민지역에서 착취하였던 제1차상품들의 중요성과 경제적인 매력이 감소하게 되었다. ⑤ 유럽의 식민통치국가 내에서 반식민주의적 입장을 표방하는 강력한 사회민주(노동)당들이 집권하게 되었다.

결국 30년(1947~1975년) 사이에 식민제국은 실질적으로 붕괴하였다. 마지막으로 독립을 획득한 식민지는 1975년 포르투갈령 앙골라와 모잠비크, 그리고 1990년 국제연맹의 위임통치하에서 과거 남아프리카공화국이 차지하고 있었던 나미비아였다. 서사하라와 일부 소규모 지역[미국 지배하에 있는 버진아일랜드, 프랑스의 지배하에 있는 뉴칼레도니아, 뉴질랜드 지배하에 있는 토켈라우(Tokelau), 그리고 아직 영국 지배하에 있는 지역으로서 브리티시 버진아일랜드, 버뮤다, 포클랜드/말비나스]의 지위는 몇 안되는 미해결 문제 중의 하나이다(그러나 주목해야 할 사항은 이들 일부 지역의 주민들이 독립을 원하지 않고, 유엔헌장 혹은 관련 총회 결의에서도 이들이 독립을 반드시 선택하도록 요구하고 있지 않다는 점이다).

유엔이 이룬 공적 중의 하나는 식민지 인민들이 ① 평화적인 수단으로, 그리고 일반적으로 말해서 ② 관련 인민들의 희망과 열망을 존중해서 (국민투표를 통해서) 독립하도록 장려했다는 점이다.

그러나 유엔이 자기결정권 시행에서 거둔 성공은 식민지 인민들[1980년 남로디지아(현 짐바브웨)를 포함]에 한정되었다. 이러한 범주를 벗어나는 경우, 유엔은 남아프리카공화국(1994년)에서 (내부적) 자기결정 그리고 에리트레아(1996년)의 외부적 자기결정, 그리고 동티모르(1999년; 1974년에 동티모르는 인도네시아에 병합되었지만, 유엔은 동티모르가 계속해서 포르투갈의 시행통치하에 있다고 여겼다)의 외부적 자기결정을 장려했다. 대부분의 국가들이 영토보전 및 민족주권에 대해서 기본적으로 갖는 태도 때문에, 유엔은 인종분리(차별)정책을 시행하는 정부를 붕괴시키려고 할 경우에만 주권국가 내에서 내부적 자기결정을 장려할 수 있거나 그렇게 할 의도를 가졌다(그러나 6.3.6 참조; 유엔은 선거지원과 더 일반적으로 말하면 민주주의 촉진에 중요한 역할을 수행하였다).

16.3.5 경제적 · 사회적 협력

경제적 · 사회적 협력 분야의 경우, 유엔헌장은 제13조 제1(b)항에서 총회가 연구를 개시하고 권고할 수 있다고만 간단히 언급하였다. 그러나 주요 기관인 경제사회이사회(ECOSOC)가 연구, 보고서, 협약 초안뿐만 아니라 권고사항의 준비를 맡게 되었다(제62조). 아울러, 제55조((a)호와 (b)호에서)는 특히 사회적 · 경제적 발전에 필요한 여건을 조성하는 경제적 · 사회적 개발을 다루었다. 헌장의 다른 많은 규정처럼 이것도 국제평화와 안전보장 유지와 연결되었다. 안정적으로 행복을 유지할 수 있는 여건이 국가간에 평화관계를 개발하고 유지하는 데 필수적인 것으로 간주되었다. 이러한 연결은 반대방향으로도 가능할 것이다. 즉, 평화와 안전보장이 경제적 · 사회적 개발에 적합한 환경을 확보한다.[16]

그러나 헌장에서는 향후 경제적 · 사회적 협력이 취해야 할 방향에 관해서 일반원칙을 마련하지 않았다. 정책적 결정은 총회와 경제사회이사회, 혹은 더 정확히 말하면 이들 기관에서 주도적인 과반수 국가들이 하였다.

수년간 총회와 경제사회이사회가 사회적 분야 중 특히 인권과 관련해서 국가간의 협력을 상당히 촉진시켰던 점은 분명하다(제19장 참조). 그러나 경제협력 분야에서 *선진국과 개발도상국 간의 차이를 없애거나 적어도 이를 좁히는 데 제약이 커서* 도무지 돌파구를 찾을 수 없었다. 1974년 총회의 신국제경제질서(NIEO)에 관한 선언 그리고 이에 대한 실행계획,[17] 뿐만 아니라 1974년 국가의 경제적 권리와 의무에 관한 헌장,[18] 1986년 개발권선언,[19] 그리고 1990년 국제경제협력 및 개발도상국의 경제성장 및 개발활성화에 관한 선언[20] 등이 상대적으로 실패한 것이 판명되었다. 그 이유는 무엇보다도, 이러한 선언이나 헌장에서 제시된 원칙들은 압도적으로 다수를 차지하는 개발도상국의 지지를 받았지만, 일부 주요 산업국가들이 반대하여 경제현실과 동떨어졌기 때문이다(제24장 참조). 수년이 지난 뒤 변화가 일게 되었다. 즉, 1970년대 산업국가들은 개발도상국들로부터 자신들의 발전노력을 지원해 달라고 요청받았지만, 최근에는 각 국가가 각자의 개발정책을 입안하고 시행할 책임을 부담해야 한다는 점이 강조되고 있다.

그러나 유엔은 산하의 전문기구(FAO, WHO, 국제농업개발기금(IFAD)) 혹은 유엔무역개발회의(UNCTAD)나 유엔개발계획(UNDP)과 같은 기관을 통해서 여러 가지 분야의 경제협력을 촉진시켜 왔다. UNDP는 유엔의 여러 가지 기술지원 활동을 조절하는 수단으로써 매우 중시되었다. 1970년, 유엔 총회는 UNDP 국가별 계획절차를 마련하였고, 이것이 나중에 보강되어 국가적 수준의 지원활동을 조절하는 기본 틀이 되었다.[21] 이 외에, 전문기구인 유엔공업개발기구(UNIDO)[22]를 통해서 기업가정신과 자립정신을 고취했을 뿐만 아니라 개발도상국의 비용절감, 친

16) 국제경제협력에 관한 특별회기 기간 중인 1990년 5월 1일에 채택된 총회 결의 제S-18/3호 참조.
17) 1974년 5월 1일 채택된 총회 결의 제3201(S-VI)호; 같은 날 채택된 총회 결의 제3202(S-VI)호.
18) 1974년 12월 13일 채택된 총회 결의 제3281(XXIX)호.
19) 1986년 12월 4일 채택된 총회 결의 제41/128호.
20) 1990년 12월 21일 총회 결의 제45/199호 참조.
21) 1970년 12월 11일 채택된 총회 결의 제2688(XXV)호; 1977년 12월 20일에 채택된 총회 결의 제32/197호, 부속서 참조.
22) 1966년 11월 17일에 채택된 총회 결의 제2152(XXI)호.

환경산업을 촉진시켰다. 더 나아가 산업협력 및 기술이전을 촉진시켰다. 아울러 남 · 북, 남 · 남 그리고 동 · 서 국가간 투자의 '가교' 역할을 수행하기도 하였다.

일반적인 경제 · 사회적 협력 영역에서, 중요도와 참신성이 두드러지는 유엔의 활동은 환경보호에 관한 것이다(제23장 참조). 여기에서는 유엔이 세 가지 중요한 선언(1972, 1982, 그리고 1992년[역자주—다음 23.3.2 참조])을 채택하였을 뿐만 아니라 유엔환경계획(UNEP)을 설치한 점을 상기하는 것으로 족하다.[23] 이 기관은 세계기상기구(WMO)와 함께 지구 오존층에 발생한 침해를 부각시키는데 도움이 되었다. 이 외에, UNEP는 시리아, 이스라엘, 터키 그리고 그리스를 위시한 많은 국가의 해안뿐만 아니라 지중해에서 오염 제거에 많은 노력을 기울였다. FAO와 같은 다른 전문기구와 함께, 유엔은 지구온난화를 차단하고, 어족자원의 남획을 예방하며, 남벌을 제한하는 데 기여하기도 하였다.

마지막으로, 유엔국제아동기금(UNICEF)을 통해서 유엔은 많은 개발도상국에서 아동의 건강 및 복지수준을 전반적으로 향상시키려고 하였다. 유엔은 이제까지 가장 많은 비준을 받아서 1990년에 발효한 아동의 권리에 관한 협약을 교섭하는데 적합한 공론의 장을 제공하기도 하였다.

요컨대, 유엔은 비록 수년간 그 활동범주를 크게 확대하고, 여러 가지 사회 · 경제적 분야를 다루면서 금세기 가장 민감한 문제들을 처리하였지만, *조절과 촉진*의 한계를 벗어날 수 없었다. 이는 당연할 따름인데, 이러한 사항과 관련된 의사결정은 여전히 *주권국가*에게 달려 있고, 국가들은 경제, 정치 그리고 이념상 상충되는 이해관계를 갖고서 심히 분열되어 있기 때문이다. 그러나 경제분야에서 유엔은 ① 정부간 지원에서 다자기구를 통한 지원으로, 그리고 ② 성장동력원이 공적 투자에서 사적 투자로 이행하도록 촉진한 공적이 있다(그러나 제24장 참조).

16.3.6 인 권

인권분야에서도 유엔헌장은 매우 조심스럽고 미온적이다. 제55(c)조는 유엔이 보편적 인권존중을 '촉진한다'고 규정하였다. 제13조 제1항에서는 총회가 "인종, 성별, 언어, 혹은 종교의 차별 없이, 모든 사람에 대해서 인권 및 기본적 자유

23) 1972년 12월 15일에 채택된 총회 결의 제2997(XXVII)호.

를 실현하도록 지원"하기 위하여 "연구를 개시하고 권고해야" 한다고 규정할 따름이었다. 오직 '연구와 권고'만을 염두에 두었던 것이다. 그러나 ECOSOC도 협약 초안과 보고서를 작성할 수 있었다(제62조).

1945년, 국제공동체에서 국가들이 존중해야 할 인권목록이나 이러한 권리의 *정의*에 대해서 국제적으로 합의된 바가 여전히 없는 상태였다. 이것이 바로 국제기관이 각국의 국내문제에 개입해서 정부의 내부구조 혹은 국가당국과 개인 간의 관계에 대해서 평가하거나 권고하여 국가주권을 제한하는 경우를 생각할 수 없었던 이유 중의 하나였다. 따라서 국가들이 제2조 제7항을 헌장에 마련한 것은 지당한 일이었다. 이 조항에서 국가의 '국내관할권' 보호를 규정하여 인권분야에서 유엔이 행하는 신랄한 조치에 대해서 사실상 견고한 보호막이 되도록 하였다. 이 규정은 실질적으로 유엔이 *일반적* 권고(즉, 모든 국가를 대상으로 하는 권고), *일반적인* 연구 혹은 보고서, 협약 초안이 아닌 다른 어떠한 조치도 취하지 못하도록 금지하였다. 달리 말해서, 유엔은 특정 국가 내의 인권에 관한 사항을 다룰 수 없었는데, 그 이유는 이러한 사항들이 해당 국가의 '본질적인 국내관할권에 해당하는' 사항이었기 때문이었다.

> 이미 인정된 바와 같이, 유엔의 소임을 염두에 둔 것 외에, 헌장은 국가들의 의무도 규정하였다. 즉, 제56조를 통해서 모든 회원국은 인권존중을 위시하여 "제55조에서 정한 목적을 달성하기 위하여 이 기구와 협력하여 공동으로 그리고 개별적으로 조치를 취하기로" 서약하였다. 그러나 이러한 '서약'의 의미는 지극히 모호하였다.

요컨대, 헌장의 인권 관련 규정은 대강의 행동계획만 마련했을 뿐이다. 세부적인 의무와 시행장치는 마련되지 못했다. 헌장은 국가와 유엔의 일반적인 목표로서 인권을 선언하고자 했을 뿐이었다.

수년이 지나면서 유엔이 인권존중을 촉진하는데 성공했다는 점이 입증되었다. 몇 년 사이에 총회는 1948년 세계인권선언을 채택하여서, 몇 안되는 느슨한 헌장규정을 *기본인권과 자유에 관한 기본계율*(비록, 법적 구속력은 없을지라도 상당한 도덕적 권위를 간직하였음)로 바꿀 수 있었다. 다음 단계는 1966년 두 개의 [유엔인권] 규약(19.4.1(2) 참조)이었다. 이를 통해서 세계인권선언 규정들이 구속력 있는 법규칙으로 바뀌었다. 연이어서 조약들이 체결되었고 선언들도 뒤따랐다(19.4.1(2) 참조). 인권존중에 관한 의무사항을 마련하는 것 이외에, 유엔은 여러 가지 감시기

관을 설치하기도 하였다.[24)]

이 분야에서 유엔이 취한 조치는 괄목할 만하다. 이미 알려진 사항이지만, 유엔이 후원하여 체결된 많은 조약은 여전히 보편적 구속력이 없다. 더욱이, 대개의 감시장치는 더 직접적인 효과를 가질 수도 있었을 것이다. 그러나 모든 결함에도 불구하고 보편적 수준에서 인권을 다루는 이 모든 문서와 장치는 대단한 성과물이다. 외부의 간섭으로부터 자기 자신의 독립과 자율성을 보호하려는 주권국가들로 구성된 국제공동체를 배경으로 유엔이 이 분야에서 취한 조치들을 생각해 보면 이 점은 자명하다. 유엔은 강력한 불굴의 의지로 인권을 촉진하여, 국제공동체에 *새로운 기풍*을 소개했다. 유엔은 단계적으로 일종의 코페르니쿠스적인 혁명을 불러일으켰다. 즉, 이전에는 국제제도 전체가 국가주권을 근거로 하였다면, 현재는 개인이 그 공동체의 핵심요소가 되었다. 확실한 점은 여전히 국가들이 국제관계에서 핵심역할을 수행한다는 점이다. 그러나 이제 더 이상 국가는 완전하고 자기중심적인 실체로 간주되지 않는다. 현재, 국가는 개인의 이익과 관심사항 추구를 주목적으로 하는 구조로 여겨진다. 유엔 수준의 보편적인 정부간 기구만이 이와 같은 기념비적인 결과를 성취할 수 있을 것이다(더 자세한 사항은 제19장 참조).

16.3.7 군 축

군축분야에서 헌장의 성취도는 가장 낮았다. 제11조 제1항에서는 총회가 '군축을 규율하는 원칙과 군비규제를 위시하여 … 일반적인 협력원칙'을 고려할 수 있다고만 규정하였다. 덧붙여서, 총회는 '회원국 혹은 안보리 중 어느 하나 혹은 이 양자에게 이 원칙에 관하여 권고'할 수 있다고 하였다. 따라서 헌장은 지극히 중요한 사항을 뒤로 미루어 놓았다. 아마도, 유엔의 설립자들은 이 사항에 관한 국제연맹규약 규정이 전부 실패하였기에 신중한 입장이 타당하고, 이에 대해서

---

24) 유엔의 주된 업적 중의 하나는 1980년에 남로디지아(현 짐바브웨)에서 인종차별적 백인지배를 종식시키고, 1994년 남아프리카공화국에서 인종분리정책을 몰락시키는 데 혁혁히 공헌한 점이었다. 유엔은 세계적으로 민주주의의 확산을 촉진하는 데에도 도움이 되었다. 선거자문, 지원, 그리고 선거협의회 감시로서, 매우 많은 국가(나미비아, 엘살바도르, 에리트레아, 모잠비크, 니카라과, 남아프리카공화국 포함)에서 인민들이 자유·공정선거에 참여하도록 지원(혹은 캄보디아의 경우 참여할 수 있도록)했다.

전혀 환상을 갖지 말아야 한다고 생각했는지 모른다. 대체로, 헌장 제정자들은 군축은 상대적으로 소수의 주요 국가들이 교섭할 사항이지만, 안보리와 총회에서 합의된 원칙의 제한을 받을 것으로 가정했다.

그러나 총회가 이 사항을 다루기 위하여 조치를 취했다. 총회의 제1위원회(정치 및 안보 사항을 책임짐)는 군축을 전문으로 하고, 처음부터 이에 해당하는 문제들에 대해서 토의하였다. 이 외에, 1983년 그리고 1988년에 총회는 군축을 집중적으로 다루기 위하여 특별회기를 개최하였다. 아울러 총회는 군축위원회를 설치하였고, 이는 1984년 군축회의[25]로 탈바꿈하였다. 더욱이, 총회는 1984년(결의 제39/148H호)에 군축연구소인 UNIDIR을 보조기관으로 설치하였다.

주목할 사항은 중요한 군축조약, 즉 1968년 핵무기비확산조약이 총회 결의(1961년 12월 5일자 제1665(XVI)호) 후 유엔 군축위원회 내에서 교섭되었다는 점이다. 결국, 이 조약은 1968년 6월 12일자 결의 제2373(XXII)호로 채택되었다. 이 외에, 이 조약은 유엔과 밀접히 연결된 기관인 국제원자력기구(IAEA)의 검증절차 대상이다. 더욱이, 유엔이 후원하여 체결된 많은 조약은 군축 혹은 비핵화에 관한 조항을 포함하고 있다.[26]

그러나 다른 많은 중요한 군축조약들이 유엔 밖에서 교섭되고 체결되거나, 유엔은 교섭과정에서 상대적으로 미미한 역할을 수행하였다. 그 이유는 간단하다. 주요 핵강국들은 자신들끼리 중요한 군사적 사항에 합의해야 한다거나 또한 자신들에게 정치적 · 이념적 압박이 가해질 수 있는 다자적 틀 외에서 그렇게 해야 한다고 느꼈기 때문이다. 결국, 유엔헌장의 근저에 깔린 것으로서, 군사강국이 아닌 국가라도 총회를 통해서 의견을 낼 수 있다는 생각은 실효성이 없다는 점이 판명되었다.[27]

---

25) 형식적인 면에서 보면, 이 회의체는 유엔 직원을 활용하여 매년 총회에 보고서를 제출하고, 총회는 이에 대해서 권고를 내릴 수 있지만, 유엔에서 독립한 것이다.

26) 예컨대, 1959년 남극조약 제I조와 제V조, 1967년 우주조약 제4조, 1979년 달 및 기타 천체에 관한 조약 제3조.

27) 유엔 이외에서 교섭된 조약에는 핵군축에 관한 협정, 군비통제에 관한 협정, 그리고 비핵지대화에 관한 조약이 있다. 일부는 두 강대국이 직접 교섭하였다. 예컨대, 1963년 8월 5일자 우주에서의 핵실험에 관한 모스크바조약, 1996년 9월 10일자 핵실험에 관한 조약, 1971년 대양저에 핵무기를 장착하는 것을 금지하는 조약, 1972년 소련과 미국간 탄도탄요격미사일에 관한 조약으로서, 1974년 개정되고(SALT I), 그후 체결된 1979년 6월 조약(SALT II), 1987년 12월 7일 단거리 미사일에 관한 워싱턴조약(INF조약), 1991년 7월 31일 START I협정, 1993년 1월 3일 START II협정. 다른 조약들

그러나 유엔은 IAEA를 통해서 핵물질이 군사적 목적으로 전용되지 않았다는 점을 검증하기 위하여 최소한 90개국 내에 있는 핵발전소를 사찰하여 핵전쟁의 위협을 최소화하는데 일조하였다.

16.3.8 국제법의 성문화 및 점진적 발전

국제법에 관한 사항은 헌장 서문에서 언급하고 있다(유엔의 목적 중의 하나는 "정의를 지키고, 조약 등 국제법 법원(法源)에서 발생하는 의무를 존중하도록 하는 조건을 수립하는 것" 이라고 하였다). 제1조 제1항에서는 분쟁은 '정의와 국제법원칙에 따라서 평화적으로 해결'되어야 한다고 규정하였다. 제13조 제1(a)항만이 이 사항에 관한 조치를 상정하였다. 즉, 총회가 '국제법의 점진적 발전과 그 성문화를 장려'하기 위하여 연구하고 권고하는 임무를 부여받았다. 국제법이 새로운 '세계질서'를 구축하는 기둥 중 하나로 간주되지 않았던 것은 분명하다. 그러나 국제법을 새롭게 그리고 정교하게 만들 필요성은 감지되었다.

이 분야에서 유엔이 기대 이상의 성과를 거두었던 점은 의문의 여지가 없다. 유엔은 어떤 때는 더 전통적인 방식으로, 또 어떤 때는 지극히 새로운 여러 가지 방식으로 국제법을 발전시켰다.

첫째, 여러 유엔 기관들, 특히 총회는 집단살해, 인권, 여성보호, 아동의 권리 등 중요한 쟁점에 관한 협약 초안을 채택하는 데 성공하였다. 이들 협약은 유엔 기관, 주로 총회 내에서 끈기 있게 작성되었고 나중에는 매우 많은 국가들이 비준하였다.

둘째, ILC는 국제법과 외교 전문가들로 구성된 기관으로서 전통국제법의 핵심분야(예컨대 외교면제, 영사면제, 조약법, 국가와 국제기구 간에 체결되는 조약법, 국가승계)를 성문화하고 점진적으로 발전시키는데 중요한 조약 초안을 마련하였다. 이들 조약 초안은 총회의 승인을 받은 후 외교회의에 제출되었다. 그 결과 탄생한 법률문서들을 나중에 매우 많은 국가들이 비준하였다. 이 외에, 이들 조약들은

은 군축회의 내에서 교섭되었다. 예컨대, 1993년 화학무기에 관한 협약, 그리고 1996년 포괄적 핵실험 금지에 관한 조약. 다수의 조약이 지역적 틀 속에서 교섭되었다. 예컨대, 1967년 남미 비핵지대화를 위한 Tlatelolco(멕시코)조약, 1985년 남태평양 비핵지대화를 위한 Rarotonga(쿡아일랜드)조약, 1995년 동남아시아 비핵지대화를 위한 방콕조약, 그리고 1996년 아프리카 비핵지대화를 위한 Pelindaba(남아프리카공화국)조약.

체약국 집단 이외에도 상당한 영향력을 미쳤다.

셋째, 여러 국가집단의 정치적 혹은 경제적 이해관계가 첨예하게 대립하는 분야가 있다. 예컨대 국제경제관계의 규제, 환경보호, 국제관계를 규율하는 일반원칙의 선포가 그것이다. 조약을 작성할 수 없다는 점이 입증된 이들 분야에서 총회가 직접 하든 아니면 ILC를 통해서 하든 총회는 창조적인 법적 사고를 활용하였다. 총회는 선언 혹은 총괄적인 결의를 상세히 마련하도록 장려했다. 이들 문서는 비록 법적 구속력은 없었으나 다음과 같은 장점을 가졌다. ① 대개의 국가들이 어느 정도 양해하거나 합의할 수 있는 주요 분야를 설정할 수 있었다. ② 이들 분야에서 국가들이 추진해야 할 주요 목표, 뿐만 아니라 그에 따르는 정책을 정할 수 있었다. ③ 국제적으로 그리고 국내적으로 취할 조치에 대해서 일종의 청사진을 마련할 수 있었다. ④ 최소한 예상 가능한 일부 쟁점에 대해서 향후 발전의 토대를 마련할 수 있었다. ⑤ 단계적으로 일부 쟁점에 관하여 일반적 구속력이 있는 규칙 혹은 원칙이 형성되도록 하였다.[28]

넷째, 다른 여러 가지 유엔 기관들이 국제법에 상당히 기여하였다. 물론, 이 분야에서 ICJ가 혁혁한 공훈을 세웠는데, 이 기관은 판결과 권고적 의견을 통하여 많은 국제규칙의 핵심을 추리거나, 유권해석을 하거나, 그 내용과 범위를 자세히 하였다. 그러나 안보리 혹은 총회와 같은 정치기관도 결의, 권고 혹은 결정에서 일부 국제법 분야를 꽤 명확히 하거나 이를 발전시키는 법적 쟁점에 관하여 여러 가지 판단을 하였다.[29]

---

28) 이러한 선언의 예로서, 1948년 세계인권선언(이 선언의 후속결과로서 중요한 것은 2개의 1966년 [유엔 인권]규약 그리고 이후의 수많은 조약이 있음), 1960년 식민지와 식민지역 인민들에게 독립을 부여하는 것에 관한 선언, 1962년 천연자원의 영구주권에 관한 선언, 1963년 우주에서의 활동을 규율하는 원칙에 관한 선언, 1970년 국가관할권을 벗어나는 해저 및 해상을 규율하는 원칙에 관한 선언, 1970년 우호관계에 관한 선언, (실패한) 1974년 신국제경제질서(NIEO)에 관한 선언, 1974년 침략의 정의에 관한 선언, 뿐만 아니라 환경에 관한 여러 가지 선언(1972, 1982, 그리고 1992년; 제23장 참조)을 상기할 수 있다.

29) 몇 가지 예만 언급해 보면, ① 식민지 인민들이 자신들의 자유와 독립을 강제로 박탈하는 식민강국을 상대로 필요한 모든 수단을 활용하여 투쟁할 수 있다는 1970년 우호관계에 관한 선언을 마련하여, 총회는 유엔헌장에서 상정하지 않았던 국제관계에서의 무력사용권을 예상하였다. ② 안보리는 무엇보다도 이라크의 쿠웨이트 병합은 무효라고 선언하는 결의 제662호(1990)와 제687호(1991)를 채택하였다. ③ 안보리는 1991년 4월 3일 결의 제687호로써, 이라크와 쿠웨이트 간의 국경선 획정에 관한 결정을 채택하였고, 나중에 사무총장이 경계선을 그었다(S/22558), ④ 또한 안보리는 1991년 5월 20일 결의 제692호로써, 불법적인 이라크의 쿠웨이트 침공과 점령으로 인한 전쟁 손해배상금 지급을 위한 기금을 관리하는 임무를 맡은 유엔금전배상위원회(UNCC)를 설치하는 전

16.4 유엔의 현재 역할

위에서 살펴 본 바에서 드러나듯이 유엔 탄생 이래 세 가지 분야, 즉 ① 평화와 안전보장의 유지, ② 군축, 그리고 ③ 산업국가와 개발도상국 간의 격차를 줄이는 것에서 유엔은 종종 실패하였다.

그러나 이를 유엔의 탓으로만 돌리는 것은 옳지 못하다. 사실, 어느 누구도 유엔이 갖는 명백한 결함을 간과해서는 아니된다. 예컨대 관료화, 빈번한 부실운영, 논쟁사항에 대해 *무한정* 논의하는 것을 과도하게 중시하는 것, 그리고 언쟁과 그에 따라서 더 많은 문건을 마련하면 그 자체로 정치 · 외교 · 경제적 영역의 변화를 가져오기라도 하듯 수많은 결의를 통과시킨 것이 그것이다. 그러나 이 모든 결함과 일부 사무총장의 미래관 결핍말고도 유엔이 실패하게 된 주원인은 그 배후에 있는 국가들, 주로 강대국들 때문이었던 것이 틀림없다. 따라서 기왕에 잘 알려진 몇 가지 사실들을 항상 유념해야 한다.

유엔은 일부 중요한 집단적 목표를 단계적으로 달성하려는 회원국들의 노력을 조절하기 위한 장치로써 설립되었다. 유엔이 난공불락의 본질적인 세계공동체 요소인 국가주권뿐만 아니라 강대국의 지배적 지위에도 복종하였다는 점에서, 이 기구는 여전히 대체로 '그로티우스적 관념'(각자가 단기적 이익을 추구하고 공동체의 가치를 등한시하는 자기중심적인 행위자들로 구성된 무정부주의적 사회의 정형)에 기초하였다. 그러나 국가의 활동을 조절하여 유엔은 세계공동체의 새로운 미래관인 '칸트적 양식'(협력과 초국가적인 공동가치 증진에 기반함) 쪽으로 나아가는 경향 *또한* 보이기도 하였다. 시간이 흐르면서 단계적으로 유엔은 점차 칸트적 양식을 지향하게 되었다.

현재, 비록 세계공동체와 '유엔 공동체'는 소속 회원국 측면에서 거의 비등하지만, 그 구조와 지향하는 바는 확연히 다르다(이러한 이유로 유엔헌장을 세계공동체의 '헌법'이라고 말하는 것은 여전히 회의적인 것으로 보인다). 이 두 가지 양식의 실질적인 차이로 인해서, 유엔은 회원국 전체 혹은 다수의 활동이 이러한 공동가치와

대미문의 조치를 취하였다. ⑤ 안보리는 1993년과 1994년에 2개의 국제형사재판소(하나는 구 유고에 대해서, 다른 하나는 르완다에 대해서)를 설치하여, *Tadić* 사건(*중간 불복*)에서 ICTY가 언급했듯이(제32항-제37항), 유엔헌장 제7장, 특히 제41조를 창조적으로 해석하여 적용하였다.

목표를 증진하는 데 도움이 되도록 이끌고 유도하기 위하여 회원국들이 일부 일반원칙을 지지하도록 더 많은 노력을 기울여야 한다. 게다가, 이 기구 자체는 현실적으로 독자적인 경제 · 정치 · 군사적 권한이 전혀 없다. 유엔은 부득불 회원국, 주로 강대국의 지지에 의존해야 한다. 그러나 강대국들은 자신들이 전반적으로 합의하는 사항과 유엔의 것이 융화될 수 있다고 생각하는 한도에서만 유엔에 지지를 보내고자 한다.

더욱이, 유엔의 구조는 실질적으로 여전히 1945년 샌프란시스코에서 수립된 것이다(신탁통치이사회와 같이 역사적 변화로 인해 *존재의의*를 상실한 일부 기관은 제외). 그러나 세계는 급변하였다. 더 효율적인 조직이 필요하며, 이와 함께 안보리는 제2차 세계대전의 승전국뿐만 아니라 세계의 경제력 · 군사력의 집합체를 반영할 수 있어야 할 것이다. 그러나 헌장을 개정하는 데 필요한 제108조의 2/3 다수결(안보리 상임이사국 전체를 포함) 요건으로 인해서 커다란 변화를 이끌어 내기가 지극히 어렵다.

또한, 미국이 유엔에 대해서 갖는 입장은 개선될 여지가 거의 없다. 미국의 정책은 1994년 5월 5일자 '대통령령 제25호'에서 천명되었듯이, 평화유지 혹은 평화집행작전 참여가 미국의 국가적 이익으로 정당화되는 한도에서만(그리고 그러한 작전의 목적이 분명하고, 재정적으로 충분히 지원되고 한정된 기간 동안 시행되는 한) 미국이 참여할 용의가 있다는 점을 분명히 하였다. 미국 국무부에 따르면, "미국, 뿐만 아니라 국제공동체 어느 쪽도 모든 분쟁을 해결하도록 위임받은 바 없고, 이를 위한 재원이나 그렇게 할 가능성도 없다 …"[30]라고 Bertrand가 바로 지적하였듯이,[31] 이러한 선언은 사실상 집단적 안전보장의 종언을 고하는 것이다. 이 외에, 미국이 주창하는 유엔의 개혁은 범위가 제한되어 있다. 예컨대 미국은 본질적으로 유엔의 운영 개선, 독일과 일본이 거부권 없이 안보리 상임이사국이 되는 것(주로 이 두 국가가 평화유지작전을 재정지원하는 데 더 관여하도록 하기 위하여), 평시강제조치시 유엔이 NATO와 같은 지역기구 혹은 그 밖의 기구와 더 밀접하게 제휴할 것을 주장하고 있다.

마지막으로, 뿌리 깊은 긴장과 인종적, 정치적 그리고 이념적 주장의 충돌로

---

30) M. Bertrand, "The UN as an Organization. A Critique of its Functioning", *EJIL*, 6(1995), p.352에서 인용함.

31) *Ibid.*

인해서 객관적으로 처리할 수 없는 수많은 정치적 문제들이 세계공동체에 존재하고 있다는 점을 어느 누구도 부정할 수 없을 것이다. 이 점을 극명히 나타내고 있는 경우가 캐시미르, 키프로스, 중동, 그리고 서사하라이다. 이곳에서, 유엔의 외교뿐만 아니라 일부 강대국, 주로 미국이 행한 외교적 노력도 별로 빛을 발하지 못했다. 유엔이 이러한 사태를 해결하지 못하고 평화유지작전을 통해서 현상유지한다고 유엔을 비난하는 것은 적절하지 못하다. 비록 거의 만족스럽지 않은 방법이지만, 때때로 문제를 일부만 관리하는 것과 심지어 적절한 해결을 미루는 것이 그러한 쟁점들을 전면 무시하거나 유엔 대신에 개별 국가 혹은 국가집단이 스스로 다루는 것보다 더 나은 선택이 될 수 있다.

다른 한편, 수년 동안 유엔은 상당히 많은 분야에서 꼭 필요한 존재였고, 의문의 여지가 없을 정도로 성공을 거두었다는 점을 덧붙여야 한다.

유엔의 회원국 지위는 이제 모든 국가들의 *합법성을 검증하는 척도*가 되었다. 어느 신생국도 유엔에 가입하지 못하면 합법적이고 충분히 성숙한 국제공동체의 구성원이라고 주장할 수 없다.

이 외에도 누구나 알고 있듯이, 유엔은 국가들이 정치적 혹은 법적 합의를 성취하려고 모여서 다자외교를 하는 데 *필수적인 공론의 장*이 되고 있다. 이러한 세계적인 공론의 장이 없다면 국제관계는 훨씬 더 어려워질 것이다.

더욱이, 유엔이 일련의 *새로운 공동체가치들*(*강행규범* 원칙 같은 것)을 제고한 것 이외에 *식민지해방, 인권, 환경보호, 국제법 발전* 분야에서 수행하였던 바가 찬란한 유산이 되고 있다. 만약 국제공동체가 제2차 세계대전 이전에 존재하였던 것과 현저히 다르다면, 이는 주로 유엔 때문일 것이다.

유엔이 이룩한 또 다른 주요 성과는 주로 비정부간 기구지만 *비국가 행위자* 그리고 일부 민족해방운동단체들이 점차 국제외교 절차에 관여하게 된 점이다. 제71조에서 유엔헌장은 비정부간 기구를 언급하였을 뿐이다("경제사회이사회는 자신의 권한범위 내에 해당하는 사항과 관련한 비정부간 기구와 협의하기 위하여 적절한 조치를 마련할 수 있다"). 1945년 이래 유엔은 단계적으로 이들 기구들을 자신의 활동에 통합하였고, 이로써 비정부간 기구의 탄생과 활동을 크게 자극하였다. 이는 지극히 중요한 발전이다. 즉, 이는 국가간 수준에서 국가 이외의 행위자를 국제관계에 통합시켜 이들의 의견을 청취하고, 이들이 요구하는 바에 주의를 기울이며, 가능한 이들의 우려사항을 지지하려는 시도가 성공하였다는 점을 보여 준다. 나중에 민족해방운동단체와 관련해서도 똑같은 상황이 발생하였는데, 이들은 일부 유엔 기관 내에서 참관인 자격을 얻었고, 이에 따라서 자신들의 청구사항을 주장할 수 있었다(7.5 참조).

마지막으로, 유엔이 *지역기구*[OAS, AU(구 OAU), 아랍연맹, EU, 유럽평의회 등] 그리고 심지어 지리적으로 보아서 지역적이라고 할 수 없는(예를 들면, NATO 그리고 OSCE) 기구와 연계해서 유엔헌장 제52조부터 제54조까지에서 상정한 분야, 즉 분쟁의 평화적 해결 및 평화와 안전보장의 집행에 있어서 이들의 역할을 촉진하고 제고하는 경향이 점차 증가하게 된 점을 간과해서는 아니된다. 현재 유엔은 이들 기구와 훨씬 더 밀접한 동반자 관계를 형성하고자 노력하고 있다.

사실상, 근래에 1940년대와 1950년대 초 처칠의 국제적 시각에 깊이 뿌리를 둔 뛰어난 견해, 특히 국제공동체에서 지역기구가 담당할 수 있는 핵심역할에 관한 생각이 더욱 더 생산적이라는 점이 입증되고 있다. 국제공동체는 점차 보편적 기구와 지역기구가 결합해서 활동하는 쪽으로 나아갈 가능성이 매우 높다. 상호결합, 상호지원, 그리고 현명한 *역할분담*은 필경 현 세계공동체의 균열을 다소 좁히는 데—이것이 가능한 한도만이라도—도움이 되는 것으로 입증될 수 있을 것이다.

제 17 장

유엔 제재 및 집단안전보장

17.1 도 입

제16장(16.1 및 16.3.2)에서 국제평화와 안전보장 유지를 위하여 유엔헌장에서 상정했던 제도를 개괄한 바 있다. 이 제도는 실질적으로 실패하였다는 점도 강조했었다. 세계가 양극화된 시절에는 양 진영의 반목으로 인하여, 안전보장이사회가 평화에 대한 위협, 평화의 파괴, 침략행위가 발생하였다고 결정할 경우, 유엔헌장 제41조에서 규정하는 무력사용을 수반하지 않는 조치를 안보리가 채택할 수 없었다. 뿐만 아니라 양 진영의 상호 대립으로 유엔 군대를 설치하기 위한 유엔헌장 제43조에서 상정하고 있는 특별협정 체결에 필요한 정치적 합의도 이룰 수 없었다.

그러나 냉전기간 중 안보리와 총회는 이러한 실패를 보정하려고 하였다. 헌장 제41조에서 규정하고 있는 비강제조치를 취할 수 없었기 때문에, 이들 기관은 비록 강제력은 없지만 최소한 정상이 아닌 일부 국가행위에 비난의 낙인을 찍는 '제재'(sanctions)[1]를 대신 활용하였다. 더욱이, 유엔 군대를 설치할 수 없게 되자

1) 제재의 개념에 대해서는 논리적 · 어휘론적으로 몇 가지 구분할 필요가 있다. 'sanctions'(혹은 sanctions *lato sensu*)이라 함은 국가 혹은 그 밖의 국제법 주체들이 하는 비정상적 행위에 대응하기 위하여 국가집단 혹은 국제기구 기관들이 취하는 모든 조치들을 일컫는다. 결국 이처럼 넓은 부

독창적인 장치로서 평화유지군이 마련되었다.

냉전이 종식되면서 안보리의 활동이 활발해졌다. 안보리는 유엔헌장 제41조에서 상정한 무력에 미치지 않는 조치를 취할 수 있었다. 더욱이, 냉전기간 중 특별한 상황에서 가능하였던 단기간의 관행을 근거로, 안보리는 개별적으로 혹은 지역기구의 틀 속에서 행동하는 국가들에게 평화에 대한 심각한 위협 혹은 평화의 파괴에 직면하는 경우 군대를 활용할 수 있도록 허가하였다. 이러한 관행이 널리 확산되고 보편적으로 수락되었기에 현재 유엔헌장 제도에 충분히 부합하는 것으로 여겨지고 있다.

17.2 무력에 이르지 않는 조치

유엔헌장 제41조는 다음과 같이 규정하고 있다.

> "안전보장이사회는 자신의 결정을 실행하기 위하여 무력사용을 수반하지 아니하는 어떠한 조치를 취할 것인지를 결정할 수 있으며, 유엔 회원국에 대하여 그러한 조치를 적용하도록 요청할 수 있다. 이 조치는 경제관계 및 철도, 항해, 항공, 우편, 전신, 무선통신 및 다른 통신수단의 전부 또는 일부의 중단과 외교관계의 단절을 포함할 수 있다."

이들 조치가 반드시 군사활동을 대체하려는 것은 아니다. 그러나 상대적으로 유엔의 집단제도가 실패하고 심지어 나중에 마련된 창의적인 대안마저 실패하게 되자 이러한 '제재'의 역할과 중요성이 필연적으로 *확장*되었던 것이 사실이다. 이들은 평화의 위협 혹은 파괴에 이르는 심각한 국제법 위반에 대응하기 위하여,

---

류는 포괄적 개념으로서 다음과 같은 것을 포섭한다. ① *집단적 대응조치*(복수의 국가들이 국제기구의 허가 없이 다른 국제법 주체의 국제법 위반에 대응하여 취하는 국제법 위반조치로서 그러한 위반에 대한 대응이고 그 행위자가 국제법을 준수하도록 강제한다는 면에서 합법이다), ② *엄밀한 의미의 제재*('중앙집중적인' 대응조치로서 국제기구의 기관이 결정하거나 권고함), ③ *정치적 제재*(즉 *고난을 강제하는 조치*로서, 국제법 위반을 수반하지 않고 회원국가의 비정상적 행위에 대응하여 국제기구가 취하는 것으로 그러한 행위가 국제규범에 반하는지의 여부는 구별하지 않음).

개별적 · 집단적 대응조치에 대해서는 앞에서 논의하였고(15.3 참조), 엄밀한 의미의 제재는 앞 15.5에서 언급하였지만, 이 장에서, 필요하다면 언제든지, 엄밀한 의미의 제재를 때에 따라 언급하면서 주로 정치적 제재를 다루고자 한다.

그리고 비록 국제법 위반은 아니지만 평화와 안전보장을 위협하는 사태에 대응할 때도 활용되었다.

소위 이러한 제재의 활용은 종종 강제성에 역비례한다. 달리 말해서, 강제성이 적을수록 더 자주 그리고 더 효과적으로 활용된다. 그 이유는 간단하다. 즉, 국가와 국제기구들은 '제재' 없이 아무것도 할 수 없는데, 안보리에서 의견이 불일치하여 집단적 집행장치가 마비될 때, 제41조에서 규정하지 않았지만 상대적으로 약한 형태의 압력 혹은 폭로로써 문제를 해결할 수 있다. 이들 조치는 최소한 국가의 위법행위에 대한 집단적인 비난을 표시하는 기능을 한다. 그러나 안보리가 제41조에 따라서 취한 조치의 효과는, 우선 첫째로 이들 조치가 어느 정도의 지지를 받는지(이들 조치들은 유엔 회원국의 적극적 지지를 받을 경우에만 시행될 수 있을 뿐이다)에 좌우되고, 둘째로 목표의 내용에 좌우된다[따라서, 아마도 *Lockerbie* 사건(뒤 22.4.2 참조) 이후 리비아에 대한 조치들이 성공한 것은 이들 조치들이 비행금지와 무기수출입 금지라는 목표를 잘 설정하였기 때문일 것이다].

안보리가 결정한 '압박'조치의 목표와 관련하여 몇 마디 덧붙일 필요가 있다. 비록 제41조에서 이러한 사항을 명확히 하지 않았지만, 이들 조치들 혹은 적어도 위 규정에서 적시한 것들은 안보리가 평화를 위협하거나 파괴하고 있다고 '비난받는' *국가*에게 비정상행위를 그만두도록 강제하기 위하여 취할 수 있는 것으로 보인다. 그러나 국제테러가 확산되고 점차 더 위험해지면서 안보리는 개인 혹은 개인의 집단, 예컨대 오사마 빈 라덴이나 알카에다에 대한 조치도 결정하게 되었다(22.4.2 참조).

17.2.1 경제 '제재' 및 그 밖의 '제재'

몇 가지 사건에서, 안보리는 회원국이 어느 국가를 상대로 *경제적* 혹은 *상업적* 조치를 취하도록 *결정한* 바 있다.[2]

---

2) 대상 사건은 남로디지아(1966~1979)와 남아프리카공화국(1977~1994)인데, 여기에서 안보리는 전자의 경우 일정 상품의 수출입금지 조치를 내리고, 후자의 경우 무기 등 군수물자 수입금지 조치를 내릴 때 명시적으로 헌장 제41조에 따라서 행동하였다. 나중에, 안보리는 이라크(1990년 8월 6일 결의 제661호), 소말리아(1992년 1월 23일 결의 제733호), 리비아(1992년 3월 31일 결의 제748호; 경제제재 등의 조치는 리비아가 미국 국적기와 프랑스 국적기에 대한 테러공격 혐의가 있는 2명의 리비아인을 네덜란드 당국에 인계한 후에 폐지되었음), 구 유고(1992년 5월 30일 결의 제757호, 이

다른 경우, 안보리 혹은 총회가 *외교관계 단절*과 같은 조치를 취하도록 *권고하였다.* 남아프리카공화국(1962년 이래 인종분리정책을 이유로 그리고 그 이후에도 나미비아 불법점령을 이유로) 그리고 포르투갈(1963~1975년 동안에 식민정책을 이유로)에 대한 경우를 예로 들 수 있다.

불행하게도, 이들 결정 혹은 권고 중 다수는 국제공동체 전체의 전폭적이고 실질적인 지지가 없어 준수되지 않았다(종종 대상 국가들이 하나 이상의 강대국으로부터 지원을 받았고, 이는 결국 유엔의 비난조치들을 저해하였다).

17.2.2 위법사태의 불승인

여러 경우에, 유엔은 자신이 종료시킬 수 없는 처지에 있거나, 효과적인 제재를 권고하거나 강제할 수도 없는 국가의 위법행위에 직면했을 때, 대체방법으로서 해당 위법사태를 승인하지 않는 방법을 활용하였다.

> 이러한 정책은 1932년 초에 처음 선언되었다. 일본이 중국의 만주지역을 침략한 후, 미국 국무장관 H.L. Stimson은 미국 정부가 "사실상의 어떠한 사태의 합법성도 인정할 수 없으며, 뿐만 아니라 이들 정부 혹은 이들 정부의 기관들이 체결한 조약 혹은 협정으로써 미국의 조약상 권리를 침해할 수 있는 것들을 승인하지 않을 것이다. … 그리고 … 규약과 1928년 8월 27일 파리맹약의 의무에 반하는 수단으로 발생할 수 있는 모든 사태, 조약 혹은 협정을 승인하지 않겠다"고 선언하였다(26 *AJIL* (1932), p.342).
>
> 국제연맹 특별총회는 1932년 3월 11일 동일한 취지의 결의를 채택하였다. 1938년, 미주국가회의는 강제병합된 영역의 불승인에 관한 결의를 페루의 리마에서 통과시켰다.

이제까지 안보리와 총회는 수많은 국가들, 즉 이스라엘, 남아프리카공화국, 남로디지아, 키프로스, 그리고 1990년에는 이라크(1990년 8월 9일 결의 제662호에 의

후 1992~1993년 FRY에 불리한 결의가 다수 이어졌음), 라이베리아(1992년 11월 19일 결의 제788호), 아이티(1993년 6월 16일 결의 제841호, 이후 1994년에 다른 결의들이 이어졌음)에 대해서, 앙골라의 반란단체인 UNITA(1993년 9월 15일 결의 제864호, 이후 1998년까지 다른 많은 결의들이 이어졌음), 시에라리온(1997년 10월 8일 결의 제1132호, 이후 1998년에 다른 결의들이 이어졌음), 그리고 아프가니스탄의 탈레반 파벌(1999년 10월 15일 결의 제1267호)에 대해서 경제제재 혹은 군사적 수출입금지 조치를 부과하였다.

해서, 안보리는 이라크의 쿠웨이트 병합이 무효라고 선언하였다)에 대해서 이러한 유형의 제재를 활용하였다.

유엔의 불승인 선언이 갖는 의미는 무엇인가? 정치적으로 이들 선언의 기반이 되는 생각은 세계공동체가 수락한 기본적인 가치에 반하는 모든 활동은 합법화될 수 없는 일탈행위라는 것이다. 불승인 선언의 목적은 위법국가를 소외시켜서 이들이 국제사회로부터 비난받는 사태를 바꾸도록 강제하는 것이다. 이러한 조치들은 유엔이 헌장에서 규정하고 있는 '제재'를 활용하여 합법성을 회복할 수 없는 경우에 마지막으로 취하는 것들이다. 즉, 국제적으로 조직된 공동체는 세력을 무효화시킬 수 없기 때문에 그러한 세력을 단호히 승인하지 않는 정도까지만 할 수 있다.

법적으로 말하자면, 이러한 유엔선언은 이를 지지하는 국가에게 상호적 의무를 야기한다. 국가들은 사실상의 사태를 국제법상 합법적인 것으로 변경시키는 행위를 국제적으로나 국내적으로 하지 않겠다고 서약하는 것이다. 이 결과, 이들 모든 국가의 국내법원은 위법당국과 하는 행위 및 거래관계를 무효로 처리해야 한다. 국제적인 수준에서는 어떤 식으로든 해당 사태를 합법화시킬 수 있는 행위를 해서는 아니된다. 이로 인한 사안의 상황이 매우 복잡해질 수 있다. 즉, 비록 다수의 관습국제법규칙이 바뀌어서 최근 등장한 보편적 원칙을 고려할 수 있다고 해도(제3장 참조), 유엔 결의에 찬성투표하지 않은 국가들에게 유효한 사태에 대해서 국제법에 반한다는 견해를 갖도록 강요할 수는 없다. 이들은 실효성 원칙(1.7 참조)을 원용하여 해당 사태가 합법적이라고 생각하기 때문에 그에 따라서 행동할 권리가 있다고 주장할 수 있다. 이와 반대로, 유엔 결의를 지지하는 국가들은 유효한 사태를 위법으로 간주할 권한을 받아서, 그에 따라 행동할 수 있다. 다른 많은 경우에서처럼 이 점에서도 세계공동체가 취하는 태도에 균열이 있음을 볼 수 있다. 현 국제법에서는 이러한 간극을 허용한다. 비록 이러한 두 가지 추세가 모두 법률상 정당하다고 할 수 없더라도 과반수의 견해가 옳다고 할 방법도 없다.

17.2.3 안보리의 비난

여러 경우에, *안보리는 제2조 제4항을 심각히 위반하는 행위*를 침략행위로 정의하면서 해당 행위를 *비난하였다*. 예컨대, 이러한 경우가 1985년에 발생하였을 때, 안보리는 결의 제573호로써 이스라엘이 튀니지 소재 PLO 본부를 공격한 것을 비난하였다.

다른 경우, 안보리는 무력사용에 대해서 침략이라고 하지 않고 그러한 행위를 비난하기만 하였다. 예를 들면, 안보리가 에티오피아와 에리트레아 간의 전쟁을 비난하였던 1998년 6월 26일 결의 제1177호 그리고 1999년 2월 10일자 결의 제1227호를 참조하시오.

17.2.4 심각한 위반에 대한 총회의 공개 폭로

유엔이 강제적인 국제법 시행으로 야기되는 엄청난 문제점들을 다룰 수 없게 되어서 또 다른 '제재', 즉 심각한 위반의 공개적인 폭로에 의지하지 않을 수 없게 되었다. 이러한 '제재'는 통상 총회가 위법적인 국가행위를 비난하고 비정상적인 행위를 중단하도록 촉구하기 위하여 채택하는 결의에 있다. 이제까지 총회는 주로 회원국이 인권을 침해하거나 유엔의 기본원칙들을 무시하는(남아프리카공화국과 이스라엘의 경우에서처럼) 여러 가지 경우에 이러한 유형의 결의를 통과시켰다.[3)]

물론, 이러한 범주의 '제재'에서 너무 많은 것을 기대해서는 안되는데, 그 이유는 흔히 관련 국가는 국제기구를 외면하기 때문이다. 그러나 공개적 비난이 갖는 긍정적 효과는 장기적인 면에서 평가될 수 있다. 국가들은 점점 공개적인 비난을 피하려고 노력하는 것으로 보인다. 특히, 이들은 반복적으로 도덕적 질책의 대상이 되는 것을 피하려고 한다.

---

3) 단순히 폭로 수단을 활용하는 것이 '제재'로 여겨진다는 점에 놀랄 필요 없다. 몇 번씩이나, 국가들 스스로 국가들에게 영향력을 행사하는 수단으로써 공개 폭로가 갖는 중요성을 인정한 바 있다. 예컨대, 1975년에 그리스 대표는 총회에서 다음과 같이 발언하였다. "여러 가지 국제기구 및 국내기구들이 하는 간섭 혹은 자유와 민주주의 원칙을 진정으로 존중하는 외국정부의 항의만이 독재자에 대해서 영향력을 행사할 수 있을 것이며, 전체주의 체제하에 있는 정치범들에게 어느 정도의 보호를 보장할 수 있을 것이다"(*GAOR*, XXXth Session, 3rd Committee, 2160th Meeting, 제14항). 같은 맥락에서, 영국 대표는 "폭로가 고문에 대항할 때 활용 가능한 최고의 무기라는 점이 인정된다면, 유엔의 책임은 정말로 크고 [1975년에 통과된 고문에 관한] 총회 결의에 보인 반응에 대해서 감사해야 할 명분이 있다"고 하였다(*ibid.*, 2167th Meeting, 제1항).

17.2.5 국제적인 형사재판소의 설치

두 가지 경우, 유엔 안전보장이사회는 유엔헌장 제7장에 따라 무력충돌시 자행된 잔혹행위를 저지른 자들을 기소하고 처벌하기 위하여 *국제적인 형사재판소를 설치하였다*. 우선 1993년에 ICTY를 설치하였고, 그 1년 후에는 ICTR을 설치하였다. ICTY 항소심재판부가 *Tadić* 사건(*중간불복*; 제31항 내지 제40항)에서 판단하였듯이, 이들 재판소는 헌장 제41조에서 규정하는 무력사용을 수반하지 않는 조치로 분류할 수 있다.

17.3 평화유지작전

일찍이 1956년에 양대 초강국들이 잠시나마 의견의 일치를 보이면서 새롭고 창의적인 방식인 *'평화유지' 군*(대체로 이들의 머리 보호장구 때문에, UN Blue Berets라고 알려짐)의 활용이 정교해졌다. 수에즈사태를 계기로 '평화를 위한 단결'장치(이 경우는 영국과 프랑스의 거부권을 피하기 위한 것임)가 가동되었지만, 이 장치는 부분적으로만 활용되었다. 유엔 총회는 사무총장에게 적대행위의 중지와 이집트 영역에서 영국군, 프랑스군, 이스라엘군의 철수를 확보하고 철수 후 이집트와 이스라엘 군대 간에 완충세력이 되기 위한 군대로서 유엔긴급군(United Nations Emergency Force: UNEF) 창설을 맡겼다.

UNEF는 다음과 같은 특색을 가진 *전통적인* 평화유지작전의 표준이 되었다.

① 유엔이 활용하도록 회원국들이 제공한 군인들로 구성되고 영토국의 *동의*를 받아서 분쟁지역에 배치된다. ② 일반적으로 안보리의 배타적 권한하에(그러나 경우에 따라서 UNEF의 창설처럼 총회의 권한하에 있을 수 있음) 있다. 따라서 안보리는 이들의 전반적인 정치적 목표에 대해서 책임을 부담한다. 이 외에 이들에 대한 행정적 지시와 지휘는 유엔 사무총장에게 위임되지만, 지상에서의 명령권은 대표단장이 갖는다. ③ 이들은 군사적인 강제력을 갖지 않고 정당방위의 경우에만 무력을 활용할 수 있다(그러나 아래 참조). ④ 이들은 항상 중립적이고 공정한 방식으로 활동해야 한다. ⑤ 유엔의 정규예산을 통해서 재정지원을 받는다. 평화유지군의 비용은 국제평화와 안전보장의 유지와 결부된다. 따라서 이 비용은 ICJ가 *Certain Expenses of* *the UN* 사건의 권고적 의견(p.151)에서 확인하였듯이 유엔헌장 제17조 제2항에 따라서 총회가 의무적으로 배분한다. 평화유지작전 비용이 높은 점을 감안해서, 총회는 때때로 특별기금을 설치하여 회원국들이 비용에 소요되는 기금을 자발적으로 기부하도록 요청한 바 있다.

1956년 이래, 유엔은 세계 각지에서 매우 많은 수의 평화유지작전을 수행하였다. 고전적인 평화유지작전은 UNEF를 모범으로 해서 창설되었는데, 주기능은 충돌당사자들을 분리하여, 이들간 무력적대행위를 사전에 차단하고, 일정 지역에서 질서를 유지하는 것이다. 그러나 이들은 수년에 걸쳐서 다양한 임무를 수행하게 되었다. 동 · 서 진영의 대립이 종식된 이후 이러한 임무의 수가 크게 늘었고, 훨씬 복잡해졌다. 1988년 이전에는 15건의 작전이 있었지만, 그 이후에는 약 40건의 작전이 수립되었다.

초창기 대부분 그리고 최근의 평화유지작전은 위에서 개괄한 특징을 갖지만, 특히 정당방위의 경우에만 무력을 사용해야 하는 원칙의 포기와 관련해서 매우 예외적인 경우도 있다. 유엔콩고작전(ONUC)은 이러한 첫 번째 예외로서 두드러진다. 즉, 안보리는 ONUC에 대해서 '콩고내란의 발생'을 예방하기 위하여 '필요한 경우 마지막 수단으로' 무력사용을 허가하였고(결의 제161호(1961)) 나중에는 외국군인, 민병대 그리고 용병을 체포하고 수감하도록 허가하였다(결의 제169호(1961)). 더 최근에, 안보리는 소말리아에서 평화유지작전의 성격을 완전히 바꿔서(따라서 UNOSOM I이 UNOSOM II가 됨) 헌장 제7장에 따른 집행권한을 부여하였다(결의 제814호(1993)). 1993년 6월에 채택된 결의 제836호를 통해서, UNPROFOR(보스니아-헤르체고비나 영역에 배치된 평화유지작전군)는 '정당방위행위로써, 어느 당사자이든 안전지역에 대해서 폭격하는 경우에 대응하기 위하여 무력사용을 위시하여 필요한 조치를 취하도록' 허가하기도 하였다. 이 세 가지 사건 모두, 실제로 유지할 평화가 없는 경우, 즉 국가 내에서 충돌이 계속되는 사태에서와 정부권한이 일부 혹은 전부 붕괴된 경우에도 유엔군이 배치되었다. 그러나 이처럼 평화유지군에게 집행기능을 부여하는 경향은 심하게 비난받았고, 유엔 사무총장 B. Boutros Ghali가 1992년 '평화의제'(Agenda for Peace)에서 상정하였던 특별한 부류의 유엔평화집행부대를 창설하는 정도까지는 발전하지 못했다.

> 최근 몇년 동안에, 절대다수의 유엔군은 국내적 충돌에 대응했거나 내부 무질서 혹은 충돌 직후의 사태에 개입하였다. 여러 협정 규정 중에서도 유엔에게 협정 준수와 시행을 감독하도록 요청했던 포괄적인 평화협정에 따라 수개의 군대가 설치되었다(앙골라의 UNAVEM I · II 그리고 III, 모잠비크의 ONUMOZ, 르완다의 UNAMIR, 엘살바도르의 ONUSAL, 캄보디아의 UNTAC). 이에 따라서, 유엔군은 대규모 민간인들을 구성원으로 하여 인도주의적 지원을 하거나, 국민적 화해를 제고하고 인권 및 기본적 자유권 존중을 촉진하며, 선거를 조직하고 감시하며, 경우에 따라서는 제도와 국민적 역량을 재건할 수 있도록 지원하기도 하였다.
>
> 아주 최근에 두 종류의 작전은 과도기 동안 일정 지역을 시행통치하는 임무를 부여받았다. 코소보 유엔임시행정당국(UNMIK)은 필요한 경우 그리고 필요한 한도에서, *특히* 기본적인 민간행정 기능을 수행하도록 한 결의 제1244호(1999)로 창설되었으며, 선거를 실시하는 등 정치적으로 안정될 때까지 민주적이고 자율적인 자치정부를 위한 임시기관이 발전하도록 조직 · 감독하며, 국제 인도주의적 기구와 협력하여 인도주의적 지원 및 재난구호를 제공하고, 현지 경찰대를 설치하는 등 민간 법질서를 유지하는 한편 국제경찰관을 코소보 지역에서 복무하도록 배치하여 인권을 보호하고 촉진하며, 모든 피난민과 실향민들이 코소보 지역 내 자신들의 가정으로 안전하게 제한 없이 귀환할 수 있도록 하였다.
>
> 이와 유사하게, 인민들을 인도네시아로부터 독립시킨 국민투표에 이어서 폭동이 발생한 후 동티모르의 유엔과도당국(결의 제1272호(1999))이 설치되었고 다음과 같은 임무를 부여받았다. 그것은 동티모르 전체의 치안 및 법질서 유지, 효과적인 행정체제 수립, 시민적 · 사회적 업무 개발 지원, 인도주의적 지원 · 재건 · 개발지원의 조절 및 전달 확보, 자치정부의 역량확충 지원, 지속적 개발 여건의 수립을 지원하는 것이다. 이러한 작전의 선례는 총회가—인도네시아와 네덜란드의 요청에 따라서—서뉴기니가 인도네시아에 이양되기까지(현재, 이리안자야 주가 됨) 이 영역을 시행통치하기 위하여 임시행정당국(UNTEA)을 설치하였던 1962년에 있었다.

사태가 복잡해지면 전통적인 평화유지작전의 다른 두 가지 중요한 특징으로서 *영토국의 동의와 공정성*이 때때로 영향을 받는 경우가 있다. 일부의 경우, 하나 이상의 관련 당사자로부터 동의를 얻지 못했기 때문에 평화유지작전이 부분동의를 근거로 해서 진행된 적이 있었다. 이 결과 공정성도 위협받았다. 그러나 유엔은 항상 이러한 점들이 평화유지작전의 두드러진 특징이라고 했었고, 아직도 그렇게 말하고 있다.

'평화유지' 제도—'권한허가 체제'와 마찬가지로—는 유엔헌장 제7장에서 상정했던 것과 충돌한다. 그러나 이는 가장 중요한 유엔의 도구 중 하나—종종 유일하게 활용할 수 있는 것—가 되었으며, 현재 헌장에 부합한다는 점이 보편적으로 인정되고 있다.

종합적으로 고려할 때, 평화유지작전은 갈등당사자들이 전투를 종료하도록 하여 더 큰 유혈사태를 피할 수 있도록 하는 데 도움이 되었다. 이는 또한 당사자들이 협력해서 미래를 건설하려는 의지를 갖는 경우 복잡한 평화절차를 달성하는 데 상당한 도움이 되기도 하였다. 이는 사실상 유엔이 정한 해결책을 당사자들이 수락하도록 강요하려는 것이 아니라 현장에서 갈등당사국들이 합의한 해결책을 실행에 옮기도록 도와 주는 것이다. 그러나 장기적으로 평화유지작전은 역효과를 가져올 수 있다. 그 이유는 충돌의 근원이 되는 기본적인 문제점들에 대해서 현실적인 해결책을 제시하지 않으면서 해당 사태를 동결시키는데 그치기 때문이다.

이러한 경우는 키프로스의 UNFICYP와 캐시미르 지역의 UNMOGIP에게 발생하였다. 반대로, 레바논의 UNIFIL은 2000년 5월~6월 이스라엘이 레바논에서 철수하도록 하였고 이스라엘 철수 이후의 위험성을 떨어뜨린 것으로 보인다. 또한, 아마도 시리아 정부의 조언에 따라서 레바논군이 여전히 배치를 꺼리는 것으로 보였던 남부 레바논의 사태를 안정시키기도 하였다.

17.4 유엔의 허가를 얻은 국가의 무력사용

위에서 언급하였듯이, 유엔은 특히 냉전 종식 이후, 유엔헌장 제43조에서 상정한 유엔군을 설치할 수 없었기 때문에 단계적으로 유엔의 역할은 회원국의 무력사용을 허가하는 정도까지만 할 수 있었다. 이러한 실행은 다음 두 가지 형태를 취하였다. ① 일부 경우, 안보리는 한 국가가 다른 국가를 상대로 *침략행위*를 하고, 그 타국이 개별적 (및 집단적) 정당방위로 대응한 후에야 국가들의 무력사용을 허가하였다. 다른 경우 ② 안보리는 *평화에 대한 위협* 혹은 진행 중인 국제 혹은 국내적 무력충돌에 대처하기 위하여, 국가들이 개별적으로 무력을 사용하거나 다국적군을 설치하도록 허가하였다.

이러한 실행이 주로 어떻게 나타났는지를 살펴보고 그 이후 이것이 유엔법이 되었는지의 여부를 가늠해 보고자 한다.

17.4.1 한 국가의 침략행위 후 안보리의 허가를 얻은 무력사용

몇 가지 경우, 안보리는 평화의 파괴를 자행하거나 침략을 저질렀던 국가를 상대로 국가들이 무력을 사용하도록 허가하였다.

> 평화를 회복하기 위하여 이러한 대안이 취해진 것은 1950년이었다. 그 해 소련 대표단(국민당 중국이 아니라 중화인민공화국이 중국을 대표하는 것을 유엔이 허락하지 않자, 이에 대한 항의로써 안보리 회의에 불참하였음)이 결석한 것을 기회로 안보리는 미국의 지휘하에 활동하는 회원국들이 남한을 도와서 북한의 침략을 무력으로 물리칠 수 있도록 하고, 이들이 군 작전을 수행하는 동안 유엔기를 사용할 수 있도록 허가하였다(결의 제82호, 제83호, 그리고 제84호(1950)).

이와 마찬가지로, 1990년에 안보리는 회원국들이 이라크의 쿠웨이트 침공을 물리치기 위하여 필요한 모든 수단, 즉 대규모의 무력사용을 활용할 수 있도록 허가하였다(결의 제678호(1990)). 2003년, 안보리는 결의 제1511호(2003)로써 '통합사령부 지휘하에 있는 다국적군'이 이라크 내에서 치안과 안정을 회복하는데 무력조치를 사용하도록 허가하였다(제13항). 해당 허가는 결의 제1546호(2004)(제9항)로 확인되었다.

17.4.2 평화에 대한 위협의 경우 국가의 무력사용 허가

안보리는 평화에 대한 위협에 직면하게 되었을 때 국가들의 무력사용을 허가하기도 하였다. 이는 특히 *인도주의적 위기사태*의 경우에 발생하였다. 사실상, 안보리는 인도주의적 위기사태와, 헌장 제7장에 따른 안보리 조치를 촉발시킬 수 있는 세 가지 조건 중의 하나인 평화에 대한 위협이 단계적으로 직접 연결되도록 하였다. 결국, 안보리는 유엔헌장 제39조에서 규정하는 평화에 대한 위협 개념을 상당히 확대하여 한때 주로 국내관할권에 해당되는 것으로 간주되었던 한 국가 내의 인도주의적 위기사태를 포함시켰다. 이어서, 안보리는 인도주의적 구호작전에 필요한 안정적인 환경을 조성하기 위하여 회원국들의 무력사용을 허가하였다.

> 회원국들이 공군력을 활용하여 안전지역에 대한 공격을 억제하기 위하여 허가한 결의 제836호와 제844호(1993)를 근거로 보스니아-헤르체고비나 내 안전피난처를 보호하려는 노력이 있었다. 소말리아에서의 희망회복(Restore Hope) 작전과 르완다에서의 터키옥(Turquoise) 작전은 각기 결의 제794호(1992)와 제929호(1994)를 근거로 개시되었다. 이들은 구호품 배급을 위한 안전 및 지원 제공, 혹은 실향민, 난민, 그리고 위험에 처한 민간인들의 보호 확보와 같은 인도주의적 목표를 달성하기 위하여, 두 개의 '자발적 참여자들의 연합'—미국과 프랑스가 각기 주도하는—이 수행하는 대규모 군사작전으로 이루어졌다.

그러나 인도주의적 위기사태를 평화에 대한 위협으로 보는 관행은 위험의 소지가 있다. 안보리는 이 사항에 대해서 재량권을 유지하려 하고, 연관성 및 자신이 행동하게 된 이유에 관해서 설명을 회피하는 경향이 있다. 결과적으로, 안보리의 실행은 일관되지 않고 선택적인 것이 되어 버렸다(예를 들면, 아프리카 국가들은 시에라리온에서와 같은 인도주의적 재난이 아프리카에서 발생했는데도 안보리가 이전 소말리아의 위기사태만큼 강력한 의욕을 갖고 움직이지 않는 점을 맹렬히 비난한 바 있다).

'평화에 대한 위협' 개념을 확장하면서, 안보리는 국내에서, 혹은 지역기구나 약정을 통해서 활동하는 회원국들이 민주주의 혹은 공공질서를 회복하기 위하여 무력을 사용하도록 허가하기도 하였다. 결의 제940호(1994)로써 안보리는 아이티에 들어선 사실상 불법체제의 행위를 비난한 후, 회원국들이 국제군을 조성하여 군 지휘관의 출국을 종용하고, 합법적으로 선출된 대통령인 Jean-Bertrand Aristide가 귀환하는 데 필요한 모든 조치를 사용하도록 허가하였다.

더 최근에는, 알바니아가 안전보장이사회 조치를 요청한 후 안보리는 회원국의 개입을 허가하였다(결의 제1101호(1997)). 안보리는 내부소요가 전투사태로 비화하는 것을 예방하기 위하여 동티모르(결의 제1264호(1999))뿐만 아니라, 결의 제1497호(2003) 그리고 제1509호(2003)에 따라서, 라이베리아에 개입하는 것을 허가하기도 하였다.

17.4.3 안보리가 부과한 경제적 조치를 집행하기 위한 무력사용의 허가

안보리는 직접 군사조치를 취할 수 없었기에, 여러 가지 다른 목적을 위해서 회원국의 무력사용을 허가하였다. 예컨대, 안보리는 유엔헌장 제41조에 따라서 이미 결정한 경제적 조치를 집행하기 위하여 다수의 허가조치를 채택하였다.

이러한 것은 1966년에 처음 있었는데, 이 때 안보리는 '필요하면 무력을 사용해서' 안보리가 남로디지아에 대해서 부과한 수출입금지 조치를 정면으로 위반한 채 이 국가로 향하는 유조선을 차단하도록 영국에 요청하였다(결의 제221호(1966); 이로 인해서 그리스 선박 Manuela호 사고가 발생하였다).[4] 그 이후 특히 냉전 종식 이후, 안보리는 종종 국가들에게 이전에 채택한 경제제재 조치의 이행을 확보하기 위하여 제한적인 무력사용을 권고하였다.

예컨대, 1990년 8월 25일 결의 제665호로써, 안보리는 걸프 수역을 가로지르는 모든 선박들이 이라크에 부과한 수출입금지 조치를 위반하지 않도록 하기 위하여, 이들 선박의 하물과 도착지를 조사하고 검증할 것을 회원국들에게 요청하였다. 또한, 안보리는 유고연방공화국(결의 제787호(1992) 및 제820호(1993)), 소말리아(결의 제794호(1992)), 아이티(결의 제875호(1993) 및 제917호(1994)), 라이베리아(결의 제1083호(1997)), 그리고 시에라리온(결의 제1132호(1997))에 대해서 결정한 경제조치를 엄격히 시행하기 위하여 국가들이 모든 진출입 선박들을 정선시키도록 요청하기도 하였다. 이와 마찬가지로, 안보리는 NATO가 보스니아-헤르체고비나의 세르비아군에 대해서 공습하도록 허가하였다.

17.4.4 '권한허가 체제'의 발전 경향

수년에 걸쳐서, '권한허가 체제'는 주로 다음 세 가지 방향으로 발전하였다.

첫째, 안전보장이사회가 허가하는 무력사용의 목적과 관련해서, 안보리는 점

4) 이 그리스 선박은 그리스 당국의 반대 없이 영국 군함에게 정선되어서 수색당했다. 또 다른 그리스 선박 Joanna-V호가 안보리 결의 이전에 모잠비크 베이라 해변 근처 공해상에서 수색당하자, 그리스 정부의 강한 항의가 있었다. 이 두 사건에 관한 적절한 참고문헌으로서는 V. Gowlland-Debbas, *Collective Responses to Illegal Acts in International Law*(Dordrecht, Boston, and London: Nijhoff, 1990), pp.400-419, 뿐만 아니라 B. Conforti, *The Law and Practice of the United Nations,* 2nd edn.(The Hague, London, Boston: Kluwer, 2000), p.280을 참조하시오.

차 국가들이 무력사용시 추구하고자 하는 *목적*을 이전보다 더 분명히 정의하였다. 이와 반대되는 경우로서는, 이라크에 관한 결의 제678호(1990)에서 무력사용의 목적을 개괄적으로 정의하였던 점을 생각하면 된다. 안보리는 국가들이 '결의 제660호(1990)와 그 이후의 모든 결의를 지지하고 시행하기 위하여, 그리고 이 지역에서 국제평화와 안전을 회복하기 위하여' 필요한 모든 수단을 활용해야 한다고 결정하였다. 이러한 포괄적 위임으로 인해서 일부 국가들(특히, 미국과 영국)은 후속 안보리 결의의 준수를 강제하기 위하여 이라크를 공습하는 것이 안보리 결의 제678호(1990)에서 허가되었다고 주장할 수 있었다. 더 분명하고 명확한 목표가 안보리 결의 제1511호(2003)에서, 그리고 이보다 더한 것이 안보리 결의 제1546호(2004) (예컨대 제9항 내지 제14항 참조)에서 설정되었는데, 이 둘은 모두 이라크에 관한 것이었다.

둘째, 안전보장이사회가 부여한 위임의 *유효기한*이 점차로 제한되었다. 처음에는 이러한 기한이 명시되지 않았다[예컨대 이라크에 관한 결의 제678호(1990), 구 유고슬라비아에 관한 결의 제770호(1992), 그리고 소말리아에 관한 결의 제794호(1992)]. 현재, 안보리는 무력사용을 허가하는 결의에서 시한을 정하는 경향이 있다. 때때로, 이러한 제한은 아이티에 관한 결의 제940호(1994)의 경우에서처럼 '기능적 시한'이다. 이 결의 제8항에서 다국적군의 임무는 '안전하고 건실한 환경이 수립되고 UNMIH(UN Mission in Haiti)가 자신의 기능 전체를 수행하는 데 적절한 화력과 구조를 갖는' 순간 종료한다고 규정하였다(이에 관한 결정은 안보리 자신에게 맡겨짐). 시한을 정하는 관행은 안보리 상임이사국이 군작전에 참여하는 경우 특히 중요하다. 왜냐하면, 만약 해당 상임이사국이 자신 때문에 작전 중지를 원하지 않는다면, 무력사용 허가를 종료하려는 안보리 결정에 대해서 거부권을 행사할 것이기 때문이다.

셋째, 안보리는 국가들이 군작전 수행에 관해서 자주 그리고 상세히 자신에게 보고할 의무를 더 많이 부과하고 있다. 처음에 이러한 의무는 엄격하지 않았다. 예컨대, 이라크에 관한 안보리 결의 제678호(1990)에서는 단순히 국가들이 '취한 조치의 진행상황에 관하여 정기적으로 안보리에 통지하도록' 규정하였을 뿐이다(제4항). 이처럼 광범위한 의무를 수행하면서, 일부 국가들은 현재 진행 중인 군작전에 관하여 간략하고 개괄적인 보고서를 안보리에 제출하는 데 그쳤다. 현재, 이러한 의무는 이제 더 이상 개괄적이지 않고 느슨하지도 않다. 일부 경우,

안보리는 국가들이 제공하는 정보 이외에(혹은 이 대신에) 활용할 수 있는 다른 평가기준을 갖기 위하여 사무총장에게 작전수행에 관하여 보고하도록 요청하기도 한다. 예컨대, 이라크에 관한 안보리 결의 제1546호(2004)의 제30항에서는 사무총장이 “이 결의일로부터 3개월 이내에 이사회에게 이라크 내 UNAMI(UN Assistance Mission for Iraq)의 작전에 대해서, 그 이후에는 분기별로 전국적 선거와 UNAMI의 책임사항 일체의 진행상황에 관하여 보고해야” 한다고 규정하였다.

이러한 유엔 관행이 발달하면서 이러한 관행이 유엔헌장에 더욱 부합하게 된 것이 분명하다. 안보리는 현재 자신이 부여한 무력사용 허가를 국가들이 집행하는 방식을 지배하고 감독하려는 경향이 더 강하다. 결국, 안보리는 헌장에서 부여한 바 있는 평화와 안전보장 분야의 제1차적 권한과 책임을 단계적으로 회복하는 중에 있다. 그러나 이러한 발전에 대해서 군 작전에 참여하지만 국제적 제약과 감독 없이 활동하기를 원하는 일부 국가들이 반발하고 있다.

17.4.5 ‘권한허가 체제’의 관습법성 여부

안보리가 국가들의 무력사용을 허가하는 이러한 관행에 대해서 반대는 없었지만, 이는 유엔헌장에서 상정하지 않았던 것으로서 독창적인 산물임에 틀림이 없는데, 그 이유는 헌장의 어느 규정도 심지어 묵시적으로라도 이러한 관행을 정당화한다고 판단할 수 없기 때문이다. 누구도 이러한 관행이 집단적 정당방위에 관한 제51조에서 묵시적으로 정당화된다고 주장할 수 없는데, 그 이유는 현재 행해지는 활동들은 긴급성, 필요성 그리고 비례성 요건을 충족할 필요가 없기 때문이다(이 외에, 이러한 활동이 항상 무력공격에 대한 대응인 것도 아니다). 뿐만 아니라, 안보리는 헌장에 따라서 유엔 다국적군을 설치할 권한이 있기 때문에 그러한 권한을 회원국들에게 위임할 수 있는 묵시적 권한을 갖는다고 누구도 주장할 수 없다. 사실상 헌장규정의 근간은 중앙기관이 무력사용을 관장한다는 개념인데, 새로운 제도는 그러한 무력을 국가들에게 분산시킨다는 생각, 즉 중앙기관의 허가를 받았다고 해도 ‘분권’적인 생각을 근거로 하고 있다.

따라서 이러한 관행이 처음에는 유엔헌장에 반하거나 최소한 그 헌장을 벗어난 것이었지만, 지금은 합법적인 것으로서 국제법에서 허용하고 있는지의 여부에 대해서 의문이 있다. 심한 반대가 없었고 이러한 관행이 넓게 활용된 점을 감안할 때, 이러한 관행이 헌장 제7장의 범위를 확대한다는 점에서 유엔의 법적 체제 내에서도 적용되는 *관습*규칙이 국제공동체에서 진화하였다는 주장이 타당하다.

17.5 안보리의 허가를 받은 지역기구 등의 무력사용

유엔헌장은 개별 국가들이 *단독으로(uti singuli)* 무력을 사용하도록 안전보장이사회가 허가할 수 있다고 명시적으로 규정하지 않지만, 그 대신 안보리가 유엔헌장의 원칙과 목적에 맞게 활동하는 지역적 약정에 의한 조직체 혹은 지역기구들이 집행조치를 취하도록 허가하는 경우를 상정한 것은 분명하다(제53조). 놀랍게도, 이제까지 안보리는 단일 지역기구가 무력을 활용하도록 명시적으로 허가한 적이 한 번도 없다. 이 대신, 여러 가지 경우에 안보리는 명시적으로 혹은 묵시적으로 복수의 *지역기구나 그 밖의 기구* 혹은 지역적 약정에 의한 조직체가 무력을 사용하도록 허가하였다.

> 예컨대 구 유고의 경우, 안보리는 서유럽연합(WEU)과 NATO를 통해서 시행할 수 있다는 점을 분명히 언급하면서 해상작전(수출입 금지명령을 집행하기 위하여) 그리고 공중작전(안전지역을 보호하는 평화유지군(UNPROFOR)을 엄호하기 위하여) 두 가지를 허가하였다. 1995년 종전후, 안보리는 [결의 제1031호(1995) 및 이후 결의 제1088호(1996)로써] NATO가 보스니아-헤르체고비나에서 Dayton-Paris협정의 시행을 확보하기 위한—필요한 경우 무력사용으로써—임무를 부여받은 다국적군(IFOR, 나중에 SFOR로 개명함)을 설치하도록 허가하였다. 이와 마찬가지로, 종전 후 1999년 6월 10일 결의 제1244호로써, 안보리는 유엔이 이 지역을 과도기 행정에 적합한 환경을 조성하고 유지하도록 NATO('회원국과 관련 국제기구'라고 하였고, NATO는 부속서 2에서 언급되었다)가 코소보 내에 국제보안군을 배치하도록 허가하였다.

1999년, 코소보 위기사태로 인해서 이러한 통합체제가 큰 위험에 처했다. 코소보 주민에 대해서 대규모로 자행된 심각한 인권침해를 고려해서, NATO는 유고연방공화국(세르비아-몬테네그로)을 공격하기로 결정하였는데, 이는 안보리의 허가 없이 실행되었다. NATO의 활동은 유엔헌장의 심각한 위반에 해당되는 것으로 널리 여겨졌다(이 외에, NATO군은 작전을 수행하면서 여러 번 중요한 국제인도주의법 규칙을 위반하기도 하였다). 그러나 일부 논자들은 안보리가 비록 조심스런 접근방식이긴 하지만 결의 제1244호(1999)를 통해서 NATO의 활동을 *사후에* 승인하였다고 주장하였다.

현 단계에서 안보리의 공식 허가 없이 인도주의적 목적의 무력개입을 합법화하는 관습규칙이 등장할 것이라고 단언하기에는 너무 이른 감이 있다.

17.6 유엔 총회가 허가한 무력사용

일찍이 1950년에 소련의 반대를 무릅쓰고, 미국이 주도하는 과반수의 국가들이 유명한 '평화를 위한 단결' 결의(1950년 11월 3일 채택된 제377-V호)로써 *총회의 역할을 강화하려고* 하였다. 총회는 회원국들에게 유엔이 무력위협 혹은 무력사용 금지를 위반한 책임이 있다고 지목한 국가를 상대로 무력조치를 채택하도록 권고할 권한을 갖게 되었다. 이 결의는 1950~1951년 한국전쟁 중에 활용되었다(소련 대표단이 안보리에 복귀해서 거부권을 행사하면서 안보리가 마비되어버린 후였다). 그러나 이 결의는 현실적인 대안이 되지 못했는데, 그 주된 이유는 1960년대 식민지 해방의 물결이 밀어닥친 후, 총회의 과반수는 서유럽 강대국들이 총회의 권한을 증대하려는 것에 더 이상 우호적이지 않았기 때문이었다. 다른 해결책이 마련되어야만 하였다[그러나 위에서 언급한 결의로 안보리(소속 '7개 회원국의 투표로', 즉 거부권 없음)와 '과반수 유엔 회원국'에게 부여했던 총회의 '특별회의' 소집권은 나중에 많은 경우에 사용되었는데, 이 때 이들 특별회의는 유엔 회원국의 요청으로 소집되었다].

17.7 무력과 집단안전보장에 관한 신법과 구법의 비교

앞의 일부 장에서뿐만 아니라 이 장에서 자세히 논의한 국제공동체 내의 무력사용과 집단적 안전보장에 관한 두 가지 기본 형태를 비교해 보는 것이 유용할 수 있다.

'구'법은 다음 몇 가지 기본원칙을 근거로 하였다.

① 국가의 무력사용 자유는 제약을 받지 않았다. ② 이 결과 집행 자체(즉, 법을 준수하도록 하기 위한 강제조치의 활용)와 자신의 이익을 실현하기 위한 무력사용 사이의 구분이 명확하지 않았다. ③ 무력을 활용하는 국가의 주관적 권리가 사실상 침해되었는지의 여부를 결정하기 위하여 사전에 국제적 허가를 얻지 않아도 무력을 사용할 수 있는 권한이 인정되었다. ④ 피해국과 제3국 간에 제3국이 피해국의 권리보호를 위하여 개입하도록 허가하는 '연대성에 기인한 유대'가 없었다. 연합국이 위법행위의 영향을 받고서 개입할 권한이 있다고 여기는 동맹조약에 근거한 유대관계가 이미 존재하는 경우를 제외하고, 국제위법행위는 위법국가와 피해당사국 사이의 '사적인' 일로 남게 되었다. ⑤ 개별 국가의 무력활용을 최소한이라도 조절할 수 있는 국제기관이 없었다. 요컨대, 전통법은 주요 강대국에 유리하였다. 약소국들은 일반규칙으로부터 아무런 보호도 받지 못하였고 결과적으로 이들을 보호한 것은 하나 이상의 강대국들과 체결하는 동맹조약이었다.

평화는 세계공동체 전 구성원에게 장차 최고의 목적이 되어야 한다는 취지의 합의가 1945년에 도출되었다. 결과적으로, 국가들은 평화유지가 '공적'인 사항으로서 일반적인 관심사항이 되어야 하고, 어느 국가도 평화관계를 깨거나 심지어 위협할 수도 없다는 데 합의하였다.

이 후 법의 입장은 다음과 같다.

① 과거 구속을 받지 않았던 무력사용권에 제약이 가해졌다. 정당방위 이외의 일방적인 무력사용은 완전히 금지되었다. 그러나 주목할 사항은 새로운 국제법에서 무력사용 *방식*에 관한 규범을 폐지하지 않았다는 점이다. 달리 말해서, 한 국가가 합법 혹은 불법적으로 군사활동을 하는 경우, 그러한 활동을 제약하는 일반원칙과 규칙을 존중해야 하는데(제21장 참조), 그 목적은 물론 위에서 언급했던 일반적 금지 위반이 야만주의로 타락하지 않도록 하기 위한 것이다. ② 유엔과 같은 국제기구가 존재하여, 피해당사국이 어떠한 행동을 취하든지(따라서 피해당사국이 소극적으로 침략을 당하는 경우라 해도), 이론상 평화를 보호하기 위하여, 그리고 더 정확하게는 극단적인 경우(즉, 국제규칙 위반이 평화관계를 위태롭게 하는 경우) 법을 집행하기 위하여 이 기구가 집단책임을 부담하였다. 국제적으로 심각한 위반은 '공적'인 사건으로서, 국제공동체 전체의 관심사항이 되었다. ③ 이론상,

유엔은 방금 언급한 극단적인 모든 경우에 군사적으로 개입해야 한다는 면에서 무력을 독점하고 있다. ④ '무력공격'의 범주에 해당되는 위반이 없는 상태에서 국제규칙이 무시되는 경우, 언제든지 국가들은 무력으로 대응할 권한이 없다. 자력구제조치가 여전히 허용되지만 이는 국제위법행위에 대한 *평화적* 대응에 국한되어야 한다. ⑤ 평시의 대응조치라도 사전에 다른 평화적 분쟁해결 수단을 활용해야 한다. 그러나 사법적 판단이 강제적이지 않기 때문에 다른 평화적 해결장치가 활용되었다는 점으로도 충분하다. 따라서 현 국제법마저도 법 집행 이전에 법적 상황을 판단하는 것이 전형적인 국내법제도의 수준에는 아직 이르지 못하였다. ⑥ 평화적 집행조치—이는 합법임—와 무력 사용이나 위협—이는 위법임—을 확연히 구분할 수 있게 되었다. 따라서 근본적으로 중요하고 수백년 동안 국내법제도에서 활용된 바 있는 구분을 국제법에서도 점차 받아들이게 되었다. 국내법제도에서처럼, 국제법상 유일한 최고집합체인 안전보장이사회는 예외적인 상황에서 공동체 전체의 이익을 위하여 이러한 구분을 따르지 않을 권한이 있다. 안보리는 *법을 집행*하는 동시에 *'경찰권'을 행사*할 수 있다. 불행하게도, 세계공동체와 국내법제도를 확연히 구별하는 것은 국제적 집행장치가 초보적 수준이라는 점과, 합법적 무력사용과 불법적 무력사용의 유형을 구분하는 정확한 경계선에 대해서 국가들 간에 이견이 있기 때문에 실무상 이러한 구분이 다소 모호한 점에 있다.

이러한 법적 체제가 이전 것과 비교해 볼 때 지극히 혁신적인 것이라고 할 수 있을까? 여러 가지 면에서, 그러한 점이 사실이지만, 가장 중요한 영역, 즉 강대국에 관한 조건에 대해서는 기존 입장은 거의 영향을 받지 않은 상태이다. 과거, 무력사용을 실질적으로 제약하지 않았던 것은 이들 강대국들이 세계공동체의 지배자였다는 점을 확인하는 것이지만, 현재 이들 강대국들이 유엔헌장에 반하여 무력을 사용해서는 안되지만, 위반을 해도 이들 각자의 거부권으로 인해서 헌장 제7장에 따른 제재를 받지 않게 되기에 법이 이들의 힘을 신성시하는 정도에까지 이르렀다. 이처럼 법률상 큰 결함이 있지만, 더 작은 중소 규모의 국가들이 주요 강대국 중 한 나라와 전투하지 않는 경우에는 언제든지, 헌장제도는 이들에게 법적 · 제도적인 보호를 부여하도록 고안되었다. 헌장에서 평화를 위한 일종의 안전장치를 도입하는 데 상당한 진전을 이룬 것은 이 정도까지이다. 이 외에 국가의 가장 심각한 국제법 위반을 사전에 차단하는 데 도움이 되는 중요한 요소로서

특히 민주국가의 여론이 갖는 역할을 간과할 수 없을 것이다.[5)]

5) 이와 관련해서 J.L. Brierly가 국제여론이 '국제법' 준수에 대해서 가질 수 있거나 실제로 갖고 있는 엄청난 중요성에 대해서 시의적절하게 말한 것을 인용하는 것이 적절하다. 그는 1931년에 국제여론은 외견상 모순되는 면, 즉 "국제여론은 국내면에서의 여론보다 본질적으로 더 취약하지만 어떤 의미에서는 법적 제재로써 더 효과적이다. 왜냐하면, 범법자 개인은 종종 발각당하지 않고 도망하기를 희망하지만, 한 국가는 국제법 위반의 경우 필경 악명을 떨치게 될 것이라는 점을 알기 때문이다. 또한, 개인들은 성격상 고통과 징벌 없이 단순히 비난만 받는 경우 개의치 않지만, 어느 국가든지 위법행위를 했다는 의구심만 일어도 이에 극도로 민감해지기 때문이다"라고 말하였다[J.L. Brierly, "Sanctions"(1931), in *The Basis of Obligation in International Law,* p.203].

제 18 장
국가의 일방적 무력행사

18.1 도 입

앞에서(3.4) 지적하였듯이, 현재 유엔헌장 제2조 제4항(그리고 이에 상응하는 관습국제법 규칙)은 국제관계에서 무력을 금지하고 있다. 무력은 국가들이 안보리로부터 사용하도록 명령받거나 허가받은 경우에만 사용될 수 있다. 이러한 금지에 대한 예외는 국가의 개별적 혹은 집단적 정당방위권이다. 이 권리는 유엔헌장 제51조와 이에 상응하는 관습국제법 규칙에서 명확히 정하고 있다.

그러나 나중에 보겠지만, *다른 일방적 무력활용례*(해외 자국민의 보호, 영토국의 동의를 받은 무력개입, 소규모의 불법적 무력사용에 대한 무력복구, 잔혹행위 중지를 위한 무력사용)는 법적으로 의문시되는데, 그 이유는 방금 언급한 법체계 내에서 정하고 있는 일방적 무력사용의 전반적 금지에서 벗어나서 이에 관한 관습국제법규칙이 발달했는지 여부가 명확하지 않기 때문이다. 더욱이, 자기결정권 획득을 위하여 투쟁하는 인민들 혹은 민족집단들이 엄격한 조건하에서 자기결정권을 쟁취하기 위한 군사적 폭력을 사용하도록 허가하는 예외가 이들 인민 혹은 집단과 관련해서도 유사하게 발달하였는지는 다툼이 있는 사항이다.

다음에서는 이러한 모든 사항에 대해서 간단히 논하고자 한다.

18.2 개별적 정당방위

18.2.1 개 관

정당방위는 '무력공격', 즉 한 국가의 영토보전 및 정치적 독립성에 반하여 그 국가의 존속 혹은 그 정부를 위태롭게 하는 대규모 무력침략['이보다 덜 심각한 형태의 무력사용'은 ICJ가 1986년 *니카라과* 사건(*본안;* 제191항)에서 판시하였고, *Oil Platform* 사건(*본안;* 제51항, 제64항, 그리고 제72항)에서 확인했듯이 무력공격으로 간주될 수 없을 것이다]에 대한 합법적인 대응이다. 아울러, 그러한 공격의 규모가 상당히 크기 때문에 다른 방식으로는 이를 물리칠 수 없어야 한다. *니카라과* 사건(*본안;* 제195항)과 *Legal Consequences of the Construction of a Wall* 사건(제139항)에서 ICJ가 언급한 것—Higgins 판사는 재판소가 두 번째 사건에서 내린 판단(제33항)에 대한 개별 의견에서 이 판단을 혹독히 비판함—과 반대로, 침략은 국가가 행하지 않아도 된다. 침략은 테러조직 혹은 반란단체들조차도(자신이 활동하는 영토국 이외의 국가를 침략하는 경우) 행할 수 있다.

침략은 피해국가의 주권을 침해하는 것이기에, 피해국의 정당방위는 합법적인 집행이 된다. 이는 정당방위가 무력공격을 격퇴하는 데 국한되어야 한다는 것을 의미하며 이러한 목적을 벗어나서는 아니된다. ICJ가 *니카라과* 사건(*본안*) 판단에서 언급하였듯이, 정당방위는 '무력공격에 비례하고 해당 공격에 대응하는 데 필요한 조치'만 정당할 뿐이다[제176항; 또한 *Legality of the Threat or Use of Nuclear Weapons* 사건(제141항) 및 *Oil Platform* 사건(*본안;* 제51항 및 제73항, 제76-77항) 참조. 이 사건에서, 재판소는 미국이 이란을 상대로 취한 무력조치는 '정당방위로 하는 비례적 무력사용'이 아니라고 판단하였다. 제77항]. 필요성 및 비례성 요건은 국가들이 운신할 수 있는 여지를 제한하기 위하여 엄격히 해석해야 한다. 즉, ICJ가 *Oil Platform* 사건(*본안*)에서 판단하였듯이 "정당방위라고 공언하면서 취한 조치들은 그러한 목적을 위해서 필요한 것이어야 한다는 국제법 요건이 엄격하고 객관적이어서 '재량적인 조치'를 취할 여지가 없다"(제73항).

결과적으로, ① 침략의 피해국은 해당 공격을 격퇴하는 데 꼭 필요하고, 침략자가 사용하는 무력에 비례한 정도의 무력을 사용해야 한다. ② 피해국은 국제인도주의법 원칙과 규칙을 준수하여 '합법적인 군사적 목표'만 공격할 수 있을 뿐이다[*Oil Platforms* 사건(*본안*; 제51항)]. 아울러, 민간인에게 부수적으로 발생할 수 있는 손해를 최소화하는 데 필요한 주의를 기울여야 한다. ③ '무력공격'의 목표가 되었던 국가는 침략자를 통제하고, 침략자가 다른 수단으로써 침략을 지속하지 못하도록 하기 위하여 꼭 필요한 경우가 아니라면 침략국가의 영역을 점령하지 않아야 한다. 더욱이, ④ 정당방위는 안보리가 개입해서 해당 침략을 중지시키는 업무를 인계받는 순간 종료해야 한다. 그러나 이렇다고 해서, 안보리가 해당 사항에 관하여 의견을 내기만 하면 정당방위를 중지해야 하는 것은 아니다. 안보리가 *실효적* 조치를 취하여 피해국의 무력행사가 불필요하고 부적절하게 되어서 더 이상 법적 정당성을 갖지 않게 될 때까지 정당방위는 지속될 수 있다. 만약, 안보리가 조치를 취하지 않으면, ⑤ 정당방위는 해당 무력공격의 격퇴라는 목적을 성취하는 순간 중지되어야 한다. 달리 말해서, 제51조와 이에 상응하는 일반국제법규칙은 단순히 침략에 저항하는 것, 그리고 이를 격퇴하는 것을 벗어나는 군사활동을 허가하거나 용인하지 않는다. 특히, 침략자가 소유하는 영역에 대한 군사점령을 연장하거나 이를 병합하는 것을 금지한다.

위에서 언급하였듯이, 유엔의 집단적 평시집행체제가 실패하자, 다른 무엇보다도 정당방위를 활용하는 경우가 많아졌다. 달리 말해서, 정당방위에 해당하지 않을 것이 거의 분명하거나 심지어 제51조 규정이 적용되지 않는 것이 명확했던 경우에도 국가들은 해당 규정을 원용하게 되었다.

> 유엔헌장 제51조를 원용했던 경우는 다음과 같다.
>
> 즉, 1956년 소련의 헝가리 개입, 1965년 미국의 도미니카공화국 개입, 1966년 미국의 베트남전 참전, 1967년 이스라엘의 이집트 공격, 1975년 *Mayaguez* 사건에서 미국의 무력활용, 1979년 소련의 아프가니스탄 개입, 이스라엘이 1976년 우간다(엔테베 공항), 1981년 이라크(오시라크 원자력기지) 그리고 1978년 이후 수차례에 걸쳐 레바논에 대해서 일방적으로 무력을 사용한 것, 남아프리카공화국이 1976년부터 1979년까지 외국의 테러리즘을 차단한다고 하면서 이웃 국가(앙골라, 잠비아)를 수없이 공격한 것, 1982년 아르헨티나의 포클랜드/말비나스 제도 침공 이후 아르헨티나에 대한 영국의 군사활동, 미국의 1983년 그레나다, 1986년 리비아, 1989년 파나마 개입이 있다.

실제로 국가들, 특히 강대국은 이러한 권리를 남용하는 경향이 있었다. 여러 가지 제목으로 아래에서 언급하고 있는 사건들 이외에, 사실상 *징벌적* 의도가 강하고, 아울러 주로 *억제* 목적을 추구하는 군사활동을 정당화시키기 위하여 미국이 제51조를 원용하였던 경우를 언급할 수 있다.

따라서 1986년 4월 14일 있었던 리비아에 대한 미국의 공격을 언급할 수 있다. 이 공격으로 41명이 사망하였는데, 이들 거의 모두는 민간인이었다. 이 공격은 4월 5일에 리비아인들이 저질렀다고 하는 서베를린의 La Belle 디스코장 폭파에 대한 대응으로 이루어졌다. 미국은 자신이 감행한 폭격을 다음과 같이 정당화하였다. "상당히 오랜 기간 리비아는 공공연히 미국민과 미국 시설을 목표로 삼았다. 가장 최근의 예는 4월 5일 서베를린에서였는데, 이에 리비아가 미군 병사 1명의 사망과 대다수 미군 장병 및 그 밖의 개인에게 상해를 입힌 폭파에 대해서 직접적인 책임이 있다" (80 *AJIL*(1986), p.633). 미국은 1993년 6월 26일, 2개월 전(1993년 4월 14일) 쿠웨이트를 방문하는 전 미국 대통령 부시에 대한 테러 모의가 미수에 그쳤지만 이에 대한 대응이라고 하면서 바그다드에 수많은 미사일을 발사하기도 하였다. 유엔 안보리에서 미국 대표는 미국의 공격을 다음과 같이 정당화하였다.

"우리들의 정보망을 통해서 활용 가능한 모든 증거로 보건대, 우리들은… 이라크 정부의 최고위 수준에서 첩보원들에게 부시 대통령을 암살하도록 지시하였다고 상당히 확신한다. … [이는] 미국에 대한 직접적인 공격으로서, 미국의 직접대응이 필요한 공격이었다. 따라서, 어제 클린턴 대통령은 미국 군대가 바그다드 소재 이라크 첩보기관 본부에 대해서 군 작전을 수행하도록 지시하였다. 우리들은 이러한 경우 정당방위권을 행사하도록 규정한 유엔헌장 제51조에 따른 권한으로써 직접 대응하였다. 우리들의 대응은 부시 대통령을 상대로 한 작전에 비례하고, 이에 직접 연계된 목표를 대상으로 하였다. 이는 이라크 체제의 테러조직에 손상을 입히고, 테러 획책 능력을 경감시키며, 미국에 대한 침략행위를 억지하기 위한 것이었다"(UN Doc. S/PV.3245, p.6).

이와 마찬가지로, 1998년 8월 20일, 미국 잠수함이 아프가니스탄의 군사훈련기지와 수단의 화학공장에 미사일을 발사하였다. 이 타격은 케냐와 탄자니아 소재 미국 대사관 폭탄공격을 포함하여, 오사마 빈 라덴이 지도하는 집단의 테러공격에 대응한 것이다. 미국 대통령은 1998년 8월 21일 다음과 같이 미국의 활동을 정당화하였다. "미국은 유엔헌장 제51조에 따른 고유의 정당방위권을 행사하였다. 이러한 타격은 미국인과 미국 시설을 상대로 한 추가적인 테러공격의 급박한 위협에 대한 대응으로써 필요하고 비례적이었다. 이러한 타격은 명확히 확인된 테러 위협에 의한 추가적 공격을 예방하고 억지하려는 것이었다. 특히 미 국민과 미국 시설에 대해서 공격한 것으로 파악되는 테러행위자들의 노력에 직접 도움을 주었고, 미국인의 생명을 계속 위협하였기 때문에 해당 목표물이 선택되었다"(93 *AJIL*(1999), p.162).

다른 경우, 국가들은 헌장 제51조가 적용될 수 있다는 주장의 법적 근거로서 완전히 서로 다른 이유를 내세우면서 정당방위 개념을 확대하려고 하였다. 그 예로는, 1989년 12월 20일 미국의 파나마 개입을 언급할 수 있을 것이다.

미국 국무부는 파나마에 대한 미국의 개입이 다음과 같은 목적을 가졌다고 주장하였다. 즉, "① 미국인의 생명보호(미군 병사 1명이 미군 구역 내에서 파나마인의 총격을 받아서 사망하였음), ② 합법적이고 민주적으로 선출된 파나마 정부가 국제적 의무를 완수할 수 있도록 지원하는 것, ③ 마약거래 혐의로 기소된 노리에가 장군을 체포하는 것, ④ 파나마운하조약(1977)에 따른 미국의 권리가 침해되지 않도록 보호하는 것"(84 *AJIL*(1990), p.547)이다.

미국의 군사활동에 대해서 미국이 형식적 정당성의 근거로 내세운 것은 다음과 같다. "미국은 유엔헌장 제51조와 1948년 OAS헌장 제21조에서 인정하는 고유한 정당방위권을 갖는다. 이러한 정당방위권에 의해서 미국은 미국 군인과 국민 그리고 시설물들을 방호하는 데 필요한 조치를 취할 권리를 갖는다. 더욱이, 미국은 파나마운하조약 제4조에 따라서 파나마운하와 이 운하가 모든 국가에 활용될 수 있도록 보호하고 방호하기 위하여 자국 군대를 사용할 권리와 의무를 갖는다. 이 밖에, 합법적이고 민주적으로 선출된 파나마 정부와 협의하였고 이 정부가 우리의 활동을 환영하였다"(84 *AJIL*(1990), p.548).

18.2.2 사실관계의 확인 문제

개별적(혹은 집단적) 정당방위와 관련해서는 무력공격에 대한 국가의 합법적 무력행사에 필요한 요건을 충족하기 위한 사실관계의 확정과 관련된 문제가 종종 제기된다. 국가들은 정당방위로 하는 무력사용이라고 정당화하기 위하여 필요한 사항에 사실관계를 '끼워 맞추는' 경향이 종종 있다. ICJ가 *니카라과* 사건(*본안;* 제20-92항)과 *Oil Platforms* 사건(*본안;* 제52-78항) 판결에서 강력히 제시하였듯이, 사실관계에 관한 상황은 적어도 법률적 쟁점만큼이나 복잡하고 중요할 수 있다. 이 문제는 다음과 같은 중요한 요소로 인해서 더 심각해졌다. 즉 무력사용시,

그러한 무력을 활용하는 국가는 사실관계를 독점적으로 통제하거나 사실관계 확정 혹은 '구성'에 확실한 이점을 갖는다. 이렇게 되는 것은 무엇보다도, 시의적절하고 객관적으로 사실을 확인할 수 있는 국제장치가 없거나, 있다고 해도 이를 활용할 수 없기 때문이다. 이러한 상황에서는 지극히 미심쩍은 법적 설명이라고 해도 신빙성 있는 것처럼 보일 수 있다.

어느 경우든, 이러한 사항이 사법심사에 회부되면, 자신의 무력사용이 정당방위의 예로서 정당하다고 주장하는 국가에게 입증책임이 있다(*Oil Platforms* 사건(*본안;* 제57항, 제71항, 그리고 제76항).

18.2.3 예방적 정당방위의 허용 여부

여러 경우에 제기되었고 현대 국제관계에서 *대단히 중요해진* 문제는 유엔헌장 제51조가 예방적 정당방위, 즉 타국의 군사공격이 확실하거나 그러하리라고 믿는 경우 선제타격을 할 수 있는지의 여부이다.

> 이스라엘은 여러 경우, 예를 들면 1967년에는 이집트에 대해서, 1975년에는 레바논 소재 팔레스타인 기지에 대해서, 1981년에는 이라크에 대해서(이스라엘 항공기가 바그다드 근처 이라크 오시라크의 핵원자로를 폭격하였음) 예방적 정당방위를 활용하였다. 이와 마찬가지로, 1980년 유엔 안보리에서 이라크는 전쟁을 준비하는 다른 국가에 대해서 선제적으로 공격할 수 있는 권리가 있다고 하면서 이란에 대한 무력공격이 정당하다고 하였다. 2003년에 미국과 영국은 자신들의 이라크 공격을 정당화하기 위하여 선제적 정당방위를 원용하였다.

'예방적' 정당방위론을 옹호하는 모든 사람들이 강조하는 근거 논리는 강력한 초법적 주장이다. 즉, 미사일과 핵무기 그리고 고도로 정밀한 순찰 및 첩보방식을 활용하는 시대에, 한 국가가 타국의 공격이 확실하고, 파괴력이 강한 무기가 사용될 가능성이 농후하다는 점을 충분히 알면서도 타국이 공격할 때까지 기다려야 한다고 주장하는 것은 세상 물정을 모르는 짓이고 자멸하는 길이라는 것이다. 이러한 견해를 주도한 사람 중의 한 명인 McDougall이 썼듯이, 군사공격을 목전에 둔 국가에게 '앉아서 기다리는' 태도를 강요하는 것은 "국가들의 수락 가능성과 적용 가능성 양 측면에서 국경선을 가로지르는 허가받지 않은 강박과 무력 행사를 최소화하는 것이 주목적인 헌장을 조롱하는 것밖에 되지 않는다."[1] 1981년 안보리에서 이스라엘 대표는 이러한 논리를 그대로 반복하였다.[2]

제51조가 예방적 정당방위에 관하여 이전부터 존재하는 국제규칙을 금지하지 않았기에 헌장 위반이 아니라는 주장이 이러한 비법적 논리의 법적 근거가 되었다. 이러한 주장은 저명한 영미 법학자들이 발전시켰고,[3] 이를 1981년 안보리에서 이스라엘이 주창하였는데[4] 다른 저명한 학자들[5]이 이에 반박하기도 하였

---

1) M. McDougall, "The Soviet-Cuban Quarantine and Self-defence," 57 *AJIL*(1963), p.601.

2) 그는 "인간이 자신의 적을 파괴할 수 있는 능력이 향상되면서 정당방위 개념이 확장되었다"고 하였다. "따라서 이 개념은 핵시대가 도래하면서 새롭게 그리고 훨씬 더 광범위하게 적용되었다. 다른 생각을 갖고 있는 어느 누구도 오늘날 우리들이 살아가는 이 세상의 참혹한 현실을 그저 바라만 보고 있지 않았고, 이 점은 핵 타격에 지극히 취약하고, 이를 이겨낼 능력이 매우 제한된 약소국의 경우에 특히 그러하다." UN Doc. S/PV.2288, p.40; 19 *ILM*(1981), p.989 참조.

3) C.H.M. Waldock, "The Regulation of the Use of Force by Individual States in International Law", 82 *HR*(1952), p.498; J. Stone, *Aggression and World Order*(London: Stevens, 1958), p.44; D.W. Bowett, *Self-Defence in International Law*(Manchester: Manchester University Press, 1958), pp.187-192; M.S. McDougall and F.P. Feliciano(eds.), *Law and Minimum World Public Order*(New Haven, Conn.: New Haven Press, 1961), pp.232-241; M.A. Kaplan and N. Katzenbach, *The Political Foundations of International Law*(New York: Wiley, 1961), p.210 이하; S. Schwebel, "Aggression, Intervention and Self-Defense in Morden International Law", 136 *HR*(1972-II), p.479 이하 및 또한 S. Schwebel, Dissenting Opinion, ICJ, *Nicaragua,* ICJ Reports (1986), p.347; O. Schachter, *International Law in Theory and Practice*(Dordrecht, Boston, and London: Nijhoff, 1991), pp.151-152; R. Higgins, *Problems and Process—International Law and How to Use It*(Oxford: Clarendon Press, 1994), pp.242-243 참조.

4) 오시라크 공격을 언급하면서 이스라엘 대표는 다음과 같이 말하였다. "오시라크를 파괴할 때, 이스라엘은 도덕적으로나 법적으로 기본적인 자기보존 행위를 하였다. 그렇게 해서, 이스라엘은 일반국제법에서 인정하고, 유엔헌장 제51조에 담겨져 있는 고유한 정당방위권을 행사하였다. 이스라엘에게 가장 무자비한 적국인 이라크가 이스라엘을 핵으로써 말살시키겠다는 위협을 점점 증가시키고 있었다. 이스라엘은 그러한 위협을 외교적 방식으로 중지시키려고 노력했었다. 우리들 노력은 수포로 돌아갔다. 결국 우리들은 선택의 여지가 없었다. 우리들은 어쩔 수 없이 치명적인 위험요소를 제거해야만 하였다. 우리들은 이를 깨끗하고 효과적으로 해냈다." UN Doc. SPV.2280, 2 June 1981, in *ILM*(1981), p.970 참조.

5) H. Kelsen, *The Law of the United Nations*(London: Stevens, 1950), pp.797-798; H. Wehberg, "L'interdiction du recours à la force. Le principe et les problèmes qui se posent", 78 *HR*(1951-I), p.81; P.C. Jessup, *A Modern Law of Nations—An Introduction*(New York: Macmillan, 1952), pp.165-167; I. Brownlie, *International Law and the Use of Force by States*(Oxford: Oxford University Press, 1963), p.264 이하; K. Skubiszewski, "Use of Force by States. Collective Security. Law of War and Peace", in M. Sørensen(ed.), *Manual of Public International Law*(London: Macmillan, 1968), p.767; P.L. Lamberti Zanardi, *La legittima difesa nel diritto internazionale*(Milan: Giuffré, 1972), p.191 이하; B.V.A. Röling, "On the Prohibition of the Use of Force", in A.R. Blackshied(ed.), *Legal Change—Essays in Honour of J. Stone*(New York: Butterworths, 1983), p.276 이하.

다. 이들 학자들은 실질적으로 두 가지 사항을 지적하였다. 첫째, 그들이 주장하는 관습규칙이 상정하였던 것은 예방적 정당방위권 자체가 아니라, 정당방위권과 자기보존권이었다. 둘째, 제51조는 이전에 존재하는 법 일체를 폐지하였고, 해당 조문에서 명시적으로 허가한 형태 이외의 정당방위를 행사할 여지가 없다.

> 그러나 *니카라과* 사건(*본안*)에서, ICJ는 방금 언급한 두 번째 사항과 반대로, 제51조에 관해서 유권적으로 달리 해석하였다. ICJ는 "한 가지 중요한 점에서, 이 조약 자체[즉, 유엔헌장 제51조]는 이전에 존재하는 관습국제법을 언급하는데 이러한 관습법을 언급한 점은 개별적 혹은 집단적 정당방위가 '고유한 권리'(프랑스어본으로는 'droit naturel')라고 하는 제51조의 실제 문장에 나타나 있다. … 따라서, 재판소는 헌장 제51조는 '자연적' 혹은 '고유한' 정당방위권의 존재를 기초로 할 때만 의미가 있고, 비록 현재의 내용이 헌장에서 확인되고 헌장의 영향을 받는다고 해도 이것이 관습적 성격이 아니라고 하기가 어렵다. … 관습국제법은 조약법과 병행해서 계속 존속한다. 더욱이, 헌장 자체가 이러한 권리의 존재를 인정했기 때문에 그 내용이 갖는 모든 측면을 직접 규제하지 않을 뿐이다"(제176항)라고 판단하였다. 그렇지만 재판소는 제51조에서 말하는 관습규칙의 내용, 특히 예방적 정당방위권을 허용하는 옛 규칙이 포함되는지의 여부를 명시하지 않았다. 재판소는 분쟁당사자들이 '급박한 무력공격 위협에 대응하는 것이 합법성을 갖는지의 여부'를 문제시하지 않았기에, 그 사항에 대해서 어떠한 견해도 밝힐 의도가 없다고 하였다(제194항). 따라서 이 중요한 재판소의 결정이 현재 논의되는 정당방위 유형과 관련해서 제51조를 축소해석한다거나 확장해석한다고 말할 수 없다.

조약법에 관한 비엔나협약 제31조에 비추어서 국가관행을 살펴 보면(9.6 참조), 그러한 관행으로도 예방적 정당방위에 관한 제51조의 해석 혹은 적용과 관련해서 국가간에 합의가 없는 것이 분명하다. 많은 경우, 국가들은 예방적 정당방위를 공식적으로 원용하지 않으면서, 다른 법적 정당성을 근거로 해서 예방적 정당방위를 활용하였다.[6] 이에 반해, 다른 경우 국가들은 예방적 정당방위를 공식

---

6) 예컨대, 1962년에 미국은 쿠바로 향하는 미사일 운송선박을 강제로 차단하기 위하여, '해상봉쇄'를 개시하였다. 미국은 지역기구인 OAS가 법률상 승인하였다고 주장하였다. 1967년에 이스라엘은 이집트(the United Arab Republic), 요르단 그리고 시리아를 상대로 선제공격을 가하였지만, 자신의 행위는 이스라엘 선박이 티란 해협을 통과하지 못하도록 금지했던 이집트의 '전쟁행위'(act of war)에 대한 대응이라고 주장하였다. 1988년, 미국 군함 Vincennes호는 이란-이라크 전쟁 중에 이란 민간항공기를 격추시켰다. 미국 당국은 이란 항공기와 순시선이 이전에 미군 헬기와 선박에 대

원용하거나 적어도 그러한 정당방위가 합법이라고 주장하였다.[7)]

이러한 법적 주장에 대해서 국제공동체의 대응은 어떠하였는가? 1981년, 안보리에서 미국은 넓은 의미의 정당방위 개념을 찬성하는 입장을 견지하였다. 동일한 견해를 일본이 1968년 그리고 1975년에 주장하였고, 1981년에는 캐나다가, 그리고 위에서 언급하였듯이, 1980년에는 이라크가 그리고 1975년과 1981년에는 이스라엘이 주장하였다. 이 외에, 유엔은 1967년 이스라엘이 이집트를 공격한 것에 대해서 비난하지 않았을 뿐만 아니라 1980년 이라크가 이란을 공격하였을 때에도 비난하지 않았다. 아마도 이러한 입장은 주로 정치적인 고려 때문이었을 것이다. 이와 반대로, 1975년 이스라엘이 레바논 소재 팔레스타인 기지를 공격하였을 때, 안보리에서 이스라엘의 활동을 비난했던 나라들은 개발도상국 및 사회주의 국가뿐만 아니라 미국, 일본, 스웨덴, 프랑스, 이탈리아, 그리고 영국을 위시한 모든 서방국가들이었다.[8)]

1981년에 이스라엘의 이라크 핵원자로 공격이 안보리에서 논의되었을 때, 이스라엘의 정당방위 개념에 공감한다고 (묵시적으로) 표시하였던 유일한 국가는 미국이었다. 이 외에, 미국은 이스라엘을 비난하는 안보리 결의(제487호(1981))에 찬성투표하였지만, 투표 후 다른 고려사항, 즉 이스라엘이 분쟁의 평화적 해결수단을 완료하지 못하였던 점 때문에 그렇게 하였다고 하였다(19 *ILM*(1981), p.985, p.996). 안보리의 다른 이사국 전체는 "[안보리]는 이스라엘의 무력공격이 유엔헌장과 국가간 행위규범을 명백히 위반한 점을 엄중히 비난한다"고 한 결의 제1항에 유보 없이 찬성투표하여 이스라엘의 견해에 반대를 표시하였다. 이집트(*Ibid.*,

---

해서 발포하였기 때문에, 미국이 이러한 공격에 대해서 대응했을 뿐이라고 주장하면서, 해당 항공기 격추가 정당하다고 하였다.

7) 1975년에 이스라엘은 레바논 소재 팔레스타인 기지에 대해서 직접 선제공격을 가하였을 때 그러한 공격의 합법성을 주장하였다. 1980년, 이라크는 이란을 공격할 때, 선제적 정당방위권을 행사했다고 주장하였다(그러나 그 후 태도를 금방 바꾸어서, 사전에 있었던 이란의 공격에 대응했던 것이라고 주장하였다). 1981년, 이스라엘도 오시라크 소재 이라크 핵원자로를 파괴하였을 때 예방적 정당방위를 원용하였다. 남아프리카공화국도 이웃 나라(잠비아, 레소토)의 ANC 군사기지를 공격하였을 때 동일한 법적 근거를 주장하였다.

8) 레바논 대표는 비난의 근거가 되는 사항을 다음과 같이 유창한 언변으로 요약하였다. "이스라엘은 … 자신이 행한 침략이 성격상 징벌이 아니라 예방이라고 하였다. 이는 국제관계에서 따르기에는 위험한 길이다. 국가가 스스로 어느 것을 예방적 행위라고 이름 붙여야 할지 결정할 수 있는가? 만약 그렇다면, 이는 밀림(Jungle)의 법칙으로 세계를 되돌려 놓는 것이 될 것이며, 유엔헌장 원칙에 기초한 국제질서와 동떨어지게 될 것이다"(*SCOR*, Thirtieth Year, 1859th meeting, 4 December 1975, 제99항).

p.980)와 멕시코(*Ibid.*, pp.991-992)는 예방적 정당방위론을 명시적으로 비난하였다. 이들 국가들의 성명에서 드러나지만, 이들은 자신들이 반대하는 해석이 남용될 수 있다는 점을 심히 우려했다. 이와 반대로, 영국은 이스라엘의 공격을 '심각한 국제법 위반'이라고 하여 '얼버무리지 않고' 비난하면서, 해당 공격은 '이라크의 이스라엘에 대한 무력공격에 대응한 것이 아니었기' 때문에 정당방위행위가 아니라고 하였다. "정당방위의 즉각성 혹은 압도적 필요성도 없었다. 뿐만 아니라 자기보호를 위한 강제조치로도 정당화될 수 [없다]고 하였다"(*Ibid.*, p.977). 따라서 영국은 '즉각적이고 압도적인 필요성'이 있는 사정이라면 예방적 정당방위론을 지지하는 것으로 보이는데, 이 건의 경우 이러한 요건이 충족되지 않았다는 것이다.[9]

이와 마찬가지로, 2002년에 미국 행정부가 대테러전 수행시 이라크에 대해서 선제적 군사행위론을 활용할 수 있다고 시사하였을 때, 프랑스 대통령은 뉴욕타임지의 대담기사에서 그러한 이론을 조목조목 부정하였다. 그에 따르면, 그러한 이론은 유엔헌장에 반할 뿐만 아니라 위험하기까지 하다는 것이다. 그는 "한 국가가 예방조치를 취할 권리를 주장하는 순간, 다른 국가들도 이와 똑같이 할 것은 명약관화하다"라고 하였다. 그는 이에 덧붙여서, "극단적으로 가정해서, 중국이 대만 위협론을 내세우면서 이를 상대로 선제공격하려는 경우는 어떻게 할 것인가? 미국인, 유럽인 등이 이에 대해서 어떻게 대처할 수 있겠는가? 아니면 인도가 파키스탄을 상대로 선제공격을 하기로 결정하거나 그 반대의 경우는?"(*IHT*, 2002년 9월 10일자 제1면, 제8면) 다른 국가들이 이러한 입장 그리고 이와 유사한 견해를 취했기에 미국과 영국은 2003년 이라크를 공격했을 때 논의대상인 이 이론을 공식적으로는 원용하지 않았던 것으로 보인다.

따라서 국가관행이나 유엔의 관행을 분석해 볼 때, 압도적인 과반수 국가들은 예방적 정당방위가 유엔헌장에서 허용되지 않는다고 굳건히 믿고 있는 것을 알 수 있다. 그러나 많은 국가들(위에서 언급함)은 정반대의 견해를 갖고 있다. 이들 국가들이 차지하는 중요성이나 역할을 보건대, 유엔헌장에 따르면 예방적 정당방위가 위법이라는 점에 보편적인 합의가 있다고 결론내릴 수는 없다.

---

9) 더욱이, 1980년에 유엔 총회가 정당방위와 관련해서 국가책임에 관한 ILC 초안 제34조를 논의하였을 때, 멕시코 · 루마니아 · 이라크 · 몽고 · 트리니다드 토바고 · 폴란드 및 유고슬라비아를 위시한 여러 국가들은 제51조는 이미 진행 중인 침략에 대한 무력대응만 정당화할 뿐이라고 강조하였다.

사정이 이러하기에, *제51조의 대상과 목적*, 더 일반적으로는 유엔헌장 제7장, 혹은 심지어 *Legality of the Use by a State of Nuclear Weapons in Armed Conflict* 사건에서 ICJ가 말한 '헌장에서 상정하고 있는 제도 전체의 논리'라는 구절(제26항 참조)을 활용해야 할 것으로 보인다. 이들 규정의 목적은 가능한 한 평화를 보전하기 위한 것이고, 이러한 목적을 위해서 무력에 의한 폭력을 예방하거나 중지시키기 위하여 *집단적*이고 *공적*인 장치를 마련하려는 것이다. 전체 기관이 개입할 때까지 각 국가가 침략으로부터 자신을 보호하는 '*사적*' 권리가 유일한 예외이다. 평화는 최고의 가치를 가진 것으로 간주되고, 그러한 가치를 위태롭게 하거나 위험에 빠뜨리는 것이라면 무엇이든지 가능한 제거되거나 통제되어야 한다. 그렇다면, 선제타격은 금지되어야 하는데, 그 이유는 이러한 타격이 주관적이고 자의적인 개별 국가의 평가를 근거로 하기에 쉽게 남용될 수 있기 때문이다. 따라서, 제51조를 근거로 선제적 정당방위를 금지하는 것이 현대전 양상에서 보건대 아무리 *비현실적*이라고 해도, 국가들은 *남용의 위험성*을 회피하는 것을 더 원한다고 할 수 있다. 이는 놀랄 만한 일이 아니다.

어느 법제도에서든 일부 유형의 행위가 위험한 결과를 가져올 수 있다고 해도 이들을 정확히 정의내리거나 사전에 적용범위를 설정하지 못하는 경우가 자주 있다. 이러한 경우, 해당 행위를 법률상 합법화시킨다면 해로운 결과를 야기할 수 있다. 많은 법제도에서는 행위가 불법이지만 다른 근거에서 일정한 경우 정당성을 갖도록 규정하고 있다. 보통 이는 형사법상 '위법성조각사유' 개념을 통해서 이루어지고 있다. 다른 경우 사법기관이나 집행기관은 법 위반에 대해서 사실상 *법적으로* 대응하지 *않기로* 결정한다(어떤 면에서는, 이러한 경우가 유엔에서도 발생한다. 유엔 총회는 좋든 나쁘든 '세계의 배심원단'으로 여겨질 수 있는데, 어떤 때에는 무력활용을 강하게 비난하다가도—예를 들면 헝가리, 그레나다, 파나마 그리고 서사하라의 경우—다른 때에는 그러한 무력사용을 무시하거나 심지어 승인했던 것으로 보였다. 고아(Goa), 탄자니아, 우간다 그리고 중앙아프리카공화국의 경우를 예로 들 수 있다).

예방적 정당방위의 경우, 그러한 금지를 위반하더라도 특히 관련 국가가 공격이 임박하여 무력을 사용하여 미리 제압하는 것이 정당하다고 느꼈다는 점에 대한 설득력 있는 증거를 세계공동체 혹은 유엔에게 제공하고, 이와 함께 선제타격과 후속 군사행동이 위협에 비례하였고, 그러한 위협을 제거하는 것에만 한정하였다는 점을 입증한다면 도덕적 · 정치적인 근거에서 정당화되고, 공동체가 결국에는 그러한 위반을 용서하거나 가벼운 비난만 할 것이라는 점을 인정하더라도 그러한 행위는 *법적으로 금지된다고* 보는 것이 더 적절하다.

18.2.4 예방적 정당방위를 합법화하는 규칙에 대해 합의가 도출될 수 있는가?

위에서 지적하였듯이, 선제적 정당방위는 지금 당장은 국제법에서 허용되지 않지만, 현 국제관계에서 테러행위뿐만 아니라 국가(혹은 자신들의 기지가 소재한 국가 이외의 국가이며 투쟁대상이 되는 그 국가를 공격하는 반란단체)의 폭력행사로 인하여 국가는 자신들이 공격당하기 전에 무력을 사용할 수밖에 없다는 점을 어느 누구도 부정하기 어렵다. 이처럼 극단적인 경우, *de lege ferenda*(입법적 해결, 즉 새로운 규칙의 채택을 제안하는 것이 목적임)를 제안하는 것이 지각 없는 것으로 보이지 않는다. 이러한 새로운 규칙은 국가들이 이례적으로 처한 긴박한 상황을 염두에 두면서, 동시에 악용의 여지나 무장폭력이 증가하는 위험을 피하도록 하기 위하여 마련되어야 할 것이다. 이러한 새로운 규칙들이 점차 인정받게 되면, 한편으로 안전보장에 필요한 것으로 정당화된 것을 일부 합법화시키면서, 다른 한편으로 무장폭력을 억제할 수 있을 것이다.

법의 발전 가능성이라는 관점에서, 예방적 정당방위는 다음과 같은 엄격한 조건하에서 *합법화*될 수 있는 여지를 상정해 볼 수 있다.

① 이러한 정당방위를 활용하기로 결정한 국가는 다른 국가 혹은 외국의 테러조직이 무력공격을 개시할 것이라는 신빙성 있는 증거를 갖고 있어야 한다. 이러한 증거는 침략을 개시하려고 했다는 추정을 받는 국가나 조직과 관련해서 감시·사찰절차 혹은 조정장치가 가동되는 경우 훨씬 더 결정적일 것이다(이 점은 미국과 영국의 공격이 있기 전인 2003년도 이라크의 경우 명백하였음).

② 공격은 급박하고 필연적이며, 대규모여서 주민을 심각히 위협하거나 심지어 국가의 존속을 위태롭게 할 정도여야 한다.

③ 예방적 정당방위로 하는 무력사용은 차단하고자 하는 공격과 비례성을 잃지 않아야 할 것이다.

④ 예방적 정당방위는 해당 공격의 사전차단만 목표로 해야 하고, 적지를 점령하거나 외국 정부를 전복하는 것과 같은 다른 목적을 추구하지 않아야 할 것이다(영토 점령은 일시적일 수 있고 침략 위협을 제거하는 목적에서 꼭 필요할 수 있다. 외국 정

부의 전복 역시 무력공격상 불가피하고 자연스런 결과일 수 있겠지만 공격 목적의 하나가 되어서는 아니된다).

⑤ 이러한 정당방위를 활용하는 국가는 즉시 유엔 안보리에 보고해야 할 것이다. 무력충돌이 종료되는 즉시, 자신이 공격하지 않았다면 거꾸로 침략목표가 되었을 것이라는 점을 입증하는 설득력 있는 증거를 안보리에 제출해야 할 것이다.

⑥ 문제되는 국가는 안보리가 사후에 수행하는 정치적 평가를 수락해야 할 것이다(만약 그 국가가 5대 상임이사국 중의 하나라면, 해당 문제에 관한 표결에서 거부권을 포기해야 할 것이다). 만약 안보리 다수가 예방적 정당방위를 수행할 만한 조건이 성숙되지 않았다고 판단한다면, 해당 국가는 안보리의 과반수가 조정 혹은 중재 절차를 요구할 경우 조정이나 중재에 승복해야 할 것이다.

⑦ 만약 안보리, 조정기관 혹은 중재기관에서 예방적 정당방위가 정당하지 못했다거나, 무력사용이 비례성을 잃었다고 결론내리는 경우, 관련 국가는 공격 당한 국가에 대해서 배상금을 지급해야 할 것이다.

유엔헌장을 개정하는 것이 어렵기에(개정절차는 복잡하고 시간이 많이 소요됨), 국가들은 유엔 총회에서 5대 상임이사국의 찬성표를 포함하여 만장일치로 승인한 결의를 통해서 위의 조건 등에 대해서 합의할 수 있을 것이다(이 경우, 해당 결의는 유엔헌장 제108조를 벗어나면서, 약식으로 헌장 제27조 제3항을 일부 개정하는 합의에 해당될 것이다).

18.3 무장침입과 간접침략에 대한 정당방위

유엔헌장 제51조는 특정 시점에 행하는 실제 무력사용(군대의 국경 통과, 외국 항공기의 영토 폭격, 공해상에서 외국 선박에 대한 대규모 공격 등)을 언급하는 것이 분명하지만, 국제관행상 군사적 침략은 군대, 그리고 외국 정부의 지원을 받는 민병대가 타국 영역을 단계적으로 침입해 가는 형태가 더 많다. 이 경우 한 국가의 영역에 대한 '침공'은 갑작스럽게 대규모로 발생하지 않고, 장기간에 걸쳐서 조금씩 발생한다. 이러한 종류의 침략은 타국 정부를 전복하거나, 내란에 간섭하기 위하여 그 국가를 상대로 한 파괴활동 혹은 테러활동을 조직, 지원, 조장, 재정지원, 독려, 용인하는 것(소위 간접적 무력침략)도 있다. 문제는 국제법상 *군대잠입*을 통

*한 침입*과 *간접적 무력침략*에 대해서 대응하는 것도 정당방위라고 할 수 있는지의 여부이다.

18.3.1 군대잠입 혹은 의용대를 통한 침공

미국은 베트남 전쟁에서 군대잠입에 의한 침략 유형을 주장하였다. 즉, 미국 정부가 일관되게 주장했던 것은 남베트남의 개별적 정당방위와 미국의 집단적 정당방위는 북베트남 군대와 베트콩이 남베트남 지역을 단계적으로 침입하였기 때문에 합법적이라는 것이다. 이러한 견해에 대한 다른 나라의 태도를 보건대, 그러한 사항에 대해서 관습규칙이 형성되었다고 할 정도로 신빙성 있는 증거는 없다. 그러나 ICJ가 *니카라과* 사건(*본안;* 제195항)에서 유권적으로 판단하였듯이, 1974년 유엔 총회 결의 제3314(XXIX)호에서 채택한 침략의 정의에서 국가들이 합의했던 견해는 관습법을 반영하는 것으로 보인다. 이 견해에 따르면, 한 국가가 *직접 파병하거나 자신을 대신해서 파병된* 무장대, 무장집단, 비정규군 혹은 용병, 또는 테러조직의 무장공격, 혹은 정규군에 준하는 정도의 강도를 가진 무장공격은 정당방위를 정당화하는 공격으로 여겨진다. 이러한 요건에 미달하는 것은 정당방위로서 정당화될 수 없을 것이다.

18.3.2 간접침략

여러 국가들(주로 미국, 이스라엘 그리고 남아프리카공화국)은 '간접침략'에 대해서 정당방위가 가능하다고 주장했다.[10] 그러나 국제공동체의 반응은 이스라엘, 남로디지아 그리고 남아프리카공화국이 주장하는 법적 정당성을 완전히 신뢰하고 수락한 것은 아니었다. 사실상, 여러 경우 안보리에서 진행된 토의를 보건대,[11] 대부분의 국가들은 제51조의 적용을 반대하였으며, 여러 경우에 행해진 무

---

10) 특히, 이스라엘이 1970~1983년 레바논과 1985년 튀니지 소재 팔레스타인 기지를 공격하였을 때, 남로디지아가 잠비아를 공격하였을 때(1978~1979), 그리고 남아프리카공화국이 앙골라 소재 SWAPO 기지와 군대를 공격하고 레소토, 잠비아 그리고 스와질랜드로 진격해 들어갔을 때(1976~1985년) 이들은 공격당한 국가들이 공격국가의 영역과 자산에 대한 게릴라집단의 테러공격을 용인하거나, 적극적으로 지원했던 사실로 인해서 공격당한 국가들의 주권적 권리가 침해되어도 정당하다고 주장하였다.

력활용을 불법으로 간주하였다. 게다가 1966~1970년 기간 중 유엔우호관계특별위원회에서 하였던 불간섭원칙에 관한 논의에서도 이 점이 드러났다.[12)]

더욱이, *니카라과* 사건(*본안*)에서 ICJ는 여러 가지 유형의 무력위협 혹은 무력사용을 구분하였다. ICJ는 어느 나라에서 중앙당국을 상대로 투쟁하는 폭도들을 훈련시키거나, 이들에게 경제적 · 군사적으로, 또는 병참 등을 지원하는 것은 무력위협 혹은 무력사용, 또는 타국의 국내외 사항에 대한 간섭으로 간주할 수 있다고 하였다. 그러나 이것은 무력공격이 되지는 않는다(단, 반란단체에 대한 군사적 지원의 규모가 크지 않아야 하고 두드러지지 않아야 한다. 제195항). 결국, 공격대상이 된 국가는 지원국가에 대해 정당방위의 방식으로 대응할 권리가 없다(제195항, 제228항, 제230항).

따라서 제51조에서 간접 무력침략에 대한 정당방위를 허가한다거나, 국가들이 그러한 특별한 부류의 침략을 격퇴하기 위하여 정당방위를 허가하는 일반규칙이 발달하였는지는 분명하지 않아 보인다. 아마도 국가관행상 반란단체 혹은 테러행위를 지원하는 국가에 대해서 정당방위를 행할 수 있는 권리는 ① 그러한 지원의 정도, ② 그러한 지원을 하였다는 증거, 그리고 ③ 그러한 증거에 대한 ICJ 혹은 다른 관할 유엔 기관의 평가에 좌우될 것이다. 물론, 이는 ④ 대응행위의 비례성, ⑤ 대응방식으로 활용한 수단의 합법성 여부(그러나 테러리즘과 관련해서는 22.5.1-2 참조)에도 좌우될 것이다.

---

11) 1976, 1978, 1979, 1980, 1982, 그리고 1984년. J.-P. Cot and A. Pellet(eds.), *La Charte des Nations Unies—Commentaire article par article,* 2nd edn.(Paris: Economica, 1991), pp.781-782 중 A. Cassese 저술 부분에서 언급된 사항을 참조하시오.

12) 1964년, 영국은 어떤 나라든 '반체제자들이 외부의 지원과 격려를 받는 민란에 이르는 파괴활동'의 형태로 된 불법 개입이 발생하고 이러한 개입의 희생국이 되는 경우 제3국으로부터 군사적 지원을 구할 권리를 갖는다는 점을 천명하자고 제안하였다. 1966년, 일단의 서방국가들(오스트레일리아, 프랑스, 캐나다, 이탈리아, 영국, 미국)은 "국가들이 국제법에 따라서 개별적 혹은 집단적으로 개입에 대항해서 자신을 방어하는 데 적합한 조치를 취할 권리는 고유한 정당방위권의 기본요소이다"라고 하면서, 그런 제안을 채택하고 확대하였다. 그러나 이러한 제안은 특별위원회에서 체코슬로바키아, 통일아랍공화국, 가나, 인디아, 레바논, 알제리 그리고 멕시코를 위시한 다수의 사회주의 국가와 제3세계 국가들로부터 강하게 공격받았다. 이들은 해당 제안이 "유엔헌장과 일반적으로 수락된 국제법으로부터 일탈할 위험이 있다"고 주장하였다. 특히, 그것은 제51조를 무시하고서 헌장의 해당 규정에 따라서 정당방위를 행사할 수 있는 경우의 범주를 확대할 위험이 있다고 주장하였다. 이러한 비난으로 인하여, 해당 결의를 제안했던 국가들은 이를 철회하였고, 1970년 우호관계선언 최종 문안에서는 '헌장의 관련 규정'이라고만 언급하였다. 아울러 지적해야 할 사항은, 특히 침략의 정의에 관한 유엔특별위원회 내에서 이루어진 토의에서 드러나듯이, 해당 위원회가 최종적으로 같은 입장을 취했다는 점이다.

18.4 집단적 정당방위

제51조는 유엔의 모든 회원국에게 무력공격을 당한 타국을 지원하여 무력을 사용할 수 있는 권리를 부여하고 있다. 이러한 권리는 현재 일반규칙에 포함되었는데, 개입국가 자신이 침략자가 행하는 무력공격의 피해국이 되지 않아야 한다(피해국이 되는 경우 그 국가는 '개별적' 정당방위로써 대응할 수 있을 것이다)는 취지로 해석되고 있다. NATO와 바르샤바조약기구(Warsaw Pact, 현재 폐기됨)는 이 점을 지향하는 것이다. 그러나 정당방위를 행하는 양 국가 간에 사전 유대(예컨대 조약)가 있거나, 그러한 유대가 없다면 공격당하는 국가의 명시적 요청이 있어야 한다는 요건이 있다. 달리 말해서, 한 국가가 타국을 공격한 국가를 상대로 무력사용을 하려면, 공격당한 국가의 요청이 있거나 사전에 그 국가의 동의가 있어야 한다. 또한, 피해국이 군사적으로 공격당했다는 점을 입증해야 한다. ICJ는 *니카라과* 사건(*본안*)에서 다음과 같이 판시하였다.

> "무력공격의 피해국이 그러한 공격을 당했다고 주장하고 선언해야 한다. 타국이 스스로 판단한 사태를 근거로 해서 집단적 정당방위권을 행사하도록 허용하는 국제관습법규칙은 없다. 집단적 정당방위가 활용되는 경우, 이러한 권리로부터 혜택을 얻는 국가가 무력공격의 희생이 되었다고 스스로 선언하리라고 기대할 수 있다"(제195항과 제199항; 또한, *Oil Platforms* 사건(*본안*), 제51항 참조).

이제까지 '집단적' 정당방위(즉, 피해국을 위하여 하나 이상의 국가들이 개입하는 것)가 활용되었던 경우는 얼마 되지 않는다.[13] 이러한 부류의 무력행사에 의존한 경우가 상대적으로 얼마 되지 않았던 것—그 자체로 현 세계공동체의 절묘한 특징이라는 점이 명확하다—은 국가들이 가능한 국제적 무력충돌과 거리를 두거

13) 미국은 1964년 영국이 남아랍연방을 지원하기 위하여 예멘을 공격하면서 항변했듯이, 베트남의 경우(여러 가지 공식선언, 특히 1966년 3월 4일자 국무부 비망록에서, 미국은 남베트남을 지원해서 수행하는 자신의 군사행동을 위하여 제51조를 원용하였다) 그리고 1981~1984년 니카라과에서 이러한 항변을 주장하였고, 소련은 체코슬로바키아(1968) 그리고 아프가니스탄(1979)에서 그렇게 하였다. 1990년 이라크의 쿠웨이트 공격 후에 그리고 망명 쿠웨이트 정부가 지원을 요청한 후, 1990년 안보리가 채택한 결의 제661호의 서문에서도 집단적 정당방위를 언급하였다. 그러나 잘 알려진 바와 같이, 그 경우, 안보리는 쿠웨이트에 대한 이라크의 침략에 대해서 국가들이 대응하도록 허가하였다.

나, 투쟁당사자 중 어느 한쪽에 대해서 무기와 군사장비를 보내는 정도에서만 편드는 경향을 가졌기 때문이다.

18.5 무력을 사용한 재외국민의 보호

여러 경우에 국가들은 외국 영토 내에서 생명의 위협을 겪는 자국민을 보호하기 위하여 무력을 행사하였다. 일부 경우에는 영토국의 *동의 없이* 무력이 사용된 적도 있었고,[14] 다른 경우에는 영토국의 *동의하에* 군사개입이 이루어졌다.[15] 이 외에도 1978년 *Larnaca* 사고를 언급할 만하다. 이 사건은 독특하고 유례가 없

---

14) 벨기에는 1960년 콩고에, 미국은 1965년 도미니카공화국에, 그리고 1975년 캄보디아 수역에(캄보디아 군대가 억류한 미국 화물선과 선원을 구조하기 위함), 이스라엘은 1976년 우간다에, 미국은 1980년 이란에 개입하였다. 또한 미국은 미국인 테러공격에 대한 대응으로써 1986년 리비아, 1993년 방글라데시, 1999년 아프가니스탄과 수단을 폭격하였다. 처음 두 가지 사례에서 영토국은 외국민의 생명에 대한 위협이 공공질서제도 붕괴로 인한 것이어서 그러한 위협에 대하여 책임이 없었다. 반대로, 셋째와 넷째 사례에서, 현지 정부는 외국인의 생명을 보호하지 않았고, 외국민을 위험에 빠뜨리는 사인(私人)들의 행위를 용인하거나 심지어 방조하였기 때문에 책임이 있었다. 이보다 더 최근의 관행으로는 N. Ronzitti, *Rescuing Nationals Abroad through Military Coercion and Intervention on Grounds of Humanity* (Dordrecht, Boston, and Lancaster: M. Nijhoff, 1985), p.26 이하 참조. 더 오래된 다른 관행의 경우는 *Right to Protect Citizens in Foreign Countries by Landing Forces,* Memorandum of the Solicitor for the Department of State, 5 October 1912, 2nd edn.(Washington, D.C.; Government Printing Office, 1929), p.51 이하 참조.

15) 결국, 미국은 1958년 레바논에 군대를 파견하였다(미국이 개입한 주된 이유로서 미국과 레바논은 레바논 정부의 요청이 있었다는 점, 그리고 유엔헌장 제51조를 활용할 수 있다는 점을 제시하였다고 해도, 안보리에 참석한 미국 대표는 미국 군대가 미국민의 생명을 보호하기 위하여 레바논에 파송되었다는 점도 강조하였다. 미국 대표는 미국 군대가 "그 나라에 주거하는 수천명의 미국민에게 안전을 제공할 것이다"는 점을 지적하였다).

벨기에는 미국의 도움으로 1964년 콩고에서 똑 같이 행동하였다. 독일연방공화국은 1977년 소말리아의 동의를 받아서 모가디슈에 특공대를 파병하였다. 1978년, 프랑스와 벨기에 군대는 자이레의 요청으로 샤바 지역에 개입하였다.

1983년, 미국은 그레나다에 군대를 파병하였다[이들은 현지 당국이 붕괴되어서 영국인 총독의 요청으로 파병했다고 주장하였다(78 *AJIL*(1984), p.200, p.662). 중립적인 보고서에 의하면, 실제로 미국민의 생명에 급박한 위협 혹은 위험이라는 것이 없었다. 미군이 미국민을 피난시킨 후 그레나다에 주둔했던 사실로 인하여 미 당국이 제시한 군대 상륙 이유는 사실상 불법적인 무력개입의 빌미에 불과하였다는 점이 확인되었다. 유엔 총회는 미국이 제시한 법적 근거를 지지하지 않았고, 1984년 결의 제38/7호로써 미국의 개입에 대해서 유감을 표명하였다. 1989년, 미국은 무엇보다도, '민주적으로 선출된 합법적인 파나마 정부와 협의했[었]고, 이 정부가 [미국의] 조치를 환영한 후' '미국민의 생명을 보호하기 위하여' 군대를 파나마에 파병하였다(84 *AJIL*(1990), pp.545, 547).

기에, 따라서 위에서 언급하였던 것들과 같은 범주로 분류할 수 없다.[16)]

한 가지 두드러진 점은 자국민을 보호하기 위하여 무력을 사용하는 경우 대부분 개입국가는 서방국가이며, 무장활동이 행해지는 영토국은 개발도상국이라는 것이다. 이러한 상황은 세계공동체 내의 현 세력분포를 보여 준다. 물론, 거의 모든 경우에 영토 내 공공질서가 사실상 붕괴되었거나, 현지 정부측에서 외국인을 대상으로 하는 위법행위가 지속되지 않도록 예방하지 못하였다는 점을 부인할 수 없다.

두 번째 눈에 띄는 사항은 대부분의 서방국가들은 자국민 보호를 위한 무력간섭이 유엔헌장 제51조에 의하여 혹은 헌장의 영향을 받지 않는 관습규칙에 의하여 국제법상 합법이라는 의견을 표명했다는 점이다(미국은 더 나아가서 '자의적인 폭력에 대항하여' 미국민의 '생명과 재산'을 보호하기 위하여 해외에서 무력을 사용할 권리를 규정한 1948년 규칙으로 미국해군규칙 제0614조를 채택하였다).[17)]

이와 반대로, 다른 국가들은 이러한 유형의 무력활용이 합법이라는 점에 지속적으로 반대해 왔다. 독일이 소말리아에 개입한 경우를 제외하고(이 경우 영토국

16) 1978년 2월, 2명의 테러행위자들이 니코시아에서 열린 아시아-아프리카인민연대기구(Afro-Asian Peoples Solidarity Organization)의 이집트인 사무총장을 살해하였다. 테러행위자들은 수 명의 이집트 국민을 포함된 사람들을 인질로 잡은 후, 항공기로 키프로스를 떠났지만, 여러 나라로부터 입국허가를 받지 못해서, 어쩔 수 없이 키프로스 라나카 공항으로 귀항할 수밖에 없었다. 키프로스 당국과 테러행위자 간에 교섭이 진행되는 동안, 이집트 항공기 한 대가 라나카에 기착허가를 받았다. 키프로스 당국이 그 항공기에 특공대가 타고 있다는 점을 알게 되었을 때, 당국은 이들의 개입을 불허하였다. 그러나 이집트인들은 테러행위자들에게 발포하였고, 이 참에 키프로스 국방수비대가 이집트인들에게 대응사격을 하였다. 이 접전 때문에, 수 명의 이집트인과 키프로스인들이 죽거나 부상당했고, 키프로스 당국은 테러행위자들을 체포하였다. 이어서 이집트와 키프로스 간의 분쟁이 발생하였다. 이집트는—키프로스가 무력사용을 허가하지 않았던 점을 인정하면서도— 키프로스의 주권을 침범하지 않았고, 테러행위와 투쟁한다는 원칙에 따라서 행동했다고 주장하였다. 그러나 키프로스는 이집트의 주장을 부정하면서 자신의 주권이 침해당했다는 점을 강하게 주장하였다.

이 사건은 국가들이 자국민을 보호하기 위하여 무력을 사용한 사건의 유형에 꼭 들어맞지 않는 것이 분명한데, 그 이유는 첫째, 이집트가 자신의 유일한 목적은 테러행위자와 싸우는 것이라고 주장했기 때문이고, 둘째, 이집트는 자신이 라나카에 군용기를 파견할 수 있다는 허가를 키프로스로부터 받은 후에 무력을 사용했다고 주장하였기 때문이다(이집트의 견해에서 보면, 그러한 허가가 있으면 적어도 자신이 군대를 파병할 수 있고, 이로써 자신은 키프로스의 주권을 파괴하지 않았다는 결론이 나오는 것으로 보인다).

17) 1993년, 영국 외교부는 하원의원에서 "① 자국민에 대한 테러행위자의 공격을 지원하는 타국이 공격목표를 다른 방식으로 계속 사용할 것이라는 증거가 충분한 경우, ② 자국민에 대해서 급박한 추가공격을 사전에 차단할 다른 방법이 사실상 없는 경우, ③ 활용된 무력이 위협에 비례하는 경우, 자국민에 대한 위협에 대항하여 정당방위로 무력을 사용할 수 있다"고 하였다. 64 *BYIL*(1993), p.732.

이 동의하였음), 외국의 개입은 종종 국제법에 반하는 것으로 공격받았다.[18)]

전체적으로 판단할 때, 많은 국가들이 반대했음에도 이 사항에 관하여 제1차 세계대전 이후 발전한(15.1.2 참조) 일반규칙이 완전히 없어지지 않은 것으로 보인다. 그러나 이러한 규칙—유엔헌장 제51조에 따른 정당방위의 일반개념에 포섭될 수 있을 것임—은 유엔헌장에 따른 평화와 안전보장을 유지하기 위한 제도하에서 운용되는 *매우 엄격한 조건하*에서만 활용될 수 있을 따름이다. 이러한 규칙이 현 조건에서 적용될 수 있는 것은 유엔의 집단적 집행방식이 취약하기 때문이다(만약, 유엔 안보리가 활용할 수 있는 군대가 인간의 생명이 경각에 달린 지역에 급파될 수 있다면, 이러한 규칙은 더 이상 필요 없을 것이 분명하다).

재외국민을 보호하기 위한 무력사용이 합법적이기 위하여 충족해야 할 조건은 다음과 같다.

① 자국민의 생명에 대한 위협 혹은 위험성—이것이 테러공격 때문이든 중앙당국의 붕괴 때문이든, 아니면 이들 당국들이 테러행위 혹은 이와 유사한 범죄행위를 용인하였기 때문이든—이 심각해야 한다. ② 이들의 생명을 구제하기 위한 평화적 수단을 이미 소진하였거나, 전혀 현실성이 없어서 활용할 여지가 없어야 한다. ③ 자국민을 구제 · 구호하기 위한 목적으로만 무력을 사용해야 한다. ④ 사용된 무력은 위험 혹은 위협과 비례해야 한다. ⑤ 자국민이 구제되는 순간 무력사용이 중단되어야 한다. ⑥ 외국에서 무력을 사용하는 국가는 안보리에 즉시 보고해야 한다. 특히, 해당 국가는 무력사용이 불가피하다고 생각했던 사유 그리고 이를 위해서 취한 여러 가지 조치들을 자세히 설명해야 한다.[19)]

---

18) 예컨대 미국이 1958년 레바논에서 무력활동을 했던 경우, 에티오피아는 유엔 총회에서 다음과 같이 말하였다. 즉, "에티오피아는 한 국가가 국익보호, 국민생명 보호, 혹은 다른 변명을 빌미로 타국 영역에 군대를 투입하거나 유지하는 것에 강력히 반대한다. 이는 부당하게 이익을 얻기 위하여, 더 강한 국가가 자신보다 더 작은 국가를 상대로 압력을 행사하는 수단으로 알려져 있다. 따라서 이것은 절대로 허용되어서는 안된다"(*GAOR*, 3rd Emergency Special Session, 742nd Plenary Meeting, 20 August 1958, para. 75).

동일한 경우에, 폴란드는 재외국민 보호가 '구태의연한 핑계'라고 주장하였다(*ibid.*, 740th plen. meeting, 제84항). 그리고 1978년, 프랑스와 벨기에가 자이레에서 군사작전시, 소련 관영통신기관인 TASS는 '인도주의적 간섭'은 '자이레의 국내문제에 대한 위장된 간섭을 눈가리고 아웅하는 것'일 뿐이라고 하였다(*Keesings' Contemporary Archives*(1978), p.29128).

19) 이러한 세부 조건에서, 1960년 벨기에가 콩고에, 1965년 미국이 도미니카공화국에, 1976년 이스라엘이 우간다에 군사적으로 개입한 것이 합법이었다는 결론이 나온다. 반대로, 1983년 미국이 그레나다에 개입한 것은 불법이었다(특히, 여기서 논의하고 있는 주제—재외국민의 보호—하에서). 이와 유사하게, 미국이 1986년 리비아, 1993년 바그다드, 그리고 1998년 아프가니스탄과 수단을 폭

18.6 영토국의 동의를 얻은 무장간섭

이제 보편적으로 국가들의 국내법에 구현된 *volenti non fit injuria* 원칙(위법행위는 권리침해를 당한 자가 그에 대해서 사전에 동의한 경우 더 이상 위법이 아니라는 원칙)이 무력사용 분야에서 국제공동체가 유효하다고 인정하는지의 여부에 대해서 살펴보기로 한다(앞의 3.4; 15.2; 16.3.2 참조).

전통국제법에서 이 원칙은 상당히 위력적이었음이 분명하다—각 구성국들은 타국과 평등한 존재였기에, 국가의 자유에는 제한이 없고, 어떠한 규칙도 위반할 수 있을 것이다. 따라서 각 국가들은 타국이 자국 영토 내에서 어떠한 형태로 무력을 사용하든 허락할 수 있었다. 한 국가가 자기훼손, 분할, 심지어 완전한 소멸까지도 공식적으로 허락할 수 있었듯이, 다른 국제법 주체가 자국 영토 내에서 무력을 사용하도록 허락할 수 있었을 것이다.

무력사용이 유엔헌장에서 명시적으로 금지되었다고 해서 그리고 이러한 금지가 국제공동체를 유지하는 기둥의 하나가 되었고, 매우 제한된 소수의 예외만 인정한다고 해서 상황이 바뀌었는가? 이들 예외에 동의는 포함되지 않기에, 동의는 묵시적인 예외가 될 수 있는 것인가? 유엔헌장을 면밀히 검토해 보면 오직 한 가지 결론만이 가능한데, 한 국가는 '무력공격'의 대상이 되어서 개별적 정당방위를 활용하고, 이와 아울러 제3국이 '집단적 정당방위'로써 자신을 지원하도록 허가하는 경우에는 언제든지 명시적 동의로써 자국 영역 내에서 무력을 사용하도록 허가할 수 있다. 만약, 동의하는 국가가 사실상 '무력공격'의 대상이 아닌 경우는 어떠한가? 예를 들면, 자국 영토 내에서 무장봉기가 일어난 경우, 혹은 질서가 심각히 붕괴되어서 다른 국제공동체 구성원의 도움을 요청하고자 하는 경우는 어떠한가?

많은 국가들은 전통법이 지금도 완전히 유효하다고 여기고, 그 결과 동의를 얻으면 헌장 제2조 제4항의 위반을 구성하지 않기 때문에 무력사용이 합법화된다고 생각하는 경향이 있다.[20] 관행을 조사해 보면 일부 국가들은 자신들의 군사

격한 것은 유엔헌장에 반하였다.

20) 예컨대, 1958년에 영국 외무장관은 다음과 같이 주장하였다. 즉, "헌장 구조상 내가 설명하였던 [해외에서 조장된 민란에 직면한] 유형의 국가에게 원조할 수 있다는 관습법이 보존되어 있다. …

개입이 관련 국가의 동의(혹은 요청)로 인하여 합법이라고 너무 쉽게 주장하는 점도 드러난다. 따라서, 둘 이상의 예에서, 한 국가 영토 내의 전복활동의 경우, 다른 국가들은 반도들이 제3국의 지원을 받고 있거나 동의하는 국가가 헌장 제51조에서 규정하는 '무력공격'의 대상이 되었다는 이유를 들어서 개입요청을 받은 후 개입하는 것을 매우 합당하다고 생각하였다.[21)]

나는 헌장의 정신에서 혹은 헌장 문구로 인하여 전통적인 관습적 권리가 사라졌다고 믿지 않는다" (I. Brownlie, *supra* note 5, p.326).

21) 예를 들면, 1968년 체코슬로바키아 그리고 1979년 아프가니스탄에 대한 소련의 개입(이때 소련은 제51조를 원용했고, 문제되는 영토국의 동의를 받았다고 주장하였다)은 말할 것도 없고, 1956년 소련의 헝가리 개입(이때 소련은 제51조를 원용하지 않았음), 1958년 미국의 레바논, 영국의 요르단 개입(이때 양 국가들은 제51조, 뿐만 아니라 동의를 받았다는 점을 원용하였음), 1965년 미국의 도미니카공화국(이때 미국은 OAS헌장도 원용하였음), 1983년 그레나다 개입(이때 미국은 지역조약과 '재외국민 보호권'을 말하였음)을 언급할 수 있다.

터키는 1964년과 1974년 자신의 키프로스 무력개입을 정당화하기 위하여, 유엔 안보리에서 1960년 키프로스, 그리스, 터키, 그리고 영국이 체결했던 보증조약을 원용하였다. 이 조약 제4조에서는 조약 위반의 경우, 그리고 공동 혹은 협력조치가 불가능하다고 판명되는 한도에서, 3개 보증국가 각자는 조약으로 생성된 '상황을 회복하는 목적으로만 조치를 취할 권리'를 갖는다고 규정하였다. 안보리에서, 그리스와 키프로스는 모든 '군사적' 조치는 조약에서 명시적으로 예정했어야 하고, 이 외에 외국의 군사적 개입에 대해서 키프로스의 '특별한' 동의가 없었다는 점을 주장하면서, 이러한 해석에 반대하였다.

파나마운하 사건도 언급할 만하다. '파나마공화국의 국내문제에 대한 불간섭' 원칙을 규정하고 있는 1977년 파나마운하조약 제5조를 미국은 파나마 내에서 자국의 무력행사를 허가하는 것이라고 일방적으로 해석하였다. 비준에 필요한 동의를 얻기 위하여 해당 조약이 미국 상원에 제출되었을 때, 상원의원 De Concini는 비준의 '조건'이 되는 조항을 제안하였고, 상원은 이를 수락하였다. 이 조항에 따르면, "조약의 제5조 등 규정과 상관 없이 운하 폐쇄 혹은 운영상 간섭이 발생하면, 미합중국과 파나마공화국은 각자의 헌법절차에 따라서, 독자적으로 파나마공화국 내에서 군사력 행사를 위시하여, 경우에 따라서, 해당 운하를 재개통하거나 해당 운하의 운영을 복원하는 데 각자가 필요하다고 여기는 조치를 취할 권리를 갖는다"(이에 관한 내용은 http://lcweb2.locgov/frd/cs/panama/pa-appnb.html 참조).

파나마 정부는 새로이 국민투표에 회부하지 않고서 이 조항을 수락하였다(해당 조약은 이미 국민투표로 승인된 바 있음). 그러나 Torrijcos 대통령은 미국이 특별히 요청받지 않는 한, 파나마인들은 운하 방어 혹은 재개통을 위한 미국의 개입을 수락하지 않을 것이라고 하였다. 이 외에, Torrijcos는 파나마조약의 비준서에, 특히 파나마의 "정치적 독립, 영토보전 및 자기결정권은 파나마인들의 불변의 의지로 보증[되었다]"고 하는 선언서를 첨부하였다[W.I. Jorden, *Panama Odyssey* (Austin Texas: University of Texas Press, 1984), p.585]. 선언서에서는 더 나아가 다음과 같이 적었다. "따라서 파나마공화국은 자신의 대내외적 문제에 간섭하려는 어느 나라의 시도도 단결해서 단호하고 결연하게 거부할 것이다"(파나마선언 제3항).

미국의 '조건'에 대한 파나마의 대응은 무장간섭을 허가하려는 목적을 무력화시키려는 것으로 보인다. 그러나 국무부는 파나마의 선언이 '상원에서 비준한 해당 조약의 De Concini 조건 혹은 다른 규정'을 배제하거나 수정하지 않는 것으로 해석했다(78 *AJIL*(1984), pp.204-207). 이러한 견해가 옳은 지의 여부와 관련해서, 일부 저명한 미국인 논평자들이 적절히 지적했듯이, 1989년 미국가관행을 보면 동의를 근거로 한 예외가 현 국제법과 거의 일치하지 않는 데에도 널리 활용되는 것이 분명하다. 무장개입이라고 하는 것들 대부분은 관련 규칙을 잘못 해석해서 이루어졌거나, 개입을 정당화하는 사유로 제시되는 특정 사정과 개입국이 설명하는 것이 실제와 다르기 때문이 위법이었던 것으로 보인다. 종종, 반도들은 사실 '외부의' 지원을 받지 않았으며, 대규모 형태의 '군사적 지원'을 받은 것도 물론 아니었다. 그렇지 않다고 해도 외국의 개입을 요청하거나 이를 허가하는 개인들이 '요청하는' 국가의 합법적인 기관으로 간주될 수도 없었다. 더욱이, 개입국가('동의' 국가는 말할 것도 없음)가 헌장 제51조 규정에 따라서, '간접적 무력침략'을 차단해야 하기 때문에 무력사용이 정당하다고 할 때마다, 그러한 정당성의 근거가 되는 제51조의 해석은 의문의 소지가 있었다. 사실상, 이미 살펴 보았듯이(18.3.2), 통상 제51조 규정에서는 그러한 형태의 '침략'에 대응하여 무력사용하는 것을 허용하지 않고 있다.

현재의 법규칙을 요약하면 다음과 같다.

첫째, 동의는 자유의사에 따라서 표시되어야 한다(즉, 어떠한 형태의 무력, 강요 혹은 강박으로도 제한받을 수 없다. *coacta voluntas non est voluntas*). 동의는 외형상 그 존재를 '추정하기' 보다 실재해야 한다. 둘째, 합법정부, 즉 헌법상 동의권을 가진 기관이 동의해야 한다. 셋째, 미래에 대해서 백지식 위임의 형태로 동의할 수 없다. 사안별로 동의가 있어야 한다. 넷째, 유엔헌장 제2조 제4항에 반하여 동의국가 혹은 요청국가의 '영토보전 혹은 정치적 독립성'에 반하는 무력사용을 합법화시키기 위하여 동의할 수 없다. 예컨대, 한 국가는 자국민을 통제하기 위하여 혹은 자국 영토의 일부를 분할하기 위하여 자국 영토에서 타국의 무력사용을 허가할 수 없다. 다섯째, *강행규범* 원칙에 반하는 방식으로 동의할 수 없다. 이러한 상황이 발생할 수 있는 경우의 예를 들자면, 인민의 자기결정권을 부정하거나 제한

국의 파나마 침공 및 점령은 이러한 근거(동의)에서나 혹은 미국 정부가 제시한 다른 세 가지 근거, 즉 '미국민의 생명보호', '민주주의 회복 지원', 그리고 '노리에가 장군을 재판에 회부하는 것'(미국 대통령 조지 부시의 성명, 1990년 1월 3일, 백악관 공보비서관실)에서, 합법적이지 않은 것은 의문의 여지가 없는 것으로 보인다[V.P. Nanda, "The Validity of United States Intervention in Panama Under International Law," 84 *AJIL*(1990), pp.500-501; L. Henkin, "The Invasion of Panama Under International Law," 29 *CJTL*(1991), pp.302-303, 309-310. 반대의 견해가 제시된 것은 A.D. Sofaer, "The Legality of the United States Action in Panama," 29 *CJTL*(1991), pp.287-288. 또한 D. Wippman, "Treaty-Based Intervention: Who Can Say No?," *University of Chicago Law Review*, 62(1995), pp.680-684].

하기 위하여 무력사용을 허가하거나, 반란진압 혹은 분리독립 방지를 위하여 잔혹행위를 수반하는 무력사용을 허락하는 것이다.

18.7 소규모의 불법무력사용에 대한 무력복구

소수의 국가들(아래 참조)과 일부 논자들[22]은 특정 유형의 무력복구로서, 타국이 소규모로 행하는 단 한 차례의 무력행위에 대해서 전쟁에 이르지 않는 군사활동을 수행하는 것은 헌장 제51조에 의해서 혹은 그 사안에 관한 일반규칙에 의해서 법률상 허가된다고 주장하였다(유엔헌장 제2조 제4항 이외의 국제법규칙을 심각히 위반하는 경우, 이에 대응하는 무력복구는 현재 논의하는 유형의 복구가 합법이라고 지지하는 사람들도 인정하듯이, 오직 평화적인 대응조치만 허용되기에 현 국제법에서 금지된다는 점을 앞에서(15.3) 살펴보았다).

특정되고 좁은 범위의 무력복구 유형을 논하기 이전에, 현대 국제법상 무력복구의 *일반적인 부류*가 갖는 합법성에 대해서 간단히 재검토하는 것이 적절하다. 일부 국가들은 군사적 복구로 간주될 수 있는 행위를 하였다.[23] 그러나 이러한 사항에 관하여 관습규칙이 발전하지 않았다는 점은 일부 서방국가들만이 무력복구를 행하면서 그러한 복구의 합법성을 주장했던 사실로 입증이 된다(놀랍게도 이들 중 일부 국가들, 즉 프랑스, 영국 그리고 미국은 *다*른 유엔 회원국의 무력복구 활용을 비난하기까지 하였다). 헌장 제2조 제4항과 함께 제51조를 읽을 때 이러한 복구가 허용되지 않는 것은 이들 규정의 문언적 · 논리적 해석을 통해 유추할 수 있으며,

---

22) D.W. Bowett, *supra* note 3, pp.270-271; *id.*, "Reprisals Involving Recourse to Armed Force," 66 *AJIL*(1972), p.3; K. Skubiszewski, *supra* note 5, p.754; Y. Dinstein, *War, Aggression and Self-defence,* 2nd edn.(Cambridge: Cambridge University Press, 1994), pp.215-226.

23) 이들은 모두 서방지역에 있는 국가들, 즉 영국, 이스라엘, 미국, 프랑스, 포르투갈이다. 예를 들어 1964년, 미국이 통킹만 사건에 대한 대응으로 북베트남에 폭격을 감행했을 때, 미국 국방장관 McNamara는 이를 '보복'이라고 하였다. 1965년 북베트남이 쁠래이꾸(Pleiku)를 공격한 이후 미국이 행한 공습에 대해서, 백악관은 '적절한 복구조치'라고 하였다. 1968년, 이스라엘 참모총장 바레프 장군은 이스라엘의 이집트 시설 공격과 베이루트에 대한 습격을 '복구'라고 정의하였다. 이스라엘은 1960년대 초반 이후 많은 경우에 이러한 유형의 무력복구를 활용한 바 있다. 한 국가가 정당방위라는 미명하에 무력공격을 수행했던 일부 사건도 사실상 무력복구의 부류에 해당되는 것으로 여겨진다. 예컨대, 1986년 미국의 리비아 공격(18.2.1 참조), 뿐만 아니라 1998년 미국의 수단과 아프가니스탄 공격(18.2.1 참조)이 있다.

유엔 기관을 구성하는 국가들의 법적 확신을 드러내는 유엔 기관의 후속관행에서 확인되고 있다. 특히, 복구를 '유엔의 목적 및 원칙과 양립할 수 없는' 것으로 비난하는 안보리의 여러 가지 결의[24](이렇게 천명하는 것은 무엇보다도 이러한 부류의 복구를 제2조 제4항의 후단에 근거하려는 여지를 배제하기 위한 것이다), 뿐만 아니라 "국가는 무력사용을 포함한 복구행위를 하지 않을 의무를 갖는다"라고 선언한 유엔 총회의 우호관계에 관한 선언(1970년 10월 24일 총의로 채택한 결의 제2625(XXV)호), 또한 국가의 국내문제 간섭 및 방해의 불인정에 관한 총회선언(1981년 12월 9일 총의로 채택한 결의 제36/103호)을 언급할 수 있다.

그러나 불법이지만 소규모인 타국의 무력사용에 보통은 *늦게* 대응하는 보복적 무력사용과 소규모 무력사용에 *즉각적으로* 무력대응하는 것을 구분해야 한다는 점이 옳게 지적된 바 있다.[25] 후자의 경우, 무력대응은 정당하다는 주장이 있다. 왜냐하면, 그렇지 않을 경우 공격받은 국가는 피해자의 생명에 직접적이고 회피할 수 없는 위협을 가져오는 타국의 심각한 국제법 위반을 당하면서도 속수무책이 될 수 있기 때문이다. 결국, 준법국가의 국민들은 침략국가의 선처만 바라게 되는 것이다.

혹자는 이러한 유형의 사건을 표현하기 위하여 '현장대응'이라는 적절한 표현을 고안하였다.[26] 그는 국경을 따라 이동하다가 이웃 국가의 전초 군기지로부터 집중포화를 당했던 어느 국가의 순찰대를 예로 들면서, 이 경우 순찰대는 대응사격을 할 수 있다고 주장하였다. 그가 제시한 또 다른 예는, 공해상에서 특정 국가의 구축함이 타국의 잠수함에 수중폭탄을 떨어뜨리고, '해당 잠수함이 구축함에 대해서 어뢰 발사로 대응하는 경우'이다. 이러한 사건에서, 공격대상이 된 국가가 군사력을 활용하는 것은 다음 중 어느 한 가지로 정당화될 것으로 보인다. 즉, ① 공격당한 국가가 하는 무력행사 등 위법행위는 유엔헌장 제51조에 따른 '무력공격'이 되지 않는다(ICJ는 *니카라과* 사건(*본안*)에서 '단순히 국경충돌'만 가지고서는 무력공격이 되지 않는다고 하였다. 제195항). 또는 ② 피해국가 국민들의 생명에 대한 급박한 위험을 피할 방도가 전혀 없었다. 즉, ICJ는 *Corfu Channel* 사건에서

24) 예컨대, 1956년 1월 19일 안보리 결의 제111호; 1962년 4월 9일 안보리 결의 제171호; 1964년 안보리 결의 제188호, para. 1; 1969년 안보리 결의 제270호 참조.

25) 예를 들면 I. Brownlie, *supra* note 5, p.305.

26) Y. Dinstein, *supra* note 22, p.214.

국제수로를 통과하는 군함은 연안국가의 포대로부터 '공격당했다면 신속히 보복할' 수 있다는 점을 인정하였다(제31항). 아마도, 문제된 상황에서 피해국이 처하게 된 조건은 다른 경우 불법이 되는 무력대응을 법적으로 정당화하는 '조난' 혹은 '필요성'(13.4.1(2)3) 참조)에 비유될 수 있을 것이다.

어느 경우든지, 원래 불법인 행위의 위법성을 조각하는 특별한 상황의 범주에서 일반적으로 요구되는 필요성과 비례성 요건,[27] 뿐만 아니라 이런 유형의 군사적 대응이 갖는 고유한 특성으로서 즉각성 요건을 충족할 때에만 무력대응이 허용된다.[28]

18.8 해외의 잔혹행위를 중단시키기 위한 무력활용은 허용되는가?

유엔헌장의 문안과 문맥을 통해서, 인권존중이 평화 그리고 자기결정과 함께 유엔의 주요 목표 중 하나가 된다고 해도, 헌장은 평화를 특별히 취급하다 보니 인권준수를 확보하기 위해서 평화와 안전을 파괴해야 할 경우에도 이러한 파괴를 금지하는 것이 분명하다. 달리 말해서, 헌장에서는 개별 국가들이 잔혹행위를 중단시키기 위하여 타국을 상대로 무력을 사용하도록 허가하지 않고 있다. 그러한 무력사용은, 안보리가 예외적으로 정당하다고 판단하고, 그러한 무력사용을 허가할 때에나 가능할 뿐이다. 이러한 헌장 해석이 옳다는 점은 ICJ가 *니카라과* 사건(*본안*)에서 판단한 바(제268항)로 입증되며 국가관행으로도 이러한 점을 확인할 수 있다.[29] 그러한 관행을 조사해 보면, 심각하고 대규모로 인권침해를 자행하

---

27) *니카라과* 사건(*본안*)에서, ICJ는 당사국들이 '[무력]공격에 대한 대응이 합법인지의 여부는 정당방위로 취한 조치가 필요성과 비례성 기준을 준수했는지의 여부에 좌우된다는 판단에' 동의하였던 점을 언급하였고(제194항), 이러한 견해를 묵시적으로 지지하는 것처럼 보인다.

28) Dinstein, *supra* note 22, p.215와 비교하시오.

29) 인도는 자신이 1971년 동파키스탄에 무장개입한 것은 파키스탄의 침략에 대응한 정당방위행위로써 그리고 나중에 방글라데시가 된 벵갈 주민의 비인간적인 상태를 이유로 정당하다고 하였다. 그러나 안보리에서 미국은 무력사용에 반대하였고, 총회에서는 중국, 알바니아, 요르단, 스웨덴 등의 국가들이 반대하였다(이에 대한 적절한 참고문헌으로서 Ronzitti, *supra* note 14, pp.95-97; S.D. Murphy, *Humanitarian Intervention*(Philadelphia: University of Pennsylvania, 1996), pp.99-100). 베트남이 정당방위 개념을 근거로 하면서 1978년 캄보디아에 군사개입하였을 때, 그 이후에 있었던 유엔 안보리 토의에서, 많은 국가들은 인권을 보호한다고 하면서 다른 국가가 개입하는 것이

는 국가에 대해서 개별 국가들이 강제조치를 취함으로써 그러한 위반을 종식시킬 법적 권리를 부여하는 관습국제규칙은 아직 형성되지 않은 것으로 보인다. 사실상, *usus*(관행)는 매우 제한되고, *opinio necessitatis*(필요성 의식)는 광범위하지만 아직 필수요건인 일반성 그리고 반대되는 관행이 없어야 한다는 요건을 충족하지 못하고 있다[그러나 흥미롭게도 2000년 아프리카연합헌장(53개국이 비준한 조약) 제4(h)조에서는 '중대한 상황으로서, 전쟁범죄, 집단살해, 인도에 반한 죄에 대해서 총회(제7조 제1항에 따라서 2/3 다수결로 의사결정함) 결정에 따라 연합이 회원국에 개입할 권리'를 규정하고 있다].

18.9 인종집단 및 인민들은 자기결정권이 강제로 거부되는 경우에 무력을 활용할 수 있는가?

헌장 제2조 제4항이 *국가*의 무력사용을 금지할 뿐이지만, 아마도 이에 상응하는 관습규칙은 민족해방운동단체를 포함한 모든 국제법 주체를 대상으로 할 것이다. 그러나 점차 그처럼 광범위하게 무력을 금지하는 관습규칙의 적용범위에 대해서 예외를 인정하는 관습규칙이 발전하고 있는 것으로 보인다. 이러한 규칙에 따르면, 만약 식민지배 혹은 외국인 점령을 받고 있는 인민, 뿐만 아니라 정

유엔헌장에서 허용되지 않는다는 점을 분명히 하였다(Ronzitti, *supra* note 14, pp.98-101; Murphy, *supra*, pp.103-104). 탄자니아가 1979년 우간다를 공격하여 독재자 이디 아민을 실각시켰을 때, 우간다의 독재자가 명령하거나 실행한 잔혹행위를 언급하면서, 어느 정도 인도주의적인 근거를 주장하였다. 그러나 비록 그러한 공격이 유엔 안보리 혹은 총회에서 논의되지 않았다고 해도, 국제공동체가 그러한 개입의 위법성에 대해서 선언하지 않았지만, 종국적으로 그러한 개입을 허가하거나 용인하지 않았을 것으로 보인다(Ronzitti, *supra* note 14, pp.102-106; Murphy, *supra*, pp.105-107). 프랑스가 1979년 중앙아프리카공화국의 보카사 황제에 대해서 개입하였을 때, OAU의 사법위원회가 잔혹행위를 비난한 후, 그러한 개입에 대한 공식적 선언이 전혀 없었다. 1999년, 안보리 허가를 얻지 못했던 NATO의 코소보 무장개입시, 많은 국가들은 '인도주의적 재앙' 혹은 코소보 내 세르비아인들의 잔혹행위를 중지시켜야 한다는 급박한 필요성 때문에 무력활용이 법적으로 정당성을 갖는다고 주장하였다(이러한 입장을 취한 국가들은 미국, 영국, 프랑스, 캐나다, 벨기에, 네덜란드, 이탈리아 등). 그러나 다른 많은 국가들(러시아, 중국, 쿠바, 벨라루스, 우크라이나, 나미비아, 인도 포함)은 이러한 군사조치가 안보리 허가를 얻지 않았기에 유엔헌장을 정면으로 위반하는 것이라고 주장하면서, 이러한 조치에 대해서 강하게 반대하였다(여러 국가들의 입장을 제시하는 것으로서, 독자들에게 나의 논문 "A Follow-Up: Forcible Humanitarian Countermeasures and *Opinio Necessitatis*," 10 *EJIL*(1999), pp.791-798을 추천함).

부에 대표를 진출시키지 못하고 있는 인종집단들이 자기결정권을 강제적으로 거부당한 경우, 해당 인민 혹은 인종집단들은 자신의 자기결정권을 실현시키기 위하여 무력을 활용할 권리를 법적으로 갖는다.[30]

30) 논란의 여지가 있지만, 그러한 규칙이 발전했다는 증거는, 특히 1970년 우호관계에 관한 선언이 총의로 채택된 점, 뿐만 아니라 그 이후의 총회 결의(예를 들면, 침략의 정의에 관한 1974년 12월 14일 결의 제3314(XXIX)호 제7조; A/7185 수정 1, para. 60; A/7402, para. 6 및 para. 61), 뿐만 아니라 1949년 제네바협약에 대한 1977년 제1추가의정서 제1조 제4항에서 찾을 수 있다(A. Cassese, *Self-Determination of Peoples—A Legal Reappraisal*(Cambridge: Cambridge University Press, 1995), pp.150-158, pp.197-198).

제 19 장
인권보호

19.1 도 입

1945년 이래 인권주의는 개인 · 집단, 또는 시민단체, 혹은 각료 · 외교관, 아니면 그 밖의 국가공무원을 가리지 않고, 어떤 이에게는 고통과 분노를, 어떤 이에게는 열정과 흥분을 안겨 주었다. 국가적 수준에서는 제2차 세계대전 이후 인권주의가 일부 국가에서 외교정책의 중요한 기본원칙으로서 다른 국가를 비난하거나 폄훼할 때, 또는 국제기구 내에서 행동방향을 정할 때 매우 유용하였다. 그러나 다른 국가에게 인권주의는 악몽이 되어 버렸다. 즉, 이는 국제법정에서 자신들의 행동을 재단하여 비난할 수 있는 기준이 되어 버렸다.

인권주의는 국가간 긴장과 갈등을 조장하는 *파괴적* 이론이기 때문에 국제적 차원에서 인권의 도래는 정말 놀랄 만한 사건이다. 본질적으로 이는 과거에 각국의 주권을 보호하고, 국가는 완전히 중무장한 거대한 구조물로 보이도록 하면서 타국은 그 내부구조를 건드릴 수 없고 '전체로서만' 인식하도록 했던 장막이 찢겨진 것을 의미한다. 오늘날, 인권주의로 인하여 국가들은 자신들이 자국민을 대우하는 방식, 사법운용, 교도소 운영방식 등에 대해서 말하지 않을 수 없게 되었다. 따라서 이로 인해서 이들의 국내질서가 파괴될 수 있으며, 결과적으로 전통적인 국제공동체의 구성방식 역시 파괴될 수 있을 것이다.

전체적으로, 이 인권주의는 국내제도의 맥락에서 로크의 사회계약 이론, 몽테스큐의 권력분립 개념, 그리고 루소의 주권재민 이론이 가졌던 가치와 의미를 국제공동체 내에서 얻었다고 말할 수 있다. 이들 정치적 사고들이 왕국의 근거가 되는 기반을 민주화시켜서 절대전제군주제를 몰락시켰던 것과 마찬가지로, 인권주의는 세계공동체에서 모든 인간의 존엄을 존중하도록 하고, 아울러 국가를 민주화시키는 데 엄청난 동력을 제공했고, 지금도 제공하고 있다.

그러면 국가들은 이러한 '이론'이 국가주권의 정치철학과 '그로티우스식 모델'의 근거가 되는 기본원칙에서 현저히 이탈하였다는 점을 잘 알면서도 국제수준에서 이 이론을 지지하고 더 나아가 주창하는 이유는 무엇인가? 어떠한 정치적 그리고 이념적 동기로 인해서 일부 국제공동체의 구성국들이 자기 자신의 권위를 떨어뜨리거나 파멸시킬 수 있는 이념들을 지지하게 되었는가?

19.2 전통국제법

전통적으로 개인은 자신들이 국민으로서 생활하는 국가의 배타적 관할권하에 있었다. 어느 다른 국가라도 그 나라의 권위에 간섭할 수 없었고, 이들 국가들은 어떤 의미에서 개인에 대해서 일종의 생사여탈권을 가졌다. 국경을 벗어나면 개인은 *외국민*으로서 고려될 뿐이었다. 개인이 해외에서 피해를 당하면, 이들의 이익은 자신의 국적국가가 외교적 보호를 하거나(발생한 손해에 대해서 손해배상금을 받고, 불법행위자를 처벌하기 위하여 자국민의 신체 혹은 재산에 손상을 가했다고 하는 국가에 외교경로를 통해서 접근하여), 또는 사법적 보호를 하는(국제중재판정부 혹은 재판소에 대해서 자국민을 위하여 청구를 제기하여) 한도에서만 보호를 받았다. 개인은 국가의 이해관계에 따라서 활용 · 보호 · 희생되는 꼭두각시로서 자신이 속한 국가의 '부속물'에 불과하였다.

그러나 점차 몇 가지 예외가 발생하였다. 노예매매를 금지하는 조약이 19세기에 체결되었다. 노예매매와 노예제도 둘 자체를 금지하는 조약도 20세기에 만들어졌다. 제1차 세계대전 이후, ILO 후원하에 노동자의 권리를 보호하기 위한 협약들이 체결되었다. 같은 시기 종교적 · 인종적 · 언어적 소수민을 보호하기 위한 여러 가지 조약들이 합의되었다. 이러한 모든 협약과 조약들은 비록 상당 부분 인도주의적인 사항을 고려해서 만들어졌지만 체약국의 이기심에서 비롯된 것이기도 하였다.[1] 그렇다고 해도 이들 세 가지 유형의 조약 이면에 있는 동기 중의 하나는 일정한 개인집단 혹은 개인 부류가 국제법의 보호를 받아야 한다는 생각이었다는 점은 여전히 옳다.

제2차 세계대전 이후, 인간 자체의 국제적 보호는 놀랄 만한 속도로 증대되었다. 개인은 더 이상 국제적 수준에서 어느 집단, 소수민 혹은 다른 부류의 구성원 *자격으로서* 보호받지 않았다. 이들은 개별 *인간으로서* 보호받기 시작하였다. 더욱이, 이 사항에 관한 국제적 기준이 정치적 고려에 좌우되는 경우가 종종 있었지만, 경제적 이해관계 때문에 만들어진 것은 조금도 없었다.

사정이 이렇게 급변하게 된 이유는 무엇 때문일까? 주된 이유는 모든 전승국들이 나치의 침략과 전쟁 중 자행된 잔혹행위의 근원은 인간의 존엄성을 완전히 무시하는 사악한 철학에 있었다는 확신을 공유하게 되었기 때문이다. 이러한 끔찍한 일들이 재현되지 않도록 막는 수단은 모든 수준에서 기본적인 인권존중 기준을 선언하는 것이었다. 이러한 견해를 서방 강대국(특히 미국)이 가장 강력히 주창하였는데, 왜냐하면 자신들의 정치철학 일체와 사실상 일부 국가의 경우 자신의 국가제도를 규정하는 기본법 본문이 '권리장전'을 근거로 했다는 단순한 이유 때문이었다. 따라서 이들에게는 자신들의 국내적 개념과 신조를 국제공동체에 투영하는 것이 자연스러웠다.

전승국들은 두 갈래 전략을 채택하였다. 이들은 한편으로 비인간적인 행위를 자행했던 독일과 일본의 전쟁범죄자를 즉각 재판에 회부하고 처벌해야 할 필요

1) 흑인 노예매매를 중지하도록 압박한 것은 일부 유럽 국가들이었는데, 이들은 미주대륙의 식민지 경영에서 더 이상 이익을 챙기지 못하게 되자 다른 나라에 값싼 노동력이 유입되는 것을 종료시키려 노력하였다. 전 세계 주요 지역에서 노동자 대우의 통일성을 보증하는 ILO협약에서는 일부 국가들이 국내 저임금으로 국제시장에서 부당한 이익을 얻는 것을 금지시켰다(7.6.2(3)도 참조). 소수민에 관한 조약(당사국은 체코슬로바키아, 그리스, 폴란드, 루마니아 그리고 유고슬라비아)뿐만 아니라 소수민 조항을 가진 평화조약(오스트리아, 불가리아, 터키, 그리고 헝가리와 체결한 것)도 어느 정도 정치적인 동기가 있었다. 즉 인종적, 언어적 혹은 종교적으로 다른 국가에서 생활하는 특정 집단과 밀접한 관계를 갖는 유럽 국가들은 이들 집단들이 존중받고, 부당한 방해와 간섭을 받지 않도록 하는데 열심이었다. 이보다 훨씬 더 중요한 것은—소수민이 있는 국가들의 반대를 물리치기 위하여 우드로우 윌슨 대통령이 1919년 5월 31일 평화회의에서 지적하였듯이—소수민의 국제적 보호는 강대국이 유럽에서 행하였던 영토분할로 인하여 종종 발생하는 혹독한 결과를 완화하는 것 이외에도 평화를 보호하려는 목적을 가졌다는 점이다(*FRUS*, The Paris Conference 1919, iii (Washington, D.C.: Government Printing Office, 1943), pp.406-408).

성이 있었기에 이를 위하여 국제형사법을 발전시켰다. 다른 한편, 이들은 유엔과 그 회원국에게 기준이 될 만한 인권원칙을 정교하게 만드는 작업에 착수하였는데, 그 의도는 이들 원칙이 점차적으로, 전통적인 규범적 수단, 즉 조약을 통해서 이행되고 자세히 규정되도록 하려는 것이었다.

이러한 두 가지 방식은 비록 상이하지만 상호 보완적이다. 둘 다 잔혹행위의 죄를 저지른 자들을 처벌하고, 동일한 취지에서 평시에도 준수될 수 있는 기준을 마련하여 장차 유사한 행위가 재발하는 것을 방지하려는 간절한 마음에서 비롯되었다.

19.3 전환점: 유엔헌장

위에서 지적하였듯이, 1945년에 미국을 필두로 서방국가들이 주도하기 시작했다. 프랭클린 루스벨트 대통령은 1941년 1월 6일 의회에 보낸 교서에서, 자신이 보기에 장차 미국 외교정책의 주요 목표가 될 '4가지 자유'를 이미 열거한 바 있었다.

> "우리들이 세상을 안전하게 만들려고 하는 미래에, 우리들은 인간의 4가지 필수 자유에 기초한 세상을 기대합니다. 첫째는—세계 모든 지역에서—언론과 표현의 자유입니다. 둘째는—세계 모든 지역에서—각 개인이 자신의 방식으로 신을 섬기는 자유입니다. 셋째는 세계 모든 지역에서 궁핍으로부터의 자유—이를 세계적으로 통용되는 말로 바꾸어 보면, 모든 국가가 자국내 거주민에게 건강하고 평화로운 삶을 보장하도록 하는 경제적 합의를 의미하는 것—입니다. 넷째는 세계 모든 지역에서 공포로부터의 자유—이를 세계적으로 통용되는 말로 바꾸어 보면, 어느 국가도 이웃나라를 상대로 침략행위를 자행할 수 없는 정도까지, 그리고 철저한 방식의 전 세계적인 군비감축—입니다."[2)]

루스벨트가 천명한 숭고한 개념들은 1941년 8월 14일 대서양헌장에서 활용되었고, 나중에 1944년 덤바턴 오크스 회의에서 미국 대표단이 자세히 설명하였다. 1944년 7월 18일 '일반 국제기구를 위한 미국의 잠정안'에는 유엔 총회가 다

---

2) US Congress, *Hearings Documents,* 77th Congress, 1st Session 참조.

음 사항에 대해서 책임을 부담하도록 하자는 제안이 있었다.

> "이 국제기구의 회원 국가들이 합의한 원칙 혹은 협정에 따라서 기본인권의 준수를 증진하도록 … 연구를 개시하고 권고함."[3]

이러한 제안에서도 드러나지만, 정치적 수준에서 선언한 고상한 원칙이라도 일단 조약규정 채택 수준에 이르게 되면, 인권을 유엔의 관할권이 미치는 사항에 포함시키려고 앞장섰던 국가들마저 결국에는 매우 신중하게 처신하였다. 실제로, 유엔이 한정된 권한만 갖도록 규정하는 데 많은 진통이 따랐다. 특히, 회원국들에게 지침이 되는 인권기준은 전통적인 조약체결 절차를 통해서 회원국들이 먼저 수락하도록 하였다. 미국이 주저하였던 것은 분명히 국내적 이유 때문이었다. 즉, 인권에 관한 국제적 의무를 수락하게 되면 헌법적으로 문제가 발생할 소지가 있었으며, 더욱 중요한 점은 1945년 미국 내에서는 여러 가지 인종차별적인 법률들이—1960년대까지 계속해서—적용되고 있었다. 인권에 관하여 국제적으로 구속력 있는 의무를 유엔헌장을 통해서 국내입법하게 될 경우 이들 법률들로 인해서 미국 정부는 국제적인 질책을 받기 십상이었을 것이다.

> 덤바턴 오크스 회의(1944년 8월~10월)에서, 영국과 소련이 먼저 반대하자 미국은 자신의 제안을 더 누그러뜨리게 되었다. 사실상, 4대 강국(미국, 소련, 영국, 중국)이 제출한 인권규정은 매우 느슨하였다. 그러나 샌프란시스코회의(1945년 4월~6월)가 열렸을 때, 4대 후원국가들은 남미국가들이 대부분 제안하였던 과감한 내용이 담긴 다수의 수정안에 직면하게 되었다. 이와 함께, 소련이 인권을 명분으로 하는 쪽으로 전환하게 되자(소련은 특히 비차별과 인민의 자기결정권 같은 사항을 특정해서 제안하였음) 4대 강국은 자신들의 제안을 강화하는 것이 바람직하다고 생각하게 되었다.
>
> 샌프란시스코회의 중에 세 가지 입장이 등장하였다. 하나는 강하게 의견을 제시했던 남미국가들(주로 브라질, 콜롬비아, 칠레, 쿠바, 도미니카공화국, 에콰도르, 멕시코, 파나마, 그리고 우루과이), 그리고 소수의 서방국가들(호주, 뉴질랜드, 그리고 노르웨이)에 인도 같은 국가가 참여하는 집단이었다. 이들 국가들은 인권존중 의무를 규정하고자 마련된 수정안을 제출하였다. 두 번째 국가집단은 주요 서방국가들이

3) '잠정안'의 본문에 대해서는 다음 문헌의 부록 참조. R.B. Russel, *A History of the United Nations Charter-The Role of the United States 1940-1945*(Washington, D.C.: The Brookings Institution, 1958), pp.995-1006, p.997.

었는데, 이들은 인권촉진에는 우호적이지만 유엔의 행동반경을 확대하고 명확한 인권존중 의무를 마련하려는 시도에는 반대하였다. 미국은 (회원국의 경제 · 사회적 협력 촉진을 위한 공동조치 및 개별조치에 관한) 제56조를 확대하는 데 강하게 반대하면서 이 기구의 부당한 간섭으로부터 국가주권을 보호하기 위한 보호조항(이 단서는 나중에 국내관할권에 관한 제2조 제7항이 됨)도 규정할 필요가 있다고 주장하여 이러한 측면을 주도하였다. 세 번째 집단은 사회주의 국가들(벨라루스, 체코슬로바키아, 그리고 우크라이나)로 구성되었고 소련의 지도를 받았는데, 이들은 실질적으로 방금 언급한 두 번째 집단의 제한적 태도를 지지하면서도 인민의 자기결정권(주요 서방국가들, 그리고 벨기에 같은 식민통치국들이 강하게 반대하였던 권리임)의 중요성을 강조하여 차별성을 드러냈다.

이 외에, 소련은 외관상 동 · 서진영 간에 합의된 분야에서조차 차이를 명확히 드러내는 제안을 하였다. 예컨대, 4대 강국이 샌프란시스코에서 회동하여 유엔이 '인권존중'을 촉진해야 한다는 제안을 논의할 때, 소련은 그 뒤에 '특히 노동권, 교육권'과 같은 구절이 와야 한다고 제안하였다. 미국과 영국은 만약 보호대상이 되는 권리를 특정할 경우 다른 권리들—특히 정보의 자유 그리고 종교의 자유—도 추가되어야 한다는 이유로 이러한 제안에 반대하였다. 마찬가지로, 샌프란시스코에서 '제3기술위원회'(Technical Committee 3; 경제 · 사회적 협력에 관한 사항을 논의할 책임이 있음) 보고서를 이 회의 제2위원회에서 논의하게 되었을 때, 소련 대표는 자국이 덤바턴 오크스 제안을 발전시키는 데 기여한 역할을 주목해 달라고 하면서 특히 인권존중 원칙을 언급하였다. 그러나 그는 경제적, 사회적 그리고 문화적 권리만 언급하였다.[4)]

샌프란시스코에서 많은 토의를 거친 결과 첫 번째 집단의 국가들은 실질적으로 이익을 얻지 못했지만, 다른 두 집단은 어느 정도 서로의 요구사항을 포용할 수 있는 타협을 이루었다. 타협안은 다음과 같은 규정의 모습을 갖게 되었다.

① 인권보호는 말할 것도 없고, 인권촉진을 위하여 별도의 조치를 취할 *의무를 특정하지 않았다*(제56조 참조). ② 인민의 자기결정권은 이 기구의 지도원칙으로서 그리고 *집행력이 배제된 자치 형태*로만 선포되었다(제1조와 제55조). ③ 인권 분야에서 총회의 권한은 이미 매우 취약했었는데(*권고안* 제시 및 *연구수행*으로 축소됨) 제2조

4) 샌프란시스코에서 있었던 인권 관련 선언에 대해서는 특히 다음 문헌 참조. *UNCIO*, Vol. 3, p.296 이하; Vol. 8, p.56, pp.80-81, 85, 90-91. 특히, 본문에서 언급한 소련의 성명에 대해서는 Vol. 8, pp.56-57 참조.

제7항 단서(국내관할권에 관한 것)로 더욱 제한되었다. ④ 헌장의 인권규정은 *평화를 보호하기 위한 수단*으로만 인권존중을 추구해야 한다는 확신에서 생겼다.

19.4 인권 관련 국제적 조치의 발전 경향

유엔 회원국들은 이러한 규범 틀을 갖고서 느슨한 헌장 규정을 어떻게 활용할 것인지를 결정해야만 하였다. 대체로 말해서 두 가지 행동방식이 가능하였다. 회원국들은 총회를 '정기적인 외교회의장'으로 활용하는데 한정하면서 협약 초안을 마련하거나, 아니면 제2조 제7항을 넓게 해석해서 국가들이 일반적인 내용의 권고사항에 따라서 특정 목적을 추구하도록 독려하는 것이다. 논란의 여지가 있지만, 이러한 목적을 달성하는 것도 결코 간단한 일이 아니었을 것이다. 즉, 국제문건에서 국가들이 촉진하는데 노력해야 할 인권과 기본적 자유를 자세히 규정하는 것만해도 상당한 성과를 달성하는 것이다.

이에 비해 온건하지 않은 다른 방식도 활용할 수 있었다. 제2조 제7항을 제한적으로 해석하여 유엔은 단순히 국제적 기준을 상세히 규정하는 수준을 넘어서서, 적어도 대규모 인권침해의 경우 국가들이 이에 대해서 해명하도록 촉구하는 것이다. 이러한 취지에서, 유엔은 총회에 감시자 역할을 부여하여 기본적인 인권기준에서 과도히 이탈하는 경우를 사전에 방지하거나 이를 비난하는 '세계의 양심'이 될 수 있었을 것이다.

아래에서 보면 유엔(그리고 지역기구)이 점차적으로 두 번째 경로를 취했던 점이 드러난다.

시간이 흐르면서, 유엔의 과반수를 차지하는 회원국이 바뀌고, 이에 따라서 유엔의 활동을 지지하는 주도적인 정치철학이 변모하였는데 4가지 단계로 구분된다. 첫 번째 단계는 유엔헌장 채택 이후 1950년대 말까지의 기간으로서, 서방세계가 지배했던 점이 특징이다. 지역 수준에서, 이러한 입장으로 인해서 유럽평의회에서 1950년 유럽인권협약이 채택되었는데, 이는 국제적인 인권보호 발전에서 기념비적인 일이었다. 두 번째 단계는 1955년 유엔에서 사회주의집단이 강력해져서 개발도상국들을 주도하면서 시작되었는데, 이 시기의 주된 특징은 서방국가들이 다른 두 집단과 타협할 필요를 느끼게 되면서 1966년 두 개의 인권규약과 같은 다수의 중요한 타협이 이루어진 것이다. 세 번째 단계는 1974년경에 시작해서 1990년경에 끝나게 되는데, 이 시기는 개발도상국들의 우세가 특징이다. 이로써 새로운 인권주의가 개시되어 결국 많은 면을 좌우하게 되고, 총회는 이전에 지지하였던 견해들을 가능한 한 대체하거나 적어도 누그러뜨리는 것을 목표로 하였다. 현 단계는 냉전 종식과 함께 시작하였으며, 그 주된 특징으로는 지극히 서로 달랐던 국가집단이 사라진 점 그리고 국제적으로 완전한 합법성을 얻기 위하여, 즉 국제관계에 참여하기 위한 *전제조건으로서* 인권존중을 고려해야 한다는 점에 널리 합의가 이루어졌다.

19.4.1 기준 설정

(1) 세계인권선언(1948)

첫 번째 단계에 유엔 총회는 국제공동체의 전 구성원, 즉 미국과 소련처럼 이념적 · 정치적으로 상이한 국가들, 서방국가들을 한편으로 하고 에티오피아, 사우디아라비아, 아프가니스탄을 다른 편으로 하는 것처럼 상이한 경제 · 정치구조를 가진 국가들, 기독교(서방국가와 남미국가)에서 회교(사우디아라비아, 아프가니스탄, 터키, 파키스탄 등) · 힌두교(인도 같은 경우) · 불교(중국 같은 경우)에 이르기까지 상이한 종교철학을 지지하는 국가들이 모두 수락할 수 있는 인권에 관한 국제문서를 작성하려고 시도했다.

따라서 국가와 개인 간의 관계 그리고 기본인권 개념 양자에 대해서 공통분모를 마련할 필요성이 있었다. 비록 오랜 토의 끝에 겨우 합의에 이르렀지만 단일하면서 집합적인 기준으로서, 인간존엄에 관한 일반적인 '철학'을 마련하려는 시도는 성공했다. 이를 이어 받은 정치적 문서로서 1948년 12월 10일의 세계인권선언은 기본적으로 두 가지 특징을 갖는데, 하나는 그 선언의 형식적 틀이고, 다른 하나는 그 내용에 관한 것이다.

형식적 의미에서, 이 선언은 법적 구속력을 갖지 않고, 오직 도덕적 그리고 정치적 힘만 가질 뿐이다. 달리 말해서, 이 선언은 국가에 대한 *권고*일 뿐이다. 이 선언의 내용에 대해서는 좀 더 언급할 필요가 있다. 전체적으로, 이 선언에서 표현하고 있는 인권에 관한 견해는 서구적이다. 여기에서는 경제적, 사회적 그리고 문화적 권리보다 시민적이고 정치적인 권리에 더 많은 지면을 할애하고 중시하였다. 자유권의 일부 혹은 전부를 부정당한 식민상태의 인민에 대한 입장은 다분히 형식적이었다. 뿐만 아니라 이 선언에서는 국가간 경제적 불평등에 대해서 특별히 언급하지 않았다(비록 오늘날 많은 논자들이 "누구든지 이 선언에서 열거하는 권리와 자유가 완전히 실현될 수 있는 사회적 · 국제적 질서를 누릴 권한이 있다"고 한 제28조를 점차 빈번히 인용한다고 해도). 이 외에, 이 선언에서는 일부 국가들이 저개발상태에 있기 때문에 노동권, 교육권, 주거환경권 등과 같은 일정한 기본권을 보장하려고 할 때 특별한 문제를 겪는다는 사실을 고려하지 않았던 점을 지적할 수 있을 것이다.

> 어떻게 해서 서구는 자신의 '철학'을 강요하는 데 성공할 수 있었을까? 경제적, 사회적 그리고 문화적 권리가 별로 중시되지 않았다는 점을 근거로 사회주의 국가들이 강하게 반대했지만, 이들은 소수에 속했다. 이들이 할 수 있었던 일이라면 기권하는 것뿐이었다. 더욱이, 이들은 아직 자신들의 전략을 명확히 마련하지도 않았었다. 이 단계에서 제3세계는 서구적 사고방식을 가진 남미국가들이 대부분이었다. 나머지 국가들은 E. Roosevelt와 René Cassin과 같은 저명인사들이 우연히 대표단의 일원이었던 서방국가들에 대해서 대항할 힘도 권위도 갖지 못했다.

이 선언은 한계가 있었지만 국제적인 인권촉진을 독려하고 지도하는데 매우 중요하였다. 이 선언은 *모든 국가들이 자국의 국내질서에서 어떤 가치를 소중히 간직해야 할지에 대해서 단일하면서 보편적으로 유효한 개념*을 마련하였다. 사회주의 국가와 같은 특별한 부류의 국가들은 이 점을 별로 지지하지 않았다. 그렇다고 해서 이들이나 개발도상국들은 이 선언과 자신들이 유리되었다고 느끼지 않았다. 오히려 이들은 이 선언이 완성되어야 할 가치 있는 내용을 담은 문서라고 간주하였다. 따라서 이들은 추후 이 선언을 방기하는 것에서 더 나아가 훼손하는 데 집중하기보다 부족한 점을 보충하는 데 노력을 기울였다.

전체적으로, 이 선언은 국가들이 군대, 총포, 군함 보유가 국가의 행위를 판단하는 유일한 요소였고, 선과 악을 구분하기 위하여 일반적으로 수락된 원칙이 세계공동체에 없었던 암흑시대에서 점차 깨어날 때, 국가공동체를 지도하는 원칙이 되었다.

(2) 국제조약

보편적 선언이 채택되기 이전에도 국가들은 선언의 일반원칙을 법적으로 구속력 있는 문건이 되도록 해야 한다는데 기본적으로 합의하였다.

양면전략이 점차 가시화되었다. 첫째, 선언의 일반기준을 *총칙적인 성격*, 즉 인권 전체를 다루는 법적 구속력 있는 문건으로 구체화할 필요가 있었다. 이는 보편적 수준에서 그리고 상대적으로 국가들이 정치 · 이념 · 경제적 동질성을 갖고 있어서 쉽게 작업할 수 있는 지역적 수준 양쪽에서 이루어졌다. 둘째, *특정* 분야에서, 특히 과반수 국가들이 훨씬 더 중요하다고 여기는 것, 그리고 신속히 국제법을 제정해야 한다고 생각했던 것(집단살해, 인종차별 등과 같은 것)에 관하여 조약을 마련하기로 하였다.

결국 보편적 수준에서 시민적 · 정치적 권리에 관한 규약(선택의정서 포함)과 경제적 · 사회적 · 문화적 권리에 관한 규약이 1966년에 채택되었다. 지역적 수준에서는 1950년에 유럽인권협약, 1969년에 미주인권협약, 1981년에는 인간 및 인민의 권리에 관한 아프리카헌장이 채택되었고, 1994년에는 아랍연맹이사회(22개 회원국으로 구성됨)가 인권에 관한 아랍헌장 초안을 통과시켰다(그러나 아직 이 헌장은 발효되지 않았다. 아랍 상설인권위원회가 2004년 1월 5일~14일에 채택한 아랍인권헌장 초안 참조).

> 인권규약은 기본권 전 분야를 대상으로 한다. 그러나 재산권은 어느 규약에서도 등장하지 않는 점이 특징이다. 논란의 여지가 있지만, 이렇게 된 것은 이 권리가 보편적 수준에서 더 이상 국제적 보호를 받을 가치가 없다고 여겨졌기 때문이 아니라, 동 · 서 양 진영이 수용시 손해배상금 문제에 대해서 합의할 수 없었기 때문이다. 어찌되었든지, 이 점이 누락된 것은 과거에 수용 혹은 국유화시 '신속하고, 적절한, 효과적'인 손해배상을 하도록 하여 외국인 사유재산을 보호하였던 관습국제법을 약화시키고 수정하는 추세와 일치하였다(24.8 참조).
>
> 이 외에, 뿌리 깊은 불평등이 실제로 있다면 형식적이거나 법적인 평등은 아무런 의미도 없다는 개념을 국제법 문건 중 처음으로 갖게 되었다. 사정이 이러하였기에, 사실상 불평등으로 인하여 차별이 있다면 그러한 차별을 법적으로 제재하는 것이 정당한 것으로 보인다. 따라서 경제적 · 사회적 및 문화적 권리에 관한 규약 제2조 제3항에서는 개발도상국들이 어느 정도까지 '자국민이 아닌 사람'들에 대해서 규약에서 명시하고 있는 경제적 권리를 '보장'할 것인지를 '결정'할 수 있도록 규정하

고 있다. 달리 말해서, 이들은 다음과 같은 경우에 한해서 자국민과 외국민을 차별할 권한을 갖는다. ① 그 국가의 경제적 상황에 비추어서 정당하고 특정 국가 국민을 차별대우하지 않는 경우, 그리고 ② 외국인과 자국민에게 동일한 지위를 부여하지 않아도 다른 인권을 심각하게 위반하지 않는 경우이다. 차별받는 집단에 대해서 '적극적 조치'를 상정하는 규정을 포함하는 다른 조약으로는 인종차별에 관한 1965년 협약(예를 들면, 제1조 제4항 참조) 그리고 1979년 여성차별철폐협약(예를 들면, 제4조 참조)이 있다.

다수의 특별조약들이 특히 보편적 수준에서 만들어졌다. 가장 중요한 것으로는 집단살해(1948), 인종차별(1965), 여성차별(1979), 고문(1984), 아동의 권리(1989) 그리고 이주노동자(1990)에 관한 협약, 뿐만 아니라 무력충돌시 아동이 결부되는 경우에 관한 2000년 선택의정서, 그리고 아동매매, 아동 성매매 및 아동 포르노에 관한 2000년 선택의정서를 언급하면 충분하다.

19.4.2 국내관할권 항변을 배척하는 경향

수년 동안 유엔은 다수 국가들의 국가주권에 관한 항변을 배척하는 경향을 보였고, 인권에 관한 여러 가지 문제를 논의하였다. 그러나 대체로, 이러한 문제들은 단일 사안이라기보다는 대규모의 심각한 인권침해에 관한 것이었다. 유엔은 이러한 위반이 평화와 국가간 우호관계를 위협한다는 이유에서 '개입'을 정당화하였다. 이러한 입장은 유엔헌장을 작성할 때 활용하였던 것과 동일한 용어, 즉 평화를 확보하는 수단인 인권존중으로 정당화되었고, 이로써 국가주권을 잠식할 것이라는 두려움으로 인해서 유엔의 기능이 마비될 것이라는 불안감을 없애 버렸다. 이러한 '개입'은 유엔 기관에서의 공개토론, 해당 사항에 관한 결의문 채택, 관련 국가에게 즉각적인 위반중지 요청, 또는 심지어 회원국가들이 위법국가에 대해서 평시 '제재'를 취하도록 권고하는 등 여러 가지 형태를 취할 수 있었다.

그러나 국제조약망이 증가하고, 나중에 간단히 언급할 감시절차가 수립되면서, *심각한 대규모 위반*이 자행되었다고 주장되는 한, 이러한 위반이 평화 혹은 국가간 우호관계를 위협하는지와 상관 없이 개별 국가의 문제에 '개입'하는 것이 매우 정당하다는 신념이 점차 유엔 회원국들 사이에 자리잡게 되었다.

국가간 보편기구와, 이들 기구의 회원국 내에서 생활하다가 자신들의 인권이 침해되었다고 하는 개인간의 관계에서 지난 몇십년 동안 발생한 새로운 경향과 상전벽해의 중요성을 파악하려면, 국제연맹 이사회가 1933년 유태계 독일 국민의 청원에 대해서(*Bernheim* 사건), 그리고 더 일반적으로 볼 때 독일 내 유태인을 상대로 한 대규모의 혹독한 차별에 대해서 어떻게 대응했는지를 기억하기만 해도 될 것이다.[5)]

---

5) 1933년, Franz Bernheim은 독일이 상부 실레지아(Upper Silesia, 당시 독일에 속했음)의 소수민을 보호하는 1922년 독일-폴란드조약을 위반한 것에 대해서 국제연맹 이사회에 청원하였다. 특히, 그는 1933년 독일에서 반유태인법이 공포되었고, 이로 인해서 자신이(모든 유태인 직원과 같이) 독일 회사에서 해고당한 것은 조약에 반한다고 주장하였다(League of Nations, *Official Journal,* Year XIV, July 1933, pp.833-935 및 October 1933, *Special Supplement,* No. 114, pp.1-3, p.22 참조). 독일 대표는 베른하임이 상부 실레지아와 아무런 연관성이 없기 때문에 해당 청원을 각하하도록 요청하였다(Leagus of Nations, *Official Journal,* Year XIV, July 1933, p.839). 폴란드 대표는 형식적 관점에서 볼 때, 이사회는 상부 실레지아 내 유태인 소수민의 운명만 다룰 수 있다고 하였다. 그러나 "모든 이사회 위원국들은 … 최소한 도덕적으로 독일 정부가 독일 내 유태인들을 평등하게 대우하도록 압박할 권리를 갖는다"고 하였다(*ibid.,* p.841). 그는 "인간이면 누구나 자신의 인종, 종교 혹은 모국어와 상관 없이 최소한도의 권리를 보장받아야 한다"라고 말하면서 유창한 발표를 끝냈다(*ibid.*).

법률가위원회가 설치되었다. 거기에서, 독일에게 잘못이 있다고 판단하였지만, 독일 대표가 앞서 주장했던 사항, 즉 상부 실레지아에 명백히 한정해서 독일의 탓으로 돌려야 할 사항이 있다면, 이는 "하위 당국이 [독일] 국내법을 잘못 해석하였기 때문일 뿐이고, 이러한 잘못은 앞으로 시정될 것이다"고 말한 바를 기록에 남기기로 결정하였다(*ibid.,* p.842). 이러한 사실판단을 근거로, 이사회는 독일에게 그러한 위반사항을 종식시키도록 요청하는 보고서를 채택하였다. 독일은 이사회의 훈계에 대해서 아무런 후속조치도 취하지 않은 것으로 보인다.

그러나 유태인에 대한 차별문제는 거기에서 그치지 않았다. 몇 개월 후, 모든 현대 문명국가에서, 모든 국민은 평등한 대우를 누려야 하는지의 여부에 관한 문제가 연맹 총회가 설치한 위원회에 회부되었다. 독일은 이것이 국내사항이라고 주장한 반면, 프랑스는 한 국가의 일부에서만 소수민을 보호하는 조약이 있다고 해도, 해당 조약규정에서 일정 부류의 국민들이 조약에서 부여하는 혜택을 받지 못하도록 배제하는 해석을 하지 않아야 하기에, 소수민은 그 나라의 다른 영역에서도 보호받아야 한다는 점을 특히 주장하면서, 반대입장을 취했다(*Bernheim* 사건을 지칭하는 것이 명백함. League of Nations, *Official Journal,* 1933, *Special Supplement,* No. 120(Minutes of the Sixth Commitee－Political questions), p.28). 독일 대표는 "독일 내 유태인 문제는 특별한 문제[이며], 단순히 일반적인 소수민 문제와 같이 … 다루어질 수 [없을 것이다]"라고 하면서 이를 반박하였다(*ibid.,* p.42). 비록 그리스 대표인 N. Politis가 프랑스 제안을 발전시켰지만, 독일은 이를 반대하였다. 결과적으로, 만장일치가 필요한 연맹규약 제5조 규정 때문에, 프랑스-그리스의 안은 통과되지 못했다. 이 제안을 거부한 후 겨우 3일만인 1933년 10월 14일, 히틀러는 타국들이 연맹에서 '진정한 평등권'을 부여할 준비가 되어 있지 않고, 이로 인해서, 독일은 '명예롭지 못한' 처지에 빠지게 되었기 때문에, 독일은 연맹에서 탈퇴한다고 선언하였다.

결국, 인간의 존엄성 존중은 국가주권 때문에 국제기관이 국내문제에 국제적으로 개입하는 것을 용납할 수 없다는 독일의 강한 입장으로 첫 번째 난관에 부딪치게 되었다.

19.4.3 인권의무의 영토적 적용범위 확대

국가들은 인권분야에서 의무를 부담할 때, 그러한 의무가 자국 영역 내에서 자신의 관할대상인 개인에게 적용된다고 생각하는 성향이 있다. 달리 말해서, 국가는 이러한 의무가 엄격한 영토적 적용범위를 갖는다고 생각한다. 예컨대, 국가는 시민적 · 정치적 권리에 관한 유엔인권규약 제2조의 "각 당사국은 … 이 규약에서 인정하는 권리를 존중하고, 자신의 영역 내에 있고 자신의 관할대상인 모든 개인에게 이를 보장할 의무를 부담한다"를 이런 식으로 해석하려고 한다.

그러나 인권기준의 이행 여부를 면밀히 점검할 책임이 있는 국제기관은 점점 더 이러한 의무가 *역외적 적용범위*도 갖는 것으로 해석하고 있다. 따라서, 예를 들면 1995년에 유엔인권위원회(Committee)는 미국이 제출한 보고서를 평가하면서, 시민적 · 정치적 권리에 관한 유엔인권규약은 어느 경우에도 역외에 적용될 수 없다는 미국 정부의 견해에 공감할 수 없다고 하였다. 더 나아가서 "그러한 견해는 특별한 경우, 개인이 당사국의 영역 이외에 있다고 해도 그 국가의 인적 관할대상이라고 위원회가 이 주제에 관해서 지속적으로 해석했던 것에 반한다"[6]고 하였다. 더 정확히 하면, *Delia Saldias de Lopez*(자신의 남편인 Sergio Ruben Lopez Burgos를 대리함) *v. Uruguay* 사건에서, 인권위원회는 우루과이 보안군이 아르헨티나에서 생활하고 있는 우루과이 국민을 납치하고 고문하였을 때 규약을 위반하였다고 이미 판단했던 적이 있었다. 위원회는 다음과 같이 언급하였다.

> "선택의정서 제1조에서 '자신의 관할대상인 개인' 이라고 한 것은 이 조문에서 위반 발생지를 언급하지 않고, 위반 발생지와 상관 없이 규약에서 정하고 있는 권리를 조금이라도 위반하는 경우 이에 대한 개인과 국가의 관계를 언급하는 것이기에 [규약이 외국 영토에서 활동하는 우루과이인의 행동에 대해서도 적용된다]는 위 결론에 아무런 영향도 미치지 않는다. 규약 제2조 제1항에서는 당사국이 '자신의 영역 내에 있고, 자신의 관할대상인 모든 개인' 에 대해서 권리를 존중하고 보장할 의무를 규정하고 있지만, 이렇다고 해서 관련 당사국은 자국 기관원이 자국 정부의 묵인하에, 아니면 그 반대를 무릅쓰고서 다른 국가의 영역 내에서 규약상 권리를 위반한 점에 대해서 책임이 없다는 점을 의미하지 않는다. … 이러한 맥락에서, 규약 제2조에 따른 책임을 해

---

6) UN Doc. CCPR/C/79/Add 50(1995), p.19.

석할 때 당사국이 자국 영역 내에서는 할 수 없는 규약 위반을 다른 국가의 영역 내에서 할 수 있다는 식으로 해석하는 것은 말이 안되는 일이다"(제12.2-3항).[7]

한 가지 중요한 사건[*Loizidou v. Turkey* 사건(*본안전 항변*)]에서, 유럽인권재판소는 이러한 이론을 한층 더 발전시켰다. 문제된 사항은 북키프로스에 주둔하고 있는 터키 군대가 신청인(키프로스인)이 북키프로스에 소재한 자신의 재산에 접근하지 못하도록 한 것은 터키의 위법행위로 귀속되기 때문에, 그 결과 이 문제가 유럽인권협약 제1조에 따라서 터키의 관할권에 속하는지의 여부였다. 재판소는 터키가 자국 영역 바깥의 일정 지역에 주둔한 군대에 대해서 효과적이고 전반적인 통제권을 가졌던 점이 중요하다고 판단하면서 긍정적으로 답했다(제57항 참조). 미주인권위원회는 *Coard et al. v. US* 사건에서 이 이론을 더욱 강하게 적용하였다. 여기에서 문제된 사항은 1983년 10월, 미국과 카리브해 군대가 그레나다 섬을 침입하여서 '혁명정부'를 전복시켰을 때, 이 섬에서 그레나다 국민 17명을 독방에 감금하고 학대하였다는 이유로 미국이 1948년 인간의 권리와 의무에 관한 미주선언을 위반한 책임을 부담하는지의 여부였다. 1999년 9월 29일 보고서에서, 위원회는 이에 긍정적으로 답변하였다.[8]

이러한 판례법(ICJ는 *Legal Consequences of the Construction of a Wall* 사건에서 이를 정리하고 확인함. 제108항-제111항 참조)은 인권의무의 대상과 목적에 합치한다. 즉, 이러한 의무는 국가의 활동장소와 상관 없이 자의성, 남용, 그리고 폭력으로부터 개인을 보호하기 위한 것이다.

이로써, 국가는 일종의 권위 혹은 권한을 행사할 때, 이러한 권위나 권한의 대상이 되는 개인이 자국민이든 외국인이든 간에, 자국 영역 내에서만이 아니라 국외에서도 인권의무를 존중해야 한다는 결론이 나온다. 여기에서 권위를 행사

---

7) *Lilian Celiberti de Casariego v. Uruguay* 사건(제5항); *Montero v. Uruguay* 사건(제10.1-10.3항).

8) 위원회는 다음과 같이 지적하였다. "개인적 권리는 단순히 한 개인의 인간성만으로도 고유하다는 점을 감안하면, 미주지역의 각국은 자신의 관할대상이 되는 모든 개인의 보호받을 권리를 지켜 줄 의무를 갖는다. 이는 한 국가의 영역 내에 있는 개인들에게 해당되는 것이 아주 흔한 일이지만, 특정 상황하에서, 관련 개인이 한 국가의 영역 내에 체재하지만 타국의 통제를 받는—보통 타국의 해외 주재 기관원의 행위를 통하여—역외장소에서 행한 행위에 해당될 수도 있다. 원칙상, 사실심사는 피해자로 추정되는 자의 국적 혹은 그 자가 특정한 지리적 지역 내에 체류했는지를 조사하기보다, 특정 상황하에서, 해당 국가가 자신의 권위와 통제의 대상이 되는 개인의 권리를 지켰는지의 여부를 조사하는 것이다"(제37항).

한다는 말은 주권적 권한(법 제정, 법 집행, 행정권 등)을 드러내는 것만이 아니라 시간상 한정된다고 해도 권한을 행사하는 것을 의미한다(예컨대, 무력충돌시 교전국의 무력사용).

19.4.4 이행 감시

(1) 보편적 수준

분명히, 일반적으로 어떠한 권리가 존중되도록 하는 가장 좋은 수단은 법적으로 보장받고 재판소가 관리하도록 보강하는 것이다. 그러나 이미 언급했듯이, 많은 국가의 미온적 태도로 인해서 국제공동체에서 분쟁을 사법적으로 해결하는 것이 거의 불가능한 경우가 종종 있다. 인권의 경우, 국제적인 사법적 판단에 대한 반대가 더욱 강하다. 국가주권 그리고 국가가 인권에 관한 국제기준을 이행해야 하는 요건간에 타협이 이루어져야 하기에 다수의 감시장치—앞에서(14.8.2) 지적하였듯이 이는 국제적인 사법판단보다 훨씬 미약함—를 설치하게 되었다.

이 기간 중 *보편적* 수준에서 창설된 주요 장치들은 국제조약으로 설치된 것과 유엔 결의로 만들어진 것 두 가지 유형이다.

전자의 유형에 속하는 것 중에서 언급해야 할 것은—세계적 수준에서—1965년 인종차별철폐협약(인종차별철폐위원회가 감시함), 1966년 시민적 · 정치적 권리에 관한 규약과 그 추가의정서(인권위원회(Committee)가 감시기관임)로 만들어진 절차, 1966년 경제적 · 사회적 및 문화적 권리에 관한 유엔규약에 근거하여 1986년에 설치된 것(경제적 · 사회적 및 문화적 권리에 관한 위원회), 1979년 여성차별철폐협약에 의해서 설치된 것(같은 이름의 위원회로서 그 권한은 1999년 선택의정서로 강화되었음), 1984년 고문방지협약(이 협약에 근거하여 고문방지위원회가 설치됨), 1989년 아동보호협약에 의해서 설치된 감독장치(아동의 권리에 관한 위원회), 그리고 1990년 이주노동자와 그 가족의 권리에 관한 협약에서 설치한 위원회이다.

통상적으로, 방금 언급한 협약들은 다음 세 가지 감독절차를 마련하고 있다 : ① 국가가 제출한 *정기보고서*를 검토하기 위한 절차(이는 물론 가장 약한 형태이고, 이것이 모든 체약국에게 적용될 수 있는 검사라는 점은 우연이 아니다). ② 한 쪽 체약국이 다른 쪽 당사국을 상대로 제기할 수 있는 *국가간 청원*을 조사하는 절차(이 절차는 협약을 비준하면서 이 절차를 규정한 특별규정도 함께 수락한 국가에 대해서만 가능하다. 이제까지 이 절차에서 중요한 결과가 도출되지 않았던 이유는 국가들이 상호비방을 자제하려는 것이 분명하였기 때문이다). ③ 감독기관에 어느 국가가 자행했다고 하는 위반을 설명한 '통보서'를 제출하는 *개인의 요청* 혹은 개인집단의 요청에 따라서 가동되는 절차(이전 절차와 같이, 이는 '선택조항'에서 규정하고 있지만, 감독장치의 내재적 한계 내에서 효과적이었다. 14.8.2 참조).

결의로 설치된 감시장치는 대표적으로 ① 1967년 경제사회이사회(ECOSOC) 결의 제1235(XLII)호로 설치된 것, ② 1970년 ECOSOC 결의 제1503(XLVIII)호로 설치되고 2000년에 수정된 것,[9] 뿐만 아니라 ③ 1990년대 ECOSOC 인권위원회(Commission)에서 단계적으로 발전한 국가별 혹은 주제별 특별보고관 제도,[10] 그

---

9) ECOSOC이 설치한 두 가지 절차는 둘 다 복잡하고 활용하기 다소 불편하다. 이 두 절차는 인권촉진 및 보호에 관한 소위원회[1999년까지 소수민차별 방지 및 보호를 위한 소위원회로 불림; 이는 정부의 추천을 받아서 '부모'기관인 유엔인권위원회(the Commission on Human Rights)가 선출하는 26명의 전문가들로 구성됨], 인권위원회(53개 위원국으로 구성됨) 및 ECOSOC(54개국으로 이루어짐) 그리고 아마도 조사위원회와 같은 여러 가지 유엔 기관에 의존하고 있다. 이들은 개인 혹은 개인의 집단이 하는 '통보'(청원)의 결과로써 혹은 그 요청에 따라서 활동하고, '일관되고 심각한 위반 형태'만 다룬다(즉, 개별적 위반이나 산발적인 위반은 다루지 않음).

1967년에 설치된 절차는 *공개되는데,* 그 이유는 통상 인권위원회(Commission)가 해당 소위원회의 보고서를 접수한 후 개인의 '통보서'에서 언급하고 있는 심각한 인권침해에 대한 논의를 인권위원회의 공개된 회의장소에서 하기 때문이다. 이 위원회는 최종적으로 하나 이상의 특정 국가들이 인권을 침해한 점을 개탄하거나 비난하는 결의를 채택할 수 있다.

이와 반대로, 1970년에 설치되고, 2000년에 개편된 절차는 *비공개이다.* 즉, 이 절차 전체를 가동시키는 개인 혹은 집단의 인권침해 주장 '통보서'는 공개되지 않는다(단 ECOSOC이 공개하기로 결정하는 경우에는 예외임. 그러나 이러한 경우는 매우 드묾). 반대로, 조사를 받는 국가에 관한 사항은 매년 연차회의 말미에 위원회 의장이 발표한다. 이 절차의 최종결과는 위원회가 '사태'를 ECOSOC에 회부하기로 결정하는 경우에 한해서 공개된다. 통상, 소위원회는 실무작업반을 통해서 심각하고 신빙성 있는 증거가 있는 인권침해에 관한 '통보서'를 선별한 이후, 어떠한 사태가 면밀한 검토를 요하는지를 결정한다. 그 후 해당 위원회는 이러한 사항을 다룰 위원회의 실무작업반에게 보고서를 제출한다.

10) *주제별 절차*는 권리의 심각한 위반과 개별적 위반 양쪽 모두를 다룬다. 감시대상인 주제는 개인과 집단이 하는 '통보서'에서 종종 제시된다. 위원회는 특정 주제('전 세계적인 대규모 인권침해 현상')의 조사에 착수하는 것이 적절하다고 여길 경우에는 언제든지 실무작업반, 특별보고관, 대표자 혹은 전문가를 선정할 수 있다. 이들 중 누구든지 관련 국가 내에서(해당 국가의 동의를 받아서) 사실확인(fact-finding) 임무를 수행할 수도 있다. 최종적으로, 해당 위원회는 관련 국가에게 권고를 전달하고, 뿐만 아니라 위반된 사항을 보정하는 방식을 제안할 수 있다.

국가별 혹은 *주제별 특별보고관* 제도는 특별히 필요한 사항을 고려하도록 단계적으로 발전하였다. 이 절차에 따라서, 인권위원회(Commission)는 전문가들로 구성된 실무작업반 혹은 개별 전문가들(특별보고관, 대표자, 전문가로서 다양하게 지명됨) 혹은 심지어 유엔 사무총장이나 유엔인권고등판무관(UN High Commissioner for Human Rights)에게 *특정 국가*(예를 들어 아프가니스탄,

리고 ④ 1993년 총회 결의 제48/141호로 설치된 유엔인권고등판무관이다.[11)]

위에서 언급한 감시장치의 유효성을 제대로 평가하려면 첫째, 국가들이 국제의무를 부담한다고 해도 국제사법기관의 검사에 복종할 의도가 없는 분야에서 이들 장치가 운영되고 있다는 점, 그리고 둘째, 이러한 영역이 정치적으로 매우 민감하고 외교적, 경제적 혹은 상업적 수준에서 국제적으로 중요한 의미가 있는 사항을 대상으로 한다는 점을 충분히 알아야 한다. 결과적으로, 국가들이 협력을 거부하여, 비난결의를 채택하는 것 외에 아무런 활동도 할 수 없는 상태가 되지 않도록 국제기관은 신중하게 처신해야 한다. 따라서 여러 관련 기관들은 비난하는 태도는 취하지 않는다. 즉, 이들은 개별 정부에게 책임을 귀속시키지 않으려 한다. 오히려, 이들은 공개폭로와 여론의 압력을 가하는 쪽을 선택하는 경향이 있다(그러나 이와 관련해서 사정이 조금씩 바뀌고 있다. 예컨대, 자의적 구금에 관한 실무작업반은 사실상 '책임'을 귀속시키는 취지의 의견을 내고 있고, 다른 여러 보고관들도 점차 이와 유사한 방식으로 보고서를 작성하는 추세이다). 더 일반적으로 말하면, 이들은 '*대립각을 세우는*' 태도보다 '*조정하는*' 태도를 취하는 성향이 있다. 이러한 배경에서 보면, 현재 논의대상인 장치들은 ① 면밀히 검사할 만한 국가 혹은 문제에 집중하거나, ② 국가, 국제기구, 비정부기구(NGO), 그리고 전반적인 여론이 인권에 관한 미래를 가늠하는 의제에 관심을 갖도록 유도하고, ③ 국가들이 조금씩 자국의 인권상황을 개선하도록 유도하기 위하여 이들에게 압력을 행사하거나, ④ 최소한 핵심이 되는 인권을 존중하도록 국제사회의 풍조를 조성하는 데 기여하거

캄보디아, 동티모르, 구 유고, 이라크, 버마/미얀마, 점령당한 아랍 영역, 르완다, 소말리아, 수단)의 인권상황 혹은 *주요 인권주제*와 관련된 문제들이(예를 들면, 자의적인 구금, 강요되거나 혹은 비자발적인 실종, 법절차를 벗어나거나 약식 혹은 자의적인 처형, 경제적 · 사회적 그리고 문화적 권리의 완전한 향유에 영향을 미치는 외채의 효과, 판사와 법률가의 독립성, 국내 실향민, 대량 출국, 이민자의 인권, 인권과 극도의 빈곤, 종교적 배타성, 심각한 인권침해의 피해자가 갖는 원상회복권리, 금전배상권 그리고 재활권, 고문, 독성위험 제품과 폐기물의 불법 이동 및 투기가 인권을 향유하는데 미치는 해로운 효과, 여성에 대한 폭력과 그 원인 및 결과, 인권침해자 대상 제소, 주거, 식량권 등) 발생하는 곳은 어느 곳이든지 이에 관하여 조사 · 감시 · 보고하는 임무를 위탁한다. 관련 보고관들은 신빙성 있는 자료에 근거한 정보를 활용할 수 있을 뿐만 아니라 국가를 현장 방문할 수도 있다(단, 관련 국가가 동의할 수 있어야 한다).

11) *고등판무관*의 1차적 기능은 '전 세계에 걸쳐서, 인권침해가 지속되지 않도록 예방함에 있어서 … 주도적인 역할' 을 수행하는 것이다. 본질적으로, 이들의 역할은 자문, 기술적 지원, 그리고 협력제공 이외에 인권존중을 촉진하는 것이다. 지금까지, 특히 이 직책이 전직 외교관으로 채워졌던 초기 이후, 고등판무관은 심각한 위반에 대해서 주의를 기울이고, 국가들이 국제적 기준을 준수하도록 촉구하는 데 매우 유용하였다.

나, ⑤ 새로운 인권협약을 단계적으로 마련하거나 총론적인 결의를 채택하는데 촉매제 역할을 수행하는 점에서 상당한 성과를 거두었다고 할 수 있다.

그러나 이들 장치가 갖고 있는 커다란 결함을 간과해서는 아니된다. 첫째, 이들 기관은 자신의 의견을 표명할 때 과도하게 정치적 · 외교적인 고려사항에 제한받기에 이들 의견이 최종적으로 매우 개괄적이거나 외교적인 용어로 표현되어서 다소 취약해지는 경향이 있다. 둘째, 여러 가지 실무작업반 혹은 개인의 보고서가 전문가기관이나 전문가기구로부터 여론 전체로 스며들지 못하는 경우가 종종 있다. 그 결과 감시, 정보, 전문성이 풍부해도 종국에는 유엔 내의 일부 제한된 영역 이외에는 별로 활용되지 않고 있다.

(2) 지역적 수준

지역적 감독장치는 더욱 발전하였다. 이들은 일반적으로 유럽인권재판소(ECHR), 미주인권위원회(IACHR), 그리고 미주인권재판소(IACourtHR)와 같은 사법기관이다. 이와 반대로, 인간 및 인민의 권리에 관한 아프리카 위원회(ACHR)는 사법적 기능을 갖지 않은 일종의 감시기관이다. 인간 및 인민의 권리에 관한 아프리카 재판소의 설치에 관한 사항은 2004년 1월 25일 발효한 1998년 6월 9일자 인권 및 인민의 권리에 관한 아프리카헌장의 의정서에서 규정하고 있다.

위에 언급한 여러 사법기관 중에서 ECHR이 가장 발달하였다. 1994년 의정서 제11호(1950년 유럽인권협약에서 규정하고 있는 이전 제도를 상당부분 변경하였음)에 따라서, 1999년 이후, 재판소는 현재 42명(곧 45명이 될 예정임)의 판사로 구성된 상설사법기관이다. 유럽평의회의 45개 회원국 각자는 다른 체약국의 협약 및 의정서 위반을 이유로 재판소에 제소할 수 있다. 이 외에, 체약국 관할대상인 모든 개인, 시민단체, 개인집단은 협약 혹은 의정서 위반으로 피해를 입었다고 주장하면서 재판소에 진정할 수 있다. 청구인은 피청구국과 동일한 지위에서 재판소에서 진행되는 절차에 충분히 참여할 수 있다. 그러나 재판소의 판결은 관련 국가의 국내법 제도 내에서 법률상 직접적인 효력을 갖지 못한다. 판결은 국제적인 수준에서만 구속력을 가질 뿐이다. 따라서 만약, 한 국가가 관련 국제법상 파생하는 의무를 위반하였다고 재판소가 판단할 경우, 해당 국가는 국제법상 자신의 법제도 내에서 피해회복 의무를 부담하지만 국내법 제도에서 이러한 결과를 허용하지 못할 수도 있다. 예컨대 국내법원의 확정적이고 철회 불가능한 결정으로 인하여 그러한 위반이 야기되었을 수 있기 때문이다. 이 경우, 재판소는 피해자에게 만족을 주는 것에 그칠 것이다(통상, 이러한 만족은 책임국가가 재판소에서 정한 일정 액수의 금전을 지급하는 방식으로 함). 만약, 위 협약 혹은 의정서를 위반한 책임이 있다고 판단된 국가가 판결을 이행하지 못하는 경우(많은 사건에서 이러하였다)[12] 활용 가능한 유일한 '제재'는 유럽평의회 규정 제8조[13]에 있다.

의심할 여지가 없는 구조적 문제, 상당수의 미결사건, 여러 회원국 법제도의 변화가 더디게 이루어지고 있는 점이 있지만, 어느 누구도 이 재판소가 유럽에서 미래를 좌우할 역할을 수행하고 있다는 점을 부인할 수 없을 것이다. 이 재판소는 영국과 러시아연방, 프랑스와 슬로바키아, 독일과 마케도니아만큼이나 다양한 국가들 안에서 완전한 인권존중을 촉진하고 있고 이를 확보하기 위해서 노력하고 있다. 재판소는 광범위한 인권 분야에서 여러 가지 법제도를 점차 통일시키는 성과를 거두고 있다. 이로써 유럽 내에서 자의적이거나 차별적인 정부조치가 현저히 축소된 지역을 넓히는데 기여하고 있다. 이 재판소는 또한 권고적 관할권을 갖고, 2004년 처음으로 *Commonwealth of Independent States* 사건에서 이를 활용했다는 점을 덧붙일 만하다.

재판소가 엄청난 양의 접수사건(약 7만건)을 갖게 된 바람에 유럽평의회 회원국들은 의정서 제14호(2004년 5월 13일)를 채택하여 유럽인권협약을 상당히 변경하였다. 중요한 점은 다음과 같다. ① 재판소의 재판부 구성이 더욱 세분되었다. 즉, 제6조에 따라서, 재판소는 "단독재판관, 3인 재판관위원회, 7인 재판관 소재판부 그리고 17인 재판관으로 된 전원재판부로 구성된다." 제7조에 따라서, 단독재판관은 재판관이 아닌 보고관의 도움을 받아서 개인이 제기한 소위 '분명히 기각될 사건'에 대해서 결정을 내리고, 3인 재판관위원회도 이와 같은 권한을 갖지만 이외에 약식인 신속절차에 따라서, 소위 '반복사건', 즉 이미 '재판소의 판례법으로 확정된 주제'를 묻는 사건의 본안에 대해서 판단할 수 있다(제8조). ② 사건의 수리적격기준이 변경되어서, 기존의 조건(국내 구제조치의 완료, 6개월 시한, 협약과의 양립성 여부, 명백히 부당한 신청내용 등)에 개별 신청인이 '심각한 불이익을 당했는지의 여부'에 관한 기

12) 예컨대, 2004년 1월 29일 그리고 3월 29일 유럽평의회 각료이사회 결정(각각 CM/Dec/Dec(2003) 863 Vol. 1E 및 CM/Dec/Dec(2004) 871E) 참조.

13) 이 규정(Statute)은 다음과 같다. "[법치와 인권존중에 관한] 제3조를 심각히 위반한 유럽평의회 회원국은 대표권을 정지당할 수 있으며, 각료이사회가 제7조에 따라서 탈퇴하도록 요구할 수 있다. 만약 그러한 회원국이 이러한 요구에 따르지 않는 경우, 각료이사회는 자신이 결정하는 날짜 이후 그 나라가 평의회 회원국이 아니라고 결정할 수 있다."

준이 추가되었다(제12조). 그러나 심각한 불이익을 당하지 않았어도, 재판소는 사건을 충분히 조사해서 ㉠ 인권존중 차원에서 조사가 필요한 경우, 혹은 ㉡ 비록 신청인이 사소한 청원을 하였다고 해도 해당 사건이 국내법원에서 적절히 다루어지지 않았던 경우, 본안에 관하여 판단을 내릴 수 있다.

재판관의 임기(현재의 연임 가능한 6년 임기에서 단임의 9년 임기, 제2조 참조) 그리고 유럽평의회 각료이사회의 재판소 판결집행 감독(제16조)에도 변화가 생겼다. 이 외에, 유럽연합이 유럽인권협약에 가입할 수 있도록 하는 규정이 마련되었다(제17조). 제19조에 따라서, 이 의정서는 유럽인권협약의 45개 당사국 전체가 비준한 이후 발효할 것이기에 다소 시간이 소요될 수 있다[**역자주** : 2010년 6월 1일 발효함].

*미주*의 경우, 위원회(IACHR)와 재판소가 중요한 역할을 수행하고 있지만, 여기에서 활용 가능한 *사법적 수단*은 ECHR만큼 발전하지 않았다.

IACHR의 본부는 워싱턴 컬럼비아특별구에 있으며, 미주기구(OAS)의 총회가 선출하는 7인의 위원으로 구성되는 OAS의 자율적 기관이다. 이는 1969년 OAS 34개 회원국 중 25개국(체약국은 멕시코를 비롯한 남미 및 중미국가를 포함하며, 미국과 캐나다는 당사국이 아님)이 비준한 미주인권협약을 적용한다. 위원회는 OAS 회원국의 인권위반을 주장하는 개인의 청원을 접수할 수 있다(협약당사국이 아닌 경우, 위원회는 1948년 보고타에서 채택된 인간의 권리와 의무에 관한 미주선언을 적용하고 있음). 해당 청원이 부적격하다고 판단되지 않으면 위원회는 현장방문을 비롯하여 조사를 실시하고 의견을 청취할 수 있다. 그러고 나서, 당사자들이 원하는 경우 우호적 해결을 교섭하도록 지원한다. 위원회는 피청구 국가에 대한 권고안을 담은 비공개 보고서를 작성할 수 있다. 어느 정도 유예 후, 해당 국가가 보고서에서 제시한 조치를 취하지 않는 경우, 해당 사건을 재판소에 제기할 것인지 아니면(무엇보다도 해당 국가에 대해서 관련 사건을 해결할 시간을 주는) 두 번째 보고서를 작성할지를 결정할 수 있다. 유예기간이 경과한 후, 위원회는 자체 보고서를 공표할 수 있다.

재판소는 7인의 재판관(미주인권협약의 당사국들이 선출함)으로 구성되고, 산호세(코스타리카)에 소재한다. 미주인권위원회와 미주인권협약의 당사국만이 재판소에 제소할 수 있다. 소송절차는 협약당사국이면서 동시에 재판소의 관할권을 수락한 국가를 상대로 해서만 개시될 수 있다. 재판소는 권고적 관할권도 갖는다. 즉, 재판소는 회원국 혹은 OAS 기관의 요청에 따라 권고적 의견을 내릴 수 있다. 또한 OAS의 회원국이 요청하는 경우 그 회원국의 국내법이 인권 관련 미주국간 국제문건과 양립하는지의 여부에 대해서도 권고적 의견을 내릴 수 있다.

온갖 종류의 수많은 어려움이 있었지만, 위원회와 재판소는 이제까지 괄목할 만한 성과를 거두었다. 이들은 중요한 결정을 내렸을 뿐만 아니라 재판소의 경우 권고적 의견도 내렸다. 미주대륙에 권위주의적 국가가 남아 있고, 남미 지방 특유의 민주주의 문제가 있는데도 이들 두 기관이 법치와 인권존중을 발전시키기 위하여 기여한 바는 과소평가되지 않아야 할 것이다.

19.4.5 인권, 인도주의법, 그리고 국내법원에 제기하는 소송

일부 국가에서는 국내법원이 어떤 면에서 정부(흔히 중대한 위반에도 전혀 움직이지 않는 것으로 보임) 기능을 넘겨 받고, 아예 존재하지 않거나 존재하더라도 매우 비효율적인 국제집행기관의 역할을 대신한다.

결국, 어떠한 국제기관도 히로시마와 나가사키의 원폭투하가 합법이었는지의 여부에 대해서 판단을 내린 바가 없었고, 게다가 일본 정부가 이 점에 대해서 결국 마음을 바꾸게 되자(1945년에 일본 정부는 폭격이 전쟁법에 반한다고 주장하면서 항의했었음), 1963년, 생존자 집단이 일본 정부를 상대로 도쿄지방법원에 소를 제기하였다. 이들은 1952년 평화조약으로 일본 정부가 불법적인 원폭투하에 대한 금전배상청구권을 포함하여, 미국 정부를 상대로 한 자신과 자국민의 권리 및 청구권을 불법적으로 포기하였다고 주장하면서 금전배상을 청구하였다. 법원은 비록 마지막 분석단계에서 청구인에게 불리한 판결을 내렸지만, 폭격이 불법이라고 선언하였다[이것이 유명한 *Shimoda* 사건(p.1688 이하 참조)이다]. 다른 사건에서, 국내법원은 영토국이 기소하지 못했던 개인에 대해서 형사판결을 내렸다. 이와 관련해서 가장 중요한 것은 유명한 *Eichmann* 사건이다. 1962년 5월 29일 판결에서 이스라엘 최고법원은 공소사실과 이스라엘 간에 영토적 · 인적 연관성이 없기 때문에 아이히만이 저질렀다고 하는 범죄행위에 대해서 이스라엘 법원이 재판관할권을 갖지 않는다는 상고인 아이히만의 주장을 모두 배척하였다.[14]

---

14) 법원은 마지막 부분에서 다음과 같이 판시하였다. "상고인에게 책임을 물을 수 있는 모든 범죄는 국제적 성격을 띠고 있을 뿐만 아니라, 이들 범죄의 해악성 그리고 잔인성이 매우 포괄적이고 광범위해서 국제공동체의 근간을 뒤흔들 정도이다. 따라서 이스라엘국은 보편적 관할권 원칙에 따라서 그리고 국제법의 수호자이며 집행대리인의 자격으로, 상고인을 심판할 자격이 있다. 사정이 이러하므로, 범죄행위가 자행되었을 때 이스라엘이라는 국가는 존재하지 않았다는 주장은 일고의 가치도 없다"(p.304).

이 판결은 *Yunis* 사건에서 미국 법원이 다소 차용하였다. 요르단 항공기 탑승객(수 명의 미국인 포함)을 인질로 삼은 공중납치에 가담한 혐의로 레바논 거주 레바논 국적의 Yunis는 공해상에서 미국 당국에 체포된 후 미국에서 재판받게 되었다. Yunis는 공중납치와 미국 영토 간에 아무런 연결고리가 없기 때문에(해당 항공기는 미국 영공을 상공비행한 적이 없고 미국 영토와 아무런 연결도 없었음) 미국 법원의 재판권이 없다고 항변하였다. 1988년 2월 12일 판결에서, 미국 컬럼비아특별구 지방법원은 피고의 주장을 배척하고 미국 법원의 재판권이 있다고 판결하였다. 법원은 다음과 같이 판시하였다.

> "미국은 세계공동체를 대신하여 세계질서의 근간을 위협하는 범죄 혐의자를 처벌할 뿐만 아니라 자신 스스로 자국민을 보호할 이익을 갖는다"(p.903).

국내법원이 해외에서 자행된 심각한 인권위반 관련 범죄에 대해서 가장 단호한 조치를 취하는 국가는 미국이며, 여기에서 개인과 법원은 1789년에 통과된 오래된 법령을 끄집어 내어 활용하고 있다. 이 법이 외국인불법행위청구법(Alien Torts Claim Act)인데, 이에 따르면, "[미국] 지방법원은 외국인이 국제법 혹은 미국이 당사국인 조약을 위반하여 자행된 불법행위만을 이유로 제기하는 모든 민사사건에 대해서 시원적 관할권을 갖는다." 미국 법원은 국가공무원(혹은 개인자격으로 활동하는 개인)이 외국인을 상대로 해외에서 행한 심각한 인권침해에 이 법령을 적용하여, 불법행위자가 그러한 위반에 대해서 금전배상을 하도록 강제하고 있다.[15)]

누구든지 이러한 미국 법원의 결정이 매우 중요하다는 점을 무시할 수 없을 것이다. 이들 사건 모두에서, 미국 법원은 국제적 수준에서(어느 집단적 국제기관도

15) 결국 1980년 이래, 미국 법원은 파라과이에서의 고문(*Filartiga* 사건), 아르헨티나에서의 고문 그리고 경제적 이익을 이유로 한 인종차별(*Siderman* 사건), 아르헨티나에서의 고문 및 자의적 체포 그리고 강요된 실종(*Suarez-Mason* 사건), 동티모르에서의 자의적 살인 그리고 약식처형(*Todd v. Panjaitan* 사건 및 *Doe v. Lumintang* 사건), 필리핀에서의 고문 및 약식처형 그리고 강요된 실종(*Marcos* 사건), 보스니아-헤르체고비나에서의 잔혹행위(*Karadžić* 사건), 아이티에서의 고문과 자의적 구금(*Avril* 사건), 과테말라에서의 고문(*Gramajo* 사건), 에티오피아에서의 고문(*Negewo* 사건), 스코틀랜드 Lockerbie 테러 폭파(*Abdel Basset Ali Mohmed Ali Al-Megrahi and Al Amin Khalifa Fhimah* 사건), 엘살바도르에서의 고문(*Ford et al. v. Garcia et al.* 사건)에 대해서 판단하였다. 2004년 *Sosa v. Alvarez-Machain* 사건에서, 미국 연방대법원은 일부 제한하에서, 해외에서 자행된 심각한 인권침해에 대응하기 위하여 사용된 미국 법령, 일반적인 면에서 외국인불법행위청구법의 법적 의미를 지지하였다.

조치를 취하지 않았을 뿐만 아니라 다른 국가들도 국가공무원 신분의 범죄자가 속한 국가를 상대로 개입하지 않았음), 그리고 국내적 수준에서(영토국의 어느 기관도 관여하지 않았음) 존재하는 흠결을 보충하였다. 따라서 이들 법원은 크게는 국제공동체를 대신해서 인간존엄에 속한 권리가 정당하다는 점을 입증하였다. 이렇게 하면서 이들 법원은 사법적 결정으로 일부 기본적인 인간의 가치를 선언하였다.

그러나 이러한 접근방식의 한계를 도외시해서는 안된다. 첫째, 이 사건들은 *민사사건*으로서, 심각한 범죄를 저질렀다고 하는 혐의자에게 금전배상을 하도록 강제할 뿐이다. 형사적 수준에서 유죄판결은 내려지지 않는다. 둘째, 이들 사건들은 민사소송하고만 결부되기 때문에, 피고는 출석하지 않을 수 있고 통상 출석하지 않는다(피고가 미국에 체류할 때 소장이 송달되기만 하면 된다). 따라서 심도 있는 증거조사가 없다. 셋째, 사법부의 이러한 경향은 오직 한 국가에서만 있었다. 이 국가의 법원이 스스로 해외에서 자행된 잔혹행위에 대해서 보편성을 지닌 판사로서 자리매김할 위험성이 있는데, 이는 일종의 인도주의적 제국주의로서 혼란을 야기할 수 있다. 이러한 경향이 세계경찰의 소임을 자처하는 미국 행정부의 성향과 함께 가지 않았더라면 그 자체로는 불안거리가 되지 않았을 것이다.

19.5 인권과 관습국제법

국제입법, 판례법, 관련 유엔 기관의 감시활동이 갖는 두드러진 특징은 이들이 국제공동체의 전통적 구성방식과 밀접한 관계를 갖는 점이다. 인권주의는 그러한 구성을 실질적으로 뒤흔들어 놓았고, 많은 국제법 분야에서 상당한 변화를 초래하였다.

무엇보다도, *일부 중요한 관습규범이 점차 발전하였는데,* 이 중에서 가장 중요한 사항은 중대하고, 반복적이며, 조직적인 인권침해를 금지하는 규범이다(3.6 참조). 지속적인 관행과 *opinio juris* 혹은 *opinio necessitatis*를 보면 노예제도, 집단살해, 인종차별 금지, 인민의 자기결정권을 무력으로 부정하지 못하도록 하는 규범, 뿐만 아니라 고문을 금지하는 규칙과 같은 다른 규칙들이 관습법 규범례에 속하게 된 점을 알 수 있다. 주목해야 할 사항은 국제공동체에 속하는 국가들이 이러한 주제에 관한 협약을 비준하였는지의 여부와 상관 없이 이들 규칙이 모두를 구속할 뿐만 아니라, ICJ가 *Barcelona Traction* 사건의 그 유명한 *유권적 판단*(제33항)에서 강조하였듯이 공동체적 의무를 부과하기도 한다. 더욱이 이들은 *강행규범*의 지위를 얻기도 하였다(11.4 참조).

이 외에, 이들 관습규칙들은 공동체적 의무(이 개념에 대해서는 앞 1.8.2 참조)를 부과하기 때문에, 모든 국가 혹은 인권 분야에서 권한이 있는 국제기구는 심각한 대규모 인권침해가 발생하였다고 하는 국가에게 그러한 위반을 중단하도록 요청할 *법적 권리*를 갖는다. 이러한 위반이 종료되지 않는다면, 국가는 보복 자체에 이르는 외교적 · 경제적 조치 이외에(앞 15.4 참조), 평시 대응조치(조약의 중지 혹은 종료, 양자조약 혹은 다자조약에서 규정하고 있는 경제적 지원의 철회 등)를 취할 권한이 있다.

개별적 대응조치는 집단적 기관 내에서 활용 가능한 여러 가지 조치들을 모두 완료한 후에 혹은 그러한 조치가 무용지물이라는 점이 입증된 이후에 취하거나, 또는 정부간 기구의 허가를 얻어서 취할 수 있다(15.5.1-2 그리고 17.4 참조). 이와 반대로, 대규모의 극악한 인권침해로서 인도에 반한 죄에 이르는 행위에 대해서 *무력을 사용하*는 대응조치를 합법화하는 어떠한 관습규칙도 아직까지는 발전하지 않은 것으로 보인다(18.8 참조).

관행상, 국가는 대응조치 자체보다 보복방식을 더 빈번히 활용하는 경향이 있다. 그 예로서, 1989년 이래 미국이 버마/미얀마에 대해서 취한 조치와 앞에서 언급한 조치들을 상기할 수 있다(15.4 참조). 1999년 이탈리아 정부가 지지한 이탈리아 상원의 결정[16]도 언급할 수 있는데, 이에 따르면 이탈리아 상원은 이탈리아가 과테말라 정부와 과테말라국가혁명당의 1994년 6월 23일 오슬로의정서에 따라서 설치된 1999년 2월 25일 역사청산위원회(Commission for Historical Clarification)의 최종보고서에 담긴 권고안[17]을 과테말라가 시행하는 것을 조건으로 과테말라에게 경제적 지원을 하기로 결정하였다. 비록 과테말라가 이탈리아의 결정이 자국의 국내문제에 대한 불법 간섭이라고 생각했어도, 과테말라가 위 보고서의 권고사항을 이행하지 못한 점을 감안해서 이탈리아의 결정이 내려졌던 것으로 보인다.[18]

---

16) *Senato della Repubblica,* XIII Legislatura, 634th Seduta pubblica, *Resoconto sommario e stenografico,* 17 June 1999, in http://notes3.senato.it/ODG-PU.../Idad 참조.

17) *Guatemala—Memory of Silence, Report of the Commission for Historical Clarification—Conclusions and Recommendations*(n. p., 1999) 참조.

18) C. Tomuschat, "Vergangenheitsbewältigung durch Aufklärung: Die Arbeit der Wahrheitskommission in Guatemala", in U. Fastenrath(ed.), *Internationaler Schutz der Menschenrechte*

논란의 여지는 있지만 위에서 언급한 규칙들이 세계공동체에서 발전한 것이 분명하고, 이 외에 다수의 유엔 총회 결의, 국제조약과 더불어 강간 및 성추행에 관한 ICTY의 판례법이 증가하면서 또 다른 관습규칙이 점차 형성 중인데, 그것이 바로 성차별 금지 규칙이다. 아마도, 현재 형성 중인 또 다른 일반규범은 한 국가의 관할권하에 있는 모든 개인에 대해서 *민주적 지배구조에 관한 권리*를 부여하는 규칙이 될 것이다.[19] 그러나 현재로서는, 민주주의 권리는 한 국가 내에서 생활하는 모든 개인에 속하는 인권으로서, 혹은 모든 국가들이 다른 나라에게 민주주의를 존중하도록 요구할 수 있는 정도의 법적 권리로서 아직 뿌리를 내리지 못

(Dresden and Munich: Dresden University Press, 2000), p.173, 각주 53 참조.

19) 이러한 일반규범은 1970년 유엔 우호관계 선언에서 규정한 바 있는 국내적 자기결정 원칙에서, 기존 관행의 '성문법전화'의 결과로서 처음 선포되었다. 그때, 이 규범은 그러나 평등한 공무담임권을 거부당했던 인종집단에게 이러한 권리를 부여하는 것에 국한하였다. 나중에 여러 가지 요소들, 즉 유엔규약(각 체약국민 전체에 대해서 국내적 자기결정권을 부여함)을 비준하는 국가들 수의 증가, 1975년 헬싱키선언(모든 인민에 대해서 자기결정권을 명시적으로 부여함)과 유럽안전보장협력회의(당시 CSCE로 불림)가 채택한 후속선언을 53개국(유럽에서 그리고 미국과 캐나다)이 서명한 것, 그리고 모든 국가들이 추구해야 할 목표로서 민주주의권 혹은 민주적 제도권을 명시적으로 규정한 것, 1991~1992년 소련과 유고슬라비아 분열시 EC가 취하였던 태도, 그리고 특히, (당시) 12개 EC국가들이 민주주의 존중과 소수민의 권리를 크게 강조한 것, 많은 남미국가들에게 민주적 지배가 확산된 것, 이와 함께 이들 국가들과 다른 대륙의 개발도상국들이 민주주의 원칙을 공식적으로 지지한 것, 유엔 총회(예컨대, 1996년 결의 제50/172호 그리고 제50/185호), 유엔인권위원회(Commission)([결의 예컨대 1999년 4월 28일 제57호(1999), 2000년 4월 25일 제47호(2000), 2000년 10월 4일 제167호(2000)], OAS 총회[예컨대, 1991년 6월 5일 결의 제1080(XXI-O/91호)]에서 민주주의에 관한 결의를 채택한 것이 단계적으로 그 개념을 확대시켰다. 민주절차를 확보하기 위하여 유엔, OSCE 혹은 OAS 내에 설치된 선거감시 장치 및 제도에 대해서도 언급할 만하다.

이 모든 요소들은 중요한 경향을 명확히 제시하고 있다. 즉, 국가들은 점차 민주적 지배(이보다 덜 강한 어휘로 말한다면 국내적 자기결정권)에 관한 권리의 취지가 넓고 그 결과 각 주권국가 인민들에게 적용된다는 생각을 받아들이고 있다. 반대되는 취지에서 국가들이 선언한 바가 산발적인 것은 관습법이 현재 형성 중에 있다는 주장의 증거가 되는 것으로 보인다.

민주주의가 의미하는 것은 무엇인가? 다수의 비 서방국가들은 서구식 모델에 대해서 반대하였다[예컨대, 1999년 유엔인권위원회(Commission)에서 여러 국가들, 즉 인도(*Summary Records*, 57th Meeting, E/CN.4/1999/SR 57, 제7항), 파키스탄(*ibid.*, 제11항), 쿠바(*ibid.*, 제21항), 러시아(*ibid.*, 제29항), 인도네시아(*ibid.*, 제40항) 그리고 중국(*ibid.*, 제41-42항)의 성명 참조; http://www.unchr.ch/huridocda 참조. 아울러, 2000년에 인권위원회에서 일부 국가들, 즉 파키스탄(*Summary Records*, 62nd Meeting, E/CN.4/2000/SR.62, 제11항 그리고 제43-45항), 쿠바(*ibid.*, 제40-42항 및 제56항), 수단(*ibid.*, 제47항), 중국(*ibid.*, 제52-53항), 스와질랜드(*ibid.*, 제54항)가 하였던 선언 참조]. 이러한 반대로 인하여 서구식 모델의 일부 특징, 즉 *정기적인 선거, 자유선거* 그리고 *공정선거*에 근거하고 선거구민에 대해서 책임을 부담하는 *대의제, 인권존중, 법치*만이 현재 널리 인정받고 있는 것으로 믿어진다. 그러나 다당제 개념은 많은 국가들이 아직 합의하지 않았기에 생성 중인 민주주의에 관한 국제 개념의 일부가 되지 않은 것으로 보인다.

하였다. 현재 민주주의 개념은 다른 면으로 국제관계에서 활용되고 있다. 예를 들어, 앞에서(4.3) 보았듯이, 민주주의의 존중은 국가들이 신생국 승인 여부를 결정할 때 채택하는 기준 중의 하나가 될 수 있다. 이와 비슷하게, 유엔에서 한 국가의 정부대표가 신임장을 제정할 때 이 개념이 사용될 수 있다. 여러 경우에 그랬듯이(1992년 아이티, 1991~1996년 라이베리아, 1996~1998년 아프가니스탄, 1997년 시에라리온, 1997~1998년 캄보디아), 유엔 신임장위원회는 해당 국가의 정부가 국민과 영역에 대해서 아직 지배력을 행사하지 못하고 있어도 민주적이라고 판단되면 그 정부대표단의 자격을 인정하였고, 각 해당 국가의 대표로서 유엔 총회에 참여할 수 있도록 하였다.[20]

19.6 인권이 전통국제법에 미치는 영향

인권주의는 긍정적으로 *여러 분야의 전통국제법에 영향을 미쳤다.* ICTY 항소심재판부가 1995년 *Tadić* 사건(*중간 불복*)의 탁월한 결정에서 천명했듯이(제97항), 인권주의는 국제공동체에 새로운 세계관을 불러들이게 되었다.

여기에서는 신생국가 혹은 정부에 대한 승인(4.3 참조), 국제법 주체(4.1 그리고 7.3), 관습법(8.2.3), 국제의무의 구조(1.8), 조약에 대한 유보(9.4), 조약의 종료(9.7), *강행규범*(11.2-9), 법률이행 여부의 국제적 감시(14.8.2), 대응조치를 포함한 집행(15.3.1; 15.5.2), 국제형사재판의 운용(제21장), 전쟁법, 즉 현대적으로 표현하면 무력충돌시 인도주의법(20.5)에 미친 영향만 언급해도 족하다.

이 모든 분야에서, 인권주의는 이기적인 '사적' 추구를 목표로 하여 결국 집단의 요구사항을 외면하며 상호주의에 근거하는 법적 관계의 집합체에서, 공동체의무와 공동체권리가 등장하면서 단계적으로 형성되어 공익으로 보강된 핵심 기본가치에 기초한 공동체로서 세계공동체로 이행하는 데 유효한 자양분으로서 기여하였다.

---

20) 필수 참고문헌으로서 M. Griffin, "Accrediting Democracies: Does the Credentials Committee of the United Nations Promote Democracy Through its Accreditation Process, and Should It?", *New York University Journal of International Law and Politics,* 32(2000), pp.725-785, 특히 p.745 이하 참조.

19.7 인권의 현재 역할

국제법 형성기관과 감시기관이 지속적으로 인권존중의 필요성을 강조하고 이들 기관이 점점 국가행위에 영향을 미치게 되면서, 상당한 연쇄작용이 일게 되었다. 비록 눈에 띌 정도는 아니지만 국제사회의 신조 전체가 점차 변하면서 일부 국제감독기관은 현재 자신들이 전통적으로 지지해 왔던 개념에서 이탈하는 것이 합당하다고까지 생각하게 되었다. 현재 이들은 그러한 개념을 훨씬 더 넓게 해석하는 것이 적절하다고 생각하고 있다.

이러한 경향은 유럽에서 자명하며, 특히 유럽인권재판소의 판례법에서 분명해졌다. 이러한 경향을 보여 주는 것은 1999년 유럽인권재판소의 *Selmouni v. France* 사건 판결이다. 전원합의체 판결에서 재판소는 경찰에 구금된 개인을 심각히 학대하는 것을 이전 사건(예를 들면, 1992년 *Tomasi v. France* 사건에서. 제115항-제116항 참조)에서는 유럽인권협약 제3조에 반하는 비인간적이거나 모욕적인 처우로서 간주했지만, 이 사건에서는 만장일치로 제3조를 훨씬 더 심각히 위반하는 고문이라고 판시하였다. 재판소는 다음과 같이 천명하였다. "[1950년 유럽인권협약]은 '살아 있는 문서로서 현재의 조건을 감안해서 해석해야 한다'는 점을 고려할 때, … 재판소는 '고문'과 반대되는 의미에서 과거에 '비인간적이고 모욕적인 처우'로 분류되었던 행위들이 장래에는 달리 분류될 수 있으리라고 생각한다. *인권과 이에 상응해서 기본적 자유보호 분야에서 점점 더 높은 수준을 요구함에 따라서, 필경 민주사회의 기본가치를 위반하는 경우를 평가할 때 훨씬 더 엄정해야 한다는 견해를 갖는다*(제101항; 강조 추가)."

이러한 입장에서, 재판소는 다른 많은 사건에서 자신의 법원칙을 변경하였고, 심지어 파기하기도 했으며, 이 모든 것은 과거보다 훨씬 더 인권보호를 드높이고자 하였다.[21]

---

21) 예컨대, 재판소가 *Delcourt v. Belgium* 사건(1970년 1월 17일 판결, Series A, No. 11)의 이전 판결을 파기하였던 것으로 보이는 *Borgers v. Belgium* 사건(1991년 10월 30일 판결, Series A, No. 214-A) 참조. 아울러, "신청인이 특정 이탈리아 감옥에 수감되어 있는 중에 간수에게서 학대를 당했다는 신빙성 있는 주장에 대해서 철저하고 효과적으로 조사하지 않은 것"은 제3조의 위반에 해당한다(제130항-제136항)고 판시하여 재판소가 제3조의 적용범위를 확대하였던 *Labita v. Italy* 사건(2000년 4월 6일 판결) 참조. 또한 '모든 형태의 강간 및 성폭행을 벌하는 형사법제도를 수립하고 이를 효과적으로 적용'해야 한다는 요건에 따라서, 소녀 1명을 강간했다고 하는 2명의 젊은 남자

이 외에 인권주의는 국내 인권장전을 국제적인 수준으로 투영하여 이제까지 일부 국가의 국내적 배경에서만 지지를 받았던 일부 기본가치들을 전 세계에서 널리 인정받도록 한 업적이 크다. 아울러, 인권주의로 인해서 유엔이 사회적 정의감을 공고히 하고, '구조적 폭력', 특히 집단 전체 혹은 인민에게서 기본적인 권리와 자유를 박탈하였던 역사적 상황(식민지배 혹은 신식민지배, 인종분리정책, 뿐만 아니라 다수의 빈곤국가가 겪는 빈곤, 영양실조 그리고 기아 등)에 대해서 분개하도록 하는 데 공헌했던 것이 틀림없다. 달리 말해서, 유엔은 정적인 인권 개념(국제평화를 실현하는 수단으로 인식됨)을 사회적 정의와 인간의 존엄성 존중을 도입하기 위해서 갈등과 현상태 타파를 조장하기까지 하는 동적인 이론으로 움직이는 데에 성공하였다(Röling이 제대로 강조하였듯이,[22] 이러한 예는 인종차별정책과 유엔이 '백인통치' 형태의 구조적 폭력에 대항하는 반란을 의도적으로 조장하였던 구 로디지아의 경우에 있었다).

현재 모두는 아니어도 거의 모든 국가는 다음과 같은 본질적인 사항에 대해서 합의하고 있다고 말할 수 있다. 첫째, 인간의 존엄은 모든 국가들이 국적, 인종, 피부색, 성별 등의 고려와 상관 없이 보호해야 할 기본가치이다. 둘째, 집단과 인민의 기본권 성취도 목표로 삼아야 한다. 셋째, 인종차별은 보편적으로 가장 혐오스럽고 참을 수 없는 상태 중의 하나로 인식되고 있다. 넷째, 비록 일부 국가들은 인권존중을 완전히 달성하기 어렵다고 여길 수 있지만(경제적 이유에서 혹은 조직적인 이유에서), 어느 국가도 중대하고, 반복적이며, 대규모로 이런 권리를 침해할 수 없다. 다섯째, 이와 같은 대규모 위반이 자행될 경우, 국제공동체는 평화적 수단으로 '개입'하는 것이 정당하다.

규범 설정에 관한 한, 보편적 수준에서 그리고 지역적 수준에서 두드러진 발전이 있었다. 반대로, 인권준수 여부를 국제적으로 검사하는 점에서 볼 때, 적어도 보편적 수준에서 결과는 그다지 낙관적이지 못하다. 비록, 일부 중요한 감시 절차가 유엔 제도 내에서 또는 일부 협약을 근거로 마련되었지만, 이제까지 이들은 가시적인 성과를 얻지 못하였다. 그러나 이들 절차를 평가할 때, 이들이 법적

를 적법하게 기소할 '적극적 의무'를 이행하지 않았기 때문에, 불가리아가 유럽인권협약 제3조와 제8조를 위반하였다(제185항-제187항)고 판시했던 2003년 12월 4일자 *M.C. v. Bulgaria* 사건을 참조하시오.

22) B.V.A. Röling, "Peace-Research and Peace-Keeping", in A. Cassese, ed., *United Nations Peace-Keeping: Legal Essays*(Alphen: Sijthoff and Noordhoff, 1978), pp.250-252.

구속력이 없거나 강제력이 없다는 점을 감안해야 한다(19.4.4(1) 참조). 결과적으로 이들은 도덕적 · 심리적 그리고 정치적 압력을 행사하고, 여론을 활용하여(관련 국가 내에서 그리고 국제공동체 전체에서) 효과를 가질 뿐이다. 결론적으로 이들의 성과는 장기적으로 파악될 수 있을 뿐이다.

그러나 인권주의의 확산과 이들이 국제규칙과 제도 내에서 구체화된 점을 전반적으로 평가할 때 중요한 사실 하나를 간과해서는 안된다. 즉, 지역적 수준에서 그리고 특히 유럽에서, 회원국들이 저지른 인권침해를 상당히 만족스럽게 구제하는 발전된 형태의 사법적 장치가 마련되었다는 것이다.

제 20 장

무력충돌시 법에 의한 폭력의 억제

20.1 도 입

H. Lauterpacht가 1952년에 "국제법이 어떤 면에서 법이 사라지는 지점에 있다면, 전쟁법은 아마도 훨씬 더 뚜렷하게 국제법이 사라지는 지점에 있을 것이다"라고 했던 유명한 말을 인용하는 것이 유행하던 적이 있었다.[1)]

이 말에는 상당히 많은 진리가 담겨 있다. 다른 어떤 법규칙례보다도, 국제법은 직접적이고 분명히 권력관계를 반영하고 국가의 행위는 일부만 제한할 뿐이다. 전쟁은 상대적으로 조화로운 관계에서 무력투쟁으로 이행하는 과정을 보여준다. 전쟁이란 영역에서 권력정치는 최고조에 이르고, 법은 국제관계에 대한 통제력을 상당 부분 상실한다. 무력과 법의 일상적인 실랑이에서, 법이 필경 지게 마련이기에 국제법규칙은 최후의 결전 중 일부만 저지하였다. 그 근거로는 첫째, 국제법은 가장 위험한 형태의 무장폭력을 제한하려고 하지 않는다. 둘째, 기존법에 의한 억제는 힘에 굴복하는 경우가 너무 많았다. 이러한 사정은 대부분의 사람이 갖고 있는 정신적 성향을 고려해 볼 때, 그리고 더욱 더 중요하게는 세계공동체가 이기적인 국민국가들로 분할되어서 F. Suarez가 지적했듯이 각자가

1) Hersch Lauterpacht, "The problem of the revision of the law of war," 29 *BYIL*(1952), p.382.

communitas perfecta(완전한 공동체)라고 주장하고 있는 점을 고려해 볼 때 자연스러울 따름이다. 따라서 현실적으로는 국제법을 통해서 무력의 격돌에서 파생하는 가장 무서운 모습을 적어도 일부나마 *누그러뜨리기*를 원할 따름이다. 이 점이 바로 전쟁규칙이 의도하는 것이다.

20.2 전쟁의 유형

아주 오랜 옛날부터 전쟁은 잔인함이나 파괴라는 면에서, 전투원에 못지않게 민간인들이 고통당하고 전쟁당사국의 국민 전체가 결부되는 무력충돌이었다. 그러나 1648년에서 1789년 동안에 수많은 역사적인 이유로 인해서, 전쟁은 일종의 게임처럼 민간인이 직접 결부되지 않은 채 전문가들이 경쟁하는 모습을 보이는 경향이 있었다. 이렇게 된 데는 다음과 같이 여러 가지 사유가 있다. 즉, 17세기 초반 피비린내 나고 장기간에 걸친 전쟁에 대한 반작용, 고도로 숙련된 전문가로 구성되어서 이들이 전사하면 국가에게 큰 손실이 되는 고비용 군대의 발전, 군인들의 국가에 대한 충성심 결여와 그로 인하여 국가를 방어하기 위하여 죽기살기로 싸우지 않으려는 점이 현저해진 점, 군인 직업이 도처에서 귀족의 부속물이 되어서 모든 국가의 장교들이 공통적으로 동일한 사회계층에 속한다는 감정을 갖게 된 점, 귀족풍 기사도 원칙의 영향이다.

그러나 이 특정 분야에서 프랑스혁명의 새로운 이상이 실행되면서(병사는 이제 더 이상 전문가가 아니고, 모든 국민은 애국자이며 대중 군대의 구성원이 되었다) 전면전이 탄생하였다. 나폴레옹이 벌였던 참담한 무력충돌(1792~1815)은 루소가 말했던 바, 전쟁은 인간 대 인간의 관계가 아니라 국가 대 국가의 관계이고, 여기에서 개인들은 우연히 적이 될 뿐이라고 하였던 점을 훨씬 더 강력히 부정하게 되었다. 프러시아 장군인 클라우제비츠는 나폴레옹을 상대로 싸웠는데 자신의 저서 『전쟁론』(*On War*, 1832)에서 전쟁은 대립하는 국가의 전 국민들이 결부되어서 죽느냐 사느냐의 투쟁이 될 만하다고 주장하였다.

나폴레옹 시대 이후 만연하게 되었고, 현재에도 여전히 빈번한 대부분의 무력충돌은 클라우제비츠가 전면전이라고 하였던 유형에 속한다.

20.3 전통법 요약

전통법의 상당 부분은 1874년 브뤼셀회의와 1899년 그리고 1907년 헤이그평화회의에서 정리되거나 제정되거나 개발되었다. 흥미로운 점은 이 법은 결국 '루소식' 개념을 지지했고, '클라우제비츠식' 개념을 따르지 않았다는 점이다. 이 법에서 전쟁은 국가군대간 충돌이라는 가정을 근거로 해서, 전투원과 민간인을 구분하고 무장폭력으로부터 민간인을 가능한 많이 보호하려고 하였다. 고려 대상인 이 법은 본질적으로 ① 강대국과 약소국, ② 영국 및 프랑스 같은 해양강국과 다른 국가(영국과 프랑스는 자신들의 우위를 위협할 수 있는 해전법의 발달을 상당히 우려하였다. 따라서 이들은 교전자들이 바다에서 가능한 행동의 자유를 많이 누릴 수 있어야 한다고 주장하였고, 반면에 다른 국가들은 물론 반대되는 이해관계를 갖고서 교전자와 중립국 간의 해양통상이 가능한 한 제한받지 않도록 하는 데 특히 열중하였다), ③ 한편으로는 전쟁이 발발했을 때 그에 관여하지 않으려는 국가와, 다른 한편으로는 확장주의적 정책을 추구하여 전쟁에 전념하는 국가들 간의 긴장과 이익충돌의 결과였다.

1874년에 마련되었던 규칙과 1899년과 1907년 회의에서 제정된 규칙뿐만 아니라 이전에 발전했었던 관습법규는 다음과 같이 개괄적으로 요약할 수 있다(이들 규칙은 이 장에서 나중에 좀 더 자세히 논의할 것이다).

*국가간의 무력충*돌만 규율하였다. 내란에 관한 규칙은 전혀 채택되지 않았다. 반란단체의 투쟁은 국내 형법이 규율하도록 하였다(단, 관련 국가가 반도들을 교전자로 승인하지 않아야 한다. 7.1 참조).

전쟁 관련 국제협약을 무력충돌에 적용할 수 있는지 여부는 늘 명확하지 않았고 가변적이었다. 사실상, 이들 협약 일체는 소위 총가입조항(*si omnes* clause)에 의하여 모든 교전자가 체약당사국인 조건하에서 무력충돌에 적용되었다. 그 결과, 한 교전자라도 특정 협약의 구속을 받지 않으면, 해당 협약은 다른 교전자들 *상호간의* 관계에도 적용될 수 없었다. 즉, 교전자들은 자신들이 특정 협약의 구속을 받는데 다른 교전자는 구속받지 않는 경우, 이러한 불균형으로 인해 자신들이 불리하게 되지 않을까 우려했었다. 따라서 이들은 자신들에게 유리하지만 민간인에게는(그리고 종국적으로는 전투원에게도) 해가 되는 해결책을 선택하기를 더 원했다. 즉, 이 협약은 *어떤* 교전자에게도 적용되지 않을 것이기에 결국 *그 어떤*

교전자의 자유도 제한하지 않는 것이다. 이 결과, 오직 관습법—따라서 가장 일반적이면서 또한 가장 느슨한 형태의 법규칙—만이 모든 전쟁에 이의 없이 적용될 수 있었다.

전통법은 정규군의 구성원뿐만 아니라 수많은 특정 조건을 충족하는 민병대 혹은 의용대를 합법적인 전투원으로 간주하였다(20.6.1(1) 참조). 또한 일정 조건을 충족하면, 적이 접근함에 대처해서 무장한 민간인 국민 전체도 전투원의 자격이 인정되었다(20.6.1(1) 참조).

전쟁수단의 경우, 매우 느슨하게 규정한 일부 총칙적인 원칙 이외에 특정 무기의 사용을 특별히 금지하는 경우는 거의 없었다. 당사자들이 오직 교전자만 공격대상으로 하는 한도에서 여러 가지 전투수단이 허용되었다. 사실상 민간인은 거의 보호받지 못했다. 법규 이행을 확보하기 위한 주된 수단은 각 교전자에게 일임하였다. 즉, 이들은 전시복구를 활용하거나 전쟁법을 위반한 적국 전투원을 기소하고 처벌할 수 있었다.

간단히 말해서, 전통국제법은 최소한 세 가지 주요 분야, 즉 전투수단, 전투방식 그리고 법 이행을 유도하는 장치면에서 강대국과 중규모 국가에 유리한 측면이 있었다.

중립(neutrality), 즉 한편으로 교전자와 다른 한편으로 제3국 간의 관계에 관하여 자세한 규칙이 마련되었다. 전자의 이익은 후자의 이익과 상치된다는 점이 분명하였다. 즉, 어떠한 교전자도 제3국이 자신의 적에게 군사적 혹은 경제적으로 지원하여 도움을 주는 것을 원하지 않았다. 따라서 각 교전자는 제3국과 자신의 적이 하는 어떠한 거래라도 그것을 차단하는 데에 관심을 두었다. 반대로, 중립국들은 무력충돌에 끌려들어가지 않으면서, 전쟁당사국들과 제한 없이 상거래를 유지하는 데 열심이었다. 1804~1815년 미국이 나폴레옹전쟁 참전국에 대해서 취한 중립태도와 나중에 영국과 그 밖의 유럽 국가들이 미국 남북전쟁(1861~1865)과 관련해서 취한 입장으로 인해서, 상충되는 이해관계를 상당히 잘 조절한 규칙들이 발전하게 되었다.

다음 사항은 중립을 규율하는 주요 원칙이었다. ① 중립국은 어느 쪽 교전자를 직접 혹은 간접적으로 지원하지 않아야 한다. 특히, 이들은 투쟁당사국 한쪽에 유리하게 자국 영역이 활용되지 않도록 방지해야 한다(예를 들면, 병사를 모집하는 것).

② 교전자는 적대행위를 위하여 중립국 영역을 사용하지 못하며, 자국 군인들이 중립국 영역에 피난할 경우, 중립국이 억류해도 묵인해야 한다. 그러나 ③ 교전자는 전시금제품(즉, 전쟁수행시 적국에게 도움을 줄 수 있는 물품)을 운송하는 중립국 선박을 임검·나포할 수 있는 권리를 갖는다. 게다가 이들은 적국의 해안을 봉쇄해서, 중립국 선박을 포함하여 모든 선박이 접근하지 못하도록 금지할 권리가 있다.

1899년과 1907년 헤이그에서, 뿐만 아니라 다른 국제법정에서도 '전시금제품'으로서 교전국 군함이 나포할 수 있는 중립물품이 어떠한 부류인지에 대해서 합의할 수 없었다는 점을 주목해야 한다. 결국, 이로 인해서 교전자들은 군사적 성격을 갖는 것이 분명한 물품뿐만 아니라 자신들이 보기에 적에게 이익이 될 수 있는 다른 어떠한 물품도 '전시금제품'으로 지정할 수 있었다. 결국, 상거래를 중시하는 중립국의 이익에 심각한 타격이 가해졌다.

20.4 현대적 무력충돌에서의 발전

헤이그 성문법전화 이후 시기에는 많은 면에서 그것에 흠을 내거나 부적절한 것으로 만들어버린 일련의 사건들이 발생하였다.

첫 번째로, *새로운 유형의 전투원*이 등장하였다. 제2차 세계대전 중, 1943~1945년에 빨치산과 레지스탕스 운동단체가 이탈리아, 뿐만 아니라 독일이 점령한 일부 유럽 국가(유고슬라비아, 프랑스, 네덜란드, 폴란드 그리고 소련) 내에서 두드러진 역할을 하였다. 이들은 형식상 기존 법으로는 합법적이지 않았는데, 그 이유는 이들이 군사점령 영역 내에서 활동하였고, 또한 이들은 합법적인 전투원이 되는 데 필요한 요건을 한 가지 이상 충족하지 못하는 경우가 흔했기 때문이다(20.6.1(2) 참조). 특히, 이들은 통상 공공연히 무기를 소지하지 않았으며, 뿐만 아니라 이들은 멀리서 식별 가능한 표지를 부착하지도 않았다. 전쟁후, 연합국들 사이에서는 레지스탕스 운동단체들이 정치적으로 합당한 이유를 위하여 활동했다고 여기는 분위기가 일반적이었다. 따라서 장차 이들에게 합법성을 부여하기 위하여 일부 규정을 만들어야만 하였다. 이후에 게릴라 전투가 식민지역 내에서 확산되자, 대다수 국가들은 통상 필수적인 합법조건(20.6.1(2) 참조)을 충족하지 못하는 게릴라들이 일정 조건하에서 합법적인 전투원의 지위로 승격되어야 한다고 생각하였다.

둘째, 전쟁은 두 가지 상반되는 방향으로 전개되었다. 즉 *'부자들의 전쟁'*, 다시 말하면 고도로 발전한 국가들이 정교한 무기를 활용하여 벌이는 무력충돌과 *'빈자들의 전쟁'*으로서 식민지 혹은 점령지 내에서 해방운동단체들이 행하는 민족해방 투쟁이며 보통 게릴라들이 수행한다. 언급해야 할 사항은 두 가지 유형의 전쟁(1964~1974년간 베트남 충돌의 경우 이 양자가 종종 공존하였다)으로 인하여 민간인의 희생이 놀랄 정도로 증가했다는 점이다. 현대전에서 비전투원은 무장폭력으로 가장 고통받는 사람들이다.

셋째, *새로운 살상수단*이 우선시되었다. 항공기는 이탈리아와 터키전쟁(1911~1912)에서 처음 사용되었고, 그 다음 제1차 세계대전 중(1914~1918)에 사용되었는데 스페인 내란(1936~1939)에서 독일 항공기가 대규모로 전투에 참여했을 때 엄청나게 중요하고 효율적이란 점이 입증되었다. 이것은 나중에 중요한 전투수단이 되어버렸다. 기술의 발달로 원자탄이 만들어지고, 1945년 8월 6일과 9일, 히로시마와 나가사키에 각각 활용되었으며 나중에는 핵무기 제조 및 저장까지도 가능해졌다. 강대국과 약소국의 군비(후자는 전자의 지원을 받음)는 점점 더 커져서 미사일, 화학무기와 세균무기 그리고 다른 현대적인 무기들이 추가되었다.

넷째, *내란*이 더욱 더 확산되었다. 때때로 강대국은 주권국가의 영역 내에서 투쟁하는 여러 가지 분파들을 군사적으로 지원해서 대리 방식으로 전쟁한다. 개발도상국 내에서, 역사적 그리고 사회적 조건—주로 종족간 정치적 불화—으로 인해서 대립하는 집단 간에 투쟁이 발생하고, 민란뿐만 아니라 민족적 혹은 인종적 충돌의 폭발을 촉발했다.

다섯째, 세계공동체에서 더욱 파괴적인 악으로서 *테러*(terrorism)도 무력충돌에 영향을 미친다. 테러를 확산시키고자 민간인에 대한(그리고 전투원에 대해서도) 공격이 특히 점령지(예컨대, 이스라엘이 전시 점령하고 있는 아랍 영역, 아프가니스탄, 그리고 이라크)에서 급증하였다. 게다가 2001년 9월 11일 미국에 대한 테러공격이 아프가니스탄에 대한 전쟁을 촉발시킨 경우와 같이 테러는 종종 국제적인 무력충돌을 촉발하는 요소가 되기도 하였다.

마지막으로, 중립법이 무시되는 경우가 점점 더 많아졌으며, *중립제도 자체가 점차 쇠락하게 되었다.* 초연한 상태에 있고자 했던 국가들이 중립규칙으로 인해 교전자에 못지않은 위험한 상태에 처해버렸던 양차 세계대전 중에 이러한 과정이 시작되었다. 다른 요소는(필요한 경우 어떠한 회원국이든지 침략자에 대해서 무력조치를 취할 수 있어야 한다는 개념에 기초하였던) 유엔의 설립과 유엔의 집단적 제도가 효율적이지 않다는 점이 분명해지면서 안전보장협정이 급증하게 된 것이다. 중립에 대해 결정적인 타격을 가한 것은 정치적 집단화와 연합이 형성되면서, 언제가 되었든지, 이들이 무력충돌 중에 교전자 중 어느 한쪽 편에 서게 된 것이었다. 이로써 공정 · 공평의무로서, 특히 군사적으로 어느 한쪽을 편들지 않을 의무는 무용지물이 되어 버렸다. 더욱이 국가들은 중립국과 교전국 간의 상거래관계를 제한하는 것은 경제적 이익이 없고, 새로운 상황에서 타당하지도 않다는 생각을 더 많이 하게 되었다.

20.5 새로운 법: 개요

이러한 모든 변화로 인해서 국가들은 전통적인 전쟁규칙을 수정하거나 개선하게 되었다(반대로, 이들은 현 시대에 맞도록 중립법을 만들어야 할 필요성은 느끼지 않았다). 입법과정은 전쟁희생자에 관한 4개의 제네바협약(육전의 부상자 및 병자, 해전의 부상자 및 병자와 조난자, 전쟁포로, 민간인에 관한 것임)이 외교회의에서 채택되었던 1949년에 시작하였다. 이들 협약의 주요 규정들이 점차 관습법이 되었다. 1977년, 또 다른 외교회의에서 2개의 의정서를 채택하였는데, 하나는 국제적 무력충돌에 관한 것이고 다른 하나는 국내무력충돌에 관한 것이다. 이들은 1907년 헤이그 규정과 위 제네바협약 규정들을 대폭 수정하고 개선하였다. 나중에 일부 현대무기를 금지하는 소수의 조약에 대해서 합의가 이루어졌다.

새로운 법은 구법을 대체하지 않았다. 오히려, 새로운 법은 구법을 전반적으로 상세히 규정하고 보강하거나, 명확성과 정확성을 추가하였다.

더욱이, 이 새로운 법은 전통법이 근간으로 삼고 있는 무력충돌에 관한 '루소식' 개념에서 실질적으로 이탈하지 않았다. 물론, 새로운 법은 현대전이 죽기살기식, '전면'적인 충돌이 되는 경향이 더 많아지고 있는 점을 반영하고자 노력하였다. 결과적으로, 새로운 규칙은 전쟁 수행시 민간인과 민간시설(공장 등) 양자가 결부되는 경우가 늘고 있는 점을 고려하였다. 그러나 중요한 것은 새로운 규칙이라고 해도 전투원과 적대행위에 참여하지 않는 (혹은 이제 더 이상 참여할 수 없는) 개인 그리고 군사적 목표물과 민간 대상물을 항상 구분해야 한다는 기조는 포기하지 않았다는 점이다.

또한, 인도주의법은 군사적 필요성을 지향하기보다 점차 인권적 가치로 충만하게 되었다. ICTY는 *Tadić* 사건(*중간불복에 관한 결정*)에서 이러한 새로운 경향을 제대로 강조하였다. 국제적 무력충돌을 규율하는 법과 국내적 무력충돌을 규율하는 법을 구분함에 있어서, 상소심재판부는 현대 인도주의법에서 가장 두드러진 발전은 인권주의의 영향을 강하게 받는 점이라고 지적하였다.[2]

이 외에, '*si omnes* 조항'(20.3 참조)은 점차 폐기되었다. 헤이그협약의 과반수가 관습법이 되면서, 1949년 4개의 제네바협약과 같은 최근의 협정뿐만 아니라 1977년 의정서는 교전자 중 한 쪽이 특정 조약의 구속을 받는지의 여부와 상관없이 무력충돌의 당사자인 체약국들에게 명시적으로 적용된다. 따라서 오늘날 교전자들이 기존의 법을 마음대로 무시할 수 있다고 주장하는 것이 어렵거나 심지어 불가능하게 되었다.

20.6 국제무력충돌에 관한 현재 규정

20.6.1 전투원

(1) 전통법

합법전투원의 부류에서 정규군인이 아닌 모든 개인을 배제하는 것이 강대국에게 이익이 되었다(강대국들은 통상 전문상비군을 동원하여 적국의 영역을 침입하기 때문에 이들은 적국 국민인 민간인의 지위가 합법전투원으로 격상되는 것을 원하지 않았다). 이 외에, 군사점령의 경우 강대국은 통상 점령국의 지위를 갖기에 가능한 행동의 자유를 확보하고, 동일한 취지에서, 점령지 주민을 가능한 많이 제약하는 것이 자신들에게 이익이 된다. 그러나 다수의 중소규모 국가들은 이에 반대하여 19세기에 민간인 주민 전체뿐만 아니라 민병대 그리고 의용대와 관련해서 양보를 얻어

2) "국제공동체 내에서 인권주의의 급격한 발전과 확산으로 인해서 … 특히, 세계공동체를 괴롭히는 문제들을 접근함에 있어서 국제법이 크게 변하였다." 결국, "[어느] 국가주권에 기반한 접근방식은 인간지향적 접근방식으로 점차 대체되었고, 로마법상 *hominum causa omne jus constitutum est*(모든 법은 인간을 위하여 생성되었다)라는 격언이 국제공동체에서도 기반을 굳건히 마련하게 되었다"(제97항).

낼 수 있었고, 침입한 영역에 대해서 점령국이 *사실상* 주권적 권리를 성취할 수 있는 여지를 없앨 수 있었다.

강대국들이 자신보다 약한 국가와 합의하게 된 타협책은 정규군 이외에 *민병대 및* 의용대는 다음 4가지 조건, 즉 ① 자신의 부하에 대해서 책임질 수 있는 개인의 지휘를 받을 것, ② 멀리서 식별 가능한 표지를 부착하고 있을 것, ③ 공공연하게 무기를 휴대할 것, ④ 전쟁법과 관습에 따라서 작전을 수행한다는 조건을 충족하면 합법전투원의 지위를 갖는 것이었다. 다른 유형의 전투원(즉, '적이 접근할 때 조직적으로 움직일 시간이 없이 침입군에 항거하기 위해 자발적으로 무기를 들게 된 미점령지역의 거주민'으로서 소위 군민명(*levée en masse*))의 경우, 두 가지 조건, 즉 공연히 무기를 휴대할 것과 전쟁법과 관습을 존중할 것이 요건이었다.

실제로, 1907~1939년 사이 전쟁은 주로 정규군이 하였고, 몇 가지 경우에만 그 밖의 합법전투원이 대규모 적대행위에 참여하였다. 간단히 말해서, 역사상 여러 가지 이유에서 약소국은 사실상 자신들이 규범적 수준에서 획득하였던 이점을 제대로 활용하지 못하였다.

(2) 새로운 법

1) 구법의 정교화 혹은 상세화

제2차 세계대전 이후 합의된 새로운 규칙이 갖는 장점 중의 하나는 일부 전쟁법규칙이나 규정을 상세히 설명하고 명확히 한 점이다. 특히, 교전자의 *'군대'*, 즉 교전자에 속하는 '조직적인 군대, 집단 및 부대 전체'(1977년 제네바협약 제1추가의정서 제43조 제1항)는 반드시 ① 충돌당사자에 대해서 책임 있는 자의 지휘를 받아야 하고, ② "*무엇보다*도 무력충돌시 적용 가능한 국제법규칙의 이행을 강제할 수 있는 내부 징계제도의 대상이 되어야 한다"(*ibid.*). 결국 군복 착용, 더 일반적으로 멀리서 식별 가능한 부착된 표지를 갖는 것이 군대 구성원으로서 *필수적인* 요건이 아니다(아래에서 보겠지만, 이러한 방식으로 교전조건을 규율하는 것은 현대전의 특징을 일부 고려하려는 것이다).[3] 그러나 공공연하게 무기를 휴대해야 한다는 요건은 논란의 여지가 있는데도 상세히 설명되지 않았는데, 그 이유는 묵시적으로 교전자에 속하는 '군대'는 군사활동 전후에 자신의 무기를 은닉하지 않기(그리고

3) *Commentary on the Additional Protocols*, 제1672항 참조. 아울러 UK Ministry of Defence, *UK Manual of the Law of Armed Conflict*(Oxford: Oxford University Press, 2004), 제4.3항 참조.

그렇게 하지 않아야 하기) 때문이다.

1949년 제3제네바협약은 이미 관습법에서뿐만 아니라 1907년 헤이그규칙에서 4가지 필수조건을 충족하면 합법전투원이 될 수 있었던 *민병대와 의용대*는 다섯 번째 조건, 즉 충돌의 한쪽 당사자에 속해야 한다는 조건[이 사항에 관해서는 *Kassem* 사건(pp.476-478) 참조]도 충족하도록 명시하였다. 분명히, 이러한 요건을 추가하거나 적어도 상세히 설명하는 이유는 이렇게 해야 명백한 남용을 최소한 방지하고(위 요건을 충족하지 못하는 경우, 체포시 전쟁포로의 지위를 박탈당할 수 있다) 비정규 전투원이 더 큰 책임을 부담하도록 해서 교전자가 묵시적으로 비정규군의 모든 위법행위에 대해서 책임을 부담하도록 하였기 때문이었다.

2) 새로운 유형의 전투원

(i) *빨치산*(Partisans) : 1949년, 제2차 세계대전 중 많은 유럽 국가에서 행해졌던 빨치산 전쟁을 사후적으로 고려하기 위하여, 제3제네바협약은 '충돌의 한쪽 당사자에 속하고, 비록 자국 영역이 점령당했어도, 이 영역 안팎에서 작전한 조직적인 레지스탕스 운동단체'가 1899년 다른 비정규 전투원에 대해서 정한 것과 동일한 4가지 조건을 충족하면, 생포시 전쟁포로의 지위를 갖는 전투원의 범주를 규정한 제4.A.2조에 포함시켰다(전투원은 충돌의 한쪽 당사자와 연결되어야 한다고 규정하여 다섯 번째 조건도 상세히 규정됨).

(ii) *게릴라*(Guerrillas) : 1949년 이후, 게릴라 전사의 문제(즉, 국가간 전쟁 혹은 민족해방전쟁의 틀 속에서 게릴라 전투를 하는 비정규 전투원)가 점차 중요해졌다. 1974~1977년 제네바회의에서 토의가 복잡하게 지속되었지만, 결국 특히 복잡한 규정인 제44조에 마련된 타협방식이 채택되었다. 이 규정에서는 다른 부류의 전투원에 대해서 1899년과 1949년에 규정한 3가지 요건(즉, 충돌당사자와 연결될 것, 책임 있는 자의 지휘하에 있을 것, 그리고 전쟁법을 이행할 것)을 손대지 않았지만, 다른 두 가지 요건(멀리서 식별 가능한 표지를 지니고 있을 것, 그리고 공공연하게 무기를 휴대할 것)을 하나로 줄였다. 즉, 그러한 전투원은 "자신들이 공격에 가담하거나 공격을 준비하는 군작전에 가담하는 동안 민간인 주민과 구별되어야 한다"(제44조 제3항 제1문). 결국, 전통적인 두 가지 요건은 '민간인과의 구별'(가정하자면 표장(標章)으로나 적절한 외부적 표시로 혹은 공연히 무기를 휴대해서)이라는 일반조건으로 완화되었다. 게다가 전투원은 무력공격 *도중에* 혹은 그 바로 *직전에* 이러한 요건을 이행하면 된다. 더욱이, 적국에 생포될 경우라도, 민간인과 구별되어야 한다는 위 조

건을 충족하지 않은 비정규 전투원이라도 합법전투원의 지위를 박탈당하지 않는다. 따라서 이들은 제44조 제3항 위반 때문에 처벌을 받는다고 해도, 계속해서 포로의 대우를 누릴 자격을 갖는다.

민족해방전쟁 그리고 *전시점령*과 같은 상황에서 방금 언급한 요건은 더 완화되었다. 이러한 상황과 관련해서 제44조 제3항 두 번째 문장은 전투원이 "① 각 전투행위 중에 그리고 ② 자신이 참여할 공격개시 이전 작전 전개시에 적에게 보이는 시간 동안"에 공공연하게 무기를 휴대해야 한다고 할 뿐이다. 이러한 두 번째 요건은 전투원이 공격개시 예정장소로 이동하는 동안 보이는 순간부터 공공연하게 무기를 휴대해야 한다는 취지로 넓게 해석되었다.

결국, 민족해방전쟁 또는 점령지에서 싸우는 게릴라들은 두 가지 면에서 우대받고 있다. 첫째, 이들이 충족해야 하는 요건이 '통상적'인 상황에서 싸우는 비정규 전투원에게 요구되는 것보다 덜 엄격하다. 둘째, 이들은 '통상적'인 전투를 하는 게릴라들이 조건을 충족해야 하는 것보다 더 좁은 범위의 상황('군 전투' 등) 하에서 이러한 요건을 충족해야 한다. 그러나 다른 중요한 면에서 제44조는 '특별한' 사정에서 싸우는 게릴라에 대해서 더 많은 것을 요구하거나 더 엄격하다. 즉, 제44조 제3항의 두 번째 문장의 요건을 충족하지 못하는 비정규 전투원이 민족해방전쟁 중 혹은 점령지에서 생포되는 경우, 제44조 제4항에 따라서 이들은 자신의 합법전투원 지위를 박탈당하고 따라서 포로의 대우를 누릴 수 없게 된다 (그런데도 '제3[제네바]협약과 제1추가의정서에 따라서 포로에게 부여되는 것과 모든 면에서 동등한 보호를 받음').[4)]

(iii) *용병*(Mercenaries) : 1960~1970년에 용병의 수가 아프리카에서 현저히 늘었는데, 여기에서 이들은 (내부안전, 첩보, 특수부대 훈련 등을 위하여) 지배엘리트들과 외국 강대국이 아프리카 체제를 붕괴시키기 위한 단체를 조직하거나 강화하기 위한 수단으로 활용되었다. 많은 아프리카 국가들은 후자의 관행에 대해서 강하게 반대하는 입장을 취했다. 이에 따라 유엔, 그리고 1974~1977년 제네바회의

---

4) G. Aldrich(미국 대표단장으로서 제44조를 상세히 규정하는 데 많은 기여를 하였던 저명한 미국 법률가)가 들었던 실례가 있다. 그는 민간인으로 위장하고 점령지에서 투쟁하는 게릴라의 예를 언급하였다. 그가 점령군에게 정지당해서 수색을 받는데 갑자기 무기를 꺼내서 병사들에게 발포하였다면, 생포시, 그가 공격개시 이전에 작전전개에 관여한 점이 입증되면 포로의 지위를 박탈당할 것이라고 하였다. 관여하지 않았을 경우에만 포로로 취급된다는 것이다(G. Aldrich, "New Life for the Laws of War", 75 *AJIL*(1981), pp.773-774).

에서 아프리카 국가들은 다른 개발도상국과 사회주의 국가 집단의 지원을 받아 용병을 불법전투원으로 취급해야 한다고 주장하였다(이로써 생포시 포로로서 대우받지 못함). 서방국가들은 기본적인 인도주의 원칙인 공평대우에 반하여 이념적인 요소가 전쟁법에 끼어들지 못하도록 국제법의 여러 가지 요건을 충족하는 용병은 합법전투원으로 취급되어야 한다고 반박하였다.

이 문제에 대해서 유엔과 아프리카통일기구(현재 AU)에서 점점 더 강해진 국가들의 주장은 제네바회의에서 제47조 채택으로 공인받게 되었다. 이 규정 제1항에서는 "용병은 전투원 혹은 포로로서의 권리를 갖지 않는다"라고 규정하고 나서 제2항에서 용병에 관하여 자세히 정의하고 있다.[5]

3) 기본원칙으로서 전투원과 민간인의 이분법

위에서 보건대 국제인도주의법은 전투원과 민간인의 구분을 기본전제로 하고 있음이 명확하다. 합법적으로 무력적대행위에 참여하기 위한 요건을 충족하는 전투원(이들을 *합법전투원* 혹은 *합법교전자*라고 한다)은 생포되는 경우 포로의 지위를 가질 자격이 있다[단, 이들은 *Public Prosecuor v. Koi et al.* 사건(pp.856-858)에서 영국의 추밀원(Privy Council)이 명시하였듯이 억류국가의 국적을 갖지 않아야 한다(또는 그 국가에 대해서 충성의 의무를 갖지 않아야 한다)]. 이로써 이들은 ① 적대행위에 참여했다고 해서 처벌받지 않고, ② 모든 필요조건을 만족하는 전투원에게 허용하는 대우(권리와 특권)를 받을 자격이 있으며(20.6.1(2)1) 참조), 그리고 ③ 적대행위 중에 행할 수 있는 전쟁범죄를 이유로 해서만 (혹은 생포 후 수감 중 행한 범죄행위를 이유로) 재판받아서 처벌될 수 있다.

그러나 이러한 요건을 충족하지 않거나 이들 요건 중 일부를 충족하지 않는 전투원은 생포시 ① 무력행위에 참여하였기에 재판받아서 처벌될 수 있고, ② 포로의 지위를 누릴 수 없으며, ③ 이들의 지위가 명확하지 않거나 달리 말해서 1949년 제3제네바협약 제5조에 따라서 이들이 합법적인 교전자의 범주 중 어느

---

5) "용병은 ① 무력충돌시 전투를 위하여 현지에서 혹은 해외에서 특별히 채용되고, ② 사실상 직접 적대행위에 참여하며, ③ 본질적으로 사적 이익을 얻고자 하는 욕구에서 적대행위에 참여하는 동기를 가지며, 충돌의 한쪽 당사자가 직접 혹은 그를 대신하여, 해당 당사자 군대내 유사한 계급 및 기능을 수행하는 전투원에게 약속하거나 지급하는 것을 상당히 초과하는 물질적 보상의 지급을 사실상 약속받으며, ④ 충돌의 한쪽 당사자 국민이 아니고, 또한 충돌의 한쪽 당사자가 통제하는 지역의 주민도 아니며, ⑤ 충돌 한쪽 당사자 군인이 아니고, ⑥ 충돌당사자가 아닌 국가가 자국 군인으로서 공적인 임무수행을 하도록 파병하지도 않은 사람이다."

하나에 속하는지가 명확하지 않을 경우, 이들은 "자신의 지위가 관할 판정부의 결정으로 확정되는 순간까지 이 협약의 보호를 누릴 수 있다." 분명히, 이러한 사람들의 범주는 제3의 유형(전투원과 민간인은 다른 두 가지 범주를 형성함)을 형성하지 않는다. 이들 전투원은 합법전투원의 지위를 갖지 않으면서 무기를 들고서 전쟁범죄를 저질렀기에, 재판받아서 처벌될 수 있는 민간인(따라서 보호받는 개인들임)으로 간주될 것이다. 이러한 전쟁범죄는 위계(僞計)의 전쟁범죄가 될 수 있고(이들이 군인이면서 민간인 혹은 비전투원의 지위를 가장한 경우) 혹은 (이들이 군인이 아니라면) 적군 혹은 적국의 민간인에 대한 불법공격이 될 수도 있다.[6]

4) 흠 있는 '불법전투원'의 범주

유명한 *Ex parte Quirin* 사건(1942년 미국에 착륙한 7명의 독일군이 군복을 버리고, 파괴공작을 하려고 했던 사건. pp.468-874) 이래, 미국의 판례법은 세 번째 범주의 전투원으로서 '불법전투원'(나중에 R.R. Baxter가 '무특권 전투원'이라고도 함[7])의 범주를 구분하였다. 이 범주[8]는 설명의 목적으로 사용되는 경우에만 수락될 수 있을 것이고, 전투원과 민간인의 중간범주로 인정될 수 없다. 특히, 합법적인 교전자로

---

6) 사인(私人)이 적을 상대로 무력적대행위에 가담한 사실이 전쟁범죄가 될 수 있다는 점은 여러 문헌에서 언급된 바 있다. 예컨대 L. Oppenheim and H. Lauterpacht, *International Law*, 7th edn. (London, New York, Toronto: Longmans, Green and Co., 1952), p.567, p.574 참조; M. Greenspan, *The Modern Law of Land and Warfare*(Berkeley: University of California Press, 1959), p.61, p.265 참조. 아울러, *British Manual*(1958), 제626(p)조를 참조하시오.

7) R.R. Baxter, "So-called 'Unprivileged Belligerency': Spies, Guerrillas and Saboteurs," 28 *BYIL*(1952), pp.323-345.

8) '불법전투원'의 범주에 대한 언급(그러나 설명하기 위한 목적만 갖는 것처럼 보임)은 2002년 이스라엘 사건(*Barghouti* 사건, 제11.2항. 법원은 "'불법전투원'에는 '테러단체와 적군의 구성원으로서 이스라엘인과 이스라엘에 대한 테러와 적대행위에 직접 가담한 자이며, 생포시 포로의 지위를 가질 수 없는 자를 포함한다"고 판시한 바 있다)에서 혹은 2002년 10월 22일 미주인권위원회의 테러보고서(OEA/Ser.L/V.II.116), 제74항에서도 찾을 수 있다.

'불법전투원'은 이스라엘법인 불법전투원 감금법(The Incarceration of Unlawful Combatants Law), 5762-2002에서 정의하고 있는데, 이에 따르면, "'불법전투원'이라 함은 이스라엘국을 상대로 직접 혹은 간접적으로 적대행위에 가담하였거나, 이스라엘국을 상대로 적대행위를 행한 군대 구성원으로서, 국제인도주의법상 포로의 지위에 관한 1949년 8월 12일 제3제네바협약 제4조에서 정한 조건들이 적용되지 않는 자를 의미한다"(제2조 제1항). 이 법에 따르면, 해당 개인은 감옥에 수감되고, 수감명령서가 발부된 후 14일 이내에 지방법원 판사의 판단을 받을 수 있고, 형사소송절차의 대상이 될 수 있다. 제7조에 따라서, 불법전투원은 "석방시 [그가 속한] 군대의 이스라엘국에 대한 적대행위가 중단되지 않는 한, 달리 증명되지 않으면 국가안전보장을 저해하는 자로 간주한다." 이 법의 영문본에 대해서는 http://justice.gov.il/NR/rdonlyres/E86D098-0463-4F37-A38D-8AEBE770BDE6/0/ IncarcerationLawedited 140302.doc. 참조.

간주될 수 없고, 뿐만 아니라 민간인(혹은 어쨌든 '보호받는 개인')으로도 간주될 수 없어서 모든 권리를 박탈당한 개인이 이러한 범주에 포함된다면 이는 국제인도주의법에 반하게 될 것이다.

더욱이, 필요조건을 충족하지 않은 채 무력적대행위에 참여하는 개인은 '재판 없이 하는 행정상 억류(그리고 포로의 특권을 수반하지 않음)' 상태에 있을 수 있다는 견해[9](이러한 입장은 아프가니스탄에서 싸운 탈레반 혹은 알카에다 구성원과 이스라엘 점령지에서 싸우는 팔레스타인 사람들과 같은 범주에 적용하려는 의도일 것이다)에 누구든지 공감할 수 없다. 이러한 견해를 지지하는 측에 따르면, 교전자들은 적국의 '불법전투원'에 대해서, 이들을 전범자로 재판하거나(예컨대 이들이 무고한 민간인을 살해한 경우) 아니면 국내법에 따라서 이들을 기소하는 것(예를 들면, 이스라엘에서는 2002년 불법전투원 감금법에 따라서, 그러한 전투원을 행정절차로 억류하거나 이스라엘 형사법에 따라서 재판에 회부할 수 있다) 중 어느 하나를 선택할 수 있다. 이러한 견해[10]는 어쨌든, 민간인이 무력적대행위에 참여하는 것은 전쟁범죄가 되고, 따라서 적국 교전자는 '관할 판정부'를 거쳐서 해당 개인이 합법전투원의 요건을 충족하지 않았다고 결정한 후 해당 범죄(그리고 혹시 있다면 다른 무력충돌법 위반)를 이유로 그를 재판해야 한다는 점을 간과하고 있다.

이 밖에, 교전자는 자국의 국내 형사법에 따른 통상적인 범죄행위로 전투원을 재판할 수 있다. 비록 재판 없이 행정절차에 따른 억류가 국제인도주의법상 허용된다고 가정해도, 어쨌든 이는 ① 논란의 여지가 있지만 관습법을 성문화하여 규정하고 있다는 제네바협약 제1추가의정서 제75조(충돌당사국의 권한 내에 있는 모든 개인에게 허용되는 최소한도의 기본적인 보장에 관한 것임)를 준수해야 하며, 그리고 이외에 ② 관련 관습규칙(자유를 박탈당한 경우, 공정하고 신속한 재판에 관한 규칙을 포함하는 것으로 주장됨)뿐만 아니라 적용 가능한 인권조약 규정(예컨대, 시민적·정치적 권리에 관한 유엔규약 제9조 제4항)[11]도 준수해야 한다.

최근의 관행에서는 기본적인 국제인도주의법 원칙에서 명백히 이탈하고 사

---

9) Y. Dinstein, *The Conduct of Hostilities under the Law of International Armed Conflict* (Cambridge: Cambridge University Press, 2004), p.31.

10) *Ibid.*, pp.233-237. Dinstein은(*ibid.*, p.31에서) *Ex parte Quirin* 사건을 근거로 삼고 있는데, 이 결정은 1949년 제네바협약이 채택되기 훨씬 전인 1942년에 미국 연방대법원이 내렸다는 이유만으로도 설득력이 없다.

11) "체포 또는 억류에 의하여 자유를 박탈당한 사람은 누구든지 법원이 그의 억류의 합법성 여부를 지체 없이 결정하고, 그의 억류가 합법적이 않은 경우에는 그의 석방을 명령할 수 있도록 하기 위하여 법원에 절차를 취할 권리를 가진다."

실상 이를 위반하는 예가 나타나고 있다. 예컨대, 미국의 아프가니스탄 전쟁 이후, 2002년 2월 7일 부시 대통령은 '생포된 탈레반 대원'은(비록 이들이 인도주의적으로 [제3제네바]협약의 일반원칙에 맞게 대접받고, ICRC 대표단이 각 구금자를 사적으로 방문할 수 있다고 해도) 포로의 대우를 받을 수 없다고 선언하였다.[12] 탈레반이 아프가니스탄의 실효적인 정부를 구성하고서 아프가니스탄 군대 *자격으로서* 미국을 상대로 국제무력충돌에 참여하였기 때문에, 이 성명은 법적 정당성이 전혀 없다.[13] 뿐만 아니라, 이들이 군복을 입지 않았고 정해진 식별 가능한 표장도 갖고 있지 않았다는 면에서 포로로서 자격이 없다고 주장할 수도 없다.[14] 사실상, 위에서 지적했듯이(20.6.1(2)2)), 교전자의 군대는 이러한 요건을 충족할 필요가 없기 때문이다. 알카에다 구성원의 경우, 이들은 형사범죄 행위에 참여한 민간인으로 간주되어야 하고,[15] 이로써 민간인의 범주와 관련해서 위에서 지적한 모든 법적 책임을 부담한다.

20.6.2 적대행위: 전투수단

(1) 전통법

상대적으로 효능이 없거나, 사용자 자신의 생명에 위험이 될 수 있는 살상수단만이 금지되었다. 즉 무게가 400그램 미만인 폭발물 발사체는 전자의 범주에 해당되어서 금지되었던 반면, 후자의 범주로서 금지된 무기에는 독성무기, 질식성 혹은 유독가스, 자동촉발수뢰와 같은 무기들을 포함하였다. 이와는 반대로, 정말로 중요하고 효과적인 무기는 아무리 비인간적인 무기라고 하여도 금지되지 않았다.[16]

---

12) White House Fact Sheet: Status of detainees at Guantanamo(Feb. 7, 2002), online: www.whitehouse.gov/new/releases/2002/02 참조.

13) G. Aldrich의 비판에 대해서는 96 *AJIL*(2002), 892-898 참조.

14) 이러한 취지의 견해는 Y. Dinstein, *supra* note 9, pp.47-48 참조.

15) 예를 들면, M. Sassòli, in *Proceedings of the American Society of International Law*(2003), pp.196-200; *id.*, 2 *Journal of International Criminal Justice*(2004), pp.96-106, 뿐만 아니라 K. Doermann, "The legal situation of 'unlawful/unprivileged combatants'," *IRRC*(2003), p.45 참조.

16) 특히 이러한 경우는 항공기를 군사용으로 사용하는 것이다. 1899년, 헤이그 평화회의에서는 5년 동안 기구(氣球)에서 폭발물을 떨어뜨리지 못하도록 금지하는 선언을 채택하였다. 그러나 1907년, 기구와 이에 유사한 비행도구가 전시 목적상 중요할 수 있다는 점이 이미 드러났고, 따라서 '제3차 평화회의 종료시까지 기간(대략 5년, 그러나 제3차 평화회의는 소집되지 못하였음)을 연장시켜서

특별히 금지된 몇 가지를 제외하고, 1899년 처음 천명되었고 1907년에 반복된 일반원칙으로서, "불필요한 고통을 야기하고자 고안된 무기, 발사체, 물질 사용을 명확히 금지한다"는 점이 전쟁법에 포함되었다. 그러나 이 원칙은 너무 느슨하고 그 자체로 매우 다르게 해석될 여지가 있었다. 관행상, 꼭대기에 가시가 돋은 창, 불규칙한 형태의 탄환, 깨진 유리를 내용물로 한 발사체 등과 같은 소형 무기를 금지하는 것으로 여겨졌다. 이 시기에 발전한 다른 일반원칙으로서 무차별적인 무기(전투원과 민간인을 구분하지 않는 무기) 혹은 무기의 무차별 사용이 금지되었다. 그러나 이는 너무 모호하여 활용 가능한 행위준칙으로써 기능하지 못하였다(극단적인 경우는 제외함).

(2) 새로운 법

최근에도 위에서 언급한 *일반원칙*들은 너무 느슨하여서 예외적이거나, 극단적인 경우를 제외하고는 거의 적용될 수 없기에 국제관행에서 중요한 역할을 수행하지 못하고 있다.

특정 무기를 *특정해서 금지하는 것*이 더 유용하다는 점이 입증되었다. 이는 금지하고자 하는 무기를 나열하고 금지되는 무기의 객관적 특성을 서술하는 방식이다. 1925년 제네바의정서에서는 화학 및 세균활용 무기의 사용을 금지하였다. 1972년, 세균을 활용하는 전투수단에 대한 금지는 이러한 살상수단의 제조 및 비축을 금지하기 위하여 고안된 특정 협정에서 정리되고 강화되었다. 더 최근에는 세 가지 범주의 무기사용이 1980년에 채택된 협약으로 금지되었는데, 이 협약의 부속서로 3개의 의정서가 있다(네 번째 의정서는 1995년에 채택되었음). 첫 번째 의정서는 인체 내에서 X-선으로 *발견되지 않는 파편*으로 피해를 주는 것이 제1차적 효과인 모든 무기를 금지하였다. 두 번째는 *지뢰, 위장성 무기, 그 밖의 장치*들이 무차별적으로 사용되거나, 민간인을 상대로 하는 경우 이의 사용을 금지하였다(이는 육상지뢰의 사용제한을 강화하기 위하여 1996년에 개정되었음). 세 번째는 소*이성무기*를 금지한 것인데 그 자체를 금지한 것은 아니고, 이러한 무기를 민간인

기구 혹은 이와 유사한 성격의 새로운 방법으로 발사체 혹은 폭발물을 떨어뜨리지 못하도록 금지' 하는 데 합의하였다. 위 선언의 효과는 첫째, 이러한 단서로 인해서, 그리고 둘째, 소수의 국가만이 서명했다는 점에서 약해졌다. 이 선언에 프랑스, 독일, 이탈리아, 일본, 러시아와 같은 주요 강대국들이 서명하지 않았고, 이 결과, *British Manual*(1912)에서 언급하였듯이, 이 선언은 '사실상 효력이 없는' 것이었다(제41항, 각주 6).

혹은 민간인 사용물 혹은 '민간인 밀집지역 내에 위치한' 군사목표물을 공격하기 위하여 활용하는 경우에 금지하였다. 네 번째 의정서는 *눈을 멀게 하는 레이저 무기*를 금지하였다.

> 놀라운 점은, '인체 내에서 X-레이로 발견할 수 없는 파편으로 피해를 주는 것이 제1차적 효과인 모든 무기'를 금지하는 제1의정서는 사실상 현존하지 않는 무기에 관한 것이라는 점이다. 그러한 무기를 금지하기 위한 시도가 처음 있었을 때, 미국 군대가 그러한 무기를 베트남에서 사용했었다는 오해가 있었다. 그 무기는 사실상 사용된 적이 없었고, 심지어 제작되지도 않았다는 점, 그리고 어느 국가도 자국 병기창에 그러한 무기를 비치할 계획도 갖지 않았다는 점이 나중에 명확히 드러났음에도 그러한 무기를 금지하는 법이 제정되었던 것은 아마도 주요 군사강국들 자신들이 그에 대해 양보할 용의가 있다는 점을 보여 주고 싶어했고, 어쨌든지 그 사안은 해가 되지 않았기 때문이었을 것이다(그러나 그러한 금지는 국가들이 문제의 무기를 제조하지 못하도록 하는 목적에 기여할 수 있다).

유엔에서 환경에 변형을 가하는 기술을 군사적으로 그리고 적대적으로 활용하지 못하도록 금지하는 협약이 1976년에 채택되었다. 국가들은 1997년에 대인지뢰의 사용 · 저장 · 생산 그리고 운송을 금지하고 이를 파괴하기 위한 오타와협약에 합의하였다.

특정 무기를 금지하거나 규제하는 것은 두 가지 이점을 갖는 것이 분명하다. 첫째, 금지되거나 제한되는 무기를 제시할 때 객관적 특징을 서술하기 때문에 불법무기의 유형이 상당히 확실해질 수 있다. 마찬가지로, 여러 가지 특정 무기 금지가 때에 따라서 위반된 경우가 있었지만 그래도 존중되었던 사실에서 알 수 있듯이, 그러한 금지와 제한은 일반적으로 말해서 집행권한이 없어도, 규범상 효과적인 지침이 될 수 있다.

그러나 이러한 접근방식은 두 가지 점에서 큰 흠결이 있다. 첫째, 위에서 보았듯이, 이제까지 국제적 금지는 군사적 효율성이 적은 것으로 입증되었거나, 비록 군사적으로 효율성이 있다고 해도 그러한 무기를 사용하는 교전자에게도 위험을 줄 수 있는 무기들만 대상으로 하고 있다. 따라서 항공기에서 폭격하는 것은 가장 효과적인 전투수단임이 입증되었기 때문에 금지할 수 없었을 뿐만 아니라, 물론 더욱 중요한 점은 원자무기 및 핵무기 사용을 특정해서 금지하는 법이 제정된 적이 없다는 것이다.

두 번째 단점은 경무기에 못지않게 잔인한데도 새로운 성능 때문에 금지대상이 되지 않는 더 정교한 신형무기를 상세히 규정하다 보니 경무기마저도 쉽게 금지를 피해 나갈 수 있다는 점이다.

(3) 핵무기

다음으로 민감하면서도 중요한 문제인 핵무기 사용의 적법성 여부에 대해서 간략히 살펴 보기로 한다.

이론상, 핵무기는 다음과 같은 여러 가지 다른 상황에서 사용될 수 있다. ① 타국에 대한 공격을 개시할 때, 이로써 전쟁 자체를 개시함(*첫 번째 침략타격*). ② 타국에 대해서 선제공격을 할 때, 이때 공격국가는 타국이 핵공격을 개시하리라고 믿어야 함(*첫 번째 선제타격*). ③ 타국의 핵공격(*혹은 금지된 대량살상무기를 광범위하게 사용하는 공격*)에 대하여 동일한 방식으로 대응하는 것(*정당방위로 하는 두 번째 활용*). ④ 재래식 전쟁 중에 적을 파괴하는 손실을 가할 때(*재래식 전쟁에서 첫 번째 활용*). ⑤ 적의 첫 번째 핵무기 사용 혹은 재래식 전쟁 중에 화학적 혹은 세균활용무기와 같이 금지된 대량살상무기의 대규모 사용에 대응해서 반격할 때(*재래식 전쟁에서 보복적 활용*).

소위 억지전략을 여전히 지지하는 핵 강국은 군사적 침략이 아무런 목적에도 도움이 되지 않는다는 점을 보여 주어서 이러한 침략을 단념시킬 권리를 갖는다고 주장하고 있다. 따라서 이들은 핵무기를 사용하여 정당방위를 할 권리가 있다고 주장하고 있다(적국은 만약 자신이 첫 번째 핵 타격을 가하면 자국 영역은 핵 반격으로 초토화될 것이라는 점을 알고 있다). 따라서 핵 강국들은 위 ②, ③ 그리고 ⑤에서 열거한 핵무기 사용이 정당하다는 것이다.

이에 대해서 법은 어떻게 대응하고 있는가? 조약에서 핵무기 사용을 금지하거나 허가하지 않기 때문에, 그리고 이에 대해서 특정 관습규칙이 발전하지도 않았기 때문에[ICJ가 *Legality of the Threat or Use of Nuclear Weapons* 사건(제266항 참조)에서 제대로 판시했듯이] 두 가지 규칙, 즉 무력활용에 관한 규칙(이는 유엔헌장에 포함되어 있으며, 현재 관습법이 됨) 그리고 국제인도주의법 원칙과 이에 관한 관습규칙을 참조해야 한다.

국가관행에서 핵무기 사용을 지지하는 경우는 거의 없다. 상당히 중요한 요소는 미국 정부에 대해서 1945년 8월 10일 일본제국 정부가 스위스를 통하여 이의제기하였던 것인데, 여기에서 일본제국 정부는 히로시마에 투하된 원자탄(필자가 위에서 말했듯이 *재래식 전쟁에서 첫 번째 활용*에 해당함)은 "국제법으로 특별히 금지하는 다른 무기가 야기하는 고통에 못지않는 고통을 야기하였다"라는 점 때문에 국제법에 반한다고 하였다. 1962년 *Shimoda et al.* 사건에서 동경지방법원의 유명한 결정도 언급할 만하다. 그 결정에서 법원은 히로시마와 나가사키의 폭격이라는 특별한 경우와 관련한 합법성 여부에 대해서만 판결을 내린다고 한정하면서 원자무기 혹은 핵무기에 관하여 일반적으로 선언하지 않았다. 법원은 그러한 폭격은 방어되지 않은 도시에 대해서 무차별적 공격을 금지하는 원칙, 그리고 불필요한 고통을 야기하는 무기의 사용을 금지하는 원칙에 반하기 때문에 위법이라고 결론내렸다(Friedman, ii, p.1688 이하).

따라서 위에서 제시한 여러 가지 가정적인 상황을 일반 법원칙에 비추어서 논의하도록 한다.

*첫 번째 침략타격*의 경우, 이는 어떠한 무기를 사용해 수행하든지 간에, 정당방위가 아닌 무력공격과 마찬가지로 유엔헌장 제2조 제4항에 반하는 것이 명확하다. ICJ는 1996년에 *Legality of the Threat or Use of Nuclear Weapons* 사건의 권고적 의견(제105항 c 참조)에서 이러한 개념을 명확히 인정하였다.

핵무기를 사용해서 하는 *첫 번째 선제타격*의 경우, 유엔헌장 제51조에서 그러한 타격을 허가하지 않고 있기 때문에, 어떠한 무기가 결부되든지 이 또한 제2조 제4항에 반하는 것으로 보인다(18.2.3 참조). ICJ가 위 권고적 의견에서 이 중요한 사항을 다루지 않았다는 점을 유념해야 한다. 사정이 어떠하든지, 그러나 명백하고 의심의 여지가 없는 사실을 묵과할 수 없다. 즉 핵강국들, 특히 안보리 5대 상임이사국들 모두는 자신들이 심각하고 급박한 핵공격(그리고 아마도 대량살상무기로 하는 대규모 공격조차도)을 방지하기 위하여 핵무기를 사용할 수 있다고 주장하고 있다는 점이다. 결국, 이들 강대국이 지지하는 핵정책을 단호히 반대하는 해석이 더 나은 국제법 해석이 될 것으로 보인다. 이는 정책과 법이 현실적으로 충돌할 경우, 결국에는 법이 굴복하는 전형적인 예이다.

위에서 정의하듯이 *정당방위로 하는 두 번째 활용*의 경우, 이는 합법이라고 할 수 있지만(영국과 같은 일부 핵강국들이 주장하듯이),[17] 그러나 여러 가지 요건을 충족해야 한다. 첫째, ICJ가 1986년 *니카라과* 사건(본안; 제176항)에서 일반적인 용어로 천명하고 *Legality of the Threat or Use of Nuclear Weapons* 사건(제41항)에서 대상이 되는 무기를 특별히 언급하면서 재천명했듯이, 필요성과 비례성 요건이다. 둘째, 국제인도주의법의 두 가지 기본원칙, 즉 민간인의 보호 때문에 민간인 사용물과 군사적 목표물을 항상 구분해야 할 의무, 그리고 전투원에게 불필요한 고통을 야기하는 것은 금지된다는 원칙에서 파생하는 요건이다. 셋째, 교전자는 중립국의 불가침성을 존중해야 한다는 중립성원칙이다. ICJ는 위 권고적 의견에서 이러한 요건 일체를 인정하였다(제42항, 제78-87항, 제88-89항 참조).[18] 그러나 이러한 모든 요건을 충족하는 식으로 핵무기를 활용할 수 있는지는 의문이다(그러나 일부 핵강국들은 소위 전술핵무기를 국제법에 맞도록 사용할 수 있다고 주장하고 있다).[19]

*재래식 전쟁에서 하는 첫 번째 핵무기 활용*은, 어떠한 규범 혹은 원칙으로도 정당화될 수 없을 것이며, 사실상 대량살상무기를 사용하도록 충돌을 악화시킬 것이다. 더욱이, 이는 중립성원칙뿐만 아니라 위에서 언급한 인도주의법 원칙에도 반할 것이다(단, '전술'핵무기는 민간인에 대해서 심각한 '부대'효과를 미치지 않는다면 군사목표물에 대해서만 사용될 수 있을 것이다).

이에 반해서, *재래식 전쟁에서 보복적 활용*은 위에서 언급한 요건, 뿐만 아니라 물론 교전시 복구에 필요한 모든 요건을 충족하는 것이 명백하다면 합법적일 수 있을 것이다(20.6.5(2)1) 참조).

---

17) 영국의 *British Manual*(2004)에 따르면, 영국은 "NATO 동맹국의 방어를 포함하여 정당방위로써만 그리고 그 경우라도 극단적인 상황에서만 핵무기 사용을 고려할 뿐이다"(제6.17.1항).

18) 놀랍게도, 재판소는 "현재의 국제법 상태와 국제법에서 활용 가능한 요소들을 고려해 볼 때, [재판소는] 핵무기 위협 혹은 사용이 국가의 존망이 경각에 달린 극단적인 상황에서 하는 정당방위의 경우 합법인지 아니면 위법인지 단정적으로 결론지을 수 없다"고 판단하였다(제96항-제97항 및 제105E항). 이 같은 모호한 판단에 대해서 두 가지 이의제기를 할 수 있다. 첫째, 재판소는 자신이 언급하는 정당방위의 경우 위에서 언급한 요건들을 반드시 준수해야 하는지의 여부에 대해서 명확히 하지 않았다. 달리 말해서, 재판소는 '국가의 존망이 경각에 달린' 경우에 정당방위를 하면 해당 국가가 비례성원칙, 인도주의법의 다른 두 가지 기본원칙 그리고 중립성원칙을 위반할 수 있는지는 법적으로 명확하지 않다는 점을 말하고자 하였을까? 둘째, 재판소는 정당방위에 예방적 혹은 선제적 정당방위를 포함시키려는 의도를 가졌을까?

19) 일부 권위자들은 합법적인 핵무기 사용이라고 할 수 있는 예로써, 예컨대 외딴 사막에서 군대와 군 장비에 대해서 '바람이 불지 않는 상태에서 저출력 공중폭발'의 핵폭탄 투하(M.N. Schmitt, "The International Court of Justice and the Use of Nuclear Weapons," 362 *Naval War College Review*(1998), p.108), 혹은 '대양에 있는 적국 군함대에 대해서', '방사능 불순물이 없는' 핵무기 폭파(Y. Dinstein, *supra* note 9, p.79)를 제시하고 있다.

20.6.3 적대행위: 전투방법

(1) 전통법

적대행위에 관한 전통법에 따르면 두 가지 규칙, 즉 교전자들이 행사하는 힘과 상관 없이 교전자들 모두가 요구하는 사항에 부응하는 규칙과, 직접 혹은 간접적으로 더 강한 국가에 유리하도록 고안된 규칙을 구별해야 한다. 전자는 배신행위(헤이그규칙 제23(b)조), '무기를 내려 놓거나 더 이상 방어할 수단을 갖지 않아서 자발적으로 항복한' 적을 살해하거나 상해하는 것(제23(c)조), 어느 누구도 살아남지 못할 것이라고 선언하는 것, 달리 말해서 기꺼이 항복하려는 패잔병이라도 죽음을 면치 못할 것이라고 하는 것(제23(d)조), 강화용 깃발, 국기, 혹은 적의 표지와 적의 군복, 제네바협약 징표의 부적절한 사용(제28조), 그리고 마지막으로 약탈(제23(f)조)을 금지하는 규칙을 포함한다. 이와 마찬가지로, '전쟁의 계략' 그리고 '적으로부터 정보를 얻기 위해 필요한 수단을 활용하는 것'을 허용하는 규칙이 이러한 유형에 속한다. 이 모든 규범은 적대행위에 최소한도의 공정성을 도입하려는 것이 분명하고 실제로 모든 당사자에게 이익이 되었다.

이와 반대로, 민간인 소재지역—통상적으로 전장에서 가장 넓은 부분을 이루는 지역—에서 교전자들이 어떻게 행동해야 하는지를 규정하는 규칙의 경우, 국제규칙에서는 민간인이나 교전자 중 더 약한 쪽을 별로 보호하지 않았던 것으로 보인다. 간단히 말해서, 교전자들은 육지에서나 바다에서나 '도시, 촌락, 주거지, 혹은 방어되지 않은 상태인 건물'을 공격하지 말아야 한다(헤이그규칙 제25조). 그러나 '방어되지 않은 상태의 도시' 개념의 정의가 없으며, 뿐만 아니라 전투하는 당사자들 간에 특정 지역이 방어되지 않은 상태인지의 여부를 합의하기 위한 절차도 상정하지 않았었다. 결과적으로, 침략국은 어느 지역을 적이 '방어되지 않은 도시'라고 선언한다고 해도 그 곳을 방어되지 않은 도시로 간주하지 않을 수 있었다.

'방어된' 지역에 대한 공격을 규율하는 규칙도 마찬가지로 느슨하고 흠결이 있었다. 헤이그규칙 제26조에서는 단순히 "공격군 사령관은 급습의 경우를 제외하고, 포격을 개시하기 이전에 해당 당국에 대해서 최선을 다해 경고해야 한다"라고만 규정하였고, 제27조에서는 '가능한 한' 교회, 예술작품, 병원, 그리고 사적지를 "파손시키지 않도록 필요한 모든 조치를 취해야 한다"고 규정하였다.

(2) 새로운 법

'방어되지 않은 지역'의 개념을 더욱 불명확하게 하고, 결국 아예 쓸모 없게 만들어 버린 공중전이 확산된 이후, 국가의 관행을 통해서 점차 두 가지 기본원칙이 등장하게 되었다. 즉 ① 의도적으로 민간인 혹은 민간인 사용물만 공격하거나, 군사목표물과 민간인 사용물을 무차별 공격하는 것은 금지되었다(소위 *구별원칙*). ② 군사목표물에 대해서 공격을 가할 때, 직접적이고 명확한 군사적 기대이익을 벗어나서 우발적으로 민간인의 생명을 빼앗거나, 민간인 사용물을 파손할 수 없다(*비례원칙*). 그러나 이들 원칙은 너무 느슨하기에 지극히 다양한 해석이 가능하다.

1) 구별원칙

의도적으로 민간인을 공격하는 것은 금지되기 때문에, 무차별 공격(즉, 군사목표물만 상대로 공격하지 않으며 민간인도 포함함)은 금지된다는 것이 관습국제법으로 확립되어서 제네바협약 제1추가의정서 제51조 그리고 제52조에서 정리되었다. 그리고 이는 ICTY 제1심재판부가 2002년 *Strugar and others* 사건(*관할권에 이의제기하는 본안전 항변에 관한 결정*, 제18항-제21항)에서 제대로 판단했듯이 관습국제법의 일부이다.[20]

오랫동안 군사목표물이라는 개념 자체가 명확히 정의되지 않았고, 따라서 마음대로 확장될 수 있었다. 1977년에 포괄적이고 충분히 명확한 정의가 합의되었고 제1추가의정서 제52조 제2항이 되었다. 이 규정에서는 군사목표물을 다음과 같이 정의하고 있다.

> "성질, 장소, 목적, 혹은 활용도상 군사활동에 효과적으로 기여하는 목표물로서, 시의적절한 상황에 이를 완전히 혹은 부분적으로 파괴, 포획 혹은 무력화시키면 군사적으로 결정적인 이익이 되는 것"

이러한 정의는 관습국제법의 일부가 되었다고 판단할 수 있기 때문에 의정서의 당사국이 아닌 국가(예컨대, 미국이나 프랑스)도 구속하는 것으로 간주할 수 있

20) ICTY 항소심재판부는 나중에 이보다 좁은 접근방식을 취했다. 재판부는 *Strugar and others* 사건(*중간불복에 관한 결정*, 제9항-제10항)에서 "제1추가의정서 제51조 및 제52조 그리고 제2추가의정서 제13조에서 규정하고 있는 민간인에 대한 공격과 민간인 사용물에 대한 불법공격을 금지하는 원칙은 관습국제법 원칙이다"라고 판단하였다(제10항).

다. 이 정의는 분명히 군사적 목적에 도움이 되는 두 가지 대상(적국 군대, 수비대, 군사용 무기, 차량, 장비 및 설비, 군용기, 공항, 탄약공장)뿐만 아니라 그러한 목적에 부응할 *여지가 있는* 대상(예컨대 교량, 도로, 철로, 공장, 발전소, 통신탑, 전기시설, 정유소, 그리고 군대가 사용하는 학교건물 혹은 호텔)을 포함한다. '시의적절한 상황에' 대상이 '확실히 군사적으로 이점'이 되는지의 여부를 평가하는 것은 물론 공격을 개시하려는 교전자의 몫이다. 따라서 교전자는 상당한 재량권을 누리지만, 그러한 재량권은 자의적이지 않아야 하며, 위에서 논의한 정의에 의해서 제한된다. 예컨대, ICRC가 자신의 *주석서*에서 "잠재적 이익 혹은 불확정된 이익만 주는 공격을 가하는 것은 합법적이지 않다"고 지적한 점은 의미심장하다(제2024항). *주석서*에서는 "공격을 받는 모든 군사목표물에는 확실한 군사적 이점이 있어야 한다"고 강조하기도 하였다(제2028항).

그러나 국가관행에서는 많은 경우 교전자들이 그러한 정의를 지나치게 확대해석하는 경향이 있다는 점을 보여 주고 있다. 예컨대 1991년, 이라크의 쿠웨이트 침공 후 이라크에 대한 전쟁에서, 동맹국들은 민간인과 군대 양쪽에 전력을 공급하는 국가 송전망에 전력을 공급했던 이라크 발전소를 합법적인 공격목표로 간주하였다.[21] 코소보 전쟁에서 NATO군은 베오그라드 내 TV 방송국이 정부에 유리한 선전을 확산하여 항전을 촉구하는 데 기여했다고 해서 이를 합법적인 공격목표로 간주하였다. 마찬가지로, 영국과 미국 군대는 2003년 바그다드 내 TV 방송국을 공격하였다.

미군은 미국 국방부의 *군사위원회지침 제2호*(2003년 4월 30일) 제5(D)조에서 2003년 미국 군사위원회가 재판할 수 있는 전쟁범죄와 관련된 지시를 포함하는 넓은 개념의 '군사목표물'을 조문으로 만들었다.[22]

---

21) UK House of Commons, Defence Committee, *Preliminary Lessons of Operation Granby* (London: HMSO, 1991), p.24. 아울러, 나중에 "폭격활동 때문에 이라크 내에서 질병이 창궐하고 위생설비가 사라졌기" 때문에, 발전소 폭격이 필요했는지의 여부에 대해서 질문한 의원에게 한 고위 군장교가 답변하면서 "전략적 공습작전의 목적은 전장의 [이라크]군을 지원하고 화학무기를 전달하고, 일반적으로 군장비에 도움을 주고 원조하는 이라크의 능력을 파괴하려는 것이었다. 물론 이러한 측면에서 중요한 사항은 넓은 범위의 전략적 군 지원을 유지하도록 하는 전력생산 능력을 파괴하는 것이었다. 사견이지만, … 반드시 발전소를 뿌리 뽑아야 했다"라고 하였다(*ibid.*).

22) 이 규정은 " '군사목표물'은 성격 · 장소 · 목적, 혹은 활용상, 대항하는 군대의 전쟁수행 능력 혹은 전쟁유지 능력에 기여하는 효과를 갖거나, 전면적 혹은 부분적 파괴, 포획, 혹은 무력화의 경우 공격 당시의 상황하에서 공격자에게 군사적으로 이점이 되는 것으로서, 무력충돌 중에 목표가 될 수 있다"라고 하고 있다. 주목해야 할 사항은 수식어 '결정적인' (definite) 용어가 '군사적 이점'이라는 표현에서 떨어져 나간 점이다. 아울러 *ibid.*, p.10 참조. *British Manual*(2004)에 따르면, " 'definite'는 가상적이고 추정적인 군사적 이점이 아니라 확정적이고 인식 가능한 것을 의미한다"

국제인도주의법의 일반논리와 목적에 따른 일부 조건하에서, 발전하는 국가관행이 인정될 수 있을 것으로 보인다. 즉, ① 군사목적에 직접 · 유일하게 활용되지 않는 목표물, 예컨대 TV 방송국 · 발전소 · 철로 · 교량 등을 공격하는 경우, 교전자들은 그러한 시설에서 작업하거나, 일상적으로 이를 활용할 수 있는 민간인 혹은 민간인 대원들을 공격하지 않도록 필요한 사전예방 조치를 모두 취해야 한다. 그러한 예방조치에는 목표물이 공격받을 수 있다는 사전경고를 포함할 수 있다(사실상 NATO가 1999년 베오그라드 내 세르비아 TV 방송국을 공격할 때 그렇게 하였다). ② 그러한 공격은 목표물의 군사적 가용력을 무력화시키는 데 국한해야 한다. 교전자들은 전쟁이 끝나면 적국 교전자가 그러한 시설물을 평화적 목적으로 사용할 필요가 있다는 점을 감안해서 적국 시설물의 완전파괴를 목표로 해서는 아니 된다.

2) 비례원칙

군사목표물을 공격할 때 교전자는 부수적인 민간인 피해가 군사적 기대이익에 비례하도록 해야 한다는 원칙은 다소 느슨하다는 점이 드러났다. 극단적인 경우를 제외하고(예를 들면, 교량을 통제하는 소수의 수비대를 멸하기 위하여, 수비대 소재지역을 둘러싼 마을 전체를 소각해 버리는 경우) '비례성'은 정의상 상당히 의심스럽다는 주장이 있었다.

그러나 달리 제한할 길이 없는 교전자의 힘을 제한하기 위해서뿐만 아니라, 그 원칙을 위반하는 데서 올 수 있는 형사법적 결과를 염두에 두고서(이 원칙 위반은 그러한 명령을 내리거나 수행한 자의 형사상 책임을 수반한다. 따라서 합법성원칙을 적절히 고려하기 위하여 금지의 범위를 매우 정확히 정할 필요가 있다. 21.2.2 참조) 이 원칙을 가능한 한 정확히 정의하는 것이 중요하다.

주로 사전예방 조치로서 규정되었지만 비례원칙의 적용에 대한 충분히 명확하고 포괄적인 기준이 제1추가의정서 제57조 제2(a)(iii)항에 제시되고 있다. 이 규정에 따르면 교전자는 다음과 같은 공격을 개시하지 않아야 한다.

> '우발적인 민간인의 생명 손실, 민간인 피해, 민간인 사용물의 피해, 혹은 이들이 복합된 것으로서 *명확하고 직접적인 군사적 기대이익*에 비해 *과도한 공격*'(강조 추가)

(제5.4.4(i)항).

논란의 여지가 있지만, 이 규정은 관습국제법을 반영하며, 적어도 국제관습 규칙 형성에 기여했다고 판단할 수 있다.[23]

그러나 일부 국가들은 이 규정을 유보하였다. 예컨대, 영국은 공격에서 기대되는 군사적 이점은 "*공격 전체를 감안*해야 하고, 단순히 한 가지 공격 또는 특정 부분에서 기대되는 이점이어서는 아니된다"라고 하였다.[24] 그 뒤로, ICC규정 작성자들은 비록 ICC 관할권에 속하는 형사범죄 규정을 담는 조약의 틀이기는 하지만, 이와 유사한 개념을 취했다. 전쟁범죄에 관한 규정(제8조 제2(b)(iv)항)에 따라서, 민간인에 대한 우발적인 피해 혹은 손해가 '명확하고 직접적인 군사적 기대이익 *전체*에 비해 과도한 것이 명백한' 결과(강조 추가)를 초래하리라는 것을 알면서도 고의적으로 공격을 감행하는 것을 처벌할 수 있도록 하였다. 또한, 부수적 손해에 대한 공격의 비례성을 판단할 때, 또한 공격 *자체의* 군사적 이점이 아니라, 공격 당시 기대되는 것으로서 *'전체적인'* 군사적 이점, 즉 특정 공격에서 파생되는 이익과 적에게 손해가 될 수 있는 모든 파장효과를 고려하도록 현재 명시되어 있다. 물론, 이 개념은 공격하는 교전자의 재량권을 확장하는데, 왜냐하면 어느 공격에서 기대되는 군사적 이점이 민간인에 대한 우발적인 손실 혹은 피해를 정당화하는지의 여부를 교전자 스스로 결정하기 때문이다. 그처럼 넓은 개념은 좀처럼 검증의 대상도 되지 않고 형사법적으로도 적용될 수 없기 때문에, 다음과 같은 여러 가지 조치하에서만 관습법을 반영하는 것으로 수락될 수 있다는 주장이 있다.

---

23) 2000년, *Zoran Kupreškić et al.* 사건에서, ICTY의 제2호 사실심 재판부는 부수적인 민간인 사상자 발생을 막기 위하여 군사목표물을 공격할 때 취해야 하는 사전예방적 조치에 관한 제1추가의정서 제57조와 제58조는 "이미 존재하는 일반규범을 명확히 하고 구체화하기 때문이 아니라, 이 의정서를 비준하지 않은 나라들을 포함하여 어떠한 나라도 이에 대해서 반대하지 않는 것으로 보이기 때문에 현재 관습국제법의 일부이다"라고 하였다(제524항). 재판소는 더 나아가 이러한 규칙이 성격상 느슨하고, 교전자에게 재량권을 넓게 부여하고 있는 것은 Martens 조항(앞 8.2.3 참조)을 활용하여 다소 제한할 수 있을 것이라고 하였다. 그리고 나서 재판소는 Martens 조항을 특정한 쟁점 문제에 대해서 적용하는 흥미로운 방법에 대해서 언급하였다(제527항). 2004년, 에리트레아-에티오피아 청구위원회는 *Central Front-Ethiopia's Claim 2* 사건의 판정에서 제57조는 사전예방 조치에 관한 한 관습국제법의 증거이며, 어쨌든 이를 반영한다고 하였다(제17항 및 제110항 참조). 비례성을 가장 잘 적용한 예는 이스라엘 대법원이 이 원칙을 적용하기 위한 3가지 기준을 언급하였던 *Beit Sourik Village Council v. Government of Israel* 사건 판결에서 찾을 수 있다(제40-43항; 아울러 제44-86항 참조).

24) A. Roberts and R. Guelff, *Documents on the Law of War,* 3rd edn.(Oxford: Oxford University Press, 2000), p.511.

즉, ① '우발적인 민간인의 생명 손실, 민간인에 대한 손해 그리고 민간인 사용물의 손상을 피하고, 어쨌든 이를 최소화하기 위하여' 공격수단과 방법을 선택할 때 가능한 모든 사전예방책을 강구하여야 한다(제1추가의정서 제57조 제2(a)(ii)항).[25] ② 부수적 손해가 비례성을 잃거나 과도할 것으로 보이는 경우, 교전자는 공격을 개시하지 말아야 한다(제57조 제2(a)(iii)항). ③ 교전자는 목표물이 특별한 보호를 받지 않는지 검증해야 한다. 그러한 목표물은 '민간인의 생존에 불가결한 대상물'(제54조), '위험한 에너지를 담고 있는 작업장 및 시설물'로서, 즉 댐, 제방 그리고 핵발전소를 포함한다(제56조).

더욱이, 어느 교전자든 공격 후 분쟁이 생기면 *독립적인 검증*을 수락하도록 규정하는 것이 무력충돌에 관한 국제규칙의 인도주의적 목적에 부응하는 것이 될 것이다. 특히, 군사목표물을 공격할 때 의도적으로 비례적이지 않은 부수적 손해를 야기하는 교전자는 적대행위 중 또는 적대행위 종료 후에 독립적이고 공정한 사실심사에 응하거나, 어쨌든 전반적인 군사적 기대이익에 관하여 공격개시 이전에 활용 가능했던 모든 증거를 어떤 관할 국제기관에라도 제출할 용의가 있어야 한다. 더욱이, 교전자는 헤이그규칙 제3조[뿐만 아니라 4개의 제네바협약의 공통규정(51/52/131/148) 그리고 제1추가의정서(제91조)]에서 정하고 있는 일반규칙에 따라서, 비례적이지 않은 공격의 희생자에게 *금전배상*을 해야 한다. 교전국은 불법공격이 고의적이거나, 심각할 정도로 중한 부주의가 있었다는 증거가 있다면, *형사소송을 개시*할 의무도 부담한다.

요컨대, 비록 위에서 언급하고 있는 원칙이 다소 모호하고 흠결이 많다고 해도, 가장 명백한 사건에 대해서 여전히 최소한도의 기준은 된다. 이들이 없다면 군사력을 제한할 길이 없을 것이고, 전쟁은 우리들이 이제껏 알았던 무력충돌보다 훨씬 더 심각한 대학살로 이어지게 될 것이다.

---

25) 이러한 사전예방적 조치를 1991년 이라크 전쟁에서 영국이 취했던 것으로 보인다(House of Commons, Defence Committee, *Preliminary Lessons of Operation Granby*(1991), p.38. 한 의원의 질문에 대한 답변에서, 공군 소장 Wratten은 영국과 미국 군대는 '무기체제가 조금만 오작동해도 부수적으로 심각한 손해가 필연적으로 발생할 지역의' 목표물 공격을 피하였다고 말하였다. 그러나 그는 덧붙이기를 이들 목표물은 "중요하지 않았다. 즉, 이 목표물들은 적시에 승리를 얻는데 근본적인 것이 아니었다. 만약, 근본적인 것이었다면, 유감스럽지만, 어떠한 부수적인 손해가 발생하더라도, 그러한 목표물을 수락해서 공격해 버린 데 대해서 현재 책임을 부담할 것이고 과거에도 그랬을 것이다"). 이와 유사한 사전예방 조치를 미국도 취하였다(US Final Report to Congress, *Condutct of the Persian Gulf War,* 1992, Appendix 0, pp.613-614).

1977년, '자연환경에 대하여 그러한 손해(즉 광범위하고, 장기적이며, 심각한 손해)를 야기하여 국민의 건강을 손상시키고 생존을 어렵게 하거나, 그러한 손해를 야기할 것으로 예상되는 전투 방법과 수단의 활용'을 금지하는 규칙이 채택되었다(제1추가의정서 제55조. 아울러, 제35조 제3항 참조). 실제로, 모든 국가들은 이 규정을 지지하였다. 이 규정을 제정하기에 앞서서 베트남 전쟁 중에 국가들이 환경에 피해를 주는 무기는 불법이고 금지되어야 한다는 취지의 여러 가지 선언을 했었다. 이 외에, 이 규칙은 세계공동체가 환경에 대하여 더 많이 걱정하면서 생긴 결과이다. 그러한 규정은 이미 일반적인 합의를 반영하고, 따라서 세계공동체의 모든 구성원을 구속한다고 말할 수 있다[그러나 *Legality of the Threat or Use of Nuclear Weapons* 사건(제31항 참조)에서 ICJ는 이들 규정에서 파생하는 '강력한 제한'은 '[이] 규정에 구속받기로 약속한 모든 국가에 대해서' 구속력을 가질 뿐이라고 판시하였다].

(3) 소위 적국 '불법전투원'의 표적 살해

최근, 이스라엘 군대는 이스라엘의 전시점령하에 있는 영역에서 테러조직에 속하는 것으로 의심받는 팔레스타인 사람들을 (예컨대, 이들이 자가용 혹은 영업용 승용차를 타고 갈 때 혹은 자택에 있을 때) 기습공격해서 살해하는 방식을 취하고 있다. 이스라엘 당국에 따르면, 이들 테러행위자들이 합법전투원도 아니고 민간인도 아니기 때문에 이러한 방식은 국제인도주의법에 반하지 않는다고 한다. 즉, 이들은 합법적으로 무력적대행위에 참여하기 위한 요건을 충족하지 않지만, 이스라엘 군대 혹은 민간인을 상대로 무장공격을 하거나 테러활동을 하고 있다. 따라서 이들 테러행위자들은 민간인이나 전투원이 갖는 권리를 박탈당한 사람들로 취급될 수 있다는 것이다. 더 일반적으로 말하면, 이스라엘 당국은 자신들이 직면하고 있는 무력충돌 형태는 주권국가가 전시점령지에서 활동하는 조직적인 테러집단과 맞서는 것인데, 이는 전통적인 두 가지 충돌범주에 속하지 않고, 오히려 국제인도주의법에 관한 다수의 현 규칙이 거의 적용될 수 없는 제3의 새로운 범주에 속한다고 주장한다. 따라서 문제는 국제인도주의법이 그러한 방식을 허용하는지의 여부이다.

우선, 새로운 형태의 무력충돌은 사실상 역사적 현상으로서 발전하고 있다는 견해를 지지하는 주장이 있다는 점을 지적할 수 있다. 그러나 그러한 범주가 현 국제법하에서 법적으로 존재한다고 말할 수 없다. 점령국가와 반도 혹은 반란단체 간에 이들이 성격상 테러행위자인지의 여부와 상관 없이 점령지에서 벌어지는 무력충돌은 국제적 무력충돌에 해당한다. 이러한 주장의 논거는 세 가지가 있다. 즉, ① 내부적 무력충돌은 중앙정부와 *동일국가*에 속하는 반란단체간(혹은 동일국가에 속하는 둘 이상의 반란단체간)의 충돌이다. ② 국제인도주의법의 대상과 목적상, 의심의 여지가 있는 경우 이러한 법에 따른 보호는 *가능한 넓혀야* 하는데, 국제적 충돌에 관한 규칙에서 부여하는 보호는 내부적 충돌에 관한 것보다 훨씬 더 넓다는 점은 의심의 여지가 없다. ③ 전시점령은 제4제네바협약과 관습국제법에서 규율하기에, 반란단체와 점령자 간의 무력적대행위는 내부적 충돌에 대한 규범으로써 규율하면서, 점령은 국제적 충돌에 관한 규범으로 규율하는 것은 모순이다. 결론적으로, 국제적 무력충돌에 관한 규칙도 점령지 내의 반란자들과 전시점령자 간의 무력충돌에 적용된다.

둘째, 국제적 무력충돌에 관여하는 개인의 유형과 관련해서, 강조해야 할 사항은 국제법에서는 민간인/전투원의 이분법(20.6.1(2), 3-4 참조) 이외에 제3의 범주(즉 *tertium genus*)를 인정하지 않고 있다는 점이다.

셋째, 국제인도주의법에서는 기본적으로 전투원과 민간인을 구분하기에 결론적으로 전자만이 합법적인 공격대상이 될 수 있다. 그러나 민간인이 적대행위에 *직접 가담*하는 경우, 일반 국제인도주의법 원칙에 따라 이들이 실제 전투에 참여하는 동안, 혹은 자신이 참여하는 공격 이전에 군사적으로 배치되는 중에 공공연하게 무기를 휴대하는 동안, 혹은 (예외적으로) 이들이 자신들 신체에 폭발물을 은닉하고서 적국의 민간인 혹은 전투원을 상대로 이를 사용하고자 하는 경우, 그리고 무기를 휴대하지 않은 민간인이라는 점을 제시하라는 명령을 이행하지 않는 경우, 공격대상이 될 수 있다.[26] 군사교범에서 확인되었듯이,[27] 국제인도주의법

26) 만약 이례적인 상황에서 그러한 명령을 내릴 여지도 없는 경우, 테러용의자에게 발포한 군대는 사실심사를 받아야 하며, 만약, 살해된 민간인이 테러행위자가 아니었다는 점이 드러나면, 그 친족에게 금전배상을 해야 한다.

27) *British Manual*(1958)에 따를 경우["어느 유형(군대 및 평화적인 주민)에 속하는 개인은 양쪽 특권을 모두 누릴 수 없도록 하는 것이 전쟁법이 지닌 목적 중의 하나이다"(제86항). 그리고, 또한, "만약 사인(私人)이 무기를 들고서 군인의 특권을 얻을 수 있는 조건을 충족하지 않은 채 적대행위를 자행하는 경우, 위법행위를 행한 잘못이 있다"(제634항); 그리고 "만약 … 이들이 적대행위를 실행하거나 실행하고자 하는 경우, 이들은 적절한 재판을 받은 후 처벌받아야 한다"(제88항)]. 이와 마찬가지로, 스위스 교본에서는 다음과 같이 규정하고 있다. "집단적 또는 개별적으로 전투하는 자가 전투원의 범주에 속하지 아니하는 경우 처벌될 수 있다"(제66조 제1항). 1992년 독일 교본에 의하면, "전투원은 전투사실 자체만으로 처벌받지 않지만, 그렇게 할 자격이 없으면서 적대행위에 직접 가담하는 개인(불법전투원)은 형사처벌을 받아야 한다"(제302항).

원칙상 민간인은 공격을 모의하거나 준비 중 또는 공격 실행 이후에는 공격받지 않아야 한다는 결론이 나온다. 직접 적대행위에 참여하지 않는 민간인을 공격하지 않도록 금지하는 이유는 이들이 전투에 (사전 혹은 사후) 참가할 가능성이 있다고 해도, *무고한 민간인을 살해하지 않아야 할 필요성*과 연결된다. 적국의 민간인에 대해서 발포하기 전에, 폭력행위에 대해서 책임이 있다고 하는 개인을 찾아내야 한다. 즉, 그가 무고한 민간인인지 아니면 민간인으로서 불법적으로 무력적대행위에 참여하였는지의 여부를 결정해야 한다. 만약, 해당 민간인이 전장에서 무력행위를 하다가 생포되면, 그의 지위는 명백하고 그가 불법적으로 적국 교전자를 공격한 것에 대하여 개인책임을 부담한다는 점에 의심의 여지가 없다. 다른 상황에서, 적국 교전자의 군대 혹은 법 집행당국은 해당 민간인이 불법적으로 특정 범죄를 준비했었거나 이를 실행에 옮겼는지의 여부, 즉 그가 무고한 민간인이 아니라는 점을 밝혀야 한다. 교전자가 모종의 군사공격을 예비하였거나 공모하였다는 의심만으로 적국 민간인에 대해서 발포할 수 있다면, 국제인도주의법의 기초가 되는 기본원칙들이 심각하게 손상될 것이 분명하다. 기본적으로 민간인과 전투원의 구분에 대해서 의문이 제기될 것이며, 결국에는 무력충돌과 관련한 법 전체가 붕괴될 것이다.

넷째, 전장에서 무력적대행위에 가담하던 중 생포되지 않은 자로서 테러행위자로 의심이 가는 경우, 교전자는 이들을 제한 없이 체포할 수 있다(그리고, 물론 일단 억류되면, 이들은 포로의 지위를 주장하지 못할 것임). 사법적 수단, 즉 적절한 재판을 통해서, 이들이 적대행위를 자행하려는 의도를 가졌거나, 그렇게 했었다는 점을 입증해야 한다(이러한 원칙의 예로서 명확한 경우는 *Kassem* 사건 및 *Mohamed Ali* 사건이다[28]). 달리 말해서, 민간인인 국민과 구분되지 않는 다른 전투원(즉 간첩, 파괴

주목해야 할 사항은 '적대국 혹은 적군에 속하는 개인을' *배신행위로 암살하는 것*은 금지되지만 (헤이그규칙 제23(b)조; 아울러 *British Manual*(1912), 제46항; *British Manual*(1958), 제115항; *British Manual*(2004), 제5.13항 참조), "적국 군대의 군인(들)을 기습공격으로 살해하기 위하여 특별부대 혹은 개별 군인을 파송하는 것은 금지되지 않는다"(*British Manual*(1958), 제115항, 각주 2). "결국, 예컨대, 1943년 베이다 리토리아에 있는 롬멜 장군의 아프리카 육군본부를 영국 특공대가 습격한 것은 헤이그규칙 규정에 반하지 않았다. 그 작전은 군복 입은 군인들이 수행하였다. 그 부대의 목표 중 일부는 롬멜의 거소를 포함하여 그의 작전지휘본부를 장악하고, 그 안에 있는 적군을 생포하거나 살해하는 것이었다"(*ibid.*).

28) *Kassem* 사건에서, 이스라엘 군사법원은 "국제법은 파괴공작을 한 자, 범죄자를 보호하고 이들에게 권리를 부여하기 위하여 만들어진 것이 아니다. 피고인들은 법정에서 법률과 증거로 입증된 사실에 따라서, 윤리와 국제법의 요건에 부응하는 절차에서, 재판을 받는 것 이외에는 아무런 권리도

공작을 행한 사람, 비정규 전사)의 경우와 마찬가지로, 테러용의자의 책임을 규명하기 위하여 이들을 체포할 수 있다. 불법적으로 무력적대행위에 가담한 민간인들은 전쟁범죄자로서 재판받아 처벌될 수 있다.[29)]

마지막으로, 테러혐의자의 생포가 불가능하다는 점이 입증되는 경우, 교전자들은 민간인들이 적대행위에 적극 가담한 점이 지극히 명확한 경우에만, 그리고 극단적인 경우로서, 다른 어떠한 수단도 무의미하다는 점이 입증되었거나 그러하다는 점을 합리적으로 입증할 수 있는 경우, 이들에 대해서 치명적인 강압행위를 할 수 있다. 미주인권재판소가 많은 사건[*Velásquez Rodríguez* 사건(제154항), *Godinez Cruz* 사건(제162항), *Neira Alegria* 사건(제75항)]에서 판단하였듯이, "일정 행위의 심각성 그리고 일정 범죄행위자의 유책성과 상관 없이, 국가권력은 무한하지 않으며, 더 나아가 국가는 자신의 목적을 달성하기 위하여 어떠한 수단이라도 활용할 수 있는 것은 아니다." 결론적으로, 교전자는 항상 제일차적으로 적대행위에 가담한 민간인을 억류하고자 노력해야 하고, 민간인 체포 혹은 생포가 절대적으로 불가능하다는 점이 입증되는 경우에만 살상력을 활용해야 한다(또한 *McCann and others* 사건 참조, 유럽인권재판소).[30)]

결론적으로, 군사활동 혹은 테러행위에 가담한 혐의가 있는 민간인을 억류하는 것이 절대적으로 불가능하다는 점을 입증한 후, 교전자는 공격을 수행하기 이전에 적대행위에 직접 가담하지 않은 민간인을 사실상 목표로 하지 않는지 *확인*

갖지 않는다"라고 판시하였다(p.483). 이와 유사하게, 1969년 *Mohamed Ali* 사건에서, 영국 추밀원은 민간인 복장을 하고서 말레이시아 영역으로 들어가서 파괴공작을 했던 두 명의 인도네시아 군인에 대해서 유죄판단을 하였다(pp.2-9).

29) 불법적으로 적대행위에 가담했다고 해서 민간인들이 제4제네바협약의 보호를 박탈당하는 것은 아니다. 제4조의 국적요건의 제한하에, 이 협약에 따른 보호는 제5조에 의해서 적국 혹은 점령국 '안전에 적대적인 행위에 가담한 것으로 확실히 의심받거나 실제 가담한' 개인, 뿐만 아니라 점령국이 '간첩 혹은 파괴공작을 한 자로서 억류한 … 보호받는 개인'에게까지 확대된다. 이러한 범주의 보호대상 개인들에게 부여되는 권리의 훼손으로서 유일하게 허용될 수 있는 것은 '절대적인 군 안보상 필요한 경우' 통신권을 박탈하는 것이다. 제5조에서는 '인도적 대우' 그리고 '공정한 정식재판'을 받을 권리는 훼손될 수 없다고 명시하고 있다(어쨌든 통신권은 '해당 국가 혹은 점령국의 안전에 부응하는 최단기일에' 다시 부여해야 한다).

30) 이 사건은 영국의 법집행공무원이 테러행위자에 대해서 치명적인 강압행위를 한 것과 관련이 있다. 유럽인권재판소는 ① 테러와 투쟁하기 위하여 치명적인 강압행위가 필요한 경우 매우 엄격하고 설득력 있는 '필요성'이 적용되어야 하고(제149항), ② 해당 국가가 인식한 테러공격의 위협에 대한 그 국가의 대응과 문제되는 위협 간에 비례성이 있어야 하며(제156항), 그리고 ③ 치명적인 강압행위를 대체할 만한 것이 있는지의 여부를 항상 고려해야 한다(제205항-제214항)고 강조하였다.

해야 할 의무를 부담한다. 예컨대, 민간인이 무기를 은닉하고 있다는 혐의를 받는 경우, 혹은 자택에서 테러공격을 준비하거나, 출근을 가장해서 운전하면서 폭탄을 장착할 장소로 이동하고 있을 때 등, 그 민간인은 자신이 테러하려는 것이 아니라거나 테러행위를 마친 후 돌아오는 것이 아니라는 점을 제시하도록 교전자가 *명령*을 내렸는데도 이를 이행하지 않는 경우에만 공격목표가 될 수 있다. 만약, 민간인이, 예를 들면 적국 국민들 혹은 적국 시설물을 폭파해 버릴 무기를 은닉하려는 것이 *역력하고* 항복을 권할 시간도 전혀 없다면, 교전자는 해당 민간인을 공격할 수 있지만 ① 그러한 공격이 정당했는지의 여부를 확정짓기 위하여 나중에 해당 사건에 대해서 독립적인 사실심사를 받고, ② 만약, 나중에 테러용의자가 실제 해롭지 않은 민간인이었다는 점이 판명된다면 피해자의 가족에게 금전배상을 해야 한다.

위에서 언급한 원칙에서 테러혐의를 받는 민간인이, 예컨대 영업용 승용차를 타고 어느 장소 혹은 인근 마을로 가거나, 자기 집에 있는 동안(그곳에서 휴식을 취하든, 가족과 시간을 보내든, 아니면 테러행위를 계획하든) 그 사람을 공격하지 못하는 것이 명확한 것으로 보인다. 이러한 경우, 교전자는 테러용의자를 *체포해야만* 한다. 교전자는 테러행위자가 항복을 거부하거나 무장폭력을 행사하여 대응하는 경우에만 치명적 강압행위를 할 수 있다.

위 원칙은 이스라엘이 요르단강 서안지구(West Bank)에서 테러행위자라고 주장되는 자들을 살해하는 것이 '국제법에 반하고', '재판을 통하지 않은 불법적인 살해'가 된다는 취지에서 나온 영국, 스웨덴과 같은 다수 정부의 최근 성명서,[31] 뿐만 아니라 유럽연합의 선언으로 입증되었다.

(4) 전쟁방법에 관한 판례법 미비

특정 전쟁방법의 합법성에 관하여 판단을 내린 법원이 거의 없다는 점은 놀랄 일이 아니다. 국제인도주의법 중 이 분야 전체는 매우 느슨하고 논란이 많은 데다

---

31) 2004년 3월 22일 그리고 2004년 4월 17일 영국 외무장관의 성명서(www.fco.gov.uk/servlet/Front?pagename=OpenMarket/Xcelerate/ShowPage); 2004년 4월 19일 토니 블레어 수상이 하원의회에서 한 성명(*ibid.*), 스웨덴 외무장관과 수상이 한 성명(www.ipc.gov.ps/ipc_e_1/e_News/news2004/2004_04/127.html), 2003년 6월 19일자 그리고 20일자 유럽연합의 선언(의장 결론, 테살로니카 유럽이사회, 제85항), 2004년 3월 22일 EU 대외업무이사회 결론(www.eu_del.org.il/english/whatsnew.asp?id264); 그리고 2004년 3월 25-26일자 브뤼셀 유럽이사회 의장 결론, 제51항 참조.

가 상충되는 군사적 이해관계가 너무 많아서 무력충돌 이후에도 법적 쟁송이 일어나지 않는다. 최근 예외적으로 국제중재재판소가 국제적인 무력충돌시 공습의 합법성에 관하여 판단한 경우가 두드러진다. 이것은 에리트레아-에티오피아 청구권위원회가 2004년 *Central Front-Ethiopia's Claims 2* 사건에서 내린 판정이다.[32]

20.6.4 전쟁희생자의 보호

과거에는, 적대행위에 관한 규칙보다 전쟁희생자, 즉 적대행위에 참여하지 않는 모든 개인(민간인)이나 전투에 가담했지만 더 이상 그렇게 할 수 없는 처지에 속한 자(포로, 부상자 및 병자, 조난자)를 보호하는 규칙이 더 잘 마련되어 있었다. 이 분야에서, 1899년 그리고 1907년 헤이그 성문법, 뿐만 아니라 1864 · 1906 · 1929년 제네바협약이 상당히 발전하였다.

현재, 전쟁희생자의 보호는 광범위하고 자세한 국제입법의 주제로서, 1949년 네 개의 제네바협약과 1977년 제1추가의정서 양쪽에서 모두 찾을 수 있다.

> 합법전투원으로서 항복했기 때문에, 혹은 부상자 및 병자, 조난자가 되었기 때문에 적국의 수중에 들게 된 자들은 *전쟁*포로의 지위를 누릴 권리를 갖는다. 이들은 포로수용소에 억류될 수 있다(이는 전투지역에서 멀리 떨어진 곳에 위치해야 한다). 이들은 건강하게 억류되어야 하고 인도적인 대우를 받아야 한다. 이들은 또한 일련의 권리(예를 들면 폭행, 위협, 모욕을 받지 않을 권리)를 갖기도 한다. 1949년 제3제네바협약에서는 이에 관해서 자세히 규정하고 있다. 여러 가지 국제사법기관들(예를 들면, *Legality of the Threat or Use of Nuclear Weapons* 사건(제79항)에 있어서 ICJ), 그리고 아주 최근에는 에리트레아-에티오피아 청구권위원회가 내린 여러 가지 결정에서 대부분의 제네바협약이 관습국제법이 되었다고 판단한 바 있다.[33]

---

32) 해당 위원회는 에리트레아 항공기가 에티오피아 지역 상공에서 최소 한 개의 집속탄(cluster bomb)을 떠트려 많은 민간인 사상자를 낸 것이 국제법을 위반하는지에 대해서 판단해 달라는 요청을 받았다. 위원회는 에리트레아 항공기 조종사가 비록 이웃 민간인을 공격목표로 삼을 의도는 없었지만(제108항), 공중타격 행위시 가능한 모든 사전예방 조치를 취하지 않았다고 판단하였다(제110항-제113항).

33) 특히, 제3제네바협약을 언급한 경우로서는 *Prisoners of War–Ethiopia's Claim 4* 사건의 중재판정(제29-33, 52, 61, 64, 75-76, 78, 124-125, 134, 150항), 그리고 *Prisoners of War–Eritrea's Claim 17* 사건(제39-40, 58, 64, 70, 81, 84-85, 87-88, 116-117항) 참조. 이 두 사건의 중재판정은 2003년에 내려졌다.

이들 협약에 따르면, 민간인은 적대행위 발발 초기부터 혹은 적의 영토 점령 이후 어느 시기라도 적의 수중에 있는 한 충분히 보호받는다. 반대로, 군 작전이 벌어지는 전장에 있게 된 자들은 제1추가의정서에 의해서만 널리 보호를 받는다.

전쟁희생자를 보호하는 전쟁법에 관한 부분(방금 언급한 예외적인 경우와 함께)과 전투수단과 방법에 관한 부분이 다른 이유는 무엇인가? 인도주의적 고려보다 군사적 요구가 더 중요했던 경우와 달리 이 분야에서는 인도주의적 고려가 더 중시되었다. 간단히 말해서, 주요 군사강국들은 적대행위를 금지하거나 제한하는 것에는 별로 관심을 두지 않은 반면, 전쟁희생자를 강하게 보호하는 데 관심을 가졌던 것이 분명하다. 다른 한편, 약소국들도 인도주의적 이유만이라고 해도, 전쟁희생자에 대한 보호를 확대하는 데 관심을 갖는다.

20.6.5 법 이행 확보수단

(1) 전통법

전통국제법에서 가장 취약한 점 중의 하나는 전쟁법 이행을 확보하는 수단에 관한 것이다. 어느 제3자적 기관도 교전자의 행위를 검토하는 임무를 부여받지 않았다. 뿐만 아니라 제3국 혹은 어느 독립위원회도 그러한 임무를 위임받지 않았다. 교전자 각자가 최종적으로 분석해서 적국이 법을 준수하였는지의 여부를 일방적으로 결정했고 법을 무시한 경우 법을 집행하는 일도 스스로 했다.

다음과 같은 세 가지 방식이 가능했고 사실상 널리 활용되었다. ① 전시복구(일반적인 복구 개념에 따름. 15.1.4 참조), 예를 들면 포로학대, '방어되지 않은' 지역 혹은 공격받지 않아야 할 건물을 불법적으로 포격하는 것 등(전시복구는 야만적인 제도로서, 결국 무고한 전투원 혹은 민간인이 자기 동포가 한 위법행위 때문에 처벌받아서 살해되었다. 이 밖에도, 이러한 복구는 적국의 위반 여부를 공정하게 검증할 장치가 없었기 때문에 남용되었다), ② 적국 전투원 혹은 민간인을 '전쟁범죄', 즉 심각한 전쟁법 위반을 이유로 형사처벌하는 것, ③ 헤이그규칙(1907) 제3조에 따라서 발생한 위반 행위에 대해서 금전배상하는 것.

그러나 통상적으로, 일단 전쟁이 종료되면 전승국이 '전쟁보상' 혹은 '전쟁피해회복조치' 형태로 금전배상을 요구하였지만, 패전국은 이렇게 할 수단이 없었다.

(2) 새로운 법

1) 복 구

위에서 언급하였듯이, 복구는 적국이 법을 준수하도록 유도하는 가장 초보적이고 폭넓은 수단이다. 전통국제법은 복구의 목표와 관련해서 전혀 제한하지 않았지만, 1949년 제네바협약은 '보호받는 개인들'(포로, 부상자, 병자, 또는 조난자, 그리고 적국의 수중에 들게 된 민간인)에 대한 복구를 금지하였다. 이러한 금지는 현재 관습법이 되었다. 반대로, 민간인에 대한 복구는 군작전이 이루어지는 전장에서는 묵시적으로 허용되었다. 물론, 이는 통탄할 만한 상황이다. 왜냐하면, 복구가 가장 심하게 남용될 수 있고, 게다가 종국적으로 주요 군사강국들이 자기들 마음대로 했기 때문이다(그러나 복구에 우호적인 국가들은 이러한 결점에도 불구하고, 복구는 교전자가 활용할 수 있는 효과적인 '제재'로서 유일하다고 주장한다).

1974~1977년 회의에서는 금지되는 범위를 전장에 있게 된 민간인 혹은 민간인 사용물에까지 확대하였다(제1추가의정서의 제51조 제6항, 제53(c)조, 제54조 제4항, 제55조 제2항, 제56조 제4항). 그러나 프랑스 그리고 오스트레일리아 같은 국가의 강력한 반대와 다른 수많은 국가들의 우려로 인해서 이들 규정은 조약법 수준에만 머무르게 되었고, 결과적으로 해당 의정서를 (유보하지 않고서) 비준하거나 가입한 국가들만 구속받는 것으로 여겨지게 되었다.[34)]

일반적으로 말해서, 복구는 여러 가지 조건의 제한을 받는다. 즉, ① 복구를 실행하기 이전에 적국에게 경고하여야 한다(이렇게 경고하는 것은 적국이 위반을 즉시 종료하도록 하기 위한 것이 명백하다). ② 복구는 대응하는 위반행위와 비례해야 한다. ③ 적에게 복구하기로 한 결정은 전장에서의 전투원이 아니라 최고위층이 해

---

34) 2000년에 ICTY가 *Zoran Kupreškić et al.* 사건의 *obiter dictum*(부수적 의견)에서 다른 견해를 취하였다. 제2사실심 재판부는 "*opinio necessitatis*에서 나타났듯이, 인도주의적 요청에 따라서, 그리고 공적 양심이 명령하는 바에 따라서, 현재, [적국 교전자의 수중, 즉 전투지역에 있지 않은 민간인에게] 복구하는 것이 관념상 법적으로 가능하다는 점을 일정 단계에서 배제하지 않으려 하였던 소수의 국가들도 구속하는 관습규칙이 형성되었다"는 주장을 개진하였다(제533항). 재판소는 무엇보다도 "복구는 사실상 적국이 불법적인 전쟁행위를 포기하도록 강제하고 장차 국제법을 이행하도록 강제하기 위한 유일한 수단이었던 과거에 최소한도의 정당성을 가질 수 있었지만, 현재 복구는 이제 더 이상 이러한 식으로 정당성을 가질 수 없다. 현재, 국제법 이행을 유도하는 수단, 즉 전범 그리고 인도에 반한 죄를 국내법원 혹은 국제재판소에 기소하고 처벌하는 것은 이전보다 더 널리 활용될 수 있고, 더 중요하게는 그것이 매우 효과적이라는 점이 입증되기 시작하였다"는 개념을 근거로 주장하였다(제530항).

야 한다(이러한 조건을 두는 이유는 그처럼 위험한 법 집행수단을 활용하기 전에, 복구로 인해 발생할 전반적인 효과와 파장을 가늠하도록 하기 위한 것이다). ④ 복구는 적국의 위반이 끝나는 즉시 종료되어야 한다(그렇지 않으면 복구의 근거를 상실하고 불법적인 무력사용이 되어 버린다).

2) 형벌의 위반 억제

다음에서(제21장) 지적하겠지만, 국제인도주의법의 심각한 위반은 국내법원(즉, 국적국가 혹은 영토국의 법원 혹은 필요조건이 충족되는 경우에는 제3국의 법원)에서 그리고 국제적 수준에서(ICTY, ICTR 혹은 ICC 그리고 시에라리온 특별재판소가 재판권을 갖는 한도에서) 기소되어 억제될 수 있다. 나중에(21.2.1) 언급하겠지만 '중대한 위반'을 공소제기할 때, 1949년 제네바협약은 체약국이 시행해야*만 하는데* 그 근거는 보편주의이다.

그러한 법체계 위반을 이러한 식으로 사전에 차단하고, 위반이 발생할 때마다 이를 억제하는 것이 인도주의법 이행확보에 가장 적절하고 적합한 수단임에 틀림이 없다. 왜냐하면, 이는 공정한 재판 그리고 사실관계와 법률의 공평한 판단이라는 원칙에 기반하고 있기 때문이다.

3) 금전배상

헤이그규칙 제3조에서 규정하고 있듯이, 교전자가 어느 국제인도주의법 위반에 대해서도 금전배상해야 한다는 점은 1977년 제1추가의정서 제91조에서 정리되었다("이 협약 혹은 이 의정서 규정을 위반하는 충돌당사자는 사정에 따라서 금전배상할 책임이 있다").

금전배상청구는 통상 국가관계에서 다루어지고, 배상금은 청구국가에 대해서 책임국가가 직접(예컨대, 이러한 경우는 1999년 미 공군이 유고 베오그라드 소재 중국대사관을 불법폭격한 경우에 있었음[35]), 아니면 국제기구를 통해서(예컨대, 1990년 이라

35) 1999년 5월 8일 미국 항공기가 베오그라드 소재 중국 대사관을 폭격하여, 3명의 '기자'가 사망하고 20명의 대사관 직원이 다쳤다. 1999년 6월 17일 미국 고위관리(국무차관, Thomas Pickering 대사)는 북경에서 "그 공격은 일련의 과오에서 비롯된 실수였다"고 말하였다. 그 폭격은 '우발적'이었고, '전혀 고의가 아니었다'. 해당 미국인 관리는 중국 지도자들에게 '심심한 사과'를 표했고, '사상자 가족에게 조의'를 표했다(Pickering 대사의 성명서 문안은 www.state.gov/documents/organization/6524.doc 참조). Pickering은 이에 덧붙여 미국은 사상자 가족에게 '즉각 조의금'을 지급하고 외교경로를 통해서 중국 대사관 손상에 대해 중국 당국에 금전배상하는 문제를 논의하겠다고 말하였다. 1999년 7월 30일, 양국은 피해자와 그들 가족에 대한 금전배상에 합의하였다(www.state.gov/documents/organization/6526.doc). 그 후, 1999년 12월 16일 양국은 중국에 대한 금전배상 협정을

크의 쿠웨이트 침공 이후 유엔 안보리는 결의 제687호(1991) 그리고 제692호(1991)로 유엔금전배상위원회(UNCC)를 설치하였다. 이 위원회는 '이라크의 불법적인 쿠웨이트 침공과 점령의 결과로서' 청구절차와 청구금 지급을 처리하는 임무를 갖게 됨) 지급할 수 있다.

종종, 국제인도주의법 위반에 대한 금전배상청구를 개인이 책임 있는 국가를 상대로 해외에서 혹은 해당 국가의 법원에 제기하고 있다.

그러나 통상적으로, 국가는 전쟁행위에 대해서 주권면제를 누린다는 이유에서 그러한 청구는 기각된다[예컨대, 제2차 세계대전 중 전쟁법 위반을 이유로 수많은 사건들이 일본 법원에 제기되었던 것을 참조하시오. 그 예로서 *Filipino ex 'comfort' women v. Japanese Government* 사건(동경지방법원, 1998, p.390), 그리고 *Sjoerd Albert Lapre and others v. Government of Japan* 사건(동경지방법원, 1998, pp.20-40), 또한 그리스 헌법 제100조 제1(b)항에 따른 그리스 특별최고법원에 제기된 *Margellos* 사건(제14항), 뿐만 아니라 미국의 경우, 즉 *Princz v. Federal Republic of Germany* 사건(p.1175)과 *Fishel v. BASF Group and others* 사건(pp.23-26), 그리고 유럽인권재판소에 제기되었던 *Kalogeropoulou and others v. Greece and Germany* 사건도 언급되어야 할 것이다]. 다른 사건에서, 법원은 국제법상 개인이 금전배상청구권을 갖지 않는다고 판시하였다[즉, *Chinese Women* 사건(동경지방법원, 2003년 4월 24일) 참조]. 그러나 일부 사건에서 법원은 재판권이 있다고 판시하였다. 예컨대 *Korean ex-'comfort' women v. Japanese Government* 사건(야마구치법원, 1998, pp.24-88), *Prefecture of Voiotia v. Germany* 사건(그리스 헌법재판소, 2000, pp.198-200), 뿐만 아니라 *Ferrini v. Repubblica Federale di Germania* 사건(이탈리아 최고법원, 2004, pp.10-30), 아울러 15.3.2 참조]. 때때로 국제법을 위반하였다고 지목된 국가의 법원에 제기된 청구는 국제법과 특히 헤이그 규칙 제3조에서 개인에게 외국에 대한 금전배상청구권을 부여하지 않는다는 이유에서, 혹은 국가의 공적 행위에 대한 귀책사유 배제이론으로 불리기도 하는 정치적 문제 이론 혹은 정부행위 이론을 원용하여 배척당했다[예컨대, *Shimoda v. Japan* 사건(pp.1696-1702), 그리고 *Presidenza del Consiglio dei Ministri v. Marković and others* 사건(pp.802-803) 참조].

체결했다(문안에 대해서는 www.state.gov/documents/organization/6521-6522.doc 참조). 흥미로운 사항은, 해당 협정에서는 미국이 중국의 권리를 침범한 데 대한 책임을 진다고 명시하지 않았으며, 뿐만 아니라 배상금이 호의로 지급된다고도 하지 않은 점이다.

4) 보호국

1949년 제네바협약에서는 교전자들이 적국으로 하여금 국제법을 준수하도록 강제할 뿐만 아니라, 자신의 이익을 보호하기 위하여 '보호국'을 지정하는 것에 관한 국제실무를 규정하고 이를 발전시켰다.

간단히 말해서, 협약에서는 각 교전자가 제3국을 '보호국'으로 지정할 수 있도록 규정하였다. 그러나 이 국가가 자신의 임무를 수행하려면, 양 교전자의 동의가 필요하였다. 결국, 1949년 제도는 '이중 3면'(double-decker three sided) 관계, 즉 양 교전자와 이들 각자의 제3국 관계를 근거로 하였다. 일단 3면합의가 이루어지면, 제3자는 각 교전자를 위해서 '보호국'으로서 활동할 수 있으며, 협약의 시행 여부를 검토할 수 있다(물론, 제3국 중 어느 한 나라가 양 교전자를 위해서 보호국이 될 가능성도 배제하지 않았다). 관련 국가 전체의 동의는 보호국 선정과 기능수행을 위해서 반드시 필요했기 때문에 결론적으로 이들 중 어느 하나가 동의를 철회하면 보호국은 활동할 수 없었다. 1949년 협약에서 중요한 발전은 '보호국 대체'에 관한 규정이다. 이와 관련해서 협약에서 상정하고 있는 3가지 가능성 중에서, 세 번째가 그 강제적 성격으로 인해서 두드러진다. 즉, 공통규정 제10/10/10/11조 제3항에 따라서, 억류국(즉 부상당하거나, 조난당하거나, 전쟁포로가 된 적 혹은 민간인을 억류하는 국가)은 국제적십자위원회(ICRC)와 같은 '인도주의적 기구가 이 협약에 따라서 보호국이 수행할 인도주의적 기능을 인수하겠다고 제안하면' 이를 수락할 의무가 있다.

관행상, 보호국제도는 (상대적으로) 실패한 것이 입증되었다. 이 제도는 5건의 사건에서만 활용되었다. 1956년 수에즈 충돌(그러나 이집트를 일방으로 하고 프랑스와 영국을 타방으로 하는 경우에만), 1961년 비제르테에 대한 프랑스-튀니지간 충돌, 1961년 인도가 포르투갈 식민지를 침공하였던 짧은 기간 동안의 고아(Goa) 사건, 1971년 비록 인도가 곧 동의를 철회하였다고 해도 인도-파키스탄 전쟁에서, 그리고 1982년 아르헨티나와 영국간 포클랜드/말비나스 충돌(스위스가 영국을 위해서 행동한 반면, 브라질은 아르헨티나의 이익을 보호하였으나 어느 쪽 국가도 공식적으로 보호국으로 지정되지 않았다)에서이다. 이 제도가 실패하게 된 여러 가지 이유로서는 교전국들이 (이들이 서로를 승인하지 않는 경우) 보호국 선정이 묵시적인 승인으로 해석되지 않을까 우려한 점, 아니면, 자신들의 외교관계가 지속되는 동안 그런 관계를 단절하는 것을 원하지 않았고, 따라서 보호국을 선정할 필요가 없다고 생각한 점, 적국과는 어떠한 합의도 하지 않으려는 성향이 두드러졌던 점, 무력충돌 기간이 단기였던 점(반면에 보호국 선정 절차는 길어질 수 있다) 그리고 제3국은 다수국가가 결부된 무력충돌에 연루되지 않으려 한 점을 들 수 있다.

또한, 국가들이 대안으로 ICRC의 제안을 수락하지 않으려는 성향, 뿐만 아니라 ICRC로서도 연루되어 대리역을 맡으려고 하지 않았던 점도 지적할 수 있다.[36]

5) 국제적십자위원회

ICRC는 포로수용소를 방문하여 조사하고, 더 일반적으로는, 교전자들이 국제인도주의법을 준수하는지를 감시하여 국제인도주의법 이행 여부의 감독에 있어서 매우 중요한 역할을 수행하고 있다. ICRC 보고서와 그 판단은 엄격히 비공개이며, 관련 당사국에게만 전달될 뿐이다.[37] 그러나 때때로, ICRC는 일반적인 성격의 공개성명을 내고 호소하여 관련 당사자가 인도주의법 규칙과 원칙을 준수하도록 촉구한다.

---

36) 1977년 제1추가의정서 제5조에서 규정하고 있는 체제는 실질적으로 1949년 제도를 취한 것이다. 여기에서는 관련 당사자 전체의 동의가 매우 중요하다고 규정하였다. 이는 ICRC에 관한 1949년 협약 제10/10/10/11조 세 번째 단락에서 규정한 것이 폐지되어도 사실상 이 제도와 자동의무의 핵심이다. 아울러, (세 번째 단락에서) 보호국을 신속히 선정하는 절차를 마련하였다. 즉, 이는 다섯 번째와 여섯 번째 단락에서 해당 국가 지정 및 수락이 충돌당사국 혹은 영역의 법적 지위에 영향을 미치지 않는다는 점, 그리고 보호국 선정에도 불구하고 교전자들이 외교관계를 유지할 수 있다는 점을 명시하여 실제적으로 또는 정치적으로 국가 선정시 장애가 되는 사항을 제거하였다.

37) ICRC가 감시기관으로서 기능을 효율적으로 수행하는 데 비공개 규칙이 중요하지만(그렇지 않을 경우, 국가는 ICRC의 개입을 수락하지 않을 것이다), 아마도, 예외적인 상황에서, 반복적인 비공개 보고서와 호소에도 불구하고 교전자가 인도주의법을 이행하지 않고 그러한 법을 지속적으로 현저히 위반하는 경우, ICRC는 '공개해 버리는 것'이 타당한지의 여부를 고려할 것이다. 적절한 예는 미국이 이라크 전쟁포로를 학대하거나 심지어 고문을 널리 행한 점이었다. 현재, 미국 당국이 즉각적이고 근원적인 조치를 취하지 않은 상태에서 ICRC가 여러 가지 비공개 보고서를 내었다는 점은 공지의 사실이다. 아마도, 최소한 비공개 판단의 핵심만이라도 공개해서 여론에 호소하는 것이 효과적이었을 것이다. 이것이 1987년 고문방지를 위한 유럽협약이 규정하는 바임을 상기해야 한다. 고문방지 유럽위원회(협약에서 정한 조사기관)의 보고서는 비공개이지만(제11조 제1항), 국가가 '협력하지 않거나, 위원회의 권고사항에 비추어 해당 상황의 개선을 거부할' 경우 언제든지, 해당 위원회가 2/3의 결정으로 '해당 사항에 관한 공개성명' 여부를 결정할 수 있다(제10조 제2항).

2003년에 에리트레아-에티오피아청구위원회가 ICRC 비공개 주장에 대해서 의문을 표시했던 점을 상기할 만하다. 이 사건에서 양국은 모두 ICRC의 포로방문 보고서와 그 밖의 서신을 갖고 있었고, 이들 서류를 청구위원회에 제출하는데 합의했지만, ICRC는 이미 공개된 것을 제외하고 어느 서류도 공개하는 것을 거부하였다. 청구위원회는 판정에서 '실망감'을 토로하였다(*Prisoners of War–Ethiopia Claim 4 사건*, 제45항-제48항; *Prisoners of War-Eritrea's Claim 17 사건*, 제50항-제53항).

20.7 내부적 무력충돌에 관한 현 규칙

20.7.1 내란의 법적 규제에 관한 일반 특징

내란에 대한 국제법적 접근방식 전체는 한편으로 '합법'정부(반란단체들을 국제적 지위를 갖지 않는 단순한 폭도로 간주하고자 함)와 다른 한편으로 반도(국제적으로 합법성을 얻고자 노력함) 사이에 내재하는 이익충돌에 근거한다. 제3국은 자신들의 정치적 혹은 이념적 성향에 따라서, 어느 한쪽 당사자를 편들 수 있고 실제로 그렇게 하며, 물론 이로 인해서 문제가 더 복잡해진다.

합법적인 정부와 반란단체 간의 투쟁을 규율하는 모든 규칙이 공통적으로 갖는 주요 특징 중의 하나는 이들 규칙이 반도들에게 합법적인 교전자의 지위를 부여하지 않는다는 점이다. 반도들이 대항해서 싸우는 정부, 그리고 제3국이 볼 때, 이들 반도들은 국내 형법을 위반하는 범죄자이다. 결과적으로, 이들이 생포되면 포로의 지위를 누리지 못하고, 중앙당국을 상대로 무기를 들었다는 사실만으로 재판받아서 처벌될 수 있다. 현 정부가 반란단체를 소위 교전자로 승인하기로 결정하는 경우에만 이들은 합법전투원의 지위로 격상될 수 있다. 앞서(7.1 참조) 지적하였듯이, 이러한 승인은 과거에 극적인 상황에서 부여되었을 뿐이다. 교전자 승인이 퇴색하게 된 것은 주로 소요에 결부된 정부들이 가능한 빨리 반란을 일소하기를 원하고, 뿐만 아니라 제3국들은 반란단체에게 국제적 합법성을 부여하는 정도까지 나아가지 않고 충돌에 초연하거나, 사실상 개입하지 않으려 하기 때문이다. 따라서 반도들은 자신들이 투쟁하는 중앙당국에 비해서 지극히 열악한 처지에 있는 것이 보통이다. 그러나 반란정부가 국제적 권리와 의무, 즉 제한적 국제법인격을 갖게 되면, 이로 인해서 논리상 반란단체의 군대는 일부 엄격한 조건하에서 합법전투원의 지위를 획득하게 된다.

내부 무력충돌에 관한 규칙이 갖는 또 다른 중요한 특징은 이들 대부분이 비전투원의 보호만 목적으로 한다는 점이다. 전투수단은 민간인 보호를 목적으로 해야 한다는 점을 제외하고는 규제받지 않는다. 실제, 정부당국과 반도 *양자 간*의 무력충돌을 제한하는 사항은 거의 없다. 국가들은 자신들이 분명히 반란단체보다 군사적으로 강하기에 법의 제한을 받지 않아야 자신들이 더 쉽게 반란을 제압할 수 있다고 추정하고서 전투가 실질적으로 제약받지 않기를 더 원한다. 현재, 반도들이 여러 가지 방식으로, 특히 군사적으로 제3국의 지원을 받기 때문에 이러한 생각은 잘못이라는 점이 점점 더 명백해지고 있다. 더욱이, 무장폭력이 양쪽 모두에서 더 강하고 잔인하게 행사되고 있다.

20.7.2 관습법

ICTY 항소심재판부가 1995년 *Tadić* 사건(*중간불복*; 제97항 이하)에서 천명하였듯이, 1930년대 이래 전통적으로 국가간의 충돌과 내란 양자를 구분하여, 전자의 범주는 수많은 국제규칙으로 규율하고, 후자는 실질적으로 국내 형법의 운영에 맡겼던 것이 이제는 모호해졌다. 결과적으로, 내부적인 무력충돌은 점차 국가주권에서 떨어져 나가서 국제규칙의 규율을 받게 되었다. 재판소는 이렇게 된 이유 4가지로서 이러한 충돌의 빈도가 증가한 점, 이들이 점점 더 잔인해지고 오래 지속된 점, 제3국이 관여하지 않고 초연한 상태로 있게 된 점, 국제공동체에서 인권주의가 급속히 확산된 점을 제시하였다.

> 그 모든 과정은 1930년대 후반에 시작되었다. 스페인 내란(1936~1939)은 그 파괴효과와 무력적대행위가 대규모여서 여러 가지 점에서 국제전 자체와 비견될 수 있는 특징을 가졌다. 이로 인해서 충돌당사자들과 유럽의 여러 나라는 국가간의 전쟁에서 민간인을 보호하는 일반규칙 중 일부는 이러한 충돌 그리고 이와 유사한 모든 내란의 경우에도 적용될 수 있다고 주장하게 되었다. 따라서 매우 흥미로운 현상이 나타났는데, 이런 현상, 즉 국제적 무력충돌에 적용될 수 있는 원칙을 내란에까지 점차 확대하는 현상이 20세기의 주된 경향이 되어버렸다. 일반적인 동의를 얻은 규칙으로서 등장했던 것은 의도적인 민간인 폭격 금지, 비군사적 목표물에 대한 공격 금지, 군사용 대상을 공격할 때 취해야 할 사전예방 조치에 관한 규칙이며, 적국이 민간인 주민을 폭격하여 국제법을 위반하는 경우 적국 민간인에 대해서 복구를 허용하는 규칙인데, 결과적으로 그러한 복구는 복구에 필요한 일반조건의 제한을 받았다(20.6.5(2)1) 참조).

문제의 4가지 규칙은 스페인 내란의 특징을 갖는 모든 내부적 무력충돌에 적용된다. 다시 말하면, 반란단체는 다음의 특징, 즉 특정 국가 영역의 일정 부분을 실효적으로 지배하는 조직적인 통치, 그리고 국제법을 준수할 수 있는 조직적인 군대라는 점을 제시해야 한다. 이보다 낮은 강도의 내부적 무력충돌로서, 예를 들면 소규모 반란 혹은 내란 자체와 비견될 수 없는 폭동은 그러한 규칙의 대상이 되지 않는다.38)

불행하게도, 이처럼 법적 조건은 상당히 만족스러웠지만 실제로는 법 이행이 수반되지 않았다. 한 국가에서 정부와 반도들—비록 이들이 현재 법률기준에 대해서 말만 앞세운다고 해도, 결국 해당 충돌로 인해서 고통받는 민간인이 동포라는 사실에도—이 법에서 정한 대로 비전투원을 보호하는 경우가 거의 없었던 점을 보는 것은 크게 낙심할 일이다. 이러한 점은 나이지리아에서의 충돌과 니카라과, 엘살바도르, 스리랑카, 르완다, 구 유고, 콜롬비아, 체체니아, 시에라리온, 콩고민주공화국의 내란과 같은 최근의 사건에서 볼 수 있다. 이에 대하여 해석하자면 첫째, 민간인이 종종 내란에 참여하고 실제로 여러 가지 수준에서 그러한 전투에 기여하고 있고, 둘째, 많은 국가에서 주민이 인종적 그리고 문화적(혹은 종교적) 집단으로 나누어진 결과 이들이 동일국가에 속한다는 감정을 갖지 않는다는 점이다.

또 다른 관습규칙군이 1949년 4개 제네바협약의 공통조항, 즉 제3조에서 발달하였다[1986년, ICJ는 *니카라과* 사건(*본안*)에서 이러한 점을 강조하였다. ICJ는 공통조항 제3조가 모든 무력충돌에 적용될 수 있는 '최소한의 기준이 되고' "1949년에 ICJ가 (*Corfu Channel* 사건에서) '기본적인 인도주의적 고려'라고 한 점을 반영한다"고 판시하였다(제218항)]. 이 조문은 내부적 무력충돌이 고강도에 이르렀는지에 상관 없이 *모든 내부적 무력충돌*에 적용되기 때문에, 위에서 언급한 민간인에 관한 일반규칙보다 적용 분야가 훨씬 더 넓다. 하지만 반란단체의 법적 지위에 영향을 미치지 않는 제3조는 적대행위의 희생자, 즉 적대행위에서 '적극적인 역할을 수행하지 않은 자들'로서 제3조에 의해서 일련의 기본적인 인도주의적 보호를 받는 자들만 보호하려는 의도를 가지고 있다.

---

38) 민간인에 관한 총칙규범은 실질적으로 1968년 결의 제2444(XXIII)호에서 유엔 총회가 만장일치로 채택하였을 때, 그리고 1970년 결의 제2675(XXV)호가 통과되었을 때 마련되었다. 흥미로운 점은 이러한 유엔 결의와 동등한 현재의 관행에서 최소한 일부 민간인에 관한 총칙이 내란에 적용될 수 있다는 점을 재확인한 것이다. ICRC는 여러 경우에 그러한 적용을 촉구하였는데(예컨대, 콩고에서 충돌이 진행되었던 1964년 동안에 그리고 1966~1969년 나이지리아 내란 중에), 어느 경우에도 심각한 반대를 유발하지 않았다. 민간인에 관한 이들 규칙이 점차 관습법이 된 점은 1995년 ICTY 항소심재판부의 *Tadić* 사건(*중간불복*; 제100항 이하)에서도 천명되었다.

첫째, 비전투원들을 공격해서는 아니된다. 달리 말하면, 이들이 군사목표물로 간주되지 않아야 하며, 결코 의도적인 공격의 대상이 되지 않아야 한다. 더욱이, 충돌당사자들은 민간인 국민들을 위협하거나 공포심을 주기 위한 조치를 활용할 수 없다. 이러한 금지는 비전투원의 생명과 신체에 폭력을 가하지 못하도록 금지하는 규정에서 생기는 것이 명확하다. 이와 관련해서, 1970년 1월 30일자 비망록에서, 캐나다 정부 법률국(Legal Bureau)은 무엇보다도 제3조에 따라서 '[베트남의] 미라이 지역에서 발생한 형태의 행위'는 위법이라고 천명하였던 점을 상기할 만하다(9 *CYIL*(1971), p.301). 이 선언에서는 제3조에 근거하여 민간인에 대한 신체적 폭력이 금지된다고 하였다.

둘째, 제3조에 따라서 인질로 두는 것은 금지된다. 이러한 관행은 스페인 충돌을 위시하여, 내란 중에 빈번히 활용되었다는 점을 강조해야 한다. 따라서 관련 규정이 매우 중요하다.

셋째, 비전투원의 생명과 신체에 대한 폭력 또는 이들 개인의 존엄성을 유린하는 모든 복구행위는 금지된다.

넷째, 적국 군대의 군인, 혹은 반대편에 속하고 이를 지원한 혐의를 받는 민간인이 체포되어 구금되거나 포로수용소에 수감되는 경우, 이들은 인도주의적 대우를 받아야 한다. 특히 이들을 차별대우하지 않아야 하며, 뿐만 아니라 이들이 고문당하거나, 잔인하고 모욕적인 혹은 품위를 떨어뜨리는 조치의 대상이 되지 않아야 한다. 이들이 재판받을 경우, 제네바협약 공통규정 제3조 제1항에서 규정하는 모든 사법적 안전장치를 준수해야 한다.

마지막으로, 적국에 속하는 자들을 포함하여 병자와 부상자는 거두어서 돌봐 주어야 한다.

1949년 이후 발달한 국가관행에 따르면 공통조항 제3조는 많은 경우에 원용되었고, 재확인되었으며, 적용근거가 되었다. 제3조를 실제로 무시하면서도 어느 나라도 이를 위반했다고 하지 않았다. 이는 전혀 놀라운 일이 아니다. 왜냐하면, 제3조는 본질적으로 국가들이 다른 맥락에서, 예컨대 여러 가지 인권조약과 같은 것에서 선언하였던 몇 안되는 인도주의적 원칙을 구현하였기 때문이다.

그러나 지금도 여전히 제3조 규정을 위반하거나 무시한 경우가 이를 이행한 경우보다 훨씬 많다. 그런데 이처럼 이행되지 않은 경우라도 이 규칙을 무너뜨릴 정도는 아니다(이와 마찬가지로, 국내 형사법도 매일 위반되지만 이렇다고 해서 그 법이 폐기되지는 않는다).

국제무력충돌에서 적대행위에 관한 일부 규칙이 점차로 내부적 충돌에까지 확대되었다는 점을 부연해야 한다. 이러한 발전의 이유를 ICTY가 *Tadić* 사건(*중간불복*)에서 다음과 같이 상술하였다.

> "기본적인 인도주의적 고려와 상식에서 볼 때, 국가가 자국 영역에서 자국민의 반란을 진압하기 위하여, 국가간 무력충돌에서 금지되는 무기 사용을 허용하는 것은 언어도단이다. 비인도주의적이어서 국제전에서 금지되는 것은 내란에서도 비인도주의적이고 허용될 수 없다" (제119항).

같은 사건에서, 그러한 관습규칙의 하나는 화학무기 사용을 금지하는 것이라고 상소재판부는 결론지었다. 전쟁범죄는 국가간 전쟁에서만 행해질 수 있다는 생각이 점차 폐기되면서 국가간 충돌을 규율하는 일반원칙과 규칙이 점점 확대되는 추세가 강화되어 지지받고 있다. 1995년, ICTY는 위에서 언급한 *Tadić* 사건(*중간불복*)에서 내린 결정에서, 내부적 충돌을 규율하는 관습규칙 혹은 조약규칙을 심각히 위반하는 것도 일정한 조건하에서는 전쟁범죄에 해당한다는 견해를 피력하였다(제128항-제134항 참조). 이러한 견해는 ICTR규정(제4조), 이 두 재판소의 판례법, 1998년 ICC규정 제8조 제2항, 그리고 1999년 유엔 사무총장이 마련한 '유엔군의 국제인도주의법 준수 공지사항'(UN Doc. ST/SGB/1999/13, 1999년 8월 6일)으로 확인되었다.

20.7.3 조약법

1949년 이후에 합의된 수많은 조약들도 내부적 무력충돌을 규율하고 있다. 그러나 1949년 4개 제네바협약의 공통조항 제3조와 달리, 이들은 관습법이 되지 않았거나, 이 중 가장 기본적인 규정 일부만이 일반법으로 자리잡고, 각 조약의 상당 부분은 체약국의 행위만 규율하고 있다.

이러한 사항에 관한 일반조약으로서, 1977년 제2추가의정서와 특정 사항을 규율하는 일부 협약들이 있다.[39]

---

39) 1954년 문화재에 관한 헤이그협약(제19조 참조)은 동일 사항에 관한 1999년 제2 헤이그협약 제2의정서로 개정되었다. 1980년 일부 재래식 무기에 관한 유엔협약에 대한 1996년 제2수정의정서는 지뢰, 위장성무기 장치 등 장비 사용을 금지 혹은 제한하는 것이다(제1조 제2항). 대인지뢰의 사용·

불행히도, 마지막 순간에 1977년 제네바협약 제2추가의정서에서 매우 중요한 일부 규정이 삭제되었다. 이와 관련해서 비록 거의 모든 규정이 총의로 채택되었고, 해당 의정서 자체가 총의로 승인받아야 할 사항이었지만, 다수의 제3세계 국가들이 강력하고도 분명히 이의를 제기했던 점을 강조하는 것이 중요하다. 이들 집단에는 나이지리아, 스리랑카, 인도, 인도네시아, 멕시코, 가나, 수단, 자이레, 과테말라, 필리핀, 우간다, 뿐만 아니라 해당 의정서가 자국에 적용될 여지가 있는 한 이를 실제로 무력화하기 위하여 '유보'하였던 칠레 같은 나라도 있었다. 이들 국가 중 일부는 해당 의정서가 "과도하다"(멕시코), "무의미하다"(인도), "전혀 불필요하다"(우간다)라고 선언하기까지 하였고, 더 나아가 이에는 "어떠한 국제적 합의도 없고 단순히 자국민에 대해서 해당 의정서를 적용하기로 합의하였던 국가 쪽에서 양보했던 것일 뿐이다"(수단)라고 선언하기까지 하였다. 이러한 이의제기의 횟수 및 내용 때문에 터키 대표단은 겉으로만 총의가 있는 것으로 보일 뿐이라고 선언하였다.[40]

이 의정서에는 제3조로 형성된 규칙과 구별되고, 스페인 내란의 결과로서 등장했던 민간인에 관한 여러 가지 규칙과 동일한 수준에 달하도록 하는 일반적인 특징이 있다. 즉, 이는 대규모 무력충돌, 달리 말하면 강도, 지속기간 그리고 규모면에서 모든 특징이 스페인 내란 그리고 나이지리아 내란의 정도가 되는 것을 대상으로 한다. 이는 '폭동, 개별적이고 산발적인 폭력행위 그리고 이와 유사한 성격의 다른 행위와 같은 내부적 소요와 긴장상태'에 적용되지 않는다. 결국, 1977년에 이루어진 발전은 세 가지 면에서 제한적이었다. 첫째, 합의된 규칙의 수가 적었다. 둘째, 이들 규칙은 모든 유형의 내부적 무력충돌을 대상으로 하지 않고 일정한 '기준'을 상회하는 것만 대상으로 삼았다. 마지막으로, 이후 등장한 관행에서, 이 의정서의 당사국인 제3국들은 때때로 특정한 내부적 충돌이 이 의정서의 규율대상이 된다거나, 또는 마땅히 대상이 되었어야 한다고 선언하였지만, 의정서 위반시 이를 이행하도록 요구하지 않는 성향을 보였다.[41]

저장 · 제조 및 이동 금지에 관한 1997년 오타와협약(제1조 참조)이 있다. 또한, 많은 국가와 ICRC는 눈을 멀게 하는 레이저 무기에 관하여 1980년 유엔협약에 대한 1995년 제4의정서가 내란을 대상으로 한다는 점을 명확히 하지 않지만, 이런 범주의 분쟁에 적용된다고 하였던 것으로 보인다.

40) 제2추가의정서에 관한 여러 가지 성명에 대해서는 Diplomatic Conference on Humanitarian Law of Armed Conflict(1974-1977), *Official Records,* vii, pp.199, 201, 203, 250, 251 참조.

41) 예컨대, 엘살바도르는 1981~1992년 동안 있었던 내란에서 이를 전혀 준수하지 않았고, 다른 체약국들은 이를 적용하도록 압박하지도 않았다(그러나 일부 국가들, 예컨대 스위스는 해당 의정서가 적용된다는 점을 명확히 하였다. 스위스 외무부 비망록, *ASDI*(1987), pp.185-187 참조). 몇 가지 예

그렇지만 이 의정서는 제네바회의에 참석한 국가들과 특히 제3세계 국가들이 양보하고자 하였던 최대한도이다. 내란에 관하여 더 잘된 일반규칙을 성취하려면, 국가들의 태도가 더 우호적이기를 기다려야 할 것이다.

20.8 무장폭력을 제한하는 데 있어서 법의 역할

수년 동안, 인류는 무기와 전투수단이 정교해지고, 파괴적이며, 잔혹성이 꾸준히 높아졌던 것을 목격하였다. 국제적으로 전쟁을 *법적으로 통제하는* 것은 제한적인 면에서만 조직적인 무장폭력의 발전을 따라잡을 수 있었다. 국가들, 특히 주요 군사강국들은 포괄적인 제한을 수락하지 않았기에, 그 결과 이러한 법체계는 결함, 흠결, 그리고 모호성을 갖게 되었다.

그러나 법규칙은 아무리 취약하고 흠결이 있다고 해도 실제 국가의 행위를 제한하고 지극히 비인간적인 행위에 약간이나마 인도주의를 불어넣는다. 규범적인 기준이 없다면 훨씬 더 참담한 상황이 될 수 있다. 즉, 이렇게 되면 군사강국들—혹은 그에 관한 한, 모든 국가들, 심지어 아무리 가난한 국가라고 해도 자신들이 강대국 중 한 나라의 지원을 받는 경우에는 그러한 국가들—, 뿐만 아니라 테러에 경도되어 있는 단체 혹은 국가들은 전혀 제한을 받지 않게 될 것이다. 더욱이, 다른 어떠한 분야보다, 이 분야에서 법적 기준이 법적 가치를 초월해서 의미 있는 가치를 갖는 것이 명확한 이유는 바로 앞에서(20.1) 언급한 전쟁법의 성질 때문이다. 즉, 이러한 법적 기준을 갖고서 여론과 시민단체들이 국가들의 위법행위 여부, 혹은 그 정도에 대해서 도덕적 · 정치적으로 평가할 수 있는 것이다.

에서, 국가들은 외국에서 진행되는 무장폭력이 내부적 무력충돌로 분류될 정도라고 분명히 주장하였다[예컨대, 독일 정부가 1994년 쿠르드족과 터키 당국의 충돌과 관련해서 그렇게 선언하였다. 독일 하원의원의 서면질의에 대한 독일 정부의 답변(*Bundestag*, Doc.12/8458, 1994년 9월 7일) 참조]. 일부 사건의 경우, 국내법원은 제2추가의정서는 진행 중인 충돌에 적용된다고 판시하였다. 결국, 1994년 9월 26일자 판결에서, 산티아고 항소법원은 *Osvaldo Romo Mena* 사건에서 공통조항 제3조와 제2추가의정서가 1974년 9~11월 기간 동안 칠레의 무력충돌에 대해 적용될 수 있다고 판단하였다(pp.890-900). 1995년 판결에서 콜롬비아 헌법재판소는 제2추가의정서가 당시 진행 중인 국제무력충돌에도 적용된다고 판결하였다(pp.1357-1370) 이와 유사하게, 1995년 7월 31일 결정에서, 러시아 헌법재판소는 해당 의정서가 체체니아의 충돌에 적용될 수 있다고 판단하였다(pp.133-138). 그러나 다른 국가들과 국제기구의 지속적인 압박에도 러시아 당국이나 체첸 반군들 어느 쪽도 관련된 법적 기준을 따르지 않는 것으로 보인다.

제 21 장

국제범죄의 억제

21.1 전통법

구 국제공동체에서, 통상 개인은 국제규칙의 직접적인 대상자가 아니었다. 이 결과, 국제적인 차원에서 그러한 규칙의 위반에 대해서 개인책임을 물을 수 없었다. 개인이 국제법에 반하여 사인(私人) 자격에서 또는 공적인 지위에서 위법행위를 하는 경우(예컨대 외국인에게 가혹행위를 하거나, 외국인 외교관을 공격하거나, 외국의 국가원수를 살해하거나, 불법적으로 외국인을 추방하는 등), 외국의 관할당국은 자국의 *국내제도* 내에서 다음의 조건에 따라서 기소하여 처벌할 수 있었다.

① 개인이 위반한 국제규칙이 법정지국(法廷地國)의 국내질서에서 시행되어 해당 국가법의 일부가 되어 있었다. ② 법원이 관할권을 가졌다(즉, 문제된 개인이 국제법에 따른 기소면제권을 누린다는 이유로 재판권이 결여되지 않았다). ③ 범죄와 법정지국 간에 연결고리가 있었다(해당 범죄가 그 국가영역에서 행해졌거나, 아니면 그 국가 국민이 행하였거나, 그 국민을 상대로 행해졌다).

위 규칙에 대해서는 몇 가지 예외가 있었다. 이들 중 하나는 해적행위인데(1.8.1; 7.6.1 참조), 이는 17세기와 18세기에 만연했다가 최근에 다시 상당히 중요해졌다(현재, 해적행위에 관한 유권적 정의는 1982년 해양법협약 제101조에서 찾을 수 있음[1]). 전 세계 모든 국가들은 피해자의 국적과 상관 없이, 그리고 소추국가가 해적행위로 직접 피해를 입었는지의 여부와 상관 없이 해적을 수색하고 기소할 권한이 있었다. 아울러, 해적들이 해적 목적을 위해서 해적행위에 가담하였을 때 공교롭게도 국가공무원의 지위를 가졌다고 해서 타국이 이들을 기소해서 처벌하지 못하는 것은 아니다(물론, 이들이 국가를 대신하여 행동했기에, 국가책임이 발생한다고 입증할 수 있는 경우는 예외임). 해적은 공해의 자유를 저해하고 사유재산을 위태롭게 한다는 점에서 인류의 적(*hostes humani generis*)으로 간주되었다.

21.2 현대법: 국제범죄

아래에서 보듯이, 점차 사정이 바뀌면서, 국제공동체에서 범죄로 처벌할 수 있다고 여겨지는 새로운 행위 유형들, 즉 (국가책임에 반대되는 것으로서) 관련 개인의 인적 형사책임을 수반하는 범죄가 등장하였다.

그러한 범죄의 주요 유형을 고려하기 이전에 분명히 해야 할 사항은 국제범죄는 ① 국제공동체 전체가 중요하다고 여기는 가치를 보호하고자 모든 국가와 개인을 구속하는 *관습국제규칙*의 위반, 또는 일반 관습규칙의 원칙을 상세히 규정 · 명시하며, 개발하거나 정교하게 한 것으로, 문제되는 사안에 적용될 수 있는 *조약규칙*의 위반을 포괄할 수 있다. 또한, ② 이들 범죄를 억제하는데 보편적인 이익이 있기에, 국제법에 따라서 이러한 범죄를 저질렀다는 혐의를 받는 행위자들을 범죄행위자 혹은 그 피해자에 대한 영토 또는 국적에 따른 연결고리와 상관없이 *모든 국가*가 기소하여 처벌*할 수 있다*(21.4.1 참조). 단, 용의자 혹은 피고인은 법정지 국가의 영역 내에 있어야 한다. 마지막으로, ③ 범죄행위자가 공적 자격, 즉 *법률상* 또는 사실상 국가공무원의 자격으로 행동한 경우, 금지된 행위를

---

1) 관습국제법을 반영하고 이를 조문으로 작성한 것으로 간주되는 1982년 해양법협약 제101조에 따르면, 해적행위는 다음과 같은 행위이다.

"(a) 민간 선박, 혹은 민간 항공기의 승무원이나 승객이 사적 목적으로 다음에 대하여 범한 불법적 폭력행위, 억류 또는 약탈행위: ① 공해상에서, 다른 선박이나 항공기, 또는 그 선박 혹은 항공기에 승선한 사람이나 재산, ② 어떤 나라의 관할권 이외의 장소에 소재한 선박, 항공기, 사람이나 재산,

(b) 선박 혹은 항공기를 해적선 혹은 해적항공기로 활용하는 줄 알면서, 이를 운행하는데 자발적으로 참여하는 모든 행위,

(c) (a)호 혹은 (b)호에서 서술한 행위를 교사하거나 고의적으로 방조하는 모든 행위"

행위자에게 자기 대신 수행하도록 했던 국가는 국가기능을 수행하는 국가공무원에게 관습법상 부여되는 외국의 민사재판관할권 혹은 형사재판관할권으로부터의 면제권을 행위자가 누린다고 *할 수 없다*(6.3 참조).

이러한 정의에 따라서, 국제범죄는 전쟁범죄, 인도에 반한 죄, 집단살해, 고문(전쟁범죄 혹은 인도에 반한 죄의 유형과 구분됨), 침략, 그리고 테러를 포함한다. 이와 반대로, 인종분리정책, 마약 및 향정신성물질 불법거래, 불법무기 거래, 핵물질 등 그 밖의 치명적인 물질의 밀수, 돈세탁은 포함하지 않는다. 국제조약 혹은 국제기구의 결의에서만 이처럼 넓게 범죄를 분류하여 규정하고, 관습법, 즉 일반법에서는 그렇지 않다(인종분리정책의 경우, 관습국제법상 국가의 위법행위로서 금지되는 것으로 보인다. 개인범죄로서 인종분리정책은 국제형사재판소(ICC) 규정 제7조 제1항에서도 유추할 수 있듯이, 이는 넓은 범주에서 인도에 반한 죄에 해당된다).

21.2.1 전쟁범죄

(1) 정 의

전쟁범죄는 '전쟁법을 위반하는 것'으로 매우 넓게 정의되었다. 예컨대, 이는 1956년 미국의 군사교범,[2] 그리고 1958년 영국 무력충돌법 교범[3]에서 내렸던 정의이다. 더 정확한 개념은 ICTY 항소심재판부가 *Tadić* 사건(*중간불복*)에서 마련하였다. 엄격히 말해서 재판소는 재판소규정 제3조의 범위만 언급했지만, 일반적으로 적용될 수 있는 정의를 선언하려고 하였던 것이 분명하다. 이 정의에 따르면, 전쟁범죄는 ① 국제규칙의 '심각한 위반', 즉 "중요한 가치를 보호하는 규칙을 위반해야 하고, 그 위반에는 희생자에 대한 심각한 결과가 포함되어 있어야 한다." ② 위반된 규칙은 관습법체계에 속하거나 아니면 적용 가능한 조약의 일부여야 한다. ③ "그러한 위반은 관습법 혹은 조약법에 따라서, 해당 규칙을 위반하는 개인의 형사책임을 수반해야 한다"(제94항).[4] 이 중 마지막 요건은 기존의

---

2) US Department of the Army, *The Law of Land Warfare,* July 1956, para. 499 ["'전쟁범죄'(war crime)라는 용어는 군인이든 민간인이든 모든 사람이 저지르는 전쟁법 위반을 기술적으로 표현한 것이다. 모든 전쟁법 위반은 전쟁범죄이다"] 참조.

3) para. 624(여기에서의 정의는 미군 교범에 있는 것과 매우 흡사하다). 하지만, *British Manual*(2004)은 전쟁범죄를 '심각한 무력충돌법 위반'이라고 정의하였다(제16.26항).

4) 재판소는 '전투원이 점령당한 마을에서 빵 한 덩어리를 무단 사용한 것'은 비록 적 영역을 점령하

판례법에 따라서 그러한 위반을 형사처벌한 경우가 있거나, 그러한 기소와 처벌을 위하여 ICTY · ICTR · ICC규정과 같은 조약 혹은 다른 국제문서가 있는 경우, 혹은 ICTY가 *Blaškić* 사건에서 판단하였듯이(제176항), 피고인의 국내법에서 문제의 규칙위반에 대한 형사책임을 부과하고 있다면, 그러한 국내법으로써 해당 행위가 국제범죄라는 점을 입증할 수 있을 것이다.

전통적으로 전쟁범죄는 전쟁 자체, 즉 내란이 아닌 국제무력충돌을 규율하는 국제규칙 위반만 포함하는 것으로 판단되었지만, 위에서 언급한 ICTY의 *Tadić* 사건 결정(제95항-제137항 참조) 이래, *내부적* 무력충돌에 관한 관습법 혹은 적용가능한 조약법을 심각히 위반하는 경우도 전쟁범죄 자체에 해당하는 것으로 간주되어야 한다는 점이 현재 널리 인정되고 있다.[5] 이러한 새로운 경향의 증거로서, 국제적 무력충돌을 규율하는 법과 내부적 무력충돌을 대상으로 하는 규칙 양자를 심각히 위반하는 것을 전쟁범죄로 포함하는 ICC규정 제8조를 언급하면 충분할 것이다.

(2) **범죄의 객관적 요소와 주관적 요소**(*actus reus* 그리고 *mens rea*)

전쟁범죄의 경우, 금지된 행위의 주된 법적 특징을 파악하기 위하여, 각 경우마다 위반되었다고 주장되는 규칙의 내용을 고려할 필요가 있다는 점은 놀라운 일이 아니다. 국제형사법상, *nullum crimen sine lege*(전통적으로 국내법제도, 특히 대륙법 국가의 국내법에서 중시되어 온 죄형법정주의) 원칙은 제한적으로만 지지되고 있다. 관습법상 전쟁범죄 목록이라는 것은 없다(그러한 목록은 ICC규정 제8조에서 발

는 모든 군인은 "개인재산을 존중해야 한다"는 [1907]년 헤이그 [육전]규칙 제46조 제1항(그리고 이에 상응하는 관습국제법규칙)에서 정하는 기본원칙에 위배되는 것으로 간주될 수 있지만, 국제위법행위를 구성하는 위반에는 해당되지 않는 심각하지 않은 위반의 예라고 하였다.

5) ICTY 항소심재판부는 다음과 같이 말하였다. "국가주권 중심의 접근방식은 점차 인간중심의 접근방식으로 대체되었다. 점차, 로마법 격언인 *hominum causa omne jus constitutum est*(모든 법은 인간의 이익을 위해서 만들어졌다)가 국제공동체 내에서도 기반을 굳히게 되었다. 이 결과, 무력충돌 분야에서, 국가간 전쟁과 내란을 구분하는 것은 인간에 관한 한 그 가치를 상실하고 있다. 왜 민간인을 교전자의 폭력으로부터 보호하고 강간, 고문, 혹은 병원 · 교회 · 박물관이나 개인재산을 무자비하게 파괴하는 것을 금지하고, 뿐만 아니라 두 주권국가가 전쟁을 수행할 때 불필요한 고통을 야기하는 무기를 금지하면서, 무장폭력이 '단지' 주권국가의 영역 내에서만 발발했을 때 동일하게 금지하거나 보호하지 않으려는가? 만약, 국제법이 물론 국가의 합법적인 이익을 적절히 보호하면서도 인간을 보호하는 쪽으로 점차 선회해야 한다면, 위에서 언급한 이분법[교전-반란]이 점차 그 중요성을 상실하는 것이 자연스러울 따름이다" (*ibid.*, para. 97).

견할 수 있어도, 그 조문은 그 사항에 대해서 관습법을 성문화하려는 것이 아님). 따라서, 각 경우, 범죄의 객관적 요소는 위반되었다고 주장되는 국제인도주의법의 실체적 규칙에서 유추될 수 있을 뿐이다. 전쟁범죄의 세부 유형, 즉 1949년 제네바협약과 1977년 제1추가의정서에서 '중대한 위반'이라고 정의된 행위의 경우, 추가요건이 있다. 즉, 그러한 행위는 국제무력충돌이라는 맥락에서 행해져야 한다[그러나 ICTY 항소심재판부가 *Tadić* 사건(*중간불복*)에서 판시하였듯이, *in statu nascendi*, 즉 형성중에 있는 관습규칙에 따르면 '중대한 위반'은 내부적 무력충돌에서도 행해질 수 있다. 제83항 참조. 하지만, Abi-Saab 재판관은 자신의 개별 의견에서, 그러한 규칙이 이미 발전해 있었다고 하였다(pp.4-6)].

범죄의 주관적 요소는 때때로 일정한 행위를 금지하는 국제규칙에서 명시하고 있다.[6] 국제규칙에서 주관적 요소를 심지어 묵시적으로도 규정하지 않는 경우, 고의(intent)가 있어야 하거나 상황에 따라서는, 근거가 되는 범죄(살인, 강간, 고문, 개인재산의 손괴, 방어되지 않은 장소에 대한 발포, 약탈 등)에 대해서 세계 대부분의 법제도에서 규정하고 있는 *인식*(knowledge) 혹은 *무모함*(recklessness)이 있어야 하는 것이 적절한 것으로 보인다. 일반적으로 말해서 전쟁범죄의 경우, 중한 부주의(*culpa gravis*)로도 충분하다고 주장할 수 있을 것으로 보이는데 이는 해당 범죄행위자는 조금만 주의하면 자신의 행동이 갖는 위험성을 알 수 있었는데도, 금지되는 결과가 일어나지 않을 것이라고 확신하는 경우이다(반면에 무모함 혹은 미필적 고의(*dolus eventualis*)의 경우 행위자는 알면서도 위험을 부담하는 것임). 사실상, 국제적으로 기소할 수 있는 행위의 범주를 이처럼 확장하는 것이 국제인도주의법의 일반적인 대상과 목적에 부응한다.

---

6) 예컨대, 1949년 제3제네바협약 제130조(전쟁포로에 관한 것)에서는 이 협약의 '중대한 위반' 목록에 '의도적인 [전쟁포로] 살해, 고문 혹은 생체실험을 포함한 비인도주의적 대우'뿐만 아니라 전쟁포로에게 '의도적으로 신체에 심각한 고통을 야기하거나 건강에 심각한 손해를 가하는 것', 혹은 '의도적으로 협약에서 규정하는 공정한 정식재판을 받을 권리를 전쟁포로에게서 박탈하는 것'을 나열하고 있다. '의도적'이라는 단어는 범죄의 고의, 즉 국제규칙에서 금지하는 행위의 결과를 야기하고자 하는 의도를 전제로 하는 것이 명확하다(예컨대, '의도적 살해'의 경우 피해자의 사망을 초래하고자 하는 의도에 대한 증명이 제시되어야 한다; '의도적으로 심각한 고통을 야기하는' 경우, 행위자는 심각한 고통을 야기하려는 의도를 가졌다는 점이 입증되어야 한다 등). 다른 유사한 규정으로서, 제4제네바협약 제147조(민간인에 관한 것)뿐만 아니라 다른 조약규정으로서, 무력충돌의 경우 문화재 보호를 위한 1999년 헤이그협약 제2의정서 제15조의 경우도 동일하다. 이 규정에서는 개인의 형사책임을 수반하는 해당 의정서의 심각한 위반을 열거하면서, 그러한 책임은 '범죄' 행위자가 '고의로' 자행했다는 점을 책임성립의 조건으로 하고 있다.

21.2.2 인도에 반한 죄

(1) 정 의

제2차 세계대전 중, 연합국들은 독일인이 행하였던 지극히 가증스러운 야만 행위 중 일부는 전통국제법에서 금지하지 않는다는 점을 알게 되었다. 전쟁법은 적국 혹은 적국 주민이 결부된 위반만 금지하였던 반면, 독일은 정치적 또는 인종적 이유에서 자신의 동포(유태인, 노조원, 사회민주주의자, 공산주의자, 집시, 교회신도)뿐만 아니라 전쟁법에서 보호되지 않는 다른 개인[7]에 대해서도 비인간적인 행위를 하였다. 또한, 1945년에는 정치적 혹은 인종적 견지에서 단순히 핍박하는 행위들은 비록 점령지 민간인에 대해서 하는 경우라도 금지되지 않았다.

1945년, 미국의 강력한 주장에 따라서 연합국들은 주요 전쟁범죄자 전원을 처형하는 것(처칠과 다른 영국 각료들이 처음에 제안하였음[8])보다 더 좋은 행동방향은 이들을 재판에 회부하는 것(스탈린도 약식처형에 대해서는 반대했던 것으로 보임[9])이라고 결정하였다. 국제군사재판소(International Military Tribunal: IMT) 헌장을 구체화하는 1945년 8월 8일 런던협정에서는 재판소가 무엇보다도 '인도에 반한 죄'의 잘못이 있는 사람을 재판하여 처벌하는 규정을 포함시켰다. 이 범죄는 다음과 같이 정의되었다.

---

7) 예컨대, 연합국 국민들[비시 정권(1940~1944)하에 있는 프랑스 유태인], 공식적으로 독일의 점령하에 있지 않고, 따라서 점령지의 민간인 주민을 보호하기 위한 국제규칙의 보호를 받지 못하는 국가의 국민. 이러한 규칙은 1938년 독일이 병합한 오스트리아, 체코슬로바키아(1938년 뮌헨조약에 따라 수데텐 지역을 독일이 병합하였고, 그 나머지 영역은 1939년 소위 보헤미아-모라비아 보호령이 되었음)에 적용되었다. 독일은 국적이 없는 유태인과 집시들을 박해하고 살해하였다.

8) 1945년 2월 2일에 영국 외무장관인 에덴(Anthony Eden)이 몰타 회의에서 하였던 성명(*FRUS*, "The Conferences at Malta and at Yalta 1945," p.507), 그리고 1945년 2월 9일 얄타에서 처칠 수상이 하였던 성명(*ibid.*, p.849) 참조. 아울러 B.F. Smith, *The American Road to Nuremberg—The Documentary Record, 1944-1945*(Stanford, Ca.: Hoover Institution Press and Stanford University, 1982), pp.31-33에 실린 영국 대법원장 John Simon경의 1944년 9월 4일 '중요 전범자들'에 관한 비망록, 그리고 p.227 각주 참조. 다른 각료 중 한 사람인 애틀리(Clement Attlee)는 총살대상자 명단에 폰 파펜 그리고 자이스 잉크바르트를 포함하여 실업가와 군 지휘관을 포함하자고 제안하였다(Smith, p.227 인용). 나중에 처칠은 생각을 바꾸었다(1944년 10월 22일 프랭클린 루스벨트에게 보낸 극비 전보, *FRUS*, p.400 인용).

9) 소련의 입장에 대해서는 영국 외무장관 에덴이 *FRUS*(*supra* note 8 인용), p.507에서 보고하고 있다("에덴은 이 [문제]를 10월에 [1943년, 모스크바 외무장관 회담에서] 논의하였을 때, 스탈린 원수가 약식처형을 원하는 우리의 견해에 대해서 이견을 보였고, 사법절차 형식이 필요하다고 말했다고 하였다").

"재판소의 관할권에 해당되는 모든 범죄(즉, '평화에 반한 범죄' 혹은 '전쟁범죄' 중 어느 하나)를 실행하면서, 혹은 이와 연계해서 하는 살인, 절멸, 노예화, 추방 등 전쟁 전후에 민간인 주민을 상대로 행한 비인도주의적인 행위, 또는 정치적 · 인종적 혹은 종교적 이유에서 하는 핍박으로서 범죄행위지 국가의 국내법 위반 여부를 불문한다."

이 정의가 갖는 한 가지 큰 결점은 인도에 반한 죄를 다른 두 가지 유형의 범죄와 밀접히 연계시키고 있는 점이다. Schwelb가 제대로 지적했듯이, 이렇게 연계시키면 (이들 행위가 침략전쟁과 연계되었거나 그러한 전쟁을 하려는 모의와 연계되었기 때문에, 혹은 이들이 전쟁범죄, 즉 적국 전투원 혹은 적국 민간인에 대한 범죄와 결부되었기 때문에) '타국의 이익을 직접 침해하는' 범죄행위만 처벌하게 되었다.[10] 1945년에 연합국들은, 즉 제3국에 대해서 아무런 의미나 영향도 없이 그저 '국내적'으로만 적용되는 법으로써 비인간적 행위를 금지해야 한다고 느끼지 않았던 것이 분명하다.

이러한 한계에도 불구하고, 새로운 유형을 창설한 것은 커다란 발전이었다. 첫째, 이로써 국제공동체가 '국가 차원을 벗어나는' 관심사항을 고려하여 행위유형을 확장하였다는 점을 보여 주었다. 이러한 유형은 모든 인간(개념상 인도주의(humanity)는 'mankind' 혹은 'human race'를 의미하는 것이 아니고, 인간의 '자질' 혹은 인간에 대한 인식을 의미함)에게 본원적인 것으로 여겨지거나, 그렇게 여겨야 한다고 생각되는 기본가치에 반하는 모든 행위를 포함하게 되었다. 둘째, 인도에 반한 죄가 국내법에 따라서 행해진 경우라도 처벌할 수 있는 한, 1945년 IMT헌장은 일부 특별한 상황에서는 '국가의 전지전능함'(영국측 수석검사인 Hartley Shawcross경의 말을 빌리면)에 한계가 있다는 점과, "개별 인간은 모든 법의 궁극적인 요소이기에 국가가 인간의 양심을 능욕하는 방식으로 그의 권리를 짓밟는 경우 인간으로서 보호받을 권리를 박탈당할 수 없다"는 점을 보여 주었다.[11]

IMT는 실제로 '인도에 반한 죄'를 다룬 헌장 규정에 따라서 행동하였다. 이

---

10) E. Schwelb, "Crimes against Humanity," 23 *BYIL*(1946), pp.193-195, 206-207. 본문에서 인용한 구절은 p.207에 있음.

11) Sir Hartley Shawcross, *Speeches of the Chief Prosecutors at the Close of the Case Against the Individual Defendants*(London: H.M. Stationery Office, Cmd. 6964, 1946), p.63.

렇게 해서, 재판소는 *사후법*(*ex post facto* law)을 적용했던 것이 틀림없다. 달리 말해서, 재판소는 뉘른베르크에서 피고측 변호인이 제대로 강조하였듯이, 국제법을 소급적용하였다.[12] 재판소는 자신의 헌장 적용은 두 가지 점에서 정당하다고 하였다. 첫째, 재판소 자신은 "IMT헌장 창설 당시에 존재했던 국제법의 표현이고, 그러한 한도에서, [그것] 자체가 국제법에 기여하였다"라고 하였다.[13] 그러나 이는 인도에 반한 죄에 관한 한 사실이 아니며, 사실상 재판소가 이러한 유형의 범죄와 관련해서 자신의 일반적인 견해를 주장하는 것이 적합하다고 하지 않았던 점(아마도 그 이유는 피고측 변호인 전원이 1945년 1월 19일 공동답변서에서 평화에 반하는 죄는 죄형법정주의(*nullum crimen sine lege*) 원칙에 반한다고 하면서도, 인도에 반한 죄에 대해서 침묵하였던 점 때문일 수도 있다)이 두드러진다.[14] 재판소의 두 번째 입장은—주로 '평화에 반하는 죄'(21.2.5 참조)와 관련해서 선언된 것이지만, 현재 고려중인 인도에 반한 죄에도 적용될 수 있는 것임— '*nullum crimen sine lege* 법언은 주권의 제한이 아니라 일반적 정의원칙'이고, 이 결과, 국제조약과 확신에 명백히 반하는 행위들을 처벌하지 않고 "그냥 두는 것은 부당하다"는 점이다.[15] 이러한 명제는 틀림없이 심각한 잔혹행위 그리고 비인간적인 행위에 대해서 타당하다. 그러나 새로이 마련된 범죄의 경우, 재판소는 이들 새로운 범죄에 대해서만 유죄판단을 받은 피고인들에게 극형인 사형을 선고하지 않는 것이 현명하였을 것이다(이러한 견해는 동경 국제재판소의 네덜란드인 판사였던 Röling이 같은 재판소 판결에 대한 자신의 반대의견에서 강하게 주장하였음).[16]

굵직한 전쟁 관련 재판이 있은 후 국제법상 획기적인 변화가 발생하였다. 1946년 12월 11일, 유엔 총회는 뉘른베르크 국제재판소 헌장과 그 판결의 원칙을 '확인하는' 결의(제95-1호)를 만장일치로 채택하였다. 그 후 ICTY, ICTR 그리고 ICC규정을 위시한 꽤 많은 수의 국제문서들이 채택되어서 인도에 반한 죄의 금지를 구체화하였는데, 이들 중 일부는 런던협정을 개선하고 확장하였다.

---

12) 1945년 11월 19일 피고인측 변호인 전원이 채택한 답변서 참조. *Trial of the Major War Criminals Before the International Military Tribunal, Nuremberg 14 November 1945—1 October 1946* (Nuremberg, 1947), Nuremberg I, pp.168-169.

13) *Ibid.*

14) *Ibid.*

15) *Ibid.*, p.219.

16) B.V.A. Röling and C.F. Rüter, eds., *The Tokyo Judgment*, Vol. 2(Amsterdam: Apa University Press, 1977), p.1048 이하 참조.

(2) **범죄의 객관적 요소와 주관적 요소**(*actus reus* 그리고 *mens rea*)

인도에 반한 죄의 *객관적* 요소는 포괄적이지만 일반국제법에서 충분히 잘 정의되어 있다. 이러한 유형의 범죄행위들이 공유하는 특징은 다음과 같다.

1) 이들 범죄는 인간의 존엄성에 대해서 심각한 공격이 되거나, 한 명 이상의 인간을 심각히 모멸하거나 인간성을 저하시킨다는 면에서 특히나 혐오스러운 범죄이다.

2) 이들은 개별적이거나 산발적인 사건이 아니고, 정부정책의 일부가 되거나 (1951년 *Enigster* 사건에서 텔아비브 지방법원이 천명하였듯이,[17] 범죄행위자는 자신을 이러한 정책과 동일시할 필요가 없다고 할지라도) 정부 혹은 사실상의 당국이 용인하거나 용서하는 것으로서 폭넓게 혹은 조직적으로 하는 잔혹행위 관행의 일부이다. 살인, 절멸, 고문, 강간, 정치적 · 인종적 혹은 종교적 박해, 그리고 그 밖의 비인간적인 행위가 관행의 일부가 되는 경우에만 인도에 반한 죄의 수준에 이르게 된다. 이러한 성격의 반인도주의적인 행위로서 개별적인 행위는 인권의 심각한 침해가 되거나, 사정에 따라서는 전쟁범죄가 될 수 있지만, 인도에 반한 죄라는 딱지를 붙이지 못한다. 반면에 개인은 자신이 위에서 언급한 범죄를 한두 가지만 행하거나, 단지 소수의 민간인에 대해서 한 건의 범죄에 가담한 경우라도 인도에 반한 죄에 대해서 유죄가 될 수 있다. 단, 이들 범죄는 (예를 들면, 이들이 같은 편에서서 무력행위에 가담하거나, 공모자가 되기 때문에, 아니면 이와 유사한 다른 이유로 인해서) 그 범죄자와 연계된 수많은 사람들이 하는 지속적인 불법행위 행태의 일부가 되어야 한다.

> 결과적으로, 한 명 이상의 개인들이 반인도주의적 정책을 계획하거나 실행하였다는 혐의를 받지 않고, 단순히 특정한 잔혹행위 혹은 사악한 행위를 자행하였다는 혐의를 받는 경우, 필요한 기준이 충족되었는지의 여부를 결정하려면, 다음과 같은 기준을 활용해야 한다. 즉, 이들 잔혹행위 또는 이를 배경으로 한 행위를 보고서 이들이 전반적인 정책 혹은 지속적인 반인도주의적 행태의 일부로 간주될 수 있는지의 여부 혹은 이들이 개별적으로나 산발적으로 잔혹하고 사악한 행위가 되는지의 여부를 검증해야 한다.

17) *Enigster* 사건에서, 텔아비브 지방법원은 "기소되어서 수감된 자가 자신과 동일한 수용소에 수감된 동료 죄수에 대해서 반인도주의적인 행위를 행한 경우, 법적 관점에서 인도에 반한 죄를 저지른 것이 된다. 전쟁범죄자와 달리, 인도에 반한 죄를 저지른 자는 핍박하는 체제 혹은 그러한 체제의 악의적인 고의와 자신을 동일시할 필요는 없다"고 제대로 말하였다(p.542).

3) 인도에 반한 죄는 전시 혹은 평시에 자행되었는지 여부와 상관 없이 처벌될 수 있다. 1945년에는 무력충돌과 연결고리가 있어야 했지만, 현재의 관습법에서는 그러한 요건을 중시하지 않고 있다.

인도에 반한 죄의 *주관적 요소*를 결정하는 것은 지극히 어려우며 논란의 여지가 있다. 필요적 주관적 요소 또는 *mens rea*는 단순히 근거가 되는 범죄(살인, 거세, 추방, 강간, 고문, 핍박 등)에 필요한 범죄의 고의에만 한정되지 않는다. 이러한 범죄의 사악함은 근거가 되는 범죄가 아무리 악랄하고 비열하다고 해도 그 이상의 주관적 요소이다. 이러한 추가적 요소―인도에 반한 죄를 전쟁범죄와 구분하는 데 도움이 됨―는 이 범죄가 포함되는 더 넓은 맥락을 '인식하였는지'의 여부, 즉 해당 범죄가 체계적인 정책 혹은 광범위하고 대규모적인 학대행위의 일부라는 점을 알았는지의 여부이다. 또한 이들 범죄가 핍박의 형태를 취하는 경우, 또 다른 주관적 요소로서 핍박하거나 차별하려는 의도가 필요하다. 그러한 고의는 어떤 사람 혹은 집단을 차별·학대하거나 괴롭혀서 그 사람 혹은 집단이 종교적·정치적 혹은 다른 이유에서 큰 고통이나 상해를 받도록 하려는 것이어야 한다. 핍박의 경우에 추가되는 이러한 요소는 특별고의(*dolus specialis*)에 해당한다.

21.2.3 집단살해

(1) 정 의

집단살해, 즉 복수의 집단이나 집단 자체의 구성원을 고의로 살해, 파멸 혹은 절멸시키는 것은 처음에는 인도에 반한 죄의 유형으로 생각했다. IMT 헌장 제6(c)조 또는 통제이사회법(Control Council Law) 제10호 제II(1)(c)조 어느 것도 명시적으로 집단살해를 별개의 인도에 반한 죄로 상정하지 않았다. 그러나 관련 규정(의 용어)에서는 인도에 반한 죄에 집단살해가 포함된다는 점을 명확히 보여 주고 있다. IMT와 동경국제재판소는 명시적으로 집단살해를 언급하지 않았다. 유태인 그리고 그 밖의 민족적 혹은 종교적 집단의 절멸에 관한 사항을 다룰 때, 이들은 대체로 핍박범죄를 언급했다.[18)]

---

18) 그러나 집단살해는 소수의 다른 사건, 특히 1948년 폴란드 법원이 결정한 *Hoess* 사건(p.1520) 및 1948년 뉘른베르크의 미국 군사재판소가 결정한 *Greifelt et al.* 사건(p.17)에서 논의되었다.

집단살해는 유엔 총회가 집단살해방지협약을 채택하였던 1948년 특정 범죄로서 독자적인 중요성을 획득하였다. 이 협약은 수많은 장점이 있다. 다른 무엇보다도 ① 해당 범죄를 자세히 정의하고, ② 집단살해와 연계된 다른 행위(모의, 공모 등)를 처벌하며, ③ 집단살해가 행해진 시기가 전시이든 평시이든 상관 없이 이 행위를 금지하고 있다. 또한 ④ 집단살해를 행위자 개인(그리고 다른 가담자)의 형사책임이 결부되는 범죄로, 그리고 집단살해를 자행하는데 가담하거나 다른 방식으로 참여하는 당국을 둔 국가의 책임을 수반하는 국제위법행위(이러한 국제위법행위는 국제분쟁의 대상이 될 수 있으며, 어느 경우이든 국제위법행위의 모든 효과를 포함함)로 보고 있다.

그러나 이 협약의 흠결을 간과해서는 안된다. 이들 중 가장 두드러진 것은 다음과 같다. ① 집단살해의 정의는 정치적 차원에서 일정 집단을 절멸시키는 경우를 포함하지 않을 뿐만 아니라, 문화적 집단살해(즉, 일정 집단의 언어와 문화를 파괴하는 것)의 경우도 포함하지 않는다. ② 이 협약에서 상정하고 있는 집행장치가 효과적이지 못하다.[19]

이와 반대로, *국제적인* 형사재판소가 집단살해를 기소하여 처벌하는 수준에서, 그리고 *규범적* 차원에서 상당한 진전이 있었다. ICTY와 ICTR뿐만 아니라 ICC규정에서 집단살해를 규정하였는데, ICTY와 ICTR은 이 범죄의 혐의를 받는 소수의 사람들을 재판할 수 있었으며, 그 사항과 관련해서 중요한 판결을 내렸다[특히 ICTR의 *Jean-Paul Akayesu* 사건(제204항-제208항), *Clément Kayishema and Obed*

---

19) 협약 제4조에서, 협약은 집단살해가 발생한 영역에 있는 국내법원 혹은 장차 '국제형사재판소'(international penal tribunal)에 제기될 재판을 상정하고 있다. 제8조에서는 모든 체약국이 헌장에 따라서 집단살해의 예방 혹은 억제를 위하여 유엔의 관할기관이 '자신이 적절하다고 여기는 방식으로' '조치를 취하도록 촉구할 수 있다'고 한 반면, 제9조에서는 ICJ에 대해서 이 협약의 해석 · 적용 혹은 이행에 관한 국가간의 분쟁을 심판할 수 있는 관할권을 부여하고 있다.

*집행*수준에서 이 협약은 오랫동안 실패작이었다. 유엔 기관이 집단살해건에 대해서 판단한 것은 오직 한번뿐이었다. 이는 *Sabra and Shatila* 사건에서였다. 이 사건에서 유엔 총회는 1982년 12월 16일자 결의 제37/123D호에서 학살을 '집단살해행위'라고 표현하였다. 그 이후 1993년에 처음으로 국가가 국제사법재판소에 집단살해 사건[*Bosnia and Herzegovina v. Federal Republic of Yugoslavia(Serbia and Montenegro)*]을 제기하였다. 이와 마찬가지로, 소수의 집단살해 사건만이(보편성이라는 법적 근거에 따라서) 국내형사법원에 제소되었다. 이러한 사건으로는 *Eichmann* 사건[1961년 예루살렘 지방법원이 결정하였고(p.5), 그 후에 이스라엘 대법원이 결정하였다(p.277)], 1997년 뒤셀도르프 고등법원(Oberlandsgericht)이 결정하고(pp.151-169), 1999년 연방대법원(Bundesgerichtshof)에서 확인된 *Jorgić* 사건(pp.396-404)뿐만 아니라 2001년 2월 21일 연방고등법원이 결정한 *Sokolović* 사건(pp.5-15) 및 *Kusljić* 사건(pp.6-12)이다.

Ruzindana 사건(제41-49항)뿐만 아니라 *Musema* 사건(제884-941항), 그리고 *Rutaganda* 사건(제56항); 아울러 ICTY의 *Jelisić* 사건(제78-83항), *Krstić* 사건(제1심재판부, 제539-599항 그리고 항소심재판부, 제135-144항) 및 *Stakić* 사건(제499-561항)].

규범적 차원에서 이루어진 발전사항 중 일부를 강조하는 것이 바람직하다. 비록 다소 잘못된 용어를 사용하고 있지만, ICJ가 *Reservations to the Convention on the Prevention and Punishment of Genocide* 사건(p.23)에 관한 권고적 의견에서 판시했듯이, 이 협약의 주요 실체적 규정이 점차 관습국제법으로 바뀌었다. 게다가 국가책임의 차원에서 집단살해에 관한 관습규칙은 국제공동체의 다른 모든 구성원에 대한 공동체의무를 강제하고, 동시에 그러한 집단살해 행위의 중단을 요구할 권리(공동체권리)를 모든 국가에 부여하고 있다는 점이 현재 널리 인정되고 있다. 마지막으로, 이들 규칙은 현재 *jus cogens* 혹은 강행규범의 일부이기에 국제합의(뿐만 아니라 특히 국내입법으로도)로써 이들 규칙에서 벗어날 수 없다.

(2) 범죄의 객관적 요소와 주관적 요소(*actus reus* 그리고 *mens rea*)

집단살해협약 제4조와 이에 상응하는 관습법규칙에서는 집단살해에 해당될 수 있는 행위들을 명확히 정의하고 있다. 즉, ① 민족, 인종 혹은 종교집단의 구성원들(따라서, 2명 이상임)을 살해하는 것, ② 해당 집단의 구성원들에게 육체적으로나 정신적으로 심각한 해를 야기하는 것, ③ 해당 집단에 대해서 물리적으로 전체 혹은 일부를 파멸시키기 위해 계산된 생활조건을 의도적으로 강요하는 것, ④ 해당 집단 내에서 출생을 방지하기 위해 의도된 조치를 강제하는 것, ⑤ 해당 집단의 아동을 다른 집단으로 강제이전하는 것이다.

비록, 위에서 언급했듯이, 집단살해는 인도에 반한 죄의 하위범주로 등장하였지만, 곧 독자적 지위와 내용을 갖게 되었다. 무엇보다도 그 증거는 집단살해의 경우, 국제규칙상 해당 범죄의 법적 요소로서 폭넓거나 체계적인 관행의 존재를 요구하지 않는다는 것이다. 물론, 이는 절차적인 면에서 중요한데, 그 이유는 국내재판 혹은 국제재판에서 검사가 그러한 관행에 관한 증거를 제시할 필요가 없다는 점을 의미하기 때문이다. 그러나 실제로 집단살해 행위는 개별적 혹은 산발적인 사건이 아니다. 일반적으로, 이들은 정부당국이 종종 인정하거나 최소한 용인한 폭넓은 정책의 일부이다. 그러나 이러한 상황은 해당 범죄의 *법적 요건*으로서 규정되지 않고, *사실적인 사항*으로 남아 있다.

제4조에서는 현재 '인종청소'라는 비전문용어로 불리는 행위, 즉 특정 집단에 속하는 민간인들을 일정 지역, 촌락 혹은 도시에서 강제로 축출하는 것을 포함하지 않고 있다[집단살해방지협약을 작성하는 와중에, 시리아는 6번째 유형의 집단살해 행위를 추가하기 위하여 "일정 집단의 구성원들이 나중에 있을 박해의 위협을 모면하기 위하여 자신의 집을 버리도록 하려는 의도를 갖는 조치를 강제하는 것"이라는 수정안을 제안하였다(UN Doc. A/C6/234 참조). 그러나 초안 작성자들은 이 제안을 배척하였다].

국제형사책임이 결부된 범죄로서 집단살해의 *주관적* 요건, 즉 '국민, 민족, 인종 혹은 종교적 집단의 전체 또는 일부를 파괴하려는 고의'는 제2조 제1항(그리고 이와 상응하는 관습규칙)에서 규정하고 있다. 이러한 고의는 특별고의(*dolus specialis*), 즉 근거가 되는 범죄(위에서 상술함)에 수반하는 범죄의 고의 이외에 필요한 가중적인 형사적 고의에 해당된다. 달리 말해서, 범죄행위자가 예컨대 피해자의 사망을 의도하는 것 이외에, 이들이 속한 집단 전체 혹은 일부를 파괴하려고 했어야 한다는 점도 입증되어야 한다. 따라서 살인은 해당 집단 일부 혹은 전체를 파괴한다는 *목표*를 달성하기 위한 *수단*이었다. 이 결과, 다른 범주의 주관적 요소로서, 중한 부주의(culpable negligence), 미필적 고의(*dolus eventualis*)는 제외된다.

21.2.4 고 문

(1) 개 관

고문(torture)은 폭넓거나 체계적인 관행의 일부로서 인도에 반한 죄가 되는 경우에만 국제범죄로서 금지되지 않는다. 고문은 대규모 관행을 벗어나는 단 한 개의 행위로 자행되더라도 범죄가 될 수 있다. 이 경우, 고문이 전시에 '적'을 상대로 행해졌다면, 이는 전쟁범죄이다. 그러나 평시에 활용되었거나 혹은 전시에 전쟁과 무관한 이유로 그리고 '적'이 아닌 사람을 상대로 자행되는 경우, 관습국제법에 따른 독자적인 국제범죄로 분류될 수 있다.

이러한 여러 가지 범주들 간에 중요한 차이점이 있다. 전시에 행해지는 고문은 공적 신분을 갖지 않은 사인(私人)도 행할 수 있다. 이 경우, *전쟁범죄*가 되려면, 적국의 국적을 갖거나 (특히 내부적 무력충돌의 경우) 적국의 통제하에 있는 보호받는 사람을 상대로 자행되어야 한다.

내부적 무력충돌이나 국제적 무력충돌 시기에 혹은 평시에 행해지는 고문이 *인도에 반한 죄*가 되려면 무엇보다도 폭넓고 체계적인 관행의 일부가 되어야 한다. 이는 사인(私人)이 자행할 수도 있다. 또한, 국가공무원이 재판에 회부된 특정 고문행위에 참가했을 필요도 없다. 그러나 바로 이 범죄 유형의 정의 자체에, 기소된 특정 고문 이외에 많은 고문행위가 당국의 처벌을 받지 않고서 자행되고 있거나 자행되었다는 점이 내포되어 있다. 달리 말해서, 당국의 암묵적 승인이나 용서가 있거나 또는 있었거나, 아니면 적어도 범죄자를 입건하기 위해 적절한 조치를 취하지 않았어야 한다. 달리 표현하면, 최소한 어느 정도 당국의 '수동적 관여'가 있어야만 한다.

ICTY가 ICTR의 *Akayesu* 사건(제593항) 그리고 ICTY의 *Furundžija* 사건(제162항)의 이전 판결과 약간 다르게 2001년 *Kunarac et al.* 사건(제488-497항)에서 적시하였듯이, 독자적인 범죄로서 고문의 경우 사정은 달라진다. 평시 혹은 전시 양자의 경우에 적용될 수 있는 1984년 고문방지에 관한 유엔협약 제1조 제1항에 따르면, '고통'은 '공무원 혹은 그 밖의 공무원 신분으로 활동하는 사람이 직접 가하거나 교사, 동의 또는 묵인하' 에 가해져야 한다. *법률상* 혹은 사실상 국가공무원이 이러한 식으로 참여해야 하는 이유는 ① 이 경우, 고문은 단독 혹은 산발적인 사건이 되더라도 국제규칙에 따라서 처벌할 수 있다는 점, 그리고 ② 이 결과 일반 또는 '보통'범죄로서 고문(예컨대, 남편이 자신의 처를 고문하거나 혹은 난동꾼 집단이 소년 하나를 고문하는 것)과 인권에 관한 국제규칙의 대상이 되는 국제범죄로서 고문을 구분해야 한다는 점 때문이다.[20]

---

20) 이러한 상황에서 자행된 고문을 금지하는 것은 오랜 기간에 걸쳐서 발전하였는데, 이 동안 규범 설정 수준에서 상당히 기여한 점은 다음과 같다. ① 유엔 총회를 통과한 중요한 선언(1975년 12월 9일 채택된 결의 제3452(XXX)호), ② 1984년 유엔고문방지협약이 점차 중요성을 갖게 된 것, ③ 인권에 관한 일반조약 그리고 이들 조약의 집행을 책임지는 기관의 사법적 관행, ④ 국가별 판례법[특히, *Pinochet(III)* 사건(pp.581-663)과 같은 경우], 그리고 ⑤ ICTY의 *Furundžija* 사건 판결(제146항) 그리고 유럽인권재판소의 *Aksoy* 사건(제62항) 및 *Selmouni* 사건(제96-105항). *Filartiga* 사건에서 미국 법원은 "고문행위자는 과거 해적이나 노예상인처럼 *hostis humani generis*, 즉 모든 인류의 적이 되었다"(제980항)라고 판시했던 점을 언급하는 것으로 충분하다. 그리고 1998년 *Furundžija* 사건에서 ICTY는 고문을 금지하는 인권조약과 국제기구의 결의를 언급한 후, "이처럼 고문을 금지하는 일반법규와 조약규칙이 있다는 것은 국제공동체가 이토록 가증스러운 현상을 불법화하는 것이 중요하다는 점을 인지하고서, 국가간 수준에서 그리고 개인간 수준에서 고문 발생을 억제하기로 결정했다는 점을 보여 주고 있다. 법률상 공백은 더 이상 없다"고 말하였다(제146항).

(2) 객관적 요소와 주관적 요소

금지되는 행위의 경우, 1984년 유엔고문방지협약 제1조 제1항에서 규정하고 있는 고문의 정의를 근거로 해도 될 것이다. ICTY가 *Delalič et al.* 사건(제455-474항), *Furundžija* 사건(제257항) 그리고 *Kunarac et al.* 사건(제483-497항)에서 판시하였듯이, 이 정의에 "담긴 주된 요소들은 [세계공동체에서] 현재 일반적으로 수락되었다." 따라서 고문의 객관적 요소는 다음과 같은 요소로 되어 있다는 것이다. 즉, ① "신체적이든 정신적이든 심각한 고통을 사람에게 가하는 모든 행위" 또는 ② 그러한 고통은 "합법적 제재에서만 유발되거나, 그에 내재되어 있거나, 그에 수반되는 것이 아니다." 독자적인 범죄로서 고문의 경우, 고통은 공무원 또는 그 밖의 공무원 신분으로서 활동하는 개인이 가하거나, 선동하거나, 그의 동의 혹은 묵인으로 행해져야만 한다.

*mens rea*의 경우, 위의 정의 그리고 국제법원 및 그 밖의 사법기관 혹은 준사법기관의 관행에서 요구하는 사항은 다음과 같다. ① 고통을 가하는 *목적*은 '그 사람(고문당하는 개인) 혹은 제3자로부터 정보 혹은 자백'을 얻거나, '그 사람 혹은 제3자가 자행하거나 자행한 것으로 의심받는 행위를 이유로 처벌하거나', '그 사람 혹은 제3자를 위협하거나 강제하기 위한 것'이거나 또는 고통을 가하는 것이 '차별에 근거한 어떠한 이유에서든지' 혹은 피해자에게 모욕을 주기 위하여 행해져야 한다. ② 고통을 가하는 것은 '고의적'이어야 한다. 고문의 경우, 범죄적 고의(*dolus*)가 항상 필요하다고 하는 것이 합당하다. 다른 주관적 기준(무모함, 경미한 부주의에 의한 잘못 등)은 충분하지 않을 것이다.

21.2.5 침략범죄

(1) 개 관

침략은 IMT를 설립한 1945년 8월 8일 런던협정에서 처음 국제범죄로 간주되었다. 런던협정의 부속서인 IMT헌장 제6(a)조는 다음과 같이 규정하고 있다.

> "다음 행위 중 어느 것이든 재판소의 관할대상으로서 개인이 책임을 부담하는 범죄이다. (a) *평화에 반하는 범죄*: 침략전쟁 또는 국제조약, 협정, 약속을 위반하는 전쟁의 계획 · 준비 · 개시 · 실행 또는 상기 어느 사항이라도 그것을 달성하기 위하여 공동계획 혹은 음모에 참여하는 것"

결국, 침략전쟁은 넓은 범주의 '평화에 반하는 범죄'에 속하는 하위범주 중의 하나일 뿐이다. IMT는 자신이 이미 1945년 이전에 설립되었다는 점, 그리고 이에 따라서 그러한 범죄의 처벌은 *nullem crimen sine lege* 원칙과 충돌하지 않는다는 점을 입증하기 위하여 다소 길게 이러한 범주를 상술하였다. IMT는 침략을 '최상위 국제범죄'로 정의하기까지 하였다(p.186). 일부 피고는 이러한 혐의로 유죄판결을 받았고, 사형 혹은 장기징역형을 선고받았다. 이후, 동경재판소는 일부 피고가 침략에 대해서 유죄라고 판단하였다. 1946년 12월 11일, 유엔 총회는 만장일치로 결의 제95(I)호를 채택하여, '뉘른베르크재판소 헌장과 해당 재판소의 판결에서 승인하고 있는 국제법 원칙'을 '확인'하였다. 따라서 평화에 반하는 범죄의 정의와 IMT가 이 정의를 적용한 것을 그 당시 유엔 회원국인 모든 국가들이 공식적으로 승인하였다. 그러나 그 후 수년간 다른 범죄들이 여러 협약에서 상세히 규정된 것과 달리 이 특정 범죄에 대해서는 추가적인 조치가 없었다.

침략과 관련해서 문제되는 사항은 주요 강대국들이 유엔헌장 제2조 제4항에서 규정하고 있는 무력사용금지 위반의 정의를 회피해서, 각국이 개별적으로 그리고 안보리가 집단적으로 이 규정을 적용할 때 가능한 재량의 여지를 많이 확보하려고 하였다는 점이다. 침략의 정의는 국가의 국제책임을 유발하는 국가의 위법행위로서의 침략과 형사책임이 결부된 국제범죄로서의 침략 양자에 대해서 답보상태에 있었다. 나중에, 유엔 총회는 1974년 12월 14일자 결의 제3314(XXIX)호에서 정의를 채택하였다. 그러나 이는 의도적으로 충분하지 않게 만든 것이었는데, 그 이유는 제4조의 정의는 망라적이지 않고, 안보리가 헌장에 따라서 다른 행위를 침략이라고 규정지을 수 있도록 하여 안보리에 재량의 여지를 넓게 부여하도록 규정하였기 때문이다. 더욱이, 이 결의에서는 침략이 국가책임과 개인의 형사책임 양자를 모두 발생시킬 수 있다고 명시하지 않았다. 제5조 제2항에서, 침략전쟁은 "국제책임을 초래한다"라고 하면서, 이러한 전쟁은 국제법에 반하는 범죄라고만 규정하였을 따름이다. 이 외에, 1996년 ILC가 채택한 인류의 평화와 안전에 반하는 범죄법전 초안에서 규정하고 있는 정의는 다소 빈약하고 실망스러우며,[21] ICC규정은 제5조에서 침략범죄를 규정하고 있지만, 재판소는 일단 침

21) 법전 초안 제16조는 "지도자 혹은 기획자로서 한 나라가 자행하는 침략의 계획 · 준비 · 개시 혹은 시행에 적극적으로 개입하거나 이를 명령하는 개인은 침략범죄의 책임을 진다"(UN Doc. A/51/332)고 규정하고 있다.

략의 정의규정이 ICC규정 수정을 통해서 채택되면 이 범죄에 대해서 관할권을 행사할 수 있도록 규정하였다.

1948년 이래, 국가들이 침략행위에 가담한 경우가 상당히 많았다는 점은 논란의 여지가 없고, 안보리는 몇몇 사건에서 국가가 그러한 행위를 자행했다고 결정했는데도 침략범죄라고 주장되는 사항에 대해서 국내재판이나 국제재판이 없었다는 점은 놀라운 일이 아니다.[22]

그러나 세계공동체에서 침략에 관한 완전한 정의에 대해 일반적인 합의가 이루어지지 않았다고 해서, 이러한 범죄의 범법자들이 기소되거나 처벌받을 수 없다는 견해는 잘못이다. 주된 문제는 대부분 국가들은 자국 법원에 대해서 침략범죄에 대한 관할권을 부여하는 입법을 하지 않고 있다는 점이다. 그러한 법을 가지고 있는 소수의 국가 중에는 독일[형법 제80조에서 "누구든지 독일연방공화국이 참여하는 침략전쟁(기본법 제26조 제1항)을 준비하여, 독일연방공화국에 전쟁위협을 야기하는 자는 종신 혹은 10년 이상의 징역에 처한다"고 규정하고 있다], 그리고 이라크(1958년 8월 7일자 법 제1(b)조의 제7호에서는 "이웃 아랍 국가를 상대로 국군을 사용하거나, 그렇게 군대를 사용하겠다고 위협하거나, 외국을 선동해서 국가의 안전을 위태롭게 하거나, 현 정권을 전복시키기 위하여 혹은 국익에 반하는 식으로 외국의 국내문제에 관여하기 위하여 모의하거나, 이들을 상대로 모의하는데 금전을 소비하거나, 국제적인 분야에서 혹은 발간물을 통해서 이들 국가정상을 공격하는 것"을 형사범죄로 삼았다. 이 규정이 인도에 반한 죄에 대한 이라크 특별재판소 설립에 관한 2003년 12월 10일 법 제14(c)조에서 언급되었기에, 이 재판소는 다른 아랍 국가를 상대로 한 침략에 대해서도 관할권을 갖는다는 점이 흥미롭다)가 있다.

(2) 객관적 요소와 주관적 요소

침략은 국가들이 의도적으로 재량권을 넓게 갖기를 원하는 분야이다. 그러나 적어도 더 *전통적인* 형태의 침략은 관습국제법에서 금지하고 있기 때문에, 관습국제법이 이 범죄의 객관적 요소를 제공한다고 판단할 수 있다. 이러한 침략의 예는 문제되는 개념의 핵심인데, 기본적으로 1974년 정의의 내용에서 상정했던 것들이고, 최소한 부분적으로 ICJ가 *니카라과* 사건(*본안*; 제195항)에서 확인했던 것

22) 안보리는 남아프리카공화국과 이스라엘이 행한 행위와 공격을 '침략행위'라고 정의하였다. 예를 들면, 1985년 10월 4일 결의 제573호(이스라엘의 PLO 목표물 공격에 관한 것), 그리고 1985년 12월 6일자 결의 제577호(남아프리카공화국의 앙골라 공격에 관한 것) 참조.

들이다.

관련 침략행위 혹은 그 결과가 대규모이고 심각한 경우라면, 국가공무원(혹은 테러조직의 지도자이거나 요원)이 헌장을 위반하여 타국의 영토보전에 반하는 식으로 무력의 첫 번째 사용을 계획, 구성, 준비 혹은 참여하는 것을 관습국제법에서 국제범죄로서 금지하는 행위로 간주하는 것이 적합한 것으로 보인다.[23)]

이 범죄도 범죄적 고의(*dolus*)를 요건으로 한다. 범법자는 침략에 참여할 의도를 가지고 있어야 하고 자신이 하는 행위의 범위, 중요성, 그리고 결과를 알고 있었다는 점이 입증되어야 한다.

21.2.6 테 러

(1) 개 관

30년 이상, 국가들은 유엔에서 테러행위(terrorism)를 처벌하는 문제에 대하여 논의했지만 테러범죄를 정의하는 데 합의할 수 없었다. 제3세계 국가들은 소위 자유투사들, 즉 자기결정권을 실현하기 위해 투쟁하는 개인 및 집단들이 행하는 폭력행위를 이 개념에 포함시킬 수 없다는 자신들의 견해에 끈질지게 집착하였다. 결과적으로, 유엔 회원국의 과반수는 다른 입장, 즉 잘 명시된 일정 유형의 행위를 금지하는 협약을 작성하는 쪽을 더 선호하였다. 이러한 방식으로 넓고 일반적인 정의를 타결하는 어려운 문제를 비켜 나갔다.[24)] 그러나 테러행위에 대한

---

23) 이 유형은 다음과 같은 경우로 이루어진다. ① 한 국가의 군대가 다른 국가의 영역을 침입하거나 공격하는 것, 혹은 아무리 일시적이라고 해도 그러한 침입 혹은 공격의 결과로서 군사점령하는 것, 혹은 타국 영역 또는 그 일부를 무력으로 병합하는 것, ② 한 국가의 군대가 다른 국가 영역에 대해 포격하거나 무기를 사용하는 것, ③ 타국의 군대가 한 국가의 항구 혹은 해안을 봉쇄하는 것, ④ 한 국가의 군대가 다른 국가의 육군, 해군이나 공군, 혹은 해군함정이나 공군기들을 공격하는 것, ⑤ 접수국의 동의를 받고서 다른 국가 영역 내에 주둔한 한 국가의 군대를 해당 협정에서 정한 조건을 위반하여 사용하거나, 해당 협정 종료 이후에도 해당 영역 내의 주둔을 연장하는 것, ⑥ 한 국가가 자국의 영역을 타국이 활용하도록 하면서 그 타국이 제3국에 대한 침략행위를 행하는 데 해당 영역을 활용하도록 허락하는 행위, ⑦ 한 국가가 직접 혹은 자신을 대신해서 무장대, 무장집단, 비정규군 혹은 용병을 파병하여서, 다른 국가에 대해서 위에서 열거한 행위에 이를 정도의 심각성을 갖는 무력행위를 수행하도록 하거나, 해당 국가가 그에 실질적으로 관여하는 것. 이에 덧붙여 추가할 사항은 테러조직이 한 국가의 주민 혹은 영역에 대해서 해당 국가의 붕괴 혹은 정부의 급격한 변동을 초래하려는 의도를 갖고 행한 대규모 무력공격이다.

24) 쟁점이 되는 협약은 항공기 불법납치에 관한 1963년, 1970년, 그리고 1971년 협약, 외교관을 위시한 국제적으로 보호받는 사람을 상대로 한 범죄에 관한 1973년 협약, 1979년 인질억류에 관한 협

비난은 증가하였다. 이 밖에, 아마도 많은 국가들은 '자유투사'를 테러행위자로 낙인찍는 것을 피하는 문제에 대해 납득할 수 있는 해결책이 1977년 제1추가의정서에서 제시되었다(제44조 제3항에서는 한 나라의 군대 구성원이 아닌 투사와, 통상 공공연히 무기를 휴대하지 않는 투사들에게 일정 조건에서 전투원의 법적 지위를 부여하고, 생포시에는 포로의 법적 지위를 부여하였음)고 확신한 것으로 보인다. 이 모든 것으로 인해서 테러의 일반적인 정의에 대해서 넓은 합의를 이룰 수 있게 되었다.[25]

세 가지 주요한 요소가 필요하다. ① 해당 행위가 국내법 제도상 형사범죄를 구성해야 한다(예컨대 살인, 약취, 방화 등). ② 이들은 정부 정책에 위협을 가하거나, 강제하거나 영향을 미치기 위하여 민간인들에게 공포를 확산시키는 것을 목표로 해야 한다. ③ 이들은 정치적 또는 이념적 동기를 가지고 있어야 한다.

국제테러는 전쟁범죄(무력충돌 내에서 자행된 경우) 혹은 인도에 반한 죄(이 유형의 요건 자체를 충족하는 경우; 21.2.2 참조), 그렇지 않으면, 개별 범죄(위에서 언급한 세 가지 요소를 충족하는 국제테러행위가 전쟁범죄 혹은 인도에 반한 죄 중 어느 범주에도 해당되지 않는 경우) 중 어느 하나를 구성할 수 있을 것이다.

이러한 범죄에 대해서 전반적으로 혐오감이 있기에 어느 국가든지 테러행위자로 주장되는 자가 우연히 자국 내에 있게 되는 경우 그를 재판에 회부할 수 있는 법적 권리를 갖는다는 결론이 합당하다.

(2) 범죄의 객관적 요소와 주관적 요소

테러의 객관적 요소는 실질적으로 위에서 언급한 것으로서 이 사항에 관한 여러 가지 조약에서 유추할 수 있지만, 생명이나 신체, 또는 사유재산이나 공유재산에 심각한 손해를 야기하는 다른 범죄행위도 포함한다. 더욱이, 전쟁범죄로서 테러라면 진행 중인 무력충돌과 연결되어야 하지만, 반면에 인도에 반한 죄로서 테러는 광범위하고 체계적인 관행이 있어야 한다(21.2.2 참조).

약이다. 이 밖에, 1971년 미국과 다수의 중남미 국가들 그리고 스리랑카는 테러 예방 및 처벌을 위한 협약에 합의하였다.

25) 이러한 합의는 유엔 총회에서 컨센서스로 통과된 1994년 12월 9일 결의 제49/60호에 담겼다. 부속 선언에서 "정치적 목적에서 대중, 개인집단 혹은 특정 사람들에게 테러 상태를 유발하려고 의도되거나 계산된 범죄행위는 정치적 · 철학적 · 이념적 · 인종적 · 민족적 · 종교적 혹은 이를 정당화하기 위하여 원용할 수 있는 다른 어떠한 성격을 고려하든지, 어느 상황에서도 정당화될 수 없다"는 내용의 규정(para. 3)이 있다. 이 규정에서 정하고 있는 테러의 정의는 수락 가능하다.

*mens rea*의 경우, 해당 행위를 자행해서 사람을 살해하거나 상해하거나 재산을 파괴할 범죄적 고의가 있어야 할 뿐만 아니라, 테러를 확산시킬 특별한 고의(*dolus specialis*)가 있어야 한다. 이 외에, 테러행위가 인도에 반한 죄가 되려면 광범위하고 체계적인 테러의 관행에 대한 *인지*(*awareness*)도 필요하다.

21.3 국제범죄와 관할권면제

종종, 국제범죄의 혐의를 받는 사람은 자신들이 국가공무원(국가원수, 외무장관, 그 밖의 고위급 공무원으로서 장군 등)으로서 활동했기에 형사재판관할권으로부터 면제된다고 주장한다.

앞에서(6.3) 살펴 보았듯이, 모든 국가공무원은 공적 자격에서 한 행위 혹은 거래에 대해서 외국의 민사재판관할권 및 형사재판관할권의 면제를 주장할 권리를 갖는다(소위 *직무*면제로서 접수국의 *실체*법으로부터 면제되는 것을 포함하며, 이러한 면제는 국가공무원이 자신의 지위를 포기한 후에도 적용된다). 그러나 이러한 특권은 이들이 국제범죄의 혐의를 받아서, 그러한 범죄로 인하여 재판에 회부될 경우에는 적용되지 않는다. 면제권이 제거된 것은 전쟁범죄의 경우가 처음이었다. 그 후, 1945년 8월 8일 런던협정에 의하여, 고위급 국가공무원에게 확대되었으며, 평화에 반하는 범죄 그리고 인도에 반한 죄에도 적용되었다. 그 후, 면제 취소는 ICTY, ICTR 그리고 ICC규정에서 재확인되었다. 이들 조약규칙 혹은 안보리가 채택한 '입법적' 행위에 관한 규정들은 국가관행에서 지지를 받았기에 이들이 관습법이 되었다고 해도 무방할 것이다.

그러나 이제까지 논의했던 *직무*면제와 국가원수, 정부수반, 그리고 외무장관, 뿐만 아니라 외교관들이 해외에서 임무수행시 누리는 *대인적* 면제와 특권을 혼동하지 않아야 한다(6.3; 6.6 참조). 이들 면제는 모든 행위와 거래(국가공무원의 사생활에 해당되는 것도 포함)를 대상으로 하며, 공무원이 직무수행을 중단하면 종료된다. 여기에는 형사재판관할권 면제도 포함한다. 국제범죄에 관한 한 대인적 면제권에 관한 이러한 규칙에서 일탈하는 어떠한 관습규칙도 전개되지 않았다. 결과적으로, 현 국가원수 등은 이들이 현직에 있는 한 국제범죄를 저질렀다고 주장되는 사실로 인해서 해외에서 재판에 회부될 수 없을 것이다(단, 이들의 본국이 면제권을 포기하는 조약의 당사국이 아니어야 한다).

21.4 국내법원에 하는 기소와 처벌

21.4.1 관할권의 법적 근거

전통적으로, 국가는 *속지주의*(해당 범죄가 그 국가의 영역에서 자행되었어야 함), *수동적 속인주의*(피해자가 기소국가의 국민이어야 함), 혹은 *적극적 속인주의*(범죄자가 기소국가의 국민이어야 함), 이 세 가지 원칙 중 하나를 근거로 국제범죄의 범죄혐의자를 자국 법원의 재판에 회부할 수 있다. 통상, 이념적인 이유(영토주권을 확인할 필요성)에서 그리고 주장되는 범죄가 자행된 영토는 증거수집이 더 용이한 곳이라는 이유에서 속지주의 원칙이 선호된다[따라서 이스라엘 최고법원이 *Eichmann* 사건(pp.302-303)에서 적절히 언급했듯이, 이 장소는 *forum conveniens*, 즉 적합한 법정지로 여겨짐].

최근 수년 동안 소위 *보편주의* 원칙도 지지를 받았는데, 이에 의하면 모든 국가는 범죄행위지, 행위자나 피해자의 국적과 상관없이 국제범죄 혐의가 있는 사람을 재판에 회부할 권한을 갖는다. 이러한 원칙은 두 가지 다른 형태로 발전하였다. 가장 널리 인정된 형태에 따르면, 피고인이 구금된 국가만이 해당 개인을 기소할 수 있다(소위 *forum deprehensionis*, 즉 피고인이 체포된 지역의 관할권).[26] 다른 형태의 보편주의 원칙에 따르면, 한 국가는 국제범죄 혐의자의 국적, 범죄행위지, 피해자의 국적과 상관 없이, 그리고 피고인이 법정지 국가에 구금되어 있는지의

---

26) 이러한 유형의 관할권은 해적과 관련해서 관습국제법 수준에서 인정되었다. 조약법 수준에서, 1949년 제네바협약과 1977년 제1추가의정서의 *중대한 위반*과 관련해서(1.8.3; 20.6.5(2) 참조) 그리고 *고문*(1984년 고문방지협약 제7조에 따라서), 뿐만 아니라 *테러*(이 사항에 관하여 유엔이 지지한 여러 가지 조약 참조)와 관련해서 인정된 바 있다. 그러나 이들 조약은 피고인을 기소하여 재판하는 권한을 부여하는 데 국한하지 않는다. 이들은 또한 국가들에게 기소하여 재판할 의무를 부과하거나, 다른 방식으로서는 피고를 관련 국가에 범죄인으로 인도할 의무를 부과하고 있다(*aut prosequi et judicare, aut dedere* 원칙). 이러한 형태의 보편주의 원칙은 오스트리아(형법 제65.1.2조), 독일(최소한 형법 제6조 제9항과 제7조 제2항의 전통적인 해석에 따름. 그러나 아래 설명 참조), 그리고 스위스(전쟁범죄에 대해서 군형법 제108조 및 제109조, 그리고 고문과 같은 범죄에 적용되는 것으로 판시된 형법 제6조의2 참조)와 같은 일부 국가의 국내법에서도 지지받고 있다.

여부와 상관 없이 기소할 수 있다.[27]

이러한 보편주의 개념의 이면에 있는 근거는 두 가지이다. ① 그러한 관할권이 행사되는 범죄가 매우 중하고 대규모여서 보편적으로 기소되어 억제되는 것이 합당하다는 점[스페인 헌법재판소는 1997년 2월 10일 판결에서(법적 근거 3 A) 그리고 스페인 국내법원(Audiencia nacional)은 1988년 11월 4일 결정에서(법적 근거 2) 이러한 견해를 피력하였다], ② 이러한 관할권의 행사는 국가의 주권평등 원칙을 위반하지 않으며, 뿐만 아니라 해당 범죄가 자행된 국가의 국내문제에 대해서도 부당하게 간섭하지 않는다는 점[스페인 국내법원은 1988년 11월 4일과 5일자 두 가지 결정 각각에서(법적 근거 9), 뿐만 아니라 독일연방고등법원이 *Sokolović* 사건(pp.19-20)에서 이러한 견해를 취했다].

그러나 더 넓은 보편주의 개념을 근거로 할 때 결부될 수 있는 남용의 위험성을 간과해서는 안된다. 이러한 측면은 외국 법원이 보편주의 원칙을 행사할 수 있기 때문에, 자국 밖으로 여행하는 것이 사실상 금지당하여, 해외에서 자신의 직무를 수행하는데 제약받을 수 있는 고위급 국가공무원이 피고인인 경우에 특히 타당하다. 사실상, 이러한 위험은 일부 고위급 국가공무원뿐만 아니라 외교관 및 영사관(앞 6.4 그리고 6.6 참조)이 누리는 대인적 면제로 인하여 완화된다. 그렇다고 해도 이처럼 넓은 보편주의 개념을 지지하는 법을 갖추고 있는 국가의 검사, 조사하는 판사 그리고 법원은 매우 조심스럽게, 그리고 자신들이 피고인에 대해서 신빙성 있는 증거를 활용할 수 있다고 충분히 확신하는 경우에만, 이러한 개념을 원용하는 것이 적절할 것이다.

---

27) 이러한 원칙은 스페인(특히 집단살해, 전쟁범죄, 인도에 반한 죄, 그리고 테러와 관련됨. 1985년 사법권에 관한 법 제23조 참조), 뿐만 아니라 벨기에(1993년 그리고 1999년 법 참조)의 국내법에서 인정되었다. 그러나 2003년, *Guatemalan Generals* 사건(p.54)에서 스페인 고등법원은 보편주의는 하위원칙, 달리 말하면 다른 관련 국가(예컨대 영토국 혹은 국적국)가 관할권을 주장하지 못한다면, 그리고 범죄행위와 스페인 간에 연관관계(피해자의 국적이 스페인 국적이든가 아니면 범죄혐의자가 스페인에 체재하였던가와 같은 연결고리)가 있다면, 활용될 수 있을 뿐이라는 점을 강조하면서 이를 제한적으로 해석하였다. 벨기에의 경우, 관련 법은 2003년 4월 처음 개정되었고 그 후 2003년 8월 대폭 개정되어서, 국제범죄에 대한 역외관할권 원칙을 완전히 일소해 버리고, 적극적 속인주의 혹은 소극적 속인주의, 그리고 벨기에 내 법적 주거(최소 3년) 원칙만 남겨 놓았다. 독일 연방대법원(Bundesgerichtshof)이 2001년 2월 21일 *Sokolović* 사건 판결에서 내린 독일 형법 해석에 따르면, 최소한 기소 의무가 독일을 구속하는 국제조약에 규정되어 있으면 언제든지, 보편주의 원칙도 독일에서 적용된다(pp.19-20).

21.4.2 국가관행의 경향

Röling이 전쟁범죄와 관련해서 파악했던 '개인적' 범죄성과 '제도적' 범죄성 간의 기본적인 차이를 감안해 본다면, 그 장점과 단점을 통해서 국제범죄의 형사법적 억제를 더 잘 평가할 수 있다.[28] 전자는 전투원이 자기 스스로 그리고 '이기적'인 이유에서 자행하는 전쟁범죄를 포함한다(강간, 약탈, 살인 등). 후자는 주로 전쟁 노력을 증진시키기 위하여, 정부당국의 요청으로, 혹은 적어도 이들의 독려 혹은 용인을 받아서 대규모로 자행되는 전쟁범죄를 일컫는다(테러를 확산시키기 위한 민간인 살해, 몰살, 금지된 무기의 사용, 정보를 얻기 위하여 생포된 적을 고문하는 것 등). 통상, '개인적 범죄성'은 범법자의 국가당국이 억제한다(군사령관은 이러한 유형의 위법행위를 좋아하지 않는데, 그 이유는 장병의 사기를 저해하고, 적국 주민들이 적의를 품도록 만들기 때문이다). 반대로, '제도적 범죄성'은 통상 국제재판소 혹은 적국의 국내법원으로만 억제된다. 물론, '전형적인 제도적 범죄성의 예'인 *Calley* 사건과 같이 미국과 외국의 여론이 미국 당국을 압박한 것은 예외적인 경우이다.[29]

대체로, '개인적 범죄성' 억제가 '제도적 범죄성' 억제보다 더 빈번한데, 그 간단한 이유는 후자가 정부제도 전체 혹은 한 국가의 최고당국이 결부된 위법행위를 평가하고 비난하는 것을 포함하기 때문이다.

추가해야 할 사항은, 놀랍게도 약 40년간 심각한 위반과 관련해서 1949년 제네바협약을 통한 억제제도가 실행에 옮겨지지 않았다는 점이다. ICTY 그리고 ICTR이 설치된 이후에서야 비로소 국가들은 이를 활용하기 시작하였다.[30]

이 외에, 이미 지적하였듯이, 국가들은 더 전통적인 기준에 한정하여 실제로 주로 자국 영역 내에서 자행된 범죄의 행위자로 주장되는 자 혹은 자국 영역에서 생활하고 자국 국적을 획득한 사람에 대해서 형사소송절차를 개시하는 경향이 있다.

---

28) B.V.A. Röling, "The Significance of the Laws of War", in A. Cassese, ed., *Current Problems of International Law*(Milan: Giufré, 1975), pp.137-139.

29) *Ibid.*, p.139. *Calley* 사건 판결문에 대해서는 Friedman, ii, p.1703 이하(Judge Advocate's statement) 그리고 *International Lawyer,* 8(1974), p.523 이하(군사항소법원 결정) 참조.

30) 예컨대, 독일에서의 *Djajić* 사건과 *Jorgić* 사건, 덴마크에서의 *Sarik* 사건, 프랑스에서의 *Javor* 사건과 *Munyeshayka* 사건 그리고 스위스에서의 *G.* 사건을 생각하시오.

21.5 국제재판소에서 하는 기소와 처벌

21.5.1 국제형사재판의 강력한 필요성

(1) 과거의 시도

국제형사재판에 대한 요구는 사실 1990년대에 폭발하였다. 그러나 이는 새로운 것이 아니었다. 일찍이 1919년, 제1차 세계대전 이후, 전승국들은 베르사유에서 서명된 독일과의 평화조약에서 전쟁범죄에 책임이 있는 주요 당사자들을 처벌하도록 규정하였고, 더 나아가서 제227조에서 독일 황제(빌헬름 2세)의 '국제적 도덕심 그리고 조약의 신성성에 반하는 최고범죄'에 대한 책임을 규정하기까지 하였다. 그러나 황제는 기소되지 않았는데, 네덜란드 정부가 황제의 인도를 거부하였기 때문이다.

역사적으로 유사한 상황, 즉 제2차 세계대전 이후 동일한 시도가 반복되었다. 이 또한 '승자들의 정의'였다. 두 개의 '국제'재판소가 설치되었는데, 하나는 주요 독일 '전범'을 재판하기 위한 것(뉘른베르크 IMT)이었고, 다른 하나는 매우 심각한 국제법 위반 혐의로 기소된 주요 일본 지도자와 정치가들을 재판하기 위한 것(동경재판소)이었다. 연합국들은 다른 재판소를 독일에 만들었다. 즉, 이들 재판소는 일부 연합국 출신 재판관들(주로 미국 국민)로 구성되어서, 경미한 전쟁범죄 혐의자에 대해서 재판하였다. 더욱이, 독일 법원은 4대 강국(미국, 영국, 프랑스, 소련)이 설치한 통제위원회에서 통과시킨 법령(Control Council Law) 제10호에 따라서 전쟁범죄, 인도에 반한 죄, 혹은 평화에 반하는 범죄 혐의자들을 재판할 권한이 있었고, 사실상 그러한 재판을 하도록 요청받았다.

> 두 개의 '국제'재판소가 가진 주요 흠결은, 실제로 재판관들은 4대 강국 각자가 임명한 사람들로 구성되었다는 점이다. 검사들도 이들 강대국 각자가 임명하였고, 각 선임국가의 지시에 따라서 활동하였다. 따라서, 두 재판소는 공히 국제재판소 자체가 아니라, 임명국가의 공동기관으로서 활동하는 사법기관으로 평가되었다. 뉘른베르크 IMT는 다음과 같이 말하여 이러한 법 현실을 수용하였다. "[IMT]헌장을 만든 것은 독일제국이 조건 없이 항복했던 국가들의 입법주권 행사였다. 그리고 점령지에 대해서 이들 국가들이 입법할 수 있는 권리가 의심의 여지가 없다는 것은 문명세계

에서 인정하였다 …. 서명국가들을 이러한 재판소를 창설하였고, 이 재판소에서 운용할 법을 정했으며, 올바른 재판운영에 필요한 규칙을 만들었다. 이렇게 할 때, *이들은 자신 중 어느 하나라도 단독으로 할 수 있었던 것을 함께 행하였다*. 왜냐하면, 어느 국가라도 법을 운용하기 위하여 특별재판소를 설치할 권리를 갖는다는 점은 의심의 여지가 없었기 때문이다"(p.218, 강조 추가).

이들이 갖는 모든 흠결에도 불구하고 이 두 개의 '국제'재판소를 설치하면서 처음으로 국가들은 그 당시까지 원칙이었던 국제범죄에 대한 국가의 관할권 독점을 깨 버렸던 점은 칭찬할 만하다.

(2) 1990년대 초반의 전환점

대약진은 1990년대 초반에 일어났다. 여러 가지 요소들로 인해서 세계공동체에 새로운 가치관이 탄생하게 되었고, 국제형사재판에 대한 강력한 요구가 있었다. 특히 다음 두 가지 점을 강조해야 한다.

첫째, *냉전 종식*이 매우 중요하였다는 점이 입증되었다. 이것이 상당한 효과를 가졌다. 우선, 거의 50년간 국제관계를 지배했던 적대감이 사라졌다. 그 결과, 상대적으로 새로운 낙관주의적 기운이 등장하게 되었는데, 다음과 같은 요소에서 자극을 받았다. 즉, ① 동 · 서 양 진영 간의 우호관계와 협력을 좌절시켰던 불신과 상호 의심이 뚜렷이 감소하였다. ② 소련(USSR)의 승계국들(러시아연방과 그 밖의 독립국가연합의 구성국)이 점점 더 많은 수의 국제법 원칙과 규칙을 수락하게 되었다. ③ 결과적으로, 유엔 안보리 내에서 전례 없는 합의가 도출되었고, 5대 상임이사국들의 견해가 점차 수렴되면서, 이 제도가 제 기능을 더 효과적으로 수행할 수 있었다.

냉전 종식이 가져온 또 다른 효과도 이에 못지않게 중요하다. 암울했던 그 시기의 문제점들에도 불구하고, 냉전기간 동안 양대 진영은 각 초강대국이 각자의 영향권 내에서 일종의 경찰 그리고 보증인의 역할을 수행했기 때문에 적으나마 국제질서를 보증할 수 있었다. 이러한 국제관계 방식이 붕괴되면서 부정적인 결과가 범람하기 시작하였다. 이로써 민족주의와 근본주의가 증가하는 것과 함께 대체로 내부적인 무력충돌이 상승하게 되면서, 국제공동체의 형해화와 심각한 무질서를 초래하여 많은 피를 흘리고 잔인한 일들이 벌어졌다. 이에 이어서, 이전의 다민족사회가 폭발하면서 제2차 세계대전 중에 자행되었던 것에 비교될 정도로 중대한 국제인도주의법 위반이 발생하게 되었다.

다른 중요한 요소는 *인권주의가 점차 중요하게 되었다는 점*이다. 인간의 존엄성을 존중하고, 그 결과 그러한 존엄성을 심각히 공격하는 모든 자들을 처벌해야 한다는 점이 강조되면서 국제형사재판을 추구하게 되었고, 적어도 이에 대해 강력한 추진력이 생겼다.

21.5.2 구 유고와 르완다 특별재판소 설치

다른 어떠한 지역에서보다, 구 유고와 르완다에서 폭발했던 충돌과 이로 인한 잔혹행위로 제2차 세계대전을 마감하면서 느꼈던 분노감이 다시 일었다. 이에 대한 대응으로써, 유엔 안보리는 유엔헌장 제7장에 따른 국제평화와 안전보장을 유지하거나 회복하기 위하여 필요한 조치를 결정할 수 있는 권한에 따라서, 1993년 결의 제827호(1993)에 의해 구 유고 국제형사재판소(International Criminal Tribunal for the former Yugoslavia: ICTY)와 1994년 결의 제955호(1994)로써 르완다 국제형사재판소(International Criminal Tribunal for Rwanda: ICTR) 두 개의 특별재판소를 설치하였다. ICTY는 1991년 1월 1일 이후 구 유고에서 자행되었다고 하는 제네바협약의 중대한 위반, 전쟁법 및 관습법 위반, 집단살해, 그리고 인도에 반한 죄에 대해서 관할권을 행사할 수 있었다. ICTR은 1994년 1월 1일부터 12월 31일간에 르완다에서(혹은 르완다 국민들이 '이웃 국가의 영역에서') 자행하였다고 하는 집단살해, 인도에 반한 죄, 제네바협약 공통조항 제3조와 제2추가의정서의 위반에 대해서 판단하도록 요청받았다.

ICTY의 설치는 많은 비난을 받았는데, 그 주된 사항은 ① 이 재판소는 외교와 정치가 제 기능을 다하지 못하는 것을 보정하기 위하여 만들어졌고, 주로 강대국들과 유엔 안보리가 구 유고에서 일어난 충돌에 대해서 신속하고 적절한 해결책을 찾지 못한 점, 간단히 말해서 이 재판소는 일종의 '눈가림'에 불과하고, ② 이 재판소를 설치하여 안보리는 헌장에 따른 권한행사의 범위를 벗어나는 명백한 *월권*행위를 하였고, ③ 세계 각지에서 자행된 범죄에 대해서 관할권을 갖는 새로운 재판소 대신에, 특정 국가 내에서 자행되었다고 하는 범죄만 다루는 형사재판소를 창설하면서, 안보리는 '선택적 정의'를 취하였고, ④ 이 재판소는 반세르비아 편견을 드러내었다는 것이다.

전혀 없는 것보다는 절반이라도 있는 것이 낫다는 말이 있고, 보편적 관할권을 가진 상설재판소가 없는 상태에서, 특별재판소를 설치한 것은 칭찬거리였지만 첫번째 비난은 옳은 지적이다. 두 번째 비난은 재판소의 항소심재판부가 *Tadić* 사건(*중간불복;* 제9항-제40항)에서 내린 판결로 틀렸다는 점이 입증되었다. 이 재판소는 주로 세르비아인을 재판에 세우는데 집중해서(그리고 이외에, 1999년 세르비아 공격에 대해서 NATO 군인 혹은 지도자를 기소하지 못하면서) 편견이 있다는 이의제기와 관련해서, 검찰과 재판부를 구분해 볼 필요가 있다. 검찰측은 포괄적인 권한을 누리며, 무엇보다도 누구를 기소할 것인지를 결정할 수 있다. 재판관들은 주면 받는 쪽에 있으며, 검찰이 특정해서 선택한 것에 간섭할 수 없다. 이 외에, 여러 명의 검사들이 반세르비아 편견을 가졌다는 점은 지극히 의심스럽다. 즉, 이들은 자신들이 기소하기로 선택한 것은 주로 활용 가능한 증거에 의한 것이었다는 점을 언제나 강조하였다.

21.5.3 국제형사재판소(ICC)

ICC(International Criminal Court)는 1998년 로마에서 개최된 외교회의에서 창설되었다. 재판소는 '국제공동체 전체가 우려할 만한 가장 심각한 범죄'에 대해서만 관할권을 갖는데(규정 서문 제4항), 규정 제5조 제1항에 따르면 이는 집단살해, 인도에 반한 죄, 전쟁범죄 그리고 침략범죄이다. 일반적으로 말해서, 이는 ICTY 제2-5조와 ICTR 제2-4조의 결합으로서 특별재판소의 관할권 범위를 반영하고 있으며, 이에 침략범죄가 추가된 것이다. 그러나 ICC 제5조 제2항에서는 ICC의 침략에 대한 관할권은 정의 채택을 조건으로 하는데, 아직 이러한 정의가 채택되지 않은 상태이기 때문에 그 결합으로 인한 상관관계가 훨씬 더 긴밀하다. 현재로서는, ICC의 물적 관할권은 집단살해, 전쟁범죄, 그리고 인도에 반한 죄에 제한된다. 이처럼 신중한 입장을 채택하였던 것은 이 규정이 가능한 한 신속히 그리고 폭넓게 수락되도록 해서 조기에 비준받도록 하고, ICC가 가능한 빨리 활동하도록 하기 위한 것이었다. 일단 신뢰성을 얻고 국제공동체에서 존경을 받게 되면, ICC가 관할권을 행사할 수 있는 국제범죄의 범위는 당사국의 동의하에 확대될 수 있다. 로마규정에서 정한 '관할권 구조'의 핵심사항을 구축했던 방식도 이와 같은 우려를 반영한 것이다.

'관할권 행사의 필수 전제조건'부터 다루기로 한다. 규정 제12조 제2항에 따르면, 재판소는 ① 기소된 범죄가 규정 당사국 *영역*에서 행해진 경우, 혹은 ② *범죄혐의자*가 이 규정의 당사국 *국민*인 경우에만 관할권을 행사할 수 있다. 물론, 이것이 의미하는 바는 재판소는 문제된 행위가 이 규정을 비준한 국가의 영역 내에서 행해지면, 이 규정을 비준하지 않은 국가의 국민인 개인에 대해서 관할권을 행사할 수 있다는 것이다. 표면상으로만 보면, 이는 다소 관대한 입장이지만, 이 규정과 함께 자국민이 범죄혐의자인 국가, 자국 내에서 범죄가 일어났다고 하는 국가, 국제형사법 그리고 국제형사재판의 적절한 적용 간에 균형이 잡히도록 고안된 일련의 규정들도 읽어야 한다.

ICC의 중요한 요소는 그 관할권이 국내 형사재판제도에 따른 관할권을 *보충*한다는 점이다. 이는 국내법원을 대체하지 않는다. 사실상, 국내법원은 ICC보다 더 우선한다. ICC규정 제17조에 따라서 국가 당국이 수사하거나 기소하는(혹은 수사했던) 사건은, 문제되는 국가가 수사 혹은 기소할 수 없거나 진정으로 그렇게 하기를 원하지 않는 한, 수리할 수 없다고 선언해야 할 것이다. 이는 국가주권 원칙에서 자연스럽게 파생하는 것이며, ICC 관할권이 어느 정도 2차적인 특징을 갖는 것을 의미한다.

규정 초안자들의 목적은 독립성 · 공정성 · 불편부당성 · 대표성을 지니고, 정치적 영향을 받지 않는 재판소를 세우려는 것이었다. 그러나 ICC와 안보리의 관계가 규정 작성과정에서 어려운 점이었으며, 여전히 미묘한 핵심쟁점이다. 특히, 미국은 ICC가 "안보리와 협력하여—충돌하는 것이 아니라—운영되어야 한다"라고 주장하면서, 어느 정도 안보리의 ICC 통제를 추구하였다.[31] 그러나 신뢰성을 얻기 위하여, 재판소(그리고 재판소 검사)는 안보리의 통제이든 아니면 규정 당사국의 통제이든, 정치적 통제 없이 운영되어야 한다는 근거에서 이러한 접근방식은 국제공동체 내에서 커다란 반대에 부닥쳤다.

이러한 논의는 결국 소위 '제소장치'라고 해서 ICC의 관할권을 작동시키는 장치에 관한 문제로 귀결되었다. 규정 제13조에 따라서, 재판소는 ① 규정 당사

---

31) 미국 유엔대사 Bill Richardson의 성명(1998년 6월 17일자); UN Press Release L/ROM/11, "United States Declares at Conference that UN Security Council Must Play Important Role in Proposed International Criminal Court"(17 June 1998).

국, ② 유엔헌장 제7장에 따라서 활동하는 안보리에 의해 사태가 검사에게 회부되는 경우, 혹은 ③ 검사 자신이 수사를 개시하는 경우에만 규정의 적용범위에 해당하는 범죄에 대해서 관할권을 행사할 수 있다. 재판소에 관할권을 부여하는 후자의 방식은 특히 논란의 여지가 있으며, 자율적인 검사가 과도한 열정을 행사할 가능성을 차단하기 위하여 다수의 안전장치 혹은 장벽들이 세워졌다. 첫째, 제15조에 따라서 검사의 역할은 '정보'를 검토하는 것이며, 해당 사건을 면밀히 '수사'하려면, 검사는 재판소 자체의 전심재판부의 허가를 얻어야 한다. 더욱이, 제16조에서는 안보리가 유엔헌장 제7장에 따라서 채택한 결의에 의해서, '최장 12개월 기간 동안 수사 개시 혹은 지속'을 차단할 수 있도록 하였다.[32] 이러한 안전장치에도 불구하고, 미국은 국가 당사자 그리고 검사가 회부하는 사태로 인하여 세계 각지의 평화유지작전에 참여하는 미국 군인들이 ICC에 기소될 수 있고, 결과적으로 정치적 적대감에서 제기된 사건들에 직면할 수 있다고 주장하면서 그러한 회부에 대해서 이의를 제기하였다.[33]

21.6 소위 국제화되거나 혼합된 형사재판소 혹은 판정부의 설치

상당한 시간과 공을 들여서 르완다 특별재판소를 설치하기로 결정한 후, 논란의 여지가 있지만 안보리는 '재판소 피로증후군'에 이르게 되었다. 사실상, 구유고와 르완다 특별재판소를 설치하는 데 재원을 소비하면서 유엔의 능력과 자원이 부족하게 되고, 안보리가 재판소와 그 운용에 관한 쟁점과 문제에 번번히 사로잡히면서 시간적 여유가 없어졌다. 결국, 특별재판소를 세우려는 욕망이 시

32) 12개월 기간에 대해서 '유엔이 설치하거나 허가한 작전과 관련한 작위 혹은 부작위에 대해서 로마규정 당사국이 아닌 공여국 출신 전 · 현직 공무원이나 부대원과 결부되어' 제기될 수 있는 사건들을 재판소의 관할권에서 *일괄* 삭제한 안보리 결의 제1422호(2002년 7월 12일) 및 제1487호(2003년 6월 12일) 참조. '필요하다고 여기는 한' 매년 이러한 요청을 갱신할 의향을 표시한 바 있다(그러나 2004년에는 갱신한 바 없음).

33) 미국의 유엔대사 Bill Richardson의 성명(1998년 6월 17일). 미국은 현재 이 규정의 당사국 내에서 유엔이 허가한 작전에 참여하는 미국 군인을 재판소 관할에 이송하지 않기로 합의하는 내용의 양자조약들을 국가들과 체결하고 있다.

들게 되었고, 더욱이 안보리는 다른 국제적 충돌이 그러한 재판소를 설치할 정도는 아니라고 생각하게 되었다.

그러나 시간이 흐르면서, 안보리는 다른 지역 중에서도 시에라리온, 동티모르, 그리고 캄보디아의 사태를 다루게 되었다. 그러나 해결책은 ICTY 혹은 ICTR과 동일선상에 있는 특별재판소를 창설하기보다 국내관할권과 국제관할권 양자의 특징을 갖는 혼합재판소를 설치하는 것이었다. 그러한 재판소가 시에라리온, 동티모르, 코소보에 세워졌고, 캄보디아에 대해서도 그러한 재판소를 세우려는 시도가 행해지고 있다. 시에라리온의 경우, 특별재판소 규정은 2000년 10월에 유엔 사무총장의 요청에 따라서 작성되었고, 2002년 1월 채택되어 발효하였다.

'혼합' 혹은 경우에 따라서는 종종 '국제화된' 재판소 및 판정부라고 불리는 것은 국제재판관과 재판이 진행될 국가의 국적을 가진 판사로 구성되는 혼합형태의 사법기관이다. 이러한 재판소 및 판정부는 관련 국가 사법부의 일부로서 그 국가의 기관이 될 수도 있다. 이것이 코소보 내 재판소와 동티모르 내 '중범죄를 위한 특별패널'의 지위이고, 구상 중인 캄보디아 비상재판부의 모델이기도 하다. 이 밖에 다른 면에서 재판소는 성격상 국제성을 가질 수 있다. 즉, 이는 국제협정에 따라서 세워지고, 시에라리온 특별재판소처럼 국내 사법부의 일부가 아닐 수 있다.

많은 요소들—역사적 그리고 실무적인—이 결합해서 그러한 기관의 설치를 정당화하고 있다. 첫째, 심각하고 폭넓은 범죄가 특정 사태 혹은 비상시에 자행되었던 경우, 충돌 후 평화조성 절차를 지원하기 위하여, 그리고 또한 장래 대규모 범죄가 자행되는 것을 억제하기 위하여, 중범죄의 책임 있는 자들을 사면하거나, 진실과 화해위원회를 두기보다 재판에 회부하는 것이 더 적합하다고 생각할 수 있다. 그러나 동티모르와 시에라리온에서의 내란 혹은 코소보에서처럼 국제적 충돌 이후에 그러하듯이, 그러한 사태에서, 사법제도가 붕괴되기 십상이다.

둘째, 비록 해당 범죄가 자행된 이후 상당한 시간이 흐르고 견실한 정부가 자리를 잡았다고 해도, 사법부가 편견 없이 그리고 공정한 방식으로 재판을 운영할 수 없는 역사적인 요소가 수반될 수 있다. 이러한 경우가 캄보디아인데, 여기에서는 집단살해의 범법자와 긴밀한 관계를 갖고 있다고 하는 사람들이 정부 내에 있는 점이 사법부의 독립과 함께 재판절차의 공정성에 관하여 우려하도록 한다.

주민 자신들이 공정한 재판행위를 막거나 차단할 수도 있다. 즉 코소보의 경우, 코소보 내 알바니아계와 세르비아계 간의 인종적 편견으로 인하여 사법행정을 위해 국제재판관이 반드시 필요하게 되었다.

셋째, 관련 국제기구 내에서 정치적인 의지가 없거나, 주요 강대국들이 필요한 재원을 지원하지 않으려고 하기 때문에 국제재판소 설치가 선택되지 않을 수도 있다.

마지막으로, 해결책을 마련할 책임 있는 자들이 국내 사법부를 활용하면서도, 어느 정도 국제적인 감시를 받거나 심지어 통제받는 것이 여러 가지 면에서 이익이 된다고 느낄 수 있다. 예를 들면, 이렇게 해서 사법행정—본질적으로 전속적 주권사항—을 국제기관에 양도하는 것에 대한 민족주의적 우려를 불식시키는 데 도움이 될 수 있다. 이보다 더 긍정적인 측면에서, 혼합재판소는 접촉하게 되는 사람들의 성향, 언어 그리고 습관에 익숙한 현지 검사와 판사들이 관여하도록 하고 있다. 혼합재판소는 국제기준에 미달하지 않으면서 더 신속하게 기소할 수도 있다. 더욱이, 재판을 범죄발생지에서 개시하여 희생자 혹은 이들의 친척들에게 카타르시스 효과를 줄 수 있는 가시성을 최대한도로 확보할 수 있고, 범죄자를 공적으로 낙인찍고, 정당한 응보를 부과하여 점진적인 화해절차에 기여할 수 있다. 훨씬 더 일반적인 수준에서는, 혼합재판소에 참여한 경험으로 현지 기소당국과 사법당국이 민주적인 법적 훈련을 하도록 장려하는데 도움을 줄 수 있다는 면에서 상당한 파급효과가 있다.

21.7 국제재판: 주요 장점

국제재판소는 잔혹행위가 자행된 국가 영토에 소재하는 국내법원에 비해서 많은 이점을 갖는다.

첫째, 각국 법원은 자국과 영토적 혹은 인적 관계를 갖지 않는 범죄에 대해서 절차를 개시하지 않으려는 성향을 보이는 것이 사실이다. ICTY 설치가 전쟁범죄 혐의자를 기소하는 데 획기적인 계기가 되었던 1994년까지, 1949년 제네바협약의 형사범죄 규정은 한 번도 적용된 적이 없었다. 각국 법원은 여전히 국가중심적이었고, 다른 외국인을 상대로 해외에서 범죄를 저지른 외국인을 재판하는 것을 혐오하였다. 이들에게, 국가적인 관심사항에 목적을 두는 단견이 아직도 우세한 것으로 보인다. 이는 각국 의회가 법원에 국제범죄에 대한 보편적 관할권을 부여하는 데 필요한 입법을 통과시키지 못한 것도 일부 이유가 된다. 자국 영역 내에서 자국민이 저지른 범죄의 경우, 법원은 용의자들이 고위급 국가공무원이거나 그러한 공무원들이 강력히 지지하는 사람인 경우에는 언제나 이들의 재판을 꺼릴 수 있다.

둘째, 대상범죄가 심각한 국제법 위반인 경우, 국제재판소는 이들에 대해서 판단을 내리기에 가장 적합한 기관이다. 이들은 관련 법, 즉 국제규칙을 알고서 적용하는 데 가장 좋은 위치에 있다.

셋째, 국제재판관들은 국내 판사보다 더 불편부당하고 편견이 없고, 어쨌든 재판대상인 범죄가 자행된 사회적 환경에 사로잡혀 있는 국내 판사보다 더 공정할 수 있다. 국제재판소가 대규모 범죄의 혐의자를 처벌하는 것이 국민감정을 훨씬 덜 손상하기에, 국내적으로 처벌하는 것보다 저항을 적게 받을 수 있다.

넷째, 국제재판소는 많은 국가에 영향을 미치는 범죄를 국내 판사보다 더 쉽게 조사할 수 있다. 종종, 증인이 다른 국가에 거주하고, 수개국이 협조해서 다른 증거들을 수집해야 하고, 이 외에 여러 가지 관련 국내법에서 제기되는 복잡하고 어려운 법적 쟁점을 특히 정교히 다룰 필요가 있기도 하다.

다섯째, 국제재판소가 하는 재판은 국제법 적용시 어느 정도 통일성을 확보할 수 있지만, 국내법원에서 진행되는 절차는 해당 법의 적용과 유죄판단을 받은 자들에게 부여하는 형벌면에서 큰 차이가 발생할 수 있다.

마지막으로, 국제재판을 여는 것은—국내 형사소송절차보다 훨씬 더 눈에 잘 띄임—인간의 행동기준으로서 수락 가능한 수준을 일탈한 자들을 처벌하여 과거와 단절하겠다는 국제공동체의 의지를 보여 준다. 처벌을 내릴 때, 국제공동체의 목적은 응보라기보다 일탈행위라는 낙인을 찍고, 이것이 조금이나마 억제되는 효과를 기대해 보는 것이다.

21.8 국제형사재판소에 필요한 국가의 협력

국제형사재판소의 주요 특징 중 일부가 두드러진다. 이들은 자신들이 사법기관이 *아닌* 국가의 영역에서 자행된 범죄에 대해서 판단을 내린다. 일반적으로, 이들은 자신들의 관할대상인 범죄가 자행된 국가에 소재하지 않는다. 이들은 멀리 떨어진 국가에 있거나, 어쨌든 범죄장소와 반드시 밀접한 것은 아닌 국가에 소재한다. 간단히 말해 이들은 불법행위지법정(*forum delicti commissi*)[34]이 아니다.

이들 재판소가 갖는 독특한 면 중에서 또 다른 점은 이들이 일정한 주권국가에서 생활하고, 해당 국가의 배타적 관할권에 복종하는 개인에 대해서 직접 관할권을 행사한다는 점이다. 이 외에, 대개의 경우 범죄로 주장되는 사항으로 기소되었을 때, 이들 개인은 국가공무원 *자격으로* 혹은 적어도 국가당국의 선동에 따라서, 지원 혹은 허가나 묵인을 받아서 활동하였다. 따라서 원칙적으로, 국제재판소는 의도적으로 주권이라는 방패를 폐기하였다. 그러나—그리고 이는 또 다른 두드러진 특징임—사실상, 이들은 국가당국을 통하지 않고서 이들 개인에게 도달할 수 없다.

이들 재판소는 증거 압수 혹은 건물 수색을 위해서 영장을 발부하거나, 소환장 혹은 구속영장을 발부할 권한을 갖는다. 그러나 이들은 자신들의 위임을 받아서 활동하고 주권국가의 영역을 자유롭게 출입하면서, 특히 국가공무원으로 활동하는 개인에 대해서 집행기능을 행사할 권한을 가진 집행기관원이 없기 때문에 그러한 권한행사에 따른 행위를 강제할 수 없다. 이것이 이들 법원과 재판소가 갖고 있는 주요 애로사항이다. 이들은 국가당국을 능가하는 자율적인 *사법경찰*(*police judiciaire*)을 갖지 않고 있다. 이들은 팔과 다리가 없어서, 인공수족이 있어야 걷고 일할 수 있는 거인과 같다. 이러한 인공수족이 국가당국이다. 만약 국가의 협력이 제때 나오지 않는다면, 이들 법정은 마비되어 버릴 것이다.

21.9 국제 형사소송절차에 내재하는 주요 문제

국제형사재판소가 반드시 직면하는 중요한 문제, 즉 국가의 협조가 필요하다는 점은 이미 언급하였다. 이들 법원이 증거를 수집하거나 피의자를 체포하려고

34) 이는 *forum conveniens*이기도 하다. 이스라엘 최고법원이 *Eichmann* 사건에서 언급했듯이, "통상 증인의 절대다수 그리고 더 많은 부분의 증거는 … [범죄가 자행된] 국가에 집중해 있고, 따라서 [이는] 재판 수행상 가장 편리한 장소(*forum conveniens*)이다"(p.302).

할 때 국가들이 즉시 지원하지 않거나 충분히 지원하지 않는다면, 국제형사재판은 그 역할을 거의 수행할 수 없다. 이는 물론 유엔 후원하에 설치된 다국적군(물론, 이는 NATO가 주도하는 군대로서, 보스니아-헤르체고비나, 그리고 더 최근에는 코소보에서 활동하였던 군대를 말함)이 지원하였던 ICTY의 예에도 적용된다.

또한, 국제형사재판소는 각자 서로 다른 문화적 · 법적 전통을 가진 여러 명의 재판관들이 서로 맞추도록 해야 한다. 또 다른 심각한 문제는 국제형사절차의 기간이다. 이 기간은 주로 모든 증거를 심문과 반대심문 절차를 통해서 구두로 검토하도록 한 당사자 *대질심문* 제도를 채택하였기 때문이다(반면에, 직권주의 제도에서 증거는 주로 조사하는 재판관이 선택함). 이 외에, 절차의 지연은 ① 해당 범죄의 일부 구성요소를 입증해야 할 필요성(예컨대, 인도에 반한 죄의 경우 폭넓거나 제도적인 관행의 존재), ② 해당 범죄를 역사적 혹은 사회적 맥락에서 파악해야 할 필요성, ③ 종종 국제범죄는 넓은 영역에서(자주 2개국 이상이 결부됨) 그리고 꽤 긴 시간 동안 자행된 복잡한 범죄라는 사실, 뿐만 아니라 ④ 증거 수집이 지극히 어렵다는 점으로 인하여 부각되는 경우가 종종 있다.

아울러, 언급해야 할 점은 당사자 대질심문 제도는 중요한 정책적 고려 방식, 즉 *유죄협상*(plea bargaining) 방식을 통해서 공판절차를 생략하는 것에 대해서 매우 이례적인 대안으로 대부분의 판례법 국가에서 고안되어 채택되었다는 점이다. 사실상, 이러한 특징 때문에, 당사자 대질심문 방식은 그러한 국가에서 상당히 잘 운영된다.

그러나 국제형사절차에서, 피고인은 무엇보다 국제범죄에 수반되는 엄중한 낙인 때문에, 유죄를 시인하지 않는 경향이 있다.[35] 따라서 이들은 국제적인 수준에서 *언어* 문제로 인해 더욱 어려워지는 증인심문과 반대심문이 오래 걸릴 수밖에 없어도 공판을 선호한다(국내적 수준에서는 통상 모든 절차는 1개 언어만으로 수행되지만, 국제재판소의 경우 최소 2개, 더 많은 경우 심지어 3개 언어가 활용되어서 무엇보다도 모든 문서와 증거들이 전부 이들 언어로 번역되어야 한다). 이러한 요소와 함께 전형적인 직권주의 제도의 특성, 즉 피고인을 공판 전, 공판 중 그리고 항소 중에 구속해야 할 경우가 빈번하기 때문에 어떤 경우에는 '공정하고 신속한 재판'을 받을 권리,

35) 그러나 최근 ICTY의 검사가 기소한 많은 국제범죄 피고인들은 검사와 양형에 합의한 후 유죄를 인정한 바 있다(예컨대, *Dragan Nikolić* 사건, *Todorović* 사건, *Milan Simić* 사건, *Banović* 사건, *Momiz Nikolić* 사건, *Plavsić* 사건, *Mrdja* 사건, *Deronjić* 사건, *Babić* 사건 참조).

그리고 모든 피고인에게 인정되는 무죄추정 원칙과 거의 일치하지 않는 것으로 비춰질 수 있는 상태가 발생한다.

제 22 장
테러에 대한 국제적 대응

22.1 개 관

테러(terrorism)는 국제공동체에게 커다란 재앙 중의 하나가 되었다. 이는 개인이 어디에 있든지 생명과 신체를 위협하고 있다. 게다가 테러는 대부분의 국가에 영향을 미치고 이들의 국제관계를 규정짓는 경향이 있다. 국가간의 관계에서 발생하는 문제를 다루는데 익숙한 정부라도 비국가적 실체의 행위로서 다른 국가들이 통제하지 않고, 통제할 수도 없는 것들을 다룰 때 허둥대는 경우가 흔하다. 또한 주요 강대국들은 빈곤 및 저개발 해소, 환경보호와 같은 사항보다 테러행위를 예방하고 억제하는 쪽을 우선하고 있다.

앞에서(21.2.6(1)) 테러에 대해서 정의를 내릴 수 없다는 점이 수년 동안 주장되었던 것을 살펴본 바 있다. 다행스럽게도 이 단계는 지났다. 이미 지적했던 바와 같이(21.2.6(2)) 현재 범죄로서의 테러와 태러의 객관적 · 주관적 요소에 대한 개념이 명확하다.

우리는 행위자의 형사책임을 수반하는 국제범죄로서 테러에 대항하여 *국가적* 수준에서 싸우는 방법에 대해서도 살펴보았다(21.2.6 및 21.4 참조). 이제, 어떠한 국제규칙이 발달하여서 국제공동체 내에서 국가들이 *국가간* 수준에서 테러행위자의 폭력을 다룰 수 있게 되었는지, 그리고 이와 관련해서 관행은 어떠한 형태를 갖는지를 밝혀 보고자 한다.

22.2 테러에 대한 국가간 법적 대응

테러공격에 대한 국제법적 대응은 *평화적* 방식과 *강제적* 방식의 두 가지 유형으로 구별할 수 있다. 전자는 테러조직 혹은 테러행위자를 지원하는 국가에 대해 취하는 모든 비무력적인 조치를 포섭한다. 이는 테러에 대한 투쟁에서 국가간 협력을 강화하려는 목적의 모든 장치를 포함한다. 이들 장치 중 으뜸가는 것은 테러에 관한 여러 가지 국제조약이다. 이에 대해서는 아래에서 논의하겠지만, 현재 목적상, 이들은 전반적으로 *특정 형태*의 테러행위(예컨대 인질 혹은 항공기 납치)를 대상으로 하고 있고, 이러한 형태의 테러에 대항하는 각 체약국들이 국가적으로 취하는 조치들을 조절하려는 취지를 가졌다는 점을 언급하는 것으로 충분하다. 특히 이것들은 테러행위자의 체포 · 기소 · 인도에 관하여 규정하고 있다. 다른 평화적인 대응도 성질상 집단적인데, 이는 안보리가 평화에 대한 위협 혹은 평화의 파괴에 해당하는 테러행위에 대응하기 위하여, 유엔헌장 제41조 규정에 따라서 명령하거나 권고하는 '무력사용이 결부되지 않은 조치'들이다.

강제적 혹은 무력대응은 타국 영역 내에서 또는 국가주권의 대상이 되지 않는 영역(공해, 국제공역(空域))에서 개별 국가가 자기 스스로 혹은 하나 이상의 국가가 유엔 안보리의 권고에 의하거나 이를 따라서 수행하는 무력사용과 결부된다. 이들 대응은 테러기지를 파괴하고 테러행위자를 살해하는 행위를 포함한다. 흔히, 이들 행위들은 특정 테러행위를 처벌할 뿐만 아니라 추가적인 행위를 방지하기 위한 것이다.

22.3 테러에 대한 대응 유형의 우선순위

이들 두 가지 형태의 대응을 자세히 살펴보기 이전에, 하나 이상의 유형이 일반적으로 활용되는 상황, 특히 두 유형 간에 일종의 우선순위가 존재하는지를 간단히 살펴 보아야 한다. 이러한 문제는 무력사용이 결부된 조치가 유엔헌장에 부합할 때 그리고 그러하지 않을 때 모두 발생한다.

국제공동체의 기본원칙에 따르면 유엔헌장과 그 이후의 기본문서에서 규정하고 있듯이, 평화적 대응이 우선해야 한다. 따라서 유엔헌장 제2조 제3항에서는 "모든 회원국은 국제평화와 안전보장 그리고 정의가 위협받지 않는 방식으로 평화적인 수단에 의해서 자신들의 국제분쟁을 해결해야 한다"라고 규정하고 있다. 이 점은 *무엇보다도* 1970년 국가간의 우호관계와 협력에 관한 국제법원칙 선언(총회 결의 제2625(XXV)호)에서 부연되고 그 내용이 제시되어 있다.[1] 결국, 평화적 수단으로 테러공격을 다루기 위한 모든 노력을 경주한 이후에만 국가들은 군사적 조치를 활용할 수 있다(앞 3.5 참조). 그러나 현재의 법규칙이 갖는 흠결 중의 하나는 규칙상 "강제조치를 활용하기 이전에 평화적 조치를 반드시 시행하고 완료해야 한다"라고 하지만, 국가들이 어느 *특정한* 평화적 조치를 완료해야 할지는 강제하지 않고 있는 점이다. 사전합의가 없기에, 아마도 다소 진지하게 사안별로 교섭을 해야 될 것이다.

국가관행상, 일부 경우에 어떠한 이유(이념적, 정치적 혹은 군사적)에서이든 국가들은 테러행위에 대해서 즉각적으로 무력대응하는 쪽을 선택하고, 국제공동체의 다른 국가들로부터 구두로 하는 비난 수준의 질책만 받는다. 그러나 이러한 '일탈'이 있다고 해서 평화적 구제조치를 먼저 완료해야 한다는 일반규칙의 가치가 저하되지는 않는다. 이는 전적으로 일관된 국가관행을 발견할 수 없는 분야 중 하나이다.

평화적인 대응과 강제적인 대응이 동일하게 취급되지 않는 면이 또 있다. 이는 이들 각각의 대응을 규율하는 국제법 법원(法源)과 관련이 있다. 강제적 대응을 규율하는 규칙은 무력사용에 관한 법의 일부이고 대부분 관습국제법이다(물론 그 뿌리는 조약, 특히 유엔헌장에 있다고 해도). 그 결과, 이들 규칙은 모든 국제법 주체들을 구속한다. 이와 반대로, 분쟁의 평화적 해결에 관한 일반원칙을 제외하고(앞 3.5 참조), 평화적 대응을 규율하는 규칙은 조약에 담겨 있다(22.4.1 참조). 이들은 무력사용에 관한 관습법보다 더 명확하고 덜 모호한 이점이 있지만, 한 가지 중

1) 제2조 제3항은 "국가는 … 교섭, 사실심사, 중개, 조정, 중재, 사법적 해결, 지역기관 혹은 지역적 약정의 활용 혹은 자신들이 선택한 다른 평화적 방식으로써 자신들의 국제분쟁을 조기에 그리고 정의에 맞도록 해결하는 것을 모색해야 한다 … 분쟁당사자들은 위 평화적 수단의 어느 것으로도 해결을 이루지 못하는 때 자신들이 합의한 다른 평화적 수단으로 해당 분쟁을 해결하고자 계속 시도해야 한다"라고 규정하고 있다(제2조 제4항도 참조하시오).

요한 단점이 있다. 즉, 이들은 관련 조약을 비준하거나 가입한 국가만 구속하고, 그러한 경우에도, 엄격히 상호적인 면에서만 구속한다는 점이다. 달리 말해서, 이들은 적용상 보편성이 없다.

22.4 평화적 대응

22.4.1 테러에 관한 조약

테러행위에 대한 평화적 대응장치는 여러 가지 종류의 많은 협정에서 찾을 수 있다. 그러나 아직까지 모든 종류의 테러행위를 대상으로 하는 보편조약이 수락된 적은 없었다. 이러한 유형의 협약이 1937년에 작성되어서 국제연맹의 승인까지 받았지만, 전혀 발효되지 않았다.[2] 이러한 유형의 지역조약도 달성하기 어렵다는 점이 입증되었다. 아래에서 더 언급하겠지만, 이제까지 1977년 테러 억제를 위한 유럽협약이 유일하였다.

그러나 특정 유형의 테러행위를 규율하는(때때로, 우연히 다른 대상도 다룸) 다자조약들이 다수 있었다. 즉, 그러한 행위는 항공기 공중납치(1970년 헤이그협약), 항공기 운항 방해(1971년 몬트리올협약), 소위 '국제적으로 보호받는 사람'들로서 국가원수 · 정부수반 및 외교관에 대한 공격(1973년 뉴욕협약), 인질억류(1979년 뉴욕협약), 선박납치(1988년 3월 10일, 해상운항의 안전을 저해하는 위법행위 억제를 위한 협약으로서, 대륙붕에 고정된 플랫폼의 안전에 관한 의정서 포함), 폭발성 혹은 그 밖의 치명적 장치의 전달 · 배치 · 방출 혹은 폭발(1997년 12월 15일 폭탄테러에 관한 협약, 1998년 폭탄테러 억제를 위한 국제협약), 테러에 대한 재정지원(1999년 12월 9일 협약)이다.

아울러, 무력충돌행위를 규율하는 여러 가지 조약도 간과할 수 없다. 만약, 테러를 확산시키기 위하여 무고한 사람들에게 폭력을 행사하고, 이로써 국가들이 일정한 방식으로 행동하도록 강제하는 것을 테러행위로 본다면, 테러는 평시관계와 동일한 맥락에서만큼이나 전시에서도 쉽게 진행될 수 있다는 점이 즉시 드러난다. 1949년 제4제네바협약과 1977년 두 개의 제네바협약 추가의정서에서

---

2) Hudson(ed.), *International Legislation*(1941), 7, p.862의 문안 참조. 이 협약은 완전히 실패했다. 즉, 오직 24개국만이 서명하였고, 인도 1개국만 비준했다.

민간인의 보호와 테러공격 금지에 관한 규정을 둔 점은 이러한 면에서 의미심장하다.[3)]

테러에 관한 조약의 마지막 범주는 양자조약으로서, 특히 범죄인 인도와 사법부간 협력에 관한 것이다. 일반적으로 테러를 특정하지 않았지만, 이들 조약은 예컨대, 테러행위를 저질러 놓고서 해당 조약의 *다른 쪽* 당사국 영역으로 도피한 사람에 대해서 범죄인 인도를 확보하는 데 유용할 수 있다[*특히* EU 회원국간 유럽체포영장과 이송절차에 관한 2002년 6월 13일 EU이사회의 기본결정(2002/584/JHA, *Official Journal of the European Communities*, 18.7.2002, L 190/1)의 경우에도 동일하다고 할 수 있는데, 이 결정의 제2조 제1항은 회원국들이 '유럽'영장을 발부할 수 있는 범죄 중에 테러행위를 포함하고 있다].

이 모든 조약의 주된 목적은 국가들의 사법조치를 조절해서 *어딘가에서라도* 테러행위자들을 재판에 회부할 수 있도록 하기 위한 것이다. 방금 언급한 모든 다자적 문서들은 *aut dedere aut prosequi*, 즉 자국 영역 내에 테러행위 용의자들이 우연히 있게 된 체약국은 다른 어떤 체약국이라도 조약에 따라서 이들의 인도를 요청하면 그를 인도하든가, 인도요청이 없으면(혹은 인도가 합법적인 견지에서 거부되면), 이들을 기소해야 한다는 원칙을 구현하고 있다. 국가들이 테러행위자들의 처벌을 면제할 수 없도록 하려는 것이다. 결국 이들 조약의 중요한 특징은 이러한 보편적(혹은 준보편적) 관할권이다. 즉, 테러행위 용의자의 인도를 원하지 않는 체약국은 해당 행위가 자국 영역 혹은 자국민을 침해했는지의 여부와 상관 없이 그 사람에 대해서 관할권을 갖는다. 해당 체약국은 테러용의자를 잡을 수 있으면 충분하다.

그러나 이들 조약에는 큰 문제가 있다. 첫째, 통상적으로 충분한 수의 국가가 조약당사국이 되지 않는다는 점이다. 특히, 이 분야에서 실제로 *중요한* 충분한 수의 국가들, 즉 지속적으로 테러행위자들이 도착하게 되는 영역의 국가들이 당사국이 아니다. 예컨대, 이탈리아는 1985년 *Achille Lauro* 사건 당시 1979년 인질억류에 관한 뉴욕협약의 당사국이 아니었다. 더 최근에는, 쿠웨이트 항공기 납치

3) 제4제네바협약 제33조 제1항, 뿐만 아니라 제1추가의정서 제51조 제2항과 제2추가의정서 제4조 제2(d)항 및 제13조 제2항 참조. 아울러 ICTR규정 제3(d)조 참조. 1922년 공중전(Air Warfare)에 관한 헤이그규칙 제22조에서는 '민간인 주민을 공포에 빠뜨리기 위한 목적에서 하는 공중폭격'을 금지하고 있는 점을 상기해야 한다.

범들은 알제리가 관련 조약의 당사국이 아니라는 점, 그리고 이에 따라서 이들을 '인도하거나 기소'하는 것이 강제되지 않았기 때문에 탈출할 수 있었다.

두 번째, 다자조약과 양자조약 모두 효과적인 집행규정을 갖고 있지 않다(결코 이례적이지 않음). 한쪽 당사국이 조약을 이행하지 않으면(예컨대, 테러용의자의 인계를 거부하면), 다른 쪽 당사국은 국가책임에 관한 전통규칙, 그리고 특히, 국제법에서 인정하는 평화적 대응조치들(15.3.1 참조)을 적용하는 정도밖에 할 수 없다. 이러한 종류의 조치들이 지극히 소극적인 국가를 억제하리라고 기대할 수 없을 것이다. 다시금 *Achille Lauro* 사건을 언급할 수 있는데, 이 사건에서 이집트는 1979년 인질억류에 관한 협약을 이행하지 못했고, 이탈리아는 1983년 미국과 체결한 범죄인인도조약을 준수하지 못하였기에, 이들 각 조약과 관련해서 아무런 효과도 발생하지 않았다.

이들 조약이 갖는 세 번째 문제는 이들 대부분(일부 예외, 예컨대 1977년 유럽테러억제협약과 1988년 항행안전협약은 제외)이 테러행위를 '정치범죄'로 간주할 수 없다고 명시하지 않아서, 결과적으로 테러행위자로 주장되는 사람들이 범죄인인도에서 면제된다는 점이다. 물론, 테러행위는 정치적(혹은 이념적) 동기로 이루어진다. 그러나 사용된 방법에 대해서는 정치범죄(예컨대, 정치적 자유의 표시를 금지하는 권위주의 국가에서 정치적 집회를 여는 것, 잔인한 독재자를 공격하는 것)에 통상 부여할 수 있는 정치범불인도의 이익이 적용되지 않아야 한다.[4]

---

4) 위 본문에서 언급한 두 가지 예외적인 경우조차도 이 문제를 제대로 다루지 못하고 있다. 1988년 항행안전협약(Convention for the Suppression of Unlawful Acts against the Safety of Maritime Navigation)은 선박(군함 혹은 정부소유나 정부운영 선박이 해군 보조용, 세관용, 혹은 경찰용으로 사용되는 경우 제외: 제1조 및 제2조)이 어느 한 국가의 영해 바깥의 수역을 통과하여 항행하거나, 그 안으로 진입 · 통과 혹은 출항하기로 예정된 경우, 혹은 범죄자나 용의자가 타국 영역 내에서 발견될 경우(제4조), 해당 선박 위에서 혹은 이와 관련해서 행해지는 여러 가지 종류의 위법행위에 관한 것이다. 대상행위는 선박통제 장악, 승선한 사람에 대한 폭력행위, 선박 자체 혹은 항행설비의 파괴나 파손으로서, 그러한 행위가 관련 선박의 안전한 항행을 위태롭게 하는 경우를 포함한다(제3조). 협약에서는 국가들 간에 범죄인인도조약이 있는 경우, 이들 행위들은 "인도 가능한 범죄행위에 포함되는 것으로 간주한다"고 규정하고 있다(제11조 제1항). 이는 이러한 행위들이 '정치범'의 예외가 될 수 없다는 점을 함축하는 것으로 보인다. 그러나 관련 국가들 간에 범죄인인도조약이 없는 경우, 이들 행위에 대한 인도는 '요청받은 국가의 법에서 정하는 조건 … 에 따르는 것'이라고 한다(제11조 제2항 및 제3항). 이러한 조건에서 아마도 '정치적'인 특징을 갖는 범죄는 인도대상이 되지 않는다는 조건을 포함할 수 있을 것이다.

1977년 유럽테러억제협약(European Convention on the Suppression of Terrorism)은 제1조에서 실제로 "체약국간의 인도를 위하여, 아래 범죄 어느 것도 정치범으로서 혹은 정치범과 연결된 범죄로서, 혹은 정치적 동기로 자극받은 범죄로서 간주할 수 없다"라고 명시하는 점에서 더 바람직하

또 다른 문제는 이들 조약당사국의 용의자 수색 · 체포의무의 부과가 충분히 엄격히 다루어지지 않는 경향이 있다는 점이다.[5] 이러한 의무는 중요한데, 그 이유는 만약 국가들이 용의자들이 은신하거나 종적을 감추도록 하면 "인도하거나 기소하라"는 규칙이 무의미해질 것이 명확하기 때문이다.

마지막으로, 이들 조약에서는 테러용의자가 체포된 영역의 국가들에 대해서만 그들을 국내 검찰당국에 회부할 의무를 부과하고 있다. 이들에 대해서 공소를 제기할 의무는 없다. 이 결과, 기소재량이 인정되는 국가들의 경우, 검사가 생각하기에 해당 범죄가 중하지 않다거나 아니면 다른 이유 때문에 결국 형사소송절차를 개시하지 않기로 결정할 수 있다.

22.4.2 테러행위와 결부된 국가를 상대로 한 유엔의 제재

안보리가 테러행위자를 지원하거나 직접 혹은 간접으로 테러행위에 참여하는 국가를 상대로 제재(17.2 참조) 혹은 중앙집중적인 대응조치(15.5.1 참조)를 권고하거나 이를 채택하는 경우 또 다른 평화적 대응이 시행될 수 있다.

이와 관련해서 중요한 예는 안보리가 리비아에 대해서 1988년 Lockerbie(스코틀랜드) 상공에서 Pan Am 103호기 그리고 1989년 니제르공화국 상공에서 프랑스 UTA 772호기를 폭파시킨데 대하여 1992년 제재를 취한 것이다.

> 1992년, '리비아 정부 공무원이 연루되었다고 하는' 두 건의 테러공격에 대한 조사결과에 우려하여, 안보리는 결의 제731호(1992)를 채택하였으며, 이로써 안보리는

다. 제1조는 계속해서 6가지 유형의 테러행위를 열거하고 있는데, 이에는 1970년 헤이그협약의 적용범위 안에 드는 범죄, 1971년 몬트리올협약의 적용범위 안에 드는 것, '국제적으로 보호받는 사람들'에 대한 공격의 일부, 납치, 인질억류, 그리고 폭탄 · 자동화기 등의 사용이 결부된 특정 범죄들을 포함하고 있다. 이들 행위 이외에, 제2조에서는 체약국들이 범죄인 인도 목적상 다른 유형의 테러행위를 비정치적인 것으로 간주할 수 있도록 허용하기도 한다. 그러나 동시에, 1977년 유럽테러억제협약 제13조에서는 국가의 유보서 제출에 대해서 규정하고 있다.

5) 예컨대, 1988년 항해안전협약에서는 한 당사국 영역 내에 소재하는 것으로 믿어지는 용의자를 수색할 의무를 특정해서 부과하지 않고 있다. 체포와 관련해서, 이 협약에서는 단순히 한 국가가 '사정상 타당하다고 여기는 경우' 그리고 '자국 법에 따라서' 용의자를 체포하도록 요구할 뿐이다(제7조). 이 점에서, 이 협약은 다수의 이전 조약들, 즉 1970년 헤이그협약(제VI(1)조), 1971년 몬트리올협약(제6조 제1항), 그리고 1973년과 1979년 뉴욕협약(제6조 제1항)에서 사용된 용어를 반복하고 있다. 결국, 국가들은 증거의 활용 가능성과 결부된 것 이상으로 더 '정치적'인 이유에서 용의자 체포를 거절할 수 있는 재량권을 많이 갖는다.

'리비아 정부는 테러행위에 대한 책임을 확정짓는 데 충분히 협력해 달라는 요청에 … 아직 답하지 않았다는 사실'을 개탄하였다. 2개월 후, 여전히 리비아가 협력하지 않은 상태에서(리비아는 몬트리올협약을 근거로 해서, 이 협약에서 규정하고 있는 *aut dedere aut prosequi* 규칙에 따라서, 폭파행위의 용의자들을 자신의 국내법정에서 기소할 권리가 있다고 주장하면서, 영국과 미국을 상대로 ICJ에 제소하였음), 안보리는 결의 제748호(1992)를 채택하여, 무엇보다도 '모든 국가들'이 취해야 할 일련의 리비아에 대한 제재조치를 결정하였다. 이들 제재조치는 다음과 같은 사항을 포함하였다. 즉, ① 모든 리비아행 항공기가 자국 영역에서 이착륙, 혹은 상공비행하는 것을 불허하고, ② 리비아에게 모든 항공기나 항공기 부품을 제공하는 것을 금지하며, ③ 리비아에 대해서 무기와 탄약, 군사적 사항에 관한 기술적 자문, 지원 혹은 훈련의 제공을 금지하였다. 안보리는 또한 제재에 관한 결정의 이행 여부를 감시할 뿐만 아니라, 위반시 적절한 조치를 권고하기 위한 위원회를 설치하기도 하였다. 수년간에 걸쳐서 이러한 제재는 효과적이었던 것으로 보인다. 왜냐하면, 2003년, 리비아는 결국 책임을 인정하고 피해자들에게 배상금을 지급했으며, 이로 인해 안보리는 결의 제1506호(2003)로 제재를 해제하고 해당 위원회를 해산시켰다.

더욱이, 2001년 9월 11일 미국에 대한 테러공격 이후, 안보리는 2001년 9월 28일 결의 제1373호(2001)를 채택하였으며, 이로써 안보리는 유엔헌장 제7장에 따라 모든 국가에 대해서 이들이 각자의 법제도 내에서 테러를 방지하고 억제하기 위하여 취해야 할 조치에 관한 엄격한 의무를 마련하였다. 따라서 안보리는 사실상 테러행위에 대해서 국가가 취할 조치에 관해서 *법을 제정하였다.* 이 외에, 안보리는 결의 시행과 이들 의무의 이행을 감시할 책임이 있는 위원회(소위 대테러위원회)를 설치하였다.

안보리가 결의 제1267호(1999), 제1333호(2000), 제1390호(2002), 그리고 제1445호(2003)로 취했던 조치들의 특징은 강조할 만하다. 즉, 이 조치들은 하나 이상의 국가들 혹은 국가에 유사한 실체를 대상으로 하지 않고, 테러로 기소된 개인 혹은 개인의 집단, 즉 탈레반, 오사마 빈 라덴, 그리고 그 밖의 알카에다 구성원들을 대상으로 하였다.

뒤이어 안보리 결의 제1377호(2001), 제1455호(2003), 제1456호(2003), 그리고 제1535호(2004)와 같은 것들은 대테러위원회에 추가임무를 부여하거나, 국가들이 테러에 대항해서 싸울 때 수행해야 할 행동강령을 마련하였다.

22.5 테러행위에 대한 무력대응

22.5.1 관련 법

위에서 언급하였듯이, 이제까지 일부 국가들은 테러행위자에게 기지를 제공하거나, 이를 적극 지원하는 국가를 공격하거나, 소재지 국가가 용인하는 테러기지를 폭파하거나, 국제공역에서 테러행위자들을 실어 나르는 항공기를 강제착륙시킴으로써 테러공격에 대응하였다. 이와 같은 무력대응 방식을 규율하는 국제규칙은 무엇인가?

앞에서(제3장, 제18장) 언급하였지만, 국제관계에서 일방적인 무력행사에 관한 기본규칙은 '무력공격이 발생하면 고유의 권리로서 개별적 혹은 집단적 정당방위권'을 행사하는 경우를 제외하고 일방적 무력사용이 금지된다는 것이다. 이러한 맥락에서, '무력공격'은 피해국가의 영역에 대해서 혹은 그 기관원이나 국민이 국내에 있든 아니면 해외(타국 혹은 국제수역이나 공역)에 있든지 상관 없이 이들에 대해 매우 엄중하게 공격하는 것을 의미한다. 무력공격으로 분류되려면, 테러행위가 개별적이거나 산발적인 폭력사용이 되기보다 폭력적인 테러행위가 지속되는 형태가 되어야 한다. 이는 ① 위에서 언급한 일반원칙상 국가들은 국제평화라는 목적을 위하여 *마지막 수단*으로써 군사력을 사용할 수 있을 뿐이라는 것이 국제관계에서 항상 가장 우선시되는 요소였고, ② 일방적인 무력은 국제관계에서 *예외적인 상황에서만* 사용될 수 있을 뿐이라는 것이 일반원칙이다. 이 결과, 산발적이거나 경미한 습격 혹은 공격에 대하여 정당방위로써 하는 무력사용 수준의 심각하고 두드러진 대응방식은 정당하지 않다.

위의 첫 번째 명제(무력사용의 대상이 되는 국가의 무력공격이 있어야 한다는 점)의 의미는 더 엄밀히 말하면, 해당 국가의 국제책임은 해당 공격과 결부되어야 한다는 것이다. 그렇지 않으면, 그러한 공격은 해당 국가의 기관 혹은 기관원과 아무런 관련이 없고 따라서 해당 국가의 귀책사유로 하기가 매우 어려울 수 있다. 그러나 해당 국가가 그러한 공격과 연결된 일부 국제의무를 이행하지 못한다면 여전히 국가책임이 결부될 수 있다. 일반적으로, 테러단체들은 일반적으로 어느 국가의 공적 조직으로부터 여러 가지 단계로 일정한 형식의 후원을 받지만, 그 국가의 *공적* 조직의 일부는 아니다.

국가라면 테러단체에게 다양한 수준에서 지원할 수 있다. 적어도 다음 6가지가 중요하다.

1) 극단적이어서 매우 드물지만, 해외에서 테러행위를 자행하는 테러단체가 국가공무원으로 구성될 수 있다. 즉, Lockerbie(스코틀랜드)에서 미국 국적기를 리비아 국가요원이 폭파한 것이 두드러진 예이다. 유엔에 보낸 2003년 8월 15일자 서신에서, 리비아 대리대사는 리비아가 "자국 공무원의 행위에 대한 책임을 인정한다"고 하였다(UN Doc.S/2003/818, p.1). 리비아는 미 항공기 테러공격에 대해서도(뿐만 아니라 프랑스 항공기 UTA 772호기를 폭파한 데에 대해서도) 배상금을 지급하였다(Lockerbie의 경우, 네덜란드에서 재판한 스코틀랜드 법원의 판결과 형량도 참조하시오. *Abdelbaset Ali Mohmed Al-Megrahi and Al Amin Khalifa Fhimah* 사건). 이와 마찬가지로, 2004년 9월, 리비아는 사실상 1986년 베를린의 La Belle 디스코장 폭탄테러에 대해서도 책임을 인정하였다(1.4 그리고 18.1.2 참조). 2004년 6월 24일 독일 고등법원이 *Yasser Mohamed C. and others* 사건(pp.14-29)에서 리비아의 비밀기관이 주도·기획 및 폭파 실행에 기여하였다고 한 2001년 11월 13일자 베를린 지방법원의 판결을 확정짓자, 가다피 아들이 운영하는 리비아 자선단체(하지만 공식적으로는 정부의 일부가 아님)가 위 베를린 피해자에게 3,500만달러의 배상금을 지급하였다(*IHT*, 2004년 9월 4~5일자, p.3).

2) 국가는 자국 기관을 통하지 않고 자국이 조직하고, 장비를 제공하고, 명령하고 통제하는 비공식 요원, 용병, 무장대를 고용해서 행동하는 쪽을 선택할 수 있다.

3) 테러단체들은 '독립적'일 수 있지만 국가로부터 재정지원 혹은 무기를 공급받을 수 있다.

4) 다른 방식으로, 그러한 테러단체는 국가로부터 병참지원, 예컨대 훈련설비를 공급받을 수 있다.

5) 훨씬 낮은 단계의 경우, 한 국가가 '적극적'인 방식(원조, 무기 등을 지원하는 것)으로 테러행위자들을 지원하지 않지만, 외국을 상대로 테러행위가 자행되기 이전 그리고 이후 자국 영역 내에 피신할 수 있도록 묵인만 하는 경우, 일반적으로 말해서, 이들이 자국 영역에 체재하는 것을 용인하거나 어쨌든지 테러행위를 방지하거나 처벌하기 위한 강제조치를 취하지 않는 경우가 있을 수 있다.

6) 테러조직이 자신들을 통제할 수 없는(해당 지역이 반란단체의 지배하에 있기 때문에 또는 중앙당국이 해당 영역의 대부분 지역에 대해서 더 이상 권한을 행사할 수 없기 때문에) 국가영역 내에서 활동하는 경우도 있을 수 있다.

이들 각 경우, 어느 외국이 테러행위자의 폭력행사에 결부되거나 이들이 그러한 폭력과 '연결'된다고 하여 피해국가가 정당방위권 행사로써 강제조치를 취할 수 있는가?

우선, 상황 1)과 2)—테러행위자들이 특정 국가의 공무원이거나 사실상 실효적으로 그 국가의 통제를 받는 경우—를 다루기로 한다. 정당방위의 전제요건이 충족되는 한, 국제법은 명확하다. 즉, 테러공격은 해당 국가의 귀책사유가 될 수 있으며, 개별적 혹은 집단적 정당방위 방식으로 그 국가를 상대로 무력을 행사할 수 있다. 상황 3), 4), 그리고 5)로써 어느 국가가 테러행위자들에게 무기나 재정원조, 병참지원, 혹은 단순히 도피처를 제공하는 경우, 이에 대해서 자세한 법규칙은 없다. 위에서 언급한 두 가지 *일반원칙*만이 분명히 적용될 수 있다고 할 수 있다. 법적으로 문제되는 사항은 ① 특정 국가가 자국 영역 내에 있는 테러행위자를 지원하거나 이를 억제하지 못해서 이들의 공격에 대해서 *책임*을 부담하는지의 여부, 그리고 ② 그러한 공격이 정당방위를 허용할 정도로 *중대한지*의 여부를 결정하는 것이다.

이러한 쟁점은 ICJ가 *니카라과* 사건(*본안*)에서 어느 정도 다루었다. 그러나 이 사건에서 ICJ는 *반도*들을 지원하는 경우를 논의했고, 테러행위자의 경우를 논의하지 않았다. 그런데도 ICJ의 논리는 테러에 관한 문제를 논의하는데 활용될 수 있다. ICJ는 비록 반도들에게 *병참지원, 재정원조, 무기를 제공*하는 것이 국제법(특히 타국의 국내문제 불간섭에 관한 기본원칙)을 위반할 수 있지만, 그러한 지원만 가지고서 지원하는 국가를 무력공격과 결부시키는 것이 통상적으로 충분하지 않기에, 그 국가는 정당방위로(개별적이든 아니면 집단적이든) 하는 무력활용을 정당화시킬 수 없다고 판단하였다. Schwebel 판사(pp.346-347)와 Jennings 판사(p.543)는 반대로 반란단체에 병참지원하거나 최소한 병참지원이 무기와 함께 결합되면 반란단체가 수행한 무력공격에 대해서 지원국가가 책임을 부담하는 것이 일반적으로 충분하다는 견해를 가졌다.

이러한 후자의 견해는 나중에 안보리가 Lockerbie와 UTA 772호기 테러공격을 이유로 한 리비아 제재와 관련해서, 1992년 3월 31일 결의 제748호에서 지지를 받았던 것으로 보인다. 해당 결의 서문 제6항에서, 안보리는 "유엔헌장 제2조 제4항의 원칙에 따라서 모든 국가는 다른 국가 내의 테러행위를 조직 · 선동 · 지원 혹은 참여하거나 그러한 행위가 무력 위협 혹은 행사와 결부되는 경우, 그러한 행위를 자행하기 위한 자국 영역 내의 조직적 행위를 묵인하지 않을 의무를 부담한다"고 '재확인하였다.' 안보리의 견해에 따르면, 어느 국가가 자국 영역 내에서 테러행위를 단순히 지원 · 묵인하고, 그러한 행위가 타국을 상대로 하는 무력의 위협 혹은 행사와 결부되는 경우, 해당 국가는 헌장 제2조 제4항을 위반하는 것이라는 점을 이 선언이 분명히 함축하고 있다. 만약, 이러한 위반이 특히 중하다면, 결과적으로 합법적인 정당방위가 가능한 '무력공격'에 이르게 된다고 판단할 수 있을 것이다.

안보리가 취한 견해는 너무 광범위하다고 할 수 있는데, 그 이유는 외국이 여러 가지로 테러 지원에 관여할 수 있다는 점을 고려하지 않은 것으로 보이기 때문이다. 법적으로 더 양호한 견해는 이러한 요소를 감안할 뿐만 아니라 ICJ의 판단과 안보리의 선언을 절충하는 것인데, 이는 관련 국가의 관여 정도에 따라서 차이가 있는 상황의 범위 전체를 감안하는 것이다. 따라서 사안별 평가가 적절할 것이다. 요컨대, 병참지원의 형태는 여러 가지이다. 한쪽 극단의 경우에는 반란군 혹은 테러군의 훈련 · 이동 · 숙영지 제공 그리고 장비를 제공하거나, 단순히 반도 혹은 테러행위자들에게 피난처를 제공하는 것이 있을 수 있다. 이러한 적극적 혹은 소극적 지원은 반도 혹은 테러군들의 공격을 이유로 한 해당 국가의 책임을 수반할 것이다. 다른 쪽 극단의 경우, 반란단체 혹은 테러행위자들이 외딴 국경지역의 폐가에서 숙영하는 것만 허락하거나, 그 자체로는 무력공격을 이유로 해당 국가의 책임이 수반되지 않는 묵인과 결부될 수 있다. 비록, 흔한 사실이지만, 양 극단의 중간에 처하는 영역이 '회색'지대로 남아 있다고 해도, 지원이나 묵인이 산발적이지 않고 규칙적이고 일관적이라면, 관련 국가들이 제2조 제4항 위반에 대한 책임을 부담하고, 이로써 자국 영역 내에서 발생하는 테러공격에 대해서 책임을 부담해야 한다고 판단내릴 수 있을 것이다.

위 상황 6)의 경우, 분명히, 관련 국가는 자국 영역에 위치한 조직이나 부대가 행하는 테러공격에 대해서 책임을 부담하지 않는다. 그러나 이들 조직에 대해서 합법적으로 무력을 행사하고자 하는 외국에 대항하여 주권적 권리를 내세울 수 없을 것이다.

따라서, 위의 상황 3), 4) 그리고 5)가 가장 흔한 경우인데 이에 대한 규칙은 전혀 명확하지 않고, 국가들의 운신의 폭이 여전히 넓은 것으로 보인다. 이러한 유연성 요소가 이점이 될 수 있지만, 단기적으로만 이익이 될 수 있다. 장기적으로는, 명확하고 엄격히 무력사용이 제한되어야 할 것이다. 이렇지 않으면, 국가들은 너무 쉽게 폭력의 상승기류에 휘말릴 수 있다. 무력사용의 법적 제한이 별로 명확하지 않고 한정적이지 않는 데서 오는 또 다른 위험은 테러행위를 야기하는 근본문제를 국가들이 처리하도록 압박할 수 없다는 점이다. 이 점은 아래에서 다시 다룰 것이다.

22.5.2 국가관행

(1) 테러행위자의 온상이라고 주장되는 국가를 상대로 한 무력공격(1968~1998)

수년에 걸쳐서, 일부 국가들, 주로 이스라엘과 미국은 타국에서 생활하는 테러행위자의 공격에 대응하여 이들 국가들을 상대로 무력을 행사하였다. 그러한 공격은 유엔헌장 제51조로 정당성을 갖는 테러행위에 대한 *대응*으로써 그리고 추가공격을 *억제하*는 수단으로써 형식상 정당화되었다. 그러한 무력대응에 대해서 국제공동체의 반대는 조금씩 줄고 있다.

> 1968년, 이스라엘은 베이루트 공항을 습격하면서, 이 공격은 레바논에 기지를 둔 테러행위자들이 수행한 아테네 공항 내 이스라엘 항공기에 대한 이전 테러공격에 대한 대응이라고 주장하였다. 유엔 안보리는 만장일치로 이 행위를 비난하였다(결의 제262호(1968)). 그러나 미국은 이 결의에 찬성투표하면서도 ① 사실상 레바논이 아테네에서의 행위에 대해서 책임이 없고, ② 이스라엘의 대응이 비례성을 잃었다는 이유에서만 찬성투표했다는 점을 지적하였다.[6]
>
> 이 외에, 이스라엘은 안보리에서 테러행위자들에게 피난처를 제공하는 것은 무력대응할 권리가 발생하는 일종의 '소극적 지원'이라고 지속적으로 주장하였다. 이러한 식으로 이스라엘은 레바논과 다른 아랍 국가들에 대한 다수의 군 작전을 정당화하려고 하였다. 그러나 안보리는 반복해서 이러한 정당화를 인정하지 않았다.[7]

---

6) *UNYB*(1968), p.228. 참조.

7) 유엔 안보리 결의 제228호(1966), 제248호(1968), 제256호(1968), 제262호(1968), in *Repertoire of*

1975년, 이스라엘은 레바논 소재 팔레스타인 기지에 선제적 타격을 가하면서 무력대응하였다. 안보리에서, 개발도상국과 사회주의 국가, 뿐만 아니라 미국, 일본, 스웨덴, 프랑스, 이탈리아 그리고 영국을 위시한 모든 서방국가들은 이스라엘의 행위를 비난하였다. 레바논 대표는 비난 근거를 명쾌하게 요약하였다.[8)]

남아프리카공화국도 자신이 1976년에서 1983년 기간에 이웃 국가(잠비아, 레소토, 스와질랜드)의 ANC(African National Congress) 군사기지를 공격했을 때 동일한 법적 근거(선제적 정당방위)를 원용하였다.

더욱이, 이스라엘은 1985년 튀니지의 PLO 본부를 공격했다. 안보리는 결의 제573호(1985)로 그러한 행동을 비난하였지만, 미국은 기권하였다.[9)]

1986년, 미국 공군기가 트리폴리를 공격하였다. 미국은 그 폭격이 과거 리비아가 미국민에게 테러공격한 것에 대한 정당방위로서, 뿐만 아니라 미래의 테러행위를 사전에 차단하기 위한 정당방위로서 정당성을 갖는다고 주장하였다. 안전보장이사회에서, 미국은 영국, 프랑스와 함께 자신의 행위를 비난하는 결의 초안에 대해서 거부권을 행사하였다.[10)]

1993년, 미국은 쿠웨이트에서 전 미국 대통령 부시에 대한 2개월 전의 암살공격에 대응하는 것이라고 주장하면서, 바그다드의 이라크 첩보본부에 미사일을 발사하였다. 안전보장이사회는 이 사항에 관하여 아무런 결의도 내지 않았지만, 다수의 국가들(주로 영국, 러시아)은 미국의 법적 주장을 지지하였거나, 최소한 이를 양해한다고 표현하였다. 중국만이 미국의 행위에 대해서 이의를 제기하였다.[11)] 1998년, 미국은 이번에는 아프가니스탄과 수단에 대해서, 이들 국가에서 은신처를 제공받은 것으로 여겨지는 사람들이 케냐와 에티오피아 소재 미국 대사관에 대해서 행한 테러공격에 대응하여 또 미사일을 발사하였다. 안보리는 잠시 회의를 하였지만 아무런 조치도 취하지 않았다. 파키스탄, 러시아, 그리고 일부 아랍 국가들은 미국의 조치를 비난하였다.

---

the Practice of the Security Council Supp.(1966-1968), pp.130, 152 이하 및 159, 164, 결의 제265호(1969), 제270호(1969), in *idem,* Supp.(1969-1971), pp.211, 214, 결의 제316호(1972), *UNYB*(1972), p.214. 그리고 결의 제332호(1972), *UNYB*(1973), p.218 참조.

8) "이스라엘은 … 자신이 가한 침략이 성질상 징벌적인 것이 아니라 예방적인 것이라고 선언한 바 있다. 이는 국제관계에서 따르기 위험한 과정이다. 국가들이 자기 스스로 소위 예방행위라고 하는 것을 결정할 수 있는가? 만약 그러하다면, 세계는 정글의 법칙이 지배하는 시대로 되돌아 갈 것이고, 유엔헌장 원칙에 근거한 국제질서에서 멀어질 것이다." *SCOR,* Thirtieth Year, 1859th Meet., 4 December 1975, p.11, para. 99.

9) *UNYB*(1985), p.285. 참조.

10) *UNYB*(1986), p.247 참조; 아울러 80 *AJIL*(1986), p.632, 그리고 57 *BYIL*(1986), p.641 참조.

11) *UNYB*(1993), p.431 참조.

(2) 미국과 영국의 아프가니스탄에 대한 무장공격(2001~2002)

2001년 9월 11일 충격적인 사건으로 인하여 테러의 심각성이 극적으로 전면 부각되었으며, 이로써 무력사용을 규정하는 법적 틀이 점차 변경되었다. 그 날 이후 수주 동안, 어떠한 테러단체가 그러한 공격을 감행했는지, 하나 이상의 국가들이 그러한 타격을 기획하고 실행하는 데 결부되었는지, 아니면 적어도 테러행위자들에게 은신처를 제공하고 지원하였는지의 여부가 명확하지 않았다.

9월 12일, 유엔 안보리는 만장일치로 결의(제1368호(2001))를 통과시켰는데, 그 서문에서 미국과 미국을 지원하고자 하는 다른 국가들 각자가 개별적 그리고 집단적 정당방위권을 갖는다는 점을 분명히 '승인한다'고 하였다. 그러나 핵심되는 제1항에서, 9월 11일 테러행위는 '평화에 대한 위협'이라고 정의하였지, 헌장 제51조에 따른 정당방위를 합법화시키는 '무력공격'이라고는 정의하지 않았다 (동일한 개념은 같은 해 9월 28일 채택된 안보리 결의 제1373호에서도 반복되었다).

핵심적인 제5항에서, 결의는 안보리가 '유엔헌장에 따른 자신의 책임에 따라서, … 테러공격에 대응하는 데 필요한 모든 조치를 취할 준비가 되어 있음'을 표시하였다. 달리 말해서, 안보리는 필요하다면 군사적 및 그 밖의 조치를 허가할 준비가 되어 있다고 선언하였다. 따라서, 안보리는 이러한 결의로써, 자기 자신이 직접 해당 사항을 다루고 싶은 욕구와 미국의 일방행위에 일임하는 것 중간에서 주저하였다. 아마도, 미국이 안보리를 경유하여 규칙적으로 안보리에 보고할 필요 없이 독자적으로 (자신이 선택한 국가의 지원을 받아서) 위기사태를 관리하려고 했던 이유의 상당 부분은 이 결의의 모호성 때문이었다.

같은 날, NATO 이사회는 동맹회원국 19개국 중 어느 한 국가에 공격이 있을 경우, 집단적 정당방위권을 부여하는 NATO규정 제5조에 근거한 성명서를 만장일치로 채택하였다.[12] 이렇게 해서, 이 모든 국가들은 헌장 제51조에 근거한 해결책을 선택하였다. 이들은 안보리의 권위하에서 집단적인 무력을 사용하는 길보다 이러한 방향을 더 선호하였다.

결국, 며칠 사이에, 사실상 모든 국가들은 무력사용에 관한 법제도에서 암묵적으로 현저히 이탈하였고, 정당방위 개념을 확대하는 효과를 갖는 태도를 취하였다. 첫째, 국가들은 '평화에 대한 위협'에 이르는 테러단체의 행위와 한 국가의

12) 2001년 NATO 보도자료 124 참조.

무력침략을 *같은 것으로 보게 되어서* 피해국은 개별적 정당방위를 활용할 수 있고, 제3국은 피해국의 요청이 있는 경우 집단적 정당방위로 행동할 권리를 갖게 되었다. 둘째, 고전적인 정당방위는 한 국가가 특정 침략국을 상대로 즉각 대응하는 것이지만, 9·11 이후의 사건에서, 피해국이 어느 정도 시간이 경과된 이후에 대응하는 *지체된 대응*을 할 수 있는 점이 수락된 것으로 여겨졌다. 셋째, 유엔헌장 제도상 침략에 대한 즉각적인 대응으로서 정당방위라 함은, 정당방위행위를 하는 국가가 침략자인 특정 국가나 국가집단을 타격하는 경우만 의미한다. 달리 말해서, 공격목표를 선택할 수 없다. 그러나 9·11 이후, 어느 국가가 테러의 은신처가 되는지, 이를 지원하고 원조한 국가가 이로 인해서 책임을 부담하고 군사적 대응의 합법적인 목표물이 되는지를 *미국이 스스로 결정*할 수 있다는 점이 인정되었다.

어찌 되었든지, 2001년 10월 7일 미국은 처음에는 영국의 지원을 받아서 아프가니스탄을 상대로 '항구적 자유작전'(Operation enduring freedom)이라고 불린 군사조치를 감행하였다. 공격목적으로 주장된 사항은 그 나라에서 알카에다로 불리는 테러조직의 기지와 부속시설을 파괴할 뿐만 아니라, 그 테러조직을 적극적으로 원조·지원하고 심지어는 이 조직을 활용하였다고 하는 당시 아프가니스탄의 탈레반정권 당국을 와해시키는 것이었다. 미국은 개별적 정당방위권을 원용하였고, 영국은 집단적 정당방위권을 근거로 삼았다. 양국은 세계무역센터와 미 국방부 건물에 대한 테러공격에 대응하여 추가적인 테러공격을 억제하기 위해 행동한다고 주장하였다. 아프가니스탄을 상대로 한 군사행동은 수주 동안 지속되었다. 이라크와 이란을 제외한 어느 국가도 미국의 무력활용(처음에는 영국의 지원을 받음)의 합법성 여부에 대해서 공개적이고 명시적으로 이의를 제기하지 않았다. 나중에, 미국은 유엔 안보리에 보낸 공한에서 아프가니스탄뿐만 아니라 테러와 결부된 다른 조직 그리고 국가(나중에 미국 행정부는 이란, 이라크, 북한을 거명함)에 대해서도 무력사용권을 갖는다고 주장하였다.

유엔 안보리의 입장에 대해서 실질적인 반대가 없었고 사실상 국가들이 미국의 조치를 강력히 지지함에 따라서, 적어도 테러와 관련해서 '속성 관습국제법과 헌장의 유권적 재해석'이 이루어진 것으로 볼 수 있다는 주장이 있었다.[13] 이러한

13) C. Gray, "The Use of Force and the International Legal Order," in M.D. Evans(ed.), *International Law*(Oxford: Oxford University Press, 2003), p.604.

견해에 대해서는 동조할 수 없다. 물론, 이러한 일련의 사례는 국제공동체에서 새로운 개념의 정당방위 쪽으로 수렴하는 성향(비록 우발적이라고 해도)이 컸던 점을 보여 준다. 그러나 이러한 수렴은 상당부분 무시무시한 9 · 11테러행위에 대한 감정적 대응에서 촉발되었기에 관습을 변경하는 데 필요한 지속적 관행과 *법적 확신*이 될 수 없다. 유엔헌장과 관습국제법에서 정하고 있는 무력사용의 법적 규제는 매우 중요한 것이기에, 관습으로 그러한 규제를 변경하려면 국가들의 관행과 법적 확신이 명시적이고 명확하며 지속적이어야 하고, 두 가지 이상의 예를 포괄해야 된다고 판단할 수 있을 뿐이다.

(3) 2003년 **이스라엘의 시리아 테러기지 타격**

더 최근인 2003년 10월 5일, 이스라엘이 시리아의 다마스쿠스 인근지역을 공격한 것과 이에 대한 안보리의 대응은 테러에 대한 선제적 정당방위를 국제적으로 부인하는 경향이 줄어든 점을 확인하는 것으로 보인다. 안보리에서, 시리아는 이스라엘의 공격이 국제법과 유엔헌장을 현저히 위반하기에 침략에 해당된다고 주장하였다.[14] 이스라엘은 자신의 행동이 '시리아가 여러 가지 악명 높은 테러조직을 격려하고, 안전한 피신처, 훈련설비, 자금지원 및 병참지원하는 것'에 대한 대응이고,[15] 이러한 대응은 유엔헌장 제51조에 따른 정당방위에 해당하며,[16] '시리아가 방조하고 있는 이스라엘 국민에 대한 추가적인 무장공격을 예방하려는 목적도 갖는 것'이라고 반박하였다.[17] 안전보장이사회의 과반수 이사국은 이스라엘의 공격이 국제법과 유엔헌장에 반한다고 생각하였다(이러한 입장을 취한 것은 파키스탄, 스페인, 중국, 독일, 프랑스, 불가리아, 칠레, 멕시코, 기니, 그리고 카메룬이다).[18] 이에 반해 영국, 러시아, 앙골라, 그리고 미국은 어떠한 법적 판단도 내리지 않았고, 이들 중 영국 · 러시아 · 앙골라는 해당 공격이 정치적으로 용인될 수 없다고 하였으며,[19] 미국은 시리아가 테러행위자들에게 피신처를 제공하고 지원하는 것을 중단해야 한다고 하였을 뿐이다.[20]

14) UN Doc. S/PV.4836, pp.3-4.
15) *Ibid.*, p.5.
16) *Ibid.*, p.7.
17) *Ibid.*, p.7.
18) *Ibid.*, pp.8-13.
19) 영국의 성명서(*ibid.*, p.9), 러시아의 성명서(p.10) 그리고 앙골라의 경우(p.12) 참조.
20) *Ibid.*, p.14.

(4) 국가관행에서 파악할 수 있는 법적 의미

국제공동체는 테러행위자에 대한 무력조치의 합법성 여부에 대해서 법률상 일관된 견해를 표명하지 않는 것으로 보인다. 아마도, 안보리의 이러한 입장에서 테러행위자들에게 피신처를 제공하는 국가에 대한 공격은 다소 엄격한 조건(해당 국가가 적극적으로 테러행위자들을 지원하거나 이들이 다른 국가를 상대로 심각하고, 반복적이며 대규모로 테러공격을 가하도록 허락하는 경우, 그리고 그 무력대응이 즉각적이고 비례성을 갖는 경우)하에서 *합법적인 정당방위 형태*라고 생각할 수 있을 것이다. 무엇보다도, 위에서 언급한 미국의 무력활용 사례는 유엔헌장에서 합법적이지 않았다는 결과가 나오는데, 왜냐하면 테러공격을 격퇴하려는 의도에서, 테러행위자들의 불법적인 무장공격에 대한 즉각적이고 비례적인 대응이 아니었기 때문이다. 이들은 사실상 무력복구에 해당되는 것이었고 이는 현행 국제법에서 금지되는 것이 명백하다(앞 15.3 그리고 18.7 참조).

테러에 대한 *예방적* 정당방위의 경우, 국가와 유엔의 관행을 검토해 보면 절대다수의 국가들은 그러한 행위는 유엔헌장에서 허용되지 않는 것이라고 여전히 굳게 믿고 있음을 보여 주고 있다. 그러나 최근 이스라엘과 미국(2003년에 영국, 러시아, 그리고 앙골라가 동조함)을 위시한 다수의 국가들은, 적어도 일부 상황에서, 이러한 행위가정당성을 갖는 것으로 간주하는 경향이 있다. 따라서, 비록 *압도적인 다수*의 국제공동체 구성 국가들이 유엔헌장에서 테러에 대한 예방적 정당방위는 불법이라고 하지만, 다수의 주요 국가들은 반대 견해를 갖는 경향이 있다고 결론 내릴 수 있다. 간단히 말하자면, 테러에 대한 예방적 정당방위가 불법인지의 여부는 *보편적으로 합의된 바가 없다*.

22.6 공해 혹은 국제공역에서의 테러에 대한 무력사용

외국(혹은 제3국) *영역에서* 그 나라 국민 혹은 자산에 대해서 행해진 테러공격에 대해서 위에서 언급한 무력대응 사례와 하나 이상의 국가로부터 지원이나 원조를 받는 테러단체가 타국 국민을 상대로 공해 혹은 국제공역(international airspace)에서 공격하는 경우를 구별해야 한다. 이 경우, 공격받은 선박이나 항공기의 국적국가는 위에서(22.5.1 참조) 언급한 무력조치를 즉각 행하여 선박이나 항

공기에 탑승한 테러행위자에 대해서 무력을 사용할 수 있는 점은 의심할 여지가 없다. 즉, 해당 선박이나 항공기는 일종의 국가영역의 연장이기에, 국가당국은 마치 자국 영토에서와 마찬가지로 그곳에서 법을 집행할 수 있다. 그러나 *제3국*, 즉 기국(flag State)이 아닌 국가의 경우는 어떠한가? 그러한 국가도 해당 선박이나 항공기를 상대로 무력을 사용할 수 있는가? 이는 국가들이 외국 항공기를 요격하는 경우가 증가하고 있는 점에서 매우 시사적인 중요한 문제이다.

최근에 위와 같이 요격한 예를 간략히 반추해 보는 것이 유익할 수 있다.

(1) 이스라엘(1973)

이 사건은 이스라엘이 Middle East Airlines 소속이지만 이라크 항공사에서 전세한 민간항공기를 요격한 것과 결부된다. 이 항공기는 바그다드로 가기 위해 베이루트를 출발한 후 요격당하여 이스라엘 군기지에 강제착륙했다. 승객과 승무원(총원 90명) 전원이 비행기에서 내려와 수시간 동안 취조당했다. 이스라엘측은 다수의 테러행위자들이 탑승하였다고 생각한 것으로 보인다. 나중에 밝혀졌듯이 이들의 생각은 잘못이었다. 사실상 테러행위자들이 탑승하지 않았다는 점이 분명해진 후, 해당 항공기는 출발할 수 있었다.

> 다음 날, 유엔 안보리 회의가 급히 소집되었다. 이스라엘은 테러공격으로부터 자국민을 보호하기 위하여 '고유한' 무력사용권을 행사하였을 뿐이라고 하였다. 안보리는 만장일치로 이스라엘의 행위를 비난하였다.[21] 흥미로운 사항은 미국 대표가 이스라엘의 행위를 가장 신랄하게 비난하였다는 점이다.[22]

(2) 미국(1985)

1985년 10월 7일, 팔레스타인해방전선(PLO의 한 분파) 대원 4명이 이집트 근해에서 이탈리아 여객선인 Achille Lauro호를 장악하였다. 그 후 이들은 이스라엘

---

21) 이 사건을 둘러싼 법적 · 정치적 주장에 대해서는 UN Docs. S/PV.1736, 13 Aug. 1973, S/PV.1737, 14 Aug. 1973, S/PV.1738, 14 Aug. 1973, S/PV.1739, 15 Aug. 1973 참조하시오.

22) 이러한 요격을 '유엔헌장과 국제민간항공법 규칙 위반'이라고 규정하면서, "테러를 통제하기 위한 국내외의 노력은 계속되어야 한다. 그러나 이러한 노력은 법 안에서 진행되어야 하고 법을 벗어날 수 없다. 국제민간항공 분야를 위시한 국제관계에서 법규칙 준수 의무로 인해서 정부들은 법을 벗어나서 활동하는 자들로부터 자신들을 보호하기 위하여 활용할 수 있는 방법이 일부나마 제한된다. 우리 정부는 1973년 8월 10일 이스라엘이 민간항공기를 우회시킨 행동은 부당하고 이보다 높은 강도의 대응행위를 야기할 가능성이 높다고 믿는다"(S/PV.1738, pp.28-30)고 말했다.

정부가 이스라엘에 수감 중인 50명의 팔레스타인 사람들을 석방하지 않으면, 미국인부터 시작해서 승객들을 살해하겠다고 위협하였다. 이 상황에서, 미국 국적의 지체장애인 Leon Klinghoffer라는 승객 한 명이 실제로 살해당했다.

여러 정부가 즉각 관여하게 되었다. 이탈리아는 해당 선박이 자국 선박이기 때문에, 이집트는 납치 발생장소가 자국 수역이었기에, 일부 다른 아랍 국가들은 이탈리아와 해결책을 교섭하기 위하여, 그리고 여러 국가들, 특히 미국, 영국 및 독일연방공화국은 해당 선박에 자국민이 승선하였기 때문에 결부되었다.

> 지리한 교섭 후, 납치범들은 이집트 당국에 구인되었고, 10월 9일 튀니지로 향하는 이집트 항공기에 이송되었다. 4대의 미국 전투기가 비행 중인 이집트 항공기를 도중에 가로막아 이탈리아 시실리의 시고넬라에 있는 NATO 기지에 강제착륙시켰다(이에 대해서 이탈리아로부터 다급하게 허락을 얻었음). 이 비행기가 시고넬라에 착륙하였을 때, 이를 맞이한 것은 '테러행위자를 체포'하여 미국으로 압송하라는 명령을 받은 미군 병력이 탑승한 다른 미국 군용기였다. 해당 명령은 이탈리아 수상 B. Craxi의 분명한 지시에 따라서 활동한 이탈리아 군인의 강력한 반대로 인하여 실행되지 않았다. 결국, 이집트 항공기는 시고넬라를 이륙하여 로마로 향할 수 있었지만, 그 순간에도 미국은 또 다른 미국 군용기로 해당 항공기를 뒤따르도록 해서 이탈리아 영공을 침범하였다. 로마에서, 이탈리아 당국은 Abu Abbas가 이끄는 테러행위자들이 비행기로 출국하도록 허락하였다(단, Abu Abbas 이외의 테러행위자들은 나중에 이탈리아에서 체포되어 재판받았다).
>
> 미국인들은 납치범들을 해적이라고 하여,[23] 이들을 체포하여 재판할 수 있는 '보편적' 관할권의 존재를 암묵적으로 내비치면서 자신들의 (실패한) 군사행동을 정당화하였다. 그러나 이러한 주장은 그다지 타당성이 없다.[24]

---

23) 'Question-and-Answer Session with Reporters, 11 October 1985,' in 24 *ILM*(1985), p.1514, p.1515에서 재언급된 레이건 대통령의 소견. 'Briefing by National Security Advisor R. McFarlane on the Apprehension of the Achille Lauro Hijackers', *ibid.*, p.1517. 그리고 Warrant for Arrest of Abu el-Abas issued by the US District Court(District of Columbia), *ibid.*, p.1554 참조.

24) 납치범들이 이전 시대 해적과 동일시될 수 있다고 해도, 이들을 해적에 관한 전통법에 따라서 체포하고 재판하는 보편적 관할권의 전제조건은 이 사건에서 분명히 없었다. 첫째, 이들 납치범들은 자신들 선박에서 Achille Lauro호로 승선하지 않았다. 이들은 이미 그 배에 승선해 있었다. 둘째, Achille Lauro호는 피랍 당시 공해상에 있지 않았다. 그리고 셋째, 납치범은 '사적 목적을 위하여' 활동하려는 목적을 갖지 않았다. 이들의 동기가 아무리 가증스럽다고 해도 분명히 정치적이었다. 비록 이러한 전제조건이 충족되더라도, 전통법에 따른 무력행사는 해적 개인에 대해서 혹은 이들의 해적선에 대해서만 할 수 있고, 이들을 실은 외국 선박을 상대로 하는 것은 허용되지 않았다.
납치범이 해적이라는 생각은 전혀 인정받지 못했다. 그러한 생각은 최소한 그것이 제시된 방법

(3) 이스라엘(1986)

1986년 2월 4일, 트리폴리를 출발하여 시리아 공식대표단을 실은 다마스쿠스행 리비아 민간항공기가 2대의 이스라엘 전투기의 요격을 받아서 이스라엘 영역에 강제착륙했다. 1973년 때처럼, 이스라엘은 탑승자들에 대해서 잘못된 정보를 갖고 있었다. 이스라엘이 해당 비행기에서 찾을 수 있을 것으로 기대했던 악명 높은 테러행위자들은 한 명도 없었고, 따라서 이 비행기는 결국 다시 이륙할 수 있었다.

그 후, 이어진 안보리 토의에서 이스라엘은 이전과 마찬가지로 자신이 정당방위 차원에서, 혹은 이들 대표단의 표현에 따라 달리 말하면, '테러시대를 감안해서 해석해야 하는 정당방위'로써 행동하였다고 주장하였다.[25] 이스라엘은 시리아 대표단이 테러행위를 계획하기 위한 회의에 참석하기 위하여 리비아로 갈 것이라는 첩보를 얻고 그 회의에서 계획된 어떠한 테러행위라도 미연에 방지하기로 결심했다는 것이다. 더욱이, 이스라엘 대표는 토론 중에 이러한 활동은 개인의 사적 행위로 간주될 수 없고, 오히려, 그 대표의 표현에 따르면, 테러행위자들을 '지원하고' '고무한' 적이 있었던 2개 국가—리비아와 시리아—가 결부되었다고 암시하였다.[26] 이런 식으로, 그는 무력행사의 대상이 된 국가에게 책임이 결부되도록 하려는 목적을 가졌던 것으로 추정된다. 해당 대표는 더 나아가서 다음과 같은 말로, 준거법에 관한 이스라엘의 견해에 대해서 발언하였다. "테러행위자의 공격을 받은 국가는 향후 공격을 예방하고 사전에 차단하기 위하여 무력을 사용할 수 있다. … 국제법상 우리들이 국제수역 혹은 국제공역에서 테러행위자를 생포하는 것이 금지된다고 하는 것은 말도 안된다" (pp.19-20). 이와 관련해서 미국 대표만이 그를 지지하였는데, 왜냐하면 미국 대표에 따르면 미국 정부는, 사실적인 면에서, 이스라엘의 요격행위를 충분히 정당화하는 증거가 없어서 이스라엘이 실제로 위법행위를 *저질렀던* 것으로 본다고 하였기 때문이다.

그러나 더 중요한 점은, 미국 대표가 이스라엘의 법 해석에 *동의하였다*는 것이

만으로도, '보편적 관할권'을 행사하여 전 세계에 폭력 확산을 가속시키려는 국가에게 이념상 혹은 정치적으로 반대하는 어느 누구에 대한 무력사용이라도 정당화하는데 도움이 될 뿐이다. 사실, 테러행위자들은 어느 면에서 '현대판 인류의 적'이고, 모든 국가는 자국 영역 내에 있는 이들을 수색하고, 재판하여 처벌하고자 노력해야 한다. 그러나 이렇다고 해서 타국 영역에서 혹은 타국 선박이나 항공기를 상대로 무력을 사용할 수 있는 것은 아니다. 만약 국제법에서 그렇게 허가한다면, 현재의 상대적 무정부상태가 절대적 무정부상태로 될 위험이 있다.

25) UN Doc.S/PV.2651, *idem*, pp.19-20.

26) *Ibid.*, p.17 및 pp.37-38.

다.[27] 그는 자국 정부가 '항공기 요격이 그 자체로 위법이라는 취지의 결의 초안을 수락할 수' 없다고 결론지었다. 이 결과 미국은, 이스라엘을 비난하는 안보리 결의에 대해서 반대투표했다.

이처럼 간단히 살펴본 국제실행에서 어떠한 결론을 도출할 수 있는가?

첫째, 적어도 위에서 언급한 사례 중 하나인 *Achille Lauro* 사건에서, 사법의 목적(즉, 범죄자의 재판과 처벌), 뿐만 아니라 폭력으로부터의 자유라는 목적은 평화적인 수단으로 달성될 수 있었을 것이다. 사실상, 미국이 이집트 항공기를 요격할 당시, *무엇보다도* 납치범들을 재판하고, 필요한 경우 처벌하기 위한 평화적인 교섭이 이탈리아, 이집트, 그리고 PLO 간에 진행되고 있었다.

둘째, 미국은 일찍이(1973년에) 자신이 "부당한 것으로 규정하고 더 높은 강도의 대응조치를 야기할 수 있다"고 하였던 실행(테러행위자를 태우고 있다고 믿어지는 외국 항공기를 요격하는 것)을 '합법'인 것으로 결국 인정하게 되었다. 아마도, 미국의 새로운 입장은 일정한 조건에서 테러행위자를 태우고 있는 것으로 의심받는 외국 항공기나 선박을 요격하는 것이 합법이라는 점을 함축하는데, 요격하는 국가가 해당 항공기나 선박이 사실상 테러행위자들을 태우지 않았던 것으로 판명되어 *금전배상금*을 지불할 준비가 되어 있다면, 미국의 입장은 일반적으로 정당성을 갖는다고 할 수 있을 것이다.

22.7 맺음말

테러행위에 대하여 강제적 대응보다 항상 평화적인 대응이 선행되지 않았던 것은 불행한 일이다. 이들 대응이 여타 국가에 대해서 혹은 국제영역에서 이루어지는 무력행사일 때 국제법에서 정하고 있는 전제조건들을 항상 충족한 것은 아

27) 그는 다음과 같이 말하였다. "일반원칙상 미국은 민간항공기 요격에 반대한다. … 동시에, 우리들은 예외적 상황에서 요격이 정당성을 가질 수 있다고 믿는다. … 자국 영역 혹은 자국민이 계속되는 테러공격의 대상이 되는 국가는 추가공격으로부터 자신을 방어하기 위하여 적절한 무력사용으로써 대응할 수 있다. … 우리들은 잘 정의되고 제한된 상황에서 그러한 조치를 취할 수 있는 능력은 유엔헌장이 인정하는 고유한 정당방위권의 한 측면이라고 생각한다"(S/PV.2655/Corr.1, 18 Feb. 1986, pp.112-113).

니었다는 점을 보았다. 아울러, 이러한 상황에서조차, 국제공동체는 겨우 말로만 비난하는데 그쳤고 그 동안 테러공격은 계속되었다.

그러나 국제공동체 내에서 테러는 *보편적으로 비난받아야 한다*는데 일반적인 컨센서스가 이루어졌다. 과거 혹은 현재 테러조직을 편드는 일부 국가들의 행동이 다소 모호하다는 점이 인정되고 있지만, 이들 국가들조차도 컨센서스를 이루는데 동조하고 있다. 현재, 테러행위는 무고한 사람들을 살해할 뿐만 아니라 또 다른 근거, 즉 최소나마 테러행위가 빈곤, 저개발, 그리고 압제라는 문제에 관심을 갖도록 유도하려는 것이었는데도, 결국에는 반발을 야기했기 때문에 테러행위는 상식에 반하는 것이 명확하다. 사실상, 테러행위로 피해를 입은 국가들(혹은 피해를 입을 수 있는 국가들)은 결국 자신의 자원과 정책을 저개발 혹은 피압박 국민과 집단의 요구사항에 집중하기보다 테러폭력을 진압하는 데 필요한 사항에 집중하고 있다.

더 긍정적인 발전은 현재 테러의 *정의가 일반적으로 수락된* 점이다. 이는 중요한데, 왜냐하면 일단 정의가 수락되면, 테러행위를 저지르는 자들은 그러한 행위가 합법적인 형식의 민족해방전쟁 혹은 그 밖의 합법적인 '비정규' 전쟁이라고 주장하면서 '테러의 정의에서 배제하여' 이들 행위에 대해서 책임을 더 이상 회피할 수 없을 것이기 때문이다.

이 외에, 최소한 이성적이고, 평화적으로 테러행위에 대응하기 위한 *기본조약*이 일부 있다. 적어도 가장 극단적인 군사적 대응례를 제한하는 일반원칙도 있다. 이로써 테러행위자로 규정된 모든 자들을 단순히 '제거'하려고만 하는 자들을 일부나마 제어하고 있다.

그러나 테러 대응에 대한 현재의 법적 규제는 매우 미흡한 것이 분명하다. 이를 완벽히 규제할 수는 없지만, 일반적으로 다음 사항을 언급할 수 있을 것이다.

테러에 대한 무력대응은 분명히 *단기적으로* 효율적이기에 종종 사용하고 싶을 것으로 보인다. 즉, 테러행위자들이 테러공격을 수행하거나, 종료하거나 반복하기 이전에 이들을 살해하거나 생포할 수 있다. 시간을 '낭비'하는 동안에 무고한 생명이 희생되지 않는다. 그러나 이미 시사한 바와 같이, 이러한 대응이 갖는 문제는 필연적으로 폭력은 더 큰 폭력을 낳을 뿐이라는 점이다.

여러 가지 평화적 대응은 *중기적으로* 종종 효율성이 있다. 분명히, 범죄인 인도를 교섭·협력하거나 혹은 인도의 전 과정을 진행하는 데 시간이 소요되지만,

결국에는 테러범죄를 저지르는 자를 감옥에 넣으면서 총탄 한발 발사되지 않고, 피 한방울 흘리지 않으며, 외교적인 '갈등'도 생기지 않는다. 이러한 종류의 평화적 대응능력을 강화하는데 큰 장점이 있는 것이 분명하다. 이 말은 물론 더 많은 국가들이 테러범들을 '인도하거나 처벌'하도록 하는 여러 가지 조약들을 비준해야 하고, 이를 비준한 국가들 중 더 많은 국가들이 이를 이행해야 한다는 것을 의미한다. 조약의 적용범위도 확대되어야 할 것이고, (숙원과제로서) 더 나은 집행제도가 신속히 도입되어야 한다는 점을 의미하기도 한다. 주로 안보리 제재로 발생한 리비아의 태도 변화로 입증되었듯이, 테러의 근거지가 되거나, 이를 지원하는 국가에 대해서 안보리가 제재를 권고하거나 결정하는 평화적 대응이 더 효과적이다. 아울러, 안보리가 특별 대테러위원회를 설치하는 것도 값지고 효과적인 조치가 될 수 있다. 그러나 종국적으로, 범죄인인도조약 혹은 인질범과 그 밖의 테러행위자 처리시 협력에 관한 조약, 뿐만 아니라 안보리 조치는 테러 문제에 대해서 *장기적인* 해결책이 될 가망성은 없다.

평시 강제적인 형식의 대응이 얻을 수 있는 최대한도는 *소극적 평화*, 즉 상대적으로 무력충돌이 없다는 것이다.[28] 그리고, 이미 언급되었듯이, 강제적 대응이 소극적 평화라도 얻을 수 있는지 상당한 의구심이 있는 것이 분명하다. 소극적 평화는 평화가 전혀 없는 것보다는 분명히 좋지만, 테러 이면에 있는 사회 · 경제 · 정치 · 이념 및 종교 문제는 제거되지 않는다. 계속해서 곪는 것이다. 경찰조치, 사법적 억제, 혹은 군사적 폭력행사 어느 것이 되든지 간에 억제책만 활용하는 것은 의미가 없다. 이는 에드가 알란 포의 단편소설에서와 같이 프로스페로 공작이 자기 친구들 전부를 자신의 성에 집어넣고서, 벽을 보강하고 진출입을 차단해서 역병을 피할 수 있다고 생각하는 것과 마찬가지이다. 죽음의 신이 아무도 모르게 어느날 성 안에 나타나서, 죽음의 씨앗을 그 곳에도 뿌리는 것이다. 지속적이고 장기적으로 테러를 억제하기 위한 실제 핵심은 *적극적 평화*를 추구하는

---

28) 이러한 개념에 대해서는 J. Galtung, "Editorial", in 1 *Journal of Peace Research*(1964), pp.1-4; "Twenty-Five Years of Peace Research: Ten Challenges and Some Responses"(1985), in *Transarmament and the Cold War—Essays in Peace Research,* Vol. VI(Copenhagen: C. Ejlers, 1988), pp.218-222; "What is Meant by Peace and Security? Some Options for the 1990s"(1987), *ibid.,* pp.61, 66-71 참조. 아울러, B.V.A. Röling, "Peace Research and Peace-Keeping," in A. Cassese(ed.), *United Nations Peace-Keeping—Legal Essays*(Alphen aan den Rijn: Sijthoff and Noordhoff, 1978), p.245 참조.

데 있다.

이것은—수시로 발생하는 테러사건들을 다루거나, 장래의 특정 테러공격을 차단하거나 사전에 차단하기 위한 조치를 취하는 것 외에—모든 테러행위의 근저, 즉 국제공동체의 맹점이 되어버린 오랜 숙원과제(팔레스타인 문제, 세계 많은 지역의 수많은 소수민과 인민에 대한 계속된 정치적 억압 등)를 정치적으로 해결하지 못한 점, 매우 많은 국가의 저개발과 이로 인한 모든 사회적 · 정치적 결과들, 종교적 편협성과, 테러범죄를 저지르는 일종의 미치광이를 길러 내는 다수 국가의 사회 · 경제 · 정치적 불평등을 최소화하기 위하여 부국들과 개발도상국 간의 공정한 협력이 없다는 점을 파악하고, 더 중요하게는 이를 제거하고자 노력하는 것이다. 분명히 이 모든 것들과 연결되는 것은 국가들이 점점 더 과거의 잘못, 즉 식민통치국이 외국 및 외국민을 병합한 것 혹은 레바논, 팔레스타인, 많은 아프리카 국가들에서처럼 관련 인민의 열망과 요구사항을 저버리고 인위적으로 국경선을 그었던 것 등에 대해서 더 많은 대가를 지불하고 있다는 사실이다.[29]

따라서, 이는 위에서 언급하였던 세 번째 종류의 대응, 즉 *장기적 대응*이며, 이는 끝없이 체결되는 국가간의 협정으로만 가능할 수 없는 점은 분명하다. 국가들이 계속 합의해 나가는 동안 무국적이거나 자신의 모국에 적대적이거나, 모든 국가에 적대적인 새로운 테러행위자들이 매일 태어나고 양육될 것이다. 비록 이러한 장기적 대응은 무시되기 쉽지만, 이 점에 대해서 이미 상당한 지지가 있다.[30]

---

29) 1986년 2월 이스라엘이 리비아 항공기를 요격한 후 벌어진 안보리 토의에서, 이 문제를 가나 대표가 다음과 같이 탁월한 언변으로 부각시켰다. "[안전보장]이사회를 위시한 국제공동체는 박탈당한 자들의 좌절감이 이러한 방식에 경도되는 이유를 곰곰이 파악하기 위하여 정치적 의지를 결집해야 한다. 과학적이고 공정하게 테러행위의 근원을 연구하지 않고서, 말로만 테러를 비난해서는 그러한 현상을 근절시킬 수 없지 않을까 우려한다"(S/PV.2655/Corr.1, 18 Feb. 1986, p.31).

30) 예컨대, 테러행위에 관한 두 개의 총회 결의(1985년 결의 제40/61호 제9항, 그리고 1987년 결의 제42/159호 제8항)에서는 국가들에게 "국제테러의 근간이 되는 명분을 전향적으로 해소하는 데 기여하고, 무엇보다도 식민지주의, 인종주의를 위시한 모든 사태, 그리고 대규모의 심각한 인권과 기본적 자유의 위반이 결부된 사태 및 외국인 점령과 결부되어서, 국제테러를 야기하고 국제평화와 안전보장을 위태롭게 할 수 있다는 점에 특별히 주의하도록 촉구하고 있다."

제 23 장
환 경 보 호

23.1 전통법

1993년 환경에 위험한 활동으로 발생한 손해로 인한 민사책임에 관한 유럽평의회협약은 "공기, 물, 토양, 동식물 등 무생물과 생물자연자원, 그리고 이러한 요소들 사이의 상호작용, 문화유산의 일부가 되는 재산, 그리고 풍경의 특징적인 면"을 포함하는 것으로 환경을 정의하였다(제2조 제10항).

환경보호가 필요한지의 여부에 관한 문제가 1960년대 후반에 폭발적으로 증가한 이래, 환경문제는 점차 매우 중요해졌다. 현재, 국가, 국제기구 그리고 개인은 자연환경과 인간환경을 보존하거나 적어도 악화되는 것을 막기 위하여 반드시 조치를 취해야 한다고 여기고 있다. 이전에 이러한 문제를 인식하지 못했던 주된 이유는 다음 세 가지이다. 첫째, 산업개발로 인한 대규모 환경오염과 피해가 발생하지 않았다. 둘째, 국가는 여전히 자신들의 국제관계와 관련해서 전통적인 입장을 취하였다. 즉, 이들은 자신들의 관계를 주권적 실체들 사이의 관계로 보았고, 이들이 각자의 이익을 추구하면서 자기 자신의 경제 · 정치 · 이념적인 관심사항을 처리하는데 열심이었지만, 타국이 그들 자신의 공간과 자원을 관리하는 데에는 간섭하지 않으려 하고, 일반적이고 공동체적인 안락함은 염두에 두지 않았다. 셋째, 여론은 아직 산업개발 그리고 군사개발이 건강한 환경에 미칠 수 있는 위험성에 대해서 민감하지 않았다.

이러한 전통적 입장을 잘 반영하는 사례로는 1950년대 말 이전에 국제재판소에 제기된 *Pacific Fur Seal* 사건(1893) 그리고 *Trail Smelter* 사건(1938년과 1941년)에서 찾을 수 있다. 전자는 미국과 영국 간에 베링해 내의 관할권에 관한 문제에 대해서 발생한 분쟁, 그리고 미국이 자신의 3해리 영해 바깥에 있는 물개에 대해서 재산권과 보호권을 갖는지의 문제—환경보호와 더 관련성이 있음—이다. 후자는 미국과 캐나다 간의 관계에 관한 것이다. 미국은 캐나다가 자국 영역 내에 소재한 공장의 산업활동을 통해서 미국 워싱턴주의 환경에 손해를 가했다고 비난하였다.

Pacific Fur Seal 사건에 대해서 간략히 언급하는 것이 적절할 것이다. 베링해에서 물개잡이에 관심을 두고 있던 일단의 국가들(미국, 영국, 프랑스, 독일, 일본, 러시아, 스웨덴, 노르웨이)이 무차별 파괴와 남획으로 인한 멸종으로부터 물개를 보호하는 규칙에 합의하지 못하였다. 따라서 미국과 영국은 관할권과 물개 보존에 관한 여러 가지 문제를 중재에 회부하였다. 특히, 중재재판소에 제기된 문제 중의 하나는 미국이 '베링해에 있는 미국령 섬에 자주 등장하는 물개들이 통상적인 3해리 한계 바깥에서 발견되었을 때 이들에 대한 보호권 또는 재산권을 … 갖는지의 여부' 였다.[1] 이 문제에 대해서, 미국은 이례적이고 새로운 견해를 피력하였는데, 자신들의 주장 근거가 '판례법과 대륙법에서 확립된 원칙 … 국가의 관행 … 자연법, 그리고, … 인류의 공통된 이익'에 근거한다고 하였다.[2] 미국은 자국의 영해 바깥에 있는 물개에 대해서 재산권을 갖지만, 이 권리로 인해서 미국이 '완전한 소유권자'가 되지 않는다고 주장했는데, 왜냐하면 이 권리는 '인류의 이익을 위한 신탁과 일체가 되어 있기' 때문이고, "인류가 그 향유에 참여할 권리가 있다"라고 하였다(pp.834-835). 미국은 자신들이 물개를 보전할 권리를 갖는 유일한 국가라는 주장도 하였다.

즉, "미국은 미국만 이러한 소중한 이익을 보전하고 간직할 권리를 단독으로 보유하기 때문에, 인류의 이익을 위하여 그러한 권리의 수탁자라는 것이 의미상 가장

1) Moore, *History and Digest*, i, p.801. 주목할 사항은 일찍이 1887년에 미 국무장관 Bayard는 프랑스, 독일, 영국, 일본, 러시아, 스웨덴, 노르웨이에 공한을 발송하여 국제협력을 촉구하면서, 무엇보다도, "전 세계의 많은 지역에서 물개잡이가 규제되지 않고 무차별 시행되면서 물개들이 이곳 저곳으로 내몰리고, 물개 서식지 파괴로 개체 수가 현저히 감소된 점은 잘 알려졌다"라고 말하였다 (*ibid.*, p.776). 이 공한은 더 나아가서 "인간의 상업적 부와 일반적인 효용에 매우 중요하게 기여하는 동물을 무차별 파괴하여 멸종되지 않도록 하는데 모든 국가들이 공동이익을 갖는다"고 강조하였다(*ibid.*).

2) *Ibid.*, p.811. 아울러, pp.827-829 참조.

합당하며, 이러한 신탁권을 제한 없이 행사할 수 있어야 한다"(p.814). 또한 재산과 신탁의 개념을 설명하면서, "모든 국가는 지구상의 과실을 자신이 필요로 하는 것보다 더 많이 점유하는 한, 세계의 다른 쪽에 있는 자들로서, 이러한 잉여분을 필요로 하고, 이와 교환하기 위하여 자신의 노동으로 생산된 제품을 기꺼이 제공하려는 자들을 위해서 잉여분에 대한 *수탁자*가 되는데, 이러한 신탁은 *의무적*이다"(p.834). "중앙아메리카와 아랍의 커피는 그들 나라의 독점재산이 아니다. 중국의 차, 남미의 고무는 이들이 자라는 지역국가의 독점재산이 아니다. 이것들을 점유할 권리를 갖는 국가들이 필요로 하지 않는 한도에서 인류의 공유재산이다. 그리고 만약 그것들을 갖고 있는 국가들이 포기한다면, 신탁관계를 지속하지 않는 것이고, 다른 국가들이 개입해서 자신들의 몫을 확보한다"(p.853)고 주장하였다.

영국의 입장서에서는 미국의 청구가 "전혀 선례가 없고"(p.819) "국제법에서도 전혀 지지받지 못하고, 국가들의 관행에서도 정당성을 얻지 못하고 있다"고 하였다.[3] 이는 공해에 관한 기본원칙에 반하고 세계 모든 국가들이 공해에서 항행하고 어업할 수 있는 권리에도 반하였다. 중재재판소는, 미국은 '물개 보호권이나 재산권'을 갖지 않는다고 판단하면서, 영국의 견해를 지지하였다.[4] 따라서 재판소는 무엇보다도 '인류의 이익을 위한 신탁'이라는 개념을 묵시적으로 배척하였다. 그러나 재판소는 물개 보호와 보존을 위한 규칙도 적용하였다. 이러한 규칙은 많은 면에서 물개잡이를 제한하였다. 즉, 제1조에 따라서, 미국과 영국은 '영해를 포함하여 프리빌로프 제도 주변 60해리 이내에서' '자국민과 자국 관할하에 있는 사람들이 언제든지, 어떠한 방식으로든지' 물개를 '죽이거나, 생포하거나, 뒤쫓는 것을 금지'하였다. 제2조에서는 5월~7월 기간 동안 공해의 일정 수역에까지 이러한 금지를 확대하였다. 제3조와 제4조에서는, '특별허가증'을 가진 '선박'만이 물개잡이를 할 수 있도록 하였다. 그러나 제6조에 따라서, 물개잡이할 때 '망, 총기 그리고 폭발물'의 사용이 금지되었다.[5]

몇 가지 면에서 *Trail Smelter* 사건이 더 흥미로울 수 있다. 캐나다의 아연 및 납 원광 제련소가 브리티시 컬럼비아(캐나다)의 Trail 지역에 위치하였는데, 이 공장에서 배출되는 이산화황 가스 때문에 미국의 워싱턴주에 있는 나무, 작물, 토지

3) *Ibid.*, p.845. 미국의 '재산권과 보호권'에 대한 견해에 대해서 신랄하면서도 약간 냉소적인 영국의 견해로는 pp.870-871 및 pp.875-877을 참조하시오.

4) *Ibid.*, pp.939(중재판정문 원문은 프랑스어로 작성됨) 그리고 p.849(영문 번역).

5) *Ibid.*, pp.949-951 참조. 이 규칙의 교섭에 관한 보고서는 pp.922-929 참조.

가 손상되었다는 주장이 있었다. 이들 연기는 컬럼비아 계곡 아래와 다른 곳에서 불어와 미국 영역으로 들어왔다. 미국과 캐나다가 지정한 중재재판소는 캐나다가 그러한 손해에 대해서 책임을 부담하는지의 여부를 결정하고, 만약 그러하다면 캐나다가 미국에 대해서 지불해야 할 금액이 얼마인지에 대해서 결정해 달라고 요청받았다.

재판소는 '국제법뿐만 아니라 이와 유사한 미국내 문제를 처리하면서 따르게 된 법과 관행'을 적용해 달라고 요청받았다(1935년 중재협정 제4조). 재판소는 두 번째 결정(1941년 3월 11일 선고)에서, 일반적으로 모든 국가는 항상 자신의 관할권 안에 있는 개인들의 해로운 행위로부터 언제든지 다른 국가를 보호할 의무를 갖는다고 하였다(p.1963). 더 엄밀히 말하면, "국제법원칙뿐만 아니라 미국 법 원칙상, 사안이 매우 중대하고 손해가 명확하고 신빙성 있는 증거로 입증되는 경우, 어느 국가도 가스로 다른 국가의 영역 혹은 그 곳에 있는 재산과 사람에 대해서 손해를 야기하는 방식으로 자신의 영역을 사용하거나 활용하도록 허가할 권리는 없다"(p.1965). 결과적으로, 재판소는 캐나다가 Trail Smelter의 행위에 대해서 책임이 있고 미국에 대해서 배상금을 지불하도록 판단하였다. 이 외에, 흥미롭게도 재판소는 장차 미국의 환경에 미칠 수 있는 손해를 예방하기 위하여 해당 공장의 활동이 환경에 미치는 영향을 향후에도 감시하도록 하였다.

이들 사건에서 제기된 문제는 여전히 *국가대 국가 관계의 관점*에서 다루어졌다. *Pacific Fur Seal* 사건에서, 재판소는 물개를 보존하여 자신이 인류를 위한 수탁자로서 행동한다는 미국의 주장을 배척하였고, 대신 영국이 주장한 전통적인 견해로서 공해에서의 모든 물품 혹은 자산은 모든 국가들이 자유롭게 활용할 수 있다는 점을 지지하였다. 달리 말해서, 재판소가 마련한 규칙에서 남획을 염려하고 물개를 보존하는 데 열심이었다는 점을 인정한다 해도, 개방된 바다는 *res communis omnium*(모두가 자유로이 공유할 수 있는 자산)이라는 개념을 지지하였다. *Trail Smelter* 사건에서 법적 청구를 촉발했던 것은 한 국가가 다른 국가의 환경에 끼친 손해였다. 법적으로 이 문제는 사유 혹은 공유재산에 가한 손해, 예컨대 군대가 외국 영역을 부주의로 침입해서 야기한 손해와 다른 것으로 여겨지지 않았다. 그러나 이 사건에는 중요하면서도 새로운 점이 있었다. 즉, 처음으로 국제재판소가 국가는 자신의 영역을 이웃 국가에 피해를 야기하는 방식으로 사용하거나, 자국민이 그렇게 사용하도록 허락할 수 없다고 선언한 것이다.

이후, 천연자원은 해당 자원을 개발할 수 있는 개별 국가뿐만 아니라 국제공동체 모든 구성원과도 관련될 수 있고, 인류의 이익을 위해서 사용될 수 있다는 개념이 점차 등장하게 되었다. 예컨대 1957년 *Lac Lanoux* 사건에서 중재판정부는 이웃 국가간의 관계를 규율하는 전통국제법의 견해를 취하면서도, 호숫물과 같은 자연자원이 '모두의 공통된 이익을 위하여' 개발될 수 있는 가능성을 넌지시 피력하였다.

프랑스는 Lanoux 호수의 물을 활용하는 댐 건설을 허가하겠다고 스페인 정부에 통보하였다. 이 호수는 프랑스에서 매우 높은 고지대에 있었으며, 그 호숫물은 프랑스와 스페인을 통과하는 국제수로로서 지류인 캐럴 강을 통해 흘렀다. 댐을 건설하는 목적은 호숫물이 수력발전소 쪽으로 흐르도록 하고 호숫물의 흐름을 막아서 발전소용으로 사용하려는 것이었다. 강물의 흐름이 중단되는 것을 보완하고 캐럴 강으로 같은 양의 물이 흐르도록 하기 위하여 프랑스는 스페인 농부들이 그 물을 사용하기 직전 지점에 지하운하를 건설하려고 하였다. 스페인은 이러한 계획이 조약과 관습법에 반한다고 이의를 제기하였다. 하지만 재판소는 이러한 계획이 스페인의 권리를 침해하지 않았다고 판시하였다. 즉, 프랑스는 스페인으로 되돌아갈 강물을 오염시키지 않을 것이며, 자신이 우회하고자 하였던 양보다 더 적은 양의 물을 반환하는 것도 아니라는 것이다. 재판소는 '상류국가가 하류국가에게 심각한 피해를 야기하는 방식으로 물길을 변경하지 못하도록 금지하는 원칙이 있다고 가정하더라도(*en admettant qu'il existe*)', 어찌 되었든, 프랑스의 계획으로 인해서 캐럴 강의 물길이 변경되지 않았기에 그러한 원칙이 이 사건에 적용되지 않는다고 판시하였다(p.308). 더 나아가 국제법상 '한 국가가 자신의 합법적인 이익을 보호하는 행동으로써 국제적인 서약을 위반해서 이웃 국가에게 심각한 피해를 사실상 야기하는 상황을 초래하지 않도록 강제하는' 일반국제법규칙은 없다고 판시하였다(p.305). 그러나 재판소는 "인간이 자연의 힘과 비밀에 대해서 점차 우위를 점하게 되면서 전체 공공의 선을 위하여(*pour le bien commun de tous*) 사용하는 정도만큼 자신이 한 서약을 위반하는데 사용할 수 있는 도구를 수중에 넣게 되었다"(*ibid.*)고 언급하기도 하였다.

23.2 산업과 기술의 새로운 발전

최근 산업생산과 교통에 필요한 석유의 중요성 증가, 핵발전소 확산, 농지와 새로운 주거지 확보를 위한 개간, 염화플루오린화탄소(CFC) 등 '온실'가스 사용, 과학 · 산업 · 첩보수집 목적의 외기권 활용 등 수많은 요소들이 지구환경에 지대한 손해를 끼치는 경우가 급속히 늘게 되었다.

손해는 산업국가들에게 발생하고 있으며, 이보다 덜하지만 개발도상국에도 발생하고 있다.

산업국가들은 *대기오염*(운송수단 사용, 산업용 및 내수용 열발전소, 폐기물 소각로, 핵발전소 등을 통해서), *해양오염*(공해상에서 유조창을 청소하거나 고비용인 육상폐기물 처리를 위해 바다에 폐기물을 투기하면서, 유조선이 사고로 좌초되어 바다로 독성물질이 배출되면서, 직접 혹은 바다로 흘러 들어가는 강을 통해서 육상에서 발생하는 산업오염물이 바다에 배출되어서), *토양오염*(주로 제3세계에 위험폐기물을 투기해서), *수질오염 혹은 물 부족*(산업폐기물, 하수 등으로 지하수를 오염시키거나 수자원을 고갈시켜서), *지구온난화* 혹은 '온실효과'(공장으로 인한 이산화탄소 혹은 다른 목적으로 사용하는 그 밖의 가스로 발생), 뿐만 아니라 염화플루오린화탄소(냉매로 사용하거나 발포음료용기 또는 발포단열제를 제조할 때 사용)를 널리 사용한 결과 *오존층 파괴*를 야기하고 있다.

> 많은 사고들이 이러한 상황의 심각성을 전면에 부각시켰는데, 몇 가지만 언급해도 충분할 것이다. 즉, 1967년 Torrey Canyon호 침몰(라이베리아 국적 선박으로서 117,000톤의 원유를 영불해협에 흘려 영국과 프랑스 해안에 큰 손해를 야기함), *Seveso* 사건(1978년 이탈리아의 세베소 마을에서, 고도의 독성물질인 다이옥신이 화학공장의 반응기 폭발로 배출되어 넓은 지역을 오염시킴), *Amoco Cadiz* 사고(1978년, 라이베리아에 적을 둔 미국의 스탠다드 오일 Co. 소유 유조선이 프랑스 근해에서 좌초되면서, 엄청난 양의 원유와 연료를 배출하여 폭 18해리, 길이 8해리의 기름띠를 형성함), *Cosmos 954*호 사고(1978년 농축우라늄이 가득 찬 원자로를 싣고 가던 소련 인공위성으로 캐나다 상공에서 분해됨. 이 결과, 일부 방사성 파편이 캐나다 지역에 넓게 뿌려짐), *Bophal* 사건(1984년 미국 소유의 인도 Bophal 소재 화학공장 사고로 2,500명이 사망함), *체르노빌* 사고(1986년, 소련 핵발전소의 원자로 중 하나가 폭발하면서 방사능 구름이 형성되어 처음에는 스칸디나비아 쪽으로 그후에는 독일, 오스트리아, 스위스, 유고, 이탈리아를 가로질러 남유럽 쪽으로 날아감), 1988년 *Exxon Valdez*호 사고(다국적회사 엑슨 소유 유조선이 좌초하여 1,000해리 이상의 알래스카 연안이 오염되고, 수천 종의 조류와 해양포유류가 죽었으며, 어장이 파괴됨)이다.

개발도상국들도 오염을 일으키고 있다. 급속한 인구증가, 산업화의 진행, 대규모 도시화 등으로 인하여 이들 중 많은 국가들이 경작지를 조성하기 위하여 개간작업을 하게 되었다. 이 외에, 빈곤이 확산되면서 많은 국가들은 오염방지 장치를 갖추지 못한 개인차량, 뿐만 아니라 낡은 공장을 운영하는 경향이 있다. 더욱이 이들은 이익을 얻으려고 다국적기업이 생산한 위험 혹은 독성폐기물을 자국 영토 내에 투기하는 데 종종 합의하는 경우도 있다.

이러한 재난상황을 회복하기 위한 조치, 장비 그리고 일반적 구제수단은 매우 비싸다. 결과적으로, 선진국의 대형회사와 다국적회사들은 이로 인해 자신들의 생산가격이 급격히 치솟아 경쟁력이 떨어질 것을 우려하여 이러한 수단들을 채택하는 데 주저하고 있다. 개발도상국들은 자신들의 발전이 미진하고 빈곤을 겪고 있는 점을 감안해서 산업국가들로부터 상당한 재정지원을 받지 않는다면 자신들이 처한 상황을 개선할 수 없다고 주장하고 있다. 이처럼 이해관계가 충돌하기에, 선진국과 개발도상국 정부들 모두 매우 주의 깊게 처신하면서 상반되면서도 엄청난 경제적 이해관계가 걸린 사항을 항상 염두에 두고 있다.

23.3 현재의 환경보호규칙

위에서 간단히 언급한 실무상 문제로서, 특히 국가와 기업에 대해서 엄격한 의무를 부과하기 어렵다는 점이 현 국제환경보호규칙의 독특한 특징이다.

① 간단히 말해서, 이 분야에서 *소수의 일반법원칙*만 발달하였다(23.3.1. 즉, 국가들이 타국 환경을 손상하는 방식으로 자신의 영역을 활용하지 못하도록 금지해야 한다는 원칙, 환경보호를 위하여 협력을 강제하는 원칙, 국가들이 환경위험을 야기할 수 있는 모든 사항을 타국에 즉시 통보하도록 하는 것, 그리고 대기 혹은 해양을 대규모로 오염시키지 않아야 한다는 요건을 부과하는 원칙). ② 한두 가지 *관습규칙*이 해양법과 관련해서 구체화될 수 있었다(23.3.1 참조). ③ 총괄적인 문제는 소위 *연성법*, 즉 구속력이 없는 결의와 선언으로 된 수단으로써 규율되어 왔다. ④ 세부적인 사항에 관하여 *매우 많은 수의 조약*이 체결되었다. 그러나 이들 조약 중 다수는 장차 협정을 교섭할 때를 대비해서 일반적인 틀을 제공해 줄 뿐이라는 면에서 '*기본협정*'이다. ⑤ 통상적으로 특별사법절차, 달리 말하면 임의적인 사법절차가 기존 규칙의 불이행

사건을 다루기 위해 마련된 적이 없다. 대신에 *감독 및 예방장치*가 설치되었다. ⑥ 수많은 *국제기구*가 추가적인 환경악화를 차단하기 위하여 노력한다는 일반적인 임무를 갖고서 설치되었다.

다음에서 이러한 특징들을 각각 살펴 볼 것이다. 분명한 점은 이 분야에서 국가들이 상당한 상상력을 발휘하여 창조적으로 법원칙을 적용해 왔다는 점이다. 이들은 *두 가지 상충되는 요건*, 즉 한편으로 새로운 피해를 사전에 차단하면서 환경악화를 신속히 중단시켜야 할 필요성과 다른 한편으로 이러한 절차에 수반되는 엄청난 경제적 · 사회적 비용이 선진국에게 발생하고, 개발도상국에게는 이보다 훨씬 더 많이 발생하는 점을 현실적으로 감안해야 할 필요성 사이에 균형을 잡기 위한 원칙, 규칙, 감시장치를 고안한 바 있다.

아울러 분명한 점은 이 두 가지 상충되는 요구사항을 가능한 한 충분히 평가하고 이들 간에 조화를 이루어야 할 필요성 때문에, 법적인 수준에서는 기대했거나 희망했던 것보다 훨씬 진전이 더디었다. 사실, 환경은 이제 더 이상 국가주권에 기반한 관점에서 각 국가가 소유하고 오직 해당 국가만이 법적으로나 실무적으로 보호하는 데 관심을 갖는 자산으로서 바라볼 수 없게 되었다. 환경은 일종의 *공동의 안락함*으로서 그 침해 여부나 침해 가능성 여부를 떠나서 모두가 보호하는 데 관심을 두어야 하는 자산으로 간주되었다. 그러나 이러한 접근방식의 통상적인 결과가 법적으로는 구현되지 않았다. 공동체의무, 즉 다른 국제공동체 구성원 전체에 대한 의무와 *이에 상응하여* 다른 세계공동체 구성원 전원이 그러한 의무의 이행을 요구할 수 있는 *법적 권리*가 수반되는 특징을 갖는 *구체적인 환경보호 의무가* 일반국제법에는 등장하지 않았다. 그러나 다음 대부분의 일반원칙들은 공동체의무를 부과하고 있다. 특히, 대규모 대기 혹은 해양오염을 금지하는 일반원칙을 위반하면, 모든 국가들은 피해 유무를 떠나서 오염국에 대해서 '가중책임'을 추궁할 수 있다(앞 13.5 참조). 이 외에, 국제공동체를 대신하여 개별 국가들에게 환경을 보호하도록 촉구하거나 요구하는 역할은 실무상 이 분야에서 합의된 여러 가지 협약과 조약에 따라서 설치된 다수의 국제기구들이 맡고 있다. 이들 국제기구들이 *공동체의 가치와 관심사항*을 보호하는 활동을 하고 있다. 이들의 행위는 매우 중요하고, 현재의 세계공동체 구성 체제에서 꼭 필요하다.

혹자는 이러한 것이 예비책에 불과하기 때문에 모든 국가들이 여타 국가에게 환경에 관한 국제법 기준을 이행하도록 요구할 권리를 부여하는 것이 훨씬 더 좋다고 생각할 수 있다. 그러나 국제기관에게 이들 기준의 이행을 독려하는 임무를 부여하는 것이 더 현실적이다. 국제환경규칙 이면에 있는 동기와 경제적 이해관계를 감안해 보면, 국제기관들이 집단 혹은 국제공동체 전체를 대신해서 개별 국가들보다 더 잘 활동할 수 있다.

국제환경법의 또 다른 경향을 강조할 만하다. 이미 앞에서(2.6) 지적했지만, 환경법은 점차 개발법과 인권법의 영향을 받고 있고 그러한 관점에서 파악되고 있다. 일부 측면에서, 환경법(이 법 분야가 무력충돌시 점점 더 환경보호를 목적으로 한다는 점에서)이 국제인도주의법에 영향을 미친 면도 있다. 이런 경향은 바람직한데, 이는 여러 가지 법 분야가 더욱 *통합되어야* 한다는 점을 입증하고 있기 때문이다. 이보다 훨씬 더 중요한 점은 이러한 경향이, 특히 개발도상국의 요구를 감안해서, 인권과 개발촉진이라는 각도에서 환경을 바라보는 것이 화급하다는 점을 강조하고 있다는 것이다.

23.3.1 일반원칙

국가관행과 판결사례에 따르면 겨우 몇 가지 일반원칙만이 발달한 점을 알 수 있다. 첫째, 더 일반적인 원칙으로서 *모든 국가들은 타국 혹은 국가관할권 한계를 벗어나는 지역의 환경에 피해를 주는 방식으로 자신의 영역이 활용되도록 허용할 수 없다.* 이 원칙은 *Trail Smelter* 사건(p.1965)의 중재판정부에 의해 처음 수립되었으며, 훨씬 더 일반적인 의무로서 1949년 ICJ가 *Corfu Channel* 사건에서 선언하였던 원칙(모든 국가는 '타국의 권리에 반하는 행위를 위하여 자국 영역이 활용되리라는 점을 알면서 이를 허용하지 않아야 할' 의무를 갖는다. p.22)의 실질적인 근거가 되었다. 이는 나중에 특히 1972년 스톡홀름 유엔인간환경선언의 원칙 21에서 선언되었다(이하 참조). 또한 1979년 그리고 1983년 *Handelskwekerij G.-J. Bier B.V. Stichting Reinwater v. Mines de Potasse d'Alsace S.A.* 사건[6]에서 로테르담 법원이 내린 두 가지 결정에서 정리되기도 했다. 이 원칙의 목적으로서 일반적으로

6) 1979년 1월 8일 로테르담 법원이 내린 판결에 대해서는 11 *NYIL*(1980), pp.326-333. 1983년 12월 16일 판결에 대해서는 15 *NYIL*(1984), pp.471-484 참조.

인정된 바를 보면, 이 원칙은 국가주권에 기반하지 않는다. 달리 말해서, 이 원칙은 각 개별 국가에 속하는 자산으로서 각자의 환경뿐만 아니라 *공동의 안락함*을 위해서도 환경을 보호하려는 것이다. 이는 무엇보다도 *Legality of the Threat or Use of Nuclear Weapons* 사건에서 ICJ가 아래와 같이 판단한 점에서 나타나고 있다.

> "환경은 추상적 개념이 아니라 살아 있는 공간, 삶의 질 그리고 아직 태어나지 않은 세대를 포함한 인간의 건강 자체를 대표한다. 국가들이 자신의 관할권과 통제 안에서 하는 행위들이 다른 국가 혹은 국가의 통제를 벗어나는 지역의 환경을 존중해야 한다는 일반적 의무는 현재 환경에 관한 국제법규범의 일부가 되었다"(제29항).

ICJ는 '국가뿐만 아니라 인류 전체를 위하여' '환경존중'의 중요성을 역설한 *Case Concerning the Gabcíkovo-Nagymaros Project* 사건(제53항)에서 이 원칙을 다시 언급하였다.

또 다른 일반원칙은 국가들이 전반적으로 그리고 더 많이 환경을 우려하는 데서 입증되고, 이 분야에서 체결된 무수히 많은 조약에서 드러나는데, *국가들에게 환경보호를 위하여 협력할 의무를 부과하는 것이다.* 이러한 원칙은 이미 *Trail Smelter* 사건의 결정(pp.1966-1967, p.1981)에서 언급되었고, 1972년 스톡홀름선언의 원칙 24에서 정리되었다. 이는 물론 이전의 원칙보다 훨씬 느슨한 것이지만, 환경은 *일반적인* 관심사항이라는 가정에 기반하여 환경문제에 대한 새로운 접근방식을 벌써 반영한 것이다. 이러한 원칙의 결론에 따르면 모든 국가는 자신의 환경이 이미 피해를 입었거나 피해를 입을 수 있다는 점과 상관 없이 이 소중한 자원을 보호하는 데 협력해야 한다. 물론, 이 원칙이 느슨한 점을 감안해 보면, 이 원칙은 신의성실에 관한 관습규칙과 함께 적용될 수 있을 뿐이다. 즉, 모든 국가는 환경을 보호하기 위하여, 타국과 신의성실하게 협력하는데 노력해야 한다. 무조건 협력을 거부하면서 그 이유를 소명하지 않는다면 이 원칙을 위반하는 것이 된다.

이보다 덜 모호한 원칙은 모든 국가들이 자국 영역 내에서 혹은 자국의 관할지역에서 발생한 사고로 인하여 *타국의 환경이 손해보거나 영향받을 위험성이 있다는 점을 그들 국가에게 즉시 통보하는 것*이다. 이 원칙은 소련이 1986년 체르노빌 핵 누출 사고에 대해서 타국에 신속히 통보하지 못했던 점에 대응해서 발전하였다. 핵사고의 신속한 통지에 관한 비엔나협약은 같은 해 기록적으로 신속하게 채택되었고 이 원칙을 구체화하는데 상당히 기여했으며, 이 원칙은 나중에 1992년 리우선언의 원칙 18에서 정리되었다.

또 다른 일반원칙은 위에서(23.3) 언급한 것인데, 국가들이 *대기 혹은 해양의 대규모 오염을 야기하지 못하도록 강제하는 것*이다.

그러나 국제하천의 유역국가들(riparian States) 간의 관계에만 적용되기에 그다지 적용범위가 넓지 않은 일반원칙은 위에서 언급한 *G.-J. Bier v. Mines de Potasse* 사건에서 1983년 로테르담 법원이 선언한 것이다(하지만 해당 법원은 이 원칙을 '문명국가들이 승인한 법의 일반원칙'으로서 취급하였음). 네덜란드 경작자는 칼륨 생산의 부산물로서, 알자스 내 칼륨광산에서 라인강으로 쏟아붓는 엄청난 양의 염분 때문에 자신의 농작물이 손해를 보았다고 주장하였다. 법원은 과거 10년 동안에 다음과 같은 일반원칙이 발달하였다고 판단하였다.

> "국제하천의 상류를 사용하는 자는 이제 더 이상 해당 하천의 (강물을) 무제한으로 사용할 권리를 갖지 않고, 하천 사용에 관하여 결정할 경우 하천 하류지역의 다른 사용자들의 이익을 합리적으로 고려해야 한다"(p.479).

일반원칙은 이 정도이다. *구체적인 관습규칙*의 경우, 환경보호를 위한 특정 목적에서 발전한 것은 전혀 없는 것으로 보인다. 이러한 견해는 1979년 로테르담 법원이 위 사건(pp.326-333)에서 제시했었다. 그러나 일부 논평자들은 적어도 해양법의 경우, 몇 가지 관습규칙이 1982년 해양법협약을 논의하고 이를 세밀히 하는 오랜 과정의 결과로서 구체화되었고, 결국 해당 협약의 조문이 되었다고 주장하였다.

> 특히 제192조에서 규정하고 있는 '해양환경을 보호하고 보존하기 위한' 일반의무에 대해서 언급이 있었다. 아울러, 연안국가가 생물 그리고 비생물 천연자원을 보존하고 관리하며, 해양환경을 보존할 권리(협약 제56(a)조에서 조문화됨), 뿐만 아니라 연안국가가 자국 영해에서 해양환경을 보존하기 위하여, 그리고 해양오염을 예방 · 감소 · 통제하기 위하여 해양생물자원을 보전하기 위한 조치를 취할 권리(제21조에서 조문화됨)에 대해서도 언급이 있었다.

일부 논평자들은 일반규범이 등장하는 또 다른 분야는 해양생물자원의 보존에 관한 것[예컨대, 1982년 남극 해양생물자원의 보존에 관한 협약(CCAMLR), 1995년 경계성 어족 및 고도 회유성 어족에 관한 유엔협약 등]이라고 주장하기도 한다.

최근, WTO 패널절차에 회부된 2개의 *European Communities Hormones* 사건에서 EC는 '사전예방원칙'(환경에 대한 손해를 피하기 위하여 필요한 모든 예방조치를 취해야 한다는 것. 23.3.2 참조)이 관습국제법규칙이 되었으며, 적어도 법의 일반원칙이 되었다고 주장하였던 점(제121항)을 주목해야 한다. 그러나 다른 쪽 분쟁당사국들은 이에 반대하였기 때문에 미국은 이는 원칙이 아니라 사실상 '접근방식'이라고 하였고(제122항), 캐나다는 장래 문명국이 승인하는 법의 일반원칙으로 구체화될 수 있는 '형성 중인 법원칙'이라고 하였다(제122항). 패널[7]이나 상소기구 어느 쪽도(제123항) 이 사항에 대해서 아무런 입장도 취하지 않았다.

요컨대, 관습규칙이 발전했거나 현재 형성 중이라면, 이러한 규칙이 해양법과 같이 분야별로 등장하는 점도 주목해야 할 것이다. 아마도, 위에서 언급한 일반원칙보다 더 특정되고, 전 환경분야를 아우르는 일반규칙은 머지 않은 장래에 각 분야에 기반하여 점차 다른 분야로 확산되는 모습을 띨 것이다.

23.3.2 '연성법' 문서에서 정한 일반지침

환경보호를 위한 국제적 지침은 법률상 구속력이 없이 유엔 회의 혹은 유엔 기구가 채택한 수많은 국제문서에서 정하고 있다. 중요한 것들은 1972년 유엔인간환경회의에서 통과시킨 1972년 스톡홀름선언, 유엔 총회가 컨센서스로 선언한 1982년 세계자연헌장, 유엔 회의에서 채택한 1992년 리우 환경개발선언이다. 이들 문서는 행동규범 같은 다른 비구속적 문건들과 함께 소위 연성법의 범주에 속한다(10.5.2 참조). 이들은 국가, 국제기구, 기업, 개인들이 지켜야 할 행위기준을 정하고 있다. 비록 이들에게 법적 구속력이 없다고 해도(이들이 일반원칙 혹은 규칙을 조문화하였거나 구체화하는 경우는 제외), 환경문제를 다루기 위하여 취해야 할 과정에 관한 국제공동체의 컨센서스를 반영한다. 이들은 구속력 있는 법규칙보다 훨씬 못하지만, 개별 국가나 기구의 단순한 요구사항보다 더 큰 의미가 있다. 이보다 훨씬 더 중요한 것은 이들이 국가, 정부간 기구, 국내기업 혹은 다국적기업

---

7) US Panel Report, para. 8, pp.157-158; Canada Panel Report, para. 8, pp.160-161.

그리고 개인들이 각 수준에서 취해야 할 *환경에 대한 일반적인 접근방식*을 제시하고 있는 점이다.

이들 지침은 다음과 같이 요약할 수 있다.

첫째, 환경은 인류에 속하는 자산으로서 미래세대를 위시하여 모든 사람들의 혜택을 위하여 보호되어야 한다(1972년 스톡홀름선언 원칙 2,[8] 아울러 1982년 세계자연헌장 서문 참조).[9]

둘째, 자연은 1982년 세계자연헌장의 여러 규정에서 마련되고, 일부 측면에서는 1992년 리우선언에서 더 발전한 방향에 따라서 보호되어야 할 일반자산이다.[10]

셋째, 국가, 국제기구, 그리고 개인은 환경보호 책임을 공유하기에 이러한 취지에서 협력해야 한다(스톡홀름선언 원칙 4, 24, 25).

넷째, 국가들은 산업국가이든 개발도상국이든 상관 없이 공통적이면서 차별적인 책임을 부담한다(1992년 리우선언 원칙 7). 환경을 적절히 보호하기 위하여, 개발도상국들은 재정 및 기술지원, 가격안정, 그리고 제1차산품과 원자재로부터 얻을 수 있는 적절한 수익, 뿐만 아니라 최신 과학정보의 자유로운 교류 그리고 환경기술 경험의 이전이 필요하다. 이 외에, 최고 수준의 선진국들에게는 유효한 조건과 기준일지라도 이런 것들이 개발도상국에게는 적합하지 않거나 합당하지 않은 사회적 비용을 유발한다는 점이 입증되었다(스톡홀름선언 원칙 9, 10, 20, 23. 후에 1992년 리우선언에서 더 세밀해진다).

다섯째, 국가들은 개발을 촉진함에 있어 많은 조약과 선언에서 제시된 '지속가능한 개발'이라는 개념을 항상 기준으로 해야 한다. 이 개념은 '미래세대가 자신들의 필요를 충족시킬 수 있는 능력을 저해하지 않으면서 현 세대의 필요를 충족시키는 개발'을 포함하려는 것이다(이 개념은 1987년 노르웨이 수상 G.H. Brundland가 주재한 세계환경개발위원회(WCED)가 유엔 총회에 제출한 보고서에서 제시된 정의이다).

여섯째, 국가들은 사전예방 조치를 취해서 환경피해를 예방하도록 노력해야 한다(리우선언 원칙 15).[11]

---

8) "공기, 물, 땅, 동 · 식물 등 지구의 천연자원과 특히 자연생태계를 대표하는 표본은, 적절한 경우, 용의주도한 계획이나 관리를 통해서 현 세대와 미래세대의 혜택을 위하여 보호되어야 한다."

9) 유엔 총회 결의 제37/7호(1982), UN Doc. A/37/51(1982).

10) 31 *ILM*(1992), p.874 이하.

11) 여기에서는 "환경을 보호하기 위하여, 국가들이 자신의 능력에 따라서 사전예방적 접근방식을 널리 적용해야 한다. 심각하거나 회복 불가능한 피해의 위협이 있는 경우, 과학적으로 충분히 확실하지

일곱째, 오염자는 '공익을 적절히 고려하고 국제무역과 투자를 왜곡시키지 않으면서', '원칙적으로' 오염으로 발생한 비용을 부담해야 한다(리우선언 원칙 16).

23.3.3 조 약

상당히 많은 수의 조약이 이 분야에서 체결되었다. 일부 조약은 양자적이지만 대부분 다자적이고, 일부의 적용범위는 보편적이지만 일부는 성격상 지역적이다. 통상, 이들은 매우 특정된 환경분야를 대상으로 한다(예컨대, 폐기물 투기에 의한 해양오염, 선박으로 인한 오염, 오염으로부터 지중해 보호, 위험폐기물의 국경간 이동, 유류오염, 장거리 국경통과 대기오염, 오존층 보호, 환경에 위험한 행위에서 발생하는 손해에 대한 민사책임). 이러한 입법과정이 채택된 것은 당연한데, 국가들은 막대한 경제적 이해관계가 결부된 분야에서는 지극히 신중하게 처신하고, 자신들 스스로가 마련하는데 기여하고 수락한 규칙에만 법적으로 구속받으려고 한다. 반대로, 이들은 과반수 국가들이 마련한 것으로서 국제공동체에서 생성 중인 일반규칙에는 구속받지 않으려고 한다. 간단히 말해서, 이처럼 미묘한 분야에서, 국가들은 *합의에 따른* 입장 채택을 더 선호한다. 그러나 바로 지적했듯이, 국가들은 초기에 취했던 입장으로서 특정 사항들을 다루는 *분야별 조약*(소위 환경에 관한 제1세대 조약)을 원용하는 입장을 점차 버리고 있다. 이들은 현재 *보편적이고 전 세계적인* 접근방식을 채택하는 경향이다. 소위 제2세대 조약의 예로서, 1992년 기후변화에 관한 기본협약과, 이와 함께 1997년 교토추가의정서, 뿐만 아니라 1992년 생물다양성협약을 들 수 있다. 그러나 이러한 새로운 접근방식은 전통적 혹은 분야별 방식을 완전히 대체하지 못하였다.

이 외에, 국가들이 극도로 주의하게 되면서 특별한 범주의 조약, 즉 *기본협약*을 마련하게 되었다. 이 기본협약들은 일부 기본원칙을 구현하거나, 일반지침을 정하거나, 국제적 그리고 국내적 정책을 수립하는 조약이다. 이와 함께, 이들은 장래 특정 의무를 정하는 조약(혹은, 일부의 경우, 기본협약과 함께 채택한 특별의정서)을 마련하고 채택하는 것에 대해서도 규정하고 있다. 이러한 범주의 예로서, 1976년 오염으로부터 지중해보호협약(이후 여러 가지 추가의정서가 수반됨), 1979년

않다고 해서 환경악화를 방지하기 위한 비용절감 조치의 활용을 지체할 수 없다"고 규정하였다.

장거리 국경통과 대기오염에 관한 협약, 1985년 오존층 보호를 위한 협약, 1992년 기후변화에 관한 기본협약을 거론할 수 있다. 이러한 접근방식에 따른 이점은 국가들이 구속력을 갖는 일반지침을 수립한 이후 단계별로 특정한 법적 의무에 관하여 합의할 수 있다는 것이다.

23.3.4 이행을 촉구하거나 확보하기 위한 장치

(1) 개 관

국가들은 환경보호에 관한 국제규칙의 이행을 확보하기 위하여 전통적인 사법장치를 활용하는 것과, 지속적인 불이행의 경우 국가책임규칙을 활용하는 것이 거의 무의미하다는 점을 잘 인식하고 있다. 환경에 관한 문제는 흑백논리에 기초한 결정, 즉 어느 국가가 국제규칙을 준수하였는지의 여부만 단순히 결정해서는 해결될 수 없다. ① 대부분 이러한 사항을 다루는 국제규칙은 기대한 만큼 명확하지 않고 특정되어 있지도 않다. ② 일단 규칙위반이 있게 되면 사법적 혹은 준사법적 기관이 개입하기에는 너무 늦다. 왜냐하면, 환경에 대한 피해가 너무 심대해서 소중한 천연자산의 손실 혹은 파괴에 대해서 배상금을 지급하는 것이 부적절하다는 면이 입증되었기 때문이다. ③ 위법국가는 재정상태가 비참하거나, 저개발 상태이거나 혹은 다른 이유로 인해서 배상금을 지불할 능력이 없을 수 있다. ④ 사인(私人)으로 인해 손해가 발생하였기에(예컨대, 주의의무 결핍으로 인한) 국가책임이 결부되지 않을 수 있다. ⑤ 손해발생이 하나 이상의 특정 국가만 아니라 국제공동체 전체에 발생할 수 있고, 외교적 · 정치적 혹은 다른 이유로 인해서, 어느 국가도 법을 위반한 국가를 상대로 사법절차 등을 개시하지 못할 수도 있다. 간단히 말해서, 국제공동체 혹은 적어도 국가집단을 대신해서 활동하는 *집합적 기관*이 수행하는 *예방*이 이 분야에 필요하다고 여기는 것이 옳다. 이들 기관의 제1차적 소임은 국가들의 행위를 감시하고, 불이행의 경우 피해를 구제하도록 일탈국가를 *지원*하는 것이다. 제재는 마지막 수단으로 그리고 반복적으로 이행되지 않을 경우에만 고려해야 할 것이다.

> 위에서 한 말은 둘 이상의 국가들 사이에 법적 분쟁이 발생하지 않고, 이러한 분쟁을 중재절차 혹은 사법절차에 회부해서 해결하지 못할 수도 있다는 것을 암시하는

것은 아니다. 사실상, 환경에 관한 대부분의 조약은 감시장치를 규정하는 조약조차도 그렇게 회부하는 경우를 배제하지 않고 있다. 이들은 명시적으로 그러한 사항을 규정하기까지 한다. 예컨대, 1985년 오존층 보호에 관한 협약(제11조)과 1992년 기후변화에 관한 협약(제14조)이 그러하다. 그러나 실제로 국가들은 사법절차를 기피하고 주로 감독절차에 의존하는 경향을 보이고 있다.

(2) 감시장치

앞에서(14.8.2) 언급했듯이, 감시기관은 국가들이 적용할 수 있는 국제환경보호 기준을 반드시 이행하도록 하고 있다. 따라서 이들은 특정 조약 이면에 있는 국가집합체 혹은 (유엔 같은 보편적 기구 내에 설치된 기관의 경우) 인류 전체를 대신해서 활동하고 있다. 감시장치는 국가들이 국제기준을 이행하는지의 여부를 검증하고 그러한 기준을 존중하도록 촉진하는 임무를 수행한다. 이들 장치가 수행하는 역할이 현 국제공동체의 현실에 잘 부합되는 것이 분명하다.

환경에 관한 다수의 조약을 조사해 보면 가장 폭넓은 감독장치는 네 가지 유형, 즉 ① 국가의 자발적인 보고절차, ② 조사, ③ 소위 불이행 절차, ④ 전 세계적인 예방적 감시로 나뉠 수 있다.

환경에 관한 많은 조약에서는 국가들이 자신들의 이행상황에 관하여 *정기보고서*를 작성할 의무를 규정하고 있다. 이들 보고서는 통상 해당 조약에서 설치한 사무국 혹은 특정 조약을 담당하는 기구의 사무국에 송부된다(예컨대, 이러한 사항은 1973년 멸종위기에 처한 야생동식물의 국제거래에 관한 협약(CITES) 제8조에서 규정하고 있다). 다른 경우, 보고서는 사무국을 경유하여 당사국 회의에 제출된다(예컨대, 1992년 기후변화에 관한 기본협약 제12조에서 규정하고 있다. 이와 유사한 규정을 1992년 생물다양성협약 제26조에서 찾을 수 있다). 대부분의 경우, 국가보고서는 사무국이 검토하고, 사무국이 당사국 회의에 권고안을 제출하면 여기에서 논의하고 가능한 경우 채택까지 한다.

물론, *현장조사*를 통한 감시는 훨씬 더 예리하다. 조사는 공동조직 혹은 공동기관이 하거나 개별 체약국들이 수행한다.

> 이러한 감독방식은 예컨대 1959년 남극조약에서 상정하고 있는데, 이에 따르면, 각 당사국이 조사하고 그 보고서를 '협의당사국'에게 제출하면, 이들 국가들이 회의

에서 해당 보고서를 논의한다(1991년 환경보호의정서는 이러한 감시를 강화하였다). 1973년 선박에 의한 오염방지를 위한 국제협약(MARPOL)에서는 감시임무를 기국(flag State)과 선박이 정박한 국가에 위탁하고 있다. 1992년 남태평양 지역내 어업감시 및 법집행의 협력에 관한 Niue조약에서는 해상조사(체약국 선박들이 태평양 순찰선 계획에 따라서 수행함) 및 공중조사(오스트레일리아와 뉴질랜드 항공기가 수행함)를 규정하고 있다. 다른 조약에서는 조사권한을 집단적 기관에게 부여하고 있다. 예를 들면, 1971년에 채택된 1946년 포경규제협약의 부속서에서는 국제포경위원회가 선정하지만, 정부들이 후보를 내고 비용을 지급하는 국제감시자 방식을 마련하였다. 1973년 멸종위기에 처한 야생동식물의 국제거래에 관한 협약(CITES)에서는 사무국이 국가보고서를 접수한 이후 조사를 허가할 수 있고 이 결과는 당사국 회의에 제출되며, 이 회의에서 관련 국가에게 권고할 수 있다(제13조). 이보다 더 효과적인 감시제도는 1972년 세계문화 및 자연유산보호에 관한 UNESCO협약에서 규정하는 것인데, 이에 따르면, 정부간 위원회가 세계 유적지 보존상태의 '제도적' 감시뿐만 아니라, 이들 사적지가 자연재해 혹은 인간의 활동으로 인해서 위협받는 경우 '대응'감시도 확보하고 있다.

세 번째이면서 이보다 더 발전한 감독제도는 소위 *불이행절차*이다. 이는 1987년 오존층 파괴물질에 관한 몬트리올의정서와 관련해서 1990년에 처음 설치되었다. 이는 나중에 다른 조약(특히, 1992년 기후변화에 관한 기본협약, 1979년 장거리 국경통과 대기오염에 관한 협약에 부속한 1994년 황산감축에 관한 의정서, 1994년 사막화방지에 관한 유엔협약)에 채택되었다. 이러한 감시체제는 다른 것들보다 훨씬 강력하고 사법적인 분쟁해결의 특징도 일부 갖고 있다. 특히, ① 해당 절차는 쟁송적 특징을 갖는다(이의제기를 받은 국가는 감시기구에 출석하여 자신의 주장과 입장서를 제출해야 한다). 그리고 ② 해당 절차의 결과로서 구속력 있는 결정이 채택될 수 있다(실무상 제재에 해당되는 것도 부과할 수 있다).

통상, 이러한 절차는 다음과 같이 진행된다(1990년에 설치되고 나중에 개선된 것들이 모델로 취급될 것임). 사무국은 국가별 정기보고서를 검토한 이후 어느 국가가 해당 조약을 이행하지 않는다고 판단할 경우, 시행위원회(10개 체약국 대표로 구성되며 통상 1년에 2회 회동하는 상설기관)와 당사국 회의에 보고할 수 있다. 마찬가지로, 사무국은 다른 체약국의 의무이행 상태에 대해서 어느 당사국이 표시하고 '보강정보'의 지지를 받는 이의사항과 염려사항(소위 '유보사항')을 해당 위원회에 송부할 수 있다. 이 외에, 일방 당사국은 사무국을 통해서 "자신이 최선을 다해서 신의성실하게 노력하였지만, 자신의 의무를 충분히 이행할 수 없다"라는 점을 해당 위원회에 보고할 수 있다. 위원회는 사무국의 보고서, 혹은 이의제기 국가의 '유보사항', 또는 당사국이 의정서의 의무사항을 스스로 이행할 능력이 없다고 소명한 사항에 대해서 논의한다. 위원회는 이의제기 대상국가를 토의에 초청하거나 자발적으로 보고하도록 요청할 수 있다. 그 후, 위원회는 당사국 회의에 보고한다. 여기에서 '의정서의 완전이행을 위한 단계를 결정하고 이를 촉구'해야 한다. 이 회의에서 채택하는 절차는 제5부속서에서 열거하고 있는데, ① '자료의 수집 및 보고를 위한 지원을 위시하여 적절한 지원, 기술지원, 기술이전 및 재정지원, 정보이송 및 훈련', ② 주의 촉구, ③ '조약적용 중지에 관한 국제법규칙을 적용함에 따라서, 산업합리화 · 생산 · 소비 · 무역 · 기술이전 · 재정장치 그리고 제도적 조치에 관한 사항을 위시하여 시한 여부를 불문하고 해당 의정서에 따른 특정 권리와 특혜의 정지'이다.

네 번째 체제는 국가가 환경보호를 위한 국제규칙을 위반하였는지 여부를 검증하는 것을 위주로 고안되지 않았다는 면에서 이제까지 논의했던 것과 다르다. 오히려, 이는 환경에 발생할 수 있는 손해를 더 잘 예방하기 위하여 환경에 관한 *자료 · 정보를 수집*하는 데 목적이 있다. 이러한 범주에 속하는 가장 중요한 체제는 UNEP가 고안한 지구감시계획의 틀 속에서 설치된 지구환경감시체제(GEMS)이다(23.4 참조). 이는 "환경악화를 예측하고 국제공동체에 대해서 인간활동이 생물권의 기능과 인간의 행복을 저해할 수 있는 방식에 대해서 경고하기 위해 인간과 자연환경에 관한 정보를 수집하고 분석하려는 것이다."

23.4 환경보호를 담당하는 제도적 기관

환경보호가 전 국제공동체에게 중요한 사항 중 하나가 될 것이라는 점이 드러나면서, 즉시 국제기관들이 수립되었고 천연자원과 인간환경의 보호를 촉진하기 위한 광범위한 권한을 부여받았다.

적용영역이 보편적인 기구 중 유엔환경계획(UNEP)을 언급해야 하는데, 이는 1972년 총회 결의 제2997호로 설치된 유엔의 보조기관이다.

UNEP는 ① 총회 회의에서 선출되는 58명의 위원으로 구성되어 매년 회의하고, ECOSOC을 통하여 총회에 보고하는 집행이사회, ② 케냐의 나이로비에 본부를 둔 사무국으로 구성되어 있다. UNEP는 국제환경협력을 촉진하고, 환경에 관한 계획과 사업을 조절하며, 이 분야에서 국가와 국제기구가 하는 조치를 독려하고 있다.

1992년, 유엔 총회는 결의 제47/191호로 지속가능한 개발에 관한 유엔위원회(CSD)를 설치하였는데, 이는 ECOSOC에서 선출된 53개국으로 구성되며, 사무국은 뉴욕에 있다.

이 위원회는 다른 무엇보다도 '국제협력을 고양하고 환경과 개발 문제의 통합을 위하여 정부간 의사결정 능력을 합리화하는' 임무를 띠고 있다. 이는 리우선언에 따른 것으로서, '지속가능한 개발'을 성취하기 위한 목적을 추구해야 한다. 환경을 다루는 다른 국제기구는 FAO, UNESCO, IMO 등과 같이 정부간 기관의 틀 속에서 설치되었다. 이 외에 EU, OECD, OSCE, OAS 그리고 남태평양 지역의 적극적인 기관들처럼 지역수준에서 활동하는 기관들이 많이 있다.

더욱이, 환경에 관한 다수의 조약에서는 각 조약이 대상으로 하는 분야에서 활동을 조절 · 감시 · 촉진시키는 국제사무국을 설치하고 있다. 아울러, '인간과 생물권역', 세계유산위원회 등과 같은 기구도 있다.

23.5 환경피해에 대한 국가책임과 민사책임

23.5.1 국가책임

'보통'국가책임에 관한 일반규칙(13.4 참조)에 따르면, 국가들은 자신들의 위법행위로 인하여 타국에 손해가 발생하면 국제책임을 부담한다. 그러나 문제는 가해국가에게 잘못이 있어서(즉, 상당한 주의를 기울이지 않았다면) 책임을 부담하는지, 아니면 부주의와 관계 없이, 즉 위험을 초래하는 행위만으로도 책임을 부담하는지의 여부이다. 또 다른 문제는 *국제법상 금지되지 않은* 행위인데도, 타국에 피해 혹은 손해를 야기하는 행위로 인하여 국가가 책임을 부담하는지의 여부이다.

이러한 어려운 문제는 때때로 조약규정으로 해결된다. 예컨대, 1972년 우주물체로 인한 손해에 대한 국제책임협약에서는 여러 가지 형식의 책임, 즉 절대책임(제2조)[12]과 잘못에 기초한 책임(제3조)을 규정하고 있다. 이 외에, 이 협약에서는 절대책임에서 면제되는 사유도 고려하고 있다(제6조).[13] 그러나 적용할 조약규정이 전혀 없다면, 위에서 언급한 법적 문제들은 대부분 해결되지 않은 상태에 있게 될 것이다. 사실상, 이 분야에서 명확한 일반규칙이 아직 형성되지 않은 것으로 보이는데, 주된 이유는 국가들이 아직 경제적인 면에서 심각한 결과를 가져올 수 있는 법적 규제를 수락하는 데 주저하기 때문이다. 그러나 방금 언급한 두 가지 문제에 대해서 *일반적인* 국가책임법 분야에서 어떠한 해결책이 선호되든지 간에, 환경보호라는 *특정한* 분야에서는 환경에 우호적인 해결책이 선호되는 것으로 보인다. 논란의 여지는 있지만, 국가가 점차 인류공동유산의 중요한 일부인 환경보호의 필요성을 느끼게 되면서, 그러한 점이 수많은 국제문서에 구현되고 그 중 일부는 법적 구속력을 가질 정도이다.

현대 환경법의 정신 전체와 그 요체는 환경보호를 고양할 수 있는 해결책을 독려하는 것이다. 따라서 최소한 환경 분야에서, 잘못이나 부주의는 국가책임을 야기하는 요건이 아니라고(즉, 국가는 상당한 주의를 기울여 행동하였다고 해도 환경에 대한 심각한 손해에 대해서 책임을 부담할 수 있고 따라서 배상금을 지불할 책임을 부담한다) 할 수 있다. 마찬가지 이유에서, 국가는 합법적인 행위가 환경에 심각한 피해를 야기하는 경우에는 언제든지 그러한 행위에 대해서도 책임을 부담할 수 있다고 주장할 수 있다. 이러한 의미를 갖는 규칙이 등장한 예로서 *Trail Smelter* 사건(23.1 참조), *Fukuryu Maru* 사고 그리고 *Cosmos* 사고를 언급할 수 있지만, 후자의 두 사고 중 어느 경우에서도 관련 국가는 자신의 책임을 인정한 바 없다.

1954년에 남태평양의 마셜군도 근처에서 미국이 핵실험을 해서 일본 어선

---

12) 제2조는 "발사국은 자국의 우주물체가 지구 표면에 혹은 비행 중인 항공기에 야기한 손해에 대해서 배상금을 지급할 절대책임을 부담한다"고 규정하고 있다.

13) 제6조 제1항에 따라서, 발사국은 "손해의 전부나 일부가 청구국가측 혹은 청구국가가 대리하는 자연인 혹은 법인측의 중대한 부주의로 인하여 혹은 손해를 야기하려는 고의로써 한 작위·부작위 행위로 인하여 야기되었다"는 점을 입증하는 경우 절대책임에서 면제될 수 있다. 제2항에서는 "손해가 특히 유엔헌장 그리고 달과 기타 천체를 포함한 외기권의 탐색과 이용에 있어서의 국가활동을 규율하는 원칙에 관한 조약을 위시한 국제법과 일치하지 않는 발사국의 행위로 인한 경우 어떠한 면제도 인정되지 않는다"라고 규정하고 있다.

Fukuryu Maru호 승무원 중 다수가 낙진에 노출되는 피해를 입었다. 주목할 사항은 이 실험행위 이전에, 미국 주재 일본 대사는 미국에 대해서 핵실험으로 인하여 일본 어부들에게 피해가 발생하거나 경제적 손실이 야기되는 경우 배상금 지불을 보증하도록 이미 요구했었다.[14] 핵실험 후, 미국 정부는 미화 200만달러를 지급하기로 합의하였지만, 공식적으로 책임을 인정하지 않았다.[15] 똑같은 상황이 1978년 소련 위성 Cosmos 954호가 캐나다 영역에서 분해되면서 발생하였다. 캐나다 당국은 캐나다 영역에 흩어진 방사능 파편을 수색하여 일부 발견한 후, 해당 파편을 찾고 회수하는데 소요된 비용에 대해서 금전배상을 요청하였다. 1981년, 소련은 배상금(3백만 캐나다 달러)을 지급하기로 합의하였으나, 자신이 부담할 수 있었던 책임에 대해서는 일언반구도 없었다.[16]

일부 논평자들이 바로 지적하였듯이, 어느 국가를 상대로 국제책임을 청구할 때 상당히 많은 다른 법적 문제, 뿐만 아니라 실무상 장애에 직면하게 된다.

① 특히, 대기오염의 경우 혹은 과거 수년간 행해진 행위로 손해가 발생하였다는 주장이 있는 경우, 유책행위와 피해 간에 인과관계의 존재를 입증하기 어려울 수 있다. 더욱이, 해로운 결과는 이에 수반하는 여러 가지 요소들(예컨대, 안개와 산업체, 가정난방으로 발생하는 오염원, 그리고 자동차 배출가스가 결합해서 생기는 스모그는 바람이 없는 경우 호흡기질환을 야기하지만 강풍이 불면 바람에 흩어질 수 있다)로 인하여 발생할 수 있다.

② 특히 장거리에서 발생한 오염이라면 환경피해의 주범을 판별하기가 어려울 수 있다.

③ 대개의 경우, 해로운 결과는 개인 혹은 다국적기업들이 야기한다. ㉠ 국가공무원 혹은 국가를 대신해서 활동하는 사람의 환경훼손행위, 뿐만 아니라 ㉡ 국가를 대신해서 활동하지 않은 사람 또는 실체의 사적 행위로 인한 손해의 경우 국가가 성실한 주의를 기울이지 못하였다는 이유로 책임을 부담하는 것 이외에, *법적* 혹은 사실상 국가공무원의 작위나 부작위가 결부되지 않은 사인(私人)의 행위에 대해서도 책임을 부담할 수 있는지의 여부는 여전히 명확하지 않다. 그러나

---

14) Whiteman, Vol. 4, p.575에 있는 1956년 1월 25일 일본측 공한 참조.

15) 1956 Settlement of Japanese Claims for Personal and Property Damages Resulting from Nuclear Tests in the Marshall Islands, in *Treaties and Other International Acts Series(United States)*, p.3160 참조.

16) 18 *ILM*(1979), p.899 참조.

Corfu Channel 사건에서 ICJ가 어느 정도 암시했듯이,[17] 국가는 자신의 영역에서 국제위법행위가 자행되는 것을 가능한 한 방지하고, 어쨌든 이러한 행위를 인지해야 한다는 일반적 의무는 일부나마 국가가 부담하는 국제책임의 근거가 될 수 있다.

④ 참작해야 할 수많은 요소들을 볼 때, 손해산정이 지극히 어렵고 복잡하다는 점이 입증되었다(이는 1984년 *Amoco Cadiz* 사건에서 일리노이주 북부지방법원이 내린 판결로 입증되는데, 여기에서는 공무원들의 청소작업, 이들 작업을 위한 공공건물 사용비용, 연안과 항구 복구, 생태계 피해 등과 같은 수많은 범주의 손해를 상정한 바 있다).[18]

위에서 언급하였듯이, 많은 예에서 국가들은 자기 자신의 위험한 행위에 대해서 배상금을 지불하는 성향이 있지만, 관행상 어떠한 국제책임도 인정하지 않는다는 점을 알 수 있다.

23.5.2 민사책임

개인, 국내기업이나 다국적기업, 또는 국가가 *국내법에 따라서* 부담하는 책임은 국내법과, 많은 예에서 볼 수 있듯이 특정 사항(핵시설, 유류오염, 해저광물자원의 탐사나 개발, 해양환경오염으로 인한 손해, 폐기물 또는 위험한 물품 등의 운송으로 인한 손해)을 다루는 다수의 국제조약으로 규율된다. 이 사항에 관한 일반조약 중에서, 1993년 유럽평의회의 환경에 위험한 행위로부터 야기되는 손해에 대한 민사책임협약을 언급해야 할 것이다. 다른 협약은 특정 사항에서 발생하는 민사책임을

---

17) 재판소는 "국가관행에서 볼 수 있듯이 … 자국 영역이나 수역에서 국제법에 반하는 행위가 발생한 국가는 해명을 요청받을 수 있다. … 국가는 그러한 행위에 대해서 몰랐고 행위자가 누구인지도 모르겠다고만 답하면서 이러한 요청을 회피할 수 없다. 국가는 일정 시점까지 자신이 활용할 수 있었던 정보와 조사수단의 사용내역을 상세히 제공해야 할 의무를 부담할 수 있다"라고 판시하였다(ICJ Reports(1949), p.18). 그러나 재판소는 계속해서 국가가 일정한 영역을 통제하고 있다는 사실만으로 그 국가가 위법행위가 자행되는 것을 알았다거나 또는 그러한 상황을 알았어야 한다는 것은 아니라고 하였다. "그러한 사실 [재판소의 결론으로는] 자체는 다른 사항과 유리된 상태에서 *외견상* 책임을 유발하지 않으며, 뿐만 아니라 입증책임의 전환도 발생하지 않는다"(*ibid.*).

18) 1979년 결정에 대해서는 4 *AILC*(1979-1986), p.399 이하 참조. 특히, *In the matter of Oil Spill by the Amoco Cadiz off the Coast of France on March 16, 1978*, 954 F. 2d 1279(7th Cir. 1992), pp.1299-1302의 1992년 후속결정 참조. 본문에서 언급하는 여러 가지 문제점에 대해서는, 특히 A. Kiss and D. Shelton, *International Environmental Law*(New York and London: Transnational Publishers Inc. and Graham and Trotman Ltd., 1991), p.350 이하 참조.

규율한다.[19)]

일반적으로 말해서, 손해를 야기한 선박 소유자, 핵시설이나 해저광물자원 탐사시설 운영자, 또는 (위험한 물품의 운송으로 인한 손해의 경우) 지상차량 혹은 내륙항행 선박을 관리하는 등록소유자 혹은 개인 또는 철로운영자가 책임을 부담한다. 통상적으로 엄격책임 방식이 적용되기 때문에 몇 가지 예외를 제외하고 손해를 야기한 행위자는 고의나 부주의와 상관 없이 책임을 부담한다. 대체로, 손해배상 청구에 대한 관할권은 사고가 발생한 영역의 당사국 법원이 갖는다.

1968년 EEC의 민사 및 상사판결의 관할권 및 집행에 관한 협약 제3조에서 피고는 유해한 사건이 발생한 장소의 법원에서 진행되는 불법행위 소송에서 피소될 수 있다고 규정하고 있지만, 이러한 장소가 위법행위가 발생한 장소(오염자 등의 소재지)인지 아니면 피해를 입은 장소(피해자의 소재지)인지는 명시하지 않고 있다. 1976년 11월 30일 *G.-J. Bier v. Mines de Potasse* 사건 판결에서, 유럽공동체 사법재판소(ECJ)는 이 협약의 작성자들이 피해 당사자의 이익을 염두에 두었기에 법정지 선택은 원고에게 있다고 판결하였다(p.284).

물론, 국내법원의 판결만으로 충분하지 않다. 적절한 배상금을 획득하기 위하여 해당 판결을 피해자가 거주하는 국가 혹은 이의제기대상 당사자의 자산이 소재하는 국가에서 승인 혹은 집행을 받을 필요가 있다.

다수의 조약에서는 외국 법원이 내린 판결의 집행에 대해서 규정하고 있다. 예컨대, 1962년 원자력선 운영자의 책임에 관한 브뤼셀협약 제11조에서는 관할권을 갖는 법원(즉, 허가를 내준 국가의 법원 혹은 자국 영역 내에서 핵손해를 입게 된 체약국의 법원)이 내린 확정판결은 다른 모든 체약국 영역 내에서 승인된다고 규정하고 있다. 이와 마찬가지로, 1963년 IAEA 핵손해에 대한 민사책임에 관한 비엔나협약 제12조 제1항과 제2항에서는 승인된 확정판결은 모든 당사국 영역에서 집행할 수 있다고 규정하고 있다. 1968년 EEC 민사 및 상사판결의 관할권 및 집행에 관한 협약 제31조에서는 체약국 중 어느 국가에서 내려진 결정이라도 이해 당사자의 요청에 따라서 다른 체약국에서 집행될 수 있다고 규정하고 있다. 1969년 유류오염 손해에 관한

19) 예를 들면, 핵에너지 분야에서 제3자책임에 관한 1960년 협약, 1964년 추가의정서(UNTS, 956, No. 13706), 원자력선 운영자의 책임에 관한 1962년 협약[IAEA, International Conventions on Civil Liability for Nuclear Damage, *Legal Series* No. 4(Vienna, 1966), p.36 이하] 참조.

민사책임협약 제9조 제3항에서는 체약국 중 한 국가에서 내려진 판결은 다른 모든 당사국 법원에서 승인 및 집행될 수 있다고 규정하고 있다.

23.6 무역자유화와 환경보호

이제까지, 환경보호는 현 국제공동체에게 가장 시급한 사항 중의 하나라는 점을 살펴 보았다. 다음 장에서는 지난 몇 년간 세계무역자유화가 국제공동체의 또 다른 최우선 순위가 되었고, 특별기구, 즉 WTO가 현재 이러한 목표를 확보하려는 점을 살펴 볼 것이다. 이제, 세계공동체의 이 두 가지 기본요구가 충돌하는지의 여부, 그리고 충돌한다면 이들 양자를 조화시키려는 노력이 진행되고 있는지의 여부를 살펴 보고자 한다.[20]

어떤 면에서 보면, 무역에 관한 조치들이 더 효과적인 환경보호 확보수단으로써 활용되었다. 예컨대, 1987년 오존층 파괴물질에 관한 몬트리올의정서와 같은 일부 조약은 관련 조약에서 정한 최소환경기준을 이행하지 않는 국가들에 대해서 무역제재하는 것을 상정하고 있다.[21]

그러나 일반적으로 말해서, 무역자유화와 환경보호는 '마주 달리는 열차'이다. 사실상, 무역자유화의 목표는 모든 형식의 국가보호주의를 제거해서 자유로운 국제무역의 흐름을 확보하려는 것이다. 이에 반해서, 환경보호의 목표는 강력한 국가의 개입을 필요로 할 수 있다. 예컨대, 국가당국이 건강에 해롭거나 환경에 해악이 되는 상품의 수입을 차단해야 하거나, 지나치게 환경에 해로운 방식을 제한하여 상품공정이나 제조 분야에 관여해야 할 경우도 있다.

자유무역과 환경보호 간에 조화를 이루어야 할 필요성은 최근 몇 년 동안 점

---

20) 특히 D. French, "The Changing Nature of 'Environmental Protection': Recent Developments Regarding Trade and the Environment in the European Union and the World Trade Organization," 47 *NILR*(2000), p.1 이하. 또한 F. Francioni, "Environment, Human Rights and the Limits of Free Trade," in F. Francioni(ed.), *Environment, Human Rights and International Trade*(Oxford and Portland, Ore.: Hart, 2001), pp.1-26 참조. 필자의 설명은 이들 문헌에 근거한 것이다.

21) 이행을 유도하기 위하여 무역제한을 활용할 수 있도록 강제하는 국제환경협정의 다양한 예에 대해서는 R. Wolfrum, "Means of Ensuring Compliance with and Enforcement of International Environmental Law," 272 *HR*(1998), p.59 이하 참조.

점 더 강해지고 있다. GATT(이 실체는 1994년 WTO에 흡수되었음. 24.6.3(1)과 (2) 참조) 협정 조문은 환경과 관련해서 자유무역규칙의 예외를 명시적으로 규정하지 않고 있었다. 제20조(b)항은 '인간, 동물이나 식물의 생명 혹은 건강을 보호하기 위하여 필요한' 예외를 인정하였고, (g)항에서는 '고갈될 수 있는 천연자원의 보존과 관련된 조치로서 국내 생산이나 소비에 대한 제한과 결부되어 유효하게 되는 경우' 그런 조치들을 면제하였다. 이들 조항이 아무리 포괄적이라고 해도, 이는 유한한 무생물자원(예를 들어 유류, 석탄, 가스), 혹은 생태계 보호 또는 생물다양성과 같은 넓은 개념을 포괄할 정도로 넓지 않았다.

우루과이 라운드를 교섭한 국가들은 이러한 문제점을 인식하였다. 1994년, 이들은 무역개발위원회를 설치하여, ① '지속가능한 개발을 촉진하기 위하여 무역조치와 환경조치 간의 관계'를 파악하고, ② '다자적 무역제도에 관한 규정을 변경할지의 여부에 대해서' 권고하도록 하였다. 그러나 이제까지 이 위원회는 별로 성과를 거두지 못한 것으로 보인다.

그런데도 협정체결 수준에서 그리고 분쟁해결 수준에서 어느 정도 진전이 있었다.

1994년, 무역에 관한 기술장벽협정(TBT)이 체결되었다. 이 협정 제2조 제2항에서는 "기술규칙은 합당한 목적, … *특히*… 인간의 건강이나 안전; 동식물의 생명이나 건강; 혹은 환경보호의 합법적 목적을 달성하기 위해서 필요한 수준 이상으로 무역을 제한하지 않아야 한다"고 규정하고 있다.

WTO에서 상정하고 있는 분쟁해결 장치, 즉 WTO 당사국간의 분쟁을 결정하는 임무를 띤 패널(앞 14.8.1 참조)은 점차 더 많은 환경문제를 다루었고, 시간이 흐르면서 환경보호에 관한 요구도 다루었다.

> 결국, WTO 패널은 국가들이 자신의 영역 바깥에 있는 동물종을 보존하기 위하여 취한 무역조치와 관련한 사건들에 대해서도 판단하였다[*Tuna-Dolphin* 사건(멕시코 v. 미국), *Shrimps-Turtles* 사건(인도 · 파키스탄 · 태국 v. 미국)]. 앞의 사건에서, 패널은 지구환경을 보호하기 위하여 고안된 일방적 무역조치가 관할권행사에 관한 국제규칙과 국제기준에 일치하는 한 그러한 조치를 취할 권리를 인정하였다. 그리고 두 번째 사건에서, 상소기구는 수출국에게 환경보호를 위하여 수입국이 정한 일정한 정책을 이행하거나, 이를 채택하도록 요구하는 것(문제된 사건에서, 우발적으로 바다거북을 죽이지 않기 위한 어로기술을 채택하도록 요구하는 것)은 그 자체로는 제

20조(GATT 1994)에 반하지 않는다라고 판시하였다. 상소기구는 *Standards for Reformulated and Conventional Gasoline(Venezuela v. USA)* 사건에서 환경적인 요건에 우호적인 입장을 취하기도 하였다. 베네수엘라는 환경적인 근거에서 국내 연료에 대해서 요구하는 것보다 외제 수입연료에 대해서 더 엄격한 기준을 부과하는 미국의 조치가 차별적이라고 공격하였다. 베네수엘라의 견해로는 깨끗한 공기는 '고갈될 수 있는 천연자원'이 아니고, 따라서 제20조에서 예외를 허용하는 조문에 해당되지 않는다는 것이다. 하지만 상소기구는 깨끗한 공기가 오염원으로 인하여 고갈될 수 있는 천연자원이라고 판시하였다.

제 24 장

선진국과 후진국의 차이를 좁히기 위한 법적 시도

24.1 식민관계

전반적인 역사적 배경을 알지 못하고서는 현재의 개발도상국 문제를 이해할 수 없다. 따라서, 식민지 혹은 19세기 초반에 독립했음에도 오랫동안 사실상 산업국가의 지배하에 있었던 남미지역 국가들의 천연자원으로부터 유럽의 강대국들이 경제적 이득을 얻었던 형태에 대해서, 설령 지나치게 단순화되는 면이 있더라도, 대강 살펴보는 것이 도움이 될 것이다.

18세기 유럽, 주로 1780~1840년 기간 동안 급속한 산업성장을 이룬 영국에서 산업발전이 도래하면서 필연적으로 식민지 확장이 촉발되었다. 영국은 천연자원(이 중 석탄과 철)이 별로 없었지만, 상품을 비교적 다량으로 그리고 효율적으로 제조할 수 있었기 때문에, 제1차 광산품(주석, 보크사이트, 구리, 철광석, 수은, 석유, 텅스텐, 니켈, 망간광석 등)을 들여오는 것이 유용하다고 생각하였다. 따라서 식민지 혹은 남미국가 같은 후진국가에서 얻을 수 있는 원재료를 입수하기 위하여 이들 국가에 투자하는 것이 서방경제에 상당한 가치가 있었다.

선진적인 경제활동이 저개발지역의 구시대적 구조에 영향을 미친 결과 '이중' 혹은 '혼성'경제가 탄생하였다.[1] 두 가지 다른 형태의 경제활동이 병존하게 된 것이다. 즉, 이 두 가지는 ① 동적이고 현대적 분야로서, 수출지향적이고 자본주의적 모델에 기반한 것, ② 일반 경제분야로서, 본질적으로는 자본주의 이전 단계의 구조에 기반하고 영세농업을 위주로 하는 것이다. *원자재* 생산과 수출을 위주로 하는 첫 번째 분야는 외국 기업의 지배를 받았지만 값싼 현지노동력을 활용할 수 있었다. 현지 인력채용에 근거한 식민세력의 침투는 외국 기업이 설립된 지역의 주민생활 수준에 좋은 영향을 미쳤다. 이는 어느 정도 경제활동을 자극하였으며 건강, 보건, 혹은 사회간접자본(항만, 통신, 전신, 교통망 등)과 같은 분야에 부수적으로 긍정적인 효과를 내기도 하였다. 이처럼 유익한 효과가 있었지만, 개발도상국의 전반적인 경제제도를 구조적으로 변경시키지는 않았다. 주로, 서방경제의 지배 때문에, 모든 경제분야와 결부되는 전 세계적이면서 자생적인 개발절차를 촉진하지 못하는 지극히 부정적인 효과가 발생하였다. 후진국가의 경제구조는 '이중적'인 상태에 있었다. 일부 개발도상국의 경우 나중에 더 복잡한 구조가 전개되었지만, 시간이 경과되면서 이러한 성격은 사실상 더욱 분명해졌다.

개발도상국의 여건은 제1차 세계대전 이후 더욱 나빠졌다. 미국은 세계경제를 주도하는 동력이 되었다. 미국은 지속적인 보호주의 정책과 엄청난 천연자원 덕택에 제1차상품을 수입할 필요가 상대적으로 낮았다(16.1; 24.3 참조). 이러한 태도로 인해서 개발도상국의 수출량이 지속적으로 감소하게 되었고, 이 결과 선진국과 후진국의 경제적 불균형이 더욱 두드러졌다.

24.2 개발도상국 경제구조의 주된 특징

신생국가들이 여러 면에서 상당히 다르다는 점만으로도 이들 경제의 주요 특징을 간략히 말하기는 어렵다. 여기에는 중국, 인도, 나이지리아, 인도네시아, 브라질처럼 영토가 넓고 인구도 많은 국가들이 있는가 하면, 그레나다 · 스와질랜드 · 나우루와 같이 작은 국가들도 있다. 이들은 방글라데시, 차드, 혹은 중앙아프리카공화국과 같은 후진적이고 미숙한 경제를 가진 국가에서부터 멕시코, 베네수엘라, 나이지리아, 인도, 파키스탄, 인도네시아, 싱가포르, 대한민국과 같이 산업화가 상당히 진전되어 하나 이상의 경제부문에서는 서방국가들의 우세한 분

1) 이러한 개념에 대해서는 C. Furtado, *Development and Underdevelopment*(Berkeley: University of California Press, 1964), pp.127-140, 특히 p.129 참조.

야와 어깨를 견줄 정도로 발달한 국가들을 포함한다[멕시코와 대한민국은 1994년과 1996년 각각 시장경제 원칙, 다원주의적 민주주의 그리고 인권존중 원칙을 공유하는 산업국가들의 기구인 경제협력개발기구(OECD)에 가입하였다].

일반화가 현실을 과도하게 단순화시키는 경향이 있다는 점에 주의해야겠지만, 몇 가지 면에서 일반화가 가능하다. 저개발 경제국가의 주된 특징은 다음과 같이 요약할 수 있다.

① 지배적인 경제활동은 농업이다.

② 위에서 설명하였듯이, 종종 '이중' 혹은 '혼성'경제가 존재한다. 때때로, 이들 경제는 세 부문으로 구성되기도 한다. 생존(농업)경제가 지배하는 전통분야, 대외무역[원자재의 생산과 수출, 이는 현재 *단일생산경제*(*monoculture economy*)로 불림]을 위주로 하는 분야, 그리고 국내시장을 겨냥한 섬유 및 가공식품과 같은 대중소비제품을 생산하는 경공업 분야이다.

③ 농업과 수공업이 산업생산 단위보다 흔히 가계에 기반을 둔, 즉 주로 가계 규모 및 가내업 형태 단위로 수행된다.

④ 농공업 설비가 미비하거나, 있더라도 그다지 정교하지 못하다. 이 결과, 노동생산성은 상대적으로 낮고 산출결과는 비교적 빈약하다.

⑤ 소위 은폐된 실업이 팽배한데, 이러한 상태에서는 고용노동자 수가 감소하여도 생산이 저하되지 않고, 심지어 자본재와 생산기법의 변화도 없다.

⑥ 자본재의 수준이 낮다. 더 좋은 산업장치를 획득하고 더 일반적으로 말하면 생산성 있는 투자, 특히 *단일생산경제*를 종식시키고 *차별성 있는 경제활동*을 하는 데 필요한 자본이 축적되지 않는 경우가 흔하다. 이러한 실패에는 주로 두 가지 이유가 있다. 첫째, 생산이 소비를 초과해야 개인이 저축할 수 있는데 낮은 노동생산성으로 인해 그렇게 할 수 없다. 달리 말해서, 농업산출과 공업산출은 일차적으로 근로자의 생존을 확보하는 데 기여한다. 둘째, 노동자들의 생존을 위해서 할당되지 않은 국민생산 부분은 통상적으로 지주, 소수의 사업가 그리고 정치지도자들로 구성된 소규모 부유층 엘리트에게 돌아가는 일이 흔하다. 이로 인해 경제학자들이 말하는 '빈곤의 악순환'이 발생한다.[2] 즉, 노동산출이 너무 적어

2) 이 개념과 이 장에서 사용된 다른 경제적 개념에 대해서는 C. Napoleoni, *Economic Thought of the Twentieth Century,* trans. and ed. by A. Cigno(London: Martin Robertson and Co., 1972), p.145 이하 참조.

서 노동과 투자의 생산성을 증대시키기 위하여, 농업과 산업장치를 개선하고 현대화하는 데 필요한 자본을 축적할 수 없다.

⑦ 경제학자들이 '복합화 요소'라고 하는 것이 이들 국가의 경제를 악화시킨다. 즉, 어느 분야가 산업화되려면 수많은 간접시설(통신, 전력망, 수돗물 공급, 현지 인력의 훈련, 공공행정 등)을 전제로 한다. 이후, 이러한 간접시설들이 추가적인 투자수익을 창출한다. 개발도상국 내에는 산업화 및 부대설비가 없거나 부족하기에 자본수출국들에게는 세계적으로 산업화된 지역에 투자하는 것이 더 이익이다. 사실 개발도상국의 저렴한 노동력은 모든 사회기반시설이 이미 갖추어진 지역에서 얻을 수 있는 투자수익을 상회하지 못한다. 이 외에, 복합화 요소는 산업노동자의 수요와 함께 작동되기도 한다. 공장을 낙후지역에 설치한다면, 근로자의 수익이 공장의 산출물에만 소비될 수 없다. 왜냐하면 시장이 마련되어야 하고, 이로써 추가적인 경제활동을 자극할 수 있기 때문이다. 최선의 해결책은 대형 공장 하나를 세우는 대신, 근로자에게 판매할 수 있는 다양한 제품을 생산할 수 있는 소규모산업 단위를 다수 설치하는 것이다. 그러나 최소규모 이하의 현대적인 공장은 수익성이 없다. 결과적으로, 새로운 공장을 개발도상국에 설치하더라도 적절한 국내시장이 없는 상황에 처하게 되고, 이로 인해서 산업화에서 발생하는 어떤 좋은 효과도 결실을 맺지 못하게 된다.

⑧ 이들 국가의 경제를 더욱 어렵게 만드는 요소는 지속적인 인구증가이다.

24.3 개발도상국에게 경제적으로 가장 필요한 기본사항

개발도상국들은, 주어진 경제구조와 여건을 감안해 보면, 미국을 위주로 하는 산업국가들이 취하여 주창하는 방식으로서 개방되고, 자유시장적인 접근방식에서 현저히 벗어나는 국제경제 관계를 필요로 하는 것이 분명하다. 이러한 접근방식은 자유무역과 자유경쟁, 특히 세계시장을 교란시키는 무역관세와 그 밖의 장치 철폐를 기반으로 한다는 점은 잘 알려져 있다. 하지만 개발도상국은 '차별대우', 즉 이들의 문제를 참작하여 기존의 선진국간 대우와 다른 더 유리한 대우를 누리는 것이 중요하다. 더 정확히 말하면, 이들 국가들이 필요로 하는 것은 다음과 같다. ① 제1차상품 가격의 등락으로 생산자에게 피해가 발생하지 않도록 이들 상품의 가격을 안정시키는 것, ② 무역특혜와 양허(concession), 특히 이들이 수입하는 것에 대해서는 무역장벽을 허용하고 이들이 수출하는 것에 대해서는 특혜대우, 중요한 점으로는 선진국에게 반대급부로써 양허를 부여하지 않으면서 개발도상국은 최혜국 대우(이 개념에 대해서는 24.6.3 참조)를 누리는 것, ③ 해외투자, 특히 현지 원자재의 생산과 수출 이외의 분야에서 경제활동을 촉진하는 것, ④ 경제적 지원, 특히 외채의 유예 혹은 면제, ⑤ 현대적인 기술의 이전, ⑥ 숙련노동자 양성이다.

이러한 문제들 이외에, 일부 개발도상국 스스로 다른 문제들을 조성하였다. 무엇보다도 이들 국가들 중 다수에게는 더 나은 공공행정과 더 효율적인 국가기관이 필요하다. 사실상, 이들이 가진 문제 중 많은 것들은 권위주의적 구조에서 파생한다. 오직 소수의 국가에서만 진정한 민주절차가 자리잡았다. 정치지도자들이 전 국민의 이익, 특히 빈곤, 영양실조, 교육과 보건 결핍을 겪는 수많은 사람들의 이익을 위하기보다 자신들이 속한 민족집단 혹은 엘리트에 더 이익이 되도록 행동하는 경향은 흔한 일이다. 공무원들 간에 그리고 이보다 더 고위층인 정치인들 간에 부패가 만연해 있다. 많은 국가에서 민족간, 부족간, 혹은 종교집단간에 골육상쟁과 긴장이 걷잡을 수 없고, 무력충돌과 유혈사태에까지 이르는 경우가 흔하다. 이 외에, 일부 국가들은 종종 공공예산의 불균형, 높은 인플레이션, 그리고 외채의 증가를 야기하는 부적절한 경제정책을 선택하는 경향이 있다. 이 모든 것이 외국인투자와 개인의 주도적 참여에 바람직하지 않은 여건을 만들어 내고 있다.

분명히, 이러한 문제에 시달리는 개발도상국의 국내지배구조가 더 양호해지고 더 민주적일 경우에만 외국의 지원이 성과를 거둘 수 있을 것이다.

24.4 개발도상국의 주요 요구사항과 법적 전략

애초에(1946년과 1950년대 후반 사이) 낙후한 국가들은 신속히 발전하기 위하여 산업국가들로부터 재정지원과 기술지원을 받아야 한다고 주장하였다. 그 후, 이들은 이러한 종류의 지원이 자신들을 에워싸고 있는 심각한 문제점을 극복하는데 매우 적절하지 않다는 점을 점차 깨닫게 되었다. 이들이 생산하는 제1차 농산품(담배, 식용유 씨앗, 동물성 · 식물성 식용유 등) 가격, 뿐만 아니라 다른 농산품(설탕, 커피, 차 등) 가격은 세계시장에서 꾸준히 하락하였지만(아울러 앞 2.4.2 참조), 동시에 가공품과 반가공품, 즉 가난한 국가들이 자신들의 성장에 필요한 사항을 충족하고 외국인투자를 촉진하는 데 필요한 기반시설을 만들기 위하여 수입해야만 했던 상품들의 가격은 꾸준히 인상되어, 결과적으로 수출은 하락하고 수입은 증가하였다. 결국, 이들의 국제수지는 놀라운 속도로 악화되었다. 그에 따라서, 1960년대 초반 이후 1970년대 초반까지, 이들은 점차 '원조가 아닌 무역', 즉 자신들에게 더 유리한 교역조건을 점점 더 요구하게 되었다.

1970년대 초반, 과거 식민지였던 수많은 아프리카와 아시아 국가들이 독립하면서 개발도상국들은 더 많이 언쟁하고 더 언성을 높였다. 이 외에, 1973년 아랍-이스라엘 전쟁 이후, 아랍 산유국들은 산업국가들에게 불매운동을 하기로 결정하였다. 서방국가들이 걱정하는 반응을 보이자 아랍 국가들은 더욱 기세등등해져서 석유수출국연합(OPEC)을 설치하였다. 이러한 모든 요인으로 인해서 개발도상국들은 ① 국제경제제도 전체를 재고하였고, ② 임시방편이 아니라 국제적인 구조관계의 본질을 다룰 수 있는 조치를 채택하기 위하여 국제경제 관계의 재편을 대담하고 광범위하게 요구하였다.

이들 국가들은 자신들의 정치적 목적을 *법적 수준*에서 달성하려면 *관습규칙*의 형성에 의존할 수밖에 없었다. 일반적으로, 관습이 성장하는 과정이 더디기 때문에, 이들 국가들은 자신들의 투쟁목표인 변화를 매우 신속히 이루고자 열심이었다. 더욱이 관습의 경우 새로운 기준의 내용에 관하여는 다수 국가의 의견이 합치되어야 한다. 그러나 문제되는 사항에서 자신들의 기본적인 이익이 결부되는 점을 고려하여 새로운 국제규칙에 제약받지 않으려는 산업국가들의 반대가 심하였다. 따라서 개발도상국의 법적 전략에 의하면, 이들은 가능한 두 가지 규범설정 절차, 즉 *총회의 일반적인 선언* 채택 그리고 국제협정 도출에 의지해야만 하였다. 물론 첫 번째 절차는 법적 구속력 있는 기준을 창설하지 않는 점에서 크게 불리하였다. 이 절차에 따르면 실제 법이라고 할 수 없고, 일반기준과 지침으로만 구성된 소위 연성법만 만들 수 있다(10.5.2 참조). 따라서, 연성법은 다른 국가들이 위 기준과 규범을 구속력 있는 것으로 점차 수락하고자 한다면 관습규칙을 형성하거나, 단계적으로 국제협정을 제정하는 단초가 되거나, 단계적 변화의 촉매제 혹은 후원자의 역할을 수행하는 새로운 국제기구를 수립할 수 있다. 다른 규범설정 절차(*조약 제정*)는 국가들이 합의해야 하고, 상당히 많은 수의 국가들이 해당 협정의 당사국이 될 준비가 되어 있어야 할 것이 분명하다.

앞에서 보았듯이, 개발도상국들은 이 두 가지 경로를 따랐다. 이들은 일반지침을 설정하고 개발을 염두에 둔 새로운 기구의 설치를 촉진하기 위하여, 총회가 일반선언을 채택하도록 압박하였다. 또한 최소한 일부 분야에서 협정 체결을 주장하기도 하였다.

결국, 1974년에 개발도상국들은 유엔 총회로 하여금 *신국제경제질서*(NIEO: New International Economic Order)에 관한 선언과 그 행동강령, 국가의 경제적 권리와 의무 헌장을 채택하도록 하였다.

1982년, 개발도상국들은 해양법 외교회의를 통해서 *'인류공동유산'* 개념을 포함한 협약을 채택할 수 있었다.

> 앞에서(3.5.4) 지적한 바와 같이 *인류공동유산* 개념은 일찍이 1967년 몰타 대사 Arvid Pardo가 유엔 총회에서 추진하였다.[3] 이 개념은 평화적인 목적과 인류 전체의 이익을 위해서만 해저와 해상에 관한 국제법체제를 수립하고자 하였다.

1986년, 개발도상국들은 총회를 통해서 *개발권*에 관한 선언을 추진하였다.

> 모든 인간이 *개발권*을 갖는다는 원칙은 일찍이 1966년 유엔 총회에서 세네갈이 처음 제안했으며 나중에 여러 가지 총회 결의에 구현되어 1986년 선언에 자리잡게 되었다. 이는 다음과 같은 사항을 담고 있다. ① 개발권은 불가분의 권리이며, 이에 따라서, "모든 인간과 인민들이 경제적 · 사회적 · 문화적 그리고 정치적 개발에 참여하고, 기여하고 이를 향유할 권리를 갖는다"(선언 제1조). ② "인간은 개발의 중심 주체이고 개발권의 적극적 참여자이며 수혜자가 되어야 한다"(제2조 제1항). ③ 국가들은 "적절한 국가개발정책을 마련할 권리와 의무를" 갖고(제2조 제3항), "개발권의 완전 실현을 촉진하기 위하여 국제개발정책을 개별적으로 그리고 집단적으로 마련하기 위한 단계를 밟을 의무"를 갖는다(제4조 제1항).[4]

---

3) A. Pardo, *The Common Heritage: Selected Papers on Oceans and World Order 1967-74*(Malta: Malta University Press, 1975), pp.31, 64, 85을 참조하시오.

4) 분명히, 이들 규정, 그리고 선언에 포함된 다른 것들은 법적 지침보다 느슨한 용어로 된 정치적 목표를 설정하였다. 이 외에, 이들은 문제의 권리가 어느 정도까지 자국에 대해서 개인들이 갖는 권리 혹은 인민의 권리로 간주되는지, 그리고 이에 상응하는 수범자는 개인에 대한 국가의 의무인지 아니면 다른 국가에 대한 국가의 의무인지를 명시하지 않았다. 전체적으로, 이러저러한 본문 내용들은 잘못된 인상을 심어 주었다. 분명히, 이들의 동기는 양면적이었다.

시간이 흐르면서, 비교해 볼 때 이 모든 시도는 실패로 끝났다. 그 이유는 아래와 같이 이들의 의욕이 너무 앞섰고 산업국가들의 반발이 거셌기 때문이다.

NIEO는 기존의 국제경제 관계를 상대로 *전 세계적인 면에서 도전*하려는 것이었다. 그 *골자*는 다음과 같다.

① 개발도상국은 자국 영역 내에서 활동하는 다국적기업의 행위를 규제하고 통제할 권리를 가져야 한다. ② 개발도상국은 자신들에게 유리한 조건으로 외국인 재산을 국유화하거나 수용할 수 있어야 한다. ③ 개발도상국은 OPEC와 유사한 제1차상품 생산자단체를 설립할 수 있어야 한다. 다른 모든 국가들은 이러한 권리를 인정하고 이를 제한하기 위해서 계산된 경제적, 군사적 혹은 정치적 조치를 취하지 않아야 한다. ④ 국제무역은 원자재에 대해서 안정적이고 공평하며 수지가 맞는 가격을 확보하여야 하고, 비상호적 · 비차별적인 일반특혜관세, 뿐만 아니라 개발도상국에 대한 기술이전에 기반해야 하고, 아무런 조건 없이 경제적 · 기술적 지원을 제공하여야 한다.

대체로, 유엔 총회 문안에서 NIEO에 관하여 정한 원칙은 본질적으로 정치적이고 수사학적 가치에만 사로잡힌 성취기준이 되었다. 시간이 흐르면서, 이러한 원칙은 산업국가측의 호의적인 태도를 포함하여 일부 조건이 충족되지 않는다면 실현될 수 없다는 점이 점차 분명해졌다. NIEO가 규범틀로서 실제로 발전하지 못했지만, 이러한 장치 중 일부는 실현성이 있다는 점이 입증되었다(예컨대, 1980년 유엔 총회가 비법적이고 비구속적인 행위규범으로 채택하였던 제한적 영업관행 규범(Restrictive Business Practice Code) 혹은 RBP Code라고 하는 것, 또는 제1차상품을 생산하는 신생국을 지원하기 위하여 1989년 발족한 제1차상품공동기금).

'개발권' 선언은 '기본권'이라는 면에서 개발문제 전체의 개혁을 의미하였다. 이로써, 세계경제질서의 구조개혁에 대한 요구를 부각시키고, 사실상 그러한 요구사항을 극대화하는 데 기여하였다. 즉, '권리'라고 한다면 그에 수반해서 결과적으로 누군가 부담해야 할 의무가 있다. 둘째, 이러한 새로운 개념은 인권주의—장대한 이념, 형태, 장치의 집합—의 동력 전체를 모든 국제경제 관계 문제와 연결시키는 데 기여하였다. 그런데도 개발도상국은 노력에 비해서 초라한 성과만 얻었다. 왜냐하면 새로운 '권리'에 대한 구술선언과 주장만으로는 가시적인 성과가 전혀 나타나지 않았기 때문이다. 아마도, 이 새로운 '권리'를 위한 활동 전체가 갖는 주된 장점은 두 가지 기본적인 사고를 전면에 부각시킬 수 있었다는 점이 될 것이다. 즉, 개발은 단순히 경제적 성장에만 이르는 것이 아니라 인간적인 영역도 포함한다. 더욱이, 이는 정부뿐만 아니라 전 주민과 직접 연관된다. 결과적으로, 그 실현이 지배엘리트에게만 이익이 되어서는 아니된다.

24.5 세계공동체의 조치: 개관

본질적으로 유엔헌장 채택 이후 그리고 많은 개발도상국들이 점차 독립하게 된 이후에야 비로소 세계공동체는 이들 국가들의 곤궁한 상태를 알게 되었다. 이러한 중요한 성과에는 4가지 이유가 있다. 즉, ① 식민제국이 조금씩 와해되면서 식민지의 실상이 드러났고, 정치적인 독립만으로는 충분하지 않다는 점이 명확해졌다. ② 사회주의적 이념이 국제관계에 더 큰 영향을 미치면서 정치인들은 잔인한 사회적 현실을 더 이상 외면할 수 없다고 확신하게 되었다. ③ 개발도상국의 일부 젊은 지도자들이 자국의 현실적 제약을 충분히 알고서 과거 식민통치국가들의 착취에 대한 보상의 한 방편으로써 지원을 강하게 요구하기 시작하였다. ④ 유엔은 신생국들이 자신들의 요구사항을 주장하고 산업국가들과 일종의 타협을 시도하는 중요한 장(場)이 되었다.

국제공동체는 이에 대응해서 *3가지 방식으로 접근하는 전략*을 채택하였다. ① 국제경제 및 금융기구(세계은행, 국제통화기금(IMF), GATT 그리고 WTO)들이 일부 변경되어서 개발도상국의 수요를 더 잘 반영할 수 있게 되었다. ② 이들 국가의 개발을 염두에 둔 다자적 협력을 촉진하였다. ③ 개발도상국에 대한 외국인투자를 보증하기 위한 장치를 마련하였다.

24.6 국제경제기구의 역할

개발도상국은 제2차 세계대전의 여파로 미국의 요구에 따라서 설치된 금융·경제기구(세계은행, IMF, GATT-WTO)들이 정책을 조절하여, 자신들의 특별한 조건을 감안하도록 여러 차례 노력했다.

개발도상국들이 자신들의 요구사항을 더 많이 반영하는 국제경제질서를 원했던 것을 이해하려면, 제2차 세계대전이 끝날 무렵 국제경제기구를 설치하게 된 이면의 철학과 동기를 우선 간략하게나마 설명하는 것이 유용할 수 있다.

제2차 세계대전으로 유럽은 엉망이 되었다. 서유럽 국가들과 소련의 경제는 전투로 파괴되었거나 전쟁수행에 맞게 전환되었다. 미국은 자국 영역이 침략당하거나 포격당하지 않으면서, 전쟁으로 경제성장을 이루었던 유일한 강대국이었다. 전쟁이 끝난 후, 미국은 군사적으로 단연 최강국이 되었다. 미국의 관심사항은 자국 자본이 해외에 투자되도록 해서 경제력을 증대시키고, 자국 경제를 세계적인 규모로 확대시키는 것이었다. 미국 경제가 유럽 지역과 극동으로 확대된 것은 적어도 단기적으로는 전쟁으로 피폐해진 국가들에게는 좋은 일이었다. 이들은 미국 자본이 자신들의 시장에 유입되면서 이익을 얻을 수밖에 없었다. 결국, 이들은 미국이 선언한 국제경제 관계의 재편을 열렬히 환영하였다. 그러나 새로운 체제를 시행하려면, 오랫동안 보호주의에 더 많이 의존했던 국가들이(이는 물론 식민주의 국가들을 포함하는데, 이들은 식민지에서 생산된 제1차상품들을 착취하여 상당한 이익을 얻은 바 있다) 세계공동체에 설치해 놓았던 모든 장애물을 해체해야만 하였다. 따라서 미국은 *자유무역과 자유시장 철학*을 펼치기 시작하였다. 이 외에, 미국은 다자적이고, 안정적이며, 지속적인 근거에서 이러한 철학을 실현하는 데 필요한 국제장치를 창설하기 위해서 세 개의 중요한 국제기구(세계은행, IMF, GATT)를 설립하는 데 성공하였다.

세계은행은 외국인투자가 절실한 국가에게 자금을 대출하기 위하여 국제자본시장에서 사적 자본으로부터 자금을 동원하고 모집하는 임무를 갖게 되었다.

IMF는 국제통화의 안정을 확보하기 위하여 고안되었다. 이것은 개별 국가들이 다른 나라를 희생시키면서 자국 경제를 보호하려는 화폐계획(자국 통화의 일방적인 평가절하)으로 국제무역 조건을 변경하지 못하도록 하려는 것이었다. 이 외에, 이는 국제시장에서 제품가격의 등락으로 인하여, 혹은 국내문제로 인하여 회원국이 일시적으로 겪는 국제수지 불균형을 해소하는 자금을 제공하기 위하여 고안되었다. 그러한 자금 제공은 국가들이 보호주의에 의지할 수밖에 없는 상황에 처하지 않도록 예방하는 기능을 하였던 점이 분명하였다.

GATT는 세계시장에서 자유경쟁을 크게 저해하였던 자유무역에 대한 전통적인 관세제한을 철폐하기 위한 것이었다.

이들 기구는 상당 부분 자유시장과 자유경쟁 철학으로 물들어 있었는데, 특히 개발도상국들은 독립을 쟁취하자마자 이들 기구를 강하게 비난하였다. 위에서 지적하였듯이, 잘사는 나라와 못사는 나라의 관계에 대해서 신생국들은 이러한 철학과 상충되는 두 가지 원칙, 즉 '특혜대우'와 '적극적 차별'을 주창하였다. 위 세 가지 국제기구 모두 개발도상국으로부터 강한 압박을 받아서, 비록 개발도상국들이 여전히 부적합하다고 여기는 방식이지만, 자신들의 정책을 적어도 부분적이나마 잘사는 나라와 못사는 나라의 문제에 서서히 맞추게 되었다.

24.6.1 국제부흥개발은행(세계은행)

세계은행의 정관에 나오는 목적[5]에는 '저개발국가의 생산설비와 자원의 개발 독려'가 포함된다. 세계은행은 초창기부터 이러한 목적을 추구하였다.

가난한 나라들의 필요사항을 충족시키기 위하여, 세계은행은 관련 국가들에게 대출하는 기법을 변경하였다. 결국 대출기간이 더 길어졌으며, 산업국가에 부과하는 이율과 개발도상국에 부과하는 이율을 차등적용하였다(전자에 대한 대출금리는 0.5% 더 높음). 이 외에, 최소한 대출금의 일부를 해당 지역의 통화로 지급하도록 결정하였다. 또한, 더 최근에 세계은행은 주로 개발도상국의 환경을 보호하기 위하여 고안된 대출제도를 마련하였다. 따라서 1990년에 UNDP와 유엔환경계획(UNEP)의 합의로, 지구환경금융(Global Environment Facility)이 설치되었다. 이는 60개국 이상의 국가들이 제공하는 기여금으로 충당하고, 세계은행이 이 기여금을 관리하고 있다.

이 외에 세계은행은 정관을 개정해서, 1956년에 IFC 그리고 1960년에는 IDA를 설치하였다(24.7.2 참조). 또한, 개인의 개발도상국 투자와 이들 투자로부터 발생하는 분쟁해결을 촉진하기 위하여 ICSID와 MIGA(24.8.2 참조)를 설치하였다.

24.6.2 국제통화기금(IMF)

IMF(이하 기금)는 국제관계에서 통화와 금융의 안정을 확보하기 위하여 설치되었다.[6] 이는 외환 안정을 확보하여 국제무역의 발전을 촉진하려는 목적도 가졌

---

5) 세계은행은 1944년 브레턴우즈 회의에서 창설된 정부간 기구이다(나중에 유엔의 전문기구가 됨). 형식상 법인으로서 은행의 자본주식 일체는 소속 회원국이 소유한다. 각 주당 가격은 IMF 참여지분을 근거로 해서 정해진다. 정관의 주목적, 즉 '전쟁으로 파괴되거나 피폐해진 경제를 재건하는 것' 그리고 '제조설비를 평화적인 필요에 맞도록 환원시키는 것'은 주로 미국이 직접 수행한 활동을 통해서(Marshall Plan으로써) 달성되었다. 세계은행의 주요 활동은 회원국, '회원국의 하부 정치조직', 혹은 회원국 영역 내의 기업체에 자금을 대출하는 것이다. 만약, 정부가 대출받지 않았다면, 대출자금이 지원되는 사업이 수행되는 영역의 정부가 보증해야 한다. 기술적으로나 경제적으로 가치가 있는 사업에만 대출이 장기간에 걸쳐 이루어지고, 당좌이율이 부과된다.

중앙기관은 총재단인데, 각 회원국이 선임한 총재 1인과 예비위원 1인으로 구성된다. 결정은 '가중투표' 방식으로 한다.

6) 기금은 세계은행과 함께 1944년 브레턴우즈 협정으로 설치되었다. 기금설립협정을 통해서, 이전에는 금융 문제에서 제한받지 않았던 국가주권이 상당히 제한되었다. 이 협정에서는 모든 통화와 금

다. 이 외에, 이 기금은 국제수지균형의 위기를 방지하려고 하였다. 기금의 금융지원은 본질적으로 위기비용을 경감시키고 경쟁적인 평가절하 혹은 국제무역을 파괴하는 보호주의 조치를 방지하려고 하였다. 기금에서 하는 대출은 경제구조 변경(이전에는 합의에 의한 것이지만 사실상 기금에서 강제하는 것임)을 수행해야 한다는 조건의 제한을 받는다. 조정계획에서 필수적인 경제적 목적이 달성되지 않는 경우에는 언제든지 지급을 중단하기 위하여 대출금은 할부로 지급된다. 애초에, 대출은 수급자가 긴축적인 금융정책과 통화정책을 채택할 의무와 연계되었다. 그러나 수년에 걸쳐서, 대출은 점차로 금융개혁과 통화개혁, 은행 분야 개혁, 외국인 거래의 자유화, 민영화계획 등과 같은 구조적 계획의 시행을 조건으로 하게 되었다.

기금이 단계적으로 *개발도상국*에게 개방된 것은 이들 국가들이 IMF의 의사결정 과정에 점점 더 많이 참여하게 되면서, 그리고 개발도상국이 IMF와 그 자원 활용을 규율하는 규정 작성에 점점 더 큰 영향을 미치게 되면서부터였다. 더욱이, 개발도상국의 특별한 필요사항을 충족시키기 위하여, 기금은 이들 국가에게 금융재원 대출을 증대하기 위한 장치를 마련하였다. 이는 수권발행 최대한도를 증대시키고 국제수지의 불안정을 가져오는 광범위한 원인들을 참작하기 위하여 특별재원을 마련하면서 가능해졌다. 처음에, 대출은 국제수지 위기가 발생할 경우 즉시 개입할 수 있는 대기성 차관제도의 형식이었다. 이들 대출기간은 단기였고, 짧은 기간 내에 환수되도록 하였다. 그 이후에, 보상금융기금(Compensatory

---

의 평가계수를 고정시켰다(미국은 미국 달러를 금으로 환산하였던 것을 금 1온스당 35달러로 고정시켜 버렸다. 이러한 식으로 미국 달러, 금 그리고 여러 가지 통화 간에 고정된 평가계수가 마련되었다. 분명히 이러한 약정은 외환의 상대적 안정을 확보하기 위한 것이었다). 그러나 1944년에 예정했었던 *금환본위제*는 1978년에 폐기되었다. 금은 국제통화거래에서 액면가체제의 공통기준의 지위를 상실했고, 국가들은 상호관계에서 시장비율을 반영할 수 있게 되었다. 1978년 이래, 기금 회원국들은 각자의 환율제도(자유변동, 공동변동, 타국 통화에 자국 통화를 연동시키는 것 등)를 선택할 수 있게 되었다.

1944년에 국가들은 또한 기금설립 정관 또는 기금이 허가하지 않는 경우, 이 정관에서 정의하고 있는 국제거래상 지급과 송금을 제한하거나, 복수통화 관행 혹은 차별조치를 도입하지 않기로 하였다.

통화 문제에서 회원국의 주권 제한에 대한 일종의 상쇄조치로써, 회원국들은 자국의 일시적인 국제수지 불균형을 시정하는 데 필요하다면 언제든지 기금에서 타국 통화를 인출할 수 있는 권리(주로 조건부임)를 가졌다. 이러한 권리를 회원국에게 부여하는 목적은 이 기금이 방지하고자 하였던 모든 보호주의 조치를 회원국이 활용할 수밖에 없는 처지에 몰리지 않도록 하면서 이들이 자신의 국제수지균형의 어려움을 극복할 수 있도록 하려는 것이었다.

Financing Facility: CFF)이 1963년에 설치되었다(이후에 확대됨). 이는 제1차제품을 수출하는 국가들이 수출대금의 일시적 하락으로 인하여 어려움에 봉착하게 되는 경우 이들에게 추가로 재원을 제공하기 위한 것이다. 자연재해로부터 파생하거나 이로 인한 국제수지 문제에 대처하기 위하여, 1962년에 기금은 *비상지원*이 가능하도록 하였고, 이것은 1995년에 무력충돌이 방금 종료된 국가에게까지 확대되었다.

많은 위기가 구조적인 국제수지 불균형에서 시작함에 따라서 1974년 연장신탁기금(Extended Fund Facility: EFF)을 설치하여 생산, 무역, 그리고 가격의 구조적 불균형 때문에 심각한 국제수지 적자를 겪고 있는 국가들에게 일반적인 경우보다 더 장기간에 걸쳐서 그리고 더 많은 금액을 지원하게 되었다.

1987년에 구조조정증대신탁기금(Enhanced Structural Adjustment Fund Facility: ESAF)이 설치되었다. 이는 EFF와 동일한 목적을 가졌지만, 0.5% 이율의 대출로 저소득 국가들을 지원하기 위해 고안되었다. 이러한 계획을 수립한 것은 1980년 중반 이래 가난한 국가들에 대한 지원이 기금의 핵심목적이 되었다는 점을 보여주고 있다. 기금이 세계은행과 함께 운영하는 '부채가 심각한 가난한 나라들'(Heavily Indebted Poor Countries: HIPC)의 부채경감 계획이 마련되면서 이러한 지원은 1996년에 최고조에 이르게 되었다. 1990년대 말경, 빈곤 경감 및 성장 기금(Poverty Reduction and Growth Facility: PRGF)에서 EASF를 변형시키고 HIPC 계획을 보강하면서, 빈곤을 경감시키는 것이 개발도상국 우대정책의 특별한 목적이 된 것으로 보인다.

이러한 기금정책의 변화는 어느 정도 기금을 대상으로 한 여러 가지 비난에 대한 대응이 되었다. 기금은 조정계획의 상대적인 비효율성, 뿐만 아니라 국가에게 강요된 조건의 수가 많고 적용범위가 광범위하다는 면에서 공격받았다. 비록 기금의 융자조건이 경제분야에 한정되지만, 기금이 과도하게 국내경제 문제에 간섭한다는 이유로 그리고—주장된 바로는—기금이 결국 중요한 결정사항을 국가의 민주적 절차에서 배제시킨다고 해서 비난을 받았다. 조정계획의 성공 여부는 현지정부가 해당 계획의 목적, 뿐만 아니라 해당 계획에 대한 '주인의식'을 공유하는지의 여부에 상당히 좌우된다는 점을 기금이 인정하기 시작하면서, 저소득국가에 대한 지원전략에 변화가 생겼다. 1999년 이들 나라들의 현지 당국의 협조와 약속을 얻어 내기 위하여, 기금과 세계은행은 '빈곤경감 전략보고서'를 작성하였다. 이 문서에 따라 현지 당국이 개발계획을 마련해야 하고 목적뿐 아니라, 이런 목적을 달성하기 위한 전략의 우선순위도 마련한다.

24.6.3 관세 및 무역에 관한 일반협정(GATT)과 세계무역기구(WTO)

(1) GATT

자금이 부족한 나라에 투자가 자유롭게 흘러 들어가도록 촉진하기 위하여 국제통화를 안정시키고 개인자본을 제도적으로 동원했지만, 미국이 종전 이후 착수하였던 웅대한 계획—자본주의 국가의 경제질서 형태를 세계공동체에 과감히 투영시키려고 했던 계획—을 실현하는 것이 충분하지 않았다. 위에서 지적하였지만, 자유기업, 자유시장, 그리고 자유경쟁이라는 당위의 명제는 보호무역주의가 지속되는 한 빈말에 그칠 수 있었다. 결국, IMF와 세계은행을 설치한 이후, 무역장벽을 제거해서 새로운 경제질서의 기반조성을 완결해야 할 필요성이 금새 등장하게 되었다.

1947년에 GATT(General Agreement on Tariffs and Trade)라는 모습의 새로운 체제가 수립되었다. 세계은행과 IMF를 설치하는 정관과 달리 이 협정에서는 국제기구를 창설하지 않았다. 그러나 수년에 걸쳐 발달한 조직구조가 제네바에서 일년에 두 번 개최되는 체약당사국 '회의'가 없는 기간 중간에 운영되었다. 세계은행 및 IMF와 달리, GATT는 각 당사국의 동등한 투표권을 기초로 삼았다. 즉, 달리 말해서 가중투표제도를 기초로 하지 않았다.

GATT의 핵심은 체약국에 부과하는 일련의 의무들인데, 이는 매우 복잡하고 기술적으로 연결된 규정들이다.

첫 번째 의무는 각 회원국이 다른 모든 당사국에 대해서 수출입 분야에서 *최혜국대우*를 부여하는 것이다. 즉, 자신이 최고로 유리한 조건을 부여하는 나라와 다른 GATT 회원국을 똑같이 대우하는 것이다. 자유무역을 달성하기 위하여 왜 이러한 규정이 필요하다고 생각하였을까? 만약, 매우 많은 국가들이 이 조항을 충실히 적용한다면, 결과적으로 이들 사이에 차별이 점차 줄어들 것이고, 무역관계에서 평등한 체제가 마련될 것이 분명하였다.[7]

---

7) 예컨대, 프랑스가 다른 모든 회원국에게 최혜국대우를 부여해야 한다면, 이는 프랑스와 모든

또 다른 의무는 수입품을 *내국세 혹은 규제조치에서 국산품과 동등하게 대우하는 것*이다(제3조). 따라서, 최혜국대우 조항이 다른 외국산 수입품을 비차별적으로 대우하기 위하여 고안된 것이라면, 이 의무는 외국제품과 국내에서 생산된 것을 동일한 기준에 두기 위한 것이다. 이 의무는 대다수 국가들이 갖는 보호주의적 경향의 핵심을 대상목표로 하는 것이 분명하다. 이들 두 가지 의무는 *양자적 혹은 다자적 교섭*(*'rounds'*)을 통해서 관세를 점차 경감시켜야 한다는 일반의무와 밀접히 연관되어 있고, 이 일반의무의 지원을 받는다(제28의2조). 초기의 교섭은 주로 관세인하를 다루었고 양자적으로 수행되었지만, 다자적 접근방식으로 수행된 나중의 교섭들은 다른 분야(반덤핑과 비관세조치)도 포함하였다.

이러한 것들이 이 협정에서 정하고 있는 주요 의무이지만, 이에 덧붙여서 국가들이 자유무역 기조에서 이탈하려는 다른 특정 분야에서 무차별원칙과 동등한 대우를 강화하기 위하여 마련된 다른 의무들이 있다. 따라서 협정에서는 수출입품에 대한 수량 제한(이러한 제한은 외국제품과 하는 경쟁으로부터 국산품을 보호하기 위하여 흔히 도입된다)과 덤핑(즉, '한 나라의 제품을 해당 제품의 정상가격 이하로 타국의 상거래에 투입시키는' 행위)을 금지하고 있다. 다만 '덤핑은 체약국 영역 내에서 기존 산업에 중대한 손해를 야기하거나 위협하는 경우 혹은 국내산업의 설립을 중대하게 지체시키는 경우'여야 한다. 이 외에, 이 협정에서는 국가들이 보조금, 특히 수출보조금을 교부할 자유를 제한하고 있다.

GATT 회원국 간의 관계에서, 프랑스와 프랑스가 최고로 우대하는 국가들 간의 관계와 동일한 의무가 적용된다는 것을 의미한다. 결국, 관련된 모든 국가들 간에 완전한 평등이 이루어질 수 있다. 이와 마찬가지로, 만약 일본이 자신의 최혜국대우 국가에 하는 대우를 모든 GATT 회원국에게 똑같이 부여하기로 한다면, 이는 일본과 다른 모든 회원국들이 완전히 평등해질 것이라는 점을 의미한다. 그러나 일본이 최혜국대우를 부여하는 국가보다 더 나은 대우를 프랑스가 제3국에게 부여할 수 있다. 이 경우, 프랑스와 일본 간에 대우의 차이가 발생하게 되는데, 그 이유는 일본이 프랑스(그리고 GATT의 다른 회원국 전체)에게 부여하는 대우보다 더 나은 대우를 프랑스가 일본(그리고 모든 GATT 회원국)에게까지 확대할 것이기 때문이다. 따라서 이 조항을 적용하였을 때 GATT 회원국 전체 사이에 *완전한* 평등이 필연적으로 발생하는 것은 아니다. 그러나 전체적으로 볼 때, 상업상 대우는 대체로 상호성을 근거로 부여되기 때문에 이러한 불균형이 실제는 다소 완화된다. 따라서 최소한 GATT 회원국들이 상호 특별한 이익을 부여하는 경우, 이러한 이익은 다른 모든 회원국에게까지 확대된다. 예컨대, 스웨덴과 알제리가 상호성을 근거로 특정 상품의 수출입에 대해서 특별한 장치를 마련하는 협정을 체결하면, 각자는 동일한 대우를 GATT의 다른 모든 회원국에까지 확대해야 한다(그러나 이렇다고 해서 GATT의 다른 2개 회원국, 예컨대 멕시코와 이탈리아 간에 동일한 상품의 수출입이 동일한 체제의 구속을 받는다는 것은 아니다. 달리 말해서, 이 경우에조차 평등은 절대적이지 않다).

이 모든 의무를 부과하면서, 이 협정 작성자들은 물론 자신들이 참작해야 할 특별한 사정이 존재한다는 점을 알고 있었다. 이러한 이유에서 이들은 일련의 예외사항 중 일부를 원협정에서 규정한 반면, GATT를 실제로 운영하면서 필요하게 된 다른 것들은 나중에 추가했다. 이러한 예외는 세 가지로 대별할 수 있다.

첫 번째 부류의 예외는 *일반적인 상황*을 겨냥한 것이다. 결국, 제25조에서는 체약국이 공동행위로써 특별표결에 의하여 이 협정에서 정하고 있는 의무를 면제시킬 수 있다고 규정하고 있다. 제19조에서는 수입이 국내산업에 심각한 손해를 야기하는 경우 이를 일시적으로 제한할 수 있도록 하였다. 또한, 제12조부터 제14조까지는 국제수지 위기시 수입품에 대해서 수량제한(쿼터)을 사용할 수 있도록 허용하였다. 마지막으로, 제20조와 제21조에서는 국민의 건강과 안전에 관한 규정뿐만 아니라 국가안전보장에 관한 것들을 시행하기 위한 예외를 규정하고 있다. 두 번째 부류의 예외는 특별한 지역집단 구성국들 간에 *특혜조치*를 유지할 수 있도록 하는 것을 겨냥하고 있다(제24조). 이러한 예외는 특히 관세동맹(예를 들면 EC)과 자유무역지역(예를 들면 EFTA)과 같은 집단에 대한 것이다. 세 번째 부류의 예외는 나중에 보게 되겠지만, *개발도상국*에 관한 것이다.

(2) GATT와 개발도상국 문제

위에서 언급했듯이, 점진적으로 무역장벽을 제거하려는 GATT의 목적상 개발도상국의 필요사항을 참작해야만 하였다. 이들 나라들은 자신들의 후진성 그리고 자국의 공산품이 가격경쟁력을 별로 갖추지 못하기 때문에, 농업과 제1차상품 생산을 특화하는 모험을 했고, 이로 인해서 이들의 산업발전 전 과정이 위험에 빠질 수 있었다. 따라서 개발도상국이 이들 산업을 일시적으로 보호하고 수입품에 대해서 관세장벽을 세우는 것이 타당했던 것으로 밝혀졌다. 더욱이 산업국가들이 이들 나라의 수출품을 특혜대우하는 것이 반드시 필요했다.

위의 최혜국대우 조항은 신생국의 요구사항에 맞지 않았다. 이는 유사한 경제구조를 가진 국가들을 동등하게 취급하려는 것이었지만, 개발도상국에게는 적합하지 않았다. 이 외에, 1986~1994년 우루과이 라운드까지, 이 조항은 후진국가들에게 중요한 분야로서, 산업국가들이 개발도상국 제품으로부터 자신을 보호하기 위한 과세, 수량제한, 그리고 보조금을 허용하였던 분야인 농업, 섬유의복 분야에는 적용되지 않았다.

개발도상국을 특혜대우할 필요성이 있다는 점은 1954~1955년 제18조 검토회의에서 이루어진 개정을 통해서 처음 인정되었다. 그러한 변경을 통해서 개발도상국이 갖는 국제수지균형 문제의 구조적 성격이 본질적인 것으로 인식되었고, 특정 산업을 촉진시키기 위하여 GATT 의무를 일탈하는 조치와 관련해서 사전승인을 받도록 했던 요건이 완화되었다.

1965년에 도입된 변화는 더욱 중요하였다. 일반협정을 변경하는 의정서가 채택되었으며, '무역과 개발'이라고 불리는 특별한 부분이 제4부로 협정에 추가되었다. 이 제4부에서는 선진국과 개발도상국 간의 무역교섭에서 *비상호성* 개념을 다자적인 무역제도에서 조문으로 규정하였다. 결국, 개발도상국들에게 다음과 같은 사항이 인정되었다. ① 특정 산업의 설립을 촉진하기 위하여, 산업국가의 제조품에 대해서 이전에 부여하였던 양허관세를 수정하거나 철회하는 것. ② 자국의 금융상황을 보호하고 적절한 화폐준비금을 확보하기 위하여 외국제품 수입에 대해서 수량제한을 부과하는 것. 산업국가들 편에서는 첫째, 개발도상국에게 수출이익이 되는 특정 제품에 대해서 장벽을 감경하거나 제거하는 것을 최우선 시행하고, 둘째, 이들 제품에 대해서 관세 혹은 비관세 수입장벽을 도입하거나 증가시키지 않아야 하고, 셋째, 개발도상국산 제1차제품의 소비증가를 크게 저해할 수 있는 재정조치를 새로이 부과하지 않기로 하였다.

GATT의 제4부는 *허용조항*이라고 알려진 결정에서 1979년에 더욱 세밀해졌다. 이 조항은 개발도상국에 대해서 '차별적이고 더 유리한 대우'와 무역교섭에서 비상호주의 원칙을 통합하였다. 이 조항에서, 무역협정의 당사국인 어느 GATT 회원국이든지 '차별적이고 더 유리한 대우를 다른 체약당사국들에게 부여하지 않으면서 이러한 대우를 개발도상국에게 부여할 수 있는' 권한을 갖게 되었다. 그러나 이 조항은 산업국가들이 이 조항에 따른 대우를 개발도상국들에게 부여하도록 법률상 강제하지 않은 흠결이 있다. 이 조항은 단순히 그러한 대우를 부여할 권한을 허용했을 뿐이다.[8]

(3) WTO

우루과이 라운드의 1994년 최종의정서는 WTO 설치를 통해서 GATT의 제도적 장치를 보강하였다. 이 기구는 GATT와 우루과이 라운드에서 교섭된 모든 협

8) A.A. Yusuf, "Differential and More Favourable Treatment: The GATT Enabling Clause", 14 *Journal of World Trade Law*(1980), pp.488-507을 참조하시오.

정 그리고 법 문서[GATT는 이제 GATT 1994로 불려졌고, 상품무역에 관한 다른 협정들, 즉 서비스무역협정(GATS), 무역관련 지식재산권협정(TRIPs), 무역관련 투자조치(TRIMs), 분쟁해결양해(DSU) 등]를 포섭하는 단일한 *제도적* 틀이다.

WTO는 GATT를 승계하는 기구가 아니다. 그러나 우루과이 라운드에서 파생하는 모든 의무사항을 수락하는 GATT 1947의 체약당사국들은 자동적으로 WTO의 원회원국이 되었다. 다른 국가들은 자신들이 우루과이 라운드에서 파생하는 의무사항들을 수락한다는 조건에서 이 기구에 가입할 수 있었다(그러나 소위 '복수협정'과 관련해서 일부 예외를 예정하였다). 2004년 현재, WTO는 153개 회원국(약 100개국은 개발도상국임)을 갖고 있어서, 이들이 세계무역의 90% 이상을 점하고 있다[역자주 : 2013년 12월 현재 159개국]. 다른 30개 이상의 국가들이 회원국 지위를 교섭하는 중이다.

> 실제로 WTO의 구조는 GATT가 점진적으로 갖추어 왔던 것을 정형화한 것이다. WTO는 각료회의(최소 2년마다 개최됨), 일반이사회(회원국 대표자들로 구성됨. 이는 각료회의가 열리지 않는 중간에 열리며, 무역정책심의기관으로서 혹은 분쟁해결기관으로서 회동하기도 한다), 일반이사회에 보고하는 상품이사회 · 서비스이사회 · 지식재산권이사회, 그리고 직원을 총괄하고 각료이사회에서 선출되는 사무총장으로 이루어진다. 제1차 그리고 제2차 각료이사회(1996년 싱가포르, 1998년 제네바)는 WTO의 일반적인 활동분야 내의 특정 부문과 관련한 실무작업반을 설치하여 이 기구의 구조를 강화하였다.
>
> GATT와 마찬가지로, 의사결정은 통상 컨센서스로 이루어지고 다수결 투표를 염두에 두었지만, 아직까지 활용된 적이 없다.

신생국에 피해를 주는 불균형을 줄이려는 것이 WTO 설립이유 중의 하나이다. WTO는 '허용조항'을 위시하여 개발도상국에 관한 GATT의 주요 규정 일체를 흡수하였다. 이 조항은 다음 사항의 법적 기초가 되었다. 즉, ① 선진국들이 개발도상국을 원산지로 하는 제품에 대해서 비상호적인 특혜대우(수입품에 대한 무관세 혹은 낮은 관세)를 부여하는 *일반특혜제도*로써 특혜를 부여하는 국가는 일방적으로 자신들의 제도에 포함될 수 있는 국가와 제품을 결정할 수 있다. ② 77그룹(2.5.5 참조)의 일원인 개발도상국이 자기들 간에 무역양허를 상호교환하는 *전 세계적 무역특혜제도*(UNCTAD가 수혜국에 대해서 기술지원을 제공함)이다. ③ *개발*

*도상국간의 지역협정*이다.

이 외에, GATT에서 개발도상국들이 일부 특혜대우를 받을 수 있다. 아울러 지적되어야 할 사항은 1999년 6월 결정 이후, WTO 일반이사회는 개발도상국들이 최빈국의 제품에 대해서 특혜관세를 부여할 수 있도록 면제를 부여할 수 있다. 면제는 선진국에게도 부여할 수 있다(최근의 예로는 EC-프랑스가 모로코와 체결한 무역협정, 캐나다가 카리브해 국가들에게 부여하는 관세대우, 미국-안데스 무역특혜법이 있다).

그런데 새로운 무역제도가 개발도상국의 필요사항을 충분히 참작하지 못하고 있는 점과 관련해서 일부 논평자들의 의구심을 묵과해서는 안된다. 결국, 일반적으로 말하면 WTO 내에서 선언된 새로운 규율과 규범기준이 의미하는 바로서 산업국가들이 자신들의 개발과 산업화를 촉진하기 위하여 19세기와 20세기 초에 활용했던 경제적 수단들(무역장벽, 수출입보조금 등)을 개발도상국들이 더 이상 활용할 수 없게 되었다는 점이 지적되었다.[9] 이 외에, 일부 특정 조건들은 신생국에 별로 이익이 되지 않거나 심지어는 불리하게 되었다. 예컨대, 보조금 및 상계조치에 관한 협정(1994)은 통상 개발도상국들이 사용하는 보조금을 금지하는 반면, 선진국이 활용하는 *농업보조금*은 금지대상에서 제외하고 있다. 또한, 논란의 여지가 있지만, 무역관련 지식재산권협정은 기술이용자와 수입자보다 기술생산자와 그 소유자를 더 우대하는 경향이 있다.[10]

24.7 다자적 개발협력

개발협력이라는 개념은 흔히 산업화가 더 많이 된 국가들이 보다 낙후된 국가들의 경제발전을 촉진하기 위하여 취하는 모든 활동을 대상으로 한다. 국가들이 국제기구의 틀 속에서 이러한 활동을 수행하는 경우, 개발협력은 모든 국가들이 자신의 외교정책 목표를 추구할 때 *양자적* 수준에서 수행할 수 있는 협력과

9) A.A. Yusuf, "Developing Countries and the Multilateral Trade Rules: The Continuing Quest for 'an Equitable Playing Field'", in L. Boisson de Chazournes and V. Gowlland-Debbas(eds.), *The International Legal System in Quest of Equity and Universality, Liber Amicorum G. Abi-Saab*(The Hague, London, and Boston: Kluwer, 2001), pp.389-409을 참조하시오.

10) *Ibid.*

대조되는 *다자적* 협력의 성격을 띠게 된다.

> 이러한 두 가지 방식의 협력 이외에, 최근에는 소위 *양자-다자*협력 형식이 갖추어졌다. 이들의 성격은 복합적이다. 즉, 이들은 국제기구가 실행하지만, 특정 협력활동의 재원을 제공하고자 하는 산업국가들이 설정한 우선순위와 조건의 제한을 받는다. 이러한 유형의 협력은 관련 당사국 모두의 이해관계를 조화시키는 이점이 있다. 공여국가들은 양자적 협력에서처럼 정책결정, 관리, 재원조달을 맡고, 국제기구는 다자적 협력에서처럼 시행을 위탁받는다. 수혜국가는 국제기구를 통해서 제공되는 지원이 비교적 지속적으로 유입되는 것을 기대할 수 있다.

보편적 수준에서, 유엔과 유엔의 특별기구들은 *기술적* 성격의 개발협력에 대해서 필수적인 기준점이 된다. 기부형식으로 수행되는 노하우의 이전을 통하여, 기술협력의 제1차 목적은 수혜국가가 자신들의 경제적 자원을 가장 효율적으로 사용할 수 있도록 하는 것이다.

반대로, *금융적* 성격의 개발협력은 보편적 수준에서 세계은행의 범주 내에 있는 기구, 특히 국제개발기구(IDA)가 조직한다. 이러한 유형의 협력은 가난한 나라의 금융재원을 증대시키기 위한 자본동원이 목적이다. 기술협력과 달리, 이는 기부형식으로 수행되지 않고 세계시장에서 일반적인 조건보다 더 유리한 조건으로 후진국가들에게 대출하는 방식으로 한다.

> *남-북협력* 개념과 더불어 산업화가 덜 된 동일 유형의 국가들의 개발협력인 소위 *남-남협력*이 필요하다는 개념이 점차로 등장하였다. 1955년 반둥회의 최종의정서(29개 아시아-아프리카 국가들이 참여함)는 공식상 처음으로 이러한 형식의 협력을 인정하였다. 7차에 걸친 비동맹국가회의, 뿐만 아니라 유엔 산하 유엔무역개발회의(UNCTAD) 내에서 상당한 발전이 이어졌다. 남-남협력은 기존의 경제적 연결구조를 대체하려는 목표를 추구하고 있다. 이러한 목적에서, 남-남협력은 개발도상국의 집단적 자율성이 중요하다는 점을 강조하고 있다. 이어서 등장한 경제관계는 이들 국가들이 수립한 것으로서, 개발도상국간 기술협력(Technical Co-operation between Developing Countries: TCDC)으로 정의되는데 우여곡절을 많이 겪었다. 그렇지만 1980년대와 1990년대에 개발도상국간의 교역은 증가하였다.

최근, 다자적 협력을 '양자화'하려는 경향이 점차 커지고 있다. 동일한 취지에서, 비정부기구(Non-Governmental Organizations: NGOs)뿐만 아니라 산업국가 출신 비정부적 실체들을 점차 더 활용해서 다자적 측면을 일부 '민영화'하려는 경향도 형성되고 있다. 개발도상국 출신 논평자들은 이러한 양자화와 민영화 경향이 증가하면 기존의 다자적 기구와 장치 중 일부는 점차 활력을 잃거나, 훼손되거나, 심지어 이들이 점차 소멸할 수도 있다고 주장한 바 있다.

24.7.1 유엔 내에서의 기술협력

(1) 첫 번째 단계

초기단계, 즉 1946년에서 1960대 초에, 대부분의 개발도상국들의 경우 미래가 불명확했고 운영체제도 없었으며, 선진국들의 저항도 있어서 유엔 내에 기술협력 형식이 수립되었지만, 심각한 개발도상국 문제들을 다루는 데 전혀 적합하지 않았다.

> 유엔은 처음에, 또한 지금도 운용되고 있는, 기술지원계획(Technical Assistance Programme: TAP)을 수립해서(1948년 12월 4일 총회 결의 제200(III)호) 그러한 문제에 대처하였다. 이 계획은 유엔헌장 제17조 제2항에서 규정하고 있는 제도(즉, 총회의 강제적 예산배정권)를 통해서 자금을 지원받았는데, 주로 전문가와 기술자들을 개발도상국에 파견하고, 장학금을 수여하며, 훈련 및 연구센터 설치를 염두에 두었다. 그 이후에 유엔 총회(1946년 11월 16일자 결의 제304-IV호)는 기술지원확대계획(Expanded Programme of Technical Assistance: EPTA)을 수립하였다. 이 계획은 회원국들이 자발적으로 기탁한 특별기금을 재원으로 하였다. 이 계획에 따라 제공된 지원은 주로 전문가 자문, 현지인 개별 훈련, 기술정보 제공 및 확산, 그리고 성능시범용 장비 제공이었다.

(2) 유엔개발계획(UNDP)

위에서 언급했듯이, 전환점은 1960년대 후반기에 있었다. 1950년대 말부터 1960년대 초에, 개발도상국이 생산하는 제1차상품의 가격은 세계시장에서 지속적으로 하락하는 한편, 개발도상국들이 수입해야 하는 완제품 혹은 반제품의 가격은 지속적으로 상승하였다. 이에 따라 세계경제제도 전체를 재고할 수밖에 없었다.

바로 이러한 맥락에서, 총회는 1965년 11월 22일 결의 제2029-XX호에 따라 UNDP(UN Programme for Development)를 설치하였다. 이 계획은 EPTA 그리고 특별기금을 대체한 것인데, 여러 가지 유엔 특별기구들이 이전에 제공하였던 지원을 조절하고 간소화하기 위하여 설치되었다. 이는 현재 유엔 내에서 가장 커다란 개발지원 자원이며, 지원조절을 맡고 있는 주요 기관이다.[11]

주요 법률이 1994-1995년 집행이사회에서 통과된 이후, 현재 UNDP의 최우선 목표는 ① '지속가능한 인간개발'을 통하여 빈곤을 제거하고, ② 선한 지배구조(good governance)를 위한 능력을 구축하는 것이다(시민사회 조직의 참여 및 강화, 사법 · 선거 · 의회제도의 강화, 인권과 법의 지배 강조 등을 통한 민주화와 빈민층의 정치능력 제고에 의함).

(3) 유엔무역개발회의(UNCTAD)

유엔 내에서 개발도상국에 대한 기술지원도 UNCTAD(UN Conference on Trade and Development)를 통해서 제공되었는데, 이 기구의 주요 목적은 개발도상국의 '무역, 투자, 그리고 개발기회를 극대화하는 것'이다. UNCTAD는 현재 100개 이상의 국가에서 300개 이상의 기술지원사업을 시행하고 있다.

> 유엔 후원하에 개최된 한 회의에서 UNCTAD가 장차 활동할 때 근거가 되는 원칙을 정한 일련의 결의를 채택한 이후 1964년 유엔 총회가 UNCTAD를 설치하였다. 법적으로 말하면, UNCTAD는 총회의 보조기관이다. 그러나 이는 다음과 같은 것으로 구성된 자율적이고 매우 복잡한 구조를 갖고 있다. ① 총회는 회원국 전원으로 구성되며 4년마다 소집된다. ② 상설집행기관으로서 무역개발위원회는 192개 현 회원국 중 대다수인 147개국에게 개방되어 있다. 회의는 1년에 2번('정기회기'의 경우) 소집되며, 긴급한 정책적 문제, 뿐만 아니라 관리사항 그리고 기구적 사항을 다루는 '집행회기'가 1년에 3번까지 소집된다. ③ 사무국은 사무총장이 수장이며, 유엔 사무

---

11) UNDP의 재원은 유엔 사무총장이 매년 소집하는 특별회의('서약회의')에서 국가들이 고지하는 자발적 기부로 이루어진다. 소위 이 계획에서 제공하는 활동에 대한 자금지원을 위한 기부라는 것도 있다. 이는 UNDP가 자국 영역에서 수행하는 활동으로부터 혜택을 보는 국가들이 지급한다.
UNDP는 ECOSOC의 보조기관이다. 그 수장은 행정관(Administrator)으로서 주요 지역 전체, 그리고 기부자와 '계획대상국' 양자를 대표하는 36개국으로 구성되는 집행이사회에 책임을 진다. 이사회는 ECOSOC을 통해서 총회에 보고한다. 이사회는 정책지침을 마련하고 각 국가에 배당할 지원규모뿐만 아니라 모든 국가별 계획을 논의하고 인가한다. 이 계획의 분권화를 실현하기 위하여, 중앙조직과 함께 국가별 사무소, 상주대표, 상주조정역, 지역사무소로 된 현지조직이 있다.

총장이 임명하고 총회의 승인을 받아야 한다.

UNCTAD는 유엔의 정규예산에서 배정되는 운용예산(기구운영비로 사용됨)과 예산 이외의 재원으로서 기부자(프랑스, 독일, 이탈리아, 일본, 네덜란드, 스웨덴, 스위스, 영국, 미국을 위시한 주요 산업국가), 수혜국가(개발도상국들이 자국 영역에서 수행되는 UNCTAD의 기술협력 활동에 대해서 재정적으로 점점 더 많이 지원하고 있음), 또한 기구(UNDP, 세계은행, 미주국개발은행, EU 집행위원회 등)가 제공하는 재원으로 충당되는 기술협력 활동 예산을 갖는다.

위에서(24.4) 보았듯이, 개발도상국이 주도한 바에 따라서, *새로운 철학과 이에 따른 새로운 발전전략*이 설정되고 인정받은 곳이 바로 UNCTAD 내에서이다.

이들은 기본적으로 다음 사항을 근간으로 한다. ① 국제노동분업을 추구해야 할 필요성, ② 선진국들은 개발도상국이 생산하는 제1차제품의 접근을 차단하는 기존 무역장벽을 제거함, ③ 제1차상품의 가격안정, ④ 상사계약상 비상호성(이는 특혜대우를 개발도상국에게 부여해야 하지만, 개발도상국은 상호적인 의무를 부담할 필요가 없다는 것을 의미한다.)

(4) 유엔공업개발기구(UNIDO)

또 다른 중요한 기구로서, UNIDO(United Nations Industrial Development Organization)가 1966년에 총회 결의 제2152(XXI)호에 따라 설립되었다. 이는 전문기구의 지위를 갖는다. UNIDO는 개발도상국에게 금전 제공이나 대출을 하지 않는다. 이는 가난한 나라의 산업화 문제에 집중된 연구와 조사를 수행한다. 이는 선진산업국가와 개발도상국 간에 산업정책과 기구에 대한 정보 · 분석 · 자문을 교환하기 위한 세계적인 장(場)의 역할을 수행하기도 한다. 또한, 이는 서비스를 받는 국가(즉, 개발도상국) 내의 정부 · 기구 · 기업에게 서비스를 제공하는 제공자의 역할을 수행한다.[12)]

---

12) 이러한 서비스는 단순한 조언과 자문에서부터 온실가스 및 산업공해 감축에 관한 전 세계적인 협정을 시행하기 위하여 기술자를 제공하는 것, 또는 한 국가에서 다른 국가로 적절한 기술을 이전하는 것, 또는 폐기물 관리와 같은 민감한 문제를 해결하도록 도와 주는 것에 이른다. 일반적으로, 지원받는 국가와 합의하여, UNIDO는 자신이 보유한 전문가를 활용하도록 하거나, 다른 기관 혹은 다른 국가 혹은 사기업 출신 전문가를 활용한다. 이와 마찬가지로, UNIDO는 사업 및 산업에 필요한 투자자 혹은 장비, 기술이나 기법 제공자를 마련할 수 있다.

(5) 세계무역기구(WTO)

위에서(24.6.3(3)) 살펴본 WTO는 다음과 같은 활동으로 기술협력에 참여한다. 즉, ① 수혜국가가 합의된 국제무역규칙을 양해하고 시행하도록 지원하고, ② 이들이 다자적 무역제도에 충분히 참여할 수 있도록 하며, ③ 기술지원으로 인적자원 개발 그리고 제도적 능력을 향상시키도록 한다.[13]

24.7.2 금융협력

보편적 수준에서, 개발도상국에 대한 금융협력은 세계은행 그리고 가장 두드러지게는 국제개발협회(IDA)가 주도하는 일단의 기구를 통해서 이루어진다. 이러한 협력은 본질적으로 여러 가지 사업의 재정을 지원하기 위하여 특별우대조건(통상 10년의 첫 유예기간, 무이자, 매년 0.75%의 사용료가 있음)으로 장기(통상 30년 기간) 대출하는 것이다. 1960년대에, 대출은 사회간접시설 투자사업에 대한 금융지원에 집중하였다. 1980년대 이래, 대부분의 대출은 거시경제와 특히 교육과 보건분야에 대한 제도개혁 지원을 목적으로 하고 있다.[14]

UNIDO는 대부분 개발도상국 그리고 다수의 산업국가들(미국과 캐나다가 빠진 점이 두드러진다)인 171개국으로 구성된다. 이는 매 2년마다 소집되고, 사무총장 선임 이외에, 무엇보다도 산업개발위원회의 53석 대표와 계획 및 예산위원회의 27석 대표를 선출하는 총회로 구성되어 있다.

UNIDO의 재원은 *'정규예산'*에서 배정된다. 이 예산은 분담금에서 충당될 비용을 포함하며, 이 기구의 행정, 연구, 그리고 그 밖의 정규지출에 쓰여진다. 반대로, 그리고 애초에 산업국가들이 요청한 바를 수용하여, *'운영예산'*을 통해서 다른 재원(기부국가와 기관의 자발적 기여금, UNDP의 배당금 등)으로부터 기술적 협력에 자금이 지원된다.

13) WTO는 한편으로 관련 국가 내에서나 관련 지역 내에서, 다른 한편, 제네바 소재 WTO 본부에서 일련의 활동, 즉 세미나(예컨대 반덤핑, 관세평가, 보조금, 상계조치, 혹은 WTO와 다자적 무역교섭 기능과 같이 더 넓은 주제에 관한 것), 연수회, 기술적 임무(국가들이 법규칙을 작성하고 준비하는 것 등을 지원하기 위해 고안됨), 제네바에 파견된 대표단이나 방문 공무원들을 위한 개요설명회, 전자적 형태의 기술협력을 수행해서 이러한 목표를 달성하고자 노력하고 있다.

기술협력을 위한 자금지원은 다음 세 가지 재원에서 나온다. ① WTO의 정규예산, ② WTO 회원국의 자발적 기여금(다수의 WTO 회원국들은 잠정적인 해결책으로써 WTO의 기술협력을 위하여 전 세계 신탁기금(Global Trust Fund: GTF)을 설치하여 활동을 재정지원하기로 결정한 바 있다), ③ 유치국가 혹은 다른 국가가 분담하는 비용.

기술협력 활동은 무역개발위원회(Committee on Trade and Development: CTD)가 관장한다.

14) IDA는 1960년에 미국의 주도로 설치되었다. 이는 세계은행의 자매기관이며 그 조직을 활용할 수 있다. IDA는 세계은행의 기능을 보완하며 세계은행이 제공하는 것보다 더 자유로운 조건에서 개발대출을 해서 빈국의 개발을 재정지원한다는 제1차적 임무를 수행하고 있다. IDA의 금융재원은 회원국이 출자하고 수개 회원국이 보충적으로 기여하는 자본으로 되어 있다. IDA가 집중하는 분

24.8 개발도상국에 대한 외국인투자의 촉진

24.8.1 전통법과 이에 대한 도전

개발도상국의 요구사항이 외국인투자의 법적 규제에 미친 영향을 이해하려면, 개발도상국들이 그러한 규제를 변경하는 조치를 취하기 이전에 있었던 법부터 우선 한번 살펴 볼 필요가 있다.

외국인투자를 규율하는 전통적인 국제규칙은 외국 자본이 투입되고 회사가 설립되었던 국가가 이를 수용하거나 국유화하는 경우 언제든지 *보상금*을 지불하도록 하는 것이었다. 이들 규칙에 대해 1918년과 1925년 국유화정책 이후 소련이 항의하였고, 1927년 멕시코 토지개혁법과 관련한 국유화와 1938년 외국인의 석유재산 국유화 이후 멕시코가 항의하였다. 결국, 소련은 다른 국가들의 경제적 · 정치적 압력에 굴복할 수밖에 없었고, 마지못해 당시 통용되던 국제적 기준을 이행하였다. 멕시코는 '적절한 보상금' 지급을 수락했지만, ① 국제법상 외국인은 자국민에 비해 불리하지 않은 대우를 받을 수 있을 뿐이라는 점, ② 보상금 지급 시점과 방식은 수용국가법에 따라서 결정되어야 한다는 점을 주장하였다.[15] 이에 대해 미국은 격분해서 대응하였고, 국무장관 Cordell Hull은 1938년 8월 22일 유명한 교서에서 미국식 보상이론을 다음과 같이 마련하였다. "어느 정부도 어떠한 목적으로든 *신속, 적절, 유효한 보상금*의 지급 없이 [외국인] 사유재산을 수용할 권리가 없다."[16] 멕시코는 결국 미국의 경제적 우세에 굴복하였고, 나중에 서방국가

야는 ① 전력공급, 통신과 교통, 그리고 ② 농업과 교육이다.

대출조건이 장기이고 이자부담이 없다는 점 이외에, IDA 운영의 또 다른 특징은 일부 개발도상국의 요구사항, 즉 이들 국가들이 의사결정 과정에 더 많이 참여하도록 한 점이다. 그러나 과반수는 산업국가가 확실히 장악하고 있는 실정이다.

다른 두 개 기관, 즉 ICSID와 MIGA가 세계은행과 연결되어 있다(24.8.2 참조). 1965년, 국제금융기업(International Finance Corporation: IFC)은 외국인 개인이 개발도상국에 투자하도록 장려하기 위하여 설치되었다. 이 기관은 세계은행의 자매기관으로서, 그 조직은 세계은행의 조직과 유사하다. 이것은 주로 개인대출과 그 밖의 투자에 참여하는 것을 목적으로 하고 있고, 사적 자본이 여의치 않으면, 독자적인 재원에서 사적 투자를 보충한다.

15) G.H. Hackworth, *Digest of International Law*(Washington, D.C.: Government Printing Press, 1942), Vol. 3, pp.655-661.

16) Text in 32 *AJIL*(1938), Suppl., p.192(강조 추가).

들은 이 유명한 공식이 합법적 수용의 기본요건을 축약하는 것으로 간주하였다.

이 문제는 개발도상국이 정치적으로 더욱 독립하게 되고 경제적으로도 도약하고자 했던 제2차 세계대전 이후 다시 폭발하였다. 이들은 자국의 천연자원이 대부분 외국인 손아귀에 있었기 때문에 외국인 재산을 수용하지 않을 수 없다고 느꼈다. 신속한 경제성장을 달성하기 위한 방법 중 하나는 수용국가들에게 과도한 재정부담이 되지 않는 선에서 외국인 자산을 수용하는 것이었다.[17)]

개발도상국은 '신속, 적절, 유효'라는 공식에 대해 점점 더 이의를 제기하기 시작했고, ① '적절'(adequate)하거나 '적합'(appropriate)한 보상만이 정당하고, 이외에 ② 이를 결정하는 방식은 국유화 국가에 있다고 주장하였다. 이들의 요구사항은 처음에는 유엔 총회의 천연자원에 대한 영구주권선언(결의 제1803-XVII호, 1962년 컨센서스로 채택됨)에서, 그리고 나중에는 국가의 경제적 권리와 의무헌장(총회 결의 제3281-XXIX호, 1974년 다수결 투표로 채택됨) 제2조 제2(c)항에서 지지를 받았다. 그러나 대부분의 서방국가들은 그 규정에 반대투표하거나 기권해서 해당 규정이 기존 법에 배치된다는 자신들의 견해를 명백히 하였다. 따라서 이후 관습국제법의 지위는 명확하지 않은 상태에 있으며, 산업국가들은 Hull 공식을 견지하는 한편, 개발도상국은 유엔 기관의 과반수가 지지했던 새로운 법적 견해를 주장하고 있다.

> 최근의 국가관행은 전통적인 보상기준을 지지하는 경향을 보이고 있다. 적어도 이는 1980년 초기 이래 체결되었고, 오래된 '신속, 적절, 유효한' 공식에 매우 근접한 기준에서 보상하도록 규정하는 일련의 양자협정에서 드러나고 있다. 이와 유사하게, 이 공식은 1992년 세계은행이 채택한 비구속적 지침에서도 인정받았다. 그런데 이러한 경향은 그다지 광범위하지 않아서 Hull 조항이 현재 관습법이 되었다고 할 정도는 아니다. 이런 면에서 1994년 이란-미국 청구재판소가 *Shahin Shaine Ebrahimi et al.* 사건에서 이 공식에 우호적인 입장을 취하지 않았다는 점은 의미심장하다.[18)] 홀

17) 1946~1948년 동안에 동유럽 사회주의 국가들이 수행하였던 것 이외에 1951년에 이란, 1956년에 이집트, 1959년에 쿠바, 1963년에 스리랑카, 1965년에 인도네시아, 1966년에 탄자니아, 1969년에 볼리비아, 1971년에 알제리, 1970~1972년에 소말리아, 1972년에 칠레, 1978년에 리비아가 수용을 시행하였다.

18) 1994년 10월 12일 확정중재판정, 공간되지 않았으며, 타자로 작성된 본문(pp.95). 이 중재판정은 제3판정부가 내렸으며, 의장은 G. Arangio-Ruiz 판사였다. 아울러, Allison 판사의 개별 의견(문제되는 기준에 관한 것임), paras. 4-37도 참조하시오.

륭한 주장과 상세한 결정에서, 판정부는 Hull 조항은 '당시 통용되는 보상기준'을 대변하지 않는다고 판시하였다. 판정부의 견해에 따르면, 관습국제법은 '적절한 보상' 기준을 선호한다는 것이다(제88항). 또한 이 기준의 취지를 다음과 같이 설명하였다. "['적절한 보상']에 관한 [관습국제] 규칙이 단계적으로 등장하게 된 것은 보상금액을 탄력적으로, 즉 각 사건의 특정 상황을 참작해서 결정하려고 했기 때문이다. 그러나 '적절한' 보상기준이 널리 행해졌다고 해서 보상*금액*이 항상 '충분하지 못하거나', 항상 '부분적'이어야 한다는 점을 의미하지는 않는다(*ibid.*). [이 사항에 관한 여러 가지 판정]은 보상금액을 엄격히, 즉 구체적인 각 사건의 특정 상황을 참작하지 않고서, 결정하지 않는 것을 지속적으로 우려하고 있음을 반영한다" (제93항).

24.8.2 법적 정체상황을 해소하기 위한 새로운 방책

이처럼 만족스럽지 못한 법규정에 직면해서, 국가들은 결국 어느 정도 두 범주의 관련 국가들, 즉 자본수출 국가와 자본수입 국가들의 요구사항을 수용하는 *방책과 타협*을 활용해서 심각한 충돌을 방지하려고 하였다. 어쨌든, 상황을 너무 과도하게 악화시키지 않는 것이 양쪽 모두에 이익이 되는 것이다. 의견이 완전히 상치될 때, 투자자 본국이 법 외적인 압박을 사용하지 않으면, 이들 국가의 국민인 투자자들은 결국 자신들의 이익을 희생당하게 된다. 마찬가지로, 국유화 혹은 수용국가들은 교섭을 거부해서 얻을 이익이 별로 없다. 왜냐하면 관련된 상대방 국가가 혹시 지원할 것이 있어도 지원을 중단하거나, 다른 방식으로 개인투자를 억제해서 보복할 수 있기 때문이다.

1961년 미국의 외국원조법에 대한 1963년 유명한 Hickenlooper 수정법은 미국 상원의원의 이름을 딴 것인데, 이는 어느 정부라도 미국민의 재산을 정당한 보상 없이 박탈할 경우, 그 정부가 '적절한 조치'를 취할 때까지 그 정부에 대한 지원을 중단하기 위하여 특별히 고안된 것이다.

충돌을 피하거나 이를 사전에 차단하기 위하여 다음과 같은 세 가지 방식이 채택되었다. 즉, ① *일괄타결 협정*을 마련하거나, ② 분쟁의 *조정 혹은 중재*를 위하여 국제투자분쟁해결센터(International Centre for Settlement of Investment Disputes: ICSID)를 활용하거나, ③ 투자자가 *보험 보장*을 활용하는 것이다.

일괄타결 협정은 국제조약이며, 이에 따라서 수용국가는 단일한 총액을 지급하는데, 이 금액은 여러 가지 기준을 근거로 정해지고, 일반적으로 관련 두 개 국가의 상충되는 요구사항을 절반 정도 충족하는 금액이 된다. 일부 사건의 경우(1956년 이집트가 수에즈운하 회사를 국유화하였을 때, 화해가 1958년에 타결되었음), 재산을 빼앗긴 외국인의 청구사항을 전혀 충족하지 못하는 금액이 수년에 걸쳐서 할부로 지급되는 협정이 체결된다. 다른 경우, 재산을 박탈하는 국가가 현물로 보상하였다. 예컨대, 이러한 경우는 볼리비아가 외국에 가스를 제공하여 보상하였던 1969년 볼리비아 국유화정책에서 발생하였다.

ICSID 활용은 1965년 세계은행이 국가와 타국 국민 간의 투자분쟁해결에 관한 협정을 마련하면서 가능해졌다. ICSID는 개인투자자와 외국인투자의 수혜자인 국가간의 분쟁을 해결하기 위하여 조정 혹은 중재기능을 수행하는 상설기관으로서 설치되었다. 이 협정을 비준한 투자분쟁 당사국들은 조정 혹은 중재를 활용할지 여부를 선택할 수 있고, ICSID는 적절한 장치를 제공하고 있다.

이와 유사하게 널리 활용되는 관행은 개인의 해외투자를 보험으로 보호하기 위하여 고안된 투자보증 장치이다. 보험은 국가적 수준에서 혹은 국제적 수준에서 가입할 수 있다.

전자의 경우, 미국의 기관인 해외개인투자법인(Overseas Private Investment Corporation: OPIC)을 언급하는 것으로 충분하다. 이는 1972년 미국 정부가 완전히 소유하는 자급자족 법인으로서 설치되었다. 이는 무엇보다도 세 가지 유형의 비상업적 위험, 즉 ① 외국화폐를 미국 달러로 태환할 수 없는 경우, ② 투자유치국의 투자 수용, ③ 전쟁, 혁명이나 폭동에 대비해서 해외에 투자하는 미국 기업에게 보험을 제공하고 있다.

국제적인 수준에서, 다자간 투자보증기구(Multilateral Investment Guarantee Agency: MIGA)가 점차 더 중요해지고 있다. 이는 1985년 개발도상국에 대한 투자유입을 촉진하기 위해서 설치되었다. 그 주요 임무는 투자유치국 내의 비상업적 위험에 대비해서 투자를 보증하려는 것이다. 4가지 범주의 위험, 즉 ① 송금위험으로서 투자유치국이 태환 및 송금을 제한하기로 결정하는 경우, ② 수용(이는 투자자에게서 그의 소유권 혹은 통제를 박탈하는 결과를 야기함), ③ 계약 위반, ④ 투자유치국 내의 전쟁이나 '민란'이 MIGA 설립협정에서 언급되고 있다.

24.9 현 상황의 잠정평가

개발도상국의 개발조치로 발생한 주된 결과 중 하나는 이러한 문제가 세계공동체의 중요 문제 중의 하나가 되었다는 점이다. 산업국가들이 가난한 나라를 지원해야 한다는 생각은 사회적 연대감을 수반하면서 뿌리 깊게 박혔다. 이 외에, 수많은 지침 · 목표 · 기구들이 이러한 연대성을 실행에 옮기기 위하여 마련되었다.

최근 주요 산업국가들은 개발도상국, 특히 아프리카 지역내 개발도상국의 필요사항에 점차 더 주의를 기울이고 있다. 결국, 1988년 토론토 정상회담 이래, G7그룹(현재는 G8)은 최빈국의 외채를 면제하거나 적어도 상당히 삭감하기로 약속하였다. 동시에, 기존의 국제기구들이 잘 사는 나라와 못 사는 나라의 격차를 줄이기 위하여 적극적으로 돕고 있다.

이들은 개발과 다른 사항을 서로 *연계*해야 한다고 주장하기도 한다. 특히, 이들은 낙후된 국가들이 *인권존중*과 *환경보호*를 확보함과 동시에 이를 고양하면서 개발을 촉진해야 한다는 점을 점차 더 강조하고 있다. 일부의 경우, 지원과 협력은 인권과 환경에 관한 국제기준을 존중하는 *조건*에서 이루어졌다(이러한 경향은 예컨대 유럽연합의 조치에서 파악할 수 있다). 이는 건전한 발전이다. 특히 이제까지, '조건부 제공'은 서방의 정치, 경제, 혹은 문화적 행위형태를 강제하기 위한 거짓된 수단으로 사용되지 않았다. 오히려, 대부분, 이는 *공동체가치*를 장려하기 위한 수단으로써 활용되었다.

과거의 경험상 국가들이 후진국가들을 지원할 때 법적 도구를 성공적으로 사용할 수 있다는 점이 드러났다. *법*은 유용한 수단, 제도 그리고 개념 장치가 된다. 종종 미흡했던 것은 이러한 도구를 활용하려는 강대국의 *정치적 의지*—너무 자주 단기적인 이익 추구에 경도되어 있으며, 종종 과도하게 자기중심적—이다. 이는 특히 산업국가들이 농업분야에서 개발도상국을 상대로 현재 추구하고 있는 정책에 해당된다. 미국, 유럽국가들과 일본이 그토록 좋다고 권유하던 자유무역원칙과 반대로, 이들은 대규모 농업보조금으로 제품가격을 인위적으로 낮추고, 뿐만 아니라 외국제품의 수입을 막기 위하여 높은 관세를 고안해서 국내농업을 보호하고 있다. 선진국의 농업인들은 자신들이 심하게 요동치는 가격으로는 업종을 유지할 수 없으며, 뿐만 아니라 노동력이 값싼 개발도상국과 경쟁할 수 없다고 주장한다. 그러나 정부가 제공하는 막대한 보조금과 무역장벽의 결과로 산업국가의 농산품, 예컨대 목화, 쌀, 설탕 등이 세계시장에서 덤핑되어 개발도상국에게 심각한 손해를 끼치고 있는 것이 사실이다. WTO는 진지하게 이 문제를 다루고 있지만, 획기적인 해결책은 보이지 않는다.

다른 장애는 수혜국가들 자신에게서 나온다. 사실상, 일부 개발도상국의 *과도한 정치적인 구호*, 뿐만 아니라 일부 국가에서 여전히 드러나는 행정 미숙과 부패 혹은 권위주의적 지배성향을 도외시해서는 아니 될 것이다.

사건, 사고 색인*

[A]

---

* 관련 재판 결정문은 다음 웹사이트 참조. 편집자 주—원서에서 잘못된 부분 및 독자의 편의를 위해 일부 수정 · 보완하여 편집하였음.

ICJ and PCIJ: www.ict-cij.org

PCA: http://pca-cpa.org

ICC: www.un.org/law/icc

ICTY: www.icty.org

ICTR: www.ictr.org

ECHR: www.coe.int

ITLOS: www.itlos.org

UN Human Rights bodies: www.unhchr.ch

IRAN-US Claims Tribunal: www.iusct.org/index-english.html

National decisions of constitutional courts: www.findlaw.com

UK: www.courtserve2.net/index.htm

USA: http://supct.law.cornell.edu/supct/index.php

[B]

[C]

[D]

[E]

[G]

[I]

[J]

[N]

[S]

[T]

[U]

[V]

조약, 헌장, 협약(협정), 의정서, 부속서 색인*

* 편집자주—연대순. [Hague Convention], [Geneva Convention], [Vienna Convention], [ICRC] 부분은 따로 분리하여 정리하였음. 해당 조문 생략.

각국 법령 색인

인명 · 사항 색인

≪인 명≫

[A]

[B]

[C]

[D]

≪사 항≫

[ㄱ]

[ㅈ]

역자 소개

강병근(康炳根)

서울대학교 법과대학 공법학과
고려대학교 대학원 법학과(법학석사)
영국 Edinburgh 대학교 대학원 법학과
(법학박사)
한림대학교 법행정학부 교수
(현) 고려대학교 법학전문대학원 교수

이재완(李在浣)

고려대학교 법과대학 법학과
고려대학교 대학원 법학과(법학석사)
University of Virginia(국제법 석사)
고려대학교 대학원 법학과(법학박사)
외무고시 합격
공군사관학교 전임강사
(현) 주 필리핀 대한민국대사관 참사관

역자협의
인지생략

국제법 [제3판]

2010년 8월 20일 초판발행
2012년 2월 15일 제2판발행
2014년 4월 25일 제3판인쇄
2014년 4월 30일 제3판발행

저 자 ANTONIO CASSESE
역 자 강병근 · 이재완
발행인 조 병 철
발행처 삼 우 사
경기도 고양시 일산동구 장백로 20
동문굿모닝힐 1차 102동 426호
전화 02-718-8553(대) Fax 02-718-8554
등록 제396-2001-000025호

정가 38,000원 ISBN 978-89-91083-70-7